中国当代民间史料集刊 6

上册

华东师范大学中国当代史研究中心 编

一个村支书的工作笔记

本集刊出版获得东方历史学会资助

中国出版集团 東方出版中心

出版说明

《中国当代民间史料集刊》是一套记录1949年以来中国历史的资料丛书，由本中心组织编辑。这套丛书收录的是流散于社会的各种民间文献，包括笔记、笔记、记录、信函、小报、表格、账册、课本等。与已经出版的许多中国当代史资料不同，这套丛书以反映社会底层的政治、经济、文化状况和日常生活、人际交往、家庭关系、个人境遇等为内容，为读者提供记录底层历史变迁的原始资料。

相对于中国古代和近代各种民间史料，中国当代民间史料数量更大，种类更多，抢救、发掘的难度理当比前者要小得多。但实际的情况却颇不乐观。由于在相当一段时间里政治运动频发，特别是经历过“文化大革命”以后，许多私人记录性史料大量抄没、毁坏或遗失。而各种运动过后，尤其是改革开放初期“拨乱反正”，也曾将大量个人材料交还个人处理，或由组织代为销毁。再加上单位变动频繁，过去曾经保存在单位里的各种油印资料或个人记录材料，也不断地被处理或销毁。所有这些都使得原本应该浩如烟海、取之不尽的当代民间史料，如今竟成急需抢救的“国宝”。

近十几年来，意识到并重视当代史料搜集和抢救工作的民间人士和专业研究者，已不在少数。但十分遗憾的是，这方面的工作迄今为止仍处于一种分散游击、割据自守的状况。由于收藏者多将自己搜集到的史料藏诸深山、秘不示人，从而使得原本就显得十分稀少的民间史料愈现其缺。

历史研究，关键在史料。当代史料通常有几类：一是官方档案文献；二是口述或回忆；三是影像或录音；四就是民间记录的各种文字材料了。在所有这些史料当中,官方档案的形成、留存和开放,都难免会受到时政的极大影响,因而具有很大的片面性;口述回忆史料因时过境迁,加之当事人的主观意向和记忆误差,也极易造成对历史的误读。至于影像、录音之类的史料价值,自然局限更为明显。因此,当代史料当中最大量的,也是最能够真切反映社会当时各种情况的,恰恰是这些民间史料。如今,当代中国历史的研究正方兴未艾,已有越来越多的学者和学生开始关心和研究当代历史的问题了,但因为民间史料查找不易,除极少数近水楼台者外,真正能够利用民间史料来做研究的学者和学生,还寥寥无几。

本中心成立不久,但深信应该在这方面有所建树。因而不惜大家动手,不取分文,费时、费力并以极为有限的财力资源,编辑出版这样一套丛书,以利推动民间史料的整理与出版,进而逐渐打破现在史料收藏过于分散、难以利用的情况。

必须说明的是,本中心在民间史料搜集上着手较晚,故我们所推出的史料无论从面上,还是从点上,都不成系统。同时,由于整个当代史料的整理和出版工作在全国范围也都还只是处于起步阶段,无论编辑还是出版工作都还有一个摸索适应和逐渐规范的过程,因此,在许多方面都难免存在着缺失甚或不当之处。凡此种种,还有望各方读者包括原文作者及时提醒和指正。

本丛书的编辑,遵循反映历史原貌的原则,各种文献一律按照原文体例、格式、文字录入编辑。文献中的错别字以[　]符号订正,漏字以(　)符号填补,衍字以〈　〉符号注明,辨认不清的字以□符号加注标明,明显语句不通处用括号说明,当加标点而未标点处仍依原文。出于维护原始资料所有者名誉的考虑,书名隐去了单位或个人所在地名称,请读者谅解。

这套丛书由韩钢、杨奎松主编。《一个村支书的工作笔记》由张海荣校对并整理。

华东师范大学中国当代史研究中心

目　录

上　册

下　册

乡村历史的全景式记录

——《一个村支书的工作笔记》解读

张海荣

近年来，随着当代中国史研究的不断深入，学者们越来越重视国史的整理与反思。反思中，对社会底层的研究关照渐成一种共识，相应地，研究方法也较为多元，个案实证研究被频频采纳。在研究路向的变化下，令人欣慰的是，不少研究者找到了自身定位与研究旨趣，他们醉心于自己的术业，不辞辛劳地去开拓挖掘。即将出版并呈现在大家面前的一部历时 23 年、百万字的乡村工作笔记就是如此被关注而纳入我们视野的。

一、笔记中的乡村

工作笔记所记录的是中国北方的一个山区村落——苏寺村，现隶属于河北省赤城县茨营子乡。该行政村位于乡政府驻地北偏东 5 华里，地理坐标为北纬 40°55′，东经 116°11′，海拔 815 米。据《赤城县志》记载，该村地处山谷，因历史上村内有寺庙，驻苏姓印官而得名。

苏寺村现包括六个自然村，分别是干沟、水沟、夭沟、苏寺、沟门与古方。关于该村的行政面积，有地面测绘与航测两个记录。相比之下，出入是很大的。据知情人讲，1983 年航测的统计资料要更为准确些。这一资料显示，苏寺总占地 38 375 亩，其中耕地面积 1 824 亩，道路占地 54 亩，村庄占地 405 亩，河道占地 288 亩，沟壑 714 亩，林地 15 757.5 亩（包括用材林 7 524 亩、经济林 2 790 亩、灌木林 5 443.5 亩），宜林荒山 1 974.5 亩，草场 17 358 亩。

循着历史追溯，苏寺村是革命老区，在抗日战争前属于察哈尔省沽源县的二区和四区。1933 年日本侵占热河省丰宁县(今河北承德满族自治县)后,该村所在的黑河流域成为日本人搞伪满洲国的边缘地区。由于黑河川是察哈尔省连接热河省的交通要道,因而特别为日本侵略者所重视。随着抗日战争进入相持阶段,日本人在这里强制推行集家并村,搞无住地带,全部拆除散落在山沟里的自然村落,将百姓强迫搬到大村居住,进而建筑围墙,发"良民证",盘查出入群众,以便控制。在日本及伪满警察的高压下,当时干沟、水沟、夭沟、苏寺、古方村及山里两户人家都被集中到沟门村,建起了围子,受正北方五里开外瓦房沟警察分所的监控。日本投降后,沟门围子被拆除,被集中到一起的百姓迅速回到原来的地方,用当地老人的话说:"住惯的坡坡不嫌陡。"

由于是革命老区,苏寺村土改完成得较早。具体经历了两个阶段:第一阶段是分青苗,于 1946 年秋完成;第二阶段是土地打倒重分,即土地推平,从 1947 年秋开始至 1948 年 3 月完成。该村没有大地主,当时被定为地主的是三户人家,其中一家还是破落地主。村里姓氏比较多,没有形成枝枝蔓蔓的宗族。虽然也有李姓张姓等姓氏大户,但兄弟间都是各过各的,彼此并不拉帮结派。当地 97%是汉族人,几乎没什么外来户;比较而言,土改还算温和。

新中国成立后,与全国其他村落一样,苏寺村经历了合作化等一系列国家整合乡村的运动。1954 年苏寺村成立初级社,冠名胜利社,属于苏寺乡。1956 年苏寺和黑达营组成高级社,名称仍叫胜利社。人民公社化之初,苏寺村与现今瓦房沟村、东瓦窑村、韩家栅村和黑达营村组建成瓦房沟生产大队,隶属于东风人民公社。此时,苏寺村被编为苏寺生产队,由苏寺小队(包括干沟、窑沟、水沟、苏寺)和沟门小队(包括沟门、古房)组成。1962 年实行三级所有、队为基础体制后,苏寺村从瓦房沟大队独立出来组成苏寺大队,属于茨营子公社,干沟、窑沟、水沟、苏寺、沟门、古房六个自然村依次划分为 10 个小队,即古方 1、2 队,沟门 3、4 队,苏寺 5、6、7 队,水沟 8 队,夭沟 9 队,干沟 10 队。从路途上衡量,队间相距最远的当属干沟和水沟村,两村虽只隔一山梁,因走平川必须绕道而行,需要跨越 11 华里,其次,古方村与干沟村相隔 10 华里。

据村台账记载,合作化之初的 1950 年代,该村人口为 490 人,103 户;1960 年总户数 163 户,人口 684 人;集体化末期的 1980 年代,人口为 1 039 人,户数 237 户;现今苏寺村人口为 1 136 人,246 户。

这里的民风比较淳朴,体现在人性上,村民大都老实厚道,用当地的话说,就是"不那么偷奸取巧"。正因此,土地改革时,在"厚道"的村干部和村民的袒护下,苏寺村被镇压处死的地主仅一人,相对于上下邻村,如前所述,本村的土改要温和得多。集体化时期，一系列运动也曾开展过，特别是1961年因丢羊引发了严厉的“整五风”，不过除了外来干部的“严格要求”，村民们日常虽有小恩小怨，并没有借助运动肆意公报私仇。即便是“文化大革命”时期，这里也没什么大揪大斗，除了偶尔几人别有用意与发泄私愤外，村干部和村民、革委会与红卫兵主流是在搞生产生活建设。“文革”几乎没给人们留下后遗症。

另据台账名册资料与访谈获悉，自土地改革起一直到人民公社解体，在这一较长历史时期内，苏寺村村民的婚姻与社会交往半径几乎是在方圆50公里之内。这一实际恰与美国学者施坚雅的基层市场理论不谋而合。①

受自然地理等条件影响，从历史至今苏寺村的人们主要靠种植业为生，农作物是玉米、谷子、高粱及其它杂粮。由于有比较丰裕的山林资源，村民常采摘榛子、山野菜，挖点药材，饲养一些家禽家畜等贴补家用。特别是在1960年代的自然灾害时期，社员们有榆叶野菜等可以果腹，相较于三邻五村，这里几乎没怎么大面积地饿死人。正所谓“靠山吃山、靠水吃水”。

二、笔记的由来故事

这部工作笔记被发现，一半当属幸运及缘分，一半可能要归于笔者多年来在研究中国乡村问题上的些许感悟和眼界。为交待清笔记资料的来龙去脉，笔者要从“父亲的小木柜”这个小小的故事谈起。

在我儿时的记忆中，家中有个长约2.5尺、宽2尺、高2.5尺的红色木柜，这一小木柜经常被加把小锁。母亲解释说，它不像姥姥的小柜，存放的不是什么好吃的东西，只是父亲的写算本子，加把小锁是怕我们“乱翻乱捣”，如果被弄得乱七八糟，父亲用起来就不好找了。由于存放的不是吃的东西，外表已经斑驳的小红木柜在我们眼中没什么“吸引力”，一直躺在我家储备粮食杂物的房间里，并静静地盘踞一隅。多年来，我和哥哥姐姐们对它已经是见惯不怪了。

不知从什么时候起，父亲的小红木柜换成了我上高中住校时所用过的自然色杨木小柜，此时的小柜外表已不怎么干净，附着清除不掉的片片黑渍。待我读完大学与研究生后，由于在离乡较远的城市工作，回老家的次数自然越来

① 该理论认为，一般情况下中国农村基层社会活动（特别是市场活动）不是以村庄为边界，而是在一个大约50平方公里的土地上进行。即，农民的实际社会区域的边界不是由他所住村庄的狭窄的范围决定，而是由他的基层市场区域的边界决定。中国的市场体系不仅具有重要的经济范围，而且有重要的社会范围。见［美］施坚雅著、史建云等译：《中国农村的市场和社会结构》，中国社会科学出版社1998年版。

越少,而即便回去,当年这些坛坛柜柜的旧东西也不会再引起我的重视。另外,学业的修养提醒自己,对父母所存的“私人物什”不要过多地追问,免得引起“盘查”误会。因为我已过而立之年,此时此刻应该做的是多孝顺父母,给缺乏养老保障身为农民的二老尽量买些好吃的好穿的,并给以必备的钱财资助。他们含辛茹苦养大我又倾其所有供我上学,已实属不易。

再者,十几年来母亲一直生病,每年都要住院,家里没什么值钱物品,更谈不上积蓄,箱柜里所存的大都是父母的衣物以及被拆洗干净供我们回家用的被服。正因此,守在身边的哥哥姐姐对这一小木柜自然也不好奇。

也许是东西该被发觉,2009 年初母亲去世后,伤心的我打开家里的衣柜,主要是整理买给母亲而她老人家一直舍不得穿用的衣物,大家想着要到墓地去烧掉,按当地风俗,如果烧掉了在冥冥之中她老人家可能还会“得济”。就这样,家里的箱柜都被打开了,此时再没有“盘查”的顾虑。另外,整理打扫衣柜和房间也是为了父亲。他老人家年事已高,家里东西的规整应该由我们来做。在整理过程中,小木柜再次闯入了我的视线,此时它静卧在东屋住人的房间,更确切地说,就是这几天我卧床的旁边,上面还堆了些大姐寄存的被褥。

拾掇存放好被褥,我问父亲:“黑乎乎的小木柜装些什么,要不要处理掉?”父亲答道:“也没什么,你看着办吧,主要是我当大队书记时的一些记录,没什么大用。”

“当大队书记时的记录”这句话触动了笔者的敏感神经,凭借多年的学习领悟,我感到这是乡村研究的一手资料,因为父亲当了 20 多年的大队书记,他的记录不会是片言只语。想到这儿,我立即从父亲手中接过钥匙打开了小木柜。掀起盖子一看,太令人兴奋了,柜子里装的全部是父亲的私人账本和笔记。这里存有集体化之初父亲当中队会计的些许资料,有自家花销的记录。更重要的是,它完整地保存着父亲 20 多年大队书记生涯中的工作记录。就这样,原稿 35 本的工作笔记便与我们很有缘分地见面了。

为进一步弄清楚笔记的由来,我与父亲进行了深入的交谈。谈到记录与保存原因,老人家沿着对往事的记忆缓缓道来:一方面,便于自己回顾。父亲说:“人到老年时,往往有怀旧心理。回忆过去的事时,一时记不起细节来,可以拿出原东西看看。这是一种生活习惯,毕竟年轻时我都搭在这上面了。另一方面,万一有什么运动,这权当是重要的证据和证明。”说到这儿,父亲详细地讲起 1961 年“整五风”时他的遭遇。当时,作为中队会计的父亲一度遭到瓦房沟大队书记王成生的误解,此人举报父亲贪污 1960 年收荒草款 1 000 多元,结果细心的父亲拿出了由卖草人或签章或按手印的账目底据(注：这一草纸记录的账目现今还保留着)，这件事立即得到澄清。此外，父亲还特别谈到，1965 年 3 月 21 日他就当上了大队书记，头两年却没有做会议记录，对空缺的这两年，大事还记得，许多具体的事回忆起来就有些模糊了。

当事人的回顾阐释使人顿开茅塞，不过，笔者觉得还需要做点补充。值得一提的是，父亲是位“极心细”的人，他爱写爱记的习惯局外人简直无法想象。举个例子来说，母亲在世时，二老经常来我家住一段时间。常常是我上班一走，父亲借出去遛弯的空当顺便买些果蔬和日用品，回来后，这些东西的一角一分都会被详细地“记录在册”。每当他回老家时，就将一沓账单交给我们。再有，我们六个子女每年给父母的“孝敬品”，无论是钱还是其他物什，父亲都毫厘不差地记着，现在已积存了厚厚一本。记得母亲为此常揶揄他，觉得“没事找事，多此一举”。这就是我的父亲。我想：补充这些小小的生活细节并非画蛇添足，老人家这种个性和习惯可能也是成就工作笔记的重要因素吧！

三、笔记的主要内容

这部围绕一个村以时间为脉络的会议记录，看似静态的拉拉杂杂的记事，事实上却是 20 多年间乡村历史的动态全景式展现。这一全景式的记录，若仔细加以解读，会给人横看成岭侧成峰的感悟。

首先，笔记展现了特殊时期国家对乡村社会空前的政治动员。总体看来，这部会议记录是对“文化大革命”时期和改革开放前后(截至 1992 年)乡村历史的立体记述。由于所记述的时间跨度恰好处在国家对广大乡村进行资源提取的空前动员期，所以，记录资料一方面是国家动员整合乡村社会的全面反映，相应地，也是乡村社会政治化治理的深刻体现。这可以从记录的方方面面反映出来(见 1967 年 3 月至 1992 年 4 月【注：1985—1986 年两年因特殊原因记录人曾卸任大队书记而留下空缺】会议记录概览表)。

会别									总计(次)	所用时间				总计(天)	中心内容					总计(次)
支委会	革委会	两委扩大会	生产队长会	副业工人会	妇女会	会计会	讲用会	支部扩大会		半天	一天	晚上	休息时间		政治动员	农副业生产	优抚救济	文教卫生医疗	综合治理	
60	8	151	62	5	6	11	18	587	908	358	470	28	52	689	383	250	14	44	217	908

从以上表格看，自 1967 年 3 月起至 1992 年 4 月止，23 年间苏寺村召开的

(1984年后称村委会)会议共908次,所用时间按整天天数计算约为689天(晚上和休息时间折合成半天)。如果开一天会议按8小时计,共花费5 512小时,相当于20多年间平均每天要开40分钟的会议;就参加人员来看,每次会议平均下来不少于10人次,这样高频率且占用多数人的会议说明乡村社会已完全纳入了国家高强度的动员体制中。因为当乡村固有的一套治理路线被打破后,如何建立起新生产生活秩序,如何能平稳地提取到资源,如何落实党的方针政策等,必须有一种载体来进行。此时,国家对乡村的动员管控某种程度上不得不通过会议这样的介质来完成。对这种会议式治理,老百姓深有体会。当时,民间广为流传的一句话是,“国民党治理税多,共产党治理会多”。

从会议内容分析,以上数据显示:以政治议题为中心的会383次,占总数的42.2%,几乎接近一半。归纳起来,基本上是围绕着学毛泽东著作、抓阶级斗争、整党建党、传达上级会议精神、开展计划生育等内容而进行。这些内容恰恰是国家整合乡村的主要手段,是贯彻落实党和国家政治路线的集中体现。

在这样的动员整合下,出于主动或被动的原因,乡村生产生活呈现出高度的政治化特质。具体体现在:

生产组织高度行政化。当时,生产组织高度行政化的显著表现是基层生产队设党员指导员,如没有党员设政治队长。指导员(政治队长)被赋予多种职权,主要是做思想政治工作,负责宣讲和辅导中央文件,带头检查评比验收,搞基层组织建设等。他们的地位较高,往往享受和生产队长一样的待遇,作用体现在方方面面。如1967年12月31日召开的革委扩大会会议记录:① 把社务用工和干部误工审查一下,再把干部奖励工订出来?……给十个队1 500分,每个队150分。生产队享受的有生产队长,政治队长,会计三个人。根据工作情况自评。生产队的组长、记工员、保管员、财政由生产队自提,但不能超过150分。1969年1月6日召开革委扩大会议,会议记录讨论干部误工记工后,是否还给补助工?经过充分讨论,决定给点补助工分。每生产队(不分大小队)30个工,只给生产队正、副队长、会计、政治指导员或政治队长四个人,究竟多少,回队里评。1970年1月15日召开一整天革委扩大会议,讨论记录:⑧ 妇女组织如何建立?明天各生产队由队长,指导员或政治队长专门召开个妇女会,在生产队成立妇女小组3—5人。这些人为妇女代表,大队再开个会,选出大队妇女联合会。1971年11月20日召开一整天支委扩大会议,讨论:② 农田建设怎么搞?从现在起,继续搞人民战争。大队抽:张明德、李正林、高祥、郝存山、张宝斋、梁明,加强领导。各生产队由副队长和指导员或政治队长两个人带队。1978 年 5 月 23 日在公社召开的三干飞行会议上，讨论：⑧ 公社安排大队成立锄苗检查组，生产队成立验收组怎么安排人？大队由张明德、祁风元、崔玉海三人组成，各生产队由队长，指导员或政治队长，付队长组成。

乡村人的日常学习充满着浓浓的政治味道。集体化时期，为防止广大农民的“离经叛道”，党中央一再发动社会主义教育运动，同时辅以各种政治学习，目的是维护乡村生产生活秩序，一如“文化大革命”时期的表述——“抓革命、促生产”。这样的主旨和行动多有记录。如，1973 年 10 月 6 日下午召开支委扩大会议，内容是支、革委抓十大文件学习和三秋，农建包队问题。参加人，郭占奎、高祥、李正林、王文清、祁风元、彭正付、张明德、彭正付、祁风元、杨存秀。支部意见：7 号晚分片培训骨干，（党团员，民兵班者以上干部，生产队所有领导班成员）。……8 号晚（星期一）召开全体社员会。开始前建立健全点名，学习，请假制度。每周 1、4 晚上为学习日，时间不少 1 小时。白天代（带）材料，休息学习，两人干活要自己配 1 名辅导员，总之每周学习不少七小时。时间安排：8—14 号学新闻公报；15—25 号，学政治报告；26—31 号学修改党章报告和党章；11 月份联系实际批判修正主义，资本主义倾向；资产阶级世界观；等。

村民生产生活中渗透着鲜明的阶级界限划分意识。为牢牢树立党中央的权威，同时也为了便于对基层社会进行有差别的管控，集体化特别是“文化大革命”时期，我们党推行了一套鲜明的阶级路线划分政策。这样的政策路线起初是雷厉风行地植入广大乡村社会，接着又慢慢地被融入和消化，渗透到农民的生产生活中。具体到苏寺村，体现在人丁接生、红宝书发放、扶犁耕种、义务工定夺甚至是衣服的更换等方方面面。如，1967 年 1 月 2 日召开革委扩大支委队长会议讨论问题记录：选 1 名政治可靠贫下中农妇女当接生员？大家同意叫于淑先当接生员；1967 年 9 月 15 日召开革委扩大会议会议主要讲的问题：义务工扣除问题决定一下。每个劳动力 4 个，地富分子增加 1 倍。1967 年 12 月 31 日召开革委扩大会议发红宝书每户一套，怎么开支？贫下中农和中农从生产队公益金开支，地富子弟（指土改不满 18 岁，现在是户主，家里未有老人的），也从生产队公益金开支。地富分子本人自买。必须 1 户一套。1969 年 1 月 8 日召开两委扩大会议：今年义务工怎么扣除？每个劳动力四个，土改时已年满十八周岁的地富，每个劳动力八个。生产队扣义务工的劳动力由生产队决定。1967 年 9 月 15 日召开革委扩大会议，会议主要讲的问题：劳力卡紧，因人安排农活，早出晚归取消中午休息，鼓足干劲，力争上游，多快好省、抢收,作到精收细打,颗粒还家,作好护秋护场,把牲口全部关起来。赶快把场院放大修好,把路修一下,把拉庄稼车修妥,把铺车的和牛古咀准备好,拉庄稼确定专人,把犁数修好,马上上套,把扶犁也由社员会决定要政治可靠贫下中农为核心的扶犁手。1967 年 10 月 8 日召开革委扩大会议,参加人员:(公社干部)刘元、李献廷、朱庆珍。(本大队人)张明德、李正林、郝存山、郭占奎、高祥、彭正付、梁进、范世梅、杨存秀、张文海、刘会清、张有、梁明、董成瑞、荣正廷、高洪海、高照明、王铁君、高祥彬。共计 22 人。首先由李宪廷传达省里电话会议精神,提出当前大学毛著,斗私批修,实现大联合,巩固三结合。……有的把子叫商店验收后,把款支给十个队,支持贫下中农换衣服行不行? 以十个队也好,秋后还有找齐。支持贫下中农换衣服是对的。1967 年 10 月 23 日召开生产队负责人会议,公社:刘元。大队:张明德、郝存山。创业队:高祥彬、李桂复。生产队:张文海、张玉林、王立新、高桂有、梁进、荣正廷、高洪海、高洪朋、杨存秀。共 14 人。贫下中农补助布 895 尺,线 676 支,通过送户后,结果是:

	1	2	3	4	5	6	7	8	9	10	合计
户数	10	12	14	11	15	14	14	6	6	12	114
人口	56	43	62	58	74	64	54	31	22	66	530
布数	86	92	93	92	108	97	116	41	68	96	895
线支	70	70	70	70	70	70	70	66	70	70	696

其次,记录完整而具体地再现了 20 多年间乡村的社会生产实践及其管理状况。1967～1884 年、1987～1992 年这 23 年中苏寺村是如何搞农副业生产的? 哪年实行包干到户? 大包干的实行特别是人民公社解体后,村农副业生产及管理发生了怎样的变化? 对此,笔记中都有着翔实的记录。

根据记录,1967 年 3 月至 1981 年底苏寺大队实行集体经营。这一时期该村没有工业生产,主要是农副业生产。农业种植面积 1 700 亩左右,分 10 个小队进行。由于是集体经营,社员的小片地与自留地不稳定,经常被调换与收归集体。如,1967 年 3 月 20 日召开革委扩大会议,㉔ 议题:土地问题怎么办? 除 3、4 队要和社员商量外,其它各队一律同意开滩地上凡是坝墙以里的包产地,原来那(哪)个队归那(哪)个队,不分集体的小片地与个人小片地一律归全大队,1 亩以上的生产队的小片地全大队负担工本费,每亩以干草 200 斤计算。

关于自留地，1977 年 3 月 15 日两委扩大会议讨论记录：经过充分讨论一致同意将苏寺学校，迁在沟门小门外一片新建。3、4 队同意白给所在片内的自留地。1977 年 6 月 4 日下午召开两委扩大会议，由小乔传达了公社党委当前工作的安排。然后讨论：④ 公社再三催让把自留地集体种植，怎么办？决定一律收归集体经营。

为扩大农地面积，大包干前苏寺村积极响应上级号召，大搞农田基本建设，在开滩造地的实践中，全村进行了深入的动员与规划。如，1967 年 10 月 23 日召开了生产队负责人会议，会议记录：公社：刘元。大队：张明德、郝存山。创业队：高祥彬、李桂复。生产队：张文海、张玉林、王立新、高桂有、梁进、荣正廷、高洪海、高洪朋、杨存秀。共 14 人。① 通过讨论把农田基本建设定额订下来。以 4 公尺长，4 公尺宽，为一个标准畦子。1 等 2.5 分，2 等 6.5 分，3 等 8.5 分，4 等 10 分。如果达不到验收质量的减工分。要因地制宜搞畦子。全大队没有里程差别。出动人数和劳动力管理仍依 10 月 8 日决定执行。生产队人数有问题可以停副业人，也不能少出农田基本建设人。学生不上课，年龄大的学生，生产队可以让来参加开滩。必须实行同工同酬。

关于农业种植，苏寺村由于地处山区，主要农作物为谷子、玉米、高粱及杂粮。在集体化这一历史时期，该村如何种植粮食作物，如何落实种植计划，大都由上级管控。如，1973 年 4 月 5 日召开两委扩大会，各队人汇报了贯彻落实公社三干会议精神（特别是杂交粮地场），然后进行了讨论：① 农作物场地落实（特别是杂交籽）情况（见下表）：

	总土地		农作物落实地场						其中杂交种			
	总亩	其中滩分	谷类	玉米	高粱	山药	白薯	油菜	玉米	高粱	其中在滩地 玉米	其中在滩地 高粱
1	153	13	41	51	39	8	2	12	51	39	4	4
2	179	16	41	61	46	10	5	16	61	46	5	5
3	209	18						18	70	54	5	6
4	215	16						19	70	56	5	5
5	145	12	32	55	37	6	3	12	50	37	3	4
6	157	14	40	52	40	9	2	14	52	40	4	4

续 表

	总土地		农作物落实地场						其中杂交种			
	总亩	其中滩分	谷类	玉米	高粱	山药	白薯	油菜	玉米	高粱	其中在滩地 玉米	其中在滩地 高粱
7	136	12	31	48	36	10	0	11	48	36	3	4
8	111	8	29	38	28	3	2	11	38	28	3	2
9	155	12							51	39	4	3
10	180	13	43	77	35	10	0	15	59	35	4	4
合计	1 640	134							550	410	40	41

这一时期,为改善社员的生活,苏寺大队因地制宜建起了为数不少的副业场子,主要有牧场、粮食加工场、瓦窑场、木材加工场,林业场。因此,副业生产在记录中占有很大篇幅,内容也非常详细。如,1967 年 3 月 20 日召开革委扩大会议记录:参加人员:张明德、李正林、郝存山、郭占奎、高祥、梁进、彭正付、范世梅、祁凤明、王文清、张化堂、张文海、刘会清、王立新、梁明、董成瑞、穆奎仕、荣正廷、高洪海、高照明、杨存秀。其中问题:副业以木业厂子办主,当前先修补农具,厂址确定之后加工柄(指镐、锹等)把,力争实现副业计划。当前应解决的几个问题:① 砍木头,拉木头,打结木头的工分怎么记?是否要现金补助?砍木头以 15 分往下评。拉木头人牛一样,水沟以里以 1 天为 8 分,水沟以外以半天为 4 分。打结木头均以 8 分计算。② 几台柴油机的所有权归谁?各种机器一律归大队所有。⑥ 副业厂子的地址建在哪里?确定在瓦窑厂子上。⑧ 牧厂要确定负责人?王文清。⑨ 牧厂盖房问题?盖三间,地点大队沟门,或水沟掌。(11) 烧窑问题?因为大队盖牧厂,学校,厕所,先烧一窑。(19) 牧厂是否种莜麦?向粮库交换散麦子 200 斤。(21) 副业人员怎么定?

队别	1	2	3	4	5	6	7	8	9	10	合计
人数	1	2	1	1	1	1	1	1	1	1	11

(22) 专业队抽多少人?

队别	1	2	3	4	5	6	7	8	9	10	合计
人数	2	2	3	2	2	2	2	2	2	2	21
其中女	1	1	1	1	1	1	1	1	1	1	10

(23) 副业分红怎么定？人劳比例，怎么定向社员说清征求以下意见，以后再决定。凡是副业工单独核算。

就集体农副业生产管理而言，核心是实行工分制。在这一过程中，工分怎样评定、奖励工如何定夺、每年各队分值多少、义务工怎么摊算等，这些内容在记录里占据了半壁江山。特别是，为保证集体农副业生产有足够的劳动力，当时对外出人员有着较为严格的限制和约束。如，1970 年 3 月 25 日两委扩大会讨论记录：应该把社员、干部外出请假研究一下？社员：一天的由管生产的革管保守小组副组长批，二天的副组长和组长研究批。三天以上的由革命领导小组批。⑧ 生产队的革命领导小组成员和支委、革委？外出：1—2 天同社员一样，由所在生产队批，三天以上由大队革委会批。1972 年 3 月 18 日两委扩大会：当前农业，把社员请假制度，暂订一下。凡社员请假，一天也得经大队支革委三人以上研究准假。完全同意。⑥ 劳动力如何管理？（干部请假，社员请假）支、革委和生产队长请假，凡两天以上由大队批。社员请假 1—4 天由生产队批。5 天以上生产队开条，大队酌情批。1974 年 4 月 17 日晚召开两委扩大会议。参加人员：高有、李桂存、张明德、李正林、王立新、王文清、穆奎喜、郝存山、祁风元、彭正付、高祥彬、杨存秀、吕桂军。共计 13 人。讨论记录：① 张部长已讲劳力管理，具体制度咋定？不分社员干部：一天由生产队领导小组批。二天由大队革委会三人以上研究批。三天由公社党委批。② 如出现卡不紧咋办？明天全部投入播种，如有个别的不经批准，有(由)生产队长到大队检查批判。

农作物补苗、积肥、护秋护林护场、监打监收等方面的管理，在记录中也有一定的篇幅。如，1967 年 8 月 12 日召开革委扩大会议，公社武春、陈学生。会议除传达公社三干会精神外，着重讨论了下面几个问题：① 大队成立护秋委员会：主任：高祥。副主任：李正林。委员：郝存山和十个民兵排长。共 13 人。1967 年 9 月 15 日召开革委扩大会议。会议主要讲的问题：劳力卡紧，因人安排农活，早出晚归取消中午休息，鼓足干劲，力争上游，多快好省、抢收，作到精收细打，颗粒还家，作好护秋护场，把牲口全部关起来。再如，1974 年 9 月

26 日下午召开两委扩大会议讨论记录：（30）监打监收员怎么抽调？

	1	2	3	4	5	6	7	8	9	10
抽	郭文海	罗　彬	王铁刚	张树生	高秀莲	彭宪忠	张明春	薛英明	高　玉	郤德文
定监收员	王铁刚	张树生	罗　彬	郭文海	张明春	高　玉	高秀莲	郤德文	薛英明	彭宪忠

规定：① 到哪队参加哪队劳动，和社员一样评工记分。② 每天自带粮食 1.5 斤，交给生产队，轮班派饭。③ 所挣工分，当日记清，秋后由大队互拨。④ 如同情生产队搞鬼，大队扣减监收员所挣工分一半，并在政治上批评，批判，直到处分。⑤ 监收员必须记清粮数。监收员不在场，不准生产队分粮。1975 年 5 月 29 日召开两委扩大会议。参加人员共 16 人。会议就下面几个问题进行安排：② 查补苗，种满田，每人达到 50 斤粮食。③ 在原计划产量的基础上，再增 1、2 成产量。④ 加强小麦管理。⑤ 搞好水利规划，马上行动。以小型为主，以配套为主，定工程，定地点，定领导，定时间，定质量定任务。搞战争领导亲自上阵。讨论记录：① 各队查补苗不搞怎么办？在 6 月 1 日大队检查，如果不搞，首先队长指导员到大队办学习班，来大队不记工，再罚一个工。遇到茨（刺）头交大队处理。② 如果与（遇）到生产队不搞查补苗怎么办？查补苗要求在 6 月 1 日前完成，如果不搞，大队组织人给栽，由用人队每个工给款二元，大队解决苗每棵二分，与（遇）到对抗这项工作的，是党员的在党员会上检查，非党员干部在社员会上或干部会上进行检查。1975 年 8 月 6 日下午召开两委扩大会议记录：② 把积肥任务明确一下？

	1	2	3	4	5	6	7	8	9	10	计
76 年用（车）	4 860	5 580	6 580	6 700	3 900	4 540	3 720	2 820	3 900	4 300	46 800
今天汇报实有（车）	2 600	2 060	3 000	3 100	1 600	2 710	2 260	1 400	2 600	1 700	23 030
3 月份 100%任务	3 890	4 470	5 270	5 360	3 120	3 640	2 980	2 260	3 120	3 440	37 550
压绿肥车	1 290	2 410	2 270	2 260	1 520	930	720	860	520	1 740	14 520

此外，记录也较为详细地记载了副业等方面的财务管理情况。如，1970 年 3 月 1 日支委革委扩大会议记录：大队及各厂子、队等开支很乱，是否健全批

准权限？大队建一本开支批准簿，凡是买东西都必须携带这个本，由代销员填写。今后3元以下的由大队会计批。5元以下的由大队副主任批。10元以下的由主任批。10元以上的由革委扩大会议研究。财经管理制度：1970年12月31日召开革委扩大会议，如何定71年，财经管理制度？凡厂子出的不论原木，各种柄把，残品，各种编织类等等，除交售给国家的而外，一律由罗均开传票。传票一式三联，必经李正林盖章为有效，由开票人留存根，二、三联交买货人，副业厂凭三联收款，凭二联但必须经副业生产管理小组三分之二以上人员提货。每半月或一个月，由副业生产管理小组造报本期，按队按人生产情况和收支情况，必经小组全体人员审查无误后盖章。报大队革委会存卷。凡出售原木，车货，不分本大队和外大队，一律由大队革委会批准。外大队买木渣，也必须经大队革委会批准。凡是厂子出售的原木，成品，废品，不分本大队和外大队及脚户，拉运时间一律在早晨木匠上班后，下午木匠下班前。凡买的东西，当天必须运清。

从1982年起，苏寺大队实行了家庭联产承包责任制，即大包干。自此，农副业生产及管理发生了变化。农业生产方面，由于耕地(包括小片地)按地力分等以抓阄形式全部分到户，此时种植什么，除交征购外基本上不再受制于上级。同样，副业生产也进行了承包。如，1982年5月11日上午召开副业瓦窑会议，大家发表意见是：1. 装窑应为60元，出窑应70元。2. 担水每月3.00元，每天0.10元，包给张文有。3. 泡泥人每人给4元(自己解决筐、扁担、镐头、铁铲)。4. 过泥铁铲提桶代。

大包干后，农副业生产管理的显著变化是工分制退出了历史舞台，各种报酬转为承包定额的现金支付。如，1982年4月25日召开两委扩大会议，参加会议人员讨论：(2) 今年开办瓦窑的报酬怎么定？1. 做瓦、提捅、扣砖(分等)泡泥、烧窑以去年定的工分，每个工分按9分钱计算，补助款以去年不变，不给补助粮，但每年给0.20元钱计算(指去年有补助粮人而言)；2. 瓦窑用杂工，每10分以0.60元计算；3. 看门代做饭，每天按0.70元计算；4. 烧窑的窑匠，每窑40元，没有别的福利，装看不记工(红窑减半)；5. 装出窑采取包工定款的办法。(12) 彭正富管瓦窑工资怎么定？从1月1日到5月10日，不扣欠工，共计130天，每天0.35元，给款45.50元。

与此同时，基层干部减轻了领导管理任务，分工更为明确。如，1982年2月3日召开两委扩大会议讨论记录：(2) 大队两委怎么包队？包队情况：

队别	1	2	3	4	5	6	7	8	9	10
姓名	王　永	王　永	张明德	张明德	祁凤元	王　永	祁凤元	崔玉海	刘　良	张明德

需要指出的是,在关于苏寺村农副业生产及管理的记录中,不时夹杂着公社(后乡镇)层面的副业生产及创收管理,如开矿、经营牧厂等;另外,县社(代表国家)倡导修桥修路和植树造林等社会动员状况也时常出现,这些为我们研究乡村农副业生产提供了更为全面的素材。

再次,笔记生动地反映了20多年间乡村社会的生活状态及逻辑演绎。乡村生活是包罗万象、零零杂杂的。"文化大革命"期间以及人民公社解体前后苏寺村的人们是怎样生活的,如何进行日常的治理,对此,围绕着以下方面,工作笔记有着较为详细的记述和反映。

定口粮与交征购。集体化时期,民以口粮为生,国家提取以粮食征购为主。因此,1967—1981年分田到户前15年间,苏寺村在吃粮比较紧缺的条件下,农民口粮定留与国家征购是日常生活中的一件大事。其中,人均口粮怎么定,征购任务多少,议价粮如何分配等,会议记录得非常具体。如,定口粮方面,1971年9月22日召开支委扩大会议,参加人员共54人。认真讨论了几个问题:① 今年秋收分配,如何执行人劳比例?一致同意1、9的比例。② 执行以人定量如何划年龄等级?同意:1—3岁,4—6岁,7—9岁,10岁以上共四段。一律按户口本卡年龄,为周岁。③ 就几个年龄的口粮如何安排?1—3;4—6;7—9;10岁以上;180;240;300;算的平均数。一律以365斤为讨论界限,口粮变动时高的按比例增,低的按比例减。这个先搞试算,看试算结果再定,等公社批后为准。

1982年后,随着农地包干到户,吃粮问题基本上得到解决,户户都有机动粮。与此同时,粮食征购还存在,由于征购粮、农业税、土地租赁费等此时都由农户单独来承担,乡村生活中又衍生出拖缴、拒缴等需要基层干部费力解决的新问题。例如,1990年3月21日召开两委会议,当前应办的几件事:① 89年度仍有个别户不交土地租赁费和学校修建摊款以及各种摊派,咋办?村委会向乡政府写请示报告。① 对不交租赁费的,90年不承包给租赁土地。② 学校修建款不交的,其子、孙后代不准入学。1990年8月9日召开两委扩大会议,有关征收土地租赁费问题:① 决定从1990年1月24日到1990年8月9日止,每欠干部(打欠条的)的工资,每100元,付利息8.00元。同意。② 8月

12日召开两委扩大会议，凡收50%以上的奖居民组长1%。21—49%者不奖不罚。不足百分之20%的，秋后扣除总工资的10%。基本上通过。1991年6月3日召开两委扩大会议，8号会议中心是：征收农业税款。凡没收齐者由包组，两委帮助，今晚必须收齐。

优抚救济与病丧照顾。在比较贫困的社会条件下，对一些乡村人来说，优抚救济与病丧照顾是生活中的重要保障。作为生活的重要保障，评定时公道不公道，以什么为标准，数量多少等都会受到村民的广泛关注。关于这些内容，记录是非常细致入微的。如，1972年12月31日召开支委扩大会议（在北队房）讨论记录：参加人员共17人。① 优待工的对象怎么审查确定？经过逐户审查，烈军属和二等以上残废军人户，确定彭正付一户。同意队长在公社计算的结果。计算办法：彭正富常住户口11人，每人以1 000分，共需11 000分，自做工340个，优抚费190元，仍按40%算打入76元，每0.60元，算一个工，共顶工130个，家庭收入彭宪军6月份起，每月25元，共七个月为175元，彭宪英每月5元，共12个月为60元，两项235元，每0.60元为一个工，共390个工；除三项后需补240个工。1979年9月21日在公社三干会议期间大队干部与生产队干部民主研究，公社给20元救济治病款给谁？给尤存元20元。救济物资：绒衣7件给谁？李文彬，薛英芳，高德武，张文志，李先春，杜成志，马亮。苫席4片给谁？刘付生，薛德彬，祁守相，李汉州。被子3床给谁？刘付生，张天富，薛德彬。上述这些被救济人员经常出现在记录中。1981年5月1日上午半天召开两委扩大会议，主要内容涉及救灾款和救济款怎么评定？经过充分讨论，最后决定：不向生产队分配，今晚各生产队召开社员会议，对困难户可写申请，大队两委审批，审批时应掌握：① 虽然供应已买完，因口粮紧张而贷款，现在又无力归还，大队请示公社如同意可还点贷款，如不批，大队就别批。② 凡是做买做卖，从去秋以来搞木材牲畜的一律不批。③ 凡是搞个人手工业，经常不在队上班，外出又不经生产队批准者一律不批。④ 虽然有工资收入，但家庭生活困难，可酌量情况批。

另外，在病丧照顾方面，记录表明，条件很明确，为党做事的贫下中农以及五保户等享有优待权。如，1969年8月5日召开各委扩大会议记录：李正林、郭占奎提，张文光女人来大队要求，张文光病势严重，没有寿木，看咋解决？张文光是贫下中农，从解放以来就当干部，为党作了不少事，不能土压脸。就是别人，凡是贫下中农，咱大队也应该想办法。1979年10月9号召开生产队长会议，会议讲公社三秋安排之后讨论：五保户尤存元已经病故，处理结果：就欠生产队口粮钱,48.71 元和欠药社药钱和打发时亏近 10 元,以后再研究处理,看这样行不行?棺材木头是大队的,大队不计价,工是付(副)业厂记工,行不行?这样处理就合适,没有意见。

计划生育落实与纠纷调解。落实计划生育政策与抓征购一样,被乡民戏称为"要命要钱",这对乡村人特别是村干部的生活有着很大的影响。实践过程中,村干部时常处于两难境地——严格按照上级政策指令行事会得罪乡里乡亲,不严格执行又会被上级批评整肃。不得已,他们经常变着法地进行。如,1982 年 7 月 15 日上午召开两委扩大会议,计划生育工作怎么办?① 7 月 20 号前交超生子女费的免 20%,21 号以后不免。② 7 月 18 日上午召开现有 1 孩的育龄妇女会议,如果有不到会的,每人罚款 1.00 元。③ 7 月 18 日下午召开超生子女的男方会议(男人不在女人来),如果不到会,罚款 3.00 元。④ 7 月 18 日上午和下午两个会议,如果队长通知不到,所罚之款由队长拿,秋后从队长奖励款中扣。⑤ 大队成立"计划生育征收评价小组"。

与贯彻落实计划生育政策一样,纠纷调解也必须具备乡村人的技巧和策略。特别是,大包干后,干部调解纠纷的用工报酬不像先前那么容易摊算,为此,村里出台了新规定。如,1982 年 7 月 26 日两委扩大会议记录:⑤ 社员闹纠纷要求解决,用工问题怎么办?该解决的必须达到要求,凡用生产队,大队 1 个人日工资 2.00 元,当日兑现,不准赊欠。如果几家的纠纷,由缺理户拿钱。如果需要解决到公社,由双方拿钱。

正如当事人所说:

"自从这个制度建立后,社员公开闹纠纷的少了,因为要交钱。你看,要当农村领头羊,就得有些套数,否则社员可不是好惹的,不好管教。"

乡村教育与合作医疗。20 年多年间,苏寺小学如何组建,教师如何选配与裁并,待遇怎样;合作医疗从何时搞起,村民怎样交费、医疗工作人员按什么标准选用,薪酬待遇如何给定,有哪些制度规章,何时解散等;总之,乡村生活中不可或缺的教育与医疗,其缘起与变迁在工作笔记中都有着完整的记录。如,关于合作医疗方面,1970 年 5 月 9 日上午专门召开合作医疗小组会议,据讨论记录:参加人员:郭占奎、高祥、王铁成、郝存山、李兆阁、薛廷甫、高桂清、杨存秀、张明德、彭正付。共 10 人。① 把毛主席"把医疗的重点放到农村去"及贫下中农管医疗的重点意义说了,同时广大贫下中农要求我们管好这项工作,我们的思想问题怎么样?贫下中农希望我们,信任我们,我们有义务,尽自己一切力量,一定办好。② 房子问题和放中药问题,怎么定?房子占代销点东头二间，把现开的代销员宿舍门赌住，开原来腰各门。东头腰节一间放药。把炕接大，锅台修在外头屋。把扳门做药房门，现在不做门子。中药缝个药兜，先用大队存的布票，尽量拉 1 尺 3 尺的布。把大队存的袖章全部接起来。通过上述二项还不行，就布票的问题，另想办法。③ 资金搞到多大？前后合起来，暂定为 1 500 元，今后不足再研究。④ 王铁成的药，郝存山怎么接，何时接？今后药怎么样体现贫下中农管理？医生的药怎么带？明天由张明德和郭占奎帮助郝存山和王铁成接药，合作医疗小组用红纸把各种药价张贴出来，各生产队也照抄一份，贴在各队，发动贫下中农管理药价。任何人不准卖高价药，如违者以破坏毛主席卫生路线给处。分代药问题大致上王铁成 10 元，李兆阁 20 元。但代的药卖出后必须与会计清算及时交方交款。⑤ 收费问题怎么定？本大队社员，不给开方过脉，每开一个方收费 1 分，每打一次针收费 2 分，总则不超 3 分。外大队另买药不准会计随意外卖，必须有医生开方，通过方子收费，才能卖药。外大队每开一个方收费 0.15 元，打针费每次 1 角，本大队社员另买药，郝存山也开方，郝存山开的另售药的小方不收费。王铁成、李兆阁在本大队开方也收费(但连打针在内不超 3 分)。方子问题在西药上有大队保健站公章和“苏寺大队”四个字的扁章为有效。“苏寺大队”的扁章由郭占奎保存。以方子代账，加盖多少方子，双方留帐。⑥ 开支批准权限怎么定？一元以下，由郝存山可以开支。三元以下，由会计、医生合作医疗负责人研究开支。五元以下，由合作医疗小组会议决定。五元以上，报大队革委会批准后方可开支。⑦ 业务及劳动问题，怎么定？李兆阁、王铁成、郝存山三个人，全部确定在滩里，那时谁有事谁回来，没事就在滩上劳动。三个人必须树立抽时间劳动，不能脱产在滩上劳动，工分由农建根据劳动时间质量而定。⑧ 李兆阁的待遇问题：吃药问题，请假问题，住及生活用具问题，怎么定？从 4 月 14 日起，暂定三个月报酬，每天 12 分，补 2 角钱。三个月后根据他的劳动结果，社员意见再决定。本人和其家庭吃药和本大队社员一样的对待。请假在家住一夜的工和款不减不扣。在家住二夜以上的按天数算，即减工又减补助钱。住在代销点同代销员一处，烧柴问题，从副业队担木渣。生活用具除大队现有不足部分可开支买点。⑨ 进药的补助问题和工的问题？工的问题，随大队到县开会的工分走。补助款的问题，按开分的天数算，每人每天补助 5 角钱。⑩ 李兆阁到外大队就诊，是否可以去，什么时间可以去？可以到外大队去，时间不能具体规定，在优先照顾本大队的情况下，什么时间都可以外出，但走时必须让家里知到(道)去哪里。

日常管理与风纪整顿。乡土是中国社会的根脉。千百年来,广大农民通过辛勤的劳作,借邻里互助,维系着简单质朴的生活,保证了生命的繁衍。但是,囿于长期的封闭落后,特别是在资源紧缺的条件下,为了生存,乡民的日常生活也常常充满了利益纷争和矛盾纠葛。特别是,集体化的实行,又衍生出许多新摩擦,诸如社员侵占集体利益、干部多吃多占等。为此,在乡村日常生活中加强管理与风纪整顿显得尤为重要。就苏寺村而言,记录中的日常管理与风纪整顿涉及开会记工、报刊存费、禁赌禁“牧”、奖优罚劣、村际保护等方方面面。比如,关于开会记工:1970 年 3 月 25 日两委扩大会讨论记录:① 今后大队开会的工,个人考虑也找齐比较合理,公社叫记工不叫记分,就怎么办提个意见:从一月份起,大队或公社每次开大会,通过大队把人数核实后,以生产队拉出参加会的花名单,报给大队存查,等年终之后,看共开会工分多少,再评出应参加会议的男女(凡不念书的男女、半大孩子和能参加会议而不能参加劳动的男女在内),不分男女,一律分摊实参加会议的工,然后算出余和亏,再同劳动工分找齐行不?这个意见合理,就依这个意见办,大队留个底,生产队留一本账。关于报纸管理,1969 年 6 月 30 日革委扩大会议记录着:文件拒内,由于报纸多,影响放文件,想把 68 年的报纸存下来,67 年以前的准备处理,请大家讨论决定?同意这个意见,每斤价以 0.50 元算。关于杜绝不良之风,1975 年 1 月 28 日召开两委扩大会议,其中如何杜绝浪费吃请?坚决反对大吃大喝,绝不准吃请受贿。如两委违犯(反)在大队检查批判。如党团员违犯(反)在组织会上检查批判。如生产队长违犯(反)在社员会上检查批判。此制度不包括实在亲戚。1981 年 1 月 31 日召开两委扩大会议,会议讨论:如何杜绝大吃大喝和请客送礼?坚决杜绝。实在亲友除外。如何杜绝赌博?如违犯者一场每人罚 10 元。关于对家畜的管理,1968 年 9 月 6 日召开各委扩大会议记录:对别有用意的不关猪,怎么办?对屡教不改的,订立处罚制度:每给赶回一个猪,罚款 1 元,5 角给赶猪人,另 5 角交到生产队,秋后从生产队再扣十斤粮食。1981 年 7 月 9 日上午召开两委扩大会议谈到,③ 对狗如何管理?今天队长回去通知各户,今晚全部拴起来。明天抽张文科和崔玉海深入到有狗户签订管理合同。今后狗有出来的,狗主到大队开会不给记工分。今后不论白天或黑夜出来一次罚款 3 元,大队罚款和所在生产队结算。关于劳动模范的奖励,1973 年 12 月 25 日召开两委扩大会议,共 17 人。会议讨论:① 七三年度评选劳模工作,各队已选,根据各队评选结果,审定一下模范单位?模范个人?对集体如何奖?对个人如何奖?怎么样开会?模范集体:第 1、3、5 生产队。大队拿出化肥 1 500 斤。给 5 队 600 斤,3 队 500 斤,1 队 400 斤。大队领导班子中评为:张明德、祁风元。事业摊子评为:郝存山、韩志忠、罗有、穆风林、张宝斋。生产队共 32 人。关于禁止外村人侵占资源,1973 年 6 月 21 日召开两委扩大会议,学了县生产指挥部发的关于山杏管理的通知,具体到咱大队如何管理?如何组织采摘?狠抓管理,从现在起让林业主任梁明上山检查,杜绝外大队来摘。

文化娱乐与乡村习俗。如前所述,苏寺村有着悠久的村史,历史上因有寺庙住苏姓印官而得名。随着时代变迁,苏姓家族在该村已找不到踪影。但是,修缮庙宇,祈福于神灵这一浓浓的乡土习俗却流传下来。在苏寺村,修戏楼与唱大戏不仅是村民敬拜神灵的重要活动,也是他们文化娱乐的主要方式。

需要指出的是,新中国成立以来特别是"文化大革命"时期,修庙祈福被作为封建迷信而严加禁止,相应地,工作笔记中没有这方面的记述。而关于修戏楼、唱大戏的内容在笔记里却不乏踪影。如,1967 年 12 月 8 日召开革委扩大会议,其中讨论:⑧ 六三年修完戏楼苏寺三个队出工主办,沟门南队帮工修起桌凳留搞文艺用,社员反映现在管理有问题,提到大队意见来,这个问题怎么办?所有数归苏寺三个队,由大队统一管起来,大队搞文艺可以用,别的事谁也不准用,坏了大队派木工修一下。

以上这则材料不仅仅是 1967 年 12 月某次会议上的一个话题,透过这份材料,我们还看到了 1963 年苏寺村对戏楼的修缮情况。再如,1971 年 7 月 30 日召开革委扩大会议,会议上谈到:⑥ 修学校剩下一部分坏砖和砖头,戏楼正中窗户下的隔善板有的已坏,打算把剩下的好板取下来,窗户下面砌个窗台,行不?戏楼几处漏,是否收拾一下?这两件事,同意这样搞,接学校修建茬。

"文化大革命"结束后,伴随着改革开放,国家对乡村政治控制力逐步减弱,苏寺村固有的唱古戏的文娱活动迅速发展起来。在这一过程中,戏班的搭建、外请艺人及其报酬支付、唱戏人的酬劳和奖励、在本村和外地唱戏时收入分配与管理等,总之,围绕着唱戏的相关议题成为这一时期记录中出现频率较高的内容。如,1978 年 12 月 5 号召开两委扩大会议,商议:⑥ 咱队的文娱怎么安排?今天召开参加过唱戏人的会议,进行研究。同意外请王德生,各队出报酬,确定祁风元负责,在老艺人中配 1 人。同意祁风元的意见。1979 年 4 月 27 日晚上召开欢送李金(教戏的人)同志的座谈会。参加人员共 21 人。讲的问题:① 43 人为俱乐部成员,大队 2 人负责。② 对李金教师的评价,生活待遇,今后怎么办,慰劳品:玻璃 1 块,烧柴钱 10 元。③ 今后怎么办?尊重老艺人,化装,苦练不忘,唱戏问题(角色与亲兵)※坐元笼,串箱绳,赶台毡,绣衣服。明天:清点戏装,算粮,款账目。1980 年 3 月 14 日召开一天文艺会议。参加人员共九人。重点讲下步怎么办和处理以前用工(包括晚上学,外出舞台唱戏的报酬)问题。讨论记录:① 今后的文艺到底怎么办?继续搞不能放弃,现在维持现状,充分利用老、中人教和辅导,何时演由大队安排。秋后怎么搞另行安排。现在农忙,决定不外出。凡是主要演员,各生产队安排外出工时,要求尽量照顾。② 大队排戏和外出唱戏怎么记工?凡在本大队排戏和唱戏,按 8 分往下评。外出舞台唱戏按 10 分工往下评。③ 晚上学戏工怎么处理?不论男女大小人,每人每晚以 0.10 元付款。④ 大队奖励怎么评?特等:张立新、张明春、荣正廷、张明瑞、穆凤山、穆奎喜、李世合、高桂有,共 9 人。打算每人奖:一等 6 元,二等 4 元,三等 2 元,四等不奖,特等 10 元。一等共 6 人。二等共 14 人。三等共 6 人。四等:高庆芬,共 1 人。1980 年 8 月 26 日下午召开两委扩大会议,商讨:⑤ 关于唱戏问题,怎么办?原则上提法:(1) 大队成立专业队,在剧团中建领导小组。(2) 请教师大队付工资,具体请谁,根据剧团的意见而定。(3) 所挣回的戏价按百分之二十归唱戏人补助。其中包括医疗费用和生活费。(4) 根据剧团的意见,如认为有必要,大队配备一名负责人和一名联络员。戏剧团所需人员,不论在大队或生产队上班,由大队负责调整。(5) 根据剧团的意见,戏剧团演员进行人事调整,对物色出来的人,大队负责安排。(6) 对剧团演员实行底分活评制。大队负责开工。(7) 以上意见可给剧团开个会议,进行研究。1981 年 1 月 31 日召开两委扩大会议,讨论的问题包括:⑥ 咱大队的唱戏怎么安排饭。给唱戏人记工。烧水人给记工每人每天(包括夜间)记 10 分。5 队 1,6 队 1,7 队 2。怎么安排?高祥彬去写戏(指推荐自己的戏目,让别地方定唱)。根据高祥彬的提议,暂定李树林拉马。……

大包干以后,唱戏无论是在组织管理方面和还是分配上都发生了变化。开始时按人均摊,大队补贴。大约从 1984 年起,唱戏的花销不再按人均摊,改为动员捐献,外加村委会给予一定补贴。如,1982 年 1 月 23 日召开两委扩大会议,会议记录内容有:⑦ 春节之后怎么安排唱戏?每天管一顿饭。买 100 斤大米,10 斤麻油。按各队实有人口,每人 1 两豆子。按各队实有人口,每人半斤醃菜和酸菜。开演时间:白场十一点。晚场六点。1988 年 2 月 29 日召开两委扩大会议,苏寺村正月十五唱戏献款公布:一、从居民组集体献:

	水　沟	天子沟	干　沟	苏寺西组	苏寺中组	沟门南组	合　计
款数	50.00	80.00	55.00	60.00	70.00	73.80	388.80
人口	60.00	97.00	90.00	99.00	116.00	133.00	595
人均	0.833	0.825	0.611	0.606	0.60	0.555	

二、群众献款：张文贵组：张文贵4人2.00元、高有6人5.00元、高文3人2.00元、李汉洲3人1.50元、杜万林4人2.00元、高占3人1.00元、高普6人2.00元、张文德6人2.00元、张文海6人1.00元、于淑先2人0.50元，小计19.00元；罗瑞组：李桂存6人3.00元、李桂生4人1.00元、高祥5人0.30元、高德富3人0.12元、高德发4人0.24元、王永7人0.42元、李连春2人0.12元、石成荣1人0.06元、李桂兴3人0.18元，小计5.44元；王立新组：王立新四人2.00元、张明德五人2.50元、张海江三人1.50元、张海祥四人2.00元、张文明八人1.00元、李正林五人2.50元、张文富四人2.00元、王志文四人2.00元、穆凤明六人3.00元、李世军三人1.50元、李海林三人1.50元、张连荣三人1.50元、吴国瑞四人2.00元、李志彬五人2.50元、王失成五人2.50元、冀文付六人3.00元、赵文祥六人3.00元、张军五人2.50元、郤桂海二人1.00元、张连合四人2.00元、祁守相四人2.00元、祁凤明四人2.00元、吴国兴四人2.00元、吴立祥五人2.50元、冀秀军三人1.50元、张海梅三人1.50元、王铁刚四人2.00元、王失军二人1.00元、张立新五人2.00元、祁守合三人1.30元、郤桂合四人1.00元，小计63.30元；李凤龙组：李凤龙五人2.50元、张文忠二人1.00元、张凤祥五人2.50元、张明海五人2.00元、李树廷二人1.00元、董世跃三人1.00元、荣正廷三人1.00元、尤长贵六人2.00元、李凤军三人1.00元、李凤武四人1.00元、李树合四人1.00元、张明春五人1.00元、李凤成三人0.90元、高洪元六人1.20元、于天英一人0.30元、荣桂有四人0.20元，小计19.60元，总结496.14元。

1988年3月8日公布苏寺村正月十五日唱戏开支情况：一、给赵连枝工资20.00元，东风烟一条4.60元，二链头酒10瓶19.20元，山楂酒20瓶28.00元，官厅烟17条47.60元，瓜籽60袋12.00元，花炮19个5.81元，大米120斤62.40元，香粉11盒6.38元，花椒粉10袋2.20元，肥皂5条2.80元，香5支0.55元，大红炮20个1.70元，石蜡1包0.66元，买菜2.50元，大药炮8根4.64元，人头工资275.10元(其中剧团140.10元)，共计496.14元。

二、苏寺小学块煤(估)300 斤。三、村委会拿出:麻油 2 斤、黄豆 60 斤、黄标语纸 9 张、食盐 5 斤、所用柴火、所用电费 11.00 元、化妆用彩、文场用弦:松香、引子。……

总之,根据会议记录,新中国成立以来,修戏楼与唱戏作为苏寺村的重要文娱习俗未曾间断。相比于修戏楼和唱戏,从面上看,修庙祈福在集体化时期是销声匿迹了,实际上,这一习俗并没有断裂。正因此,改革开放后,修缮庙宇、重新"竖化"(当地语,即按脸谱雕塑)圣像在苏寺村又很快地开展起来,一直延续到今天。

四、笔记的价值

历经 23 年近 50 万字的乡村记录是弥足珍贵的。其珍贵之处在于:**首先,它是现今难得一见的关于中国北方村落数十年生产生活较为完整的私人记录**。在人类历史的长河中,人人都是特定时代生产生活的参与者和见证者,但并不是每个人都能将亲历的活动记录下来。对于广大乡村人来说,在文化程度、认知能力、习惯等因素的制约下,能够历经 20 多年不间断地进行着翔实的记录,确实让人难以想象;特别是,即使有一定记录,经过漫长岁月的磨蚀而得以完整地保存下来,也是件不可思议的事。正是在这种让人难以想象和不可思议中,确又诞生并保存了这样的记录。所以,单就这方面来看,工作笔记所蕴含的价值已无须费言。

其次,多面向细致入微的工作记录为我们研究特定历史时期中国乡村的社会变迁提供了生动的个案参照。众所周知,中国是个乡土社会,各地山川与人文等千差万别。新中国成立后,在国家的高度整合下,乡村的社会变迁却呈现出比较类同的演变轨迹。因此,本记录对研究特定历史时期的中国社会变迁有着较为普遍的参照意义。具体地讲,这部全景式记录内涵了"文化大革命"期间以及改革开放后一段历史时期内北方乡村政治层面的运作轨迹、经济层面的生产与管理状况、生活层面的规约治理等;其中,在社会变迁背景下作为山区的乡村人如何融入时代,建立一套应变的生产管理机制,进而构建起一种比较平稳的社会生活秩序等,本记录至少为我们研究这些方面的内容提供了较为完整的素材与参考。

第三,在深入探究的努力下,"面上"的记录往往能成为一种引子,使我们探寻到字里行间中所饱含的乡村人生动的行事逻辑。比如,1979 年 5 月 15—16 号 2 天,召开生产检查会议。参加人员共 12 人。讨论问题:② 粮食定产,定购怎么分?(见下表)

		1	2	3	4	5	6	7	8	9	10	计
原包干		3 400	3 050	6 400	8 000	1 200	200	1 100		650		24 000
七九年定数	定产	57 000	53 000	80 000	70 000	54 000	44 000	40 000	30 000	49 000	36 000	513 000
	定购	3 000	1 000	6 500	6 000	2 400	200	1 000	2 000	500	200	21 000

结果,大家同意这个安排。

从上述内容中我们能捕捉到什么呢?从面上看,获取的是10个小队定购任务的信息。若仔细对比表格,就会发现:为什么有两个队只交售200斤,与其他队相差悬殊,如果是受灾困难的话应该免交。由此,我们探到了在征购粮过程中乡村人精明善变的行事逻辑。

据当事人回忆:

"政府当时有种不成文规定:完成一定征购,社员一年最高可以吃到420斤口粮,不交征购是不能吃这个标准的。6队与10小队因地力较差等原因经常交不了征购。交不了征购,却又想跟其他队一样吃到420斤口粮。怎么办?结果,我出主意叫他们卖200斤,以表明有征购交售。一开始,完不成征购的队长与社员不明道理,都有意见:'俺们粮食不多还让打肿脸充胖。'经我一解释,大家都明白了,因为一个生产队卖200斤'余粮'还不是负担。就这样,6和10小队按表中所写的卖征购200斤。"

再如,关于计划生育工作,根据记录,落实得有板有眼,赏罚分明。事实上,如当事人所说:

"背后的'猫腻'多着呢,如果村干部比较'硬壳'的话,超生户一般都会得到袒护。""'别说护人了,好狗还护山林呢'。举个例子,一次,抓计划生育的公社干部来沟门村让拆交不起罚款户的房屋,不得已,我们几个干部上去掀了百八十块瓦,嚷嚷着卖了40元钱(事实上被拆房的人私下里让一个农民给买了应付着)。其实,我早先进屋跟这家妇女说,别着急,有公社干部必须得上房。女人很理解地说:'上吧,也是为了我家。'后来,公社一帮人也过意不去,说就拆到这儿,将卖瓦的40元钱拿走就行了。我们几个村干部说不能拿走40元,因为上房的四个人每人需要两元五角工钱,这样又给被拆房者剩下10元钱。"

这就是乡村社会的真实状态与实践逻辑。对这种逻辑的把握,不仅需要我们有基于记录而又不拘泥于记录的眼界,更需要我们具备深厚的乡村阅历和生活积淀，以此去感悟和对接。

乡村是中国社会的缩影。总之，这部笔记不仅为我们研究特定历史时期的中国乡村提供了重要资料，也为我们研究现今乡村问题提供了历史参照。

会议笔记 1

1967 年 3 月 20 日

召开革委扩大会议

参加人员：张明德、李正林、郝存山、郭占奎、高祥、梁进、彭正付、范世梅、祁凤明、王文清、张化堂、张文海、刘会清、王立新、梁明、董成瑞、穆奎仕、荣正廷、高洪海、高照明、杨存秀。

① 首先学最高指示

接着讲：整顿干部队伍，健全组织，统一思想。

② 生产上要求男女齐出动，早出晚归少歇多劳，提高工效、质量。把劳力卡紧，很好的使用劳动力，各种农活专人负责，坚持请假制度。要在 25 号把肥送完，在月底配完丰产坑整。在 25 号前把墒情种植计划，种籽复选搞出来。在 4 月 10 号开犁。月底备足柴火。

(……)

⑥ 加强饲养秋收人员政治思想教育，把牲口排队，瘦弱吃偏饭。大抓配种，作到全配全收。彻底核算饲草，料，羊业，保证牲口安全越春。使耕种顺利进行。注意使役制度。推碾子的报酬要合情合理。

⑦ 副业以木业厂子办主，当前先修补农具，厂址确定之后加工柄（指镐、锹等）把，力争实现副业计划。

当前应解决的几个问题：

① 砍木头，拉木头，打结木头的工分怎么记？是否要现金补助？

砍木头以 15 分往下评。

拉木头人牛一样，水沟以里以 1 天为 8 分，水沟以外以半天为 4 分。

打结木头均以 8 分计算。

② 几台柴油机的所有权归谁？

各种机器一律归大队所有。

③ 各队给挖泉的水鞋怎么解决？

以原价全部归大队，大队付现金。

④ 是否买洋灰修大坝？

先买 5 000 斤，全大队出工，马上安排修。

⑤ 铡草机坏了是否继续修？

大队先修,谁负担以后再定。

⑥ 副业厂子的地址建在哪里?

确定在瓦窑厂子上。

⑦ 坏韩登艮的锅怎么办?

以瓦房沟商店的现在价付给他。

⑧ 牧厂要确定负责人?

王文清

⑨ 牧厂盖房问题?

盖三间,地点大队沟门,或水沟掌。

⑩ 创业队盖房问题?

以后再说

⑪ 烧窑问题?

因为大队盖牧厂,学校,厕所,先烧一窑。

⑫ 学校,大队柴火怎么办?

按劳力向1—9队算,干沟包干沟学校。

⑬ 护林人员确定谁?

彭正付

⑭ 提工分问题怎么定?

从四月一日改10分,以10分往下卡。

⑮ 碾米机收费问题?

每100斤收款三角

⑯ 铡草机收费问题?

机器人工分由铡草队负担,大队先开以后扣,每天收款4元。

⑰ 创业队长和会计找谁?

队长高祥彬。

⑱ 种蓖麻蚕的问题?

各队尽量多种一些。

⑲ 牧厂是否种莜麦?

向粮库交换散麦子200斤。

⑳ 社员生活怎么安排?

由各队很好掌握,查清情况,社员借粮每人每天最高1斤卡(独身户另行适当安排)即能保证生产,也别浪费粮食。

㉑ 副业人员怎么定？

队　别	1	2	3	4	5	6	7	8	9	10	合计
人　数	1	2	1	1	1	1	1	1	1	1	11

㉒ 专业队抽多少人？

队　别	1	2	3	4	5	6	7	8	9	10	合计
人　数	2	2	3	2	2	2	2	2	2	2	21
其中女	1	1	1	1	1	1	1	1	1	1	10

㉓ 副业分红怎么定？

人劳比例，怎么定向社员说清征求以下意见，以后再决定。凡是副业工单独核算。

㉔ 土地问题怎么办？

除 3、4 队要和社员商量外，其它各队一律同意开滩地上凡是坝墙以里的包产地，原来那[哪]个队归那[哪]个队，不分集体的小片地与个人小片地一律归全大队，1 亩以上的生产队的小片地全大队负担工本费，每亩以干草 200 斤计算。

最后把代销点从 2 月 1 日到 3 月 19 日的情况公布一下。

1967 年 4 月 21 日

召开革委扩大会

解决河滩，牧厂问题

参加人员：

县，公社干部：卜得利、武春、张登祥。

张明德、郭占奎、高祥、李正林、郝存山、梁进、高祥清、王文清、高祥彬、祁凤明、张文海、杜万林、刘会清、王立新、张有、梁明、赵云奎、董成瑞、穆奎仕、高洪志、荣正廷、高洪海、高庆林、杨存秀、卻桂林。

成滩问题：

① 队里集体小片地，仍归生产队。

② 专业队不种地，创业队治好放给生产队。

③ 以前定人数是照常出工，滩治好以地找工。

④ 社员个人小片地，归回本生产队经营。

⑤ 治好的土地放给生产队,优先照顾 8—10 队,其次是 5—7 队,然后 1—2 队,最后 3—4 队。

⑥ 专业队搞苗圃和治滩。

牧厂问题:

① 原 5、6、7 队土地归回本生产队。

② 用工(耕地、拉粪、种地)由地队负担。

③ 用粪(以二等粪)由地队负担。

④ 所挣工分除用地队负担的以外,所剩工分和今后用工秋后以十个股核算。

⑤ 牛以原价拉回本队,喂牛草以牛头摊折成工分,扣回工分再算到生产队。

⑥ 牛料款牛队负担。毛驴一律不归,驴料款由大队负担。

⑦ 牧厂的两口猪仍归牧厂饲养。

⑧ 工人压缩算清后,吃亏补,以家庭平均定量,由本生产队给补。超吃口粮款打柴火大队烧窑解决这项款。

⑨ 干草以十个股算,每股 1 300 斤找齐。

⑩ 牧厂有籽马留四个人,负责人王文清,其余放牧。

水沟掌退地计算等:

① 耕地每亩人 5 分牛 10 分,共 15 分。

② 拉粪工分:

人工分	牛工分	每　亩
5 队	8	8
6 队	16	16
7 队	12	12

③ 整地每亩 5 分。

④ 种地每亩 16 分。

⑤ 施肥每亩 10 车,每车 7 分,共 70 分。

1967 年 6 月 22 日

召开革委扩大支委队长会议

参加人员:张明德、李正林、郝存山、郭占奎、张文海、马淑兰、刘会清、高祥、王立新、梁明、董成瑞、王文清、穆奎仕、梁进、荣正廷、高洪海、高照明、杨存秀、范世梅。

讨论问题记录：

① 创业队住夜，及夜间放洪照明问题？

黑夜不住，看天色晚上收工前将闸板安高留下空子，水小放入，水大板挡从泄水口出。

② 桑树育苗？

按在大块计划实现，上不来加工，重种。

③ 副业厂子的现金粮食补助怎么订？

厂子副业搞得不错，收入不小，就补助带到生产队和社员商量再订。

④ 加工锄扛是否搞？以十个队出人，车砍大队写申请要求公社批 1 500 根。

⑤ 张连成的工分问题：

(1) 大队核算以 1 年，8 分阶段 121 天 968 分；10 分阶段 244 天 2 440 分；

共计 3 408 分；

折 341 个劳动日，以 0.433 元，共 147.65 元；

国家补助每月 15 元，除 9 月饭费，其余 6 元归本人；计算 12 元；

家里平均口粮 393.8 斤(全家口粮 4 332.5 斤，共款 451.85 元)；

每斤合 0.104 3 元，计价 41.01 元；

除两项外，大队给款 35 元。

(2) 把上述情况与武春同志请示：

你们算的够细的了，大队商量解决，公社没有统一意见，总之达到和群众说的通大队，及本人基本没意见就行。

(3) 找张文科谈他意见，全公社有 3 个人，我们不比最高，比最低的罗车铺 2 900 分，还给 200 斤粮食。

不补粮食，以 1 年算，家里口粮卖粮库不算么，其解决 75.00 元，如不同意，以后领导来了，再解决。

⑥ 肥料最高 6 000 斤必须完成。

队别	1	2	3	4	5	6	7	8	9	10	合计
斤数	160	160	160	240	160	80	160	80	80	160	1 440

⑦ 瓦窑台从废品中挑出轻柱，小材料怎么处理？

8—10队不要了，1—7队来分。

水沟掌剩下的棒木拉到大北沟门留皮存放。

其余菜木拉到瓦窑留盖房使用。

⑧ 砌机器房墙的土怎么解决。

通过与王立新商量三队给拉9车。

⑨ 炼钢是否盖？

锄锄地，看场子能坚持经常，就盖。

⑩ 牧厂黄瓜架换小葱定价，木车怎么处理？

小葱以革委会研究的每斤5分算；

3个木车1队要2个共150分；

2队要1个共100分。

以牧厂，代用工扣。

⑪ 社员用大队木业厂子木工价值问题？

场子做活木渣归厂子，社员户里做活归社员，每个工以2元计算。

⑫ 三队要求把多出的创业队人抽回1名。

三队创业队成立前长工3 000多分，人又多出1名，本队要求抽回1名，我们同意。就这个人所挣工分，今年不摊算，要把地治好分地时一齐记[计]算。

⑬ 社员欠药费怎么办？

今后不交现金不给药，实在有病没人，由本队和本人借、批，大队不准向生产队摊扣，生产队负责督促，大队派人上门去要。

⑭ 66年社员买木头，至今未计算下去怎么办？

以前所定价格算，6月末结账算下去。

⑮ 三队瓦窑赁金怎么订？

窑道棚木坏了他们修，这一窑大队没水桶，为此原赁金10元，定为30元整。

⑯ 玉米加工费怎么定？

从开始先定到9月底，每100斤0.70元，交玉米面98斤。本大队加工算回生产队秋后决算扣，外大队以此价交现金。

⑰ 牧厂猪饲料订价问题？

每斤：白薯秧5分；

谷糠、谷糟子1分。

⑱ 防汛原检查护地坝，社员住房，畜棚问题？

毛驴必须有旱棚，至于检查各队负责，必须保证人畜安全。

⑲ 牧厂死的牛皮怎么处理？

给四队，作价 6.50 元。

⑳ 牧厂工人工分和吃粮怎么定？

工分每天 10 分，吃粮补助 8 两（每天）粮食不归个人。

㉑ 牧厂使用 4 个旧毡掛，三队旧菩席，领旧高良（梁）席 1 领怎么办？

每个旧毡挂价个（格）2 元给生产队，三队两个旧席折价 1.50 元解决。

㉒ 羊官工分问题？

65 年 5 月 2 日有支委、队长、民兵排长会议定的是：110 支（只）以下 12 分，111 支（只）至 139 支（只）13 分，140 支（只）以上 14 分。羊伴和羊官差 3 分。

通过讨论：1、2、3、4、5、6、7、8、9、10 队，还同意这个工分，并且以羊羔入群算记，全年一律这样记，不分冬、夏季。

3 队、4 队最后表示也随着别的队。

（3、4 队的意见按月或季以羊头算，合理羊官有意见。）

㉓ 社员生活的安排问题？

加强粮食管理，不能霉坏，健全手续货单出库，先有批条，后用开出库单，一定卡紧，保证生产。

队　别	1	2	3	4	5	6	7	8	9	10	合计
5 月前	640	500	622		540	288	190	56	480	300	3 616
6　月	1 047	1 010	1 000	540	100	1 041	430	200	853	1 350	8 231
合　计	1 687	1 570	1 622	540	1 240	1 329	620	256	1 333	1 650	11 847

㉔ 大队籽马是否作价，是否叫卖？

籽马代马驹给价 2 000 元，十队不干，最后决定叫十队卖给庄户埌大队价自搞。

㉕ 2 队谷子 100 来斤，玉米 30 来斤，共 130 来斤。

1 队豆子、高粱、玉米有 60 来斤，不能吃了，（有谷子 10 来斤，已和好谷子掺）怎么办？

今后百般注意经常检查。生产队大队给社员检查。

1967年1月2日

召开革委扩大支委队长会议

参加人员：张明德、李正林、郝存山、郭占奎、高祥、张文海、刘会清、王文清、王立新、梁明、董成瑞、穆奎仕、荣正廷、高洪海、高照明、杨存秀。

讨论问题记录：

① 干沟的籽马和马驹，经王文清、张明德两人参与社员商量，作价2 000元，分三年还，各队再作征求广大社员意见，今天怎么决定下来？

最后意见一致：两匹马2 000元，归十个队所有，款分三年还：67年700元(现时给300元)，68年700元，69年600元。马头上代的都代上(红布是老孙的除外)。籽马还叫孙付怀来管。拉马的报酬与厂子放牧人员一样。补助问题：本厂子的没有补助，本大队的每头驴补5角，外大队的补1元。过疆前配的旧物归十队。过疆前需要作课的小课归十队，大课归厂子。

② 牧厂放牧员披的怎么办？

9队、8队每队毡掛1个，每个作价2元。

③ 副业厂子补助付给的怎么样？

征求社员意见不打算给补助，因为农业活也很重。

④ 锄杠申请已批回1 500根，合算750棵怎么搞？

因为锄苗任务大，推到十号后十五号前，由十个队一天上山，每队自砍自拉，到瓦窑交，验旧货木，每队150根锄扛，最少每根推出两根。尺寸多大，何时砍，大队安排。至于亏的杂木杆，大队写申请，要求公社批，以后间伐再补。

⑤ 二队买牛，本大队是否能调剂？

大家一致同意，根据各队牛数量，叫10队、3队多卖给1条，价格自搞。

⑥ 会计手续的开支批准权数，讨论定一下：

3元以下队长批，10元以下管委会讨论批，30元以下社员大会研究决定。30元以上社员会讨论报大队审查批准。

⑦ 肥料最少的完成1 600斤怎么定？

队别	1	2	3	4	5	6	7	8	9	10	合计
斤数	160	160	240	240	160	80	160	80	160	160	1 600

⑧ 公社说麦谷子800斤怎么给生产队？

队别	1	2	3	4	5	6	7	8	9	10	合计
斤数	140	160	90		80	80	50		100	100	800

⑨ 广利每月全公社交1 000元，咱们是否搞？

因为开支太大，可以退了它。

⑩ 民办教师缺一名，确定谁？

一致认为王铁君，大队作思想工作叫他干。

⑪ 选1名政治可靠贫下中农妇女当接生员？

大家同意叫于淑先当接生员。

⑫ 大队成立阶段（阶级）委员会，成员怎么选？

主任：高祥。

副主任：李正林、高祥彬。

委员：张明德、郝存山、郭占奎、董成瑞共7人组成。

各生产队由民兵排长任阶段（阶级）组长。

由生产队长、组长、会计等人组成阶段（阶级）小组，由各队自行组成。

总之负责全大队人、畜、地安全及时算清。

1967年7月9日

召开革委扩大队长会议

参加人员：张明德、李正林、郝存山、郭占奎、高祥、梁进、杨存秀、高德清、高洪海、荣正廷、穆奎仕、董成瑞、梁明、王立新、刘会清、张文海。

讨论问题记录：

① 通过传达公社召开的除虫会议精神后，咱大队建立除虫领导小组，成员怎么定？

组长：张明德。

副组长：李正林、高祥、杨存秀。

组员：郭占奎、郝存山、梁进、彭正付、范世海。

② 把副业厂子整款情况汇报后，对超产奖励怎么进行？

5月6日以每月全耕计算定额650元。7月份每人每天2元计算。超出这个数的为超产。由5月到7月超产35%，由木匠根据生产、学习等条件自评，以实物奖，不奖现金。8月份工额和超产比例另研究。

③ 创业队在雨天没有披的怎么解决？

由 10 个队自备 1 件，没有毡挂（褂）给拉塑料布。在 3、4 天内全部准备好。

④ 创业队提出要牛串摊问题？

15 号每队出 1 个人 1 付犁套串 1 天。

⑤ 创业队磨坊炕土，黄土怎么解决？

炕土：1 队 2 车，2 队 1 车。

黄土：3、4 队每队拉 2 车。

⑥ 副业厂子、创业队要求每天多借 1 点粮食，秋后再扣行不行？

副业、创业队不分男女，由 1 月 11 日现每人每天多借半斤，秋后一律扣回。

⑦ 锄杠什么时间砍？

16 号每队都砍，全部去水沟。

⑧ 牧厂补助粮应该研究一下？

除拉籽马的一律以上班工计算，拉籽马的，必须在牧厂养马，凡在牧厂和外出配马照常补助，回家吃中午或下午，外出吃上午或中午，两头又在外面吃，照常补 8 两，在家吃 1 天，光给工分不给补助粮。

牛料每天 5 斤，先决定到 9 月底，每个生产队出豆子 45 斤。

1967 年 8 月 7 日

召开革委会议

参加人员有：郭占奎、高祥、李正林、郝存山、梁进、彭正付、张明德、杨存秀。

① 会议听张明德汇报：

(1) 是学毛著会议情况。

(2) 与县土产情况加工柄把及清理运费情况。

(3) 回队算出与瓦房沟商店结算结果。

② 郝存山提出：张明德虽然未单去尽用休息和夜间，几次到兴仁堡对账及核算，同时还找别人作伴，出力很大，同时单去人不但花工，而且还得花车费，住店费等，咱们大家看看，应当奖励几个工分。

郝存山提的很对，用奖励办法给工分共 50 分。（从大队副业用工开给七队去。）

1967 年 7 月 21 日

革委派张明德、李正林、郝存山深入 8 队清理粮食问题：

召开社员会后，把粮的情况作了了解，通过饲养员高洪江提出下列：

① 牛料：12 月 4 日开始到 1 月 31 号，每天喂牛 4.5 斤，共 59 天，喂 265.5 斤。

2 月 1 日到 5 月 4 日，每天喂 5 斤，共 109 天，共喂 545 斤。

实出豆子 378.5 斤，高粱 386.5 斤，共 765 斤。

② 驴料：12 月 4 日到 1 月底，共 59 天，每天 2 斤，共 118 斤。

实出豆子 36 斤，高粱 46 斤，共 82 斤。

2 月 1 日到 5 月 5 号，共 94 天，每天喂 2 斤，共 188 斤。

实出豆子 90 斤，高粱 90 斤，共 180 斤。

总共出 262 斤。

③ 羊羔料：12 月 5 号起到 1 月 15 号止，出高粱 5 斤，豆子 32 斤，共 37 斤。

2 月 1 号起到 5 月 20 号止，共 119 天，每天 1 斤，共计豆子 36 斤，高粱 83 斤。

总计豆子 68 斤，高粱 88 斤，共计 156 斤。

④ 大羊料：

郝员：小豆 13 斤，高粱 10 斤，合豆 15 斤，共 38 斤。

李天元：小豆 14 斤。(每天半斤，共 28 天)

高洪连：小豆 6 斤。

高祥彬：小豆 4.5 斤。

⑤ 大家证明从豆籽拣出破黄豆子 8 斤。

⑥ 6 月 4 号李天元拉回豆 30 斤。

⑦ 6 月 21 号薛廷甫拉回豆 20 斤。

⑧ 猪吃坏山药 130 斤，合粮 26 斤。

总计：豆子 645.5 斤，高粱 620.5 斤，小豆 31.5 斤，山药粮 26 斤。

总共：1 329.5 斤。

说明：1966 年实喂牲口料 1 352.5 斤。

1966 年以用粮与 1967 年以用粮对比情况：(下面是六七年用粮)

作　物	亩　数	亩　籽	共　籽
谷　子	49.2	1.065	52.4
玉　米	23	4	91.8
高　粱	7	1.86	13

续 表

作　物	亩　数	亩　籽	共　籽
合　豆	9.6		16.8
黄　豆	9.6		40
小　豆	3.5		36
糜　子	5	2.5	13
杂　豆			11.8
山　药	7		515
共　计			909.8

高粱、玉米都代籽

水沟生产队粮食核算表

1967 年 7 月 21 日

			谷子	玉米	高粱	黄豆	合豆	小豆	糜黍	云豆	山药	合计
六六年粮食			3 469.6	1 155	1 180.5	211	989.5	10.2	35	15	353	7 510.6
变动	物出				12					8	300	320
	物入											300
实　有			3 169.6	1 155	1 192.5	211	989.5	102	35	23	653	7 530.6
生产队使用	饲料	牧厂			185	15	70					270
		本队			620.5	645.5	645.5	37.5			26	1 329.5
	换白菜苗			90								90
	猪饲料			344	39							283
	牧厂工人		100	43		34						177
	种　籽		52.4	91.8	13	116.8	116.8	36	13	11.8	575	909.8
	合　计		152.4	568.6	857.5	811.3	811.3	13.5	13	11.8	601	3 159.3
借出使用	社员借出		197	138	11.5	14	14	5.5				426
	社员补入										52	52
	队里使用		108.5	8		18	18	10				144.5
	合　计		305.5	146	11.5	92	92	15.5			52	622.5

续　表

	谷子	玉米	高粱	黄豆	合豆	小豆	糜黍	云豆	山药	合计
清属实有	2 660	393.7	329	146	146		20			3 548.7
余　亏			5.5							5.5
	51.7	46.5		81.2	81.2	13	2	11.2		205.6

1967 年 8 月 12 日

召开革委扩大会议

公社武春、陈学生。

会议除传达公社三干会精神外，着重讨论了下面几个问题：

① 大队成立护秋委员会：

主任：高祥。

副主任：李正林。

委员：郝存山和十个民兵排长。

共 13 人。

② 西沟碾子湾要求补点坡打羊业：

与会干部一致不同意给坡。

③ 大队成立予分估产委员会：（估产结束为分配委员会）

主任：张明德。

副主任：郭占奎、高祥。

委员：李正林、郝存山、王文清、彭正付、十个队长。

共 17 人。

1967 年 8 月 16 日

召开革委扩大会议

参加人员：张明德、李正林、郝存山、高祥、郭占奎、彭正付、梁进、杨存秀、张文海、杜万林、刘会清、王立新、张文明、梁明、王文清、杨宝善、董成瑞、高桂有、穆凤海、荣正廷、张明瑞、高洪海、薛廷甫、高德仕、高德清、卻桂林。

讨论记录：

① 创业队：

(1) 人员不固定常年,那时换由各生产队参加的会议确定。

(2) 口粮不单留,与家里留在一起。

(3) 除会议确定人员参加劳动外,别人一律不能参加劳动。

(4) 从明天起创业队不早战,一律参加本生产队早战。

(5) 以前早战工分,由创业队领导具体掌握,如出勤早,男的以三分往下评,女的以二分往下评。

② 牧厂房木是否外卖?

不卖,留大队明年盖房自己用。

③ 沟门小学是否扩班,如扩师资怎办?

不扩班。

④ 水沟掌牧厂拉剩下的柴火,再不想清要损失?

明天去拉,因为5、6、7、8队没耕滩地,每队去车二个,拉回送大队,先装柴火,后拉木头。

⑤ 杏核是否收尽了?

1、2、4、5、6、7、8、9、10队牛羊官摘一点(个别还没摘),已熬粥吃了,现在一点没有了。

3队张宝艮摘三口袋,已抓了油了。

⑥ 木业厂加工完怎么办?

加完厂子人不回生产队,自己先砍点加工,不能停业,等打完青草羊业活再安排人员砍。青草羊业木匠不摊。

⑦ 锄杠工分讨论一下:

锄扛每根5厘,椚(椽)子每根1分,依看木业厂子打结的根数算,把工分开给生产队,给社员怎么记,由生产队决定。

拉的每车以锄杠40根,椚子20根,每人赶两个车,赶车人和每个车以十分计算。

⑧ 原定七月底向社员公布账目,有点问题,往后推一下,怎么样?

(……)

② 五队残牛最后怎么肯定?

因为在牧厂受伤,所以大队开的算牛工分,有(由)十个股负担,牛以原价归还五队。

③ 张连成的工分在67年6月22号讨论的基础上,张文科向武春提出再

加两个月的就行,看咱们同意不?

在六七年六月二十二号讨论的 75 元基础上,再补加两个月的,补加 12 元,共解决 81 元。

从六六年决算提取的公益金比例算,从六七年公益金内开支。

④ 在县开会瓦房沟要求买柴油机,我反映咱队有三台,用不着这么多,打算出一台,大家看看,同意不?

因为同用不着三台,出一台不算拆散集体,咱大队有两台先用的,不然还货款也有问题,同意出一台。

⑤ 祁凤元提出代销点修建的事,以前也讨论过,现在再决定一下:

各队同意出工,把栏柜闹好,砌个盐池盘个小炕,把门子好好闹一下。大队安排吧。

⑥ 把牧厂地点确定下来,好安排盖房? 当时打草打羊叶怎么出工?

地点定瓦窑,在原砖厂子盖畜棚数间,接现在的两间房往西盖草房三间,因为各队打草任务大,先叫创业队搞,叫彭正付和高祥彬掌握修建。

⑦ 副业厂子加工完怎么搞? 给土产去加工否?

把子加工完,各队打草打羊叶任务紧劳力少,先由副业队砍点加工不停。如果不砍回队里,由生产队支配。

去县土产加工,因为秋收,木匠都分,是一个人,现时先不去。各队自己找不出好的来,各队不搞它。

⑧ 去年旧社员草价不低社员有意见,今年根据社员意见怎么定?

社员谷草每斤 2 分 5 厘,玉米秽每斤 1 分,生产队秋天归草时一次把社员草收尽,社员来客拉牲口用草,按交队价计算。

⑨ 牧厂亏草 54 000 斤,每队 5 400 斤,都给什么草?

每队给干草 3 000 斤,青草 2 400 斤。

不管树芽,不管铁杆等。

⑩ 草坡怎么划?

(1) 各队经营的包产地和小片地的地也一律归经营队打。

(2) 产业不分坡,水沟大杨树沟外咀往里,双窑子沟马家坟往里,不准打。如打,由大队没收,归给牧厂,再根据情况进行处理。古方围厂沟,干沟以四亩沟往里到干沟坡不准打。

凡到封山沟幼林抚育,持大队准许证即可。

通过讨论,最后一致同意下列划坡意见:

决定给:

(1) 大杨树沟,勺子沟,大北沟,五房沟,斜尖沟。

(2) 抡坡沟往里到外头凹,小北沟,斜尖沟,大南沟。

(3) 水泉沟,四亩沟,大北沟,庙南沟的小歪脖沟。

(4) 苇子沟,坟凹,王八沟,小南沟,庙沟,张活沟。

(5) 从牧厂的房往里。

(6) 小杨树沟,庙南沟的小歪脖沟门往里。

(7) 双窑子沟,歪脖沟,小西沟子。

(8) 小南沟,后沟,破庙沟,炭窑沟,车厂沟。

(9) 大南沟,炭二沟,朝天凹。

(10) 三亩沟,长脖沟。

依看上列地点只准割树芽、蒿子、草,别的不准割。

⑪ 订清各队给牧厂毡掛:

3、4、5、10;9、8、先四后二。

⑫ 订清给牧厂猪饲料:

	2	3	4	5	8	9
糠						60
谷　糟	80				48	
白薯秧		50	100	40		

毡掛和猪饲料按 67 年 6 月 22 号,决定价付生产队款。

⑬ 各队投资牧厂牲口情况

<table>
<tr><th colspan="5">六六年</th><th colspan="4">六七年</th><th></th></tr>
<tr><th rowspan="2">队　别</th><th colspan="2">驴</th><th colspan="2">牛</th><th colspan="2">驴</th><th colspan="2">马</th><th rowspan="2">合　计</th></tr>
<tr><th>头</th><th>款</th><th>头</th><th>款</th><th>头</th><th>款</th><th>头</th><th>款</th></tr>
<tr><td>1</td><td>2</td><td>81</td><td></td><td></td><td></td><td></td><td></td><td></td><td>81</td></tr>
<tr><td>2</td><td>1</td><td>30</td><td></td><td></td><td></td><td></td><td></td><td></td><td>30</td></tr>
<tr><td>3</td><td>1</td><td>28</td><td>1</td><td>40</td><td>2</td><td>85</td><td></td><td></td><td>153</td></tr>
<tr><td>4</td><td>1</td><td>25</td><td></td><td></td><td>2</td><td>90</td><td></td><td></td><td>115</td></tr>
</table>

续　表

六六年				六七年				
队　别	驴		牛		驴		马		合　计
	头	款	头	款	头	款	头	款	
5	1	50							50
6					1	15			15
7	4	110							110
8					1	100			100
9	4	140							140
10	1	45					2	2 000	204
合　计	15	515	1	40	6	350	2	2 000	2 905

1967 年 9 月 15 日

召开革委扩大会议

参加人员有：张明德、李正林、郝存山、郭占奎、高祥、彭正付、梁进、杨存秀、范世梅、张文海、杜万林、张玉林、王永、王立新、张文明、梁明、杨宝善、董成瑞、高桂有、穆凤海、荣正廷、张明瑞、高洪海、薛廷甫、高德仕、高德清、御桂林。

共 27 人。

会议主要讲的问题：

劳力卡紧，因人安排农活，早出晚归取消中午休息，鼓足干劲，力争上游，多快好省、抢收，作到精收细打，颗粒还家，作好护秋护场，把牲口全部关起来。赶快把场院放大修好，把路修一下，把拉庄稼车修妥，把铺车的和牛古咀准备好，拉庄稼确定专人，把犁数修好，马上上套，把扶犁也由社员会决定要政治可靠贫下中农为核心的扶犁手。把留种工作重视起来，要专人检留，专人保管各队里优良品种调换，留足山药籽。各队的羊毛马上卖给商店，不准给社员。各队把秋收分配重视起来，由社员选出分配小组，由社员选出拿大、小秤人员，会计必须把手续闹好闹清，坚决杜绝在计算产量中折、扣现象发生，如谷、玉米要通过研究后作处理，各队绝不准有瞒产私分的现象发生，如发生由参加会议去负责。青草羊叶更要抓紧，比任务要超过不准完不成。任务要落实到人,完成数字要实际。把牲口特别是毛驴入棚不能在落水下受冻。早战后必须卡紧,以一天工作量衡量,绝不准过高,生产队早战时间必须与创业队、副业队出工碰口,否则有生产队负责。各队教育饲养放牧人员,注意青草羊叶不能给要了,打青草和羊叶必须以照坡的划分和林业制度办事。

有关下步工作是:创业队盖完房回队后继续治理,打场基本完成马上加人,副业队不停现在没有副业队先砍点加工,大秋作物割倒以后成立20—30人上山砍小木货生产工作大抓,总之共同前进。

有关几个问题讨论记录:

① 因为打青草和羊叶等情况,是否有必要检查一下林坡?

同意派林业主任郭占奎和护林员彭正付,明天马上开始检查。

② 木椽在各队存放亏数大,不如捡回大队院内存,看怎么样?

古方、苏寺由各队生产队派车明天送大队来,集体保存好。年底算清亏数,找出原因,下次会议讨论。

③ 各队投资牧厂牲口不平衡了,所以价格更不平,因为牧厂卖出5个牲口收入450多元,是否把各队投资的405元,先还几成,牧厂开支再从十个股交?

同意以百分之五十归还原投资队,致以牧厂开支从十个股摊合理。

④ 创业队和副业队买秧棵苗花大约9元是大队开支还是他们自己负担哩。

菜不算钱,秧棵苗大队也不开支,本人负担。

⑤ 劳动力今年是否还代肥哩。

今年不代。

⑥ 青草羊叶是记工分还是开支款哩。

记工分,青草头等16分,二等14分,三等8分;

羊叶头等8分,二等6分,三等4分。

社员个人卖与不卖,由生产队具体讨论决定。

⑦ 肥料是记工分,还是开支款哩?

开支小不记工分,鸡粪大粪干每100斤5角,头等每车30元,二等20元,三等10元,其外0.5元。质量由各队民主任定。

⑧ 义务工扣除问题决定一下。

每个劳动力4个,地富分子增加1倍。

⑨ 在8月31日讨论内,规定玉米秸,每斤价1分,是否有规格要求。

凡能喂的就收，不能喂的由卖方把下半截大杆子铡下去。

⑩ 创业队无故回生产队劳动，创业队不便领导生产队分交回队劳动，生产队累就来创业队，对这个问题怎么办，生产队不能随便给记工分。

⑪ 牧厂盖房工，全年是否以二个股摊算。

不分创业队员盖不盖，凡是牧厂盖房用工，今年一律以十个股摊算。

1967 年 10 月 8 日

召开革委扩大会议

参加人员：刘元、李献廷、朱庆珍。

张明德、李正林、郝存山、郭占奎、高祥、彭正付、梁进、范世梅、杨存秀、张文海、刘会清、张有、梁明、董成瑞、荣正廷、高洪海、高照明、王铁君、高祥彬。

共计 22 人。

首先由李宪廷传达省里电话会议精神，提出当前大学毛著，斗私批修，实现大联合，巩固三结合。讲出农业六好：① 生产好要适时种好秋季播种作物。② 收割好：精收细打，颗粒还家，达到丰产丰收。③ 选种好：就地选足选出良种。④ 征购好：优先交售干粮食。⑤ 分配好：兼顾国家、集体、个人三者关系，识大体顾大局。⑥ 保存好：妥善保存粮食经济作物，省吃俭用反对铺张浪费。大队几项工作意见：

① 积极工作：

在 12 号前把谷子打完，在 20 号前把场基本完成，月底前把场收尽。15 号开始征购粮入库。在 15 号前把地里那个草捡回来。20 号前把玉米高粱茬刨完搂尽。在 20 号前把青草全部集中起来。能实现。

② 秋耕地：

	1	2	3	4	5	6	7	8	9	10	合计
实有地	166	190	220	220	163	174	170	125	175	210	1 813
耕　过	85	80	85	100	65	90	75	40	90	118	828
上　套	2	3	3	3	2	3	2	2	3	3	26
再　增		1		1	1			1			4

在 25 号前一定把地耕完。

③ 农田基本建设：

	1	2	3	4	5	6	7	8	9	10	合计
现　上	4	4	4	4	4	4	4	2	4	4	38
15号到	8	8	8	8	8	8	8	4	8	8	76

计算方法:男女劳动力250人,畜牲业35人,副业20人,外出5人。

下余190人,按40%,亩76人。

人员上多怎么办?

高祥彬负责掌握时间,李桂符记工分,现在每队归一个小组,由来的人选1个人掌握小组,15号以后人多了,每天有队长,政治队长,组长来1个人代班。劳动搞定额,领导班分工后派人搞标准工分。

④ 副业生产,大队意见先给来副业厂子的木匠开个会,征取意见。然后成立砍加,副业队20人,要求每队出2个人。以砍扁担皮,把子为主,捎代砍少量杂木杆,以便给商店补上,缺数。地点先以西围厂沟,上山后由创业队抽人修路,上山砍1、2天,每队出牛车1挂开始拉,每天往反起码两趟。树头叫创业队拉下来,留的烧瓦用。大家讨论一下。

今晚先开木匠会,征求意见,必须是砍加副业队,因为不砍小队可以换人。西围厂沟开通明年不好管理,用创业队搞花果沟。9号把人准备好,10号上山砍,10号从生产队抽人修路,12号每队出牛车1个开始拉,生产队解决绳子,个人自备斧头。砍山也搞定额,领导班分工后,搞标准定额。

⑤ 牧厂问题再研究下列几个问题:

补助粮从10月1日起是否还补助?

从10月1日起不再补助。

如不补粮工分怎么定?

开锅与不开锅,从10月1日起到明春喂草期间,每人1工分。

定几个人员?怎么安排?

和老王商量一下,定三个人。一个人以养马为主,连下另活。另两个人1个专门看驴,1个送接后回厂子与拉马的打扫圈,煮料铡青草,等另活。三个人每天必须在厂子,马不能再随便外拉,专门养活,明春必须能使用。铡干草大队安排铡草机铡,除牧厂人以外,大队再安排抽人。牧厂必须健全手续,防止意外的事情发生。以上几条还可以通过王文清同志,具体安排,如果不能坚持,本人提出要求,大家再研究。牧厂旧草和料手续必须健全。旧草旧料的手续打算使用两连单旧草旧料和小队发秤不亦发，打算用学校那个黄杆秤行不行？

同意这个手续，和使学校的秤。

现在马喂干草，驴喂青草怎么样？

大队的意见我们同意。

⑥ 有的把子叫商店验收后，把款支给十个队，支持贫下中农换衣服行不行？

以十个队也好，秋后还有找齐。支持贫下中农换衣服是对的。

⑦ 各队存和苏寺亏 55，沟门亏 49，古方亏 30，共亏 340 根，怎么补？

苏寺亏的副业厂用，代销点用，沟门开滩使不少，各队一致同意，以牧厂盖房剩下的给补上，不能再扣各队的工分啦。

⑧ 高祥春期满寄来了调查表，怎么办？

期满咱们接管，由大队给填表寄去。

⑨ 样田工人换班不？欠口粮怎么办？

因为时间不长了就不换了。各工人欠口粮大队算出来开给各队，由各队给设法换回粮单，大队一同寄去。

⑩ 牧厂需要清粮食账工分？

大队安排清理。

⑪ 副业工分还未结算？

大队安排清理。

⑫ 副业厂给私人做活每天，大队算 2 元，木业厂有意见，大家再研究一下。

1967 年 10 月 15 日

把原定每天交 2 元改为 1.50 元，记 12 分，另 0.5 元由副业厂子木匠研究处理。

张明德、李正林、郝存山、高祥彬共同讨论高祥彬提出的几个问题：

① 原有创业队员与大伙合伙后有几个妇女劳动劲头不足，怎么管理；有生产队小组管理，合理记取报酬。

② 定额怎么实行？通过负责人以实际情况来确定。既不能偏高也不能太低，通过定额达到群众劳动积极性。

③ 开滩人上不齐（主要原因是有的队工不高），甚至 1 个人也没有，这个问题怎么解决？今天大队寄信叫生产队立即扭转。

④ 孩子顶工行不行？怎么记工分？

孩子顶工不行,再来劳动不给记工分。

⑤ 实行定额后是否以小队为单位劳动?

以生产队划小组,由小组评工记分和王文清商量后还有几个问题:

(1) 红萝卜除腌菜,是否给小队分?

除腌菜余下的也不分,打个小窑存起来。

(2) 吃菜是否记人或款? 今后是否算款?

不记人也不记款,牧厂内部人吃,别人不准吃,也不算款。

(3) 牧厂人是可以早战劳动?

把牧厂活做完有时间可以劳动,把工分定额掌握好。

(4) 瓦窑道路应该加宽是不可以搞?

可以搞。

1967 年 10 月 23 日

召开生产队负责人会议

公社:刘元。

大队:张明德、郝存山。

创业队:高祥彬、李桂复。

生产队:张文海、张玉林、王立新、高桂有、梁进、荣正廷、高洪海、高洪朋、杨存秀。

共 14 人。

① 通过讨论把农田基本建设定额订下来。

以 4 公尺长,4 公尺宽,为一个标准畦子。

1 等 2.5 分,2 等 6.5 分,3 等 8.5 分,4 等 10 分。如果达不到验收质量的减工分。

要因地制宜搞畦子。全大队没有里程差别。出动人数和劳动力管理仍依 10 月 8 日决定执行。生产队人数有问题可以停副业人,也不能少出农田基本建设人。学生不上课,年龄大的学生,生产队可以让来参加开滩。必须实行同工同酬。

② 大桥和大道怎么抽人测量?

明天有高祥彬、李桂复、张文海、张玉林、高祥、李正林,六个人进行研究测量。

③ 依看会议定人数,有的队上不齐,这个工今年是否大致平衡?

差数太大,可以用社务工平衡。

④ 今年创业队盖房借高粱杆 3 队 25 捆，4 队 45 捆，黍秸 300 斤(包括瓦窑盖牧厂用大约 60 斤)，怎么还？

	1	2	3	4	5	6	7	8	9	10	合计
高粱杆	15	15	25		15			15	15	15	115
黍　秸				100		100	100				300

3 队不动。1、2、5 队把高粱杆给 4 队。8、9、10 队送交牧厂。6、7 队把黍秸给 4 队。

⑤ 生产用布 65 尺自报一下。

	1	2	3	4	5	6	7	8	9	10	合计
	1	6	8	8	7	5	6	6	6	6	65

⑥ 贫下中农补助布 895 尺，线 676 支，通过送户后，结果是：

	1	2	3	4	5	6	7	8	9	10	合计
户数	10	12	14	11	15	14	14	6	6	12	114
人口	56	43	62	58	74	64	54	31	22	66	530
布数	86	92	93	92	108	97	116	41	68	96	895
线支	70	70	70	70	70	70	70	66	70	70	696

⑦ 五队董成瑞找大队后：张化堂上年纪不能砍山，不砍行还叫他来，如果又砍又加我们打算把张桂元从创业队调到副业队，大队看行不？张明德答复是如果你队同意这样决定，调人走大队不敢做主，因为会议确定过调动创业队人必须有十个队参加，会议决定。你们队这个意见，还是大队和各队给做工作，通过做工作也不能行，因为人是抽回生产队，创业队、副业队是大队直接管理的，你队打算叫张桂元去砍木头也可以，别砍完木头不叫他在副业厂子，他再对大队有意见，总之副业厂加工是 1 个木匠，究竟谁去，小队决定吧。在张桂元没决定上调出，以前必须找出人给顶上。董成瑞说我们队几个壮劳动如我，祁凤山、杨宝喜、杨进才给轮班顶上，打完场确定专人。在这个情况下张桂元已到副业队干活，今天大家同意调到副业队不？

张桂元调到副业队，不是抽回生产队，我们没意见。别张桂元加工了，张化堂以后又来了,一个队来两个人不行。

1967 年 10 月 31 日

召开革委扩大会议

参加人员:张明德、郭占奎、高祥、郝存山、彭正付、杨存秀、高庆林、张文海、刘会清、王立新、梁明、韩普、荣正廷、高洪海、高照明、高祥彬、王文清。

共 17 人。

讨论问题:

(一)牧厂:

① 籽马:(通过孙付怀)。

每天早饭后必须给喂一次马。每天喂料必须有(由)负责人给过秤。出门必须经负责人批准后才能代草代料。不能随便将马拉出厂子。回家割柴火必须经负责人同意,早饭后拉马回去,晚必须将马拉回,如发生意外事,有拉马的负责。

② 饲养放牧员:根据高德明的情况,放牲口不用心,尽到人多地方去,夜间不起喂牲口,与厂子领导闹情绪,每天下沟门睡觉才回厂子,尽摊(贪)玩,如果继续下去,明春牲口有问题,为此决定换。

决定张明德到厂子去,一面给健全账目和制度,实践畜牧厂生活,各队回去找人,在未确定人以前,如果开会有(由)张明德自己找人顶工。

(二)副业问题:

① 打结木头工分怎么办?

农业 8 分,木工 10 分,农业 10 分,木工 12 分。

② 拉木头人、牛工分?

古方方面每个工人 10 分,牛 10 分。

水沟麻坑沿以外人 11 分,骆驼坡沟以外人 12 分,骆驼坡沟以里人 13 分。牛一律为 10 分。装的少由掌握人酌情减分。

③ 把砍木头工分决定一下?

坡别	黄榆扁担皮	杨木扁担皮	1.8 尺杂木杆	五尺杆	铁铣把	洋镐把	锤把	木川子	檩①	檩②	檩③
1 等	0.7	14	15	13	14	13	11	17	5	3	2
2 等	1	16	17	14	15	14	11	1	7	4	3
3 等	1.3	18	19	15	16	15	11	1.3	9	5	4

10 月 31 日以前均依二等开分。

④ 木工加工定额工分：（指每件而言）

	扁担皮	铁铣把	大洋镐把	小洋镐把	锤　把
木匠意见					
大队领导意见	3.5	1.5	2.5	2	1

打腊、打捆、在内、交货算数。由 11 月 1 日到 12 月底试行。

（三）铡草机修费问题：

凡是在跟机器人指导下坏的，责任在跟机器人身上，要是正常坏的，由大队负责修，不是正常的，由跟机器人负责。凡是跟机器人不在，那个队坏的，那个队负担。

（四）去县城推消（销）老牲口：

	1	2	3	4	5	6	7	8	9	10	合　计
牛		1				2	1	1	1		6
驴		1						1			2

（五）依着会议定人数，有的队上不齐，这个工是否大致平衡？

仍依 10 月 23 号各生产队负责人讨论决定的，差数太大，可以用社务工平衡。

（六）小马问题：

各队发表叫赔价：

张文海	刘会清	王立新	梁　明	董成瑞、韩普	六　队	荣正廷	高洪海	高照明	杨存秀
100	40	60	100	60		50	不	不	60

领导班成员发表赔价：

郭占奎	高　祥	郝存山	高祥彬	彭正付
60	60	40	50	50

按 10 个股包共 50 元，除 8、9 两个股去 10 元，还有 40 元。各队代同志与

社员商量,征求社员意见后,再讨论再作最后决定。

1967年11月21日

张明德去窑子沟队解决下面几个问题:

① 到六七年十月底有··粮2 000多斤,社员借粮扣不回来,加至今年灾荒,社员生活确有问题,从现有··粮抽出1 000斤,放给社员,·不就不·粮食了。征求社员·粮100斤以上,·贫农户,了··100斤,高洪·30斤,另320斤,依着算是口粮,··身,每100斤··。

1967年11月30日

解决张明德到第三队落户问题:

公社:武书记。

领导班:郭占奎、彭正付。

三队代表:张文科、张有、李正林。

七队代表:荣正廷、张良、穆凤忠、张文广　　列席:高祥彬、张明德。

(一)土地问题:

① 按照固定5人应代10亩,把古方一段全给,产量依古房给的算,再从三队地西往东卡断给4亩,亩产依220斤计算。

② 自留地和小片地,先种在七队经营的,以后自留地和小片地归集体,给七队不归三队。

(二)其他问题:

① 记工分记在哪个队在哪个队分红。

② 公积金和公益金代(即贷)150元。别的什么也不代了。

③ 除代以上的以外七队什么也没有他的分了,三队,什么也有他的分。

1967年11月28日

卖给··县厂·公社,·········:

柴油机,1台,1 458.00元;

水管,1个,143.64元;

铜管,2根,587.35元;

磨面机,1台,184.10元;

黑鱼铺,1个,2.15元;

活口班,1 个,7.57 元;
活口班,1 个,6.09 元;
皮代扣,2 根,1.32 元;
改锥,2 组,1.03 元;
大代,6 米,33.13 元;
以盘,4 个,5.28 元;
顶以盘罗丝,1 个,2.65 元;
以盘罗丝,4 个,1.32 元。
共计 2 433.62 元。

1967 年 12 月 1 日

东万口营业所老王

通知生产大队及生产队

队　别	原　代	六六年还	实　欠
1	1 094.49		1 094.49
2	1 094.50		1 094.50
3	2 188.99	50	2 138.99
5	589		589
6	589		589
7	589	150	439

1967 年 12 月 8 日

召开革委扩大会议

参加人员：张明德、李正林、郝存山、郭占奎、高祥、彭正付、杨存秀、高洪海、杜万林、王永、王立新、高祥彬、梁明、赵云奎、杨宝善、董成瑞、韩普、高桂有、穆凤海、荣正廷、张明瑞、高洪海、高洪江、薛廷甫、高照明、高庆林、高德清、范成才、御桂林。

共 32 人。

讨论记录：

① 大队派彭正付去赤城专为副业打算搞杂木杆一事，听彭正付汇报后请

大家了解下步如何行动?

听彭正付汇报后,同意大搞一下,在决算前予(预)计搞到4 000根杂木杆。从九号起每队出2个人上山砍。各队马上准备牛车往县城发杂木杆。如副业用打结木头,刮皮等工,各队全力支持,因为快决算,先把副业安排在前,把拉粪都停下来,集中精力搞副业。各队车便宜马上装车。

② 生产队和社员使用木料,根据社员意见打算改变砍伐制度,砍挣分,使用认分,一律归副业厂掌握,各队出人统一搞能进一步维护林业发展,是否能行通。

应该彻底改变以前管理制度,从68年1月1日起,一律从副业厂取货,停止生产队和个人自行砍伐。生产队出人组成砍山专业队,砍木头挣副业厂工分,生产队使用木头给副业厂认分。决算前没的用,大队根据实际情况,适当批给,砍下来必须有看林人过数。

③ 社员用木料,怎么计价?

生产队认为需要介绍到大队批准后根据材料,以质论价,按寸计算,由生产队、大队、林业委员会,看林人共同丈量作价。至于价格问题:

六五年协作的:(每寸算)

	檩　子	锨　子	柱　子	椽　子
头　等		191	172	180
二　等		172	164	170
三　等	190	156	156	160

连言,六六年前,•• 每间房1元。

现决定:

檩、锨子、大山柱、车欠(钎)为一类每寸0.90元。

柱子,为一类每寸0.70元。

椽子,以质论价,最高每根0.80元。

连言,指椽子和白桦,每丈0.25元。

④ 公社批给椽子4 000根,怎么搞?

根据本大队情况,先不搞椽子,以后再说。

⑤ 外面有人来买房木,是否卖?如卖外面还得上税?

外面有人买大队和副业掌握人就卖,檩、椽子、大山柱、车欠为一类每寸1

元。柱子每寸 0.80 元，椽子 0.90 元，零星小货以质论价。卖出木头必须上税。

⑥ 今年副业款收入不小，把人劳分红比例讨论一下？

经过讨论一致同意人四劳六计算。

上年欠的木头款和今年凡是林坡收入一律计算在副业项内。

⑦ 水沟高洪朋、李天元等给牧厂顶工放牲口，是否给补助粮？

因为没在厂子开伙，不给补助粮。

⑧ 六三年修完戏楼苏寺三个队出工主办，沟门南队帮工修起桌凳留搞文艺用，社员反映现在管理有问题，提到大队意见来，这个问题怎么办？

所有数归苏寺三个队，由大队统一管起来，大队搞文艺可以用，别的事谁也不准用，坏了大队派木工修一下。

⑨ 六三年苏寺做桌凳张化堂借彭正付点木头，苏寺三个队至今未还，要求大队给还，大家看，怎么样？大队借王文清白桦棺材盖材料至今未还，该怎么办？

苏寺借木头做桌凳，现在全大队搞文艺也用来，大队给还也应该。适当找棵柳树把王文清、彭正付木头还了。

⑩ 把机器卖给大石磊，是根据 8 月 31 日大家决定办的，给大家念念卖出什么(本年 11 月 28 日定)，有什么意见？

大家决定叫卖还有什么意见，把款早点还国家省得拿利。价格计算合理。

2.8 成为 250 斤，按 8 500 个劳动日分 5 270 斤，工分粮每个劳动日为 6 斤。

姓名	实借	人口	每人平均借	今年分			扣合		下放粮		
				基本口粮	工分补	合计	分粮	每人平均	定量是	照顾	合计
崔文彬	633	8	80	2 000	340	2 340	1 707	213	253		253
吕成林	384	6	64	1 500	393	1 893	1 509	251	204		204
范世明	99	2	50	500	90	590	491	245	64		64
杨存秀	262	5	53	1 250	373	1 623	1 361	272	1 756		175
杨存荣	183	5	36	1 250	298	1 548	1 365	273	167		167
邵胜明	448	5	89	1 250	438	1 688	1 240	248	182		182

续 表

姓 名	实借	人口	每人平均借	今年分			扣合		下放粮		
				基本口粮	工分补	合计	分粮	每人平均	定量是	照顾	合 计
郤政明	915	10	91	2 500	557	3 057	2 142	214	330		330
孙富怀	361	4	90	1 000	296	1 296	935	234	140	30	170
李献成	220	7	31	1 750	416	2 166	1 946	278	233		233
范成才	744	7	106	1 750	377	2 127	1 383	198	230		230
李树清	801	10	80	2 500	453	2 953	2 152	215	319		319
张 珍	951	9	106	2 250	593	2 843	1 886	210	318		318
张桂生	327	3	109	750	144	894	567	189	97	90	187
张桂成	142	1	142	250	142	392	250	250	42	80	122
薛德彬	60	1	60	250	179	429	369	369	46		46
合 计	6 536	83		20 750	5 089	25 839	19 303	2 325	2 800	200	3 000

1967年12月15日

张明德去干沟生产队，在社员会上通过讨论解决下列问题：

① 生活问题：

67年社员借粮6 536斤，今年应分25 839斤，扣后实应分19 303斤，每人平均232.5斤，日平64斤，不少社员几乎就没粮食，生产劲头不足，确有问题，通过访问了解算账，从六七年一年实有机动粮4 700多斤，抽出3 000斤，除张桂成、张桂生、孙富怀三户为重点户以外，以定量整算分给社员，拿款不扣粮。其口粮安排是：实产32 519斤，饲料4 735斤，数籽1 728斤，口粮不扣皮26 056斤，83人每人313.5斤，日平均85斤，扣皮后24 243斤，每人289斤，日平均80斤。基本口粮313.5斤，

② 张珍机器受伤问题：

3月2号起到8月23号止，其中8分阶段的共30天，应记240分，10分阶段的145天，应记1 450分(8月24号到9月1号去县城卖驴)，9月2号到9月18号(减2.5天劳动)，应记14.5天，工分145分。

按天计算应记1 835分。通过作双方工作，最后一致同意前4个月满分为

1 140分,后两个半月给460分,总共1 600分。前报药费单据小队准公益金开支,张珍手不满1元的单据,张珍负担。所给1 600分,按分值计算,全部公益金开支。

③ 讨论学校校址问题:

从心眼不同意扯(撤),但又考虑到学校是全大队办的一切开支全是全大队负担,教员大队找,与水沟比,没有道理说不叫扯(撤)。

1967年12月16日

通过王文清、张文科、彭正付、张明德,研究决算前作车货工分:

	轮　子			车　头	轴	付　条	车　辕	
	起	漫	修	(对)	(根)	(对)	(对)	
坡　别	1	1	7	4	4	2	7	7
	2	1.5	1	5	6	2.5	1	10
	3	2	1.3	6	8	3	1.3	13

此标准暂用,因为未通过革委扩大会议,六八年一月一日后,以决定算。

12月20日革委扩大会议,通过讨论,同意执行几个人研究的上述意见,通过试行如有不妥,六八年重新修定。

1967年12月20日

召开革委扩大会议

参加人员:张明德、李正林、郝存山、郭占奎、高祥、杨存秀、高庆林、张文海、梁明、荣正廷、张银、高洪朋、高庆成、张有、赵云奎、张文光、高洪江、杜万林、王永、张文明、杨宝善、高桂有、穆凤海、张明瑞、薛廷甫、高德清。

共26人。

会议首先宣读了中央关于对征询召开对九大意见的通报。

接着由李正林传达,汇报了公社工作会议的情况,就大办学习班,把苏寺大队办成毛泽东思想大学校的问题,张明德再三说一说。在会上由李正林根据公社意见通知了参加去公社学习班学习的人员等。

讨论问题记录:

① 副业大致计算(连12月17、18号发的杂木杆在内)到20号止收入已在

9 400 多元,离予计 1 万元相差 600 元,决算前怎么搞?

经过再三讨论,最后定为一个是不补杂木杆,把存的杂木杆、扁担发走。另一个是如果二次拉杂木杆车交的顺,再送还能交,就车回头后,马上再搞一趟的。

② 副业厂子的帐已经算出来,工人予支额实在不小,都叫本人负担有问题,加上如果全归工人下年换人加工工具不好处理,大家看怎么解决好?

通过讨论一致认为,因工人购买家具太大,都叫本人负担有问题。九月前按前研究的超产部分提百分之三十五仍给工人作奖励,十月份以后不再计算超产。加工的工具归生产队,从副业内开支。工人全部予支除应得奖励款和归生产队工具折款外,全部款回生产队。如予(预)支额太大,通过协商逐年扣回。

③ 因为出人不一致,所以推钜就不一致,作推钜床是否扣木工分?

由副业厂子评议,一个推钜和多少分,由大队从生产队副业工内扣回。

④ 加工工具归队后,是代回生产队,还是大队统一代替保管?

1—4 队同意大队代管,5 至 10 队同意代回队。

⑤ 上次发出的把子至今未清理,这次又多发扁担皮,为了清理手续,是否派人去县一次和土产结算清楚? 叫谁去?

应该专人清理,彭正付病好了,彭正付和祁凤明去,彭正付不好有张明德和祁凤明去清理。

⑥ 扁担皮加工工分,上次初步作每条 3.5 分,通过实际看,因为木料不好,损失太大,大家是否再研究一下。

交了算,每根依 4 分工计算。

⑦ 社员用零星木头,怎么计价?

根据实际材料,由大队、生产队、护林委员会,造反派共同作价。大致上锅盖材料 1.50 元。

⑧ 各队改为使用木头从副业厂取货,应讨论一下,怎么扣工分?

		车轴(根)	车辕(对)	车头(对)	付条(对)	车成(付)	压心立柱(村)	新起	慢茬	补修
砍(坡)	1	2	7	4	7			1	7	4
	2	2.5	10	6	1			1.5	1	5
	3	3	12	9	1.3			2	1.3	6

续　表

		车　轴（根）	车　辕（对）	车　头（对）	付　条（对）	车　成（付）	压心立柱(村)	新起	慢茬	补修
用(坡)	1									
	2									
	3									

使用依着砍工分，按五推算。(加半)。

⑨ 公社分配给绒衣七件，再三叫生产队评议至今未报上来，今天大家评一下：

高庆海、马亮、张仲秀、韩登艮、高洪元、郝元、刘殿仕，各1件。

1967年12月25日

召开革委扩大会议

参加人员有：张明德、李正林、郭占奎、高祥、梁进、杨存秀、高庆成、王立新、梁明。

共12人。

(注：解决第1个问题，即民办教师工分时还有张荣、张明海、王铁君(决定前自行退出会场))。

讨论记录：

① 民办教师工分怎么定？

(王铁君在大队发言：张问：你请假有当紧事要走，不能到会，就民办教师工分问题，提出你的意见来，是多少分，还有工分扣法问题？王说：我的意见3 500分，假期不能扣分，这是我的意见，你们看的办，怎么弄也行，虽然学习斗私批修也指工分吃饭，解决的合适多干几天，不合适少干几天。(张紧喊代气走出大队)。从南面回来到讲台上又说，就是不给工分，我才是半年时间。张说：最好有意见到会上提一下。王说：那我回去穿皮袄)。

在会上发言是：

王铁君：我的意见全年3 500分，我7月4号上班，1—3号可以扣，这几天家里有事请假可以扣，别的不能扣。

张明海：今年给多少没意见。本年与相同劳动力，尤存元比相差400多分。就是给多少我也没意见，只要需用我不说不干。

干沟与沟门两校没差别,全年 3 500 分。王铁君瓦(佤)房 9 天没参加公社教育会议和 7 月 1—3 号穆凤祥顶工共 12 天,扣 120 分,以半年算,再开给他 1 630 分。王铁君去公社参加造反派会议不给开工分。1 天 2 天开了就算了,不再扣了。假期 1 个月每人 3 元已经就不扣了。

② 代销员祁凤元,除误工记工外是否还奖励?祁凤元比较工作积极热情,服务态度较好,除误工记工以外,再奖励工分 500 分。

③ 半农半医王铁成,除误工记工外,是否给奖励?王铁成起早贪晚夜间半夜,除误工记工以外,奖励工分 500 分。

④ 护林委员彭正付,1 年来误工没记工,过杂木杆也未开分,检查林木都没给报酬,怎么定工分?

不在这头在那头,凡是林业上用的工,全年给 500 分。

⑤ 优待工分怎么计算和决定?通过计算该补多少补多少。计算方法全大队六七年实挣工分,按全大队人口平均,得出每人平均工分。全家人口和每人平均工分相找得出全家全年工分。把本人实挣(大队、生产队彻底落实)工分查清后,从全家全年工分减出来。相减后得出工分用全大队平均分值计算。把大队以人分副业款计算上,残废金以上看决定的比例算上,(定期补助因为不多不再计算),家庭副业收入不再计算,最后亏多少款,用全大队平均分值,找出应补工分来。

⑥ 加工的扁担怎么决定工分?

听了张明德汇报土产款内情况后,决定:原决定加腊交了货算每根 4 分,改为不加腊交了货的每根 4 分。交不了的因为是六七年终,下年不能与这作比,这是清厂结尾,加上又是头年加工,所以每根以 3 分 5 厘大队收回。大队收的土产亏价,不给土产,自己作处理。

⑦ 农田基本建设工怎么平衡?

六六年仍以前决定的不找。

六七年 4 月 16 号成立创业队到 9 月 5 号止仍以创业队人数结算,计算出余、亏。

到六七年结住为止,减六六年的和六七年创业队的以后,仍看全大队各队情况,再照顾干沟 1 000 分,今年不找外,依分副业款人数算找出余和亏。创业队余亏和以人计算余亏相抵后的余、亏,当年找清。

⑧ 苏寺三个队提,去年工作队安排庙沟门挖泉,道上地打井别队都停这不叫停,这个工分怎么办,大队给负担多少?

不算细账了，给苏寺三个队认 600 分，每队 200 分，计算在全大队农田建设工内。

⑨ 彭正付买 1 车木渣子，是否算款？

彭正付历来不依靠，孩子手有毛病不能打柴火是暂时的，这次不算了，照顾他烧。

⑩ 古方两个队偷卖木车、木头怎么处理？

依着卖出的总收入百分之六十归大队。

⑪ 尤存元因工受伤的工分，几次向大队提，大家看是否再补给点？

因为是老贫农，再给 100 分。

⑫ 副业厂子供各队使用木头，就车头是扣分，还是作价？

车头太缺，使用队每对车头 5 元整，别的车货一律拿工分。

⑬ 大队现在锅不少，把去年牧厂买的大小底锅准备卖了，王文清想买，大家看可以卖不？

王文清想买依着原价卖给他。

会议笔记 2

1967 年 12 月 25 日

（紧接上 1 本）

⑭ 生产队使坏铡草机，去县城配买零件，工分怎么扣？款怎么负担？

各队使坏机器去县城配零件的工，大队已开就不用扣了。一切开支由使机器队负担。

⑮ 借王文清和彭正付的木头至今未还，打算把尤家坟下土盘的弯腰树砍伐还，行不？

同意用水沟门尤家坟下土盘的弯腰树还。

⑯ 创业队借牧厂食盐至今未还，创业队和副业队借秧歌苗子款至今未处理，因为决算是叫他们本人负担？还是大队开支？

在 9 月 15 日决定，菜不算钱，秧歌苗大队也不开支，本人负担。因为决算开法计算向个人扣，现决定：大队给副业厂水胶 1 斤计价 3 元，副业厂按推刨床摊下去，大队收回顶秧歌苗子钱，水胶款大队不用计算收入。

副业队借牧厂的食盐不用还了，就由牧厂开支算啦，秧歌苗子钱，今年大队开支，下年大队不开支款。

1967 年 12 月 27 日

在管理副业厂时：通过张明德、马明、罗有、祁凤明、张文祥、张化堂、高洪志、张明春、高祥清、邵政明。

共 10 人。

① 依着张明春的记工本记清各队用副业厂子木工修车工分是：

3 队：80 分；

4 队：280 分；

5 队：159 分；

6 队：276 分；

8 队：224 分；

9 队：160 分；

10 队：122 分。

共计：1 301 分。

② 每个推刨床，应扣多少钱工分？

原做时每个工合 2 个，所以每个合 6.5 分，决定每个推刨床扣 6 分。

1967 年 12 月 31 日

召开革委扩大会议

参加人员：张明德、李正林、郝存山、郭占奎、高祥、彭正付、杨存秀、张文海、张玉林、王立新、张有、梁明、赵云奎、韩普、董成瑞、穆凤山、荣正廷、张文光、高洪江、薛廷甫、高照明、高庆林、范成才。

共计 23 人。

讨论记录：

① 把社务用工和干部误工审查一下，再把干部奖励工订出来？

社务用工经过审查小组评定，有 5 000 多分（包括各种用工），我们认为都不能属于干部补贴工，再从 5 000 多分里抽出 3 000 分作为干部奖励。给大队 10 个人（张明德、李正林、郝存山、郭占奎、高祥、王文清、彭正付、梁进、杨存秀、范世梅）1 500 分，根据工作情况和误工多少自评。给十个队 1 500 分，每个队 150 分。生产队享受的有生产队长，政治队长，会计三个人。根据工作情况自评。生产队的组长、记工员、保管员、财政由生产队自提，但不能超过 150 分。

② 生产队会计从 11 月份以来没结账，又要搞决算，还没搞年报，旧帐必须转到新账，最好把工分给定出来。

每个会计以 15 天计算，共计给工分是 120 分。

③ 评劳动力摊出勤工和优待工分。

大队抽几个人，依着户口和平时情况决定。

④ 创业队干部是否给奖励工分？

高祥彬 200 分，李桂复 150 分。开到农田基本建设工内去。

⑤ 副业队干部是否给奖励工分？

祁凤明 50 分，张明春 50 分。开到副业内。

⑥ 发红宝书每户一套，怎么开支？

贫下中农和中农从生产队公益金开支，地富子弟（指土改不满 18 岁，现在是户主，家里未有老人的），也从生产队公益金开支。地富分子本人自买。必须 1 户一套。

因为居住分散，发红宝书大队不再集中开会，由生产队集体领回，以生产队开个发红宝书会议，通过发宝书，把活学活用毛主席著作的学习，推向新阶段。

⑦ 小马问题,今天定不下来,就推下午,大家有什么意见?

最后一致决定,包现金 60 元,十个股全叫包。

1968 年 1 月 13 日

根据 67 年砍木头工分的执行情况,有彭正付、张明德提出修订意见是:

坡别	檩子(根)			木椽	辋子(坏)			车头(对)	车轴(根)	付条(对)	车辕(对)	
	1 等	2 等	3 等		起	慢	修				1 等	2 等
1 类	5	4	2	7	1	7	4	4	2	7	6	4
2 类	7	5	3	1	1.5	1	5	6	2.5	1	8	6
3 类	9	6	4	1.3	2	1.3	6	8	3	1.3	10	8

上述意见通过革委扩大会议为准。

1968 年 3 月 7 日

召开革委扩大会议

参加人员:温金宝、张明德、李正林、郭占奎、高祥、梁进、彭正付、杨存秀、王铁君、张文光。

讨论记录:

① 老温:通过阶级斗争的教育,社员揭发,徐淑珍和杨宝福,今天谈谈大家看法。

梁进说:把杨宝福揪回,进一步揪根。徐淑珍带帽子轻,依法惩办,劳改队改造几年。

彭正付、李正林、杨存秀说:同意梁进的意见。

高祥说:把杨宝福揪回揪根,徐淑珍依法惩办。通知三队不准李海林,冀文付出门。

郭占奎说:同意高祥的意见。

张文光、张明德、王铁君说:同意高祥、李正林意见。

② 老温:整材料需要人员,叫谁整?大家一致通过决定叫张荣、王铁君、张明海给帮助整理。

③ 老温提:对杨宝福的出身历史和社会关系不了解,需要查证,派谁去?

一致通过张明德、高祥，去罗车铺韩家棚子查证。

④ 今晚的工作怎么行动？

具体分工是：

梁进负责张明海代笔，找张良、姚玉风去检举。

郭占奎负责张荣代笔，找李文奎去检举。

负责谈男女关系问题：

张明德负责：高洪志、穆永生、高洪江、李付海、张桂元。

张文光负责：高洪朋、高洪元、韩普。

李正林负责：杨进才。

彭正付负责：高祥会、李天将。

王铁君负责：高祥彬、祁凤明。

梁进负责：彭正德。

⑤ 通过镇压反革命领导组织：

核心小组：组长：高祥。

成员：张文光、张明德、郭占奎、王铁君。

负责人：李正林、郝存山、梁进、杨存秀、祁守军、彭正富。

共 11 人。

⑥ 三条战线分工包队：

1 队：郭占奎；

2 队：高祥；

3 队：郝存山；

4 队：李正林；

5 队：梁进；

6 队：彭正付、高洪熊；

7 队：张文光；

8 队：张明德；

9 队：王铁君；

10 队：杨存秀。

1968 年 3 月 10 日

大型讲用会：

参加人员有：

1. 郭占奎、高普、于合、杜万林、高庆成。郭清枝。

2. 高祥、李桂生。刘桂兰。

3. 张明德、李正林、补凤明、冀文付、张文明、赵存德、祁守军、张玉莲。

4. 郝存山、李树林、梁明、赵云奎、杨宝善、郝淑花。

5. 高桂有、韩翠梅。

6. 彭正付、穆凤山、穆凤海、张淑梅。梁进。

7. 张文光、荣正廷、张艮、尤长贵、穆凤花。

8. 高洪海、郝存付、薛廷甫、高洪江。

9. 刘殿仕、高德清。

10. 杨存秀、邰政明、王占奎、邰桂林。

讨论记录：

① 做磨具别磨的工分，因为以前干部没健全，也没在队长会上决定，只在几个领导班人和在副业厂劳动的人通过了，做磨具每套 6 分，别磨每个 5 分，大家看怎么样？

以前的工分不低，以后也不用再变了，高就高点，就这样执行给开工分。

② 磨条怎么记工分？

依瓦窑收到数量算，每 100 根开 10 分。

③ 磨杆工分怎么记？

山榆每根 5 厘，桦木 3 厘。

④ 大边檄每根怎么记分？

每根边檄 7 厘。

⑤ 葡萄架杆怎么记分？

每根记 1 分。

⑥ 磨具砍木头工分怎么记？

由副业厂子根据架杆评议给开工分。

1968 年 3 月 6 日

召开妇女会议

参加人员：

1. 王正玉、明秀英。

2. 刘桂兰、王秀琴、包献梅。

3. 彭淑琴、祁守军、张玉莲、李淑兰、李淑琴、田秀英、张文花、王进梅、徐桂兰。

4. 杨凤枝、郝淑花、李忠梅、李玉兰、闫秀英、赵玉兰、王淑英、周秀花、姜桂兰。

5. 李献梅、韩翠梅、高淑梅、范淑兰、杨淑珍、韩淑琴。

6. 穆长留、乔玉梅、张淑梅、高淑兰、冀连花(三舅妈)、田玉兰、穆存梅。

7. 尤淑珍、于天英。

8. 薛淑琴、郝桂枝、高洪兰。

9. 张淑琴、高淑荣、高淑琴、高淑芳、高淑梅、王明兰、郭清枝、高淑花。

选举妇代会成员：

通过大队妇代会主任：祁守军。

副主任：郭清枝。

委员有：刘桂兰、张玉莲、郝淑花、韩翠梅、张淑梅、穆凤花、薛淑琴、高淑芳、吕桂梅。

共计 11 人。

在这次会议上着重讲：

1. 大办学习班；

2. 镇反；

3. 整顿组织；

4. 生产工作。

1968 年 3 月 14 日

在参加公社现场会议结束后，大队接着开会研究问题，参加人员有：

张明德、李正林、郝存山、郭占奎、高祥、杜万林、祁凤明、李树林、董成瑞、穆凤山、梁进、刘殿仕、高洪江、尤长桂、邰正明、杨存秀。

共 16 人。

(祁守军中午后因病回家)。

① 把参加县的学毛著大会人定一下：

李正林、于合、李桂复、李桂生、张立新、李树林、董成瑞、梁进、荣正廷、高洪江、高德明、王占奎。

共 12 人。

② 代销员祁凤元换不换，让谁当？

不同意换的：杨存秀、邰政明、刘殿仕、高洪江、尤长贵、穆凤山、梁进、李树林、李正林、高祥、杜万林、郭占奎。

共 12 人。

同意换的：祁凤明、董成瑞、郝存山。

最后决定不换。在 16 号由张明德、郝存山清理货。

③ 大队应该把彭正付抽下看林子，副业厂另外找负责人？

看林子可另找人员，彭正付工作不坏，不能换。

④ 林业任务重，是否增选一名林业副主任？

因为梁明大公无私，任林业副主任。

⑤ 张明德的木头社员如果有意见，再找人过一下吧？

我们大队的木头实在不贱了。张明德的木头不再重过。发言者有：杨存秀、邵政明、高洪江、尤长贵、穆凤山、梁进、李正林、李树林、董成瑞、祁凤明、高祥、杜万林、郭占奎。在场共 14 人。

⑥ 把成立革命委员会的筹备小组选出来？

组长：高祥。

副组长：杨存秀、李树林。

成员：张明德、杜万林、祁守军、董成瑞、穆凤山、尤长桂、薛廷甫、高祥彬。

共 11 名。

1968 年 4 月 15 日

召开革委扩大会议

参加人员有：高普、高庆成、高祥、李桂生、张玉林、张明德、李正林、祁凤明、赵存德、王铁君、王铁成、郝存山、李树林、韩普、董成瑞、彭正德、梁进、彭正付、穆凤山、尤长贵、李天元、高洪江、刘殿仕、高祥彬、杨存秀。

共计 25 人。

首先学习地区学毛著典型材料：

黄风鸣、张桂英、李景秀、孙志兰和倡议书。

接着汇报了地区学毛著积极分子代表大会的精神。

最后松树苗分配是：

队别	1	2	3	4	5	6	7	8	9	10	合计
数量	100	100	150	150	200	200	200	100	300		1 500

各队计划肥田料是：

队别	1	2	3	4	5	6	7	8	9	10	合计
数量	300	200	300	200	200	500	200				2 000

公社给莜麦籽分配给：

队别	1	2	3	4	5	6	7	8	9	10	合计
数量					80	80	80	60			300

确定参加公社政治工作会议人员：

大队：李正林、张文光、高祥。

1 队：杜万林、张万国。

2 队：张玉林、罗有。

3 队：赵存德、李志彬。

4 队：赵云奎、张树生。

5 队：韩志忠、张化堂。

6 队：穆凤山、高洪熊。

7 队：(张文光)、穆凤花。

8 队：薛廷甫。

9 队：高德明、高淑芳。

10 队：吕桂军、范成才。

1968 年 4 月 24 日

召开革委扩大会议

参加人员：郭占奎、高普、高祥、李桂生、张玉林、张明德、李正林、祁守军、冀文付、赵存德、郝存山、梁明、李树林、董成瑞、张化堂、梁进、彭正付、彭正德、穆凤山、张文光、尤长贵、高祥彬、刘殿仕、高庆林、杨存秀、郃政明、王铁君。

共 27 人。

讨论记录：

① 瓦匠高德仕、张文德已经在外面订合同，讨论一下是否叫外出？

上次会议怎么研究怎么办,肯定留在本大队。

② 在田间能办起学习班,出勤能做互代的?

队别	1	2	3	4	5	6	7	8	9	10	
姓名	于　合	张玉林	赵存德	赵云奎	韩风明	穆凤忠	尤长贵	高洪江	高庆林	邰政明	

③ 能执行公社革委会用人工资规定的队?

队别:1、2、3、4、5、6、7、8、9、10。

④ 大队小书店(毛著发行)怎么建?

代销点进毛著,为小书店。

⑤ 大搞环境革命化(包括队房整理)什么时间完成?

在月底前完成。

⑥ 学校是否扩班?

把茨榆沟学生退出去,究竟扩班不扩,下次会议在决定。

⑦ 畜牧业怎么样加强管理?

由各队对放牧员很好审查、配备。加强教育,专人放牧不能轮班。

⑧ 毛著发行员,又是好人好事登记员,各队决定人员?

队别	1	2	3	4	5	6	7	8	9	10	
姓名	杜万林	王　永	李志彬	张桂生	祁凤元	高洪江	穆凤忠	薛廷甫	高德明	王占奎	

⑨ 地磨(亩)款怎么分配?

不单独核算,秋后同副业收入一齐分配。

⑩ 小木货加工队,瓦窑厂怎么定人员?

队别	1	2	3	4	5	6	7	8	9	10	合计
人数	2	2	2	2	2	3	2	1	2	2	20

由副业厂子根据人员分工:

各队出人是:张文德、张万国、罗有、马明、王立新、吴立祥、高付、包秀廷、张桂元、高桂有、彭正付、高洪志、穆奎仕、张明春、李付海、高洪有、高德仕、高祥清、邰政明、杨存秀。

小木货加工：张万国、罗有、马明、吴立祥、高付、张桂元、高洪志、高洪有、张明春、高祥清、郃胜明。

做瓦：高德仕、张文德。

提桶：王立新、高桂有。

泡泥：穆奎士、杨存荣、李付海。

扣砖：包秀廷。

负责人：彭正付。

⑪ 创业队定人员？

队别	1	2	3	4	5	6	7	8	9	10	
姓名	李桂复	王　良	张连成	杨宝山	张　富 韩凤明	梁　进	郭志甫	高洪兰	高祥彬	范成才	

⑫ 代销员是否换？如换让谁当代销员？

因为祁凤元家庭实有困难，根据其家庭情况，决定让他回生产队。决定刘良当代销员。从四月底卡住，五月一日接交。

⑬ 牧畜厂人员怎么定？厂址确定在哪里？

饲草以多少找齐？饲料怎么安排？配种员工分怎么定？放牲口人工分怎么定？牧厂人员今年给不给补助粮？

张明德因为工作需要调回生产队。由五月一日由张文桂接班放牲口。牧厂地点确定在瓦窑上。饲草在原来收的基础上再加 200 斤，喂完没有了再从生产队要。饲料从 5 月 1 日起给马加到七斤。毛驴料由厂子安排，尽量节约少喂或不喂。配种员的工分以常年计算到六八年十二月底。从五月一日起按 10 分计算。牧厂放牲口人不管垫圈，由创业队垫圈。放牲口人光给下骡子的牲口割点草。在生产队喂牲口上槽前，每人每天 11 分，从 5 月 16 日改工分。牧厂今年没有粮食补助。

⑭ 张明德外出开会，牧厂的工分大队扣多少？因为大队没有派人，所以大队不往回扣分。由牧厂三个人讨论自行解决。

⑮ 驴下了骡子，跟大群不行怎么办？

下了骡子以后，大队安排创业队给拉几天。

⑯ 籽马还是不好使怎么办？

籽马不配再去检查灌药。

⑰ 外配牲口小课5元啦,怎么给配种员?

外配1个收钱5元,给配种员8角,本大队仍以每头5角计算。

⑱ 牧厂需要5套扛绳5根大绳怎么给?

队别	1	2	3	4	5	6	7	8	9	10	合计
大绳	1	1	1	1		1					5
小绳					1		1	1	1	1	5

全是新的,4月底以前给齐。

⑲ 外队加工费,计价怎么规定?

从4月16日开始:

玉米每100斤1元;

谷子每100斤4元。

⑳ 韩正山砍倒的柳树不够一口方子,缺一个盖,怎么安排?

因为他是困难的贫下中农,大队从副业厂子砍倒的柳树内,给补一个盖材料。因为是贫农钱也不收了。拉板的工分也不扣了。

㉑ 借彭正付的(苏寺修桌凳)木头,怎么还?

张明德问张化堂:

修桌凳时,我经管的,木工你负责,扛彭正付的木头,我还不在场,你亲眼使的,你把木头大小好坏向大家说一下。

张化堂说:是我亲眼使的。就将彭正付从瓦窑拉回去的两根还,不亏彭正付,但是彭正付也没占大队便宜。

大家决定:就依那两根还了。

㉒ 借王文清的棺材盖材料,怎么还?

从副业厂子砍回的柳树选一个盖的材料还他。

㉓ 杨宝善的木头价,是否调整?

价不依原来咋评咋办,不同意把榆木小柃还给大队,再退回39元钱。

㉔ 外出工人,怎么定?

修路的:赵木林、穆凤林、尤存元、高德进。

植树的:薛德彬。

㉕ 到禁坡地打柴,违犯了林业制度,怎么处理?

按林业制度的规定办事。

1968 年 5 月 13 日

召开革委扩大会议

参加人员：郭占奎、张明德、李正林、祁守军、郝存山、董成瑞、彭正付、梁进、杨存秀、杜万林、罗有、李树林、张化堂、李天元、高祥彬、高普、李桂生、祁凤明、彭正德、荣正廷、刘殿仕、高庆成、张玉林、赵云奎、穆凤山、尤长贵、高洪江、邵政明、李桂复、梁明。

共计 30 人。

讨论记录：

① 参加整党学习班的人，已经由革委会提出，请会议审查？

会议一致同意革委会提出的“参加整党学习班”的人员，再拿回生产队讨论，如果有变在 15 号上午提到大队。如果不提就是没意见。在 15 号晚上正式开课。

② 选一名残废军人的学毛著积极分子代表？

一致同意李树林，由革委会把材料整理上报公社。

③ 水利大会战怎么搞，保证人数上多少？

以生产队为单位搞。

队别	1	2	3	4	5	6	7	8	9	10	合计
人数	15	15	15	14	10	15	10	10	14	12	
地点	大南沟门	苇地门	猛虎沟	南围外	涝水沱外	南沟	四亩沟以外	小柳树	大北沟	四亩沟	

④ 把副业工（4 月底），牧厂（四月底），农建用工（4 月底），社务工（四月底），都已给各队公布了，根据各队出工多少，提出各厂，队要人情况：

分配比例：

队别	1	2	3	4	5	6	7	8	9	10	合计
人口	80	86	103	92	70	87	73	40	69	83	783
比例											245
外出	1.96	2.11	2.52	2.25	1.72	2.13	1.79	98	1.69	2.03	19.18

分配各厂、队是：

队别	1	2	3	4	5	6	7	8	9	10	合计
牧厂	1			1						1	3
代销									1		1
办校			1				1				2
生产队	1	2	1	1	2	2	1	1	1	1	13
合计	2	2	2	2	2	2	2	1	2	2	19

各厂、队抽调劳动力完全同意。因为三队社用工有多,王铁成在生产队下乡治病又不方便,所以把张连成调回,派去王铁成,王铁成医务、财政用工,三队不再出人做工。

⑤ 牧厂王文清几次谈要求不干,怎么办?

一定不干,不能强制。经过再与他谈话,实准不干,可以回生产队。把牧厂与创业队合并,由高祥彬负责。在创业队内设三个组:育苗组、成滩种地组,这两个组可分可合两个组一套人员。人员分组由创业队安排。另设一个牧畜组,由梁进任组长,再配一个放驴人员。因为算不好管不严,使叫驴混了,由梁进负完全责任。明天有大队抽人去跟清牧厂饲料,交给创业队。

⑥ 安排生活的革委贫协联席扩大会议,在什么时间开?

安排生活研究粮食,不用再开大型会议,由革委会抽几个人可以审批。这不能算不通过大家。几个人根据实际情况,可以决定。

⑦ 生产队会计清账时间研究一下?

革委会负责同志可以根据情况决定时间,农业生产再忙也得把账目搞清。

⑧ 大队现在事务太多,尽考虑事务,影响中心工作,应该把副业厂、牧厂、创业队管理权限讨论一下?

从 5 月 15 日起权限一律下放到各厂、队,各厂、队有事可以直接和生产队商量。在商量中有分岐意见,不能使工作进展时,可提到革委扩大会研究,一般问题(事务问题),不能再由革委会包揽。各队、厂的工分,从五月一日起一律由各厂、队管理,但是每月必须反映工分情况,分类详细报大队存查。

1968 年 5 月 31 日

在整党学习班会议上的几个另行问题:

1. 学生(小孩)到泉子玩。

2. 6 月份粮食安排及麦米子。

3. 检查生产队库房的粮食。

4. 创业队人不齐，和闸板问题。

5. 锄苗及积肥。

6. 劳力出勤出工效。

7. 牧厂小叫驴。

8. 讨论怎么发棉花。

9. 榆树的管理。

10. 五代及大批判。

11. 牲口的管理。

1967 年 6 月 7 日

召开革委扩大会议

参加人员：郭占奎、高祥、杜万林、李桂生、张明德、李正林、祁凤明、祁守军、李树林、赵云奎、郝存山、董成瑞、张化堂、彭正付、彭正德、荣正廷、张文光、李天元、刘殿仕、高祥彬、范成才、邵政明。

共 22 人。

① 成立阶级斗争领导小组：

张明德、李正林、郭占奎、高祥、郝存山、张文光、杜万林、祁凤元、高祥彬。

共九人组成。

② 学校修建小组：

组长：李正林。

副组长：邵政明、张化堂。

组员：郝存山(兼财会)、高祥、彭正付、张文光。

共七人。

③ 给牧厂赶毡掛，每队羊毛 2 斤。

④ 创业队定人员是：

1 队：李桂复、张文有或者张文贵。

2 队：王艮、高洪文。

3 队：王铁成。

4 队：杨宝山。

5 队：张富、杨宝喜或祁凤元。

6 队：高洪举。

7 队：李化廷。

8 队：高洪兰。

9 队：高祥彬。

10 队：范成才。

1、5 队在指名内确定，不准更改。

⑤ 牧厂放驴人员，怎么定？

让张文贵去创业队，决定梁进放驴。

⑥ 把牧厂畜棚腾出来加工，现在盖不上房，打算借用三队畜棚是白给，大家看同意不？

只要三队同意，我们更行。

⑦ 把各队借副业款报一下？

	1	2	3	4	5	6	7	8	9	10	合　计
	100	100			100	100		100	100	100	700

⑧ 各队计划余粮定金？

	1	2	3	4	5	6	7	8	9	10	合　计
计划	100	150	250	250	50						800
肯定											

1968 年 6 月 10 日

通过 8、9 号两晚上，革委贫协及有关人员对杨宝福问题的订正，而加对杨宝福问题鉴定的有：

高普、高祥、李正林、张化堂、张明德、张文光、祁凤元、杜万林。

共 8 人。

① 摆观点的发言是否属实？

属实。

② 杨宝福的态度老实不老实？

不老实。

③ 对杨宝福的处理意见？

漏划地主分子，需要教育界开除，揪回来批斗。

1968 年 6 月 14 日

召开革委贫协联席会议扩大有阶级斗争领导小组，整建党领导小组会议。

参加人员有：郭占奎、高祥、李正林、张明德、祁守军、郝存山、董成瑞、梁进、彭正付、张文光、杨存秀、杜万林、李树林、张化堂、高祥彬、范成才、郤政明、祁凤元。

共计 18 人。

首先汇报群众专政运动开展的情况：

大家报揭发和点名的有：

戴帽的：

地主分子：吴德印、高祥春。

反革命分子：张宝珠。

反革命分子叛徒：杨宝忠、穆凤山、包清山、包清玉、李献春。

漏划地主分子：杨宝福。

反革命分子：郤胜明。

混进党内的阶级异己分子：张宝斋、薛风桐。

历史不明的：尤长桂。

有血债的坏分子：马万山、高庆桐、李文奎。

有现行活动的地主：李连春。

根据县大批判会议精神及我队实际情况，打算召开大型批判会议，通过大会的方法达到大批大揭高度。会议开法意见：

本月十六日开会开始劳动到中午完成一天劳动量。中午饭后集中男女老少全部参加。做过三件事，把吴德印、高祥春、张宝珠揪到大会上受批判。革委会应该写个材料讲话，接着介绍县里大批判会议精神。

贫协会、民兵代表、造反派负责人、红卫兵代表、红小兵代表、革命群众代表进行发言，最后呼口号，再揪走四类分子，接着革委会就当前生产抗旱安排，最后散会，请大家考虑是否开？开法怎么样？

根据现在开展的情况，应该开个大会。开法很好，各行各业全停全部参加大会。

革委会由张明德讲话，王铁成介绍县批判会精神，郭占奎代表贫协会讲话，民兵代表高祥发言，造反派彭正付发言，红卫兵代表祁守军发言，红小兵由张荣同志安排，革命群众有李树林、杜万林、祁凤元、韩普发言。呼口号和掌握会由张荣和王铁君负责。

通过这个会议进一步开展革命大批判，达到大揭大批高度。今后有问题的人开始交待进行查证，构成敌人的整理材料上报批后进行批斗。

在群众专改结本查清后接着把四不清问题进行处理。采取本人谈，社员提，最后达到对口，三满意进行妥善处理。

第三步为组织建保，纯洁组织，扩大队伍，阶级复议，改造组织。

这仅是个初步设想，以后再向领导汇报，大家看这样行动怎么样？

同意这样搞法。

几个具体问题的讨论：

① 分配的棉花 430 斤，研究决定应照顾户？

① 在贫下中农人口中不给照顾棉花的有：郤胜明、薛风桐、穆永生共三个人。

② 在发红宝书时，未定清成分的范太祥、范世明、高洪江、张宝君、张文海、张文德、高普共七户也和贫下中农同等对待。

③ 中农以上经评议，按全家人口给照顾棉花的有：杨存秀、杨占海、杨存荣、高德仲、薛廷甫、高洪朋、李文彬、穆风义、董成瑞、张桂元、杨德录、张文祥、高付、张文明、李桂生、张玉林、王永、王银、王登明、李茂春、李桂复，共 21 户。

凡评议的和贫下中农差别一两左右。

② 再把救济款和优抚款，评一下？

救济款：

昝元 5 元；

马占元 10 元；

刘付生 6 元；

杨进祥 5 元；

张清 5 元；

张文志 5 元；

张有 4 元；

高祥彬 5 元；

崔文彬 5 元；

张桂成 5 元。

共计 55 元。

优军款：

王进贵 5 元；

彭正付 15 元；

梁进 5 元；

高祥 10 元；

李树林 5 元。

共计 40 元。

③ 参加县学毛著经验交流代表会议的代表选出来？

革命委员会的代表：张明德。

林业代表：韩普。

民兵代表：高祥。

1968 年 6 月 30 日

召开革委扩大会议

参加人员：郭占奎、杜万林、高普、高祥、李桂生、张玉林、张明德、李正林、祁守军、祁凤明、郝存山、李树林、董成瑞、张化堂（半天）、祁凤元、彭正付、彭正德、张文光、荣正廷、李天元、高祥彬、刘殿仕、杨存秀、范成才、邵政明。

共 25 人。

会议首先汇报县革委会召开的“革命大批判，清理阶级队伍”会议精神，接着学习了三号、四号通告公安六条，沙古墩、东大发言材料后，讨论了以下几个问题：

① 运动材料必须确定政治可靠人来搞，看有谁搞？

张明德、杜万林、祁凤元三人搞，必要时另时再抽。

② 大会什么时间开？

3—5 号召开。

③ 刘艮要去治病，是停止卖货，还是找人代卖？ 两个月了，是否清货？

郝存山代卖几天，刘艮回来，刘艮再卖，5 月 1 日有张明德、郝存山清理。

④ 原定的牧厂盖房，经考虑有问题，因为去年以按股摊盖房工，今年再摊小队间有矛盾？

今年所盖的房一律归给副业工内。牧厂去年盖的房，今年瓦，瓦以十个股算，瓦房工一律计算到副业工内。

⑤ 山杏应该检查，怎么抽人？

1号检查，分三个组。

干沟：有韩普负责、杨存秀、高普、祁凤明。由张活沟到干沟。

西山：梁明负责，荣正廷、刘殿仕、彭正德。由斜尖沟至庙沟。

水沟：由董成瑞负责，李天元、李树林、李桂生。由王八沟至沟掌。

⑥ 生产应该由各生产队长参加，进行以下检查，大家研究一下：

内容以：查补苗，锄苗，积肥，出动五代，革命大批判，牲口管理等等。时间在十号前，由革委会安排。

各队买农药，分配白菜干

	农药			白菜干数
	自买	医条		
1		300		
2		300		
3		200		
4		200		
5		400		50
6		400		550
7		200		50
8		50		
9		100		200
10		50		150
合计		2 200		1 000

1968年7月6日

召开革委扩大会议

参加人员：郭占奎、高普、高祥、李桂生、张明德、李正林、祁凤明、李树林、董成瑞、彭正付、彭正德、张文光、荣正廷、李天元。

共14人。

会议首先学习毛主席最新指示，和毛主席著作，又展开革命大批判后，讨论山杏采摘问题：

① 从摘杏开始日起，到不摘杏止，凡是本生产队的劳动力，不论外出公事，或给全大队出工，本队牛羊官，拉、过杏人等，一律由所在生产队把出勤工分列入杏工以内。一律以工分，同上山摘杏的，除个人应得部分。

② 摘杏开始，牧畜厂、装、出、烧窑的，创业队，民办教员、代销点一律不停，照常工作。

③ 摘每 100 斤山杏报酬 20 分，交到车道，生产队在车道过秤。拉、过杏人，根据情况评工分。所摘的杏一律交生产队，归个人部分，也由生产队统一拉、存。弄成杏核后，把拉、去皮等工分，从应得杏核人扣回工分。

④ 每道坡摘过以后，仍继续看管，但全大队摘完，通过会议决定，撤回看坡人，可以社员再留(馏)。

⑤ 摘杏按百分之三十归给社员。

⑥ 卖杏核如果给粮票布票，一律归给上山摘杏人。

⑦ 全大队从七月十一日开始摘杏，除第 2 项规定人以外，全部上山。

全大队统一调坡。十一号在西山摘一天。从十二号开始摘水沟大沟路北坡，路南坡不准摘。

⑧ 在摘杏期间，不准个人捋杏业(叶)和摘杏，如果违犯，按制度处理。

1968 年 8 月 16 日

召开革委扩大会议

参加人员有：

张明德、李正林、郝存山、郭占奎、高普、高祥、李桂生、祁守军、祁凤明、张文祥、董成瑞、彭正德、荣正廷、李天元、刘广仕、范成才、高祥彬。

共 17 人。

讨论问题记录：

① 大办“以阶级斗争”为内容，革命大批判为中心的学习班，进一步贯彻落实毛主席“7.3”和“7.24”布告及“8.5”社论和“8.13”的社论，批判“多中心论”，进一步搞好清查阶级敌人。总之，通过大学毛著，搞好这些工作，深入持久地把上述工作搞好，这个安排怎么样?

同意这个意见，坚决办好学习班。

② 讨论一下会计工作：

1. 清 67 年秋到 68 年 8 月中旬粮食账。

2. 8月前的经济账。

3. 在算粮食账同时把社员借粮食清。

4. 1—8月份的工分。

总之搞好会计账,给予(预)分做准备。

大队安排抓紧搞。

③ 当前大抓以下几项工作:

1. 大搞开滩,加强农田基本建设。

从18号起每队以每十人出1个人,原抽的人在内,各队抽的人是:

合计	1	2	3	4	5	6	7	8	9	10	
77	8	8	10	9	7	8	7	4	8	8	

2. 69年以施20车,消灭卫生田,各队彻底检查算账,不足部分,大搞拉土垫圈和绿肥,是否同意?

同意,就这样抽算。

3. 全力以赴拔草,力争多锄一遍行不?

同意。

4. 各队在滩里种的地,如果想交大队,通过自己同意?

1队:种了乔麦,等秋后给。

2队:归给大队,不要了。

3队:种小绿豆,等秋后给。

4队:归给大队,不要了。

5队:回去商量,如果不要告诉大队。

6、7、8队:今年要锄出来,马上就锄。

9队:不要了,大队整理吧。

10队:不要了,大队整理吧。

5. 各队成立护秋小组3—5人,制定护秋公约,是否行?

由各队回去在社员会上订公约,建小组。

6. 各队准备公社修路工人。

7. 落实饲草,准备打草打羊叶。

8. 各队碎烂牲口要卖,报给大队。

④ 牧厂的毛驴是否卖?选准?

牧厂里有很多不能下骡子的，同意卖，凡是配了以后有 1—2 个月不反科的，先留下，实在没有出息的，检查一下就卖。选郭占奎、韩普去延庆出售。

⑤ 学校的修建在研究一下？

现在就准备木料，本大队社员有檩的材料可以买，至于价格大队抽几个人商量，本大队实在解决不了的，可到千松台等地买。准备八间房的，现在对各种材料就开始准备。

⑥ 公社安放大站，各大队放广播，每户大约先拿 2 元钱，咱大队初步算 360 多元，公社叫咱们先拿 500 元，多了的部分，误不了分红，大家看行不？

农村急需要毛泽东思想，需要安广播，拿 500 元款也行，但是给那个队顶，别误了秋后分红。

1968 年 8 月 29 日

召开革委扩大会议

参加人员有：张明德、李正林、郝存山、郭占奎、高祥、彭正付、杨存秀、张化堂、李天元、高祥彬、范成才、高普、李桂生、彭正德、张良、刘殿仕、高庆成、赵存德、赵云奎、高洪江、高庆林、杨宝善、张明瑞、高德清、郃桂林、梁明、韩普、张树生、高洪章。

共 29 人。

讨论问题记录：

① 首先学习了“河北省革命委员会对《关于把大办毛泽东思想学习班的群众运动提高到新水平的决定(草案)》的决定”，按省革委的指示办事。

② 牧厂的扛绳大绳在 4 月 24 日和各队已定妥，绝大部分生产队至今不给，是给不给，今天肯定下来。

能给，剥了皮能上能下上串就交齐。

③ 牧厂今年赶毡掛用羊毛是：

2 队：2 斤；

4 队：2 斤；

5 队：2 斤；

6 队：1.6 斤；

7 队：1.9 斤；

10 队：2 斤。

合计：11.5 斤。

下年还的赶,今年的毛是算钱还是下年找?

今年就以商店的价格找齐。

④ 牧厂的郭占奎、韩普卖毛驴,赶走6个实卖5个,剩回老白脸子,是否还卖?

别的驴就不卖了,老白脸以18元钱,那个队要那个队拉,没人拉等的推销它。

⑤ 牧厂饲草初步计划需用5万斤,看向各股分配多少?

先以青草2 000斤,干草2 000斤,分配青草要好的。秋后一次收清。明春不足各股再买。

⑥ 黑达营大队和别的队要求来打羊叶,是否划给点坡?

一律不准来打。

⑦ 今年对社员的秸草怎么管理?

凡是社员的谷草、玉米秸干了,秋后1次收清,玉米秸连根或者光要上半截,由生产队根据实际情况决定,价格仍依六七年的谷草2分5厘,玉米秸1分。社员来客拉牲口,生产队给草,仍以旧价给草钱。

⑧ 不按打草时间打,怎么办?

打的草没收归给牧厂,当下过湿草数,秋后以每100斤湿草,要干草200斤。

⑨ 打青草坡怎么划分?

仍依六七年分坡不变,包产地和小片地也怎么打,也按去年的决定。

⑩ 打草和打羊业,劳力怎么安排?

创业队,木货加工,瓦窑厂的劳动力一律不停照常出工。开滩多上的人,请示公社准许叫打草就打,不准许照常上人。

⑪ 为了加强林业管理,应该健全林业委员会?

队别	1	2	3	4	5	6	7	8	9	10	合计
姓名	郭占奎	王良	赵存德	梁明	韩普	高祥会、梁　进	李天将	李天元	刘殿仕	郜政明	11人

主任:韩普。

副主任:梁明、李天元。

⑫ 把打羊业规定一下:

不分坡。依着六七年秋的禁坡执行。杨树条不准打和割,如打每根条罚1

元钱。菜桦树以着一寸以上不准打(不包括 1 堆多棵的),如打按前规定每寸 1 元罚款。打羊业结束后,由大队革委会组织林业委员上山检查。如需到禁坡地连打羊业幼林抚育,必须持有大队证的即可。

⑬ 韩普同志提出榆树管理问题,应重视起来,研究一下:

从六八年八月三十日起一律不准砍榆枝。如砍每百斤罚款 3 元。地边和榆树滩里留有小树的不准羊群入内放羊,如入内放羊当日不给羊倌工分,每啃 1 棵树由羊倌给栽活三棵树。如,啃外队的,羊倌不给栽,有队里给栽。

⑭ 把看杏人的工分和检查杏人的工分研究一下?

看杏人每天依 14 分开。每看一夜也是 14 分开。检查杏人也依 14 分开。

订清看杏人的工:

	白　天	黑　夜
李天元	12	2
高洪江	2	
高庆林	14	
郤政明	12	
李天将	14	1
高洪熊	15	2
韩　普	15	2
梁　明	15	2
张立新	15	1
马　明	14	
郭占奎	14	

检查山杏人:

高普、李桂生、祁凤明、梁明、李树林、董成瑞、穆凤山、李天将、李天元、刘殿仕、杨存秀。

共 11 人。

1968 年 8 月 30 日晚

召开革委扩大会议

参加人员有:郭占奎、高祥、张明德、李正林、祁守军、郝存山、彭正付、杨存秀、李树林、张化堂、李天元、高祥彬、范成才、高普、李桂生、荣正廷、刘殿仕、赵存德、赵云奎、尤长贵、张文明、杨宝善、薛廷甫、郤桂林、张立新、张树生、梁明、韩普。

共 28 人。

首先传达了公社徐正海的电话会议:

今晚电话会也是通知开会的会,公社召开大型的三级干部会,会议准备往返六天,正式会议开三天,另三天打算到外地参观,参观分两个,黄营矿要重去如从家坊其余大队走横岑,大队的大队开支,生产队的由生产队开支。每人代(带)15 元钱,为车费用。31 号报到公社,每生产队 2 名,1 名队长 1 名民兵排长。大队三个人有正副主任和民兵连长。人数不能缺少。不准不顶事的去顶替。要有威信人参加。代(带)上行李,菜、柴火,以大队建火房,代(带六天吃粮,每大队再去 2 个炊事员。代(带)毛主席语录。大队留 1 个人值班,另 2 个人在十点前到公社听广播大会。

三十一号县开宣判大会,在大队能听的就组织社员在本大队听,苏寺听不到去瓦房沟听。四类分子也听,由民兵掌握。当前工作:创业队不停照常进行农田基本建设,其余人投入打草,大抓办绿肥,组织妇女儿童搞。参加会议要代(带)上改变茨营落后面目的设想。

几个另行事:

① 绿化工人欠口粮,薛德彬 26.2 斤,明天代(带)到公社。

② 巴图营欠工 100 钱,欠人 1 名,三五天给补齐。

会议研究:

① 送柴火应该四队送,但四队没柴又没车怎么办?

通过协商二队给送,四队没柴瓦窑借给,以后四队还柴火。

② 开会人是家里代(带)菜,还是队里拿点?

由生产队每人给代(带)六斤菜。

③ 把参加会议的人员定一下:

大队的:李正林、郭占奎。参观李正林。

1 队:高普。参观高普。

2 队:李桂生、罗有。参观李桂生。

3 队:赵存德。参观赵存德。

4 队:李树林、康登秀。参观李树林。

5 队:张化堂、杨宝喜。参观张化堂。

6 队：彭正德、田秀德。参观彭正德。

7 队：荣正廷、张明春。参观荣正廷。

8 队：薛廷甫。

9 队：高祥彬、刘殿仕。参观高祥彬。

10 队：王占奎、张珍。参观王占奎。

明天把菜交到大队，由干沟买盐牲口给捎茨营子去。

1968 年 9 月 6 日

召开革委扩大会议

参加人员：郭占奎、高祥、张明德、李正林、祁守军、郝存山、董成瑞、梁进、彭正付、张文光、杨存秀、杜万林、李树林、李天元、高祥彬、范成才、高普、李桂生、祁凤明、彭正德、荣正廷、刘殿仕、张玉林、梁明、赵云奎、高洪章、高洪江。

共 27 人。

会议首先由郭占奎、李正林传达了公社三干会的精神，接着进行了讨论：

① 民兵整组怎么搞?

马上进行，按公社指示全大队编三个排，由大队革委和民兵连先提名，整好后召开民兵大会公布讨论，定案后民兵进行军事行动。

② 把羊毛订正一下：

同意干沟杨存秀提的，给薛德彬留 1 个毡子的毛，每队再留足羊倌毡掛的毛，其余在三、两天都送到黑达营商店去。

③ 公社分配 50 块荆巴子，怎么办?

各队按劳动力分条子。各队把条送副业队，由副业队给编。每块先按 120 斤分条。

④ 应该成立“农田基本建设领导小组”大家看行不? 一致同意下列人员：

组长：高祥。

副组长：高祥彬。

成员：韩普、李正林、李树林、彭正德、李天元、高祥彬、杨存秀。

共九人。

⑤ 不少社员提私人卖羊业(叶)不合理，大家应该研究一下：

羊业(叶)一律不准个人卖。外大队买也支持。外大队作计划，经咱大队，咱大队根据各队卖数，理是分给生产队，超过批数，每 100 斤罚款 8 角，秋天算账由大队从副业款内扣。

⑥ 农田基本建设,怎么搞?

明天由农建小组到滩里全面检查,通过检查,根据实地,做出计划,向各队分配劳力,必须保证上齐人。

⑦ 对别有用意的不关猪,怎么办?

对屡教不改的,订立处罚制度:

每给赶回一个猪,罚款1元,5角给赶猪人,另5角交到生产队,秋后从生产队再扣十斤粮食。

1968年9月14日

参加革委扩大学习班的:

1. 高普(○)、杜万林(○)、郭占奎。
2. 李桂生、高祥。
3. 张明德、李正林、祁凤明、祁守军。
4. 郝存山、李树林。
5. 董成瑞、张化堂。
6. 彭正德、彭正付、梁进。
7. 张文光、荣正廷。
8. 李天元。
9. 高祥彬、刘殿仕。
10. 杨存秀、范成才。

注:划"○"的是半天。

划"√"的滩已开工。

1968年9月15日

召开革委扩大会议

参加人员:郭占奎、高祥(下午半天)、

李正林、张明德、郝存山(下午一会)、董成瑞、彭正付、杨存秀、张文光、李树林、张化堂、高祥彬、李天元、范成才、高祥、李桂生、祁凤明、穆凤山、荣正廷、刘殿仕。

共20人。

讨论问题记录:

① 搞副业在5月13日把权限下放到副业队,由各队民主管理,根据公社

指示和办学习班的讨论，今后应该怎么办？

搞副业在 5 月 13 日晚上讨论决定，副业权限下放到副业队，经过一段，搞的很混乱无法巩固，由今天起权限归革委扩大会，决定由郭占奎、彭正付主管副业生产。财会工作交归大队财政会计主管。

② 从 5 月 16 日到 9 月 15 日这一段账目怎么处理？

搞副业社员说不明白，必须给公布。会议决定由郝存山、王铁成、张明瑞帮助进行处理。

③ 把生产队盖房用木头，作价问题决定下？

生产队盖房每三间房木作价 100 元。从副业厂用木头，合理的再扣回砍、拉管理等工分。生产队以前砍木头现在盖房，房木价一律不免。生产队盖房，由革委抽人深入各队进行检查决定。

④ 瓦窑搞到什么时间停厂？

搞到三窑货为止。

⑤ 生产队和个人用副业场的木工，怎么计算收入？怎么样使生产队分红？

凡是通过副业队调给生产队或社员凡卖工的木工，用户给每个工 2 元的，交副业厂 1.5 元计 12 分，用户每个工给 1.5 元的，交 1 元计 10 分。秋后分红没差别。

⑥ 割柳条怎么记分？编荆把怎么记分？

头等柳条每 100 斤记 15 分；

二等柳条每 100 斤记 13 分；

编荆巴[把]每块记 15 分；

各队送条子的人、牛工由各队负担。

剩下的柳条，以后卖栈子。

⑦ 六八年秋收分配比例决定一下？

粮食按“二、八”执行。

⑧ 农田建设工程怎么搞？人员怎么定？

农田基本建设怎么搞，以农建小组意见执行。从今天起不经生产队支配劳力，创业队不能给开工。人员要固定：

1 队：李桂复、张文桂、郭清枝、张淑枝。

2 队：高祥春、李先春、刘桂兰、马明。

3 队：王铁成、张秀梅、张玉萍。

4 队：李忠梅、高淑兰。

5 队：韩普、张玉海、韩翠梅、高淑梅。

6 队：1 个人不能订，回队决定。

7 队：李化廷、张明生、穆永清。

8 队：高洪兰，另 1 个好劳动力轮班。

9 队：高祥彬、高祥廷、高洪宇。

10 队：范成才、吕桂武、郤桂林。

就当前工作提出：

① 打青草，打羊业。

必须打足，要抓紧。严禁个人卖羊业。

② 坚决搞好护秋。

定把猪关起来，防止损失粮食。

③ 各队要经社员民主讨论，选举出大公无私的“成立分配小组”。

④ 大抓当前三秋工作。

抓紧秋收，适时收割。

马上修犁杖，选举扶犁手。

马上整好场院。

⑤ 准备参加公社和县四级干部会议。

把生产队工作安排好。

1968 年 9 月 17 日

召开副业座谈会议

参加人员：张明德、郭占奎、彭正付。

工人有：高德仕、王立新、张文德、罗有、包秀连、穆奎仕、张文光、李海林、马明、穆凤起、高桂有、张桂元、高洪志、张明春、高洪有。

共 18 人。

先讲以下几个问题：

1. 大搞副业生产的重要意义。

2. 为什么今年副业权限归副业队。

3. 补助粮是错误的。

4. 高工分是违背毛主席革命路线。

5. 副业权限为什么归革委扩大会。

6. 今年怎么搞。

7. 征求意见的目的。(统一思想明确认识)

座谈会发言:

李海林:补助粮是我们的错误,我们不要求干部也不会给我们。

张文德:要求补助粮是私自,我们个人认为活重,所以再三要求补助粮。经过学习认识到吃补助粮不对头,使干部走错路受批评。如果社员给认更好,如果社员不认,我们吃多少给补多少。

包秀廷、王立新、高德仕、李海林、罗有、张文光、穆奎仕,都同意张文德意见。

包秀廷:我建议注意砖坯的管理,蓆都坏了,不注意就要受损失。

高桂有说:这次回去我不明白,是大队叫回去的,还是小队要的。是大队叫留1个人,还是小队往回要的。对小队不知今年是怎么回事,春天同意叫来,今年又是想卡就卡,想留就留。

彭正付:有事向大队互相间推。

生产队用人,又不经副业队。

大家一致表示对大队、生产队、副业队,都没有什么意见了。

最后大家表示态度:

① 那里需用,那里来,厂子没活,同意回队的有:

张文德、李海林、穆奎仕、包秀廷、高洪仕、罗有、王立新、张文光。

② 生产队叫回去就回去,叫在就在的:

高洪有、穆凤起、高洪志、张桂元。

马明、张明春。

③ 乐意在的:高桂有说:春天上场什么也不会,现在好容易有点头绪又叫回去。我还乐意在。

1968年9月18日

召开会计会议

参加人员:张明德(√)、郝存山(√)、杜万林(√)、王永(√)、张文明(√)、杨宝善(√)、祁凤元(√)、穆凤海(√)、高德清(√)、郤桂林(√)。

张明瑞(√)、薛廷甫(√)。

共12人。

着重讲以下几个问题:

1. 统会工作的重要意义。

2. 用毛泽东思想武装头脑当好红管家。

3. 搞好六八年的秋收分配：

(1) 订死粮食账。

(2) 掌握分配原则。

(3) 建立健全分配手续。(分粮、记账)

讨论记录：

① 从1月份到八月底,会计结账大队也没组织集中搞,有的搞了也没记工,有的也没结,应该把结账工分认识一下：

我们认为每月1个工差不多,从11月份以前,以110分,12月份以后再研究。这是我们的意见,竟究给多少,由革委扩大会议决定。

1968年9月19日

召开革委扩大会议

参加人员有：杜万林(√)、高普、高祥(√)、罗有(√)、李桂生(√)、张明德(√)、李正林(√)、祁守军(√)、祁凤明(√)、郝存山(√)、李树林(√)、祁凤元(√)、彭正德(√)、张文光(√)、荣正廷(√)、李天元(√)、刘殿仕(√)、杨存秀(√)。

共18人。

讨论记录：

① 粮库给的照顾白面,按总人口每人2两,具体到咱们大队怎么安排?

大队按现有人口,从粮库买回来,再按各队人口分下去,各队照顾白面的对象,由队委会和社员会决定。

② 在9月18日会计会议上,就1月到11月的会计结账工分提出了意见,每月1个工,共110分。12月份的工因为决算,以后再研究,大家看怎么样?

同意会计会讨论的11月份以前每月1个工,共110分。12月份决算以后再讨论。

② 杏核加工费怎么计算?

本社员挤每100斤2角。外社员挤每100斤3角。社员个人挤,因为以前手续不健全,由本队负责订正报大队计算收入。

④ 公社通知叫把“苏寺”改称,大家看起什么名字?

改称“红松大队”。

⑤ 副业队砍的木头，打的柴火外边存有部分，怎么清理？

副业队抽几个人，把木头和柴火往一起归拢一下。木头、柴火在整个上套以前拉回来。

⑥ 今年的三窑货怎么烧，柴火怎么准备？

这三窑货决算前肯定烧出来。

烧窑的柴火把大片地割倒再安排。

⑦ 副业加工厂人员怎么确定？

每队确定 1 个人，共上十个人。

人由各队派。

1 队：张万国；

2 队：马明；

3 队：吴立祥；

4 队：穆凤起；

6 队：高洪志；

7 队：张明春；

8 队：高洪有；

9 队：高祥清；

10 队：郤胜明。

5 队在会上不能决定，究竟张桂元或是高桂有回生产队决定。

1968 年 10 月 3 日

召开革委扩大会议

参加人员：郭占奎、高祥、张明德、祁守军、郝存山、董成瑞、梁进、彭正付、杨存秀、罗有、李树林、李天元、高祥彬、范成才、高普、李桂生、祁凤明、彭正德、荣正廷、刘殿仕。

共 21 人。

讨论问题记录：

① 按公社在瓦房沟开的五次全会精神计划 1 号上人，具体咱们大队怎么办？

通过讨论算账，最后决定为：

队别	1	2	3	4	5	6	7	8	9	10	合计
人数	8	8	10	7	8	8	7	3	6	6	71

从四号上人。由高祥彬、梁进、范成才先掌握,再上人多了再安排。搞法从上往下赶,那里执行不通了,有农田基本建设小组和队长们研究安排。

② 有的干部提(杨存秀说):大秋正忙干部外出开会,误工记工按原来执行实在亏,光白天记十分干部影响生活,大家研究一下:

随农业工分,队里有早晚战的阶段,外出1天计13分。

③ 滩里秋菜是分给生产队?还是卖?牧厂是否留点?

尽量卖,如果卖不了,再分给各队。菜价不能超过生产队,以后再定。牧厂留一小二号缸酸菜的。

④ 各队要求屠杀小老牛、驴。据生产队社员讨论,都具备县里提的三个条件:

(1) 不下犊准然下犊也不是好东西,没出息。

(2) 没有使役的力量,不能使役了。

(3) 社员一致要求出售,就是卖不了。

革委扩大会议是否批准?

队　别	1	2	3	4	5	6	7	8	9	10	合计
要杀牛	1		2	2	2	1					8

根据各队社员讨论情况,批准。

⑤ 县召开三级干部和学毛著代表会议,公社指示有革委会负责人,民兵连长,再选一名学习毛著代表,大家确定一下出席人?

革委会:张明德,民兵连长:高祥,学习班代表:郭占奎。

⑥ 六七年度和瓦房沟商店结算杂木杆时,尾欠他们近90元的杂木杆,咱们给款还是给木头?

以后给杂木杆,咱们没现金。

1968年10月23日

召开革委扩大会议

参加人员有:郭占奎、杜万林、高普、高祥、罗有、李桂生、张明德、李正林、祁凤明、郝存山、李树林、董成瑞、张化堂、彭正付、梁进、彭正德、高洪熊、张文光、荣正廷、李天元、高祥彬、刘殿仕、杨存秀、范成才。

共 24 人。

讨论记录：

① 滩里各队种的地，有的耕了，有的没耕，下年谁种，讨论一下？

滩里各队种的地，明年归给创业队。未有耕的在 25 号由种地的队给耕完。

② 外出修路工人的工分，应该怎么给评分？

因为外出，一定高于生产队劳动力，究竟给多少工分，根据修路表现和情况，下次会议研究。如果生产队劳动力高于大队研究修路人的工分，有生产队给补大队不负担。

③ 公社让大队成立农田建设民兵区，下设民兵排，咱们怎么配备？

把"农田基本建设领导小组"改称农田建设民兵连，连长高祥，副连长高祥彬，政治指导员李正林。成员有：杨存秀、李天元、高洪章、彭正德、李树林、韩普。共 9 人。

以生产队建民兵排：

队别	1	2	3	4	5	6	7	8	9	10	
姓名	李桂复	罗　有	王铁成	穆奎喜	杨宝喜	高洪熊	李化廷	高洪朋	高德仕	范德亮	

二十四号开学，学生一律上学，如果学生不念书，去滩里劳动，不给开工分。

人员分配是：

队别	1	2	3	4	5	6	7	8	9	10	合计
数量	14	15	18	16	12	15	12	7	12	14	135

在 135 人中，包括民办教员 2 人，代销员 1 人，牧厂 3 人。

各排出勤以排长为标准，来迟于排长的，根据情况扣分。

从明天起由高祥，亲自到滩协同高祥彬掌握。

④ 清经济工作怎么抓？

在革命委员会领导下，由张明德、郝存山负责。落实和处理问题，有革委和贫协会议讨论决定。

⑤ 耕地工分是以大队研究,还是各队自行安排?

各队有不同情况,各队根据本队情况去决定。

⑥ 牧厂卖毛驴,王文清意见,卖老的毛驴,郭占奎给的1对,陈仲才给的1对,共5个,大家是否同意?

同意卖。

⑦ 清理阶级队伍,请讨论下几个问题?

① 现在依法代帽的高祥春(地主分子)、吴德印(地主分子)、张宝珠(反革命分子),现在有些破坏活动和问题?

现在还没有新的破坏活动,应继续管制。

② 把地主分子吴德旭、李明花审查一下?

现在看来没有什么破坏活动。

③ 把富农分子:高祥涛、王淑英、高祥彩、彭淑英、高洪志、高祥普、李氏、高明宽、高祥廷、李氏、高祥生、卓氏审查一下?

这些人没有什么破坏,经过各队审查都没有什么活动。

④ 王志彬在瓦房沟村公所干过事,对他这个问题怎么办?

他在机关工作,东卯公社已查证,咱们大队就不用整理啦。

⑤ 群众反映高祥会当过兵,怎么办?

他在旧中国时,外出打短与(遇)见军队说当兵好,他和薛风桐人年轻就当了几天,后来开过大同,开差又跑回来的,这中间没什么问题,就算啦。

⑥ 群众反映地主子弟李连春有现行活动,具体事实没提出来,根据掌握的情况说一下?

李连春就劳力支配上,有个别人不听从,实际上别的表现不坏。就算啦。

⑦ 杨宝福的问题,教育线来人征求意见,咱们怎么看法?

他在咱队搞的事,光听教育线说认识好了。但是必须的和群众见见面以后,再发表意见。

⑧ 对杨进才历史(是否当李展仕兵),有怀疑,经过冀连彬、穆永生等人了解,说杨进才没当过,咱们怎么结论?

查清没当就算啦。

⑨ 李振洪当过伪县长,李世春过去也干过事,可是据李正林说,前几年北京来人调查他们,咱大队已写了材料,这次运动怎么办?

因为调查过了,这次就不用再过来啦。

⑩ 李先春已交待出在南沟是富农成分，当过特务腿子，当过小中队，当过李殿仕兵，对他这个问题还有什么追问的？

他就这些事，查对了，就整理一下材料，待公社批示定性吧。

⑪ 薛风桐已交待是国民党员，还有别的吗？

别的没什么，就这个问题请示上级批示处理。就不去查征啦。

⑫ 邰胜明自己承认是警尉捕，还有什么事没查清，大家提？

邰胜明在外边名誉不坏，荣正廷说最近梁东来人还说他不坏。他没什么罪恶，咱们认为是历史反革命分子。请示公社定性。不外查去了。

⑬ 李文奎、高庆桐、马万山群众揭发就杜连会和韩正奎死，应负人命责任，本人不承认，调查了解也无关。就杜连会死，他们三人因为当干部，经邰文明解决给杜连瑞出过 1.8，后来烧纸钱，他们不承认，怎么办？

人命不应他们负，但必须搞清他们给的烧纸钱。

⑭ 祖玉琴有人揭发有两枝手枪，他本人没交待，怎么办？

继续叫她交待。

⑮ 张文科不承认叛变，尤长贵要求查证，张宝斋也要求了解他家出生，就这几个人，定不了性，把交待材料也给大家说了，大家讨论外查不外查？

根据他们的情况，决定外查。

⑯ 穆永生的问题怎么办？

态度不老实，必须把李殿仕段阶干的坏事，和买菜籽，出口外等坏事交待出来。

⑰ 对杨宝忠的问题怎么办？

把当区小队叛变，当李殿仕兵，外逃情况写一材料，给他机关寄去。

⑱ 对李茂春的历史问题，怎么结论？

叫他详细交待。

⑲ 张宝廷当过伪部落长，在村打骂人作风不少，太大的罪也没有。张文玉当过李殿仕兵，咱们怎么办？

整一下材料，给他们大队寄去。

⑳ 包清山当过大阁西桐子派出所所长，当过李殿仕兵。包清玉当过李殿仕兵。家庭是地主成分。怎么处理？

把这些情况写一个信，寄给他们大队。

㉑ 对李献春的问题，怎么处理？

李献春是霸恶地主，当过李殿仕兵，在村里不干好事。叛变时腰里桶刀子大骂重砍干部头。62 年回来开成分证明去队里地投（偷）豆子喂地主驴，还霸高洪志家的毛驴等，把他写个材料，寄给他们大队去。

⑧ 研究一下外出查证人员和报酬问题?

梁进和王铁军去调查张文科。

郭占奎和张明春去调查张宝斋。

彭正付和高洪章去调查尤长贵。

外出每人每天 13 分，补助 5 角钱。

（下次记录转第 3 本）

会议笔记 3

1968 年 10 月 29 日

召开革委扩大会议

参加人员有：高普、杜万林、罗有、高祥、李桂生、张明德、李正林、祁凤明、祁守军、郝存山、李树林、董成瑞、张化堂、彭正德、荣正廷、李天元、高祥彬、高德仕、范成才、杨存秀。共计 20 人。

讨论问题记录：

① 如何成立“教育革命委员会”？几人组成？什么时间成立和开庆祝大会？

经充分讨论酝酿，根据学校意见，一致同意以九人组成教育革命委员会，提名是：郭占奎任主任委员，张荣任副主任委员，王铁军任委员，李树林任委员，祁凤元任委员，高祥彬任委员，郤政明任委员，王铁刚任委员，吕桂武任委员，共计九人。

今晚在各队普遍讨论，明天报大队在 31 号开庆祝大会。

② 牧厂怎么定人员？工分报酬研究一下？

经过充分讨论决定：彭正付管牧厂兼副业。王文清牧厂放牲口，对孙付怀加强教育，看一个阶段以后还不改，再换。

彭正付管调料，卖料，看门等任务。拉马的把 4 月 24 日研究的配种员工分改变。这次拉马的管挑圈，夜间喂牲口和放牲口的轮班。必须把马养好，把驴喂好。彭正付从 11 月 1 日起副业停止给开工分，在牧厂一天报酬 8 分。从 11 月份起，每月开给副业 100 分，其余由牧厂给开。生产队改 8 分时，放驴的与配种员，同时改为 10 分。每月由大队开分。五队想要老白脸驴，作价 16 元。如果五队不要了，张明德去张家口开会稍赤城去推销。张明德给小孩看病带牲口去，双方谁也不给工分。

牧厂饲料：从 67 年秋到 69 年春：高粱每股以 150 斤，豆子 670 斤找齐。

牧厂饲草：8 月 29 日决定每股给青草 2 000 斤，干草 2 000 斤，作为开销。

重新决定为：67 年秋到 69 年春干草每个股 3 000 斤找齐，明春不够各股再给。

③ 各队需用棚杆，怎么办？

各队需用多少马上报大队，经公社批示再砍。这次砍大队根据各队计划数，叫各队出人，砍下好坏是他队的。根据木头评给他分。然后大队再扣他队用木头工分。

④ 农田建设怎么搞？

把西河套刨的往上搞通。在调到东边，把挖坑的，耕了的都闹通，明春开犁能种为原则。搞完这些再从西边接着往下搞，人数必须上齐，要全力以赴干。

1968 年 11 月 18 日

召开革委扩大会议

参加人员有：郭占奎、杜万林、高普、高祥、李桂生、张玉林、张明德、祁守军、祁凤明、赵存德、张立新、郝存山、李树林、赵云奎、董成瑞、韩普、张化堂、韩风明、彭正付、穆凤山、高洪举、张文光、荣正庭、穆凤忠、李天元、高洪江、高祥彬、高祥清、杨存秀、范成才、邰政明。共计 31 人。

着重讲的问题：

① 以十二中全会公报为内容，大办各种典型毛泽东思想学习班，深入开展革命大批判。

② 落实十二中全会公报，开门整建党的工作。

③ 征兵和粮食入粮库的工作交农业税。

④ 大搞农田水利建设，把分配的筐编好。

⑤ 狠抓保留工作，收回社员草，草园管理，羊业马上拉，打好畜棚，选好饲养员。

⑥ 大抓起圈倒粪工作。

⑦ 安排好社员生活，大抓粮食节约。轮流让社员准备点烧柴。

⑧ 各队马上修车，准备送粪。

⑨ 宣布发给中农干部的毛主席像章：李桂复、张玉林、李桂生、王永、张文明、张文祥、董成瑞、薛廷甫、杨存秀。

⑩ 分配各队商品干草数：

1	2	3	4	5	6	7	8	9	10
1 500	1 710	2 100	2 070	1 450	1 580	1 410	1 110	1 550	1 920

共计 16 400 斤，征求各队都没有意见。

⑪ 把夏季队与队之间借粮弄清后公布：

		粮食		价格				粮食		价格	
		玉米	谷子	玉米	谷子			玉米	谷子	玉米	谷子
一队	2	498				四队	6		100		
	6	400					9			500	
	10	500					10			1 500	
	计	1 398					计		1 100	2 000	
三队	大队				203	五队					
	2			281							
	4				50		6		200	500	
	6			1 275			7			400	
	7			1 224			9			100	
	9			221			计		200	1 000	
	10			265							
	计			3 266	253						
八队	5			10							
	6			1 060							
	7			70		总计		1 398	1 300	7 476	253
	9			20							
	10			50							
	计			1 210							

实借粮食的情况

		粮食		价格				粮食		价格	
		玉米	谷子	玉米	谷子			玉米	谷子	玉米	谷子
二队	1	498				五队	8			10	
	3			281			计			10	
	计	498		281							
四队						九队	3			221	
	3			50			4			500	
	计			50			5			100	
							8			20	
							计			841	

续　表

<table>
<tr><td rowspan="2" colspan="2"></td><td colspan="2">粮　食</td><td colspan="2">价　格</td><td rowspan="2" colspan="2"></td><td colspan="2">粮　食</td><td colspan="2">价　格</td></tr>
<tr><td>玉米</td><td>谷子</td><td>玉米</td><td>谷子</td><td>玉米</td><td>谷子</td><td>玉米</td><td>谷子</td></tr>
<tr><td>六队</td><td>1
3
4
5
8
计</td><td>400

400</td><td>

1 100
200

1 300</td><td>
1 275

500
1 060
2 835</td><td></td><td>七队</td><td>1
3
4
8
计</td><td>500

500</td><td></td><td>
265
1 500
50
1 815</td><td></td></tr>
<tr><td>七队</td><td>3
5
8
计</td><td></td><td></td><td>1 224
400
70
1 694</td><td></td><td></td><td></td><td></td><td></td><td></td><td></td></tr>
<tr><td>大队</td><td>3
计</td><td></td><td></td><td></td><td>203
203</td><td colspan="2">总　计</td><td>1 398</td><td>1 300</td><td>7 476</td><td>203</td></tr>
</table>

讨论问题记录：

① 龙门所的工人，高德进代表工人要求，挣工分由连部评议，国家每天给的五角价，有 0.15 元，归工人，另 0.35 元给生产队，因为东瓦窑全部给工人，他们也要求把这 0.35 元归工人，是否同意？

不是一处出工人，有别处比的，不能归工人。

② 什么时间生产队改记八分？

十二月一日改八分工。

③ 公社修路工人吃粮实有问题，因为吃多少带多少，公社意见每人每天补半斤，咱们看行不，是否半斤少点？

哪个队出人，由哪个队见大队证明条，从本队积囤粮给补。工人每出勤一天补玉米一斤。由吃粮食人拿款。

④ 薛德彬去绿化活重。每天 12 分，与龙门所比太亏，是否给补点工分？

按出勤天算，每天补到 15 分。

⑤ 牧厂原决定王文清放驴，现在又提出回生产队下农业，人员怎么研究一下？

王文清回生产队，决定杨宝山放驴。

⑥ 高祥彬说：不少队同意让李兆阁来咱大队成立个药社，大家研究一下？

同意成立个药社，李兆阁来同意，大队可以找李兆阁先谈谈，就报酬怎么给，资金怎么抽，人员怎么配，下次会议再安排。

⑦ 送赤城的小车货至今未清，快要决算，是否去个人清理一下？

马上去清理，叫彭正付去，把老白脸驴也拉上去推销它。

⑧ 副业生产打算这怎搞：近 1—2 天把柴火清回来，马上锯开，集中车送走。再少砍点杂木杆，还瓦房沟商店的尾欠。除送两项以外，马上准备柴火，决算前把这三窑货全部烧出来，大家同意不？

就这样抓紧时间搞吧。

⑨ 把照顾的六件线衣分配以下：薛德彬、高照明、张银、穆永奎、刘付生、罗正全，共六户，每户一件。

⑩ 全大队和学校给棉花，从黑达营取回 64 斤来的，应该给没棉花换不上衣服的户，大家评一下：

高庆合二斤，高庆成二斤，昝元六斤，高瑞四斤，赵木林三斤，马亮三斤，王俊三斤，杨宝善三斤，康登民三斤，王立新三斤，张清五斤，穆永奎五斤，张银四斤，穆永清二斤，高洪江四斤，李天元五斤，高祥彬四斤。共计 61 斤。

⑪ 应成立“整建党领导小组”请讨论一下？

高祥、郭占奎、张明德、李正林、郝存山、祁凤元、高洪熊、张文光、杨存秀、高祥彬、李树林。共 11 人报公社批去。

⑫ 清理阶级队伍的定性质，十七日造反组织已经讨论，咱们大家认真讨论一下：

把地主、富农成份讨论一下：

<table>
<tr><th>姓　名</th><th>初揪性质</th><th>是否批斗</th><th>现在结论</th><th>是否上报</th><th>备　注</th></tr>
<tr><td>李明花</td><td>地主成份</td><td>无</td><td>因没有活动按社员对待</td><td>不</td><td rowspan="14">土改时周岁十七岁以富农子弟对待</td></tr>
<tr><td>吴德旭</td><td>地主成份</td><td>无</td><td>因没有活动按社员对待</td><td>不</td></tr>
<tr><td>高祥涛</td><td>富农成份</td><td>无</td><td>因没有活动按社员对待</td><td>不</td></tr>
<tr><td>王淑英</td><td>富农成份</td><td>无</td><td>因没有活动按社员对待</td><td>不</td></tr>
<tr><td>高祥彩</td><td>富农成份</td><td>无</td><td>因没有活动按社员对待</td><td>不</td></tr>
<tr><td>彭淑枝</td><td>富农成份</td><td>无</td><td>因没有活动按社员对待</td><td>不</td></tr>
<tr><td>高洪志</td><td>富农成份</td><td>无</td><td>因没有活动按社员对待</td><td>不</td></tr>
<tr><td>高祥普</td><td>富农成份</td><td>无</td><td>因没有活动按社员对待</td><td>不</td></tr>
<tr><td>李桂花</td><td>富农成份</td><td>无</td><td>因没有活动按社员对待</td><td>不</td></tr>
<tr><td>高明宽</td><td>富农成份</td><td>无</td><td>因没有活动按社员对待</td><td>不</td></tr>
<tr><td>高祥甫</td><td>富农成份</td><td>无</td><td>因没有活动按社员对待</td><td>不</td></tr>
<tr><td>李清林</td><td>富农成份</td><td>无</td><td>因没有活动按社员对待</td><td>不</td></tr>
<tr><td>高祥生</td><td>富农成份</td><td>无</td><td>因没有活动按社员对待</td><td>不</td></tr>
<tr><td>卓富英</td><td>富农成份</td><td>无</td><td>因没有活动按社员对待</td><td>不</td></tr>
</table>

再把群众所揭发的讨论一下：

姓　名	初揪性质	是否批斗	现　在　结　论	是否上报	备　注
高庆桐	坏分子	无	有一般的历史问题	不	
李茂春	怀疑历史	无	解除历史怀疑	不	
王　科	怀疑历史	无	有一般的历史问题	不	
杨进才	怀疑历史	无	解除历史怀疑	不	
李文奎	坏分子	无	有一般的历史问题	不	
祖玉琴	被杀家庭	无	因被杀家庭有一般历史问题	不	
李正洪	伪甲长	无	因北京已来查过，不再去信	不	
李世春	反革命	无	因北京已来查过，不再去信	不	
李献春	反革命	无	把所知道的情况给他单位去信	不	
张宝庭	伪部落长	无	把所知道的情况给他单位去信	不	
张文玉	反革命	无	把所知道的情况给他单位去信	不	
包清山	反革命	无	把所知道的情况给他单位去信	不	
包清玉	反革命	无	把所知道的情况给他单位去信	不	
杨宝忠	叛徒	无	把所知道的情况给他单位去信	不	

姓　名	初　揪　性　质	是否批斗	现　在　结　论	是否上报
张宝珠	反革命分子	斗	反革命分子依法管制	报
高祥春	地主分子	斗	地主分子依法管制	报
吴德印	地主分子	斗	地主分子依法管制	报
张宝斋	混入党内的阶级异己分子	斗	不属漏判，犯有严重错误	报
李先春	叛徒	无	有严重的历史问题	报
马万山	坏分子	无	坏分子	报
张文科	叛徒	斗	有一般的历史问题	报
穆永生	叛徒	无	普通反革命	报
尤长桂	叛徒	无	犯有严重的历史错误	报
薛风桐	混入党内的阶级异己分子	无	混入党内的国民党员	报
董胜明	历史反革命	无	历史反革命，因表现好按社员对待	报

以上共十一人，报茨营公社革委会审批。

姓　名	初揪性质	是否批斗	大队结论	上级批示
张宝珠	反革命分子	斗	反革命分子，依法管制	同意大队革委意见
高祥春	地主分子	斗	地主分子，依法管制	同意大队革委意见
吴德印	地主分子	斗	地主分子，依法管制	同意大队革委意见
张宝斋	混入党内的阶级异己分子	斗	不属漏判犯有严重错误，应当解放	同意大队革委意见
李先春	叛徒	无	有严重的历史问题	
马万山	坏分子	无	坏分子	属于一般问题
张文科	叛徒	斗	有一般历史问题，应当解放	同意大队革委意见
穆永生	叛徒	元	普通反革命	属一般历史问题
尤长桂	叛徒	无	犯有严重的历史错误	
薛风桐	混入党内的阶级异己分子	无	混入党内的国民党员	
郜胜明	历史反革命	无	历史反革命因表现好按社员对待	
		无		

1968年12月16日晚上

召开革委扩大会议

参加人员有：杨存秀、范成才、郜桂林、刘殿仕、高祥彬、高祥清、高德进、李天元、高洪江、薛廷甫、张文光、荣正廷、尤长贵、穆风忠、彭正付、彭正德、穆风山、董成瑞、祁风元、郝存山、木树林、赵云奎、李正林、祁风明、张立新、张文明、张明德、高祥、李桂生、张玉林、王永、郭占奎、杜万林、高普、高有、张万国。共36人。

会议首先把“关于叛徒内奸工贼刘少奇罪行的审查报告”进行了宣读议论，又把赤城、延庆、怀来三县市场管理纪律进行了学习讨论。

根据本大队当前情况讲了以后，又逐条讨论了以下几个事：

① 大办学习班，进一步对学习组织的整顿，对公报宣传讨论和落实，进一步开展革命大批判。是否在大队革委会领导下，各队进一步配备政治工作员，通过政治员把上述三项任务完成？

同意这样进行。各队配备人员是：高有、张玉林、张立新、张树生、祁风元、高洪熊、穆凤忠、薛廷甫、高德进、邵政明。

② 对大队产、销、征的安排有什么意见,各队提一下?

没有什么意见,同意。

③ 学校张荣老师,因工调回原籍,他是咱大队教革委副主任,他走后应当马上补选一下?

李富江各方面条件具备,一致同意他为“苏寺大队教育革命委员会的成员,并担任‘副主任’”的职务。

④ 上次会议研究成立医务“保健站”,经过与公社电话联系,叫写文字申请,请大家根据社员意见,看是否成立,如果要成立,是否写申请?

广大社员一致同意成立,大队马上写个申请报给公社,批准后再找李兆阁商量来的报酬等。

⑤ 清理阶级队伍的工作,尚有李先春、薛风桐、尤长贵、邵胜明四人,公社叫进一步查证落实,咱们怎么办?

根据邵胜明的交待和咱们掌握的情况看,没有去千家店,矿子上调查的必要,可通过张忠秀、高祥彬写一证明,对另三个人,大队派两个人,通过东万口、三道川,小厂,公社调查,写回证明报公社审批。

⑥ 整建党怎么安排学习和革命大批判,会议是否安排一下?

由整建党领导小组,临时安排会议。

⑦ 阶级复议第一榜已拉出,下步怎么搞?

充分发动社员讨论,争取在 25 号前拉出第二榜。

⑧ 清经济如何安排?

大队革委会进行统一安排。

⑨ 在春节前把西滩石头闹清,大坝砌成,这么安排行不行?

同意这样搞。

⑩ 公社要求每个队送柴火两车,同意不?

同意每队给送两车。

⑪ 创业队收各队的筐怎么记分?

每对 15 分,创业队收筐记分。

1969 年 1 月 2 日

召开革委扩大学习班

参加人员有:郭占奎、杜万林、高普、于合、李桂复、高有、高祥、罗有、李桂生、王永、高瑞、张明德、祁凤明、赵存德、张文明、王铁成、张立新、冀文付、郝存山、李树林、张文祥、赵云奎、杨宝善、张树生、梁明、董成瑞、张化堂、韩风明、祁凤元、彭正付、梁进、彭正德、穆凤海、穆凤山、高洪熊、张文光、荣正廷、张银、张明瑞、穆凤忠、高洪江、薛廷甫、高祥彬、高德明、高德清、高德进、杨存秀、范成才、王占奎、郜政明、郜桂林、吕桂军。共计52人。

会议首先把毛主席和林副主席的讲话录音和大伙说一下，接着把全大队的形势进行了分析，概括说一下，接着大家发言讨论，基本解决思想问题的基础上，把老徐布置的当前工作说一下：

① 大办学习班，整顿学习班，落实十二中全会公报。

② 深入开展革命大批判。

③ 搞好清理阶级队伍，深挖六种人。

④ 搞好阶级复议，狠抓两头。

⑤ 整建党：

一步，教育批判，斗私批修搞经济。

二步，吐故纳新。

三步，整顿组织。

⑥ 拥军爱民，加强征兵宣传，摸清底码。

⑦ 抓好教育革命：

抓教师思想，贫下中农走上讲台，搞五好评比：

① 活学活用毛主席著作好；

② 宣传毛泽东思想好；

③ 团结互助好；

④ 集体劳动好；

⑤ 生活纪律好。

⑧ 办好合作医疗；

⑨ 抓好农民毛泽东思想宣传队。

⑩ 抓革命促生产：

① 农田水利必须上；

② 大抓保留工作；

③ 抓好分配决算，落实征购；

④ 作好收贷工作；

⑤ 作好保卫工作。

着重讲的几个事：

① 各队保证上拉粪牛车：

1	2	3	4	5	6	7	8	9	10	计
6	6	8	10	6	6	8	4	6	4	64

② 学校大柴木，除干沟供干沟学校外，其余九个队，每个劳力三十斤，送交沟门。

③ 瓦窑烧窑问题：

除瓦窑派的找齐外，每个队再增加一车新羊业(叶)。

④ 三十号去瓦房沟开会，因天冷去人不多，凡哪个队去的，由哪个队给记工分。

(注：本日工记开在农建工内，划"√"是开的，划"O"是牧厂副业开工的。)

1969年1月18日开

1969年1月6日

召开革委扩大会议

参加人员有：郭占奎、杜万林、高普、高祥、李桂生、张明德、祁守军、祁凤明、郝存山、李树林、董成瑞、彭正付、彭正德、杨占奎、李天元、高祥彬、高德明、杨存秀、范成才、共计19人。

首先学习1969年元旦讨论。

讨论问题记录：

① 祁凤山因工受伤，副业厂开给820分，但是底帐，那摊也没有，应往哪项工里上？从大队支的药费放哪项？

凡是因工受伤，出工属于生产队的，今后一律由生产队负担，出工属于全大队的，由全大队负担。工扣款同样。

② 干部误工记工后，是否还给补助工？

经过充分讨论，决定给点补助工分。讨论决定抽出500个工，给大队200个，经过评议结果是：郭占奎30、高祥30、张明德37、李正林37、祁守军5、郝存山37、董成瑞2、彭正付8、梁进5、张文光7、杨存秀2。

每生产队(不分大小队)30个工，指给生产队正、副队长、会计、政治指导员或政治队长四个人，究竟多少，回队里评。

③ 创业队给不给补助工分？

高祥彬 30 个，李桂复 15 个。

④ 代销员给不给补助工分？

全年给 30 个工，按月算祁凤元和刘艮分，祁凤元四个月 100 分，刘艮八个月 200 分。

⑤ 生产队记工员，财政、保管员给不给补助？

给点。给多少回队里评议，但根据工作情况，最多有大队给的四个人衡量。

⑥ 王铁成是半农半医，又是大队财政，应给多少补助工分？

给王铁成 300 分。

⑦ 王铁君和张明海民办教员给多少工分？

去年每人 3 500 分，今年假期短，去县学习时间长，根据这些特殊情况，今年特殊照顾，每人确定全年 3 700 分。

⑧ 今年优待对象怎么评定？工分多少？

经逐户审查后，确定彭正付一户。计算法是：该队每人平均工分 1 020 分，该彭 10 人，应得 10 200 分，全年实做工分 4 400 来分，抵顶后亏工 5 800 分。经大家讨论家庭，没有什么副业收入残废全年 190 元，按百分之四十顶数，款 76 元，以每个工 5 角算，折工分是 1 500 分，实应得照顾工 4 300 分，大家提出该彭一支手，一年来不分黑夜白天，不分早与晚，不分副业和大队的事肯干，根据他越干，我们越照顾的精神，大家一致同意确定照顾 5 000 分。

⑨ 马明去土产帮助建小木货加工厂，可能是八月下旬末日走的，该买多少工分？交多少价？怎么买分？

买一个月的，交 30 元价，买社务 300 分。

⑩ 经大家评定梁明看林给点补助工？

会议研究是给工，但忘记确定数，经张明德与郝存山研究补助工 5 个劳动日。

⑪ 张万国去宣传队，工分由大队给记了，问公社老徐给多少，他说按家里同等劳动力，大家看给多少？

冬天外出不容易，比在家劳动力高 2 分，每天给开 10 分。

会议最后研究，七号大队把所有工分开清，八号各队会计来结死工分，生产队马上进行粮食找补。（注：本日工分已开在农建工内，划“√”是整工，划“O”是牧厂副业开工的。

1969 年 1 月 18 日

1969 年 1 月 8 日

召开两委扩大会议

参加人员有：郭占奎、(滩里来的)张明德、郝存山、杜万林、王永、张文明、杨宝善、祁凤元、穆凤海、张明瑞、薛廷甫、高德清、郤桂林。共计 13 人。

首先把各队工分订死，各队都说没有遗漏了，就在有漏开由生产队负担，大队概不负责。经大家研究六八年亏条一律大队负担，今后出来条有效。

① 今年义务工怎么扣除?

每个劳动力四个，土改时已年满十八周岁的地富，每个劳动力八个。

生产队扣义务工的劳动力由生产队决定。

② 评一下劳动力，指十八至六十岁而言，分开摊国家修路的建设和摊优待工的劳动力?

	国家建设		优待劳动力	
	正	半	正	半
1	18		18	
2	19		19	
3	24		22	
4	22	1	19	1
5	16		16	
6	20		19	
7	16	2	16	2
8	10		10	
9	15	1	15	1
10	19		18	
计	179	4	172	4

③ 督促工人卖粮食，九号必须卖。

欠龙门所的：张文有 29.4 斤，张付 10.6 斤，穆凤德 83.9 斤，郭志甫 94.9 斤，高德进 93.3 斤，共计 312.1 斤。

薛德彬欠 34.2 斤。王艮欠 6 斤。

④ 最后把各生产队产、留、征进行了安排。

说明：第二次扣各队用木头工分，也是在会计会上落实的。

（注：本日工分已开在农建工内 1969 年 1 月 18 日）

1969 年 1 月 10 日

召开革委扩大会议

参加人员：郭占奎、杜万林、高普、高祥、李桂生、张明德、李正林、祁守军、祁凤明、郝存山、李树林、彭正付、彭正德、张文光、荣正廷、李天元、高祥彬、高德明、杨存秀、范成才。共计 20 人。

讨论记录：

① 创业队卖出二等白菜 2 340 斤，牧厂和副业队卖出 200 来斤，每斤应作多少价？每斤以一分计算。

② 公社分配副业用布二米，怎么处理？

留在粮食加工厂使用。

③ 公社分配支农用布二米，怎么处理？

先给 1、2、3 队，每队二尺，别的队以后找齐。

④ 公社拨来优抚费 46 元，怎么评议？

梁进十五元，高德仕五元，王立新二元，彭正付八元，高祥十元，李树林六元。

⑤ 公社拨来救济费 42 元，怎么评议？

昝元五元，高普四元，马占元十元，刘付生五元，张清四元，张文志四元，高庆林五元，张树生五元。

⑥ 公社分配咱铅锌矿工人一名，分给哪队？

分配给六队。究竟穆凤德或梁树海去，由生产队决定。应优先照顾梁树海。

⑦ 柴油机和各种机器的权限，怎么样向生产队摊算？

凡是大队掌握的公积金付方，按各生产队六二年以来提取的公积金，比例摊算。

⑧ 社员欠大队保健站的药费，是经生产队顶，还是到生产队和社员要？

给各队顶回去。

⑨ 牧厂用瓦怎么摊算？

按十个股摊算。

⑩ 加工厂盖房（粮食加工、副业加工）的砖瓦，怎么摊算？

把瓦砖作价打副业收入。以这个价为房屋。以公积金摊算。

⑪ 学校盖房用瓦,怎么处理?

学校把国家投资的款合出 300 元,交给副业队,68 年副业打收入。除学校瓦厕所的 3 400 块瓦以外,再买 8 000 块瓦,2 000 块砖留明年盖学校用。

⑫ 文化大革命收的部分东西,怎么处理?

打开卷柜大家看后,把手巾给郝淑珍,把几件衣服也给他们。该处理的处理吧。

(注:本日工分已开农建工内,划"√"是开工的,划"O"是牧厂副业开,1969.1.18 号)

1969 年 1 月 18 日

几个会议工的处理

① 会计在 11 号集中大队,研究填阶级复议表,有:杜万林、王永、张文明、杨宝善、祁凤元、穆凤海、张明瑞、薛风桐、高德清、郤桂林。共 10 个人。

② 在 11 号开碰头会的有:郭占奎、高祥、李正林、张明德、郝存山、彭正付、杨存秀。共七个人。

③ 在 12 号填写阶级复议表的有:王永、郝存山、张明德、高洪熊。共四个人。

④ 在 13 号干沟开社员会的有:张明德、杨存秀、高祥彬。共三人。

⑤ 1 月 14 号在干沟、穴沟开社员会的有:张明德、高祥彬、杨存秀。共三个人。

⑥ 在 1 月 15 号,填干沟穴沟清经济表的有张明德一个人。

⑦ 在 1 月 16 号在瓦窑开碰头会的有:高祥、李正林、郝存山、张明德、彭正付、祁凤元。共六个人。

注:上述七项工分已开入农建工内,划"√"是开工的,划"O"是牧厂副业开工的。

1969 年 1 月 18 日

1969 年 1 月 23 日

几项工的处理:

① 18 号和北京外调研究事及与李桂复清工的有张明德,算经济账的有:彭正付、郝存山、王铁成。

② 19 号支援外调的有:张明德、张文忠、张文光,填经济表的有:郝存山、

祁凤元。

③ 20 号填经济表的有：祁凤元、张明德、郝存山。

④ 21 号填经济表的有：张明德、郝存山。

注：上述几项用工已开入“农建工”，划“√”的是正工，划“～”是半个工，划“O”的是其它单位开工。

1969 年 1 月 22 日

召开革委扩大会议

参加人员：郭占奎、杜万林、高普、高祥、李正林、张明德、祁凤明、郝存山、赵云奎、张化堂、彭正德、彭正付、梁进、张文光、荣正廷、李天元、高祥彬、高德明、张珍、范成才。共 20 人。

会议记录：

① 公社召开革委扩大会议，要公社革委委员，大队革委主任，半农半医，贫下中农主任，教育革委主任去参加，根据咱大队当前工作，怎么安排去的人员：张明德、梁进、王铁成去参加。

② 阶级复议在今天晚上就搞完了，下步怎么办？

23 号晚召开革委扩大贫委及阶级复议小组会议，进行讨论，争取 24 号拉出第二榜。

③ 创业队的筐怎么管理？

各队给创业队存的筐，23 号一律收回，交创业队，集体保管。

④ 6、9 队说副业厂用了他们砖，9 队说牧厂用了他们砖，怎么解决？

经过订正后，从副业厂现存的砖数中，还副业队用六队的砖 80 块，九队的砖 20 块，再还牧厂另用九队的砖 50 块。

⑤ 给学校留什么样的砖瓦？

一律留好的。

⑥ 现存的砖瓦怎么处理？

现存的砖瓦按副业工分，分给各生产队。分给各队之后，各队自己保管，以后丢失大队概不负责任。

⑦ 分给各队的砖瓦怎么计价？

分给各队的瓦，不分兰红色，一律以每 1 000 块 20 元，砖不分好孬，一律以每 1 000 块 30 元，作价计算。

⑧ 漫顶砖和砖头怎么处理？

一律给大队留下,不计价,留大队修建使用。

⑨ 分副业款的人口,以何时卡?

以摊算六八年农建工的人口搞。

⑩ 今年副业款人、劳比例怎么算?

经过算账:今年卖出原木 6 853 元,加工收入 2 207 元,共计 9 060 元,按人四劳六计算,应给人口 3.624 元,地亩收入 2 118 元,按人 1.5,劳 8.5 元计算,应给人口 318 元,共按人分的款 3.942 元,以 787 元计算,每人 5 元正。

⑪ 这次清经济退款,是否打入 68 年决算?

打入六八年决算分配。

注:上述七项工分已开入农建工内,划"√"是开工的,划"O"的是其它单位开工。

1969 年 1 月 28 日

12 项用工的处理:

① 23 号搞清经济的:张明德、郝存山。

② 24 号与王全正订成份的:高祥、李正林、高洪江。

③ 在 25 号写第二榜阶级复议的:杜万林、王永、郝存山、高洪江、张文光、高德清。

④ 27 号准备欢迎解放军工作用工的有:杜万林、张明德、李正林、郝存山、高洪熊。

注:以上几日用工在农建工内,划"√"是开工的,已在 28 号由李桂复开出。

1969 年 1 月 26 日

召开革委扩大会议

参加人员有:郭占奎、杜万林、李桂生、罗有、张明德、李正林、张文科、祁守军、李树林、郝存山、高普、梁进、彭正付、彭正德、高洪熊、张文光、穆凤忠、荣正廷、薛廷甫、高德仲、高德明、高祥彬、高祥、高有、杨存秀、邵政明。共计 25 人。

会议首先汇报公社会议精神后讨论以下几个问题:

① 根据林业主任韩普的意见,对杏茨如何管理?杏茨从明天起,一律禁止割,不分老幼都不准割,如果割了检查出来,酌情处理。

② 到禁坡地点内打柴火，怎么办？

不准去禁坡地里打柴，如果打了，柴火全部没收，割了小树，按制度罚。而再酌情处理。

③ 咱大队安供销服务站，上面来一个人要不？服务站的地点如何安排？

上面来一个人，咱们要。服务站安在大队这几间房里。大队暂借张宝艮两间房。

④ 信用社会计选谁？

大家一致同意杜万林。

⑤ 咱大队现在成立中学不？

学生不多，房子困难，现在先不成立。

⑥ 商店分给咱大队猪油 24 斤，怎么分配？

队：	1	2	3	4	5	6	7	8	9	10	计
斤：	2	2	2	2	2	2	2	2	3	5	24

⑦ 公社分配给下放知识青年九人住址如何安排？户口给那个队上？谁负责安置？

先留一个队，等以后来了再安排。比如来一个人，带的家属也安排在这个队里。

队别	1	2	3	4	5	6	7	8	9	10	计
人数	1	1	1	2	1	1	1	1	1	1	9

户口上给各队，集体分两处开伙，古方住四人，苏寺住五人，古方住马亮的房，苏寺住杨宝喜的房，大队找他们商量一下，定下来。

⑧ 各队是否有必要，按地块检查一下肥料？

同意检查，就时间，人员大队具体安排。

⑨ 现在各队缺修车木料，怎么办？

最好二十八号，大队按各队需用数，决定砍伐人和牛车，各队马上修车。

⑩ 把各队去县开会人员定一下？

① 郭占熬，② 罗有，③ 张文科，④ 李树林，⑤ 韩普，⑥ 彭正德，⑦ 荣正廷，⑧ 李天元，⑨ 高德仕，⑩ 杨存秀。

注：本日工内已开在农建工内，划“√”号的是开工的，划“O”的是其它单位开工的。

1969 年 1 月 28 日开给农建。

1969 年 2 月 5 日

几天用工的处理：

① 30 号和 31 号，搞 1、2 队清经济的有：杜万林、张明德、郝存山。共三人。

② 2 月 1 日，搞 3、4 队清经济的有：张明德、郝存山。共二人。

③ 大队搞决算有：张明德、郝存山，二人。

④ 在大队召开生产会议的有：张明德，高普、李桂生、赵存德、穆凤山、张银、郝存付、高德明、张珍。共 9 个人。

注：以上几日用工，已开在农建工内，划“√”号的是开工的，划“O”的是其它单位开工的。

1969 年 2 月 5 日对。

1969 年 2 月 5 日

召开革委扩大会议

参加人员：郭占奎、高普、高祥、罗有、张明德、李正林、张文科、郝存山、李树林、张化堂、彭正付、彭正德、梁进、高洪熊、张文光、穆凤忠、李天元、高洪有、薛廷甫、高德明、范成才、韩普。共 22 人。

会议首先学习县革委会主任吴景珍同志在四级干部会议上的报告，与会人员进行了补充，张明德把近十天的工作情况向会议作了汇报，然后进行了讨论。

讨论记录：

① 革委会几个人提出了年终决算意见，具体情况已逐项汇报了，看对这样决算是否同意，请发表意见？

我们认为这样搞合理，决定这样算。

② 1、2、3、4、5、6、7、8、9、10 队清经济，已基本告一段落，通过逐人念表会议审查，没有别的意见，就这样决定，革委会给开三联单，进行结算，把退赔款，打入六八年决算分配。

六队会议未审查，大队去几个人搞一下，只要社员同意了，又符合今天会议的精神，大队革委会作结论。

③ 下步生产怎么安排？

水利暂停三、四天，先集中力量搞一下杂木杆，一定把坡的类别分清，合理评分，同意革委会分给各队生产数量的意见，更同意各队到副业厂方交，算数，各队掌握各队的，不用互相调人了。十九日（旧历）开始生产，争取春节前发走。具体地点：

1、2 队去庙沟，3、4 队小北沟，5、6 队苇子沟，7 队少马沟南面，8 队大北沟，9、10 队干沟北沟。

④ 公社要一名安装广播人让谁去？

同意李桂复去。

⑤ 公社抽的宣传队，咱大队最后确定二人，看决定谁去？

同意：张万国、梁进去。

就肥料检查等工的处理

① 4 号肥料检查：郭占熬、张玉林、王立新、赵云奎、张银、穆凤山、穆凤海、高德清、张珍。共 9 个人。

② 5 号搞清经济和订正开农建工的有：张明德、郝存山、郭占奎、李桂复。共 4 个人。

注：划“√”号的开农建工内去了，划“O”号的是其它单位开工。

1969 年 2 月 18 日

召开革委扩大学习班

参加人员：郭占奎、杜万林、高普、高祥、罗有、李桂生、张玉林、李正林、张明德、祁守军、张文科、赵存德、李树林、赵云奎、董成瑞、张化堂、韩普、梁进、彭正付、穆凤山、张文光、穆凤忠、李天元、高洪江、高祥彬、邵政明、陶志军、杨存秀。共 27 人。

首先学习了“认真学习两条路线斗争的历史”和县革委会吴景珍主任在县四级干部政治工作会议上的报告，然后讨论了以下几个问题，有关抓革命方面的：

① 把清理阶级队伍，阶级复议，整建党的情况已向大家汇报，情况复杂，是否去请解放军。

经讨论 1、2、5、6、7 队有要求，决定去请。明天李正林、张明德请解放军和与瓦房沟大队革委会共同研究，解决姜海的问题。

② 清理阶级队伍尚有 9 个人未定案,是否派去外查证?

同意去两个人查证,让谁去由革委会安排。

③ 阶级复议第二榜已公布,应马上为三榜工作,考虑首先让王永、高洪熊把登记表整核好,找出有争议人,然后分头工作,看行不?

同意这个安排。

④ 虽然已开始整建党学习,但不具备县提出的条件,大家再讨论一下?

应从 3 月 1 日重新有步骤进行整党。

⑤ 整顿生产队领导班子的问题,看再具体的搞哪个队?

1、9 队的问题复杂,应下力搞。

2、5、6、7 队也应整顿。有关促生产方面的。

⑥ 毛主席号召“农业学大赛”,学大赛必须有干劲,经革委几个人研究,提出以下意见:

	1	2	3	4	5	6	7	8	9	10	计
67 年产量	43 299	48 402	67 171	65 612	36 447	30 492	36 804	21 168	31 314	32 519	413 228
68 年产量	41 695	42 379	54 832	54 765	34 552	36 416	36 092	21 403	30 022	31 345	383 501
计算产量	43 299	48 402	67 171	65 612	36 447	36 416	36 804	21 403	31 314	32 519	419 381
增加产量	4 701	5 098	6 829	6 888	3 553	3 584	3 696	2 097	3 186	3 481	43 113
计划总产量	48 000	53 500	74 000	72 500	4 000	40 000	40 500	23 500	34 500	36 000	462 500
粮食面积	142	162	200	197	138	150	134	105	147	185	1 560
亩产	338	330	370	368	290	266.5	302	224	235	195	296.5

创业队预计产量 20 000 斤,总产量 482 500 斤,六九年计划产量比 67 年实产增加 69 272 斤。六九年计划产量比 68 年实产增加 98 999 斤。大家审查一下,指标高低?

同意这个计划,力争达到 50 万斤。

⑦ 如何实现这个计划?

上施 20 车肥。土地全部上肥，消灭卫生田。土地全部耕磨，刨地堰，搂石头。

⑧ 副业总产值定多少？

同意保证 18 000 元，力争 20 000 元。

⑨ 林业怎么样搞？

充分发挥林业组织作用，坚决管好林业。

⑩ 牧业怎么搞？

首先牧厂，抓准目标，加强饲草管理。对瘦弱的，经过社员会吃偏饭。

⑪ 今年农田水利人员初步讨论一下？

今年把教员四人，代销一人，牧厂 2.5 人，计算在内，农建人暂定 20 人（知识青年在外），共 27.5 人，以全大队人口算。

农建人要拿起放下的，政治思想好，要求贫下中农。

⑫ 创业队的分已开了，筐收不回来，有的丢了，怎么管理？

以验收多少交多少，丢失的生产队交不到创业队，由生产队负责。

⑬ 各队把副业队人员定一下？

1	2	3	4	5	6	7	8	9	10
		吴立祥	穆风起	张桂元	高洪志	张明春	高洪有	高祥清	郤胜明

⑭ 另外，再把当时修车缺料计划一下？

	1	2	3	4	5	6	7	8	9	10
车辕（根）	1	4	4	3	2	2	6	4		4
车轴（根）	6	7	5	4	5	3	7	2	5	5
辋子（芦）	2	7	3	3	3		7			3

1—8 队，去水沟、特二沟、破庙沟、大杨树沟砍。

9—10 队，去干沟大北沟。

20 号去水沟，何时去干沟革委会安排。

⑮ 彭正玉要求盖房，能不能给找房厂？

同意给找。根据彭正玉的意见，到四队社员自留地上盖，四队应做工作。

1969 年 2 月 26 日

召开革委扩大会议

参加人员:郭占奎、高祥、张明德、张文科、郝存山、李树林、韩普、彭正付、彭正德、李天元、张文光、穆凤忠、(高祥彬)、高德仲、杨存秀、杜万林、高普。共计 16 人。

讨论记录:

① 彭正付提出要求换换人管副业,行否?

他的工作不错,让他继续管理。

② 根据几个人提法,副业单成立管理组织,还是在革委扩大队长会议下领导?

在革委扩大会议下领导。

③ 既然在革委会领导下,应选一人专门挂帅?

革委副主任郭占奎同志负责。

④ 应把按坡类的工分讨论一下?

		檩柱			大椽		车辋			车轴	辅条(对)			扁担皮	
		1	2	3	1	2	1	2	3			一等	二等	榆	菜
原定二类坡		7	4	3	1		1.5	1	0.5	2.5	1	8	6	1	6
现定坡	1	4.9	2.8	1.4	0.7	0.5	0.7	0.42	0.21	1.4	0.84	3.5	2.8	0.7	0.42
	2	7	4	2	1	0.7	1	0.6	0.3	2	1.2	5	4	1	0.6
	3	9.1	5.2	2.6	1.3	0.9	1.3	0.78	0.39	2.6	156	6.5	5.2	1.3	0.78

		杂木杆				铁锨把	大洋把	小洋把	数把扒	立柱	锤把	车成
		9尺	8尺	7尺	5尺							
原定二类坡		0.7	0.7	0.7	0.4	0.5	0.4					
现定坡	1	0.56	0.42	0.35	0.21	0.35	0.35	0.21	0.21	0.035	0.21	0.07
	2	0.8	0.6	0.5	0.3	0.5	0.5	0.3	0.3	0.05	0.3	0.1
	3	1.04	0.78	0.65	0.39	0.65	0.65	0.39	0.39	0.065	0.39	0.13

以上的现定坡,是经过充分讨论后而决定的。

⑤ 高庆合要用副业队做成的棺材，实作多少价？

他是贫农，要照顾，做价 50 元整。

⑥ 各队要拉脚，计划向各队分配杂木杆：请讨论后把各队应生产数和生产地点定下来？

1	2	3	4	5	6	7	8	9	10	计
200	200	270	250	180	220	190	110	180	200	2 000
大杨树沟	庙沟	穴子沟 水泉沟	大杨树沟	苇子沟	苇子沟	少马沟	后沟等	大南沟 穴子沟	干沟根	

水沟的小车沟和歪脖沟，不准砍。

注：本日工应开副业工内。

1969 年 3 月 5 日

参加省县社检查座谈会的：李桂复、郭占熬、张立新、郝元、张树生、韩普、穆风山、李风忠、高祥彬、杨存秀。共计 10 人。

参加整建党会议的：杜万林、高普、张玉林、张明德、张文科、郝存山、李树林、赵云奎、穆永会、彭正德、张文光、张银、薛风桐、王占奎、杨存秀。共计 15 人。

注：划"√"的一个工。划"O"的半个工。划"╳"的是不记工。

上述的工在 3 月 16 日开给滩里。

1968 年 3 月 10 日

召开革委扩大会议

参加人员：杜万林、高普、高祥、罗有、张明德、李正林、王立新、郝存山、李树林、张化堂、韩普、彭正付、穆风山、高洪熊、张文光、穆风忠、李天元、李付江、高祥彬、高德仲、杨存秀、范成才。共 22 人。

会议首先把检查组提出的问题和大伙说明以后，接着进行了讨论安排：

① 张文科能否当队长，再审查一下？

根据他的本质表现，可以当队长。

② 各生产队革命领导小组的成员再审查一下，下面这些中农，是否能当干部？

队别:	总人数	其中有中农
1、	7	张文德、高普、高有、张文海。
2、	7	高瑞、张玉林、王永、李桂生、李树林、王登明。
3、	9	张文明。
4、	7	张文科、王进甫。
5、	7	
6、	7	
7、	5	
8、	5	高洪明、薛廷甫。
9、	7	高德仲。
10、	7	杨存秀。

这些人经反复考虑,都没有问题,根据他们队的情况,都可以当,再换也调不开。

③ 检查组提 12 月份以后,批斗会放松了,应该怎么样赶上去?

先召开个大会,以批斗李正洪为主,把高祥春、吴德印、张宝珠、郤胜明、李先春,都揪到大会上来。

这个会议由张明德、高祥、彭正付、张文光、高洪熊负责,组织会议做好准备。这个大会开过,在滩上不定时的对他们进行批斗。

④ 听了检查组的分析,再如何搞郤胜明的查证材料?

通过荣正廷、张仲秀、高祥彬,写出材料。不用去千家店,碾子调查了。

⑤ 建筑材料工业部地质总公司西北公司革委会来函了解杨宝忠的历史性质怎么样答复?

这个问题要答复。由李正林、张文光、李付江、高洪熊,负责调查了解,给写出材料。

⑥ 阶级复议第三榜怎么搞?

由阶级复议小组负责调查了解,有关争议户的材料。

⑦ 整建党的工作怎样具体抓?

当前以整建党为中心,别的工作结合进行。整建党有整建党领导小组具体安排。

⑧ 茨营大队要求支援买马款 500 元,大家看行不?

同意借给 500 元。

⑨ 县军管会来信说:李连春前婚女人要离婚时决定的款,现欠 25 元,至

今未给。咱大队已催李连春交款，但他提出困难无力偿还，经生产队证明，确实无力，大队是否复信县军管会？

咱们不复信，因为咱们已催李交。

⑩ 李振洪至今未转来档案，是否再催他厂子？

由革委会去信催。

⑪ 商店叫把化肥安排到队，各队要多少？

	1	2	3	4	5	6	7	8	9	10	计
肥田粮	500	300		500		300	500			200	

⑫ 本大队不少社员要求盖房椽子，咱队供不？

应该供。

⑬ 副业备料，怎么生产？

由副业队造计划和大队革委会商量后，一般的按各队劳力分给各队生产，交到副业队验收。木匠是否上山砍料，根据情况决定。

⑭ 把各队拉脚车计划一下？再把生产杂木杆数定一下？把生产地点定一下？

	1	2	3	4	5	6	7	8	9	10	计
拉脚车	6	6	8	8	6	4	6	4	6	6	60
生产杂木杆	250	260	330	310	220	280	240	140	220	250	2 500
地点	大杨树沟	庙南沟 石门沟	四亩沟	大杨树沟	庙南沟	庙南沟	庙南沟	庙南沟	穴沟 大南沟 干沟 长脖沟	干沟 北沟 干沟 大南沟	

⑮ 这次教师开会，安排工作岗位，杨宝福提出要求回来，因其家有困难，是否同意让他回来任教。

同意让他回来任教，户口安排四队。

⑯ 李付江为了便利工作，要求在沟门二队上户，应该不应该上户？

应该上。有李正林、高祥去四队，彭正付、张文光去三队，给做工作。

⑰ 把牧厂，学校教员，代销员，创业队人员定一下？

		1	2	3	4	5	6	7	8	9	10	计
总计		3	3	3	3	2	2	2	1	2	3	24
其中	牧厂				1						1	2
	供销									1		1
	教员			1	1			1	1			4
	创业队	3	3	2	1	2	2	1		1	2	17

经大家充分酝酿决定：

牧厂：杨宝山、孙富怀。

代销：刘艮。

教员：王铁君、杨宝福、张明海、李付江。

创业队人员：各队回去讨论，下次会决定人。

⑱ 对小片地怎么耕种?

68 年哪个队社员种的，由哪个队收。凡是种的，今年必须种上。从现在起由生产队开始整地，哪个队再出现回生，由哪个队负完全责任。

⑲ 知识青年的菜，怎么样付价? 动员的酸菜用不了，怎么处理?

经过讨论，酸菜每斤 1 分，淹菜每斤 5 分。酸菜用不了，不用给各队退，大队把它卖了吧。

1969 年 3 月 23 日

召开革委扩大会议

参加人员：张文德、张玉林、高祥、张明德、李正林、赵存德、张文科、祁守军、李树林、郝存山、赵云奎、韩普、祁风元、梁进、高洪熊、穆风山、彭正德、彭正付、李天元、高祥彬、高祥清、高德仲、杨存秀、郤政明、李付江。共计 25 人。

讨论问题记录：

(一) 有关教育工作：

教革委会议研究的几项事，请决定：

① 中学班建不建? 同意建中学班。

② 学校是否盖房? 盖房。下次会选修建小组。

③ 教师工分怎么定? 根据思想表现，和各方面的情况，以后再定。

④ 教革委决定要以片召开贫下中农和学生家长会议，是否行? 各片都支持召开。

⑤ 教师工作岗位怎么安排？杨宝福去干沟。

⑥ 学杂费是否征收？一律不征收。

⑦ 茨榆沟的学生，咱们是否同意在咱校？因房屋桌凳缺少，叫他们回本大队。

⑧ 班别怎么安排？

1 年级：张明海。2、3、4 年级：王铁君。5 年级和初一：李付江。

（二）有关创业队的人员，怎么决定？

⑨ 高祥彬。

⑩ 范德亮和范世亮。

⑦ 李化廷。

⑥ 木枫林和高洪举。

⑤ 韩普和张富。

④ 高庆德。

③ 张立新和王铁成。

② 王艮、王俊和高洪文。

① 李桂复、高庆成、张文有。

人员确定后，如生产队需要调换，必须由革委扩大会议决定。

24 号确定的人员，必须上滩生产队不能支配。从明天起，就创业队成员整地。除创业队员上滩外，别的男女老少劳力，由本生产队支配在本队劳动。

创业队员有个别事，经创业队批准，可以请假。

1969 年 3 月 27 日

召开革委扩大会议

参加人员：郭占奎、杜万林、高普、高祥、王永、张玉林、张明德、李正林、张文科、祁守军、李树林、梁明、张化堂、彭正付、高洪熊、彭正德、张文光、穆凤忠、李天元、高祥彬、高德仲、高德仕、杨存秀、郤政明。共 24 人。

首先学习了中央关于迅速掀起春耕生产新高潮的通知，然后讨论了一下几个问题：

讨论记录：

① 公社，大队几次安排关猪和修猪圈，厕所问题，研究一下什么时间检查？

在 4 月 1 日左右进行检查。

② 政治环境怎么安排?

本月底每队准备要白灰200斤,不使了各队开始摸语录牌和黑板。

③ 清队工作,经省县社检查和查证落实证据,有的对以前定性词句不妥,按照县革委会主任吴景珍同志的报告,大家再定下性:

把地主、富农成份的定一下

姓　名	初揪性质	是否批斗	现　在　结　论	是否上报	备　注
李明花	地主成分	无	地主成分继续改造	不	
吴德旭	地主成分	无	地主成分继续改造	不	
高祥海	富农成分	无	富农成分继续改造	不	
王淑英	富农成分	无	富农成分继续改造	不	
高祥彩	富农成分	无	富农成分继续改造	不	
彭淑枝	富农成分	无	富农成分继续改造	不	
高洪志	富农成分	无	土改时17周岁以富农子弟对待	不	
高祥普	富农成分	无	富农成分继续改造	不	
李桂花	富农成分	无	富农成分继续改造	不	
高明宽	富农成分	无	富农成分继续改造	不	
高祥廷	富农成分	无	富农成分继续改造	不	
李清林	富农成分	无	富农成分继续改造	不	
高祥生	富农成分	无	富农成分继续改造	不	
卓富英	富农成分	无	富农成分继续改造	不	

再把群众所揭发的定一下:

姓　名	初揪性质	是否批斗	现　在　结　论	是否上报	备　注
高庆桐	坏分子	无	有一般历史问题	不	
李茂春	历史怀疑	无	解除历史怀疑	不	
王　科	历史怀疑	无	有一般历史问题	不	
杨进才	历史怀疑	无	解除历史怀疑	不	
李文奎	历史怀疑	无	有一般历史问题	不	
祖玉琴	历史怀疑	无	被杀家属一般历史问题	不	
※	※	※	※	※	※
李世春	反革命	无	他单位已调查不再过函	不	
李宪春	反革命	无	他单位已调查不再过函	不	
张宝庭	伪部落长	无	他单位已调查不再过函	不	

续　表

姓　名	初揪性质	是否批斗	现　在　结　论	是否上报	备　注
张文玉	反革命	无	他单位已调查不再过函	不	
包清山	反革命	无	他单位已调查不再过函	不	
包清玉	反革命	无	他单位已调查不再过函	不	
杨宝忠	叛徒	无	把所知道的情况于他单位过涵	不	
※	※	※	※	※	

姓　名	初揪性质	是否批斗	大　队　结　论	上级批示	
张宝珠	反革命分子	斗	反革命分子依法管制	报	反革命分子
高祥春	地主分子	斗		报	地主分子
李正洪	地主分子	斗	地主分子依法管制	报	
吴德印	地主分子	斗	地主分子依法管制	报	地主分子
李先春	富农分子	斗	不批判	报	同意大队革委意见
张宝斋	混入党内的阶级异已分子	斗	不批判	报	
				报	
马万山	坏分子	无	政治历史问题	报	属于一般问题
尤长贵	叛徒	无	一般历史问题	报	同意大队革委意见
张文科	叛徒		政治历史问题	报	
穆永生	叛徒		一般历史问题	报	
薛风桐	混入党内阶级异已分子	无	政治历史问题	报	
邵胜明	历史反革命	斗	历史反革命	报	

④ 杨宝福的问题，讨论一下？

他的检查很深刻，我们谅解。他的成分以杨德义定，贫农不变。

⑤ 把王全正的交待和证明已经念过，是否就是这些情况？再看这样算剥削是行否？根据这些情况该定什么成分？

这些情况就是他的实际情况。我们已同意这个算法。按给他算的结果应定上中农，根据他们的一贯表现，现在定为中农成分。

⑥ 董桂香的材料已给念过，该定什么成分？

土改时给她定地主成分，现在不变。

⑦ 杨风枝的材料念了，该定什么成分？

土改时已给她定中贫成分,现在不变。

⑧ 把祖玉琴的交待和查证材料念了,该定什么成分?

土改时定过中农成分。解放后嫁于贫农,只因她表现不坏,一般的这次复议应定贫农,但她是被杀家庭又有民愤,现在仍定中农。

⑨ 马亮和马万山互推马全的养老地,大约七亩左右,应该算谁的地?

土改马亮承认是他的,现在应该算马亮的。

⑩ 在把中农争议户讨论一下?

	高　祥	董成瑞	杨存秀	马万山	张文海	张桂元	高洪朋	穆凤义
分出地	15.3	6	9			12.3	3	11
分的地				10	0.5			
实有:牛				2	1			1
羊				50				
实有:瓦房	3		3	3		3		3
土房		1			2		3	
分的牛	1	1				1	0.5	
分出牛				1				
生活:好				1				
中						1	1	1
差	1	1	1		1			
出卖劳动力	1	1			1			
土改前后赎回地	8	12	30				6	3
现定成分	下中农	下中农	下中农	下中农	下中农	中农	中农	中农

⑪ 高付说他家是贫农,第三榜怎么颁布?

先以上中农公布,等他原籍来证明再改。

⑫ 梁进自报下中农,在县开会和高祥已找龙门所大队公安员了解,也是下中农,是否过函?怎么颁布?

不用过函。以下中农公布。

⑬ 韩登良自己谈了历史,已经给大家念了,是否过函?怎么公布?

根据他的情况,不用过函,以贫农公布。

⑭ 今天讨论的阶级复议,怎么在生产队讨论?什么时间写出三榜?

今天晚上带回各队讨论,明天把讨论情况报大队,贫下中农没有意见,在月底前公布第三榜。

⑮ 东万口公社卧龙海杨进坡要来八队上户,八队已同意,大队是否给开介绍?

生产队同意,大队给出介绍。

⑯ 学校修建小组，应该选谁？

组长：郭占奎，副组长：王文清，财会：郝存山，成员：高祥、李付江、张化堂、郃政明。

1969 年 4 月 1 日

召开革委扩大会议

参加人员：郭占奎、高普、高祥、罗有、李正林、张明德、张文科、李树林、郝存山、张化堂、彭正付、彭正德、穆凤山、高洪熊、张文光、穆凤忠、李天元、高祥彬、韩凤忠、杨存秀。共 20 人。

会议首先由公社老武传达了公社革委扩大会议精神，接着由张明德把清理阶级队伍，阶级复议，整建党等项工作向老武和会议作了汇报，李正林又把公社会议汇报后，进行讨论，记录是：

① 什么时间改记十分工？

从 4 月 1 日起改记十分工。

② 创业队搞的西滩是否用牛具再串一下？

再串一下。那天串，大队再通知各队。

③ 咱队造林以什么为中心？

以幼林抚育，嫁接果树，大搞育苗为中心。

队别	种　　松		育　桑		接　大　扁		负责人
	亩数	地　点	亩数	地　点	株数	地点	
1	0.9	马家垠			1 000	斜尖湾垠	杜万林
2	0.8	马家垠	0.3	王俊园子	1 200	瓦穴沟、马家垠	马　朋
3	1.2	猛虎沟北沟			1 000	猛虎沟	赵存德
4	1.2	小后沟南坡			1 000	后　垠	郝　元
5	0.7	南垠小造坡	0.2	羊圈后		庙　沟	张化堂
6	1.0	南　垠			1 000	西垠、王八沟	穆凤山
7	0.7	南地上堰	0.2	西园子	1 000	小后沟	张文光
8	0.3	前造坡	0.4	水泉沟门	700	后沟西面	李天元
9	0.5	二亩地	0.4	水泉沟	1 100	大北沟西面	刘殿仕
10	1.2	南　坡			1 000	长脖沟	杨存秀
计	8.5		1.5		10 000		

四旁植树 1 320 株,选树 250 亩,15 000 株。

④ 把修路工人和料布分配一下:

	修路工人			
	国　家	公　社	料布(件)	备　注
1	1			
2	1	1		
3	1	1		
4	1	1	1	给郝存仕
5	1		1	给韩风明
6	1			
7	1	1		
8	1	1		
9	1	1	1	给刘殿仕
10	1	1		
合　计	10	7	3	

注:本日工已开农建工内,划"√"是整工,划"O"是不开工的。1969. 4. 6 告给开。

1969 年 4 月 2 日

召开革委扩大会议

参加人员:郭占奎、高普、高祥、罗有、高瑞、张明德、李正林、张文科、赵存德、李树林、祁凤元、韩普、张化堂、韩风明、彭正付、彭正德、穆凤山、张文光、张银、穆凤忠、李天元、高洪朋、高德仲、高祥彬、范成才、邵政明、杨存秀。共计 27 人。

讨论记录:

① 公社分配去龙门所栽树工人怎么分配?

	1	2	3	4	5	6	7	8	9	10	计
人数	2	2	2	2	2	2	1	1	1	2	17

② 叫大队去一名负责人,选谁?

董成瑞。

③ 每人带多少斤口粮?

每人带 25 斤。

④ 口粮和行李怎么定?

行李和工具自己背，一队去人一个，驴二个，送一至四队的。五队去一个人，六七队每队一个驴，送五至十队的。

注：本日工已开农建工内。划"√"的是半日5分工，"O"的不开工。

1969年4月6日告给开

注：4月2日用工，开在农建工的有：张文光上午听电话会，5分。（下午开会也开了）。

高洪熊填清队表一天，10分。

1969年4月6日告给滩里开。

1969年4月24日

召开革委扩大会议

参加人员有：郭占奎（半天）、杜万林、高普、高祥、罗有、张玉林、李正林、张明德、张文科、郝存山、赵云奎、张化堂、韩普、彭正付、穆凤山、田秀德、张文光、李天元、高祥彬、高德仲、杨存秀、范成才。共计22人。

讨论记录：

① 牧厂配骡子的驴，快要下驹，是否找个人贴班？找谁？

应该找个人，决定郤文明去，活有牧厂研究安排，郤文明每天报酬10分。

② 牧厂的草、料如不足怎么解决？

革委会根据需要决定，各队供给。

③ 去龙门所栽树工人的工分怎么开？

他们共六天，每人给开80分。

④ 知识青年的工分，怎么给记？

他们是来锻炼的，现在决定：

8分阶段，男的每天8分，女的7分，往下评。

10分阶段，男的每天10分，女的9分，往下评。

⑤ 知识青年的菜地怎么解决？

经过充分讨论有1、2队，每队给出2分多点更好。

⑥ 哪个队保证把小片地尾巴割尽？

1	2	3	4	5	6	7	8	9	10
高　普	罗　有	张文科	赵云奎	韩　普 张化堂	田秀德 穆凤山	张文光	李天元	高德仲	范成才 杨存秀

⑦ 公社叫各大队自己找门路买广播,器材,咱大队选谁? 到哪里去?

决定郝存山、李桂复去丰宁县买去。

⑧ 郝存山建议,要求公社从瓦房沟切线,让给咱队五里地的线,咱们再买五里地线,需要开支100多元,咱们单拉一条电线,看大家同意否?

同意单拉一条电线。

⑨ 尤长贵的问题还没落实,需要再去沽沅查证,打算还到平定堡看一下工人,大家同意否? 谁去?

同意这样办,连给工人送衣服。决定让李正林、王永二人去。

⑩ 创业队的地是否再串一下,应该种什么?

同意串,种什么由大队和创业队应地制宜研究。在月底以前,每队出工具牛串,串了就给磨。就那天串,大队安排。

⑪ 学校盖房的呈请和备料问题,前研究打算去买,如果上级不拨款有问题,怎么办?

大队把本大队另行树查一下,再不够分给各队砍点菜木。就不用去外边买了。

⑫ 公社要求各生产队选一名贫下中农代表到公社开会成立“分指挥部”,请审查决定代表? 如果公社从大队抽一个人去参加,分指挥部看让谁去?

经各队选举,现审查决定:

杜万林、刘会清、穆永会、梁明、杜成志、张清、荣正廷、高洪江、高祥清、范成才。共10人。

就参加分指挥部的人,服从公社的意见。

⑬ 大队的机器有不少坏零件,看如何处理?

把它收拾在一起,卖给商店。

⑭ 上次会议研究每个队给学校送十个柴火,(干沟不往沟门送),现在就四、六队给送啦。别队没送,看怎么办?

1—9队,每队十个,尽快送齐。

⑮ 彭正玉的房厂已在四队给找到啦,四队提出是大队还是四队给找的,请会议给明确一下?

应算大队给找的。

⑯ 贫下中农如何给学生讲阶级教育课?

由教委会具体安排。

⑰ 教委会有没必要改选?

没必要改选，应加强工作。

⑱ 有个别生产队随便换创业队人，或者顶工，这样行否？

按原定人员不变，不准替换，如实需要替换，由革委扩大会议决定。

1969 年 5 月 11 日

召开革委扩大会议

参加人员有：郭占奎、杜万林、高普、高祥、张玉林、张明德、赵存德、郝存山、李树林、赵云奎、祁凤元、田秀德、穆凤忠、李天元、高德仲。(划“O”是整工，划“√”是半日)。共计 15 人。

会议首先评议各队劳动力

		1	2	3	4	5	6	7	8	9	10	合计
计算结果		4.3	4.6	5.5	4.6	3.6	4.6	3.4	2.4	3.8	4.3	
确定应出		4	5	5	4	4	5	3	3	4	4	41
已出	公社修路		1	1	1				1	1	1	7
	沽沅	1	1	1	1	1	1	1	1	1	1	10
	宣传队	1					2					3
确定云州		2	3	3	2	2	2	2	1	2	2	21

1969 年 5 月 15 日

办革委扩大学习班

参加人员有：郭占奎、杜万林、高普、高祥、张玉林、张明德、李正林、赵存德、郝存山、李树林、董成瑞、张化堂、祁凤元、彭正付、田秀德、张文光、穆凤忠、李天元、高德仲、郤政明、杨存秀、范成才。共计 22 人。

讨论记录：

① 根据云州水库要工人，各队提出调换创业队人，首先把创业队人定一下？

李桂复、高庆成、昝元、王俊、张玉林、高祥春、张立新、王铁成、高庆德、董成瑞、韩普、高祥甫、穆凤山、李化廷、高祥彬、范世亮。共 17 人。

大队革委会委员，副大队长董成瑞去创业队负责全面工作。人员调换后，明天必须上人,由李正林去帮助开个会进行整顿。

② 把各队确定了的云州水库工人报一下:

于合、张文有、李连春、高洪文、王银、张连成、赵存德、张富、穆凤林、梁树海、尤存元、高德明、高洪海、崔文彬、薛德彬。已定 15 人,缺 6 人,马上回去定出来。

③ 广播问题,几个人商量一下,打算从古方起拉干线,线路是古方当街拉一条,再拉到沟门,沟门当街拉一条,苏寺从沟门拉进去从当街过一条,从苏寺大柳树直拉干沟到范成才院里一条,从大柳树再拉进水沟一条。这些线全大队开支,在这条线上的并子全大队开支。杆子搞义务挖坑,杆子尽量用滩里的砍回的树,一定不足由架线负责人指定,一不定期地点和树种砍,也搞义务砍杆,大队不负担工分。各生产队境内,用小磁胡和米线,由架线人过数,由生产队开支,用户不负担。喇叭用户自己买,电费用户拿,这个意见请审查决定!

同意这个意见,就按这个执行。

④ 按照顾棉花,评议出来。

经过充分审查评议决定。

1	2	3	4	5	6	7	8	9	10	知识青年	计
19	18	23	17	13	16	12	10	15	12	9	164

⑤ 高富原籍的成分证明,已给大队念过,怎么定?

从今天起正式承认高富为贫农成分。

⑥ 把三线分配的荆笆讨论一下?

1	2	3	4	5	6	7	8	9	10	计
5	5	6	5	4	5	3		4	3	40

质量老式一丈,宽五尺,按车抽样式编。

⑦ 怎样给云州水库砍木料。

	1	2	3	4	5	6	7	8	9	10	计
砍木头人		2	2			2		2		2	10
拉木头车	2			2	2		2		2		10

干沟砍椽 40 根，在干沟方面砍。古方砍檩柱 12 根，去歪脖沟砍。其余人有张明德带领去水沟砍。

⑧ 知识青年没淹菜，怎么办？

上次没给的队，再给点，明天给送来。交郭占奎过数。一队 25 斤，五队 25 斤，六队 25 斤，九队 20 斤，计 95 斤。

⑨ 生产队需用拦牛圈木头怎么办？

生产队本着节约，先申请，写出申请数量砍伐地点，经大队批准，持批准证明到指定地点砍伐。

会议笔记 4

1969 年 6 月 21 日

召开革委扩大会议

参加人员：郭占奎、高普、高祥、张明德、李正林、张文科、李树林、赵云奎、董成瑞、元、田秀德、穆凤忠、李天元、高德仲。共计 14 人。

讨论决定记录：

① 云州水库工人通知我们大队 12 人，怎么分配？

	1	2	3	4	5	6	7	8	9	10	计
工人	1	2	2	1	1	1	1		1	2	12

② 在 12 人当中要一名炊事员，选谁？

尤存元当炊事员。

③ 商店送来化肥 2 000 斤，怎么给生产队？

	1	2	3	4	5	6	7	8	9	10	计
化肥	200		200	400	200	600	200		200		2 000

1969 年 6 月 30 日

召开革委扩大会议

参加人员：郭占奎、高普、高祥、罗有、张明德、李正林、张文科、张文明、赵云奎、董成瑞、元、田秀德、穆凤海、穆凤忠、张明瑞、李天元、薛廷甫、高德仲、高德清、张珍、郜桂林。共计 21 人。

讨论记录：

① 当前在农业上应该明确中心？

以锄苗为中心的中心，狠抓积肥。

② 大队辅导各队清粮食，工分、经济、牧厂饲草料账，是否有必要，怎么安排时间？

应该抓紧清理，由大队安排进行。

③ 贫宣队员已从公社开回误工证明，怎么样给开工分？

随着农业劳动力，分开 8 分和 10 分阶段给开。

④ 知识青年刚来时，烧每个队羊业(叶)枝子 10 个，1、2 队把应给大队的 20 个，也叫他们用了，这 120 个柴火算不算款？

这 120 个柴火，作为照顾，不再收款。

⑤ 知识青年去粮库买粮用工，打柴火工，是否大队负担？

去茨营买粮食，从他们自己单独去买开始，大队不再负担，由他们自己平均负担。他们自己打柴火和找人打柴工，一律由他们自己平均负担。

⑥ 创业队要求大队，审查下半年生产计划：

① 将牧厂现有肥用上，再用化肥 300 斤进行追肥。

② 秋收前把东滩熟地全部挖成丰产坑，配上套，明年能种。

③ 下半年在锄好苗，追好肥，整好地，补修畦埂，调治好洪渠前提下，再把泉子整修一下，在泉外挖一条干渠将水放出，挖干泉，分几段施工。

④ 收完庄稼，元田用人工刨，平地用牛耕，再把没土的地打成元田，以便明年洪水灌溉。

⑤ 在大坝两边搞 1 000 窝桑苗，1 000 窝杏核，上冻前完工，需用桑籽二斤是明年用。需用杏籽十斤是今年用。

⑥ 知识青年要办一所花果园，地点在滩里，以一年为主，以创业队为领导。

创业队自从配备了领导力量，现在各队对创业队的工作满意，应再接再厉。

上述计划，完全同意，按计划行动，在治滩大队和各队大力支持。

瓦窑有的牧厂肥料，由创业队安排，创业队员使 1、2、3、4 队牛车利用早晨，把肥拉到滩里去，进行追肥。

⑦ 文件拒内，由于报纸多，影响放文件，想把 68 年的报纸存下来，67 年以前的准备处理，请大家讨论决定？同意这个意见，每斤价以 0.50 元算。

郭占奎 2、罗有 2、张文科 1、赵云奎 2、董成瑞 2、穆凤海 2、彭正付 2、穆凤忠 2、高德仲 2、张珍 2。共计 19 斤。

⑧ 根据公社会议精神和我队具体情况，想开个牛羊官会议，请讨论一下？

必要召开，决定七月一日上午由李正林同志召开羊官会议，就牛官会再安排。

注：划“√”号的大队记工或开分。划“╳”号的其它单位开分。

1969 年 7 月 9 日

召开革委扩大会议

参加人员：高普、郭占奎、高祥、张明德、李正林、张文科、李树林、郝存山、元、田秀德、穆凤忠。共到会 11 人。

会议中心研究广播喇叭的问题：

把已经安上的户核实：郭占奎、杜万林、高普、张文海、张文德、高祥、张玉林、二队：王永、杜桂山、马明、张明德、李正林；三队：王立新、张宝艮、冀文富、李树林、王文清、张树生、郝存山；四队：穆奎喜；五队：张化堂、张桂元；六队：彭正付、梁进、高洪熊、穆凤林；七队：张明春；九队：高德仕、高德仲；知识青年二队，沟门学校一个。共计 39 个。

广播喇叭分配表

队别	已安	分配	合计	备注
1	5	5	10	
2	6	8	14	
3	6	8	14	
4	6	1	7	
5	3	4	7	
6	5	7	12	
7	5	7	9	
8		7	7	
9	3	7	10	
10		10	10	
知青	2		2	
沟门学校	1		1	
合计	39	64	103	

1969 年 7 月 21 日

办革委学习班

参加人员：20 号：郭占奎、张文德、高祥、罗有、张玉林（半天）、张明德、李正林、张文科、郝存山、李树林、董成瑞、元、彭正付、田秀德、穆凤忠、张明瑞、高祥彬、高德仲。共 18 人。

21 号：郭占奎、张文德、高祥、罗有、张玉林、张明德、张文科、李正林、郝存山、李树林、董成瑞、元、梁进、彭正付、田秀德、穆凤忠、李天元、高德明、高祥彬、杨存秀。共 20 人。

讨论记录：

① 牧厂籽马，根据社员意见，是继续养下去，还是卖？

决定籽马出卖。下么买就卖给下亩，下么不买和公社要求把介绍开丰宁，沽沅去。

② 革委会分工应怎么分有利于工作？

张明德负责政治，战备，群众生活，跨财贸。

组　称	组　长	副组长	成　员
农林牧副组	李正林	彭正付	董成瑞、罗有、梁进
文教卫生安置组	郭占奎	梁　进	杨存秀、祁守军、李树林
公武社会治安组	高　祥	公　安	高祥彬
财贸组	郝存山		杜万林、元

虽然分工必须合作。

注：本日工的处理：划“√”号的大队记工或开分。

划“╳”号的其它单位开分。

1969 年 7 月 26 日

召开革委扩大会议

参加人员：郭占奎、高普、杜万林、高祥、罗有、张明德、李正林、张文科、李树林、郝存山、董成瑞、元、张化堂、田秀德、梁进、彭正付、穆凤忠、李天元、高祥彬、高德仲、杨存秀。共 21 人。

首先学习了林副主席在九大会议上的政治报告第一部分。

讨论记录：

① 牧厂籽马上次会议决定卖，下么同意买带个信，下么来人只给 1 800 元，叫咱们讨论卖不卖？卧龙海来换，和他们说五天来，如去再搞价，如不去就另换。高祥清说柏木井有话，如按 2 500 元往下，叫给他们个信，看是怎么处理？彭正付说千台子想用母马换，到底依哪个？

明天有孙富怀拉上马，张明德、郭占奎、高祥彬以干别的为名，先去柏木井一趟，卖不了，回来还是这几个人，去千台子换一下去。卖换不成，下次会议再研究。

② 公社革委会已决定我队办商业服务站,就房子怎么安排?怎么修建?

把现在大队占用的三间和代销点用的二间,全部给商业服务站。

大队和合作医疗室的房子安排到瓦窑台上。合作医疗室占用现在加工成品的一间房,大队占用现在加工的三间房。大队占用的三间房,约截一间为办公室,另两间盘一个顺山炕,牧厂人员也占这个炕。把现在占人的两间房给加工做库房。加工搬到瓦房子里面去。

这次房屋的修建由李正林、郝存山、彭正付总负责。木工由张化堂负责。抽刘会清、穆凤起、郝存付。

泥工由创业队根据需要人数支持。创业队做泥工,开工仍回创业队开。

修建用木头,一律不买,生产队有按根评议为木车货以后再还。生产队的不足,再和社员借,以后还木头。修建明天开始。

③ 有不少社员和生产队提,将牧厂的骡子卖一头,作为几年来开支和今后开支,卖否?

同意卖一个,大队给公社写申请。

④ 张文光有病不能执行"公安员"的工作,是否再调换一下,让谁担负公安员?

张文光的病势严重,应该调换。让王文清当公安员,大队呈请公社指示后王任职。

⑤ 赤城土产存有货还未清理,公社又分配咱队农建款350元,公社叫去人到县城结算手续,如再不去,今后就不给款哩,款不结现金给洋灰,让谁去结算,洋灰怎么往回运?

让彭正付去结算副业存在的问题,一并把农建款结算一下,各队送脚往回拉洋灰。

⑥ 创业提出因放洪而有病呆1—2天,是否给分?

个别问题,个别处理。

⑦ 建一个战备编织是否有必要?

建一个战备编组的小组,由张明德、高祥、李正林、郝存山、郭占奎、彭正付、王铁君七人组成。

⑧ 环境革命化,特别是生产队队房,应该很好整理一下,是否必要?

应该把队房很好整修一下,把政治气氛搞得好一点。在8月1日大队进行一次检查。

⑨ 牧厂放驴人员的工分，早在 68 年 10 月 29 日讨论决定：“生产队改 8 分时，放驴的改为 10 分，生产队劳动力提 10 分时，咱们还未研究，放驴人有意见，应该讨论一下？

杨宝山提一个人放不过来，应定二个人。祁凤明是临时因下骡子派的，这次怎么定？

一个人确实放不过来，这伙骡子和驴，决定杨宝山和祁凤明两个人。生产队是从 4 月改 10 分的，从改 10 分起，他们按 11 分，把以前的给补上。今后配牲口由放驴人员负责，特殊情况经农林牧副小组批准另找。

⑩ 公社让评审一下四类分子，是摘帽子还是继续带的？是否有再带的？

高祥春、张宝珠、吴德印没有特殊表现，继续带帽，需带的放在清队当中带。

⑪ 生产队要求在秋收前需用修车木头：

		1	2	3	4	5	6	7	8	9	10	计
牛　车		8	8	8	12	6	6	6	4	6	6	70
要木料	椽子(根)	9	8	7	8	4	4	5	4	6	6	
	车轴(根)	4	8	8	5	5		4	4	4	6	
	副条(对)	6						2	5	4	2	
	镶子(对)		2	1	1						1	

生产队还计划拉副业牛车：

队	1	2	3	4	5	6	7	8	9	10	计
车	8	7	8	10	4	4	4	4	6	6	61

别处联系不上，是否本大队安排？

副业队加工的木料很少了，怎么办？

明天把坡上以前砍的木料全部清净拉回来交厂。今后不准生产队随便挑选坡和随便砍木料，今后凡备料，和生产副业上的木料都必须经大队“农业牧副”领导小组批准：数量，到指定的坡，确定负责人，按要求时间交货，加工木料到厂子交货，杂木杆：生产队验收个人，厂子以生产队收。不按要求日期交货，过期不准生产。

加工木料没有最近生产重点，木工不能停业。

修车木料没有不能搞运输，按计划供应。

各队拉脚，大队先生产 2 500 根杂木杆。

具体安排是：杂木杆如何生产由“农业牧副”小组根据各队劳力，人口进行分配。加工料也同样。先生产杂木杆，再生产加工料，然后大队派负责人通知各队出人，到指定地点砍修车木头。

⑫ 目前进入秋季。田间必须进一步加强管理，尤其是猪，仍有不关现象，怎么设法？

给社员做政治思想工作，通过学习班，选出护秋小组，加强管理。如再不解决问题，革委会协助再办学习班。

⑬ 公社叫计划一下需用喇叭？

1	2	3	4	5	6	7	8	9	10	计
3		1			4		3			

注：划“√”号是大队开工，划“╳”号是其它单位开工。

1969 年 7 月 31 日半日

召开革委扩大会议

参加人员：郭占奎、杜万林、高普、罗有、高祥、张明德、李正林、张文科、祁守军、李树林、郝存山、董成瑞、元、张化堂、梁进、田秀德、彭正付、穆凤忠、李天元、高祥彬、高德仲、杨存秀、范成才、李付江、杨宝福、张明海、王铁君。共 27 人。

会议首先由李付江把公社召开教师会议的精神及苏寺教师要实现思想革命化的具体意见进行了汇报，然后有李付江、张明海、王铁君、杨宝福作了以斗私批修的检查，随后与会人员提了合理化建议。

讨论记录：

① 几次革委会研究决定进行修建，现在抓紧备料，秋前把料备齐，具体备料应有个指导小组，是否有成立小组的必要，选谁？

成立“学校修建指导小组”，负责人：郭占奎；成员：李付江、郝存山、高祥彬、彭正付。共 5 人。

② 根据公社革委会指示，大队成立“教育革命领导小组”，请将成员定

下来？

组长：郭占奎，副组长：李付江；成员：李树林、韩普、郤政明。共 5 人。

③ 班怎么定？人员怎么安排？

共定三个班，干沟一个班，沟门二个班。干沟教师杨宝福；沟门教师李付江，张明海。沟门教师王铁君。

回生产队。

注：划"√"号的是大队开工，划"╳"号的是其它单位开工。

1969 年 8 月 1 日

召开革委扩大会议

参加人员：郭占奎、杜万林、高普、罗有、高祥、张明德、李正林、张文科、李树林、郝存山、董成瑞、元、张化堂、梁进、田秀德、彭正付、穆凤忠、李天元、高祥彬、高德仲、杨存秀、范成才。共 22 人。

讨论记录：

① 公社提出咱队要准备三名 18—25 岁男性基干民兵，参加县战备集中营，选谁？

经过充分讨论，选张万国、高德进、张祥，共三人。

② 牧厂籽马几次讨论意见不一致，究竟卖或饲养，今天必须定下来？

卖从心眼说不同意，因为养不好是气话。经充分讨论，现在决定不卖，还饲养。社员对老孙拉马有意见，提出了改进养马意见，老孙要求回队。

经讨论同意孙付怀回生产队。决定高祥清拉马。

③ 老孙提配种补助怎么给他？

经讨论，凡是 7 月 31 日以前配过，大队收配种费的，归给孙富怀，就是今后再配骡，仍归老孙。8 月 1 日以后再配归高祥清。

④ 今后的副业，牧厂管理问题讨论一下？大队已搬到瓦窑台，是否确定看门人？

经过充分讨论最后决定：彭正富为长值班的。就副业牧厂大队的管理问题是：① 副业：加工的备料，生产队转批社员用木料的生产数字由彭正付根据需要，经农业牧副小组研究决定，向各队分配生产数字，各队按指定的地点，进行生产。

今后外卖木料和社员用木料作价，需有农业牧副小组和财贸小组部分人员到场决定。今后凡大队分给各队生产的木料，一律由生产队，根据生产地点按坡类收社员的,以生产队交大队副业队,以队记账。彭正富负责各队送木头人、牛工记工,木料管理,向各队要杂工,收料,供料,供物资,记各木工交货数及副业队的日常事务等。总之比较大一点的事,需经农林牧副小组研究后执行。② 牧厂:由彭正富全面负责。③ 大队:彭正付管广播时间,看电话,管派饭和大队的一般事务等。为了把大队工作搞好,确定革委会进行值日,班次是:郭占奎、高祥、祁守军、李正林、张明德、郝存山、董成瑞、梁进、张文光、杨存秀。从8月2日起值班,每人三天,执行交接班。

彭正富和值日的工,副业,社务各一半,由大队开分。

⑤ 杨存秀提老孙回生产队,创业队是否还叫再补一个人? 应该补上。

⑥ 高祥清拉马,九队加工没人,是否再补一个人?

应该再补一个人。高祥彬提,他和高祥清家具,要求来副业加工,大家已经同意这个意见。把高祥彬从创业队调回生产队,生产队再派到副业队,会议认为合适。

⑦ 张文科提去沽沅民工,已调回云州,因快四个月是否换班?

经讨论同意换。各队准备人,五号走,大队出牲口和人去送,接行李。二队去换九队工人。

注:划"√"号的是大队开工,划"╳"号的是其它单位开工。

1969年8月5日

召开革委扩大会议

参加人员:郭占奎、杜万林、高普、罗有、高祥、张明德、李正林、张文科、祁守军、李树林、郝存山、董成瑞、张化堂、田秀德、梁进、穆凤忠、李天元、高祥彬、高德仲、杨存秀。共20人。

会议首先由张明德讲了8月3日晚公社重要电话会议:在落实九大文献中,大搞防汛工作,大队成立防汛领导小组及全面检查,大搞压绿肥,大宣传战备教育等问题,接着由公社徐主任讲当前各项工作,然后进行了讨论和安排。

① 今天会议把滩地检查后,看清和意见提一下?

今年搞的不错,有庄稼,对滩里很满意。与会人员还感不到有什么大问题,等搜集一下社员意见后,再提。

② 革委会提出,防汛领导小组是:组长:李正林,副组长:董成瑞、王文清。组员有:高普、罗有、张文科、李树林、韩风明、田秀德、穆凤忠、李天元、高德仲、杨存秀。共13人组成。

抢险队以创业队 23 人组成。是否合适？

同意。把社员房屋，粮食，队房，畜圈棚，水利工程等全面进行检查，有问题立即解决。

③ 当前压绿肥怎么搞？农田建设怎么搞？

肥料统计表

队别	土地	集体现有(车)					社员有(车)		合计	已决定绿肥任务
		牛圈	羊圈	粪坑	绿肥	合计	户	车		
1	150	250	200	300	200	950	10	300	1 250	1 000
2	172	200	300	350		850	20	250	1 100	1 100
3	205	400	200	500	200	1 300	20	200	1 500	1 600
4	207	400	200	800		1 400	18	200	1 600	1 500
5	147	300	200	200		700	15	300	100	1 200
6	160	200	200	700	200	1 300	10	300	1 600	800
7	145	200	200	600		1 000	15	840	1 840	500
8	111	250	200	250		700	4	80	780	900
9	155	300	400	1 000	200	1 900	14	415	2 315	500
10	192	400	400	500		1 300	5	300	1 600	1 300
创业队										600
合　计	1 644	2 900	2 500	5 200	800	9 400	74	3 185	14 585	11 000

从六号到十号，大搞压绿肥，完成 11 000 车计划。从十一号开始，参加战备排民兵全部集中到农田建设上去。大搞几天到营子来坝堰为止。今天看的结果是打畦子挖坑有效，仍走这条路，在打草前打畦挖坑搞到场院边。

④ 把“贫下中农合作医疗管理小组”选一下？

组长：郭占奎，成员：郝存山、王铁成、张化堂、梁进、李天元、高祥彬、杨存秀。

小组由九人组成，现有八人，暂缺一个。

⑤ 把“贫下中农管理商业领导小组”选一下？

根据公社意见和咱大队分散情况，小组应由九人组成，按公社意见等比例定为：

领导干部二人：张明德、郝存山；贫下中农四人：罗有、元、高祥清、邵政明。商业职工一人。

⑥ 知识青年再三要求分到生产队，哪个队要？

队　别	2	3	4	5	1	7	计
自报要人数	1	1	1	1	1	1	6

⑦ 知识青年落到生产队,以前劳动的怎么处理？究竟什么时间落到生产队？

现在就准备房子,8 月 16 日到队。从开始劳动到 8 月 15 挣工分,开到落户的生产队去结算。

⑧ 李正林、郭占奎提,张文光女人来大队要求,张文光病势严重,没有寿木,看咋解决？

张文光是贫下中农,从解放以来就当干部,为党作了不少事,不能土压脸。就是别人,凡是贫下中农,咱大队也应该想办法。

叫副业加工厂,到水沟营头,找一棵大队柳树,要够一口材的,伐倒拉回制成板,张文光有万一,做成棺材,给他作价使用。

注：划"√"号的是大队开工,划"╳"号的是其它单位开工。

1969 年 8 月 10 日

召开革委常委和队长联系会议

参加人员：郭占奎、高普、罗有、高祥、张明德、李正林、张文科、郝存山、赵云奎、元、董成瑞、田秀德、穆凤忠、高德仲、杨存秀、李天元。共 16 人。

会议首先统计了积肥数字

队别	男	女	计	牛圈	羊圈	粪坑	条肥	合计	户数	肥数	合计	比 8 月 5 日增加	比 8 月 5 日分配任务差
1	14		14	250	250	450	470	1 400	14	400	1 800	550	450
2	25		28	250	370	400	200	1 220	21	500	1 720	620	480
3	15	3	15	450	200	550	1 000	2 200	25	300	2 500	1 000	600
4	13		15	430	300	1 300	200	2 230	18	300	2 530	930	470
5	9	2	9	350	230	250	100	930	15	330	1 260	260	940
6	8		8	250	250	1 000	300	1 800	15	400	2 200	6 000	200
7	13		13	240	240	650		1 130	15	870	2 000	160	340

续　表

队别	男	女	计	牛圈	羊圈	粪坑	条肥	合计	户数	肥数	合计	比8月5日增加	比8月5日分配任务差
8	10		10	350	250	250	600	1 450	8	180	1 630	850	50
9	15		15	350	450	1 100	200	2 100	14	515	2 615	300	200
10	15		15	450	460	800	100	1 810	15	400	2 210	610	690
创业队						50		50			50	50	550
合　计													

根据统计数字，提出要求，要求超额完成任务，还继续大搞，保证完成计划任务。

② 把中学教员和教委小组研究情况向会议汇报后，征取大家对杨宝福管财经有何意见？

同意杨宝福管财经。李付江去瓦房沟中学任教，杨宝福调进回沟门，张明海去干沟，都没意见。就贫下中农教育领导小组副组长，由谁担任，带到社员讨论，下次革委扩大会议决定。

③ 粮库通知取病号面，取不取？如何管理和使用？

借四队储备证一次买回，大队保管。各队有病人需用，生产队开条，哪个队开条吃本队的。结余部分归给生产队。

④ 生产队缺车货如何生产？

各队根据7月26日计划出人，大队派张明德去给掌握过数。

⑤ 滩里记工，李桂复再三谈不干，和下步开滩如何执行？8月5日会议决定？

李桂复一定不去，另找人记。选谁现在待留下次会议决定。因为砍木头战备排推到。12号去滩里。

1. 高庆成、昝元、张宝珠。
2. 王俊、高祥春、张玉林不在李连春去。
3. 王铁成、张立新。
4. 高庆德。
5. 董成瑞、韩普。

6. 高洪举、穆永生。
7. 李化廷
8.
9.
10. 范德亮、范世亮、孙付怀。

知识青年下到队里,继续去滩劳动。

⑥ 学校要交一部分报纸,怎么处理?

可以卖掉,收入款交学校。

李正林2斤,杨存秀3.5斤,田秀德2斤,穆凤忠2斤,高德仲2斤,董成瑞2斤,张文明2斤,高祥2斤,高普2斤,赵有德2斤,共21.5斤。

1969年8月13日

在滩里工地上召开队长干部会

参加人员:高普、罗有、高祥、张明德、张文科、赵云奎、董成瑞、韩风明、穆凤德、穆凤忠、李天元、高德仲、杨存秀。共计13人。

会议首先由张明德把座谈会议情况进行了汇报:

参加人员:明、张化堂、穆凤起、张明德、彭正付、李正林。共六个人。

发言:明说:

我这几天给盘算,每月以900分算,收入69元,我见这里挣工分大,我就是眼红。我不管报酬大小,凡正我要去做去哩,他们做多少,我做多少,就是连夜灯油钱也不用公家开支。

张化堂说:贫下中农说什么话的都有,他们说现在就四类分子享福,钻在创业队,挣工分又多,补助钱又不少。比如:高洪如、高洪志富农,郜胜明四类分子。

座谈会提出定分意见

	扁担	大洋镐把	小洋镐把	钎把	锤把	四尺杆	杈把把
原定工分	2.5	2	1.3	1.5	1	1.5	1.5
座谈会意见	2	1.7	1.3	1.5	0.8	1.4	1.4

明说:要改不分先后都改,以前你们定工分,开会内有几个内部。

讨论记录:

① 8 月 5 日，革委扩大会议决定："从十一号开始，参加战备排民兵全部集中到农田建设上去，大搞几天到营子头坝堰为止。"近几天多数队要求先锄地，到底怎么办？

有的队二遍地未锄的很多，挖坑先停一下，集中力量先锄地，锄完地打不的草，全劳力再搞。

② 8 月 12 日有高祥、董成瑞、张明德研究提出挖窝、宽、深都 1.5 尺，长 2 尺，报酬分二类，一类 0.6 分，二类 0.7 分，二类不论那一类，凡是给全局了 0.1 分，这样是否行？

这样就合适，就按这个给记分吧。

1969 年 8 月 13 日

召开革委扩大会议

参加人员：郭占奎、高普、罗有、高祥、张明德、李正林、张文科、李树林、郝存山、赵云奎、元、梁进、彭正付、董成瑞、田秀德、穆凤忠、高德仲、杨存秀、李天元。共 18 人。

会议要求解决的问题有：

1. 创业队有的人上不齐咋办？
2. 牧厂没豆子咋办？
3. 按会议讨论的，副业备料已超过生产日期，打结了的料子收否？
4. 教育革命领导小组副组长定选人员？
5. 参加石家庄人怎么定？
6. 副业加工报酬怎么办？
7. 知识青年生产队落户问题？
8. 分给的病号面怎么办？

注：凡划"√"号的，已经酝酿，但未形成决定。

1969 年 8 月 18 日

召开革委扩大会议

参加人员：郭占奎、杜万林、高普、罗有、高祥、马明、张明德、李正林、张文科、明、李树林、郝存山、董成瑞、元、梁进、彭正付、田秀德、穆凤忠、李天元、高德仲、高祥彬、杨存秀、范成才。共 23 人。

讨论记录：

① 加工报酬在 8 月 13 日座谈会记录中，把前定和座谈会意见念了，到底变不变？

要变的：高普、杜万林、张文科、郝存山、李树林、郭占奎、罗有、明、董成瑞、李正林、高祥、梁进。计 12 人。

不变的：田秀德、元、高德仲、杨存秀、李天元、穆凤忠、高祥彬、范成才、彭正付、马明。计 10 人。

② 公社电话会议决定让每大队，白天一人值日，夜间二人值日，具体咱队咋安排？

白天值日执行 8 月 1 日革委会议决定的。

夜间值日：一班：郝存山、罗有；二班：李正林、董成瑞；三班：张明德、杜万林；四班：高祥、李树林；五班：郭占奎、梁进。

一班二夜，从今天起就值，必须排班。

1969 年 8 月 26 日

召开革委扩大战备会议

参加人员：高普、杜万林、高祥、马明、罗有、张明德、王铁君、张文科、杨宝福、郝存山、元、梁进、彭正付、田秀德、张明春、穆凤忠、李天元、高德仕、高德仲、高祥彬、杨存秀。共 26 人。

会议首先学习了 1969 年 8 月 19 日外交部“我国政府向苏联政府提出强烈抗议”和县革委会第八次全委会决议，然后传达了公社战备会议精神，最后讨论：

① 会议怎么贯彻？

各队今晚先开个社员会。明天全大队所有劳力全部集中修路，抽个时间开个大会，进行贯彻。今后宣传员分户，革委包队包片，形成大张旗鼓的宣传运动。

② 值班怎么配备？

根据这次会议精神，原来革委值班不变。把原来夜间二个人的班撤掉。由民兵连和革委会把基干民兵编组，进行夜间值班。

③ 担架公社分配四付怎么做？

副业加工厂给做。

④ 清“四清”档怎么搞？

由张明德、郝存山、杜万林三人组成，“清四清档指导小组”，召开个会计会进行清理。档案柜由副业队给做。

⑤ 战备车辆公社分配给十辆，咱们怎么分配？

每生产队一辆。

⑥ 咱大队的路怎么修？

明天全劳力搞一天，分五组。由李树林、王文清、高祥、高祥彬、董成瑞负责。

1969 年 8 月 31 日

召开革委扩大会议

参加人员：高普、罗有、高祥、张明德、李正林、张文科、李树林、郝存山、王文清、张化堂、董成瑞、梁进、田秀德、穆风忠、李天元、高德仲、高祥彬、杨存秀、范成才。共 19 人。

会议首先贯彻了瓦房沟飞行会议精神，然后进行了研究：

① 打草、打羊业的坡和时间讨论一下？

坡仍执行去年的坡划分。时间由各生产队具体自行安排。

② 公社让进行估产，怎么估和汇总？

各生产队已经掌握情况，由各队自行估，在九月五日前一定汇总报给大队。

③ 创业队场院怎么拉土垫？

大队要车，各队支持。

④ 去公社中队的人怎么确定？

经充分讨论选出：张万国、张文贵、张立新、祁守相、张树生、王进甫、梁树海共七个人，报公社批，批准让谁去。

⑤ 把张文光用的方子作一下价？

经过看方子，大家一致认为，材料不好，看了比古方高庆合的好不了，为此决定张文光的棺材作价 50 元。

1969 年 9 月 13 日下午

召开革委扩大会议

参加人员：郭占奎、高普、杜万林、高祥、罗有、张明德、张文科、赵存德、张文明、王文清、郝存山、李树林、赵云奎、杨宝善、张化堂、韩普、彭正付、田秀德、穆风海、穆风忠、李天元、薛廷甫、高祥彬、高德仲、高德仕、高德清、杨存秀、范成才。共28人。

会议首先传达了公社三干会议精神,然后讨论。

讨论记录:

① 秋施基肥,县要求每生产队100亩,公社提出20—50亩,具体各队保证一下亩数?

1	2	3	4	5	6	7	8	9	10	计
15	20	25	25	15	15	18	10	15	15	173

② 籽种评选怎么搞?

以生产队组织“贫下中农选种小组”,进行选种,今年秋天把明年留种田确定到地块。

③ 给国家支援饲草,你队领多少?

其中军马场来我队安排在哪里?

1	2	3	4	5	6	7	8	9	10	计
1万	1.2万	1万	1万	1万	1万	1万	0.5万	0.6万	0.2万	8.5万

军马场安在水沟。

④ 秋耕地要抓紧,把上套时间讨论一下:

	1	2	3	4	5	6	7	8	9	10	计
上套日期	17	20	16	20	20	15	20	20	20		
上　　套	1	1	2	2	1	2	2	1	2		

⑤ 村头栽牌怎么搞?

每生产队自己做1、2块,交大队给写,明天就做,15号前全部插上。

就在公社开会讨论的几个问题:

① 经济区如何划分?

尽量单独核算,一定上级不同意,再与各队合并。

② 筹备的“财贸批斗改委员会”:

主任:武春,副主任:徐海朋、奚自贤,常委:李文、樊风祥、樊殿武、张连杰。委员:李桂元、王海山、梁桂、丁兆瑞、姜有、古连仲、郭占奎、冀文禄、于天库、侯国良、陈玉娥、郑万利。

③ 岗点设置。

④ 大队成立财贸管理小组 5—7 队组成。把信用站管起来。

⑤ 猪料、病号面、粮票都由大队管理。换粮票到粮库由大队证明即可。换粮票以每户二斤粮食扑底。

⑥ 广播结算：6 月以前，安在生产队的每户二角。7 月至 8 月，不给安不安到生产队一律每户二角。

⑦ 培训卫生员报酬：第一期定 15 天。每人每天补 0.30 元，卫生所 0.15 元，大队给 0.15 元。换胡广杰。

⑧ 下以工人，全年 4 000 分。粮食每天补 0.5 斤，是哪个小队的由哪个小队给补。

⑨ 中学桌凳，每生产队一套，长 3.5 尺，宽 1.4 尺，高 2.5 尺。10 月 10 日前交清。

⑩ 学校 9 月 20 日放假，放 25 天，十月十六日开学，初步订十号公社集中办教员学习班。

⑪ 财贸斗批改步骤：

一步：9 月 13 号至 22 日为十天，宣传政策，革命大批判，揭发问题。9 月 23 日，财贸斗批改委员会集中。

二步：结合批判，改为重点，为十五天。

三点：吐故纳新，为二十天。

⑫ 外调山药籽，把粮食卖在粮库，在九月底以前调回来。

1969 年 9 月 24 日下午

召开革委扩大会议

参加人员有：高普、高祥、罗有、王永、张明德、李正林、张文科、张文明、郝存山、李树林、杨宝善、韩普、董成瑞、彭正付、田秀德、张明瑞、李天元、高德仲、杨存秀、郭树林。共 20 人。

会议首先讲了战备和当前生产，着重把劳动时间和工分报酬说了说，然后进行讨论：

① 各生产的汇报今后怎么向大队报？

每星期 1、3 由各生产队会计负责，通过和队长整理数字后，向大队汇报。如果会计不汇报大队通知会计到大队汇报，误工大队不负担，由生产队负责。

② 创业队快要打场分粮,以什么计算分配?从66年以来到今年8月或9月底的工分计算分配。

③ 创业队场院家具做?还是买?

筛子和1、2队借,簸箕除牧厂的也借。给木欠的:1、4、5、6、8队。

给木栅子的:2、3、7、9、10队。

买二把扫帚。

④ 68年10月至69年9月底粮食帐未清,怎么办?

大队安排进行清算。

⑤ 分配办法经过社员讨论,怎么订?

经社员讨论同意以下意见的有:

1、2、3、4、5、7、9、10队。

就按以人定量或者人劳比例的意见,由社员决定,社员同意那个就按那个,大队不强调统一。

⑥ 把财贸批斗改小组成立一下?

组长:郭占奎,副组长:梁进,组员:杨存秀、高祥彬、李树林、李天元、韩普。共7人组成。

⑦ 各生产队的清经济账目,怎么结?

在10月10日以前,把8月底的结账报来。

⑧ 革委会值班,近时期,因忙不来,怎么办?

就是再忙,值班也不能停,轮着谁必须按时来。

在二十九日夜参加紧急战备会议的:郭占奎、郭占熬、杜万林、高普、高祥、罗有、马明、张明德、李正林、张文科、冀文付、李树林、王文清、郝存山、韩普、元、梁进、田秀德、高德仲、高德仕、杨存秀、高祥清。共22人。

1969年10月2日

召开队长会议

参加人员:高普、罗有、李正林、张明德、张文科.张文清、张文明、郝存山、李树林、张化堂、田秀德、穆凤忠、李天元、高德仲、杨存秀。共15人。

首先把公社会议精神传达一下,以大队庆祝国庆节,做好保卫和卫生工作,学习河北日报9月10、13、14、18、20、21号,学张家口9月27号报纸,民工跑回不准给记分,有请假证明可以给记,生产上达到快拉、打、耕地。进步掌握劳动时间和报酬。

① 3 号去公社 4 号去县参加三干会，谁去？

李正林参加。

② 7 号到公社 8 号去县参加学毛著代表会，谁去？

郭占奎参加。

③ 公社分配谷草 20 000 斤，怎么往下分？

1	2	3	4	5	6	7	8	9	10	计
2 000	2 200	2 600	2 300	2 100	2 100	1 700	1 400	1 900	2 300	20 600

④ 公社分给从赤城往东万口调战备粮，1 500 斤，哪个队去？但在十号前必须完成。

3、4、6 队，每队去二个车，过去拉小木货，回来调粮。如果运粮不开脚费，大队开分。因为当前太忙，去调粮的队，不负担给大队创业队耕地，创业队地由七个队负责给耕。

⑤ 青年要参与吃粮和一队借玉米 100 斤和四队借玉米 45 斤，打算把给青年留菜地种的玉米杆划成胡，还给 1、4 队，怎么折算/

每 100 斤玉米胡，折玉米 50 斤。一队 100 斤给 200 斤，四队 45 斤给 90 斤。

1969 年 10 月 8 日

召开革委扩大会议

参加人员：郭占奎、高普、罗有、高祥、张明德、李正林、张文科、祁守军、李树林、郝存山、元、田秀德、穆凤忠、薛廷甫、高德仲、杨存秀、彭正付。共 17 人。

会议首先由张明德公布了，68 年 10 月 1 日至 69 年 9 月 30 日各生产队粮食结算情况，然后由李正林传达了县三干会议精神。

讨论记录：

① 农田建设怎么搞？

先搞河东的。以开地和挖坑结合，10 号有农建小组到滩实地安排。

	1	2	3	4	5	6	7	8	9	10	计
创业队	4	4	1	3	2	2				3	22
面　上	2	3	4	3	2	2	3	1	2	2	26

② 云州水库工人。

	1	2	3	5	7	8	10	计
原分配	1	3	2	1	2	1	1	11
已落实	张文有	李桂生 李桂存 高祥春	冀文付 郤桂水				薛德彬	

不落实的今晚一定落实下来。

10号走送行李与换粮问题安排:

	1	2	3	5	7	10
人:	1		1		1	1
驴:	1	1	1	2		1
负责:	1—2队	本　队	5—7队			8—10队

③ 农田建设上三人,是否抽人去掌握?

现在生产队抽不出人来,现在先有董成瑞、张立新和张玉林掌握的。以后上人多了,咱们在安排。

1969年10月11日上午

召开革委扩大会议

参加人员:郭占奎、高普、罗有、张明德、张文科、郝存山、李树林、田秀德、穆凤忠、李天元、高德仲、杨存秀。共12人。

会议进一步讨论了公社在合达营召开的三干会的精神,大家又进一步安排了秋收时间,表示决心落实产量,就卖粮任务,听大队分析研究。讨论几个问题?

① 公社让大队送一名税收员,确定谁?

郝存山。

② 当前为支援战备,要大量收购废钢铁,就咱大队是一部分,是62年左右大队开铁炉从瓦房沟分回的,以后生产队开,大队不开了,将铁归给大队,当时亏款400多元,已拿河口子款补了,这种情况需要说明,是张宝斋手的事。这次处理不处理大家讨论?

越存越少，干脆卖了算啦。

1969 年 10 月 8 日

召开革委扩大会议

参加人员：郭占奎、高普(半天)、杜万林、罗有、高祥、张玉林、陶志军、张明德、李正林、祁守军、张文科、郝存山、李树林、董成瑞、张化堂、韩普、元、彭正付、梁进、田秀德、穆凤忠(半天)、李天元、高祥彬、高德仲、杨存秀、郤政明、杨宝福、李付江、张明海、王铁均、刘良。共 31 人。

会议首先由陶志军传达了县召开的学毛著代表会议精神，郭占奎传达了公社召开教育革命会议和财贸批斗改会议，及公社革委会的工作安排然后有李正林、张明德就当前工作做了发言，杨宝福就教育问题讲话，然后进行讨论：

① 知识青年王秀莲，因病回家休养治疗，据她的情况，县发来"需返城镇审批表"，一式 3 份，咱们是否同意回转？

根据王秀莲的身体，不宜在农村锻炼，同意转回去。就填表问题由革委会负责填写，签注意见，转给公社。

② 现在秋收地里已经没庄稼了，有的人反映牧厂放驴人员，应由二个人减为一个，是否减？确定谁放驴？

现在已经应该减为一个人。杨宝山家庭，脱离不开，决定杨宝山回生产队，郤文明留下。从本月 21 号减下去。

③ 根据老郭传达公社指示，这次大批从农村抽回宣队，咱公社抽 13 人，已由另队派，就高洪江的工分，公社指示咱队给记，应记多少？老郭说公社的意思，但不是决定。公社意见 8 分阶段每天给 10 分，10 阶段每天给 12 分。咱们大队就按这个意见给开。

④ 牧厂草料在 68 年 10 月 29 日，革委扩大会议决定，67 年秋到 69 年春每股高粱以 150 斤找齐，豆子以 670 斤找齐，干草以 3 000 斤找齐。68 年 11 月 1 日至 69 年 9 月底是彭正付记花单账，大队这次帮助清理，尚有 6、7 两个队未补齐，饲料有余有亏，干草几乎都余。现在就今冬明春的饲草和饲料，怎么办？

革委会抽人，首先算清前段账目，作出草料计划，向各股分配，不用再开会议啦。农建干草，以分粮办法分给各队，不足部分各生产队再交。

⑤ 别的队已经把电杆重栽换了，咱们的电杆多数也不行了，是否换一下？

咱们交界内的便杆也换一下，现在大队就安排，需要人、车大队要，各队给出。

⑥ 滩里的地怎么耕?

初步计算有70亩左右,上次会议决定4、3、6队拉战备粮不负担耕地,这70亩地按各队人口大致分配一下:

1	2	5	7	8	9	10	计
12	12	10	10	6	10	12	72

每耕二亩地给生产队开45分。磨地在内。在21号要求耕完。

⑦ 知识青年的账目需要算,家具需要分,咱们怎么安排?

抽张明德、郝存山、王铁成和全体知识青年一起结算,把所购置的家具分开。知识青年算账,大队给记工分。

⑧ 学校二十号正式开课,学生去滩劳动怎么办?

学生一律上学,如果去滩劳动,不给记分。

⑨ 学生上了学,农建怎么上?

1	2	3	4	5	6	7	8	9	10	计
9	9	12	9	9	8	10	2	6	6	80

由李正林、高祥挂帅。有董成瑞、张玉林、张立新亲自掌握。各生产队出一个负责带班的。

⑩ 咱大队在9月24日,革委扩大会议已成立了财贸领导小组,老郭传达公社财贸批斗改会议,我队前成立的有不妥之处,请再考虑一下?

组长:郭占奎,副组长:王文清,组员:郝存山、杜万林、刘良、高祥彬、梁进。共7人组成。

⑪ 老郭提大队教育革命领导小组,虽已成立?但领导力量有问题,是否再研究一下?

组长:郭占奎,副组长:韩普,李付江;组员:郤政明、李树林。

⑫ 通过公社教育革命会议,李付江已从瓦房沟中学调回,咱们人员怎么安排?今年工分怎么定?

经过讨论决定:沟门校:李付江、杨宝福。干沟:张明海。

从10月20日把王铁君减回生产队。王铁君和张明海,全年工分定3 700

分。王铁君和张明海未参加这次公社开会，每人扣 60 分。通过算账决定：王铁君给开 2 910 分，张明海开 3 640 分。

⑬ 代销点经营大种布匹，资金扩大 2 000 元，公社指示把代销员，再审查配备一下？

刘良先继续工作。

今后代销点在大队革委会财贸组和财贸批斗改小组领导下进行工作。

⑭ 副业生产和缺料怎么办？

革委会的农林牧副小组安排，生产队听候通知。

⑮ 粮食征购任务公社指示马上定到生产队，怎么订？

今晚或明早把产量可靠估出来，在上午报给大队，由革委会按产计算分配。

1969 年 10 月 20 日

牧厂饲草饲料核算：

饲草：马一个，69 年 11 月 10 日到 70 年 8 月底，计 300 天，每天以 16 斤(9 月 1 号至 10 月 15 号放青)，计划 5 000 斤。

驴骡 13 个，69 年 11 月 1 日到 70 年 4 月底，计 180 天，每头每天 8 斤，计划 18 000 斤，总共 23 000 斤。

干草意见：67 年秋到 70 年春，每股以 5 500 斤找齐。

饲料：籽马：10 月 1 至 12 月底，90 天，每天 4 斤，计 360 斤，1 月至 8 月底，240 天，每天 6 斤，计 1 440 斤，1 月到 9 月底，30 天，每天 4 斤，计 120 斤，小计 1 920 斤。

驴骡预计小计 1 500 斤，其它留料，小计，80 斤，总共 3 500 斤。

饲料意见：67 年秋到 70 年春节，创业队高粱 517.5 斤，豆子 17.5 斤；大队豆子 100 斤在外；每个股高粱以 240 斤，豆子以 840 斤，找齐。

1969 年 10 月 24 日半天

召开革委扩大会议

参加人员：郭占奎、杜万林、高普、高祥、张玉林、张明德、李正林、张文科、祁守军、李树林、董成瑞、韩普、元、梁进、田秀德、穆凤忠、高德仲、杨存秀、王文清。共 19 人。

会议首先学习了报纸，把知识青年算账和牧厂饲草饲料意见说一下，然后讨论：

① 对知识青年结算账目，还有何意见？知识青年同意啦，咱们又没意见。

② 牧厂饲草，料的结算和需用计划已公布，有什么意见？就以这个账执行。

1969 年 10 月 31 日半天

召开革委扩大会议

参加人员：郭占奎、杜万林、高普、高祥、罗有、张玉林、张明德、李正林、张文科、郝存山、李树林、元、梁进、穆凤海、穆凤忠、高德仲、田秀德、张明瑞、李天元、薛廷甫、高德清、杨存秀、邵桂林。共 25 人。

会议中心汇报在合达营召开的，各大队革委会主任和信贷员会议精神。

两个高潮：① 深挖整党建设革命化领导班子。

② 抓革命促生产，掀起农田建设高潮。

三秋(秋收、秋耕、秋征入库)，收货及税务等。

研究去千台砍木头人，1、2、3 队去四个人。民工欠口粮(拉一车人)，每人 13.1 斤。

1969 年 11 月 3 日半天

召开革委扩大会议

参加人员：高普、高祥、罗有、张明德、李正林、赵存德、李树林、王文清、郝存山、元、韩普、田秀德、彭正付、穆凤忠、李天元、薛廷甫、高德仲、高德仕、高祥彬、杨存秀。共 20 人。

会议中心汇报在公社开会会议和征兵会议精神，然后就农田建设进行了安排。

① 生产用布：

	1	2	3	4	5	6	7	8	9	10	计
给前磋									2	2	4
分　给	8	9	10	9	7	8	7	4	7	7	76
计	8	9	10	9	7	8	7	4	9	9	80

② 棚杆计划：

	1	2	3	4	6	7	8	9	10
需要	80	28	28	26	35	85	40	30	50
地点	西围 厂沟	西围 厂沟	西围 厂沟	西围 石沟	苇子沟	苇子沟	破由沟	穴沟 大北沟	干沟 大北沟

③ 通过与订正了开会人员：

生产队的：高普、罗有、赵存德或王进贵、李树林、韩普、田秀德、穆凤忠、李天元、高德仲。

革委会：张明德、祁守军、郝存山、董成瑞、梁进、杨存秀。

贫代：杜万林、梁明、高祥彬。

④ 牧厂的骡子，已让郭占奎去卖，走时初步价格意见 1 000 元以上，大家是否同意？

同意这个意见，可根据情况卖。

⑤ 公社让在工地搞工棚，需用席子，怎么解决？

	1	2	3	4	5	6	7	8	9	10
席　子	1	1	1	1	1	1	1	1		1
高粱杆									堆	

1969 年 11 月 6 日半天

在合达营公社召开的批斗改会议上，成立以下几个组织：

① 大批判指导小组：

组长：张明德，副组长：郭占奎、李付江，成员：郝存山、祁守军、高祥、元、杨存秀、陶志军，共 9 人组成。

② 大队建学毛著辅导站：

站长：张明德，副站长：郭占奎，成员：李正林、高祥、祁守军、郝存山、李付江。共 7 人组成。

③ 生产队建学毛著辅导小组：

队　别	组　长	副组长	成　　员	小　计
1	高　普	张文德	郭占熬、张万国、杜万林	5
2	罗　有	张玉林	王永、马朋、陶志军	5
3	张文科	赵存德	王立新、穆永会、张文明	5
4	李树林	赵云奎	杨宝善、张树生、王进甫	5
5	韩　普	元	高桂有	3
6	田秀德	梁　进	穆凤海、穆奎有、彭正德	5
7	穆凤忠	张　艮	张明瑞	3
8	李天元	高洪江	薛廷甫	3
9	高德仕	高德进	高德清、杜现德、高德明	5
10	邰政明	张　珍	杨存秀、邰桂林、吕桂军	5

共10人个组，共44人。

④ 辅导员

队　别	组　长	副组长	成　　员	小　计
1	李桂复		李之涛	2
2	王　俊	李桂存	马明、罗均、马占有	5
3	张连成	张树旺	李志彬、贾秀巧	4
4	郝存仕			1
5	元	韩志忠	王世忠	3
6	穆奎军			1
7	李化廷	张万平	郭志甫	3
8	薛英芳			1
9	高德仲	郄文海		2
10	范德亮	范世亮	王占奎	3
	张明海	杨宝福	王文清、董成瑞、彭正付	5

共计30人。

⑤ 三老(革命老区、老党员、老干部)讲史团

组长：高祥彬，副组长：梁明，成员：穆永会、张仲秀、张文忠、赵云奎、李天元。共7人组成。

在合达营开会公社交给

① 给公社牧厂干草4 000斤；

② 大柴50 000斤。

③ 木椽 2 000 根，在 12 月 31 日前交 30%。

1969 年 11 月 17 日半天

贫富队碰头会参加人员：

12 号：在滩劳动的：高德仲、张玉林、王铁君、穆凤忠、郭占奎、田秀德、李树林、郝存山、高祥、张明德、张文科、李正林、罗有、董成瑞、高普。

没在滩劳动的：杨存秀、高祥彬、韩普、梁进、李天元、张树生、元、彭正付、李付江、杨宝福。

15 号：郭占奎、高普、高祥、罗有、李正林、张明德、张文科、王铁君、郝存山、李树林、张树生、韩普、元、董成瑞、彭正付、梁进、田秀德、穆凤忠、李天元、高德仲、高祥彬、杨存秀、张珍。上述工分，在 17 号开给农建工。

21 号：董成瑞、李正林、张明德、郝存山、高祥、彭正富、张树生、张万国、王铁均、梁进、韩普。共计 11 人。在 23 号开入误工记工和农建工内。

24 号大队库房搬家的：郭占奎、高祥、李正林、郝存山。

在 12 月 1 日开入农建工。

12 月 3 日研究专案的有：郭占奎、高祥、张明德、李正林、郝存山、李付江、杨宝福。开入农建工内。

1969 年 12 月 11 日开。

12 月 9 号研究专案问题的有：郭占奎、高洪熊、张明德、郝存山。开入农建工内，1969 年 12 月 11 日开。

1969 年 11 月 23 日半天

召开革委主要人和专案班子会议

参加人员：郭占奎、高祥、张明德、李正林、郝存山、杨宝福。共 6 个人。

讨论记录：

① 李正林提：牧厂没草，生产队也应当铡草，粮食也应当加工，大队应当安排下：

革委会去买机器的：李正林；

铡草机：王永、元；

粮食加工：张明瑞、郝存山和李正林，由大队分给各队，合理收费。

② 公社催在月底交清农业税，是叫生产队去算还是大队统一去结算？

大队统一去结算交款，决算再与生产队结算。郝存山去结算，把今年应还的机器款和今年电话费一次交清。

③ 革委会整风如何抓紧和安排？

贫宣队进驻生产队，暂为一段落。24 号开始整风，除革委全部参加外并请：

贫委：	生产队负责人	
杜万林 罗　有 李树林 张化堂 李天元 高祥彬 范成才	高　普 张玉林 张文科、赵存德 赵云奎 元、韩普 田秀德 穆风忠 薛廷甫 高德仲 郤政明	贫下中农代表 张文海 王　俊 明、王铁君 梁明、张树生 杜成志 荣正廷、穆奎仕 苏正建、李天将 高德进 张珍、吕桂军 张明海、杨宝福、李付江

④ 公社叫填“农村干部登记表”怎么填？

干沟：张明海　　火子沟：高德清

水沟：李付江　　沟门：杨宝福

古方：王永　　苏寺：张明瑞、元。

大队提出填谁，叫他们去填。

⑤ 参加整建党人员的意见：

	党　　员	团　　员	群　　众	代　　表
1 2 3 4 5 6 7 8	张宝斋、马淑兰、杜万林 高祥、张玉林、王登明、 张明德、李正林、李淑兰、 张有 徐桂兰、穆永会、张仲秀 赵有德、郄文明 王文清、赵云奎、郝元、 穆风起 穆风先、李玉兰	高普、郭占敖、 郝淑华 马明、陶志军 王进梅、张连成、 李志彬 王铁均、穆风明、 张立新 杨宝善、张树生、 王垚梅 杨宝垚	郭占奎 罗有、王俊 王立新、祁守军 郝存山、李仲梅、 李树林 元、韩风明、 田秀文 彭正付、穆风德	张文海 马朋 张文科、明 梁明 韩普、高桂有、 董成瑞 梁进、田秀德 薛廷甫、高洪江、 高德仲、高德仕、 高德清、高德进、

续　表

	党　员	团　员	群　众	代　表
9 10	田荣甫 张文忠、李天将、尤长贵 薛凤桐 范成才、郤政明、杨存秀 29	穆凤海、高洪江 穆凤忠、张明春	李付江 高祥彬、刘良、 吕桂军、范德亮、 范仕亮	杜宪德、高德明、 张珍、张明海、 杨宝福。
小计	29	9	10	22

1969 年 12 月 10 日

召开革委扩大会议

参加人员：(回本生产队记工的)

高普、杜万林、郭占熬、罗有、王永、张玉林、张文科、张文明、赵存德、杨宝善、元、穆凤海、张明瑞、李天元、高德仲、高德清、高德仕、张珍、郤桂林、郤政明。

(应大队记工的)：高祥、李正林、张明德、祁守英、郝存山、梁进、高祥彬、彭正付。

会议中心核实产量，初步核算产销征。

1969 年 12 月 14 日

召开革委扩大会议

参加会议人员：高普、高祥、罗有、张明德、李正林、李树林、韩普、田秀德、穆凤忠、李天元、高德仲。共计 11 人。

会议中心研究下步工作：

大搞大批资本主义倾向，以战备为纲的学习班，打洞，拉粪。每人五根杂木杆，每人五根洋镐把。

1969 年 12 月 19 日

召开革委扩大会议

郭占奎、张明德、祁守军、郝存山、梁进、彭正付、杨存秀、罗有、李树林、李天元、高祥彬、范成才、高普、张正林、王永、张文科、张文明、赵存德、杨宝善、赵云奎、元、韩普、田秀德、穆凤忠、张明瑞、高洪元、高德仲、高德仕、高德清、郤政明、郄桂林、张万国、王俊、马明、陶志军、贾秀巧、张连成、冀文付、张树生、康登秀、郝元、李仲梅、王世忠、高洪江、郭志甫、张明春、高德进、高德明、杨宝福、李付江，实到会 49 人。

在会议上把前段工作总结了一下：着重提出有松劲情绪，着重提出：

① 大办特办，各种类型的毛泽东思想，战备学习班，达到 8 岁以上遍受教育，采取白天给老弱病补课。

② 打洞，别的生产可停，也得打洞。

③ 立即掀起反击资本主义倾向的高潮。

④ 彻底查清小片地。

⑤ 抓紧杂木杆、搞把的生产。

⑥ 核实产量，卖征购粮。大队炕的标准，就指入库的玉米，暂时留好账目，分给社员的不准折。

⑦ 清队工作：专案大力抓紧，定案特别是李正洪再次定一下，对四类分子的摘帽再讨论一下。

⑧ 大柴木计划收十万至今没收怎么办？经过讨论，最后确定各生产队收。

⑨ 根据咱大队的工作，是否应转整建党。

根据咱大队的情况，从 12 月 16 日已转向整建党补课教育，应申请公社转整建党。

整建党领导小组提名：

高祥、张玉林、李正林、张明德、杜万林、杨存秀、郤政明共七个人。

后经革委、贫委、生产队领导组长提名，高祥为组长，李正林为副组长，其它为委员。

⑩ 彭正付要求出坝，是否叫去？

经革委、贫委，生产队领导小组长讨论，同意让他去，有高祥彬带管几天。

⑪ 贾秀巧要请假回家，是否叫回去？

经革委、贫委、生产队领导小组长讨论同意让她回去。

⑫ 根据前段贫宣队行动情况，是否有必要再调整一下？

有必要调整一下，同意大队的意见。

贫宣队分工

队　别	负责人	成　　员	
1	张玉林	陶志军、郭占敖	3
2	郭占奎	张万国、王俊	3
3	张树生	李仲梅、贾秀巧、张连成	4
4	王铁君	祁守军、梁明、郝元	4
5	梁　进	张明海、高桂有	3
6	董成瑞	王世忠、彭正付	3
7	韩　普	高洪熊、郭志甫	3
8	李付江		1
9	高祥彬	高德明、高德进	3
10	邵政明	高祥、李正林、张明德、郝存山、杨宝福	1
大			5
计			33

各队讨论清队定性意见①　　1969 年 12 月 23 日

姓　名	定 性 意 见	各队分类意见									
		1	2	3	4	5	6	7	8	9	10
李明花	地主成分继续改造	同前	同前	同前	同前	同前	同前	同前	同前	同前	同前
吴德旭	地主成分继续改造	同前	同前	同前	同前	同前	同前	同前	同前	同前	同前
董桂香	地主成分继续改造	同前	同前	同前	同前	同前	同前	同前	同前	同前	同前
高祥涛	富农成分继续改造	同前	同前	同前	同前	同前	同前	同前	同前	同前	同前
王淑英	富农成分继续改造	同前	同前	同前	同前	同前	同前	同前	同前	同前	同前
高祥彩	富农成分继续改造	同前	同前	同前	同前	同前	同前	同前	同前	同前	同前
彭淑英	富农成分继续改造	同前	同前	同前	同前	同前	同前	同前	同前	同前	同前
高祥普	富农成分继续改造	同前	同前	同前	同前	同前	同前	同前	同前	同前	同前
李桂花	富农成分继续改造	同前	同前	同前	同前	同前	同前	同前	同前	同前	同前
高明宽	富农成分继续改造	同前	同前	同前	同前	同前	同前	同前	同前	同前	同前
高祥廷	富农成分继续改造	同前	同前	同前	同前	同前	同前	同前	同前	同前	同前
李清林	富农成分继续改造	同前	同前	同前	同前	同前	同前	同前	同前	同前	同前
高祥生	富农成分继续改造	同前	同前	同前	同前	同前	同前	同前	同前	同前	同前
卓富英	富农成分继续改造	同前	同前	同前	同前	同前	同前	同前	同前	同前	同前
李清秀	富农成分继续改造	同前	同前	同前	同前	同前	同前	同前	同前	同前	同前
高洪志	土改 17 岁，以富农子弟对待	同前	同前	同前	同前	同前	同前	同前	同前	同前	同前
16											

各队讨论清队定性意见② 1969 年 12 月 23 日

姓　名	定性意见	各队分类意见									
		1	2	3	4	5	6	7	8	9	10
李茂春	解除历史怀疑	同前	同前	同前	同前	同前	同前	同前	同前	同前	同前
高　祥	解除历史怀疑	同前	同前	同前	同前	同前	同前	同前	同前	同前	同前
杨进才	解除历史怀疑	同前	同前	同前	同前	同前	同前	同前	同前	同前	同前
梁　进	解除历史怀疑	同前	同前	同前	同前	同前	同前	同前	同前	同前	同前
祖玉琴	一般历史问题	同前	同前	同前	同前	同前	同前	同前	同前	同前	同前
高庆桐	一般历史问题	同前	同前	同前	同前	同前	同前	同前	同前	同前	同前
李文奎	一般历史问题	同前	同前	同前	同前	同前	同前	同前	同前	同前	同前
王　科	一般历史问题	同前	同前	同前	同前	同前	同前	同前	同前	同前	同前
8											

各队讨论清队定性意见③ 1969 年 12 月 23 日

姓　名	定性意见	各队分类意见									
		1	2	3	4	5	6	7	8	9	10
李世春	他处已查交他处	同前	同前	同前	同前	同前	同前	同前	同前	同前	同前
李宪春	他处已查交他处	同前	同前	同前	同前	同前	同前	同前	同前	同前	同前
张宝庭	他处已查交他处	同前	同前	同前	同前	同前	同前	同前	同前	同前	同前
张文玉	他处已查交他处	同前	同前	同前	同前	同前	同前	同前	同前	同前	同前
包清山	他处已查交他处	同前	同前	同前	同前	同前	同前	同前	同前	同前	同前
包清玉	他处已查交他处	同前	同前	同前	同前	同前	同前	同前	同前	同前	同前
杨宝忠	他处已查交他处	同前	同前	同前	同前	同前	同前	同前	同前	同前	同前
7											

各队讨论清队定性意见④ 1969 年 12 月 23 日

		各队群众讨论意见										公社批示意见	结论时间
		同前	同前	同前	同前	同前	同前	同前	同前	同前	同前		
姓　名	革委扩大会意见	同前	同前	同前	同前	同前	同前	同前	同前	同前	同前		
张宝珠	反革命分子依法管制	同前	同前	同前	同前	同前	同前	同前	同前	同前	同前		

续　表

		各队群众讨论意见										公社批示意见	结论时间
		同前	同前	同前	同前	同前	同前	同前	同前	同前	同前		
姓　名	革委扩大会意见	同前	同前	同前	同前	同前	同前	同前	同前	同前	同前		
高祥春	地主分子依法管制	同前	同前	同前	同前	同前	同前	同前	同前	同前	同前		
吴德印	地主分子依法管制	同前	同前	同前	同前	同前	同前	同前	同前	同前	同前		
李正洪	监督劳动地主成分	同前	同前	同前	同前	同前	同前	同前	同前	同前	同前		69.12.28
张宝斋	不属漏划犯严重错误	同前	同前	同前	同前	同前	同前	同前	同前	同前	同前	同意大队意见	
张文科	一般历史问题	同前	同前	同前	同前	同前	同前	同前	同前	同前	同前	同意大队意见	
马万山	属于一般问题	同前	同前	同前	同前	同前	同前	同前	同前	同前	同前	同意大队意见	
郄胜明	严重政治历史问题	同前	同前	同前	同前	同前	同前	同前	同前	同前	同前	同意大队意见	70.1.24
薛风桐	一般政治历史问题	同前	同前	同前	同前	同前	同前	同前	同前	同前	同前	同意大队意见	70.1.23
穆永生		同前	同前	同前	同前	同前	同前	同前	同前	同前	同前		
尤长桂	自首变节清除出党	同前	同前	同前	同前	同前	同前	同前	同前	同前	同前	严重政治历史问题	70.2.28
穆风山	叛徒	同前	同前	同前	同前	同前	同前	同前	同前	同前	同前	严重政治历史问题	70.2.28
张　有	一般政治历史问题	同前	同前	同前	同前	同前	同前	同前	同前	同前	同前	同意大队意见	70.1.16
李先春	严重政治历史问题	同前	同前	同前	同前	同前	同前	同前	同前	同前	同前	一般政治历史问题	70.1.16
14													

1969 年 12 月 27 日

召开整建党领导小组会议

参加人员：高祥、张玉林、杜万林、张明德、李正林、杨存秀、郤政明、郭占奎列席。共计 8 人。

搞了以下几项：

① 审查各队提的入党新血液，十个队共提 50 人，六个队以上的有八个，做为第一批发展对象。

郭占奎、罗有、王立新、李树林、元、高洪江、李付江、高祥彬。

② 进一步健全了讨论组和审查了参加整建党的人员。参加整建党学习班的党员 29 人，团员 19 人，群众代表及积极分子 29 人。

共计 77 人。古方划一个组，三队为一个组，四队为一个组，5—7 队为一个组，8、9、10 队，各为一个组，共分 7 个讨论组。凡划“O”号的，既要参加整建党学习班，也必须把贫宣队任务完成。

组别	负责人			人员	合计
	组长	副组长	记录		
1	张玉林	杜万林	陶志军	张宝斋、马淑兰、高普、郭占熬、郝淑兰、郭占奎、张文海、高祥、王登明、马明、罗有	14
2	赵存德	穆永会	李志彬	张明德、张仲秀、郄文明、张有、王铁君、张立新、张文科、李正林、徐桂兰、李淑兰、王进梅、穆凤明、王立新、韩凤明、（张文明、高祥清、贾秀巧）	20
3	郝元	李树林	祁守军	王文清、赵云奎、李风先、穆凤起、李玉立、杨宝善、张树生、王垚梅、郝存山、李仲梅、梁明、杨宝福（康登秀、高付）	17
4	田荣甫	元	张明春	韩志忠、韩风明、杨宝喜、高桂有、董成瑞、穆风海、田秀德、高洪熊、彭正付、梁进、张文忠、尤长桂、李天将、穆凤忠、张明海	18
5	李付江	高德仕	高德进	薛廷甫、高洪江、薛风桐（李天元）	5
6	高祥彬			高德仲	4
7	郤政明			张珍、杨存秀	4

1969 年 12 月 28 日

召开革委扩大会议

参加人员：郭占奎、杜万林、高普、高祥、王永、张玉林、张明德、李正林、祁守军、张文科、赵存德、郝存山、李树林、赵云奎、董成瑞、韩普、元、彭正付、高洪熊、田秀德、穆凤忠、张明瑞、李天元、薛廷甫、高祥斌、高洪仕、高德仲、杨存秀、郤政明。共计 29 人。

① 清队工作中，李正洪究竟带帽不带帽？

经过广大贫下中农讨论，根据党的政策，一致同意“以地主成分，监督劳动，现在不带帽，以后有活动再带”处理。

② 这次整建吸收新血液，各队广大群众共提 50 人，其中有六个队以上的八人，经整建党小组研究为第一批，经过整建党学习班，反复讨论，再征取一下革委扩大会意见？

第一批，经反复讨论，一致同意：罗有、元、高洪熊、王进贵、李付江共 5 人。

郭占奎、高祥彬、李树林，不应列为第一批，再提三人，请各队学习班和整建党学习班。讨论：陶志军、梁进、高德进。

③ 工分以什么时间截止？

以 1969 年 12 月 31 日截止。

④ 云州水库工人，各大队在县开会研究，因冬季冷，以一个月换，咱们是否换？

同意换。同意大队分配的工人名额。

2	3	4	5	8	9	10	计
2	1	1	1	1	1	2	9

决定 1 月 3 日走，共去三个驴，每个队驼三个人行李，工人自己赶驴，回来他们赶。

9—10 队一个驴，由 10 队去驴。

4、5、8 队一个驴，由 5 队去驴。

2、3 队一个驴，由 3 队去驴。

⑤ 代销员刘良多次要求找人，贫下中农用大字报也要求过，是否换代销员？

同意换。经酝酿叫张清祥当代销员，明天接手续。有元和郝存山查货。

⑥ 云州水库工人怎么记工分?

10分阶段以15分的改为8分,阶段13分。

10分阶段以14分的改为8分,阶段12分。

10分阶段以10分的改为8分,阶段8分。

⑦ 代销员早晚给不给奖励工补开工分?全年给20个劳动日。

⑧ 半农半医和财政给不给误工补开工分?

全年给20个劳动日。

⑨ 农建拿不拿误工补开工分?

共拿出30个工。董成瑞、张玉林、张立新、高祥彬、李桂复,每人6个劳动日。

⑩ 信用社会计给多少工?

给15个劳动日。

⑪ 大队应不应给误工工分,谁应该有?

张明德50、郝存山50、李正林37、郭占奎30、高祥30、高祥斌30、高洪熊10、祁守军5、梁进5、梁明3。共计220个工。

⑫ 生产队怎么给?

	队长		副队长		会计		政治指导员队长		合计	
	姓名	工数	姓名	工数	姓名	工数	人	工数	人数	工数
1	高普	12	张文德	12	杜万林	11	郭占敖	5	4	40
2	罗有	14	高瑞	11	王永	10	张玉林	5	4	40
3	张文科	14	王进贵	10	张文明	8	赵存德	8	4	40
4	李树林	15	高付	10	杨宝善	10	赵云奎	5	3	40
5			韩风明	15	元	15	韩普	8	4	38
6	田秀德	15	穆凤德	15	穆凤海	8	梁进	2	3	40
7	穆凤忠	12	张艮	14	张明瑞	10			4	
8	李天元	12	郝存付	8	薛廷甫	12	高洪江	8	4	36
9	高德仲	13	刘殿仕	10	高德清	10	高德仕	7	4	40
10	杨存秀	13	张珍	13	邰桂林	12	邰政明	2	28	40
计										40
										394

⑫ 各生产队除这四个人以外,就财政、记工员、保管员,给多少由生产队决定。

一人担双职，只能得一方的。

⑬ 生产队会计结经济账，从 1 月到现在大队未记工，怎么记算？

同意去年的办法。从 1 月到 11 月份，每月每人计 10 分，12 月份和决算到大队搞，误几天记几天，70 年 1 月 1 日以后的推下年的工。

⑭ 到赤城算草价，算药价，还需要查尤长贵、薛风桐档案，派谁去？

张明德、高洪熊、王铁成三个人大队安排，抓紧时间去。

1970 年

几项用工记录：

① 1 月 11 日和贫宣队开各生产队建班子的汇报会议：

张玉林、李正林、梁进、杨存秀、张明德、李付江、高祥，共 7 人。

② 1 月 13 日和贫宣队开专案会议的有：郭占奎（半天）、张玉林、张明德、王文清、杨宝福、李付江、郝存山、彭正付、高祥彬，共 8 个人。

③ 在窑子沟开民兵干部会：（1 月 17 日）：高祥、李正林、王铁君、郭占敖、王进甫、张桂元、田秀德、张明春、薛廷甫、高德仲、张珍，共 11 人。

1970 年 1 月 15 日一天

召开革委扩大会议

参加人员：郭占奎、杜万林、高祥、罗有、张玉林、张明德、李正林、张文科、祁守军、郝存山、王文清、李树林、韩普、梁进、彭正付、田秀德、高洪熊、李付海、穆风忠、李付江、李天元、高祥彬、高德仕、高德仲、范成才、杨存秀，共 26 人。

讨论记录：

① 根据公社在碾子湾开的战备会议精神，已经在党团干部会议进行了传达，是否再开个民兵干部会议，进行系统的安排？

17 号在窑子沟通过李正林、高祥召开民兵排以上干部会议，实地研究打洞，战备工作。

② 去云州水库的工人，杨进才、山提出前段工人和现在去的都是八个小时劳动工分应当一样？

仍按 12 月 28 日革委扩大会议讨论的执行。

③ 张文彬提换工人回来，杨德录只驼一个人行李（水库至八图营），其余别人有意见，应叫杨德录负担工分？

三队驴未驼上郜桂海、郜桂水行李，杨德录只驼一个人行李不合理，为防止今后再出现类似问题,会议决定由杨德录负担10分驴工,工分归大队。

④ 根据当前形势,应把火线彻底清理一下,应号召每人准备一件合手武器是否可以?

火线由各队进行一次登记报大队。回生产队开会号召社员每人准备一件合手武器。

⑤ 公社让选1—2名战备医生,选谁?

经过讨论,决定刘良。

⑥ 大队值日问题,应再进行一次妥善安排?

革委会确定彭正付专人。民兵由1—7排,每排三夜,每夜由各排长派二人,到大队来。

⑦ 把七个重点人的大致问题给说了一下,如何抓好清队补课问题?

根据广大群众意见,对个别重点人分队分片进行批判,具体工作由高祥、王文清安排。

⑧ 妇女组织如何建立?

明天各生产队由队长,指导员或政治队长专门召开个妇女会,在生产队成立妇女小组3—5人。这些人为妇女代表,大队再开个会,选出大队妇女联合会。

⑨ 团支部的组织,经团员会议要以五人组成团支部,团员提出支部候选人是三人有:李付江、张明春、陶志军。另二人待发展新团员后再补,是否同意?

同意团员会议意见,报公社批示。

⑩ 把各队的班子情况分析以下?

一队:高普、高有、张文德,有问题。

三队:张文明、穆凤明、张立新,有问题。

四队:杨宝善、穆奎喜、高庆德,有问题。

六队:全部有问题。

八队:全部有问题。

九队:全部有问题。

⑪ 各生产队的革命领导小组成员,须经大队批示,是否妥当?

必须经大队批示。

⑫ 大队的党支部、革委会建几套人马?

要一元化领导适合。党支部待公社批示后选举。革委会应进行调整。经

分开(革委、其它与会人)讨论,最后比较一致的意见:

拿出:郝存山、董成瑞二人。

拿进:高洪熊、元、高德进、李付江四人。

革委会调整后由 11 人变为 13 人。

这个意见,各队带回,经社员讨论后再定。

革委会调整讨论意见　　　　1970 年 1 月 17 日

		1	2	3	4	5	6	7	8	9	10	计
汇报 形式	口头 纸面	1	王　永	赵存德	李树林	元		1	1	高祥斌	1	
拿进	高祥彬							1			1	
	元	1	1	1	1			1	1	1	1	
	杜万林										1	
	高洪熊	1	1	1		1		1	1	1		
	高德进	1	1	1	1	1				1		
	李付江	1	1	1		1		1	1	1		
	张明春							1				
拿出	郝存山		1	1								
	董成瑞	1	1	1	1	1		1	1	1	1	
	杨存秀										1	
	梁　进	1			1	1		1	1	1	1	
	王文清							1	1			
	郭占奎					1						
拟人数		13	13	13	11	11		13	11	13	11	

② 经几个支委分工是:

支书:一人:张明德

副支书:二人:李正林,暂缺一人。

武装:一人:高祥。

公安:一人:王文清。

组织:一人:杜万林。

宣传:一人:杨存秀。

一致同意。

③ 成立支部的小组:

第一组：(1、2 队)，组长：张玉林，副组长：张宝斋。

第二组：(3 队)，组长：穆永会。

第三组：(4 队)，组长：郝元。

第四组：(5、6、7、8 队)，组长：田荣甫。

第五组：(9、10 队)，组长：郤政明。

④ 把吸收新血液介绍人定一下：

入党人	介绍人
高　普	李正林、张宝斋
罗　有	杜万林、张玉林
王立新	穆永会、赵存德
祁守军	赵云奎、郝元
穆凤德	田荣甫、郤文明
李付江	张明德、王文清
韩风明	李风先、徐桂兰
高祥彬	高祥、杨存秀
高德仕	郤政明、范成才

⑤ 把革委会调整的意见，在党内讨论一下？

经过讨论一致同意，仍以 11 人组成革委会。

拿出：董成瑞，梁进二人。

拿进：李付江、元二人。

根据九个队意见，大致同意，由大队支部整表报公社，待批示后进行调整。

(此本记满，下转第 5 本)

会议笔记 5

队 别	组 长	副组长	成 员	成 员	成 员	小 计
1	郭金花		马富立	张淑珍		3
2	李桂梅		陶志军	李金链		3
3	范世梅		祁守军	张玉连		3
4	张桂英		李仲梅	闫秀英		3
5	韩翠梅		高淑梅	杨淑先		3
6	穆凤荣		彭宪英	乔玉梅		3
7	木金连		李凤梅	于天英		3
8	薛淑琴		郝建芬	师秀芬		3
9	高淑芳		王明兰	徐海琴		3
10	吕桂梅		韩瑞连	李秀枝		3

最后妇联会举行第一次会议，研究了妇女工作。

1970 年 2 月 4 日一天

召开支部扩大会议

参加人员：郭占奎、杜万林、高普、郭占熬、高祥、罗有、张玉林、李玉林、张明德、祁守军、张文科、赵存德、王文清、郝存山、李树林、赵云奎、韩普、彭正付、田秀德、穆凤德、李付海、穆凤忠、李付江、李天元、高祥彬、高德仲、高德仕、杨存秀、范成才、张珍。共 30 人。

会议首先念了公社革委会关于水库的安排，然后进行了一系列的讨论：

① 给云州水库的手推车，公社分配 12 个，怎么做？

由副业队给做，8 号开始。

② 公社分配给二名贫宣队，选谁？

同意大队支部和贫宣队考虑的叫张宝斋和祁守军去。

③ 公社分配合同工一名，确定谁去？

郝存仕如果去就让他去，他不去就叫高洪熊去。

④ 团支部的选举和落实新团员怎么安排？

公社已批示团支委,由团支部通知召开会议,大队支部帮助搞好。

⑤ 革委会值班和民兵值班,怎么安排?

根据公社的指示,从 4 号起每夜由民兵半个班值班,电话不离人,进行巡逻防空。旧历 29 起到初三,由革委负责人白天值班。29 日王文清、初一李正林、初二郝存山、初三张明德。

⑥ 公社下放羊群,那个队要?

1、2、4、6 队每队要 5 支(只)。

⑦ 战备造石雷怎么搞?

今晚各排召开民兵会议,普遍号召每民兵先做一个,号召社员每人准备一件拿手武器。

⑧ 公社斗批改领导小组展出新党委候选人的讨论情况怎么样?

1、2、3、4、5、6、7、8、9、10 队没意见,全部同意。

⑨ 根据地区、县、公社指示,春节给烈军属在乡军人送对联,送毛主席像,进行访问,咱大队怎么安排?

订(定)清户:薛德彬、张珍、刘殿仕、彭正付、梁进、张树生、张天富、王文清、张宝艮、王立新、高祥、李树林、冀文付。

每户写一副对联,因为买不上毛主席像,就不送毛主席像啦,凡是有送对联户的生产队,大队委派生产队革命领导小组送对联,访问,征求意见。

⑩ 粮食怎么找补?

先以前革委扩大会议安排找补,明天各队会计到大队结工分,核定粮食。

⑪ 公社牧厂叫咱大队出一名人,公社意见让杜桂山,咱们是否同意?

同意杜桂山。

⑫

队　　别	应　出　勤	留　在　大　队	
		总　数	其中谁
1	18	1	郭占奎
2	19	2	高祥、张清祥
1	20	3	张明德、李正林、王铁成
4	20	3	杨宝福、郝存山、王文清
5	17		

续　表

队　别	应　出　勤	留　在　大　队	
		总　数	其中谁
6	23		
7	17	1	张明海
8	12	1	李付江
9	18		
10	20		
	184	11	

⑫ 几项外出工的分配：

	水库工人		送盖房木头		木匠	盖房土工	送手推车		换工人驴	荆巴
	总数	其中：初四走换工人	人	牛车			人	牛车		
1	3			2						4
2	3			2	1					3
3	3	1		2						3
4	3	1		2	1	1				3
5	2	1		2		4				4
6	3	1				3			1	3
7	2	1					1	2	1	3
8	1	1				4			1	2
9	2	1			1	3				3
10	3	1								3
合计	25	9	5	10	3	15	1	2	8	31

1970年2月16日

召开支委扩大会议

参加人员：郭占奎、高普、罗有、张玉林、张宝均、张明德、李正林、张文科、赵存德、李海林、郝存山、李树林、赵云奎、梁明、元、张化堂、彭正付、梁进、田秀德、张艮、穆凤忠、尤存元、李付江、李天元、高洪江、薛廷甫、高祥彬、高德仲、杨存秀、范成才。共30人。

会议首先由正林传达了县会议精神,把现在大队林业存在的问题说了一下,然后进行了讨论:

① 贫协组织调整讨论的意见报一下?

1、2、3、4、5、6、7、8、9、10队经贫下中农讨论不变,职务也不变。仍以九人组成贫下中农委员会。

② 把贫下中农讨论的生产队建革命领导小组的意见审批一下?

贫下中农委员会领导小组审批人员情况

队别	组长	副组长	副组长	成员						合计人数
1	高　普	郭占奎	张文德	杜万林	张文海	郝淑花	高　有			7
2	罗　有	张玉林	马　朋	王　永	马　明	张宝君	李桂梅			7
3	张文科	赵存德	王立新	冀文付	范世梅	张文明	穆凤明	张立新	张树清	9
4	李树林	赵云奎	高　付	杨宝善	康登秀	张桂英	王进甫			7
5	高桂有	韩风明		韩正元	张化堂	张桂元	韩　普	韩翠梅		7
6	田秀德	梁　进	穆凤德	穆凤海	穆奎仕	张　清	穆凤荣			7
7	李付海	穆凤忠	张　艮	李天将	张明瑞	张明春	木金连			7
8	薛廷甫		高洪江	李付合	张天富	薛淑琴				5
9										
10	杨存秀	范成才	张　珍	郃桂林	李宪成	郄德文	吕桂梅			7

③ 为加强护林管理,须充实护林委员会,根据生产队讨论意见,定一下:

主任:梁明,副主任:梁进、李天元、彭正富。委员:郭占熬、张宝均、李海林、韩普、尤存元、刘殿仕、郃政明。共11人。

④ 封山育林原禁地点变不变?

仍以前定的不变。

⑤ 亲戚来人打柴,怎么办?

打的柴火全部没收,款罚住的生产队。

⑥ 根据当前林业存在问题，有无必要检查划分几个组？

负责人：梁明，范围 5—8 队；尤存元、刘殿仕、王俊。

负责人：李天元，范围 1—4 队，韩普、李海林。

负责人：梁进，范围 9—10 队，郤政明、张宝均。

划“O”号的负责记录。

⑦ 检查哪些内容？

1、柴火场：小幼树、杏茨。

2、坡：柴火、树林。

3、查问题：偷砍、偷盗。

1970 年 2 月 22 日

参加林业检查汇报会的有：

郭占奎、郭占熬、张明德、李正林、王文清、郝存山、梁明、元、韩普、彭正付、尤存元、郤政明。共 12 人。

1970 年 2 月 28 日在学校开支委扩大会议的：郭占奎、杜万林、高祥、李正林、张明德、郝存山、元、李仕江。共 8 人。

1970 年 3 月 1 日 1 天

召开支委革委扩大会议

参加人员：郭占奎、杜万林、罗有、张明德、张文科、郝存山、李树林、李正林、高桂有、元、张化堂、田秀德、彭正付、李付海、李天元、高德仲、范成才、杨存秀。

讨论记录：

① 把六九年度决算劳动力评一下：

		1	2	3	4	5	6	7	8	9	10	计
	正平	19	20	23	23	16	21	16	11	17	18	184
			1		2	2	1	1			1	8
照顾的				2	3		2			1	1	9

② 六九年度农建工以什么摊算？

以六九年十月一日留粮人口算。

③ 六九年度分副业款，人口以什么时间卡？

以摊农建工人口算。

④ 围厂用咱们铡草机，铡两天草，应收多少费？

两天共收 15 元。

⑤ 孙富怀提骡子大课钱给他点不？

本大队牧厂没有，本大队的生产队，每头骡子大课 20 元，给拉马的 1.50 元，外大队每头巴结子，大课收 25 元，给拉马的 2 元。骡子不分下和落，见面就算。

⑥ 去年十一月初在合达营三干会上，已和商店签个合同卖椽 2 000 根，在六九年底交百分之三十。咱们厂子的椽子在旧历正月初十左右已和合达营商店过了，是 600 来根，不少人认为价格低，不想卖，怎么办？

不管价多少，就给商店吧。椽子款打入六九年内的分配。

⑦ 五队六八年盖牲口棚，砍的连言，当时没批，别的队有意见，当时没作处理，所以六八年终没作价，现在怎么办？

只因生产队盖房，计算共使 10 丈，每丈价 0.25 元，共作款 2.50 元，打入六九年分配。

⑧ 广播费从六九年九月份，已由国家开支，从六九年三月到八月份，社员安广播如何收费？

喇叭个人开支。先安的收电费 1.00 元，后安的收 0.50 元，其余队内公益金开支。在 69 年 5 月 15 日讨论的，各生产队境内用小磁胡和米线由生产队开支的决定改为由大队开支。

⑨ 六六年大队组织木匠给各户做语录牌，木料由各队自己解决。当时四队不定，通过张明德和穆凤起跟赵云奎借的。现在赵玉德没和大队和生产队说，自己上山砍两棵树，怎么办？

借的木头应四队还。没经大队私自上山砍，把两棵树给大队退回来。因为借过他的木头，就不加别的处分。砍木头给赵玉德开 10 分工。

⑩ 学校修建房子，在支委会上研究，计划盖八间，现在从大队树中砍伐四至五架柁，成立个修建小组。由郭占奎组长，王文清副组长，有李正林、郝存山、高祥、李付江、彭正付，共 7 人组成小组。

⑪ 同意这个意见，明天派人砍树。学校的锅盖不行了，怎么办？

由副业厂子给做。

⑫ 公社林场护林叫咱大队给打120个至150个柴火，每个柴火依咱处打柴火工分，车送的牛工他们再开？是否给打？

八队：48个，九队48个，十队48个。

⑬ 公社牧厂分配草、料，及出工问题，怎么向生产队摊？

一律以各生产队总人口摊算。

⑭ 给水库割拈子，每捆应给多少分？

三队：12捆，六队：10捆，七队：12捆。在家取每捆给3.5分。

⑮ 六九年修建大队，借六队木头九根，经过丈量结果：柞子两米10根，漫茬辋子11米9块，（二根），起辋子20米，26块，漫茬10米，8块，轴2米，5块，（共5根），是否给点工分？大队同意不？会议同意不？

大队同意杂工分。大队以三类坡算，应给58分，送料再给30分，共给88分。

⑯ 创业队六九年买的葱秧、茄秧、灰白苗，辣椒苗、食盐，这些款是否大队开支？

这些日用于生活方面的大队不负担，一律由创业队员自己负担。

⑰ 大队及各厂子、队等开支很乱，是否健全批准权限？

大队建一本开支批准簿，凡是买东西都必须携带这个本，由代销员填写。

今后3元以下的由大队会计批。

5元以下的由大队副主任批。

10元以下的由主任批。

10元以上的由革委扩大会议研究。

1970年3月2日

召开支委扩大会议

参加人员：郭占奎、杜万林、张文德、张明德、李正林、张文科、郝存山、李树林、梁明、元、高桂有、张化堂、田秀德、彭正付、李付海、薛廷甫、李天元、高德仲、杨存秀、范成才。共20人。

1970年3月3日

召开支委会议

研究决算人员：郭占奎、杜万林、高祥、郝存山、张明德、元。共6人。

参加整建党用工①　　1月份

姓　名	日　期						姓　名	日　期					
	4	6	7	8	9	10		4	6	7	8	9	10
郭占奎		1	1	1			张明德			1	1	1	1
杜万林	1	1	1	1	1	1	李正林	1	1	1	1	1	1
张宝斋		1	1	1	1	1	张　有		1	1	1	1	1
郭淑花		1	1	1	1	1	张立新		1	1		1	1
韩　普		1	1	1			穆永会		1	1	1	1	1
郭占熬		1	1	1	1		穆凤明		1	1	1	1	1
李淑兰		1	1	1	1		张文科		1	1	1	1	1
高　祥	1	1	1	1	1	1	郝存山			1	1	1	1
张玉林	1	1	1	1	1	1	王文清	1	1	1			
康登明		1	1		1	1	赵云奎		1	1	1	1	1
陶志军		1	1			1	郝　元		1	1	1	1	1
高　富		1	1	1	1	1	穆凤起		1	1	1	1	1
高　有			1	1	1	1	李风先		1	1		1	1
			1	1		1	李玉兰		1	1	1	1	1
王铁均		1	1	1		1	张树生		1	1		1	1
郤桂和		1	1	1	1	1	杨宝善		1	1	1	1	1
高祥彬		1	1	1	1	1	王喜梅				1		
高庆军			1	1	1	1	梁　明		1	1	1	1	1
赵存德		1	1	1		1	李树林		1	1	1	1	1

参加整建党用工②　　1月份

姓　名	日　期						姓　名	日　期					
	4	6	7	8	9	10		4	6	7	8	9	10
高桂有			1	1	1	1	郝存付						1
元			1	1			高德仕		1	1	1	1	1
韩　普		1	1	1	1	1	高祥彬		1	1	1	1	1
董成瑞			1	1			高德进			1	1	1	1
田秀德			1	1	1		刘殿仕						1
彭正付		1	1	1	1	1	高德仲		1	1	1	1	1

续 表

姓　名	日期						姓　名	日期					
	4	6	7	8	9	10		4	6	7	8	9	10
薛廷甫		1	1	1	1		高德清		1	1	1	1	
高洪熊			1				郤政明	1	1	1	1	1	1
梁　进		1		1	1	1	杨存秀	1	1	1	1	1	1
穆凤海		1	1	1	1	1	范成才		1	1	1	1	1
张文忠		1	1	1	1	1	张　珍					1	1
李天将		1	1	1	1	1							
尤长贵			1	1	1	1							
			1										
韩志忠		1	1	1	1	1							
刘　银						1							
		1	1	1	1	1							
郝　元		1	1	1	1	1							
高洪熊			1	1									

参加整建党用工③　　1月份　　参加公社三干会

姓　名	日期						姓　名	日期					
	14	16	17	18	19	21		14	16	17	18	19	21
张宝均			1	1			张玉林			1	1	1	1
王　俊			1	1			马　朋			1	1	1	1
李海林			1	1	1		赵存德			1	1	1	1
梁　明			1	1	1	0.5	李树林			1	1	1	1
韩　普			1	1	0.5		元			1	1	1	1
梁　进			1	1		0.5	田秀德			1	1	1	1
赵存德			1	1			穆凤忠			1	1	1	1
李天元			1	1			薛廷甫			1	1	1	1
郭文海			1				杨存秀			1	1	1	1
郤政明			1	1									
高德明				1									

接送工人的人工、驴工记工

月	日	月	日	1	2	3	4	5	6	7	8	9	10	计
1	3	人驴	高庆支 2											
2	3	人驴		1	1					1				
3	9	人驴				1	1	1						
4	26	人驴	郭占熬 1				1			1	吕代军 1			
5	12	人驴		1	1	1				1	1			
6	4	人驴		李先春 1	1									
7	13	人驴		没有	冀文付 1	1	1	1		1	1		1	
8	26	人驴												
9	13	人驴		1	1	1			1			1	1	

1970 年 3 月 17 日 1 天

召开革委扩大会议

参加人员：郭占奎、高普、高祥、罗有、张明德、李正林、张文科、郝存山、李树林、元、高桂有、田秀德、彭正付、李付海、薛廷甫、高德清、杨存秀。共计 17 人。

讨论记录：

① 去云州水库工人的店费和驴站价，及驴吃的草价，应该怎么报销？

一律由大队报销。但开支单据必须经大队革委会审查，大队单立一本支出账。

② 公社牧厂的草怎么分配？

	1	2	3	4	5	6	7	8	9	10	计
数:	82	93	112	98	74	89	74	42	71	82	817
草	400	460	550	480	360	440	360	200	350	400	4 000

续　表

	1	2	3	4	5	6	7	8	9	10	计
瓦穴：	156	460	450	480	360	440	360				2 806
大队牧厂	244							200	350	400	1 194

这个账是在会上算的，就同意这个意见。

③ 公社牧厂盖房一个股摊，柃子八根，要四至五寸大的，没有好柃叫先给50元价，咱们是给木头还是给款？每个股要瓦800块，怎么办？每个股柃子16根，从哪里给？柱子每股三根，从哪给？

柃子16根找不出来，就给款，款先由大队给出，秋后再扣生产队。瓦1 600块，先从给学校留的送。椽子32根，柱子6根，由九队砍和送到在干沟大北沟砍，通过郃政明、杨存秀检查送走，回来出大队开给工分。

④ 公社牧厂盖房要一名木工，二名小工，哪队去？

二队去木工，三队、六队去小工。

⑤ 公社分配照顾棉花70斤怎么分配？

1、2、3、4、5、6、7、8、9、10　　　计

8、10、10、7、10、7、5、6、7、　　　70

⑥ 今年创业队怎么建？哪些人应算在摊算之内？

	1	2	3	4	5	6	7	8	9	10	计
公社牧厂		1									1
大队牧厂			1			1			1		3
教员				1			1	1			3
代销		1									1
医务			1								1
大队				1							1
人口	82	93	112	98	74	89	74	42	71	82	817
比例	34										
出人	3	3	4	3	2	3	2	1	2	3	26
创业队	3	1	2	1	2	2	1		1	3	16

参加人员：高庆成、张宝斋、昝元；罗君；李洪有、张宝艮；杨德录；杨进祥、王世忠；穆风山、穆风全；荣天祥或李化廷；高祥甫；张桂生、张桂成、吕成林。

⑦ 创业队的干部怎么配备?

队长:张宝斋;副队长:高庆成;指导员:邵政明;会计:罗均。

⑧ 创业怎么成立?

19号由李正林、元负责组织创业队员,办学习班,20号正式上班劳动。

1970年3月25日半天

召开革委扩大会议

参加人员:张文德、高祥、王永、张明德、李正林、张文科、郝存山、高付、元、高桂有、彭正付、张良、薛廷甫、高德仲、杨存秀。共15人。

讨论记录:

① 今后大队开会的工,个人考虑也找齐比较合理,公社叫记工不叫记分,就怎么办提个意见:从一月份起,大队或公社每次开大会,通过大队把人数核实后,以生产队拉出参加会的花名单,报给大队存查,等年终之后,看共开会工分多少,再评出应参加会议的男女(凡不念书的男女、半大孩子和能参加会议而不能参加劳动的男女在内),不分男女,一律分摊实参加会议的工,然后算出余和亏,再同劳动工分找齐行不?

这个意见合理,就依这个意见办,大队留个底,生产队留一本账。

② 水库工人哪里去?

2、3、5、7队各缺一人,马上准备好,何时走大队通知。

③ 公社又催拉沙子,派哪个队去。

经过商量:四队去一个牛车,一个人,从副业厂拉点烧柴。1、7、8队,各去一人,带筐担沙子。

④ 劳动工分从什么时间改?

从四月一日改为10分。

⑤ 锄草机怎么安排?

明天由元、王永进行修理机器开始铡。

⑥ 粮食加工怎么安排?

明天安排修,27号开始加工。

⑦ 应该把社员、干部外出请假研究一下?

社员:一天的由管生产的革管保守小组副组长批,二天的副组长和组长研究批。三天以上的由革命领导小组批。

⑧ 生产队的革命领导小组成员和支委、革委?

外出：1—2 天同社员一样，由所在生产队批，三天以上由大队革委会批。

⑨ 造林工作怎么安排？

以嫁接花果树为主，大队把杨柳由一亩扩大一定管好。具体安排是：

植　树	1	2	3	4	5	6	7	8	9	10	计
	300	300	350	300	250	350	300	100	200	250	2 700
地点：亩数	0. 25 张宝斋园子	0. 25 庙前园子	0. 25 大门外	0. 2 李树园子	0. 2 西园子	0. 2 后沟门口	0. 15 队房西园	0. 1 后沟井堰	0. 2 水泉沟	0. 25 枣树园子	2
地点株数	大南沟 200	瓦穴沟 200	猛虎沟 200	后根 300	西沟 200	王八沟 300	小后沟 200	后沟 100	大北沟 200	长腰沟 200	2 100
苗											

学生四旁植树 300 株。大队接大扁 2 000 株，萍果 20 株，梨 20 株，果子 20 株。

1970 年 3 月 29 日晚上

召开革委扩大会议

参加人员：公社副书记李旺

王永、张明德、李正林、王立新、郝存山、李树林、赵云奎、梁明、张化堂、韩风明、梁进、张艮、高洪江、李天元、高德仲、范成才、郃政明、李献成。共 19 人。

会议首先有李旺同志讲了一下，春季造林问题，就造林数字已印发到大队，不变，要坚决完成。县、社都要搞大会战。树要有还树林，院要有十棵树，树栽子以大队就地的树。大搞育苗，桑苗必须搞，苏寺的任务是二亩。咱公社 5 000 亩桑，计划在西南沟一带山上搞。1 000 亩大扁，就在苏寺这里搞。从 4 月 5 日至 10 号，大队完成公社分配的任务，11—15 号公社集体 500 人，每生产队出 5 人，大队 1、2 把手亲自带队，劳动力上到百分之六十。

通过看你们的坡，基础山杏被破坏的十分厉害，要坚决的处理，不处理不行，活(和)泥是不行，要定出必要的制度，从现在起，要把你们的山杏嫁接，纳入到今年的 5 000 亩之内。

① 山杏嫁接确定那几道沟？

大队：韦子沟；一队：大南沟的水泉沟；二队：瓦窑沟；三队：猛虎沟北岔；

四队：沟门后垠；五队：庙沟和苏寺西沟；六队：王八沟；七队：苏寺小后沟；八队：后沟西入，九队：大北沟的大西岔；十队：长脖沟。

大南沟的水泉沟，大小老虎沟，西围厂沟的阴坡，一律禁止不准打柴火，养树。

凡是山杏嫁接的沟，严禁放牧。

② 大队接树母子从哪解决？

明天分三个组采码子：郤政明和九队负责去九、十队内采。五队和六队负责去苏寺内采；二队和四队负责去一至四队内采；再让王登明去六棵树采点。

③ 山杏嫁接的沟由谁管理？

一律交护林委员会专门负责管理。

④ 对割杏茨的怎么处理？

① 割的杏茨一律归大队，由打杏茨人给送到大队来，每人垛一垛，写个牌子，以后开大会让群众参观，通过参观让群众进行批判。

② 凡是上次检查过的数，没有柴火就每个柴火交款 5 角，款一律交给大队。

③ 割杏茨的人除在大、小会作检查外，不论割杏茨数量多少，每割杏茨人给大队接树三天，每定额 60 株。

④ 按检查杏茨个数，每个杏茨再赔款 1 角。

今后每割一棵杏茨，就给接活三棵树，每棵树赔款 3 角。放牧员到禁杏坡的地方放牧，每啃坏一棵树，也按制度处理。这个制度从 4 月 1 日起执行。

⑤ 公社召开学毛著代表会，选谁为代表？

元、李树林具备条件，同意去参加会。

⑥ 公社牧厂 4 月 1 日上人，叫大队先去一名木工、一名小工，先叫谁去？

木工还叫上次研究的刘会清去。小工上次确定 3、6 队二个人，这次去一个人，先叫六队去。

⑦ 牧厂盖房，公社叫咱们去 10 个车到千台拉木头，哪个队去？

1、2、3、4、6 队，每队去二个车，到号走。

⑧ 公社分配咱队去一名知识青年，参加县绿化，民兵营，让谁去？

王世忠具备，让他去。

⑨ 武书记今晚电话会通知，公社牧厂干草由原定每股 2 000 斤，改为 1 600 斤，咱们还欠 380 来斤，从哪送？

明天让九队去四个车，把这 380 斤，草拉上，草先从牧厂拉。

1970 年 4 月 1 日 1 天

参加革委小整风的：郭占奎、杜万林、高普、张明德、李正林、赵存德、李树林、梁进、彭正付、元、李付海、李天元、高德仲、范成才。共 14 人。

李旺同志指示：根据你队不少社员反映，半农半医兼职过多，建议你们应另找一人管药。

同意郝存山管药。

1970 年 4 月 3 日

召开革委扩大会议

参加人员：郭占奎、高普、高祥、罗有、张明德、李正林、赵存德、郝存山、李树林、元、韩风明、田秀德、李付海、穆风忠、李付江、薛廷甫、高德清、范成才。共 18 人。

会议首先由张明德汇报了公社在合达营召开的紧急会议精神，然后进行讨话？

① 云州水库，公社原分配咱队 25 人，现在又加 4 人，共计 29 人，又分配一人去搞绿化民兵营，公社牧厂杜桂山是否应算外出工？

杜桂山，只因出在外大队，因算外勤工。他与教员不能一样，教员在本队，应拿摊里工齐。

		1	2	3	4	5	6	7	8	9	10	计
劳动力		18	19	20	20	17	22	17	12	18	20	183
应　出		3	3.25	3.25	3.25	3	4	3	2	3	3.25	31
去何处	绿化					1						1
	牧厂		1									1
	水库	3	2	4	3	2	4	3	2	3	3	29

2、3、4、10 队的 125 个，合摊一个劳力，每月去一个队。所以按，3、2、4、10 队排

② 造林工作怎么搞？

仍按 3 月 25 日会议计划执行。大队接完大扁，生产队马上开始接大扁。

桑苗整畦子在 4 月 10 号前整好。为加强和保护造林成果，从明天起把牛、驴全部放起来。大队派梁明专门看树，如哪个队的牛、驴不放，被赶回，不分牛、驴，每次每头三分，由大队扣生产队的社务用工。

从 4 月 5 日，全部把猪关起来，如果给赶回去，不分大小猪，本队的每个猪扣 10 分，给赶猪人，当天由生产队负责给赶猪人记分。外队的每个猪 5 角价，由生产队给付款。

③ 公社搞造林大汇战，谁去带队？各队怎么安排？

		1	2	3	4	5	6	7	8	9	10	大	计
去人	男	2	4	1	2	1	2	2	1	1	3		19
	女	2		3	2	2	3	1	1	2			16
	计	4	4	4	4	3	5	3	2	3	3		35
代												1	1
		1		1			1				1		4
工具	铁铲	2	2	2	2	2	2	1	1	2	1		17
	镐头	2	2	2	2	1	3	2	1	1	2		18
送柴	人							1	1				2
	车							2	1				3

这个安排是在会上安排的。带队人郭占奎。

④ 把各队未耕地及饲草情况定一下？

		1	2	3	4	5	6	7	8	9	10	计
未耕地		40	35	60	80	40	30	23	50	35	50	443
上套	套数	1	2	3	4	2	2	2	2	2	2	22
	时间	5 号	4 号	5 号	4 号	4 号	5 号	4 号	5 号	5 号	4 号	
饲草	余亏				3 000			2 000	2 000			7 000

⑤ 牧厂的牲口，由于有个叫驴一个人放不过来，怎么办？

把四队给滩里的杨德录调回去，把杨宝山调到牧厂放牲口。

⑥ 各队看牧厂存的粪怎么送？

每队二个车。

6 号：3、5、6、7、8、9、10 队。

7 号：1、2、4 队。

⑦ 铡草机修好，怎么铡草？

牧厂铡完去八队，出来到苏寺，然后到沟门，再去古方，最后去九、十队。

⑧ 把创业队再落实一下？

十队：张桂成、吕成林、暂缺一人 。

九队：高祥廷。

七队：李化廷。

六队：穆凤山、穆奎有。

五队：韩志忠、杨进祥。

三队：张宝艮、李洪有。

二队：罗均、王俊。

一队：张宝斋、高庆成、昝元。

根据这些人的情况，干部问题决定：

队长：张宝斋，副队长：罗均；记工员：韩志忠。

明天由李正林和元去滩，给创业队员办学习班，决定干部，订计划，马上把工作抓起。

⑨ 公社还未有批回砍坡，咱们再落实一下，讨论出砍伐地点，及如何过数问题？

	1	2	3	4	5	6	7	8	9	10	计
辋子(芦)	10	12	15	18	10	10	9	6	10	10	110
辕子(对)	1	2	3	3	1	2	2	2	2	2	20
轴(根)	16	16	20	24	14	16	12	10	12	12	152

在大队派人指导下，生产队验质，大队记数，工分由生产队自己记，大队就不在开。

1—8 队，从大南沟往里砍。9—10 队在干沟大北沟砍。

⑩ 学校到底往哪里修？

听公社的意见是(李付江谈)：修在苏寺比较中心，就可以把干校撤掉。如不修在苏寺，干校不能撤，沟门扩三个班，马上找一个教师，如果修在苏寺，全大队立一个学校，五年之内不扩班。

根据上述情况,会议同意修在苏寺,但今晚带回生产队,通过社员决定。

如修在苏寺,5、6、7 队现有的五间房瓦,木头归他们,其余石头不能再动,也不补工。

苏寺把牛、羊圈全部撤走,地场全部给学校。盖南、正两排 12 间房。除本大队现存的檩条 50 根,再买柁 8 架,檩子 50 条。

派郭占奎、明去埌东购买。

1970 年 4 月 15 日

召开革委扩大会议

参加人员:郭占奎、高普、高祥、罗有、张明德、李正林、张文科、王文清、高桂有、梁进、田秀德、彭正付、穆凤忠、李付海、薛廷甫、李付江、高祥彬、高德仲、范成才、郃政明、李树林(半天)。共计 21 人。

讨论记录:

① 水库民工的工分,从 1 月 1 日以来没开,怎么样开? 开支单据怎么报?

首先把工订清楚,然后按前会议定的工分给开分。凡是去云州接送工人和买草的单据,及民工住店费的单据,一律交大队革委会审查后,单独由会计订账,由六九年度三成收入开支。

② 学校盖房木料,听老郭把他和明买木料情况说了以后,咱们怎么办?

大队应该安排人出去买点檩子。

③ 砍木头已批,何时砍?

当前正耕种,推到 20 号以后,有关砍木头的一切事项仍执行前决定的数量和地点。就砍的具体时间,由大队根据播种情况,生产队听候通知。

④ 大队报给公社粮食 6 500 斤,已批回来 2 676 斤,怎么安排到队?

1	2	5	6	7	8	9	10	计
120	130	450	320	400	200	250	806	2 676

⑤ 张清祥几次要求清代销点,怎么办?

明天由郭占奎、元帮助清理。

⑥ 张宝斋提西滩地应该种,怎么安排牛车?

2、3、6、10 队同意明天给种,其余别队听大队通知。

⑦ 70 年的,凡是大队统一开出的,是否统一核算余亏工?

同意统一核算。

⑧ 李兆阁的来，经过本月 10 号会议，七队给上户。就他来的口粮，报酬问题怎么定？

他来七队给上户，我们没意见，不论来几个人，凡在当保健员期间的口粮由 3—10 队按人口摊。口粮水平以七队平均水平为几个队摊的粮食（不分来几个）。各队摊的粮食一律交主良，杂粮由七队搭配，各队把粮交七队，由七队付款。如果李兆阁不当保健员，就按七队给大队的申请办。）李兆阁来工分先订一个月的，每天 12 分，2 角钱补助。如果全大队办工分从社务工内摊，如果缺 1、2 队工分，由 8 个队按人口摊。全大队办补助款，除出诊费不足部分按人口摊。

在农建滩上召开的革委扩大会议（补记）

召开日期：1970 年 4 月 10 日

参加人员：郭占奎、高普、罗有、张明德、赵存德、李树林、元、高桂有、梁进、穆凤忠、高德仲、邰政明。共计 12 人。

① 就李兆阁来咱大队当保健员的问题，各队讨论是否给上户？是否给摊粮食？

一队：摊粮食，按人口摊，上户不行。

二队：什么也不行。

三队：摊粮食行，按人口摊，上户不行。

四队：摊粮食行，按人口摊，上户不行。

五队：摊粮食行，按人口摊，上户不行。

六队：摊粮食行，按人口摊，上户不行。

七队：摊粮食行，按人口摊，上户不行。

九队：摊粮食行，按人口摊，上户不行。

十队：随从大伙。

生产队没有给上户的，就不用来了。

如有给上户的就可以来。各队按人给摊的粮食，交给上户的生产队，等别的一律由上户生产队负责。如果来了以后服务态度不好，社员有意见不能行医时，回上户的生产队劳动，从回生产队的日子起，别队就不摊粮食。

如有的队给上户，上户的队派一代表，大队派一代表，去水么湾大队和东卯公社联系。

来了以后家属的住房,由上户的生产队安排。李兆阁能来就合作医疗小组初步提名:

郭占奎(组长)、梁进(副组长)、元(会计)、李兆阁、王铁成、高祥彬、邵政明。共七人组成。

如果李兆阁来不了,药由郝存山管,15 号前结清。

② 公社分给树苗 400 株,怎么分? 怎么去驼。

1	2	3	4	5	6	7	8	9	10	计
60	60	60	60	60	50	50				400

怎么去驼由大队安排。

1970 年 5 月 1 日

召开革委扩大会议

参加人员:郭占奎、高普、高祥、罗有、张明德、李正林、张文科、郝存山、李树林、元、彭正付、田秀德、李付海、薛廷甫、高德仲、杨存秀。共 16 人。

① 公社分配咱队肥料 2.6 万,已拉回近 21 000 斤,已发到生产队大部分,现在大队还有尿素 2 250 斤,碳氨 6 000 多斤,这些化肥怎么往生产队给?

经过讨论最后定为:凡是拉回来的,也不分生产队取回多少,一律以款核算。核算办法是:拉回肥料的总款是 3 034.50 元,以六九年总产摊一半,以土地摊一半,经过核算后,取肥时以袋,可以上撩下舍。

② 去云州接送工人店草费和住店费,何时到大队报销? 由张明德和郝存山抓紧安排清理。

③ 公社就大队值班问题在电话会议上再三讲,具体咱们怎么办?

仍以前的决定不变,彭正富为长期人,今后需要民兵,临时配。

④ 公社电话会就护线护路,要确定专人,怎么安排?

由高祥、王铁君具体安排。

⑤ 云州水库公社分配咱们檩子 8 根,柱子 2 根,椽子 25 根,荆巴 2 块,叫 5 月 10 号前送到,怎么安排?

木头从副业队拉,荆巴编 5 尺宽,5 尺长的,6 队二块,8 队 2 块。明天装车 3 号走。7 队去 2 个车 1 个人。5 队去 1 个车 1 个人。

⑥ 砍木头的具体时间定一下？

5 号 1—8 队，9—10 队，播种任务大，另行安排。

⑦ 咱们以前开会买(卖)给碾子湾李文民拈子，现在要拉，怎么抽人砍？

明天由郭占奎负责。具体抽人是：

队别：1、2、3、4、5、6、8、9、　　计

人数：1、1、1、1、1、3、1、1　　10

⑧ 咱们大队牧厂干草有余，哪个队需用是否借出去？

咱们不卖，有的生产队不足，可以借，秋后再还。

1970 年 5 月 8 日下午

召开革委扩大会议

参加人员：郭占奎、杜万林、高普、高祥、王永、张明德、李正林、张文科、王文清、郝存山、李树林、高桂有、彭正付、田秀德、李付海、薛廷甫、李付江、高德仕、杨存秀。共计 19 人。

讨论记录：

① 学校盖房木头，这次各队砍木头，从中拔出 28 根，据社员反映山里还能找的砍点，是外买还是上山找的砍？

先不外买去，过三天马上抽人上山找的砍。每生产队二个人，1—8 队的 16 人，由王文清、高祥负责去水沟砍，9—10 队，4 个人由杨存秀负责在干沟砍。

这次上山单项找的砍，就工分报酬砍后再定。

② 有的生产队，社员反映，树头内材料不少，怎么样管理树头？

今后树头一律不准社员个人拉，如再拉，就归给大队。生产队集体想从树头内找柴火木杆，可以找，但必须是真正树头上的，生产队搞下杂木杆，由大队帮助销售，大队不收任何的费。

凡砍的树头上，有车压心，以上材料，必须交给生产队。(指这次会议前，社员拉的而言)。

③ 合作医疗问题：现在全大队已经统一，就合作医疗小组人员问题，根据生产队社员意见，选定一下？

合作医疗小组是在大队革委会领导下进行工作。

组长：郭占奎，政治工作员：元，成员：高祥、郝存山、薛廷甫、高德仲、杨存秀、王铁成、李兆阁。共 9 人组成。

④ 就如何管理医疗问题，怎么定制度？

由合作医疗小组提出意见,交革委扩大会议审查决定后为有效而执行。

1970年5月9日上午

召开合作医疗小组会议

参加人员:郭占奎、高祥、王铁成、郝存山、李兆阁、薛廷甫、高桂清、杨存秀、张明德、彭正付。共10人。

讨论记录:

① 把毛主席"把医疗的重点放到农村去"及贫下中农管医疗的重点意义说了,同时广大贫下中农要求我们管好这项工作,我们的思想问题怎么样?

贫下中农希望我们,信任我们,我们有义务,尽自己一切力量,一定办好。

② 房子问题和放中药问题,怎么定?

房子占代销点东头二间,把现开的代销员宿舍门赌住,开原来腰各门。东头腰节一间放药。把炕接大,锅台修在外头屋。把扳门做药房门,现在不做门子。

中药缝个药兜,先用大队存的布票,尽量拉1尺3尺的布。把大队存的袖章全部接起来。通过上述二项还不行,就布票的问题,另想办法。

③ 资金搞到多大?

前后合起来,暂定为1 500元,今后不足再研究。

④ 王铁成的药,郝存山怎么接,何时接?今后药怎么样体现贫下中农管理?医生的药怎么带?

明天由张明德和郭占奎帮助郝存山和王铁成接药,合作医疗小组用红纸把各种药价张贴出来,各生产队也照抄一份,贴在各队,发动贫下中农管理药价。任何人不准卖高价药,如违者以破坏毛主席卫生路线给处。分代药问题大致上王铁成10元,李兆阁20元。但代的药卖出后必须与会计清算及时交方交款。

⑤ 收费问题怎么定?

本大队社员,不给开方过脉,每开一个方收费1分,每打一次针收费2分,总则不超3分。

外大队另买药不准会计随意外卖,必须有医生开方,通过方子收费,才能卖药。

外大队每开一个方收费0.15元,打针费每次1角,本大队社员另买药,郝存山也开方,郝存山开的另售药的小方不收费。王铁成、李兆阁在本大队开方也收费。(但连打针在内不超 3 分)。

方子问题在西药上有大队保健站公章和"苏寺大队"四个字的扁章为有效。"苏寺大队"的扁章由郭占奎保存。

以方子代账,加盖多少方子,双方留帐。

⑥ 开支批准权限怎么定?

一元以下,由郝存山可以开支。

三元以下,由会计、医生合作医疗负责人研究开支。

五元以下,由合作医疗小组会议决定。

五元以上,报大队革委会批准后方可开支。

⑦ 业务及劳动问题,怎么定?

李兆阁、王铁成、郝存山三个人,全部确定在滩里,那时谁有事谁回来,没事就在滩上劳动。三个人必须树立抽时间劳动,不能脱产在滩上劳动,工分由农建根据劳动时间质量而定。

⑧ 李兆阁的待遇问题:吃药问题,请假问题,住及生活用具问题,怎么定?

从 4 月 14 日起,暂定三个月报酬,每天 12 分,补 2 角钱。三个月后根据他的劳动结果,社员意见再决定。

本人和其家庭吃药和本大队社员一样的对待。

请假在家住一夜的工和款不减不扣。在家住二夜以上的按天数算,即减工又减补助钱。

住在代销点同代销员一处,烧柴问题,从副业队担木渣。

生活用具除大队现有不足部分可开支买点。

⑨ 进药的补助问题和工的问题?

工的问题,随大队到县开会的工分走。补助款的问题,按开分的天数算,每人每天补助 5 角钱。

⑩ 李兆阁到外大队就诊,是否可以去,什么时间可以去?

可以到外大队去,时间不能具体规定,在优先照顾本大队的情况下,什么时间都可以外出,但走时必须让家里知到(道)去哪里。

1970 年 5 月 9 日下午

召开革委扩大会议

参加人员:郭占奎、高普、高祥、王永、张文科、张明德、王文清、郝存山、李树林、高桂有、田秀德、薛廷甫、高德仲、杨存秀、李付海、王铁成、彭正付。共17人。

讨论记录:

① 今天上午开了个合作医疗小组会议,就提出的管理办法和制度是否恰当?

经逐条研究,认为合适,就这样执行。

② 据现在接进药和修建情况,哪天开始售药?

病人急待用药,但修建及一切尚未准备妥当,根据贫下中农要求,明天集中一切突击,在11号必须将中西药卖出。

③ 去水库换工人,哪天走? 去哪队的驴?

13号走。分配工人29人,除李桂复、张天富不换,还有27人,按每头驴驼三个人行李,需9个驴,除8队不去,其余9个队,各准备一头驴。

④ 咱们大队以前因公外出一律没有补助伙食费,这次进药已有了,其别的因公外出是否有?

别的大队外出都有,咱们也应该给点伙食补助。去县以上每人每天5角钱,从走到回来按开分日期算,(但不包括参加县里的各种会议)。

去公社开会,不单独以大队起伙,在公社伙房吃饭,接头去尾(来回住一夜的算一天),每人每天补0.5元。

凡因公外出,大队派出的,一律从5月1日起执行,以前外出概不追补。

⑤ 去云州水库,有的生产队去老小残,换不回人来,大队是开工拨款否?

如去的人顶回来大队即不开工,也不报销旅店费。

就在苏寺盖学校盖房木头的树皮

1970年5月13日一天

召开的革委扩大会议

参加人员:郭占奎、高普、高祥、王永、张明德、张文科、王文清、李树林、高桂有、梁进、李付海、薛廷甫、高德仲、杨存秀。共14人。

讨论记录:

① 最后一次再把盖学校的地点、间数,修建小组,动工时间,及齐工时间研究一下?

根据各队社员讨论情况同意在苏寺盖学校。经过今天实地丈量,盖东房三间，上房六间，南房四间，共计十三间。修建小组在革委扩大会议下而进行工作，以前成立的小组人员不变。盖房的工现在开始由修建小组和大队安排，这十三间房总之要在上秋前盖起来。明春烧瓦、瓦房。

现在的木料还不足，在砍杂木杆时，再选一部分，砍完杂木杆还不够，在砍部分榆树。

② 把这次抽人上山找砍学校木头的工分定一下？

一等檩，每条 14 分，二等檩每条 9 分，堑子每条 7 分，这个工分指这次使用。

③ 大队组织上山砍山柳拈子，每 100 斤定几分？

根据郭占奎说上山情况，每百斤定 5 分。

④ 咱们原准备盖学校的砖瓦，现在间数增加，沟门学校不拆，这点瓦不够，郤文明问卖不卖？

学校今年瓦不成，明年必须的烧。郤文明买就卖给他。砖每 1 000 块 35 元，瓦每 1 000 块 23 元。

卖的款，单独存起来，留作明年烧瓦的支出。

⑤ 生产队申请砍拦牛圈木头批不批？

为保护山林，今后栏牛圈的木头一根也不批。生产队可用石头墙，做牛圈墙解决。

⑥ 生产队盖牛羊圈房用木头作价否？

凡是用大队的木头一律作价，但价格本着三间房 100 元的情况而定。生产队包产地边的榆树有林业证。经大队护林委员会批准砍伐，盖房木头不计价。

⑦ 杂木杆和副业备料，怎么生产？

杂木杆每人 5 根，副业备料每人 12 根，大队以生产队收。在开锄前完成两项任务，砍完以后组织几个人实地检查定坡类别。

砍的地点是：

1	2	3	4	5	7	6	8	9	10
庙南沟的歪脖沟	张亩地南洼	张亩地南洼	菠菜渠	骆驼垠沟狍子圈	骆驼垠沟狍子圈	庙南沟	抡脖沟	水泉沟干沟北沟	干沟北沟

⑧ 有的社员拉树头内有车压心，以上材料怎么办？

在上次会议前（规定树头）拉的，凡车压心以上材料归生产队给记工分。树梢归本人烧火。

今后不再收社员大柴木，因为干的没有了。不准社员卖树头，如有卖的款归生产队，不给他记工分。

⑨ 咱大队上报5月份粮食11 560斤，在11号部桂海，从公社给带回指示，2 000斤，怎么安排？

1	2	3	5	6	7	8	9	10
250	120	150	250	300	300	150	200	280

1970年5月17日下午半天

召开革委扩大会议

参加人员：郭占奎、杜万林、高普、王永、张明德、张文科、李正林、王文清、李树林、高桂有、梁进、李付海、李付江、高祥彬、彭正付、杨宝福、张明海、杨存秀。共计18人。

会议首先由李正林把参加县三干会议精神进行了传达，然后由李付江把公社就教育问题，所布置的大批判问题及学校的工作进行了总结汇报，最后有张明德把当前生产，副业，水库问题着重进行了补充，然后讨论了几个问题：

① 当前生产的中心是查补苗，大队组织检查还是以生产队为单位检查？

以生产队为单位，明天必须检查，检查后把整个情况汇报给大队。

② 副业生产的杂木杆，在13号扩大会上已分配，经营商店已批给后城、厂子，要月底前交清，这个问题是否行？

农业发动妇女，副业生产也要抓紧，在月底前，能完成杂木杆的生产分配数。

③ 水库要打铺的板子，咱们怎么搞？

缺人的生产队，马上准备好。要打铺的板子，每个生产队割一个大树柴交给大队，大队安排编。

大队问一下公社，如果各大队解决各大队的，咱们再买几个席，如果是插花占就不用买了。

1970 年 5 月 29 日下午半天

召开革委扩大会议

参加人员有：杜万林、郭占奎、高普、高祥、马明、张明德、李正林、张文科、祁守军、王文清、梁明、郝存山、李树林、高桂有、梁进、田秀德、李付海、李付江、杨宝福、李天元、薛廷甫、杨存秀、范成才。共 23 人。

首先把在合达营召开的计划会议精神进行了传达，把公社电话会的精神也讲了一下，然后进行了以下问题的讨论。

① 根据生产队对滩里的“出工晚，收工早，工效不高，劳力掌握不紧，请假随便等问题”，是否派人去办几个学习班，而进行扭转？

李正林去搞几天。

② 给公社牧厂送瓦，哪个队去牛车？

3、2 队，每队去二个牛车，每车拉 400 块，共拉 1 600 块，31 号送到。

③ 给水库编的拍子，怎么抽人？哪个队去车送？

由郭占奎掌握，从 2、4、5、6 队各抽一人，共五个人，明天每人编一块。

送的牛车问题：十队一人一车。九队一人二车。

④ 把一队就高庆合做为五保护(户)问题的申请念了，是否通过批准，高庆合为五保护(户)？

同意高庆合为一队的五保护(户)。

⑤ 西埌后通过尤长贵多买 200 根椽，水么湾通过彭正付要买椽 100 根，作檩 15 根，是否卖？同意卖。

⑥ 咱们搞的山柳拈子卖给张连杰 2 350 斤，张连云 1 190 斤，李文民 2 280 斤。他们提出要少给点：张连杰少给 150 斤，张连云少给 90 斤，李文民少给 80 斤，看是否行？

湿山柳，少给就少给这些吧。

⑦ 当前林业存在问题不少，山杏接大扁又经常需多人看管，是否确定一人？

从六月份起，梁明为半脱产，负责林业牧业的管理。

⑧ 老郭把合作医疗的情况(就开始到现在的业务)说了，下去征求意见。现在缺药是否派人去赤城进药？

叫王铁成去进药。

⑨ 公社批给咱大队粮食 5 000 斤，怎么向生产队批？

1、2、3、4、5、6、7、8、9、10 计

送、接、替换云州水库民工人，畜工情况

月	日		1队	2队	3队	4队	5队	6队	7队	8队	9队	10队	合计
6	14	人 驴	1		1	1		16号 1				13号 1	
7	14	人 驴		1	1				1		1	1	
8	14	人 驴		1	1				1		1		
9	16	人 驴			1	1			1		1		
10	16	人 驴			1	1				1	1		
11	17	人 驴		1	1	1		1			1		
12	18	人 驴	1		1			1				1	
1	18	人 驴		1					1			1	
2	18	人 驴	1		1		1			1		1	

1970 年 7 月 7 日下午

召开支委扩大会议

参加人员：郭占奎、高普、郭占敖、张宝斋、高祥、张玉林、李正林、张明德、祁守军、张文科、赵存德、王文清、郝存山、李树林、赵云奎、梁明、杨宝福、元、高桂有、彭正付、梁进、李付海、穆凤忠、张明海、高洪江、李付江、薛廷甫、高祥彬、高德仕、杨存秀、范成才。实到会 31 人。

会议主要由张明德汇报县革委核心小组召开的整建党会议精神。

会的最后讨论决定去县学习的支委？王文清、元。

1970 年 7 月 8 日一天

召开支委扩大会议

参加人员：张明德、李正林、高祥、王文清、元（半天）、杨存秀、郭占奎、郝存山、彭正富。共 9 人。

会议首先学习七一社论和党章中基本组织五项任务后，进行讨论。

① 搞好农村“抓革命，促生产，促工作，促战备”，靠什么？

靠用毛泽东思想武装起来的，朝气蓬勃的核心领导思想武装大队党支部。

② 我队前段工作差距，根源何在？

首要一项是没有把突出政治摆在一切工作的首位。

领导成员没有树立“在无产阶级专政条件下继续革命的自觉性”。

③ 前段工作主要差的问题？

存有轻敌，麻痹思想。在两条路线上存有：小片地不彻底，干部不想掌权，有退坡思想，高工分挂帅，物质刺激，林业上乱砍乱伐等。

④ 支部应该把工人定一下？

	1	2	3	4	5	6	7	8	9	10	计
实应去	2	2	2	2	2	2	2	1	3	2	20
不换的	1	1					1	1			4
现在去的	1	1	2	2	2	2	1		3	2	16
毛驴		1	1				1		1	1	5
替何队					三队 1		六队 1		八队 1	十队 1	

⑤ 下步工作如何安排？

近 1、2 天内，召开支委扩大会议，把今天会议传达下去，把大办整建党学习班等问题，也定下来。

1970 年 7 月 10 日下午

召开革委扩大会议

参加人员：郭占奎、高普、郭占敖、高祥、罗有、张玉林、张明德、李正林、张文科、祁守军、李树林、高桂有、穆凤海、彭正付、穆凤忠、李付海、张明海、李付江、杨宝福、薛廷甫、高德仲、高祥彬、杨存秀、范成才。共计 24 人。

会议首先学习七一社论，接着把支委会议找的工作差距说一下，大家议论找的原因事实，然后进行了安排。

① 把整建党的组织形式、负责人，安排一下？

组　别	到大队	在生产队	合　计	组　长	副组长	辅导兼记录
1(1、2 队)	16	5	21	张玉林	张宝斋	王　永
2(3 队)	16	4	20	赵存德	王进桂	王铁君
3(4 队)	13	0	13	赵云奎	郝元	杨宝福
4(5、6 队)	19	8	27	元	梁进、穆凤忠	张明海
5(8 队)	4	2	6	薛廷甫		李付江
6(9 队)	5	1	6	高祥彬		刘　良
7(10 队)	5	2	7	杨存秀		郜桂林
合　计	78	22	100			

参加学习班人员

	党员	团员	革　委	贫　委	生产队负责人	有关人员	合计
1	3	1	郭占奎		高普、张文德、郭占熬		8
2	3	1		罗　有	马朋、王永	罗均	8
3	9	3	祁守军		张文科、张文明	王铁成	16
4	6	1	郝存山	李树林	高富、杨宝善	梁明、杨宝福	13
5	1				高桂有、韩风明		4
6	1		彭正富	梁　进	田秀德、穆凤德、穆凤海	韩志忠	6
7	2	1			李付海、张银、穆凤忠、张明瑞		9
						张明海、李兆阁	
8	1						4
9				高祥彬	薛廷甫、高洪江、李付合		5
					高德仲、高德仕、刘艮、高德清		
10	3						5
计	29	7	4	4	张珍、郜桂林 27	7	78

② 应该把学习制度决定一下?

① 建立报到簿来掌握学习人数。

② 有特殊事情,经学习组长批准请假。

③ 召集人有生产队,革命领导小组正副组长负责。

④ 学习内容和辅导员学习时间，由大队党支部随时安排。

③ 把去瓦房沟参加公社党训班的人定一下？柴火怎么送？

人员：张玉林、李正林、赵存德、赵云奎、杨存秀、范成才。共计 6 人。

3 队去 1 个牛车，拉点木渣，把牧厂草园边柴火拉上。

④ 当前的生产是否在各生产队中，大队组织检查一下？

应当检查。内容以：学习、出勤、锄苗（追肥，积肥，包括牛羊上山），保留（包括关猪）。

时间：大致定 16 号。

分组与人员：1—2 队为一组，3—4 队为一组，5—8 队为一个组，9—10 队为一个组。

每个组大队抽一个人，各队由生产队长参加。各队检查完后进行评比，然后全大队进行评比。

⑤ 支委会安排的去云州水库工人有何意见？

没有意见，14 日去。

⑥ 副业生产再抓一下，杂木杆，在 15 号前各队能运回多少？

1	2	3	4	5	6	7	8	9	10	计
200	250	200	200	200	200	300		300		1 850

坡不变，仍在上次交的坡上砍。

1970 年 7 月 14 日下午

召开革委扩大会议

参加人员：郭占奎、高普、杜万林、罗有、高祥、张明德、张文科、李树林、高桂有、梁进、李付海、李付江、杨宝福、高德仲、高祥彬、郃政明。共计 16 人。

首先学习新党章，然后有李付江传达陈伯达、刘子厚、贺明、刘玉满就教育问题的讲话，而后有大队读了，茨营子公社 70—75 年教育规划，然后进行了讨论：

① 根据公社决定在我队学校开会，听讲文化课，有一系列问题，需要研究，开个什么会议？

明天下午召开管校小组会议，研究安排。

② 滩里有点高粱，未追肥，谷子大部分没追，是否还买点肥料？

买 8 900 斤，除追高粱，再追谷子。明天 4 队出一个人，二个车，创业队去一个人,到合达营买去。

③ 村头大字在哪里写?白灰怎么办?

北边在张明德房三尖上写,南面看后定下来。9 队给 50 斤白灰。4 队给写,叫创业队高庆成给摸一下子。

④ 申请公社粮食 25 000 斤,批回来 5 000 斤,怎么分配?

1、2、3、4、5、6、7、8、9、10　　　　1 000

1970 年 7 月 15 日下午在学校开会的有:

李付江、杨宝福、张明海。张明德、郭占奎、卻政明。

1970 年 7 月 17 日下午在学校听课的有:张明德、郭占奎、李树林、韩普、郤政明。

1970 年 7 月 20 日下午

召开革委扩大会议

参加会议人员:杜万林、郭占奎、高普、张宝斋、罗有、张明德、李正林、张文科、祁守军、赵存德、郝存山、李树林、杨宝福、高桂有、韩普、梁进、李付海、张明海、李付江、高祥彬、高德仲。共计 21 人。

会议首先听了李付江老师两节课,接着把合达营公社会议精神进行了汇报,然后进行了讨论:

① 党员培训怎么搞?

按照公社的安排,由支部具体定时间。以晚上学习为主,晚上不能到会的,白天补课,不给记分,凡是抽的辅导人员给记工。

② 护线人员怎么选?

由元、郝存山、李桂复三人。

③ 大队打算召开个生产队会计会议,重点解决"去云州水库换工路途单据""云州水库民工口粮结算""结算工分收工分条"等,是否行?

同意大队意见,由大队安排时间。

④ 合作医疗药房要求清药,怎么办?

应该清查。有郭占奎、高德仲帮助清理。具体时间由合作医疗小组决定。

⑤ 本月 10 号革委扩大会决定要生产检查,时间怎么安排?

应当马上检查,明天大队制检查表,22 至 23 号,大队抽 5 个人和 10 个队长,划分 5 个组进行检查,最后以大队总结评比。

⑥ 坝外来几个大车,想买点木头,是否卖?

明天郭占奎、李正林、彭正付，把厂子存的木头拨一下子，把次的卖了。

要椽子给桦、菜两种搭配。如厂子不足，向各队分配给生产，3、4、5、7、9 队没有牛车，有 1、2、6、8、10 队给往回拉。

用木头和坝外车换上面，按人向下分。

⑦ 苏寺三个队提出："学校实准在苏寺盖，我们的五间旧房，打算拆掉，如果不在苏寺盖，我们就不拆啦，"如果在苏寺盖，我们拆了，这房木叫卖否？

经过充分讨论决定，干沟学校撤与不撤，实准在苏寺盖。

苏寺三个队拆房可以卖。

注：21 日挑木头的有：李正林、郭占奎。

1970 年 7 月 22 日下午

召开检查人员会议

参加人员：杜万林、高普、李正林、张明德、张文科、李树林、高桂有、梁进、李付海、高德仕、杨存秀。共 11 人。

会议首先学习新党章：讨论 50 个字建党纲领，然后把王铁成管药账期间的情况公布了一下，然后进行了讨论：

① 王铁成从 67 年至 70 年 5 月 1 日，业务亏款 1.17 元是报销，还是叫他给？

大队报销，不用叫他给啦。

② 牧厂小叫驴，怎么想法解决？

一队多就作价给他们养活去。经过充分讨论作价 25 元整。

当前工作检查总结情况

7 月 23 日下午至 25 日，共二天半

参加人员：高普、杜万林、高祥、罗有、李正林、张明德、张文科、李树林、高桂有、梁进、李付海、薛廷甫、高德清、杨存秀、梁明。共计 15 人。

首先各组把检查结果汇报了，其后进行评比和讨论：

① 经过队与队检查评出队与队之间较好，在 2、4、5、7、9 队中，应评出全大队的来。经过充分讨论评比的结果是：

7 队为先进队，发给"评比流动红旗"，5 队较为先进，在全大队进行口头表扬。

（此本已满，下转第 6 本）

会议笔记 6

② 大学新党章还存在很大问题，应采取什么措施？

明天中午以后，用半天时间召开学习组长，辅导员会。

1	2	3	4	5	6	7	8	9	10
高　有 郭占熬	张玉林 王　永	赵存德 张文明	赵云奎 杨宝福	祁风元 韩风明	穆奎有 梁进	穆风忠 张明海	李付江 高洪江	高祥彬 高德进	范成才 郜桂林

创业队罗均来。这些人除教师而外，都是生产队记工，大队不开分。

③ 学校修建怎么搞？

马上开工。明天派杜万林、李树林去买拎 50 条。修建小组在 70 年 3 月 1 日已成立，当时看郝存山太忙，为此用祁风元顶郝存山，还是七人组成；

组长：郭占奎，副组长：王文清，成员：李正林、祁风元、高祥、李付江、彭正付。

包地盘集体搞，木工集体做。

挑土、垒墙、砍劈拈子，压拈、摸头二层泥，一律先以去水库评的劳力，分给各队房子间数，各队联合起来，为正、南、东房。由各队负责安排。大队最后验收，以质评工，齐工找工。

明天支委生产队长到苏寺设计安排。

④ 创业队提出，从现在起滩里是否还放水？

如果再放庄稼有熟不了的可能，不用放啦。

⑤ 副业工分至今未定，应提个初步意见，带回各队讨论，根据讨论情况，待下次会决定怎么样？

大搞把	小搞把	扁担
上：		
中：12	15	10
下：10	13	8
工分记件：1.2	1	1.5

工具修理费，以工分算，1 分钱。

1970 年 7 月 20 日上午

在苏寺设计安排学校修建的

参加人员：高普、高祥、马明、张明德、李正林、张文科、王文清、高桂有、祁风元、彭正付、李付海、高洪江、高德仲、杨存秀、李付江、杨宝福、张明海。共 17 人。

经过丈量认定正房六间，东房三间，南房四间，定了包地盘，然后定了几个事：

① 根据昨天会议地盘集体搞，先决定几个掌握人？

在修建小组领导下先决定张明德、祁风元、王文清三人掌握，那时需用另时抽。

② 把木工定一下？

刘会清、吴立祥、王文清、张文祥、张化堂、郝存付、罗有。高洪有、张明春、高供志、祁风明、张桂元、马明。共 13 人。

③ 当前工怎么搞？

明天开始先包地基墙。

明天开始把全体党员集中来办党员培训班，三至五天，以劳动为主，休息中午学习，凡党员因病等情况不能参加，以后到大队白天补课不给记工分。

1970 年 7 月 26 号召开辅导员会议

大队记工的：张明德、李正林、王文清、祁风元。

创业队记工的：罗均。

生产队记工的：郭占熬、高有、张玉林、王永、赵存德、张文明、赵云奎、韩风明、梁进、穆奎有、穆风忠、高洪江、高祥彬、高德进、范成才、郤桂林。

参加会议的还有教师：李付江、杨宝福、张明海。

1970 年 7 月 30 日

在苏寺修建学校工地学习班

参加人员：(此工记予学校修建工)

杜万林、高普、高祥、罗有、张明德、张文科、李树林、祁风元、高桂有、梁进(半天)、彭正付、穆风忠(半天)、高德仲、杨存秀、李付江、杨宝福。共计 16 人。

讨论记录:

① 地区和县、公社再三催叫做村牌子怎么办?

叫副业队给做一个大牌子,插在沟门口井边上。

② 今年学校的修建工什么时候齐工结算?

以今年决算日期齐工找齐。

③ 这次修建需用牛工,是以牛劳力出工,还是以生产队派工?

以劳力牛派工和摊工最合理。

1、2、3、4、5、6、7、8、9、10

记件:6、7、8、12、6、8、6、5、6、5、69

④ 在本月25号革委扩大会议上研究,按劳力分配学校修的房子,几个队合并,由生产队自己掌握等摸过二层泥,以质定工,怎么算和合伙盖?

	1	2	3	4	5	6	7	8	9	10	计
劳力	19	21	23	23	17	22	18	13	18	19	193
劳力											0.72
盖房	1.4	1.5	1.7	1.7	1.2	1.6	1.3	0.9	1.3	1.4	14

同意这个算法。经过讨论的合伙是:

上房六间有:5、7、6、9、10队。

南房五间有:3、4、6队。

东房三间有:1、2、队。

⑤ 这次修学校拈子怎么办?

对不成材的山柳和核桃树。上山前向林业主任梁明同志打个招呼。

⑥ 哪些给算包给生产队?

包地盘,准备石头,房架木头,木工,以大队搞。

从大场院运做成的材料,立架,准备砌墙压拈到二层泥的土,砍劈拈子,压拈等都是生产队应该做的。

⑦ 这次修建学校的椽子怎么生产?给沽源的杂木杆怎么砍?

	1	2	3	4	5	6	7	8	9	10	计
栅子	60	65	70	70	55	70	55	40	55	60	600

不砍杨椽，光砍桦木，要 12 尺长，大椽自己盖房能用的，在 8 月 3 日前交大队，以质定分。

杂木杆	1	2	3	4	5	6	7	8	9	10	计
	100	100	120	120	90	110	100	70	100	100	1 010

⑧ 副业木工加工工分，经过生产队的讨论后怎么定？

经过生产队彻底讨论都同意。

大搞把每根 1.2 分，小搞把每根 1 分。扁担每根 1.5 分。先定这三种，别的以后再定。

不编副业队的木匠和生产队的木匠，从 70 年 1 月 1 日起一律以一个工分给一分价，作为工具修理费。生产队再不报任何木工家具。

⑨ 党员学习班已结束，还办何种学习班？

应办生产队革命领导小组成员学习班：郭占熬、张文德；王永、张宝均、穆凤明、张文明；杨宝福、高付；祁风明；田秀德、穆奎仕；穆风忠、高洪江；高德仕、刘艮；郤桂林。

时间由大队支部根据效果而定。

1970 年 8 月 2 日

召开革委扩大会议：（此工记于学校修建工内）

参加人员：郭占奎、高普、高祥、马明、张玉林、张文科（半天）、张明德、李正林、高付、祁风元、高桂有、田秀德、梁进、李付梅、薛廷甫、高德仲、杨存秀。共 17 人。

讨论记录：

① 根据当前财会工作的情况，需要将："按工分条子，对开大会用工，去云州民工消费的报销，订证牧厂饲料，和草账，结算云州民工口粮。结算生产队与大队经济往来，清理大队和学校卖报纸钱，清理大队借社员酱糊面"等需要开个会计会议，同时布置清仓清库，是否必要搞一下子？

同意这样搞，大队抓紧在 9—10 号搞吧。

② 滩里需要四个牛车拉一天石头，那个队去？

9 队二个，6、7 队各一个，明天来。

③ 云州民工又快替工，初步意见先按照：

1、2、3、4、5、6、7、8、9、10

3、3、3、3、2、3、2、1、3、3、26

准备等会计到大队结完工分,大致平衡一下,看已出工的情况决定怎么样?

各队先准备人,等结完工分,大队给决定人和牲口。

④ 公社指示大队成立"护秋委员会"怎么成立?

主任:高祥;副主任:祁风元、王文清;委员:杨存秀、高德仲、薛廷甫、梁进。共计 7 人成立。

⑤ 生产队护秋怎么抓?

生产队立即召开社员会,成立 3—5 人的护秋小组,在社员会上订立制度,严格管理。各队马上在夜间派人看地。

⑥ 张良偷大队修建学校木头怎么处理?

先在大队修建学校的木匠厂,起房厂两处检查交待,然后到 5、6、7 队社员会上检查交待,根据检查结果,由大队酌情处理。

⑦ 下步修建学校起房厂,怎么搞?

依前决定,仍为学习班阵地,每队抽一个人,先搞几天。如人少活多,大队可另时再抽人。

⑧ 去碾子湾支援,那个队去多少?谁负责?

1、2、3、4、5、6、7、8、9、10	计
3、3、3、3、2、3、2、1、2、2	24

由李正林同志负责带领。

1970 年 8 月 13 日

召开革委扩大会议(此工记于学校修建工内)

参加人员:高普(半天)、郭占奎、高祥、罗有、马明、张明德、李正林、赵存德、高付、祁风元、高桂有、梁进、李付海、高洪江、高德仲、杨存秀、李先成。共计 16 人。

讨论记录:

(一) 有关学校修建问题:

① 各队负责给大队修建学校,是否选出负责人?

正房:李付海、高桂有、薛廷甫、高德仲、杨存秀。

东房:张文德、罗有。

南房：张文科、梁进、李树林。

（以划“√”号的为主）

② 各生产队出工，怎么记工？

各生产队出的人，凡在包工项内的，一律当天回本生产队记工分。大队由祁风元每天把各队出的人及工分，给记下来，以修齐工结算。

③ 现有的土和石头怎么使用？

因为现有一部分，为此，垒墙的土和石头一律以大队供给，不足部分以大队解决。

④ 栈子怎么解决？

统一由大队按斤数和劈的程度分等级收回，大队酌情定报酬。

⑤ 三花尖和窗台、码头怎么垒？

一律用砖垒。

⑥ 垒墙的线绳子，怎么解决？

由包房的生产队自行解决。

⑦ 立架的绳子和席子怎么办？

每个队出二根绳，不足部分用要子。各房间由生产队准备席子。

⑧ 学校已快都要立架，下步怎么行动？

各房子全部立起架后，暂停一下，先回生产队抓几天锄苗，连过几天雨天，初步以二十号左右开始砌墙。

（二）其它几项工作：

① 把结工分公布以下：

队别	实开分	待工分	合　计	去年工分	比　例	摊	余	亏
1	15 981		15 981	9 653	18	7 380		1 399
2	17 168		17 168	10 341		18 650		1 482
3	22 039	3 100	25 139	12 082		21 750	3 389	
4	16 290	3 900	20 190	10 958		19 800	390	
5	11 431	1 700	13 131	7 783		14 000		869
6	16 519		16 519	9 428		17 000		481
7	14 011	3 500	17 511	7 905		14 250	3 261	
8	7 810	2 100	9 970	5 829		10 500		530

续　表

队别	实开分	待工分	合　计	去年工分	比　例	摊	余	亏
9	14 361		14 361	9 529		17 200		2 839
10	15 938		15 938	8 533		15 378	560	
计	151 608	14 300	165 908	92 047		165 908	7 600	7 600

根据这个工分,决定一下这次去民工数。

	1	2	3	4	5	6	7	8	9	10	计
会计会研究:	2	3	2	1	1	1	2	1	2	2	19
本队准备:	2	3	2	1	1	1	2	1	5	2	20
最后决定:	2	2	2	1	1	1	2	1	4	1	17
去的驴		1	1				1		1		4

② 咱队收购废钢铁怎么搞?

有商店张文原同志和张清祥深入各片,队生产队大力支持搞。

③ 公社批给粮食 6 000 斤,怎么分配?

1	2	3	4	5	7	8	9	10	计
600	70	600	400	800	800	300	800	1 000	6 000

1970 年 8 月 19 日

在瓦房沟公社召开战备会议:(时间 8 月 17 日至 19 日)

参加人员:高祥、罗有、张玉林、张明德、张文科、祁守军(18—19 二天)、李树林、王进甫、高桂有、梁进、李付海、薛廷甫、高德仲、高德仕、穆凤忠。共计 15 人。

记录问题:

① 公社让大队成立战备领导小组?

组长:张明德;副组长:高祥、李正林;组员:王文清、祁风元、郭占奎、郝存山。共计 7 人组成。

② 公社让大队成立治保委员会?

主任：李正林；副主任：王文清；委员：高祥、祁风元、高祥彬。共计 5 人组成。

③ 公社分配咱队一名赤保公路 2 人，那队去？

10 队去。

④ 公社决定 22 号修牧厂路，每大队去一名负责人谁去？九个人怎么分配？

御政明负责。由 1—10 队，除 8 队不去外，每队一个人，自背行李、口粮，大队不送。

⑤ 贯彻战备会议大会什么时间开？

明天上午在学校召开社员大会。

1970 年 8 月 20 日下午

召开革委扩大会议

参加人员：郭占奎、高普、高祥、罗有、张明德、李正林、张文科、王文清、郝存山、李树林、祁风元、高桂有、梁进、彭正付、李付海、薛廷甫、高德仲、杨存秀。共计 18 人。

讨论记录：

① 下步战备工作怎么搞？

首先抓思想转变。在 25 号前办好各种类型（干部、妇女、社员等）学习班，统一思想，制定措施，做出规划。（吃、打、穿、用、石雷），战略纳经大队战备领导小组审查后开工。

② 大队支委革委如何兵分两路？

带兵打仗的：张明德、高祥、杜万林、祁风元、李付江。

打游击坚持生产的：李正林、郭占奎、王文清、郝存山、彭正付、杨存秀、祁守军。共计 12 人。

③ 参加公社抢险队的两名基干民兵确定谁？

郭志甫、郝存仕，二人。

④ 村牌和担架怎么做？

明天由副业厂子给做两块村牌子，3 尺长，2.5 尺宽，要两条腿的。

副业队检查一下，如果不足 5 付担架，马上做齐。5、7、9 队原做的村牌已坏，马上给修好。

⑤ 参加公社的通讯班的护线员定谁？

祁风元。

⑥ 公社分配录肥400万斤(合8 000车)怎么分?

	1	2	3	4	5	6	7	8	9	10	计
70年需肥:	3 000	3 440	4 100	4 140	2 900	3 100	2 670	2 220	3 100	3 860	32 530
现有实肥:	2 300	2 450	2 400	2 500	1 800	2 300	2 000	1 700	2 500	2 300	22 250
其中录肥:	100	350	400			300		200	300	250	1 900
又分录肥:		300	400	400	250	200	150	100	100	200	2 100
录肥合计:	100	650	800	400	250	500	150	300	400	450	4 000

⑦ 估产工作怎么搞?

有在生产队的支委、革委和生产队干部,老农组成估产小组进行估产,在二十二号以生产队,总结上报大队。

同时把草的,产、需、余、缺报上来。

同时把打羊业的计划一并报来。

⑧ 今年的打青草、羊业怎么办?

打草、打羊业范围划分,仍执行上年的范围。社员、生产队不准许以打卖羊业搞副业。生产队明春有结余经大队审查后再卖。对社员拉的羊业债务(换瓜、李子等),社员将打的羊业全部交给生产队,通过生产队给还羊业债务。

今年打羊业在镰刀把粗的就不准打,如打有护林检查按护林公约处理。

今年打羊业工分,全大队一律统一,以每100斤计算:一等的:6分,二等的:5分,三等的:3分。

⑨ 去云州水库民工的伙食费,(每人每天交水库的0.15元),竟究个人拿还是补助?

1、2队,每人每天补5分,3、4队每人每天补4分,5至8队,每人每天补7分,9、10队,每人每天补6分。一律以水库入伙天算。换工交的,0.40元,大队负担0.20元,本人负担0.20元。

⑩ 大队值班人怎么办?

仍定彭正付为长期看门人,但昼夜与坚持经常。

⑪ 林业上存在,赵玉德、王科砍树四棵,打算还他们自己,其中未经批准有一棵杨树怎么办?李天元拉走四队砍的架杆怎么办?

四队借赵、王的木头，应该先搞清，有证明人，让生产队合理还。现在未订清，就该自上山还砍杨树，一律把所砍的四根树，收回大队，如本人不认识砍杨树问题，下次会再定处理意见。

李天元拉树，要订清坟内外的，如不在其墓坟之内，必须把拉回之树，给所砍的生产队。

1970 年 8 月 25 日

在滩里召开的革委扩大会议(此工记于农建工内)

参加会议人员：郭占奎、高普、高祥、罗有、王永、张明德、李正林、张文科、李树林、王文清、赵云奎(半天)、祁风元、高桂有、梁进、田秀德、彭正付、穆风忠、高洪江(半天)、高德仲、杨存秀、范成才。共计 21 人。

在上午休息时着重讨论了“什么叫工作”“什么是一元化领导”“什么是无产阶级战斗指挥中”和“怎么办就符合以战备为纲”“会议重要还是业务第一”的讨论。

接着就存在的问题揭一下：

1、小片地有个别队没有结尾；

2、几年来瞒产私分，个别队仍然存在；

3、在林业上。

生产队到禁坡地带放牧，轮班放牧，(放牧为私开路，损公利己)，割杏茨没解决。

2 月份检查出的问题没处理，等。

4、社员乱砍大柴木；

5、个别队丢杏核，蓖麻、玉米、软谷没查清。

着重讲当前工作：

① 大办学习班，掀起学习新党章和毛著热潮。

② 战备问题：打洞、地雷。

③ 护秋：建组织定制度。

④ 林业证审查问题。

⑤ 生产工作：准备场打完，牛具上套，埌沟地割和运问题，秋收工分问题。

⑥ 学校修建问题。

在讨论中摆出问题：

一队高普说：栏羊圈砍榆树，69 年有瞒产。

二队罗有说：在斜尖沟砍榆树二棵。

四队李树林说：在围厂沟砍榆树二棵做一对头，在斜尖沟苇子沟砍榆树二棵做一对车头，还在包产地边砍榆树五棵。

五队高桂有说：把去年杜成志给砍的把子材料栏了羊圈。

六队梁进说：社员种包产地，小片地没收，干部不落实，砍十多根菜木(棱)。

七队穆凤忠说：去年偷砍一棵柳树。

九队高德仲说：在大南沟砍三棵大白桦。

讨论情况：

① 护林主任梁明，要求不看管林木怎么办？

会议定的制度，生产队又不执行。社员间存在问题又不处理。所以他就不看啦。

林木他还的(得)看，就存在问题，过几天大队专门开个会，一定按制度处理。

② 当前工作如何办？

以刚才大队安排意见搞。

③ 学习修建何时开工？

根据锄地和打草任务看，决定明天开工。

1970 年 9 月 1 日下午半天

召开革委扩大会议(此工记于学校修建工内)

参加人员：张宝斋、罗有、张明德、李正林、张文科、王文清、郝存山、李树林、高洪熊、彭正付、穆凤海、穆凤忠、李付江、高洪江、薛廷甫、高祥彬、高德仲、杨存秀、范成才。共计 19 人。

讨论记录：

① 学校修建收的栈子怎么开工？

以收的斤数定，指 100 斤而言：

一等的：砍 6 分，拉 3 分，8 分，共计 17 分。

特等的：以 21 分计算。

开给生产队，由生产队根据砍劈情况，决定给社员记。

② 木工的工分怎么定？

	正　房	南　房	东　房	合　计
做架子阶段实做工：	52	40	23	115
做椽连言挂椽做工：	12.5	10	6	28.5
共　计：	64.5	50	29	143.5
早晚卖劲加奖工：	9	10	6	25
共计给工：	73.5	60	35	168.5

南房做厅子二个工在外。

每个工以 12 分定，全部给 1 分工 1 分钱的工具修理费。

③ 修房土工包工怎么定？

	正　房	南　房	东　房	合　计
大致结算实做工：	86	72.5	52	210.5
大致结算每间用工：	14.1	14.5	17.3	
每间定工数：	15	15.5	18	

④ 千台买的木头，那个生产队要多少？

1、2、3、4、5、6、　　　　计

40、20、20、40、20、20　　　160 根

明天派王文清、彭正付去千台过木头。要的队派个车拉回再分木头。以各队要的总价值摊，他二人给开工分。

⑤ 粮食加工怎么安排？

从明天开始加工，因要打草，先以 50 斤 1 份，往下磨，待打过草再磨。

⑥ 学校南房东头二间要塌是否整修一下？

如塌，由大队掌握从各队抽人搞它。

⑦ 沟门学校的五间上房，是否同意给知识青年？

咱们同意。和知识青年商量后，他们没意见就决定。

1970 年 9 月 5 日下午

召开革委扩大会议(此工记于学校修建工内)

参加人员：杜万林、高普、张宝斋、王永、张玉林、罗有、张明德、李正林、张文科、王文清、祁风元、高桂有、梁进、彭正付、穆凤忠、张明海、李付江、薛廷甫、

高祥彬、范成才、杨存秀、郤桂林。共计 22 人。

会议首先由李正林传达了公社全会精神,然后进行了讨论:

① 如何抓讲用会选出学毛著代表?

在十号前,各生产队讲用完,评出出席大队的学毛著积极分子二至三人,多者更好。

② 给副业拉木头,是否以件开工分?

从 9 月 1 日起,改为以件开分,就每车拉多少待下次会再定。大队以件开给生产队工分,就生产队拉木头人怎么记由生产队研究决定。

③ 学校南房东二间已修待瓦,有人意见不如将西三间的瓦揭下来,挑个鸡,一次瓦一下,看是否瓦?

同意瓦一下。同意张宝斋的意见,创业队给五个人,从生产队找二个瓦工,不足的再向各队要,抓紧时间,几天瓦起来。

④ 千台林场有 150 条檩,300 根椽,6 个小柁,以搞到 220 元脚费,哪个队拉?

高普说一队去六个车。

罗有说二队去六个车。

穆凤忠说七队去六个车。

高祥彬说先给九队记六个车,如不拉明早来人告知。

王文清说先给四队写八个车,我再问一下生产队。

1970 年 9 月 14 日下午

召开革委扩大会议

参加人员:杜万林、郭占奎、高普、高祥、罗有、马明、张明德、李正林、祁守军、张文科、王铁君、冀文付、王文清、王进甫、张桂元、彭正付、穆凤海、张良、张明春、高洪江、高祥彬、高德仲、杨存秀、张珍。共计 24 人。

首先由郭占奎、高祥传达了县战备会议精神,学习了有关文件,然后进行了讨论:

① 各生产队通过讲用,应把出席公社学毛著代表定一下?

同意马明、李树林、祁风元、李树林,共四人出席。

② 换云州民工何时走?那个队去牲口?

16 号实准走。3、4、7、9 各去一头毛驴。

给林场拉木头运费情况　70. 9. 19

			1	2	7	9	王文清	合　计
实拉木料	椽	根 公分	108 270	136 340	6 15	50 125		300 750
	檩	根 公分	39 498	35 466	41 544	35 480		150 1 988
	柁	根 公分	2 200	2 200	1 100	1 100		6 600
	合计公分		968	1 006	659	705		3 338
运费结算	运费	每公分 款	0.068 8 66.50	0.068 8 69.10	0.068 8 45.30	0.068 8 48.10		0.068 8 229.00
	抬柁	人 款					14 7.00	14 7.00
	合计款		66.50	69.10	45.30	48.10	7.00	236.00
附记去牛车			11	11	7	7		36

从千台买回木头给生产队计价表　　1970. 9. 19

		1	2	3	4	6		合　计
一等	根 每根 款	19 4.00 76.00	9 4.00 36.00	9 4.00 36.00	19 4.00 76.00	3 4.00 12.00		59 4.00 236.00
二等	根 每根 款	18 3.50 63.00	9 3.50 31.50	9 3.50 31.50	18 3.50 63.00	3 3.50 10.50		57 3.50 199.50
三等	根 每根 款	3 1.50 4.50	2 1.50 3.00	2 1.50 3.00	3 1.50 4.50	2 1.50 3.00		12 1.50 18.00
按米长	根 每根 款					12 3.54 41.91		12 3.50 41.91
合计	根 款	40 143.50	20 70.50	20 70.50	40 143.50	20 67.41		140 495.41

从千台买木头运拉工分齐工　70.9.19

			1	2	3	4	6	7	9		合计
买过拉分工分	王文清					40					40
	彭正付						40				40
	牛车	工分	14 140	8 80	8 80	12 120	8 80	2 20	2 20		54 540
	赶牛车人	工分	6 72	4 48	4 48	6 72	4 48				24 288
	分木头		5		10	5					20
	合计工分		217	128	138	237	168	20	20		928
摊分	根数 每根 摊分		40 6.6 265	20 6.6 132	20 6.6 133	40 6.60 265.	20 6.6 133				140 6.6 928
	余				5		35	20	20		80
	亏		48	4		28					80

注:彭正富实去二天共20分,计算时误算为40分,故此给六队开回余15分,另20分扣回大队。

1970年9月18日1天

召开革委扩大会议

参加人员:公社下乡干部,贾医生,陶志军。

郭占奎、杜万林、高普、高祥、罗有、张明德、李正林、张文科、祁守军、王文清、梁明、李树林、祁风元、高桂有、彭正付、梁进、李付海、李天元、高洪江、高德清、高祥彬、杨存秀、范成才。共计25人。

会议首先由贾医生作了九届二中全会公报学习的辅导,接着讲了下乡前公社布置的几项工作:

① 大队和生产队召开学毛著讲用会在25号前搞好。

② 小片地扩大为自留地,今年彻底解决。

③ 加强对小片地的批判,介绍别公社红小卫,知识青年收割交队情况。

④ 第二次估产要准确,在20号前报公社。

⑤ 作好国庆节保卫,1—3日不准四类分子外出。

⑥ 大办草药房,发动群众采药。

⑦ 大收废钢铁。

⑧ 使用旧袋。

⑨ 护线，值班。

⑩ 清理税款。

小陶接着念了九届一中全会公报，贾医生又念了中央有关宪法讨论的通知，由小陶念了宪法修正草案。

接着进行了酝酿讨论：

就如何达到宪法草案讨论家喻户晓的宣传：

	总人口	其中七岁以上	学习		宣传组			负责全小队宣传工作的	负责全大队的
			学习班	补课	个	人	负责人		
1	85	53	42	11	1	7	高有、张万国、杜万林	高普、张文德、郭占熬	郭占奎
2	97	67	53	14	1	5	马占有、张玉林	罗有、王永、马朋	高祥
3	118	84	66	18	1	5	张海江、祁守军、王建平	张文科、张文明、赵存德	李正林、张明德
4	104	74	63	11	1	5	王进录、李树林	赵云奎、杨宝善	郝存山、王文清
5	75	55	34	21	1	5	祁风元	高桂有、韩风明	
6	91	61	32	29	1	3	彭宪军、梁进	穆风海、穆风德	彭正付
7	79	49	44	5	1	3	张明海	李付海、张良、张明瑞	
8	48	30	30		1	3	李付合	李天元、薛廷甫、高洪江	
9	71	41	35	6	1	3	高祥彬、刘军、高洪宇	刘良、高德清	
10	81	51	41	10	1	5	崔玉海、邰桂林	范成才、杨存秀	
计	849	565	440	125	10	11	20	25	7

全大队由 52 人组成宣传队，大会时间在十九日晚上召开。

就各队违犯林业制度问题：

一队：拉羊圈砍包产地边榆树 20 来棵没批，盖羊圈房砍小菜树 5 棵，在水沟大北沟砍山扁榆车头二支。

二队：在斜尖沟砍两棵榆树。

四队：在围厂沟砍榆树两棵做一对头，在斜尖沟砍榆树两棵作一对头，在包产地边砍榆树五棵。

五队：杜成志在庙沟砍把子 30 根未送副业队。

六队：未经大队批准砍房木木头 27 根。

七队：在双腰沟砍一棵榆树做一对头；在少马沟砍一棵榆树做车勾心；砍过四根榆木付条。(其中干的一根)。

八队：在特二沟未经批准，由高洪有、郝存付砍辋子 26 块。在营子外头砍柳树一棵搭羊棚。

九队：在干沟大南沟砍三棵大白桦树。

十队：在干沟大北沟砍一对车头；在干沟大南沟砍一对车辕子。

处理意见：

生产队订制度，明知故犯，应按制度办事。但为小集体，都是干部放话，这次批判从严处理从轻，今后保证不犯，再犯加倍处理。处理意见：

① 砍的木头还在，一律把木头没收回来，再拿罚金是：每根柃款 1.00 元，欠 0.70 元，柱 0.50 元，杂木 0.20 元。(柳树加倍)

② 家榆，不交木头的：车头每支 2.50 元，辕条每根 2.00 元。

③ 山扁榆，车头交车头每支 5 角，不交车头每支 1.50 元。

④ 高家榆，车轴，每根交款 1.00 元(车头 1.00 元)。

⑤ 包产地边榆木，没经批准，木头归生产队，每根交大队罚金 2.0 元。

⑥ 砍的够杂木材料，生产队已用不交杂木，按每根 0.50 元处理。

⑦ 七队砍一棵柳树价 10 元，八队一棵价 8 元。

⑧ 六队在双腰子沟砍的车货，已经拉清，坡上没有了。八队在特二沟砍的车货已拉清，坡上也没有了。这次都作了批判，他们已保证今后不犯。为此，这次不罚款，下次再犯，从严处理。

上述各项是个意见，带回生产队学习班上让广大贫下中农讨论，如没有什么意见，下次革委扩大会议做决定。

就社员打杏荚的处理，已于 3 月 29 日讨论决定，仍执行原决定，在 25 号前送交大队，杏荚交林业委员和大队。

就社员乱砍、偷林大问题，待下次会议解决。

1970 年 9 月 27 日 1 天

召开支委扩大会议（此工记于创业队打场的农建工的）

参加人员有：郭占奎、高普、杜万林、高祥（半天）、罗有、张明德、李正林、张文科、祁守军、王文清、郝存山（半天）、李树林、高桂有、梁进、田秀德（半天）、彭正付（半天）、李付海、薛廷甫、高祥彬、杨存秀、张宝斋。共计 21 人。

上午在休息时由张明德把公社召开各大队主任会议精神进行了汇报，然后讨论几个问题：

① 生产队有的主要干部没语录本，大队干部也有的人没有，非党员的大队，生产队干部都没有新党章文选汇编，这次买回一部分，是否大队支委、革委、贫协委员负责人和大队其它负责人发上大队开支，生产队干部发上生产队开支合理？

应该发上。这个开支意见合理。

② 张文科提耕地工分怎么定？

不能超过水库工人，每天耕地 14 分，但必须耕好耕够一定的数量。

③ 农业活的工分（包括早晚战）怎么卡？ 看场工分怎么记？

农业加早晚战，不准超过耕地分。看场每班三人，每人不超 2 分。

④ 在公社汇报工作中，公社提出梁明林业主任，为什么不出席公社职代会，叫大队回来通过民主选举给补上，大家看法怎么样？

梁明的工作已具备条件，同意他出席公社职代会。

⑤ 公社让每生产队都要出席，公社职代会代表，咱大队已选出“马朋、李树林、梁明、祁风元、李付海”五人，应再选几人？

同意李付江、穆风德、王立新出席公社职代会的代表。

1970 年 10 月 6 日 1 天

支委扩大会议

参加人员：杜万林、郭占奎、高祥、张明德、李正林、王文清、郝存山、祁风元、杨存秀。共 9 人。

会议首先学习了，学习文件 12 期中的“高举九大团结大旗，争取更大胜利”的文章，然后支委逐个进行自我检查和大家开展批评，最后取得了统一思想，解除分歧意见。

最后讨论下面几个问题：

① 创业队要打豆子，但牧厂草料账从 69 年 10 月至 70 年 9 月底还未算清，影响入库怎么办？

明天抽张明德和郝存山进行清理，结算结果在下次开的革委扩大会议上公布。

② 通往水沟的广播线和瓶子已基本齐全，何时测量？

明天由郭占奎和李桂复进行测量，马上安排通进去。

③ 六队没库房，粮食没处放，要求大队解决木头怎么办？

让他队把偷砍的木头集中一起，待通过革委扩大会议，是否让他们用这个木头。

支委意见，木头处理是处理，但盖房仍支持。

④ 割杏茨的社员，已经送来不少，怎么验收？

由张明德、李正林、郝存山、梁明、王文清等人，利用早晚进行验收。

制度不变。验收时三分之二以上的杏茨为一个处理，三分之一以下的柴火没收，不计杏茨个数。通过革委扩大会议执行。

⑤ 现在有人反映，副业收入这么大，几个人合适，这说明财务不清，怎么办？

支委意见，组织清经济小组，进行清账，从开始搞副业清。人员以李正林、郭占奎、高祥、杨存秀、马明、王铁君、祁风元七人组成，由革委扩大会议定开始时间。

⑥ 当前这些工作如何贯彻？

在 8 号下午召开支委扩大会议。

1970 年 10 月 8 日 1 天

召开支委扩大会议

参加人员：杜万林、郭占奎、高普、高祥、罗有、张明德、李正林、张文科、郝存山、李树林、祁风元、高桂有、彭正付、梁进、李付海、李洪江、薛廷甫、高祥彬、高德清、刘良、杨存秀。共计 21 人。

会议首先学习了十月一日社论“继续革命，胜利前进”，接着李正林传达了公社会议精神，然后进行了讨论。

① 农田水利建设，大搞成滩造地，怎么搞？

按公社党委决定，上百分之四十劳力。

	1	2	3	4	5	6	7	8	9	10	计
实有劳力	22	23	28	26	21	27	22	15	22	26	232
固定劳力	11	11	14	13	10	9	10	9	13	13	113
农业劳力	11	12	14	13	11	18	12	6	9	13	119
抽上滩	4	4	5	5	4	6	4	2	3	5	42

创业队已算在固定劳力内，为此共抽上滩人 60 人。

搞法：从西边往下接着搞，有土的就刨，没土的尽是石头的就搂畦子。每生产队派一人代工和劳动力的管理。确定大队 1、2、3 把手和彭正付和创业队几个负责人配合指导。10 月 11 日上人。计件开分，就工分怎么定，待搞几天再研究。

② 公社牧厂原来的股已作废，现在改为以全公社人口摊算草、料，分配咱大队草 12 921 斤，饲料 1 391 斤，要一半豆子，一半高粱玉米，具体到咱大队如何分配？

咱大队前有会议研究，不论公社牧厂的工、草、料，一律以人口向各生产队分配。

③ 把大队牧厂从 69 年 10 月至 70 年 9 月底清账，清算情况表念了。根据算账情况，就 70 年 10 月 1 日到 71 年 9 月底，留草、料意见是：牧厂留 10 个驴的料，4 个骡马的料，共计 3 500 斤，每个股给留 350 斤。

定每个股给干草 2 000 斤，不足明春再要。和牧厂郃文明、彭正付、郝存山几个人商量料的问题是：

① 四个骡马，每个每天 1.5 斤，一个驴，每天 1 斤，共每天 7 斤，从 11 月 1 日到明年 5 月底预算喂 1 500 斤，另八个驴每天喂 5 斤，从 71 年 1 月开始到 5 月，预计喂 800 斤。

下骡马牲口再留 200 斤，共计有 2 500 斤够用。

② 9 月底实有高粱 232 斤，豆子 830 斤，共计 1 062 斤。

1、2、6、9 队上年欠豆子，共计 470 斤。

③ 为此今年各股交豆子 50 斤，交高粱 70 斤。

同意这个意见。

④ 通往水沟的广播杆，已测验完毕，王八沟门外 34 根杆，其中 4 棵菜树，按去年决定苏寺三个队，每队负责 10 根杆。王八沟门至水沟 15 根杆，由水沟

负责。

大队意见是：明天 5、6、7、8 队，每队抽 2 个人，大队郭占奎去指导，挖窝、砍杆。砍杆地点尽量在大沟里砍没头的，不成材的树，一定找不出来，由郭占奎指定地点去砍，这样行不?

5、6、7、8 队和全体与会人员都同意。

⑤ 据反映，有的队不执行革委扩大会议定的“农业一天不准超 14 分”，这样影响外出工，大队意见要审查工账，是否同意?

大队收工条时带来工账或者工本，坚决执行前会议决定。

⑥ 创业队尚有 11.25 亩地未耕，明天需抽 5 付套耕，哪个队来?

5 队二付，6 队一付，7 队二付。

⑦ 割杏茨人有的已将杏茨送来，是否支委会研究的处理意见合适?

同意六号支委会的意见。

⑧ 六队偷砍木头 40 棵，为的是盖房，就处理意见已拿到生产队讨论，大队还未最后决定。现在他们没库房，经支委研究，木料经检查定出柃、欠、杂木、柱 2 米，让他使用，处理是处理，是否同意?

同意这个意见，让大队郭占奎、梁明、祁风元鉴定。

⑨ 郝存山提：现在已秋收分配，粮食账还未结算，直接影响分配和扣社员借粮。我在药社抽不开时间，应该研究一下?

尽量去县开会不叫张明德去，让他在家和郝存山具体抓一下各生产队清工，清库工作。

⑩ 有人反映大队财务不清，支委会意见是否同意?

清算是应该的，但当前农活和工作抽不开人，待过一段搞。

⑪ 云州民工又快换班，何时走，哪个队去几人，哪个队去牲口?

10 月 16 日走。

1、2、3、4、5、6、7、8、9、10　　计

民工：2、2、2、1、1、2、1、1、2、1、15

毛驴：　　1、1　1、　　　1、1　　5

1970 年 10 月 25 日 1 天

召开支委扩大会议(上午召开割柳条，下午开会，此工记于农建)

参加人员：郭占奎、高普、张玉林、杜万林、张宝斋、高祥、罗有、张明德、李正林、张文科、赵存德、李树林(半天)、王文清、梁明、郝存山、高桂有、祁风元、

梁进、彭正付、穆凤忠、李付海、李付江、高洪江、杨宝福、高德明、高祥彬、杨存秀、郚桂林。共计 28 人。

会议由张明德汇报县五届学代会议精神，学习了倡议书和农业学大赛人民日报社论。讨论记录：

① 牧厂原来的三个人，有些人提应当减 1 人，就牧厂的二人定谁？

因杨宝山女人有病，家里离不开手，暂回生产队，以后何时需要再来。牧厂定郚文明、高祥清两人。

1970 年 10 月 28 日 1 天

召开支委扩大会议

参加人员：杜万林、郭占奎、高祥、张明德、李正林、祁风元、王文清。共 7 人。

首先学习了“大寨公社尽大赛”的文章，然后进行了讨论：

① 李付江可能去学习，缺教员让谁当？

经过充分讨论，最后的意见是：把张清祥的代销员调出来当教员，让罗均担任代销员。这个意见让革委扩大会议决定。

② 根据县会议精神，千方百计压缩非生产人员，代销员是否改为半日制？

从 11 月 1 日改为半日制，上午去合达营办货，就不用参加劳动，如不办货到滩里劳动，由滩里根据劳动数量和质量评工分。

③ 现在已进入冬季，场已基本完成，为增加劳动时间，是否把工分改一下？

从 11 月 1 日起改为白天 8 分，早战不超 2 分，晚战不超 1 分，总共两顿饭三上班，每天不超 11 分。去云州水库民工，同时改为 12 分。

④ 就各生产队干部如何调整和确定怎么办？

召开各生产队的贫下中农代表会议，通过讲政策，让他们用一分为二眼光对待干部，在此基础上，提出他们的意见，通过生产队广大贫下中农进行确定。就各队代表在革委扩大会提名。

⑤ 各生产队用棚杆，还没报全，就二队需用 150 多根，八队 162 根，这样下去对林坡有问题，采取什么措施？

根据这种情况，采取收费办法。

以质论价：檩每根 1.50 元，欠每根 1.00 元，柱每根 0.80 元。

大队批数，由林业指定生产队生产，由林业验质定类，用红漆划码，今年决算一律收费，如果明春盖房需用，以红漆字为证，在作房价时，把今秋作的原价减出来。

⑥ 大队清财怎么安排？

成立清账领导小组：郭占奎、马明、李正林、祁风明、梁明、祁风元、梁进、穆凤忠、薛廷甫、高祥彬、邵政明。共 11 人。

通过革委扩大会议作决定和分工。

1970 年 10 月 29 日 1 天

召开支委扩大会议（在滩里开会，此工记于农建）

参加人员：郭占奎、杜万林、高普、马明、高祥、张明德、张文科、王文清、祁风元、高桂有、梁进、穆凤忠、薛廷甫、高德仲、杨存秀。共计 15 人。

讨论记录：

① 就支委会意见让张清祥当教员，罗均当代销员的意见是否同意？

同意。

② 代销点改为半日制是否同意？

同意。

③ 改工分的意见是否同意？

同意。

④ 支委意见召开贫下中农代表，确定干部意见是否同意？贫下中农代表选谁？

同意这个意见，就代表是：张宝斋、于合、张玉林、刘会清、穆永会、祁风明、郝元、梁明、韩志忠、杨进才、张清、杨占奎、高洪元、尤存元、高洪朋、李天元、高祥彬、高庆林、邵政明、李树清。

明天在滩里开会。

⑤ 生产队用棚杆，是否同意支委会意见？

支委会的意见非常合理。同意张明德的意见，尽量在滩里砍没头榆树，按计划分给各队，不足部分下次会议研究。

⑥ 就支委会安排清算小组，是否行？怎么分工？

同意以 11 人组成。由祁风元任组长，由李正林、郭占奎任副组长，其它为委员。31 号开个清财小组会，具体研究。

⑦ 把收杏茨的情况说了，看有什么意见？

这样收没意见，就以这个处理。没送来的依前定制度处理不变。

⑧ 9月18日已对各生产队违犯林业提出处理意见，让回生产队讨论，结果怎么办？

同意讨论处理意见。

如果有木头，在本月底以前送交大队，过期按不送木头的意见处理。

⑨ 病号面，不以各生产队给，到以大队取，过月还不给，怎么办？

从一队起，每月由一个队负责去换，大队不开工，各队也不用拨工，每队一个月，回来交给各队。

⑩ 粮食加工人员，原定郝存山、李正林，现在他二人暂时抽不开，让谁去？

由郭占奎去，一面磨面加工，一面研究清财的事情。

苏寺大队发出新党章语录本情况　70.11.1　　新党章语录本

	大　　队	生　产　队	大　队	生　产　队
1	郭占奎	高普、高有、李桂复	郭占奎	杜万林、高普
2	罗均、张清祥	罗有、马朋、王永	高　祥	罗有、王永、张玉林
3	王立新、祁守军	张文科、张文明	李正林	张文科、张文明
4	郝存山、梁明、杨宝福	李树林	王文清	李树林
5	祁风元、韩志忠	高桂有、韩风明、韩普		祁风元、高桂有、韩风明
6	彭正付	梁进、穆风海、穆风德		穆风海、穆风德、梁进
7	张明海	李付海、穆风忠、张明瑞		李付海、张明瑞、穆风忠
8	李付江	薛廷甫、高洪江		薛廷甫
9	高祥彬	高德仲、高德仕、高德清	高祥彬	
10		邵桂林、张珍、李献成		杨存秀、邵桂林
合计	14	26	5	20

玉米脱粒开工情况　70.11.10

队　别	日　　期	王　永	郭占奎	张明瑞	祁风元	郝存山
7	10.19/20	1	1	2		5
6	10.21	1	1	1		
5	10.22	1	1	1		
2	10.23	1	1			

续 表

队 别	日 期	王 永	郭占奎	张明瑞	祁风元	郝存山
1	10.27	1	1			
4	10.30	1	5		1	
3	11.3	1	1			
8	11.4	1	1			
9	11.6/7	1	2			
10	11.8	1	1			
围厂	11.9	1			1	

1970 年 11 月 5 日

召开支委扩大会议

参加人员：杜万林、高祥、张明德、李正林、祁风元、杨存秀、郭占奎、郝存山。共 8 人。

讨论记录：

① 就各生产队干部问题，开了贫下中农代表会，根据社员意见，支委们意见如何？

个别	队 长	副队长	政 治	会 计	保 管	财 政	记 工
1	杜万林	张文德	杜万林	李桂复	高 普	高 有	高 有
2	罗 有	马 朋	张玉林	王 永	张玉林	马 明	王 俊
3	张文科	王立新	赵存德	张文明	穆风明	张明德	张立新
4	李树林	张文祥	赵云奎	王进甫	康登秀	杨宝善	康登秀
5	高桂有	韩风明	祁风元	祁风元	韩 普	董成瑞	韩志忠
6	彭正付	穆风德	梁 进	穆风海	张 清	穆奎有	穆奎有
7	李付海	张 良	穆风忠	张明瑞	高洪元	穆风忠	李化廷
8	薛廷甫	高洪江	薛廷甫	李付合	高洪江	薛英芳	高洪如
9	高德仲	高德清	高德仕	刘 良	高德明	高德明	高洪章
10	杨存秀	张 珍	范成才	邵桂林	李献成	李献成	崔玉海

② 支革委分工，包队问题讨论一下？

经过充分讨论决定是：杜万林、郭占奎、高祥、张明德、李正林、祁风元、彭正付、杨存秀、郝存山、王文清。

包：1、2、4、9、8、6、5、10、3、7

挎：1、3、10、5、7

召开支委扩大贫协小组会，1970. 11. 9

参加人员：郭占奎、李正林、张明德、李树林、韩普、邵政明、高祥彬、张明海、张清祥、杨宝福。共计 10 人。

商店分配线衣 12 件评给：高润、罗正全、马占有、王俊、张文彬、刘付生、穆凤德、李文彬、荣天祥、刘殿仕、高照明、张桂生。

9—10 月拉木头计件计算表　1970. 11. 11

项目			1	2	3	4	5	6	7	8	9	10	合计
九、十月份拉木头	用工	人工	15.5	16	11.5	12.5	13.5	12	8.5	7	9	5	110.5
		牛工	29.5	13.5	23	24	26.5	23	17	14	18	10	216.5
	拉料	10.9 尺杆		41	37		49	92	42	65	3		拆为 10.9 尺杆，拆大把
		8 尺杆		2	5			2	6				
		7 尺杆			5		5	4	9		2		
		5 尺杆			5		12	10		1			拆大把
		木川					11						拆大把
		车辋子	7	3	18	4	53	8	1	1		6	
		柃				3	3	1				1	
		柱			2		2	13			1	2	
		车轴			1	3							
		大把	506	651	732	533	789	346	471	619	535	220	
		小把	208	183	196	233	364	209	141	94	220	106	
计件	杂木杆 10.9 尺			43	47		70	101	53	65	4		每车 25 根
	柃(1/2 等)					3	3	1				1	每车 4 根
	柱				2		2	13			1	2	每车 5 根
	折合大把		674	798	898	727	1 101	516	584	694	709	307	每车 40 根
	实开	人工	8.5	11	12.5	9.5	15.5	10	8.5	10	9	4	98.5
		牛工	17	22	25	19	31	20	17	20	18	8	197

1970 年 11 月 14 日 1 天

召开革委扩大会议

参加人员：杜万林、罗有、高祥、张玉林、张明德、李正林、张文科、赵存德、李树林、郝存山、高桂有、祁风元、梁进、彭正付、穆凤忠、薛廷甫、高祥彬、高德仲、杨存秀、范成才。共计 20 人。

会议首先检查农建工程。会议开始把工分清理情况公布了下，就召开会计会议的想法，大算搞粮食账(69.10—70.9.30 的)，云州工人欠口粮，算杞柳账，清理云州民工单据，结算新党章收费等问题，大致说了一下，大家同意大队抓紧开。

接着讨论的问题是：

① 公社广播再三催交农业税，是生产队自交还是集体派人去交?

大队派人用副业款去交。

② 公社牧厂的草、料，怎么分配?

仍按以前讨论的，按实有人口往生产队摊。

③ 公社分配给生产用布 100 尺，怎么分配?

1、2、3、4、5、6、7、8、9、10	大	计
7、7、7、7、7、7、7、7、7、7	30	100

大队留的 30 尺，尽量买劳动布，给两台柴油机手做两套工作服。

④ 公社分配咱们大队派购谷草任务 14 000 斤，怎么分配?

按谷子产量一半，按生产队总面积一半。

⑤ 玉米脱粒收费问题，曾几次开会议论，意见是：

本大队每 1 000 斤，收费 5 角，工分由大队开，不再扣脱粒的生产队。外大队每 1 000 斤，收费 8 角，工分由大队按去水库民工的工分标准给开。

给本大队脱粒，开分标准，按本大队机器手工分算准给开，是否合理?

同意这个意见。

⑥ 有人提，废机油，应合理分给生产队，应该收点费?

合理分给生产队，每斤收费 1 角价。

⑦ 生产队普遍反映，牛车转不开，没有辋子等木料，是否少批点?

	1、2、3、4、5、6、7、8、9、10	计
辋子(芦)	5、5、4、5、4、2、4、	29
辕条(付)	2、 2 2、2、2、2、3、2、2	17

1—8 队去水沟庙南沟生产，由李正林、祁风元验质。

9—10队，去干沟大南沟，由张明德去验质。

生产时间：定于16号砍伐。

⑧ 去云州民工，去多少？什么时间走？

1、2、3、4、5、6、7、8、9、10　　计

工人：1、2、2、1、2、1、12、1、　13

去驴：1、1、1、　1、　1、1、　6

从现在起改为一个驴驼两个人行李，自己带草，大队不再报销草钱。17号工人走。

⑨ 公社决定大队建“农田建设领导小组”怎么健全？

组长：李正林，副组长：高祥、张宝斋；组员：李树林、韩志忠、祁风元、薛廷甫、高祥彬、杨存秀。9人组成。

在茨营子公社召开政治工作会议期间

1970年11月25—26日晚、早

研究的几个问题：

参加人员：杜万林、高祥、罗有、张玉林、张明德、李正林、张文科、李树林、高桂有、梁进、穆凤忠、薛廷甫、高洪江、高德仲、高德仕、杨存勇、范成才、梁明。共18人。

几项讨论记录：

① 公社分配照顾布420尺，棉花224斤，怎么分配？

	1	2	3	4	5	6	7	8	9	10	计
棉花(斤)	23	23	31	27	23	24	22	11	17	23	224
布(尺)	44	45	58	47	42	43	43	20	34	44	420

② 公社分配砍木头20个人，给千台林场砍，30号去，定那几个队？

1、2、3、4、6、9　　计

人数：　4、4、4、4、2、4　　22

③ 对打卖柴火的问题，怎么办？

从现在起一律禁止社员个人卖(换)柴火；生产队集体打卖柴火允许搞；凡外拉柴火羊业，一律持大队印发的出山证为有效，否则没收归给大队林业委员会。除没收柴火外，大队再扣违犯林业制度的生产队，每个柴火0.30元。

社员以前以现金卖的柴火,一律把款交回生产队,把个人卖柴变为生产队集体卖柴火。

社员以前用柴火换实物,由生产队统一安排,在卡死卡紧的原则下,凡生产队给还的每个柴火,扣换实物人 3 分(生产队叫换实物人打柴火、打柴火不记分,每个柴火再交生产队管理工分 1 分)。

生产队集体打卖柴火,每个柴火 1 分,5 分钱补助的报酬。

④ 就副业厂卖木渣问题,怎么办?

从现在起一律禁止木渣往外大队卖,个别情况,必须经大队批准。

拉木渣,必须木匠上班后下班前的时间内,否则一律禁止拉运。卖木渣当天运清。

1970 年 12 月 4 日 1 天

召开革委扩大会议

参加人员:张宝斋、高祥、张明德、李正林、张文科、祁风元、高桂有、梁进、李付海、薛廷甫、高德仲、杨存秀。共计 12 人。

会议首先把现在和今后搞的几项工作情况汇报了一下:征兵、农业税、民工卖粮、粮食产销征的安排,布票发放等,接着把回收旧的主席像,去赤城拉运化肥,摸清享受优抚救济的对象户问题向生产队再次提出,征求了各队充分讨论党代表问题,各队汇报讨论结果,一致同意公社印的提名人。就办政治夜校,71 年实行大寨标兵工分问题,又充分讲了一下。接着讨论了几个问题:

① 农建打石坝,如何包工?

听了李正林、张宝斋,实践情况的反映之后,决定:农建打石坝,实行包工打方,现阶段以 20 步以内,每方以 8.5 分定工分。超过 21 步以外的,以后再研究。

② 调换玉米数,到底交多少,公社通知马上碾子湾大队调换,带上现金找价,等咱们玉米干了,给他们卖征购。

计:1、2、4、5、6、7、8、9、10、

730　100　100　100　100　100　60　40　30　50　50

③ 已请求公社吴主任和李主任,同意咱们买一部三用收音机,咱们是否买?

同意买,抓紧时间买吧。

④ 公社让咱们生产队集体,大搞一部份行条,咱们各队分一下任务。

1、2、3、4、5、6、7、8、9、10　计

2 500　2 500　3 000　2 000　3 000　2 000　2 000　1 000　3 000　2 500　23 500

发动社员割，每割 1 元价的给社员 4 角价的补助，生产队再给记 4 分。

⑤ 副业备料怎么抓了？

副业料以现有人，每人生产 35 件，双料以下的生产，双料以上不但不给开分，因对林业有妨碍，还得酌情处理。

为了及时拉运化肥，以现有人，每人生产杂木料 3 根，过去拉杆回来拉化肥。

砍伐副业料和杂木杆地点是：

1	2	3	4	5	6	7	8	9	10	计
大杨树沟	大杨树沟	双腰沟	车厂子沟	庙南沟	双腰子沟	庙南沟	庙南沟	四八沟	正沟腰沟	

⑥ 就林业出山证的样式已初步起草，看是否行？各队需用多少份？

同意这个模式，就印吧。

1、2、3、4、5、6、7、8、9、10　计

50　50　50　50　50　100　100　50　100　100　700

12 月 7 日参加大队林业会议的：张宝君、张明德、梁明、韩普、梁进、尤存元、刘殿仕、郤政明。共 8 人。

玉米脱粒记录　　1970 年 12 月 7 日抄

70 年	项目	项　目	王　永	郭占奎		说　明
11	11					
11	12					
11	11	上午锄草，下午跟送机器	1	1		早安装晚到小土盆沟
	12	大土盆沟四队，打玉米	1	1		早安装晚到小土盆沟
	13	小土盆沟三队，打玉米	1	1		早安装晚到抬机器
	14	小土盆沟二队，打玉米	1	1		早安装晚到韩家棚
	15	韩家棚，打玉米	1	1		早安装晚到瓦房沟
	16	瓦房沟四队，打玉米	1	1		早安装晚抬机器

续表

70年	项目	项目	王永	郭占奎		说明
	17	瓦房沟三队,打玉米	1	1		早安装晚抬机器
	18	瓦房沟五队一队,打玉米	1	1		早安装晚
	19	去二道湾	1	1		
	20	去二道湾,打玉米	1	1		
	21	大石穴,打玉米	1	1		二道湾到大石穴安装
	22	大石穴,打玉米	1	1		
	23	从大石穴回家	1	1		

1970年12月23日1天

召开有关砍木头生产队

中心研究砍木头报酬问题(除大队干部外,生产队干部回生产队记工)

参加人员:张明德、杜万林、罗有、张文科、李树林、韩普、梁进、高德仲。共8人。

经过试算三队,凡头等檩回生产队工分加补助每根不超3元,木头差照例往下减,但生产队算出总表,必须大队革委会审批。粮食补助、实吃粮,减应带定量后为补助。

讨论几个问题:

① 给林场高粱杆大小65捆,三队给拉去,总共给5元价,怎么分?

给三队2元,大队留3元,从3元中付去龙关李桂复拿收音机给徐正海买的礼物款2.03元,另0.97元,也不用上账,留作其它用。

② 公社分给支农用布85尺,但在12月31日前必须买,过期作废,怎么分配?

1、2、3、4、5、6、7、8、9、10　计

8、9、11、11、8、8、8、6、8、8　85

近一、两天大队派人集体去买。

1970年12月20日1天

召开革委扩大会议(中心研究学校修建齐工找价问题)

参加人员:杜万林、罗有、高祥、张明德、李正林、张文科、李树林、祁风元、

高桂有、穆凤德、穆凤忠、薛廷甫、高德仲、杨存秀。共 14 人。

讨论记录：

① 学校修建劳动力，应该评一下？

	1	2	3	4	5	6	7	8	9	10	计
正：	19	21	22	22	18	22	16	13	17	19	189
半：		1	1	1			1				4

② 今年扣义务工的劳动力，还重不重评？

依摊学校的正劳力扣义务工，半劳力，今年不扣义务工。(烈军属、残废军人的劳力在外)。

③ 烧瓦的柴火怎么安排？

明春搞两窑瓦，准备毛柴 1 910 个，(按评的劳力整的每人 10 个，半的每人 5 个)，春节前交清。每个柴火以 40 斤标准，要求牛车拉的，打榛杆收柴，最粗不超大母指粗。柴火工分今年摊，补助钱现在给，每个柴火开 1 分工，给 5 分钱。

知识青年拨来修房款 800 元，留 200 元，明春给知识青年修房，学校烧瓦，打装袖用等余 600 元，除付打柴火补助，学校今秋修建用的外，按评的劳力，补给生产队。

④ 教员今年的工分怎么定？

杨宝福全年 3 500 分。

张明海全年 3 700 分。

李付江全年 3 500 分。

从 11 月份走的，请示公社，叫给全年给全年，叫减几个月，按平均数减几个月。

张清祥从 11 月份起到 12 月底，两个月给 600 分。

⑤ 70 年 4 月 15 日就李兆阁的当保健员期间的口粮，按全大队人口摊，怎么给七队？

1、2、3、4、5、6、7、8、9、10　　计

人口：

出粮：43、49、54、52、38、46、40、24、36、40　　422

是以 70 年 10 月 1 日留粮人口，每人半斤。给一半谷子，一半玉米。这些粮食用 70 年 10 月 1 日至 71 年 7 月底的积囤粮报销。

1970年12月27日

召开革委扩大会议(中心处理林业存在问题)

参加人员：杜万林、罗有、张明德、李正林、张文科、李树林、梁明、祁风元、高桂有、穆风海、穆风忠、薛廷甫、高德仲、张珍。共计14人。

会议首先把王铁成企图贪污的三片单据和查证，谈话结果向会议汇报后讨论记录：

① 对王铁成的问题怎么处理？

现在就停止王铁成的财政职务，财政账目马上清理清楚。由李桂复担任大队财政。

王铁成的贪污手段在支委扩大会上检查交待。现在王铁成的半农半医暂时担任，今后看表现。

② 就社员违犯林业制度“割杏茨”“生产队偷砍木头”，前已研究，是否确定？

杏茨按3月29日革委扩大会议定的制度办事。按10月6日的处理办法执行，同意梁明、郝存山、张明德检查验收的情况：

姓名	原报个数	打柴地点	杏茨	没收	按六角处理的
李付海	韩家坟	56	21	30	5
穆风忠	韩家坟	14	5	4	5
郭志甫	韩家坟	19	15	4	
穆奎有	韩家坟	8			8
穆风林	苇子沟门		11	5	6
高洪举	苇子沟门		26	26	
彭正付	院边	12			12

生产队违犯林业制度，不经批准偷砍木头，是极其错误的，如不处理会影响今后，经生产队社员讨论，同意70年9月18日的处理办法。

具体罚款是：

队别		
1	包产地边榆树20棵4.00元，杂木小菜树5棵2.5元，山榆车头2支，3.00元。	9.50元
2		2.70元
3	车头二支2.00元，杂木一根0.20元，柱子一根0.50元。	10.00元

续　表

队别		
4	车头一对 5.00 元，车辕一对 4.00 元，杂木五根 1.00 元。	3.00 元
5	杂木 15 根 3.00 元	29.20 元
6	檩条 1 根 2.00 元，桦 9 根 9.00 元，车辕二根 2.80 元，桦七根 4.90 元，柱子 21 根 10.50 元。	17.00 元
7		8.00 元
8	包产地边榆树 24 根 2.00 元，桃树一根 10 元，车头一对，5.00 元。	3.00 元
9	柳树一棵 8.00 元。	9.00 元
10	檩子三根 3.00 元。	91.40 元
合计	车头一对 5.00 元，车辕子一对 4.00 元。	

③ 除了生产队集体偷砍木头和社员打杏茨已处理外，就社员的怎么处理？

根据社员的讨论，违犯林业人的态度，否掉的有：王俊柴火、垛底下有二棵碗粗榆树，何处来？生产队开地刨倒的，已交回生产队啦。

高祥院里有榆木两根（小碗粗湿的），小碗粗柳木两根一干一湿。

有据有证他是检的，木头如在交回大队，不在就算啦。

经过检查柴火垛：（阳坡榆柴）

张文德阳坡 1 寸以上的有 5 棵

张文海阳坡 1 寸以上的有 10 棵

马明阳坡 1 寸以上的有 10 棵

高普阳坡 1 寸以上的有 10 棵

张树清阳坡 1 寸以上的有 10 棵

冀文付阳坡 1 寸以上的有 15 棵

王铁成阳坡 1 寸以上的有 10 棵

张有阳坡 1 寸以上的有 15 棵

以后别打，这次否掉它。

张文桂在斜尖沟砍三棵茶碗粗的小树，没头的（榆一棵，菜一棵，苦驴一棵）。

树交了大队，作了检查，表了决心，认识深刻，这次不罚款。

会议笔记 7

1970 年 12 月 27 日

窑子沟大北沟大西叉门口，1 人高的，基础至饭碗粗的，杏树 8 棵。

高德仲说，再三找头也找不到，现在柴火已没有了，大家说否掉。

张桂生偷砍一棵小椴树，又被别人偷走。在社员会上由十队进行严格批评，因他没得着木头，也否掉。

68 年东卯下么护林员来找，说他们已砍咱们小树，至今没去人交涉，怎么办？

来的那个人说话没嘴，干脆否掉。

二道湾违犯我们林业，是否有把握？

因没找到，否掉算啦。

穆奎喜偷厂子小木把，怎么处理？

木料已退，又开了批判会，这次不罚款。

张艮偷学校修建木头，怎么处理？

木头已交回，由七队批评教育。

因四队做语录牌借王科、赵云奎木头，赵云奎已问过张明德要砍，李树林叫王科，赵玉德去砍，但未叫砍杨树。王科砍一棵白桦，一棵椴树，赵玉德砍一棵桦树，一棵杨树。怎么办？

只因生产队和大队已说话，砍的两棵桦树，一棵椴树，算还借的一棵树将没收回来，不给任何报酬，只因借过他木头，所以不罚款。

④ 经过充分讨论，有几个问题是否现在处理？

下面几个问题，暂挂起来：

① 李天将在小南沟梁嘴，把别人打羊业留的小树，估计有 40 多棵，给打了。

② 高洪江在小后沟掌，打杏茨 11 个。

③ 王铁君夜间砍树，小房木何处来？

④ 张万国偷砍小榆树。

⑤ 干沟、窑子沟和部分队社员砍死树卖大柴。

⑥ 茨营子红草沟砍小树问题。

⑦ 就春季检查林业时，查出的问题，怎么处理？

李天元：柴火垛，一寸以上小树 24 棵，罚金 12.00 元。

高洪举：苇子沟门，小碗粗的树 5 根，罚金 5.00 元。

穆凤海：给副业拉木头，黑了回来从车上往回家扛木头（在大南沟砍碗粗椴树一棵），罚金 2.00 元。

祁守相：长脖沟砍一寸以上山核桃树 12 根，罚金 0.80 元。（减树叉子4 根）

杨德义：柴火垛底下小桦树、小菜树 10 棵，罚金 2.00 元。

高付：柴火垛底下小桦树、小菜树 10 棵，罚金 2.00 元。

高照明：有茶缸粗没头的小菜树 8 棵，罚金 1.60 元。

木长山：在小杨树沟偷砍车头一支，罚金 1.50 元。（木头已送交回大队）

⑧ 林业主任梁明检查出干沟社员瓜架搭的是小树：崔文彬 4 根，郜政明 7 根，李献成 1 根，张桂生 13 根，孙富怀 12 根。

根据社员反映还查出张桂成，孙富怀砍的小树不少，怎么处理？

凡属大柴类的，除没收大柴外，每斤罚款 5 厘，至于瓜架杂木，明天必须送来，由梁明和大队以质讨价。

和梁明共同处理的　　71.1.12

姓名	原偷砍木头根	根数	交回木头								未送木头			共罚款数
			按大柴			按杂木			按5角钱					
			根	斤	款	根	每根	款	根	款	根	每根价	款	
崔文彬	4	4	4	100	0.50									0.50
孙付怀	48	47	20	260	1.30	18	0.20	3.60	9	4.5	1	1.00	1.00	10.40
张桂成	13	12							12	6.00	1	0.50	0.50	6.50
杨存秀	4	2									2	0.50	1.00	1.40
郜政明	7	7					2	0.20	0.40					1.70
李献成	1	1					6	0.20	1.20	1	0.50			0

1970 年 12 月 30 日

召开革委扩大会和清财小组人员会议

参加人员：郭占奎、杜万林、马明、罗有、张明德、李正林、张文科、祁凤明、王铁成、李树林、梁明、郝存山、祁凤元、高桂有、彭正付、梁进、李付海、穆凤忠、薛廷甫、高祥彬、郃政明、张珍，共计 22 人。

会议开始由李正林传达了公社电话会议精神，接着由祁凤元作了“清财经开支发现问题，查单据结果”的汇报有张明德、李正林、马明、郭占奎进行了补充。王铁成作了两次检查，到会人进行了批判。宣布了给王铁成的处分，然后就大队 63 年至 70 年的收入逐项公布。

1970 年 12 月 31 日

召开革委扩大会议

参加人员：郭占奎、杜万林、高祥、马明、张明德、李正林、张文科、李树林、高桂有、祁凤元、彭正付、梁进、李付海、薛廷甫、张珍，共计 15 人。

① 副业加工的木匠，70 年有几个队再三要求调整，前几天大队已和生产队说过，把你队研究的结果定一下？

1	2	3	4	5	6	7	8	9	10
张万国	马　明	祁凤明	张树生	张桂元	彭正德（或者）高洪志	张明春	高洪有	高祥彬	杨存荣

木业加工人员确定之后，由大队进行劳动力管理，生产队不经大队不准调用，更不能调出外勤工。

② 为了发杨民主管理是否成立“副业生产管理小组”？

应当成立。由李正林任组长，由彭正付任副组长，由马明、祁凤明、高祥彬为组员，共计 5 人组成，专抓生产和管理。

③ 如何定 71 年，财经管理制度？

凡厂子出的不论原木，各种柄把，残品，各种编织类等等，除交售给国家的而外，一律由罗均开传票。传票一式三联，必经李正林盖章为有效，由开票人留存根，二、三联交买货人，副业厂凭三联收款，凭二联但必须经副业生产管理小组三分之二以上人员提货。

每半月或一个月，由副业生产管理小组造报本期，按队按人生产情况和收支情况，必经小组全体人员审查无误后盖章。报大队革委会存卷。

凡出售原木，车货，不分本大队和外大队，一律由大队革委会批准。

外大队买木渣，也必须经大队革委会批准。凡是厂子出售的原木，成品，废品，不分本大队和外大队及脚户，拉运时间一律在早晨木匠上班后，下午木匠下班前。凡买的东西，当天必须运清。

④ 加工小木货报酬怎么定？

70 年 11 月底以前，仍执行前革委扩大会议定的报酬。

从 70 年 12 月 1 日起，暂定到 71 年三月底。大把每根 9 厘，小把每根 7 厘，扁担每根 1.5 分。大队不解决工具，按加工工分，每 1 分工补 8 厘钱的工具修理费。

⑤ 71 年木匠请假制度怎么定？

一天由副业厂子负责人批准，二天由副业生产管理小组研究批准，三天以上由大队革委会批准。

木匠经大队批准回本队做活不交工资。社员和生产队和厂子雇木匠，经大队批准后，每人每天交工资 1.50 元，记 12 分，补助 0.1 元。木匠不请假，私自不上班，每人每天扣款 1.50 元，光给记 12 分不给补助。

⑥ 木头拉运的工分怎么定？

7 尺以上的杆子，70 年拉 50 根开人、牛工 26 分，实际拉不了。

71 年 7 尺上杆拉 40 根，开人、牛 26 分。把二等大把为标准，每 80 件开人、牛工分 26 分。

⑦ 打结木头工分怎么定？

70 年 12 月 31 日前不变，从 71 年 1 月 1 日起定为：

把二等 100 根(件)定 10 分，杂木杆两头一齐锯的每 100 根定 8 分。如锯一头者每 100 根开 4 分。

⑧ 砍木头工分怎么定？

木头一天天难砍，执行 70 年的不变。

1971 年 1 月 8 日

召开革委扩大会议

参加人员：张文德、郭占奎、高祥、罗有、张明德、李正林、张文科、赵存德、李树林、高桂有、李付海、薛廷甫、高德仲、杨存秀，共计 14 人。

会议首先学习七一年元旦社论，接着由郭占奎传达了东万口会议精神，李正林传达了公社电话会议精神，紧接着进行了讨论。

同意郭占奎在东万口会上，定的规划，73 年完成成滩任务，同意在河口搞发电站。同意抓紧完成征购粮入库。

当前农建上人问题，除拉肥、锄草之外，尽量上。学校学生放假，15 岁以上可去滩劳动。

李兆阁的工分补助怎么定?

70 年 4 月 14 日起,在 5 月 9 日革委扩大会上已定了三个月的工分,补助不变。

从 70 年 7 月 15 日到 70 年 12 月 31 日止,随农业工分变动走,仍比农业每天高二分,补助钱每天二角不变。

因为工作积极,服务态度群众满意,所以从 11 月 1 日到 12 月 31 日的两个月中,每天附加二分。

请假误工仍执行 70 年 5 月 9 日革委扩大会议的决定。

1977 年 11 月 13 日抄

70.4.3 日会议批

70 年　各生产队砍车货情况　　地点:庙南沟

			1	2	3	4	5	6	7	8	9	10	计
砍代时间			5.5	5.5	5.5	5.5	5.5	5.5	5.5	5.5			
实砍	棵　数		40		63			32	4	26			
	货别	起	78		102			52	5	54			
		漫	60		185			33	5	40	120	132	
		修	50		34			39	6	14			
		辕			1			3		3	2	1	
		轴	7		7			9	1	3	18	5	
大队抽学校	棵　数		5	4	5	3	3	2	4	2			
	货别	起	28	15	18	14	12	4	13	6			
		漫		8	13	12		4	9	6			
		修		5					2	4			
		轴	3		1		3	2	1				
实际队用	棵　数												
	货别	起											
		漫											
		修											
		轴											

1971 年 1 月 13 日抄

70.11.14 会议批

各队砍车货木头数　　11 月 16 日生产

<table>
<tr><td colspan="3"></td><td>1</td><td>2</td><td>3</td><td>4</td><td>5</td><td>6</td><td>7</td><td>8</td><td>9</td><td>10</td><td>计</td></tr>
<tr><td rowspan="6">实砍</td><td colspan="2">棵　数</td><td>30</td><td>27</td><td>24</td><td>15</td><td>34</td><td>14</td><td>23</td><td>6</td><td>17</td><td>70</td><td></td></tr>
<tr><td>辋子</td><td>起
漫
修</td><td>39
33
30</td><td>39
30
23</td><td>31
21
19</td><td>41
26
19</td><td>44
27
23</td><td>29
15
11</td><td>21
15
20</td><td>1
2</td><td></td><td></td><td></td></tr>
<tr><td colspan="2">车　辕</td><td>3</td><td>3</td><td>7</td><td></td><td>4</td><td>3</td><td>6</td><td>6</td><td>7</td><td>7</td><td></td></tr>
<tr><td colspan="2">车　轴</td><td>7</td><td>2</td><td>1</td><td>1</td><td>11</td><td>2</td><td>5</td><td></td><td></td><td></td><td></td></tr>
<tr><td colspan="2">夫　条</td><td></td><td></td><td></td><td></td><td>5 付</td><td></td><td></td><td></td><td></td><td></td><td></td></tr>
<tr><td colspan="3">山榆车头</td><td></td><td></td><td></td><td></td><td></td><td></td><td>1 支</td><td></td><td></td><td></td><td></td></tr>
<tr><td>生产</td><td colspan="2">地　点</td><td>庙南沟</td><td>同左</td><td>同左</td><td>同左</td><td>同左</td><td>同左</td><td>同左</td><td>同左</td><td>干沟大南沟</td><td>同左</td><td></td></tr>
<tr><td colspan="3">大队指定人员</td><td colspan="8">李正林、祁凤元、梁明</td><td colspan="3">张明德</td></tr>
</table>

大队：砍大椽 61 根，连言 2 根。九队：砍柃 1 根，轴 4 根，沟心料柜门木头 5 根。

1971 年 1 月 9 日

召开会计会议

参加人员：李桂复、张文明、祁凤元（半天）、张明瑞、李付合（半天）、刘艮、郤桂林、张明德。共计 8 人。

会议开始发七一年各种账，传票，劳动手册等，接着领发了学校修建补助款，然后对七〇年初结算六九年的决算，和七〇年做结账工征求了误工意见，他们一致建议是：绝大多数是手用，早晚算的，没误正工，大队评几个没意见。

1971 年 1 月 17 日

召开革委扩大会议

参加人员：郭占奎、杜万林、罗有、高祥、张玉林、张明德、李正林、张文科、赵存德、李树林、祁凤元、高桂有、梁进、李付海、穆凤忠、薛廷甫、高洪江、高祥彬、高德仕、高德仲、杨存秀,共计21人。

会议首先由郭占奎传达东万口1月3—5号的会议精神,1月11日至14日,公社召开的大队主任三大员会议精神,16日公社在碾子湾召开的水电站筹备会议精神,由李正林传达了公社电话会议精神,经过讨论大家一致同意这几个会议所布置的精神,同意公社搞发电站,就出人问题,大家同意大力支援,出人出钱都同意。就大队如何向下派工人问题,有的同意按全大队人口摊,有的同意按劳力摊,如果按人口摊,今后凡是属于大队的一律按人口分,(比如副业款等),大家议论搞一下试算:

计算范围:水库11人,水电站17人,副业木匠11人,大队牧厂2人,教员3人,代销员1人,大队会计1人,医生1人,贫宣队2人,公社牧厂1人,共计50人。

队别	人口	应出人	定人	已出	亏数	去水库	水电站
1	87	5.06	5	2	3		3
2	100	5.82	6	4	2		2
3	118	6.86	7	3	4	2	2
4	103	5.99	6	4	2		2
5	76	4.4	4	2	2		2
6	92	5.35	5	3	2		2
7	78	4.54	5	3	2		2
8	48	2.79	3	2	1		1
9	76	4.4	4	4			
10	81	4.7	5	4	1		
计	859	50	50	31	19	2	19

1971年1月18日

召开革委扩大会议

参加人员:郭占奎、杜万林、高祥、罗有、张明德、李正林、张文科、祁凤元、高桂有、彭正付、李付海、薛廷甫、高德仲、杨存秀,共计14人。

会议接着17号讨论工人依劳力派,还是依人口摊合理?

经过充分讨论，最后决定以劳力摊。派出外的单算出外的，(水库 11 人，水电站 17 人，公社牧厂 1 人，贫宣队王文清 1 人，共计 30 人)。

在本大队的单算本大队的(郭占奎、杜万林、李桂复、张宝斋、高祥、张清祥、罗均、王永、张明德、李正林、郄文明、王铁成、郝存山、杨宝福、梁明、祁凤元、韩志忠、彭正付、李兆阁、张明海、张明瑞、高祥清，共计 20 人。

出外勤的劳动力

		1	2	3	4	5	6	7	8	9	10	计
劳力	摊学校	19	21	22	22	18	22	16	13	17	19	189
	减		高瑞	张连成			高洪熊	郭志甫	李付江			5
	应摊	19	20	21	22	18	21	15	12	17	19	184
摊算	每劳力											
	应摊	3 002	316	3 318	3 476	2 844	3 318	237	1 896	2 686	3 002	
	定人	3	3	4	4	3	3	2	2	3	3	30
定去向	贫宣队				1							1
	公社牧厂										1	1
	水库	1	1	2	1	1	1	1	1	1	1	11
	水电站	2	2	2	2	2	2	1	1	2	1	17

九、十两队这次去水库工人，人员早已决定这次不变，等二月份替工时，由 4、7 两队各替一人。三队虽派二人，去一人行的话，尽量去一人，如不行三队头班去二人，下来有凡 20 个劳力以上的 2、4、6 轮班推的去。

1971 年 1 月 19 日至 20 日两天

召开革委扩大会议

参加人员：郭占奎 2、杜万林 2、高祥 2、罗有 2、张明德 2、李正林 2、张文科 2、李树林 2、祁凤元 1、高桂有 2、梁进 2、李付海 2、薛廷甫 2、高德清 2、杨存秀 2，共计 15 人。

讨论记录：

① 19 号晚，各队讨论李兆阁的报酬情况，各队已汇报，最后怎么定？

都认为不低，不能再提，仍以 1 月 8 日会议决定办事。

② 王铁成误工从 5 月 11 日到 12 月 31 日起，拉出自报单，误工怎么给工，

是否半日半记,大队财政再给补助工?

把19号会议研究的按他的报工单,凡十分即按10分,8分阶段按8分,不再给补助工,带回生产队讨论,社员还有意见,根据社员意见,最后决定:报的工不清,对大队抓的不紧有责任,所以按他的报工单,10分阶段开10分,8分阶段开8分,不再给一点的补助工。

③ 大队干部补助,根据各队社员讨论,应怎么定?

张明德126个工,郝存山120个工,李正林80个,高祥60个,郭占奎60个,祁凤元15个,王文清5个,杨存秀5个,祁守军3个,彭正付20个。

④ 大队干部补助工,是否开回所在生产队?分大队分值还是分本生产队分值?是否给工分粮?

根据三队整个意见和四队大部社员意见,凡大队干部补助工,一律开回所在生产队。即分所在生产队的分值,也给工分粮食。

⑤ 杜万林信用补助工给多少?

给30个工。

⑥ 梁明负责林业给多少补助工?

给15个工。

⑦ 代销员给多少补助工?张清祥20个,罗均5个。

⑧ 郝存山是大队会计,又是合作医疗会计,误工怎么记?补助分给几样的?

从5月11日,建合作医疗到12月31日,10分阶段开10分,8分阶段开8分,就社务、医务,由郝存山根据自己记工开分。不分社务、医务,除记工外,全年给120个补助工。

⑨ 创业队干部怎么给补助工?

张宝斋15个工,罗均6个工,韩志忠15个工,均开入农建工内。

⑩ 生产队长,副队长,会计,指导员或政治队长,怎么给补助工?

根据一年的工作情况,经支委研究确定:

	队　长	副队长	会　计	政　指	合　计
1	高普15	张文德15	杜万林20	郭占熬0	50
2	罗有20	马明20	王永20	张玉林7	67
3	张文科26	王立新24	张文明15	赵存德10	75

续　表

	队　长	副队长	会　计	政　指	合　计
4	李树林 26	高付 12	杨宝善 15		53
5	高桂有 26	韩风明 26	祁风元 26	祁风元兼 0	78
6	田秀德 0	穆风德 20	穆风海 10	梁进 20	50
7	李付海 20	张良 21	张明瑞 22	穆风忠 17	80
8	高洪江 15		李付合 10	薛廷甫 20	45
9	高德仲 20	高德清 20	刘良 10	高德仕 20	70
10	杨存秀 25	张珍 20	郤桂林 15	范成才 10	70

⑪ 70 年初会计算六九年决算和 70 年度会计结算，大队都没给工，经过开会计算要工数，他们大部分都说是利用早晚算的，要大队评价及意见，经过考虑，根据各队会计能力，提出的工的意见，生产队好给记工，这个意见是否行？

同意这个意见，根据杜万林、祁风元、薛廷甫的实践，提出各队会计算六九年决算（一般为 5 个工）和 70 年结账的约束工。

	1	2	3	4	5	6	7	8	9	10
工数	10	12	10	10	8	15	8	15	5	15

会计决算，结账约束工，大队即不开工分，也不写证明条，由队长回去掌握执行。

⑫ 生产队干部补助工是否大队开分？

按支委确定的工，给生产队写个证明单，由生产队记工，大队不开分，也不入工账。

⑬ 大队干部和生产队干部补助工，决算找工时是否摊大队外勤工和本大队的社务用工？

一律不摊。

⑭ 生产队财政、保管员、记工员，怎么给补助工？

由生产队革命领导小组，根据其工作情况评议，但最多每人不超过 10 个工。

⑮ 从 71 年 1 月份，记生产队会计结账或者记工员，会计结工分，怎么

记工?

会计到大队算账开会,一律由大队记工。在生产队结账或者和财政、保管闹帐,会计或记工员结工分等,经队长批准,实误实记。从 71 年 1 月起改变以前一个月 1 个会计结账工和记工员或会计结分工。

⑯ 张明德 70 年旧历正月(6 天)和 71 年 1 月份,用牧厂毛驴给家人治病,怎么扣 8 个驴的工分?

不分走路与在外呆工,一律按每天扣 8 分,共扣 64 分,从他误工记工内扣回。

⑰ 70 年开大会,怎么摊工?

为使今后的召集开大会,一律以户口本查,凡在年龄的(入学儿童不算,凡不上学,参加与不参加劳动的青年都算,个别人除外),一律摊开大会工。

1	2	3	4	5	6	7	8	9	10	计
42	54	65	61	45	50	44	29	46	41	477

⑱ 公社让大队,生产队开妇女讲用会,因公社开会日期已到,是否各队推荐一批较好妇女到大队讲用?

① 明秀英、张淑珍、马淑兰;② 马献梅、李桂梅、张清枝;③ 范世梅、张玉连、张玉平、张文平、张淑平、穆凤平;④ 李仲梅、张桂英、赵淑娥;⑤ 高秀梅、杨淑先、韩翠梅;⑥ 穆凤荣、木从梅、韩宪英、高淑兰;⑦ 木金莲、张玉连;⑧ 薛淑琴、郝建花、高洪兰;⑨ 高秀梅、杜秀梅、高淑梅;⑩ 吕桂梅、范世梅、郤玉梅。共计 33 人。明天大队就开。

1971 年 1 月 21 日

召开革委扩大会议

参加人员:① 马淑兰、明秀英;② 马献梅;③ 范世梅、张玉连、张玉平、张文平、穆凤平、张淑平;④ 李仲梅、赵淑娥;⑤ 韩翠梅;⑥ 木从梅、韩宪英、高淑兰;⑦ 木金莲、张玉连;⑧ 薛淑琴、郝建花。共计 19 人。

首先学习了五篇著作中的改造世界观,由公社任尚忠讲了当前形势,李正林作了补充,凡是名字下划"—"号的都程度不同讲用了一下,通过讲用选出出席公社讲用会的代表七人:

张秀英、范世梅、张玉连、张玉平、韩翠梅、赵淑娥、薛淑琴。

最后就搞好 71 年妇女工作(学习生产),都表示决心。

最后留下出席公社人就到公社怎么讲,又作了安排。

就李兆阁工分的计算。

月	起	止	共　天	请　假	开分天
4	14	30	17		17
5	1	31	31		31
6	1	30	30	7. 8. 24	27
7	1	31	31		31
8	1	31	31		31
9		30	30	11. 29	28
10	1	31	31	10. 31	29
11	1	30	30		30
12	1	31	31	1	30
合　计	1		262	8	254

1971 年 1 月 21 日

召开革委扩大会议

参加人员:郭占奎 2、杜万林 2、张宝斋 1、高祥 2、罗有 2、张玉林 1、张明德 2、李正林 2、张文科 1、赵存德 1、李树林 2、祁凤元 2、高桂有 2、彭正付 2、梁进 1、李付海 2、薛廷甫 2、高明仲 2、杨存秀,共计 19 人。

在 29 日上午学习了红旗杂志内的"狠抓两条路线斗争教育"和"进一步加强党的民主集中制",两篇文章,然后进行了讨论。

① 71 年的创业队怎么整顿?

经过充分讨论,大家一致认为,创业队上到 25 人为宜。如何向生产队分配?

要把属于全大队用人的劳力评一下,然后相加,按人口往生产队算。具体情况是:郭占奎半、李桂复半、杜万林半、张宝斋 1、高祥半、王永半、张清祥 1、罗均 1、张明德半、李正林、郭占奎 1、王铁臣 1、郝存山 1、杨宝福 1、梁进半、祁凤元半、彭正富 1、穆风祥 1、李兆阁 1、张明海 1、张明瑞半、高祥清 1。

		1	2	3	4	5	6	7	8	9	10	计
按人口摊	人口	85	98	118	104	76	91	79	48	71	81	851
	比例											5%
	应出人	4.25	4.9	5.9	5.2	3.8	4.6	4	2.4	3.6	4.05	42.7
	定人	4	5	6	5	4	5	4	3	4	4	
分布	大队	2	3	3	3	1	2	3		1		
	创业队	2	2	3	2	3	3	1	2	3	3	
创业队员初步定人		张宝斋 杜连瑞	高　祥 杜先春	李洪有 吴德印 张玉丰	梁　明 杨德义	杜成志 杨进祥 刘付生		穆风涛	高祥早 高洪兰	高祥廷 高庆云 高庆林	张桂生 张桂成 吕成林	

大队应出 4 人,经过讨论照顾少出一人等候秋后齐工找价。

创业队定员后一律不出外工。创业队的干部配备是:

队长:张宝斋,副队长:杜成志、梁明,指导员:高祥,记工员:高庆云。

2 月 1 日创业队上班。创业队光记工,由大队开工分。

② 今年学校扩大一个班,增一名教员,选谁?

经过充分讨论决定:穆风祥。

③ 彭正富 70 年从副业队买木渣,计价大致上 14 元多点,怎么收费?

孩子小又上学念书,自己一支胳膊,打不了柴火,经过充分讨论,决定今年这些款,做为照顾一律免费。

④ 71 年的支委革委如何配备执班?

经过充分讨论,不设值班人,仍由彭正付、高祥清听管电话,有事找有关人员处理。

⑤ 由李正林和张明德把 1 月 20 号到 28 号,就王铁成的亏款查找情况汇报后,下步如何搞这项工作?

他对药社有怀疑,就派人查药,明天有:郭古奎、祁凤元、张明德、郝存山、王铁成,进行清算。

⑥ 开大会摊工人已评出来了,就大队掌握的有 3、25 号,7、28 号,7、23 号,8、20 号、12、19 号,共 5 次,尚有 1、5 号,1、30 号,2、26 号,各队会计反映生产队未记工无法查找,怎么办?

就依大队有的 5 次摊算。

1971 年 2 月 4 日

召开革委扩大会议

参加人员：郭占奎、杜万林、罗有、张明德、李正林、赵存德、高付、高桂有、梁进、李付海、薛廷甫、高德仲、张珍，共计 13 人。

会议开始，把 1 月 31 日到 2 月 2 日，清药经过进行了汇报，讲了公社电话会议精神，(开三干会，当前备耕生产等)，然后进行了讨论。

① 各队去公社参加三干会人员进行了订正。

② 公社分配葡萄架杆 1 000 根，怎么分配？

1	2	3	4	5	6	7	8	9	10	计
130	150	180	160	120	150	120	80	120	120	1 330

就生产时间在 20 号以后，地点另行研究。

③ 薛英芳自愿去赤城中师学习，大队是否同意呢？

本人同意去，咱们没同意，回来有无工作不能决定。

1971 年 2 月 12 日

召开革委扩大会议

参加人员：郭占奎、杜万林、高祥、张明德、李正林、张文科、王文清、李树林、高桂有、梁进、李付海、薛廷甫、高祥彬、杨存秀，共计 15 人。

会议由张明德汇报公社三干会议精神，由郭占奎汇报县在东万口公社孤石大队开反击资本主义倾向会议精神，最后有县里老王详细传达了孤石会议精神，然后进行了议论。最后决定将会议精神今晚马上贯彻到社员当中去。

在这个会议上着重安排：

去云州水库换班民工；去河口发电站的民工；给发电站收糠、送柴火；给公社牧厂送饲料；大抓养猪、积肥，实现亩施万斤粪；轧地、保墒、调换优良品种。安排解放军参加劳动的事，和解放军搞晚会，欢送解放军问题。卖征购粮，还换粮食。抓好评比。

1971 年 2 月 16 日

召开革委扩大会议

参加人员：郭占奎、杜万林、高祥、罗有、张明德、李正林、张文科、王文清、李树林、祁凤元、高桂有、梁进、彭正富、李付海、高洪江、高祥彬、高德仲、杨存秀,共计18人。

会议着重解决三个问题:

1、县在孤石开反击资本主义倾向会后,经过大队传达,生产队讨论情况汇报;

2、填报农业学大寨调查表,所缺数字;

3、就王铁成贪污问题的交待情况,和对这个问题的处理意见。

最后就云州民工,河口发电站民工进行了安排。

1971年2月23日

召开革委扩大会议(此工记在农建工内)

参加人员:郭占奎、杜万林、李桂复、高祥、张玉林、张明德、李正林、张文科、王文清、李树林、高桂有、韩风明、穆凤德、穆凤海、穆凤忠、张良、李付合、高德仲、刘良、杨存秀、郜桂林,共计21人。

在大会上重点讲:

讨论新县委人选,71年农业款生产任务等张家口开的贫下中农管财会议精神,一打三反及本大队存在问题,河口发电站等。

讨论记录:

① 搞决算,就副业款怎么分配?

用各队实出工分(社务、牧厂、副业、农建、学校等)分配。

② 公社齐工,亏款800多元,从哪里支出?

从副业总收入支出,不再向生产队摊。

③ 副业工分,是否给点补贴钱?

按各队实挣副业工分算,每个工给5分钱的奖励钱。

④ 今年按人分林业款不?

以留粮人口(也就是摊农建工人)每人7元。

⑤ 生产队70年,盖库房及用木头,怎么评价?

明天由郭占奎、王文清、彭正付评价。

⑥ 当前生产是否大检查?

干沟片:高祥、杨存秀、高德仲。为一组。

水沟:李桂复、薛廷甫。

苏寺三个队:李正林、高桂有、穆凤德、穆凤忠。

1、2、3、4队,杜万林、张玉林、张文科、李树林。明天1天检查完。

⑦ 公社分配咱队两名合同工，确定谁？

经过各队报，最后定郭文合、张万春。

⑧ 河口发电站原分配 17 人，又加 9 人怎么分？

1	2	3	4	5	6	7	8	9	10	计
1	0	1	1	1	1	1	1	1	1	9

⑨ 河口民工口粮怎么带？补什么粮食？

公社决定每人每天带二斤，除按生产队标准带足外，生产队（或国家）补助。

凡生产队补的粮食给一半谷子，一半玉米。凡外出工人的粮食帐，由生产队会计建帐。

⑩ 发电站叫给送柴火 250 个，怎么安排车？

1	2	3	5	6	8	计
4	2	2	4	4	4	20

⑪ 今天农建劳动人，怎么计工？

	1	2	3	4	5	6	7	8	9	10	计
人：	14	5	17	12	5	8	6	4	9	7	
分：	106	40	128	94	40	64	43	32	92	56	

今天不记花名，以生产队记工分，今天由生产队回去以人给记分。

1971 年 2 月 26 日

召开革委扩大会议

参加人员：郭占奎、杜万林、高祥、罗有、张玉林、张明德、李正林、张文科、李树林、王文清、郝存山、祁守军、高桂有、穆凤海、梁进、穆凤忠、张艮、薛廷甫、高德仲、高德仕、范成才、杨存秀、郤树林，共计 23 人。

会议首先把检查生产的情况进行了总结，然后进行了产量任务的分配，最后贫宣队让谁去及贫宣队的工分待遇以前怎么搞的，最后讨论定了去车瓦窑参加公社召开的爆炸点会议人员：

71 年各队订种植面积

	1	2	3	4	5	6	7	8	9	10	计
油料	5	2			2	2		3	5	3	22
白麻	1	1							2		4
菜	2	2	4	4	2	2	2.5	2	1	3	24.5
小计	8	5	4	4	4	4	2.5	5	8	6	50.5

71 年各队粮食面积种植及产量

		1	2	3	4	5	6	7	8	9	10	计
玉米	亩数	61	70	90	87	60	63	60	30	60	60	641
	亩产	480	480	500	500	420	420	420	320	420	320	
	共产	29 280	33 600	45 000	3 500	25 200	26 460	25 200	96 000	25 200	19 200	
谷子	亩数	59	72	80	76	60	68	57	58	64	110	704
	亩产	320	320	340	340	320	320	320	250	280	240	
	共产	18 880	23 040	27 200	25 840	19 200	21 760	18 240	14 500	17 920	26 400	
高粱	亩数	12	10	15	25	8	7	3	10	6	3	99
	亩产	350	350	360	360	280	280	270	250	250	200	
	共产	4 200	3 500	5 400	9 000	2 240	1 960	810	2 500	1 500	600	
薯类	亩数	10	15	16	15	7	8	4	5	10	7	97
	亩产	400	400	400	400	350	350	350	200	300	400	
	共产	4 000	6 000	6 400	6 000	2 450	2 800	1 400	1 000	3 000	2 800	
杂粮	亩数					8	10	7	3	7	7	42
	亩产					120	50	80	50	100	40	
	共产					1 000	500	560	150	700	280	
合计	亩数	142	167	201	203	143	156	131	106	147	187	1 583
	共产	56 360	66 140	84 000	84 340	50 090	53 480	46 210	27 750	48 320	49 280	565 970

另外大队滩地 6.5 亩。

1971 年 3 月 7 日

召开革委扩大会议

参加人员：郭占奎、杜万林、李桂复、高祥、罗有、王永、张明德、张文科、张文明、李树林、郝存山、祁凤元、高桂有、梁进、穆凤海、李付海、张明瑞、薛廷甫、李付合、高德仲、刘良、杨存秀、邵桂林、彭正付，共计 24 人。

会议首先汇报县党代会议精神，着重讲了县委“学毛著”“学大寨”两个决议。

着重讨论：

① 牧厂饲草没有了，各股怎么定？

各股先以 1 000 斤找齐，以后不够再收，生产队没有，买也给买去。

② 学校打装袖怎么搞？

应该抓紧时间搞。抽木匠是：张文德、罗有、刘会清、吴立祥、张文祥、高庆德、张化堂、高桂有、穆奎仕、李付海、高德仲、郝存付。

大队派李正林掌握。账有高桂有给记。九号开工。

③ 云州民工口粮怎么卖？大致安排是：

	1	2	3	4	5	6	7	8	9	10	计
结清(到 1 月底欠)：	126.6	81		19.8	102.7	127.8	13.8	14.4	17.5	44.3	
2—3 月预卖：	100	100	50	50	100	100	50	100	50	150	
准备卖数：	250	200	100	50	220	250	70	120	70	200	1 530

各队 14 日往大队集中粮食，15 号大队派人去茨营卖，如果不往大队送，过期生产队卖粮大队不认工分。

④ 公社再三叫给送点柴火，怎么送？

	1	2	3	4	5	6	7	8	9	10
近日送车：	2	2				2	2	2	2	2
待几天送车：			2	2	2					

⑤ 这次决算卡工，有的生产队少工分条，怎么补工？

今年按大队底账给认上。

⑥ 大队财务开支批准权限再定一下？

今后没有签字或盖章，财政一律不报。

凡买机器类、腊、沙纸、柴油机，一律由提货人签名盖章。

凡开支一元以下的有会计、财政、管理单位(副业厂、创业队、代销点、机器、医务等)负责人签名盖章,财政方可报销。

凡副业厂、创业队、代销点、机器、医务等三元以下的,由大队会计批准,购买后经会计签字,财政报销。

凡是三元以上的不论哪个单位,一律由大队革委会负责人批。

凡是生产队预支,由大队革委会负责人批准。

⑦ 给学校修建买的砖瓦,又卖出了,怎么记账?

以转账方法处理。(收、付)

⑧ 公社牧厂收到咱大队的椽、柱、黍秸,小工、牛工、木工、瓦都给顶了钱,咱们怎么办? 已拿出现金 100 元,结算亏 40 多元,怎么办?

椽、柱、黍秸,小工、牛工、木工的款一律以分粮人口,分给各队。

就瓦钱和拿出 100 元以待拿 40 元,也用分粮人口,分给各队。

⑨ 大队优待劳动日,怎么找户和定工?

经过审查就定彭正付一户。每人按 1 000 分标准算,以留粮的 11 人算,合 11 000 分,自做 4 750 分,残废金 190 元抽 40%顶,抽 76 元,以 0.50 元算一个劳动日,为 1 520 分,家庭副业不计算,实亏 4 730 分,根据本人生活情况,最后决定照顾工 5 000 分。

⑩ 下列账以什么方法算? 大队买机器类,付方条额 6 000 多元,怎么处理?

以 65—69 年,提的公积金总额摊给各队。大队为广播,电影开支 400 多元,怎么处理?

以 65—69 年提的公益金总额摊给各队。

副业收入怎么分?

出的副业工,每 10 分给 5 分,按留粮人口,每人 7 元,下余按大队开出的各项工总数分。

副业支出怎么分?

按分副业款的总额摊。

管理费,税金,齐工找价的支出怎么摊?

按分副业款后总额摊。

机器的收支,其它的收支,保健的收支,代销的收支,怎么分?

按生产队参加分配的劳动日算。

生产费的收、支怎么算?

按 70 年秋分农建粮食斤数算。

牧厂的收、支怎么算?

仍按股算。

⑪ 为提前决算,是否把全大队平均分劳动日值定一下?

按一个劳动日,五角算。

1971 年 3 月 9 日

召开革委扩大会议

参加人员:郭占奎、张文德、罗有、张明德、李正林、张文科、李树林、高桂有、梁进、彭正付、李付海、高德仲、杨存秀,(13 人),郝存山、李桂复、王永、张文明、杨宝善、祁风元、穆风海、张明瑞、李付合、刘良、邵桂林(11 人),共计 24 人。

首先把各项工的结算和齐工情况,把经济结算情况向会议进行了汇报,经过大家讨论一致同意,工和款决定后会计分一组进行决算方面的,革委队长讨论决定问题:

① 大队粮食下放时大队留 200 斤,除前决定给张荣 100 斤外,还余 100 斤,存到 3 队穆风明手,文化大革命用玉米换谷等用去不少,(具体谁取多少,穆风明没留账),后来大队清算时交回玉米 31 斤。还有 68 年前玉米加工结余 87.5 斤,(是郭占奎、张明瑞、梁进手),共计 118.5 斤,借有:张文光 31 斤,张化堂 21 斤,李桂复 26.5 斤,高祥彬 40 斤。大队打算全部都要回来,文化革命到现在仍欠社员点酱糊面粮,还后估计还余 80—90 多斤,怎么处理?

剩多少都给高祥清,做为在牧厂,开伙的补助,给的粮食不收款。

② 公社分配包干任务 22 000 斤,怎么分配?

按 65 年到 70 年实卖征购粮数分。

1	2	3	4	5	7	9	计
3 100	3 200	5 800	7 200	1 100	1 000	6 000	22 000 斤

③ 10 队的马屉借给大队,已经用了,怎么办?

作价六元,给 10 队。

去云州换工人驴工情况

71年			1	2	3	4	5	6	7	8	9	10	计
月	日												
3	20	人 驴		1		1			1	1		1	
4	20	人 驴		1	1			1				1	
5	20	人 驴	1		1								
7	5	人 驴			1								
9	21	人 驴	1	1 1									
8	5	人 驴			1								

71年1月到3月底，各队铡草情况 4、9

		高 有	郭占奎	祁凤元	王 永	张明瑞	合 计
1	天 款 分				4 40		4 16.00 40
2	天 款 分	2 20	1 10		2 20		5 16.00 50
3	天 款 分	2 20			2 20		4 15.00 40
4	天 款 分	2 20			2 20		4 16.00 40
5	天 款 分			4 40			40 14.00 40

续 表

		高　有	郭占奎	祁凤元	王　永	张明瑞	合　计
6	天 款 分			4 40			4 16.00 40
7	天 款 分			4 40			4 16.00 40
8	天 款 分			2 20	3 30		5 16.00 50
9	天 款 分			5 50	1 10		6 20.00 60
10	天 款 分			3 30	3 30		6 22.00 60
大队	天 款 分			4 32	4.5 38		9.5 78
合计	天 款 分	6 60	1 10	26 252	21.5 208		55.5 167.00 538.00

1971 年 3 月 26 日

（此工记于农建工）

参加人员：划“√”号的记农建工，划“O”号的是从公社回来的人。

郭占奎、杜万林、高祥、罗有、张玉林、张明德、李正林、张文科、郝存山、李树林、高桂有、梁进、李付海、刘良、高洪江、薛廷甫、高德仲、杨存秀，共计16 人。

会议着重传达了公社召开顶凌播种现场会议精神，又讨论几个问题：

① 有的社员以放牛为由打柴，怎么办？

由生产队卡死卡紧，不准打柴，不准走地。凡放牲口由于看管不严，而造成的事故,由放牧员负责包款。

② 生产队盖库房几次要求批木头,还有罗有盖房缺椽,具体数字是:

用户	库房							
	小柃	欠	杉	连言间	柱	中三柱	车欠	菜椽
一队	20		160	5		9	14	250
罗有			100	3				
三队								
四队		8	160	5				
九队	30	10	160	11				200

这些数不大,全部批给。

生产地点:

一队和(罗有),二队去大杨树沟;三队张亩地南凹一代,四队车厂子沟,九队干沟大南沟和四亩沟,椽是桦椽,连言是白桦。

③ 在公社会上已订出化肥 5 000 公斤,不外调不行,本大队创业队和 5、8 队未有各队怎么办?

	1	2	3	4	5	6	7	8	9	10	计
外调	500	500	1 500	2 000		500	500		500		
调剂栏			1 500	2 000							
给五队						500	500				
给八队									500		
给创业队	500	500									

这个数是大队和生产队协商后定的。

④ 大队会计和医疗会计怎么办? 下次会再定。

⑤ 去河口民工带工钱怎么去? 下次会再定。

1971 年 3 月 26 日

参加人员:

郭占奎、杜万林、高祥、张玉林、张文科、李树林、祁凤元、高桂有、梁进、彭正付、李付海、薛廷甫、高德仲、杨存秀、张明德、李正林、郝存山,共计 17 人。

讨论记录：

① 公社分配 40 尺生产用布，怎么分配各队？

1	2	3	4	5	6	7	8	9	10	计
4	4	4	4	4	4	4	4	4	4	40

② 公社电站的柴火，大队学校烧窑柴火至今未定成怎么办？

4 月 10 号前完成大队烧窑柴火，4 月 15 号前完成河口电站柴火。

③ 工分提不提？

从 4 月 1 日起，由 8 分提为 10 分，晚战一般不搞，早战不超 2 分，一般为 1 分。

④ 滩里怎么种植？

就种谷子、高粱、豆子三种作物。就那块地种什么由大队创业队看一下适合种什么就种什么。

⑤ 滩里石头没拉完，土也没拉完，怎么办？

明天到 4 号，由 1—6 队，每天每队出二个牛车，生产队出赶车人，就拉土或石头由创业队安排。7—10 队，等候串地。

⑥ 今年科学试验怎么搞？

确定在滩里，由大队和创业队合并搞。

双交玉米，九队籽；日本高粱，四队籽；牛心高粱，创业队籽；大寨谷子，三队籽；白苗尖穗，九、十队各五斤，金苗黄，创业队籽；九根齐，创业队籽；齐头白，创业队；大白年谷，七队籽；笨谷，二队籽；土变愣，三队籽；小白米，四队籽；压塌车，九队籽。

这些品种搞 3—5 亩。

⑦ 副业队没料怎么办？

以生产队实有人口，每人 20 件，4 月 10 号前，交任务的一半，4 月底以前交清。

⑧ 学校修建买多少石灰？去几个车？

买 3 000 斤，4 队、6 队、7 队各去二个牛车。

⑨ 苇子沟接大扁封山不准打柴，是否去砍木头？

从今天起一律不准去打柴，砍木头，放牲口。如果需要在等待革委扩大会议研究。

⑩ 今年烧瓦怎么安排？

瓦房子现在就动工修理，以加工厂木工为主，（如果拆瓦房做土工，有的生产队盖房出小工换也可以），以做瓦的人员为副，尽量不抽生产队劳力。

今年烧窑由李正林、彭正付负责领导。今年上两盘林：高德仕、张文海。扣坯：冀文富。提桶：田秀德、包秀廷。担水：二队、五队、七队，各一人。

⑪ 把副业队1—2月收支表念了，就木匠座谈会提出三项要求：

① 要求提工分？不提，仍执行原规定。

② 大队解决割要子问题？不割，仍执行原规定。

③ 加一个打腊人员问题？不加，仍执行原规定。

从70年12月到2月底是暂定加工工分，这次从3月1日起定到12月31日。没有极等特殊情况不作变动。

⑫ 大队会计和医疗会计怎么办？

大队会计和医疗会计仍然是郝存山一个人，不变。因他工作太忙，把所有工分的担子交给罗均，由罗均掌握开工。审查各项工由各分工，的负责人审查。秋后罗均将各项用工总数报郝存山决算。

1971年4月3日晚

召开革委扩大会议

参加人员：郭占奎、张文德、高祥、李正林、张文科、赵存德、穆凤明、郝存山、梁明、李树林、祁凤元、韩凤明、彭正付、穆凤德、张良、李付合、高德仲、高德仕、刘良、郜政明、吕桂军，共计22人。

会议着重汇报东瓦窑半农半医会议精神，（每人刨二元钱药材，给记工分，避孕宣传等），李正林传达公社电话会议精神，（巴图营一各道班合同工，三线工人四号走，罗车铺现场会议）及瓦房沟技术会议精神，大搞植树造林。

讨论记录：

① 按大扁何时开始，怎么抽人？

1	2	3	4	5	6	7	8	9	10
杜万林	高德发	吴德旭	梁　明	董成瑞	穆凤江 田荣甫	李天将 李长发	李天元	刘殿仕	郜树林
高　文 郭文海	李汉军	张海江 王铁刚	王进甫	张玉海 高德举	田秀文 高德祥	穆永清		刘　军 高洪宇	崔玉海 吕桂武

② 林业任务怎么分配？

	1	2	3	4	5	6	7	8	9	10	大	计
造林(亩)												100
四旁树林	1 000	1 200	1 400	1 200	90	1 150	90	60	90	75		10 000
造林补植(亩)												500
封山育林(亩)												400
幼林抚育(亩)												400
中药材(亩)												3
育苗(亩)												5
接大果(株)												500
接果树(株)												300
接大扁(株)					1		1	2	1	1		4 000
免费桑籽	1	1	1	1		1						10
免费菜穗槐												80
收费黑松												25
收费桑												284
大叶杨												1 000
桃树												100

1971 年 4 月 13 日

召开革委扩大会议(此工记于农建工内)

参加人员：郭占奎、罗有、张明德、李正林、张文科、李树林、高桂有、薛廷甫、高德仲、杨存秀，共计 10 人。

彭正富、郝存山，中间到会一段。

(应扣找人工分，一队 2，六队 2，九队 3，十队 3，计 10。)

会议由任尚忠、郭占奎传达了公社会议精神。

讨论记录：

① 合达营分给咱队灯心绒布 90 尺，昨天因要超过期，大队分给各队是：

	1	2	3	4	5	6	7	8	9	10	计
尺：	9	10	12	11	8	10	8	6	8	8	90

这样分就合理,一个队里一名代表去买。

郭占奎、张玉林、张文科、李树林、高桂有、穆凤海、李付海、薛廷甫、高德仲、杨存秀。

② 牧厂已下了骡子,是否加人?

决定加李文奎。

③ 公社会议上要妇女七名,牛车一辆,(土筐每队两担),怎么分配?

牛车八队去。暂定半个月。

	2队	3队	4队	9队	合计
河口妇女	2	2	2	3	9

各队回去再订一下,多去者不限。

④ 公社交给的柴穗槐籽,怎么分?

由学生种植,不向下分配。

⑤ 河口粮食各队怎么给?

	1	2	3	4	5	6	7	8	9	10	计
谷子	150	100	100	200	100	150	150		200	200	1 350
玉米	100	100	100	100	200	100	100	100	150	100	1 150

⑥ 公社电话会上分配解放军要一名,合同工谁去?

三队去。

⑦ 去秋开滩时,经张宝斋、韩志忠打回三队滩里小块地六块,0.975 亩;河东三队包产队一亩,这两笔,共 1.975 亩,怎么办?

滩里又在三队地中间开 0.15 亩,怎么种?

打三队的小块地和河东地的 1.98 亩,全部归给大队创业队,为了便于经商量同意和三队互换,就是多给他们一点不废九牛二虎之力。

在三队中间开的,换地时顶给他们。具体换地由大队和创业队解决。用四队的一分多,也给他们补上。总之,决定换。

⑧ 学校修建共花工　　个其中修桌凳,　个,每个房间平均用工 12 个,(包括八合门子),怎么给工?根据李正林掌握情况,可采取分类对待,以便今后修建好掌握。就如何分类由李正林和木工负责人决定。

1971 年 4 月 15 日

召开革委扩大会议

参加人员：郭占奎、郝存山、(列席)、张明德、李正林、高祥、杜万林、祁凤元、杨存秀，共 8 人。

讨论纪要：

① 张宝艮病重，扩大会上决定给他解决棺材，经和赵云奎商量他借给，有两个意见：

(1) 大队给他一口材的料，大队给认拉板工做材木匠工等，由他自己做。

(2) 把棺材作价，大头大队拿。这两个意见都行，由张明德看的办。

(3) 大队会计到底怎么解决？郝存山确实一个人，记不过来。从 4 月 16 日起，由祁凤元任大队会计。

(3) 71 年会计账目，工分等由谁清理？

凡是 71 年 1 月 1 日以后的手续，完全有祁凤元进行清理，有关问题由郝存山帮助。

(4) 郝存山手会计手续怎么处理？

凡 70 年以前的所有会计账目，由郝存山封存。就 70 年前开工分类户账，一律销毁。就 70 年前开工分类总账一律保存。

张明德的工分，从 71 年 1 月 1 日到现在，凡属写算类的，一律开给工分。

(5) 郝存山都管哪些事？

正式决定为半农半医；掌管药房；负责信用社的借贷审批工作；担任大队税收员。革委会委员不变。

(6) 罗均生产队已同意给供销社，大队怎么办？

生产队同意给，大队不能卡，也同意。由吕桂军担任代销员。

(7) 大队试验田确定在滩里，大队谁负责？

由李正林挂帅，由创业队具体种。

(8) 会计手续接交造几份移交表？

造三份，新旧会计各一份，报大队党支部存一份。

(9) 今天决定这些问题怎么向生产队征求意见？

今晚上召开革委扩大会议，通过讨论没意见后执行。

4 月 15 日晚上，革委扩大会议

参加人员：郭占奎、李正林、张明德、张文科、赵存德、李树林、梁明、赵云奎、郝存山、高桂有、祁凤元、张清、张艮。共 13 人。

① 完全同意支委会的意见。

② 同意赵云奎的棺材作价 80 元。

大队给赵云奎 5 000 块瓦,再找价。

1971 年 4 月 27 日一天

召开革委扩大会议

参加人员:郭占奎、杜万林、李桂复、高祥、罗有、张明德、李正林、张文科、郝存山、李树林、祁守军、祁凤元、高桂有、梁进、彭正付、张明瑞、薛廷甫、高德仲、杨存秀,共计 19 人。

会议首先由张明德汇报和合达营联合检查评比结果和公社在碾子湾开会检查总评结果及下步开展工作的情况。

讨论记录:

① 公社要大队成立"知识青年三结合再教育小组",怎么成立?

组长:郭占奎、祁凤元、梁明、穆凤忠、王世忠,共五人组成。1

② 水沟已去河口拉一班沙子,下班牛车哪个队去?

同意罗有意见,让二队去,何时走听候大队安排。

③ 公社在碾子湾会议上,就河口电站民工工分是:水库依照大队决定不变,电站男的同时和水库一样,依家里底分每天提 4—5 分,女的按家里底分每天提 2—3 分,咱们是否执行?

同意公社意见,咱大队决定,男的水库和电站一样,8 分阶段,开始 12 分,10 分阶段开 14 分。女的因 8 分阶段未出工,就家里 10 分阶段,女的在家挣 8 分,决定按 10 分往下评。

1971 年 5 月 6 日下午半天

召开革委扩大会议

参加人员:郭占奎、张明德、张文科、郝存山、李树林、祁凤元、高桂有、彭正付、梁进、李付海、薛廷甫、刘良、杨存秀,共计 13 人。

讨论记录:

① 大队牧厂和公社牧厂饲草,结算情况已公布,有什么意见?

同意这个结算。

② 公社半农半医会议上,分配我队芹菜籽 5 斤,需平地 1.5 亩,往哪里种?怎么种?

由郝存山负责到滩里和创业队干部共同商量确定地点。由郝存山、李兆阁指导技术，由创业队整地共同搞。

③ 公社指示大搞刨药，怎么安排？

生产队大力发动辅助劳动力和妇女大搞刨，由郭占奎和学校商量一下，让学生搞，就报酬问题，下次会议再研究。

④ 咱们加工出的小木货，经几次和商店协商，从苏寺发脚户得不到，到合达营五里的运脚费有意见，商店负担韩家栅，车瓦窑都是送到瓦房沟交货，怕他们有意见。

经过协商结果：

从苏寺发到合达营五里地脚费由咱队负担，因咱们验收，就到赤城验收不上的废品处理，亏损由咱们负担，这样是否同意？

因咱大队自己验，到赤城交不了的算咱们的。因有韩、东两大队比较，同意从咱们这发，这五里脚费由咱们拿。

⑤ 在滩上砍的大杂木，现在咱大队没车运不走，商店意见，恐两天一中走，要求咱们送到茨营，每斤价一分七厘，咱们是否送？怎么送？

根据这个情况，就决定往茨营子送。送到茨营每斤 0.17 元，大队收每斤 0.15 元，另二厘算运费，大队不开给生产队工分。具体送的时间，等大队和商店联系好，听大队通知，去的牛车是：

1	3	4	5	6	7	计
4	6	6	4	4	4	28

装车时间在送的头天晚上，木头多再加车，木头少再减车。

⑥ 河口电站在大北沟有 70 多个柴火，叫咱们给拉一下，哪个队去牛车？

6	7	8	计
2	2	2	6

8 号去装柴火。

⑦ 河口民工再三要求换工，怎么办？电站又要五月份粮，怎么安排？

要求换工，由各生产队马上安排。凡是去替工的，大队不负担换工走路工，每替一个人，有生产队认半个工。粮食问题，有生产队负责准备。

	1	2	3	4	5	6	7	8	9	10	计
谷子	150	120	200	200	100	100	100	100	200	100	1 350
高粱	120	50	150	150	100	150	100		200	100	1 120

5 月 10 号,生产队往大队加工厂送粮,由大队派人牛车往电站送。

⑧ 就公社布置两个项目人有厕所,猪圈怎么安排?

分卡片联合进行逐户检查,在十号前以花户列表报大队。由生产队抓紧进行安排和修理。

⑨ 代销员吕桂军再三要求,因自己不会算盘,恐怕亏款,怎么办?

从 5 月 7 日,由高庆云接代销员。创业队由郝存山记工。从现在起由郝存山具体负责代销点的领导工作。

1971 年 5 月 26 日

召开革委扩大会议

参加人员:郭占奎、杜万林、高祥、罗有、张玉林、张明德、李正林、张文科、李树林、祁凤元、李付海、薛廷甫、高德仲、杨存秀,共计 14 人。

会议首先汇报了公社在碾子湾开会的精神,然后进行了讨论:

① 东瓦窑几次找咱们让高德仕给烧窑,是否叫去?

因为咱们做瓦烧穴,所以不给去。

② 河口派九名木工,让祁凤明去,经和电站研究,换一名同等手艺的人去,让谁去?

吴立祥去。

③ 学校修建用粮怎么办?

各队都给留下。

④ 云州民工怎么换?哪个队去驴?

	1	2	3	4	5	6	7	8	9	10	计
换的		1	1	1					1		4
不换	1				1	1	1	1		1	6
派驴		1	1								2

⑤ 水电站又分配 500 个柴火,怎么分?

	1	2	3	4	5	6	7	8	9	10	计
个数	50	55	60	60	45	60	45	25	50	50	500

⑥ 人有厕所猪有圈，和节柴灶，怎么检查？

5 月 25 号大队抽人深入各生产队检查。

1971 年 5 月 28 日下午半天

召开革委扩大会议

（此工已开入学校用工）

参加人员：郭占奎、高祥、罗有、张明德、李正林、张文科、李树林、郝存山、祁凤元、梁进、彭正付、李付海、高德仲、杨存秀，共计 14 人。

讨论记录：

① 砖、瓦坯子已基本够一窑，何时装？

因为着急瓦学校，马上就整理窑和装，叫高德仕看窑。叫杜万林、高祥、杨宝山、穆奎有烧窑。

② 瓦房是否请手艺？

为了节约开支，经充分讨论不外请人。决定杜万林、李桂复、罗正合、张明德、张宝殿、木长山六个人为瓦匠。

小工根据需要由各队给出。

③ 这次派谁去掌握？

由张明德负责。

④ 砖瓦有人买，怎么答复？

今年因为烧的少，一般不往外大队卖，本大队由各生产队回去统计一下，社员用数填表报大队。

1971 年 6 月 5 日下午半天

召开革委扩大会议

参加人员：郭占奎、杜万林、高祥、罗有、张玉林、张明德、李正林、张文科、李树林、王文清、祁凤元、梁进、彭正付、李付海、穆凤忠、薛廷甫、高洪江、高德仕、高德仲、杨存秀，共计 20 人。

会议中心传达公社在碾子湾召开的政治工作（公安会议）会议精神，然后讨论：

① 给牧厂到底赶几个毡掛？

每队出二斤羊毛，欠九队前交二斤外，还有 18 斤，以 9 斤为一个，共赶二个。

1971 年 6 月 25 日下午半天

召开革委扩大会议(此工记于学校修建工)

参加人员：杜万林、高祥、罗有、张明德、李正林、张文科、王文清、郝存山、李树林、祁凤元、高桂有、梁进、彭正付、李付海、高德仲、杨存秀，共计 16 人。

所讨论问题：又通过郭占奎。

讨论记录：

① 云州民工怎么换？

	1	2	3	4	5	6	7	8	9	10	计
换 L				1					1		2
不换：	1	1	1		1	1	1	1			8
驴：				1						1	

如果不去驴，自己背行李到八图营，坐车费回来，大队报销。

② 河口民工六月份口粮怎么安排？

各队按河口现有人，每人先送 30 斤玉米，交大队粮食加工厂，加工后大队统一送去。

③ 河口要砖，哪个队送？

明天五队用拖拉机给送。

④ 学校瓦房已完成，是停工还是继续搞？

修建不停，用瓦已完，决定减人。留下杜万林、罗正合、张明德、郝存山、张文忠、高洪章、王占奎，共七个人继续搞，只到能搬学校为止。

⑤ 这次修建的不合理开支有：梁进卖一根椴椽 0.50 元，买两合烟，郝存山手七队卖公社毛柴钱除开支还有几角，又买一合烟，如果有意见，再及早纠正？

买就买了吧，可以买。

⑥ 这次买六队水萝卜 50 斤一元，如果大队不可开支，就叫吃菜人拿？应该买点，大队开支，今后还可以再买点。

⑦ 当前农业大忙，小木货加工是否停？不停，继续搞。

⑧ 有部分干部对作瓦烧窑有意见？是否停下来？

做瓦的扣砖的够一窑，就先停下来，做够就装。烧窑的决定：祁凤元、田秀德、杨宝山、张树生。看窑的还是高德仕，烧窑第三窑，剩下的柴火不处理，整好存起来，等定雨水以后，根据情况再定。

⑨ 近日有反映，柴火出山不开证，个别个人卖柴火怎么办？

仍执行前定制度，决定大队主任去一人，祁凤元、梁明，共三个人到生产队，逐队清查，待查清后研究处理。

⑩ 把瓦房的报酬研究一下？

杜万林每天 13 分，（坐码头另加一个工）张明德、张宝殿、李桂复、罗正合、木长山，每天 12 分，每一分工，补助一分钱。

以上六人上述定工均指手艺工而言。瓦刀归本人，从补助钱内扣。

⑪ 往学校拉土，运料计算的工分是：

苏寺三个队，每从土场拉一车土，人牛各一分，沟门二个队，每从瓦窑拉一车砖（1 000 块、瓦 4 000 块）人、牛各 3 分，从沟门加班提砖 20 块以上为一分，瓦 80 块以上为一分，石灰一担为一分，是否合理？

这样记合理，就开回生产队。

⑫ 把砖瓦价定一下？（均指每 1 000 块）

	本　大　队	外　大　队
	上税　　不上税	
砖：		40.00 元
蓝瓦：	40.00 元，35.00 元	
红瓦：	26.00 元，23.00 元	

卖砖瓦的手续，按卖木渣手续办。

⑬ 给茨营陈继忠支持点干草？

队别：	2	5	10	计
	200	80	120	400

1971 年 7 月 8 日下午半天

召开革委扩大会议

参加人员：郭占奎、杜万林、高祥、罗有、张明德、李正林、张文科、李树林、祁凤元、高桂有、梁进、李付海、高洪江、高德仲、杨存秀，共计 15 人。

此工记于学校修建工

会议由李正林传达公社电话会议精神，由民兵连长高祥传达公社公安会议精神，由张明德把公社发放给没有粮的精神。说一下，然后逐队报户，经过反复考虑，分开上中下等户，最后把粮食定到户。又研究了生产等问题：

① 粮食落实

	1	2	3	4	5	6	7	8	9	10	计
户：	9	9	7		6	7	8	6	9	8	69
人：	51	32	33		22	32	28	27	55	40	320
粮食：	490	420	525		310	380	360	340	575	600	4 000

② 河口电站拉沙子车，又要换班，哪个队去？

六队和十队，每队一个车，十号去。

③ 公社电站，要一车黍秸，那个队给？

1	2	6	10	计
100	200	100	100	500 斤

1971 年 7 月 30 日

召开革委扩大会议

（此工开入学校修建工内）

参加人员：杜万林、高祥、罗有、张明德、李正林、张文科、李树林、郝存山（半天）、祁凤元、高桂有、穆凤海（半天）、彭正付（半天）、李付海、薛廷甫、高德仲、杨存秀，共计 16 人。

会议中心由李正林、高祥传达了公社召开的紧急会议精神，由张明德念了中共河北省委批转省革委政治部开展四好运动记要文件。

讨论记录：

① 咱大队 70 年总评五好奖状待发。71 年上半年初评怎么评？

这两项一齐搞，在 8 月 5 号前报大队审批。

② 大队护秋组织和生产队护秋组织怎么成立？

大队成立护秋委员会：

主任：李正林，副主任：王文清、高祥；委员：张珍、高德仕、薛廷甫、梁进、祁凤元、杜万林，九人组成。

生产队成立护秋小组 5—7 人组成。

③ 大队已在小喇叭上说过，个别户不关猪准备大队组织人给赶，凡是每赶一个猪收费一元，款由猪主负担，赶猪的当天大队和生产队清款。是否能行？

同意这样办。

④ 修建学校买的同瓦，除用余 500 块左右，三、四队需用，让他们负担同瓦价，负担拉运工分和盘费。看这样行不？

同意这样处理。

⑤ 学校安玻璃剩下的卖出：穆凤海、高洪志、穆凤忠、韩志文、张明春、张明生、穆永奎，每人一块，每块按原价收五角，共收 3.50 元。前几天用五角买了烟，今天又用 1.00 元买了烟，怎么办？

除这 1.50 元，下余打入收入。

⑥ 修学校剩下一部分坏砖和砖头，戏楼正中窗户下的隔善板有的已坏，打算把剩下的好板取下来，窗户下面砌个窗台，行不？戏楼几处漏，是否收拾一下？

这两件事，同意这样搞，接学校修建茬。

⑦ 修学校用的羊毛，黍秸怎么处理？

去年用的黍秸也这次一并处理。羊毛每斤五角计价，黍秸每斤一分五厘计价。

⑧ 张明海提学生往上搬，现在的戏楼恐怕孩子不安全，是否把栅拉，门子上一下？

门子、栅栏全部上齐，由学校对戏楼进行管理。

⑨ 大队拉的石灰用完和一队借 250 斤，怎么处理？

给他们认工分和款来解决算拉。

⑩ 学校搬后知识青年要往沟门搬，那里的房子还需修理，如何安排人？

修完学校这班人搬到沟门，接着修完为止，这些人不够，需用什么人，大队安排，生产队给。

⑪ 吴德印带帽问题，公社到县查档案，是 57 年依法管制二年，公社指示，如果现在表现不坏，经贫下中农讨论，可按摘帽处理，看怎么办？

整理材料上报给他摘帽。

⑫ 河口水电站要 1 000 块砖,现在大队已准备好,哪个队去车送?

队:	3	4	5	6	7	计
车:	2	2	2	2	2	10

明天就一齐送去。

⑬ 公社要三辆牛车去八图营拉垫公路沙子,还要一个掌握人,谁去?

牛车:5、7、9 三个队去。

掌握人决定张玉林去。

⑭ 公社分配给茨营、瓦房沟社办中学拉木头,五立方米,需 20 个牛车,怎么去?

每个生产队去二辆,共二十辆,何时去等大队通知。

⑮ 第三、六、一生产队要求做瓦,怎么安排?

因为大队剩不少柴火,所以大队过了雨季,再做一窑,人员依前场大致不变。大队做完再安排生产队做。高德仕不准外出工,留给大队。九队给高德仕顶一班外出工,因大队留用,九队不能让他再补外出工的补班。

⑯ 河口民工有的队找大队要换,就哪个队换不换定下来。

换的:1、2、3、5、6、9、10

不换的:7、8

等大队和电站联系好,通知生产队就去换工。

⑰ 云州民工已到换工期了,怎么安排?

换的:3、9、6。

不换的:4

人员定齐,由大队安排走的时间和牲口。

1971 年 8 月 9 日一天

召开革委扩大会议

参加人员:高祥、张明德、李正林、祁凤元、杨存秀、祁守军、彭正付、张文德、罗有、张文科、李树林、高桂有、穆凤海、李付海、薛廷甫、高德仲、李桂复、赵存德、赵云奎、穆凤忠、高德仕、范成才、郭占熬、马明、张立新、王铁军、穆凤德、张明春、张珍、高洪江、高祥彬、郭占奎(半天,上午合达营开会)、郝存山(半天,上午卖药），共计 33 人。

会议中心由曹部长传达四五好初评问题，学习“八一”三编部文章，用四五好评比精神衡量大队当前工作与存在问题，下午分两组（1、2、3、8、队，4、5、6、7、10 队）讨论，中午又开了支革委会议，将支革委及大会讨论情况记录：

① 当前四五好评比如何安排？

从今天晚上开始，到 12 号晚上，重新学习，讲评。在 13 号下午用半天时间召开支委、革委、生产队革命领导小组组长，民兵排长，以上干部扩大会议，主要搞：总结审查五好评比，评出四好生产队、民兵排，定学毛著积极分子。

② 哪些人不参加五好评比？

干部：杜万林、郭占奎、高祥、罗有、张玉林、张明德、李正林、张文科、赵存德、王文清、郝存山、祁守军、李树林、赵云奎、祁凤元、高桂有、彭正付、梁进、李付海、穆凤忠、薛廷甫、高德仲、高德仕、杨存秀、范成才，共 25 人。

地富成份的及地富子弟一律不参加。

③ 对违犯护秋的人怎么处理？

吃一根玉米杆，罚一斤粮；偷一个玉米胡，罚二斤粮，偷山药、白薯一窝，罚山药、白薯五斤，高粱一穗，罚半斤；谷子一穗，罚二两；瓜豆一斤罚二斤。

1971 年 8 月 13 日一天

召开革委扩大会议

参加人员：郭占奎、杜万林、郭占熬、李桂复、罗有、高祥、张玉林、马明、张明德、李正林、张文科、赵存德、王铁君、李树林、赵云奎、郝存山、王进甫（半天）、祁凤元、高桂有、韩风明、彭正付、梁进、张明春、李付海、穆凤忠、薛廷甫、高祥彬、高德仲、杨存秀、范成才、张珍，共计 31 人。

会议开始到会人讲用，评干部 25 人中的学毛著积极分子，中午开了支委会审批了五好社员民兵，评出四好单位，又讨论几个问题：

① 经支委审批的：五好社员，五好民兵，70 年总评的：62，30；71 年初评的：91、44，在五好社员、民兵中的学毛著积极分子：11，在 25 名干部中，学毛著积极分子：6，在 25 名干部中，在群众会上表扬的 4。

② 把四好单位评出来？

第五生产队，第五民兵排。

③ 水沟队小片地菜折价 13.01 元，估产 55 斤归大队，秋后从滩里分粮扣怎么样？

同意。

④ 如何发五好社员、民兵奖状?

由支部派人,分六片召开社员大会。在社员大会上公布全大队评比结果。

⑤ 按公社意见,知识青年在创业队劳动,知识青年到创业队算增加人,还是小队再派人回去?

同意知识青年到滩里,小队不准增加人,知识青年去,再将别人调回。

创业队员吃菜,在休息时间摘,可以吃,但不准用大队工摘菜。

(此本用完,转第八本)

会议笔记 8

1971 年 8 月 13 日

在支委扩大会议上登记

各生产队护秋小组

队　别	组　长	成　　　员
1	张文德	郭占熬、高有、李桂复、高普。
2	张玉林	罗有、王永、王俊、马朋、马亮、刘会清。
3	张文科	王立新、张立新、赵存德、李正林、张文明、范世梅、张树清、穆凤明。
4	王进甫	李树林、高付、赵云奎、康登秀。
5	高桂有	韩风明、祁风元、韩普、张化堂。
6	梁　进	穆凤德、穆凤海、张清、杨占奎。
7	李付海	张艮、穆凤忠、张文忠、张明瑞、张明春、高洪元。
8	薛廷甫	高洪江、高洪朋、李天元、郝存付。
9	高德仲	高德清、高德仕、刘艮、高德明。
10	范成才	杨存秀、张珍、王占奎、崔玉海、李树清、杨存荣。

1971 年 8 月 21 日 1 天

召开革委扩大会议

参加人员：杜万林、郭占奎、高祥、罗有、张明德、李正林、张文科、郝存山、祁守军、赵云奎、祁风元、高桂有、梁进、李付海、薛廷甫、杨存秀。共计 16 人。

讨论记录：

① 根据公社分配人数，把出席公社“双代会”的代表定一下？

四好民兵连大队代表：张明德；

四好生产队大队代表：高桂有；

四好民兵排代表：韩风明；

学毛著积极分子：李正林、马朋；

军复转退军人代表：李树林；

在五好社员中，烈军属代表：刘殿仕；

五好社员代表：赵淑娥、高洪江；

五好民兵代表：张玉莲、张文贵、穆凤德、高洪元。

共决定 13 人，出席公社学代会。

② 公社党委指示：9、15 号实现喇叭上纲要，喇叭声低，因放大机问题，再买 1 个放大机，需全公社按生产队户数拿，每户拿 1.5 元现金怎么样？

把公社决定的每户 1.5 元，大队先给交，再顶回生产队。

③ 公社分配去巡检司，古子房公路拉沙子牛车三辆。

9 月 1 日去，那个队去？

5、7、9 队，每一队去 1 个牛车。

④ 郝存仕给社员治猪和生产队治牲口的工怎么解决？

执行误工记工，工由郝存仕自报，由他找出应扣分的对象。总之：开多少、扣多少、大队不补。

⑤ 牧厂是否卖骡子？叫谁去？

决定卖两头。选李正林、高祥清去。每人每天补助 5 角，饭钱开给 12 分。高祥清去有高洪合顶工。

⑥ 大队搞的瓦窑已整清厂子，按生产队挂号顺序是 3、6、1 队，看怎么安排？

先三、六队、后一队。

⑦ 学校修建搞瓦窑，就做瓦，提桶，泡泥，扣砖的报酬定一下？

做瓦的每上架 1 000 块 13 分；

提桶的每上架 1 000 块 12 分；

泡泥的每上架 1 000 块 11 分；

扣砖的 1 砖 2 瓦每 1 000 块砖 26 分；

以上四项均是 1 分工补助 1 分钱。

烧窑的每人每天 12 分，补助 2 角钱。

高德仕看窑(第二窑放红有原因)每窑装窑，打杂工等按杂工开分，每窑再给 20 元的现金补助。

⑧ 这窑的柴火不够，怎么办？

按去年算学校账的劳动力，每人再给 1 个柴火。仍按去年每个柴火 1 分工，5 分钱处理。

⑨ 把外出工再定一下

	1	2	3	4	5	6	7	8	9	10	计
河口	1	1	1	1	1	1	1		1	1	9
古子房	1										1
云州		1	1	1		1		1		1	6
公社牧厂		1									1
巡检司			1	1		1					3
白草			1								1
绿化营											1
实出合计	2	3	4	3	1	3	1	1	1	3	22
按劳力算应出人	2	3	3	3	2	3	2	2	2	2	24
决定出人	2	3	2	3	2	3	2	1	1	3	22
亏人					1		1				2

去哪里：白草换张连君　　　　　　巡检司换祁守相

1971 年 8 月 28 日下午

召开革委扩大会议

参加人员：李桂复(听一段)。罗有、张明德、张文科、郝存山、李树林、祁风元、彭正付、梁进、穆凤忠、薛廷甫、高德仲、杨存秀。共计 12 人。

会议开始学习了“时速讲话材料”，接着把护秋工作重新讲了一下，把精收细打、留玉米，检豆从割地开始，按地块计个数，如何抓好分配，开好班子会，统一思想，如何管好账目等问题说了一下，然后重点讨论了几个问题：

① 祁风元已经把各队饲草算账念了，根据亏草数字，草坡如何划分，打草开始时间?

草坡的划分，仍按前几年划分的坡不变。滩里的草，一律由创业人员打，交给大队繁殖厂。九月五日开始打草。这个时间以前打的大队没收。

② 生产队要求车货，旱棚木料怎么办?

			1	2	3	4	5	6	7	8	9	10	计
车货	现在实有牛车		8	12	10	12	4	10	7	5	7	6	81
车货	现要求车货	车辕	2	6	4	5	4	4	4	2	2	2	35
车货	现要求车货	辋子()	8	10	10	9	4	6	7	5	7	6	72
车货	现要求车货	轴(根)	8	10	10	9	4	10	7	7	7	4	76
车货	现要求车货	无条(付)	2	2	4	3		3	2	1	2	2	21
旱棚类	盖(间)	旱棚	8		6	3		2	1				20
旱棚类	盖(间)	场院房					1						1
旱棚类	要求包产地边解决	檩数(根)			10	10	5						25
旱棚类	要求大队	檩数(根)	20			15			8				43
旱棚类	要求大队	柱子	20		16			15	10				61
旱棚类	要求大队	菜椽	250		200	100	35	70	35				690
旱棚类	要求大队	连言(间)	8		6	3	1	2	1				21

以上要求木料,会议研究都批给。

指定地点:1、2、3、4 队去大杨树沟;5、8 队去车厂沟;6、7 队去抡脖沟。9、10 队去干沟大北沟。大队派人过数,超数太大的木料归大队。

连言砍白桦。椽子是菜椽。柱子是菜的。檩条是桦菜两结合。

统一砍伐时间,听候大队通知。

③ 安电灯问题,怎么安?

各队都开了会,社员安是同意安,就缺乏款。根据各队的讨论,会议研究结果:社员和生产队尽量凑款,秋后再具体安排。

④ 公社近日要开双代会,柴火和菜怎么解决?

柴火 8 队送两车,菜从滩里凑一部分。

1971 年 9 月 1 日上午半天

召开革委扩大会议

参加人员:杜万林、郭占奎、张文德、高祥、罗有、马明、张明德、张文科、赵存德、郝存山、李树林、高桂有、祁风元、韩风明、韩普、穆凤德、李付海、高洪元、薛廷甫、高德仲、高德仕、刘殿仕、杨存秀、范成才。共计 24 人。

会议中心学习 8 月 27 日人民日报社论“我们的党在朝气蓬勃的前进”和毛主席批文的“教育革命文件”，然后进行了讨论。

就打草开始时间问题，大家一致认为两委开会回来，看天色听大队的喇叭广播，统一打草时间。

1971 年 9 月 22 日

召开支委扩大会议

参加人员：郭占奎、杜万林、张文德、张宝斋、李桂复、郭占熬、高祥、罗有、张玉林、王永、马朋、马明、张明德、李正林、张文科、王立新、赵存德、王铁军、张文明、张立新、王文清、郝存山、李树林、祁守军、赵云奎、梁明、高付、王进甫、祁风元、高桂有、韩风明、彭正付、梁进、穆风德、穆风海、穆风祥、穆风忠、张明春、张明瑞、张良、张明海、薛廷甫、李付海、高洪江、高德仲、高德仕、高祥彬、刘良、高德清、杨存秀、崔玉海、张珍、范成才、杨宝福。共 54 人。

会议首先学习了县召开四干会县委、县革委会关于深入开展“农业学大寨”群众运动，掀起农田水利基本建设和“三秋”“生产高潮的意见”和“县革委认真搞好 1971 年秋收分配的意见”。

学完文件在一起认真讨论了几个问题：

① 今年秋收分配，如何执行人劳比例？

一致同意 1、9 的比例。

② 执行以人定量如何划年龄等级？

同意：1—3 岁，4—6 岁，7—9 岁，10 岁以上共四段。一律按户口本卡年龄，为周岁。

③ 就几个年龄的口粮如何安排？

1—3；4—6；7—9；10 岁以上；

180；240；300；算的平均数。

一律以 365 斤为讨论界限，口粮变动时高的按比例增，低的按比例减。

这个先搞试算，看试算结果再定，等公社批后为准。

讨论完这三个事就分民兵干部，财务人员，其余人员共三个小组：

就支委革委组：

① 公社指示成立，“支前领导小组”问题怎么办？

组长：张明德；副组长：李正林，高祥；

成员：郭占奎、王文清、祁风元、彭正付。共 7 个人组成。

② 大队办公室在瓦窑上,还是搬下来?

仍在瓦窑上,各队给人大队安排整修一下。

③ 变修通路怎么划分段和什么时间完成?

干沟到窑子沟的水泉沟门,窑子沟到小西沟门,水沟到小东沟门,苏寺从三亩三往里三个队分,古方到沟门,沟门从合达营交界到瓦房沟交界。

在 25 号前完成。

④ 牧厂两个骡子和 1 个毛驴共卖 2 771 元,怎么向下拿?

牧厂骡子就开支不小,先每个股拿 250 元,其它秋后结算。

⑤ 今年烧的瓦怎么处理?

公社修建中学要多少给多少,如果不要或者剩余部分,按去年摊学校工的劳动力分给各生产队。

⑥ 把各队确定的卫生员找一下。

张万国、王俊、郤桂合、郝存仕、韩志忠、穆奎有、穆风忠、薛廷甫、刘艮、王占奎。

⑦ 这次在县里讨论,凡今年种庄稼的滩地,明年一律分到生产队,按几年来的出工分地。按股分牧厂的粪。滩里的淤土按几年来的出工分。

明年大队成立两个创业队:农田水利专业队 30 人,林业专业队 10 人。

创业队不种地专门搞开滩,争取今冬到明冬搞完。林业队在大苇子沟盖个房,专门看管搞扎根果树。这样搞是否行?地放到生产队能否种好?

同意这样搞。和各队订,都说地保证种好。就分不分,请求公社后决定。公社同意让分,就怎么分再开会研究。如果分,创业队拉走庄稼就分,搂石头,耕地都由分地的生产队自己搞。现在集中力量割几天地,就上人开滩,土地分给生产队由大队革委会掌握,督促生产队种好。

⑧ 瓦房沟有 8 车修中学房木头,那个队给拉?

6、7 队,每队 4 个牛车,明天去拉。

⑨ 明天打算抽三副套给滩里耕河柳地,那个队来?

2、3、4 队,每队 1 付套。

⑩ 公社指示对四类分子实行监管,怎么成立监管小组?

组长:高普、张玉林、赵存德;

成员:于合、高庆支。马亮、刘会清、王登明、张宝均。张文科、穆永会。

民兵干部组讨论:

基干和普通民兵集合信号?在小喇叭上哨令两长声;

基干民兵的集合信号?在小喇叭上哨令两长声;

集合地点？沟门学校院内。

集合时间？8、10 排，1 个小时；9 排，40 分钟；1、2、5、6、7 排，30 分钟；3、4 排，20 分钟。

根据现在形势，县和公社一再强调加强值班，根据咱大队如何安排？

确定彭正富，必须加强责任心。

1971 年 10 月 22 日 1 天

召开支委扩大会议

参加会议人员：

生产队自己记工的有：张宝斋、罗有、张文科、李树林、高桂有、梁进、穆凤忠、薛廷甫、高德仲、杨存秀。

大队记入农建工的有：高祥、张明德、李正林、郝存山、祁风元、彭正付。共计 16 人。

会议以劳动为主。

会议开始把县召开的会议精神“认真看书学习，弄通马列主义、搞社会主义、不搞修正主义”和当前生产工作，战备工作向会议作了汇报。然后讨论了几个问题：

① 牧厂现有骡马六头，驴九头，应留料 4 350 斤，为明年下驹牲口准备饲料，大队意见为 4 500 斤，每股 450 斤给留，大队先以每股豆子给 130 斤，高粱 170 斤收，其余先留生产队，明年需用再调，看怎么样？

② 公社牧厂分配的草，有的队长交，有的队少交，大队郝存山交祁风元手续时已结算清了。现在大队打算把结算余的今年算牧厂收到，给牧厂收草单上加上，亏的打算从滩里分草数内扣下，如果今后公社牧厂要，咱们从大队牧厂给拉，不要就算大队牧厂的，看怎么样？

同意。

③ 公社牧厂分配的料的情况是：

原分		1	2	3	4	5	6	7	8	9	10	计
原分		140	160	195	170	125	146	130	80	115	130	1 391
实给	谷子	139.2										
	高粱			156.7	79.5	75.5		39	15		66	

续 表

原分		1	2	3	4	5	6	7	8	9	10	计
实给	豆子			51.4	79.5	52.5					60	
	玉米						149	91	65	115		
	合计			208.1	159	128	149	130	80	115	126	
对比	余亏			13	11	3	3					4

为今后工作好办，大队打算给找齐，亏的今天分滩里高粱就扣，余的今天就取回，看行不？

④ 把各队取山药数情况分布一下：

	1	2	3	4	5	6	7	8	9	10	计
实分	170	217	210	190	130	160			150	130	1 357
亏秤	10	13	10	10	10	10			10	10	83
合计	180	230	220	200	140	170			160	140	1 440

应该说明：亏秤本应找出斤和半斤，为折粮好交粮店，所以有关出入，看这样行不？

同意，就这样算吧。

⑤ 杞柳分给各队，怎么折价？

每斤 2 分。

⑥ 公社给 25 件免证线衣，怎么评给谁？

回生产队评一下报给大队，大队根据报的件数及各户情况批下去就行了。

⑦ 咱们改大道，通过在滩上征求各队意见，给学生评分，以分开现金，每分 5 分钱，前段有张明德、祁风元、高祥、李桂复四个人，开出 59.35 元，这样搞是否妥当，未修通的怎么办？

开现金很好。未修通的明天接着搞，由张明德、高祥、彭正付负责掌握，还让学生修。

⑧ 为了及早给清算打好准备，有的账目往前赶，如学校摊，就存的瓦，如果把瓦处理了，就可以结账，看怎么办？

把存的瓦分给各队。蓝、红各分各的。分瓦以去年摊学校工和柴火的劳力分。凡是学校这一摊，分瓦、摊工、分款一律以劳力算。分给各队的瓦，不计算价格。

⑨ 有的队反映搭棚缺木头，各队报的是：

	1	2	3	4	5	6	7	8	9	10	计
牛棚			4				15	14			
羊棚		20			28	15	20	22			
旱棚		8									

大队派人到各队检查一下，根据检查情况由大队作决定。

⑩ 明天农建各队上多少人？

1、2、3、4、5、6、7、8、9、10、　　计

12、12、15、11、10、12、10、5、10、7

这是队长自己报的，只准增人，不准减少。

补记：

10 月 7 日在滩里开会搞规划的有：郭占奎、张文德、罗有、高祥、张明德、张文科、张明瑞、李正林、李树林、郝存山、高桂有、梁进、薛廷甫、高德仲、杨存秀。共计 15 人。

（记入农建工）

10 月 8 日看路：张明德、李桂复、郝存山、高祥。共 4 人。记入农建工内。

1971 年 10 月 25 日

在滩里开的各生产队干部会议

参加人员：包工的：李桂复、王立新、高洪朋、高德清。

杂工的：张玉林、李树林、高桂有、梁进、张明瑞、杨存秀、张明德。共计 11 人。

由人人把大搞农建及政治空气和杜绝瞒产问题讲了一下，然后讨论：

① 明天上多少农建人？

1、2、3、4、5、6、7、8、9、10、　计

12、15、25、18、15、16、10、6、12、13

② 公社分配青松岭铁矿工人共五人，其中合同工一人，报名人不少，到底怎么确定？

合同工：于合。

开铁矿工：2、4、6、9、队各 1 人。

1971 年 11 月 3 日 1 天

开碰头会议

参加人员：李正林、张明德、杜万林、郭占奎、高祥、祁风元、杨存秀。杨宝福、张明海、张清祥、穆凤祥、彭正付。共计 12 人。

1971 年 11 月 12 日

批给各队线衣数

	1	2	3	4	5	6	7	8	9	10	合计
报数	3	3	4		2	4	3	3	4	1	27
分给	3	3	4		2	4	2	2	4	1	25

1971 年 11 月 18 日

召开支部会议

参加人员：杜万林、张玉林、王登明、张明德、李正林、李淑兰、王立新、穆永会、赵存德、郝元、李风先、李玉兰、祁风元、田荣甫、张文忠、杨存秀、范成才、邵政明、(张立新)。共计 19 人。

会议以修路为主，修完了路集中到大队由县罗占山就林业的问题讲了一下，而后由卜人同志讲几个问题，就如何把运动引向深入等，最后讨论：

① 张连成已由张明德、赵存德介绍加入共产党，是否支部同意他入党？

同意，一致举手通过。

1971 年 11 月 13 日 1 天

召开支委扩大会议

参加人员：(此工记于学校修建工内)

杜万林、郭占奎、李桂复、高祥、罗有、张明德、李正林、张文科、李树林、祁风元、彭正付、梁进、穆凤忠、薛廷甫、高德仲、杨存秀。共计 16 人。

讨论记录：

① 六九年公路款 711.70 元怎么处理?

1969 年因未拨回款,所以没打收入。扩大会议多次研究,准备使它开支去云州民工住店费,收和支都不入会计账。现在决定把这笔款进入 1971 年的大队会计账的其它科目,从中付云州民工店费 316.27 元,付云州民工生活费 395.43 元,都从其它科目表现出来。

② 云州民工店费条前后收三次(246.99 元,46.42 元,22.86 元),共 316.27 元,怎么解决?

从六九年的公路款 711.70 元内开支。

③ 去云州民工,大队给每人每天负担生活费 5 分,两次结算结果(430.91 元+16.25 元),共 447.16 元,从那里开支?

从六九年的公路款 711.70 元内开支 395.43 元,还有 51.73 元,也从大队会计账其它科目下,付后再摊它。

④ 公社牧厂七一年的草料已经算出来(是按 71 年留粮人口算的,料每人 1.5 斤,草 11.3 斤),其结果是:

	1	2	3	4	5	6	7	8	9	10	计
人口	89	100	121	107	97	94	76	48	78	82	872
料	130	150	180	160	110	140	110	90	110	110	1 290
草	1 000	1 130	1 360	1 200	870	1 060	860	540	880	818	9 718

同意这个算法。

⑤ 这次改大道,付给学生款 59.35 元+44.35 元+84.75 元,共 188.45 元,从哪里开支?

从会计账其它科目开支。

⑥ 知识青年修房的问题:

原拨 8 人,每人 130 元,共 1 040 元。原拨 8 人生活费,每人 100 元,共 800 元。除实来六人,用 600 元外,实余 200 元。大队实收 1 240 元。用大队把学校房经公社、知识青年同意给知识青年,所以 70 年修学校用 600 元,71 年修学校用 200 元,共 800 元。尚余 440 元怎么办?

上到今年大队会计账的其它科目内。

⑦ 现在场已基本完,何时改工分?

本月十六日改 8 分。

⑧ 农田建设是刨石头，还是出石头？

不出石头，明年有种不上的危险。现决定从本月十六日起改为出石头，不刨啦。各生产队准备石头架子，自做自管自用。要求八队做一个外，其它队做二个，材料可来瓦窑做。筐一律社员自带。

⑨ 河口用的砖瓦的收入上到哪个科目？

往学校类上。

⑩ 河口用的小车上棚、杂木、锅盖、扁担、锤把、搞把，往哪个科目上收入？往副业类上。

⑪ 河口电站每人 5 元的投资怎么向生产队摊？

按 71 年留粮人口摊到各生产队。

⑫ 河口电站的菜金和补助粮怎么摊？

按 71 年留粮人口摊到各生产队。

⑬ 大队批准生产队给河口民工的补助是怎么办？

各队出粮（本队去几个人，补几个人粮，粮食不摊），算出的款各队领回。全大队共拿出款也用 71 年留粮人口，摊到各生产队。

⑭ 河口电站凡是每送一个柴火给 5 角钱，这个不归大队，还是给生产队？

哪个队送的，归给哪个队。

⑮ 河口用工怎么办？是按电站开的工，还是按大队开的工分摊？

按今年留粮人口，摊大队开的工分。各队应出的工分，由各队当年抵销，工不计算。

⑯ 河口电站这一类，应该有几种分法，从哪里开支？

投资、菜金和补助粮上，大队补助粮食，这四种的总额按 71 年留粮人口摊后，由大队给生产队出单据，从公积金内开支。

⑰ 大队给县里管木头给 5 角，保管费归谁？给的装车费归谁？

保管费归大队。装车费因大队未开装车工分，所以装车费归装车人。

⑱ 公社指示搞牛、羊注射，还让找一个人配合郝存仕，在 15 号前搞完怎么安排？

注射员：李志彬。

14 号早，1、2 队，上午 3、4 队，下午 5、6、7 队。

15 号早，8 队，上午 9 队，下午 10 队。

各队由生产队长负责。

⑲ 张文科提社员对外卖木渣价认为低，可以提一下？本大队仍每 100 斤

5 角，外大队从明天起改为 6 角。以前交的单据欠的木渣按以前价处理，凡未交单据的一律执行现定价。

⑳ 生产队长提把青草羊叶工分订一下？

以每 100 斤而言：

青草：一等 10 分，二等 8 分，三等 6 分。

羊叶：一等 6 分，二等 5 分，三等 3 分。

㉑ 老郭提学校搞试验田的玉米，估计 200 斤，怎么处理？

按议价每斤 0.20 元卖。

祁风元 50 斤，梁进 50 斤，彭正付 50 斤，王立新 50 斤。

㉒ 学校糊顶棚的高粱杆怎么办？

经商量和四队买滩里好的 2 000 根，作价 5 元。

㉓ 学校摊的结果是：砖瓦账已公布（产、用、卖、分数公布），工分大致每个劳力摊 120 分左右，款每个劳力 6 分（结收入）左右，对这个账怎么结算？

把工分和生产队会计卡死，按劳力摊，找出余、亏工等分红时互顶。

总收入和支出不用向劳力算，光分纯收入。结算清以后大队会计和生产队会计算就行了。

1971 年 11 月 13 日会后

最后开支革委会议

参加人员：杜万林、郭占奎、高祥、张明德、李正林、祁风元、杨存秀。共 7 人。

罗有、李桂复、穆凤忠在场子。

把 1、2、5、7 队，报的动用积囤粮审批一下。

1、2、5、7

要求：1 500　　3 850　　5 567　　2 500

审批：同意都批。

另六个队本着这种精神由祁风元、张明德可以批。

1971 年 11 月 20 日 1 天

召开支委扩大会议

参加人员：杜万林、张宝斋、高祥、罗有、张明德、李正林、张文科、李树林、祁守军、郝存山、高桂有、彭正付、梁进、李付海、高德仲、杨存秀。共 16 人。

会议首先各队汇报了政治夜校进展情况，由李正林汇报了参观此次林农建情况，同时把公社19号晚电话会议进行了传达，然后进行了讨论：

① 再把政治夜校的几个问题研究一下：

建立点名制度。利用下列符号划在点名符上。到会的划“1”，用以外出划“O”，请假划“×”，旷课划“△”。

对多子女和年岁大的，确定为每星期二、六参加政治夜校。

每半个月生产队讲用小结一次。

每半个月大队开一次讲用汇报会(学习组长和支委包片的参加)。

每月大队开一次讲用会。

② 农田建设怎么搞？

从现在起，继续搞人民战争。

大队抽：张明德、李正林、高祥、郝存山、张宝斋、梁明，加强领导。

各生产队由副队长和指导员或政治队长两个人带队。

每天做到四带(红旗、报纸、主席像、语录本)，从明天起执行；当天根据出勤早晚，劳动干劲评出记分。(以利掌握)评比后，低了提，高了压。由大队的郝存山给各队记工。

③ 各队必须上到人数：

1、2、3、4、5、6、7、8、9、10、计

12、15、16、15、12、14、10、7、11、12、123

④ 防疫猪瘟、猪肺疫怎么搞？

由张明德、祁风元、杜万林、梁进、郝存仕，共五人组成防疫小组。各生产队由队长亲自抓。

⑤ 公社盖房问题，每生产队以一间木料准备。公社决定去人到千台砍木头，以半砍方式解决木料，咱们各队人怎么安抽？

每生产队去二个人。现在就准备人。

⑥ 根据各生产队的情况，确实有些个别人，对这些人应当采取什么方法？哪些人？

集中到大队办学习班，坚决拔掉茨头。

王铁成、穆奎喜、张桂英、包秀廷、高祥涛、徐淑珍、李献成、吕桂军，参加。明天由张明德、李正林掌握。

⑦ 公社电话会讲，核实产量后向公社粮库打招呼，来给各队安排产、销、征，各队应执行？

近日上边来不了人。大队先做初步安排，把玉米分、存。待公社定后为准。

1971 年 11 月 25 日 1 天

召开支委扩大会

参加人员：杜万林、李桂复、高祥、罗有、张明德、李正林、张文科、郝存山、李树林、高桂有、彭正付、李付海、高德明、杨存秀。共计 14 人。

会议传达了公社 24 号晚电话会议精神。然后讨论：

① 公社开三干会，柴火怎么送？做饭谁去？菜怎么送？

轮到八队送柴火，高庆枝去做饭。四队有点萝卜拉上。

② 公社决定每生产队去青松岭铁矿一人，本月三十号去公社，带四个月口粮，每天吃 1.8 斤，除本人定量，生产队从储备粮内补助，先带四个月粮食。分配小车上棚一个，荆巴二块，锅盖一个，每生产队给民工做一个看间和皮手套，在 11 月底交公社，每人先带 130 斤玉米。

小车上棚和锅盖副业队做。荆巴二块十队给编。皮看间和手套各队去做。

③ 公社分配盖房木头：柃 110 条，柱 110 条，椽 400 根，怎么办？

初步按全大队人口算一下，柃柱每 4 人 1 根，椽子每人半根。去多少人，由生产队回去安排。

口粮：实报实销，除本人定量，生产队补。

④ 彭正玉回来打算卖点战备用木，2 米长，茶碗左右粗，卖不？价格怎么定？

卖给。价格由大队几个人商量吧。

⑤ 各队要求砍木头，5、7、10 队要求批车头？

队别：2、3、5、

车头(对)3、4、3、

明天由林业主任梁明到 5、7、10 队看一下车头，然后回来到苏寺等候过、3、5 队的 10 对付条。

1971 年 12 月 19 日 1 天

召开支委扩大会议

参加人员：(去县培训班学习，路线教育汇报会)

杜万林、张文德、李桂复、高祥、张明德、李正林、张文科、赵存德、王立新、张立新、郝存山、李树林、高付、赵云奎、祁风元、高桂有、韩风明、张化堂、彭正付、梁进、穆风德、穆风忠、李付海、张良、薛廷甫、高洪江、李天元、高德仲、高德仕、高祥彬、范成才、杨存秀、张珍、杨宝福、张明梅、张清祥、穆风祥。共计37人。

会议中心是县学习路线教育汇报会。

讨论记录:

① 今冬明春各队喂料如何执行手续?

生产队将每头牲口喂料表(每天的)写好(大字)贴在队房墙上。单找掌握料人,每天给喂养员过料。每月保管员,过料人员,喂养员,三者合拢。由会计队长审查后,分开粮种,填入饲料月报表。明年料期过后,由生产队会计带月报表到大队核算饲料账。

② 11月26号去公社开三干会,要求公社批给一台柴油机,买新的卖旧的,除在公社开三干会人讨论同意,回来又开了个支、革委会讨论也都同意,后派高祥清示坝。结果带水泵没人要,看怎么办?

水泵留下,今后也有用,不带水泵有人要也处理它。

1971年12月26日1天

召开支革委整风会议

参加人员:杜万林、高普、高祥、张玉林、张明德、李正林、张文科、张立新、赵存德、李海林、郝存山、祁守军、李树林、赵云奎、梁明、祁风元、高桂有、张化堂、韩普、彭正付、梁进、穆风忠、尤存元、李付海、薛廷甫、高洪江、李天元、高德仲、高德仕、高祥彬、刘殿仕、杨存秀、范成才、张珍(杨宝福)、穆风祥、张明海、张清祥、高庆云、张宝斋。共计39人。

会议开始征求了代表意见,"如何搞好整风",提出了要求,说明要达到的目的。代表一致认为支革委有一人代表总结,别的委员补充,然后代表们提。由张明德代表总结检查,然后李正林、彭正付、高祥,做了补充。而后由代表提意见,(记录已交祁风元存查)。最后通过了支部提出的新年后掀起"拉粪、滩里出石头"两个高潮。在春节前基本将这两项工作搞完。最后发了清查卖大柴和毛柴表等。

1971年12月27日1天

召开支委扩大会议

参加人员:杜万林、高祥、罗有、张明德、张文科、李正林、郝存山、李树林、祁风元、高桂有、梁进、李付海、薛廷甫、高德仕、杨存秀。共计 15 人。

讨论记录：

① 李兆阁的报酬怎么定？

从 71 年 1 月 1 日起到 12 月 31 日止，不分冬夏仍执行去，年的每天 12 分，每天补助款 2 角。

请假仍执行去年的规定办法。

② 郝存山的报酬怎么定？

郝存山自己谈：我在生产队白天没劳动过，在滩里和大队开会、开过几次工，但是工分也不多。把这个情况说明，怎么定我没有意见。

根据他的工作情况，满年满月算，总然有 1 半个欠工，也不扣除。已开过给的工分也不顶数。总之，从 1 月 1 日到 12 月 31 日，以农业分为基础，每天比农业加 2 分，，计算结果全年定 4 100 分。

③ 把教师的工分评定一下？

均都以全年算。

杨宝福 3 500 分，张明海 3 700 分，穆凤祥 3 700 分，张清祥 3 700 分。

杨宝福的工分，大队不用开给四队，以全大队分值付给他们，张明海未去县开会，是因病已经公社批准，病较好后参加学校抹黑板修建也未记工，所以不扣工分。张清祥在干沟孩子不多，但住校，社员和学生反映不错，所以定 3 700 分。

④ 把大队干部补助工定一下？

张明德 120，李正林 80，祁风元 80，郭占奎 50，高祥 50，彭正付 30，王文清 15，杜万林 10，杨存秀 10。

⑤ 把代销员补助工定一下？

全年给 30 个。给罗均 8 个，吕桂军 2 个，高庆云 20 个。

⑥ 把信用社会计杜万林补助工定一下？

全年给 40 个。

⑦ 把大队财政李桂复的补助工定一下？

全年给 25 个。

⑧ 把畜牧兽医员郝存仕的补助工定一下？

全年给 10 个。

⑨ 把林业主任梁明的补助工定一下？

全年给 20 个工。

⑩ 把创业队干部的补助工定一下?

张宝斋 20 个,梁明 10 个。

⑪ 把优待工的对象定一下?

经过逐户审查,确定彭正付一户。计算办法,全家 11 口人,计算 10 人(合同工除外),每人以 1 000 分算,全家共需工分 10 000 分。根据其家劳动结果定自做工 4 000 分,残废金 190 元,仍以 40%为计算数,合 76 元,折工分 1 520 分。家庭副业不计算。最后决定补助工分 4 500 分。

⑫ 李兆阁要求:他父母和孩子在水么湾,家里没柴火烧,他在咱处利用早晚割几个,准备往回拉行否?

必须自己家里用,通过七队开出山证,可以拉一点。

⑬ 这次支委到县学习,数次到医药公司进药,又几次到机械厂购买机器零件,因天冷四个人把大队带的款花了共 7.20 元,支委打算自补,正林、存山提出如单去人花的又多,何况支委将药及零件带回,他二人意见从进药补助内支出,看大家意见?

没有意见,应该补助点,这样做就省下不少。

⑭ 把生产队干部补助工评一下?

别	队长	付队长	会计	指政
	张文德 30	李桂复 30		
罗有 30	马朋 30	王永 30	张玉林 20	
张文科 30	王立新 30	张文明 20	赵存德 15	
李树林 30	王科 20	会计 20	赵云奎 20	
高桂有 30	韩风明 30	祁风元 30		
梁进 30	穆风德 30	穆风海 10		
李付海 20	张艮 30	张明瑞 30	穆风忠 25	
薛廷甫 25	高洪江 25	李付合 25		
高德仲 30	高德清 30	刘艮 20	高德仕 20	
杨存秀 30	张珍 30	崔玉海 15	范成才 15	

大队已批准多少工写个证明给生产队记分,大队不再开分。

⑮ 生产队的财政、保管、记工员,怎么给工?

根据他的工作情况,但最多每人每月不超过 1 个工。

注:14 项开工否的决定,是 1 月 9 日会议决定的。)

1971年12月31日1天

召开支委会议

参加人员：杜万林、高祥、李正林、高明德、祁风元、杨存秀。

县下乡工作组：老郑、公社孙有政。

会议中心是汇报29号以来各队讨论中央77号文件的情况。

最后就落实毛主席三要三不要，对待大部问题进行了议论。（此工已开入社务工内）

1972年1月1日1天

召开支委扩大会议

参加人员：高有、高祥、张明德、李正林、张文科、李树林、高桂有、祁风元、梁进、穆风忠、高洪江、高德仲、杨存秀。共13人。

讨论记录：

① 71年应摊开大会的人评一下？

1、2、3、4、5、6、7、8、9、10、计

44、51、64、58、41、50、45、28、44、40、465

② 一队和三、六队烧窑怎么收赁金？

三、六队的一窑收15元。

③ 高祥清出坝外给处理柴油机，怎么给报酬？

工分仍以牧厂开，每天11分不变。因未住店，每天再给5角补助钱，来回十天共给5元钱。

④ 把知识青年账目结算情况宣布一下：

余的：李志涛6.62元，陶志军1.60元，王世忠9.52元，共17.74元。

亏的：贾秀巧3.53元，张万平0.88元，共4.41元。

王秀莲亏16.21元。这些怎么下账。

余的都给他们。贾秀巧、张万平亏的通过3、7队扣回来。王秀莲因早已迁回原籍，他所亏的钱，除用四队70年交回王秀莲的林业7元余数，弥补外亏多少，由大队其它科目内开支。

⑤ 商店给的副业管理费归谁？

彭正付说：六九年瓦房沟商店王正海，把子归他收他不来，我给收的，我几次找他，他以临时工资办法给我20元左右钱。

如果供销部门是给彭正付个人的，大队就不用计算收入啦。

⑥ 机器维修和柴油及新买机油,应确定谁专人管理?

由祁风元负责。

1972 年 1 月 2 日 1 天

召开支委扩大会议

参加人员:高祥、张明德、李正林、张文科、李树林、高桂有、祁风元、梁进、穆风忠、薛廷甫、高德仲、杨存秀。共计 12 人。

讨论记录:

① 就春节前劳力如何安排?

	1	2	3	4	5	6	7	8	9	10	计
男		16	21	18	11	15	12	8	15	16	
女		5	6	3	3	5	4	4	3		
计		21	27	21	14	20	16	12	18	16	
杂工(木械)			1				1		2		
牛车:		10	10	9	8	10	7	6	8	6	
毛驴			6							6	
需人		7	9	6	5	7	5	4	6	8	
去滩		14	17	15	8	13	10	8	10	8	
成员人		张宝军	赵存德	张立新	赵云奎	杨进才	穆凤德	穆风忠 张　艮	薛廷甫	高德清 高德进	杨存秀

在春节前把生产队的粪和滩上石头基本上出完。去滩上大队的负责人:张明德、李正林、高祥、张宝斋、梁明。

② 几年来私卖大牲口怎么处理了?

	1	2	3	4	5	6	7	8	9	10	计
款表	176.85	357.42	848.34	126	54			879.73	811.95	465	
账目解决何年	71	71	71	71				71	71	71	
扣清年限	七一至七三	七一至七三	七一年	七一年				七一至七三	七一至七三	七一至七三	

③ 对七一年生产队使的车货是否收费？

因为实行收费对今后林业管理有好处，因此决定收费。就怎么收，通过先检查生产队现有车和存的车货及各种材料后，下次会议再研究怎么收。

检查木车和存料及生产队盖房作价一起搞。

决定：张明德、张文科、梁进共三个人，从明天开始，深入各生产队进行清理。

④ 今年决算从药社提多少医务人员工分款？

决定提 500 元，作为李兆阁、郝存山及进药等工分的工资。

⑤ 对偷砍大队的树木自烧或卖柴火怎么处理？对不执行林业出山证的怎么处理？

生产队已给开林业证，但又不扣社员工分的，大队查出，每个柴火大队扣生产队 1 角钱。社员不开林业证已偷拉走柴火，凡是有检举的柴火，每个柴火扣所在队 0.55 元。

对偷砍树林自烧或卖大柴的处理是：

自己烧已登记的每 100 斤款 1 元，自己烧未登记的每 100 斤款 2 元；

已卖大柴已交待登记的每 100 斤款 2 元，已卖大柴未交待登记的每 100 斤款 5 元。

今后再砍树烧或卖，另行处理。

⑥ 根据几个队提，对社员卖粪箱子怎么管理？

从今天起一律不准个人卖粪箱子。如卖罚款。如社员有编好的，交给生产队卖可以。对社员交队的粪箱子，每个给款 2 元，别的不给。

⑦ 二队反映，四队也承认：在西围厂沟的石胡沟砍一棵山榆做一对小车头，在斜尖沟砍四棵榆树盖房做柱二根，怎么处理？

罚款。车头一对款六元。榆树每棵 1.50 元，共 6 元。

⑧ 对去千台给公社砍盖房木头人的报酬怎么解决？

公社虽然给款，但不知哪年给。又因有的队未砍，在全大队又不平衡。所以一律大队平衡，工分全大队摊，补助大队拿，今后哪年收入归给全大队。

经过初步试算，以三、五队为例决定：

凡上山砍木头，割坡每人每天 10 分补助一元钱。如果使队里绳子本人得八角。走路接送人牛工以八分计算。粮食补助仍执行上次研究，实吃粮除本人定量外，大队批给生产队报有补助。凡是吃粮吃菜等开支，大队一律不负担。

通过算找出每立米的木头补助工分和每亩坡补助工分开给生产队去。

1972 年 1 月 4 日 1 天

召开支委扩大会议

参加人员：李桂复、高祥、张玉林、张明德、李正林、张文科、李树林、祁风元、高桂有、梁进、穆风忠、薛廷甫、杨存秀。共计 13 人。

会议中心县老郑传达中央和公社在瓦房沟开会的会议精神，学习元旦社论和王铁成要款等。

讨论记录：

① 外出工究竟交队公共积累还是买分，应在全大队内统一一下？

凡是外出挣工资的，一律交生产队百分之十的公积金，不能买分。

1972 年 1 月 9 日 1 天

参加人员：杜万林、李桂复、高祥、罗有、张明德、李正林、张文科、郝存山、李树林、祁风元、高桂有、彭正付、梁进、穆风忠、薛廷甫、高德仲、杨存秀。共计 17 人。

会议记录：

① 把优待工的劳动力评一下：

1、2、3、4、5、6、7、8、9、10、计

19、22、21、19、15、23、16、11、18、18、182

② 大队干部补助工分，分大队分值还是分小队分值？

大队把大队干部补助工开回所在生产队，分生产队的分值。

③ 把七一年度的牛车木头收费和生产队用木头价决定一下？

以检查结果的新、旧下脚而言，(新旧上棚不分)新下脚每辆 10 元，旧下脚车每辆 6 元。现存的车货收费是：辋子每块两角，元条每根一元。轴每根五角。这次检查生产队存的盖房木料作价是：檩子、欠(椠)子、撤(车)欠(椠)每根两元，柱子每根一元。

今年生产队盖房后旱棚用木头作价是：

辕子、檩子、三柱、欠(椠)子每根作价两元；

柱子每根一元，椽子每根两角。菜椽每根一角。

因七队的小房木头太差，故定小檩每根一元。

④ 明年生产队用车货怎么作价？盖房用木头怎么计价？

辋子价是：起每块四角，漫每块三角，修的每块两角，辕条每对三元，车轴每根一元，车头每对六元，付（辐）条每对六角，车成立柱压心每辆车的 1.5 元。

生产队盖房用料：檩、欠、三柱、扯欠每根二元，柱子每根一元，椽子二角，菜椽每根一角，连言每丈 0.25 元，但砍、拉、加工、管理等项工分由用料生产队负担。

社员用木头仍执行以前定价。

⑤ 一队批给（梁明批）砍旱棚柱 17 根，结果砍 29 根。二队不经批准去斜尖沟砍四根桦树盖旱棚。已违犯林业制度如何处理？

一队多砍 12 根作柱子，评价时既未申明，又未评价，这次以四队处理的结果，每根价 1.50 元，共罚款 18 元。

二队已经声明，在评价时已评为檩子，这次每根再罚款五角，共罚款两元。

⑥ 公社给的救济布 490 尺怎么评议？

根据各队报的户，逐户评后结果：

1、2、3、4、5、6、7、8、9、10、计

49、60、66、54、42、69、37、24、42、47、490

1972 年 1 月 21 日 1 天

召开支委扩大会议

参加人员：杜万林、张宝斋、李桂复、高祥、罗有、张玉林、张明德、李正林、张文科、张立新、王立新、赵存德、王文清、郝存山、祁守军、李树林、祁风元、张化堂、韩风明、穆风德、高洪元、穆风忠、李天元、薛廷甫、高洪江、高祥彬、高德仕、杨存秀、范成才、杨宝福、张明海、张清祥、穆风祥。共计 32 人。

会议记录：

这次会议主要汇报县三干会议精神。并将县“教育革命”“农业机械化”“农业学大寨，粮食上纲要”汇报后，将本大队在县安排作了汇报，经讨论定了下面几个问题：

① 咱大队的安排妥当否？

同意这个安排，决定实现。

② 如何开好群众大会？

因居住分散，决定以十个队集中人有支革委去掌握，大队用三用收音机开，开始以生产队组织讨论，由支革委代表大队革委会向社员发“养猪一封信”，具体到各队去的人，

1	2	3	4	5	6	7	8	9	10
高　祥	杜万林	杨宝福	张立新	张明海	王文清	穆凤祥	祁风元	李正林	杨存秀

几个问题记录：

1 月 22 日，生产队会计到大队清河口粮食，安排决算问题等，一律回生产队记工。

1 月 27 日，生产队会计到大队齐工找价，一律回生产队记工，现金结算。

1 月 30 日，生产队会计到大队复查决算，一律回生产队记工。

1972 年 1 月 23 日 1 天

召开支委扩大会议

参加人员：杜万林、高祥、张明德、李正林、王文清、祁风元、杨存秀。共 7 人。

会议就各生产队领导班子问题，作了初步考虑研究，并决定着手通过路线总结，健全领导班子。

1972 年 2 月 12 日

召开支委扩大会议

参加人员：杜万林、郭占奎、高有、高祥、罗有、张明德、李正林、张文科、郝存山、高付、祁风元、高桂有、彭正付、田秀德、张良、薛廷甫、高祥彬、杨存秀、吕桂军。共计 19 人。

将县会议精神汇报后，讨论几个问题：

① 把宣讲中央四号文件的辅导员确定一下：

“支委、革委，各生产队长，各生产队副队长，各生产队指导员或政治队长，各生产队会计，各民兵排长，及张宝斋、杜桂山、张树生。”

② 把七二年支革委分工包队定一下：

1	2	3	4	5	6	7	8	9	10
杜万林	高　祥	李正林	王文清	祁风元	彭正付	祁风元	郭占奎	张明德	杨存秀

待征求一下社员意见为定准。

③ 就外出人员的工分讨论一下？

① 外出的仍执行七一年规定的每天比农业加四分。

② 斗批改的从 72 年 1 月 1 日起不分季节，每天十分。

③ 因公外出，凡每天有五角钱补助的比农业每天加两分。

④ 到茨营子当天返回不分季节一般十分，分别情况大队灵活掌握。

⑤ 到公社开会的，带柴火、带粮食开伙，每天比农业加一分。在公社入伙每天比农业加两分。

④ 到县开会：学习班（没补助的）农业八分时每天加三分。

开会（补助归本人）农业八分，每天加二分。

注：到公社或县开会，夏秋季，农业有早晚战，根据当时情况由大队灵活安排。

1972 年 2 月 26 日

召开支委扩大会议

参加人员：杜万林、郭占奎、高有、高祥、罗有、张明德、李正林、张文科、王文清、郝存山、高付、祁风元、高桂有、彭正付、田秀德、梁进、穆风忠、高洪元、薛廷甫、高洪江、高德仲、杨存秀、吕桂军、张宝斋、张珍、梁明、高德进。共计 27 人。

会议首先将学习中央四号文件进行汇报和研究及下步如何搞。接着讨论了以下几个问题：

① 今年滩地是分给生产队，还是集体种？

集体种，从生产队抽人组成创业队。

② 根据公社科研会议精神，让大队抽生产队的地搞三朵一化，咱们的地怎么解决？

从滩里的地内解决，确定 50 亩，不从生产队抽调土地。

③ 今年创业队人员怎么抽？

凡是大队用的，（凡挣大队工分的）一律顶数。抽人计算办法：滩里以各队 71 年留粮人口摊，其它的均以劳动力摊。

④ 把给创业队的人基本定一下？

1、张宝斋、张文有、杜连瑞。

2、李桂生、李茂春、高祥春（旧地不行给换）。

3、李洪有、祁守相、郃桂合、李清秀、穆永会。

	已出的												摊算					会议决定		
	木匠	大队干部	教师	牧一	合作医疗	粮食加工	代销	绿化	青松岭	水库		合计	以人摊		以劳力摊		合计		摊	其它
													人口	摊	劳力	摊				
1	1	0.5						1				3	89	3.1	17	3.1	6.2	6	3	3
2	1	0.5	1					1	1			4.5	100	3.5	19.5	3.6	7.1	7.5	3	4.5
3	1	0.1		1				1				4	121	4.3	22.5	4.2	8.5	9	5	4
4	1	0.3			1			1				3.3	106	3.7	22	4	7.7	7.3	4	3.3
5	1	0.6						1				2.6	77	2.7	15.5	2.8	5.5	5.6	3	2.6
6	1	1.	1					1				4	94	3.3	23	4.2	7.5	8	4	4
7	1		1		1	0.5		1				4.5	76	2.7	14.5	2.7	5.4	5.5	1	4.5
8	1											1	48	1.7	11	2	3.7	2	1	1
9	1			1		1		1				4	78	2.7	20	3.7	6.4	7	3	4
10	1			1			1					3	82	2.9	19.5	3.6	6.4	7	4	3
合计	10	3.9	3	3	2	1	1	8	1			33.9	871	30.6	184.5	33.9	64.5	64.9	31	33.9

4、梁明、杨宝山、高庆德、杨德义(旧地不行给换)。

5、韩普、韩志文、杨进祥。

6、高祥会、穆风全、穆风林、穆永生。

7、高德文。

8、张天付。

9、高德近、高祥廷。

10、孙付怀、李桂合、张珍、吕成林。

⑤ 把科研场的负责人和成员定一下?

场长:李正林。副场长:张宝斋。组长:张珍,技术员:高德进。成员:李桂生、郜桂合、高庆德、韩普、高德文、张天富、李桂合。共 11 人组成。

1972 年 3 月 1 日

召开支委扩大会议

参加人员:郭占奎、杜万林、高有、高祥、马明、张明德、李正林、张文科、王文清、高付、祁风元、高桂有、彭正付、田秀德、高洪元、薛廷甫、刘良、吕桂军。共计 18 人。

会议开始把学习中央四号文件进行了汇报,根据汇报情况,个人认为:

较好的:1、3、9 队。

可以的:5、6、10 队。

差的:2、4、7、8 队。

查找了存在问题的原因?

① 人数下降的原因? 干部抓的不紧。

② 为什么辅导不上去? 骨干学习不深不透,辅导不活。

③ 为什么群众不发言? 听讲不用心,学习不认真。

④ 为什么会出现上述问题? 党支部抓的不死,力量配备不当。

下步如何搞:

① 不是特殊情况不请假。同意。

② 建立健全点名制度,以及掌握人数。同意。

③ 晚上不能到会的,白天学。同意。辅导员的工分队里负担。

④ 讨论不发言的人白天学。同意。辅导员的工分,学习人负担。

⑤ 辅导人员是否再培训? 以生产队搞。

⑥ 注意文件保管,做好保密工作。高度注意保管。

⑦ 四号文件再学几天？3月1日至3日，暂定三天。

⑧ 力量如何配备？8、10队由县下乡的去，别的队一律自搞。

就两个会议人员的落实。

① 去县参加四干会的？

大队：张明德。生产队：高有、罗有、张文科、穆奎喜、高桂有、田秀德、高洪元、薛廷甫、高祥彬、吕桂军。共计11人。

② 去公社参加科研会议的：

大队：李正林、张宝斋。

生产队：高普、马朋、杜桂山、王立新、穆凤明、高付、康登秀、韩风明、董成瑞、穆凤德、穆奎有、穆凤忠、高洪江、杜宪德、郤文海、李献成、崔玉海。

九队送柴火24个。

最后把地块和肥料检查进行汇总公布，根据肥料情况排列位置：

位：1、2、3、4、5、6、7、8、9、10

队：9、8、1、6、10、5、2、7、3、4、

最后审批了各队科研小组的成员。

1972年3月5日1天

召开支委扩大会议

参加人员：（此工记入修路工内去）

杜万林、郭占奎、高祥、罗有。张明德、张文科、赵存德、王文清、穆奎喜、张付。彭正付、梁进。高洪元、张良。薛廷甫、李付河。高德仲。吕桂军、崔玉海。共计19人。

三队修路还有51分。

会议是修完路汇报学习中央四号文件，还研究了下步结合学习开展批判等。

讨论几个问题：

① 滩里石头出完，劳力怎么干？

出石头的包工活完成以后，回生产队整地。

② 高德进去青松岭当会计，滩里会计怎么办？

滩里不要会计，设记工员，光记工，开工大队开。记工员确定郝存仕。

③ 生产队的劳力如何摆布？

粪拉完转入整地（三跑变三保），革命斗争结合打柴火（注意护林）。

卡紧劳力，掌握好工分。

④ 检查肥料和土地及今天修路的工怎么记？

检查肥料和土地各队长回小队记。大队光记大队的几个人。

今天修路的，大队开给生产队总数，凡修路人都一律回生产队记分。

1972 年 3 月 16 日晚

召开支部扩大会议

参加人员：杜万林、郭占奎、张宝斋。张玉林。张明德、李正林、张文科、张文明、穆凤明、张立新、张树清、穆永会。王文清、郝元、王喜梅、赵淑娥、李玉兰、李树林、梁明、穆奎喜、高付、康登秀。韩风明、祁风元、韩普、杨进才、张付、田秀德、田荣甫、高祥会、穆凤海、穆凤德、张清。张文忠、张艮、穆凤忠。薛廷甫、高洪江、郝存付。高祥彬、杜宪德、高德仕。王占奎、吕桂军、范成才、杨宝福、张明海、穆凤祥。共 48 人。

会议主要汇报县四干会“农业学大寨”的精神，讨论决定的几个问题：

① 工分何时改？3 月 21 日改 10 分。

② 大会何时开？怎么开？

18 号开，九点半到会，十点准时开。

10—12 点搞大批判，1—2 点讲“学大寨”，3 点以后分头开“支委扩大会和农业技术会”。

③ 发言人怎么定？

郭占奎、高祥、王永、马亮、张玉莲、张立新、王立新、张文科、张玉平、张文明、李正林。穆奎喜、王文清、康登秀、张树生、祁守军。祁风元、高桂有、韩普、穆凤忠。刘艮。吕桂军、崔玉海。

附记：在 3 月 18 日大会上参加批判人有：

李正林、刘艮、崔玉海

高祥、穆奎喜、祁风元

杨宝福、穆凤连

张玉莲、王永

郭占奎、张文明

马亮、韩普

张立新、穆凤忠、高桂有

张清祥、吕桂军。共 19 人。

1972年3月18日

召开大会和干部会

大会参加人员

		1	2	3	4	5	6	7	8	9	10	计
16号讲4号文件	人工分		4、 32	2.5 20	1.5 12	1 8	1 8		1 8	2.5 20		15 108
实行互拨	会场增减	21 21	26 26	40 40	36 36	33 33	33 1 34	34 34	14 14	29 1 28	23 23	289 1 1 289
实开工人数		21	26	40	36	33	34	34	14	28	23	289
大会后开中会的人员		马淑兰 高　普 张文德		李淑兰 穆永会 张树清	王进甫 王喜梅 李玉兰 郝　元	韩　普 杨进才 张桂元	穆凤荣 高祥会 张　清 田荣甫	张文忠 李天将 木金连 张明春 张　艮	高洪朋 李天元	郤文海	王占奎 范成才	
大会、中会后又参加扩大会议人员		杜万林 高　有 张宝斋 郭占奎 郭占敖	高　祥 张玉林 王　永 马　朋	张明德 李正林 赵存德 张文明 张立新 穆凤明	李树林 穆奎喜 郝存山 赵云奎 梁　明	高桂有 祁风元 张　付 韩风明	田秀德 穆凤海 穆凤德	高洪元 张明春 穆凤忠	高洪江 薛廷甫	高祥彬 高德仕 高德明 杜宪德	杨存秀 吕桂军 张　珍 崔玉海	

大会是两个内容：大批判，农业学大寨。

中会是统一党团员及大队生产队领导班思想。

小会是讨论下列几个问题：

① 顶凌耕种怎么搞?

队别：	1	2	3	4	5	6	7	8	9	10	计
日期：	21	21	20	21	21	21	21		21		
亩数：	4	4	5	5	5	7	5		3		
上套：	1	1	1	1	1	1	1		1		

② 耕种如何鉴定?

1—4 队都能播种，8—10 队有李树林通知来四队学。以生产队搞，不搞由参加会人负责。

③ 滩里石头怎么拉？

	1	2	3	4	5	6	7	8	9	10	计
19 号上车	4	/	6	8	/	6	4	/	6	6	
20 号上车	4	4	6	/	/	/	3	/	/	/	

④ 李兆阁在丰宁闹回点西药，已和他们打招呼，他处准备给咱们到丰宁进类似药，是否进去？

同意去进。带多少款，谁去，由大队安排。

⑤ 下步大队收入资金怎么安排？

先还欠生产队的款。还清后可少量借给未分红兑现的生产队一部分。除此先还信用社贷的柴油机款。下来安排交化肥款。

⑥ 就给小矿山的五万斤大柴坑木怎么生产？

矿山来人后，领上先去杨家造坡看一下，如行就安排再生产，不行就算啦。

⑦ 就滩里收生产队的地怎么记，生产队和社员用木头怎么办？怎么安排？

明天召开支委扩大队长参加的会议解决。

⑧ 春季造林油松每斤 20.7 元，要多少？

大队开支五斤。

⑨ 大队成立保密信访小组五人定谁？

组长：张明德。成员：高祥、王文清、祁风元、彭正付。

⑩ 大队计划生育小组五人定谁？

组长：郭占奎。成员：李兆阁、郝存山、祁风元、张玉连。

1972 年 3 日 19 日 1 天

召开支委扩大会议

参加人员：（此工记入农建工内）

杜万林、高有、高祥、张玉林、张明德、李正林、张文科、高付、高桂有、田秀德、高洪元、薛廷甫、高祥彬、杨存秀、吕桂军、张宝斋。共 16 人。

到滩里实地解决收回生产队的土地。

	1	3	4	5	合　计
原打:	4.5	10.07	3.2	8	
今打:	0.5		0.361 2		
退:	0.9	5.77			
应给:	4.1	4.3	3.76	8	

解决后讨论几个事:

① 昨天开大会怎么记分?

大、中会的一律记8分,参加小会的每人加2分。

② 穆奎喜等几户要求大队批伐门口槐树,怎么办?

大队同意。转公社去吧。

③ 生产队在年底前的车货和木料

	1	2	3	4	5	6	7	8	9	10	计
辋(芦)	15	15	15	6	15	10	12	12	13	10	
车头(对)	6	5	6	6	5	4	5	4	4	4	
轴(根)	15	20	20	10	20	10	12	12	10	6	
付条(付)	5	10	5	6			5	4	6		
小檩				8							
柱子				10							
椽子				30							
车元				2							

生产队需用木头和社员用户柱子,椽都给解决。但社员用的必须生产队开条,以便秋后顶回生产队去。何时生产由大队具体安排,从生产队抽人,挣大队工分,由大队在坡上过数,生产队拉木头大队不开工。

④ 张涛打算买小檩和菜椽盖旱棚给否?

⑤ 张珍母亲病得严重,要求大队解决棺材怎么办?

因他是复员军人,把大队现有的柳木作价给他自己做,秋后顶回生产队。

1972 年 3 月 30 日 1 天

召开支委扩大会议

参加人员：杜万林、郭占奎、高有、罗有、张明德、李正林、张文科、王文清、郝存山、高富、高桂有、田秀德、彭正付、高洪元、高洪江、高德仕、吕桂军、张宝斋。

(开入农建工内)共计 18 人。

会议由郭占奎讲了公社会议精神，由小赵、李正林讲了科学耕田，然后讨论几个事：

① 公社分配支农用布 86 尺怎么分配？

大、1、2、3、4、5、6、7、8、9、10、计

26、6、6、7、6、6、6、6、5、6、6、86、

② 大队的 26 尺除还七队去年借六尺白洋布做机器面袋外，再做一套工作服，下余留下布。

公社分配生产用盐 121 斤怎么分配？

1、2、3、4、5、6、7、8、9、10、计

20、/、/、23、13、20、10、10、15、10、121

③ 公社叫刨药材怎么安排？

因为劳力紧，农业学大寨，劳力就不刨了。由学校组织学生刨，由学校开证明，款归学生。

④ 公社分配种药材任务是：川芎一亩，荆芥五亩，怎么办？

种在苇子沟里。

⑤ 高庆云已通知入学去了，代销点找谁？

确定穆奎军。明天由祁风元、张明德帮助接交手续。六队出穆奎军顶上次算滩里人内，为此，穆永生回生产队。

⑥ 公社再三催卖征购粮，完不成怎么办？

可以晒和炕，在本月 15 号前一定卖完。

⑦ 就老郭刚才讲的，公社分配的造林任务怎么安排？

咱大队怎么安排管？

幼林抚育 400 亩。古方大南背，沟门至苏寺三个造坡，大南沟的大小老虎沟。

封山育林 500 亩。苇子沟。大南沟的大小老虎沟。别处仍依以前的不变。

接大扁2 000株。(还在苇子沟接。明天由王文清、梁明去采码,1号开始接,接树人有:杜万林、李桂存、张立新、吴德印、王文清、郝元、董成瑞、高桂有、木长山、田荣甫、李付海、高洪如、刘殿仕、御桂林。等13人。

小工都以本生产队代。

核桃往哪里种? 种在苇子沟。种前用药剂办一下,以免挖核桃。

公社分配四旁植树每人100株? 按各队现有人,各队完成。

公社分配育苗每生产队二亩? 各队完成。

今年林业(指苇子沟)怎么管? 从滩里抽出三个人,专门在苇子沟搞。人员决定负责人:梁明。技术员:董成瑞。小工:高洪如。

在苇子沟搞扎根副业。梁明还负责全大队林坡看护。从4月1日起这三个人单独记工。

在苇子沟盖二间房。因五队调进来董成瑞,韩志文回生产队去。

⑧ 公社通知叫去县和公社调籽去?

大队安排人去。

⑨ 社办中学桌凳和大队学校桌凳怎么办?

社办中学桌凳制作情况。

	1	2	3	4	5	6	7	8	9	10	计
做好已送				1	1			1			3
做好未送	1	1				1	1			1	
未做			1						1		

已做好的明天送。未做的马上做。

⑨ 大队桌凳问题:

接完树抽人搞,初步计划抽人:

郭占奎、刘会清、吴立祥、王文清、张化堂、田荣甫、李付海、郝存付、高德明、王占奎。

郭占奎和王文清负责。王文清记工。

⑩ 滩里石头怎么办?

和学校研究一下,由学生捡,大队适当给报酬。

会议期间张明德把和合达营解决林坡割树问题所需的材料念了一下。又把大抓播种等等的事说了一下。

⑪ 把关猪问题研究一下？

五号把猪全部关起来，如不关赶回的；本队的扣十分，外队或者学校给一元钱，由队里给。

1972 年 5 月 12 日

七二年创业队用籽情况

		1	2	3	4	5	6	9	创业队		合计
实借		65 5.5 8	40 13	50	100	121	8 50		8	50 115 398	255 176.5 152 398 50
	合计	78.5	53	50	100	121	58	8	563		1 031.5
借大队的	高粱 荞麦				8 9						

1972 年 4 月 5 日半天

召开支委扩大会

参加人员：杜万林、高有、郭占奎、张文贵、高普、马淑兰。张玉林、罗有、王永、马朋、高祥。张明德、李正付、王立新、张立新、穆永会、徐桂兰。穆奎喜、郝存山、王进甫、康登秀。祁风元、韩风明、张付、韩普、祁风山。田秀德、穆风海、梁进、张清、高祥会、田秀德、穆风德。张文忠、高洪元、张艮、穆风忠。薛廷甫。高德仕、刘艮、杜宪德、郤文海。范成才、杨存秀、吕桂军、崔玉海。杨宝福、张明海、穆风祥、王建平。

1972 年 5 月 15 日下午半天

召开支委扩大会议

参加人员：郭占奎、杜万林、高有、李桂复、高祥、张玉林、罗有、张明德、李正林、张文科、赵存德、张文明、高付、高桂有、张付、彭正付、田秀德、梁进、穆风海、高洪元、张明瑞、穆风忠、薛廷甫、高洪江、高祥彬、高德仕、刘艮、崔玉海。

公社：贾医生。共计 29 人。

会议开始分头汇报生产(重点查补苗)和路线教育问题。最后讨论的事：

① 现在有的队让社员轮班放牲口，对工作有损无益，初步意见各队一律执行专人，是否行？

从明天起一律同意专人，不再轮班。

② 学校修桌凳何时开工？

马上开工。具体怎么上由大队安排。

会议最后特别强调路线学习和当前生产，集中一切力量马上查补苗。

1972 年 5 月 20 日下午半天

召开支委扩大会议

参加人员：郭占奎、高有、高祥、张明德、李正林、张文科、郝存山、高付、高桂有、梁进、田秀德、高洪元、高祥彬、杨存秀、吕桂军。共计 15 人。

会议开始由李正林传达了公社在碾子湾召开的养猪现场会议精神，由贾医生作了补充。经过充分讨论一致认为生产队养比大队养合适，同意由生产队养。

这次会结算了卖征购粮。还研究了给青松岭民工每人卖粮 130 斤。

处理农建遗留问题

1972 年 5 月 27 号

队别											
	小麦	应给分	已开分	多开	少开	小麦	每亩给分	共给分	今天开	今天扣	备注
1	3.95 4.3	83	90	7		4.3	30	129	122		
2	10.5	148	150	2		3.8	30	127	127		
3	13.85 4.3	177	90		87	1.8	30	168	255		
4	7.75 3.8	158	75		83	8	30	240	323		
5	7.95 8	80	75		5						
6	7.95	80	75		5						

续　表

队别											
	小麦	应给分	已开分	多开	少开	小麦	每亩给分	共给分	今天开	今天扣	备注
7	6.91	69	60		9						
9	4.1	53	60	7							
10	6.3	88	90	2							

1972 年 6 月 4 日下午半天

召开支委扩大会议

参加人员：杜万林、高有、李桂复、高祥、王永、罗有、张明德、李正林、张文科、张文明、高付、郝存山、祁风元、高桂有、田秀德、穆凤海、高洪元、张明瑞、薛廷甫、高祥彬、刘良、吕桂军、崔玉海。共计 23 人。

会议开始各队汇报了苗情检查。接着向各队公布了公社批给的动用储备粮数，各队作了具体安排，并开给借粮批准证。念了经济政策文件。贯彻公社武装、公安会议精神，讨论几个问题：

① 公社分配麦夫(麸)子 1 000 斤，怎么分配？

	1	2	3	5	6	7	8	9	10	计
户：	2	8	2	5	10	2	8	3	2	
人：	7	31	11	15	53	9	35	13	17	
斤：	100	120	150	100	165	60	100	10	105	

② 大队治保委会如何健全？

主任：王文清。副主任：高祥。委员：祁风元、杜万林、张玉林、王立新、穆奎喜、张付、梁进、穆凤忠、高洪江、杜宪德、杨存秀。共 13 人。

③ 信用站的存款如何完成？

1、2、3、4、5、6、7、8、9、10　　计

50、50、50、50、50、50、50、50、50、50

④ 公社让选一个贫管商业的代表？郭占奎。

⑤ 赤城有部分把子,青松岭民工粮食应该结算,是否派人去?

大队安排人马上去。

⑥ 大队牧厂的骡子是否卖?

同意卖,让谁去到哪里由大队安排。

⑦ 给公社的柴火怎么送?

除八队上次送了以外,九个队每队二车。

⑧ 给合达营中学柴火送完没有?

2、8、9 队一半天内一定给送去。

⑨ 大队是否还开瓦窑?

同意搞。最近大队安排一下,由生产队干部进一步讨论尽快上场。

1972 年 6 月 10 日下午半天

召开支委扩大会议

参加人员:郭占奎、杜万林、高祥、罗有、张明德、张文科、郝存山、张付、高洪元、薛廷甫、高祥彬、杨存秀、吕桂军。共计 13 人。

首先由公社武装部长小张传达了宣读公安厅二号通辑令,并做了分析研究等。然后着重把抗旱查补苗和路线教育工作进行了安排,大家一致认为:必须突出路线为纲,反右派满十成算全苗,九成九也得补。集中一切力量锄头遍赶二遍。然后讨论几个问题:

① 各生产队集体到砍过木头的山上,拉点树梢,留做立柱、车成等材料用行否?

可以去。去前先打招呼,回来之后在下坡前必须大队检查,严防动斧子砍树。

② 瓦窑搞不搞?怎么搞?

归全大队搞。由大队掌握,开记工分。秋后和副业等一齐记工分红。

今年改做 5—7 瓦。

手艺人从大队手艺人中选,大致意见:

做瓦:高德仕、张文德。

提桶:李桂存、范德亮。

扣坯:包秀廷。

泡泥:从 3、5、6、7、队里出。

报酬:做瓦、提桶、扣坯、泡泥、烧窑、大致上考虑一律以去年不变。

看窑：光看窑的大队给记杂工，但必须有活干。如高德仕，看装窑记分工。每烧一窑蓝的给 10 元，红的给 5 元补助款。

如高德仕，张文德不同意做，从张文海、张文明、高德仲等人中确定。

如高德仕不看窑，让李文奎看。

1972 年 6 月 15 日抄

去年秋定的征购粮食

	1	2	3	4	5	6	7	9	计
原任务	3 100	3 200	5 800	7 200	1 100		1 000	600	22 000
后：	3 400	3 500	6 380	8 685	1 200		1 100	660	
卖：							267		

各队实卖数：

1 队：
猪料 8，
71.11.24 谷子 1 020
72.11.14 玉米 570
72.11.21 玉米 1 502

7 队：
71、11、14 猪料 32
71.11.26 猪料 30
71.11.16 猪料 904
71.11.16 合定 34

9 队
猪料 37.5
猪料 62
又卖高粱 504
又卖玉米 157

4 队：
高粱　2 185
谷子　969
谷子　1 134.5
玉米　450.5
玉米 2 117
玉米 1 005
玉米 69
粮票 35.5
又卖 166　　折 77.9
8 队供应 3 091 斤
薛英芳
薛英明共 535 斤

2 队：
4.24 猪料 60
4.22 玉米 3 007
4.28 玉米 133
8 队转：2 556 斤
又给转青松岭
张文彬 82 斤
从 3 队取来 1 600
从 3 队取来 900

3 队：
谷子 625
高粱 2 122
玉米 673

1972 年 6 月 28 日下午半天

召开整风会议

参加人员：郭占奎、杜万林、高祥、罗有、杜桂山、张明德、李正林、张文科、李海林、郝存山、高有、李树林、高桂有、祁风元、田秀德、高德清、张文明、高洪元、高祥彬、杨存秀、吕桂军、梁明、杨宝福、张明海、穆风祥。共计 25 人。

以整风代表提意见，(另有记录)将重点在意见提完之后讨论几个事：

① 打算把会计清工、清账截止到 6 月底(大队、生产队同样)搞一下，(向社员公布收工条等)怎么样?

同意大队的安排。

② 把 25 日前发出的刚才逐户宣布了，就折去款 267.56 元，是否叫木匠补?

根据查的结果原因：1、木工加的有点问题；2、把子不足尺寸；这是初次，暂时原谅，今后如不再出这类问题，这次大队不叫木匠负担。

③ 茨营陈继忠领人来，闹点杂木，搞的结果。

小菜柃 10 根左右，每根价 6.50 元。剩的桦椽，每根价 0.8 元。再给生产菜椽 150 左右，每根价 0.60 元，是否卖?

同意卖。生产菜椽有 5 队 40，6 队 60，7 队 50。

④ 瓦厂是否停? 烧窑柴火咋办?

根据现时生产情况，瓦窑不停。

柴火：每个劳力(以生产队算)二个干柴。以每个 1 角，大队付款买。

生产队有柴生产队给。生产队没有的从个人收，款归给个人。

以生产队劳力算，每人二个湿的，现在有大队安排，马上抽人下造坡。下造坡凡筐系以上的，必须留树。

瓦是否改，由张明德到瓦窑鉴定后决定。

⑤ 根据创业队提出的问题，大队加强领导，从支革委抽人，每班二个人去创业队劳动，每班 3—5 人，具体抓以劳代劳，怎么样?

同意这个意见，凡支革委去，那个队也不往回抽劳力。

⑥ 当前农业，把社员请假制度，暂订一下。

凡社员请假，一天也得经大队支革委三人以上研究准假。

完全同意。

⑦ 六队未经大队批准，偷砍菜木 9 根，经过丈量合 21 寸，包产地也未批砍，2 根榆木，怎么处理?

违犯林业制度，必须罚款。但态度较好，罚中减轻，决定 9 根菜木 9 元，榆木每根 0.50 元，共罚 10 元价。

⑧ 生活怎么安排？

在前公社批的指标之内，由生产队具体造计划，大队审查批示。

1972 年 6 月 24 日下午半天

参加革委整风人员：杜万林、郭占奎、罗有、高祥、张明德、李海林、李正林、高付、高桂有、祁风元、田秀德、张清、高洪元、薛廷甫、高祥彬、杨存秀、吕桂军、范成才。共计 18 人。

1972 年 7 月 7 日下午

召开支委扩大会议

参加人员：张明德、李正林、张文科、张文明、赵存德、杜万林、高有、张宝斋、郭占熬、李桂复、高祥、罗有、王永、马朋、郝存山、高付、穆奎喜、祁风元、高桂有、梁进、田秀德、穆凤海、高洪元、张明瑞、张艮、薛廷甫、高洪江、高祥彬、高德仕、刘艮、杜宪德、杨存秀、吕桂军、张珍、崔玉海、梁明、李献成。共计 37 人。

会议首先学习 82 号文件，接着李正林传达了公社在瓦房沟召开片会的精神，然后学习张家口报 6 月 30 日地委书记吴茂生的文章，然后进行了讨论：

① 瓦窑打柴报酬怎么定？

柴火划三等工分是：

一等 8 厘，二等 6 厘，三等 4 厘，

补助价按工分算每个工分补 3 分钱。

② 今年砖瓦价怎么定？

虽然本大队用不上税，而瓦加大了，为此决定。

每 1 000 瓦价 26 元，每 1 000 砖价 40 元。

1972 年 7 月 9 日下午

召开支委扩大会议

参加人员：郭占奎、杜万林、高有、高祥、罗有、张明德、李正林、赵存德、郝存山、高付、祁风元、田秀德、梁明、高洪元、薛廷甫、高祥彬、杨存秀、吕桂军、梁进。共计 19 人。

讨论问题：

① 吴德旭在大队来往账上有 70 多元钱(文化大革命造出来的现金和药价)是否给他?

一致认为给较合乎政策。

② 砖瓦厂,瓦不多是否继续扣砖?

继续扣,这窑出来,瓦少砖坏多,只要够一窑马上装。

③ 安排生活中有的社员存有等秋后处理积囤粮时,用借粮数等于套,致使都想多借,这个问题怎么办?

积囤粮秋后没有就不用说了,如有解决时一律用去年按人定量的粮食加工分粮的总粮食数给。

④ 有的社员偷摘山杏怎么办? 是否集体安排摘一下?

已摘的收归生产队。对因摘杏而生产受影响,队里闹意见的,大队采取措施收回来。杏一律集体摘,等队里不摘后,通知了只要生产不忙,可让社员摘。

决定 11 日全大队集中人力采摘。

1972 年 7 月 9 日夜间去

九队收杏的人有:郭占奎、杜万林、高祥、张明德、李正林、郝存山、梁明、祁风元、梁进、杨存秀。共 10 人。

1972 年 7 月 24 日 1 天

召开支革委会议

参加会议人员:郭占奎、杜万林、高祥、张明德、李正林、郝存山(半天)、王文清、祁风元(半天)、彭正德、杨存秀。

公社:老郭同志。共 11 人。

首先汇报了公社召开的"党的建设,落实干部政策,四、五规划和当前生产"会议精神,接着按支委整风精神,就今后如何加强领导,充分发挥一班人作用等问题进行讨论。

① 支革委轮流值班主持大队日常工作,还是确定专人主持大队日常工作?

轮流值班工作会有影响,为了加强工作确定祁风元和彭正富两人主持大队日常的工作,除重大问题召开支革委研究解决外,其次一律由他二人处理。他俩人除处理大队日常工作外,副业的木把加工、砖瓦厂、繁殖厂等具体事也由他二人负责管理。

② 支革委如何分管各项工作?

队别　　　　　　组长　　　副组长　　　成员

党武公线:张明德　　　高祥　　　　王文清

青妇:杜万林　张立新　杨存秀、祁守军、张玉莲

农林牧副生产:李正林　彭正富　祁风元、张宝斋、梁明

(包括小木货加工,瓦窑,机器类)

文教卫生(医疗):郭占奎　郝存山　杨宝福、韩普、李树林

财贸(代销):祁风元　郝存山　杜万林、李桂复、张明瑞。

以上分工从现在开始执行。

(下转第九本)

会议笔记 9

72 年 7 月 24 日

③ 根据支委整风情况，包队的支革委是否调整？

将 72 年 2 月 12 号确定的改为，

1　2　3　4　5　6　7　8　9　10

高祥、杜万林、李正林、王文清、祁凤元、彭正付、彭正付、郭占奎、张明德、杨存秀

包队支革委要解决所包队的一切问题，重大问题解决不了，可由主持大队日常工作的帮助解决，再解决不了，由支革委会议研究后，提出解决工作由包队人到所包队里去执行。

④ 大队的第四个五年计划，全部做出，请审查一下？

⑤ 支部的三会一课，具体日期怎么定？

支委会根据工作需要，随时决定。

党员大会每月 1 号召开。

小组会每月 10 号召开。

党课每月 20 号学习。

1972 年 7 月 25 日上午半天

召开支委扩大会议：

参加人员：杜万林、郭占奎、高有、张宝斋、高祥、张玉林、张明德、李正林、张文科、赵存德、王文清、郝存山、赵云奎、祁守军、李树林、祁凤元、高桂有、韩普、彭正付、田秀德、高洪元、张明瑞、薛廷甫、高洪江、高祥彬、杨存秀、吕桂军，共 28 人。

会议主要是传达公社召开的会议精神，和 7 月 24 日支革委会议精神。

1972 年 8 月 3 日

召开支委扩大会议：

参加人员：杜万林、郭占奎、高祥、罗有、张明德、李正林、张文科、王文清、高付、祁凤元、高挂有、彭正付、田秀德、张良。

讨论记录：

① 大队护林委员会怎样健全?

主任：李正林

付主任：王文清

委员：高祥、彭正付、祁凤元，共 5 人组成。

② 护林公约怎么订?

对偷秋的处理：

1 个玉米罚 2 斤玉米，一窝山药和白薯 5 斤，1 根玉米杆 1 斤；1 个红萝卜 2 斤，1 个白薯 5 斤，1 个谷穗半斤，1 个高梁穗 2 斤；每个瓜 10 斤；每棵菜 10 斤，(元白菜过大再说)。

放牲口吃了怎么处理：

放牲口失手按实际吃的赔；

放牲口故意(干个人活)按处理小偷办法。每给赶回一个牛、驴、骡、马，仍执行扣 3 分工。

每赶 1 口猪：本生产队扣 10 分工，外队 1 元钱。

社员赶：分和款归赶猪人一半。

学生赶：1 元全部归学校，从 1 元中归赶猪学生 3 角。

所吃的粮食按处理小偷办法给粮，吃那个队的，粮食归给那个队。赶猪的分，由所在生产队当时兑现。

③ 落实改种后的面积和整理典型人物怎么办?

分三个组，1—4 队，5—8 队，9—10 队，各队由队长参加，回队记分。大队整 1—2 个人：张明德，祁凤元。

④ 公社给的生产用布 82 尺怎么分?

大、1、2、3、4、5、6、7、8、9、10、计

补上次：　　　7、　　　5、6、　18

这次：　14　5、5、6、5、5、5、5、4、5、5、64、

合计　　14、5、5、13、5、5、5、5、9、11、5、82

拉化肥牛车：5 队 2 个，6 队 2 个。

给合达营送柴：2 队 2 个。

1972 年 8 月 4 日下午半天

召开生产队长，会计会议。

参加人员：李桂复，罗有，王永，张明德，张文科，张文明，高付，郝存山，高

桂有,祁凤元,田秀德,穆凤海,高洪元,张明瑞,高祥彬,刘艮,吕桂军,崔玉海,共计18人。

8月7日,薛建甫上午半天。

主要是安排社员生活。

1972年8月9日培训骨干会议

	党员	团员	革委	生产队骨干
1	张宝斋、杜万林、马淑兰	郝淑花	郭占奎	高有,李桂复,郭占敖
2	高祥、张玉林、王登明	刘万枝		罗有,王永,马明,马朋
3	张明德、李正林、李淑兰、张仲秀、郤文明、穆永会、王立新、徐桂有、赵存德	张立新、王进梅		张文科,张文明
4	郝元、王文清、李风先、李玉兰、穆风起、赵云奎	王喜梅	祁守军、郝存山	高付,王进甫,穆奎喜
5	祁凤元			高桂有,韩风明,
6	田荣甫		彭正付	田秀德,穆凤海,穆凤德,梁进,
7	张文忠,李天将	张明春,穆凤忠		高洪元,张明瑞,张银
8				薛廷甫,高洪江,李付合
9				高祥彬,刘艮,杜宪德,高德仕
10	杨存秀、范成才			吕桂军,李宪成,崔玉海
合计	实到党员22个,团员5个,教师4个,大队、生产队骨干23人,共计54人。	7	4	杨宝福,张明海,穆凤祥,王建平,张清祥。36

划蓝号"√",是上午到会,划红号"√"是下午到会;划"○"是13号晚到会。

72年8月9日

通过支革委就当前,骨干是中央文件,和一个战役五个硬仗安排:

9号晚上：召开委员会安排1个战役四个硬仗，记工分。10号晚上，分组讨论：

组别：	所属生产队	人　数	教　员
1.	1—2	16	
2.	3—4	25	杨宝福，王建平
3.	5—7	16	穆凤祥，张明海
4.	8	3	
5.	9	4	
6.	10	5	张清祥
共计		69	5

组别：	组长	付组长	成员	记录
1.	高祥	杜万林，祁凤元	高有，罗有	王永
2.	王文清	赵存德	穆奎喜	杨宝福，王建平
3.	祁凤元	高桂有，田秀德，	高洪元，	穆凤祥，张明海
4.	薛廷甫	高洪江		李付何
5.	高祥彬	杜宪德		刘良
6.	杨存秀	吕桂军		张清祥

10号晚，讨论重点：24号文件

弄清弄懂：手段，目的，纲领，性质。

11号晚：讨论重点：25号文件

弄通中央定性的五个问题。

12号晚：大队集中，根据讨论情况进行小结。

※ ※ ※

就1个战役五个硬仗

1个战役：

大抓大打农作物田间后期整理。

要求锄细锄好拨草，对三类苗采取措施达到一样，马上健全生产队护秋小组，白天派专人看护，夜间轮流看，开个看护员会议，发动群众采取各种办法，不能让一棵庄稼受损失，有意损失一棵庄稼，提到路线斗争，是最大的犯罪。千方百计达到颗粒完整。对5个硬仗的安排：

① 10号抽查100个劳动力挖坑，集中执行，劳动力一天争取完成150亩。

劳动力抽调分配:

1、2、3、4、5、6、7、8、9、10、 计

10、12、13、12、8、12、8、5、10、10、100

造林分工:

李正林,高祥,杜万林,在南坡上。

王文清,郭占奎,在大南沟门南坡。

学生在苏寺干沟两处干。

② 11号到15号大搞压绿肥,掀起积肥高潮。标准三合一(土、肥、草)等黑、烂、臭。要求数量以车计划。

1	2	3	4	5	6	7	8	9	10	计
1 000	1 300	1 500	1 500	1 000	1 100	1 000	800	1 100	1 300	11 700

③ 各队利用早战时间每队达到5—10亩地的肥料。

④ 防汛工作:由包队支委和生产队主要干部、民兵排长,深入检查(社员房屋、畜圈、库房、护地坝等)。

⑤ 制种田管理,在公社小赵指导下,由创业队负责。

1972年8月15日下午半天

召开支委扩大会议

参加人员:郭占奎、高有、高祥、罗有、张明德、李正林、高付、祁凤元、高桂有、彭正付、田秀德、高洪元。共计12人。

讨论记录:

① 瓦窑已塌了,是停止生产瓦皮砖坯?还是修旧窑,或是打新窑?

收拾旧窑也得好多工,干脆打新窑。确定专人大抓几天,由李正林负责。张文河、王俊、王艮、郜桂军、王进甫、杨宝喜、彭正德、高德品、高洪元,共10个人。

8—10队装出窑及打柴再出人,因为打窑加班,出工赶不上,明天开工打。

② 牧厂卖骡子否?

因为尽咬牲口,恐怕落了驹,决定卖一头。推选高祥清去卖去。从创业队抽高庆德、穆凤林放几天牲口。

③ 杏业是否捋?对前虑者怎么处理?

外大队撸(捋)的很厉害,本大队社员猪实没的喂。决定从明天起让撸杏业(叶),地点划分:古方在古方的西山,不准到东山来;苏寺从庙沟往外到后垠一带的后山,(指大沟的北山),沟门可在古方、苏寺所划的境内。水沟在后沟。窑子沟在大南沟。干沟在干沟垠上。只准在划分境内,违者口袋没收,扣的杏业过秤,每斤价0.10元,款归大队。

今天以前撸的,马上检查:

古方:张明德、高有;沟门:郭占奎、高付;苏寺:李正林、高桂有、田秀德、彭正付、高洪元、罗有;水沟:祁凤元;窑子沟:高祥;干沟:高祥明天早去。检查对缸内有的杏业,一般的估斤社员有意见再过秤。

总之,每斤价五分,由生产队负责给大队款和打预支条子,检查以后马上清。

1972年8月19日下午半天

召开支委扩大会议

参加人员:郭占奎、郭占熬、高祥、罗有、张明德、李正林、王文清、郝存山、高付、高桂有、田秀德、高洪元、薛廷甫、刘艮、杨存秀,共15人。

会议首先各队汇报了讨论中央文件的情况,护秋情况和积肥情况。

讨论记录:

① 中央文件的补课,讨论如何安排?

每周2、4、6日晚上学习和讨论,时间1、5个小时。

建立点名簿,记录本。有支革委、队长、指导员或政治队长负责,领导所在生产队的学习。

各队的辅导员和记录员

1. 李桂复、高文、郭文海。
2. 王永、杜桂山、王俊。
3. 张立新、张文明、王建平。
4. 杨宝福。
5. 张明海。
6. 穆凤祥、穆凤海。
7. 张明瑞、张明春。
8. 李付合。
9. 刘艮、杜宪德。
10. 张清祥、崔玉海。

今天晚上一律学习,讨论。重点做好全面的补课,明天将补课人数报大队。

② 大队账目不清,社员会计都有要求咋办?

由郭占奎任组长,祁凤元副组长和张明瑞三人组成清账小组进行清理。

最后就:一个战役的工作强化:拔草、锄地、拔白尖、护秋、压绿肥。

撸杏业。打草打羊业的工作马上搞出计划。

1972 年 8 月 21 日下午半天

召开支委扩大会议

参加人员:郭占奎、郭占熬、高祥、罗有、张明德、李正林、王科、穆奎喜、郝存山、祁凤元、高桂有、田秀德、高洪元、刘艮、崔玉海,共 15 人。

讨论记录:

① 当前生产如何安排?

22 号到月底掀起农作物田间管理高潮,把所有大田作物拔尽草,普锄一遍,做到早出,晚归,取消中午休息。

凡是个人活就是一天也得大队批准。支委到片开会分工是:

古方:王文清,沟门:张明德,苏寺:李正林,水沟:祁凤元,窑子沟:高祥,干沟:郭占奎。

② 去公社三个会议怎么安排?

大队:党支部张明德,团支书:张立新,连长:高祥。

	队　　长	指　导　员
1	李桂复	杜万林
2		张玉林
3	张文科	
4	高付	
5	高桂有	
6	田秀德	
7	高洪元	
8		
9	刘艮(高祥彬)	
10	崔玉海(吕桂军)、杨存秀	

做饭：张清

大队去二个车从瓦窑拉柴火。每队给 30 斤菜，22 号下午交大队。

③ 张明春、高洪章受伤怎么办？

抬去茨营两人共花五元来钱，是去招待工作人员和抬的人等是否大队报？

同意大队报。所花药费和工分折钱，经大队审批后，由所在生产队的公益金开支。

经审查他两人每天以 12 个工分记。各生产队以前受伤大小，补与没补，凡以前的一律不纠正。

1972 年 8 月 29 日上午半天出窑、下午半天开会

召开支委扩大会议（此工开瓦窑用工内）

参加人员：郭占奎、郭占熬、马朋、张明德、李正林、张文科、郝存山、高付、高桂有、彭正付、田秀德、高洪元、薛廷甫、杜宪德、吕桂军、杨存秀，共 17 人。

会议开始由张明德汇报了公社三干会议精神，（五、五规划，当前生产），由公社小吴就传达中央文件问题讲了活。

讨论记录：

① 中央文件如何贯彻？

今天晚上分：古方沟门一片，苏寺水沟一片，穴、干沟一片，共三片培训骨干。

队　别	①	②	③	④	⑤	⑥	⑦	⑧	⑨	⑩	计
到会人	6	5	14	13	5	6	10	4	4	5	72

总之，党团员、革委、会计以上干部，民兵副排长以上干部和妇女队长，老师，及有宣传能力的贫下中农都参加。

30 号晚上，依这三片向群众见面。31 号以后依原定每周 2、4、6 学习日，就中央 24、25 号和这十个文件一齐讨论。

② 打草计算结果已公布了，怎么定任务？怎么划分坡？什么时间打？

就依计算亏的草数，分给各队任务必须完成。草坡划分：

凡哪个队种的地的地方，仍由种地队打。

① 大杨树沟、勺子沟，斜尖沟。

② 抢脖沟往里到双窑沟马家坟对正南垠，古方大南沟。

③ 水泉沟、四亩沟，庙南沟的小歪脖沟。

④ 坟凹、王八沟、小南沟。

⑤ 庙沟、庙南沟门外造坡到二队交界，双腰沟，水沟掌牧、厂房以里。

⑥ 小杨树沟，庙南沟的小歪脖沟门以里。

车厂沟：歪脖沟，小西沟。

⑦ 大南沟：后沟、破庙沟、炭窑沟。、

⑧ 大南沟：后沟、破庙沟、炭窑沟。

⑨ 大南沟：炭二沟，朝天洼。

⑩ 三亩沟，长脖沟。

⑪ 苇子沟门往里(不准小沟打)一道沟。九月六号开始打草。

⑫ 榛子怎么搞?

男劳力不放假，只许妇女，儿童搞。不归集体可以归个人，31 号放假。

⑬ 收瓦房沟大队扶××和穆凤德的杏业怎么处理？同意每 100 斤，价 1.00元的卖它。

⑤ 公社分配铁路民工男二人，女一人，怎么定?

各队搞的人：张文合(暂定)、马朋、王铁成、张玉平(定)、李世海(预留)、张文生、康登明、李风龙、张海(定)

⑥ 穆凤德撸杏业已交回 60 斤，口袋今天已交，这问题怎么办?

因李正林、王文清、高桂有、罗有、高付、田秀德在 8 月 19 日处理让瓦房沟扶××拿走口袋。让穆凤德也把口袋拿走。

罚款仍执行 8 月 15 日的规定，本大队外大队一样处理。把 8 月 15 日定的收口袋改为不收口袋，而交钱取口袋。

1972 年 8 月 29 日在苇子沟门一天

召开支委扩大会议(此工开入农建规划工)

参加人员：杜万林、郭占奎、高祥、罗有、张明德、李正林、张文科、王文清、高付、郝存山、祁凤元、高桂有、田秀德、高洪元、薛廷甫、高祥彬、吕桂军、杨存秀，共 19 人。

会议将祁凤元在公社开的会计会布置的任务，梁明去县开核桃会议，彭正付开副业会议等精神进行汇报，然后进行讨论：

① 瓦窑烧窑收各生产队每个劳力一个，柴火怎么计价？每斤八厘付款。

② 副业厂收木匠的小木货，正付品怎么开报酬?

正品按原定报酬不变。付、次品按上级下价的比例，整出来的为报酬。

③ 学校搞环境政治空气用白灰怎么拉去？

同意郭占奎同志安排的让一队去一个牛车拉一车去。

④ 各队通过大队借三队的价储粮，现在丢证明粮库已给补上，就差价36.36元，谁负担？

经过充分讨论，因大队给借办而造成的负担，决定大队负担。

⑤ 高德仕因砍了手而不能做瓦，怎么办？

张文明做瓦。

⑥ 于怀要求盖队里库房，割点栈子行否？

西山割不上，不能到水沟来。

⑦ 产量是否再估？

和上次估的没出入，还按上次估的报。

⑧ 到县参加四干会，定一下人员？

张明德或李正林去一个人，高祥。

杜万林、罗有、张文科、高富、高桂有、田秀德、高洪元、薛廷甫、高祥彬、吕桂军。

⑨ 71 年—75 年的规划怎么做？

由支革委先提意见，拉单子，下次会议宣布。

⑩ 去县开会人没粮咋办？

和四队借价储证，请求公社批去。

秋后四队有征购，大队派人去给卖征购，如没有征购，就还粮食。

⑪ 各队有小片地回生的现象，订正一下？

张宝均扩大自留地园子，张立新扩大自留地园子。

李志彬在大街修猪圈，厕所。

祁守相在大街上挖粪坑。

穆永会院内占队里地方。

杨进祥房后栽烟。

韩风有小后沟栽烟。

李树林园子去年交队，今年自己又种上。

张文祥围墙上栽葱。

包秀廷院子没有往回收缩。

郝元门口园子养树。

高付门口在大街上修猪圈。

高洪元少马沟沙渠小片地,没给退自留地。

李化廷自留地占用六队包产地。

高洪朋后沟自留地扩大,粪坑种菜。

李天元换自留地没闹清。还要回收的小片地说垛柴火而结果又种上了。

薛风桐苇地园子顶没顶自留地。

高洪连在粪坑种菜。

高祥早在粪坑种菜。

薛廷甫在粪坑种菜。

高祥普在粪坑种菜。

高洪有,把队收高洪江的小片地种了菜。

高洪如,去年交的,今年又种上了。

高德明,迁走人,不退自留地。

⑫ 在公社开三干会,就生产队存在问题和大队存在问题如何解决?

生产队的问题,支革委下去帮助开会。

就大队的问题,从 7 月 24 日分工划线后工作有依靠,继续下去工作肯定受损失。

经绝大多数同志再三提意见,最后一致讨论为:

72 年 7 月 24 日的分工划线不变,但必须明确,分工合作,要一元化领导主任和副主任,必须照顾全局。

1972 年 9 月 5 日两委员时间一天

参加人员:(因作农建规划而记入农建工)

杜万林、郭占奎、高祥、张明德、李正林、王文清、祁凤元、彭正付、杨存秀,共计 9 人。

主要解决:

① 71—75 年第四个五年规划。

② 分析了大队,生产队存在的问题。

③ 养猪怎么搞进行了议论。

④ 支革委如何帮助生产队开会。

⑤ 大队下步工作如何搞。

⑥ 初步分析穆奎军和彭正付就差钱 30 元的理由。

1972 年 9 月 27 日一天

召开支委扩大会议(此工应记农建内)

参加人员：杜万林、郭占奎、高有、张宝斋、罗有、张明德、李正林、张文科、王文清、高桂有、祁凤元、梁进、梁明、彭正付(下午半天)、田秀德、高洪元、薛廷甫、高祥彬、吕桂军、杨存秀，共 21 人。

注：凡划“○”号的由大队农建林业记工。

讨论记录：

① 基本口粮的人劳比例，经社员讨论怎么定?

根据社员讨论情况，决定人 8.5 劳 1.5。

② 对嫩玉米，坏山药，谷比子，高粱穗等怎么鉴定?

凡不够好粮食标准的，一律经大队张明德、祁凤元负责鉴定后进行处理，如不经鉴定分了，就以好粮食计算产量。

③ 分粮手续如何健全?

不论品种，不论多少，一律使用分粮通知单。会计建帐，开单的社员推选一人，队长盖章。

④ 治滩是搞大南沟门还是沟门营子北头?

一号上人先到苇子沟突击几天后，再搞大南沟门荒滩。按在县里开会算的 82 人算，由大队适当留下创业队收秋外，其余全部去苇子沟。由张明德、李正林、郭占奎、梁明负责。各队再出一人带队。

⑤ 瓦窑已够一窑货了，怎么烧?

按各队的劳力每个劳力三个青业烧火。由各队抓紧准备，待秋收缓点再烧。

⑥ 学校糊顶棚怎么搞?

由杜万林负责搞。具体事由杜万林和大队研究办。

⑦ 加工厂把子怎么生产?

从明天起，各队一律不准再砍，如有砍，便宜的可以交来。凡厂子内的各队木匠互相串插做。实在没有的，大队具体研究后再砍。

⑧ 杏叶坡是否往大放?

指杏坡一定不再往大放。对违犯者不是不处理，暂时先挂起来，待以后处理。

1972 年 10 月 2 日一天

召开支委扩大会议(此工记农建工内)

参加人员：杜万林、高有(半天)、罗有、张明德、张文科、李正林、高付、祁凤元、高桂有、田秀德、彭正付、高祥彬，共11人。

讨论记录：

① 根据彭正付汇报的大队郤文明和高祥清情况，如何解决牧厂问题?

决定换郤文明，让穆风林放毛驴。把高祥清留下，大队开个会加强领导。

② 滩里的没粒玉米，嫩玉米，比较好的，好的已分开四类，怎么办?

这四类全部分给生产队。现在按各队留粮人口先分的，折粮食后，用工分和其它粮食找齐。

1972年10月3日一天

召开支委扩大会议(此工记于农建工内)凡划“○”号的已通知回生产队记工。

参加人员：高有、罗有、张明德、李正林、张文科、高付、祁凤元、高桂有、田秀德、张明瑞、薛廷甫、高祥彬、杨存秀，共13人。

讨论记录：

① 已分给各队的各类玉米怎么折合平衡产量?

没粒的不算，嫩的每100斤为10斤，比较好的每100斤35斤，好的每100斤55斤。

② 农建多会上人?

明天先由大队和生产队带队的及一部分男劳力去苇子沟搞一天，后天全部上齐。

1972年10月25日

各生产队公社牧厂饲料结算表

		1	2	3	4	5	6	7	8	9	10	合计
原派	草料	1 000	1 130	1 360	1 200	870	1 060	860	540	880	818	9 718
		130	150	180	160	110	140	110	90	110	110	1 290
实送	豆子	65		49.7				50			61	225.7
	高粱	65		78.2	162.5	110		61.5		109.5	50	636.7
	玉米		150				137.5		85.8			373.3

续　表

		1	2	3	4	5	6	7	8	9	10	合计
实送	料合计	130	150	127.9	162.5	110	137.5	111.5	85.8	108.5	111	1 235.7
	谷草	553	663	630	1 174	130	517	672	307	434	436	5 516
	青草数	446	453	504		670	270	73	166	330	382	3 294
	折谷草	297	302	336		447	180	49	110	220	254	2 195
	草合计	850	965	966	1 174	577	697	721	417	654	690	7 711
料	余				2.5			1.5			1	5
	亏			52.1			2.5		4.2	0.5		59.3
草	余											
	亏	150	165	394	26	293	363	139	123	226	128	2 007

注：七二年实欠公社牧厂谷草 2 550 斤，饲料 54.3 斤。

1972 年 10 月 17 日

在苇子沟工地(此工记于农建工内)

参加人员：郭占奎、高有、高洪元、高祥、罗有、张明德、李正林、张文科(半天)、高付、王文清、高桂有、祁凤元、田秀德李天元，共 14 人。

讨论记录：

① 生产队的谷比子和飞谷糠怎么处理?

谷比子队里先存，待以后看情况，听大队通知。飞糠由生产队按打药针的猪来，分给社员。

② 5、6、7 队在水沟掌的包产地边松树是否归他们?

地的亩数已下，由他们开的地补上了亩数，这些地不种下了亩数，地厂应归大队，树木如在林业证的(光指地边)可以归他们，但砍伐前必须经大队林业检定。

③ 苇子沟割的茨榆如何处理?

本大队生产队用每个给工分二分,本大队社员用每个给款 0.15 元,外大队买,每个给款 0.20 元。

④ 穆奎军群众很有意见,前阶段亏款至今未处理,是否调换?

群众意见不少,继续搞群众不放心。决定让范德亮担任。明天由郝存山,祁凤元负责清理和账目物品接交。

⑤ 贫宣队员一名公社让确定下来,定谁?

穆凤忠。

⑥ 农建上人,大队要求:

1	2	3	4	5	6	7	8	9	10	计
10	10	15	18	10	12	8	7	10	10	110

同意。

1972 年 10 月 26 日

在苇子沟小房里

召开支委扩大会议(此工记于农建工)

参加人员:杜万林、高祥、罗有、张明德、李正林、张文科、王文清、高付、高桂有、田秀德、高洪元、薛廷甫、高祥彬、吕桂军、杨存秀、梁明,共 16 人。

会议首先由李正林传达了公社召开各大队书记会议精神,然后公布了四、五规划指标,然后讨论了几个问题:

① 学校糊顶棚的工分怎么开?

杜万林每天 14 分,李文奎每天 14 分,吴德印每天 11 分,他三个人晚上刮千(两晚),每人 5 分。光开工分,没有钱的补助。

② 饲草派购任务共 24 000 斤,其中谷草 16 000 斤,青草 8 000 斤,如何分配?

按今年谷子亩数分一半,按各队集体耕地亩数分一半。

③ 七二年冬至七三年春,公社牧厂的草料怎么分配?

按今年留粮人口摊。

④ 高德仕看窑补助新窑的怎么给? 去东卯苇子沟看窑怎么买工分?

高德仕烧的几窑卖劲不小,在场子一心为公,打新窑没给任何报酬,后烧的这两窑每窑按 15 元给。去苇子沟看窑回生产队买 65 分交 10 元钱。

⑤ 小木货柄把如何生产？

各队已砍下来的明天拉交厂子。从明天起一律不准再砍。拉回来的木匠伙做。做完之后没料厂子暂停，木匠先回生产队，何时开工等待研究。

⑥ 七一年冬至七二年春公社牧厂的草料如何找齐？各队送交的青草怎么折谷草？

依着 71 年秋派的找齐，亏的交大队牧厂，余的顶今年交的，如果公社牧厂还要由大队牧厂付齐亏数。青草每 1.5 斤，顶一斤谷草。

⑦ 滩里的地怎么耕？

按各队现有人口每人三分，好坏地由张宝斋搭配。每亩地开 15 分，争取月底耕完。

⑧ 什么时间改工分？

11 月 1 日改两顿饭，由 10 分改为 8 分。

⑨ 今年大队牧厂的草料怎么摊派？

玉米秸拉回牧厂喂，各队不平衡了。

高粱杆拉回烧窑，各队不平衡了。

谷草按往年办法分给生产队。

今年按牲口头数每个股给留料 500 斤。

现在每股先交高粱 200 斤，豆子 100 斤，其余先存到生产队，明春不足再收。

谷草每股暂按 1 500 斤交，不足明春再送。

⑩ 创业队打的高粮怎么处理？

制种高粱已产 1 200 多斤，卖粮库 1 000 斤，其余给生产队。一般高粱按工分分。

明天各队会计到大队研究具体如何分。

⑪ 王志文打算给张家口厂子买点小檩条木头，是否卖？

同意卖点。

1972 年 11 月 3 日(在苇子沟工地上)

召开支委扩大会议(此工记农建工内)

参加人员：杜万林、高祥、王永、张明德、李正林、张文科、王文清、高付、高桂有、田秀德、高洪元、薛廷甫、高祥彬、吕桂军、杨存秀、梁明，共 16 人。

讨论记录：

① 苇子沟已基本完工，为今后工作起见，应搞一次总结，根据各队实评情况，应把“好干部”“硬骨头”“铁姑娘”“铁大嫂”审定一下？

好干部：李正林、高祥、王文清、梁明(4 人)。

硬骨头：李付海、穆凤忠、张付、董成瑞、梁树江、李世海、高洪如、郜文海、李长发、李桂合、范世亮。(11 人)

铁姑娘：高淑琴、马淑琴、张青支、张淑平、张文平、张玉平、赵淑娥、张桂荣、木建花、木金莲、韩翠梅、高洪兰、郝建芬、薛淑琴、高淑艳、高秀梅、高庆莲、杨淑花。(18 人)

铁大嫂：马淑兰、曹玉娥、张淑珍、王淑珍、师秀芬、穆淑兰。(6 人)

以上共 39 人，均以口头表扬。

② 苇子沟如何搞？

八队留下每天必须上八人。

1、2、3、4、5、6、7、9 共八个队每队再来三个人，总共 32 人，由李正林、杜万林(连记工)，梁明负责，整修以便达到标准。

③ 滩里人怎么上？

1	2	3	4	5	6	7	9	10	合 计
10	15	15	15	9	13	7	10	10	104

明天队长代领到滩和大队具体研究搞清。

1972 年 11 月 4 日(在滩上)

召开支委队长会议(此工记农建工内)

参加人员：郭占熬(半天)、张宝斋(全天)、高祥(半天)、赵存德(全天)、张明德(全天)、罗有(半天)、王文清(半天)、高桂有(半天)、穆凤忠(全天)、李付海(全天)高祥彬(全天)、张珍(半天)、吕桂军(全天)，共 13 人。

注：半天的光在滩上开会，全天的下午回场院收拾草。

记录：基本意见：

刨滩验收仍按 1、2、3 等(指刨出的石头多少)；活土层要达到六寸(小石头拾尽)；不足六寸的(石头或者拾不尽)压等压工分。

验收时用铁棍尺子衡量。工由大队每天记工掌握。大致上五天由生产队长，大队支革委共同验收。从明天起确定张宝斋一个人值日，负责检查，休息，和郝存仕记工等。其余人员一律刨滩。

1972 年 11 月 10 日

召开支委扩大会议（此工应记农建工）

参加人员：杜万林、郭占熬（半天）、罗有、高祥（担石担水）、张明德，张文科（担石担水）、李正林（担石担水）、王文清（担石担水）、郝存山（半天）、高付、祁凤元、高桂有、彭正付、田秀德（担石担水）、高洪元（扛高粱）、高洪江、杜宪德（扛高粱口袋）、杨存秀、吕桂军，共 19 人。

讨论记录：

① 李正林说公社派柴火 80 个怎么分？

每个生产队两车，共 24 个，给谁送听大队指定。

② 评一下公社分给的 25 件绒衣？

杜万林、张宝均、张文彬、张明德、梁明、王进甫、韩风明、张连均、彭正付、穆凤德、高祥彬、张桂生、范世明、罗正全、马万山、李正林、高祥、李树林、张付、梁进、张艮、高祥早、郃文海、杜献德、张珍。

③ 王志文给张家口生产部门买的木头怎么搞？

因雪大不能搞了，写信告给王志文。

④ 副业加工搞不搞了？

小木货加工等雪化完之后上山检查，根据检查结果，在决定搞不搞。

最后就滩粮怎么分合理？电灯怎么安？

等经过社员讨论后再决定。

1972 年 11 月 19 日（在苏寺学校时间一天）

召开支委扩大会议：

参加人员：郭占奎、杜万林、罗有、张明德、李正林、张文科、穆奎喜、郝存山、李树林、高桂有、祁凤元、韩普、彭正付、高洪元、薛廷甫、高祥彬、吕桂军、杨存秀、杨宝福、张明海、张清祥、王建平，共 22 人。

会议首先由杨宝福传达了公社革委会“教育工作意见”的文件，然后把本大队学校工作情况进行了汇报，接着由张明海公布了 1970 年 11 月 4 日至 72 年 11 月 8 日，财务收支情况。对与会人员征求了对教育事业的意见。

讨论记录：

① 学杂费收不收？怎么收？免收。

② 张文科提原定雪化后上山检查小木货是否能砍，现在雪化差不多了，应抽人上山？

杜万林(西山)、马朋(水)、张文科(水)、高付(干)、高桂有(水)、田秀德(干)、高洪元(西山)、薛廷甫(水)、(高祥彬(干)、吕桂军(干)。

③ 电灯到底怎么安？

再次回生产队讨论，待过两三天决定。

1972 年 11 月 23 日一天

召开支委扩大会议：(在南队房)

参加人员：杜万林、郭占奎、高有、高祥、罗有、张明德、李正林、张文科、王文清、郝存山、高付、高桂有、祁凤元、彭正付、田秀德、高洪元、薛廷甫、高祥彬、吕桂军、杨存秀，共 20 人。

讨论记录：

① 李付江要求咱大队支持一部分干大柴看怎么解决？

1	2	3	4	5	6	7	8	9	10
1 000	1 000	1 000	1 000	1 000	1 000	100	1 000	2 000	2 000

收社员的，给社员每 100 斤 0.90 元，生产队给收送到合达营每 100 斤 0.30 元。

② 安电灯到底怎么搞？

现在 1、2、3、4、5、6、7、9 队，共 8 个队暂定合搞，8、10 队等给他队送线时再交人。全大队安齐后打倒算账，工、款找齐。结算办法安齐后再决定。合搞的办法，从变压器到古方王俊门口；

从变压器过沟门通过苏寺到水沟营子头；从苏寺大柳树通过穴子沟送到干沟营子头。村里面的线由生产队自买公益金开支。房言(檐)以里的设备由户里自己负担。凡是大队负责的线、杆由全大队出工砍。各队内用杆大队也不计价，保证供杆，生产队经大队批准自出工砍。八个队不分大小现在一样佃(电)款。负责安电灯的小组：

组长：王文清，副组长：祁凤元(兼管账)，成员：郝存山(兼保管)，李桂复、王永、张文科、彭正付、张明瑞、高祥彬，共九人组成。

③ 副业加工小木货，刚才上山检查坡的队长，已汇报了，到底搞不搞？

从明天起决定由张明德、高祥、王文清、高桂有负责，从干沟大北沟入手砍，怎么砍，工怎么记由他们根据具体情况另活掌握。明天先抽人：

1	2	3	4	5	6	7	9	10	计
2	2	2	2	2	2	1	4	4	21

如果需要加人，生产队听通知，要人上人，要车上车，抓紧时间大搞几天。

④ 公社分配 490 尺布评一下？

	1	2	3	4	5	6	7	8	9	10	
户	8	8	15	7	7	7	8	5	5	6	76
尺	54	52	75	55	43	48	48	30	43	42	490

⑤ 有的队长刚才提，应把收社员的草价讨论一下？

从今年起，干草定为每斤 4 分。今年起玉米秸为每斤 1 分，按这个价钱，各队必须统一执行。

1972 年 12 月 3 日一天（在北队房上）

召开支委扩大会议

参加人员：高有、杜万林、高祥、罗有、张明德、李正林、张文科、王文清、祁凤元、田秀德、高洪元、薛廷甫、高祥彬、吕桂军、杨存秀，共 15 人。

会议首先由李正林、祁凤元传达了公社三干会议精神，接着由明德把大搞农田水利建设，副业（汇报砍木头结果，打柴火情况，今天定加工木匠和报酬），三秋（核产、销、留问题，谷比子和高粱帽入存，坏山药下产粮，节约用粮，玉米湿怎么办？）思想革命化问题（加强团结，具体讲毛主席三个基本原则），下步生产（拉羊业，大抓垫圈积肥，拉粪等）。

讨论记录：

① 打井怎么安排？

10 队一个，9 队一个，7 队一个，大队在石盆子挖大口泉，共四个。

7、9、10 队因打井，大队搞泉可以不出工，如生产队同意出还可以出。打井需用的架杆大队批给生产队自出工砍。用的井盘木免费不计价。如原砍十根，用五根，剩余五根交回大队也不开工。大队挖泉人数：

1	2	3	4	5	6	计
3	3	3	3	3	3	18 人

8 队因远可以不来。滩出石头有多少人上多少人。

负责挖泉人：李正林、高祥。

记工人：韩志忠。

② 副业加工木匠，管理人怎么定？什么时间加工？

副业厂十个队的木匠和管理人，彭正付在决算前一律不换。明天大队给副业厂开个会，讲明意图厂工人没什么意见，明天开始加工。

③ 玉米湿怎么办？

玉米的确湿，有的打下就分，给加点水分，分给社员的玉米每 100 斤加五斤水分，入库的玉米每 100 斤加 10 斤水分，生产队账目搞清，大队炕一下标准，明天每个队交二斤，大队试验一下。

④ 检查兵给不给工？

不给工。

1972 年 12 月 6 日一天

召开支委会议(在张文富家)

参加人员：张明德、李正林、杜万林、高祥、祁凤元、杨存秀，共 6 人。

讨论记录：

① 支委有没有变动？

根据公社党委意见和征求群众的意见，一律不变。

② 革委会有无调整？

一律不变，缺一人，把支委杜万林提进来。

③ 创业队干部怎么定？

队长：张宝斋，副队长兼记工员：韩志忠。

④ 林业干部怎么配？大苇子沟负责人定谁？

林业主任：梁明，林业副主任：大苇子沟林业队长：张文科

⑤ 代销员变不变？

还是范德亮。

⑥ 医疗会计变不变？

还是郝存山。

⑦ 粮食加工人员怎么定?

还是张明瑞、李桂复。

⑧ 铡草人变不变?

还是王永。

⑨ 兽医员变不变?

还叫郝存仕。

⑩ 信用社会计怎么定?

还定杜万林。公社给的工,本人同意要工大队开工,款为大队,本人同意要钱,大队不开工。

⑪ 大队财政动不动?

还是李桂复。

⑫ 税收员定谁?

还是郝存山。公社 72 年度给的工资,归给郝存山,大队不再给郝存山补贴工。

⑬ 副业厂卖木渣手续怎么办?

大队库房怎么管?

从 12 月 11 日起卖木渣由郝存山给开单据,郝存山开单据当时收款,副业厂见单据发木渣,否则副业厂不能卖。

大队库房加锁子一把,由郝存山拿钥匙。

最后就生产队领导班问题,支委们进行了议论。

1972 年 12 月 7 日一天

召开支委扩大会议(张文富家)

参加人员:杜万林、郭占奎、高有、高祥、罗有、张明德、李正林、张文科、王文清、郝存山、高付、祁凤元、高桂有、彭正付、高洪元、薛廷甫、高祥彬、吕桂军、杨存秀,共 18 人。

讨论记录:

① 经过充分讨论后,决定的大队干部奖励工是:张明德 100、李正林 60、祁凤元 70、高祥 40 郭占奎 30、王文清 15、彭正付 20、杜万林 10、杨存秀 10,计 355。

② 经过充分讨论后,决定的生产队干部奖励工?

	队　长	副队长	会　计	政　指	支　委	小　计
1	高有 25	郭占敖 30	李桂复 20	杜万林 10		85
2	罗有 30	马朋 30	王永 20	张玉林 5		85
3	张文科 30	王立新 30	张文明 20	赵存德 10		90
4	高付 20	穆奎喜 30	郝存山 20	赵云奎 5	王文清 10	85
5	高桂有 30	杨进才 30	祁凤元 20	张付 0		80
6	田秀德 30	穆凤德 30	穆凤海 15	梁进 0		75
7	高洪元 20	张艮 20	张明瑞 20	穆凤忠 10		80
8	薛廷甫 25	高洪江 20	李付合 5	0		50
9	高祥彬 30	杜宪德 30	刘艮 20	高德仕 0		80
10	吕桂军 25	李献成 25	崔玉海 20	杨存秀 10		80
合　计						790

③ 据郭占奎同志汇报的教师座谈会情况，定一下教师报酬？

张明海全年 3 700 分，穆凤祥全年 3 500 分，张清祥以全年 3 700 分算 1—4 月给 1 240 分，王建平以上班到 12 月底给 2 200 分。

④ 李兆阁的报酬怎么定？郝存山的怎么定？

根据李兆阁的服务态度，今年仍执行去年的报酬，不分冬夏每天 12 分，补助每天二角钱，请假扣工，仍执行去年的。郝存山服务态度好，全年给 40 个工。

⑤ 代销员怎么给？

高庆云给 8 个，穆奎军不给，范德亮当时不给，明年再说。

⑥ 大队财政李桂复给多少？李桂复 20 个。

⑦ 兽医郝存仕给多少？郝存仕 10 个。

⑧ 林业主任梁明给多少？梁明 20 个，

⑨ 创业队干部怎么给？

张宝斋给 20 个，张珍给 10 个，郝存仕给 5 个。

⑩ 生产队保管员，财政，记工员怎么给？

根据服务态度：一人一职的不超 10 个工，一人二职的不超过 15 个工，光拿钥匙的不超 5 个工。

⑪ 今年刨滩已打了亩数，划了等级怎么给分？

一等的每厘 10 分，二等的每厘 8 分，三等的每厘 6 分。

1972 年 12 月 17 日一天

召开支委扩大会议（在北队房）

参加人员：杜万林、郭占奎、高有、高祥、罗有、张明德、李正林、张文科、王立新、王文清、梁明、高付、祁凤元、高桂有、田秀德、高洪元、薛廷甫、高祥彬、吕桂军、杨存秀，共 20 人。

会议开始由李正林传达了公社会议精神，由张文科传达了县林业会议精神，由张明德公布了七一年产量，就节约用草，防火防盗，队房清洁卫生，积肥垫圈，放牧、送粪等项工作作了安排。

讨论记录：

① 现在缺车货影响送粪的生产队报一下？

二队缺付条四对，同意批给，明天去水沟砍，回来到大队过数。

② 社员使木头，应派人下去定价？

由张明德、梁明、张文科三个人去。

③ 一队偷卖战备细木头六根，怎么处理？

处理款十元。批评从严，今后不能再搞。

④ 生产队使车货，原在 72 年 1 月 9 日定过。

	车辋		修	元条（对）	轴（根）	车头（对）	付条（对）	车成、主柱、压心每辆车价
	起	漫						
原定：	0.4 元	0.3 元	0.2 元	3 元	1 元	6 元	0.6 元	1.5 元
改定：	0.35 元	0.25 元	0.15 元	2.5 元	0.6 元	6 元		

付条、车成、立柱类不准生产队上山砍，到大队副业厂取，适当拿工分。

⑤ 社员用木料价变否？

六七年 12 月 8 日定：檩、欠、大山柱、车欠为一类每寸 0.90 元，柱子每寸 0.70 元，椽子以质论价，最高每根 0.80 元，连言指杨、白桦，每丈 0.25 元。

别的不变。从七二年开始每丈连言改为 0.40 元。

⑥ 社员给队里肥价怎么计价？

六七年 9 月 15 日定过：大粪每 100 斤五角，头等粪每车 0.30 元，二等粪每车 0.20 元,三等粪每车 0.10 元,其它粪每车 0.05 元。

现把七二年粪价定为(七三年后根据以后形势再定)。

鸡粪每 100 斤价 1.50 元,头等粪每车价 0.40 元,二等粪每车价 0.30 元,三等粪每车价 0.20 元,等外粪每车价 0.05 元。

1972 年 12 月 31 日一天

召开支委扩大会议(在北队房)

参加人员:郭占奎(多半天)、郭占熬、张宝斋、高祥、张明德、李正林、王立新、张文科、高付、梁明、高桂有、彭正付、穆凤忠、高洪元、高祥彬、吕桂军、杨存秀,共 17 人。

会议开始学习了地委转发张家口市委"贯彻中央 44 号文件宣传提纲",接着讲了"公社会计会口粮如何安排,饲料怎么留,留种籽问题,计划生育与晚婚问题,优军优属工作,保卫工作(喂料执行上墙表明年结算饲料),节约用草(草园管理),新年请客、节约粮食,积肥送粪(队长亲自抓、春节前肥基本送完)。订正了留料母猪等。

讨论记录:

① 优待工的对象怎么审查确定?

经过逐户审查,烈军属和二等以上残废军人户,确定彭正付一户。

同意队长在公社计算的结果。

计算办法:

彭正付常住户口 11 人,每人以 1 000 分,共需 11 000 分,自做工 340 个,优抚费 190 元,仍按 40%算打入 76 元,每 0.60 元,算一个工,共顶工 130 个,家庭收入彭宪军 6 月份起,每月 25 元,共七个月为 175 元,彭宪英每月 5 元,共 12 个月为 60 元,两项 235 元,每 0.60 元为一个工,共 390 个工;除三项后需补 240 个工。

② 农建出石头工分怎么定?

每方而言:一等每方 5 分,二等每方 8 分,三等每方 11 分。

③ 副业厂打截木头,加工把子怎么定报酬?

从上场以来,到七二年底以前定;打截木头每件七毫。加把子大把每件 7 厘,小把每件五厘,补助钱依前不变。

④ 药社今年怎么拿劳动分配款?

决定拿。

⑤ 农建粮食经几次讨论，到底怎么分合理？

今年以农建分不太合理，明年再改分的办法，今年已经分了，不再重搞。

⑤ 农建工怎么摊？

以今年分粮人口摊。每一口留粮人口从副业给 10 元，打入生产队副业收入，按工分分配。

⑥ 齐工找价怎么搞合理？

（经过讨论：出现了张明德和高桂有吵架，因此未定）。

经过和会计参加扩大会的订正，应留老母猪饲料的有：

① 李桂复①，张文海①。

② 李桂生①，高洪文②，罗正合①，马明。

③ 张明德①。

④ 高祥涛①。

⑤ 韩普①，韩志文①，韩风有①。

⑥ 高洪志①彭正德①。

⑦ 张良①，李化廷①，荣正廷。

⑧ 高洪江①。

⑨ 高祥彬①、高洪海、高祥青①、郤文海①、高德武①。

⑩ 杨存荣①，李树清①。共计 25 头。

1973 年 1 月 4 日一天

召开会计结算干部年度工分（因生产队记工）

参加人员：张明德、祁凤元、李桂复、王永、张文明、郝存山、穆凤海、张明瑞、薛廷甫、刘良、崔玉海，共 11 人。

讨论记录：

① 今年义务工怎么摊？

开大会摊工，义务工决定不摊。

② 把开大会应摊工的人和优待工劳力定一下？

	1	2	3	4	5	6	7	8	9	10	计
开大会人	42	54	63	61	45	51	46	27	44	37	470
劳动力	18	18	20	20	15	20	16	11	18	19	175

最后把经过公社审定的粮食产购留情况向各队进行了安排。

1973 年 1 月 12 日

召开支委扩大会议（凡划“○”号的回队记工。）

参加人员：郭占奎、杜万林、高有、高祥、罗有、张明德、李正林、王立新、郝存山、祁凤元、彭正付、田秀德、穆凤忠、薛廷甫、高祥彬、吕桂军、杨存秀，共 17 人。

会议传达了公社 11 号晚电话会议的精神“公社三干会搞计划生育，整风问题，打搞高温沤肥，粮食入库，民兵干部训练，公社基建等”。公布了大队七二年齐工问题，通过了七二年度各项收、支办法的计算方式，然后进行讨论：

① 去公社开三干会人员：郭占奎、赵淑娥、李兆阁、杜万林、张玉林、穆凤明、穆奎喜、杨进才、梁进、穆凤忠、薛淑琴、高德仕、杨存秀。

② 民兵干部训练人员：高祥、王铁军、郭占熬、王俊、张立新、王进甫、张富、穆凤德、张明生、高洪江、杜宪德、吕桂军。

③ 今后凡属各队平衡分工，大队不开工回生产队记工是否可以？

同意。

1973 年 1 月 20 日一天

分头开两个会议

参加人员：高有、王俊、李正林、王立新、张文明、穆奎喜、高桂有、彭正付、穆凤海、张艮、李付合、高祥彬、刘艮、吕桂军、崔玉海、祁凤元，共 16 人。

计划生育会：郭占奎、杜万林、张明德、赵淑娥、杨进才、穆凤忠、薛淑琴、穆凤明，共 8 人。

参加养猪会，计划生育及妇女会开入开大会用工：

	1	2	3	4	5	6	7	8	9	10	计
共人数	13	13	21	14	12	10	8	3	11	8	113

大队计划生育领导小组：

组长：郭占奎，副组长：祁守军，成员：李兆阁、郝存山、祁凤元、薛淑琴、穆凤忠。

1973 年 1 月 21 日

郭占奎告给（从 1、13—1、18 号）

本公社参加计划生育会议人员：郭占奎 5、穆凤明 5、赵淑娥 5、杜万林 5、穆奎喜 3、杨进才 5、梁进 5、穆凤忠 5、薛淑琴 5、高德仕 5、杨存秀 5、李兆阁 3。

郭占奎 1 月 13 日去干沟开会一天。

注去开公社计划生育会的工处理

划："○"号的回生产队记工，划"√"号的为大队记工。划"△"号的大队长期用人不开工。

1973 年 1 月 31 日一天

召开支委扩大会议

参加人员：郭占奎、杜万林、高有、高祥、张文科、张明德、王立新、穆凤喜、王文清、高桂有、彭正富、穆凤忠、薛廷甫、吕桂军。共 14 人。

会议由王文清传达了公社在合达营召开的公安会议精神(年节保卫)，接着就公布了民兵整组问题，把当前打井，积肥送肥，副业生产如何搞，计划生育及领导班子的建设问题讲了一下，然后讨论：

① 春节的假怎么放？

旧历二十九至初二共放四天。

② 烈军属在乡军人座谈会何时开？

大年初二开。

③ 军属王进祥的母亲要求寿材是否给？

虽然过去已订制度，她是军属应当照顾一口，价钱以后再说。

④ 大队春节民兵值班怎么搞？

31 号	1 排	2、4 号	5 排
2、1 号	2 排	6 号	6 排
2 号	3 排	6 号	7 排
3 号	4 排		

每夜二个人和大队看门的轮流放哨。

1973 年 2 月 4 日

召开烈军属在乡军人座谈会

主持人：张明德、李正林

与会人：高祥、王立新、张文彬、冀文付、王文清、李树林、张树生、梁进、彭正富、张天富、刘殿仕、张珍。

1973 年 2 月 5 日

召开党员扩大会议

到会人员：

	1	2	3	4	5	6	7	8	9	10	合计
人数	8	9	14	13	9	6	6	8	6	6	85

1973 年 2 月 5 日

到会人员：

① 郭占奎、杜万林、高有、张宝斋、马淑兰、张文桂、高普、郭占熬，8 人。

② 高祥、张玉林、李桂存、杜桂山、王永、王俊、马明、马朋、张宝均，9 人。

③ 张明德、李正林、张仲秀、穆永会、郜文明、赵存德、李淑兰、穆凤明、张立新、王失军、张文明、徐桂兰、张文科、张海江，14 人。

④ 王文清、赵云奎、郝元、李风先、李玉兰、李树林、穆奎喜、王科、王进甫、康登秀、赵淑娥、梁明、王喜梅，13 人。

⑤ 高桂有、祁凤山、祁凤元、张桂元、杨进才、韩普、韩志忠、韩翠梅、张富，9 人。

⑥ 田荣甫、田秀德、张清、穆凤德、穆凤海、彭正富，6 人。

⑦ 张文忠、张明瑞、张明春、张艮、穆凤忠、李天将，6 人。

⑧ 李天元、李付何、薛廷甫、郝存付、高洪朋、张天富、高洪如、高洪江，8 人。

⑨ 高德仲、高德仕、杜宪德、刘艮、高德明、郜文海，6 人。

⑩ 杨存秀、范成才、吕桂军、李献成、王占奎，6 人。

会议学习四个文件，(新年献词：党课教材第一讲，地委政工会议报纸，计划生育，其中就七二年总结七三年任务插了进去)，然后分别召开党员会：

通过接受新党员：高桂有、张立新入党。

分头召开民兵干部会：公布整组结果。

最后召开支委扩大(支革委、生产队正副队长)会议。

就公社召开政工会进行了定人员，就大队当前工作研究了，就祁凤明给小沟门亲戚做房架，准四天假。

1973 年 2 月 7 日到 9 号

在公社开政工会的有：杜万林、张玉林、张明德、王文清、祁凤元、穆凤德、穆凤忠、薛廷甫、高德仕、杨存秀。

一律回生产队记工。

（下转第 10 本）

会议笔记 10

1973 年 2 月 13 日

在开大会前，召开两委会议

讨论决定劳动模范受奖人员

奖旗：第五生产队

笔记本、毛巾：高桂有、王立新、穆凤明、穆奎喜、穆凤德、薛廷甫。共 6 人。

毛巾：张文桂、郭占熬、杜桂山、王银、马亮、张立新、杨宝善、张玉平。梁明、韩登良、王文清。杨进才、杜成志、韩翠梅、韩志忠。田秀德、张良、张文忠。高德武、刘殿仕。王占奎、崔玉海、张清祥。共 23 人。

口头表扬：高庆成、罗正全、马朋、郤桂海、吴立祥、赵永奎、李树林、郝存山、杨占奎、荣正廷、高洪如。

1973 年 2 月 19 日

分化肥后召开支委扩大会议，凡划“○”号的回生产队，参加人员：高普，李桂存、王立新、王科、高桂有、梁进、穆凤德、薛廷甫、高祥彬、吕桂军。郭占奎、高祥、张明德、李正林、杨存秀。共计 15 人。

所分化肥表：

		1	2	3	4	5	6	7	8	9	10		合 计
化肥	尿素	1 000	1 000	1 000	1 000	1 000	1 000	800	400	400	400		8 000
	硫安	956	973	2 086	986	1 175	1 560	1 000	600	588	594	120	1 063
	碳安	2 063	1 994	1 062	1 954	1 016	704	1 215	1 478	1 984	2 377	4 548	2 039
包装	麻代	5	5	11	5	6	8	5	3	3	3	1	55
	纤维代	10	10	10	10	10	10	8	4	4	4		80

讨论记录：

① 去县开会何时走？

明天走，后天走赶不上车。

② 送行李车去几个？那队去？

去两个。三、五队各去一辆。

③ 社员盖房要求大队解决椽子怎么办?

因为坡上产不出来,所以现在不应当给,如果今后产下了,有了木椽也不是不给。

④ 青松岭民工何时走?

明天就可以走。

⑤ 苇子沟的护林怎么搞? 因为有的队牲口去?

5、6、7、8 队今晚社员会上讲一下,加强放牧人员思想教育,严禁去大苇子沟放牧,如放追查,按制度办事。

⑥ 大队提出七三年社员借粮分户限量的工作,合理否?

同意大队安排的意见。

⑦ 去丰宁进药让谁去?

李桂存去。

⑧ 公社给瓦房 2 000 元,2 队要买牛支款给不给?

除进药拿 1 000 来元外,先支给 2 队 600 元买牛去。会议就解决 2 队挡罗家湾的柴火问题,进行了会议讨论和提出初步解决意见。

1973 年 3 月 6 日

召开两委会

参加人员:张明德、李正林、郭占奎、高祥、祁风元、祁守军、康登秀、郝存山、杜万林。共九人。

会议与省县三干会文件,讨论等。

决定 3 月 7 日召开社员大会。

3 月 7 日参加社员大会的人数:

1、2、3、4、5、6、7、8、9、10、　合计

27、29、39、38、24、28、20、13、21、22、261、

大会以后又召开了党员扩大所有干部会。

最后专门开了团员会议。

1973 年 3 月 10 日

在苏寺学校召开两委扩大会议

参加人员:(此工开入开大会用工)

1. 郭占奎、高有、杜万林、郭占熬、李桂复。5 人。

2. 高祥、李桂存、张玉林、王永、杜桂山。5 人。

3. 张明德、李正林、张文科、张文明、王立新、穆凤明。6 人。

4. 王科、穆奎喜、梁明、郝存山。4 人。

5. 高桂有、祁风元、杨进才。3 人。

6. 彭正付、穆凤德、穆凤海、田秀德。4 人。

7. 张艮、张明瑞、穆凤忠。3 人。

8. 高洪江、薛廷甫、李付合。3 人。

9. 高祥彬、刘艮、杜宪德。3 人。

10. 吕桂军、崔玉海、杨存秀、李献成。4 人。

会议分布了大队七二年亩产达到情况,各队进行了汇报。大队进行了总合,提出和通过了大队在县规划,然后分队进行了讨论,有干劲有措施。有条件完成计划。总之是一个鼓干劲的会议。

1973 年 3 月 18 日

召开两委扩大会议

参加人员:郭占奎、杜万林、高有、高祥、李桂存、张明德、王立新、李正林、穆奎喜、高桂有、祁风元、田秀德、张艮、薛廷甫、杨存秀、吕桂军。共计 16 人。

会议开始就 3 月 15 日支委会议研究的大队,药社、代销搬家和重新改修房屋问题和大队创业队、林业队等大队抽人问题,向会议提出了意见,然后进行了讨论:

① 工分什么时候改?

从四月一日改 10 分。开三顿饭两上班。

② 今年公社修建,青松岭等外出工的工分怎么定?

公社修建小工:来回跑的比农业每天加 1 分。住在那里的比农业每天加 2 分。

凡抽的泥工和木工报酬一样,比小工多 2 分。公社抽 1 名付主任代工,决定郭占奎去。公社修建在那里入伙的按入伙天数补粮,凡是不入伙的一律不补粮食。

③ 副业厂加工柄把的报酬怎么定?

因 1、2 月份的料比较不好,所以决定 1—2 月的木把报酬,大把每根 9 厘,小把每根 7 厘。

补助款每个工分 8 厘,报酬以合格把算。

④ 支委根据公社指示大队、药社、代销点统一搬到原学校院去，看怎么样？

同意支委安排意见，由张明德、祁风元负责，马上抓紧修建工作，具体怎么安排房和怎么修？由他们根据具体情况办。

⑤ 这次在干沟大北沟砍树，给不给补助？

因上次大部分干部去县开会未参加上山，所以补了款。这次干部大部分上了山，带了头，所以这次就不补助款了。

⑥ 根据支部对干部的安排，按照党的政策，罗有因几年来干工作积极，不怕苦不怕累，立场坚定，因特殊情况要求当了队长，支部工作提到大队来，在副业厂参加木活加工，看怎么样？

同意。决定罗有为副业队长。

⑦ 公社师老师把打算安排薛英方的意图讲了，根据刚才讲的第 8 队社员意见，大队怎么办？

原去学习时，已经经过 8 队全体社员讨论，一致同意让去，现在因精减而上级没分配，这次公社安排民办的，大队决定让他去。由 8 队留基本口粮，工分粮由用人大队给，光交 8 队基本口粮款，别的也不再向 8 队交，至于报酬，按工分所得的款全部归薛。

⑧ 现在把劳力抽调情况的安排意见是：

同意这种算法。根据上述算法出清。

甲：木匠按现在情况到底换不换？

同意原来人员不变。

乙：林业队人员定谁？

张文科、梁明、董成瑞、穆永清、薛风桐、高洪如、刘殿仕、吕成林。

丙：副业厂是否单设一个管理人员。

必须设一个，仍决定彭正富。

丁：创业队人员定谁？科研负责人，技术员定谁？

张宝斋、杜连瑞、李振洪、罗彬、李茂春、李洪有、郤挂合、李清秀、祁守相、高庆德、李世海、杨德录、杨德义、韩志忠、杨进祥、张玉海、穆凤祥、梁树江、穆永生、高德祥、高庆林、高祥甫、郤德文、张海军。

创业队长张宝斋，兼科研负责人，韩志忠为技术员。

对在薅苗时不能胜任的，由生产队给调换。

	已出工								大队干部		合计	按人摊工			按劳力摊工			应出人	实出人	定人
									大队干部											
	木匠	社员	代销	公社款		青松岭	旧社	林业	姓 名	顶工		人口	比例	出人	劳力	比例	出人			
1	1	1							杜万林、郭占奎	1.5	4.5	87	4	3.5	18	1.7	3.1	6.6	2.1	2
2	2					1			高祥、王永	1	4	100	4	4	18	1.7	3.1	7.1	3.1	3
3	1					1		1	李正林、张立新、张明德	1.5	4.5	125	4	5	22	1.7	3.8	8.8	4.3	4
4	1					1	1	1	郝存仕、王文清	.5	4.5	109	4	4.4	22	1.7	3.8	8.2	3.7	4
5	1							1	祁风元	.8	2.8	81	1	3.2	15	1.7	2.6	5.8	3	3
6	1				1	1			彭正付	1	4	91	4	3.9	21	1.7	3.6	7.5	3.5	4
7	1	1				1	1	1	张明瑞	.8	5.8	82	4	3.3	16	1.7	2.6	5.9	0	
8	1	1						2			4	49	4	2	11	1.7	1.9	3.9	0	
9	1				1	1		1			4	77	4	3.1	19	1.7	3.2	6.3	2.3	2
10	1		1	1		1		1			5	83	4	3.3	20	1.7	3.4	6.7	1.7	2

1973 年 4 月 5 日 1 天

召开两委扩大会议

参加人员：杜万林、张宝斋、高有、李桂复、高祥、杜桂山、王永、张明德、李正林、张文科、王文清、穆奎喜、高桂有、祁风元、彭正付、田秀德、穆凤海、穆凤忠、张明瑞、薛廷甫、高祥彬、杨存秀、吕桂军、崔玉海。

公社武装部长小张。共计 24 人。

会议开始各队人汇报了，贯彻落实公社三干会议精神（特别是杂交粮地场），然后进行了讨论。

④ 如何成立检查农具、肥料、种籽的检查组？

明天划三个组：

1 组：1—4 队除每队队长参加外，两委由李正林负责。

2 组：5—8 队除每队队长参加外，两委由高祥负责。

3 组：9—10 队除每队队长参加外，两委由杨存秀负责。

① 农作物场地落实（特别是杂交籽）情况：

	总土地	其中滩分	农作物落实地场								其中杂交种	
	总亩										其中在滩地	
			谷类	玉米	高粱	山药	白薯	油菜	玉米	高粱	玉米	高粱
1	153	13	41	51	39	8	2	12	51	39	4	4
2	179	16	41	61	46	10	5	16	61	46	5	5
3	209	18						18	70	54	5	6
4	215	16						19	70	56	5	5
5	145	12	32	55	37	6	3	12	50	37	3	4
6	157	14	40	52	40	9	2	14	52	40	4	4
7	136	12	31	48	36	10	0	11	48	36	3	4
8	111	8	29	38	28	3	2	11	38	28	3	2
9	155	12							51	39	4	3
10	180	13	43	77	35	10	0	15	59	35	4	4
合计	1 640	134							550	410	40	41

② 杂交玉米、高粱籽储运情况。

	需用		本队自有					明天再调							
	玉米	高粱	玉米		高粱			玉米		高粱		玉米		高粱	
			滩分	滩粮	滩分	滩粮	滩余	农大4号	忻费21号	丰朵	无朵	斤数	地点	斤数	地点
1	255	117	92	20	21	12	7	100				43	公社粮库,忻黄单21号	71	矿滩1队元朵部
2	305	138	110	25	26	15	7	50				120	怕黄单21号60斤	90	矿滩1队元朵部
3	350	162	126	25	31	18	7	120		40		79	公社粮库忻黄单	66	矿滩1队元朵部
4	350	168	126	15	27	15	7	100			60	99	公社粮库忻黄单	59	矿滩1队元朵部
5	250	111	99	15	20	12	7	105		10		31	公社粮库忻黄单	62	矿滩1队元朵部
6	260	120	95	20	24	12	7	71		10		74	公社粮库忻黄单	67	矿滩1队元朵部
7	240	108	86	15	19	12	7	60		10		79	公社粮库忻黄单	60	矿滩1队元朵部
8	190	84	68	15	11	6	7					101	白草中朵11号	60	风朵2号公社粮库
9	255	117	92	20	21	9	7	100				43	公社粮库忻黄单	80	风朵2号公社粮库
10	295	105	106	20	22	12	7		50			119	白草中朵11号	64	风朵2号公社粮库
合计	2 750	1 230	1 000	200	228	123	70	706	50	70	60	794		679	

以上根据亩数算的，明天一定调清。

③ 确定播种负责人。

										包队人	
1	张文桂	张文德			高庆支	高　有				郭占奎	4.15
2	李桂存	张宝军	高　祥	马　明	罗正合	张玉林				高　祥	4.15
3	李正林	张宝殿		张文明	穆永会		张立新	穆凤明		李正林	4.15
4	李树林	王文清		王　科	赵云奎					王文清	4.15
5	祁正元	高桂有		祁风山	杜成志					祁风元	4.15
6	田秀德	穆凤山		穆凤海	张清					彭正付	4.15
7	张文忠	李付海		李天将	李文奎	穆凤忠				穆凤忠	4.15
8	高洪江	高洪朋	薛廷甫							薛廷甫	4.15
9	高洪海	高祥彬		高德明		刘　良				高祥彬	4.15
10	范成才	杨存秀		孙付怀	邵胜明	吕桂军				杨存秀	4.15
											要求10号

以上人员已经会议审定。两委包队所在那个队负责那个队，不用互相调。

⑤ 今天会议是否开个社员动员大会？

因为分散，今天晚上以生产队集中人，大队：用收音机开。开后进行充分讨论。

⑥ 如何训练扶犁手，下籽员，包套的？

在8号晚上召开支部扩大会议。党团员、生产大队、小组以上干部，扶犁手、下籽员、民兵干部，以及大队，生产队所有干部，全部参加。会后由生产队讨论研究。

⑦ 把赶牲口和猪的制度再定一下？

社员猪，每赶一口罚款5角（不出窝小猪例外）。由赶猪人经过大队而后和生产队算账。至于牛、马、驴、骡，每赶一头扣5分，大队扣生产队，每赶一头给赶牲口人记三分工。工分由大队负责调拨。

⑧ 张桂成因病严重，要求大队解决棺材怎么办？

因是贫下中农,所以又是救济户,因此决定给料不给拉板,如果拉开板,当紧用大队可以设法帮助做。

⑨ 公社分配七三年造林任务怎么办?

造林全年任务	(亩)其中春季	育苗	四季造林(万株)	封山育林(亩)	补植(亩)	幼林培育(亩)	油松苗(万株)
250	200	20	1.3	150	150	300	3
	由林业队搞	由林业队搞	按各队实有人口每人15株	对面四个造坡	对面四个造坡	大北沟100大南沟100小南沟100	不要苗大队买籽自搞

⑩ 为实现杂交种植,公社党委指示定几条纪律?

为保证粮食上纲要,采取下列纪律约束,① 耕地不按公社分配亩数搞,(特别是杂交种)怎么办?首先查清责任后,杂交玉米每亩定500斤,包产量,逐年从口粮户扣。

② 种籽不按大队(经过公社审定)核算的调怎么办?

谁抗拒由谁每斤拿钱0.30元。

③ 不按科学种植的办法算怎么办?

首先对支革委包套的,包队的进行处理。对于户在两委扩大会议上和生产队领导班或社员会进行批判。凡是党团员给组织处分。

④ 不按技术要求定苗怎么办?

按技术要求计算棵数,每亩以400斤计产,秋后扣锄苗人口粮。

⑤ 对学习何横城的经验有阻力怎么办?

凡那一个队出现有阻力,除对其在本队和大队批判外,在到本大队所有生产队检查受批判。凡是党团员的,在组织中还得受批判,情节严重给纪律处分。

对以上5项做出成绩者,除在生产队,大队,社员会上表扬外,特殊的经大队两委会议审定,给予物质奖励。

1973年5月14日

李正林在合达营参加公社会议回来讲:

① 会议中心汇报墒、苗情及查补苗行动情况,汇报大队当前存在的问题。

② 公社分配修赤城—温泉—剪子岭的民工5人,16号早到公社上车,口

粮带到9月底，带碗、筷、洗脸用具。

经研究决定，1、2、3、4、6队各1名民工。

15号由3、4队各出1车送粮和行李。

③ 4队欠征购粮108斤。

④ 这次会议强调以大队组织大检查，逐块检查，马上查补。检查各生产队库房粮食是否霉坏。

决定明天分三片进行查苗和粮库的粮食。

三片划分：① 1、2、3、4队为一片，各队长和创业队长、大队由李正林参加。

② 5、6、7、8队为一片，除各队长、大队郭合奎参加。

③ 9、10队为一片，除队长、大队由杨存秀参加。

⑤ 反击资本主义倾向，彻底解决小片地，破坏山林等。

⑥ 各队搞作业组，把苗留好，杂交高粱株距六寸，玉米一步，4—5株。

⑦ 动员一切劳力，早出晚归，执行底分活评。

⑧ 公社对积肥工作安排：

大队成立积肥领导小组：生产队成立2—3人积肥专业队。每队出1—2个牛车拉土给队和社员垫圈。

社员养猪从养猪那天起，每天记一分工，不关猪扣一分工。每头猪全年交25车好肥，1等肥每车记15—20分。超一车奖2分，亏一车扣2分。人粪参土每人每年交10担，质量好的每桶7分，超1担奖2分，亏1担扣2分。社员的猪圈和厕所由生产队给建，如果同意建一个猪圈队给记50分，同意建一个厕所给记20分。六月底完成。

每生产队有1—2个大粪坑，社员没粪坑由生产队指定地点。杂粪每人每年交5车，每车记8—10分。

超1车奖1分，亏1车扣1分。

每户每年打1盘炕，队记70分，不打扣30分。牛、马、驴、骡，每头每年积30车，每只鸡每年交10斤粪给记三分工。

大队六月底建起5 406菌肥厂。

经张明德、李正林、王文清、祁风元、彭正付、罗有，在5月14日下午，研究下列几个问题：

① 现在存的瓦怎么处理？

本大队社员用，谁先过给谁。

② 瓦窑是否开？同意开。提到两委扩大会议决定。

③ 牧厂的牲口 1 个人放不过来怎么办？

先由彭正付迎、送坡，以后看情况再研究。

④ 加工报酬 1—2 月已定，3 月以后未定怎么办？

暂按 1、2 月的标准予开 3、4 月份的，待两委扩大会议决定后，长退，亏了再补开。

⑤ 下步副业加工料怎么砍？

因这次砍的料不好，把这次料做清后，再由大队组织砍。现在中心转向查补苗，何时砍推几天研究。

⑥ 4 队盖房用菜椽 70 根，连言 12 丈。梁明用连言 12 丈，5 队用菜椽 60 根，连言 8 丈。薛德彬用菜木 40 根杆，连言 10 丈。范世明用连言 4 丈，批不批？

同意批，由 4、5、10 队到干沟大北沟砍，大队派人去过。

1973 年 5 月 17 日上午半天

召开两委扩大会议：

参加人员：郭占奎、高有、李桂存、张明德、李正林、王立新、王文清、穆奎喜、高桂有、祁风元、田秀德、彭正付、穆风忠、薛廷甫、高祥彬、吕桂军、杨存秀。

(会议待开前汇报检查结果)共计 17 人。

会议开始学习河北日报刊登的何横城经验。然后讲：① 当前应大抓查补苗，全民动员，不能因下了一点雨，而思想麻痹。

② 动员一切劳力，早出晚归，执行底分活评。

③ 会议讨论了生产队如何搞作业组，实行定额管理。

④ 抓紧时间给公社送柴火。

⑤ 抓紧时间给公社修建，送小米每队 30 斤。

⑥ 把公社积肥安排讲了一下。

⑦ 如何搞好谷子，用六六粉拌土，给苗撒毒土。然后讨论以下几个问题。

① 木匠加工报酬怎么定？

因为三月和最近砍送木料不好做，所以 3—5 月的工分，仍以 1、2 月定的不变。

② 瓦窑是开是不开？

同意开。各队出人是：

做瓦的：高德仕、张文德或张文海。

扣砖的：包秀廷。

提桶的：马明、韩志文。

泡泥的：3、6、7 队各 1 人。

明天上场整场，由祁风元、彭正付、罗有抓建场。

至于报酬：不低去年。究竟多少以后再定。

各队用瓦可以多打柴火，以款互补。

③ 大材木怎么给合达营木材站送？

由副业厂鉴定后，根据数量和 1—7 队要车，晚装早送，一个人赶 2 个车。每车拉不少于 700 斤，送一次人 7 分，牛 7 分来开工分。

④ 搞计划生育，对卫生所开给的刮宫，上环，结扎如何照顾工和面？

七二年大队经过研究几次，凡七二年的开工都负担。七三年的一律不分刮宫、上环一律不负担。

现在搞男女结扎、需卫生单位证明由生产队给工。

刮宫照顾白面三斤，结扎给 5 斤白面。生小孩不分几胎一律不给。

⑤ 牧厂的骡子卖不卖？卖几个？

同意卖 4 个，请示公社批准。

⑥ 根据 2 月份对各生产队粮食安排，能外调粮食的队再定一下，以及大队安排？

高有说 1 队调给 1 000 斤，高祥彬说 9 队调给 1 000 斤。

⑦ 把几个支委研究在 5 月 14 日对几户社员用木料的意见，看是否行？

3、4 队提出干沟大北沟砍不上，同意叫他们去水沟掌砍，砍由张文科过数。

干沟 2 户需用的由 10 队在大北沟砍，由杨存秀、吕桂军负责过数。

8 队盖旱棚缺的几根也同 4、5 队一齐砍去。

1973 年 6 月 5 日

统计后拉来化肥分给各队情况

		1、	3、	5、	6、	7、	9、	10、	计	合 计
汽车拉来										6 827
彭正富	公斤	487	578.5		485.5	203	292.5			
手　取	市斤	974	1 157		971	406	585			
张明德	公斤									

续 表

		1、	3、	5、	6、	7、	9、	10、	计	合 计
手取	市斤				500			1 450		
合计市斤		974	1 157	500	971	406	585	1 450	784	6 827

1973 年 6 月 21 日 1 天

召开两委扩大会议　　　划“〇”号的回本单位记工。

参加人员：郭占奎、高有、张宝斋、罗有、张玉林、张明德、李正林、王立新、张文科、王文清、郝存山（下午半天）、穆奎喜、祁风元、高桂有、彭正付、田秀德、穆风忠、薛廷甫、高祥彬、吕桂军。共计 20 人。

会议首先就 20 号分两个组对十个队的生产情况进行检查的结果，向两委扩大会作了汇报，根据检查结果进行小计，评议结果 1 组（1、2、3、4、8 队）1 队为 1 等。3 队为 2 等。

2 组（5、6、7、9、10 队）5 队为一等，6 队为二等。

全大队评为 5 队为 1 位，1 队为二位。

评后就县委赴何横城参观当前的汇报提纲，进行了学习和议论。然后讨论：

① 社员生活怎么安排？

仍由大队全面安排。73 年初大队确定的每户借粮指标不变，按原确定的粮表分月安排下来，逐月由大队审批到户。

② 大队的开支问题，有的地方较为混乱，打算改一下开支制度。具体改为：

不论大队办公室、代销点、创业队、林业队、牧厂、粮食加工厂、砖瓦厂、副业加工厂。

药社（虽然单位多，但手续相同）。一律不准从代销点购置物品等东西。凡是上列单位所需，经大队兼管财务，负责人和会计审查和郝存山一次到代销点购买，并有批准人在单据上签字，财政可付款，会计可报账。各单位所需

……………

④ 副业厂的管理问题。经几个人商量，全面领导全由副业队长罗有

同志负责。(木材加工,砖瓦),副业备料由大队具体安排。验收把子由祁风元他一人研究验收。具体手续由罗有办,但是由祁风元具体辅导,罗有整好单据由祁风元去合达营算账,回来交给罗有,有罗有和李桂复接交。

卖木渣先从郝存山手开单据,然后到厂子凭条提货。卖柱子椽子一类木头,必经革委会批准,有批条卖给。罗有不脱产,但是每天因公误工,经副业加工小组评议,记入单位的"罗有误工记工本"。

每月开工分,结算账目由祁风元帮助办理。同意这个安排。但是党支部必须狠抓领导。

⑤ 把砖瓦厂的报酬定一下:

瓦匠每 1 000 块瓦 15 分,补款 0.30 元。

提桶每 1 000 块 14 分,补款 0.20 元。

泡泥每 1 000 块 13 分,补款 0.15 元。

扣砖的一砖顶二瓦,按作林的计算。

凡是不合格的砖、瓦坯子,以百分比十扣除扣砖的和做林(拎)提桶的报酬。看窑的人仍打杂工。每窑蓝的补款 20 元,红的 15 元,(因特殊情况,酌情处理)。烧窑的每人每天 13 分,补款 2 角。

⑥ 今年卖砖瓦价怎么定?

仍以去年的蓝砖每 1 000 块价 40 元。蓝瓦每 1 000 块价 26 元。不分本大队与外大队,都是一个价。

⑦ 副业加工报酬怎么定?

	正品	副业	次品	
大把	8	8	4	
小把	8	6	2	(指每根为厘)

打结木头大队检查木头头。此报酬暂定为 6、7 两个价。

⑧ 砖、瓦已足一窑,公社又当紧用货,怎么烧?

23 号开始装窑,除砖瓦厂人员以外,1、2、3、4、5、6、9 队各来 1 人,不足再要。

打毛柴:以每生产队的劳力算每人三个过秤,每斤 8 厘。具体劳力由生产队掌握。

大队欠生产队条验收,超出者暂不收。

青叶柴火:1、3、4、5、6、8、9、10

80、80、50、80、80、40、40、60

烧窑人：高普、李海林、杨宝山、彭正德或梁树海。

⑨ 当学了县生产指挥部发的关于山杏管理的通知，具体到咱大队如何管理？如何组织采摘？

狠抓管理，从现在起让林业主任梁明上山检查，杜绝外大队来摘。本大队统一采摘时间，等成熟由大队通知下手，采摘时全民动员（各队一律停都摘）。采摘办法请示公社，如果允许叫社员摘（可以摘的尽收入大贡献多），如不允许，另行研究。对不遵守统一时间者，将摘的杏全部没收，从严批判，酌情罚款。

⑩ 72 年 7 月 24 日支革委已分工，是否再明确一下？

张明德，负责全面，（重点抓政工）。

农业牧付生产：李正林、祁风元、彭正付。罗有、张文科、张宝斋、梁明。

青妇：杜万林、祁守军。张立新、张明春、张玉莲。

文教卫生：郭占奎、郝存山。张明海、李树林、韩普。

财贸：祁风元、郝存山、杜万林。李桂复、张明瑞。

公安武装民兵调解：王文清、高祥、祁风元、彭正付、杨存秀。

1973 年 7 月 7 日

召开两委扩大会议：（用工开入学校修建工）

参加人员：郭占奎、高有、高祥、李桂存、张明德、李正林、王立新、王文清、穆奎喜、祁风元、高桂有、田秀德、穆风忠、薛廷甫、高祥彬、吕桂军。共计 16 人。

上午学校包墙。会议开始先汇报了去涿鹿参观情况。然后讨论了以下几个问题：

① 对山杏如何管理？

全大队统一采摘时间。如个别人不遵守统一时间，所摘的杏全部没收归大队，每上 1 天山，大队罚款 2.00 元。生产队对违背包庇不汇报，大队对生产队每上山一个人罚款 5 元。

今年采摘山杏，不集体经营全部归给社员。外大队来人住在亲戚家摘杏，杏全部没收归大队，对留客的生产队每人每天（一次同样）罚款 5 元。今年所没收的杏和所罚之款一律列入大队副业收入。对揭发的人，除在会上进行口头表扬外，所罚之款以五分之一给奖励。

② 收电站包工情况汇报了，人员怎么办？

1、2、3、4、5、6、7	合计
去人：4、4、5、5、4、4、4	30

明天天亮就走。用 2 元款给买菜。

③ 砖、瓦已快出窑，初步打算砖全部给公社基建，瓦给社员一部分，给公社基建一部分。把要求瓦的户生产队审查一下，是否同意给？给公社送砖瓦怎么记工？

同意大队砖、瓦的处理意见。下列户可以给瓦：

郑文彬 6 000、昝元 3 000、高有 400、罗有 3 500、高祥 600、王立新 1 200、穆奎喜 1 500、四队 2 000、李桂合 5 000

给公社送砖瓦（每个车装砖 120 块、瓦 700 块）

1 个人赶两个车，每趟每人 8 分，每个牛 8 分。

④ 公社党委已经讲了，不准社员放猪，必须关上，对违者怎么处理？

社员每 1 次每放一个猪，罚款 5 角。在这个会议上，着重又讲了以下几个问题：

① 防洪问题；

② 社员借粮与粮食保管问题；

③ 收化肥袋问题；

④ 副业备料问题；（计算到摘山杏前够做，如不足，生产队出少量人砍点，等摘完杏，大队具体安排再多砍）。

1973 年 7 月 11 日下午半天

召开两委扩大会议（出窑、休息时开会，地点瓦窑）

参加人员：郭占奎、高祥、李桂存、张明德、李正林、王文清、穆奎喜、高桂有、田秀德、穆凤忠、郝存山、高祥彬、杨存秀。共 13 人。

讨论记录：

① 刚才已订正了各生产队，各队社员都未上山偷摘杏。各队也未见别队有人上山摘杏，根据林业检查和部分社员反映，杏已基本成熟，公社指示 15 号左右开始摘，到底咱大队多会摘？

明天全大队开始，全部摘杏。放几天假由大队根据情况临时通知。就是否使用牛车问题，由各队自行安排。今年生产队不经营，全部归给社员个人。

凡本大队没有户口的人，一律不准上山，如果上山按 7 月 7 日所定制度执行。

② 下窑柴火怎么安排？

以生产队劳力总数算，每人 5 个青业（叶），摘完了杏就准备柴火，各队割在坡上漫晒或拉回，散开晒，由各队安排，凡大队收于青业（叶）。

③ 下次把子怎么安排砍，地点定哪里？

何时砍听大队通知。地点定四亩沟和水泉沟掌。

1973 年 7 月 17 日上午去瓦房沟开会的

高有、李桂存、张玉林、张明德、王立新、穆奎喜、高桂有、田秀德、穆凤忠、薛廷甫、高祥彬、杨存秀。共 12 人。

1973 年 7 月 17 日下午开会半天

参加人员：高有、张玉林、李桂存、张明德、李正林、王立新、穆奎喜、高桂有、田秀德、穆凤忠、薛廷甫、高祥彬、杨存秀。共 13 人。

会议开始把在瓦房沟开会的重点中心又说了一下，然后进行研究：

① 如何进一步办好政治夜校？

要狠抓路线教育，批判整风，以实际行动迎接十大和四届人大的召开。

② 大搞绿肥怎么搞？

从 19 号开始利用下午半天时间，搞几天，进行突出，全力以赴。

③ 瓦窑柴火怎么准备？

7 月 25 日前割好。

④ 创业队的地怎么安排淌（趟）？

明天 8、10 队各来两套，淌（趟）两至三天。

⑤ 副业厂的把子怎么砍？

明天砍。地点仍去四亩沟和水泉沟掌。各队去人和牛车是：

1、2、3、4、5、6、7、9、10　　计

去人：4、3、4、4、2、4、2、4、4、31、

去车：4、0、4、4、2、0、4、0、0、18

⑥ 公社基建要木匠谁去？

张文祥、吴立祥、郑万余、张化堂。

⑦ 这次砍把子的要求：

根节 1 节双料的，专做把子的，这次不砍大柴，如砍大柴不计工分。这次以 20 分往下评。

1973 年 7 月 22 日下午半天

召开生产队长会议

参加人员：高有、高祥、李桂存、张明德、李正林、王立新、穆奎喜、韩风明、祁风元、田秀德、李付海、吕桂军。共计 12 人。

收各队麻袋和纤维化肥袋。当学了红旗杂志“牢记党的基本路线”文章，然后研究的几个事：

① 压录(绿)肥如何掀起高潮？

明天立即行动，全力以赴搞，每天除旱，还要抽半天时间，下雨后集中搞。

② 给谷子打磷酸，二氢钾药，大队买回 30 市斤，每公斤 4.68 元，那个队搞几亩？

1、2、3、4、5、6、7、10　　合计

2、2、4、4、4、4、3、3、4　30

喷雾器大队开支，生产队借用，哪队用坏哪队赔。

③ 把子怎么砍？

从明天起，1—9 队每队每天出一个人，赶一个车，到水沟去砍，当天拉回，因为现在农忙先搞一段，待农活稍松再集中力量砍。大队去 1 个人，具体掌握，工分仍以 20 分往下记。

杏杉加工怎么安排？

由张明德、祁风元具体掌握，具体那个队加工由大队临时安排。大队掌握过秤，加工时个人摇，个人筛，不加二次。

收费问题：本大队每 100 斤，0.30 元，秋后扣款。外大队每 100 斤 0.40 元，收现金。

1973 年 8 月 26 日 1 天

召开队长，会计会议

参加人员：张明德、郭占奎、高有、李桂复、李桂存、王立新、张文明、穆奎喜、韩风明、田秀德、穆凤海、穆凤忠、张明瑞、薛廷甫、李付合、杜宪德、刘艮、吕桂军、崔玉海。共 19 人。

经过全大队按地看，然后在干沟学校召开了会议，由任付书记传达了公社三干会议精神。进行了估计，安排当前几项工作。

1973 年 8 月 28 日下午半天

召开两委扩大会议

参加人员：郭占奎、高有、高祥、李桂存、张明德、李正林、王立新、穆奎喜、郝存山、高桂有、祁风元、田秀德、彭正付、穆凤忠、郝存付、高祥彬、吕桂军、杨存秀。共 18 人。

讨论记录：会议开始，算了打草帐，登记了护林小组，选种小组，统计了社员需用砖瓦。

① 打草地点怎么分？

依着去年分的别的不变，就把去年给 8 队的特二沟拿出给 5 队。

九月六号开始打草。

② 经过汇报和公社邢书记看的打井情况，具体到各队打井怎么安排？

1、2、3、4 队每队打 2 眼。

③ 打井专业队怎么成立？

队长：高祥

队员：李茂春、郜桂军、祁守相、李世海、张玉海、穆凤祥、穆永生、韩志品、赵玉德、郜文海、高照明、张海军、郜德文。共 14 人。

④ 咱们的瓦窑再搞几窑？

共搞三窑。明天和后天出窑。上次拿来的席，不往回拿席了。为了使今后事情好办，决定这几个席给款。

1、3、4、5、7 队每个席付款 3.50 元。2 队的席付款 2 元。

⑤ 副业生产怎么安排？

29—30 号出窑。31 号砍木头，地点 1—8 队去双腰沟。9—10 队各找一个人砍大队验。

1973 年 9 月 10 日 1 天，在苇子沟

召开两委扩大会议

参加人员：高有、李桂复、高祥、李桂存、王永、张玉林、张明德、李正林、王立新、张文明、穆奎喜、王文清、高桂有、祁风元、田秀德、穆凤海、彭正付、穆凤忠、张明瑞、薛廷甫、高洪江、李付合、高祥彬、刘良、杨存秀、吕桂军、崔玉海、张宝斋、梁明、张文科、罗有、张立新。共计 32 人。

注：凡划“○”号的回生产队记工。

凡划“△”号的回创业队、林业队、副业队记工。

凡划“√”号的是大队记工。

会议开始学习了十大重要文献“新闻公报”、“政治报告”、“修改党章报告”、“新党章”，然后传达了县召开的扩大会议精神，最后就当前打草，副业的送料，准备柴火，打井问题，及三秋工作进行了安排。

讨论问题：

① 下窑烧瓦每个劳力分配几个青业(叶)柴火？

按 5 个分配。20 号前打好。

② 公社三干会怎么安排？

大队：李正林、张宝斋、高祥、张立新。

高有、李桂存、王立新、穆奎喜、高桂有、田秀德、穆凤忠、薛廷甫、高祥彬、吕桂军。8 队的柴火。林业队拿菜。

③ 生产队、大队的农建规划怎么做？

大队前作的基本上适当，今晚各队开社员会，如有出入，明天汇报到大队再进行修改。

1973 年 9 月 16 日结算的各生产队公社牧厂草料结算表。

			1	2	3	4	5	6	7	8	9	10	计
派　料			670	770	960	840	620	745	625	370	590	610	6 800
实送	料	豆子	133	153	190	166	123	148	125	57	117	128	1 340
		高粱	33.5						47.5			52.5	133.5
			102.5	152.5	187	169	127.5	151.5	80	51.5	118	80.5	1 220
		合计	136	152.5	187	169	127.5	151.5	127.5	51.5	118	133	1 353
	谷　草		655	725	860	840	580	685	625	390	615	652	6 627
对比	草	余亏								20	25	42	87
			15	45	100		40	60					260
	料	余亏	3			3	4.5	3.5	2.5		1	5	22.5
				5	3					5.5			9

1973 年 9 月 15 日

去公社开三干会议

9 月 11 日上午劳动下午去，到公社报到。

9月15日上午从公社回来的。

参加人员：李正林、高祥、张宝斋、张立新。高有、张玉林、穆奎喜、高桂有、田秀德。穆凤忠、薛廷甫、高祥彬、吕桂军。共13人。

8队送的柴火。林业队拿的菜。注凡划"○"号的回各单位记工。

1973年9月16日下午半天

召开支委扩大会议，凡划"○"号的回各单位记工。

参加人员：郭占奎、高有、高祥、李桂存、张明德、李正林、王立新、王文清、穆奎喜、高桂有、祁风元、彭正付、田秀德、李付海、薛廷甫、高祥彬、吕桂军、杨存秀、张宝斋、罗有、张文科。共计21人。

会议开始就粮食帐结算情况进行了汇报。接着就当前的工作：① 公社基建木工(根据公社工作，大队叫张文祥、吴立祥去)；② 杂交粮单收单打(2、10队中杂11号，3队的两种高粱，5队的大同白黄)；③ 扩大场院(洒玉米)；④ 秋耕与深耕问题；⑤ 三秋保卫(杜绝场上吃粮)；⑥ 解决拖欠；⑦ 选种问题；⑧ 打草问题；⑨ 积肥问题。然后就下列问题讲后进行了讨论：

① 学习十大文件怎么安排?

按支部意见每周不少三次，每星期1、3、5日。

② 打井问题，具体的安排问题?

1—2队合打，由郭占奎负责。

3—4队合打，由穆奎喜负责。

每队出6人，争取9月底前竣工。

③ 农田建设如何兵分两路?

按公社三干会的安排执行。

④ 烧窑柴火怎么安排?

按9月10号分配的每个劳力5个执行，本月20号前打好，争取在庄稼上场前拉回，以便烧窑。

⑤ 副业厂停不停? 如不停料怎么砍?

不停。各队未拉回来的，明天一定拉回。后天1—8队每队出1个人，1个牛车，去水沟，由副业队和林业指定地点砍，回来交，以件记分。

⑥ 方才已把古方撸(捋)杏业问题的经过讲了，又发现十队和七队有人搞，怎么办?

10 队和 7 队，查出具体人，马上报大队。古方回去进一步落实户。

各队都征求社员的处理工作，下次会作处理。

⑦ 学习宣传十大文件，当前生产上处于紧张阶段，是否在原分工包队的基础上，把这两项工作抓好，是否再明确一下包队人？

有必要明确一下。以便三种工作中出问题追查责任。

1、2、3、4、5、6、7、8、9、10

郭占奎、高祥、李正林、王文清、祁风元、彭正付、张明德、祁风元、杨存秀

1973 年 9 月 21 日下午半天

召开支委扩大会议

参加人员：郭占奎、高有、高祥、李桂存、张明德、李正林、王立新、穆奎喜、祁风元、高桂有、彭正付、田秀德、李付海、薛廷甫、刘良、杨存秀、吕桂军。共 17 人。

会议开始由卫生所贾医生就计划生育的工作做了统计与人员订正。接着由卜良广就打井问题和会议作了安排，然后就去公社分牧厂问题，进行了研究。

经过征求各生产队，都不要马。去了根据情况，看的办吧。应分几个要几个。如果分回归给大队牧厂，按 10 个股买，以股出人，再以人分。注“○”号的回生产队记工。

1973 年 9 月 27 日晚

召开支委扩大会议

参加人员：郭占奎、高有、高祥、李桂存、王永、张明德、李正林、王立新、张文科、张文明、王文清、郝存山、穆奎喜、祁风元、高桂有、韩志忠、田秀德、彭正付、李付海、薛廷甫、李付合、吕桂军、崔玉海。共计 23 人。

会议由祁风元和李正林传达了公社召开秋收分配会议精神，接着由刘占忠帮助和各队订正了要山药籽斤数，由卜良广帮助安排了打井。然后由张明德安排了当前生产。

讨论的几个问题：

① 创业队明天安排 2、3、4、6 队，每队 1 个车拉庄稼行不行？创业队地按每队人计算，每人 2.5 分耕种行不行？各队给创业队送 1 把杈，1 把木欠(钎)行不行？

② 林业队的菜记不记？大队留栽子不？大队留多少萝卜？

菜明天就起。大队不留栽子由各队自留。大队初步留 1 500 斤，明天实地看情况。

③ 明天起菜人除 8 队去 1 个人，其它(他)队去 2 个人行不行？明天打算把谷子全部拉回，计划派 1、2、3、4、5、6、9 队共 8 个队每队两个车，上午拉谷子，(大队认半天工)，下午拉萝卜，行不行？

起菜人除 8 队去 2 个别队去 3 个人(回队记工)，同意大队安排的拉庄稼牛车。安排上午拉谷子，下午拉萝卜就行。

④ 今年分菜和粮食以什么分合理？

每年实有的农建工分，分菜和粮食。今年分菜和粮食，以各队，“六六年至七三年”各队实有的农建工分就合理。

9 月 28 号拉庄稼、起菜工的处理

<table>
<tr><td colspan="2"></td><td>1</td><td>2</td><td>3</td><td>4</td><td>5</td><td>6</td><td>7</td><td>8</td><td>9</td><td>10</td><td>计</td></tr>
<tr><td colspan="2">实去起菜人</td><td>3</td><td>3</td><td>4</td><td>3</td><td>4</td><td>3</td><td>4</td><td>2</td><td>3</td><td>3</td><td>32</td></tr>
<tr><td rowspan="2">拉谷子</td><td rowspan="2">人牛车</td><td>1</td><td>1</td><td>1</td><td>1</td><td>1</td><td>1</td><td>1</td><td></td><td>1</td><td></td><td>8</td></tr>
<tr><td>2</td><td>2</td><td>2</td><td>2</td><td>2</td><td>2</td><td>2</td><td></td><td>2</td><td></td><td>16</td></tr>
<tr><td></td><td></td><td></td><td></td><td>张明德</td><td></td><td>祁风元</td><td></td><td>几 1 个</td><td></td><td></td><td></td><td></td></tr>
<tr><td rowspan="3">大队负担</td><td>人工</td><td>0.5</td><td>0.5</td><td>0.5</td><td>0.8</td><td>0.5</td><td>0.5</td><td>0.5</td><td></td><td>0.5</td><td></td><td>4.3</td></tr>
<tr><td>牛工</td><td>1</td><td>1</td><td>1</td><td>1.5</td><td>1</td><td>1</td><td>1</td><td></td><td>1</td><td></td><td>8.5</td></tr>
<tr><td></td><td></td><td></td><td></td><td></td><td></td><td></td><td></td><td></td><td></td><td></td><td></td></tr>
</table>

1973 年 9 月 29 日晚

召开支委会议

参加人员：张宝斋、马淑兰、张玉林、高祥、王登明、张明德、李正林、王立新、张仲秀、穆永会、赵存德、李淑兰、张立新、徐桂兰、张文忠、王文清、赵云奎、祁风元、高桂有、田荣甫。共 20 人。

会议学习了新党章、政治报告、新闻公报等十大文件，然后讨论复查党员的党籍问题。

① 张有党籍问题怎么办？

以“一般政治历史问题”结论，恢复党籍。

② 尤长贵党籍怎么结论？

以“严重政治历史问题”结论，恢复党籍。

③ 薛风桐党籍怎么办？

先查清入党问题后，“以一般政治历史问题”结论，如果入党手续明确，恢复党籍。

1973年10月6日下午半天

召开支委扩大会议

参加人员：郭占奎、高有、高祥、李桂存、张玉林、高海琴、张明德、李正林、王立新、张玉平、王文清、穆奎喜、祁守军、郝存山、赵淑娥、高桂有、韩翠海、田秀德、木凤海、李付海、穆凤忠、薛淑平、高祥彬、高庆莲、杨存秀、吕桂军。共计26人。

会议开始由公社赵桂枝传达了“十大”的新闻公报，张明德汇报了公社党委召开的传达十大文件飞行会议精神，其后进行了讨论：

① 支、革委抓十大文件学习和三秋，农建包队问题？

1、2、3、4、5、6、7、8、9、10、

郭占奎、高祥、李正林、王文清、祁风元、彭正付、张明德、彭正付、祁风元、杨存秀

支部意见：

7号晚分片培训骨干，（党团员，民兵班者以上干部，生产队所有领导班成员）。

古方：郭占奎、高祥负责，高有传达；

沟门：李正林、王文清负责，小赵传达；

苏寺：祁风元、田秀德、李付海、穆凤忠负责，高桂有传达；

水沟：薛廷甫负责，薛淑琴传达；

窑沟：高祥彬负责，刘良、张明德传达；

干沟：杨存秀负责，吕桂军传达。

同意。

8号晚（星期一）召开全体社员会

开始前建立健全点名，学习，请假制度。

每周1、4晚上为学习日，时间不少1小时。

白天代(带)材料,休息学习,两人干活要自己配1名辅导员,总之每周学习不少七小时。

时间安排:

8—14号学新闻公报;

15—25号,学政治报告;

26—31号学修改党章报告和党章;

11月份联系实际批判修正主义,资本主义倾向;资产阶级世界观。同意这个安排。

在会议期间召开支、革委会议;

① 张清祥学习已走,老师选谁?

同意刘军、高秀莲。郭占奎明天上午去合达营一趟,公社批一个。

② 祁守军妇联主任和革委委员调不调?

根据祁守军要求和实际情况,同意调整。

让张玉平任主任参加革委委员。

赵淑娥为副主任。

会议最后:

就创业队切谷子;

创业队拉地牛车;

打柴火,装窑;砍窑柱;庄稼上场,耕地;副业砍把子,农建上人,给猪、羊、鸡打防疫等,问题进行了安排。

1973年10月16日上午半天

召开两委扩大会议

参加人员:张明德、李正林、王立新、张立新、王文清、郝存山、穆奎喜、高桂有、祁风元、田秀德、高祥彬、吕桂军、杨存秀、郭占奎、高有、李桂存、张文科、张宝斋。共计18人。

主要安排当前生产与农建问题。

② 部分社员互拨工做点同瓦,这窑大队准备给烧,就处理问题打算:

做瓦工谁给谁做,大队不管互拨工分。就泡泥的工分大队负担。

计算每烧一块瓦需半斤到6两柴火,再加上装出窑,烧看窑的工分与补助及用窑打算,自己泡泥的给柴火1斤1块。

大队负担莫(抹)泥的给柴火1斤3两1堆看怎么样?

都是本大队社员，这样计算就合适啦。

1973年11月3日

召开两委扩大会议

参加人员：郭占奎、杜万林、高有、高祥、李桂存、张玉林、张明德、李正林、王铁军、张立新、穆凤明、郝存山、穆奎喜、祁风元、高桂有、彭正付、田秀德、穆凤忠、郝存付、高详彬、高德仕、吕桂军、杨存秀。共计23人。

会议主要汇报公社召开大队书记会议的主要内容；粮食征购战备，农建问题，讨论如下：

① 粮食任务怎么分到各队？

任务太大，落实后，任务服从政策。

② 农建怎么搞？

各队把前段搞的突击完以后，以大队集中搞为准。

③ 把卖砖的情况和出现李海林的情况汇报了，今后怎么办？

由大队合理搭配，如不同意见，就不用买。

④ 分配棉花、棉衣问题？

（大家评后，祁风元留花名啦）。

⑤ 公社牧厂的分家，上次已公布了，具体到咱大队咋办？

前几年的草料都是以人摊的，这次依去年留粮人口分，所分回的1 230元，把小马价500元，以10个股摊后，各队余的款拿回去。

⑥ 范德亮因外招亲，要求找人，选谁？高德举。

⑦ 今冬明春牛、驴是否轮班（放牧）？

10个队长保证都不轮班。

⑧ 张天富放耕地牛，咬坏林业队杏树53株，损坏了林，怎么处理？

以片批判，看交待程度，后决定罚款。

⑨ 关于到公社开会工的问题，和祁风元初步意见，凡用整天的以1个工处理，凡用半天的以半个工处理，决不能去迟早都以一个工处理，看怎么样？

由大队具体掌握时间，同意按上边意见记工。

牧厂饲草结算表

1973年11月13日算

		1	2	3	4	5	6	7	8	9	10	计
七一年冬到七二年春	应交	1 600	1 600	1 600	1 600	1 600	1 600	1 600	1 600	1 600	1 600	16 000
	已交	1 576	1 410	1 840	2 030	1 600	1 600	1 600	1 600	1 600	1 600	16 451
	对比 余			240	430							670
	对比 亏	24	190									214
七二年冬到七三年春	应交	1 500	1 500	1 500	1 500	1 500	1 500	1 500	1 500	1 500	1 500	15 000
	已交	1 995	2 690	1 700	2 000	1 527	1 482	1 141	1 507	994	1 900	16 931
	对比 余	495	1 190	200	500	27			7		400	2 817
	对比 亏						18	359		506		883
公社牧厂七二年冬到七三年春	余亏	15	45	100		40	60					260
		2 000	2 000	2 000	2 000	2 000	2 000	2 000	2 000	2 000	2 000	20 000
互顶后	余亏			150	150							300
		1 544	1 045	1 810	1 220	2 013	2 078	2 359	1 973	2 481	1 558	18 081

牧厂用工平衡表　73.11.15

月日	1	2	3	4	5	6	7	8	9	10	计	用工项目	
	2	2	2	2	2	2	2	1		2	17		
11.14	1	1	2	2	1	1	1	4	1		14		
11.14	1	1	2	2	1	1	1	4	1		14		
11.14	2	2	2	2	2	2	2	1		2	17		
	2												
	2												
	2												
		2										拉玉米等	
			1										
				2									
					4								
						4							
							8						
								2					
								2					

上列工均回生产队记工，大队以股平衡，并不开工。

1973 年 11 月 12 日 1 天

召开两委扩大会议

参加人员：杜万林、郭占奎、高有、高祥、李桂存、张明德、李正林、郝存山、穆奎喜、祁风元、高桂有、田秀德、李付海、高祥彬、杨存秀、吕桂军。共计 16 人。

上午除张明德在公社开会外，其余人都搞瓦。下午由张明德汇报了公社召开大队书记会议，重点安排农建问题。然后讨论的几个事：

① 农建怎么上人？怎么搞法？

② 全大队统一搞，搞北滩刨石头。

	1	2	3	4	5	6	7	8	9	10	计
上人总数:	10	10	13	13	10	11	7		8	8	90
其中妇女:	5	3	6	6	4	3			3		30
负责人:	郭占鳌	杜桂山	穆凤明	王科	韩凤明	穆凤德	穆凤忠		杜献德	李献成	

大队:张明德、郭占奎、高祥、李正林、祁风元、张宝斋、韩志忠。

② 副业砍木头怎么上人?搞那里木头?

1、2、3、4、5、6、7、　　合计

上人:　3、3、3、3、3、3、2、　　20

明早上车:5、2、5、2、5、　　19

先搞西围厂沟。九、十队听大队安排。

③ 公社分配征购草22 000斤,怎么摊算?

以各队种谷子亩数派。

1973年11月19日1天

召开两委扩大会议

参加人员:郭占奎、杜万林、高有、高祥、李桂存、张明德、李正林、王立新、张玉平、穆奎喜、祁风元、高桂有、田秀德、李付海、高祥彬、杨存秀、吕桂军。共庆17人。

会议开始学习"十大"周总理政治报告中形势和任务部分,然后学习基辛格访华的"公报",接着传达了县委王志恒的电话会议精神,有粮库老陈传达了粮食工作,有卜仁讲了化肥落实,生产资料计划,收购废旧物资等问题。讨论记录:

① 商店要咱们生产行条怎么搞?

在不影响集体生产的情况下,经生产队允许,允许社员利用空隙时间搞,学生放假也可以搞,收入归个人。

② 咱大队的七四年化肥怎么落实?

计1、　2、　3、　4、　5、　6、　7、　8、　9、　10

65 000　6 000　6 000　8 000　7 000　6 000　6 000　5 000　3 000

5 000　6 000　700

③ 把这段砍木头,刨滩,打柴火工分,报酬定一下?

砍木头		刨滩		打柴火		
坡	每件分	坡	每厘分	坡	分	补　分
1	0.25	1.	6.	1.	1.	0.05
2	0.30	2.	5.	2.	8.	0.04
3	0.50	3.	3.5	3.	6.	0.03
		4.	2.5			

④ 青草、羊业(叶)工分报酬怎么定?

青草：1 等，每 100 斤 15 分，羊业：1 等 6 分

2 等，每 100 斤 10 分，羊业：2 等 5 分

3 等，每 100 斤 8 分，羊业：3 等 4 分

4 等，每 100 斤 6 分，

收社员玉米秸每斤 1 分，谷草每斤 4 分。

⑤ 为支援解放军拉练，每队准备多少柴火?

每队打 100 个，月底前完成。

⑥ 下步砍把子料怎么样?

由大队具体安排，抓紧时间搞。

⑦ 各队计划一下车货。

	1	2	3	4	5	6	7	8	9	10	计
现有劳力牛	9	10	12	10	8	10	8		8	7	
辋(芦)	6	5	10	2	6	6	8		0	3	
轴(根)	10	10	10	6	10	10	10		0	6	
元条(付)	3	2	2	3	5	3	0		0	4	

⑧ 青松岭公社基建补助粮怎么摊算?

以人口向生产队摊。

经祁风元、罗有、我三人研究批车货：

辕子、轴一律以计划批给。

元条(对)1、2、3、4、5、6、10、　　计

1、2、3、4、5、6、317、

1973年12月6笔记

公社三干会议记工:

1. 高有　2. 李桂存、张玉林　3. 张明德、李正林、张立新、张玉平、冀文付、王立新。　4. 穆奎喜　5. 高桂有　6. 田秀德　7. 穆凤忠　9. 高德仕、高祥彬　10. 吕桂军。

注:划"○"号的是回生产队记工。

划"√"号的大队记工。

1973年12月14日在号召土工地上

召开两委扩大会议:此工全部记入农建工内了。

参加人员:高有、杜万林、张玉林、高祥、张明德、李正林、王立新、穆奎喜、高桂有、彭献明、田秀德、穆凤忠、张艮、薛廷甫、高洪江、郝存付、杜宪德、吕桂军、杨存秀、李献成。共计20人。

会议主要汇报斗批改的开展情况。

讨论记录:

① 今年生产队使用车货如何计价?

起辋	漫辋	修辋	镶(根)	轴(根)	付(即:辐)条(根)	车成(根)	
0.35	0.25	0.15	1.25	0.60	0.20	0.05	

② 李付海取柳条14斤,彭正付25斤,如何计价?

每斤3分。

③ 从副业队取车货,如何扣砍、拉、打节的工分?

辋子:起的每块:3分,漫的每块:2分,修的每块:1分。

付(辐)条每根:2分。

车成每根:5厘。

车轴每根:3分。

主柱每根:3厘。

1973年12月25日1天

召开两委扩大会议

参加人员:郭占奎、杜万林、高有、高祥、张明德、李正林、王立新、王文清、郝存山、穆奎喜、祁风元、高桂有、穆风海、李付海、薛廷甫、高祥彬、吕桂军。共17人。

会议开始由张明德汇报了公社召开斗批改汇报，会议精神和公社参加县农建检查等情况，然后讨论：

① 七三年度评选劳模工作，各队已选，根据各队评选结果，审定一下模范单位？模范个人？对集体如何奖？对个人如何奖？怎么样开会？

模范集体：第1、3、5生产队。

大队拿出化肥1 500斤。给5队600斤，3队500斤，1队400斤。

大队领导班子中评为：张明德、祁风元。

事业摊子评为：郝存山、韩志忠、罗有、穆风林、张宝斋。

生产队：高有、郭占奎、罗正全、张文贵。马朋、马万山、李桂存。王立新、李正林、穆风明、张连军、张文明、张文平。穆奎喜、王文清、李树林、康登民。高桂有、韩风明、祁风山、杜成志、韩正元。田秀德、杨占奎。张明瑞、张明生、穆风忠。薛廷甫。高德武。崔玉海、吕桂军、李献成。共32人。

凡划"○"号的为一等奖。

一等奖给笔记本加毛巾。二等奖给毛巾。

出席公社的劳模：张明德、祁风元、第1队。第3队、第5队(均是队长)韩志忠、穆奎喜、吕桂军。共8个人。

(下接第11本)

会议笔记 11

1973 年 12 月 25 日

经审查受口头表扬的：

李桂复、王永、杜桂山、王俊、郤文明、张玉娥、张玉平、张淑平。王科、赵淑娥、张挂平、杨宝善、张玉海、韩翠梅、韩淑琴、王淑珍、高洪永、木凤江、张艮、李付海、荣正廷。高祥彬。范世亮、张文科、梁明。

为大造声势，决定召开社员大会获奖。

② 公社基建给木工、泥工以补助和小工区别了，咱大队原定大工比小工高 2 分，外大队已改大工和小工工分一样，咱们改不改？

杜万林因每天补 0.30 元，所以每天扣 1 分。王文清、郑万余、张文祥每天扣回 2 分。

③ 前年给公社砍盖房木头，有的队砍的柁，前年大队给生产队工时，很可能按没给工分，这次公社给砍木头工资，对这个按怎么处理？

以每架柁给款 5 元，付生产队。

④ 今年存的瓦(大约大 10 000 多块)林业队，干沟给大队打的柴火，怎么计算收入？

今天以前卖出的柴火，多了款的，算今年收入。凡没交款的和存的柴火及瓦均不预计收入。因为给青松岭铁矿 10 万斤大杂木(才交 74 斤)，拨来 1 700 元，如查明因咱林木质量差，要退货的话，用存瓦和柴火款顶一部分。如果不退杂木，明年再打收入。

⑤ 公社今年基建结算给的用工款、木头款，如何计算收入？

今年因为不给现金，由大队结算今年收入时酌情办理，如果今年收入少于去年可打一部分。

⑥ 优待工审定几户，怎么补？

彭正付 1 户。

计算办法：全家 11 人，每人以 110 个工算，共需 1 210，自做 330 个工，残废金 190 元，以百分之四十算打 76 元，以 0.60 元折 1 个工共 130 个工，彭宪英每月以 5 元算收入，全年共 60 元，两人共 360 元，以 0.60 元算折 600 个工，这样以来决定补工 150 个。

⑦ 看、送徐淑珍的工资叫他怎么给？

夜间看每人 1 元(4 人 4 元),白天送每人 2 元(3 人 6 元)共计 10 元。再给六队打煤油 1 斤。

⑧ 药社今年拿多少款? 打入分配?

拿 500 元。

⑨ 杜万林当信用社会计,公社信用社给 65 个工,每工按 0.60 算,共给 40 多工,咱们怎么给他工?

同意公社信用社定的 65 个。

⑩ 兽医员郝存仕给多少奖励工?

给 5 个工。

⑪ 郝存山的工怎么给?

按大队 8 分,10 分阶段开给满工(不挖个人打草、摘杏用的半天或多半天工),不扣欠工。就当税收员,保管员,开票员等,全年再给 40 个工为奖励。

⑫ 民办教师工分怎么定?

穆凤祥,1 月 20 号放假再开给 200 分;

王建平,1 月 20 号放假再开给 160 分;

张明海,个人有病和小孩治病不扣全年 3 700 分;

张清祥,8 月 11 日转民办到 10 月 2 号,开给 500 分;

李付合,3 月 3 日上班(另有考试 1 天),开给 3 100 分;

郭文合,3 月 3 日上班(另有考试 1 天),开给 3 100 分;

刘军,10 月 19 日上班(18 号考试),开给 750 分。

⑬ 李兆阁待遇怎么定?

今年没有去年工作好,和他谈一下,明年赶上来。今年仍以去年不分冬夏每天 12 分,补 0.20 元。

⑭ 今年生产队干部奖励工怎么定?

队　别	队　长	副队长	会　计	政　指	合　计
1	高　有 40	郭占熬 40	李桂复 30	杜万林 10	120
2	李桂存 40	杜桂山 40	王　永 30	张玉林 20	130
3	王立新 40	穆凤明 40	张文明 30	李正林 30	140
4	穆奎喜 40	王　科 40	郝存山 30	王文清 30	140

续 表

队 别	队 长	副队长	会 计	政 指	合 计
5	高桂有 40	韩风明 40	祁风元 30	祁风元 0	110
6	田秀德 40	穆风德 40	穆文海 25	彭正付 20	125
7	李付海 35	张艮 35	张明瑞 30	穆风忠 35	135
8	薛廷甫 40	郝存付 20	李付合 10	高洪江 5	75
9	高祥彬 40	杜宪德 30	刘艮 30	高德仕 25	125
10	吕桂军 40	李献成 35	崔玉海 30	杨存秀 25	130
合计	395	360	275	200	1 230

上述工大队开证明条,生产队记工。

生产队财政、保管、记工员,拿钥匙的工:

1 人 1 职的不超 15 个,1 人 2 职的不超 20 个,光拿钥匙的不超 10 个,根据工作由生产队定。

⑮ 大队干部怎么给奖励工?

张明德 150,李正林 70,祁风元 90,郭占奎 40,高祥 50,王文清 15,杜万林 10,杨存秀 10,彭正付 20,张立新 10。共计 465。

⑯ 大队创业队、林业队、副业队、大队财政怎么给工?

创业队张宝斋 20,韩志忠 20。

林业队张文科 15,梁明 15。

副业队罗有 20,财政李桂复 20。

1973 年 12 月 18 日 1 天

召开会计会议(此工回生产队记)

参加人员:李桂复、王永、张文明、张明德、郝存山、祁风元、穆风海、张明瑞、薛廷甫、刘艮、崔玉海。共计 11 人。

学了公社发的关于分配问题的补充通知后进行讨论:

① 原打算公社基建补助粮和青松岭粮食,均以全大队摊算,算的当中青松岭带个人的,经再三考虑算不出来,看青松岭粮食怎么办?

公社基建全大队摊,青松岭的粮食算不清,就在各队粮食储备数中报销算啦。

1973 年 12 月 27 日 1 天

召开会计会议(此工回队记工)

参加人员：张明德、李桂复、王永、张文明、郝存山、韩桂军、穆凤海、张明瑞、李付合、刘良、崔玉海。共计 11 人。

今天主要是收工分条卡工,进行公社基建补助粮亏余找补和收、付款,然后讨论:

① 开大会摊工的人和优抚劳力评一下。

	1	2	3	4	5	6	7	8	9	10	计
开大会人	43.5	54	60	62	46	54.5	42	31	47	42	482
优抚劳力	19.5	20.5	19	19	16	23	16	13	18	22	186

② 义务工怎么扣? 不扣。

③ 开大会人的工分怎么扣?

每人 18 分算给本人。亏的算给生产队。

1973 年 12 月 28 日 1 天

召开两委扩大会议

参加人员：郭占奎、杜万林(半天)、高有、李挂存、高祥、张明德、李正林、王立新、王文清、郝存山、穆奎喜、祁凤元、高桂有、田秀德、李付海、郝存付、高祥彬、杨存秀、吕桂军。

讨论记录:

① 把公社党委批示的党支书、革委会组成人员已经念了,怎么革委会分工?

经充分酝酿后决定:

抓全面兼管粮食帐——张明德;

农林牧生产——李正林、杨存秀、张玉平;

副业、财务类——祁凤元、杜万林、郝存山;

文教卫生、贫下中农管理类——郭占奎;

社会治安——王文清、高祥;

大队日常事务(看门)——彭正富。

② 公社分给 140 尺防寒布怎么评?

给机器手做三套工作服定 45 尺。

高庆成 13 尺,马亮 13 尺。祁凤明 8 尺,王科 6 尺,高桂有 8 尺,杨占奎 7

尺，张明生 8 尺，郝存富 8 尺，高德仕 8 尺，范德亮 8 尺，吕桂军 8 尺。

③ 张天富放耕地牛，在韩家坟咬坏大杏扁 53 株，咬死 3 株，怎么处理？

咬坏的每株 0.20 元，咬死的每株 1.50 元，共罚 15.10 元。已多次批判，所以明年不负责接树。

④ 前几年部分社员不经大队批准，私自砍卖大柴至今没有结论，怎么办？

已多次批判，现在已经控制不犯，现决定免罚。

⑤ 社员用木头有几种，去年定价，有的未定价，怎么定？生产队盖房如何派人作价？

连言依去年价不变。七尺榆每根以卖商店价算。明天叫张明德、高有、高桂有去作价生产队盖房的木头钱。

⑥ 王进祥母亲做棺材的木头怎么计价？

应做 45 元至 50 元。王进祥服兵役应该照顾，决定作价 30 元。

⑦ 李正林提给贾医生的三各节木头怎么计价？

不收费，送他使用。

⑧ 郭占熬放走罗家湾打柴火的怎么办？

已多次批判，今年管林业用心，在生产队任副队长、工作干劲足，成绩很大，免罚。

⑨ 祁凤元去年砍小菜树 5 棵、群众揭发后作了检查，木头已送交大队，怎么罚款？

祁守相在河套砍没头树，经批判树已交回大队，怎么罚款？

大队多次批判，树已交回大队，免罚。

⑩ 高祥去年砍的死榆树怎么处理？

死树。因要外出开会没的烧砍的。在大队、生产队数次检查、批判，现决定不再扣款。

⑪ 张付在干沟砍的杏树怎么处理？

老杏树各庄（树桩），砍后因群众揭发，本人多次在大队、生产队检查，态度较好，而树已被别人拿走，所以不再扣款。

⑫ 张文有砍的树各庄怎么处理？

批判已严，树各庄已交大队，免罚。

⑬ 郝德在苇子沟砍段（断）树怎么处理？

当重点进行批评，树已交回大队，并保证今后不犯，所以免罚。

⑭ 瓦房沟张永瑞在西围厂沟偷砍青扛（刚）树作锅盖，经林业多次解决后通过瓦房沟大队扶（傅）荣作价 2.50 元，至今没有给款，怎么办？

围厂去年打羊业（叶），砍咱菜树 20 棵（其中韩功主动 7 棵，内有 2、3 寸的)至今未作处理怎么办?

同意张明德的意见。

(因今年汛期挡坝,砍瓦房沟榆树不少,咱们几次找他们要求处理,而瓦房沟未来,等解决这个问题时看情况,互顶)。

⑮ 碾子湾去年打羊业割的菜条,至今没决定处理?

今年又扣咱们杏业。(就梁明拿回 1 条口袋,后经张明德、李正林又将口袋拿回)怎么处理?

大队间已交涉,对方保证今后不犯,决定免罚。

⑯ 去年社员撸(捋)杏业(叶)(不少户)? 穆凤德撸杏业,杏业交回大队,至今没罚款? 瓦房沟扶继元杏业已没收还没有罚款? 林业检查在少马沟打走杏茨还没处理? 这些问题怎么办?

都是去年的问题,已多次批判,免罚。

⑰ 道德沟两个妇女摘走每人有 1 筐杏,怎么罚款?

祁凤元当重进行批判,加之罗车铺从垠摘走杏不少,咱队也有到别处队偷摘的,所以免罚。

⑱ 刘会清、昝元互相揭发偷砍木头怎么处理?

互相间揭发,因昝元丢羊糕说刘会清偷走造起的,昝元砍的榆树各庄是给 1 队砍的并记了工分。

所以决定今后不算,并不罚款。

⑲ 10 队王占奎等两人上山砍车付条,被 3 队打才(拆)人揭发,怎么处理?

杨存秀、吕桂军已进行检查,因发现车没付条而派人去砍,每人砍 1 棵,共作 1 对车的付条,今天决定罚款 1 元。

⑳ 古方 1、2 队社员撸杏业,荣正廷、李献成的孩子,孙付怀的孩子撸杏业怎么处理?

郭占奎、高祥、高有、李桂存、李付海、杨存秀、吕桂军主动作了检查,特别对古方 4 人进行了批判,认识态度较好,为此决定:

1、2 队各罚款 50 元。李献成、孙付怀、荣正廷各罚 2 元。

㉑ 李正林提:69 年修大队借郝存山椽 10 根,椵木 1 根,比椽粗的椽还有 6 根。高祥彬说他在创业队时做锅盖借郝存山青扛木 1 根。修大队借彭正付白桦 1 根。郝存山又取大队白桦 1 根(做柜拉板)怎么处理这个事?

郝存山取大队白桦 1 根,较粗但短。用 10 根椽,1 根椵木,1 根青扛抵顶。再给郝存山 6 根比车轴细的木头。

借彭正付的白桦,就用彭正富从副业队(原砍三根椴木,曹玉 1 根,还祁凤明 1 根,彭正富取 1 根)取的椴木抵顶。

㉒ 郭占奎提:彭正付把学校建房的小菜拎(棱)扛回,至今没有处理?

定价 3 元,但必须批判,彭正付不是自用,而卖给坝外,非常不合理。

1974 年 1 月 1 日

召开群众大会

参加人员:

1、2、3、4、5、6、7、8、9、10、计

24、20、27、31、34、30、20、7、19、16、228

会议是召开劳模会议召开群众大会,会是“庆功誓师大会”,会后召开生产队领导班成员会议。

参加人员:张明德、郭占奎、祁凤元、高有、郭占敖、李桂复、张文桂、李桂存、杜桂山、王永、马明、张玉林、王永、王立新、穆凤明、张文明、穆奎喜、康登秀、王科、王文清、高桂有、韩凤明、韩普、张桂元、祁凤山、田秀德、穆凤德、穆凤海、张清、李付海、张明瑞、薛廷甫、高祥彬、高德明、郤文海、杜宪德、吕桂军、李献成、杨存秀、崔玉海。共 40 人。

讨论记录:

① 落实干部当中出现个别情况(干部、社员)需办学习班,如出现无政府主义,怎么办?晚上不到扣 4 分,白天不到扣 8 分。白天到会经大队酌情由生产队记工。

1974 年 1 月 10 日 1 天

召开两委扩大会议

参加人员:杜万林、高祥、张明德、李正林、王立新、王文清、祁凤元、高桂有、田秀德、薛廷甫、高祥彬、吕桂军、杨存秀。共计 13 人。

讨论记录:

① 1974 年农业计划已初步提出了意见,请两委扩大会讨论研究?

杂交高粱的分配是十队和八队按总土地的百分之二十五;九队是百分之三十,其余七个队为一类,按总面积的百分之四十一点多。玉米的分配是总面积的百分之三十上下算好。用谷子找齐。

公社定的粮豆面积 1 570 亩,是用 1 640 亩,总土地找出粮豆面积的。

苏寺大队七四年农业计划

	土地			粮豆面积				产量		比七三年亩产进加	经济作物				在分配的高粱亩数中滩地种
	队	滩	合计	玉米	高粱	谷子	合计	公斤	共产		油料	白麻	菜	合计	
1	140	13	153	47	62	38	147	480	10 560	75	3	1	2	6	10
2	163	16	179	55	72	45	172	400	68 800	64	4	1	2	7	13
3	191	18	209	65	84	52	201	500	100 500	85	5		3	8	15
4	199	16	215	66	86	55	207	420	86 940	69	5		3	8	13
5	133	12	145	47	58	35	140	500	70 000	77	3		2	5	10
6	143	14	157	50	63	38	151	400	60 400	44	4		2	6	11
7	124	12	136	44	55	32	131	400	52 400	53	3		2	5	10
8	103	8	111	35	28	43	106	300	31 800	31	4		1	5	6
9	143	12	155	50	47	52	149	395	58 800	82	4		2	6	10
10	167	13	180	51	45	70	166	300	49 800	49	11		3	14	11
合计	1 506	134	1 640	510	600	460	1 570	416	650 000	67	46	2	22	70	109

经过充分讨论一致同意大队这个算法,以此为准定案。

② 拉土垫地如何搞?

春节后集中力量突击。

③ 如何改选生产队的领导班子?

队别	队长	副队长	政指	会计	保管	财政	记工	妇女队长	成员	合计
1	高有	郭占熬	杜万林	李桂复	高普	张文桂	张文桂	张淑珍		7
2	李桂存	马朋	高祥	王永	张玉林	马明	杜桂山	高淑琴	王俊	9
3	王立新	穆凤明	李正林	张文明	赵存德	张明德	张立新	张玉平	张文科	9
4	穆奎喜	王科	王文清	郝存山	康登秀	王进甫	王进甫	赵淑娥	康登明	9
5	高桂有	韩风明	祁凤元	韩桂军	杜永科	韩志忠		韩翠梅		7
6	田秀德	穆凤德	彭正付	穆凤海	张清	高德品	田秀文			7
7	李付海	张明生	穆凤忠	张明瑞	李文奎	穆凤忠	张明春	李桂娥		7
8	薛廷甫	郝存付	高洪江	高洪如		薛凤桐	高德芳	师建芬		7
9	高祥彬	高德清	高德仕	刘良	邵文海	高德明	邵文海	高庆莲		7
10	吕桂军	李献成	杨存秀	崔玉海	王占奎	王占奎	邵德文	吕桂梅		7

以上是支委提名,今晚支委到生产队后,首先征求社员同意后再定。

1974年1月26日1天

召开两委扩大会议

参加人员:杜万林、高有、张明德、王立新、穆奎喜、祁凤元、高桂有、田秀德、李付海、薛廷甫、高祥彬、吕桂军。

会议开始由祁凤元汇报了公社训练会计会议精神,然后讨论:

① 会计账目改革怎么搞?

建立"会计账目改革领导小组",组长:张明德,副组长:祁凤元,成员:王文清,张明瑞,张文明。共5人组成。

② 大队对七四年社员户已初步审定为91户,共借给14 260斤粮食,逐户刚才已念过,请审定?

一致同意,这个安排。

③ 大队科研场人员怎么定?

场长：张宝斋，副场长：韩志忠，技术人员：高普、高玉、田秀文。

④ 大队的垫地和拉肥怎么安排?

大队设专人掌握，随时向生产队要人、车、工。拉肥评 1、2 等。工由大队每天记。拉土包方，以方定工，具体工由生产队记。

⑤ 副业生产怎么安排?

把滩垫地和滩拉肥搞一段之后再安排。

1974 年 2 月 13 日 1 天

参加两委扩大会议：高有、郭占奎、高祥、张明德、李正林、张玉平、王科、祁凤元、高桂有、田秀德、张明生、穆凤忠、高洪江、薛廷甫、高祥彬、杨存秀。

会议开始学习人民日报和河北报有关批林批孔的文章，然后进行了批林批孔的汇报，然后进行研究；

① 农建拉肥的工分怎么定?

一等粪箱每 1 车人、牛各 1.5 分，二等粪箱 6 趟人、牛各记 8 分。

② 农建拉土按方计算的，每天报酬怎么记?

每车人、牛各 3.5 分。

③ 搞人参技术员定谁? 董成瑞。

④ 副业备料怎么搞?

明天去窑子沟大北沟砍，各队尽力抽人，多者不限。

⑤ 如何抓一下积肥高潮?

除生产队抓好垫圈之外，给社员每拉三车土换一车社员的头等肥。

⑥ 劳动力如何管理?（干部请假，社员请假）?

支、革委和生产队长请假，凡两天以上由大队批。社员请假 1—4 天由生产队批。5 天以上生产队开条，大队酌情批。

⑦ 社员用柴火换麻、绳等实物怎么办?

从明天起杜绝个人出柴火。以前换的未给柴火者，由生产队付柴火，扣个人款。

⑧ 牧厂骡子已卖给瓦房沟的围厂，作价 1 400 元，大桥会给款，最迟不过分红有意见否? 同意。

⑨ 公社基建，青松岭、三河民工的补助粮怎么摊算?

粮、工全大队统一摊，款统一分。

⑩ 副业厂的木匠怎么定？

1、2、3、4、5、6、7、8、9、10

张万国、罗有、祁凤明、张树生、张桂元、六队由队安排、张明春、高洪有、高洪章、张海。

二队提出生产队没木匠，要求将上年的二人抽回一个，因罗有是负责人，同意抽回马明。

⑪ 为把批林批孔的辅导搞好，是否各队派人到大队来，大队进行辅导一下？

同意。

1、2、3、4、5、6、7、8、9、10

李桂复、王永、王铁军、穆奎喜、高桂有、韩志品、穆凤忠、高洪如、刘良、崔玉海。

工回生产队记。

1974 年 2 月 27 日 1 天

召开两委扩大会议

参加人员：杜万林、高有、高祥、李桂存、张明德、李正林、张玉平、王立新、王文清、穆奎喜、祁凤元、韩志品、李付海、郝存付、高祥彬、杨存秀、吕桂军。共 17 人。

会议开始学习了人民日报和河北报的批林批孔的讨论，然后传达了公社党委召开"批林批孔汇报，备耕生产"汇报会议精神，然后研究：

① 就每队拉沙子一个车，让谁负责？

范德亮。1—2、3—4、5—6、7—9 队每两个队拉一个小车上棚，拉到巴图营后，叫范德亮跟一个车，送交东万口三河团部去。

② 杂交高粱籽亏 529 斤，什么时间去碾子湾大队调去？

四队明天给垫上玉米，出人、车去换，回来后在明天会计会上分高粱数。

③ 应该清一下药社，谁跟清？

杜万林。

④ 李正林提出社员打柴火，发现有菜、桦小树怎么办？

凡打柴内有树，柴火没收，按制度罚款。

⑤ 公社指示中给社员拉打炕土，怎么搞？

生产队集体拉土，脱坯搞。

⑥ 县召开四干会人员怎么定？生活怎么安排？

上县的：张明德、高桂有。

到公社的：李正林、张宝斋、高祥、张立新、张玉平、高有、李桂存、王立新、穆奎喜、田秀德、穆凤忠、薛廷甫、高祥彬、吕桂军。

做饭人：高洪朋。

柴火：2、3 队每队 24 个。

菜：从大队拉萝卜 200 斤。

豆腐：2、4 队每队两锅，每锅下豆 13 斤。

⑦ 公社基建炸石头二人，怎么去？粮 400 斤那队给？

1、4 队各去 1 个人。1 队 150 斤，2 队 250 斤。

⑧ 副业如何备料？

穴子沟的四亩沟一带，3 月 1 日开始砍，各队尽力上人。搞十多天。

1974 年 3 月 14 日 1 天

召开两委扩大会议：参加人员总共 51 人。

会议开始唱“三大纪律，八项注意歌”的第一条，而后学习“红旗杂志短评”，认真学，深入批和人民日报论“批林批孔，搞好春耕”，然后传达了县委关于会议精神。结合本大队情况提出：十天内争取打井任务完成。马上关猪，进行备耕大检查问题。

在讨论时大家充分发言对批林批孔进一步深入，批判时联系实际问题。并提出在近日内召开两委扩大生产队长会议：

重点解决：种植计划落实地块；杂交高粱的五落实六个关；如何搞科学耕田；如何搞春耕三个战役。肥料算账。

讨论记录：

① 如何把猪关起来？

16 号开始关。16—20 号如果猪出来，由学生给赶，记上账，先不罚款。21 号以后如再出来连同 16—20 号的旧账一齐算。

依去年定的每猪每次 5 角，交学校。没有出槽的小猪不罚，一出槽就罚。

② 肥料如何检查？

明天分三个组检查：

一组：李正林，1—4 队队长；

二组：郭占奎，5—8 队队长；

三组：张明德，9—10 队队长。

③ 砍架杆怎么搞？

明天搞。由祁凤元负责。1—10 队(除 8 队)，每队出 2—3 人。去干沟垠一带。

④ 全大队亩产公社分 400 斤，总产 62 万斤，杂交玉米 200 斤，怎么落实？

前公社分配亩产 416 斤，总产 65 万斤，已分配到生产队，这次就不变仍按以前落实的就行啦。就杂交玉米籽问题：

计	1	2	3	4	5	6	7	8	9	10
200 亩	20	20	20	20	20	20	17	15	23	25
1 200 斤	120 斤	120	120	120	120	120	100	90	140	150

这 1 200 斤杂交玉米籽从大队中调 11 号玉米籽中解决，顶分粮，互不找钱。

⑤ 今天会议人多，打算以开大会工处理，回生产队记工，大队开总工，行否？

同意这样处理。

1974 年 3 月 18 日 1 天

召开两委扩大会议：

参加人员：杜万林、高有、郭占奎、高祥、李桂存、张明德、李正林、王立新、张玉平、穆奎喜、祁凤元、高桂有、彭正付、田秀德、李付海、薛廷甫、高祥彬、杨存秀、吕桂军。共计 19 人。

会议开始学习了红旗杂志"河北安平县南玉庄大队党支部的联系路线斗争实际批林批孔"文章，接着由李正林传达了 17 日公社召开水利会议精神，然后由张明德念了在 17 日汇总的肥料检查结果，然后讨论：

① 公社党委原分配 74 年亩产 416 斤，总产 65 万斤，咱们已落实到生产队。这次公社调整为亩产 400 斤，总产 62 万斤，咱们是否调整？

依亩产 416 斤，总产 65 万斤各队落实。

② 这次备耕检查分三个组，已经有了初步意见，在月底前进行一次全面检查怎么样？

全大队一个组，大队抽 2—3 人，各生产队长参加，从 29—30 号对十个队进行全面检查。

项目初订：批林批孔的深度；完成总产量的措施，科学种田，家具修理，发芽试验，肥料整理，上套安排，关猪，厕所，垫土，保管等。

③ 为使 74 年各项工作顺利进行，支革委分工怎么定？

1、2、3、4、5、6、7、8、9、10

杜万林、高祥、李正林、王文清、祁凤元、彭正付、祁凤元、郭占奎、张明德、杨存秀。

1 包 1 年，秋后见成效。

④ 大队打井专业队长，副队长怎么配？

队长：李正林。副队长：高祥。

⑤ 公社分配 74 年上半年支农用布 60 尺，怎么办？

全部留给开瓦窑，余下再分。

⑥ 搞瓦窑柴火怎么办？

各队有的羊业，玉米秸、高粱杆计价交瓦窑，柴火问题同意让干沟打 2 500 个，每 8 个柴火给 10 分，不补款。拉柴火尽量干沟拉。修路（干沟大北沟）干沟出人，大队开分。干沟如打这 2 500 个柴火，给创业队内顶 2 个人。

⑦ 公社基建拉石头怎么安排牛车？

1、2、3、4、5、6、7、9、计

2、2、2、22、2、2、14

各队也可以搞突击去拉石头。

⑧ 今年创业队和林业队怎么抽人？

经过充分讨论，列表如下：

林业队：张文忠、高祥早、高德芳、高殿仕、高祥甫。

创业队：张宝斋、昝元、李茂春、罗正合、李正洪、李汉军、张连荣、王铁刚、穆永会、李洪有、李清秀；高庆德、郝元、李世海、杨德录；杨进祥、韩志忠；田秀文、杨存瑞；高玉；范德亮、邵桂林。

创业队长：张宝斋；副队长：韩志忠兼记工。

⑨ 公社分配给一名售货员，推荐谁？

高洪宇。

⑩ 什么时间改工分？

4 月 1 日改为 10 分。

⑪ 王永过去对机器保护责任性差，停开机器后主动提整修意见，准备和他谈谈，今后要细心，是否还让开机器？同意。

1974 年 3 月 24 日

召开两委扩大会议

参加人员：郭占奎、高祥、李桂存、张明德、李正林、王立新、张玉平、王文清、穆奎喜、祁凤元、高桂有、田秀德、李付海、薛廷甫、高祥彬、杨存秀、吕桂军、张文科、张明海。共计 19 人。

注：划："√"号是回生产队记工。

划"1"号是由大队记工。

划"△"号是由大队记半天工。

会议由张明德汇报了公社 23 号在瓦房沟开飞行会议精神(积肥、打炕、知识青年安置)，由张文科汇报了县在千台开人参会议精神，由张明海、郭占奎汇报了公社教育会议精神。然后讨论：

① 知识青年三结合领导小组怎么成立?

组长：郭占奎，副组长：祁凤元。成员：张玉平、张立新、知识青年 1 人。共 5 人组成。

② 如何做好青年迎接工作?

大队组织干部、学生、群众欢迎。

大队搞标语，打罗鼓宣传搞欢迎。

菜的问题：从大队卖给萝卜 200 斤左右。

借粮问题：1—7 队每队先借给小米 10 斤。

柴火问题：每队 10 个羊业枝子。

席子问题：8 队解决 4 个，每个价 5 元。

③ 人参问题：张文科在大棚开会，计划栽种一片，初步预算需 1 500 元投资，搞不搞?

同意在大棚子的计划，坚决搞。

④ 在 1、2 日内(月底止)完成多少拆炕任务?

1、2、3、4、5、6、7、8、9、10、计

5、5、6、6、6、6、4、4、6、5、53

1974 年 4 月 6 日

参加人员：凡划"○"号的由生产队记工。

张明德、高有、高祥、王立新、穆奎喜、高桂有、田秀德、穆凤忠、高祥彬、杨存秀。共 10 人。

会议传达了公社4月5日党委会议精神。根据公社党委安排,具体研究:

① 造林工作的育苗任务怎么办?地点在哪里?按总面积分到生产队去。

1	2	3	4	5	6	7	8	9	10	计
2	2.2	2.5	2.5	1.8	2.	1.6	1.2	2	2.2	20
水泉沟	水泉沟	孟虎沟	石盆子	南沟	南山根	小西沟		水泉沟	黑土洼	

② 知识青年来,暂借用社员的房,咱们怎么办?同意翻盖后边那5间房。

③ 就备耕生产原定3月29日开始,因雪雨未搞,怎么办?

明天就检查,生产队长参加。

④ 有不少人要买柴火,如公社于书记的怎么办?

以大队抽人集中力量搞一天。

⑤ 瓦窑柴火怎么办?

分到生产队。

⑥ 副业加工厂停不停?

如停收入就有问题。另行掌握继续搞。

1974年4月25日下午半天

召开全生产队长参加的汇报会:

张明德、郭占熬、李桂存、王立新、李正林、穆奎喜、祁凤元、高桂有、韩志品、穆凤忠、薛廷甫、高祥彬。共12人。

首先各生产队汇报了春耕进度情况,然后进行研究:

① 原分配到各队的杂交高粱亩不变,但创业队原定种109亩,因地质问题实种77亩,相差32亩,怎么办?

让各队多种。

	1	2	3	4	5	6	7	8	9	10	计
摊原计划种	10	13	15	13	10	11	10	6	10	11	109
现定种	7	9	11	9	7	8	7	4	7	8	77
生产队再种	3	4	4	4	3	3	3	2	3	3	32
生产队应达到	55	63	73	77	51	55	48	24	40	37	523

② 根据党支部研究，合作医疗已定出实行半医疗意见，刚才念了怎么样？

同意。拿回生产队让社员讨论，从5月1日执行

③ 青年吃的酸、咸菜和柴火怎么计价？

酸、咸菜不分长短每斤以三分计价。羊业枝原定每队10个，现在再加10个，每队先送20个。每个以0.25元算款。

④ 刚才念了给知识青年翻盖和新盖房的，计划怎么样？

完全同意。

⑤ 三河要来咱大队64个人打柴火，地点定哪？

去干沟大北沟，具体在哪打，由大队指定。

⑥ 给知青盖房去拉石灰，打算给万全寺公社捎拉木头，脚费归大队否？

拉木头运费为生产队，盘费大队也不负担，大队照常出工分。

⑦ 给东万口三河团部送小车四个哪队去？1队去。

⑧ 瓦窑厂怎么搞？

扣坯：高德仕，作瓦：高德仲、张文海。

提桶和泡泥等人，一律从创业队抽人。明天让高德仕来和大队共同具体安排，马上抓紧建厂。

1974年4月17日晚

召开两委扩大会议

参加人员：高有、李桂存、张明德、李正林、王立新、王文清、穆奎喜、郝存山、祁凤元、彭正付、高祥彬、杨存秀、吕桂军。共计13人。

讨论记录：

① 张部长已讲劳力管理，具体制度咋定？

不分社员下部：一天由生产队领导小组批。

二天由大队革委会三人以上研究批。三天由公社党委批。

② 如出现卡不紧咋办？

明天全部投入播种，如有个别的不经批准，有(由)生产队长到大队检查批判。

③ 不按种植计划种怎么办？

如有变动不经党支部和下乡干部批准，有(由)包队队长、会计、政指员完全责任。

1974 年 5 月 3 日上午半天

召开两委扩大会议

参加人员：郭占奎、郭占熬、李桂存、张明德、李正林、王文清、穆奎喜、祁凤元、高桂有、韩志品、彭正付、李付海、薛廷甫、高祥彬、杨存秀、吕桂军。共计 16 人。

讨论记录：

① 原食堂时每人留 5 厘自留地，公社问是否同意下放给社员，如下放写申请?

同意下放。生产队集体种，按人分粮。

② 公社派每生产队柴火 3 车，咱们怎么安排?

每生产队四车合 50 个，除交公社 30 车外，下余由大队另外安排。

③ 知识青年柴火怎么办?

每生产队给准备 50 个。

④ 公社三河要借柴火 50—60 个怎么办?

8、9、10 共三个队，每队准备 20 个。

⑤ 红 5 日储蓄任务 2 000 元，怎么办?

1、2、3、4、5、6、7、8、9、10 计

分配：150、150、300、300、500、150、150、100、150、100、2 050

大队给分：150、150、200、200、×、100、100、×、100、×、1 000

⑥ 公社的大坝怎么施工?

由郭占奎去负责，采取包工办法，不住来回跑。

⑦ 对反击资本主义倾向的检查小片地，打自留地怎么安排?

片 1—2 队为一片，3—4 队为一片，5—7 队为一片，8、9、10 各为一片。

大队确定彭正付负责深入到片，同各队长、会计管理组成清查小组。明天开始。

⑧ 瓦窑做林的已经定高德仲、张文海、张文德，具体泡泥的怎么定? 提桶怎么安排?

提桶：王铁军、范德亮、张海军。

泡泥：杨存瑞、高洪文、杨宝山、韩风有。

⑨ 瓦窑柴火怎么办?

大队外来人买柴火和瓦窑柴火派给生产队，以年报劳力每人 20 个，具体分配是：

1、2、3、4、5、6、7、8、9、10　　计
380、420、420、360、360、480、320、200、360、460、3 760

1974 年 5 月 28 日补充

4 月 14 日在合达营参加紧急会议的：郭占熬、李桂存、穆奎喜、高桂有、韩志品、穆风忠、高祥彬、吕桂军。共 8 个人。

4 月 27 日参加西沟反击资本主义会议的：杜万林、张文海、王永、马朋、王立新、王文清、穆奎喜、董成瑞、韩志品、彭正德、穆风忠、郝存付、高洪如、高祥彬、高德明、吕桂军。共 16 人。

以上两项工已在 5 月 28 日开入开大会用工内。

1974 年 5 月 28 日下午半天

召开两委扩大会议

参加人员：郭占奎、杜万林、高有、郭占熬、郭占奎(5 月 30 日下午安排公社大会)；

李桂存、马明、马朋、高祥、王永、高淑琴。

高祥 5 月 28 日上午擦枪工半个包括在内。

张明德、李正林、王立新、张文明、张玉平。王文清、王进甫、穆奎喜、王科、赵淑娥。高桂有、韩风明、韩翠梅、祁凤元。田秀德、韩志品、穆风德、穆风海。穆风忠、张明生。薛廷甫、高洪江、郝存付。高祥彬、高德清、刘良、杜献德。杨存秀、吕桂军、李献成、崔玉海。张文科、张铁根、孟香娥、彭正付、张明海。共计 46 人。

主要是传达公社三干会，批林批孔、夏锄、养猪精神，本日工的处理划“C”大会用工，划“○”号用本单位记工。

1974 年 6 日 8 日下午半天

召开队长汇报会议：

参加人员：张明德、李正林、祁凤元、高有、李桂存、王立新、穆奎喜、高桂有、田秀德、穆风忠、薛廷甫、高祥彬、吕桂军、彭正付。共计 14 人。

会议重点解决汇报 6 月 7 日晚大队用喇叭传达县委电话会议精神的讨论精神情况，参加人数和讨论情况以及建立马克思主义理论队伍情况，汇总春耕面积亩数，锄苗情况，养猪等问题。然后讨论：

① 理论队伍如何成立?

高有、李桂复、杜万林、郭占奎、马淑兰、张万国、郭占熬、张玉林、马明、马朋、高淑琴、王永、马亮、李桂存、高祥、王俊、罗彬。王立新、王铁军、张文明、张立新、王铁刚、张玉平。张明德、王建平、李正林、穆凤明、李树林、郝元、穆奎喜、王文清、赵淑娥、王科、郝存山、王进甫、韩风明、高桂有、韩桂军、高秀莲、韩翠梅、韩普、祁凤山、董成瑞、祁凤元。穆凤德、穆凤海、田秀德、高德品、韩志品、张清、木建花、穆凤忠、李付海、李挂娥、张明生、张明春、张明瑞、尤长桂、薛廷甫、高洪如、张天富、高洪江、郝存付。高祥彬、高德清、高德明、杜宪德、刘艮、郤文海、高德仕。吕桂军、崔玉海、杨存秀、李献成。张明海、韩殿林、郭文合、李付河、刘军，知识青年 15 人。张文科、罗有、张宝斋、韩志忠。共计 98 人。

凡划“○”号的是辅导员，共 54 人。

② 养猪达到多少口?

1、2、3、4、5、6、7、8、9、10 计

2、1、1、2、1、2、2、1、1、1、14

③ 今年砖、瓦价怎么定?

均指 1 000 块而言;砖 40 元、瓦 25 元。不分本大队与外大队是一个价。

④ 瓦窑和知识青年用的高粱杆、玉米秸怎么作价?

每斤 1 分。

和祁凤元研究的理论队伍有：高有、罗彬、李桂存、王铁军、张文明、张玉平、王建平、张明德、穆奎喜、高桂有、祁凤元、韩志品、穆凤忠、薛廷甫、刘艮、吕桂军、张明海、韩殿林、郭文河、杜正起、马秀荣、孟香娥、张铁根、李其荣。共 24 人。

凡划“√”号的是辅导员。共 3 人。

1974 年 6 月 28 日时间 1 天

召开两委扩大会议：

参加人员：高有、李桂复、高桂有、王永、张明德、李正林、穆凤明、张文明、穆奎喜、王文清(下午半天)、郝存山、高桂有、韩桂军、田秀德、穆凤海。李付海、张明瑞、薛廷甫、高洪如、高祥彬、刘艮、吕桂军、崔玉海、杨存秀、王占奎、杜万林。共计 26 人。

注：凡划“○”号的回生产队记工。今天主要是搞 75 至 80 年规划。会议

中把锄苗进度和批林批孔进行了汇报,然后大队对当前生产进行了安排。

补记:

① 6 月 14 日下午公社检查生产,下列人员到大队汇报:

高有、李桂存、李正林、王立新、张玉平、穆奎喜、高桂有、田秀德、李付海、薛廷甫、吕桂军。共 11 人。

② 6 月 23 日上瓦房沟公社辅导站的有:

李桂复、王永、张文明、穆奎喜、高桂有、韩志品、穆凤忠、高洪如、刘艮、崔玉海、李正林、杜正起、马秀荣。共 13 人。

注:以上两项用工凡划“○”号的回原单位记工。

划“√”号的大队开工。

1974 年 7 月 1 日上午半天

大队搞理论辅导:杜万林、李桂复、高祥、李桂存、王永、罗彬、张明德、李正林、王立新、王建平、张文明、张玉平、王文清、穆奎喜、高桂有、韩桂军、田秀德、韩志品、穆凤海、李付海、穆凤忠、张明瑞、薛廷甫、高洪如、高祥彬、刘艮、杨存秀、杜正起、马秀荣、孟香娥、张明海。

除学习人的正确思想是从哪里来的,还学习省委 24 号文件。

注除“○”号的回本单位记工外。

划“√”号的一律以开大会用工处理了。

1974 年 7 月 4 日

召开支委会和两委扩大会

参加人员:杜万林、高祥、张明德、李正林、王文清、杨存秀、祁凤元。郭占奎、高有、李桂存、王立新、穆奎喜、田秀德、李付海、高祥彬、张玉平。

会议将确定了的培养纳新对象和接班人向会议征求了意见,根据涿鹿会议将发展理论队伍进行了研究,安排了锄三遍地、追肥、积肥,安排了装车人员,讨论决定:

① 三队的籽马,大队是否留?

同意用赤城换回的小红马换,会议结束时看马作价,互相找钱。

② 知识青年的房怎么盖? 谁负责?

装完窑动工。由王文清、郝存山、祁凤元负责。

③ 6 月 8 日定瓦窑,青年烧玉米秸、高粱杆价是否高?

一律改为每 100 斤 8 角。青年的改 5 角。差价大队补。

1974 年 7 月 22 日 1 天

召开两委扩大会议

参加人员：郭占奎、高有、张明德、张玉平、王文清、祁凤元、韩志品、穆凤忠、高洪江。（上列人员除参加会外，是挑水浸窑）。

李正林、杜万林、李桂存、王立新、穆奎喜、高桂有、田秀德、李付海、薛廷甫、高祥彬。（上列人员是大队和瓦房沟的积肥飞行会）。

会议主要是传达县委在此次会议精神，研究把批林批孔如何深入问题，公布了七三年种、创业队留算使用情况，研究了林业队瓦窑、知青盖房等问题，然后决定：

① 摘杏报酬问题：

每 100 斤给工 15 分，每 1 分工补款 5 分。

1974 年 8 月 10 日 1 天

参加人员：张明德、李正林、祁凤元、高有、马明、王立新、王科、高桂有、田秀德、李付海、薛廷甫、高祥彬、吕桂军。共 13 人。

会议着重落实刘德海同志讲的：批林批孔问题，亩施万斤肥，当前打好压积肥问题，当前锄苗、抗洪、打草安排，杜绝瞒产等问题，就养猪，三河粮食，党报、县报，古子坊修路民工等问题。

讨论记录：

① 打草工作怎么做计划？坡怎么分？

凡牛、驴、骡、马每头以 3 000 斤计划，军需草以每亩地（总面积）20 斤计划。搞出需用、缺、向劳动力分配任务。时间听候通知。

草坡问题执行前几年划分的坡道不变。

② 护秋组织怎么成立？对狗如何处理？

护秋委员会主任：李正林，副主任：高祥、王文清；成员：杨存秀、高祥彬、薛廷甫、高桂有、韩志品、李付海、祁凤元、高有。共 11 人。

明天把狗全部拴起来，如不拴损坏粮食全部包，从不拴狗日起，每天罚 10 分。

③ 给公社送砖瓦车怎么去？

1、2、3、4、5、6、7、计

4、4、6、6、4、4、4、32、

明天开始就送。

④ 知识青年的每队50斤菜,已吃完,怎么办?

每队派50斤豆角,每队50斤不给款。

⑤ 今天各队长开会工回队记,怎么样?

同意。

⑥ 去古子坊修路工人两名怎么分配?

二、十队每队去1人。

⑦ 生产队到现在竟究有多少车肥?

	1	2	3	4	5	6	7	8	9	10	计
牛圈	400	300	300	400	300	300	300	300	400	600	
羊圈	300	250	500	200	200	300	200	200	400	800	
坑个	4	3	3	2	2	2	2	3	2	2	
坑东	900	600	1 700	1 700	300	800	800	400	1 000	200	
其它	200	100		150	600	300	50	200			
社员	300	250	400	300	200	300	350	250	300	150	
合计	2 100	1 500	2 900	2 750	1 600	2 000	1 700	1 350	2 100	1 750	

1974年8月28日1天,在苏寺学校

参加人员:张宝斋、杜万林、郭占奎、高有、高祥(半天)、李桂存、罗有(半天)、张明德、李正林、张玉平、张文科(半天)、王文清、郝存山(半天)、穆奎喜、李树林、祁凤元、高桂有、田秀德、李付海、薛廷甫、高祥彬、吕桂军、杨存秀、张明海、韩殿林、郭文合、刘军、李付合。共计28人。

会议开始汇报了"县教育革委会议精神",然后有公社武装部长赵德山同志,讲了公社党委当前工作安排,然后讨论:

① 为使批林批孔的问题深入,选拔几名故事员?

暂定两名:张铁根、李其荣。

② 青储饲料窖怎么搞?

以大队和十个生产队共11个股集体搞,在瓦窑厂挖两个窖,把创业队的玉米杆、高粱杆入窖,不足部分十个股送。出工由11个股出平摊,喂料计数,作价找齐。

③ 打狗问题怎么执行?

限明天全部杀掉,如不杀,大队派人去,花多少工由狗主负担。

④ 知识青年怎么落队户口?

1、2、3、4、5、6、7、8、9、10 计

2、2、2、2、2、2、1、1、1、1、16

⑤ 各队机耕多少亩地?

1、2、3、4、5、6、7、8、9、10、计

5 004 050 504 020 000 250

⑥ 监打监收员怎么安排?

选拔十名知识青年分到各队,吃派饭,每天交粮票 1.4 斤,款 30 元。

1974 年 9 月 11 日下午半天

参加人员:杜万林、郭占奎、张宝斋、李桂存、高祥、张明德、李正林、王立新、张玉平、张文科、穆奎喜、祁风元、高桂有、田秀德、彭正付、穆风忠、薛廷甫、高德清、杨存秀、吕桂军、王文清。共 21 人。

会议简单汇报了县三干会议精神,然后订正了积肥。

	1	2	3	4	5	6	7	8	9	10	合计
牛圈	500	800	500	500	600	500	600	600	700	600	
羊圈	600	1 000	400	600	400	600	300	400	800	1 600	
坑肥	1 200	900	1 500	1 400	600	1 100	900	200	700	400	
录肥	200	300	300	100	400	200	200	250	300	100	
社员	300	400	500	500	400	500	200	250	300	200	
合计	2 800	3 400	3 200	3 100	2 400	2 900	2 200	1 700	3 000	2 900	

讨论记录:

① 对放猪、密(觅)猪和放夜猪怎么处理?

凡白天赶出来一次,就罚 5 角。放夜猪、队里的猪收归赶猪人。每次一元,款归赶猪人,吃的粮食如数包。社员猪:无代价没收,归给赶猪人所在的生产队。有要猪的生产队付赶猪人 3 元报酬。

② 知识青年的柴火和菜怎么办?

柴火：8、9 队，每队送 2 车，先烧的。（作价付款）。

菜：每队 50 斤豆角或瓜，队没有和社员收。适当付款。

③ 三干会议人怎么安排？

高有、李桂复。高祥、王永。张明德、李正林、张文科、张文明。张文德、穆奎喜、郝存山。祁凤元、高桂有、韩桂军、田秀德、穆凤海、穆凤忠、薛廷甫、高洪如。高德清、刘艮、吕桂军、崔玉海。共 23 人。

每队带菜 20 斤。

行李、粮食自背。粮食全带小米。

1974 年 9 月 15 日

就在韩家栅开三干会工的处理

生产队自记　　　　生产队记大队给开工　　　　大队扣工

1. 高有、李桂复
2. 高祥、王永
3. 王立新、张文明、张明德 40、李正林 40
4. 穆奎喜、郝存山、王文清 40
5. 高桂有、韩桂军祁凤元 40
6. 田秀德、穆凤海
7. 穆凤忠
8. 高洪如、薛廷甫
9. 高德清、刘艮
10. 吕桂军、崔玉海

每人 40 分。

1974 年 9 月 24 日 1 天

参加联防会议记工情况

1. 杜万林、郭占奎、高有、张宝斋
2. 高祥、李桂存、罗有
3. 张明德、李正林、王立新、张文科
4. 王文清、郝存山、穆奎喜、梁明
5. 高桂有、祁凤元、高德举、韩志忠
6. 田秀德

7. 穆凤忠、李付海、李兆阁

8. 薛廷甫、高洪朋、高洪江

9. 高德清、高德仕

10. 吕桂军、杨存秀。

凡划"○"号的大队不记工。

凡划"√"号的大队其它单位记工。

1974 年 9 月 21 日

参加人员：(此天分月饼后开会不记工)

高有、李桂存、王立新、穆奎喜、高桂有、田秀德、穆凤忠、薛廷甫、高德明、吕桂军、张明德。共 11 人。

会议记录：

① 8 月 28 日实有知识青年 16 人，因贾秀巧已走，现有 15 人，支部意见就原分的 1—6 队，每队 2 人，7—10 队，每队 1 人的决定改为 1—7 队，每队 2 人，9 队 1 人，8、10 队不落户，但物质等东西也供一部分，怎么样?

同意，以此为准。

1974 年 9 月 26 日下午半天

召开两委扩大会议

参加人员：杜万林、郭占奎、高有、高祥、李桂存、张明德、李正林、王立新、王文清、穆奎喜、郝存山、祁凤元、高桂有、田秀德、彭正付、李付海、高洪如、高德清、吕桂军、杨存秀。共 20 人。

讨论记录：

① 通过念联防会议开支单据看有什么意见，就羊肉价和元白菜、茄子价怎么搞?

开支方面卡的很紧，总共才 50 多元嘛。羊肉因公社是 4 队 1 个羊，每个给 25 元，必须一样，所以羊肉每个计价 25 元。

元白菜都是白蛋和茄子一样，每斤 5 分算。

② 青松岭工分今年怎么定?

按实开工票算，每天比在家农业高三分。

③ 三河工分怎么定?

执行县委、公社、党委指示，三河开多少，咱们开多少。

④ 74 年下半年生产用布 60 尺,怎么分?

1、2、3、4、5、6、7、8、9、10、　　计

6、6、6、7、6、6、6、5、6、6、　　60

⑤ 春季给小矿山装汽车报酬怎么定?

每装一车给工人 1.10 元;凡大队长期固定人装,将应得收入扣归大队一半;大队开会时装的,不给报酬。

⑥ 公社基建打石头,拉石头,垒坝基,砌坝的工分怎么定?

打石头,比在家农业每天高 1 分;拉石头每方 8 分(人、牛各 4 分);垒坝基社员每方 5 分,其它杂工,比在家农业高 1 分,知识青年每人每天记 10 分,女的记 8 分;砌坝按每人每天 13 分往下评。

⑦ 今年因大队林业队萝卜没有啦,就开会用菜怎么解决? 各生产队留。

⑧ 在九月二十一日知识青年人数定到队,但人还未定,今天应该定一下。

1. 陈新平、兰秀琴

2. 李刚、孟香娥

3. 马秀荣、郭利勇

4. 杜正起、李桂枝

5. 马成、李富荣

6. 李其荣、张淑琴

7. 张铁根、邢风莲

8. 宋双喜

⑨ 去年和今年生产队抗洪挡坝,所砍的树怎么办?

那队砍的那队全部送交大队,不送者给其作价。

⑩ 六队砍柳树挡坝,将树梢全部砍去,河把树杆刮走,又没积极查找后被王文清发现,让古方六人抬送。这个问题怎么处理?

六队因两方面原因罚款 3 元。古方 6 个人捞树给报酬 3 元。树送交大队。

⑪ 李化廷偷杏问题怎么处理?

杏全部没收归生产队。决定罚款 6 元,6 元归生产队,生产队给派的两人每人工资 1.50 元。

⑫ 李文彬偷砍大队榆树 1 棵,桦树两棵共三棵,怎么处理?

罚款每棵桦树 4 元,榆树 7 元,共 15 元。树归大队,如不送交大队,树归他,再加 15 元。

⑬ 冀文富给知识青年做饭每天应给多少工分?

因另(零)活不少,以每天给 12 分。

⑭ 社员、生产队烧同瓦、云瓦、瓦条怎么办?

全部自做或请人做,凡做的大队不管。

光烧:同瓦每块 2 分,云瓦每 100 块 5 角,瓦条第 100 块 5 角。

⑮ 给知识青年瓦房的泥工报酬怎么给?

每天 13 分,补款 0.20 元。

⑯ 就瓦窑厂的报酬问题怎么定?

做瓦的分两类:一类每 1 000 块工分 15 分,补款 0.30 元。

二类:每 1 000 块工分 14 分,补款 0.30 元。高德仲全为一类。张文德三分之二为一类,三分之一为二类;张文海全为二类。罗有、王铁军因做数量不多,均为一类。

提桶的一律以每 1 000 块 14 分,补款 0.20 元计算。

浸泥的一律以每 1 000 块 13 分,补款 0.15 元计算。

扣砖的一律以每 1 砖 2 瓦,按一类瓦做瓦的计算。

看窑的每窑蓝货 20 元,红的 15 元(酌情处理)

烧窑的每人每天 14 分,补款 0.30 元计算。

做同瓦的每 100 块,顶 1 000 块瓦,以做瓦一类待遇算。

做饭的 6 月底以前每天 10 分,7 月 1 日以后以 12 分算。

坏瓦问题:因瓦比去年小,报酬并不低,所以坏了的瓦大队不负担。

⑰ 学校的高粱,萝卜怎么处理?

高粱让创业队打一下,由大队过秤后,每斤 0.20 元卖它,收入归学校,萝卜每 100 斤定价 3 元,优先给知识青年,如果有余归大队批准处理。

⑱ 十月十日来咱大队 18 名教师,目的接受贫下中农再教育,一方面搞调查,怎么安排?

片人:古方片 6 人,沟门片 6 人,苏寺片 6 人。

负责人:郭占奎、李正林、祁凤元

⑲ 学校菜缺缸问题怎么办?

大队开支买三个三号缸,学校使 2 个,牧厂使 1 个。

⑳ 兼管学校主任,要求有文化,怎么配备?

张明德任主任,郭占奎任副主任。

㉑ 学校的乒乓球案和篮球球架怎么解决?

用各队交回的挡河柳树中来解决。

㉒ 给三河拉木头怎么记开工分？

在二十七日前，将工订清，提出单子报大队酌情开分。如过期，大队不负担工，由生产队认。

㉓ 瓦窑下厂，大队猪怎么办？

由拉籽马人喂猪。

㉔ 知识青年的缸和菜怎么安排？

缸先和大队瓦窑厂借用。准备淹两缸长盐菜，淹三缸短淹菜。为满足五缸淹菜，各队给：十个队全有，每队大萝卜 50 斤，共 500 斤。芥菜 20 斤，共 200 斤。

在九月二十七日前交大队。

㉕ 知识青年的八月节生活怎么安排？

每队给羊肉三斤，羊骨头一斤，共四斤（十个队都给），不计价，照顾吃。

三队给软（粘）谷 50 斤，推米吃糕。顶口粮。

㉖ 今天拉回苇席 20 个怎么分？

1—7 队每队三个，大队留四个。

㉗ 瓦窑柴火的工分和补助怎么给？

一等：1 分，款 0.05

二等：0.8 分，款 0.04

三等：0.6 分，款 0.03

㉘ 知识青年粮食存入问题怎么安排？

哪队落户，哪队存玉米、谷子、高粱、山药，其它大队安排集体存。

放细粮家具：卖几个小柜。

糊顶棚：大队卖给报纸，高有卖给高粱杆 350 根。

㉙ 借社员木头的情况，打算还：

前几年李正林借郝存山大椽七根，今年郝存山从张明德手取大队棺材盖，材料（拉三块板）亏一块板做棺材盖。准备相顶。

修大队祁凤元借张明德大门框两根，门上下，弦三根，窗户四扇，打算用拆知识青年房留的榆木拎还。

今年盖知识青年房借五队 5 拎 1 欠共 6 根，打算用西沟门两棵杨树还。（5 队因盖房未门板，大队也应支持）。

同意这样还。

㉚ 监打监收员怎么抽调?

	1	2	3	4	5	6	7	8	9	10
抽	郭文海	罗　彬	王铁刚	张树生	高秀莲	彭宪忠	张明春	薛英明	高玉	邵德文
定监收员	王铁刚	张树生	罗彬	郭文海	张明春	高玉	高秀莲	邵德文	薛英明	彭宪忠

规定:

① 到哪队参加哪队劳动,和社员一样评工记分。

② 每天自带粮食 1.5 斤,交给生产队,轮班派饭。

③ 所挣工分,当笔记清,秋后由大队互拨。

④ 如同情生产队搞鬼,大队扣减监收员所挣工分一半,并在政治上批评,批判,直到处分。

⑤ 监收员必须记清粮数。监收员不在场,不准生产队分粮。

会议笔记 12

（31）是否公布三条规定：

① 以前和今后，凡卖羊业的必须一律归生产队，按社员交队羊业报酬处理，否则大队没收其羊业全部款，并加罚一倍款。

② 生产队用羊业换辣椒，必须由生产队集体搞。社员拿辣椒分，队按卖羊业百斤 1 元计收入。

③ 前卖高价粮的必须提出保证，将卖出的地点、斤数、款数、交待清。保证今后不再卖。大队对前卖，不加处理。否则，查出将高价部分没收。

同意这么搞。以此生效。

（32）交学生赶猪的罚款和大队赶猪的罚款？

① 张万国 1、郭占奎 1、张文有 1、郭占熬 2，5 头。

② 马明 1、王永 2、王登明 1、李连春 1、李桂生 2，7 头。

③ 冀文付 2、赵存德 1、吴立祥 1、李志彬 1、李志彬 2，7 头。

④ 高祥涛 1，1 头。

⑤ 杨进祥 1，1 头。

⑧ 李付合 1、李付江 1、李天元 1、高洪明 1、薛廷甫 1、高洪有 1、高洪如 1，7 头。

⑨ 高德武 1、高庆军 2，3 头

⑩ 郤正明 1、李献成 1、薛德彬 1、张桂成 1、杨存荣 2、范世明 2、吕桂军 2、郤胜明 2，共 12 头。

1974 年 10 月 10—11 日

召开两委扩大会议（10 号公社三干会议）

参加人员：郭占奎 2、高有 2、高祥 2、李桂存 2、张明德 2、李正林 2、张玉平 1、王立新 2、张立新 2、王文清 1、穆奎喜 2、祁凤元 2、高桂有 2、田秀德 2、穆凤忠 2、薛廷甫 2、高祥彬 2、杨存秀 2、吕桂军 2。共计 19 人。（此工 12 月 3 日开入农建工内）

讨论记录：

① 在十号公社召开会时讨论；

			1	2	3	4	5	6	7	8	9	10	计
出　人			12	13	15	15	10	14	11	6	12	12	120
带队人			杜万林	张玉林	张立新	王进甫	张桂元	韩志品	穆凤忠		杜献德	范德亮	
劳力	男	正	4	4	5	5	3	5	3	2	4	4	39
要求		女	8	9	10	10	7	9	8	4	8	8	81
每天达到工分		工分	96	103	120	120	79	113	86	48	96	96	

上列要求工分标准是：男 10 分，女和男半 7 分。

① 从十月十一日开始，分两片搞，今年不齐工，三、五年搞完再齐工，各队都回队记工。

② 按分配劳动上工，对亏人的应得工分，从当年农建工内扣回，归所在片，按当年出工平衡。

③ 有特殊情况，经支部批准，不扣工分。

④ 上述规定为暂时的，何时改由两委扩大会决定。11 号经过实地观察后，在三队队房讨论；

① 1—4 队为一片，工程地点断腰地，有张明德、高祥、张立新、张玉平负责，有杜万林记工。

② 5—10 队为一片，工程地点窑子沟南台子，负责人有祁凤元、杨存秀、郭占奎、记工有高洪章负责。

③ 李正林抓三秋及大队具体事务。

④ 开支问题：那个队收益，由那个队开支买办公用品。

⑤ 各个队由带队人负责，带红旗报纸，批林批孔材料。

⑥ 凡搞工程需用树木，首先选报计划，经大队审查指定地点，可以采伐。

1974 年 11 月 5 日，凡划“○”号的回队记工。

召开两委扩大会议（在创业队场院分高粱后开会）

杜万林、郭占奎、高祥、张明德、李正林、穆奎喜、祁凤元、高桂有、田秀德、张明瑞、薛廷甫、高祥彬、杨存秀、吕桂军、王立新。共 15 人。

讨论记录：

① 三河、青松岭民工以及其它外出工，粮食补助怎么补？怎么摊？

就三河民工，青松岭民工享受补助粮，其它外出工一律不享受，以 73 年留粮人口摊算。

② 公社派每生产队三车柴火，大队意见每生产队四车，除交公社 30 车外，再给李桂元 10 车，看行否？

同意这个安排。9 队二车，8 队四车，10 队四车，给李桂元。

③ 今年牧厂拉谷草，大队初步安排每股出二个牛车，是否同意？

明天开始，同意这个安排。听大队通知，那天要那天来。

④ 公社牧厂摊饲料 440 斤，除茨营还（上年还的除交上年余的）的，今天又从创业队取走高粱 200 斤，今天又多入牧厂高粱 220 斤，大队安排除茨营余的和今天这 200 斤，用今天入牧厂的 220 斤归大队，由大队出点豆子给牧厂补齐，生产队就不再出料，这样安排恰当不？

同意这个安排。

⑤ 今年创业队分玉米胡，怎么计算产量？

一等，每百斤以 55 斤。

二等，每百斤以 30 斤。

苇子沟，白玉米每百斤以 30 斤。

嫩的就不计算啦。

⑥ 什么时间改 8 分工？

从 11 月 6 日改为 8 分。

⑦ 今天汇报了公社农田检查情况，咱大队 1—4 队，搞小块连大块，方向路线不对，明天改搞田园，怎么划片，确定负责人，上多少人？定那个地点？

总负责人	张明德、高祥、李正林、王文清、杜万林、张立新、张玉平				祁凤元　郭占奎				杨存秀
队负责人	高有	李桂存	王立新	穆奎喜	高桂有	穆凤德、韩志品	穆凤忠	高祥彬、杜献德	吕桂军
应　上	17	18	20	20	15	20	15	17	17
外　出	4	5	5	5	4	6	5	5	6
确定上人	13	13	15	15	11	14	10	12	11
定地点	西大地	西大地	后地	后地	三股岔	南台	南台	南台	南垠
队　别	1	2	3	4	5	6	7	9	10

1974 年 11 月 20 日(时间一天)

召开支革委扩大会议

参加人员：杜万林、张宝斋、高祥、李桂存、张明德、李正林、张立新、张玉平、穆凤明、穆奎喜、郝存山、高桂有、韩志忠、彭正付、韩志品、田秀德、穆凤忠、薛廷甫、高德清、高德仕、杨存秀、郭占奎。共 22 人。

会议开始李正林、高祥、杜万林传达了公社党委扩大会议精神，重点解决挖河床问题，然后由张明德进行了补充，会议开始学习了“周日升”的光辉事迹。

讨论记录：

① 公社给 25 件绒衣怎么评?

经过讨论，以人口分到生产队再评。

1	2	3	4	5	6	7	8	9	10	计
2	3	3	3	2	3	2	2	2	2	25

② 公社分配的派购饲草 13 000 斤，怎么分?

按实种谷子亩数往下摊。

③ 去年夏季汛期挡坝，所砍的柳树，前两委扩大会有过决定，到底什么时间送?

各片砍的在本月 25 号前送交大队，如果过期不送大队派人、牛车往回拉。凡用的人、牛工(不分人、牛)一律以一个工 1 元扣砍树片(队)。

④ 对各队要求的车货怎么批?

	1	2	3	4	5	6	7	8	9	10	计
棚杆根		15									15
元条根	6	4		6	4	6	4	4			34
辋子(芦)	4	3	4	3	3	6	3	5			31
轴　根	6	5	7	8	6	9	6	6			53
劳力牛	7	6	8	7	8	9	8	5	8	6	72

1—8 队的车货去水沟砍，找林业队长张文科过数，否则偷砍罚款。

1974 年 12 月 10 日

召开两委扩大会议(凡划“√”号的，已开入开大会用工去了。)

参加人员：郭占奎、杜万林、高有、郭占熬、张宝斋、高祥、马明、张明德、王立新、穆凤明、王文清、穆奎喜、王科、高桂有、韩凤明、韩志忠、韩志品、田秀德、穆凤德、穆凤忠、李付海、张明生、郝存付、高祥彬、高德清、吕桂军、李献成。

公社党训班参加人员：(12月4日到12月9日)

马淑兰6、郭占熬6、张玉林6、马明6、李正林3、穆凤明6、穆永会6、张立新6、穆奎喜5、祁凤元6、高桂有6、韩凤明6、田荣甫6、韩志品6、田秀德6、穆凤忠6、尤长桂6、郝存付6、高德清6、高德仕6、高祥彬6、吕桂军2、范成才6、杨存秀6。

讨论记录：

① 碾子湾挖河床怎么派人？

16岁到60岁的人，应摊外勤工。

16岁到55岁的人，应出外勤工。

生产队留队长，副队长，会计，政治指导员共四个人不出勤？

	应摊全年建勤工的劳动力	应出外勤的劳动力	大队决定不外出的劳力	实应外出劳动力	已经出数				决定去矿子湾人
					青松岭	三　河	公社创业队	合　计	
1	24	20	6	14	1	2	1	4	3
2	22	19	5	14	1	2	1	4	3
3	25	24	6	18	1	2	1	4	5
4	24	21	4	17	1	2	1	4	5
5	20	17	6	11		2	1	3	3
6	28	24	5	19	1	3	1	5	5
7	18	14	6	8	1	2	1	4	
8	14	12	4	8			1	1	3
9	22	19	6	13	1	1	1	3	4
10	24	22	5	17	1	2	1	4	5
计	221	192	53	139	8	18	10	36	36

带工的：张明德，管理员：杜永科；炊事员：高洪朋。

每生产队先送菜200斤，油2斤，柴火二车，共24个(先送12个羊业技子），每生产队交 1 条口袋。

民工带口粮：玉米面 30 斤，小米 20 斤。

② 明天去公社参加三干会怎么定人？

高有、高祥、王立新、王科、韩桂军、穆凤德、张明生、高洪如、刘良、吕桂军。每生产队带菜 15 斤。

③ 各队应摊给三道河拉木头牛车？

1	2	3	4	5	6	7	8	9	10	计
8	8	10	8	6	9	8	5	6	8	

1974 年 12 月 22 日

决定照顾棉花问题：王永、张文明、高祥、张明德、祁凤元、郝存山、韩桂军、穆凤海、高洪如、刘良、崔玉海。

	总人口	地　富	实有中农以下人口	给棉证斤数	照　顾	合计斤数	备　注
1	93	1	92	10		10	
2	104	17	87	9		9	
3	129	10	119	12		12	
4	108	15	93	10		10	
5	90		90	9		9	
6	99	12	87	9		9	
7	82		82	9		9	
8	53	13	40	5		5	
9	83	13	70	8	高祥清 5、刘展仕 5	18	
10	81		81	9		9	
计	922	81	841	90	10	100	

1974 年 12 月 26 日一天

召开两委扩大会议

参加人员：高有、杜万林、郭占奎、王永、张明德、李正林、王立新、张玉平、穆奎喜、祁凤元、高桂有、韩志品、穆凤忠、薛廷甫、高德清、吕桂军、杨存秀。共17人。

会议先召开欢送新兵会，学习了陈永贵在山西省会议上的讲话，汇报了碾子湾工程情况，然后讨论：

① 给碾子湾拉河床做豆腐不？

从饲料下账，每生产队旧历年前两锅，送豆腐交时过秤，最后各队找齐。

② 张海要求给父亲解决一口寿木行不？

因当兵走，同意解决，尽量给好的，以质论价。但价格不照顾。

③ 李桂存女人病重，要求解决寿木行不？

大队前有规定，凡有后代的一律不解决，那是指现砍伐柳树而定。这次大队处理挡坝柳树可以解决。

④ 处理柳树怎么定价？采取什么手续？

每口方子：一等100元，二等85元，三等70元。盖帮底。

单配：100元	85元	70元
35元	30元	25元
50元	43元	35元
15元	12元	10元

盖2.5寸，帮2.2寸，底1.8寸。

生产队评以后报大队，由大队审查决定。必须自用，不准外卖。

⑤ 生产队评工记分怎么办？

社员三天内记清，超过三天不予记工。有生产队负责人盖章，否则记工员不准记工分。

⑥ 今年优待劳动日，怎么定户？怎么定工？

经逐户审查烈军属和在乡残废军人，最后定彭正付1户，计算办法和去年一样，最后定工200个。

⑦ 信用站会计杜万林，今年给多少工分？

公社信用社给大队70个工的钱，大队开工70个。

⑧ 兽医员郝存仕奖励多少工？

根据工作定5个。

⑨ 郝存山怎么定工？

郝存山按误工记工，随农业工分开。今年税收给款归他本人。在去年的基础上因加知识青年账目，所以定 40 个工。

⑩ 民办教员怎么定工分？

张明海因负责任，全年定 3 900 分。

李付河全年 3 700 分，郭文河全年 370 个工，刘军全年 3 700。

⑪ 李兆阁怎么定报酬？

今年社员意见不少，因加强教育，马上改变服务态度。今年全年计算办法：工分比农业每天高二分。

补助按出勤算，每天 0.20 元。

⑫ 生产队干部怎么定补助工？

	队　长		副队长		会　计		政　指	
1	高　有	50	郭占熬	50	李桂复	30	杜万林	20
2	李桂存	50	马　朋	50	王　永	30	高　祥	30
3	王立新	50	穆凤明	50	张文明	30	李正林	30
4	穆奎喜	50	王　科	50	郝存山	30	王文清	30
5	高桂有	50	韩凤明	50	韩桂军	30	祁凤元	30
6	田秀德	50	穆凤德	50	穆凤海	20	韩志品	30
7	李付海	40	张明生	40	张明瑞	30	穆凤忠	40
8	薛廷甫	50	郝存付	30	高洪如	25	高洪江	5
9	高祥彬	50	高德清	50	刘良	30	高德仕	20
10	吕桂军	50	李献成	50	崔玉海	30	杨存秀	30
计								

⑬ 生产队记工员、财政、保管员、拿钥匙的怎么定工？

一人一职不超 15 个，一人二职不超 20 个，拿钥匙的不超 10 个，由生产队根据工作而定。

⑭ 今年义务工怎么摊？

不扣义务工。

⑮ 大队干部怎么定工？

张明德 150，李正林 70，祁凤元 100，郭占奎 40，高祥 50，王文清 15，杜万林 10，杨存秀 10，张玉平 5，彭正付 20，张立新 10。

⑯ 大队各单位负责人怎么开工？

张宝斋 20,韩志忠 20,张文科 15,梁明 15,罗有 20,李桂复 20。

1974 年 12 月 29 日

召开两委扩大会议

参加人员:郭占奎、高有、杜万林、高祥、马明、张明德、李正林、王立新、张玉平、王文清、穆奎喜、祁凤元、高桂有、韩志品、彭正付、李付海、高洪如、高祥彬、吕桂军、杨存秀。共 20 人。

讨论记录:

① 今年开大会的人怎么定?优抚劳力怎么定?

	1	2	3	4	5	6	7	8	9	10	计
开大会	46	56	66	58	50	52	47	30	49	42	496
优抚劳力	22	19	21	20	19	24	16	13	19	22	195

② 公社分配咱大队出席公社劳模代表三人,怎么提名?

高桂有、王立新、张明德。

生产队在一日前将讨论结果报大队,以便整材料报公社。

③ 在领导班子整顿中,群众需用本人不干怎么办?

到大队办学习班,生产队、大队都不给记工。如果不来花工花钱找,有被找人负担,由大队扣分和扣款。有的生产队需用大队派人白天搞,所用工由用人生产队负担。

④ 知识青年的做饭工分,大队怎么负担?

		张铁根	陈新平	宋双喜	李刚	马成	郭立永	李付荣	李其荣	马秀荣	张树琴	孟香娥	兰秀琴	邢风连	杜正起		合计
		75	10	45	35	59	55	55	194	591	64	164	75	191	366		2 009
		150	10		10	10			5	9					45		108
		20	20	30	20	40	40	40	176	523	56	152	59	183	129		1 901

冀文付做饭共 819 分。

实际做饭共 2 307 分,按公社意见,大队负担三分之二。

大队应负担 1 538 分,除冀文付 819 分,下亏 719 分。

除冀文付的以外,大队另行找人也不少,知识青年另行用工也不少,为此开大会摊工，知识青年就不摊啦，让他们自己摊自己的做饭工。

⑤ 社员需用柳树的，各队审定一下？

高有一口，杜万林二帮一底。

李桂存一口。

郤文明二帮一底。

李付海一盖一底。

张海一口，李桂合一口。

1975 年 1 月 14 日

参加大队两委整风：杜万林、郭占奎、高有、张宝斋、张玉林、马朋、罗有、张明德、李正林、张玉平、张文祥、王文清、穆奎喜、郝存山、祁凤元、高桂有、韩志品、李付海、穆凤忠、薛廷甫、高祥彬、李献成、杨存秀、吕桂军。共 24 人。

1975 年 1 月 13 日

参加大队两委整风和建班子会议

杜万林、郭占奎、高祥、张明德、李正林、张玉平、王文清、祁凤元、彭正付、穆凤忠、薛廷甫、高祥彬、杨存秀。共 13 人。

12 月 23 日韩志忠搞农建工分一天，合 8 分。

1975 年 1 月 19 日一天

召开两委扩大会议

参加人员：郭占奎、高有、马朋、张玉林、张明德、李正林、张文付、王立新、张立新、穆奎喜、高桂有、祁凤元、韩志品、穆凤忠、李付海、高洪如、薛廷甫、高祥彬、高德仕、李献成、杨存秀、彭正付。共 22 人。

会议开始传达了中央 74 年 30 号文件，然后听了四届人大新闻广播。重点研究了如何进一步办好政治夜校，安排了当前生产。

① 74 年合作医疗基金怎么交？

以 74 年 10 月 10 日的留粮人口，每人五角，由公益金开支。

② 合作医疗怎么交，74 年工分款？

打 800 元。

③ 副业收入按人怎么分给生产队？

以摊农建工的人算，每人五元。

④ 副业工（指加工厂而言）去年每个工给加 5 分钱，今年怎么给？

仍执行去年的每个工 5 分。

⑤ 公社发来照顾布票 100 尺,怎么评?

各队报的太多,以各队人口计算,发到生产队,由生产队评给户。

1	2	3	4	5	6	7	8	9	10	计
11	12	15	12	10	11	10	9	10	10	100

重要记录:1975 年 1 月 1 日

召开支革委头头会

研究七五年规章制度

杜万林、郭占奎、张明德、李正林、张文付。共 5 人。

在 75 年 1 月 13 日

两委扩大会议上的"两委分工"

张明德:抓政治、抓全面。

祁凤元:财务、粮食、副业、机器。

张文付:武装、公安、青年。

李正林、农业、牧厂、林业。

郭占奎:文教卫生。

王文清:社会治安。

杜万林:信访。

杨存秀:农业。

张立新:青年。

高秀连:妇联、计划生育。

彭正付:大队看门、事务。

郝存山:代销、合作医疗、知识青年。

高文:民兵文书、大队事务、搞材料。

1975 年 1 月 28 日

召开两委扩大会议

参加人员:杜万林、高有、高祥、张玉林、张明德、李正林、王立新、王文清、穆奎喜、祁凤元、高桂有、穆奎有、李付海、穆凤忠、薛廷甫、高德仕、高祥彬、杨存秀、李献成。共计 19 人。

会议开始前各队汇报了肥料检查情况：

<table>
<tr><th rowspan="2"></th><th rowspan="2">总
土
地</th><th colspan="3">已送出</th><th colspan="3">家　存</th><th rowspan="2">实有
肥每
亩平
均车</th><th colspan="2">李桂元讲后
各队计划</th><th rowspan="2">积肥安
排措施</th></tr>
<tr><th>亩</th><th>车</th><th>亩平
均</th><th>队里</th><th>社中</th><th>合计</th><th>每亩
达到车</th><th>除有
还缺</th></tr>
<tr><td>1</td><td>153</td><td>124</td><td>2 476</td><td>20</td><td>200</td><td>320</td><td>520</td><td>19</td><td>24</td><td>800</td><td rowspan="11">① 186 户围尿圈 372 车
② 186 户大鸡粪 372 车。
③ 户猪肥，每户 5 车共 930 车。
④ 11 群羊 550 车。
⑤ 30 个牛驴圈积 3 000 车。
⑥ 其它积肥 66 车。
⑦ 计划搭炕，200 盘共 1 000 车留追肥。</td></tr>
<tr><td>2</td><td>179</td><td>102</td><td>2 061</td><td>20</td><td>900</td><td>550</td><td>1 450</td><td>19</td><td>22</td><td>600</td></tr>
<tr><td>3</td><td>209</td><td>161</td><td>3 474</td><td>21.5</td><td>300</td><td>400</td><td>700</td><td>20</td><td>24</td><td>800</td></tr>
<tr><td>4</td><td>215</td><td>166</td><td>3 514</td><td>21</td><td>550</td><td>780</td><td>1 330</td><td>22</td><td>24</td><td>500</td></tr>
<tr><td>5</td><td>145</td><td>112</td><td>2 482</td><td>22</td><td>120</td><td>150</td><td>270</td><td>19</td><td>22</td><td>500</td></tr>
<tr><td>6</td><td>157</td><td>122</td><td>2 678</td><td>22</td><td>300</td><td>250</td><td>550</td><td>20</td><td>22</td><td>400</td></tr>
<tr><td>7</td><td>136</td><td>93</td><td>1 831</td><td>19.6</td><td>250</td><td>200</td><td>450</td><td>17</td><td>21</td><td>550</td></tr>
<tr><td>8</td><td>111</td><td>67</td><td>1 303</td><td>19</td><td>700</td><td>100</td><td>800</td><td>19</td><td>21</td><td>250</td></tr>
<tr><td>9</td><td>155</td><td>88.5</td><td>2 181</td><td>24</td><td>740</td><td>500</td><td>1 240</td><td>22</td><td>24</td><td>350</td></tr>
<tr><td>10</td><td>180</td><td>91.5</td><td>1 414</td><td>15</td><td>1 400</td><td>200</td><td>1 600</td><td>17</td><td>20</td><td>540</td></tr>
<tr><td>计</td><td>1 640</td><td>1 127</td><td>23 414</td><td>20</td><td></td><td></td><td>2 000
10 910</td><td>21</td><td></td><td>5 290</td></tr>
</table>

会议开始学习了周总理作的“政府工作报告”，由李桂元传达了公社党委对当前几项工作安排，“政治夜校及学习十届二中全会公报，四届人大的文件”“积肥送肥”“轧地保墒”“农建上人修河床，迎接县社检查”“年节保卫工作”等，还有存款问题。

在扩大会议上进行了讨论，大家一致认为要抓紧抓好，努力完成。对年节保卫进行了安排。

讨论问题：

① 30 号的农建修河床怎么上人？

1	2	3	4	5	6	7	8	9	10	计
10	10	12	10	7	11	7	0	5	0	72

② 根据公社分配的 75 年农业生产指标，已在罗车铺开会时，队长们讨论，是否能行？

同意。分配的合理。

75 年农业规划

	七五年任务			74 年实际亩产量	用七五年任务来比		备　注
	粮豆面积	亩　产	共　产		与 74 年亩产	与 73 年亩产	
1	141	480	67 680	386	94	75	
2	163	400	65 200	322	78	64	
3	191	500	95 500	408	92	85	
4	196	420	82 320	348	72	69	
5	133	500	66 500	415	85	77	
6	143	400	57 200	337	63	44	
7	125	400	50 000	339	61	53	
8	100	300	30 000	262	38	31	
9	143	380	54 340	316	64	67	
10	165	300	49 500	229	71	49	
计	1 500	412	618 240	339	73	63	

③ 如何公布 74 年账目?

先由管财务小组到大队审核单据,根据审查结果,由财务小组研究后,用收音机在广播上向社员公布,由生产队负责组织,社员会收听后进行讨论提问题。

④ 何时召开烈军属和老军人座谈会?

决定 12 号召开。(也就是正月初二)

⑤ 春节怎么放假?

人 2 月 10 号到 12 号放三天。(也就是旧历三十到初二)

⑥ 如何杜绝浪费吃请?

坚决反对大吃大喝,绝不准吃请受贿。如两委违犯在大队检查批判。如党团员违犯在组织会上检查批判。如生产队长违犯在社员会上检查批判。此制度不包括实在亲戚。

⑨ 碾子湾的任务是 191 米,怎么安排完成?

1	2	3	4	5	6	7	8	9	10	计
22	20	24	23	17	24	15	10	18	18	191 米

石头由大队抽人打，总之石头由大队供。

砌坝分等评工，大队开分秋后找齐。

凡大队统一抽的人，给粮食补助，享受菜等照顾。

生产队出的人因时间少，不给粮、菜补助。

初步安排 2 月 16 日大队抽的人走。

大队抽人是：

1	2	3	4	5	6	8	9	10
郭占奎	高洪文	张明德	张树生	杜永科	高洪举	高洪朋	杜宪德	范世亮
张文有	杜桂山	张文彬 王铁强	包秀廷 高付	韩志忠	田秀文 穆奎军		高　玉	

1975 年 2 月 9 日

附记

11 月 22 日到 26 日在罗车铺开劳模会议：

张明德 5、李正林 5、高秀莲 5、高有 5、马朋 5、王立新 5、穆奎喜 5、高付 5、高桂有 4、穆奎有 5、穆风忠 5、薛廷甫 5、李献成 5。

高秀莲 27—31 号在公社学习半农半医 5 天。

1 月 26 到 2 月 1 日在罗车铺民兵训练的：

张文德 6、张文桂 6、韩风明 6、彭宪军 6、张明生 6、张文付 7、王进甫 7、王铁刚 7、罗彬 7、张天付 7。此工以 10 分。

2 月 7 日去瓦房沟开党员会和大队开党员会的：

杜万林 1、马淑兰(半)、张玉林 1、高祥 1、王登明 1、张明德 1、赵存德 1、张文付 1、李正林 1、王立新 1、穆永会 1、张仲秀 1、高桂有 1、韩志品(半)、穆风忠 1、李天将 1、郝元 1、王文清 1、赵云奎(半)。

75 年 2 月 12 日

大队召开烈军属和老军人座谈会

主持会议的：张明德、祁凤元。

参加人员：高祥、张文富、王文清、李树林、张树生、彭正付、张天富、刘殿仕、张珍、范世梅。

75 年 2 月 13 日 1 天

召开贫管财务小组会议

参加人员：张明德、郭占奎、祁凤元、高祥、张立新、高秀连、韩志品、穆凤忠、薛廷甫、刘军、崔玉海。共 11 人。民兵编织。

会议开始讲了贫管财务重要性，然后进行了讨论，最后公布 74 年度账目，公布完以后，发动大家进行了提意见。

然后讨论决定：

① 今后财务开支如何管理？

凡大队所需的一切需要购买实物，必须张明德、祁凤元、郝存山三人研究后，由大队统一购买，各单位需用，到郝存山手领取，郝存山为保管员，郝存山必须建实物领取簿。今后如不通过上面三个人，大队一律不准开支。

1975 年 2 月 18 日

召开两委扩大会议

参加人员：杜万林、郭占奎、高友、张玉林、马朋、李正林、张明德、张文富、穆奎喜、祁凤元、高桂有、穆奎有、韩志品、穆凤忠、高祥彬、高德仕、杨存秀、李献成、王立新、高秀莲。共 20 人。

主要是学习红旗杂志的三篇文章和安排当前生产。

1975 年 2 月 23 日

公社研究飞行会议：张明德、杜万林、张玉林、马朋、张立新、穆奎喜、高桂有、穆奎有、韩志品、张明生、穆凤忠、薛廷甫、高祥彬、李献成、杨存秀。共 15 人。

1975 年 3 月 4 日

召开两委扩大会议

参加人员：杜万林、高有、郭占奎、张玉林、马明、张明德、张文富、李正林、王立新、穆奎喜、祁凤元、高桂有、韩志品、张明生、高德仕、高祥彬、杨存秀、彭正富。共 18 人。

主要是学习理论问题，指示和姚文元的文章及人民日报社论“学理论抓路线，促春耕”，然后汇报县劳模会议及安排公社三干会议的具体问题。（下转第 13 本）

会议笔记 13

讨论记录：

① 县委党校计划给每个大队培训 2—3 名学习辅导员，咱大队怎么定人？王铁刚、高秀莲。

② 咱大队读报组怎么成立？

队别	组长	成员	
1	杜万林	李桂复	郭文海
2	张玉林	王　永	罗　彬
3	张文明	王铁刚	赵文祥
4	王进甫	康登明	张树生、郝存仕
5	韩桂军	高秀连	郭玉花
6	韩志品	田秀文	彭宪忠
7	穆凤忠	张明瑞	张明春
8	高洪如	薛英明	
9	刘　良	高　玉	邵文海、杜宪德
10	崔玉海	邵德文	吕桂武

③ 公社分配 6 000 斤化肥怎么分配？

1	2	3	4	5	6	7	8	9	10	大
500	600		500	600	700	500			500	2 100

④ 公社分配高粱米 1 000 斤、麦夫(麸)600 斤，怎么给户？

姓名	高粱米	麦夫	备注
张文德	70	50	
张万国	30	50	
高洪文	80	50	
王　俊	30	50	

续 表

姓　名	高粱米	麦　夫	备　注
杜永科	70	50	
韩风明	50	50	
韩志文	100	50	
杨进祥	30	20	
韩风有	60	50	
张　付	60	50	
彭正德	70	20	
梁　进	80		
穆凤海	70	20	
穆凤德	50	30	
高洪元	70	30	
李化廷	50		
穆奎仕	30	30	
合　计	1 000	600	

会议最后安排了去公社参加三干会人员，由一队送柴火，由七队送菜和豆腐两锅等。

3月24日修路，开党员会议

① 杜万林、张宝斋、马淑兰，合22分；

② 高祥、张玉林，合16分；

③ 张明德、李正林、张仲秀、赵存德，(李淑兰、穆永会)合32分；

④ 王文清、郝元、赵云奎、(李玉兰、李风先)，合24分；

⑤ 高桂有，合8分；

⑥ 韩志品，合8分；

⑦ 尤长贵，合8分；

⑩ 范成才，合8分。

注：凡写绿字的是光参加会，没修路，不记工。

重要记录：

1975 年 3 月 5 日至 3 月 9 日公社三干会

张明德 5、高秀连 5、高有 5、马朋 5、张立新 5、穆奎喜 5、高桂有 5、穆奎有 5、穆凤忠 5、薛廷甫 5、高祥彬 4、李献成 5、张文桂 5，共 13 人。

在林业队搞人参廉(帘)时，1975 年 3 月 25 日

开队长会议，(此工开入林业工内)

参加人员：张明德、王立新、郭占熬、马明、穆奎喜、高桂有、穆奎有、穆凤忠、薛廷甫、高祥彬、李献成，共 11 人。

讨论记录：

会议开始学习了姚文元“论林彪反党集团的社会基础”。

① 订正一下现有肥和给李桂元打的柴火数。

	1	2	3	4	5	6	7	8	9	10	计
现有肥	200	200	300	350	150	150	150	250	250	350	
给李桂元打柴火	20	20	20	20	20	20					120

② 什么时间改工分？

四月一日改为 10 分。

③ 林业队技术员选谁？

穆奎军。

④ 什么时间进行备耕检查？内容几条？

明天开始检查。内容：① 按地块估粪和整地；② 家存肥和垫圈情况；③ 关猪执行情况。

1—4 队为一组，队长参加，李正林参加。5—8 队为一组，队长参加；9—10 队为一组，队长参加，张明德参加。

⑤ 大杏扁嫁接怎么安排？

		1	2	3	4	5	6	7	8	9	10	大	计
现有	地点			孟虎沟	后垠					大北沟	长脖沟		
	株数			400	100					300	300	5 500	6 600

续　表

		1	2	3	4	5	6	7	8	9	10	大	计
今年搞	地点		南垠	孟虎沟				小后沟		大北沟			
	株数		200	200				100		300			800
大队分配树码		470	520	650	550	450	500	410	260	420	410		

1975 年 4 月 1 日

召开两委扩大会议

参加人员：郭占奎、杜万林、高有、马朋、张玉林、张明德、李正林、张立新、张文付、王文清、穆奎喜、祁凤元、高桂有、韩志品、穆奎有、穆凤忠、薛廷甫、高祥彬、杨存秀、李献成，共 20 人。

讨论记录：

① 公社牧厂的饲草共派 3 200 斤，除南沟欠 800 多斤之外，按往年办法已算到生产队看有什么意见？

1	2	3	4	5	6	7	8	9	10	合计
235	260	320	270	225	250	205	135	210	200	2 310

同意，明天去黑达营拉肥料时都送去。

② 就高粱籽必须算一下账，需调的马上安排？什么时间完成插牌任务？

		1	2	3	4	5	6	7	8	9	10	大	计
共种亩数		174	66	75	80	54	57	40	32	48	51	80	650
共需斤数		174	198	225	240	160	171	147	76	144	153	240	1 950
生产队现有	千斤白	30	40	30	31	60	25	15		25	20		276
	元杂 12 号				25		36	15					76
	同杂二号				10						23		33
	后城调回				20								20
	其它外地调	40	40	77		20		30	20	20	70		317
	小　计	70	80	107	86	80	61	60	20	45	113		722

续　表

			1	2	3	4	5	6	7	8	9	10	大	计
今天大队分	同杂 2 号		29	33	40	36	28	31	26	33	37	40	200	523
	元杂 12 号		14	14	18	15	12	14	13				40	140
	小　计		61	71	60	103	42	65	48	53	62			565
亏　　籽			30	25	30	50	20		20					175
外调地点	瓦房沟	丰杂 1 号	31	46	30	53	22		28	53	62			325
		同杂 2 号	61	71	60	103	42		48	53	62			500
		小　计						65						65
	南沟同杂 2 号													
	合　　计		61	71	60	103	42	65	48	53	62			565
完成插牌时间			4 号	3 号	3 号	3 号	3 号	3 号	4 号	3 号	3 号	3 号		

③ 公社党委有规定，每赶一口猪罚款一元，如果遇到骂人的怎么办？

再加一倍罚款。

④ 外出开会的工分如何计？

凡属于学习班的（也就是没有误工补贴的），每天比在家农业高 2 分，凡是开会有误工补贴的，补贴归本人和在家人一样记分，特殊情况个别处理。

⑤ 75 年的支革委分工包队问题怎么定？

1	2	3	4	5	6	7	8	9	10
杜万林	郭占奎	李正林	王文清	祁凤元	张文富	祁凤元	彭正付	张明德	杨存秀
高　文			郝存山			高秀莲			

⑥ 外出民工的工分怎么定？

		三线青松岭	三　河	其　它
表　现	1	高 3 分	高 4 分	高 2 分
	2	高 2 分	高 2 分	高 1 分
	3	高 1.5 分	高 1 分	和大队农业一样

上列工分系指比家农业工分而言。

⑦ 今年的化肥怎么向生产队分配？

	1	2	3	4	5	6	7	8	9	10		
烯　肥	373	162		432	596	599	395			380	亏 263	2 937
石林肥	240	270	300	320	220	240	200	160	240	210		2 400
前给碳氨	478	551	1 059	1 166		387	232			122	亏 45	3 995
今给碳氨	300	300			600	350	400	500	600	600	2 350	6 000

注：烯肥和前给碳氨是已经给的实数。

⑧ 去东万口报到的三线民工，4 月 2 日送行李到公社，3 号人从家走，带三个月口粮，行李，碗筷等，看安排的怎么样？

1	2	3	4	5	6	7	9	10		
郭文海	王俊	张连荣		韩普	田秀文	李风龙	高玉			

⑨ 今年咱大队的护林委员会如何加强与调整？如何划分看坡的范围？

护林委员会主任：彭正富。副主任：张文科、梁明。

	护 林 委 员	看 坡 范 围
1	郭占熬、罗正全	古方大南沟
2	罗彬、王登明	古方大南沟
3	王铁刚、郤桂海	斜尖沟，孟虎沟
4	王科、韩登艮	西围厂沟
5	韩风明、韩普	庙沟
6	穆凤德、杨占奎	苏寺小南沟到张虎沟
7	张明生、荣正廷	少马沟和小后沟
8	李天元、高洪连	水沟后沟到小北沟
9	高祥彬、高德武	小西沟到四十亩沟
10	范德亮、张珍	长脖沟到干沟大南沟

王八沟到大苇子沟，石门沟到水沟掌；干沟和水沟的中间埌；全部归给大队林业看管。

凡属各队看界，用工由生产队负担，出了问题，由看管队负责，确定彭正付为大队看林人。

⑩ 把创业队、副业队、林业队，牧厂人员和干部定一下。

		1	2	3	4	5	6	7	8	9	10	计
已出工人	三线公路	1	1	1	1	1	1	1		1	1	9
	公社牧厂										1	1
	青松岭	1	1	1	1		1			2	1	8
	三　河	2	2	2	2	2	3	2		1	2	18
	公社三河	1	1	1	1	1	1	1	1	1	1	10
	民办教员	1						1	1	1		4
	大队牧厂						1			1		2
	代销点					1						1
	药　社				1			1				2
	大队看门						1					1
	林业队			1			1	1		1		4
	粮食加工	0.5						0.5				1
	大队干部	0.5		1		1						2.5
		杜万林郭占奎		张明德李正林		祁凤元						
	小　计	7	5	7	6	6	9	7.5	2	8	6	63.5
摊算办法	按人　人　数	93	98	129	108	90	99	82	53	83	81	916
	按人　5%应出人	5	5	7	5	5	5	4	3	4	4	47
	按劳力　劳力数	20	19	24	21	17	24	14	12	19	22	192
	按劳力　30%应出人	6	6	7	6	5	7	4	3	6	6	56
	合　计	11	11	14	11	10	12	8	6	10	10	103
副业队定人		张万国	罗有	祁凤明张文付	张树生	张桂元	高洪志		高洪有	高洪章	王占奎	10

续 表

		1	2	3	4	5	6	7	8	9	10	计
林业队定人				郤桂军				高正军	薛英明高德芳			4
大队牧厂					高庆德							1
创业队	青年	2	2	2	2	2	2	2		1		
	社员	张宝斋	罗正合马亮	李清秀张仲秀	梁明	高秀莲					张桂成杨存荣孙付怀	

大队具体抓的负责人：

① 创业队长：张宝斋；副队长：梁明；记工员：高秀莲。

② 副业队长：罗有、祁凤元、张文付。

③ 林业队长：张文科。

1975年4月10日

召开两委扩大会议

参加人员：郭占奎、郭占敖、马朋、张明德、王立新、李正林、穆奎喜、高秀连、高桂有、彭正付、穆奎有、穆凤忠、薛廷甫、高祥彬、杨存秀、李献成，共16人。

会议由县下乡工作组老芦同志掌握各队备耕情况汇报。然后研究：

① 如何培训理论辅导员？

明天在滩上以整石头为主，休息时开会学习。

1	2	3	4	5	6	7	8	9	10
杜万林	王　永	王铁刚	康登明	高秀莲	韩志品	穆凤忠	高洪如	刘　良	崔玉海

各队回去自己记工。

② 知识青年自己不能打柴，他们要求给出工分让生产队给打。大队安排

每队先给 10 个柴火,10 个羊业枝,每队先交 20 个,柴火给工分,适当给补助款,看行否?

同意,就按这个执行。

③ 把大队制的玉米籽按去秋分粮的工分,已算到各队,各队马上取回:

	吉　单				
	102 号				
1	65	54	12	66	
2	73	60	12	72	
3	92	74	13	87	
4	81	65	12	77	
5	61	50	10	60	
6	72	57	10	67	
7	60	49	10	59	
8	70		29		
9	68	48		48	
10	122		50		
大	71	57		57	
计	835	514	79	593	

注:换出换入指吉单 102 和忻黄单 17 号,算互换数字而言。

1975 年 4 月 16 日上午半天

召开两委扩大会议

参加人员:高有、杜万林、张玉林、马朋、张明德、李正林、张文付、王立新、穆奎喜、祁凤元、高秀连、彭正付、穆奎有、李付海、穆凤忠、薛廷甫、高祥彬、杨存秀、李献成,共 19 人。

会议开始由祁凤元传达了公社会议精神,然后讨论:

① 会计到大队算帐怎么记工?

大队今年一律不记,都由生产队自己记。

② 土尿素怎么制?

各生产队都在本月 20 号以前搞起来。

1975年4月26日

召开两委扩大会议

参加人员：杜万林、高有、张玉林、马朋、张明德、李正林、穆奎喜、祁凤元、高秀连、韩志品、李付海、穆凤忠、薛廷甫、高祥彬、杨存秀、李献成，共18人。

会议重点汇报播种和安排抗旱等问题。解决高有和高书记吵架问题。

4月27日播种和墒情检查人：

高有、马朋、李正林、穆奎喜、高桂有、穆奎有、穆凤忠、张明德、高祥彬、李献成。

凡划"△"号的由生产队记。

1975年5月29日

召开两委扩大会议

参加人员：高有、张玉林、张明德、李正林、穆奎喜、王文清、高桂有、穆奎有、穆凤忠、张文付、薛廷甫、高祥彬、杨存秀、李献成、彭正付、高秀莲，共16人。

会议就下面几个问题进行安排：

① 学理论办好政治夜校，联系实际开展批判。

② 查补苗，种满田，每人达到50斤粮食。

③ 在原计划产量的基础上，再增1、2成产量。

④ 加强小麦管理。

⑤ 搞好水利规划，马上行动。以小型为主，以配套为主，定工程，定地点，定领导，定时间，定质量定任务。搞战争领导亲自上阵。

⑥ 农产品收购。

讨论记录：

① 各队查补苗不搞怎么办？

在6月1日大队检查，如果不搞，首先队长指导员到大队办学习班，来大队不记工，再罚一个工。遇到茨(刺)头交大队处理。

② 如果与(遇)到生产队不搞查补苗怎么办？

查补苗要求在6月1日前完成，如果不搞，大队组织人给栽，由用人队每个工给款二元，大队解决苗每棵二分，与(遇)到对抗这项工作的，是党员的在党员会上检查，非党员干部在社员会上或干部会上进行检查。根据方便之门态度进行处理。

③ 就公社家属用柴火怎么分配？

	张树锐	任玉珍	刘德海	高文彬	王进奎	吴世英	贾风歧	贾自超	王进海	顾大权	卜金祥	木材站	配种站	合达营供社	解放军	合计
1					20				20				20			60
2				48						12						60
3	15											15			30	60
4						20				12	15					47
5			60													60
6		12								24				24		60
7							20	20						20		60
8	24															24
9											15	45				60
10	24						27	27								78
计	63	12	60	48	20	20	47	47	20	48	30	60	20	44	30	569

1975 年 6 月 1 日上午半天

召开两委扩大会议

参加人员：高有、张玉林、张明德、王立新、穆奎喜、高桂有、韩志品、穆凤忠、薛廷甫、高德清、李献成，共 11 人。

首先各队按土地台账进行了播种作物落实，同时汇报了查补苗和毁种情况。

然后讨论：

① 剪子岭的绿化民工由哪个队去？

九队去一名。

苏寺大队播种面积情况表一　75.6.1

	高粱	玉米	菜		小麦	谷子		糜黍	油菜	
			山药	白薯		亩数	其中代有高粱			
1	49	52.5	5	2		41.5			3	
2	36.5	55	7	3		73			4.5	

续　表

	高粱	玉米	菜		小麦	谷子		糜黍	油菜	
			山药	白薯		亩数	其中代有高粱			
3	74	69	7	2	3	51	5		3	
4	69	66	6	2	3	66		1	2	
5	55	49	7	2		25	5		7	
6	39	54	7	2		52	2		3	
7	46	47	6			30	3		7	
8	20	37	4	1		42	3	2	5	
9	45.5	51.5	7			42			9	
10	43.5	87	5			33	5		11.5	
合计	477.5	568	61	14	6	455.5	23	3	55	
上	477	568	61	14	6	374	23		140	

苏寺大队播种面积情况表二　75.6.1

	缺苗			毁种情况					
	玉米	高粱	合计	高粱改为					
				谷子	豆子	糜黍	合计		
1	5	21		16	5		21		
2	25	23.5		8.5	9	6	23.5		
3	5	53		19	25		44		
4	25	29		22	7		29		
5	15	41		31			31		
6	31	20		10			10		
7	16	21		5	11		16		
8	15	6				6	6		
9	2	21		6	15		21		
10	20	33		24.5		8.5	33		
合计	159	268.5		142	72	20.5	234.5		
上报		243		516	6	72	20		

改种后上报：高粱243，玉米568，谷子516，小豆6，豆子72，糜黍20，薯类75，合计1 500。

1975 年 6 月 4 日

召开两委扩大会议

参加人员：高有、杜万林、李桂复、郭占奎、马朋、张玉林、张明德、张立新、张文明、张文付、王文清、郝存山、祁凤元、高桂有、高秀连、韩桂军、穆奎有、韩志品、彭正付、李付海、张明瑞、薛廷甫、高洪如、高祥彬、刘艮、杨存秀、崔玉海、李献成，共 29 人。

凡划“○”的由小队记工。

讨论记录：

① 理论队伍如何充实？

杜万林、李桂复、郭文合、张玉林、王永、张立新、张文明、王铁刚、张树生、郝存山、祁凤元、韩桂军、高秀连、韩志品、彭宪忠、穆凤忠、张明春、高洪如、刘艮、杜宪德、崔玉海、刘军、陈新平、张铁根、杜正起、李其荣、张明海、李献成、李付河、吕桂武、薛廷甫，共计 31 人。

② 下次检查定哪些内容？

学习锄苗、抗灾扶苗、积肥、水利、土尿素制作，民兵试验田。

③ 当前水利怎么安排？

① 苏寺三个队为一片，5 号开始挖庙沟门的泉。由韩志品、穆凤忠负责，每队出 5 人，共计 15 人。

② 古方两个队由郭占奎、高有、马朋负责，5 号开始，每队 10 人，加高河坝。

③ 沟门两个队由王文清、张立新负责，每队出 10 人，从 5 号开始，搞北泉。

④ 几个养猪白点队怎么办？

队别	养起来时间
1	7 号
2	6 号
3	7 号

⑤ 青年反腐蚀清查小组怎么成立？

组长：张文付，副组长：张立新，成员：郭占奎、高秀莲、陈新平。

⑥ 信用社聘请七名信贷员，选谁？

杨存秀、高祥彬、薛廷甫、穆凤忠、祁凤元、张明德、郭占奎。

1975 年 6 月 13 日

在公社开飞行会议人员

参加人员：高有、郭占奎、马明、张明德、李正林、王立新、穆奎喜、高秀连、高桂有、穆奎有、穆凤忠、杨存秀、李献成，共 13 人。

75 年 6 月 23 日在碾子湾参加公社飞行会人员：张明德、高桂有、穆奎有、薛廷甫、高祥彬、李献成，共 6 人。

1975 年 6 月 30 日下午半天

召开生产队长会议

参加人员：张玉林、马朋、张明德、李正林、张立新、穆奎有、穆奎喜、高桂有、祁凤元、穆凤忠、薛廷甫、高祥彬、李献成，共 13 人。

会议主要是汇报当前生产，研究下步生产问题。

1975 年 4 月 1 日

召开两委扩大会议

参加人员：杜万林、马朋、张明德、李树林、王立新、李正林、张文付、高桂有、祁凤元、穆奎喜、穆奎有、李付海、薛廷甫、李献成、张文科，共 14 人。

会议开始各队进行了锄苗汇报，会议最后由宣化郭万元，把郭立永事件承担责任等。

讨论记录：

① 听了张文科的汇报，山杏还得 6—7 天能摘，怎么管理？

1、2 队负责斜尖沟，3、4 队看管西围厂沟。5 队亩沟。6 队少马沟。8 队苇子沟。

从 8 号开始看，如果哪个队看的范围丢了，看杏队负责，由大队两委扩大会讨论处理。

凡是偷杏者，口袋没收，山杏归大队，每斤罚款 1 元钱。

② 林业队春季借换山药籽的怎么给？

高祥早山药 100 斤，应给米 25 斤，折谷 36 斤。

高洪朋山药 100 斤，应给米 25 斤，折谷 36 斤。

张文忠山药 240 斤，应给米 60 斤，折谷 86 斤。

高祥早和高洪朋两人共 72 斤由 8 队给，张文忠的 86 斤由 7 队给。

秋后创业队分谷子时，给生产队补上。

③ 大队抽一名负责人管山河，叫谁？

把张文付从瓦窑调到山河负责。

④ 瓦窑到底装不装？

每队给柴火 50 个，明天就装。

⑤ 各队土尿素搞的进度如何?

	1	2	3	4	5	6	7	8	9	10	计
原买磷肥	195	126	326	310	204	210	202	201	275	210	
搞　缸	1	1	2	3	6	5	2	6		7	
现　存	170	300	270	250	70	150	160	30		40	

⑥ 当前学习怎么安排?

专题:小生产为什么会产生资本主义,在你这个单位都表现在哪儿方面。在15号前各队联系实际总结出来。

7月11日下午到14号公社开三干会

参加人员:高有、马朋、张立新、张明德、穆奎喜、高桂有、高秀连、穆奎有、梁进、穆凤忠、薛廷甫、高祥彬、李献成、郭占奎,共14人。

7月17日上午检查水利工程的有:郭占奎、张明德、李正林、张文富、王文清、祁凤元。

1975年7月18日

召开两委扩大会议

参加人员:郭占奎、高有、张玉林、马朋、张明德、李正林、王文清、穆奎喜、祁凤元、高桂有、穆奎有、李付海、薛廷甫、高祥彬、杨存秀、李献成、张文科(半天)、张宝斋(半天)、罗有(半天)、彭正付、张文富,共22人。

会议开始统计了各队集体摘山杏数。

1	2	3	4	5	6	7	8	9	10
8 000	7 500	7 000	5 750	9 300	8 000	7 800	6 500	1 500	10 000

接着进行了当前锄二、三遍地汇报,然后统计积肥数字。

	1	2	3	4	5	6	7	8	9	10	计
76年需肥车数	4 860	5 580	6 580	6 700	3 900	4 540	3 720	2 800	3 800	4 300	
现有车数	2 500	2 400	3 000	2 200	1 500	2 000	1 400	1 100	2 200	1 350	

计算办法：按分配小麦每亩40车，其它作物20车。

学校报来学生赶猪数：

	3	4	5	6	7	8	9	青年	计
猪数	6	7	3	5	1	1	2	7	32

梁进儿媳妇骂人。

会议决定：

掀起三个高潮：水利高潮、锄苗高潮、积肥高潮。

挖泉上人问题

1	2	3	4	5	6	7	8	9	10	林业队	创业队	合计
2	3	3	3	2	3	1	1	2	2	4	14	40
郭占奎杜万林	张玉林	李正林王铁刚赵文祥	王文清郝元	高秀连	韩志品梁树海彭宪忠	穆凤忠	高洪才	高德明	崔玉海			

凡不够数的，壮劳力轮班。

下午到各队收山杏。

1975年7月2日

召开两委扩大会议

参加人员：高庆兰(半天)、木建花(少半天)、韩翠梅(少半天)、赵淑娥(两个钟头)、范世梅(三个钟头)、高淑琴(少半天)、张淑枝(少半天)、高秀连(不记工)、张明德、

7月23日在石盘子开两委扩大会议(上午半天)

参加人员：杜万林、马朋、张玉林、张明德、李正林、张文付、王立新、王文清、穆奎喜、高桂有、韩志品、穆凤忠、郝存付、高德明、李献成、杨存秀，共16人。

凡划红圈的由挖泉记工。

1975 年 8 月 6 日下午

召开两委扩大会议

参加人员：杜万林、张玉林、马朋、张明德、王立新、穆奎喜、祁凤元、高桂有、穆奎有、韩志品、李付海、穆凤忠、薛廷甫、高祥彬、杨存秀、李献成，共 16 人。

会议开始由李桂元同志辅导学习“小生产问题”，然后他讲了公社当前工作安排：学习问题，坚持政治夜校，1、5 学习日，进一步整顿理论队伍。专题批小生产问题。抗旱与多锄一遍地。积肥压绿肥，水利工程，坚定不移大冻前一定完成水泉。防汛问题，大队要成立小组。搞一下护秋公约。接着由张明德汇报了公社会议精神，党要管党的问题，畜牧改良问题，报救济款问题，社队办合作医疗问题等。

讨论记录：

① 理论队伍如何整顿？

杜万林、李桂复、王永、张玉林、张明德、张文富、张文明、王铁刚、张立新、张树生、穆奎喜、祁凤元、高桂有、高秀连、韩桂军、韩志品、穆奎有、张明春、穆凤忠、薛廷甫、高洪如、刘良、杜宪德、崔玉海、刘军、李付合、郭文合、杜正起、张铁根、陈新平、李其荣，共 31 人。

② 把积肥任务明确一下？

	1	2	3	4	5	6	7	8	9	10	计
76 年用肥车	4 860	5 580	6 580	6 700	3 900	4 540	3 720	2 820	3 900	4 300	46 800
今天汇报实有车	2 600	2 060	3 000	3 100	1 600	2 710	2 260	1 400	2 600	1 700	23 030
3 月份 100%任务	3 890	4 470	5 270	5 360	3 120	3 640	2 980	2 260	3 120	3 440	37 550
压绿肥车	1 290	2 410	2 270	2 260	1 520	930	720	860	520	1 740	14 520

③ 给大坝拉石头（到 8 月 5 日每人一方完成情况）

	1	2	3	4	5	6	7	8	9	10	计
已拉方	94.7	89.3	83.2	73.5	62.1	74.3	55.5	63.8	77.5	40.8	
欠　方	0	15	46	35	28	24	26	0	6	40	
明后天上车	2	3	7	5	4	4	3		2	2	

同意每人分方，大队不开工分，但多与少，最后多者开，少者扣。

④ 大队防汛小组怎么成立？

组长：张文付，副组长：王文清、李正林，组员：郭占敖、罗彬、张连军、王进甫、韩风明、穆风德、张明生、薛廷甫、高德清、范德亮，共 13 人。

⑤ 畜牧改良问题？76 年改良数占全队数的三分之一，公社定咱大队为点，8 月 16 日起，五、七大学一名学员学习，地点主要公社，10 号前交公社款 4 000元，大队给准备好两间房，怎么办？

各队回去准备钱。

⑥ 评议一下救济户？

经评议以下 13 户：昝元、李桂存、郤桂海、张明德、杨宝善、刘付生、张清、张文志、尤存元、薛风桐、张天付、刘殿仕、薛德彬。

⑦ 社队办合作医疗问题？

按去年年底人口算：共计 923 人，按人收 923 元，按百分之二十，应交公社，184.60 元，按大队留百分之八十的，再抽百分之二十，交公社款 147.68 元，大队在公社定本月一日交款，行不行？

几项用工记录　75.8.24

高　有	1	1	1	1	1	
张玉林	1	1	1	1	1	
张明德	1	1	1	1	1	
王立新	1	1		1	1	
张立新			1			
穆奎喜	1	1	1	1	1	
张文付	1					
高桂有	1	1	1	1	1	
穆奎有	1	1	1	1	1	
穆风忠	1	1	1	1	1	
薛廷甫	1		1	1	1	
高祥彬	1	1	1	1	1	
李献成	1	1	1	1	1	
合　计	12	10	11	11	11	

1975 年 8 月 25 日下午

几项用工记录

8 月 6 日下午到 12 号上午去瓦房沟党训班：

高祥、张文忠、张仲秀、范成才、尤长桂、田荣甫、赵存德、穆永会、薛风彤、郝元、李天将，共 11 人。

8 月 6 日上午到 12 日茨营办妇女学习班：

高庆连、郝建花、李桂娥、木建花、韩翠梅、高秀连、赵淑娥、张文平、马淑兰、高淑琴，共 10 人。

8 月 25 日到 8 月 30 日回来的(有公社学习班)应记工：

高有 5.5、郭占奎 5.5、张玉林 5.5、马朋 5.5、王立新 5.5、张文富 6、穆奎喜 5.5、王文清 5.5、高桂有 5.5、高秀连 5.5、韩志品 5.5、穆奎有 5.5、梁进 5、穆风忠 5.5、薛廷甫 5.5、高祥彬 5.5、李献成 5.5。

8 月 11 日上午处理穆奎喜、杨风枝问题：

李正林、王文清、张明德、祁凤元、彭正付。

9 月 13 日到 9 月 20 日，县开四干会：

高有、张玉林、张明德、王立新、穆奎喜、高桂有、穆奎有、穆凤忠、薛廷甫、高祥彬、李献成。

9 月 22 日下午给知识青年开会：张明德、祁凤元、张文付。

9 月 26 日林业队起萝卜：张明德、张文付。其余队长回生产队记工。

1975 年 8 月 25 日下午召开两委扩大副队长会议

参加人员：郭占奎、郭占熬、张玉林、高文彬、张明德、王立新、张立新、王文清、穆奎喜、王科、祁凤元、韩风明、穆凤德、张明生、高祥彬、韩志品、薛廷甫，共计 17 人。

注：划“√”号的是开会 8 点去公社参加学习班。

划“○”号的是回生产队，由生产队记工。

传达与讨论问题：

① 防止高粱病虫害，干部分工包片，由副队长负责，三天内完成。

② 抓时间进行抗旱。

③ 打草按牛驴骡马，每头 4 000 斤算帐，羊自己定，猪 10 000 斤。大队待统一时间开始，任务必须落实到人。

⑤ 拉石头，现在有多有少，不完成任务怎么办?

凡是大队分配的按人、按劳力牛的任务，如哪个队完不成，进行找价，每方以一元计价。

⑥ 机器存的废机油怎么分?

	1	2	3	4	5	6	7	8	9	10	计
劳力牛	7	7	9	8	6	9	7	5	6	8	72
分　油	4	4	5	5	4	5	4	3	4	5	43
出售羊	20		15	15	10	10	15	10	20	25	140

在8月23日在林业队估产会议上，参加人员有：

在前五页上。

讨论情况：

① 估产审核情况：

	1	2	3	4	5	6	7	8	9	10	计
亩	141	163	191	196	133	143	125	100	143	165	1 500
亩产	311	281	302	310	320	293	269	227	279	244	281
共产	43 900	45 850	57 781	60 809	42 570	41 980	33 650	22 750	39 950	32 900	422 140

② 经过检查评比结果：

五队，突出政治，路线端正，农业大干。

六队，大干促大变。

八队，领导是关键农业大干。

九队，大抓积肥。

以上四个队均受口头表扬。

③ 谷子面积如何落实?

1	2	3	4	5	6	7	8	9	10	计
75	90	105	105	55	70	50	35	55	60	700

④ 砖瓦厂的报酬和郭世元商量，暂以去年处理，待两委扩大会议决定后，亏的补，亏的加，看怎么定?

同意依去年执行。

会议上几点要求：

1. 牧厂下放毛驴。

2. 创业队下放土地。

9、10队，召开两委扩大会议上午半天

参加人员：郭占奎、杜万林、高有、马朋、张明德、张文付、李正林(滩记)、王立新、穆奎喜、祁凤元、高桂有、高秀连(滩记)、穆奎有、穆凤忠、薛廷甫、高祥彬、李献成、杨存秀，共18人。

讨论记录：

① 在碾子湾拉坝基的劳动力，怎么样划等开分？

由大队开分时，根据劳动表现情节给定。

② 碾子湾拉石头砌墙，每米应开多少分？

以50分开。

③ 公社粮库给麦夫(麸)子怎么分给生产队？

1	2	3	4	5	6	7	8	9	10	计
300	100	300	300	300	100	200		300	100	2 000

④ 咱们大队去年将饲料种籽结余下放给社员补为口粮，公社指示扣回。今年又将剩余的种籽饲料变相报种籽，饲料下账，又给社员补为口粮，这样是不符合政策的，应当扣回。

因为社员口粮紧张，仍依前处理办法解决，公社和上级追查，大家负责任。

会议最后安排了装出窑人。决定由彭正富和张文付到瓦窑帮助罗有抓一下瓦窑。

1975年9月28日下午

在滩分地时开会(此工记于农建工内)

参加人员：郭占奎、高有、马朋、李正林、张明德、王立新、王文清、穆奎喜、高桂有、穆奎有、李付海、郝存付、高祥彬、李献成、高秀连、祁凤元，共16人。

讨论记录：

① 大队农田建设领导小组怎么成立？

组长：张明德，副组长：祁凤元，成员：郭占奎、李正林、王文清、张文付、高秀连。共7人组成。

② 耕地怎么上套?

	1	2	3	4	5	6	7	8	9	10	计
能上	3	3	4	4	3	3	3	2	3	3	51
已上	3	2	2	2	2	3	2		3		19

马上整,抓紧耕地。

③ 外勤人,公社定给 20 人,其中,社办企业 5 人,铁矿 6 人,三河 9 人。到底怎么定?

	1	2	3	4	5	6	7	8	9	10	计
社办			1	2			1			1	
铁矿	1		1		1	1			2		6
三河	1	2	1		1	1	1	1		1	9
			冀文付	张文祥	张玉海	杨存生	郑万余		高德进	邵政明	
			王铁军	康登明	韩风有	梁树江	李风武		高德仲	李桂合	

④ 监打监收员怎么定人?

1	2	3	4	5	6	7	8	9	10	计
杜万林	郭占奎	李正林	王文清	高桂有	彭正付	穆风忠	薛廷甫	高祥彬	杨存秀	

⑤ 社、队联办合作医疗资金怎么办?

每人一元,从公益金开支。算到生产队去。

⑥ 副业厂木匠怎么安排?

从 10 月 10 日以后,自去干沟拉,自做,不下场。

⑦ 学校的勤工俭学卖菜,初步是每 1 000 斤,价 3.00 元,生产队要的不少,怎么给?

2	7	8	10	计
800	500	500	500	2 300

明天去起,由教员、学生负责报,过秤,生产队自拉。

⑧ 水利挖泉怎么上人？

按原安排上人。

⑨ 创业队经营的生产队包产地，根据下面意见要求，大队意见，先打亩数，定等级，提出分等后折合标准亩，估产量和工分计算分地，优先给 8、10、9 队，然后 5、6、7，再给 1、2 队，最后 3、4 队，看怎么样？

同意这个意见。

1975 年 9 月 29 日下午在滩地(此工记入农建工内)

参加人员：张明德、高有、马朋、王立新、穆奎喜、杜永科、穆奎有、李付海、郝存付、高祥彬、李献成，共 11 人。

1	62	20	5	4	2.5		1 队
2	60	11.5	2.9	3	2		8 队
3	58	12	12.9	2	2.4		7 队
4 西 1	36	24	9.6	2	3		6 队
5	57	17.5	3	1	3		10 队
6	55	22	5	1	5		3 队
7 西 3	40	12	2	4	1		1 队
8 西 3	32	8	1			其外	6 队
9	54	15	3.4	2	2.8		5 队
10	48	13	2.6	1	2.6		9 队
11	38	15	2.4	1	2.4		4 队
12 双东	20	10	0.8	3	0.5		4 队
13 双西	24	15	1.5	2	1.3		4 队
14 双西	15	4	0.25	2	0.2		4 队
15 双东	12	12	0.6	2	0.5		4 队
16	16	16	1	4	0.5		4 队
17—18	16	12	0.8	4	0.4		4 队

经过讨论定：一等：1 亩顶 1 亩，二等：1.2 亩顶 1 亩；三等：1.5 亩顶 1

亩,四等:2 亩顶 1 亩。

经过计算应分:

1	2	3	4	5	6	7	8	9	10	计
3	3.3	4.1	3.6	2.8	3.2	2.7	1.0	2.7	2.8	29.8

最后剩:高有、马朋、张明德、王立新、穆奎喜、祁凤元决定。

① 从牛道堰东头柳树以东给二队 2.8 亩,从打地的一页(一队分的)西头一块给二队。

② 牛道块以柳树以西至大道给四队,换取挖泉地,大道用地,大道也砌坝,挑渠用地(大道用地左右全归大队)。

1975 年 10 月 3 日去公社开三干飞行会议,时间一天

郭占奎、高有、马朋、李正林、王立新、穆奎喜、高桂有、祁凤元、穆奎有、李付海、高祥彬、李献成,共 12 人。

在窑子沟南台子梯田工地上开会　　1975.10.12 日

参加人员:张明德、郭占奎、郭占熬、马朋、李正林、高桂有、穆凤德、穆凤忠、高祥彬,共 9 人。

讨论问题:

① 把 21 日前的战果和各队出、用工情况公布啦,下步各队如何安排?

一队搞梯田,在马家埌上。

二队,尽量还工后,也搞梯田,地点再定。

三队,石盆,药材地,十五亩地搞完在后埌搞梯田。

四队,在石盆后坟湾里外堰,石盆大地搞麦田。

五队,搞西垠南垠梯田地。

六队,羊圈后搞麦田,窑子沟大北垠搞梯田。

七队,北朝阳整麦地五亩。

九队,在南台子搞梯田。

② 农建报酬怎么定?

不分里外的生产队,一律一样算:麦田一等每亩 50 分,二等每亩 45 分。

③ 学生不到校怎么办?

从明天开始本大队学校的学生上班不给记工分。

④ 广播线路不通怎么办？

队　别	起　点	终　点	今后换杆(砍杆)
1、2 队	古　方	大队院	挖窝、栽杆、亏线均由负责段负责大队不开工。 近日内由李桂复负责整线。各队需换地线，由各队公益金开支解决。换新杆必须交旧杆。
3、4 队	大队院	高桂有门口	
5 队	高桂有门口	木家坟院	
6 队	大柳树	歪脖沟门	
7 队	歪脖沟门	水　沟	
8 队	木家坟院	高德仲门口	
9 队	高德仲门口	四亩沟台子	
10 队	四亩沟台子	干　沟	

⑤ 贫管学校的组织人员不齐，应该充实看人事问题，怎么办？

张明德、郭占奎、祁凤元、杜万林、杨存秀、李树林、韩普、张明海、学生一人，共 9 人。

⑥ 苏寺校搞学农基地，“小后沟”和扩建操场在韩志品旧房场，动大石头学生小，搞不好怎么办？

同意大队提出的由 3—9 队，出劳力帮助，出工办法按各队总人口出。

1975 年 10 月 25 日上午半天

大队召开队长指导员会议

参加人员：杜万林、马朋、张明德、张玉林、王立新、穆奎喜、高桂有、韩志品、穆奎有、穆凤忠、郝存付，共 11 人。

会议传达公社党委在碾子湾大队召开的党委会议扩大会议的精神，对当前农田建设检查安排情况。

研究结果农建要大搞，同意大队安排。同意大队两委安排的整班子意见。

1975 年 10 月 26 日上午

研究整顿生产队领导班子问题

参加人员：张明德、郭占奎(下午去水沟)、祁凤元、王文清、彭正付、郝存山、杜万林，共计 7 人。

1975 年 11 月 16 日到各队整顿领导班的

张明德、杜万林(一天加早)、彭正付(一天加早)、张立新(一天加早)、王文清(一天加早)、郭占奎(一天加早)、祁凤元(一天加早)、李正林(一天加早)。

1975 年 11 月 12 日上午在后地打自留地的有

高有、李桂存、张明德、王立新、李树林(一天)、高桂有、穆奎有、穆凤忠、祁凤元。

1975 年 11 月 11 日一天

召开两委扩大会议

参加人员:高有、杜万林、郭占奎、李桂存、李正林、张文付、张明德、王立新、张立新、李树林、王文清、祁凤元、高桂有、穆奎有、穆凤忠、薛廷甫、高祥彬、杨存秀、崔玉海,共 19 人。

讨论记录:

① 公社分配给县里冷冻场合同工一名,谁去?

崔玉江。

② 公社分配给绒衣 24 件,评给谁?

张万江、罗瑞、王登明、张明德、韩登良、杨宝善、高桂有、梁树海、张明生、高洪朋、刘殿仕、杨存秀、张文桂、杜桂山、赵存德、郤桂海、李树林、高德彬、彭正付、张良、张明春、高洪连、高祥彬、范德亮。

③ 猪怎么关?

在 16 号前全部关起来,否则每赶一口猪,除批判外罚款一元,和生产队结算款。

④ 2、5、6、7 队集体养猪怎么办?

保证在 15 号前一定养起来。

⑤ 副业怎么搞?

由大队安排,先拉已砍下的木头,打结窑柱,大柴等,凡(反)正别停,副业队不散。

⑥ 公社柴火怎么分?

按劳力牛车分给各队,力争本月 20 号前完成。

1	2	3	4	5	6	7	8	9	10	计
110	110	140	120	90	140	110	80	90	120	1 110

⑦ 知识青年粮食怎么管理？

上年的全部清回来，今年的除玉米、谷子，薯类外，其余杂粮全部收回大队保存。存入工具不足应该买一口柜，再买点苇穴子。

⑧ 怎么搞农建垒坝和解决自留地，其中长的树木怎么办？

成立个小组，专门处理具体问题。组长：张明德，副组长：祁凤元，成员：郭占奎、彭正付、张文科，共 5 人。

⑨ 农建大会战劳力怎么安排？

按户口算劳力。早八点上工，晚五点收工。迟到一个小时，除批判外扣工分，每队一个小车。

		1	2	3	4	5	6	7	8	9	10	合计
按户口找劳力	男	25	24	30	29	19	29	21	14	23	24	238
	女	10	12	16	11	12	7	5	1	12	5	91
	计	35	36	46	40	31	36	26	15	35	29	329
外出及固定人	青松岭	1		1	1					2	1	
	外出合同	1					1			1		
	教　员	1							1	1	1	
	牛羊倌	2	2	2	2	2	2	2	3	2	3	
	副业队	1	1	1	1	1	1	1	1	1	1	
	山　河	2	2	1		1	2				1	
	喂牛猪	2	1	2	2	1	1	2	1	2	2	
	喂羊羔	1	1	1	1	1	1	1	1	1	1	
	大队用人	1	1	1	1		2	3		2		
	公社用人			1	2						1	
	合　计	12	8	10	10	6	10	9	7	12	11	95
实　有		23	28	36	30	25	26	17	8	23	18	234
应上	人　数	16	20	25	21	17	18	12	5	16	12	162
	暂　留	3	4	5	4	3	3	2	1	3	2	30
	实　上	13	16	20	17	14	15	10	4	13	10	132
	达到实数队 男	3	4	5	4	3	4	2	1	3	2	31
	达到实数队 女	1	1	1	1	1	1	1	1	1	1	9

⑩ 各队车都不行啦,要求砍车货报批一下? 棚杆也报批一下?

	1	2	3	4	5	6	7	8	9	10	计
	6				20		17	35			
	10	12		4	12	10	10	5	10	8	
	3	5	6	4	5	5	5	3	4	2	
	10	15	15	4	10	20	10	10	10	8	

1—8 队去水沟砍,9—10 队在干沟砍。

各队砍后先由张文科过根,先后由大队过件。

在 11 月 17 日农建工地上,分给各队军用谷草

	1	2	3	4	5	6	7	8	9	10	计
谷子亩量	600	800	700	800	600	600	400	400	500	600	6 000
谷子产量	800	750	1 150	900	950	450	400	300	500	300	6 500
合　　计	1 400	1 550	1 850	1 700	1 550	1 050	800	700	1 000	900	12 500

各队都同意这样分配。

(下转第 14 本)

会议笔记 14

苏 寺 大 队

1976 年 1 月 8 日一天

召开两委扩大会议

参加会议人员：

郭占奎、高有、高桂有、张明德、张立新、王文清、李树林、祁凤元、高桂有、韩志品、彭正付、张文富、穆凤忠、薛廷甫、高祥彬、杨存秀、崔玉海、高秀连、李正林，共 19 人。

讨论记录：

① 75 年大队干部奖励工怎么评定？

张明德 140、祁凤元 110、张文富 30、李正林 45、郭占奎 35、王文清 20、彭正付 10、张立新 10、高秀连 5、杜万林、杨存秀 5，共计 415。

② 创业队、林业队、副业队，怎么奖励工？

张宝斋 15、梁明 10、高秀连 20、张文科 15、张文忠 5、罗有 20。

③ 民兵副连长和大队财政怎么奖励工？

高祥 10、李桂复 15。

④ 生产队干部怎么奖励工？

队 别	队 长	副 队 长	会 计	政 指
1	高有 40	郭占熬 40	李桂复 25	杜万林 20
2	马朋 32、李桂存 5	罗彬 25　王俊 15	王永 25	张玉林 20　杜挂山 5
3	王立新 40	张立新 40	张文明 25	李正林 25
4	穆奎喜 32、李树林 5	王科 40	郝存山 25	
5	高桂有 40	韩风明 40	韩桂军 25	祁凤元 20　韩志忠 5
6	穆奎有 40	穆凤德 40	穆凤海 25	韩志品 25
7	李付海 25　穆凤忠	张明生 25　张艮 5	张明瑞 25	张明春 5　穆凤忠 30
8	薛廷甫 40	张天付 10　郝存付 15	高洪如 20	

续　表

队　别	队　长	副 队 长	会　计	政　指
9	高祥彬 40	高德清 25　杜宪德 5	刘艮 25	高德仕 20
10	李献成 32　崔玉海 5	范德亮 30	崔玉海 25	杨存秀 25
计	376	355	245	225

⑤ 生产队记工员、财务、保管员,拿钥匙的怎么给?

一人一职不超过 10 个,一人二职不超 15 个。光拿钥匙的不超六个,由生产队根据工作情况决定。

⑥ 义务工怎么摊?不摊。

⑦ 信用社会计杜万林怎么给工?全年 70 个工。

⑧ 兽医员郝存仕怎么奖励工?五个。

⑨ 合作医疗会计郝存山怎么给工?

郝存山按误工记工,随农业工分开。今年税收给款全部归他本人。今年管大队库房,知识青年粮食账等应给 40 个补助工,但因自己盖房,对工作有影响,所以决定给奖励工 30 个。

⑩ 李兆阁的待遇怎么定?

不分冬夏每天 12 分,每天补款 0.20 元,欠工让其自报,(自报打柴火三天,摘杏三天,去松树台二天,共六天)。

⑪ 教员工分怎么定?

张明海,74 年 12 月 16 日到 75 年 5 月 20 日止,共 156 天,定 1 670 分。

吕桂武,75 年 5 月 23 日上到 75 年 12 月 15 日止,共 207 天,是 2 100 分。

郭文合,74 年 12 月 16 日到 75 年 12 月 15 日,共 365 天,定 3 700 分。

刘军,74 年 12 月 16 日到 75 年 12 月 15 日,共 365 天,定 3 700 分。

李付合,74 年 12 月 16 日到 75 年 12 月 15 日,共 365 天,定 3 700 分。

⑫ 优抚对象定一下?

经逐户审查,定彭正富一户。经逐户审查全年给 200 个工。

⑬ 75 年合作医疗基金怎么办?

每人一元,由生产队公益金开支。

⑭ 75 年合作医疗怎么交工分的分红款?

合作医疗结算一下,看情况由大队研究决定。

⑮ 副业按人怎么分给生产队?

每人五元，分给生产队。

⑯ 副业工是否还给加补助费？每个工给 5 分钱。

⑰ 大队山河怎么摊工？

挖泉、挡坝、农建一齐算，以人口摊。

⑱ 咱们砍小木货时有点椽子，冀文付要买他，需 200 根，看给否？价钱怎么定？

同意给 200 根。质量以虎 1 为准。价钱每根价 1.00 元。

⑲ 就评定开大会人，优抚劳力，外勤劳力问题，怎么评定？

明天开会计会卡工时，按户口查一下决定。

1976 年 1 月 4 日 1 天

召开会计会议

参加人员：张明德、祁凤元、李桂复、王永、张文明、郝存山、韩桂军、穆凤海、张明瑞、薛廷甫、刘良、崔玉海，共 12 人。

① 就开大会人、优抚劳力，外勤劳力，按户口评定结果：

	1	2	3	4	5	6	7	8	9	10	合计
开大会人	46	51	66	57	50	56	44	30	48	41	489
优抚劳力	24	19.5	25	21	19	26	18	12	16	14	194.5
外勤劳力	24	19.5	25	23	19	26	18	12	17	17	200.5

1976 年 1 月 28 日上午

召开两委扩大会议

参加会议人员：

张明德 8、祁凤元 8、郭占奎 8、杜万林 4、李树林 4、穆奎有 4、薛廷甫 8、穆凤忠 4、崔玉海 8、张立新 8、李正林（垫地记）、王俊 4，共 12 人。

解决问题：

① 各队先汇报，当前生产情况。

② 春节保卫工作怎么安排？

古方片：由郭占奎、杜万林、高祥负责。

沟门片：由李正林、王文清、张立新负责。

苏寺片：由祁凤元、高秀莲、彭正付负责。

水沟片：由薛廷甫负责。

穴沟片：由高祥彬负责。

干沟片：由杨存秀负责。

各生产队由队长、指导员、民兵排长负责，组成专门人员，轮流巡逻，保证粮库、畜圈等安全。大队由祁凤元、张明德、张文富负责，调值班人员。

③ 春节放假问题怎么安排?

旧历二十九到初二，共放四天。

④ 对烈军属在乡军人如何进行春节慰问活动?

由各生产队干部负责，送对联进行慰问。

⑤ 何时召开烈军属在乡军人座谈会议?

2月1日召开，由各队给通知。

⑥ 春节后如何掀起积肥送肥高潮?

明天由各队组织卫生大扫除，整理街道。从旧历初三开始到初五，用三天时间给社员突击拉垫猪圈土。经研究决定：凡给社员拉三车土，换一车头等猪粪。

⑦ 为了开会按时，今后凡参加会议人员，一律以时间记工，同意否?

应该按到会时间记工。

在会议上要求做好：① 分红时抓好存款与清欠工作。② 严防阶级敌人破坏，开好四类分子的训话会。③ 春节期间严禁赌博。④ 发动群众，破旧立新，批判资本主义。

1976年2月8日一天

召开两委扩大会议

参加会议人员：杜万林、李桂存、杜桂山、张明德、李正林、王立新、张立新、王文清、李树林、祁凤元、高桂有、韩志忠、韩志品、穆奎有、穆凤忠、薛廷甫、高德仕、杨存秀。共18人。

会议开始由祁凤元传达贯彻了公社党委会议精神“大队开始路线教育”的问题，经过充分讨论研究：

① 大队路线教育划三个阶段：

8—15号为学习，发动阶段，达到搞通思想；

16—25号为二阶段，揭问题，开展批判，进行三书三比三查。

26号以后为三阶段，进行整改建班子等。

及时规定：生产队建点名簿，对因到会而不到会的每晚扣二分工。逢双日学习，单笔记工。

② 理论队伍的调整：马淑兰、高普、陈新平。罗有、王俊、罗彬、孟香娥。张仲秀、郤桂合。张树生、赵淑娥、郝元、杜正起。韩普、韩志忠、高秀莲、李富荣、祁凤元。韩志品、李其荣。张明春、张铁根。张天富、高洪江。高德清、刘殿仕、高庆林。张珍、郤德文、吕桂军，共计 30 人。

③ 经研究决定：76 年确定副业队长：罗有，副业挂帅人：祁凤元。张明德具体帮助。

④ 把副业厂木匠确定一下：张万国、罗有、祁凤明、张树生、张桂元、田秀德、高洪志、张明生、高洪有、高洪章、穆奎喜，共 11 人。

1976 年 2 月 9 日

在副业加工厂给木匠开会

参加会议人员：张明德、祁凤元、张万国、罗有、祁凤明、张树生、张桂元、田秀德、高洪志、张明生、高洪有，共 11 人。

会议开始总结了 75 年副业工作，提出了 76 年大干决心，征求了木匠在场意见，然后规定的几项制度：

① 请假问题：个人有病除外，凡因事一天由罗有批，二天以上经祁凤元、张明德、罗有三人研究批。

② 木匠需用锄把，锯梁类由罗有批。

③ 木货处理：凡发到公家的（杂木杆、架杆、把子、大柴、穴柱类），可由罗有一人处理。

④ 卖木渣：由罗彬过秤，由罗有记帐。不论本大队或外大队，一律白天（木匠上班后）拉挑，杜绝早晚拉运。

⑤ 做把子：凡双料一律用锯剐，杜绝劈。

⑥ 收把子：由罗有、祁凤元或张明德负责验收。

⑦ 账目：凡每月初，将上月工分、产品收入清理清楚，每月向大队党支部报一份表。

今天在整理木头时处理给：二队车头二对，价 10.00 元，已告给会计。一队车头二对，价 11.00 元，已告给会计。六队车头三对，价 16.00 元，已告给会计。

1976 年 2 月 11 日清查木头

古方片：张明德、梁明、李付海、高祥彬。

沟门片：祁风元、彭正付、王俊、罗彬。

苏寺片：郭占奎、杨存秀、刘军、李树林。

水沟片：王文清、张文富、穆风忠、穆奎有。

穴沟片：李正林、崔玉海、薛廷甫、吕桂武。

干沟片：张文科、高祥、高桂有、张立新。

1976 年 2 月 15 日一天

召开两委扩大会议

参加会议人员：郭占奎、李桂存、张明德、李正林、张文付、王立新、张立新、王文清、李树林、祁风元、高秀连、高桂有、彭正付、穆奎有、穆风忠、薛廷甫、高祥彬、杨存秀、崔玉海，共 19 人。

今天开始，各队进行了路线教育汇报会议，然后研究。

① 2 月 8 日会议决定从 8—15 日为路线教育第一阶段，从今天起是否转第二阶段？

从今天汇报情况看，不能转二阶段，从 16 号开始到 20 号仍为第一阶段。具体安排是：

15 号，重点学 219 个字的党的基本路线。

16 号，华国锋报告的第一部分。

17 号，华国锋报告的第二部分。

18 号，华国锋报告的第三部分。

19 号，华国锋报告的第四部分和张家口报 2 月 12 日刊登的农业工作会议文章。

20 号以三个题为重点讨论，然后进行一阶段的小结。

① 为什么要进行党的基本路线教育。

② 为什么大队领导班子要进行整风。

③ 怎样认识路线教育和生产的关系。

② 青松岭民工怎么定？

1 队	6 队	9 队	10 队	合　计
1	1	2	2	6

③ 公社教员开会三车柴火怎么送？

八队二车给学校一车，刘德海一车。九队二车，给学校二车。

④ 大队应该有一个小胶车,专送死人,以免死了人工作被动?

四队小车一辆,价 75 元,以每个生产队 7.50 元摊,从公益金开支。公社分配一名宏中炊事工人,要初中文化程度,年轻人,身体好,忠诚老实。经和五队商量,提出让张玉海去,回队后通过社员来决定。

⑤ 两委分工,到生产队,帮助和共同学习教育,怎么搞?

1	2	3	4	5	6	7	8	9	10
杜万林	郭占奎	李玉林 张立新	王文清 郝存山	高秀连 高桂有	祁凤元	穆凤忠	彭正付	张明德	杨存秀

1976 年 2 月 20 日一天

召开两委扩大会议

参加会议人员:杜万林、罗有、李桂存、张明德、王立新、张立新、张文付(碾子湾开会)、王文清(碾子湾开会)、李树林、高桂有、高秀连、彭正付、穆奎有、张明春、薛廷甫、高祥彬、杨存秀、崔玉海。共 18 人。

会议开始各队进行了路线教育运动情况的汇报,然后研究:

① 路线教育,第一阶段是否搞透,什么时间转二阶段?

学习已基本搞透,应转二阶段。

20—21 号,再进行一次党的基本路线学习,开始揭摆问题。

22 号,两委开展批评和自我批评谈心。代表们通过学习,进一步开展揭摆问题。

23—25 号,交锋。

整理材料:祁凤元、郝存山负责。

选代表:生产队长 10 人,杜桂山、韩志忠、韩志品、张明春、高德仕、张宝斋、罗有、张文科、李淑兰、马淑兰、高普、高祥、郝元、杜永科、梁进、尤长桂、高德明、张珍、张天付,共 28 人。

② 在这次运动中各队送交大队的木头车数?

1	2	3	4	5	6	7	8	9	10	计
4		3		1	2	1	2	1	5	19

通过这次农业大清查,对重点户的处理意见是:罚合理作价:郭占熬 0.50 元,高洪武 10.00,李文彬 10.00 元,高洪朋 2.00 元,郝存付 0.50 元,高洪江 8.00元,李树林 1.00 元、张珍 10.00 元,十队 5.00 元。

同意这个处理意见。

③

④ 公社党委分配给公社中学桌凳四套,床板八块,怎么做?

以生产队抽人,在大队集体做,大队供料:最后用工以人口摊算,由大队负责平衡。

具体抽人是:

张文德、马明、吴国瑞、王文清(负责人)、张化堂、李奎军、张明春(负责记工)、高德清、王占奎。

⑤ …………公社照顾大队分配给我们 80 尺防寒用布,怎么评?

罗正全 6、马亮 6、王登明 6、韩登良 6、高洪永 8、梁进 8、赵存德 7、荣正廷 7、高洪朋 6、张连成 6、杨存秀 6、刘殿仕 8,共 80。

⑥ 再把外出工人搞一下。

		1	2	3	4	5	6	7	8	9	10	合计
已出	青松岭	1					1			2	2	6
	农机站			1	2			1				4
	中　学					1						1
	公社牧厂										1	1
	大队林业			1			1	1		1		4
	大队牧厂						1			1		2
	大队代销		1									1
	大队药社				1			1				2
	大队教员	1							1	1	1	4
	三　河	1	1	1			1				1	5
	合　计	3	2	3	3	1	4	3	1	5	5	30
现在大致算应摊		3.4	3.7	4.8	4	3.3	3.6	3	2	3	3	33.8
马上去罗车铺									1			1
准备工人			2	2	1	2						7

⑦ 给公社的玉米饲料分配给?

1	2	3	4	5	6	7	8	9	10	计
20	22	29	24	20	22	18	12	20	15	202

⑧ 召开公社三干会议的安排

参加会议人员：张明德、祁凤元(劳模)、张文付、张立新、高秀连、高有(劳模)、李桂存、王立新(劳模)、李树林、高桂有(劳模)、穆奎有、穆凤忠、薛廷甫(劳模)、高祥彬、崔玉海，共 18 人。

做饭人：彭正德，柴火：轮到七队(24 个)，菜：每队 20 斤(山药、萝卜)，带粮：每人小米 8 斤，豆腐：九队出豆子 30 斤顶交牧厂，四队给做(送豆腐，烧柴在内)。

⑨ 分给各队玉米籽。

	1	2	3	4	5	6	7	8	9	10	大	计
南　吉					45		19	28		46		138
先 133											270	270
新黄单 17 号	48	53	65	57		51	20		43			337
吉　单											92	92
合　计	48	53	65	57	45	51	39	28	43	46	362	837

75 年 10 月 21 日谷草		1	2	3	4	5	6	7	8	9	10	合计
	余					607			200			807
	亏						128	469				597
欠豆子										32		
七五年未摊	谷草	1 700	1 700	1 700	1 700	1 700	1 700	1 700	1 700	1 700	1 700	17 000
	豆子	150	150	150	150	150	150	150	150	150	150	1 500
	高粱	150	150	150	150	150	150	150	150	150	150	1 500
75 年秋滩分谷草		1 200	1 330	1 640	1 440	1 093	1 280	1 099	650	1 065	1 110	1 190
75 年秋取豆秸谷草				100	100							200
75 年秋创业队转饲料	豆子	113	125	150	135	104	120	103	61	100	106	1 111
	高粱	150	150	150	150	150	150	150	150	150	150	1 500

续 表

到76年2月26日实欠	谷草	500	370	160	360	0	548	1 070	850	635	590	508
	豆子	37	25		15	46	30	47	89	82	44	411
3月2日公社劳模会做豆腐用豆										30		30
用于还巴图营谷草				140	140							280
用于交公社牧厂									850			850
实送牧厂		550	360	20	220		500	350 430	540	635	590	

1976 年 2 月 26 日一天

召开两委扩大会议

参加人员：杜万林、高有、李桂存、张明德、李正林、张文付、王立新、王文清、李树林、祁凤元、高桂有、高秀连、彭正付、穆奎有、穆凤忠、薛廷甫、高祥彬、崔玉海、杨存秀。共 20 人。

会议开始学习了张家口日报“阶级斗争是纲,其余都是目”的文章,然后传达了公社党委 25 号大队书记会议精神,然后研究了当前农、副业生产。然后讨论:

① 公社让把 76 年社员盖房户报公社,然后转报县?

同意：高洪永、杨存荣二户盖。

② 应把报纸充分利用起来,怎么办?

	1	2	3	4	5	6	7	8	9	10
读报人	李桂复	杜桂山	张文明	李世合	高秀连	韩志品	张明春	高洪如	刘良	郤德文

定：三、四队读报员自己到大队取,1、2、5、6、7、8、9 队有副业厂木匠捎。10 队找可靠人捎。大队由郝存山给分发管理。

在瓦房沟党训班用工:

2 月 28 日至 3 月 3 日

杜万林 5、马淑兰 5、张文付 5、郝元 5、高桂有 4、韩志品 5、田荣甫 5。

1976 年 2 月 28 日至 29 日两天

苏寺大队两委整风

1	2	3	4	5	6	7	8	9	10	计
张宝斋 2 马淑兰 2 高普 2 杜万林 2 郭占奎 2 高有 2	杜桂山 2 高祥 2 李桂存 2	张明德 2 李正林 2 张文付 2 张文科 2 王立新 2 张文明 2 马秀荣 2	郝元 2 梁明 1 王文清 2 杜正起 2 李树林 2	杜永科 2 韩志忠 2 祁凤元 2 高秀连 2 高桂有 2	彭正付 2 韩志品 2 梁进 2	张明春 2 尤长桂 2 穆凤忠 2 张铁根 2	薛廷甫 2 张天付 2	高德明 2 高德仲 2 高祥彬 1	张珍 2 杨存秀 1 崔玉海 2	李文瑞 张明海 李仕合 郭文河 刘军 吕桂武
96	48	112	72	80	48	64	32	40	40	632

此工以开大会工处理

调用民兵记工

		1	2	3	4	5	6	7	8	9	10
二十号夜民兵集中搜山和杂工		高有 张万江 罗有	高祥 杜桂山 王俊	张立新 张连军 王铁成 王铁强 王立新 张文明 张文彬 郤桂合 张文富	王进甫 康登明 郝存仕 康登秀 张文生	韩志忠 韩桂军 高德彬 张付	穆奎彬 穆奎军 穆奎有 梁树余 田秀文	高德文 荣德有 李风武	张天付 高洪有 薛英明	杜宪德 高洪军 高德明	范德武 吕桂军 郤德文 范世亮 李桂合
二十一日到二十三日放吵		高普	王永	郤桂合 张连荣 张连军	包秀连 李树林 王进甫						
搜山		郭占敖	高祥 马朋	张立新 王铁强	王进甫		穆奎斌 彭正付	荣桂有	薛廷甫 高洪如 高德芳	刘良 杜宪德 高洪军	吕桂军 李桂合
合计	人	5	6	14	9	4	7	4	6	6	7
	分	40	48	112	72	32	56	32	48	48	56

1976 年 3 月 27 日一天

参加理论队伍和读报员学习会议

1	2	3	4	5	6	7	8	9	10
高　有 张宝斋 陈新平	杜桂山 李　刚 孟香娥	张明德 张文明 马秀荣	王进甫 李世合 杜正起 李桂枝	韩志忠 高秀连 马　成 李付荣	穆奎有 李其荣 张淑琴	张明春 邢风连 张铁根	薛廷甫 高洪如	刘　良 宋双垚	郤德文 张　珍
24	24	24	32	32	24	24	16	16	16

此工于开大会工处理啦。

1976 年 3 月 14 日民兵训练用工一天

张万国、王俊、罗彬、张文付、王铁强、张立新、王进甫、郝存仕、张文生、韩桂军、韩风明、穆奎军、张明生，共 13 人。

在 3 月 21 日理论队伍会议上定学习人员

		1	2	3	4	5	6	7	8	9	10	
晚上	男	10	10	29	25	20	26	22	12	17	18	
	女	15	9	17	8	15	12	4	2	16	6	
	计	34	28	44	33	35	38	26	14	33	24	
白天	男	2		1	1				2		1	
	女	5	13	14	19	13	11	16	10	6	12	
	计	7	13	15	20	13	11	16	12	6	13	
合计		41	41	59	53	48	49	42	26	39	37	

定：到会　事假　病假　旷课
　　1　　×　　△　　○

1976 年 3 月 13 日一天

召开两委扩大会议

参加人员：杜万林、高有、李桂存、张明德、李正林、王立新、张文明、李树林、高秀连、祁凤元、高桂有、韩桂军、穆奎有、张明春、张明瑞、郝存富、高洪如、刘艮、杨存秀，郤德文，共 20 人。

① 七六年任务分配

			1	2	3	4	5	6	7	8	9	10	合计
粮食面积			141	163	191	196	133	143	125	100	143	165	1 500
其中	麦子	玉米畦亩5尺代											150
		手种											160
		合计	33	37	45	45	25	31	23	16	27	28	310
	杂交高粱		14	16	19	20	13	14	13	10	14	17	150
	玉米	手种											350
		畦子5尺代											300
		合计	60	70	82	84	57	60	54	43	60	80	650
	谷子	手种											200
		代高粱间块											120
		合计	27	32	36	39	31	30	29	26	35	35	320
	薯类	手种											60
		代玉米间块											
		合计	7	8	9	8	7	8	6	5	7	5	70
经济作物			3	3	4	4	2.5	3	2.5	2	3	3	30
接大扁			1 860	2 000	2 620	2 160	1 800	2 000	1 040	1 100	1 720	1 640	
四旁植树													6 000
造林													200
封山育林													1 500

七六年各队奋斗指标

		1	2	3	4	5	6	7	8	9	10	合计
76年产量	共产	71 000	68 200	100 000	88 200	67 900	57 200	53 000	36 000	59 000	49 500	650 000
	亩产	503	418	523	450	510	400	424	360	412	300	450
农田建设	园田											500
	梯田											100
	合计											600
纲要田	吨田	5		5	3	2						15
	过江田	30	25	40	35	30	10	10		20		200
	过河田	30	40	40	40	40	30	30	10	30	10	300
	纲要田	50	50	60	60	30	30	30	30	50	10	400
打井		1				2		2				5
自助炒		5	5	6	6.5	4.5	5	4	3.5	5	5.5	50

② 各队的粮食应下放到生产队管理,各种补助粮,哪队出人哪队补,以免不好算帐?

按去年的办法,仍由大队管理。

③ 改自留地怎么搞?

明天开始搞。大队派张明德、李正林参加。

1976年3月26日一天

召开两委扩大会议

参加人员:郭占奎、杜万林、郭占熬、杜桂山、王俊、张明德、李正林、王立新、张立新、王文清、李树林、祁凤元、高秀连、高桂有、韩志忠、韩志品、彭正付、穆奎有、穆凤忠、张良、杨存秀、郤德文、薛廷甫、高洪如、高祥彬、高德仕,共26人。

张文付去公社开飞行会议。

会议由公社赵坤昌同志参加。

会议开始学习了"农业学大寨,普及大寨县宣讲材料"第一讲。各队进行了政治夜校学习,种小麦及备耕情况的汇报,各队又定了种小麦的完成时间。后有老赵给学习了张家口3、12日报纸。

3 月 28 日 去瓦房沟民兵打靶用工

张万国 2、王俊 2、罗彬 2、张立新 2、张文付 2、王铁强 2、王铁成 2、张文生 2、王进甫 2、郝存仕 2、韩桂军 2、韩风明 2、穆奎军 2、张明生 2，共 14 人。

注：3 月 31 日，第二次去瓦房沟打靶。

3 月 30 日去瓦房沟开理论队伍会议用工

陈新平 8	杜桂山 6	张文明 8	王进甫 8	高秀连 8	李其荣 8	张明春 8	高洪如 8	刘　良 8	郤德文 8
张宝斋 4	王　永 8	郤桂合 6	李桂枝 8	李付荣 8		邢风连 8	张天付 8	宋双垚 8	张　珍 8
	李　刚 8	马秀荣 8	杜正起 8	马　成 8		张铁根 8			
	孟香娥 8			韩志忠 8					
12	30	22	24	32	8	24	16	16	16

1976 年 3 月 30 日一天

召开两委扩大会议

参加人员：杜万林、郭占奎、高有、李桂存、张明德、张文付、张立新、王文清、李树林、祁风元、高桂有、韩志品、张艮、薛廷甫、崔玉海。共 20 人。

会议开始由公社赵增昌同志组织学习“批判三项指示为纲的修正主义纲领”和“掌握反修防修的强大思想武器”，然后传达了公社召开的下乡干部、大队书记会议精神。

讨论记录：

① 当前运动如何具体安排？

负责运动领导：张明德。

具体负责搞批判专栏的，审查批判稿和批判发言材料，通讯报导材料，写黑板报，屋顶广播的有：

祁风元、张立新、杜正起、张铁根、陈新平、李文瑞、张明海、郭文合、刘军、彭宪枝、吕桂武、李付合，共 12 人。

生产队的负责人（运动领导和写各种稿件）

杜万林、李桂复、杜桂山、王永、张立新、张文明、李世合、王文清、韩志忠、韩桂军、韩志品、穆风海、穆风忠、张明春、薛廷甫、高洪如、高德仕、刘艮、杨存秀、郤德文。

每生产队抹一个批判专栏。（在各队房），大队两委，团支部各搞一个专栏。(在大队屋内),学校搞一个专栏。(在学校院内)。

党团员,两委和生产队领导班成员在 3 号前每人出一份批判材料交到大队。

坚持 1、3、5 的政治夜校。

每月 1 号和 16 号大队培训一次理论骨干会。

黑板报,屋顶广播的任务由学校完成。

2 号召开批判大会,大队用三用收音机讲,凡参加批判的人到大队发言。各生产队由支革委掌握讨论。

每月 15 日大队两委集中一天的学习。

每月 1 号支委会,11 号支部会,21 号党的生活会,25 号党课,党课教员:高桂有。

② 当前生产工作。

(1) 同意按大队分配的 76 年种的山药白薯共 70 亩,改为麦地套种菜类。

1—7 队,二号完成小麦种植任务。

8—10 队,5 号完成小麦种植任务。

(2) 拆炕

	1	2	3	4	5	6	7	8	9	10	计
一　批	9	8	11	8	7	8	8	5		5	
	7	9	14	10	10	9	9	8		8	

第一批在四月十日前完成,马上收鸡鸭兔粪。

③ 育苗。

1	2	3	4	5	6	7
杨树园子	杨树园子		杨宝福园子	祁凤山园子	杨占奎园子	李化廷园子
5 分	5 分	5 分	3 分	5 分	4 分	3 分

共计 3 亩。

大队统一去茨营买秧,如回来按亩分苗。大队在沟门营子北头坝墙下搞环村林,大队统一搞。

③ 几个另行问题:

一队去一人到青松岭顶梁树江的三河民工。

二、五队去罗车铺三河，决定八队不去罗车铺。但以前扣工，应扣 8、2、10 队。

宏中学生打柴地点：干沟的二亩沟。

领导班的整建问题：

原任：	张明德	祁凤元	张文付	杜万林	王文清	杨存秀	李正林	郭占奎	郝存山	彭正付	高秀连	高文	张立新	
职务调整			免			免				免				

整建意见：

由崔玉海入党后把任副书记，兼民兵连长。

高桂有参加支委，任革委付主任(支部宣传)

罗有参加革委，任革委委员。

免去：李正林、郭占奎的副主任职务。

在 3 月 30 日晚召开的党员会上

参加人员：杜万林、马淑兰、张玉林、高祥、张明德、赵存德、穆永会、张文付、张立新、李淑兰、王立新、张仲秀、王文清、郝元、李玉兰、赵永奎、祁凤元、高桂有、田荣甫，共 19 人。

会议开始学习了“批判三项指示为纲的修正主义纲领”报纸。

2. 讲了根据公社党委的安排，大队的具体安排。

3. 征求讨论了整建领导班的意见。

4. 经过充分讨论，接纳吸收新党员有：杜桂山、高秀莲、张明春、崔玉海。

1976 年 4 月 8 日一天

召开两委扩大会议

参加人员：张明德、杜万林、郭占奎、李正林、祁凤元、郝存山、张文付，共 7 人。

讨论记录：

① 公社分配一名选送知识青年男的壮用工选谁？陈新平。

② 供销社多次找叫讨论收行条怎么办？

一律评(凭)生产队证明。凡是学生利用课余时间割的,款一律归学生。

凡是男女劳力割的用两种情况处理:

① 女劳力生产队没安排干活,割的一律归本人。

② 男女劳力没经生产队同意去割的,每 100 斤的款归生产队 50%,凡归生产队的款每 2 元计 10 分工。

③ 公社任书记叫把大队领导班子经两委认真讨论一下:

	原　任		现　任		
姓　名	党　内	行　政	党　内	行　政	
张明德	书　记	主　任	书　记	主　任	
祁凤元	副书记	会　计	副书记	连　长	
李正林	委　员	副主任	委　员	委　员	
王文清	委　员	公安员	监察委员	公安员	
杜万林	组　织	委　员	组织委员	委　员	
张文付	副书记	连　长			
杨存秀	委　员	委　员			
郭占奎		副主任		委　员	贫协副主任
张立新		团支书		团支书	
高　文		委　员		会　计	
高秀连		妇联会		妇联会	
郝存山		委　员		委　员	
彭正付		委　员			
罗　有				副主任	贫协主任
崔玉海				副主任	
高桂有			宣传委员	委　员	
合　计	7	13	6	13	

待公社党委批后任免。

4 月 2 日晚开批判大会参加人:

高秀连、高桂有、李文瑞、张铁根、张立新、高有、陈新平、马秀荣、穆凤忠、郭文合、李世合、吕桂武、张明德,共 13 人。

4 月 9 日去公社开三干飞行会和大队开会人(一天)

杜万林、高有、郭占奎、李桂存、李正林、张文付、张明德、李树林、高桂有、高秀连、祁凤元、穆奎有、穆凤忠、杜献德、崔玉海,共 15 人。

4 月 12 日张文富擦枪用工一个

4 月 29 日下午大队开会参加人员(半天)

高有、杜桂山、张明德、张立新、王文清、李树林、韩志品、穆奎有、穆凤忠、薛廷甫、高祥彬、崔玉海、范世亮、韩志忠,共 15 人。

讨论记录:

① 大队开会有时有人不到怎么办?

仍执行以前的制度,应到而不到的一次找花的工分,二次找花的钱,都由不到会人负担,白天补课不记工。

② 大队民兵值日问题怎么安排?

从一排到七排,每晚上两个人,每排三天。必须推班。

③ 知识青年柴火怎么安排?

以前全部送清啦,今天每队再派 20 个。

④ 当前运动怎么安排?

明天支委开会搞"阶级斗争表现形式"的单子,明天晚上大队开广播会,通过这个会把大摆阶级斗争的盖子再揭深一步。

⑤ 当前生产怎么安排?

4 月 30 号到 5 月 1 日种完地。2 至 3 号全力以赴刨药材。4—5 号集中搞种满田整菜地。从 5 号开始大搞以生产队拉土拖坯。

1976 年 2 月 26 日一天

召开两委扩大会议

参加人员:高有、张明德、李正林、高桂有、王文清、崔玉海(半天),共 6 人。

① 阶级斗争表现形式?

1、阶级敌人表面假老实而实际上并不大老实。

2、乱搞两性关系(彭正付"吴立祥")。

3、非法同居(王进录、张海军)。

4、买卖婚姻(五对)。

5、封建迷信送神送鬼(姚玉风)。

6、破坏集体事物(郭立永偷款 100 多元)。

② 资本主义表现形式?

1、学习不认真,批判资本主义不很,路线不清,方向不明。

2、出工不出力,个别人不服从劳力支配,调皮倒蛋。

3、执行上级指示不认真,任务不能圆满完成(种小麦)。

4、打架斗殴。

5、财务混乱:祁凤元和郝存山差款50元,六队社员有意见。

6、乱砍乱伐:收回木头20车,罚款34元。

7、投机倒把:贱买贵卖,(穆奎喜)。

8、扩大自留地。

9、损人利己:高洪武偷木头,高洪江剥树皮。

挖空集体:放牛损坏牲口。

生产队丢:大麻籽、杏核、大绳、口袋、铁丝、牛头绳、广播喇叭。

10、盖新房圈大院。

11、放牧轮班。

12、有的干部事业心不强,存有当一天和尚撞一天钟影响学大寨。

③ 治保会如何整顿?

主任:王文清,副主任:郭占奎、韩志品;委员:李正林、高秀连、崔玉海、高有、高祥彬、薛廷甫,共九人组成。

一月二日崔玉海去公社开飞行会一天。

各队已买回的化肥　　76.5.23号抄

	1	2	3	4	5	6	7	8	9	10	计
斤数	7 210	5 024	3 286	6 514	707	728	660	685	691	821	
款数	630.9	439.60	287.53	307.48	61.86	63.70	57.75	59.94	60.46	77.84	

1976年5月1日一天

召开两委扩大会议

参加人员:郭占奎、郭占熬、杜万林、李桂存、罗有、张明德、李正林、王立新、王文清、李树林、高桂有、高秀连、穆奎有、穆风忠、薛廷甫、崔玉海、范世亮,共17人。

讨论重点记录：

① 创业队如何建立？

张宝斋任创业队长，郭占奎具体负责创业队和三八妇女创业军的全面领导工作，由高秀连记工。

创业队与创业军合并劳动。现在项目挖泉，挖泉后去林业队挖树碗。然后搞苏寺一道沟固定河床。

② 林业队怎么建？

张文科当队长。张文忠、穆奎军、刘殿仕三个人也不变。尽力干，实忙不过来由大队调创业队协助。

③ 如果哪个队拴皮车，牧厂骡子作多少价？

市场过 600 元，现定 500 元，今年没钱，明年给。

④ 公社分给高粱、麦夫子 5 000 斤，怎么分？

1	2	3	4	5	6	7	8	9	10	大	计
300	300	400	400	400	500	400	400	400	500	1 000	5 000

⑤ 外出劳力与大队抽劳力怎么平衡？

	1	2	3	4	5	6	7	8	9	10	合计
女创业军	4	4	5	4	4	4	4		3		32
创业队	3	1	1	1	1		1				
林业队			1			1	1		1		4
公社牧厂										1	1
看　坡						1					1
按人应出	4.7	5	6.6	5.4	4.5	5	4.1	2.8	4.3	3.9	46.3
青松岭	1					1			2	2	6
三　河	2	2	1		1	1					7
农机站			1								3
油　路	1	2	1			1			1		6
大队牧厂						1			1	1	3
教　员	1					1	1	1	1	1	6

续 表

	1	2	3	4	5	6	7	8	9	10	合计
代 销		1									1
公社中学					1						1
木 匠	1	1	1	2	1	2		1	1	1	11
医 务				1				1			2
粮食加工	5							1			1.5
大队干部	0.5		1		1						2.5
按劳力应出	6	5	6.2	5.8	4.8	6.5	4.5	3	4.1	4.1	50
应出合计	10.7	10	12.8	11.2	9.3	11.5	8.6	5.8	8.4	8	96.3

劳力算帐结果

		1	2	3	4	5	6	7	8	9	10	合计
实出劳力		13	10	13	11	9	13	10	2	10	5	96
对比	长	2.3		0.2			1.5	1.4		1.6		7
	亏				0.2	0.3			3.8		3	7.3
经讨论同意开瓦穴定人			泡泥	泥	包秀廷	韩风有	泡泥			高德仕	泡泥	7人

⑥ 瓦窑怎么开?

从木匠抽出罗有、田秀德、高德清。

做瓦的：罗有、韩风有；提桶：田秀德、高德清；扣坯：高德仕、包秀廷。做饭另找。

1976 年 5 月 27 日下午

召开两委扩大会议

参加人员：郭占奎、高有、高文、李桂存、罗有、张明德、王立新、王文清、李树林、高桂有、高秀连、穆奎有、穆凤忠、薛廷甫、高祥彬、崔玉海。共计 16 人。

讨论记录：

① 公社有 14 吨硫氨，问咱们要多少，每吨 270 元，每条麻袋收款 3 元(用后交代退款)，运费自交，去县提货，把款交茨营商店，各队要多少?

1	2	3	4	5	6	7	8	9	10	计
4 000		2 000		4 000	4 000	2 000	1 500	2 000	2 000	21 500

大队解决不了款，由各队自行解决。

龙关的营业所张清想要木头，用汽车来拉，想趁车拉肥料，各队能给木头否？

1	3	6	8	9	10	计
20	30	30	25	40	50	215 个

② 社员通过检查已全部安了大粪缸，如果检查后有拔回去的怎么办？粪价怎么定？

如果拔回去的，每口缸罚款 6 元，款归大队，每斤粪和尿价 3 分钱（不要水）。

③ 公社分配小帮杆 3 000 根，但多点也可以，标准是 1.2 米，1.4 米，1.6 米，小头直径 2.4 公分。怎么生产？

先从社员现有木头中收一部分，杜绝社员现在上山砍。如果数量不足，以后再让大队或生产队搞。社员自己交大队副业厂子，运输问题生产队支持。

就社员得款问题定为：1.2 米，1.4 米，1.6 米；原价：6.5 分，7.5 分，8.5 分，给社员价：5 分，6 分，7 分。

由社员自己打捆，如果给盘山费，全部归大队。

④ 今年牧厂收草时有谷草的，有羊业（叶）的，现在没的喂怎么办？

明天要来的，6 队 48 斤，3 队 20 斤，8 队再给 100 多斤。凡是长交的每 1 斤，秋后给顶 2 斤。

⑤ 当前重点农活搞补种，结合完成脱坯打炕，行不行？

同意这个安排。力争五月底以前补种完。

打炕问题：

	1	2	3	4	5	6	7	8	9	10	计
计划炕：	16	17	20	20	15	15	11	12	17	14	157
已脱坯（盘）	1	9	12	10		10			5	2	49

⑥ 瓦窑到底搞几窑？如果搞一窑就借用生产队的席不买塑料布了，柴火怎么办？

仍然定搞三窑，还买塑料布。

各队能交秸子车数：

1	2	3	4	5	6	7	8	9	10	计
2	4	8	8	7	6	7	2	2	6	52 车

每斤干秸子价 8 厘，现在开始。

柴火问题，按劳力摊的打，每个劳力 12 个。

1	2	3	4	5	6	7	8	9	10	计
290	240	300	280	230	320	220	150	210	210	2 450

⑦ 公社给叫去学习一名半农半医，意见是叫高秀连去，是否同意让去？时间五个月，请决定？

同意让高秀连去。

5 月 8 日检查厕所安缸用工：

崔玉海 1、高文 1、郭占奎（1 天加早）、李正林（2 早加半天）、李正林（9 号半天）。

（下接 15 本）

会议笔记 15

苏寺大队

1976 年 5 月 14 日下午半天

召开两委扩大会议

参加人员：郭占奎、高有、马淑兰、李桂存、高淑琴、张明德、李正林、张文平、李树林、韩志忠、穆奎有、穆凤忠、薛廷甫、高祥彬、崔玉海、范世亮。共计 16 人。

会议开始传达了公社开会传达“地区学毛主席重要指示会议”精神，其次，会议中心搞妇女结扎手术的摸底工作。

经过按户口本查找，结果是：

队 别	男人名	女人名	年 龄	小 孩		
				总数	其中：女	
1	杜万林	王进荣	33	4	2	
	高有	周秀花	27	3	3	
2	李桂存	刘万枝	30	3	1	
	马朋	曹玉娥	26	3	2	
3	王铁军	韩淑荣	27	3	3	
	李志彬	杨淑莲	32	4	2	
	冀文富	吕桂先	30	5	1	
	张文明	王进梅	29	3	2	
	张立新	米海琴	27	3	2	
	李海林	田秀荣	32	3	2	

队 别	男人名	女人名	年 龄	小 孩		
				总数	其中：女	
3	穆凤明	张月娥	31	5	2	
4	杨宝善	张万珍	30	3	2	

续　表

队　别	男人名	女人名	年　龄	小　孩		
				总数	其中：女	
	张树生	王喜梅	28	4	3	
5	杨宝喜	穆凤连	30	3	1	
6	田秀德	李金兰	31	3	2	
	穆凤祥	周秀珍	32	4	3	
	穆奎仕	杜玉兰	31	3		
7	穆凤忠	穆凤花	26	5	1	
8	薛廷甫	彭秀英	30	4	3	
	张天付	杜淑琴	27	4	2	
	李付江	师秀芬	23	4	2	
9	高德清	杜玉梅	30	4	2	
	高洪章	杜秀英	31	2		
	高德武	王明兰	35	4	2	
10	杨存荣	赵芝梅	34	5	3	
	王占奎	邵桂枝	28	3	2	26人

制度与规定：

凡到卫生院检查因病不做手术的：

使用驴工，生产队不扣个人工分，去检查用的人工，生产队不给记工分。

做手术的：女的照常上班的给300分；不经常上班的给150分。

伺候的：不分男女或小孩，给150分。

如果大队给不通的人办学习班，应做手术人不记工，而带领人的工分由应做手术人负担。如果逃跑，由生产队派人去找，必须派二个人，每人每日工资三元，使用驴工每日二元。

② 今年的砖瓦价怎么定?

瓦每1 000块：本大队25元，外大队30元；

砖每1 000块：本大队40元，外大队50元。

③ 就卖菜木柃(棱)条，九队拉缸管(钢管)，冀文明椽价，赤城粮食局加工厂柃条，王德生队车镟子的收入怎么处理?

同意依去年的大队开的工分，走小路分给生产队。

④ 公社分配化工厂一名知识青年去庞家堡当工人，经过报名，李刚同意去，看怎么样？

同意推荐李刚去。

就 6 月 20 号下午五点开会时间不大（回队记工去），到大队开会的人有：郭占奎、高有、李桂存、张明德、王立新、王文清、李树林、高桂有、穆奎有、范世亮、罗有、郝存山。共计 12 人。

会议由徐正明同志讲：计划生育做女扎手术，当前生产锄苗。

1976 年 6 月 28 日下午

大队召开生产队长、会计会议（注：凡划“√”号的叫回生产队记工）

参加人员：张明德、祁凤元、高有、李桂复、李桂存、王永、王立新、李树林、郝存山、高桂有、韩桂军、穆奎有、穆凤海、穆凤忠、张明瑞、高洪如、刘艮、范世亮、郤德文。共计 20 人。

会议重点让各队填写“76 年耕种面积登记表”和汇报当前锄苗进度和荒芜情况，然后研究。

① 全大队应进行一次生产检查，就时间内容怎么定？

决定 5 号左右检查。内容：学习、锄苗、积肥。

② 创业队人员无故不请假，怎么办？

不经批准，每一个欠工扣一个工。

③ 瓦窑是否装？木货加工缺料怎么办？

因当前苗情太荒，推迟五天左右开始。

④ 给中学送砖各队能上多少车？

1	2	3	4	5	6	7	计
2	4	4	4		4	4	

⑤ 对大粪应加强管理。粪价原定 6 月底以前每斤 3 分，7 月份以后怎么定？

从 7 月到 9 月，每斤 2 分。

⑥ 6 月 26 日 5 点开两委扩大会，除大队专人外，凡在生产队上班，参加会议人，是否由生产队给记工？

同意生产队记。

⑦ 大北沟的杏树当紧接,林业队没人怎么办?

明天五队出二人,九队出一人,争取一天完成。

滩地实种作物安排　1976. 6. 29

		1	2	3	4	5	6	7	8	9	10	合计	滩种
原有亩		13	16	18	16	2	14	12	8	12	13	134	
自报种	玉米	3.5			2							5.5	
	小麦		5	6	4		2	3	3	3	3	29	
	谷子					3						3	
	合计	3.5	5	6	6	3	2	3	3	3	3	37.5	
	玉米	3	3	4	3	3	4	3	2	3	3	31	32.1
	谷子	5.5	7	6	6	5	6	5	2	5	6	53.5	97.7
	高粱	1	1	2	1	1	2	1	1	1	1	12	16.8
	其它												3
	合计	9.5	11	12	10	9	12	9	5	9	10	96.5	149.6

1976 年 7 月 3 日下午

大队召开两委扩大会议

参加人员:郭占奎、高有、高文、罗有、李桂存、杜桂山、王永、张明德、李正林、张文明、王文清、李树林、祁凤元、高桂有、韩志忠、韩志品、穆奎有、穆凤海、穆凤忠、张明瑞、郝存富、高洪如、高德仕、高祥彬、刘良、崔玉海、范世亮。共计28 人。

会议开始由乔登明给辅导"学习毛主席重要指示,对几个问题的理解"文件的学习然后由大队公布了灾情统计结果,然后由乔登明讲了公社和检查结果的意见,接着与会人员进行了讨论。有王文清、李树林、高祥彬、李正林、高桂有等人,发言带动下,大家进行了议论,一致表示"坚定信心,带领社员大干,争取不减产,力争丰收"。

讨论问题:

① 副业(瓦窑,木货加工)怎么搞?

都同意搞,由大队安排,要人出人要车出车。尽力做到农业减产副业补。

最后两委研究值班问题：

7 月：祁凤元、高文

8 月：罗有、李正林

9 月：崔玉海、张立新

10 月：张明德、杜万林

11 月：高桂有、王文清

12 月：郭占奎、郝存山

因高秀连外出学习，暂不值日。值班人负责处理大队一切日常事务。因公外出一律不顶值日。

1976 年 7 月 5 日下午

召开两委扩大会议

参加人员：郭占奎、高有、罗有、李桂存、张明德、王立新、张立新、王文清、郝存山、李树林、祁凤元、高桂有、穆奎有、郝存富、高祥彬、崔玉海、范世亮、高文。共 18 人。

今天的记录由祁凤元已记。

各队购买的化肥情况　76.7.11 抄

		1	2	3	4	5	6	7	8	9	10	合计
分次取的	1 次	1 763	3 165		3 966	3 718	2 628					15 240
	2 次	2 261	1 055	1 716					1 991	600		7 623
	3 次							1 500		1 400	1 900	4 800
合计		4 024	4 220	1 716	3 966	3 718	2 628	1 500	1 991	2 000	1 900	27 663

汽车拉来 3 车，共 11.60 吨，(3.8 吨＋3.95 吨＋3.85 吨)，拖拉机拉来，2.4 吨(没亏称(秤))。

1976 年 7 月 21 日去瓦房沟和大队开会(一天)

会议主要是落实公社三干会议内容。

讨论记录：

① 如何落实办政治夜校？如何抓学校？

各生产队要认真坚持 1、3、5 日的政治夜校，下地劳动带报纸。

大队两委每月坚持学习半天，理论讨论分析批判会半天。时间由支部决定。

当前学习重点:走资派为什么还在走?

7.1社论,为什么资产阶级就在共产党内?

② 水利大汇战如何安排?

8月初,把企业和妇女创业军转为水利专业队,集中搞干流。

大队决定,由祁凤元挂帅。

③ 大队的坏柴油机是否处理给生产队?

作价250元。7队同意要算7队的,如果7队不要,别队要也行,都不要算大队的。

④ 公社指示,7月份消灭不养猪的白点队,怎么办?

	1	2	5	6	
养猪个数	2	2	2	2	
保证时间	31	31	31	31	

⑤ 如何抓好清理超支拖欠问题?

组长:祁凤元;成员:高文、王文清、杜万林、崔玉海,共5人。

⑥ 大队养猪领导小组怎么成立?

组长:崔玉海,成员:高桂有、李正林、王文清、高文。共5人。

⑦ 大队如何抓财务清理工作?

组长:祁凤元,成员:张明德、张明瑞、杜万林、高文,共5人。

清查:大队财务,生产队财务,代销点,合作医疗等。

⑧ 大队主管教育主任,确定谁?

祁凤元。

⑨ 公社分配一名县化肥厂民工,大队几个人研究让六队木海军去,已和六队商量妥了,大家同意不?

同意,木海军去。

⑩ 评论党员怎么搞?

古方一组由杜万林

沟门二组由李正林、王立新

沟门三组由王文清

苏寺四组由高桂有

干沟五组由杨存秀

支部委员各组都要评论。

⑪ 两委应明确分工，怎么分？

抓全面：张明德，政治学习、农业生产、农田建设、粮食

祁凤元：社会治安、文教卫生、林牧副生产、财经。

具体分工：

政治学习（全面）	农业生产、农田水利	林牧副业	财经	社会治安	文教卫生
张明德（兼粮食管理）抓青年妇女	崔玉海 高桂有、郭占奎、李正林	罗　有	祁凤元、高文	王文清	祁凤元、高秀莲、郝存山

1976 年 7 月 27 日下午半天

召开支委扩大会议（回创业队记工）

参加人员：张明德、祁凤元、杜万林、王文清、李正林、高桂有、郭占奎、高文。共 8 人。

会议中心是学习，理论讨论分析。学习七一社论，为什么资产阶级就在共产党内。

讨论记录：

① 公社分配选送一名知识青年女的，定谁？推荐：兰秀琴

② 金矿民工分配给哪个生产队去？

如果要知识青年从：张铁根、陈新平、马成中选。

如果不叫知识青年去：决定让九队去一人。

③ 摘山杏问题怎么安排？

哪个队有时间，哪个队可以去摘，不放给个人摘。

1976 年 8 月 1 日下午半天

召开两委扩大会议

参加人员：高有、杜万林、高文、李桂存、罗有、杜桂山、张明德、李正林、郝存山、祁凤元、高桂有、韩志忠、韩志品、张明春、薛廷甫、高德仕、高祥彬、杨存秀、张明海、杨宝福、刘军、李付河、吕桂武。共计 24 人。

会议中心传达公社地震会议，研究大队具体防震措施。同时安排了副业拉木头问题。

1976 年 8 月 12 日下午半天

召开两委扩大会议

参加人员：郭占熬、杜万林、高文、李桂存、罗有、张明德、李正林、王文清、李树林、高桂有、穆奎有、穆凤忠、郝存付、高祥彬、崔玉海、范世亮。共 16 人。

会议开始先学习人民日报社论，接着由公社乔登明讲了公社党委广播会精神。然后大队就落实学习坚持 1、3、5 日的政治夜校，学习内容重新进行了强调。就地震问题再三强调。当前的农业生产就锄草灭荒，农作物后期管理，压绿肥和垫圈积肥，管理粪缸等问题进行安排。

然后讨论前和各队要的几个数字：

① 现在各队到底有多少的荒地？

	1	2	3	4	5	6	7	8	9	10	计
豆子	9		3	5				3			20
谷子	4		2					20			26
玉米	3			5							8
黍子			8					5			13
合计	16		13	10				28			67

② 到现在各队的肥料情况统计一下：

	77 年需用（每亩 20 车）							实亏肥车	保证压绿肥
	亩	车数	牛圈	羊圈	坑粪	社员	合计		
1	153	3 060	300	200	700	240	1 440	1 620	600
2	179	3 580	200	300	800	300	1 600	1 980	800
3	209	4 180	300	300	1 100	300	2 000	2 180	700
4	215	4 300	300	300	800	300	1 700	2 600	600
5	145	2 900	400	300	500	200	1 400	1 500	400
6	157	3 140	500	300	600	200	1 600	1 540	400

续　表

	77 年需用（每亩 20 车）							实亏肥车	保证压绿肥
	亩	车数	牛圈	羊圈	坑粪	社员	合计		
7	136	2 720	200	250	500	150	1 100	1 620	400
8	111	2 220	300	300	300	120	1 020	1 200	300
9	155	3 100	250	300	950	250	1 750	1 350	200
10	180	3 600	300	800	500	100	1 700	1 900	600
合计	1 640	32 800					15 310	17 490	5 000

讨论记录：

① 今秋的护秋公约怎么定？

不准放猪和密（系）猪，如果放或密（系），每个猪罚款 1 元。不关猪，每赶回一个罚款 1 元。放夜猪，每赶回一个罚款二元。

以上三种指罚款，凡糟蹋的庄稼照护秋公约赔。

山药	偷 1 个玉米	偷 1 个谷穗	偷 1 个高粱穗	偷 1 斤瓜	偷 1 个萝卜	偷 1 斤豆角	偷 1 个窝白薯	偷 1 斤白菜	偷 1 斤茄子	偷 1 斤葱	咬 1 根玉米杆
山药 5 斤	玉米 1 斤	谷子半斤	高粱半斤	0.20 元	5 斤	0.30 元	罚白菜 5 斤	0.20 元	0.30 元	0.20 元	粮给 1 斤，再交 3 角

凡行猪菜一律不准庄稼地，和进地一次每人罚款一元。

打青草和羊业，咬玉米杆和牲口糟蹋庄稼，由队里负责，秋后大队从创业队分粮时扣还。

② 如何解决养猪白点队？

1、2、5、6 队在本月 15 日前买上猪，如果不买，从 16 号起，大队可派人给这 5 个队买猪，每给买一口猪，由养猪队给买猪人一元，拿工资三元，款归大队，由大队给买猪人记工。

③ 学校东房坨断，坝外头东已过价到 400 元，是否同意卖？

同意按 400 元出售。在秋前在原地盖起来三间。同意这次盖学校用工付款。泥工和木工，每一个工分付生产队现金 0.15 元，小工，每一个工分付生产队现金 0.10 元，拉土按标准牛车，每车按 0.25 元。

苏寺学校的正、南房，牧厂的旱棚，因木料差，都已倒歪，这次可下一批杨木，留待翻盖这些房。这次卖学校的 400 元钱，除盖学校三间外，所用的花费，剩余者可付砍树工资。

1976 年 8 月 20 日 1 天

召开两委扩大会议

参加人员：郭占奎、高文、高有、罗有、张明德、李正林、王立新、王文清、祁风元、高桂有、穆奎有、穆凤忠、薛廷甫、高祥彬、范世亮、崔玉海。共 16 人。

会议开始看了苏寺"水利大坝"和"穴子沟到苏寺的今冬明春农田水利规划"，然后检查了林场的人参和杏树等。回室后在林业队讲：(学习中央慰问电人定胜天)。

信用社手续问题，养猪问题，看秋问题，积肥等大粪缸的管理问题。传达了公社在瓦房沟召开支援唐山的问题。然后讨论：

① 苏寺大柳树坝的坝基按人口分配到队是否合适？

同意大队的安排及分配情况。

明天动工，全力以赴，25 号前一定完工，由张明德、祁凤元负责指挥和验收质量。

② 今冬明春农建汇战的"以坝带路"是否行？

同意大队的安排。26 号开始砌坝和随同修路，以大队安排进行。

③ 学校盖房问题怎么办？

现在要准备木料砍杨树，准备明春盖学校及牧厂用。秋前一定把苏寺拆掉的三间东房盖起来。

④ 支援唐山灾区出人怎么分配？

人员：2、3、4、6、7、8、10 队，每队一个人。1、5、9 队，每队准备一人，如增多人数时给出。

床板，大队副业队用石盆砍回的柳木柁做。

席子：大队开支买。

		1	2	3	4	5	6	7	8	9	10	合计
	人　口	93	100	131	108	90	100	82	55	86	82	927
	每　人	8.5寸	8.5寸	8.5寸	8.5寸	8.5寸	8.5寸	8.5寸	8.5寸	8.5寸	8.5寸	
	应　分	79	85	110	92	77	85	70	47	74	70	789

续　表

			1	2	3	4	5	6	7	8	9	10	合计
	变动	加					8	5	5		1		19
		减	9	5						2			16
	实分尺数		70	80	110	92	85	90	75	45	75	70	792
	二十一日	总人数	9	16	15	14	10	14	10	7	3	7	
		其中女	1	1		1	3	1			2	3	
		牛车	2	3		4	3		4				
	二十二日	总人数	16	11	19	14		8	12	7	14	7	
		其中女	2	1	2	1					1		
		牛车	2	3	5	4		5	3	2			
	二十三日	总人数									4	14	
		其中女									2	3	
		牛车											
	二十四日	总人数											
		其中女											
		牛车											
	二十五日	总人数											
		其中女											
		牛车											

1976 年 8 月 28 日上午半天

去瓦房沟参加公社分片召开紧急会

参加人员：高文、高有、郭占奎、高德发、张明德、王立新、张文生、祁凤元、李桂存、韩志忠、穆奎有、梁树合、穆凤忠、李风武、薛廷甫、高洪朋、高祥彬、高德仕、范世亮、崔玉海、杨存秀、李桂合。共计 22 人。

会后在围厂店着重讲“大粪管理和积肥问题”和“护秋问题”和“养猪消灭白点队问题”和“副业备料问题”和“估产问题再细致搞一次。”

讨论记录：

① 当前工作多，就大搞管理、养猪等问题，比较落后是否有必要召开扩大会，从而推进工作？

明天下午在苏寺学校召开支革委，生产队正副队长，政指干部、会计会议。着重安排和总结前段工作布置下步工作。会议要开成革命化，推动工作。

② 给中学送砖怎么送？

（原任务 10 000 块，已交 1 080 块，欠 8 920 块）。

	1	2	3	4	5	6	7	计
劳力牛	7	7	8	8	6	7	7	50
送　砖	10	10	12	12	10	10	10	74

每车以 120 块为准。凡送砖人由生产队记工。人、牛各 7 分，由大队开给生产队。

各队给中学送砖记工汇总　1976. 9. 13

	1	2	3	4	5	6	7	8	9	10	计	送　出
6. 29		2	2	2		2					8	960
7. 2	1										1	120
8. 30	2	4	6	6	4	5	4				31	3 705
8. 31	2	4	5	5	4	4	4				30	3 591
9. 1	2	2			2		2				8	1 042
9. 2	2										2	260
9. 3	2										2	260
小 计												

1976 年 8 月 29 日下午

大队召开两委扩大会议

参加人员：郭占奎、高文、高有、郭占熬、罗有、李桂存、王俊、王永、张明德、李正林、张文明、王文清、高桂有、祁凤元、韩风明、韩志忠、韩桂军、穆奎有、穆凤德、穆凤海、韩志品、穆凤忠、张明瑞、薛廷甫、高洪如、郝存付、高祥彬、高德仕、刘艮、杜宪德、崔玉海、范世亮、范德亮、杨存秀、邵德文。共计35人。

会议是理论讨论会形势，通过学习总结前段工作，就大粪管理，养猪，护秋等问题，重点进行了分析总结前段学习差距，提出今后要重视学习。

会议上落实了估产，讨论记录：

① 修路问题怎么办？

1	2	3	4	5	6	7	8	9	10	计
9	10	13	11	9	10	8	6	9	8	93

同意以全大队人口抽，回队记分，大队不开工。大队抽人掌握。

1976年8月31日下午

召开大队生产队长会议

参加人员：高有、李桂存、张明德、王立新、李树林、高桂有、穆奎有、高祥彬、崔玉海、范世亮。共计10人。

会议汇报了今天上午公社紧急支唐会议，然后讨论：

① 减一名民工减谁？减三队。

② 要小车哪个队给？由一队给。

③ 镐头从哪队给？从副业队拿。

④ 水鞋怎么解决？修铺大队水鞋代上。

⑤ 轮筐怎么搞？

经讨论决定由五队给编三个。给七个工(包括送到公社)，从修路中扣工。抬扛由副业队加工三根。

⑥ 荆巴子30块怎么办？按人口分给生产队。

1	2	3	4	5	6	7	8	9	10	计
3	3	4	3	3	3	3	2	3	3	30

5号前各队交茨营子供销社。收入款归生产队。大队不开工。

⑦ 民工粮食怎么办？由大队安排人去茨营办理。

1976年9月8日下午

召开两委扩大会议

参加人员：郭占奎、高文、高有、罗有、李桂存、张明德、李正林、王立新、王文清、李树林、高桂有、穆奎有、穆凤忠、薛廷甫、高祥彬、范世亮。共计16人。

会议开始学习了中央慰问电，然后讲“学习问题”“地震问题”“看秋必须确定专人看，按制度办事，坚持认真”“给化肥厂送羊油每生产队一斤，明天送大队统一交公社”，然后讨论：

① 从丰宁进回药1 600余元的，大部分是素类药，大队同意：贵重的（也就是钱多的）一律不报销，其余的（也就是多少的）报销一部分。看行不？这次药尽量留本大队用，少出售给外大队，看怎么样？

同意大队的安排意见，由大队审查决定。

② 打草问题怎么办？

11号开始。包产地边的由包产地队打。其余野坡随便打。但不准互偷，如偷由大队坚决处理。

今年滩里产的玉米秸、谷草不向生产队分配，拉回牧厂用。

今年牧厂每股谷草1 500斤，青草1 500斤。如果受灾没有谷草，少部分以三斤青草顶一斤谷草。

③ 副业没料怎么安排？

明、后两天，9、10队去干沟砍。1—8队，去水沟砍。牛车跟上拉。打草开始，木匠不停接着搞。

④ 公社中学盖房就土，石方，按人口分到生产队，具体分配是：

	1	2	3	4	5	6	7	8	9	10	计
土石方	3	3	4	3	3	3	2	2	3	2	28

苏寺大队修路用工记录　76.9.14抄

			1	2	3	4	5	6	7	8	9	10	合计
			9	10	13	11	9	10	8	6	9	8	93
实际出人		30	9	10	1		7						27
		1			6.5	5.3	2	4.5	3				21
		2			1	1		6.5	5	9			22.5
		3			6	6					8	7	27
		4	5	5	5	6	5	5	4		5	6	46

续　表

			1	2	3	4	5	6	7	8	9	10	合计
实际出人		5	2	1	2.5	3	3	1	2		2	8	24.5
												10	10
		实出工	15.4	16	21.8	19.8	16.6	17	13.8	9	14.8	30.6	1 748
留粮人口			93	100	131	108	90	100	82	55	86	82	927
每人应摊													1.9
共摊			17.7	19	24.9	20.5	17.1	19	15.6	10.5	16.3	14.2	1 748
余												16.4	16.4
亏			2.3	3	3.1	0.7	0.5	2	1.8	1.5	1.5		16.4

追悼之后

1976 年 9 月 18 日

召开两委扩大会议

参加人员：郭占奎、郭占敖、高文、张宝斋、李桂存、罗有、杜桂山、张明德、王立新、王文清、李树林、祁凤元、高桂有、韩志忠、穆凤德、穆凤忠、薛廷甫、高德仕、杨存秀、崔玉海。共计 20 人。

会议中心讲，办好政治夜校，进一步学习“告全国各族人民书”，讲地震，讲打草羊业，然后讨论：

① 苏寺盖学校怎么安排？（东房三间）。

做架：明天开始做房架，有罗有掌握，从副业厂抽木匠六人。抽木匠有：罗有、祁凤明、张树生、张桂元、高洪志、高洪有。

凡抽木匠的生产队，再派社员给拉木头。

大柁的问题：八队从水沟后沟送一架来，三队从石盆子送来。

椽子问题：明天九队和十队，各队出三个人，到窑子沟左右砍杨椽。

糜黍秸的问题：1—4 队，每队出 100 斤麦秸，每斤价 5 厘。

用土问题：明天让创业队修一下高祥会后面的小路，如果修通后，学生能抬学生搞，学生抬不动由苏寺三个队出劳力给挑，各队挑数估车付款。

② 盖初中房怎么办？

地址：今天上午经过丈量，同意确定在后沟韩志品房场内，盖两排，每排四间，里面切外面包墙，是否同意？

地点比较合适，与小学相连，这样搞就行。从明天起，把创业队（郭占奎、张宝斋、知识青年），调到苏寺包墙。由祁凤元掌握。

如果没石头，可要牛车拉或开山石，拉石头每个牛工顶一个人的工。

包墙按修道算法，从生产队抽人搞，那天用那天要，回生产队记工分。

③ 知识青年没烧的怎么办？

安排8、10两个队各送二车。行。

④ 任书记打电话，医院没柴火烧，九队送二车。行。

1976年10月1日下午

召开两委扩大会议

参加人员：郭占奎、高文、高有、罗有、李桂存、张明德、李正林、王立新、王文清、李树林、高桂有、穆奎有、穆凤忠、薛廷甫、高祥彬、崔玉海、范世亮。共17人。

会议中心是传达县委三干会议精神，然后讨论：

① 青松岭民工咱大队共分八人，除高德进、李献成、高德仲、张文合四人留矿外，再要四人，哪个队去？

3、5、6、7队，每队去一个人。

同意公社规定的：10月4日下午到公社，如果不按照走，队没派人由队（个人不走由个人）负担差旅费等款。

② 公社分给生产用布145尺，缝补用布120尺，怎么分配？

生产用布：

	1	2	3	4	5	6	7	8	9	10	计
	16	15	20	20	14	12	12	12	12	12	145
	罗成、张文有	罗有、李桂存	张文彬、赵文祥	张文生、康登库	高德彬、韩志忠	张清、穆凤海	李花廷、李凤武	高洪连、李付合	郄文海、高祥彬	氾德亮、薛德彬	
	6、6	6、6	6、6	6、6	6、6	6、6	6、6	6、6	6、6	6、6	120

③ 公社分配咱大队修建公社中学的砖瓦，砖已送啦，瓦没有了，怎么办？

明天在南造坡割，烧窑，同意按人口每人一个柴火，打青业(叶)。

8、10 队早割的，全部送来，留烧下火。

用工记录：

公社三干会议由 10 月 8 日到 10 月 10 日

张明德 3、祁凤元 3、高有 3、郭占奎 3、王立新 3、李树林 3、高桂有 3、穆奎有 3、穆凤忠 3、薛廷甫 3、高祥彬 3、范世亮 3。

1976 年 10 月 15 日下午半天

召开两委扩大会议

参加人员：杜万林、李桂存、张明德、李玉林、王立新、王文清、李树林、祁凤元、韩志忠、穆奎有、张良、高祥彬、范世亮、高文。共 14 人。

会议开始学习了"中央两项决定""亿万人民的共同心愿"和"大海沱和碾子湾两个反面典型材料，要求用两个典型对照本大队情况，进行揭发批判。就秋收、秋耕、整麦地问题"(再强调了抓紧时间，力争本月二十日完成整麦地任务。然后讨论：

(会期中由祁凤元传达了"公社公安会议和战备会议精神")。

① 秋收分配问题，如何搞好产量落实?

由两委在队抓，除会计记清账目外，每队再派一名记帐人员。

② 瓦窑柴火，原派每口人一个，共 930 多个，不够怎么办?

除上次分配每人一个外，再派每二个人一个，在近 1、2 日内必须交齐。

1976 年 10 月 23 日下午半天(每人记分 8 分)

召开两委扩大会议

参加人员：高文、李桂存、罗有、张明德、王立新、王文清、李树林、祁凤元、高桂有、穆奎有、穆凤忠、薛廷甫、杜宪德、崔玉海、范世亮。共 15 人。

会议开始传达了公社三秋会议和农建会议精神，讲了瓦窑柴火不足问题等，然后讨论：

① 瓦窑柴火 10 月 1 日，以人口每人派一个。10 月 15 日又派每二人一个，后来又改为每人一个，至今有的队不送，如果再不送，就可给不送的买柴火，行不行?

一定不送，瓦窑没的烧，就可以给他买。

② 把劳力账算一下吧?

		1	2	3	4	5	6	7	8	9	10	计
现能上勤	男	21	19	25	23	19	22	18	11	20	21	199
	女	5	4	5	5	4	4	3	1	5	5	41
	计	26	23	30	28	23	26	21	12	25	26	240
现能上勤	男	23	21	26	25	21	25	23	13	22	24	223
	女	4	5	6	7	5	6	4		6	5	48
	计	27	26	32	32	26	31	27	13	28	29	271
	合　同	1			1	1	1				1	5
	牛驴官	1	2	3	1	1	2	3	3	4	2	22
	羊官	2	2	2	2	2	2	2	2	2	4	22
	青松岭	1				1		1		2	1	6
	三河	1	1									2
	公社修建				1		1	1	1		1	5
	支唐		1		1		1			1		4
	建路		2								1	3
	公社牧厂											
	农机站											
	大队牧厂						1			1	1	3
	代销		1									1
	药社				1			1				2
	林业队			1			1	1		1		4
	教员	1					1	1	1	1	1	6
	公社学校					1						1
	大队副业	2	1	1	1	1	2	2	1	1		12
	创业队	3	2	2	2	2	2	2				15
	合　计	12	12	9	10	9	15	14	7	13	12	113
生产队农业		15	14	23	22	17	16	13	6	15	17	158
按70%农建应上人		11	10	16	15	12	11	9	4	10	12	110

为了马上集中具体整麦地，现在近 1、2 日内先上：

1	2	3	4	5	6	7	8	9	10	计
7	6	10	10	7	7	5	2	7	7	68

一律以大队集中搞。先整麦地后挖坝基和平整场。

1—7 队，八点上班劳动，9 队，八点半上班劳动，8—10 队，九点上班劳动。

一律带红旗，报纸，干部亲自带工。大队正副书记崔玉海、高文，都上农建。

1976 年 10 月 8 日下午召开队长会，会后创业队分谷子。

参加人员：高有、李桂存、张明德、王立新、李树林、高桂有、穆奎有、穆凤忠、杜宪德、范世亮。

记录：

① 农建上人很少，怎么安排？

上午垒坝搞园田，下午整麦地。

	上午(田间挡坝)		下午整麦地	
	上　人	代工人	上　人	代工人
1	15	郭占熬	18	郭占熬
2	12	李桂存、王俊、杜桂山	16	李桂存、王俊、杜桂山
3	14	王立新	17	王立新
4	13	李树林	15	李树林
5	10	高桂有	12	高桂有
6	10	穆奎有、穆凤德	11	穆奎有、穆凤德
7	9	张艮、穆凤忠	9	张艮、穆凤忠
8	4		4	
9	10	杜宪德、郜文海	10	杜宪德、郜文海
10	8	范世亮、范德亮	10	范世亮、范德亮
合计	105		122	

从明天开始，八点半准时劳动。

推迟去者：10 分钟扣一分工；20 分钟扣 2 分，提出警告；30 分钟扣 3 分，大会检查。

苏寺至窑沟的田园，从开始到决算上，单独搞算，按留粮人口摊工，每个工找价 0.50 元。

整麦地，少于 10 月 23 日定的人数，每人每天罚款 5 角，为大队收入，从 10 月 29 日起执行。(指 5—10 队的人，1—4 队多上人不奖少不行)。

② 何时改工分?

从 11 月 1 日起改为 8 分。

1976 年 11 月 3 日下午

两委扩大会议

参加人员：杜万林、高文、李桂复、李桂存、罗有、张明德、王立新、李树林、郝存山、祁凤元、高桂有、韩桂军、穆奎有、穆凤海、穆凤忠、张明瑞、杜宪德、刘艮、崔玉海、范世亮。共计 20 人。

会议传达了公社粮食会议精神，了解当前生产。

		1	2	3	4	5	6	7	8	9	10	计
分嫩玉米斤		9 346	3 685	8 790	5 440	5 435	5 499	3 093	1 938	2 549	8 772	54 549
喇叭	实有户	16	19	29	24	18	19	19		17	14	
	有喇叭户	14	17	25	22	14	18	17		15	12	

讨论记录：

① 征购任务的一万斤，怎么分配?

同意一队 1 000 斤，二队 1 500 斤，三队 2 500 斤，四队 5 000 斤。

② 整小麦地的报酬怎么定?

每分地以四分计算，茬子必须搂尽。

③ 田园拉坝基怎么搞?

一等每方二分，二等每方四分，三等每方六分。

④ 砌坝怎么定分?

以石头远近制度。每方工分是：一等四分，二等五分，三等七分。

⑤ 如何平场?

支革委和队长，互调代工。整场打杂工。

⑥ 副业生产怎么安排?

应抓紧时间抽人砍木头,具体时间由大队安排。

⑦ 把公社分配的照顾线在评一下?

高庆枝、李桂复、张文海、王良、李汉军、高祥、罗有、张明德、王立新、郃桂合、李树林、张树生、赵玉德、高桂有、杜永科、梁进、高洪志、杨存生、张明生、荣桂有、杜宪德、刘良、崔玉海、范世亮。

1976 年 11 月 17 日一天

召开两委扩大会议(此工记于开大会工内)

参加人员:杜万林、高文、郭占奎、杜桂山、王永、李桂存、张明德、王立新、李正林、张文明、李树林、郝存山、高桂有、高秀连、韩桂军、祁风元、韩志忠、穆奎有、穆凤海、韩志品、张明春、张明瑞、薛廷甫、高德仕、刘良、崔玉海、郃德文、范世亮、杨存秀、张明海、郭文河、吕桂武。共计 32 人。

会议中心学习十六号文件和报纸,"报纸批判四人帮,生产打胜仗"等文件,传达了公社政治学习,战备会议精神,各队落实了"七岁以上人员的安排等"有关学习问题。

1. 1—10 队的政治夜校地点都在队房,15 号前整好屋子。

2. 买主席像:每生产队一张,大队、学校各二张。

3. 两委生产队长、指导员在 10 号前向大队交一份批判稿,每生产队办一个批判专题和学习园地。

4. 各生产队加强对报纸的管理,最好做箱。

5. 大队在 15 号开始,检查各队政治夜校房屋整理情况,各队有指导员,政治队长负责。检查项目:房屋整理,报纸的管理和运用,批判专栏,质量如何。

6. 就抓学习和谈毛主席四卷的领导问题:

	1	2	3	4	5	6	7	8	9	10
组　长	杜万林	杜桂山	李正林	王文清	韩志忠	韩志品	张明春	薛廷甫	高德仕	杨存秀
副组长	李桂复	王永	张文明	李世合	韩桂军	穆凤海	张明瑞	高洪如	刘良	郃德文

1976 年 11 月 17 日半天

召开两委扩大会议

参加人员：高有、王俊、张明德、王立新、李树林、祁凤元、高桂有、穆奎有、穆凤忠、薛廷甫、高祥彬、范世亮。共计12人。

会议中心传达公社在罗车铺召开的现场会议精神，就“学习、农建、砍木头、班子思想革命化”问题，进行了安排，然后统计了大队公社用的物质：

① 小胶车：1、3、5队，每队一辆；

② 雨衣：五队二件，七队一件，大队二件。

③ 羊油：化肥厂每队一斤，唐山每队七斤。

④ 小车上棚：大队一个。

1976年11月27日一天

召开两委扩大会议(此工于开大会工内处理)

参加人员：杜万林、高文、郭占奎、张宝斋、罗有、李桂存、王俊、王永、杜桂山、张明德、王立新、张文科、王文清、李树林、祁凤元、高桂有、韩志忠、韩桂军、穆奎有、穆凤德、韩志品、穆凤海、张良、张明瑞、高祥彬、杜宪德、刘良、高德仕、范世亮、郤德文。共计30人。

会议中心传达大检查结果，和公社党委安排的当前“学习、批判高潮，农建高潮”，及公社大队如何进行整风路线教育问题。针对本大队情况讲了“干部如何对待群众，当好人民勤务员”的问题。然后进行了讨论：

表示了态度。接着召开了两委会议。

① 如何抓好两个高潮?

两委分工，到生产队帮助开会，搞好当前工作。

1	2	3	4	5	6	7	8	9	10
罗有 高文	杜万林 郭占奎	李正林 张立新	王文清	高桂有	祁凤元	祁凤元	张明德	张明德	张明德

② 讨论了张连军受伤的处理意见?

1976年11月27日1天

召开两委扩大会议

参加人员：高文、郭占奎、罗有、李桂存、张明德、李正林、王立新、王文清、祁凤元、高桂有、穆奎有、穆凤忠、薛廷甫、高祥彬、范世亮。共计

15 人。

会议重要是因去党校学习，所以进行了工作安排。

就政治学习和革命批判；农田建设，砍木头（拉木头、打节木头）落实产量，干部思想革命化（干部必须执行三要三不要原则，正确对待群众，安心干革命）。

讨论记录：

① 用 1、3、5 队的小车下脚三个怎办？

同意给买新下脚，上棚由他们自己做。

② 罗有提的机器手工作服怎么解决？

米面加工和电锯的两个机器手，做两套工作服，从 77 年开始定三年一套，到时旧的不收，不到时机器手调换，工作服必须交回。

抱电锯的两个人每人解决一个护巾，两个套袖。何时真正坏了，再研究。

凡开一天电锯给机器手加四分工。

同意给抱锯人买一个水镜，谁用坏谁赔。

③ 今年的公社社直柴火怎么分配？

同意再按上年（75 年 11 月 11 日的）分配的数。各生产队上年超的今年顶，上年亏的今年补齐。

④ 嫩玉米如何折粮？

同意每 100 斤，折粒 15 斤。

1976 年 12 月 7 日去公社开会人：高有、李桂存、杜桂山、罗有、张明德、王文清、李树林、祁凤元、高桂有、韩志忠、穆奎有、韩志品、穆凤忠、薛廷甫、高德明、范世亮。共计 16 人。

1976 年 11 月 13 日去罗车铺开会的一天

高文、高有、郭占奎、杜桂山、张明德、王立新、李正林、李树林、祁凤元、穆奎有、韩志品、穆凤忠、薛廷甫、范世亮。

1976 年 12 月 11 日两委整风学习梳辫子谈心

郭占奎、杜万林、罗有、张明德、李正林、王文清、祁凤元、高桂有、郝存山、高桂有、穆奎有、穆凤忠、薛廷甫、杜宪德、范世亮。共 16 人。

高文（此工记入开大会工内）

姓名	郭占奎	高文	杜万林	张宝斋	高有		李桂存	罗有	杜桂山	孟香娥		张明德	李正林	张立新	冀文付	李海林	王立新	张文科	
12号	1	1	1	1	1		1	1	1	1		1	1	1	1	1	1	1	
13号	1	1	1	1	1		1	1	1	0		1	1	1	1	1	1	1	

姓名	郝存山	梁明	李树林	李正林	王文清	祁凤元	高桂有	韩志忠	张桂元	祁凤元	高秀连		李洪有	韩志品	李淑英				
12号	1	1	1	1	1	1	1	1	1	1	0		1	1	1				
13号	1	1	1	1	1	1	1	1	1	1	1		1	1	1				

姓名	穆凤忠	张明德	尤长桂	邢凤连		薛廷甫	高洪江	张天付		杜宪德	高普		张珍	范世亮	杨存秀				
12号	1	1	1	0		1	1	1		1	1		1	1	1				
13号	1	1	1	1		1	1	1		1	1		1	1	0				

姓名	张明海																		
12号	1																		
13号	1																		

去各队建班子用工记录

	张明德	王文清	郭占奎	高桂有	祁凤元		
12月14号	1	1	0	1	0		
12月15号	1	0	1	1	1		
12月16号	1	1	1	1	1		
12月19号	1	1	1	1	1		

1976年12月28日一天

召开两委扩大会议

参加人员：高有、李桂存、张明德、张立新、王立新、王文清、李树林、祁凤元、高秀连、穆奎有、穆凤忠、薛廷甫、高祥彬、范世亮。共14人。

会议开始由祁凤元辅导学习了陈水贵在全国农业学大寨会议上"彻底批判四人帮"，"掀起普及大寨县运动的新高潮"的报告。然后讨论：

……………………………

就"75年秋搞麦地，梯田"用工的平衡。

"76年秋搞麦地"的用工的平衡。

"75年11月13日至76年3月10日"后地垫地的工分的平衡。

"76年10月11日至76年11月10日"窑子沟大农田用工的平衡。

以上四种互顶后，余、亏的队。今年齐工找工表上头承认，列入今年的齐工找价去。

② 就76年11月11日至76年12月6日，大队记工未评分，由各队自行评工分，根据劳动情况，大队提出三等处理意见。

1、3、5队：男8分女6分；

2、4、6、7队：男7分女5分；

9、10队：男6分女4分。看行不？

同意这个意见执行。

③ 就74年到76年，社员用连言，如何计价？

74年的：

杜万林	李正林	李海林	王铁军	祁凤山	张明瑞	彭正付	杨存瑞	李化廷	高德武	崔玉海	计
2	3	2	3	3	3	3	3	3	3	2	共33间

75年的:马占有三间

④ 76年的:王占奎7丈,杨存荣12丈。怎么处理?

大队不负担砍、拉的工分。每一丈连言价五角钱。

76年干部奖励工怎么评?

张明德	祁凤元	王文清	高桂有	李正林	杜万林	崔玉海	罗有	高文	郭占奎	高秀连	张文付	王立新
150	130	20	20	5	5	10	10	35	15	5	5	5

共计415工。

⑤ 76年农林副业干部怎么奖励?

郭占奎15、张宝斋15、罗有30、张文科15、张文忠10,计划生育5。

⑥ 就财政、管粮食,信用社会计,保管与管知青粮食账,兽医怎么奖励?

李桂复15、张明德20、杜万林70、郝存山40、郝存仕5,共计150。

	队长		副队长		会长		政指		合计		
1	高有	40	郭占敖	40	李桂复	25	杜万林	25	130		
2	李桂存	40	王俊	40	王永	25	杜桂山	25	130		
3	王立新	40	张立新	40	张文明	25	李正林	30	135		
4	李树林	40	王科	40	郝存山	25	王文清	30	135		
5	高桂有	40	韩凤明	40	韩桂军	25	韩志忠	30	135		
6	田秀德	40	穆凤德	40	穆凤海	25	韩志品	30	135		
7	穆凤忠	40	张良	30	张明瑞	25	张明春	30	125		
8	薛廷甫	30	郝存付	30	高洪如	25	薛廷甫	10	95		
9	高祥彬	30	杜宪德	40	刘良	25	高德仕	25	120		
10	范世亮	40	范德亮	35	邵德文	25	杨存秀	20	120		
计		380		375		250		255	1 260		

⑧ 就生产队记工员，保管员，财政，拿钥匙怎么奖？

一人一职的不超过十个工，一人二职的不超过十五个工，光拿钥匙的不超六个工。但由生产队根据情况来定。

⑨ 今年义务工是否还摊？

不摊。

(10)

⑩ 民办教员怎么定工分？

李付河全年 3 700 分，郭文河全年 3 700 分，刘军全年 3 700。

……………………………

张明海，76 年 4 月 10 日转为民办，到 76 年 12 月 15 日共计 259 天，定 2 600分，大队奖励 200 分。

彭先枝，76 年 8 月 16 日上班，到 76 年 12 月 15 日共 275 天，定 2 500 分。

(11) 今年优抚工，怎么确定户？

按上年计算办法，今年彭正付有彭宪枝上班，不宜补助。为了照顾他生活，大队照顾 1 000 分。

同意在社务工内解决(不在公益金开支)。

(12) 李兆阁工分怎么定？

依上年定的不分冬夏，每天 12 分，补助 0.20 元。

(自报：(欠工扣工)出坝 8 天，后城 2 天，道德沟 3 天，赤城 3 天)。

(13) 合作医疗怎么交钱？

根据收入情况，由大队酌情定。

(14) 副业款怎么按人分给生产队？

因为按留粮人口摊农建工分，所以还按人向生产队分款。就每人几元，由大队根据收入定。

(15) 副业工是否记生产队加补助费？

为了启发副业上人和补助绳子钱，决定每个工按 0.10 元给生产队。

(16) 怎么样评“开大会人”“外勤工的劳动力”？

由会计会议按户口查定。

就四项农建工单独清算情况表

		1	2	3	4	5	6	7	8	9	10	计
	余	1 048	217	153	676	64		530			147	2 835
	亏									1 044		2 835
	余		377	97		1 054		160				1 688
	亏	120			103		8		532	149	776	1 688
	余			57		362	276	21		140		856
	亏	484	158		214							856
76年10月11至11月11日水沟大农田	余			54	47	670				243		1 014
	亏	45	371				22	217	303		56	1 014
互预后	余	399	65	361	406	2 150		494				3 875
	亏						1 545		835	810	685	3 875

1976 年 12 月 29 日

召开会计会议（会计会议回队记工）

参加人员：张明德、高文、李桂复、王永、张文明、郝存山、韩桂军、高洪举、张明瑞、高洪如、刘良、郜德文。共 12 人。

卡工分后，评开大会人和外勤劳力

	1	2	3	4	5	6	7	8	9	10	计
开大会人	47	52	65	59	52	52	46	25	47	44	489
外勤劳力	21	18	23	22	19	25	17	11	23	23	202

开大会每人摊 30 分。

76 年 5 月 25 日

和罗有、祁凤元研究

① 牧厂给配牲口骡钱：

	小骡	大骡
本大队：	3.00 元	20.00 元
外大队：	5.00 元	30.00 元

(其中给拉马的 1 元)

② 瓦窑做饭问题：

担水做饭的每天给 5 分。专人：同意高洪梅做。

活计：

1. 供足吃水(包括开水)
2. 喂猪。
3. 修理菜园子。
4. 打扫屋内，窑口至门口的卫生。
5. 另行小杂活。
6. 每天 8 分。

会议笔记 16

苏 寺 大 队

1977 年 1 月 16 日一天

召开两委扩大会议

参加人员：郭占奎、杜万林、高文、张文桂、李桂复、罗有、李桂存、杜桂山、张明德、王立新、张文科、王文清、李树林、高桂有、祁凤元、韩风明、穆凤海、尤长桂、薛廷甫、郃文海、张珍。共 21 人。

郭占奎参加公社农田检查 12 月 28—30 号，共三天。

会议开始宣布了公社党委指示的“党支部”“革委会”组成人员和审批“崔玉海、杜桂山”二名党员。接着学习了华主席在第二次全国农业学大寨会议上的重要讲话。然后进行了讨论，表示了决心。

然后安排参加公社党训班人员。

① 去公社开会如何安排生活？

每生产队带菜 50 斤，油半斤。每人带小米 10 斤(自备)。

5—10 队，凡开会人，由生产队借给 20 斤谷子，秋后扣。豆子 9、10、1 队，每队 24 斤。

② 到大队、公社开会怎么记工？

大队：如现在讲过 10 点到会，算半天工。

公社：上午走算一天，下午走算半天，晚上到不算工。

③ 大队党支部公社指示五名支委、革委十二名，如何配齐？

同意提崔玉海为副书记兼团支部书记。

同意王立新为支部委员和革委委员。

1977 年 1 月 20 日

经张明德、祁凤元、罗有、高文研究处理如下几个问题：

① 彭正付 74 年和 75 年，烧大队木渣子，怎么算款？照顾烧，不计算款。

② 高洪朋从瓦窑用桦柃三根，怎么计价？每根五元。

③ 杨存荣用椽 49 根，怎么计价？每根 0.80 元。

④ 李桂合用菜椽 36 根，怎么计价？

(76 年已付款的 25 分),每根 0.40 元。

⑤ 高洪朋用椽 16 根,怎么计价? 每根 0.80 元,连言椽 4 根,怎么计价? 每根 0.50 元。

(已给生产队认砍拉工分共 30 分)

⑥ 高祥清盖小房用菜椽 20 根,大队派人砍,拉工分怎么计价? 每根 0.30 元。

1977 年 1 月 21 日

召开两委扩大会议

参加人员:张明德、张文科、韩风明、穆风忠(十点前)、高德文、高文、王文清、张明海、张文桂(十点十分)、郝存仕(十点十分)、罗有(十点十四分)、郭占奎(十点十四分)、田秀德(十点十五分)、穆风海(十点十八分)、高桂有(十点二十分)、高祥(十点三十分)、杜桂山(十点三十分)、祁风元(十点三十五分)、高德清(十点三十九分)、薛廷甫(十一点五分)、高祥彬(十一点十分)、张珍(十一点三八分)、杨存秀(十一点三十八分)。共计 23 人。

讨论记录:

① 大材、大柱是否让生产队生产,大队发货?

以生产队人口算,每人 300 斤,大队每收一斤,付生产队钱一分。各队报酬统一,每砍 100 斤,记 1.5 分,赶牛车每车加 4 分。

每车重限 600 斤,凡超过者大队没收。

② 齐工找价,日值咋定? 每个工以 0.40 元算。

③ 76 年度副业按人怎么分给生产队? 每留粮人定五元。

④ 在县四干会议上初步对社员请假规定是:一天副队长批,二天副队长和队长研究批,三天生产队领导班开会批,四天以上生产队有介绍到大队批,怎么样?

同意这个制度,从今起执行。

⑤ 经过张明海把学校情况汇报后,民办教员怎么选定?

同意杜献英、张海琴、张海祥三人。

⑥ 对破烂滩地,在县四干会上打算让生产队种,用几亩换生产队 1 亩,以多换少,然后制种,创业队专搞园田垫地,怎么样?

同意这个意见,会后到滩地上协商处理。

⑦ 大队制表,各队登记,查清搞投机倒把问题,怎么样?

同意。

会议上把大搞积送肥、轧地、调籽。总之落实县四干会议上定的措施，又讲了讲，安排了安排。

公社党训班用工：77.12—1.5 号

郭占奎	马淑兰	杜万林	李桂复	张文桂	张玉林	杜桂山	高祥	李桂存	李桂生	张明德	张立新
4	4	4	4	4	4	4	3	2	4	4	3
张文科	王立新	冀文付	郤桂合	王文清	李树林	祁凤元	高桂有	高秀连	韩风明	穆凤海	彭正德
4	4	3	4	4	4	3	4	4	4	4	4
高德文	李付海	穆凤忠	薛廷甫	高洪朋	高德明	郤文海	张珍	郤德文			
4	4	4	4	4	4	4	4	4			

三队送的人、牛工合 24 分。

县四干会议　　1977.1.6—15 号

张明德、杜正起、张文桂、李桂存、王立新、李树林、韩风明、穆凤海、穆凤忠、薛廷甫、郤文海、张珍。

1977 年 2 月 9 日一天

召开两委扩大会议

参加人员：杜万林、张文桂、李桂复、郭占奎、高文、杜桂山、张明德、张文科、张立新、王立新、李树林、李付海、穆凤忠、穆凤海、高德清、李桂存、高洪如、张珍、罗有、罗彬、高桂有。共 22 人。

会议开始学习了陈永贵副总理在全国农业学大寨会议上的题为“彻底批判四人帮”掀起普及大寨县运动的新高潮的报告。接着由公社下午干部乔登明讲公社党委 2 月 8 日召开的大队书记和下乡干部会“汇报公社党委整风情况和春节安全保卫和当前生产”的问题。

讨论记录：

① 公社党委提出，春节后在进行党的基本路线教育运动中，重点解决几个方面问题，是否建立一个专门班子？

建一个清查领导小组：

组长：张明德，副组长：祁凤元，成员：高文、高桂有、郭占奎。五人组成。

② 77 年如何搞好干部的思想革命化，为使干群关系密切，是否可以采取

"生产队干部深入群众中，了解对大队干部的意见，大队干部深入到群众中了解对生产队干部的意见"，以至于互相监督、帮助，不至于干部犯错误？

这样做很好，应定为一条制度执行。

③ 对积肥送肥、轧地保墒，耕种清查、开展卫生大清除等农业生产何时检查？

明天就开始，用一天时间搞完。9—10队一片，由张明德和9、10队长；1—4队一片，由王立新和1—4队长，5—8队一片，由高桂有和5—8队长。

④ 在1月21日扩大会议上，提出让各生产队以人口搞窑柱大柴，每人300斤，有时已超过，究竟搞多少？

以留粮人口算，每人500斤为止，春节前完成，过春节不准再搞。长的怎么处理，以后看情况再定。（也可能给钱，也可能给分，也可能没收，无代价交大队）

⑤ 怎么建立春节安全保卫领导小组？

组长：张明德，副组长：祁凤元，成员：王文清、高文、郝存山、罗彬、高桂有，共7人组成。

⑥ 支委和民兵值班，怎么安排？

二十八：杜万林，一排；

二十九：王立新，二排；

三十：王文清，三排；

初一：张明德，四排；

初二：祁凤元，五排；

初三：高桂有，六排；

初四：崔玉海，七排。

除支委外，每夜四个值班民兵(轮流放哨)。

补记：

在1月21日，两委扩大会议上

⑧ 就七七年度两委包队问题，在县四干会议上，已有个初步意见，现在具体定一下？

1	2	3	4	5	6	7	8	9	10
杜万林	罗有	王立新	王文清	高桂有	祁凤元	张立新	郭占奎	高文	崔玉海

张明德不包队,必须深入各队具体抓。

3月7日—10号,公社农业技术会

张万江	张宝斋	王铁强	康登秀	韩志忠	王占奎	郤文海	穆凤德	高洪江	高祥彬
3.5	4	3.5	3.5	3.5	3.5	3.5	3.5	3.5	3.5

1977年3月15日

两委扩大会议

参加人员:杜万林、张文桂、高文、郭占奎、李桂存、张明德、张立新、王立新、王文清、李树林、祁凤元、韩风明、田秀德、穆凤海、穆凤忠、薛廷甫、高德清、高祥彬、崔玉海、张珍。共计21人。

讨论记录:

① 春节何时放假?

旧历三十放假,初三上班,共放三天。

② 何时召开烈军属在乡军人座谈会?

今天把县发的画和大队的对联,由参加会议人带回生产队,由生产队干部送给各户。旧历初三开会,不另行通知。

③ 生产队如何安排好春节保卫工作?

以民兵和干部为主,配好值勤班,明确责任,负责到底。

④ ……………………………两个具体,咱们如何搞?

初一,开好领导班会,落实种植地块定大上措施。

初二,开好社员会,总结76年工作定77年怎么干。

⑤ 怎么收鸡粪,烟囱溜?

全大队统一时间,旧历初三收。

⑥ 如何搞好破旧立新的工作?

杜绝互相请吃喝,(实在亲友除外),杜绝请客送礼,如有违者进行罚款。

吃请者,每一次交大队现金五元,请客者,每请一人一次,交大队现金五元。

⑦ 学校的桌凳,怎么办?

以全大队人口摊工,最后齐工。旧历初五开始,料由大队副业厂出。

负责人:郭占奎、王文清;成员:马明、穆奎军、吴立祥、张化堂、郑万余、张文德、李连春。记工：郝存山。

⑧ 学校的房子怎么修建?

经过充分讨论一致同意：将苏寺学校，迁在沟门小门外一片新建。3、4 队同意白给所在片内的自留地。取消古方两个队盖学校的计划。

今年先盖两排，每排六间。盖好十二间后，学校搬到沟门，先占新盖的和大队的十间，大队、代销、药社，迁到苏寺学校现住处。明年陆续建学校，新房数间。

⑨ 今年的外出民工和大队各摊的工人怎么定?

以总人口 932 人，摊 55.6 个。以总劳力 202 摊 40.4 个。

副业队长：罗有；

林业队长：张立新；

看坡：彭正付；

专业队长：高祥彬；

指导员：张宝斋；

记工员：高秀连。

		1	2	3	4	5	6	7	8	9	10	计
代　销			罗彬									1
合作医疗					郝存山			李兆阁				2
大队牧厂							穆凤林			高祥清		2
副业厂木匠		张万国	罗有	祁凤明	张树生、穆奎喜	张桂元	穆奎军、高洪志	张明春	高洪有	高洪章		11
民办教员		郭文合、杜宪英					彭宪枝	张明海、张海琴	李付合	刘军	吕桂武	8
米面加工		高有						张明瑞				2
林业队				张立新			穆奎仕、彭正付	张文忠	高祥早	刘殿仕		6
专业队	知青	1	2	2	2	2	1	1				11
	社员	张宝斋	女 1	女 1	女 1	高秀连				高祥彬 女 1	男 1 女 1	9
公社牧厂											邵政明	1
县三河		罗成	高德发		1		梁树合、木淑芳				李桂合、张玉莲	7

续 表

	1	2	3	4	5	6	7	8	9	10	计
县化肥厂和县油路	1	2	2	1	2	1			2	2	13
青松岭			王铁成	李士海	高德彬		李化廷	薛英明	高德进、高德仲	李献成	8
公社三河		1	1	1				1		1	5
公社农机站			王铁军	康登明							2
县铁矿		罗瑞									1
公社中学					张玉海						1
县化肥厂						木海军					1
大队干部	高 文、杜万林、郭占奎 1.5		张明德、王立新 1		高桂有、祁凤元、高秀连 1						
积 囤	0.5		1								1.5
合 计	10	10	12	11	9	11	8	5	10	10	96

1977 年 2 月 20 日一天

召开烈军属在乡军人座谈会

参加人员：张明德、高文、高祥、王文清、范世梅、张珍、薛德彬、张天付、李树林、冀文付、梁进、张树生、彭正付、刘殿仕。共 14 人。

会议学习了毛主席论十大关系和华主席在第二次全国农业学大寨会议讲话和 2 月 7 日三编部“学好文件抓住纲”的文章，最后进行了讨论。

发言开始大家畅谈了，当前大好形势，批判了“四人帮”，对大队的七六年工作进行了总结，对七七年的任务表示了决心，大家一致表示要在大上的七七年里当好骨干，促使农业大上。

大家要求，对林业加强管理，管好林坡。

⑩ 公社分配一名出席县烈军属代表选谁？

一致同意刘殿仕。

1977 年 2 月 21 日 1 天

召开两委扩大会议

参加人员：高文、张文桂、杜桂山、李桂存、张明德、张文科、王立新、张立新、李树林高桂有、祁凤元、高秀连、韩风明、穆凤海、穆凤忠、高祥彬、高德清、薛廷甫、张珍、杨存秀、崔玉海。共计 21 人。

会议开始，各队汇报了“初一、初二开会情况”和落实播种作物地块等。接着就当前中心任务是：首先办好一三五的政治夜校、政治板报生产任务是：抓紧搂石头，这几天要打茬子整地。现在马上进行调籽和播种的发芽试验，加强劳动力管理，推行永江大队的经验。今晚各队在政治夜校上学好 2.7 社论。

明天的大会安排是：

上午包队的两委成员到各队去(出队的由所在队记工)，帮助领导班就落实播种地块，增产措施，各项制度等提出意见来，下午一点钟，以生产队集中社员开会进行颁布，通过社员充分讨论，变成制度。

三点中大队以十个分会场，由两委和生产队掌握听好地区广播大会，然后进行讨论，并将会议情况报大队。

就公社分配麦夫(麸)和高粱糠 13 000 斤。

1	2	3	4	5	6	7	8	9	10
800	1 000	900	800	1 500	2 500	1 500	1 000	1 500	1 500

同意这样分配。

1977 年 3 月 6 日一天

召开生产队长会议

参加会议人员：张文贵、李桂存、王立新、张明德、韩风明、田秀德、李付海、张珍。共 8 人。

会议开始参观了一队小麦地整修情况，安排了明天到公社开农业技术会，送柴火是五队的，各队带菜 10 斤，大队高祥彬、张宝斋去，各队副队长都去的人事安排。同时安排了给大队农建送粪牛车。

讨论记录：

① 是否对当前生产再进行一次检查?

15 号对小麦整地进行一次检查。检查的内容还有：① 整地(搂石头、打茬子、打坷拉(坷垃))；② 肥料(送出，家存)。

对送不出粪的,大队给互调牛车和赶车人给拉。各队必须听调。用工队,由大队评工后,从副业工内拨给出工队。何时调车,由大队决定。

1977 年 3 月 13 日—3 月 16 日

在公社参加三干会议:张文贵 4、高文 4、李桂存 4、张明德 4、王立新 4、张文科 4、崔玉海 4、王文清 4、李树林 4、祁凤元 3、高秀连 4、祁凤山 4、田秀德 3、穆凤忠 4、薛廷甫 4、高德清 3.5、张珍 4、王铁强 3。共 18 人。

讨论记录:

① 公社分配架杆 1 500 根,怎么生产?

按现有人口,每人三根,送肥任务大,不砍也可以。

各队自报生产数:

1	2	3	4	5	6	7	8	9	10
280	300	400	300	300	300	240	170	260	250

凡是架杆合格的,每根给出售价的一半,大队不开砍运工分。如砍长的打节大把每根给款 0.15 元,小把每根 0.10 元。

1977 年 3 月 18 日

处理大队牧厂牲口会议

参加人员:张文桂、李桂存、杜桂山、张文科、王立新、王文清、李树林、韩风明、田秀德、穆凤海、穆凤忠。李付海、薛廷甫、高祥彬、高德清、杨存秀、张珍、张明德、祁凤元、崔玉海。共 20 人。

注:凡划"○"号的回生产队记工。

经过议价是:

一队骡子一匹价 250 元,三队骡子一头 350 元,七队骡子一头 250 元,六队骡子一头 300 元,十队骡子(公)一头 200 元。

各队拉驴:

1	2	3	4	5	6	7	8	9	10	计
150	20	40	30	10	30	25	150	170	70	695 元

总共计价 2 045.00 元,每股应分 204.50 元,互相找价。

1977 年 3 月 30 日—31 日

大队召开两委扩大会议

(30 号下午到 31 号过架杆木材后开会)

参加人员：张文贵 1.5、高文 1.5、杜万林 1.5、郭占奎、高祥 1.5、罗有、张明德 1.5、张文科 1.5、王立新 1.5、张立新、郝存山、王文清、李树林 1.5、崔玉海 1.5、高桂有 1.5、韩风明 0.5、祁风元 1.5、穆风海 1.5、田秀德 1、穆风忠1.5、李付海 1、薛廷甫 1.5、高德清 0.5、高祥彬 0.5、张珍 1.5。共计 25 人。

过架杆木材后，开会传达公社党委在茨营子大队召开下乡干部和大队书记会议精神。大队作了具体安排。

① 通过 3.27 号的当前工作检查评出，1、5、10 队为先进生产队，张珍同志为好队长。

77 年 3 月 27 日，分三片检查生产工作。

1—4 队片：张明德、张万江、李桂存、张文科、李树林。

5—8 队片：祁风元、韩风明、田秀德、穆风忠、薛廷甫。

9—10 队片：崔玉海、高德清、张珍。

※※※※

② 在 4 月 5 日前全部安上大粪缸，如检查时不安者每户扣 30 分。

③ 4 月 1 日到 5 日，五天时间，按各队总人口算，每人接大扁 10 棵。树码由张立新安排，不足者大队开支买。树母由张立新指定地点。因树母不足，完不成任务者，各队之间要拉平，不是用款就是用工分找齐。

④ 办好政治夜校，建立点名簿，每星期 1、3 日，定男社员和有上班妇女的学习日。每星期五，为有小孩(没人看孩子)而不能到政治夜校学习的人学习。对能学习而不去的，每晚扣 2 分。

⑤ 4 月 5 日前，把队房整修好，(墙刷白，打扫干净)，贴毛主席和华主席像，建批判专题，建学习心得栏，贴上各种规章制度。

⑥ 4 月 5 日前，再收一次鸡粪。

⑦ 推广永红大队的经验，男女社员有劳动能力的，一律马上定工，四属户完不成定工任务的，秋后吃基本口粮。

⑧ 取消早战，每天早 6.30 上班，中午 12 点下班，下午 1.30 上班，下午 6.30点下班。

⑨ 彻底清查资本主义表现形式，逐户查(投机倒把，卖换柴火)，解决好存在问题。

⑩ 4 月 4 日前,耕完白茬地。

⑪ 种地以前,把学校的房子立起架来。

⑫ 每人 4 斤石灰,要求 4 月 4 日前完成,走时到大队拿石灰款,盘费和工分,大队一律不负担。

⑬ 以各队总人口,每人给制种田送 5 斤羊粪。

⑭ 苏寺三个队栽树,可用林业队的育苗,每 100 棵,成活 80 株,不要树苗钱,超出百分之二十的部分每株要 0.20 元钱。

⑮ 今后晚上开会,凡是受秋后补贴的干部,每不参加一次扣 5 分,(外出、重病除外)。在秋后奖励工内扣除,从 4 月 1 日起大队建账。

凡党团员和不受大队奖励的各级干部,每晚开会,一次不到扣 2 分。由大队扣生产队,生产队扣个人,当时兑现。

1977 年 4 月 6 日 1 天

参加生产检查人:高文、郭占奎、杜万林、张文桂、李桂存、杜桂山、张明德、张文科、王立新、李树林、祁凤元、高桂有、韩风明、穆凤海、田秀德、李付海、穆凤忠、薛廷甫、高德清、张珍。(已记校工内)共计 21 人。

上午用两个小时,重点检查安大粪缸,队房和政治学习等,上午十点到十二点抬学校房架子,下午二点到四点,学校房场劳动。四点半开会,经过各组汇报,一致公认 2、5、10 队较好。研究决定:

下次检查时对不安缸者(缸内无粪便)加倍罚 60 分。布置了下一个战役,马上开始春种。

1977 年 4 月 7 日下午半天

为培训传达中央 77.10 号文件

参加人员:杜万林、郭占奎、高文、张文贵、李桂复、李桂存、罗有、杜桂山、张明德、张文科、王立新、王文清、李树林、崔玉海、高桂有、韩风明、高秀连、祁凤元、田秀德、穆凤海、李付海、高德清、张珍、杨存秀。共 24 人。

张明海、杨宝福、郭文合、刘军、彭宪枝、张海琴、杜宪英、祁守花、李付合、吕桂武。共 10 人。

会议开始由公社乔登明传达了中央(77)10 号文件,分头进行了学习,讨论了定工,研究了春种和去下磨苗圃调 2 000 株树苗,交给学校往小后沟栽等问题。

1977 年 4 月 30 日下午半天

召开评救灾款会议

参加人员：郭占奎、高文、王文清、崔玉海、祁凤元、高桂有、田秀德、李付海、高德清、张珍。共 10 人。

会议中心就公社给 5—10 队，共 600 元救灾款的评议工作。

※※※

1977 年 4 月 10 日下午半天

召开两委扩大会议

参加人员：郭占奎、高文、杜万林、张文桂、罗有、杜桂山、李桂存、张明德、王立新、张文科、王文清、崔玉海、李树林、高桂有、祁凤元、韩风明、田秀德、穆凤海、李付海、高德清、薛廷甫、张珍、杨存秀。共计 23 人。

解决问题：

① 重点讲查苗补苗。

② 大搞积肥(大粪缸的管理)。

③ 学校盖房怎么办？由王文清、郭占奎负责，郝存山记工，各队全力以赴，抓紧时间搞。

④ 大队搬家怎么搞？由张明德、杜万林负责，需要人、牛工各队出。

⑤ 公社柴火各队基本交齐，下步怎么办？每人再派一个。

⑥ 瓦窑怎么开？由罗有、崔玉海负责抓建场。

扣坯：包秀廷、高德仕；做瓦：韩风有、张文德；提桶：九队一个，十队一人；泡泥：二队一人，三队一人，六队一人，七队一人；做饭：高祥清。

⑦ 财务管理怎么搞？由祁凤元、高文、高桂有具体抓。

1977 年 5 月 13 日下午

召开服务人员定立各种制度会议

参加人员：张明德、祁凤元、高桂有、高文、郝存山、李兆阁、张连荣。共 7 人。

首先学习了中共赤城县委“关于学习毛选五卷的”决定。然后讨论大队各种规章制度：

① 上班时间，大门管理、值班定人问题？

早八点上，中午十二点下，下午一点半上，七点下。

大门问题由高桂有管。白天有事必须请假，夜间看门不少二个人，主要有高桂有、张连荣，有特殊事，别人替。

② 是否建立请假簿？同意建立。

姓名	事由	请假天数						批准人
		起			止			
		年	月	日	年	月	日	

③ 是否建立出勤劳动簿？同意建。

姓名：	月份：	
日期	上午	下午

④ 南房东头一间，小库房的钥匙由谁拿？张明德、祁凤元。

⑤ 南房中间两间的库房钥匙由谁拿？郝存山。

⑥ 南房西头两间的库房钥匙由谁拿？放在办公室的墙上。

⑦ 办公室的门与钥匙由谁拿？高文、高桂有拿。

⑧ 表由谁负责管理和定时上劲？高桂有按时上和管理。

⑨ 收音机怎么管？由高文、高桂有负责管理，绝不准随便开放。工作时间更不准开放。

⑩ 电话和搬闸谁负责？搬放闸有高桂有负责。电话白天有高文、高桂有负责。夜间有看门人负责。

⑪ 会议室门子的钥匙谁拿？大队桌凳怎么管理？

门子钥匙有张明德、高桂有拿。大队的桌凳一律不准外借。

⑫ 大队的被褥怎么使用和管理？由郝存山入他库房，每来客人，每人只发一套。被褥不准外借，看门人不准使用大队被褥。

⑬ 大批判专栏和黑板报由谁负责？

黑板报由高文换写。批判专栏有高文负责，组织写作和内容的组织审查。

⑭ 派工作组干部的饭谁负责？张连荣。

⑮ 小后沟由谁负责管理？张连荣、高文、高桂有、李兆阁负责。

⑯ 谁负责招待客人，烧炕烧水等？张连荣负责。

⑰ 大队水缸的水谁负责担？五个长期人自觉担。

⑱ 报纸分发和大队报纸如何管理？十个队的报纸有高文、高桂有分管。大队的报纸每十天整齐后要张明德、祁凤元入小库房。

⑲ 卫生工作怎么办？

办公室高文、高桂有负责。药社郝存山、李兆阁负责。代销点张连荣负责。郝存山负责南房中库房。烧柴库房高桂有负责。会议室高桂有负责。会客室张连荣负担。院街自觉打扫。

⑳ 大队各事业单位用物怎么办？

经祁凤元、高桂有、高文、郝存山研究后购买。

一次多买交郝存山手入库，建账使用。各单位一律不准购买，代销点有权拒绝。凡大队购买东西的单据，没有祁凤元签字，会计不准注账。

大队房间工程的具体安排

	电话桌	茶碗桌	专条凳	糊顶棚	扫地	摸墙	白灰摸锅台	办公桌	洗脸架
办公室	1	1	4	1	1				1
会议室			9	1	1	1			
客　室			2	1	1		1	1	1
药　社							1		
合　计	1	1	15	3	3	1	2	1	2

各队实际砍大柴斤数

	1	2	3	4	5	6	7	8	9	10	
原砍	47 917	54 389	68 552	50 883	49 337	55 059	41 332	25 209	46 198	59 040	497 916
减砍木头收入		43 000									43 000
实领人斤数	47 917	25 552	68 552	50 883	49 337	55 059	41 332	25 209	46 198	59 040	454 916

1977 年 5 月 11 日下午半天

召开两委扩大会议

参加人员：高文、郭占奎、张文桂、李桂复（一天工）、李桂存、杜桂山、张立新(林业记)、张文科、张明德、王立新、李树林、崔玉海、祁存山(不记工)、韩风明、高秀连(农建记)、高桂有、穆凤海、田秀德、高德文、薛廷甫、高德清、张珍。共计 22 人。

李桂复交大队财政 12 号至 3 号二天。

会议学毛选五卷后，按地块订正实种面积和缺苗补苗情况。

讨论决定：

① 3 月 16 号去公社开大会，因为演节目人数大队没订清，大队意见，各队订正后，回队记工，大队就秋后不摊行否？

同意。

1977 年 5 月 14 日半天

召开两委扩大会议

参加人员：李桂存、李海林、李树林、祁凤明、穆凤忠、薛廷甫、高德清、张珍、张明德、高文、高桂有、祁凤元。共 12 人。

各队和大队检查完后到大队进行了汇报。

发给各队毛选五卷

共计	1	2	3	4	5	6	7	8	9	10	大	干校	古校	苏校
33	2	3	3	3	2	2	3	2	3	2	2	1	1	4

补记 5 月 11 日讨论记：

② 学校和高有岳父，粮库用椽怎么分配？

1	2	3	4	5	6	7	8	9	10	计
74	82	104	86	73	80	66	45	70	67	747

按人口每人 8 根，同意砍拉不开工，如果卖后把卖出的椽钱，按椽付点工费。为了保证质量和不破坏林坡定为：如太粗和太细的，大队没收不付报酬。

每生产队砍交一车拈板木和搭上副业厂的小桥木。

1977 年 5 月 17 日

召开两委扩大会议

参加人员：李桂复、李桂存、张明德、张文科、李树林、祁凤明、田秀德、穆凤海、李付海、穆凤忠、薛廷甫、高德清、张珍、崔玉海。共14人。

会议开始检查了田间作物，在九队开会讨论如下问题：

① 九队缺苗严重怎么办？

各队出人互拨工分，由大队掌握。

1	2	3	4	5	6	7	8	10	大队	合计
5	5	6	5	5	4	5	2	5	2	44

② 学校压拈亏土，大队意见1—7队，按总人口每人半车，在近日内完成，还给记工，怎么样？同意。

③ 大队已把创业队结余种籽分给各队，现在外来演剧开会无粮，大队意见按76年总农建粮工抽400斤，总共抽回近400斤谷子，糠大队砖瓦场用，米留大队用怎么样？

同意这么办。

④ 十队给砍椽问题处理？砍椽200根，给砍的300分，加拉人、牛工，150分，砍柱40根，给砍的230分，加拉人牛工150分，总共830分，按76年林业工(加5分钱)，913分，共计975.53元。除二队留一根，扣款5.53元外，十队实付款。拉工资70元。

从卖木头收回500元中扣70元，实分430元，从给大队砍大才68 522斤中扣43 000斤，大队实付25 552斤，这样是否合适？

同意这样处理。

⑤ 公社陈主任打电话，让给张北二泉井准备点柃条，因为咱们没有，是否把砍的椽，结余部分卖掉？他们还需用推销木料是否给？

由大队安排，应该给。

⑥ 是否同意安电灯？同意。

1977年5月24日公社开三干飞行会议一天

参加人员：张文贵、郭占奎、李桂存、杜桂山、张明德、王立新、张文科、崔玉海、李树林、祁凤元、韩凤明8、田秀德、穆凤海8、穆凤忠8、李付海8、薛廷甫、高德清、张珍8、高秀连。(共四天20—24号)共计19人。

公社会议后，大队就下列几个问题进行了研究：

① 畜牧合作医疗钱是否给？同意给清。

② 生产队会计是否马上交大队？应该马上交。

③ 马草没有怎么办？生产队实在没有了，同意外买。

④ 给公社送柴火：九队给木材站二车。十队给刘德海二车，吴士英二车。同意。

1977 年 6 月 4 日下午半天

召开两委扩大会议

参加人员：张文桂、杜万林、李桂存、张明德、王立新、李树林、韩风明、高桂有、祁凤元、穆凤海、李付海、薛廷甫、高德清、张珍、崔玉海、郝存山、郭占奎、共 17 人。

会议开始学习毛选五卷后，由小乔传达了公社党委当前工作的安排。就锄头苗问题，大家一致讨论在六月十日前大苗要完成，把大抓积肥问题进行了强调。然后讨论：

① 会计接交手续时间问题，大队大致安排为：

1	2	4	5	6	7	8	9	10
18 号	8 号	6 号	20 号	22 号	14 号	12 号	10 号	16 号

同意这个安排。

② 烧瓦窑，各队有多少秸杆？

1	2	3	4	5	6	7	8	9	10
		1 000	1 000	800	500		800	800	

除秸杆之外，按人口每人一个柴火。

③ 学校瓦房怎么办？

明天开始就瓦。决定人员有：杜万林、罗瑞、张明德、赵文祥、杨宝山、杨海荣、彭正德、穆凤林。如不足另要。

④ 公社再三催让把自留地集体种植，怎么办？

决定一律收归集体经营。

⑤ 打炕怎么去做？

	1	2	3	4	5	6	7	8	9	10	计
先　拆			5	5							10
已　使	5	6	5	6	3	7	5	2	4		43
这次任务	3	3	4	3	5	3	3	2	4	3	33

六月九日大队检查。如果没搞大队每盘炕扣生产队 50 分。社员每拆一盘炕给 50 分。但队里派人拆炕，回队里记分。

⑥ 就帮助生产队落实永红制度怎么办？两委下队具体帮助。

1	2	3	4	5	6	7	8	9	10
杜万林 高　文	罗有	王立新	崔玉海	高桂有	祁凤元	祁凤元	郭占奎	张明德	杨存秀

1977 年 4 月 11 日

在苏寺学校栽树的人：冀文付、祁守相、崔玉海、王进甫、董成瑞、韩志文、李付海、尤长桂、高洪武、高洪海、郃胜明、孙玉先、穆奎有、杨存生。共计 14 人。

1977 年 6 月 14 日

给彭正付、彭正德解决纠纷用工：张明德一天，郭占奎一天，崔玉海一天。

1977 年 6 月 9 日一天

大队组织生产检查

参加人员：1、4 队片：崔玉海、张万江、李桂存、王立新、李树林。

5—8 队片：祁凤元、韩风明、田秀德、李付海、薛廷甫。

9—10 队片：张明德、张珍、高德清。共 13 人。

会议开始学习王春和模范生产队长王金兰，而后三个组进行了汇报。

就锄苗、追肥、积肥进行了强调，质量和时间等。然后研究：

① 公布按 5 月 17 日，两委扩大会议决定的抽粮比例，大队向各生产队抽谷子的斤数。

1	2	3	4	5	6	7	8	9	10	计
38	42	52	45	35	40	35	21	34	35	377

同意，1、2 日内交大队。

② 学校房现在没瓦，下雨，露的厉害怎么办？

除 8、10 队外，每队送炕土二车，待做摸房。

③ 公社叫去一人到辛窑去车拉矿和去赵川联系化肥怎么办？

决定让张明德去，到那里酌情办。

④ 副业厂把子料没有了咋办？

木匠修好所在队的牛车后，要接拉木把料，木匠先做把子，防止收入受损失。

1977 年 6 月 16 日下午半天

召开两委扩大会议

参加人员：郭占奎、高文、张文贵、李桂存、王立新、张明德、张文科、李树林、崔玉海、祁凤元、韩风明、田秀德、李付海、薛廷甫、高德清、张珍。共 16 人。

会议学毛选五卷后，各队就锄苗和积肥进行了汇报，然后有祁凤元传达了公社在茨营大队召开的下乡干部和大队书记会议精神，登记各队之间互调借化肥数字。

		1	2	3	4	5	6	7	8	9	10	大队	学校	计
	队别	大队	大队	学校	学校	8 队	大队	8 队						
	斤	100	100	100	100	300	200	200						1 100
	队别								7 队 5 队			6 队 1 队 2 队	4 队 3 队	
	斤								300 200			100 200 100	100 100	1 100

② 各队要多少尿素化肥？

计	1	2	3	4	5	6	7	8	9	10	大
15 000	1 500	1 500	2 000	1 000	1 000	2 000	600	1 500	2 000	1 500	400

③ 各队需要多少斤，撒谷子的农药？

2 队	3 队	4 队	5 队	6 队	7 队	8 队	9 队	10 队
30	30	10	20	30	10	20	20	20

共计 190 斤。今晚由张连荣去办，明天早来取，立即行动。

④ 祁凤元讲给咱公社 20 吨尿素，咱们原报 6 吨，公社还余 9 吨，这次咱们通过各队要 7.5 吨，全公社还余 7.5 吨，是否咱们都要？今年用多少开支多少，其余明年用明年开支好吗？如果都要大队没有钱，各队是否先拿点？

同意都要。各队抽借钱是：

2	3	4	6	7	9	10	共计
150	500	500	100	1 000	500	1 000	3 750 元

和公社任书记商量一下，公社欠咱大队 2 000 元，如果给，再找商店从小木货款中解决 1 000 元就行了。

⑤ 瓦窑到底多会烧？旧历五月初六日开始拉柴，整烧，装窑快点烧。

1977 年 6 月 17 日晚

大队召开两委扩大会议

参加人员：任书记、张彦、小乔。

高文、郭占奎、张文桂、罗有、李桂存、张明德、杜桂山、王立新、张文科、崔玉海、王文清、李树林、祁凤元、高桂有、韩风明、田秀德、穆凤海、穆凤忠、李付海、高德清、郝存山。共计 22 人。

会议开始学毛选五卷后，由任书记讲了学习落实永红制度和大搞追肥等问题，最后进行了安排。

	1	2	3	4	5	6	7	8	9	10	计
现存化肥	500	1 900	1 500	2 000	1 400	1 200	2 000				10 500
留本队用	500	1 500	1 300	1 600	1 000	900	1 600				8 400
调出		8 队 400	9 队 200	9 队 400	10 队 300、8 队 100	10 队 300	10 队 400				2 100
调入								500	600	1 000	2 100
追肥完	23 号	23 号	23 号	21 号	22 号	22 号	23 号		23 号	23 号	

（下转 17 本）。

会议笔记 17

苏寺大队

1977 年 6 月 21 日下午

经张明德、祁凤元、高桂有、高文、郝存山，共 5 人研究决定：

① 药社有的户欠药钱至今不交，从 6 月 22 日开始一律不赊账，对不交药钱者，不再给药。凡欠药社药钱者在本月 25 日前必须交清。

② 从 6 月 22 日起，停止医务人员代药。以前代者必须将药和出售的钱交回合作医疗会计。

③ 代销点资金属国家资金，不论集体或个人一律不准赊欠，如果查出大队对代销员严肃处理。

公社追肥现场会用工，柴火等记录　1977. 6. 25

姓　名	23 号	24 号	25 号	附　　记
张文桂	0.5	0.5	0.5	
李桂存	0.5	0.5	0.5	
张文科	0.5	0.5	0.5	三队做豆腐人驴工 30 分
王立新		0.5		
李树林	0.5	0.5		四队做豆腐人驴工 30 分
韩风明	0.5	0.5	0.5	
祁风元	0.5	1	0.5	
田秀德	0.5	0.5	1	
李付海	0.5	0.5	05	六队柴火二次 5 个
薛廷甫	0.5	0.5	0.5	7 队柴火二次 4 个
王文清	0.5	0.5	0.5	
张　珍	0.5	0.5	0.5	
郭占奎		0.5	0.5	
赵文祥		1	1	
张明德	1	1	1	

队别			合计	
			人	工分
1	张文贵、高普、张万江、高庆支、张文有		5	50
2	高祥、杜桂山、王俊、罗瑞、高瑞		5	50
3	张明德、李海林、王铁强、赵文祥、李志彬、张文彬、郤桂合		7	70
4	崔玉海、王进甫、张文生		3	30
5	韩志忠、杜永科、董成瑞、韩志文		4	40
6	穆凤德、田秀德、高洪举、穆奎有、杨存瑞		5	50
7	穆凤忠、高德文、荣天祥、荣桂有		4	40
8	高洪朋、张天付		2	20
10	张珍、范世亮、王占奎、郤德文、范成才		5	50
合计			40	400

杜正起 10 分、郭立永 5、李刚 5、宋双喜 10、孟香娥 8、李汉花 8、马秀荣 8、祁守娥 8、李桂枝 8、李付荣 8、高秀连 8、邢凤连 8、孙付怀 10、杨淑英 8，总共应扣 512 分。

1977 年 7 月 1 日

召开两委扩大会议

参加人员：祁凤元、李桂复、李桂存、张文科、李树林、韩凤明、田秀德、李付海、薛廷甫、高德清、张珍，共 12 人。

会议开始学五卷，然后把公社 6 月 30 日召开下乡干部和大队书记飞行会议精神进行了传达，华主席关于科研的讲话和办缝纫组等问题也传达了。高桂有汇报了公社理论训练，班会议精神。然后把头遍扫尾抡锄二遍，大搞追肥，7 月 1 日前完成谷子追肥，抗灾(雹灾)问题，防汛工作(坝)，扶苗积肥等生产进行了安排。

讨论记录：推广三个典型经验如何落实?

从 7 月份起，坚持执行永红的经验，落实公社的 8 条规定，那个队的包队支革委和队长指导员不执行在大队两委扩大会上进行批判。

1	2	3	4	5	6	7	8	9	10
杜万林 高文	罗有 郭占奎	王立新	崔玉海 王文清	高桂有	祁凤元	祁凤元	郭占奎	张明德	崔玉海

② 今天是七月一日,党员会议怎么安排时间?

明天下午召开,回队记工,以开大会工处理。

③ 如何抓安排群众生活?公社给3 000斤麦夫(麸)怎么分?

各队马上清库,到大队结算和安排粮食。

队　别	总麦麸数	其　中　给　户
1	300	张万国50、张文德150、郭占熬100
2	450	王俊100、王永100、马朋100、李连春100、杜桂山50
3		
4	100	穆奎喜100
5	400	杨进祥100、韩志文100、韩风有100、祁风山100
6	400	彭正德150、穆风海100、穆风祥50、田秀德100
7	400	荣正廷150、高洪元150、张艮100
8	240	张天付100、李付河70、李付江70
9	360	高德武100、高洪海100、高德清100、邰文海60
10	350	薛德彬100、张桂成50、范成才100、李树清100
计		

1977年7月1日的支委会议上:

到会支委七人。研究7月份支部大会的中心议题:上半年小结,下半年安排。

① 上半年的工作总结:

成绩:① 以阶级斗争为纲,揭批"四人帮",办政治夜校和各类学习班,召开各种批判会,学习中共中央材料之一、之二,大学毛选五卷。

② 大批资本主义。

③ 树典型,抓样板。

④ 生产、头、二遍、追肥。

差距:抓阶级斗争不力,批资本主义不狠(自留地回生)学习没有形成高潮。

三会一课坚持的不经常,由于对党员教育不够,致使出现:党员不如群众,打架斗殴,各项工作没起到核心带头作用,组织观念不强,不参加会议,不交组织费。

1. 加强党的领导,推广三个典型经验,抓大事,促大上(抓阶级斗争,揭批四人帮，批资本主义，抓好农业，争取丰产丰收。）

认真学好五卷及各有关文章。学好共产党员七个必须懂得。

在支委会议上研究：

① 生产队是否解决？

去年遭灾，今年社员借粮太多，结算后如有积囤粮，给社员解决，根据生产队的情况和多少斤，由结算人和生产队共同决定斤数。

② 古方学校与沟门学校合。

在七月二日的党员会议上：

到会共 30 人。

共同决定三会一课的时间，和健全党小组问题：

每月的支委会：一日；

每月的党员会：二日；

每月的生活会：三十日；

每月的党课：十五日。

如因特殊情况可提前或延期。

组　别	包 括 队	组　长	副组长	共计党员
1	1—2 队	杜桂山	张宝斋	7
2	3 队	王立新	张立新	11
3	4 队	王文清	郝　元	5
4	5—8 队	穆凤忠	韩志品	9
5	9—10 队	杨存秀	高德进	4

今后党内活动制度：晚上不来，白天补课不记工，白天半天不到扣 10 分工。

经过充分讨论，30 人一致通过，接受杜振起、高文共两名同志为中共党员。

1977 年 7 月 11 日下午半天

召开两委扩大会议

参加人员：郭占奎、杜万林、高文、张文贵、杜桂山、张明德、张文科、王立新、张立新、王文清、崔玉海、李树林、祁凤元、高桂有、穆凤海、田秀德、穆凤忠、李付海、薛廷甫、高德清、杨存秀、张珍，共计 22 人。

会议开始各队就当前生产进行了汇报,然后学习县委学大寨办公室印发的冀、鲁、豫三省(关于开展夏粮生产社会主义竞赛的倡议书),接着把七月十日公社党委召开紧急会议,关于一年初见成效,三年大见成效的想法,进行了传达。

讨论记录:

① 现金管理后生产队的收入,用什么时间约束交大队会计?到信用社取款过支票,应该怎么办手续?公社党委分配每生产队搞高温沤肥1 600车怎么完成?

明天逐队按圈、坑,详细进行检查,按总面积的每亩20车算共需肥,共需肥的90%,是现在应完成数,减去现有肥,得出高温沤肥数。

保证完成算出的高温沤肥数。

② 防汛组织怎么建?突击队怎么成立?

大队的防汛领导小组:

组长:张明德,副组长:张明春、崔玉海,成员:王文清、高文、高桂有、王立新,共七人组成。

队　长	李桂存	张文科	韩风明	薛廷甫	高德清	张　珍	合　计
副队长	张文桂	李树林	田秀德 穆风忠				
大队人数	5	5	5				
人　员	10	10	15	5	5	5	50

同意这个安排。

③ 公社给400元救济款,不向生产队分配,全大队统一评,怎么评?

采取的办法:各生产队报户,报每户的款。最后大队支部批吧。

1977年7月31日一天

召开两委扩大会议

参加人员:高桂有、张明德、王文清、张立新、薛廷甫、高德清、穆凤忠、李付海、田秀德、韩风明、高祥彬、张文科、穆凤海、崔玉海、李树林、李桂复、高文、郭占奎、张文贵、罗有、李桂存、杜桂山、张珍、杨存秀。共计24人。

会议开始学十届三中全会公报,学省县委关于干部参加集体生产劳动的通知和县革委关于木材,小木货管理的意见的文件,又讲了公社关于生产队如何向大队会计报账及各种数字的指示…………

关于一年初见成效的问题：

（一）农业：今年庄稼现在长势喜人，要进一步加强农作物田间的后期管理，搞好精收细打，力争丰产丰收。保证亩产 400 斤，总产 60 万斤。

大队成立护秋委员会：

主任：张明德，副主任：崔玉海、王文清

委员：张文贵、李桂存、张文科、李树林、韩风明、田秀德、李付海、薛廷甫、高德清、张珍。共 13 人组成。

各队马上看秋，选派人员：

1	2	3	4	5	6	7	8	9	10
李桂复	杜桂山	李正林	王文清	韩志忠	韩志品	李文奎	高洪如	高庆林	张　海

护秋公约　所偷原物退回再罚

1 窝山药	1 个玉米	1 个谷穗	1 个高粱	1 斤瓜	1 个萝卜	1 斤豆角	1 窝白薯	1 斤白菜	1 斤茄子	1 斤葱	1 根玉米杆
5 斤	1 斤	半斤	半斤	0.2 元	5 斤	0.3 元	5 斤	0.20 元	0.30 元	0.20 元	1 斤粮 0.30 元

凡是进地挖猪菜罚 1 元，如骂人加罚一元。

打草和羊叶时，牲口吃庄稼，咬玉米杆有破坏队负责，秋后由队付粮。

今天处理猪出来，吃庄稼问题：

学生赶猪：昝元一个一元，王良一个一元，张玉林二个二元，韩志忠一个一元，穆风德一个一元，穆风海一个一元，梁树海一个一元。

穆风德猪吃七队小麦，包三斤小麦今天交大队再给七队，共 8 元，全给学校。

（二）农田建设

搞窑子沟——苏寺的垫地，现在创业队人先搞，9 月 1 日上人汇战。

	1	2	3	4	5	6	7	8	9	10	计
原　有	2	3	3	3	3	1	1		2	2	20
撵　回				1						1	2
新　给				高淑花						张海军	2
9 月 1 日上人	3	3	4	3	3	3	3	2	3	3	30

汇战负责人：张明德、崔玉海，各生产队是民兵排长或领导班成员。

（三）林业建设：

今年秋天种栽红果，地点：大北沟和苇子沟两处。任务每人三株。必须保证成活。

1	2	3	4	5	6	7	8	9	10	计
280	300	400	320	280	300	250	170	250	250	2 800

（四）副业生产：

力争总收入每人 40 元，达到 3 800 元，办好小木货加工场。

关于三年大见成效的问题

（一）农业生产：

	粮食面积	亩产	总产	交售	成滩造林达到	园田达到	梯田达到	农家肥亩施	良种场		杂交化
									半良种	良种	
78 年	1 500	400	67 500	10 万		200	200	1.1 万	1		
79 年	1 500	500	750 000	15 万		250	400	1.3 万	1		半
80 年	1 500	550	825 000	20 万		300	600	1.5 万		1	全

机械化

		大队	1	2	3	4	5	6	7	8	9	10	计
大拖	78 年												
	79 年	1											1
	80 年	1											1
小拖	现有						1						1
	78 年		1	1						1	1		4
	79 年				1				1				2
	80 年					1	1			1		1	4

80 年大队买推土机一台。

（二）水利建设：

78 年，整修石盆子迁流一处，修好 2、3、6 队大口井配套。

79 年，整修民兵路西二处迁流，修好 4、5、7 队大口井配套。

80 年，三个迁流汇合，建一处小水轮泵站发电，解决照明，搞好九队引水工程。

（三）林业生产

	大扁达到	杨树达到	红果达到（株）	核桃达到（株）	果树达到（株）	四边植树每人达到	林业上人
78 年	3 万株	500 亩	4 000 株	1 000	500	20 株	10 人
79 年	4 万株	1 000 亩	7 000 株	1 500	800	50 株	15 人
80 年	5 万株	1 500 亩	1 万株	2 000	1 000	100 株	20 人

（四）畜牧业

	养猪业			养羊	
	总数	其中集体	户均	总数	其中羊改%
78 年	450	50	2.5	1 350	10
79 年	600	80	3	1 450	20
80 年	800	100	4	1 500	50

（五）副业生产

	小木货加工	砖瓦厂	人参场	收入每人达到
78 年	1	1	1	50 元
79 年	1	1	1	80 元
80 年	1	1	1	100 元

讨论记录：

① 大队贫管财务委员会如何建立？

主任：祁凤元（兼信用站长），委员：高文、高桂有、郝存山、杜万林等五人组成。

② 大队治保会如何健全？

主任：王文清，副主任：祁凤元，委员：郭占奎、高文、崔玉海、高秀连、罗有，共七人组成。

③ 生产队的收入几天交大队会计？否则怎么办？

要求三日内交大队。如超过 15 天的列入公积金，不打收入和分配，生产队分粮物不超三天必须交大队会计。

④ 瓦窑是否烧？柴火到底怎么分配？

每人 1.5 个分配，其中干的三分之一。

	1	2	3	4	5	6	7	8	9	10	计
个数	140	150	195	160	140	145	120	85	130	130	1 395

五号以前交完柴火，明天开始修窑装窑。

二队、五队明天去拉木头回来搭窑架。九队高德仕、六队一人明天摸窑。

⑤ 政治夜校上联办后，组织如何健全？

校　别	校　长	副校长	辅导员
1(1、2 队)	高　文	王　永	郭文合、杜宪英
2(3、4 队)	崔玉海	王立新	李其荣、杨宝福
3(5、6、7 队)	高桂有	穆风忠、穆风海	高桂有、祁守花、彭宪枝
4(8 队)	薛廷甫		李付合、高洪如
5(9 队)	高德清		刘艮、刘军
6(10 队)	杨存秀		吕桂武、邵德文

同意支部这个意见。男：1、3 日，女：5 日。各队建立点名册。

⑥ 把信贷员配备一下：

1	2	3	4	5	6	7	8	9	10
李桂复	李桂存	王立新	李树林	韩风明	田秀德	穆风忠	薛廷甫	高德清	张　珍

负责收、贷和储蓄存款等。

⑦ 会议听了各队 7 月份三不叫、月底整执行情况后怎么总结？

执行认真的：3 队，一般的：2、4、5、6、7、8、9、10 队，最差的：1 队。

下余三队干部不罚，受表扬外，一队包队两委生产队长、政治队长，7 月份

降二级工。其余 8 个队均降一级工。进行罚扣工分。以便促使 8 月份各队认真执行。（罚扣工分花名在大队会计高文手）

就 8 月份定工的几种规定？

① 不论男女少于公社规定的 28 个或 25 个，凡超过者奖励。

② 在校学生也可以定工，对不服从劳动支配者也要扣工。

③ 8 月份社员上班按以前办法记工分。

④ 副业队、林业队、教员（民办），大队常上班人员，专业队，必须参加早晚战，必须执行三不叫，月底整，凡不参加者，按生产队规定扣工。

最后提出：在完成积肥任务的基础上，大抓一下锄四遍地的工作。

1977 年 5 月 11 日

召开两委扩大会议

参加人员：公社：乔登明

高文、张明德、崔玉海、高桂有、张文桂、李桂存、张立新、李树林、韩风明、田秀德、穆风忠、薛廷甫、高德清、张珍，共 14 人。

① 公社三河民工怎么分配？

		1	2	3	4	5	6	7	8	9	10	计
总人数		1	2	4	2	2	2	1		2	2	18
其中：	女	1	1	2	1	1	1			1	1	9
	管理员			李志彬								
	炊事员						彭正德					
	泥工										张海军	
8 月 1 日到 5 日完成积肥（车）		200	200	300	300	200	300	80	70	180	250	2 080

带队负责人：副书记崔玉海

三河打柴地点怎么指定：干沟的丁三沟和二亩沟，共两道沟。

② 今年大柴怎么定价？

一等每斤价一分，二等每斤价六厘，三等每斤价三厘。

1977 年 8 月 18 日一天

召开两委会议

参加人员：张明德、祁凤元、崔玉海、李桂存、杜万林、王文清、罗有、郭占奎、高文、郝存山、王立新(半天)，共计11人。

会议中心传达县三干会议精神和公社8月17日召开紧急飞行会议，评论党员等工作，经过讨论统一了思想，认清了形势，讨论了大队的规划。讨论记录：

① 公社通知党的十一大要闭幕，要我们隆重庆祝，各队要发言，游行，写标语等，咱们如何搞？

按上级指示进行。

② 农田建设怎么掀起汇战？

男劳力集中锄四遍地，打草打羊叶。21号妇女搞汇战。各生产队小车作价归大队，如不够再买，作的价和买车花的款按人摊给各队，从公积金内开支。

③ 怎么把好秋收关？

秋收开始从两委中派人深入到队搞分配。凡两委到队的人不到场，不准生产队分粮食。

具体深入到各队掌握秋收的人是：

1、2队：崔玉海，3、4队：杜万林，5队：高文，6、7队：高桂有，8队：张立新，9、10队：祁凤元。

如指定人有特殊事由，支部指定人负责掌握秋收。

④ 缝纫组到底怎么办？

实准办，如果高有女人同意入，分配大队的机子，可给杜万林，机子归个人，做衣挣款抽机损费，同意大队提出的缝纫组的规章制度和价格。(线钱由扎衣服买出钱，机损费通过队长会可适当提高)。

⑤ 评论党员怎么搞？

明天下午召开党员动员会，19号晚召开把关、谈心会，20号晚进行评论，21号大队支部总评。祁凤元明天去印评论表。

支部提名好党员是王立新，但要经过党内外充分讨论而定。

1977年8月11日上午半天

召开两委会议

参加人员：张明德、高文、王文清、高祥、张文科、李树林、韩风明、田秀德、李付海、薛廷甫、高德清、张珍，共12人。

此工记入党员评论动员会内去。

会议传达了县三干会和公社会议(8 月 17 日)和 8 月 18 日两委会议精神，经过讨论统一了人们思想，统计当前锄苗进度，积肥情况，搞了打草计划。

缝纫领导小组：组长：祁凤元、副组长、高秀连，成员：高文(兼会计)，缝纫员二人。共 5 人组成。

二、建立健全各种规章制度：

1. 以阶段斗争为纲，认真学习马列著作和毛主席著作。

2. 明确服务方向，性质，有活干活，没有活参加农业劳动。

3. 积极开展多项服务，缝新补旧，健全手续和帐目，每月向大队结算一次。

4. 缝纫员坚持上下班制度，有事请假，不能无故不上班。

5. 虚心向贫下中农学习，为贫下中农服务，做活要满足户主要求。

6. 不偷工减料，不优亲厚友，不贪污，不浪费，不化公为私，平等待人。

7. 虚心接受贫下中农意见。

8. 待遇和磨损费：每收入一元钱，由大队开给 10 分，从一元钱中抽一角钱，做为机器磨损费。

9. 户主做衣，先到大队开三联单，一联存根大队留存，二联随衣料送交缝纫组，衣料交到缝纫组马上过秤，裁剪零星布尖归衣主，三联做为取衣证件，取衣时必须交回三联。

	四兜单上衣	三兜单衣	皮大衣	整袖	书包	被里被面	枕头	敌缺量	串趟	四兜棉衣	三兜棉衣	补旧衣
单位	尺	尺	件	付	个	件	个	尺	尺	尺	尺	尺
收费	0.07	0.06	1.00	0.10	0.15	0.10	0.10	0.10	0.30	0.20	0.19	0.10

除线由缝纫员自己买之外，别的都同意这个制度。让缝纫员买线，大队可调查，适当提点机器磨损费。

最后订正了妇女上农田基本建设人数。

8 月 1 日上午去公社开两委会半天

郭占奎、杜桂山、张明德、王立新、王文清、崔玉海、高桂有、穆凤忠，共 8 人。

8 月 1 日下午大队召开支委会议半天

张明德、崔玉海、王立新、王文清、高桂有，共 5 人。

8 月 10 日给去山河民工办学习班上午半天:

参加人员:张海军、孙玉先、高庆梅、高洪海、郑万余、穆凤芳、彭正德、韩凤娥、祁守彬、崔玉海、高玉平、张玉梅、张淑平、穆凤明、李志彬、高德发、高淑平。共 17 人。

1977 年 8 月 28 日上午半天

召开两委扩大会议

参加人员:高文、张文桂、李桂存、王永、张明德、王立新、张文科、李树林、韩凤明、祁凤元、田秀德、李付海、高德清、郃德文、杨宝福、刘军、张明海、吕桂武、彭宪枝、祁守花,共计 20 人。

会议先学习邓付主席闭幕讲话,然后由县宣传工作队讲了县委关于十一大"宣传、学习、落实"的具体安排意见,大队具体进行了安排,最后研究:

① 打青草什么时间开始,草坡怎么划分?

9 月 1 日开始打草,打草仍以去年划分的范围。

(缺一表太大)

1977 年 9 月 25 日

召开两委扩大会议

参加人员:张明德、祁凤元、高桂有、高文、罗有、张文科、李树林、韩凤明、田秀德、李付海,共 9 人。

会议学习叶付(副)主席关于修改党章报告和新党章。

然后研究:

① 郑万余在三河身体有病,工作不积极,公社提出换人怎么办?

让七队准备人换。

② 具体安排了山河几个问题:

1. 每队一车干毛柴(12 个)怎么送? 先送瓦窑头的,后送干的。

2. 每队去瓦窑拉才(柴)70 个,5 号前完成。

五队,3 号去五个车。

六队,4 号去五个车。

七队,4 号去五个车。

四队,4 号去五个车。

三队。

3. 让 9、10 队送,大队开工。

4. 别的民工每人 20 斤菜，咱大队 35 斤怎么办？

以全大队人口算，每人 4 两。

③ 公社分配支农用布 136 尺。

看高文手是否有存的布票，如果没有，除大队留下余的分给各生产队。

④ 公社任书记叫给碾子湾大队准备 100 个柴火，因为公社去整班子，下乡人太多，怎么解决？

顶大队派的任务，哪队有尽量凑。后安排给：9 队 50 个，8 队 50 个。

⑤ 副业把子没有了怎么办？

过本月十号以后，以每斤一分收把子材料，大柴类没收不付款。何时砍，听大队通知。

⑥ 打算开个党员会，怎么安排？

明天上午在农建，能劳动的带工具，不能劳动的光听会不记工。

召开两委扩大会议　　1977 年 9 月 27 日

参加人员：郭占奎、高文、李桂复、张文贵、罗有、李桂存、张明德、张文科、王立新、张立新、李树林、韩风明、祁风元、高桂有、穆风海、田秀德、穆风忠、李付海、薛廷甫、高德清、杨存秀、张珍，共计 22 人。

讨论记录：

① 大队秋收分配委员会如何组成？

主任：张明德，副主任：罗有、祁风元，委员：高文、高桂有、张文桂、李桂存、张文科、李树林、韩风明、田秀德、李付海、薛廷甫、高德清、张珍，共 15 人。

② 大队怎么向生产队派监收员？

1、2 队：王立新，3、4 队：罗有，5 队：高文，6、7 队：高桂有，8 队：张立新，9 队：祁风元，10 队：张宝斋。

③ 各生产队的过秤员怎么定？

不能到的，由大队党支部指定人去负责。

④ 各生产队的过秤员怎么定？

	1	2	3	4	5	6	7	8	9	10
	张文贵	杜桂山	王立新	王文清	韩风明	田秀德	李付海	薛廷甫	高德清	张　珍
	高　有	李桂存	张文科	李树林	祁风山	韩志品	穆风忠	高洪江	郤文海	杨存秀

⑤ 农建用的作各生产队小胶车十七个和新买的十个共二十七个。这些款如何处理？

依去年留粮人口摊到各生产队，下公积金科目。

⑥ 高祥清去公社配种站，咱们的籽马让谁拉？

决定高祥彬拉马。

⑦ 咱大队牧厂的饲草饲料，几年来的余欠已经结清。谷草余、亏怎么办？欠豆子怎么办？

谷草余亏以每斤 0.10 元，计价互相找齐和牲口价一齐处理。

⑧ 学校后墩的六间房还未有角泥，怎么办？

1、2、3 队，每队角泥两间。

3、4 队，每队给拉黄土 10 车。

⑨ 咱大队的中学班按上级提供不应留，要撤怎么办？干沟学校人数太少，不应留怎么办？教师怎么办？

中学班撤掉去合达营上学，我们没意见。如果去合达营盖学校，我们不同意。如果来咱大队安中学，咱大队给解决房屋，(教室、住宿)。干沟学生少，上级有指示，咱大队同意撤。教师问题，由公社和大队支部研究决定。

⑨ 今年学校盖房，开砖瓦窑，就做瓦，提桶，扣砖，泡泥和看穴烧穴的报酬如何给？工分和补助一律以去年标准给。

⑩ 学校盖房用的黍秸，青草、麦秸，怎么办？

一律以每斤三分款付给出草单位或个人。羊毛以每斤一元付款。

⑪ 高德进回来说县矿管站打算买杂木杆，各队是否搞？一根 10 尺杆，价 0.80 元，但要直点的，咱们是怎么搞？

凡卖一根 0.80 元，给生产队 0.40 元，不开工分。

1	2	3	4	5	6	7	9	10	计
50	60	70	60	50	50	40	50	50	480

⑫ 去罗车铺参加公社三干会的人员和菜怎么办？

	1	2	3	4	5	6	7	8	9	10	计
	张文桂	李桂存	张文科	李树林	韩风明	田秀德	穆凤忠	薛廷甫	高德清	张　珍	10
	郭占奎		张明德								2
和党训班找齐	20	25		20	40	25	10	30	40	10	

⑫ 从 9 月 17 日到 20 号，农建怎么上人？

	1	2	3	4	5	6	7	8	9	10	合　计
	14	15	19	8	18	5	12		17	13	121
		3	4	1	1				2	2	
	7	8	9	3	13	5			9	3	
	7	4	6	4	4				6	8	

参加人员：张明德 4、郭占奎 4、王文清 4、李桂存 4、张文科 4、李树林 4、韩风明 2、穆凤忠 3、薛廷甫 4、张珍 4、马淑兰 4。

各队计划调整籽和各种物质分配：

	1	2	3	4	5	6	7	8	9	10	计
籽		200	500	300	150	200			150	150	1 650
公社买分配	100	100	100	100	100	100	100	100	100	100	1 000
大队外出计划留菜	100	100	100	100	100	100	100	100	100	100	1 000
公社三河要白菜	200	200	200	200	200	200	200	200	200	200	2 000
公社三河要萝卜	200	200	200	200	200	200	200	200	200	200	2 000
公社三河要羊油	2	2	2	2	2	2	2	2	2	2	20

	1	2	3	4	5	6	7	8	9	10	合计
	20	19	22	22	20	16	20	11	16	20	180
	91	102	130	106	91	100	80	55	83	84	922
大　队			1			3	1		1		6
教　员	2					1	2	1	1	1	8

续 表

	1	2	3	4	5	6	7	8	9	10	合计
送　木				1	1		1				3
副业厂	1	1	1	2	1	2	1	1	1		11
粮食加工	1						1				2
大队办公室	1				1						2
代　销			1								1
公社牧厂									1		1
农机站			1	1							2
公社三河	1	2	4	2	2	2	1		2	2	18
大队牧厂									1		1
公社中学					1						1
大队干部			1		1						2
大队农建	2	3	3	3	2	1	1		1	1	17
县三河		1		1						1	3
铁矿留	1				1			1	1	1	5
铁　矿		1		1		1				2	5
合　计	9	8	12	11	10	10	8	3	9	8	88
按劳力摊人	4.5	5	6.5	5.3	4.5	5	4	2.8	4	4	45.6
按人口摊人	4.8	4.1	5.3	5.3	3.8	4.8	3.8	2.6	2.6	4.8	41.9
共摊人	9.3	9.1	11.8	10.6	8.3	9.8	7.8	5.4	6.6	8.8	88
定　人	9	9	12	11	8	10	8	5	7	9	88
余					2				2		4
亏		1						2		1	4

参加人员：张明德、祁凤元、高桂有、高文、李柱存、张文科、李树林、田秀德、李付海、薛廷甫、高德清、张珍，共 12 人。

会议开始把人口、牲口(到 9 月 30 日的实有数)订正后，公布了学校修建用秸子、羊毛结算，发学校买石灰款；化肥结算；小车价摊算；大队牧厂的草、料和牲口作价结算，76 年度外出民工补助粮款的摊算情况等。

然后研究：

① 公社通知给生产用布 130 尺，怎么分配?

1	2	3	4	5	6	7	8	9	10	合　计
13	13	13	13	13	13	13	13	13	13	130

② 大队籽马在 9 月 16 日会议上已定高祥彬拉，多会上？

③ 明天让高祥彬接马，在早晚看好副业厂门子和喂好马的前提下，大队农建代工人抽不开时，让高祥彬把马拉在农建工地上，给支配人，但不参加体力劳动。

公社 76 年分配谷草 1 400 斤，有 1 队送 240 斤，别队都没有送，今年又分配谷草 1 600 斤，怎么分配？

	1	2	3	4	5	6	7	8	9	10	计
分　　配	304	337	426	360	300	330	270	185	287	277	3 076
交大队牧厂										76	76

大队牧厂籽马每股交谷草 250 斤。

这次给县矿管站搞杂木杆，怎么付生产队款？

	一　等	二　等	三　等	废　品
应付款不开工	0.40	0.20	0.10	0.05
生产队怎么记工	1	0.08	0.06	不　给

瓦窑烧窑的柴火怎么给工分？

干柴火：一等 2 分，二等 1.5 分。

青叶柴火：一等 1.5 分，一等 1 分。

秸杆每 100 斤，6 分，送柴火的工分在内了。

农田建设现在几天没人，公社分配 70 人，现在庄稼已倒，该怎么办？

1	2	3	4	5	6	7	8	9	10	计
2	3	3	3	2	1	1		1	1	17
5	6	8	6	6	6	5		5	5	52
7	9	11	9	8	7	6		6	6	69

大队，不论张明德或祁凤元，每天去一人，共计 70 人。

这些人是每天必须保证上的人数。3—5 天结算。

如果每天出工超过这个工，余地工可以集中回队起山药，拨玉米，切谷子。

如果亏一个工,大队扣 10 分工。

这个制度从 10 月 1 日起执行。

1977 年 10 月 8 日上午:召开两委扩大会议

参加人员:高文、张万江、李桂存、王立新、李树林、韩风明、田秀德、李付海、薛廷甫、高德清、张珍,共计 12 人。

会议开始统计了“未收割的庄稼”“庄稼上场和秋耕”的统计。

然后安排农建:

	1	2	3	4	5	6	7	8	9	10	合计
	张文贵	李桂存	王立新	李树林	杜永科	田秀德	李付海	高洪江	高德清	张　珍	
总　数	10	13	15	14	14	12	10	7	12	11	118
其中数	6	7	8	7	8	6	5	5	6	4	62
开	1	1	1	1	1	1	1	1	1	1	10

农建早八点准时劳动,每迟到五分钟扣一分。

1977 年 10 月 16 日上午:召开两委扩大会议

参加人员:张明德、高文、高桂有、祁凤元、张文贵、杜桂山、张文科、李树林、韩风明、田秀德、李付海、高德清,共计 12 人。

会议开始由张海江讲“借粮借蓄问题”,祁凤元把 10 月 9 日公社农田大检查和 10 月 15 日公社飞行会议布置的当前工作等问题。

然后讨论:

① 借贷储蓄咱们与会人员怎么搞?

张明德 150、高文 150、高桂有 150、祁凤元 50、张文贵 50、杜桂山 50、张文科 100、李树林 100、韩风明 50、田秀德 100、李付海 100、高德清 50、郝存山 100,共计 1 200。

各队包括今天与会人员任务怎么领?

1	2	3	4	5	6	7	8	9	10	计
500	800	1 500	1 000	1 000	600	600	500	1 000	1 000	8 500

力争完成 10 000 元。

学校教员要调走 1 人，现在没调，所以让干沟校先存在，何时国办教员调走，马上就撤。沟门校，压二个人(一年级人多部分学生，插入别班)，根据郭文合的要求，同意让其转走，所以减郭文合，吕桂武二人。

② 刘占成捎来信让高秀连去三河，给五队顶韩风娥，因病回来的缺人，是否让去?

如果公社让高秀连去当半农半农，我们同意，去顶韩风娥的民工，不同意，可让别人去当民工。让高秀连回来，大队因为培养两年医生。让高秀连回来大队再安排。

③ 籽羊问题到底怎么办?

去苇子沟林业队，夜间锁在窝棚里，白天由张文忠放和喂。

④ 工分往年是 11 月 1 日改，今年改不改?

今年学大寨大干，现在活紧，现时不改，何时改再研究。

⑤ 给学校修建砍的椽子，原按能用不能用收的，怎么付款?

能用的每根 0.20 元，不能用的每根 0.16 元，不再记分。

附记：

1977 年 11 月 1 日公社批文救济款：

杜成志 15、尤存元 10、郝存仕 25、李树林 15、刘付生 10、张明德 25、张文志 10。

1977 年 11 月 1 日农建工地

参加人员：(此工已记入农建工去了)

郭占奎、李桂存、杜桂山、张明德、王立新、张文科、李树林、祁凤元、韩风明、田秀德、穆风海、穆风忠、李付海、高德仕、杨存秀、张珍，共 18 人。

首先向会议汇报了公社党委 11 月 1 日飞行会议，就“公社搞大兵团作战”排，然后研究：

① 公社大兵团作战，从咱大队抽 40 人，怎么安排?

	1	2	3	4	5	6	7	8	9	10	合计
人　口	96	102	129	110	91	100	81	56	85	86	936
总抽人	11	12	14	12	10	11	9	6	9	9	103
去黑达营人	6	8	8	6	6	4	4		1		40

去合达营由张明德、杜万林、祁凤元带队，根据工作另时安排。其余人在

大队，垫完土堰后，按人分开任务号土。公社分配油路民工三人怎么分配？

2、8、10 队每去一人。

如果不按上级指定日期走，扣工或款扣到队，迟走路费队负担。

公社三河要高秀连去当赤脚医生，两委研究抽去当赤脚医生，咱大队没意见，如果要民工让别人去，现在来信要赤脚医生，大队又找了卫生院，卫生院也同意，是否让走？

如果要去当赤脚医生，同意让去。

④ 去粮库修建民工，摊粮柴火钱，要求报柴火钱，是否同意？

经 1、2、6、9、10 队同意，给报柴火。

⑤ 给学校砍的椽子，经 10、29 号两委研究，能用的每根 0.20 元，不能用的每根 0.15 元，大队不开工，是否同意？

同意这样处理。

⑥ 为学校修建开瓦窑，在 74 年 9 月 26 日研究报酬是：

做瓦每 1 000 块，一类 15 分，补款 0.30 元，二类 14 分，补款 0.30 元。

提桶每 1 000 块，一类 14 分，补款 0.20 元。

英泥每 1 000 块，一类 13 分，补款 0.15 元，

一砖二瓦，烧窑每人每天 14 分，补助款 0.30 元。

75 年开瓦窑研究报酬，同意 74 年的。76 年研究也按上年开，今年罗有开来是：做瓦 14 分，补 0.30 元，提桶 13 分，补 0.25 元，泡泥 11 分，补款 0.15 元，别的一样，到底怎么办？

仍依上年处理，亏的补上。

………………

以前定的每 3—5 元找平，凡亏的工每亏一个工，扣 10 分的决定否掉。从 17 日到 20 日，如果人数上不够，当天每亏一个工扣 10 分。

计划上人：(17 日至 20 日)

1	2	3	4	5	6	7	9	10	合计
5	6	8	6	6	6	5	5	5	52

学校的山药，原定每斤卖 8 分，8 分卖不出去，7 分是否卖？

同意按每斤七分卖，本大队没人要(一律现款)，同意给公社山河。

副业生产怎么安排？

明天由木匠赶牛车先去苇子沟拉干的先做的。

1	2	3	4	5	6	7	9	计
2	2	2	2	4	2	2	2	18

做完干的后，哪个队耕完地，就可以去砍搞把，把子材料每一分钱大队收。大柴木没收不付款。耕不完地不准砍。凡耕完地的砍多少收多少，耕不完地砍不上也不找齐。

救济户各队报：

刘付生、尤存元、祁守相、王俊、杨宝善、郝存仕、昝元、杜成志、韩志品、张艮、高德武。

同意刘付生、郝存仕、尤存元、杜成志。四户。

1977 年 10 月 29 日上午半天

召开两委会议

参加人员：张明德、祁凤元、高桂有、杜万林、王立新、王文清、高文、郭占奎，共 8 人。

学习县委"目前大寨县六条标准"和"三大讲一评"和公社党委"怎么做一个共产党员""学习毛选五卷和十一大文件的安排"等，然后讨论：

① 学校是否合班，压缩教员？

根据上级讲的精神和上次研究的意见，同意撤干沟学校。

① 公社通知给绒衣 29 件，其中给知识青年 6 件，怎么评？

郭占熬、郭占奎、张文桂、马亮、高瑞、李汉军、郃桂合、张文彬、李世江、张文生、康登库、高德彬、韩志忠、木长山、高洪举、张明春、高德仕、郃文海、杨存秀、崔文彬、高洪朋，八队（待定人），共计 23 件。

1977 年 11 月 3 日抄

各队现存化肥和需用化肥数

1	2	3	4	5	6	7	8	9	10	合计
1 200	560		1 600		150	750			100	
6 000	5 000	6 000	4 000	2 000	5 000	3 000	2 000	2 000	3 000	

召开两委扩大会议：

参加人员：张文贵、李桂存、张明德、王立新、张文科、李树林、韩风明、田秀德、李付海、高洪江、高德清、张珍，共计 12 人。

会议统计截止 11 月 7 日的起圈和耕地进度。然后讨论：

① 去公社大汇战的农建人数已定到各队，为了把副业砍木头，打柴火安排好，男女怎么去？

		1	2	3	4	5	6	7	9	合　计
队定人数	男	3	5	3	3	2	3		1	20
	女	3	3	5	3	4	1	1		20
	计	6	8	8	6	6	4	1	1	40

② 咱大队柴火门户特大，不答复又推不过去，看怎么办？

该支持的必须支持，不应支持的就控制。从明天开始，一至十队，每队抽二人。林业队留张立新、张文忠看树看人参，腾屋准备圈羊。确定张立新、张文忠收柴火记账。彭正付专门看坡。林业队刘殿仕、穆风林、穆奎仕，也抽出打柴，如果因年老或病由本生产队出人顶工。总共抽打柴火人数 23 名，那个队少上一人，扣款一元。

打柴地点，定苇子沟，打柴火报酬以后按数再研究。

收柴火：大队批，张立新、张文忠过数。

③ 副业没料怎么办？

仍以斤数收，把子材料每斤一分，大柴没收。

按 30 口人上一个牛车，共上车是：

1	2	3	4	5	6	7	8	9	10	计
3	3	4	4	3	3	3	2	3	3	31

每日上牛车多的不限，凡每日少于这个车的少一个车扣款二元。

11 月 11 日开始算：

全大队统一计酬：

砍木头每 100 斤 2.5 分，不加赶车分。各车以 600 斤重量为限，超出部分大队没收。

④ 大队农建，公社农建，劳动时间和报酬怎么定？

大队劳动改为早八点劳动，中午休息一个小时，下午四点半收工，上下午中间各休息十五分钟，每天劳动达 7 小时。

公社农建早七点劳动，下午四点半收工，休息随公社掌握。

劳动报酬：合达营男 14 分，女 12 分往下评，本大队男 10 分，女 8 分往下评，误点扣工。

每天农建少上一个人，扣队 10 分工。

	1	2	3	4	5	6	7	8	9	10	合计
林业队			1			1	1				3
教　员	2					1	2	1	1		7
医　务				1			1				2
副业厂	1	1	1	2	1	2	1	1	1		11
粮食加工	1				1		1				3
大队看门			1								1
代　销									1		1
大队牧厂									1		1
公社牧厂			1	1							2
农机站					1						1
公社三河	1	2	4	2	2	2	1		2	2	18
公社中学		1		1							2
县山河		1		1	1	1		1	1	3	9
铁　矿	1							1		1	3
油　路		1									1
公社农建	6	8	8	6	6	4	1		1	2	42
打柴火	2	2	2	2	2	4	2	2	3	2	23
小　计	14	16	18	16	14	15	10	6	11	10	130
大队农建定人	2	1	5	5	1	4	5	2	2	6	33

摊算办法，依 77 年 9 月 23 日会议再加 1 半。

77 年 11 月 4 日

召开两委扩大会议

参加人员：王文清、张文科、李树林、韩风明、郝存山、李付海、薛廷甫、罗有(副业队记工)、张文贵、李桂存、高文、高桂有、穆凤海、张明海、张珍。共计16人。

会议首先传达了中央37号文件，传达后进行了讨论。大家一致同意公社党委就“打好揭批四人帮的第三个战役”的安排。

然后讨论的几个问题：

① 合达营中学要求收点大才(柴)给学生生火取暖行不行？

由生产队长掌握，在不违犯林业制度的前提下，同意支持。

② 副业厂现在也按七点准时劳动，(从本月18日到21日)，就有的生产队还搞早战，木匠去瓦窑的早战工分怎么办？

大队会议已研究过，生产队不搞早战，如果哪个队还搞，就他队，大队副业厂的做杂工的(推把粮食加工等)，由所在单位记工。

③ 副业队原来给县矿管站准备的杂木杆，因三队大车去赤城运化肥，过去没的拉，把次等杂木杆发走一部分，现在矿管站如果拉怎么办？张北二泉沟如果给拉矿，高德仲说要求200来根杂木杆给不给？

同意给一块分配生产队，近日内和砍木头一块搞。

1	2	3	4	5	6	7	8	9	10	计
50	50	70	60	50	50	40	30	50	50	500

④ 合达营工程已汇报了，怎么安排拉石头牛车？

由张明德、杜万林，根据情况决定，生产队听候通知。

⑤ 割的树条有没有劳力占用上班时间？学生怎么办？

各队割的条子都没有占用上班时间，所以卖的钱一律归本人。

⑥ 什么时间改工分？

从11月21日起，凡杂工改为男8分，女6分，往下评。

1977年12月2日

召开两委扩大会议：

参加人员：杜万林、高文、李桂存、罗有(副业记工)、张明德、王立新、王文清、李树林、祁凤元、韩风明、穆凤海、李付海、薛廷甫、高德清、张珍、张立新、高桂有，共计18人。

会议开始由祁凤元传达了公社党委召开的大队书记会议的精神后讨论：公社分配军用草 10 000 斤，怎么分？公社牧厂饲料，572 斤，怎么分？

	1	2	3	4	5	6	7	8	9	10	合计
	750	1 300	1 200	1 250	960	1 080	610	700	1 000	1 150	1 万
	60	62	79	68	56	62	48	34	54	49	572
	24	24	30	27	22	24	19	13	22	20	225

军用草按各地亩数分配。公社牧厂饲料仍按人口摊算。

① 给学校明年盖房木头，今年准备不？今年准备。

② 这窑砖瓦到底烧不烧？明年春天烧。

③ 大队打的柴火卖给哪些人？凡对咱集体有益的人可以卖给，否则不卖给，林业队见大队条子发柴火。

④ 农建怎么安排？

不搞号土，开始垫地，因现在羊叶没收回来，每天先上 50 人搞。

⑥ 民兵的训练怎么搞？和农建结合，从 12 月 5 日开始，将 161 名基干民兵和排以上干部分三期训练完。

⑦ 什么时间卡工分？从 12 月 16 日推下年。

⑧ 公社分配三万斤窑柱怎么砍？以留粮人口算每人 35 斤，在 12 月 10 号前完成，按去年砍的质量砍。

⑨ 副业厂电锯没油怎么加工？先做双料以下的，用锯拉，杜绝劈。

⑩ 林业队收的，青草怎么往回拉？

每个股一牛车，重量 500 斤，不足 500 斤的拉二回不开工。

（下转第 18 本）

会议笔记 18

整顿领导班用工

	12.8 两委会	12.9	12.10	12.11					
张明德	/	/	/	/	√				
祁风元	×	/	/	/	√				
杜万林	/	/	/	×	√				
罗　有	/	/	/	×	√				
高　文	/	×	×	×	○				
郭占奎	/	/	/	×	√				
张立新	/	/	×	×	√				
王立新	/	/	/	/	√				
高桂有	/	/	×	×	○				
郝存山	×	×	×	×	○				
王文清	×	×	×	×	○				

77 年 12 月 14 日 1 天

召开两委扩大会议

参加人员：

杜万林，郭占奎，高文，张文贵，王永，张明德，王立新，张文科，王文清，李树林，韩风明，高桂有，祁风元，穆奎军，李付海，高德清，郜德文

共计 17 人

讨论纪录：

① 大队干部奖励工怎么评?

		张明德	祁凤元	崔玉海	高文	高桂有	王立新	王文清	郭占奎	张立新	罗有	杜万林	高秀莲	郝存山
奖励工总个数		170	100	30	100	50	10	10	15	15	40	40	5	40
属于	大队干部	120	100	30	100		10	10	15					
	管粮食工分	50												
	看　门					50								
	林农业									15		10	5	
	付　业										40			
	信　用											30		
	医　务													40
大队看门职工					30	40								

77 年 12 月 7 日 1 天

召开两委扩大会议

参加人员：

杜万林，李桂存，张明德，张文科，王立新，李树林，韩风明，田秀德，穆凤海，李仕江，穆凤忠，高德清，杨存秀，张珍（半天）

共计 14 人

会议上有公社赵桂枝同志传达了 12 月 5 日公社会议精神，然后学习了华主席在十一大会议上的报告。然后对公社党委安排的整顿生产队领导班问题进行了讨论。

② 生产队干部奖励工怎么评？

	队　长	付队长	政　指	统计员		合　计
1	张文贵 50	张万江 30	李桂复 30	李桂复 20		130
2	李桂存 40	高　祥 40	杜桂山 30	王　永 20		130
3	张文科 40	李海林 40	王立新 40	邰桂合 15		135
4	李树林 50	郝存仕 25	王文清 30	郝存山 20		125
5	韩风明 40	祁凤山 40	高桂有 20	韩桂军 20		120
6	田秀德 40	穆凤德 40	穆凤海 20	穆凤海 15		115

续 表

	队　长	付队长	政　指	统计员		合　计
7	李付海 45	高德文 20	穆风忠 25	张明瑞 20		110
8	薛廷甫 40	高洪江 30	0	高洪如 15		85
9	高德清 40	郤文海 40	高德明 0	刘　良 20		100
10	张　珍 40	范世亮 20	杨存秀 15	郤德文 20		95
合计	425	325	210	185		1 145

记工员、保管员,拿钥匙的 1 人 1 职不超过 10 个工。

1 人两职的不超过 15 个,光拿钥匙的不超 6 个工。

财政属半年不超 4 个。以上人员由生产队根据工作情况决定。

③ 大队事业单位怎么奖励工?

创业队:张宝斋　15　高祥彬　15

林业队:张文忠　10

大队财政:李桂复　6

大队兽医:郝存仕　5

④ 民办教员怎么定工?

张明海全年　3 700 分　奖励 200 分

郭文河全年　3 700 分

刘　军全年　3 700 分

李付合全年　3 700 分

彭宪枝全年　3 300 分

吕桂武全年　3 700 分

张海琴三月三日上班　2 880 分

杜宪英三月三日上班　2 880 分

让学校把民办教员因个人事而有的欠工,报大队来,每天按 10 分扣工。

⑤ 公社中学的张玉海、师秀芬怎么给工?

张玉海全年 3 600 分　　公社批示 406

师秀芬从上班日起每天 10 分算。　公社批示 163

⑥ 今年的义务工怎么扣和摊?

不摊。

⑦ 今年的优抚对象怎么定？
经过逐户审查，确定没有应享受户。
⑧ 高秀莲去学半农半医怎么开工？
凭公社卫生院证明，每天以10分开。
⑨ 李兆阁的工分和补助怎么定？
不分冬夏每天按12分算，每天补款0.20元。欠工扣工。
自报欠工：
出填外　14天
打柴火　1天
出填外　12天
水么湾拉菜　1天　　　共28天
⑩ 青松岭民工工分怎么开？
仍按家里农业工分每天高三分算。
⑪ 县山河和公社三河民工的工分怎么开？
按开来的工票上的工分开。
⑫ 农机站的民工的工分怎么开？
按开来的工票上的工分开。
⑬ 油路民工的工分怎么开？
按家里农业工分标准算每天高三分算。
⑭ 苇子沟打结木头怎么记分和加补助？

		头道岔　刀把地井	三、四道岔以里
一等	工分	1分	1分
	折	3分折	5分折
二等	工分	7厘分	7厘分
	折	2分折	3分折

77年12月18日1天

召开两委扩大会议
参加人员：
张文贵，郭占奎，高文，高有，王永，杜桂山，张明德，王立新，张文科，李树

林,祁凤元,高桂有,韩风明,穆奎军,韩志品,李付海,穆凤忠(半天),刘良,高德清,郤德文,张珍,薛廷甫

共计 22 人

会议开始传达了公社党委 12 月 16 日执行会议精神,抓好新班子的建设,(总结 77 年农业生产经验教训,安排 18—20 号三个晚上总结成绩找差距落实移植作物到地决定措施)。

重点讲:抓好群众生活,自留地明年杜绝增加。

严禁大吃大喝,挥霍浪费。

大队干部补助不超 3—5 人。

每人不超(最高)1 200 分。

讨论纪录:

① 大队通知开会有的个别人到的太迟怎么办?

不按大队通知时间到会者,每迟 5 分钟扣 1 分,对无故不参加会议者扣 10 分工。

② 搞三讲一评,就清查资本主义倾向怎么抓?

仍以 77 年 2 月 9 日成立的清查小组具体抓:

组长:张明德　　付组长:祁凤元

成员:高桂有　高文　郭占奎共 5 人。

③ 高桂有已提大队早晚是否有专人?

决定早晚有高桂有负责值班。

※　※　※　※　※　※　※　※

李天将去赵家庄要款 4 天。

杜万林 12 月 19 日去公社开组织委员会。

郭占奎 1 月 3 日去 8、9、10 队清查木料。

6 队杨存瑞 1 月 4 日去罗车铺送电影人驴工。

郭占奎 1 月 6 日在 1—7 队,清查木料。

77 年 12 月 19 日

学校报来民办教师欠工:

张明海:伺候女人病　6 天

给孩子看病　14 天

有病　6 天　　　共 26 天

张海琴:看门三天。

李付河：去瓦房沟卖小兔半天。

彭宪枝：有病 1 天，送姐姐 1 天，共 2 天。

刘军：小沟门赶猪半天

茨营买麦子 1 天　共 1.5 天

郭文合：因定婚耽误 2 天。

大队搞三讲一评用工记载

姓　名	28 号	29 号	30 号	31 号	姓　名	28 号	29 号	30 号	31 号
张明德	8	8	8	√	张文海			8	√
祁风元	8	8	8	√	高　祥			8	√
王立新	8	×	8	√	梁　明			8	√
杜万林	8	8	8	√	韩志忠			8	√
王文清	8	8	8	√	梁　进			8	√
高　文	8	8	8	√	尤长贵			8	√
郭占奎	8	8	8	√	张天付			8	√
张立新	8	×	8	√	范世亮			8	√
郝存山	8	拉曲	8	√					
罗　有	8	8	8	√					
张文桂	8	8	8	√					
王　永	8	8	8	√					
杜桂山	8	8	8	√					
张文科	8	8	8	√					
李树林	8	8	8	√					
韩风明	8	8	8	√					
穆奎军	8	8	×	√					
韩志品	8	8	8	√					
李付海	8	8	8	√					
穆风忠	8	8	8	√					

续 表

姓　名	28 号	29 号	30 号	31 号	姓　名	28 号	29 号	30 号	31 号
薛廷甫	8	8	8	√					
高德清	8	8	8	√					
刘　良	8	×	8	√					
张　珍	8	8	8	√					
郤德文	8	8	8	√					
							共计 624		

78 年 1 月 2 日 1 天

召开两委扩大会议

参加人员：

郭占奎，杜万林，高文，张文贵，王永，高有，张明德，王立新，张文科，李树林，高桂有，韩风明，韩志品，穆风忠，薛廷甫，高德清，郤德文

共计 17 人

会议开始把 76 年末到现在瓦窑清场卖出的砖瓦数和款数进行了公布，把学校卖房和学校修建开支进行了公布；然后研究如下问题：

① 张文有岳父买树 80 根，款 80.00 元，对学校卖房和副业厂卖大小把的 606.75 元；对茨营粮库买树 200 根，交款 140.00 元；对张北二泉井买木料(大绳 417 斤)近 250 元，对于万库买修车房余的 86 根木椽初步价 100.00 元；对铅锌矿买砖和装车共 968.80 元；对荣海祥买瓦 1 000 块，合 30.00 元，对去年春到今年秋卖出瓦砖款，除还会计 76 年决算打预收 1 250.00 元，又让罗有打卖柴火款 100.00 元，留还宏中砖瓦款 77.48 元，这三个之外还余 580.02 元，总共 2 755.57 元，怎么处理?

1. 对张文有岳父的 80.00 元，留做今后待客费用。

2. 对 606.75 元，140.00 元，二泉井 250 元左右，共计 996.75 元，付出现在学校修建费 826.38 元，其余留明年学校修建开支。

3. 对于万库 100 元，铅鋅矿 968.80 元，荣海祥 30.00 元，卖瓦余 580.02 元，共计 1 678.82 元。付今年盖学校用工资，每 10 分付款 0.60 元，剩余的近 10.00 元左右，付现在已开支的待客费。（经和 2 队商量从 2 队盖学校工资中拨给用 6 队县山河民工工资 146 元）。

② 社员用锅盖木料和菜板木料每个怎么作价？每个价 1.50 元。

③ 各队砍的窑柱已过斤称，就重量问题如何限制？

为给今后收木头打下基础，仍按前定的 600 斤一车为限，多超者大队没收。

④ 大队没有的烧，打算每群羊收 10 个树枝子留大队烧，是无代价，看同意不？

同意按每群羊 10 个树枝子交大队用。

⑤ 医生本大队或外大队看病的时间怎么安排？

去年大队各片，看病和大队看门人打个招呼说一声去那里。到外大队去与不去和大队看门负责人商量，如去必须有时间要求。

⑥ 77 年度怎么让合作医疗交工分款？

决定 1 000 元

⑦ 77 年度按人摊农林业建设工每人 100 多一点工分，所以按往年怎么按人分给生产队付业款？每摊工的人按 5 元分给生产队。

⑧ 今年副业工是否还给加补助款付生产队？

按开出的副业工每 10 分补给生产队 1 角钱。

⑨ 农田建设怎么安排？

	1	2	3	4	5	6	7	8	9	10	合计
上　人	4	4	5	5	5	4	4	照顾	4	4	39
用　车	2	2	2	2	2	2	2		2	2	18

负责人：祁凤元

时间：早 9:30 点准时劳动，下午 4 点收工。

　　中间休息 1 小时（两次）

⑩ 如何深入生产队检查车货，打棚，用料等？

由张明德、郭占奎负责。

⑪ 付业厂已发成品估计能收入 700 来元,付业厂存料不少,怎么计算收入? 公社给 250 吨矿,已算回 94. 4 吨,收入结款 1 869. 70 元。

(总收入 3 610. 80 元,支出 1 741. 10 元)

还有 155. 6 吨,现在正想怎么预计收入?

大队已打结 2 200 多个木头,已收 1 小部分怎么预收款?

副业厂打预收 2 000 元

矿石打预收 2 800 元

卖木头打预收 500 元

⑫ 把开大会的人和外勤劳力评一下?

经过查户口的结果是:

	1	2	3	4	5	6	7	8	9	10	合计
开大会人	45	48	62	58	52	48	44	26	45	44	472
劳　力	21	20. 5	25. 5	26	20. 5	26	17	11	22	22. 5	212

开大会每人应摊 8 分工。

⑬ 各队卖大牲口款要求分红情况是:

	卖　出									买回马		公社批示让分款
	马		骡		牛		驴		合计款数	匹数	合款	
	匹	款	头	款	条	款	头	款				
2	4	2 050. 00							2 050. 00	2	1 250. 00	×
3	1	1 150. 00			3	692. 40	1	37. 80	1 880. 20			570. 00 元
4	2	1 400. 00			2	600. 00			2 000. 00			×
6			1	950. 00					950. 00			290. 00 元
7					1	340. 00			340. 00			100. 00 元
9	1	400. 00			1	52. 00			452. 00			140. 00 元
10	2	1 310. 00			3	585. 00			1 895. 00			570. 00 元

用工记录　　　　1 月份

	张文贵	王永	张文科	李树林	韩风明	韩志品	李付海	高洪如	高德清	张珍	郤德文	李海林		
8 号检查肥料	8	8	×	8	8	8	8	8	8	8	8	8		
9 号开队长会议	8	8	8	8	8	8	8	×	8	8	8	×		

王文清参加　1—4 队检查

张立新参加　5—8 队检查

王文清　公社开会 1 月 14 日 1 天

附注：77 年秋监收员工分

	实开出工分	扣后归给					
		大队	3 队	2 队	1 队	5 队	
1	56		56				
2	75	20	55				
3	102			102			
4	67	23	3	41			
5	36	20			16		
6	46	25				21	
7	49	34				15	
8	46	36	10				
9	36	36					
10	20	20					
合计	533	214	124	143	16	36	

78 年 1 月 15 日召开两委扩大会议　　1 天

参加人员：

杜万林，郭占奎，高文，张文贵，高有，杜桂山，王永，张明德，王立新，张文

科,王文清,李树林,韩风明,祁凤元,韩志品,穆奎军,张明生,穆凤忠,薛廷甫,刘艮,高德清,郜德文

共计22人

会议开始传达了公社1月13日召开的飞行会议精神,统计了各种数字,订正了种植计划的安排,讨论问题:

① 两委包队怎么定?

1郭占奎,2高有,3王立新,4王文清,5高桂有,6祁凤元,9杜万林,8崔玉海、张立新,7高文,10祁凤元、马淑兰

② 生产队的三讲一评怎么安排?

1月16日到18日　学习三个晚上

1月19日到23日　用5个晚上搞三讲一评

24日到25日　订各项规章制度

订78年大上的生产措施

重点介绍:

资本主义倾向,无政府主义,清收欠款。

③ 给井沟供销社刘长发安排木头?

5	6	7	4	8	9
10	10	10	10	10	10

1月20号准备齐

8、9队送到苏寺。

1队给高书记2车、刘德海2车

5队给高书记1车(实送10个)、张政富2车(实送19个)

李化廷和7队驴去南沟送电影1天　2月1日

郜桂合1月31日去外给大队要款1天

2月9日召开烈军属在乡军人座谈会:

高祥、李化廷、刘殿仕、张珍、薛德彬

共5人。

2月19日到2月24日在茨营参加公社三干会:

高庆枝6,郭占奎4,马淑兰6,王永6,张明德6,张文科6,李树林6,王文清6,韩风明6,穆奎军6,穆凤忠6,薛廷甫6,高德清6,郜德文6,张万江6,队

拖拉机送和接

共 15 人

2 月 19 日在公社参加誓师会的人数：

1	2	3	4	5	6	7	8	9	10	合计
12	22	12	21	14	10	10	4	13	12	130

4 月 10 号去公社开妇女会人数(每人 8 分工)

1	2	3	4	5	6	7	8	9	10	合计
6	10	8	5	4	2	3		7	3	48

78 年 1 月 28 日　　1 天

召开两委扩大会议

参加人员：

高文，郭占奎，张文贵，王永，杜桂山，高有，张明德，张文科，张立新，王文清，李树林，崔玉海，祁凤元，韩风明，韩志品，穆凤忠，刘良，张明生，高德清，郃德文，张珍

共计 21 人

会议开始汇报了生产队的三讲一评和送肥轧地等情况，传达了县三干会议精神。

然后安排：

① 运动情况怎么安排？

在二月五日前一定搞完生产队的三讲一评扫尾工作。制三讲一评登记表。

② 会议安排怎么贯彻？

今天开两委扩大会议，明天召开党员会议，利用白天修沟门大道，休息时间开会(能劳动的记工，不能劳动的光开会不记工)。群众会因没有大会地利用 29 日晚上分六片用收音机开，具体两委分工是：

1、2 王文清，3 高有，4 郭占奎，5、6、7 祁凤元，8 张立新，9 高桂有，10 崔玉海

③ 大队制定那些规章制度？

压缩非生产用工,建各种规章制度:学习制度、劳动管理制度、财务管理制度。

(执行三不叫月底查)

当前重点抓好:

分配、储蓄、卖社员储备粮。

④ 干部如何做到三不干部?

同意:不干靠边活、不当外交、不挣软工分。

大队会议决定:凡喂牲口等靠边活一律换下来。

⑤ 公社领导讲,对过节有买不起年货的可提几户报公社。

回队审查后,可以申请,经大队审查提交公社。

78.2.3 号时间 1 天

召开两委扩大会议

参加人员:

高文,张文桂,王永,高有,张明德,王立新,张立新,王文清,李树林,崔玉海,高桂有,祁凤元,韩风明,穆奎军,穆凤忠,薛廷甫,高德清,邰德文

共计 18 人

会议开始传达了公社 2 月 2 日飞行会议精神:

(春节保卫,春节文娱要求,生产)然后研究:

① 春节安全保卫领导小组怎么建?

组长:张明德　付组长:祁凤元(苏寺片)　王文清　崔玉海(沟门片)

成员:高有(古方片)　薛廷甫(水沟片)　高德清(窑沟片)　邰德文(干沟片)　高桂有

共 9 人组成。

生产队的领导小组是生产队的安全保卫小组。

② 制定各项制度?

① 加强法制宣传,用收音机宣讲三次。

② 对四类分子多加管理。5 红包 1 黑。

③ 四类分子和三类人员一律不准外出。

④ 大队两委和民兵值班。

27	28	29	1	2	3	4	5
高文，高桂有	高文，张明德	张明德，祁凤元	张明德，高桂有	张明德，高桂有	祁凤元，高桂有	高文，高桂有	高文，高桂有
一排四人	二排四人	五排四人	六排四人	七排四人	三排四人	四排四人	五六七排各一人

民兵巡逻前半夜 2 人

民兵巡逻后半夜 2 人　不准睡觉

值班民兵每天晚上 6 点必须到大队值班。

⑤ 做到四防和四不中。

⑥ 2 月 3 日组织 18 人，分六片进行大检查。

⑦ 加强线路维修、按原线路普查一次，有问题马上补。

⑧ 按时放闸，不放收音机。

⑨ 坚持请示报告制度。1 天 24 小时内电话不离人，发生问题马上汇报。

⑩ 大队确定值班民兵：

	1	2	3	4	5	6	7	9	合计
负责人	张万江	王俊	王铁强	王进甫	祁守彬	穆风海	李风龙	杜宪德	
民　兵	6	7	10	8	6	10	5	7	59

③ 那天召开烈军属在乡军人座谈会？

正月初三召开，今天定日期，不另外通知。

④ 就原报社员盖房有：张文德，李桂生，荣正廷，张珍

那个队已同意让盖，怎么批报？

张文德队内同意解决三分房基地，同意让盖。

张珍队内同意解决三分房基地，同意让盖。

大队会议同意以上两户可报公社。

⑤ 节日怎么放假？

从旧历 29——初二共放三天。

各队报一下，外出合同工，副业工，没交或已交公共积累的：

已交的：

崔玉江，高玉，高洪合，彭宪枝，郭文海，王进录

未交的：

高洪宇，高德品，彭宪军，彭宪英，木建花，高德军，彭献忠，罗彬，高瑞，马战友，张清祥，张万春，罗军

暂时没收到人的：

王建平，张海祥，王铁刚

⑥ 学校盖房怎么砍木料?

过节上班后大队号树，砍回去做个记号，种完地之后盖。

⑦ 烧窑怎么安排柴火?

每人 1.5 个，正月十五日前交齐。

⑧ 副业厂备料怎么砍木头?

大队抽人砍边缘坡，砍后再定怎么付酬。

78.2.6　1 天

召开两委扩大会议

参加人员：

郭占奎，杜万林，张文贵，王永，高有，杜桂山，张明德，王立新，王文清，李树林，高桂有，韩风明，韩志品，穆奎军，李付海，薛廷甫，高德清，邵德文

共 18 人

会议中心传达公社 2 月 5 日紧急飞行会议精神。

78.2.17 日　1 天

召开两委扩大会议

参加人员：

王俊，王永，张明德，王立新，张文科，王文清，李树林，祁凤元，高桂有，穆奎军，韩志品，穆凤忠，李付海，高德清，邵德文

共 15 人

小赵传达了公社 2 月 16 日紧急会议精神，然后研究：

① 公社分配咱大队两个劳动模范评准?

王立新，韩风明

② 咱大队如何组织参加誓师会和三干会议问题?

① 19 日上午 9 点半在沟门集中，生产队先交参加人名单，散会后在医院内点人。

② 三干会烧柴：1、2 队每队 24 个　大师傅：彭正德
每队代 20 斤菜，1 队拖拉机送行李。
然后统计：

		1	2	3	4	5	6	7	8	9	10	计
没有送出肥			20	200	50	40				100		410
春节后已拉土		600	800	900	600	900	600	400	50	100	50	5 000
会议期间	送　肥		50	100		50			50	100	150	500
	再拉土	200	200	200	200	100	200	200				1 300

苏 寺 大 队

社员欠款情况表　　78. 2. 11

队别	姓名	原欠款	还欠				队别	姓名	原欠款	还欠			
			①	②	③	④				①	②	③	④
1	栗品智	63. 22	63. 22				4	李桂枝	32. 98	32. 98			
	于元祥	9. 16	9. 16				5	刘付生	66. 09				
	李桂复	14. 45	14. 45					赵淑先	178. 09	178. 09			
2	马　亮	11. 45	11. 45				6	彭正德	266. 33	100. 00	46. 33	30. 00	
	孟秀娥	13. 54	13. 54					彭正付	193. 43	193. 43			
	王　永	35. 86		35. 86				高祥会	139. 54	25. 00		25. 00	89. 54
	马　朋	47. 31	20. 00	27. 31				李少英	7. 30	7. 30			
	张玉林	40. 26		40. 26				邵　氏	109. 32				
	张宝军	62. 16				62. 16	7	尤存元	140. 05	100. 00			
	罗　彬	50. 94	50. 94					张文志	29. 10	29. 10			
3	冀文付	8. 41	8. 41					尤长贵	168. 02	168. 02			
	王志文	232. 51	232. 51				8	李付江	46. 02	46. 02			
	王进祥	141. 61	141. 61					范　氏	20. 97	20. 97			
	张文付	103. 54	103. 54					薛英芳	129. 02	55. 03			
	张连军	98. 51			48. 51		10	杨存莱	25. 11	25. 11			
	张　军	41. 90	41. 90					崔文彬	4. 63	4. 63			
	李仲梅	75. 91	75. 91										

续 表

队别	姓名	原欠款	还欠				队别	姓名	原欠款	还欠			
			①	②	③	④				①	②	③	④
	穆永会	8.87				8.87		共40户	2 932.98	2 089.69	149.76	103.51	
4	彭正玉	130.94	130.94										
	郝存仕	39.09	39.09										
	田风枝	46.08	46.08										
	康永祥	44.00	44.00										
	杨德义	50.82	50.82										
	杨宝善	6.44	6.44										

农建工分:

从1月3日到1月30号

1队	641	6队	804
2队	955	7队	731
3队	1 095	8队	
4队	717	9队	272
5队	990	10队	803
共计	7 008分		

社员杀猪

		1	2	3	4	5	6	7	8	9	10	合计
时间	十一月	6	4	11	13	2	4	1				41
	腊月	11	13	8	6	11	9	12	7	10	10	97
	合计	17	17	19	19	13	13	13	7	10	10	138

78.2.26

召开两委扩大会议

参加人员:

高文,马淑兰,张文贵,王永,张明德,王立新,张文科,张立新,李树林,祁凤元,韩风明,韩志品,穆奎军,穆风忠,李付海,薛廷甫,高德清,邰德文,张珍

共计 19 人

讨论纪录：

① 去县开会人定一下？

祁凤元，王立新，张文贵，王永，张文科，李树林，韩风明，穆奎军，穆凤忠，薛廷甫，高德清，郤德文

共 12 人。

② 去公社开会人定一下？

张明德　书记，高文　会计兼团书记，高桂有　信用站会计宣传队员，马淑兰　妇联会女劳模，王文清　公安兼四队政指，杜万林　组织队员，郭占奎　贫协会主任，郤玉花　女劳模，李桂复　一队政指，马朋　二队付队长，李海林　三队付队长，董成瑞五队付队长，田秀文　六队付队长，张明生　七队付队长，刘良　九队政指，张珍　十队政指，高普　一队保管，王俊　二队保管，赵文祥　三队保管，康登秀　四队保管，高洪举　六队保管，高洪江　八队保管，高德明　九队保管，王占奎　十队保管

做饭：冀文富，杜永科

反面人：高洪朋，徐淑珍，韩志文，彭正富

柴火：3 队　24 个　4 队　24 个　5 队　24 个

菜：每队 25 斤

③ 在家掌握讨论人和参加会人数：

		1	2	3	4	5	6	7	8	9	10	
掌握人		张万江	杜桂山	王进祥	郝存仕	张付	韩志品	李付海	高洪有	郤文海	李桂合	
到会	男	12	12	12	13	8	14	8	5	6	8	98
	女	12	6	13	6	6	5	3	4	5	4	64
	计	24	18	25	19	14	19	11	9	11	12	162
中学生	男	4	4	3	3	2	2	1	1	5	5	30
	女	2	2	2	3	3	1	1		1	3	18
	计	6	6	5	6	5	3	2	1	6	8	48

④ 学校砍木头何时搞？

从明天开始到 1 号完成。

每 10 人：1 根拎　1 根椽　1 根柱子。

由大队要木匠打皮。

⑤ 薛廷甫提高祥早刨土不听队长说,去危险处致使跟土一块涌下来,怎么处理?

薛风桐刮羊圈滑倒摔坏胳膊怎么处理?

高洪有在副业队砍伤怎么处理?

会议认为:

高祥早不听队长劝阻,不算因公受伤。

薛风桐滑倒不算公伤。

高洪有在副业队受伤,大队过去就木匠厂有过规定算公伤。但在养伤日子中又给别人干活,累复,决定从给别人干活前算公伤。

现用工记录:

① 1 月 28 号　6 队送电影去罗车铺　人驴工。

② 5 队送教员去公社开会的行李　人驴工。

③ 3 队送女三河民工的人驴工。

④ 王铁强 3 月 2 日去茨营给去县开会人取粮票。

⑤ 3 队接教员在公社开会的行李　人驴工。

⑥ 3 队去送到县开四干会和公社会议的人驴工。

⑦ 3 月 10 号 3 队接去县开四干会人人驴工。

⑧ 3 月 27 日砍木柱:

高德仲 15,高德仕 15,高德进 15,高德清 10,郤德文 10

⑨ 李天将 3 月 27 日去罗车铺送电影人 驴

⑩ 5 队韩风有 4 月 18 日去罗车铺送电影人驴工

⑪ 5 月 12 日梁树合去庄户梁送电影人驴工

3 月份　　在公社听大会人数和县社开会人用工(开入开大会用工)

	4 号	5 号	6 号	8 号	县开会　　公社开会
1	19	17	19	19	张文贵 8　高文 8　马淑兰 7　高普 7　杜万林 6.5　郭占奎 6.5　共计 430
2	26	26	24	22	王永 8　马朋 7　王俊 6.5　215
3	25	18	19	22	王立新 8　张文科 8　张明德 8　王失臣 7　李海林 7　赵文祥 1.5　395
4	23	23	22	29	王文清 8　康登秀 7　150
5	13	8	12	9	韩风明 8　祁风元 8　杜永科 7　高桂有 7　董成瑞 7　370

续　表

	4 号	5 号	6 号	8 号	县开会　　　公社开会
6	20	12	14	12	穆奎军 8　田秀文 7　杨存瑞 7　220
7	11	11	9	8	穆凤忠 8　张明德 7　150
8	3	2	2	4	高洪江 7　70
9	15	10	11	11	高德清 8　刘艮 1.5　郭文海 5.5　150
10	9	8	6	13	邵德文 8　邵玉花 7.5　王占奎 7.5　张珍 7.5　305
计	164	135	138	149	245.5
	5 分	8 分	8 分	5 分	

78.3.13 晚上

召开两委扩大会议

参加人员：每人 3 分

张文贵，郭占奎，马淑兰，高文，王永，张明德，王立新，张文科，王文清，郝存山，祁凤元，韩风明，杜连英，穆奎军，韩志品，李付海，穆凤忠，高德清，高淑枝，张珍，邵 德文

共 21 人

会议由公社小赵就支前工作进行了安排。

讨论纪录：

① 在 15 号各队把：

　① 政治夜校搞起来，建好点名薄

　② 落实三不叫月底整男女定工搞出来

　③ 移植计划，落实地点搞出来

　④ 早 6 点半出动，晚 6 点收工

　行不行？

都能搞出来

② 当前运动和备耕任务要怎么分工？

1. 运动：抓清欠（公共积累、口粮款）

　　　抓小四清　抓一批两打。

张明德,高桂有,高文负责。

2. 肥料(农家肥,每么 50 斤化肥)

籽种(两朵)

王文清,高桂有,郭占奎负责。

3. 备耕生产(发芽试验,修农具,整地)

祁凤元,王立新,高文负责。

③ 自留地怎么打?

由祁凤元负责,明天开始从 1 队往里安排。

④ 咱大队怎么压缩劳力?

郝存山,李兆阁,张连荣,成半日制在创业队劳动。

⑤ 公社决定各大队白天不准开会怎么安排?

坚决执行。晚上开会为了到的全,采取凡到会都每 1 个开会小时记 1 分工,秋后从百分之二内扣除。对不到的白天补课不记工。白天不来补课的扣到会应记的工,秋天从误工记工中扣。

⑥ 彭宪枝提出,因病现在不能上班,叫暂找 1 人替教学,找谁?

祁守花

⑦ 学校按上级指示要开家长、师生座谈会,怎么安排,7 岁以上儿童收不收?

会议由祁凤元和学校共同安排。

现在还不足入学年龄的儿童,家长有要求,为了充实农业,现在决定学校收下,就桌凳问题,自己带凳子,课桌由学校借板解决。

⑧ 副业没料咋办,是否大队抽人砍?

现在正赶备耕,决定由各队自选地点砍,光砍把子,凡砍大才(柴)大队没收。仍执行前规定,超出 600 斤大队也没收。合格规定者每斤付 1 分钱。具体时间另定。

⑨ 初步打算将 6、8、10 队供应定后,把社员节约储备粮,外出油路工代粮,5 队欠征购,从供应顶回来,让 6、8、10 队在本大队取粮,同意否?

同意这么办,明天让张明德去办理。

78.3.18 晚上

召开两委扩大会议

参加人员:每人 3 分

郭占奎,马淑兰,高文,张文贵,王永,张明德,王立新,张文科,王文清,郝

存仕，郝存山，祁凤元，高桂有，韩风明，穆奎军，韩志品，李付海，穆凤忠，高德清，张珍，邰德文

共计 21 人

会议开始进行了汇报(地瓜移植，定工，政治夜校，整地，发芽试验，出工时间)

然后研究：

① 办欠口粮钱和公共积累还有个别人的学习班，都定谁？

罗正全，李汉军，高瑞，张宝军，穆永会，韩志文，刘付生，彭正付，穆凤山，穆永生，彭正德，高祥会，高洪志，徐淑珍，尤存元，高洪朋，薛英芳，高仕军

共 18 人(除穆永会已死还有 17 人)

明天上午办学习班，如不到会罚款 1 元。

② 让民兵连长学习谁去？

王铁强(三队民兵排长去)。

③ 宣传姚家坊公社陈家坊老曾买多木杠，要咱大队记证明，送出检查站，要小头 7、8 公分大，要 500 根，咱们卖不卖？

这些条件咱不能答复，去信让他另买。

在农田建设工地休息时开会

78. 3. 22 号上午半天

召开两委扩大会议

参加人员：

杜万林，马淑立，郭占奎，张文贵，王永，张明德，王立新，张文科，张立新，王文清，韩风明，韩志品，穆凤海，薛廷甫，高德清，邰德文

共 16 人

休息开始征求了各队对公社的意见。

然后讨论：

① 创业队干部问题，去年张宝斋再三要求今年因病不再到创业队任干部，今年又找他，还是这样，说不来了，初步意见让杜万林任创业队长，同意不？

同意杜万林。

② 林业队、创业队怎么定人？

全大队用工怎么摊？

具体算帐是：

	1	2	3	4	5	6	7	8	9	10	计
副业厂	张文合 1	高有 1	祁凤明 1	张树生 穆奎喜 2	张桂元 1	高洪志 1	张明瑞 张明春 2	郝存富 1	高洪章 1	吕桂军 1	12
教　师	2					1	2	1	1	1	8
医疗和合作代销员			1	1			1				3
大队干部	1		1		2						4
大队和公社牧厂										2	2
农机站			1	1							2
公社三河		1	2	1	2	1	1			1	9
公社中学					1	1		1			3
县三河		1		1		1					3
铁　矿	1	1		1	1	1		1	1	3	10
油　路	1	1	1			1		1	1	1	7
林业队			1				1				2
实　出	6	5	8	7	7	7	7	5	6	7	65
按 77 年 9 月 23 日在罗车铺会议上算分	9	9	12	11	8	10	8	5	7	9	88
再结 林业队											6
再结 创业队											17
	杜万林 高淑平 罗正全	高海琴 马桂娥 李汉花 高　瑞	郤桂军 张忠秀 张月娥 张淑平	梁　朋 高玉平 高淑花	韩翠梅	穆凤林 木长山 高淑平	李桂娥		刘殿仕	郤玉花 张玉莲	

③ 知识青年怎么安排？

回生产队锻炼。

④ 砍把子何时搞？

3 月 25 日开始。

78.3.28 日晚

召开两委扩大会议

参加人员：每人 4 分

张文贵，马淑兰，高文，高普，郭占奎，王永，高有，杜桂山，高淑琴，张明德，张文科，李海林，张文平，李树林，包献芳，郝存山，韩风明，高桂有，董成瑞，杜连英，穆奎军，田秀文，木淑芳，李付海，李桂娥，穆风忠，薛廷甫，高德清，刘良，郤文海，高淑枝，张珍，李桂合，郤玉花

共 34 人

会议开始由小赵传达了公社党委三讲一评情况和当前生产的安排，然后有张海江讲了“办好多彩经济办好养兔养猪场的问题”，最后张明德就生产问题具体进行了安排。

讨论记录：

① 怎么样办好多彩经济的场子？

现在筹建兔场，预计搞 50 个，等青草下来就养，今年种点红萝卜类饲料，等有了饲料再办猪场。

② 分配洗衣粉问题：

1	2	3	4	5	6	7	8	9	10	计
8	6	6	6	3	4	3	3	3	3	45

78.4.5 日晚上

召开两委扩大会议

参加人员：

公社：任书记，高书记，小赵　　每人 3 分

郭占奎，马淑兰，高文，张文贵，王永，高有，杜桂山，张明德，张文科，王立新，王文清，郝存山，李树林，高桂有，韩风明，韩志品，穆奎军，李付海，穆风忠，

薛廷甫,张珍,李桂合,邵德文

共计23人

会议先由任书记,高书记就搞玉米植移问题进行了传达,提出在苏寺先行一步,在4月8号开全公社三干飞行会议,小赵也讲了讲支前工作。然后安排:

① 公社根据咱大队的玉米植移面积和没有一点朵植移的问题,分配咱大队朵高玉米籽1 000斤,初步意见分给各队的数字是:

(收黄单每2斤粮食换1斤,每斤0.37元,中朵44号是1斤换1斤,每斤0.24元)

1	2	3	4	5	6	7	8	9	10
100	100	100	100	100	100	50	100	120	130

收黄单20号650斤　　　　　　　　　中朵44号350斤

同意这个安排,明天收本,后天大队去1个人办理。

② 公社分配树5万斤,架杆2 000根,椽子500根,打算按各生产队人口分给各队,树每人60斤,要代眼的,架杆每人3根,椽子每人1根行否?

同意这样安排。

4月8日决定:现在停止砍把子,原先砍下来交的还继续收。树只限每人60斤,如超过分配数在1 000斤以内的付款,超过1 000斤的部分大队没收,椽子是桦椽百分之七十,杨椽30%,但水令令的杨椽不准砍。

在古方2队挖玉米坑工地上开会　　78.4.6号上午半天

参加人员:任书记,高书记,小赵

张文贵,王永,张明德,张文科,王立新,王文清,李树林,韩风明,韩志品,穆奎军,穆凤忠,薛廷甫,邵德文,张珍,杜桂山

共15人

通过实地挖坑,各队进行了安排。

队　别	玉米坑么数	地　　点
1	30	西大地
2	30	西大地
3	25	东北地10　车辋地5,沙滩地5,石盆5
4	25	断腰地10,补坑8,填台7

续　表

队　别	玉米坑么数	地　　点
5	25	沟门滩 8,夭沟滩 6,西井 5,涝水沱 6
6	20	三亩三　8,羊圈后 3,窑台 4,三十么地 5
7	15	六么地 10,四么地 5
8	10	庙后地
9		
10	10	长脖沟
计	190	

② 公社分配咱大队子种田 37 亩,怎么办?

高良子种田 5 亩,在沟门围墙后的地内搞。

在苇子沟搞玉米 10 么。

经过充分讨论决定:

把三队猛虎沟门近 20 亩地调为大队制移。

每么(亩)产量定 500 斤。

由大队杜万林具体抓籽种。

三队每么 20 车肥。秋后秸草归三队。

有关移锄收割由三队出工。

在一般田管理范围内的出工都由三队负责。

因籽种而多花的工,由大队负担。

买调籽花的款由全大队负担。

在公社玉米坑移现场会上　　78. 4. 8 号

参加人员:

郭占奎半天,张文贵半天,王永半天,杜桂山半天,张文科半天,王立新半天,王文清半天,李树林半天,韩风明半天,韩志品半天,穆凤忠半天,张明生半天,张明德一天,穆奎军一天,刘良一天,高德清一天,薛廷甫一天,张珍一天,郃德文一天

共 19 人

会议上再次学习公社搞好春播的十条规定,经过讨论各队认为能落实。

然后讨论：

① 植树造林怎么搞?

	公社任务	1	2	3	4	5	6	7	8	9	10	林业队	合计
育椿树	1 000 株	950	1 100	1 350	1 150	950	1 150	850	600	950	950		10 000
育　苗	5 么	0.3	0.3	0.4	0.36	0.3	0.33	0.24	0.17	0.26	0.26	0.08	3
栽红果	5 000 株	291	306	390	333	273	300	237	165	255	255	195	3 000
接大扁	3 000 株											3 000	3 000

封山　160 么(亩)

决定：

① 育苗地点苏寺小南沟,各队光刨地,大队去黑达营,大队採条,由大队抽人育苗。

② 刨红果要代横根和毛根,各队挖窝、点水,必须栽好。

1—4 队和 8 队去水沟,由张立新具体负责。

5、6、7、9、10 队去水沟大北沟,由梁明具体负责。

从 9 号开始刨秧　10—11 号突击搞完。

③ 封山地点：

水沟方面：

小东沟,歪脖沟,小南沟,大南沟,特二沟,破庙沟,大杨树沟

干沟方面：

四么沟至干沟水泉洼梁

在四月二十日前收木头拉清,明天起不准再割柴火。何时开坡另研究,这些坡不准砍木头不准打羊业(叶)。这些禁坡地带,可以放牲口。

② 公社社直干部不少人,要柴火怎么安排?

先派的要找齐,今天按各队人口每人再派半个柴火。

③ 大队办兔场,怎么解决母兔问题?

会议上报给母兔的有：

张明德 2　李树林 1　王文清 1　张文科 1　韩志品 1　张立新 3　邰德文 1

回队后和社员讲清楚,要求社员大力支持。

④ 给学校砍的柃(棱)柱和椚(椽)子怎么付报酬?

初步意见椚子的工分是：

	1 等	2 等	3 等	4 等
砍	1 分	7 厘	5 厘	3 厘
拉的人牛工	1 分	1 分	8 厘	8 厘

经过讨论：同意。

砍柃柱类：

	特	1 等	2 等	3 等	4 等	5 等
砍柱在内	10	8	6	5	3	2

因各队砍的地点不同，具体工分由各生产队自定。

⑤ 各队计划一下农药（退菌特）：

1	2	3	4	5	6	7	8	9	10	计
2	2	2	2	1.5	1.5	1.5	1	1.5	1.5	16.5

⑥ 根据劳力的安排（植树造林，砍木头等）咱们的坑移怎么安排？

	1	2	3	4	5	6	7	8	9	10	计
挖玉米坑	5	5	10	7	16	5	6	1	3	2	60
坑移山药	8	10	8	7	4	5	5	3	2	8	60
坑移玉米	10	6	5	5	3	5	4	2	5	5	50

研究社会困难户和大队干部补贴问题　　78. 4. 12

参加人员：张明德，祁凤元，高桂有，高文，共 4 个人。

① 李汉州，刘付生，李文彬，张文志，尤存元，共 5 户

② 大队干部工分补贴：

书记 120，付书记 100，付主任 80，连长 100，会计 100，共 5 人合 500 个工

③ 收兔每斤按多少钱？每斤按 0.55 元

④ 张桂元再三要求把他孩子给安排点活咋办?

先放在农建创业队,干几天再评分。

⑤ 养兔让谁? 先决定彭正富、王登明两人。

几项用工记录?

① 马淑兰开妇女会 1.5 天。

② 马淑兰搞上环 2 天(4 月 20 日下午—4 月 22 日上午)

③ 王文清公社参加公安会　4 月 2 日到 4 月 3 日共 1 天。

④ 4 月 19 日去龙门所参观　张明德、张文科、王永、韩风明。

⑤ 穆永生 5 月 13 日去苇子沟拉席人 牛工各半个

78 年 4 月 23 日晚

召开两委会议

参加人员:赵桂枝、张海江参加

郭占奎,杜万林,高文,张明德,高桂有

共计 5 人,每人 3 分

会议中心研究信贷工作。

① 咱大队信贷员如何聘请?

郭占奎,张文贵,王永,杜桂山,王立新,张文科,李树林,王文清,韩风明,韩志品,穆奎军,李付海,穆凤忠,薛廷甫,刘艮,高德清,张珍,邵德文

共 18 人

大队两委是当然的信贷员。

② 迎接红五月的储蓄任务怎么分配?

1	2	3	4	5	6	7	8	9	10	计
600	200	300	250	200	200	180	100	200	170	2 400

③ 供销社让咱大队收药材怎么安排?

决定李兆阁收药材,明天开始。

药材价依国家规定价付款。

④ 咱大队的节约储蓄领导小组怎么成立?

组长:祁风元

付组长:高桂有

成员：高文，郭占奎，马淑兰，十个队长　　共 15 人组成。

⑤ 咱大队搞多移经营怎么移药材？

在苇子沟移 1 斤贝母、苏子、牛磅籽。

⑥ 咱大队的业余通讯员怎么定人？

郭文合，刘军，高文三人。

78 年 4 月 25 日晚

召开两委扩大会议

参加人员：每人 4 分

参加人员：

高文，郭占奎，张文桂，王永，杜桂山，高有，张明德，张文科，李树林，王文清，郝存山，高桂有，韩志品，穆奎军，李付海，薛廷甫，高洪有，刘良，高德清，张珍，邵德文，李桂合

共 22 人。

会议由赵桂枝讲当前的政治夜校学习问题，每星期日学习两次，重点学习新时期总任务。

当前生产：突击揣移，填好卡片，播种，浸种籽，最后大队又作了具体安排。

78 年 5 月 10 号上午半天

召开两委扩大会议

参加人员：

王永，张立新，李树林，穆奎军，李付海，高德清，邵德文，祁凤元，高桂有，高文

共 10 人

研究问题：

① 移松树怎么办？

定沟门至苏寺南面的三个造坡。

② 烧窑问题怎么办？

用人问题听大队安排，柴火每人 1 个，交湿柴火 50 斤为 1 个，交秸草 40 斤顶 1 个柴火。

③ 打炕怎么定任务：

1	2	3	4	5	6	7	8	9	10	计
	10		12		10	8		8	8	

④ 人参用塑料布怎么办?

大队开支买。

公社开矿现场会议　78.5.18 下午半天

参加人员:

张明德,张文贵,王永,李海林,韩风明,韩志品,李付海,高德清

共 8 人

5 月 26 日　使三队驴去茨营买白灰

　　　　　　刘良送机子刷合板

联防会用工:

7 队驴工半个　　　3 队驴工半个

杜永科 2 个半　　　张文志做豆腐　8 分

7 月 2 日公社召开三干飞行会议:

张明德,崔玉海,马淑兰,郭占奎,张文桂,王永,韩风明,穆奎军,李付海,郜德文

共计 10 人

在公社召开的三干飞行会议上　　78.5.23 日 1 天

参加人员:

高文,张文贵,郭占奎,王永,张文科,张明德,张立新,李树林,王文清,韩风明,祁凤元,韩志品,李付海,薛廷甫,高德清,郜德文

共 16 人

会议讲完之后,大队研究:

① 公社分配 1 112 工程民工两名,初步意见让 6、10 队每队去 1 人,款归小队,由小队记 10 分工,不顶大队摊派人,怎么样?

同意。

② 公社分配县化肥厂 1 名民工,经两委研究同意让张连荣去,是否行?

同意。

③ 张连荣去当工人,让高文当代销员,刘良任大队会计怎么样?

同意。

④ 宣传新时期总任务,摸合板各队没有石灰,每队暂定从付业厂经过罗有取 15 斤行不行?

同意。

⑤ 公社让咱大队报 4 户救济重点户，已报李桂复，刘付生，尤存元，穆凤海。赵桂枝请求党委因开妇女会郤玉花丢 19 元钱，因而有了病，公社同意，共 5 户看是否合适？

合适，同意。

⑥ 各队确定一下，挂标语地址？

1	2	3	4	5	6	7	8	9	10
李桂存房后	牛棚房后	杨宝善房后	队房房后	戏台西山花	杨存瑞房后	牛棚房后		郤文海房后	郤德文东房后墙

⑦ 在 5 月 10 日队长会议上定人参用塑料布让大队开支买，为节省开支，哪个队有化肥袋可以交，如果没有就给你买，大队向生产队分配任务是每三个人 1 个，塑料化肥袋，如果买生产队从今年生产费中开支看行不行？

行。

哪个队交或哪个队买定一下？

1	2	3	4	5	6	7	8	9	10
交	交	交	买	交	交	交	交	买	买

⑧ 公社安排大队成立锄苗检查组，生产队成立验收组怎么安排人？

大队由张明德，祁凤元，崔玉海三人组成，各生产队由队长，指导员或政治队长，付队长组长。

⑨ 今晚上召开各队社员会，重点成立作业组，你队要定几个组？

1	2	3	4	5	6	7	8	9	10	计
3	3	3	3	3	3	3	1	3	3	28

苏寺大队培训骨干会议　　78. 5. 25 晚

	两　委	生产队成员	实到人数	应 记 工		
				人数	每人	合计分
1	高文，杜万林，郭占奎，马淑兰	杜万林，张文贵	6	9	2	18
2	罗有	马朋，王俊，王永，李桂存，杜桂山	6	8	2	16

续 表

	两 委	生产队成员	实到人数	应记工		
				人数	每人	合计分
3	张明德,张立新	张文科,赵文祥,郐桂合	5	6	2	12
4	郝存山	李树林,王文清,王进甫,包献方,郝存仕	6	8	2	16
5	祁凤元,高桂有	韩风明,张付,韩桂军,杜永科	6	8	2	16
6		穆奎军,高洪志,韩志品,穆凤德	4	5	2	10
7		李桂娥,穆凤忠,张明生	3	6	2	12
8		薛廷甫,高洪有,高洪如	3	4	3	12
9		高德清,杜宪德,刘艮,郐文海	4	6	2	12
10		李桂合,郐德文	2	3	3	9
教师		郭文合,杜宪英,张明海,张海琴,彭宪枝,李付合,刘军,吕桂武,李占阳	9			
知青		杜正起,孟香娥,张淑琴,李刚,张铁根,李桂枝,马成,陈新平,邢风连,宋双喜	10			
计	10		64	63		

小赵辅导后,大队的具体安排是:

一、大张旗鼓宣传新时期总任务问题:

1. 宣布理论队伍名单:

教员:

张明海,郭文合,刘军,李付合,吕桂武,张海琴,杜宪英,彭宪枝

8 人

知青:杜正起,张铁根

2 人

大队两委:

张明德,祁凤元,崔玉海,高桂有,王立新,高有,张立新,高文,杜万林,刘艮

10 人

生产队：

高有，王永，杜桂山，王进甫，穆凤祥，张明春，穆凤忠，薛廷甫，高德清，郤德文，张树生

11 人

2. 各队摸的标语按 5 月 23 日定的摸。

各队应摸黑板。

大队大院	5 队房后	古方大街	沟门大街	窑沟郤文海房后
2	1	2	2	1
		郭文合	学　校	刘　军

3. 大队用色纸给每户社员印新时期总任务。

4. 各生产队用色纸写新时期总任务，各队买纸教师写。

5. 教师负责把各队摸的标语用大红写好。

6. 学校组织宣传：定出代(带)队人，判分小组，人数

深入户数，宣传次数。

由学校组织后报大队。

7. 学校各教室办公室，用色纸张贴新时期总任务。

8. 各政治夜校配备情况：

	古方校	沟门校	苏寺校	水沟校	夭沟	干沟
校　长	杜桂山	王立新	高桂有	薛廷甫	高德清	张　珍
付校长	郭占奎	王文清	穆凤忠、韩志品	高洪有	郤文海	李桂合
教　员	杜桂山，郭文合，杜宪英	张立新，李占阳，王进甫	张明海，张海琴，彭宪枝	李付合，薛廷甫	刘　军，刘　艮	吕桂武，郤德文

要建立点名单，订各项制度。

9. 大队开办业余党校：

校长：张明德　　付校长：祁凤元，崔玉海

教员：高桂有　高文。

当前生产问题：

1. 宣布张连荣移交时长款 4.70 元。

2. 判分作业组(7 队搞得好)。

立即详细查补苗,抢锄头遍,个人活停,队里活缓。

3. 脱坯打炕,每户 1 盘。

4. 厕所大缸化,各队必须认真抓。

5. 大抓积肥和社员垫圈。

6. 烧火木头问题。

7. 药材公司给 10 斤人参籽买不买?

不要。

8. 松树育苗由林业队搞,从明天起育苗这个坡禁坡。

9. 劳力出勤与时间问题。

10. 联防会议缺山药,打算按生产队人口每人 1 个秋后由小队还行不行。

行。

78.5.28 号上午半天

召开生产队长会议

参加人员:小赵。

张明德,祁凤元,张文贵,王永,张文科,李树林,韩风明,穆奎军,李付海,刘艮,高德清,高桂有,高洪有

共 12 人

会议主要是汇报宣传新时期总任务的情况和当前判分作业组和查补苗情况。

讨论纪录:

① 作业组分不开怎么办?

哪个队分不开,出 10 个好劳力去先进队,学习劳动 1 天,队长在小啦叭会上作检查。

具体分开时间:

1	2	3	4	5	6	7	8	9	10
30 号	29 号	29 号	29 号	27 号	28 号	26 号		30 号	

78.6.2 日晚

召开两委扩大会议

参加人员：

公社：任书记，赵桂枝同志。

高文，张文贵，王永，罗有，张明德，张文科，李海林，郝存山，王文清，李树林，郝存仕，崔玉海，高桂有，韩风明，董成瑞，穆奎军，田秀文，韩志品，李付海，穆凤忠，张明生，刘良，高德清，郤文海，张珍，郤德文，李桂合

共 27 人，每人 3 分

会议主要任书记讲当前宣传和生产工作，小赵又作了补充。

78.6.10 号下午

召开支委生产队长会议

参加人员：

张文贵，王永，张明德，张文科，王文清，李树林，高桂有，韩风明，祁凤元，穆奎军，李付海，高洪有，高德清，郤德文，刘良，杜万林

共 16 人

讨论纪录：

① 创业组领妇女的男干部(指好劳力)怎么记工分?

不分妇女挣多少，每天比妇女多记 2 分。

今天会议中心是汇报当前学习新时期总任务和当前生产，为公社检查做准备。

把各队的劳动模范评一下：

1. 高普，马淑兰
2. 马朋，李桂存，张清枝，马淑琴
3. 李海林，李世江，顾正风，张玉梅
4. 王文清，包献芳
5. 韩风明，芸成瑞，杜成志，杜连英，韩翠英
6. 田秀文，李林英
7. 李付海，李风龙，邢风莲，荣天祥
8. 文洪有，文洪如
9. 高德清，郤文海，任俊琴
10. 郤德文，范世亮，赵芝梅

共计 34 人

78.7.10 号下午半天

召开生产队长会议

参加人员：

张文贵，王永，张文科，郝存仕，董成瑞，田秀文，李付海，邰文海，张珍，张明德，崔玉海

共 12 人。

会议开始各队就锄二、三遍地和追肥工作进行了汇报。

然后讨论：

① 防雹砲旦(炮弹)使用怀安县来人说不行，和公社山河要 1 包棒药崔玉海有 9 棒，估计能做 40 个多点砲旦，是否再去赤城买包药?

先做这些用的吧。

② 生产队收社员大粪，今年怎么付款? 对没安的怎么处理?

今年分两等：1 等每斤 1.5 分，2 等的 1 分。

检查时对没有安缸和没有留住水的人，按每 1 口人罚款 1 元处理，大队和生产队算帐，扣回算大队收入，生产队扣个人。

③ 在 7 月 2 日公社紧急飞行会上研究，上年存尿素每斤顶 2.5 斤碳氨，加今年的碳氨，按土地亩数向下分配，计算的结果表已公布了，看各队有什么意见?

同意这个算法。

④ 山杏问题怎么摘?

集体搞几天，不多了全大队统一让社员摘，再归自己，不经大队决定时间，如有偷摘者，将杏没收，每斤再罚款 10 元，算大队收入。

78 年 7 月 20 号下午半天

召开两委扩大会议

参加人员：

郭占奎，马淑兰，王永，罗有，张明德，张立新，王立新，李海林，崔玉海，王文清，郝存山，李树林，高桂有，韩风明，穆奎军，韩志品，李付海，穆凤忠，高洪有，刘艮，高德清，邰德文，张珍

共计 23 人

会议开始学习了宣传新时期宣传要点的 25 个题和人民日报 7 月 5 日的社论，宣布了到 7 月 20 号大队已还清欠生产队的款和生产队欠大队的款，订

正了各队派交木头数字。通知各队明天在瓦房沟收免，念了县城牲畜交流大会的广告。

然后讨论：

① 公社分配咱大队的压条肥任务 700 万斤(合 14 000 车)怎么分配?

大队按土地和现积肥的情况提出：(车)

1	2	3	4	5	6	7	8	9	10	计
1 400	1 600	2 000	2 000	1 200	1 400	1 100	1 000	1 100	1 200	14 000

同意这样分配。

② 大队从生产队抽人刨杨树育苗，共刨 1.271 么，小赵没记人名，怎么办?

按每刨 1 分地大队开 25 分，回各队给社员记去。

③ 公社山河已住在咱大队，武书记讲现有 500 个柴火，还准备在咱大队割点青业(叶)，他意见上十八九个人打 20 天，我意见上十八九个人共打 10 天，武书记说也行，看咱们叫打不？上那里打去?

同意先让打十天，地点定水沟大北沟，但必须维护林业制度。

④ 武书记讲，山河没菜，到哪个大队，哪个大队给出 3—5 么菜地，咱们怎么办？大队初步考虑让 1—4 队每队最少解决半么，行不?

虽然没有太好的地，尽量想办法，同意给。

⑤ 大队没有烧的怎么办?

决定以生产队人每 10 口人 1 个柴火，三天交齐给大队。

⑥ 不少社员要求搞杏业，已和看林梁明商量，他没意见，到底让谁搞不让谁搞?

为了支持社员养猪，今年又不收杏，在不破坏杏树条件下，从明天起可以搞杏业，但家杏不准搞，生产队不准给牲口，如有损失庄稼的赔。

⑦ 师怀生因女人有病，要和咱大队借钱怎么办?

给咱们教不少儿童，如大队有钱，同意借给 100 元。

⑧ 摘杏前开过队长会，研究决定杏归集体搞，但有的执行了，有的不执行，大队啦叭通知三次说如不集体搞不准上山，上山不归集体要罚钱，对不执行者怎么办?

坚决归集体，收回来，如不彻底下次研究。

78.7.26 号上午半天

召开两委扩大会议

参加人员：

郭占奎，张文贵，罗有，王永，张明德，李海林，王文清，崔玉海，李树林，高桂有，韩风明，韩志品，穆奎军，李付海，穆风忠，薛廷甫，高洪有，高德清，刘艮，张珍，郜德文

共计 21 人。

会议传达了 21 号公社召开大队书记下乡干部的会议精神和 25 号公社紧急抗旱会议及农建规划会议精神，进行了讨论。然后研究：

① 对宣传 37 号文件和一批两打如何掀高潮，今晚各队开会，学习报纸湘乡经验，发动群众掀起高潮。

② 农建问题，公社分配新搞 300 么土地加工提高 150 么，从黑达营交界搞，有什么不同意见？

同意公社意见。

③ 计划生育，按户口查，40 岁以下，三个孩子以上都已公布了名单，怎么做工作？

大队、生产队继续做工作。

④ 生产队砍的把子木料，树木，架杆怎么计价？

架杆价：

		10 尺	9 尺	8 尺	7 尺
分等	1	0.39	0.30	0.25	0.20
	2	0.30	0.25	0.20	0.15
	3	0.25	0.20	0.15	0.10

⑤ 公社分配生产用布 125 尺，怎么分配

1	2	3	4	5	6	7	8	9	10	大	计
10	10	15	15	10	10	10	10	10	10	15	125

⑥ 副业因交不了货，罗有去一次看不行，初步打算暂停，是否同意？

同意停。

⑦ 粮食征购，公社定到各队有什么意见？

没意见。

⑧ 瓦窑秸子和干、湿木头怎么计价？

干木头每 100 斤　4.0 元
湿木头每 100 斤　2.5 元
秸子每 100 斤　　5 角

78 年 7 月 29 日下午半天

召开两委扩大会议

参加人员：

郭占奎，杜万林，罗有，王永，杜桂山，张明德，张文科，崔玉海，王文清，李树林，高桂有，韩志品，穆奎军，李付海，穆凤忠，高德清，邰德文，张珍（创业队记工）

共 18 人

会议开始再次学习人民日报 7 月 5 日社论，然后各队进行了学习宣传落实中央 37 号文件和一批双打运动的情况，然后讨论：

① 公社发来，清理四清文化大革命以来需要复查的人的登记表，经大队几个人商量，已报穆凤山，尤长贵，李正洪三个人看是否恰当？

应该复查落实。

② 今年的护秋公约怎么订？

所偷原物全部退回再罚。

1 窝山药	1 个玉米	1 个谷穗	1 个高粮穗	1 斤瓜	1 个萝卜	1 斤豆角	1 窝白薯	1 斤白菜	1 斤茄子	1 斤葱	1 根玉米杆	
5 斤	1 斤	半斤	半斤	0.2 元	5 斤	0.3 元	5 斤	0.2 元	0.3 元	0.2 元	0.3 元	

凡是进地行猪草罚 1 元，如骂人加罚 1 元。

打草和打羊业（叶）时，牲口吃庄稼，咬玉米杆有破坏队负责，秋后由队付补。

现在不论大小猪出来，（还包括不出窝的小猪）每赶 1 个猪罚款 1 元，如果骂人加罚 1 元。

③ 当前生产的重点应是：

集中力量拔草，压肥和积肥，加紧农作物的田间后期管理怎么样？

同意。

78.9.4 号下午半天

召开两委扩大会议

参加人员：

张文贵，杜万林，马朋，张明德，张文科，王立新，郝存仕，董成瑞，高桂有，韩志品，穆凤忠，薛廷甫，刘艮，高德清，张珍，邰德文，张明生

共 17 人

会议开始再次由赵桂枝同志传达了“李先念付主席”、“纪登奎付总理”、“王英俊书记”的讲话，接着把县三干会议精神进行了传达。

① 最后把马上到粮库买付产品和怎么分配的付产品的情况说了一下(王俊、祁守相，李汉州、张树生，康永祥各 100 斤，与会人员说：同意)

② 给公社山河拉柴火每个队 4 车，都回队记工，大队不再开工，差 1 队 2 车，8 队 2 车，9 队 4 车，马上拉。

③ 专人看秋，执行护秋公约，关猪(不准放猪)拴狗，不准进地行兔草和切有子穗。

④ 秋收准备：场院，打场工具，马上备好。秋耕作到熟一片割一片，耕一片。

⑤ 积肥问题，一定要抓紧。

⑥ 打草牛驴骡子每头 3 000 斤，算算帐做产时准备。

⑦ 通过算粮食帐，发现问题很多：

今后不准干部和社员随便拿统计员统销本、建粮本、价储本，必要时当天交回统计员。

⑧ 清经济问题：杜绝财务混乱，粮食混乱，实物混乱，然后讨论：

① 本大队社员搞杏业(叶)怎么办?

在保证杏树生长的情况下，继续让搞，如发现有损坏杏树者，让其赔偿杏树。

② 外大队搞杏业(叶)怎么办?

外头的搞杏业(叶)，对住的户，要大小会进行批判。还杜绝住的户搞杏业(叶)，对外来人搞的杏业(叶)，除大队没收外每斤罚款 5 分。

③ 对护秋公约还有什么补充?

不准放猪，把狗必须拴起来，如有收工时还外出搞兔草等入地的，首先进行批判，根据情节进行处理。

④ 估产什么时间搞? 怎么搞?

大队和各生产队长参加，用三天时间按公社安排的进行，这次是估产会，也是一次生产大检查会议。

78.9.2 号上午半天

召开妇女队长会议

参加人员：

马淑兰，高淑琴，张文平，包献芳，木淑芳，李桂娥，郤玉花

共 7 人

① 成立妇委会：

主任：马淑兰

付主任：高淑琴

宣传：郤玉花

组织：杜连英

生产：包献芳

共 5 人组成

78.9.5 号到 9 月 7 号三天

苏寺大队估产会议

参加人员：

张文贵 3，马朋 3，张文科 3，郝存仕 3，董成瑞 3，韩志品 3，穆凤忠 3，薛廷甫 3，高德清 3，郤德文 3，张明德 3

共 11 人

讨论纪录：

① 草和羊业(叶)帐已经算出来了，草坡和打草时间怎么定？

草坡仍按前几年划分的不变，具体打草时间，因雨太大，过几天由大队另行通知，统一开始打。

② 这次估产用工是否回生产队记？

都回生产队记去。

大队召开计划生育妇女会议　　78.9.13 号上午半天

参加人员：

① 陈明兰，周秀花，穆凤娥，郝淑花

② 刘桂兰，刘万枝，樊永先，张文枝

③ 于秀英，韩淑荣，王进梅，吕桂先，杨淑连

④ 王喜梅，郝淑珍，康秀花

⑤ 韩淑琴,李献英,杨秀珍
⑥ 些连英,韩淑花,杜玉兰
⑦ 荣桂先,木淑琴,高秀兰,乔玉梅,穆凤花
⑧ 木金连,陈桂枝,米淑兰
⑨ 张淑琴,孙秀英,杜秀英,田江春,杜玉梅,王明兰
⑩ 杨淑花,赵芝梅
实到会 38 人

苏寺大队党员在瓦房沟训练和大队补课用工

在瓦房沟			在大队补课			
姓名	8.24—8.30	备注	姓名	9.13	9.14	备注
张宝斋	6		杜万林	1	1	
张玉林	6		马淑兰	1	1	
李正林	6		王登明			
张仲秀	6		杜桂山		1	
王文清	6		徐桂兰	1	0.5	
郝 元	6		郤文明	1	1	
田荣甫	6		赵存德	1	1	
张明春	6		李淑兰	1	1	
李天将	6		王立新	1	1	
郤政明	6		赵云奎	0.5	1	
范成才	6		崔玉海	1	1	
杨存秀	6		李玉兰	1	1	
			张文忠	1	1	
			尤长贵			
高德仕	6		薛风彤	1		
			张立新			
			高桂有			
			韩志品	1	1	
			高德进	1	1	

续 表

在瓦房沟			在大队补课			
姓 名	8.24—8.30	备 注	姓 名	9.13	9.14	备 注
			穆风忠	1		
			范世梅	1	1	
			高 文			
合 计	78			15.5	14.5	

78.9.19号下午

召开两委扩大会议

参加人员：

郭占奎，王永，张明德，张文科，王文清，崔玉海，李树林，高桂有，韩风明，穆奎军，韩志品，穆风忠，薛廷甫，刘良，郤德文

共计15人

会议主要是安排公社三干会议问题，定了参加会议人员，确定了：贫下中农代表梁进，炊事员：高瑞。

在茨营子参加公社三干会议　　78.9.20—9.24号

张明德4.5，崔玉海4.5，马淑兰4.5，梁进4.5，郭占奎4.5，王永4.5，张文科4.5，李树林4.5，韩风明4.5，韩志品4.5，穆风忠4.5，薛廷甫4.5，郤文海4.5，郤德文4.5，高瑞4.5

共15人

在茨营讨论记录　　78.9.23号

① 今年用3队土地搞籽种，春前定每么产量500斤，是否高在压一点？怎么还给产量？

① 春前已经说了，因为明年还搞籽种，谁都不同意拿地，所以仍按每么500斤不变。

② 今年秋天砍玉米时，让三队砍扒大队后地的和窑子沟滩里的，扒后就

过给三队，每 100 斤计还产量 60 斤，因为湿点，所以春天整地时大队制籽，就不再让三队担春天种籽了。

③ 问一下张宝端，如果用三队的化肥追过一次，追二次的也用点不多，这就算了，如果追肥都是大队的由三队合理给大队负担化肥钱。

② 公社对 79 年公社以上用劳力又重新进行了安排，咱们怎么分配？

		1	2	3	4	5	6	7	8	9	10	计
公社定留	农机活				康登明							1
	铁　矿	张万国							薛英明		李献成	3
	公社山河			李志彬		高秀连						2
再出	铁　矿			/		/	/					3
	县三河		/					/		/		3

公社山河和大队一齐往下算，互相找平。

③ 今年监收员怎么抽？

1	2	3	4	5	6	7	8	9	10
张宝斋	高德发	王铁军	包秀廷	祁守彬	穆凤海	李化廷	高德进	高洪章	张海军

78.9.27 号上午半天

召开生产队长会议

参加人员：

张文贵，马朋，张明德，张文科，李树林，祁凤元，高桂有，韩风明，穆奎军，穆凤忠，高洪有，郤文海，郤德文，刘艮

共 14 人

（罗有也参加了会议，回付（副）业队记工）

会议开始把各生产队的公社三干会回来之后的新情况进行了汇报，统计了当前秋收劳力与亩数统计了打青草和打羊业（叶）、整修场院的情况及农具修理和选种情况，安排了耕地及打羊业（叶），秋收抓紧割，古方搭桥和 7 队栽信杆问题及小木货加工场的搞法与想法问题。

然后研究：

① 公社党代会的代表，支部提名是：

张明德，马淑兰，杜桂山，李正林，穆风忠，杨存秀，郝元，是否群众有意见？同意。

② ……………………

		1	2	3	4	5	6	7	8	9	10	计
已出和已定人	小木货粮食加工	1	2	1	2	1	1	2	1	1	1	13
	教　员	2					1	2	1	1	1	8
	公社民办					1	1		1			3
	合作医疗代看	1			1			1				3
	牧　厂									1		1
	农机站				1							1
	铁　矿	1		1		1	1		1		1	6
	县山河		1					1		1		3
	林业个人			1	1			1				3
	大　队			1	1	2				1		5
	合　计	5	3	4	6	5	4	7	4	5	3	46
摊算	劳　力	3.2	2.7	3.5	3.5	2.6	3.2	2.6	1.8	2.6	3.2	28.9
	人　口	2.9	3.2	4.2	3.4	2.9	3.2	2.6	1.8	2.7	2.7	29.6
	合　计	6.1	5.9	7.7	6.9	5.5	6.4	5.2	3.6	5.3	5.9	58.5
定　人		6	6	8	7	6	7	5	4	5	6	60
定公社山河		1	2	3	1	1	1				3	12

③ 各队监收员怎么定？

1	2	3	4	5	6	7	8	9	10
张宝斋	高德发	王铁军	包秀廷	祁守彬	穆风海	李化廷	高德进	高洪章	张海军

③ 各队安排上多少整耕地？

1	2	3	4	5	6	7	8	9	10	计
3	3	4	3	3	3	3	2	3	3	30

④ 大队如何召开广播会,贯彻公社三干会议?

今天下午1点出动,下午劳动不休息,5点收工,6点集中队房,6点半听大队广播。

⑤ 咱们大队搞的草席,因料不太好,打算不给社员,今秋是否搞?现有的席那个队要?

现在蓆料不太好,决定不给社员,但社员迫切要,有些可以给,今秋一定买料打蓆给社员。

生产队场院用蓆,根据库存量今天拿下去。

召开统计员、监收员会议　　78.10.2号上午半天

参加人员:

高有,张宝斋,李桂存,高德发,张明德,李世江,郤桂合,王进甫,包秀廷,高桂有,韩桂军,韩志忠,穆凤祥,穆凤海,李化廷,张明瑞,高洪如,刘良,高洪海,高洪宇,高德进,吕桂武,张海军

共计23人

会议重点讲如何搞好秋收手续,监收员如何执行纪律,杜绝公产私分,具体监收员到队是:

1	2	3	4	5	6	7	8	9	10
李世江	包秀廷	高德发	穆凤海	张海军	高洪宇	高德进	祁守彬	李化廷	张宝斋

具体今天开会工时问题:

① 统计员一律回队记工。

同意

② 监收员到哪个队由哪个队记工。

同意。

中国当代民间史料集刊 6

下册

华东师范大学中国当代史研究中心 编

一个村支书的工作笔记

本集刊出版获得东方历史学会资助

中国出版集团 東方出版中心

会议笔记 19

苏寺大队

78 年社员偷摘山杏：

10 队	111 斤	杨宝喜	31 斤
9 队	81 斤	杜永科	47 斤
张艮	38 斤	张玉彬	58 斤
穆奎有	38 斤	木树合	4 斤
木长山	110 斤	康登彬	2 斤
韩志品	40 斤	李化廷	22 斤
韩志忠	21.5 斤	杨存生	14 斤
祁凤山	48 斤	彭宪武	18 斤
韩风明	50 斤		

共计 859 斤

78 年 10 月 9 日上午半天

召开两委扩大会议

参加人员：

郭占奎，张文贵，王永，张明德，张文科，王立新，崔玉海，李树林，高桂有，韩风明，韩志品，穆奎军，李富海，刘艮，高德清，邵德文，马淑兰，高洪有

共计 18 人

任书记讲秋收要解决三个问题：

1. 谷子要在本月 20 号脱完粒。

2. 扒玉米要在本月 20 号扒完。

3. 耕地搞定额，合格者每么 6 分，不准有白茬地。

讨论记录：

① 农建上人问题

		1	2	3	4	5	6	7	8	9	10	计
总劳力		22	27	37	33	32	31	20	12	27	27	268
抽人		7	8	12	11	11	11	6		7	7	80
其中	男	3	4	6	7	6	7	3		3	3	42
	女	4	4	6	4	5	4	3		4	4	38
代队人		杜万林	杜桂山	王立新	张文生	张付	梁树江	高德文		高洪军	张珍	

同意任书记和大队的安排

78.10.15 号上午

在农业建设工地上开会

参加人员：

张文贵，杜万林，马淑兰，王永，张明德，王立新，张文科，王文清，崔玉海，李树林，祁凤元，董成瑞，穆奎军，李富海，高洪有，高德清，郤德文

共计 18 人

会议开始劳动休息时讲了任书记关于农建的想法与扩展，统计了当前三秋生产，讲了推荐知识青年的问题，最后大家一致表示同意任书记的安排，关于推荐知识青年问题：

张文贵——张淑琴，杜万林——张淑琴，马淑兰——马秀荣，王永——孟香娥，罗有——马秀荣，张明德——服从多数，张文科——马秀荣，王立新——马秀荣，王文清——马秀荣，李树林——马秀荣，崔玉海——马秀荣，祁凤元——马秀荣，董成瑞——邢风连，穆奎军——李其荣，李富海——邢风连，高洪有——邢风连，高德清——马秀荣，郤德文——马秀荣

推荐结果：

马秀荣 10　张淑琴 2　邢风连 3　孟香娥 1　李其荣 1

两委决定推荐马秀荣。

关于栽红果问题：

10 月 18 日到 20 号按生产队总人口每人 2 株，达到 2 000 株，保质保量保成活完成后回队记工。

78. 10. 18 上午 1 个小时

召开两委扩大会议

参加人员：

张文贵，杜万林，王永，张明德，王立新，张文科，王文清，祁凤元，崔玉海，李树林，韩风明，韩志品，李富海，刘艮，高德清，邵德文

共计 16 人

任书记讲华主席对工作要求的四点，讲三秋 10. 18—19 号全力集中扒玉米，20 号上人，共 83 人(包括大队干部 3 人)，要求 25 号前谷子脱完，玉米全上场，公社山河欠 1 人要明天补上。今天下午召开监收员会议，栽红果 20 号后，大队抽人搞，大家表示执行。

关于今天记工问题，都回队记。

同意。

78 年 10 月 22 日上午

召开队长会议

参加人员：

张明德，张文桂，王永，张文科，李树林，韩风明，穆奎军，李富海，高德清，邵德文，刘艮

共计 11 人。

会议由任书记参加，主要是谈一下当前三秋进度和安排农建问题，会议安排给山河拉石头，农建上人刨红果技术，搞猪饲料，收出民工粮食等问题。

讨论纪录：

① 根据党委指示，11 月 1 日农建上人是：

1	2	3	4	5	6	7	8	9	10	计
11	12	20	19	16	16	10	2	10	10	126

同意这个安排。

② 县山河退 1 人让谁回来？2 队高洪文。

③ 今天开队长会都回队记工行不？

行

78 年 10 月 31 日上午半天

召开生产队长会议

参加人员：

张文桂，王永，张明德，张文科，李树林，董成瑞，穆奎军，穆凤忠，高德清，邰德文，高桂有，刘艮

共计 12 人

会议统计了“实产与估产的产量数字”和耕地拉秸草等当前生产情况。然后研究

讨论记录：

① 农建怎么搞和上人？

虽然在 10 月 22 日已定 11 月 1 日开始上 126 人，但当前圈还未起粪未倒，今天决定从 11 月 1 日起暂时先上 83 人(包括大队 3 人)如果生产队上不足 80 人，亏 1 个人，扣生产队 10 分工。

② 卖给巴图营大队木头 1 万斤，28 号从农建抽人安排 38 人，实去 31 人，亏 7 人，怎么办？

2 队今天已去 3 人，还要 1 队 1 个人，7 队 1 个人，8 队 2 个人，明天给补上。

③ 公社山河给我队搞农建整地，是否给吃一顿饭？给全部山河人员吃 1 顿糕，具体情况由大队安排。

④ 大队后地的玉米高粱地，把后地玉米秸给 3 队，让 3 队给耕后地的玉米和高粱茬，剩下北坡 1 代(带)，怎么办？

由 5、6、7 队给耕，由高桂有给分一下，玉米秸哪队耕归哪个队。

⑤ 知识青年在苇子沟打才火 100 多个，大队工作因驮粮使 3、4 队驴工未开过工，这次由 1、2、5、6、7、9 队每队出 1 个人赶 1 个牛车拉一车，由各队自己记工，行不？

同意。

⑥ 明天是 11 月 1 日，怎么改工分？

从明天起，改为两顿饭，上班时间改为上午 8 点半劳动，下午 4 点半收工，共 8 个小时，中午休息半个小时，上下午各休息 15 分钟。

⑦ 今年有个别社员不听从大队会议安排，偷摘山杏，在 7 月 10 号队长会议上定凡偷摘 1 斤山杏罚 1 角钱，山杏没收，罚款至今未扣，到底怎么办？

改为山杏没收，不再罚款。

⑧ 根据今天上午的产量统计，是否今天下午再开统计员会议？

不开啦。

⑨ 大队烧火今年 10 个人派 1 个已烧完，怎么办？

再按生产队人口每 10 人再派 1 个。

⑩ 今天上午会议回队记工行不？

同意。

78.11.5 日 1 天

公社召开三干飞行会议

参加人员：

张文贵，郭占奎，马淑兰，王永，张明德，张文科，李树林，王文清，韩风明，穆奎军，穆风忠，高洪有，高德清，邵德文

共计 14 人

78.11.6 日

在农田建设工地上开会

参加人员：（回队记工）

张文贵，高普，马朋，张明德，张文科，李海林，李树林，郝存仕，韩桂军，穆奎军，田秀文，张明生，高德清，邵文海

共 14 人

会议看了这些搞的工程，大家表示同意，也同意下面的安排，订了怎么上人。

讨论记录：

① 11 月 1 日到 6 日亏人怎么罚？

11 月 6 日前亏的改为不罚，从 7 日起凡亏 1 个工扣 8 分。

78.11.9

召开队长会议

参加人员：

张文贵，王永，张文科，李树林，韩风明，穆奎军，李富海，邵德文，高德清，刘艮，高桂有，张明德

共 12 人

会上任书记讲:

① 13 日前全部脱完粒。

② 进一步落实产量。

③ 现在倒粪要抓紧,利用早晚加班搞。

④ 农建要会战。

讨论纪录:

① 农建何时会战怎么上人?

1	2	3	4	5	6	7	8	9	10	计
7	8	8	10	8	8	5	5	6	5	70

人数是各队自报的,不包括原定的 83 人。

时间从 11 月 16 日开始会战。

② 大队没有煤,学校生火让锯大才(柴),已通过关系和古子坊联系,给树木换煤,行不行?

同意买煤,除大队用给学校。

树木按各队留粮人口每人 20 斤,大队不记工,回队自己记。

③ 大队牧场籽马每个股派谷草 400 斤,行否?

同意。

④ 大队制种玉米,怎么脱粒?

由 5、6、7 队组织不能上班的妇女给揉。

⑤ 公社推土的司机怎么给做饭?

让王文清家给做,每天给张玉平顶 1 个工。

⑥ 山河缺一盘炕的坯,怎么解决?

由 3、4 队给解决,大队不付报酬了。

⑦ 今天会议用工回队记行不?

行。

⑧ 公社又让给铁矿加 4 名民工怎么派?

公社每人每天给 1.50 元的工资,咱们怎么办?

3、4、6、9 队每队 1 人。

因为人数,前大队已摊平,所以这次矿上开来的工,大队出证明,由各队给记工,补助粮由生产队出,每天的 1.50 元工资,全部付给出工的生产队。

78.11.17 日

在农建工地上开会

参加人员：

张文贵，马淑兰，王永，张明德，王立新，张文科，崔玉海，王文清，祁凤元，董成瑞，田秀文，穆凤忠，高洪有，祁文海，郤德文

共计15人

会议由崔玉海汇报了公社征兵会议的精神，由祁凤元汇报了公社紧急会议精神。

讨论记录：

① 知识青年选调问题，怎么推荐？

马淑兰——杜正起、李其荣，张文贵——杜正起、张淑琴，王永——杜正起、孟香娥，张文科——杜正起、李其荣，王立新——杜正起、李其荣，张明德——杜正起、李桂枝，王文清——杜正起、李其荣，崔玉海——杜正起、李其荣，祁凤元——杜正起、李桂枝，董成瑞——马成、李付荣，田秀文——杜正起、李其荣，穆凤忠——杜正起、邢风连，高洪有——杜正起、李其荣，郤文海——杜正起、李其荣，郤德文——杜正起、李其荣

投票结果：

杜正起14　马成1　张淑琴1　孟香娥1　李桂枝2　李付荣1　李其荣9　邢风连1

两委决定：

杜正起　　李其荣

78年11月22日

在公社参加三干飞行会议人员：

张明德，张文贵，王永，张文科，李树林，王立新，马淑兰，韩风明，穆奎军，李付海，高德清，郤德文，祁凤元

共13人

78.12.5号1天

召开两委扩大会议

参加人员：

郭占奎，杜万林，张文贵，王永，张明德，张文科，崔玉海，李树林，祁凤元，

韩风明,穆奎军,韩志品,李付海,穆风忠,高洪有,高德清,郤德文,张珍,刘良

共计 19 人

记录:

① 公社张彦同志讲了案情复查工作。

大队把文化大革命以来专案工作讲了情况,看咱们复查的对象? 和如何处理?

同意党支部审查的结果,定尤长贵 1 人为复查对象。

同意大队复查的结论。

② 把李正洪的问题整个过程汇报了,念过 5 份证明材料,看属实不? 土改老干部座谈会的记录也念了,看定什么成分?

5 份证明材料属实,根据土改老干部座谈会的记录和现在党的政策。一致同意定富裕中农成分,不用再等各队社员讨论了,党支部可以写证明交公社。

③ 公社分给咱绒衣证 20 件,怎么样?

为李桂复死而借布票 60 尺,给证 8 个。

昝元 1,王俊 1,李海林 1,康登秀 1,杜成志 1,韩志品 1,李文彬 1,张明生 1,高洪朋 1,高照明 1,薛德斌 1,李桂合 1

④ 各队才(柴)火余亏情况和安排问题:

	1	2	3	4	5	6	7	8	9	10	计
余									85	64	149
亏	3	103	10	61	24	51	41	9			302
给谁		张彦 3 车, 大贾 1 车		大贾 2 车	张政 富 2 车	小顧 2 车, 二贾 2 车					

同意这个安排。

⑤ 公社分配咱完成杈木,木材站 10 万,铁矿 3 万,架杆 1 500 根,椚(椽)子 500 根,怎么分配?

		1	2	3	4	5	6	7	8	9	10	计
分配	杈木	2 万	2 万	2.7 万	2.3 万	2 万	2 万	1.7 万	1.2 万	2 万	2 万	19.9 万
	架杆	200	200	270	230	200	200	170	120	200	200	1 990
	椚子	100	100	140	120	100	100	80	60	100	100	1 000

杈木砍菜树，架杆砍硬杂干，椾(椽)子砍桦树，拉木头定额为每车 600 斤，不准个人捎朵木柴火，如捎大队没收。

杈木每斤 1 分，架杆椾(椽)子按收价给 1 半，在 12 月 20 号前完成。

杈木除交有余留定夹纸板。

⑥ 咱队的文娱怎么安排？

今天召开参加过唱戏人的会议，进行研究。同意外请王德生，各队出报酬，确定祁凤元负责，在老艺人中配 1 人。

同意祁凤元的意见。

去年搞给荣正廷 50 分补助分。

韩普 50 分补助分。

穆凤山 40 分补助分。

去公社做检查人记 1 天工。

⑦ 大队太乱，有大人小孩乱闲谈和跳，代销点关门时间怎么定？

严禁大人和小孩无事到大队乱串闲谈，代销点从今天记，晚上不点灯卖货。

⑧ 拉石头的想法问题：拉完羊业(叶)，就砍木头，砍完木头拉石头和串插(穿插)送粪，拉石头打石方，按方远近付款行不行？

同意。

⑨ 农田建设怎么搞？

还上到 83 人，从明天记，凡亏 1 个人，扣生产队 8 分工。

小车分配 1、2、7、8、9、10 队，每队 1 个

3、4、5、6 队每队 2 个

共计 14 个。

78 年 12 月 6 号　晚

召开两委扩大会议

参加人员：

郭占奎，高普，王永，罗有，张明德，张文科，李海林，王立新，郃桂合，张立新，李树林，王进甫，崔玉海，郝存仕，祁凤元，董成瑞，韩风明，韩桂军，穆奎军，韩志品，田秀文，李富海，穆凤忠，张明生，张明瑞，高德清，郃文海，刘艮

共计 28 人

已开回生产队去了

78年12月8日1天

召开生产队长会议

参加人员:

高普,王永,张明德,张文科,李树林,韩风明,韩志品,李富海,高洪有,高德清,邵德文,刘艮

共计12人

记录:

① 就大队和生产队评选劳模情况报一下:

队别	大队干部	劳　模	队长奖	付队长奖	政治奖
1	张明德　祁凤元　崔玉海 罗有	张文海、马淑兰	张文桂	高　普	郭占奎
2	‥　×　‥　‥	高　祥	王　永	马　朋	杜桂山
3	‥　‥　‥　‥	李正林	张文科	李海林	王立新
4					
5	‥　‥　‥　‥	祁凤山	韩风明	董成瑞	×
6	‥　‥　×　‥	穆凤林	×	×	×
7	‥　‥　×　‥	张明瑞	李付海	张明生	穆凤忠
8					
9	‥　‥　‥　‥	刘殿仕			
10	‥　‥　‥　‥	王占奎	邵德文	李桂合	张珍
合计	张明德　祁凤元　崔玉海 罗有	高祥,张明瑞			

刘殿仕也符合劳模条件,只因名额有限,用优军款解决。

各生产队的受奖干部,今晚两委下生产队,再次发动社员讨论,然后大队党支部再定。

② 把打苇蓆帐和处理结果已公布,怎么样?

同意。

③ 知识青年如何推荐一男一女?

经过各队和支委人员投票。

最后结果：马成　　邢风连。

78. 12. 9

大队研究各生产队受奖干部

参加人员：

张明德，祁风元，罗有，高桂有，刘艮

共 5 人

	受队长奖	受付队长奖	受政治奖
1	张文贵	高普	郭占奎
2	马朋	王永	杜桂山
3	张文科	李海林	王立新
4	李树林	郝存仕	王文清
5	韩风明	董成瑞	
6			
7	李付海	张明生	穆风忠
8	高洪有	薛廷甫	
9	高德清	邵文海	
10	邵德文	李桂合	张珍

共计 24 人

78 年 12 月 10 号

召开会议

参加会议：

高普，王永，张明德，张文科，李树林，董成瑞，穆奎军，高桂有，李富海，高洪有，高德清，邵德文，刘艮

共 13 人

① 公社劳模会怎么去人？

共选劳模 30 人，全部参加。

炊事员：高洪朋，高德仕　2 人

才(柴)火：5 队　6 队　各 24 个

菜：每队 30 斤。

麻油：3、4、5、9、10 队每队 1 斤

豆腐：大队出豆子，让 1、2 队给做大队开工，每人代(带)小米 10 斤。

78 年 12 月 22 日 1 天

召开两委扩大会议

参加人员：

张文贵，郭占奎，王永，张明德，李海林，王文清，李树林，祁凤元，崔玉海，韩凤明，穆奎军，穆凤忠，李富海，高洪有，高德清，张珍

会议中心是各生产队汇报判分作业组的情况和建各生产队领导班的问题。

会议学习了县委关于 78 年农村人民公社收益分配工作的通知。

研究事项：

① 知识青年还有 3 车才(柴)火在苇子沟，大队意见让 5、6、7 队每队 1 个车 1 个人去拉，回头各队记工是否行?

同意。

② 公社分配咱大队出席县劳模会代表 2 人，公社意见让韩凤明出席，还分配一个女的，咱们意见改为男的，看同意不?

同意，由大队安排。

③ 公社干部才(柴)火问题?

原派2 队　大贾 1 车，张彦 3 车

4 队　大贾 3 车

5 队　张政富 2 车

6 队　小顧 2 车，二贾 2 车

今天派　小赵 2 车，刘德海 2 车

同意，在二十五日前完成。

④ 公社山河借用才(柴)油机，哪个队出?

从 10 队调 1 台，坏了由三河修，如三河不付磨损费，以后十队再研究，准(总)之不亏十队。

⑤ 原派各队外出工，是否亏?

	1	2	3	4	5	6	7	8	9	10	计
农机站				1 康登明							1
县山河							1		1		2
县铁矿	1 张万江		1		1	1		1		1	6
后铁矿			1	1		1			1		4
公社三河	1	2	3	1	1	1				3	12

⑥ 咱大队买戏装问题：想请各队砍杈木交公家各队按人摊的砍，大队不付报酬，用这笔钱买戏装，同意不？

砍木头，同意，由大队安排吧。

大队用工记录

	23 号	24 号	
郭占奎			
王文清			30 号在古方整班
崔玉海			
祁凤元			
张明德			
王立新	21—25		县党训班 12 月 30 号在古方整班
张明海			25 号写对联 1 幅
杨占奎	27 号		缝补戏衣
木淑芳	27 号		缝补戏衣
郤桂合	27 号		打扫房屋等
梁树合	27 号		打扫房屋等
王　永	27 号		换谷子
			买戏装

78 年 12 月 29 号 1 天

召开两委扩大会议

参加人员：

郭占奎，张文贵，马淑兰，王永，罗有，张明德，王立新，王文清，张文祥，张富，高洪志，李富海，高洪有，郤文海，刘艮，郤德文，崔玉海，祁凤元

共 18 人

会议由公社小赵给学习十一届三中全会公报。

1 月 6 号召开烈军属在乡军人大会：

大队：张明德

张珍，薛德彬，刘殿仕，彭宪武，李树林，李正林，高祥，张文海

共 8 人

79 年 1 月 1 日

召开两委扩大会议

参加人员：

张明德，王立新，王文清，张文祥，高桂有，祁凤元，崔玉海，高洪志，李富海，高洪有，刘艮，郤德文，罗有

共 13 人

讨论纪录：

① 公社山河民工的工分怎么开？

工按公社山河开来的为准。

工分按山河评的等级而言。

据公社铁矿说：1 等高 1 分二等平，三等低一分。

6 月份大干，每人每天加三分。

② 社办中学和咱大队民办教员怎么开分？

不分男女，每人全年 3 700 分。

欠工扣工。

③ 农机站怎么开分？ 按开来的工和分往下开。

④ 大队干部怎么奖励工？

大队兽医　郝存仕　10

林业队　张文忠 10　梁明 10

		张明德	祁凤元	崔玉海	高文	刘艮	高桂有	王立新	王文清	郭占奎	张立新	罗有	杜万林	马淑兰	郝存山
总工数		170	90	60	40	80	130	10	15	10	15	50	15	5	50
属于	大队干部	120	90	60	40	80		10	15	10				5	
	管粮食	50													
	看门						70								
	农林业										15		15		
	付业											50			
	信用						60								
	医疗														50
	其它														

⑤ 李兆阁的工分怎么定?

不分冬夏每天按 12 分,每天补款 0.20 元,欠工扣工。

⑥ 生产队干部怎么奖励工?

	队　长	付队长	政　指	统计员		合　计
1	张文贵 40	高普 40	郭占奎 20	高有 20		120
2	王永 40	马朋 40	杜桂山 10	李桂存 20		110
3	张文科 40	李海林 40	王立新 30	邰桂合 20		130
4	李树林 40	郝存仕 30	王文清 35	王进甫 20		125
5	韩风明 40	董成瑞 40	高桂有 5	韩桂军 20		105
6	穆奎军 40	田秀文 40	韩志品 20	穆凤祥 20		120
7	李付海 40	张明生 35	穆凤忠 20	张明瑞 20		115
8	薛廷甫 20	高洪有 40	×	高洪如 20		80
9	高德清 40	邰文海 40	刘艮 5	高洪海 20		105
10	邰德文 40	李桂合 40	张珍 20	吕桂武 15 邰德文 5		120
计	380	385	165	200		1 130

记工员,保管员,拿钥匙的 1 人 1 职不超过 10 个工,1 人两职的不超 15 个。光拿钥匙的不超 6 个,以上人员由生产队根据工作情况决定。

⑦ 今年的义务工怎么摊?

不摊。

⑧ 今年的优抚对象怎么定?

经过逐户审查,确定没有应享受户。

⑨ 县山河民工怎么开分? 11 月以后让每人每天交 0.50 元,由队记 10 分,咱们怎么办?

按开来的工票工分往下开。

11 月以后由大队开工,大队收入款。

⑩ 买戏装让谁去,代(带)多少钱?

决定张明德和祁凤元、王永三人中去 2 人,按 1 000 元左右花。

79.1.8　一天

召开两委扩大会议

参加人员:

郭占奎,马淑兰,李桂存,张明德,张文科,王文清,张文祥,张立新,韩风明,高桂有,高洪志,李付海,高洪有,高德仲,郤德文,刘艮,高普

共计 17 人

会议由小赵传达了公社党委关于当前工作的安排,然后讨论:

① 党支部建设,怎么提候选人?

支书:张明德

付书记:祁凤元

组织委员:王立新　　　　宣传委员:高桂有

委员:王文清

共 5 人组成

但要经党内外民主讨论,报公社批准。

② 大队管理委员会怎么提候选人?

大队长:祁凤元　　　　付大队长:罗有

会计:刘艮　　　　武装:崔玉海兼团支书

公安:王文清　　　　妇联:张海英

　　:郭占奎

共 7 人组成,但要经党内外民主讨论,报公社党委批示。

③ 大队劳模会怎么召开? 怎么发奖?

1 等奖 10 元　　2 等奖 8 元　　3 等奖 6 元。

劳模名额怎么分配?

大队	1	2	3	4	5	6	7	8	9	10	计
3	2	2	3	2	2	2	2	1	2	2	23

由各队民主推荐,大队必须批准。

④ 公社让报一下过年困难的户?

李汉州,刘付生,尤存元,张文志,高德武　　共 5 户

⑤ 公社分配咱大队的议价粮任务 2 500 斤,怎么分给各生产队?

1	2	3	4	5	7	8	9	10
350	250	400	350	350	200	200	200	200

同意。

⑥ 奖售粮怎么算账?

一律以玉米作奖售,每斤价 0.099 元计算。

⑦ 从宣化买纸 5 000 张合 257.14 元,咱们怎么算价?

每张六分收钱,余的钱,归唱戏类开支。按各队发布票人数每人 4 张(包括生产队公用在内)其余大队留下,由大队具体安排。

⑧ 合作医疗怎么交大队工分钱?

决定 1 000 元。

⑨ 决算问题:

① 公社退赔款 1 609.97 元,除 76 年和 77 年配种站草料 194.40 元,按各生产队人口分以外,还有 1 415.57 元,算今年的其它收入。

② 公社分红款 5 198.95 元,除公社配种站草料款 97.20 元,按各生产队人口分以外还有 5 101.75 元,算今年的其它收入。

③ 开大会以人摊各队,余亏参加齐工找价。民办教员工分、拉沙子、油路这三项以人口摊各队余亏参加齐工找价。

齐工找价的日值每 10 分为 0.50 元。

④ 大队牧厂以十个股摊工,余亏参加齐工找价。

⑤ 付(副)业工分每 10 分付给 5 分钱的补助费。

⑥ 学校修建每 10 分由大队学校修建类付款 0.60 元。

⑦ 大队开出工总数减去：开大会、大队牧厂、学校修建、民办教员、拉沙子、油路共六项外，其余工分每 10 分由大队付 0.50 元，从付（副）业和其它收入支出。

凡每 10 分得 0.5 元工资的一律不参加齐工找价。

79 年 1 月 13 日召开社员大会

1	2	3	4	5	6	7	8	9	10
20	22	29	35	27	30	20	20	29	25

其它

79 年 1 月 12 日　1 天

召开党员会议

参加人员：

张文贵，马淑兰，杜万林，杜桂山，康登明，高祥，张明德，徐桂兰，赵存德，张立新，李正林，王文清，高文，李玉兰，高桂有，祁凤元，薛廷甫，薛风桐，尤长贵，张文忠，穆凤忠，李天将，高德进，杨存秀，韩风明，范成才

共计 26 人

会议学习十一届三中全会公报后，支部把 78 年的工作进行总结，还选了新的支书。

各生产队评选的劳动模范名单

	大队的								生产队			
	在公社已受奖							公社未受奖刘良	在公社已受奖	分等待（等待）受奖		
	张明德	祁凤元	崔玉海	罗有	高桂有	王立新				1 等	2 等	3 等
1	/	/		/					高普			羊官　郭占奎
2	/	/		/	/							羊官　李桂生、王俊
3	/			/				/				郤桂合、李正林
4	/			/	/				王文清			张文生

续　表

	大　队　的								生　产　队			
	在公社已受奖							公社未受奖刘良	在公社已受奖	分等待(等待)受奖		
	张明德	祁凤元	崔玉海	罗有	高桂有	王立新				1等	2等	3等
5	/			/				/				羊官　杜成志、祁凤山
6	/	/		/								穆奎有、田秀文
7	/			/	/				李付海			李风龙
8	/	/		/					高洪有			高洪如
9	/	/	/		/			/				刘殿仕
10	/			/				/				王占奎、杨淑英
计	10	5	1	9	4			4				

1人×10元=10元　　　　15人×6元=90元

召开两委扩大会议

参加人员：

学习党的十一届三中全会公报，总结七八年的工作，讨论纪录：

党支部分工：

张明德：抓全面。

高桂有：宣传委员(组织政治夜校、读报组、合板报、计划生育)

王文清：组织委员(收党费，三会一课，发展党员)

管委会分工：

祁凤元：抓全面。(农、林、牧、付(副)及行政日常事务)

罗有：付(副)业。兼管教育。

刘良：财会。(大队经济：供销、医务、生产队会计辅导，大队工分、大队粮食、开会记录、看门处理等等。)

崔玉海：民兵和青年(战备、地方治安)

王文清：社会治安　战备联防。

张海英：妇女工作　计划生育

民事调解，兼管财经。

两委包队：

1 崔玉海，2 罗有，3 王立新，4 王文清，5 高桂有，6 祁凤元，7 张海英，8 郭占奎，9 张明德，10 刘良

26 号召开，不另行通知。

旧历 27 到初三。初四上班。

初一到初三共唱三天。

管饭。不记工分。

烧水：初一是七队，初二是六队，初三是五队。

豆腐：初一是一队，初二是二队，初三是三队，每队 1 锅，另 7 锅留十五和二月二用。

各队计划动员粮食：都是谷子

1	2	3	4	5	6	7	8	9	10	计
50	60	80	70	60	61	50	40	50		

每斤按 4 分

共 8 人

每人(2 分)

共 7 人

每人(2 分)

共 3 人

每人(4 分)

共 4 人

每人(4 分)

共 4 人

每人(4 分)

会议笔记 20

79 年 3 月 1 日到 3 月 6 日在罗车铺参加公社召开的四干会议用工：（已让各队回去记）

1 队	高普 6 天	郭占奎 6 天			共计 120 分
2 队	李桂存 6 天	马朋 6 天	王永 5 天		共 170 分
3 队	张明德 6 天	王立新 6 天	张文科 6 天		
	穆凤明 6 天	李海林 6 天	皮车接送 12 个工		共计 420 分
4 队	王文清 6 天	崔玉海 6 天	张文祥 6 天	王科 6 天	共计 240 分
5 队	祁凤元 6 天	杜永科 6 天	韩风明 6 天	祁凤山 6 天	共计 240 分
6 队	高洪志 6 天	田秀文 6 天			共计 120 分
7 队	穆凤忠 6 天	张明生 6 天			共计 120 分
8 队	高洪有 6 天	张天付 6 天			共计 120 分
9 队	刘良 6 天	高德仲 6 天	杜宪德 6 天	郤文海 6 天	
	高德仕 6 天				共计 300 分
10 队	郤德文 6 天	李桂合 6 天			共计 120 分

79.3.10 号上午半天

召开党员会议

参加人员：

张宝斋 2，杜桂山 4，王登明 4，张明德 8，王立新 4，李正林 4，李淑兰 4，张仲秀 2，郤文明 2，赵存德 4，张立新 4，崔玉海 8，王文清 4，，郝元 4，李玉兰 4，高桂有 4，田荣甫 4，韩志品 4，张文忠 4，尤长贵 4，李天将 4，张明春 4

共计 22 人

会议由赵桂枝同志讲“评审四类分子和摘帽问题”“地富子女订（定）成份问题”等。

讨论记录：

① 张宝珠和高祥春的帽子是否给摘？

表现不错，同意给摘。

② 地富的成份是否给定为社员？

高祥春，李先春，吴德印，高祥涛（高淑琴、高淑花），包秀廷，高洪武，高祥彩

(高洪梅、高洪英),高洪志,高洪举,董桂香,高祥普,高洪如,高洪有,高洪连,高祥廷(高淑英),高祥生(高淑琴),高洪章,韩志文,吴秀珍,吴淑琴,李清秀,樊永先

共计 22 户

按党的政策,同意给变。

79 年 3 月 17 号上午半天

召开两委扩大会议

参加人员:

郭占奎,高普,李桂存,罗有,张明德,张文科,崔玉海,张文祥,韩风明,高洪志,穆风忠,高洪有,杜宪德,邵德文,刘艮,高桂有

共计 16 人

讨论记录:

① 怎么安排打自留地?

由祁凤元负责,全大队统一安排,近日开始。

② 自留树如何清查?

各队先逐户登记报大队,等打完自留地和拉完石头再抽人清查。

③ 怎么安排给山河拉石头?

由张明德负责,明天开始拉,按远近来,石头打方,大队付款。

④ 现在公社山河缺 8 个人,住宿地方怎么办?

由 3、4 队安排,每队 4 个人。

⑤ 学校盖房怎么安排?

明天动工,由罗有负责。

抽人是:张文合,罗有,吴立祥,祁凤明,张树生,穆奎喜,张桂元,张明春,郑万余,高洪有,高洪章。

⑥ 什么时间改工分?

4 月 1 日起改为 10 分。

⑦ 咱大队的广播线路,断后各分管队不注意管理,亏损太多,今后怎么办?

从今天起那些亏线由负责线路队买线,大队不再开支。

⑧ 去年和今年社员用盖房木头怎么计价?

高洪朋,高祥彬不按大队的指示办事,一律按原定价处理,大队不但不付砍木头工分,太粗的另行计价。

今后一律不批杨枛(椽)和连言。

	杨 杊			桦 杊			拎 柱			连言丈
	1	2	3	1	2	3	1 寸	2 寸	3 寸	
原提价	1.50	1.20	1.00	1.10	1.00	0.90	1.50	1.30	1.00	0.80
决定价	1.40	1.10	0.90	1.00	0.90	0.80	1.50	1.30	1.00	0.80

79 年 3 月 30 号 1 天

召开两委扩大会议

参加人员：

高普，李桂存，张明德，张文科，张文祥，韩风明，祁凤元，高桂有，高洪志，李付海，高洪有，杜宪德，刘良，郤德文

共 14 人

会议主要是搞当前工作的汇报：

① 70 年以后社员用自留地盖房现在不补地的有：

郤桂海	高洪武	郝存山	祁凤山	韩风明	高洪志	彭正付	杨存生	荣正廷	高洪章	杨存荣	范世亮	计 12 户
0.24	0.13	0.17	0.30	0.30	0.30	0.30	0.30	0.18	0.15	0.30	0.20	2.87

② 78 年计划外生育的：

		1	2	3	4	5	6	7	8	9	10	计
户			1	3		2		3	1			10
小孩	男			1		1		1				3
	女		1	2		1		2	1			7

③ 自留地情况：

		1	2	3	4	5	6	7	8	9	10	计
原留	人口	63	71	92	82	75	72	63				
	每人共 0.18 亩											
现留	人口											
	每人	0.12	0.13	0.13	0.13	0.15	0.13	0.15				
	合么											
原留自留地么		8	9.6	11.5	10	8.2	9.5	9	5.2	8.7	9.3	89

④ 给吴立祥退谷子 260 斤　　玉米 100 斤　　共计 360 斤。

⑤ 清查处理问题：

		1	2	3	4	5	6	7	8	9	10	计
果树	户	1	1									2
	株	1	1									2
树	户	6	4									10
	株	12	9									21
官道水渠纠纷	户	1	1	2	3							7
	处	1	1	2	3							7
挖坑纠纷	户	1										1
	个	1										1
自然地栽树	户	2	3									5
	株	6	4									10
人民砍自留树	户		1								6	7
	株		1								6	7
树杈纠纷	户		1	1				2				4
	地		1	1				2				4
其它			2		2	2	1		2	4		13
合计		11	12	3	5	2	1	2	2	4	6	48

⑥ 社员盖房占地情况

	张万国	罗正全	李桂存	高洪文	郃桂海	张文科	王立新	张明德	张文明	祁凤明	高祥涛	高洪武	康永祥	祁凤山
间	3	3	3	4	3	3	3	5	3	3	3	3	3	3
么	0.05	0.06	0.1	0.15	0.24	0.35	0.17	0.10	0.05	0.26	0.10	0.13	0.30	0.30
	韩凤明	彭正富	杨存瑞	田秀德	高洪志	张　良	荣正廷	高德进	刘　良	高洪章	杨存秀		共 25 户 4.88 么(亩)	
间	3	3	3	3	3	3	3	3	3	3	3			
(亩)	0.30	0.30	0.30	0.06	0.30	0.30	0.18	0.13	0.14	0.21	0.30			

79.4.3号上午半天

召开两委扩大会议

参加人员：

郭占奎，罗有，张明德，王立新，王文清，刘艮，祁凤元，高普，马朋，张文科，韩风明，高洪志，李富海，高洪有，高德仲，郤德文，张文祥

共17人

会议主要传达公社汇报会议精神。

会议讨论纪录：

① 拉石头何时完成？

5号前完成。

② 猪怎么关？

10号前一定关起来，如果不关，每赶回1头猪罚款1.00元，归赶猪人0.50元。

③ 社员盖房和大队盖房怎么安排？

社员盖房暂停，各队一律不准社员去帮工，大队盖房春播后盖。

79年4月5日晚

县委县革委召开造林广播会后大队具体安排是：

苹果每人栽1株　达1 000株

红果每人栽2株　达2 000株

大杏扁每人接3株　达3 000株

四旁栽树每人10株　达10 000株

大队育苗5么

封山育林仍是：

水沟方面：小南沟至大杨树沟

干沟方面：四么沟至干沟水泉洼梁

附记：

郭占奎从4月12日到17日参加片检查6天。

崔玉海参加县民兵训练共计24天(3月22日到4月14日)

4月20号张玉梅和驴去罗车铺送电影合10分。

79年4月11日上午

召开两委扩大会议

参加人员:

高普,郭占奎,李桂存,张明德,张文科,王文清,张文祥,高桂有,韩风明,高洪志,穆风忠,高洪有,高德仲,邵德文

共 14 人

会议中心是为公社片检查而做准备(汇报)

79 年 4 月 18 号上午半天

召开两委扩大会议

参加人员:

郭占奎,高普,李桂存,张明德,张文科,王文清,张文祥,王科,张文生,高桂有,韩风明,高洪志,李富海,高洪有,高德仲,邵德文,崔玉海,刘艮

讨论纪录:

① 给咱大队盖学校、拉石头问题,给山河拉的石头有余,要求咱们 1、2 天内拉回来,怎么安排?

同意大队的意见,每 100 人拉 10 方,明天后天两天完成。大队依给公社拉石头价付款。

② 把创业队、林业队抽人定一下:

		1	2	3	4	5	6	7	8	9	10		合计
已出工	铁矿	1	1	1	1	2	3	1	1	1	1		13
	县山河						1			1			2
	公社山河	1	2	3	1	1	1				3		12
	大队民办	2					1	2	1		1		7
	油路			1							1		2
	大队			1		2				1			4
	代销	1											1
	医疗				1			1					2
	牧厂									1			1
	副业	1	2	1	2	1	1	2	1	1	1		13
	林业队			1	1			1					3
	公社民办					1			1	1			3

续　表

			1	2	3	4	5	6	7	8	9	10		合计
已出工	农机站					1								1
	合计		6	5	8	7	7	7	7	4	6	7		64
劳力	男		18	19	26	24	21	25	15	12	19	22		201
	女		16	12	20	15	19	12	9	7	16	13		139
	计		34	31	46	39	40	37	24	19	35	35		340
应抽的人			8	8	11	10	9	10	7	4	8	9		84
亏人	合计		2	3	3	3	2	3			2	2		20
	给	林业			赵文祥、邵桂军		张玉彬、祁守柱							4
		创业队	张文德、高庆支	王永、高瑞、李连春	李清秀	郝存仕、李树林、崔玉海		彭宪合、韩志品、高德兴			高祥清、高照明	邵德武、张珍		16

从 4 月 21 日上人。

79 年 4 月 25 日下午关天

召开两委扩大会议

参加人员：

张宝斋，郭占奎，高普，罗有，李桂存，张明德，张文科，王立新，李正林，王文清，张文祥，高桂有，祁凤元，韩风明，高祥，邵文明，梁明，韩志品，杜万林，张玉林，郝元，高洪志，李富海，高洪有，高德仲，刘良

共计 26 人

公社任书记、赵桂枝同志参加。

讨论纪录：

① 咱公社党委转来张北县战海公社党委“关于李献春成份的复查问题”六三年由土改老干部九人出过中农成份证明，文化大革命期间又出过恶霸地主成份证明，要求原籍咱大队复查怎么办？

经过任书记讲当前落实政策，经过认真讨论决定“维持六三年中农成份的结论”

② 祁凤元已汇报了出埧外联系付业项目问题，这次外出没有找出门路，根据这次情况，大队安排是：春播后给公社砍木柱，做夹纸板，开瓦窑等，是否行？

同意。

③ 任书记讲当前形势和发展农付（副）业的重要性问题。如何抓好当前春播等问题。

同意按公社党委的指示办事。

79.4.27 日晚上

召开欢送李金（教戏的人）同志的座谈会

参加人员：

张明德，高桂有，张明春，韩普，荣正廷，罗瑞，高德发，张树生，李世河，李忠连，张军，韩志文，张海琴，张海英，张玉林，李树合，李树廷，穆凤林，穆凤德，高秀平，李海军

共 21 人

待到会的：

祁凤元，张明瑞，尤存元，穆凤山，穆奎军，梁树江，韩志品，张桂元，张玉祥，高德秀，李玉梅，张海梅，张立新，吴国瑞，穆奎喜，高文，张万合，李汉州，高庆英，高淑连，高世军，穆奎仕，张连军，荣桂有

共 24 人

讲的问题：

① 43 人为俱乐部成员，大队 2 人负责。

② 对李金教师的评价，生活待遇，今后怎么办，慰劳品：玻璃 1 块，烧柴钱 10 元。

③ 今后怎么办？

尊重老艺人，化装，苦练不忘，唱戏问题（角色与亲兵）

※坐元笼，串箱绳，赶台毡，绣衣服

明天：清点戏装，算粮，款账目。

79.5.10 号上午半天

召开两委扩大会议

参加人员：

高普，李桂存，张明德，张文科，张文祥，韩风明，高洪志，李富海，高洪有，刘良，高德仲，郜德文，崔玉海

会议中心汇报了公社汇报会议精神，统计了当前播种进度，然后讨论：

① 付(副)业备料怎么搞？

大队收木头过秤付款，凡没有虫眼类合格者每斤定价 1.2 分，否则算二类每斤九厘，只准砍莱木和红桦两种。各队必须生产，数量不限。

② 学校盖房怎么安排？

由大队具体安排，要什么给出什么，何时要何时出。

③ 瓦夭(窑)怎么开，具体怎么安排？

做瓦：1、5 队

提桶：10 队　另找 1 人

扣砖：3 队　8 队安排 1 人

泡泥：2、4、6、7 队每队 1 人

高德仕做饭，看火等。马上安排上场。人不足从林业队和付(副)业队适当安排抽。

④ 公社的才(柴)火怎么安排？

		1	2	3	4	5	6	7	8	9	10		计
前派的	长									24	88		112
	亏	3	31		37		3	14	9				97
今天派		49	52	66	58	48	52	41	26	48	45		485
至后顶	长										43		43
	亏	52	83	66	95	48	55	55	35	24			513

同意这个安排，给谁送由大队决定。

79.5.15—16 号 2 天

召开生产检查会议

参加人员：

高普 2，李桂存 2，张文科 2，张文生 2，韩风明 2，高洪志 2，李富海 2，高洪

有 2,郜文海 1,郜德文 1,张明德 2,祁凤元 2

风判"√"号的回生产队记工。

经过 2 天实地检查把各队先进人物评一下:

1. 赵玉兰,郭占熬

2. 王登明

3. 李正林,王立新,张月娥

4. 王文清,张文生,包献芳

5. 董成瑞,张付,韩翠英,韩风明

6. 田秀德,高祥彩,李金兰,穆奎有,高洪志

7. 穆风忠,陈仲才

8. 荣海兰,高祥普,高洪有

9. 刘殿仕

10. 范世亮,赵芝梅

共计 26 人。

先进生产队:5 队

6 队今年工作不错,也要进行表扬。

讨论问题:

① 给学校修建拉石头每方怎么付钱?

每方 1.20 元。

② 粮食定产,定购怎么分?

		1	2	3	4	5	6	7	8	9	10	计
原包干		3 400	3 050	6 400	8 000	1 200	200	1 100		650		24 000
七九年定数	定产	57 000	53 000	80 000	70 000	54 000	44 000	40 000	30 000	49 000	36 000	513 000
	定购	3 000	1 000	6 500	6 000	2 400	200	1 000	2 000	500	200	21 000

同意这个安排。

③ 给大队砍枂(椽)付钱问题,初步意见是:

1 等	2 等	3 等	4 等	废品
0.20 元	0.15 元	0.10 元	0.05 元	不付

同意这个意见。

④ 做戏装和唱戏用工，为减少开工打算付款每工多少钱？是否同意付钱回队记工去？

同意付钱回队记工，每个工按 0.60 元计算。

79 年 5 月 24 日上午半天

召开两委扩大会议

参加人员：

高普，王立新，张明德，张文祥，韩风明，高洪志，李富海，高洪有，郃文海，刘艮，郃德文

共计 11 人

会议中心是安排当前几个事。

① 水利砌南滩渠抽人是：

1	2	3	4	5	6	7	8	9	10	计
5	5	6	6	5	5	4	3	5	5	49

砌渠分配任务，搞完回生产队。

同意这个安排，明天上人。

水泥工程怎么搞？

抽王科，董成瑞，穆奎军去垒，由王永掌握创业队全部参加，明天开工。

② 今天下午各队查各队，把玉米、高粮逐块地查，并把结果报大队。对缺的马上行动补栽行不？

同意这样搞。

③ 学校修建明天开工，先从 1—7 队和 9 队共抽 8 个人码地盘，别的另要人行不？

行

④ 戏场渠已砌完，打算用菜木硼，具体分配各队：

1	2	3	4	5	6	7	8	9	10	计
20	21	27	24	20	21	16	12	19	18	198

同意，决定义务砍，回队记工。

79.5.28 号 1 天

公社召开三干飞行会议

参加人员：

高普，李桂存，张文科，王立新，张明德，郭占奎，张文祥，韩风明，高洪志，李富海，高洪有，高德仲，邵德文，刘良，崔玉海

共计 15 人

研究道班养路人定谁？

暂定李树林。

另行用工记录：

① 1 队拖拉机

拉树苗去下么 2 次　1.5 天

拉沙子(山河)　2.5 天

拉茨(山河)　1 天

拉水泥(连办货那天)

去干沟

拉盖板　1 天

6 月 8 日拉水泥、沙子　1 天

6 月 10 日给山河搬家　1 天

6 月 11 日给山河搬家　半天

② 给戏场拉石头

5 队杨宝喜、杨海荣　牛 2 个　共半天

6 队彭宪合　牛 1 个　共半天

③ 3 月 10 号 4 队送小车人牛工共合 18 分

④ 6 月 22 号 4 队给白旗装车　合 15 分

⑤ 6 月 22 号马朋给白旗装车　合 10 分

⑥ 1 队 3 人去下么刨树苗每人 13 分　合 39 分

⑦ 2 队 3 人去下么刨树苗每人 13 分　合 39 分

⑧ 5 队拉沙子 1 天，拉茨半天山河搬家半天(拖拉机)

79.6.11 号

用工记工(洋灰埧)

姓　名	6.3	6.4	6.7	6.8	6.9	6.10	姓　名	6.4	6.7	6.8	6.9	6.10	
张万合	0.5	1	1	1	1	1	高祥清			1		1	清
高德发	0.5						张　珍			1			清
罗　瑞	0.5	1	1	1	1	1	杨存荣			1	1	1	清
吴国瑞	0.5	1	1	1	1	1	李清秀			1	1	1	清
张海梅	0.5	1	0.5	1	1	1	王　永			1			清
李玉梅	0.5	1	1	1	1	1	彭宪合			0.5	1	1	清
李世合	0.5			1	1		高德兴						清
韩志文	0.5		1	1	1	1	郭文江				1	1	清
穆奎军	0.5	1	1	1	1	1	高德斌			0.5	1		清
穆凤德	0.5				1		张玉林				1	1	清
穆凤林	0.5			1	1	1	李桂兴				1		清
张明春	0.3					0.5	李树林				1	1	清
张海琴	0.5						高庆军				1	1	清
高秀平	0.5			1	1	1	高庆德				1	1	清
张树生	0.5						王　科	1					清
韩志品	0.5		0.5	1	1	1	李树合	1					0
张桂元	0.5	0.5	1	1	0.5	1	李汉军	0.5					0
张　付	0.5						吕桂军	0.5					0
韩桂军			1				高洪章	0.5					0
彭正付			1	1	1	1							
荣正廷			0.5	1	1	1							
穆奎喜			0.5	1	1	1							
张玉祥				1	1								
张玉斌				0.5		1							
韩　普				1	1	1							
高德秀					0.5	1							
张立新						1							

注：6月3日垫戏场和唱戏开会
6月4日学校砌墙
6月7日至9号是水利用工
6月10号是学校砌墙

79.6.11号下午半天

召开两委扩大会议

参加人员：

郭占奎，高普，李桂存，张明德，王立新，张文科，王文清，崔玉海，张文祥，高桂有，张富，高洪志，李富海，张天付，高德仲，邵德文，刘艮，祁凤元

共18人

会议由祁凤元和小赵传达了公社6.9—6.10号召开生产汇报会议的情况，重点讨论进度、密度、作业问题。

讨论纪录：

① 如何作业：

	1	2	3	4	5	6	7	8	9	10	计
到户：										户	1
到组个：	2	2	3	2	2	2	2	1	2		18
作业时间：	12	12	14	12	12	12	13	12	13	13	
实力散：	30	30	35	40	24	40	30	20	44	60	353

79.6.14号上午半天

召开生产队长会议

参加人员：

高普，李桂存，张文科，张文祥，韩风明，高洪志，李富海，高洪有，邵文海，邵德文，张明德，祁凤元，高桂有

共13人

会议主要是汇报作业责任制的问题和当前生产进度。

研究事：

① 出卖柃(棱)条和枞(椽)子怎么分配。

初步算每10人砍11—12公分的莱木小柃(棱)2根

每10人砍4根桦枞(椽)。

同意这个意见，在20号生产。

79年6月22日上午半天

召开两委扩大会议

参加人员：

郭占奎，高普，李桂存，张明德，王立新，张文科，崔玉海，祁凤元，高桂有，韩风明，高洪志，李富海，刘艮，高德仲，邵德文，罗有

会议主要是汇报传达公社生产大检查情况和研究当前生产等。会议评出救济户是：

李汉州 10，刘付生 10，尤存元 10，张文志 10，高德武 10，康登明 20，薛英方 10

共 7 户　共 80 元。

79 年 6 月 29 日上午半天

召开两委扩大会议

参加人员：

郭占奎(28 号解决事半天)，高普，李桂存，张明德，张文科，张文祥，韩风明，高洪志，李富海，高洪有，高桂有，祁凤元

共 12 人

会议主要是安排追肥工作，学习华主席政府工作报告第一部分。

79 年 7 月 5 日上午半天

召开两委扩大会议

参加人员：

郭占奎，罗有，张明德，王立新，崔玉海，高桂有，刘艮，高普，李桂存，张文科，张文祥，韩风明，高洪志，李富海，高洪有，高德仲，邵德文

共计 17 人。

会议开始学习华主席报告第二部分。

由小赵传达公社会议精神。

讨论纪录：

① 大队成立防风防雹领导小组问题，初步安排是：

组长：崔玉海　付组长：王永，穆凤忠

成员：刘艮、高桂有

共 5 人组成。

同意

② 咱大队指定专人审批财务定谁?

张明德

③ 给学校拉石头和给戏场拉石头，已经打方，怎么样付款？

每方1元计价付款。

④ 砍柃(棱)条怎么付款？初步想法是：

柃条(根)			杂木(根)	
1等	2等	3等	1等	2等
4.00元	3.00元	2.00元	1.00元	0.50元

同意这个价付款。

⑤ 把各队用食盐、口袋数和计价款数公布了有错否？

砍棢价上次会议已定，把结果付钱公布了有错否？

无错。

⑥ 把在南滩砌渠的各队出工和初步开工的标准说了，看是否同意？

同意这么定。

⑦ 就锄苗(头遍全部完，二遍包产地全部完)

追肥(玉米、高粱、大苗谷子)总之没有泡荒地。什么时间完成？

十号完成。

⑧ 就锄苗阶段的两委分工包队怎么搞？

1	2	3	4	5	6	7	8	9	10
郭占奎	罗有	王立新 张明德	王文清	高桂有	小赵	张海英	祁凤元	刘良	崔玉海
为一片由张明德负责				为一片由小赵负责					

79.7.17号上午半天

召开两委扩大会议

参加人员：

郭占奎，罗有，王立新，张明德，王文清，高桂有，崔玉海，祁凤元，张海英，刘良，张立新，王永，高普，李桂存，张文科，张文祥，韩风明，高洪志，李富海，高洪有，高德仲，郜德文

共计22人

首先学习华总理政府报告第三部分，然后由小赵传达了公社两次召开的下乡干部和大队书记会议精神，然后讨论：

① 通过各队汇报后就追肥扫尾，加紧锄三遍和玉米培土怎么完成？

在 25 号前完成这三项任务的有：

1、2、3、4、5、6、7、9、10 队

8 队在 27 号完成。

② 绵羊改良和给羊拉垫土怎么办？

	1	2	3	4	5	6	7	8	9	10
加羊：							3	5		
拉土：	已拉12车	18号早	已拉5车，其余25号完	25号	已拉8车	19号拉	20号拉			

③ 公社分配咱大队跃进产量为 73 万怎么分配？

1	2	3	4	5	6	7	8	9	10	计
8.1	8	10.5	10.1	7.5	5.8	5.8	4.8	6.2	6.2	73 万

④ 病号面怎么换？

从 7 月份起不再由分队去换，由大队刘艮负责每月给换，7 月分大队和 1 队、5 队、7 队每个队借谷子 100 斤(由这三个队每队交小米 70 斤，秋后大队还谷子 100 斤)换回后先大队留(留待客用等)余的部分再分。

⑤ 根据创业队农活，是否创业队成员都明天回创业队？

行。

⑥ 干沟的矿怎么开？

先由祁凤元负责具体掌握，进行建场。

人员是：

10 队：创业队 2 人，付业队 1 人，都调到开矿，再出 1 个人，共计 4 人

9 队：创业队 2 人，付业队 1 人，都调到开矿，共计 3 人

6 队：创业队 1 人去开矿

5 队：再出 1 个人

共计 9 人

最后张明德和罗有发生纠纷问题,交换了意见。

79 年 7 月 16 日

订正大队借各队化肥问题:

	张立新手借	王 永 手 借	今天取尿素
1			240
2		底 200、追 140 今天用 3 队的还	800
3	300	1 500	240
4	180 今天用 3 队的还		320
5		底 600 今天用 3 队的还	400
6			
7			
8		600	
计	480	3 100	2 000

79.7.26 号上午半天

召开队长会议

参加人员:

高普,李桂存,张明德,张文科,张文祥,韩风明,高洪志,李富海,高洪有,邰德文,罗有,高桂有

共 12 人

会议主要是贯彻公社党委在瓦房沟召开的除虫灭虫飞行会议精神。

然后讨论:

① 大队的除虫灭虫领导小组怎么成立:

组长:张明德　付组长:祁凤元

成员:十个生产队长　刘良

共 13 人

② 为了搞好护秋,有的社员放猪、密猪,严重糟蹋庄稼怎么办?

杜绝密猪和放小群,如有违犯者每 1 次每个猪由生产队当天扣 5 分工,如

损失庄稼酌情赔偿损失。

对出来的猪如赶回仍按前规定执行。

③ 这次咱大队开矿，免不了公社以上的人来，咱们还没很好执行，怎么安排？

上次研究之后，都回队和社员们商量了，咱大队在执行方面必须有准备，社员都同意将 7 月份的病号面留下，留待客用。

④ 现在初步统计两窑的砖瓦，社员和大队用是不够的，如做三窑就砖蓆不够怎么办？

先和生产队借，等大队买来再还。

3 队	4 队	5 队	8 队	9 队	合　计
3 个	2 个	2 个	2 个	1 个	10 个

⑤ 护秋委员会怎么成立？

主任：王文清　　付主任：崔玉海

成员：高普，李桂存，张文科，张文祥，韩风明，高洪志，李富海，高洪有，高德仲，郤德文，刘艮

共 13 人组成

护秋公约依照去年执行。

另行用工：

① 9.15 号去干沟定路有：罗有，高德仲，郤德文　1 天。

② 9.25 号王文清去公社开公安会议 1 天。

③ 9.26 号用 5 队拖拉机去矿半天。（外贸来人）

④ 9 月 16 日到 9 月 22 日公社三干会议用工：

张明德 6.5，祁凤元 6，高德仕 6.5，张海英 6，崔玉海 6，刘艮 6，高普 6.5，李桂存 6，张文科 6.5，张文祥 6.5，韩风明 6，高洪志 6.5，穆凤忠 6，高洪有 6，高德仲 6，郤德文 6

每天 13 分

⑤ 9 月 26 号早 4 队 5 个人给担 1 早起粪。

⑥ 为了搞好护秋，有的社员放猪、密（系）猪，严重糟蹋庄稼怎么办？

杜绝密（系）猪和放小群，如有违犯者每 1 次每个猪由生产队当天扣 5 分工，如损失庄稼酌情赔偿损失。

对出来的猪如赶回仍按前规定执行。

79 年 8 月 7 日 1 天

参加公社三干飞行会议

参加人员：

高普,李桂存,张文科,王立新,王文清,张文祥,崔玉海,韩风明,高洪志,李富海,郤文海,郤德文,张明德,刘艮,张海英

共 15 人

研究问题：

① 计划生育领导小组怎么成立?

组长：祁凤元　付组长：崔玉海

成员：张海英、郝存山、高桂有、刘艮、郭占奎

共七人组成。

② 护秋委员会怎么成立?

主任：王文清　付主任：崔玉海

成员：高普,李桂存,张文科,张文祥,韩风明,高洪志,李富海,高洪有,高德仲,郤德文,刘艮

共 13 人组成。

护秋公约依照去年执行。

79 年 8 月 14 日上午半天

召开两委扩大会议

参加人员：

张明德,祁凤元,罗有,郭占奎,王立新,王文清,崔玉海,高桂有,刘艮,张海英,王永,张立新,高普,李桂存,张文科,张文祥,韩风明,高洪志,李富海,高洪有,高德仲

共计 21 人

会议开始把联办归社中的处理情况汇报了(桌凳 15 套,每套 15 元,办公桌 20 元)看有什么意见?

没意见。

讨论问题：

① 社中分配两套桌凳和十套床板,怎么安排?

两套桌凳从学校桌凳中先解决两套。

床板和20个小凳由付业队给做,用柳树,具体由罗有安排。

② 把开矿情况和木工材料情况说了,看是否合适?

合适。

③ 1队的拖拉机要卖,价钱4 000元,看是否大队留下?

单据要审查,如经过审定车没有毛病,同意归给大队。

④ 本大队社员要求唱戏,瓦房沟党训班要求唱戏,罗车铺大队和山河邀请唱戏,怎么安排?

同意给去,具体由大队安排。

⑤ 党训班怎么安排?

	1	2	3	4	5	6	7	8	9	10	计	炊事员:
定人员:	4	2	7	4	1	2	5	1	1	2	29	高洪朋
代菜:	80	80	100	80	60	60	60				520	

柴火由1队送24个,吃粮每人代(带)10斤小米。

79年8月18日下午

召开两委扩大会议

参加人员:

郭占奎,高普,马朋,张明德,张文科,张文祥,高桂有,韩风明,高洪志,李富海,刘良,郤文海,罗有

统计当前生产:

队别	积肥车数						谷子喷碄
	牛圈	羊圈	坑肥	条肥	社员	合计	
1	700	400	700	200	300	2 300	33
2	800	500	1 700		400	3 400	24
3	400	200	1 600	500	400	3 100	41
4	500	400	1 200	500	400	3 000	30
5	500	600	600	200	200	2 100	25
6	400	350	1 000	50	200	2 000	26

续 表

队别	积 肥 车 数						谷子喷硑
	牛圈	羊圈	坑肥	条肥	社员	合计	
7	500	400	驴 100 700		200	1 900	30
8	500	300	300		250	1 350	10
9	400	400	驴 100 800		400	2 100	30
10	200	350	700		150	1 400	25
计						22 650	

有狗的户：

张万国，高普，罗瑞，郝存山，李树林，穆凤海，李兆阁，李富海，张明瑞，高祥清

共 10 户

今天的会议主要是安排喷硑、锄地、积肥、灭虫等项生产。

※ ※ ※

79.8.25—26 号

召开两委扩大会议

参加人员：

郭占奎 2，高普 2，罗有 2，马朋 2，王永 2，张明德 2，张文科 2，张文祥 2，祁凤元，韩风明 2，高洪志 2，李富海 2，高洪有 2，高德仲 2，刘艮 2，郃德文 2，崔玉海 2，张立新 1

共计 18 人

79.8

在瓦房沟党训班记工

队别	姓 名	15	16	17	18	19	20	记分	合计
1	张宝斋	0.5	1	1	1	1	0.5	50	
1	马淑兰	0.5	1	1	1	1	0.5	50	

续　表

队别	姓　名	15	16	17	18	19	20	记分	合计
1	赵玉兰	0.5	1	1	1	1	0.5	50	
1	杜万林	0.5	1	1	1	1	0.5	50	200
2	张玉林	0.5	1	1	1	1	0.5	50	
2	高　祥	0.5	1	1	1	1	0.5	50	100
3	张明德	0.5	1	1	1	1	0.5	50	
3	赵存德	0.5	1	1	1	1	0.5	50	
3	王立新	0.5	1	1	1	1	0.5	50	
3	李正林	0.5	1	0.5	×	1	0.5	35	
3	张立新		1	1	1	1		40	
3	徐桂兰		1	1				20	245
4	郝　元	0.5	1	1	1	1	0.5	50	
4	崔玉海	0.5	1	1	1	1	0.5	50	
4	李玉兰	0.5	1	1	1	1	0.5	50	
4	王文清	1	1	1				30	180
6	韩志品		1	1	1	1		40	40
7	张文忠	0.5	1	1	1	1	0.5	50	
7	张明春	0.5	1	1	1	1	0.5	50	
7	尤长贵	0.5	1	1	0.5			30	
7	穆风忠	0.5	1	1	1			35	165
8	高洪朋	1	1	1	1	1	1	60	60
9	高德进		1	1	1	1	0.5	45	45
								共计	1 035

8 月 25 号全大队检查庄稼估产，8 月 26 日进行开会。讨论纪录：

① 引石矿如何建领导、定人员？

挂帅人：罗有

负责人：王永

会计：张明瑞

		1	2	3	4	5	6	7	8	9	10	计
应出人		4	3	2	3	1	4	2	1	4	4	28
互调	去林业队								1			1
				1								1
实定人数		5	4	3	3	2	5	2		5	5	34
定人员		李汉州、张万合、高占、郭文江、高海清	王永、罗有、李桂兴、马清富	赵文祥、吴国兴、祁守合	李世合、高洪运、穆奎喜	张桂元、韩志文	彭宪合、高德兴、彭宪明、梁树江、穆奎军	张明瑞、李化廷		高庆军、高祥清、高庆忠、高洪章、高照明	李桂合、张珍、杨存荣、吕桂军、范德军	

② 农田建设怎么样？以大队统一搞，继续搞去年地点。

最后把估产和打草统计了表。

79年9月14日上午半天

召开两委扩大会议

参加人员：

郭占奎，高普，罗有，王永，李桂存，张明德，王立新，张文科，张文祥，祁凤元，高桂有，韩凤明，高洪志，高洪有，刘良，高德仲，郤德文

共17人

会议开始由祁凤元传达县抓钱会议精神。高桂有传达公社9.13日飞行会议精神，张明德传达公社生产大检查和去公社铁矿慰问的会议精神。

然后安排讨论：

① 公社三干会参加人员和生活怎么安排？

参加人员：

张明德，祁凤元，崔玉海，刘良，张海英，高普，李桂存，张文科，张文祥，韩凤明，高洪志，穆凤忠，高洪有，高德仲，郤德文

做饭：杜永科。　每人代(带)小米12斤。1—4队每队1只羊。

柴火：2队送。

菜

1	2	3	4	5	6	7	8	9	10	计
30	30	35	35	30	30	30	20	30	30	300

② 就烧窑时间，打柴火问题怎么安排？

秋收前烧窑，具体时间由大队安排，柴火每人 1 个半，各队必须准备好。

③ 去干沟的路已经定基，怎么抽人？

1	2	3	4	5	6	7	8	9	10	计
5	5	6	5	5	5			5	10	

由罗有、王立新、郭占奎负责指挥。

④ 羊改的白羊基本配完，何时放回生产队？良种羊怎么安排？韩登良、郝存仕的工分怎么定？

明天将白羊放回生产队。良种羊交林业队确定张文忠放。韩登良从开始到 9 月有 15 日每天 15 分，郝存仕早战加早战，白天定 10 分开工。

⑤ 生产用布 100 尺怎么分到生产队？

1	2	3	4	5	6	7	8	9	10	计
12	11	15	15	10	8	8	5	8	8	100

79. 9. 21

在公社三干会议期间民工分配

凡外出大队的单独分配：

	合计	道班	农机站	公社铁矿	公社山河	县山河	
1				张万彬	张万江		
2				李桂兴	工人		
3					李志彬 王铁军 吴国兴		
4			康登明	王海江	包献文		

续 表

	合计	道班	农机站	公社铁矿	公社山河	县山河	
5				高德彬 祁守柱			
6				梁树海 彭宪明 彭宪武	彭正德		
7				荣桂有		张风祥	
8				薛英明			
9				定 1 人		定 1 人	
10					郤德武 范德亮	定 1 人	
计		1	1	11	10	3	

公社给 20 元救济治病款给谁？给尤存元 20 元。

救济物资：

绒衣 7 件给谁？

李文彬，薛英芳，高德武，张文志，李先春，杜成志，马亮。

苔席 4 片给谁？

刘付生，薛德彬，祁守相，李汉州。

被子 3 床给谁？刘付生，张天富，薛德彬。

布票 980 尺怎么分？

1	2	3	4	5	6	7	8	9	10	计
100	95	130	115	95	100	105	60	90	90	980

棉花票 80 斤，怎么评？

张文德 2，郭占奎 3，张文海 2，高德发 4，张明德 15，张文科 5，郝元 3，赵云奎 3，高桂有 3，韩桂军 3，荣天祥 3，张明瑞 3，尤存元 3，高洪有 3，高洪江 3，高德仲 3，刘彬 3，高祥清 3，吕桂军 3，范德亮 3，范世亮 2，彭宪军 3，彭宪忠 3，韩志品 2

79.9.27 号上午半天

召开生产队长会议

参加人员：

高普，李桂存，张明德，张文科，张文祥，韩风明，祁凤元，高桂有，高洪志，李富海，高洪有，高德仲，郜德文，刘艮，罗有

共 15 人

讨论纪录：

① 国庆节的庆祝和保卫工作怎么安排？

大队在张桂元门口南北模 2 块水泥合板，用色纸十张写好标语。由刘艮、高桂有、高文、郝存山、李兆阁负责。

② 值班由 30 号的晚 8 点到 2 号的早 8 点，具体分工：

30 号：张明德　1 号：祁凤元　2 号：高桂有

② 供销社通知再订 1 400 块夹纸板，怎么抽人？

罗有，张明春，李汉军，祁凤明，张万国，张桂元，张树生，高洪章，明天开始，力争 15 号完成。

③ 去干沟路不通，明天打算突击，怎么上人？

1	2	3	4	5	6	7	8	9	10	大	计
10	10	10	10	10	8	5	4	8	8	2	85

④ 学校压枯(栈)何时搞？枯(栈)子怎么办？

时间暂推几天，由大队另行安排。

枯(栈)子每人 1 斤半，拿后不付款，把前用 1 队 100 斤，3 队 100 斤，4 队 100 斤，给顶任务。

⑤ 清查填写林业证怎么搞？

由张明德、刘艮负责深入到生产队，由队长参加审议填写。

⑥ 创业队庄稼已成熟怎么抽人？

1 队、2 队、4 队每队 5 人，明早由张明德代去南滩，3 队 5 人在后地割谷子。

79. 10. 9 号上午半天

召开生产队长会议

参加人员：

高普，李桂存，张明德，张文科，张立新，张文祥，高桂有，韩风明，高洪志，李富海，高洪有，高德仲，刘艮，范世亮

共计 14 人

会议由小赵讲公社三秋安排之后讨论：

	1	2	3	4	5	6	7	8	9	10	计
谷子脱粒完成时间	14 号	20 号	18 号	15 号	12 号	18 号	20 号	20 号	20 号	20 号	
扒玉米完成时间	20 号	25 号	25 号	25 号	25 号	25 号	25 号	25 号	25 号	25 号	
计划机耕地			100								
耕地完成时间	30 号	30 号	30 号	11 月 10 号	30 号	11 月 5 日	11 月 5 日	11 月 10 日	11 月 10 号	11 月 15 日	
公社给 1 万株红果任务	以各生产队人口每人 10 株										
大队 2 么红果园怎么搞	以各生产队人口每人 5 株，交张立新由林业队在后地搞										
盘矿牛车怎么派	1 个牛车按 600 斤算，明天由 4、5、7 三个队每队拉盘三天。										

付款 2 分，看完成时间行不行？

行

⑤ 李连春有照像技术，如果大队设 1 个摊子，收入为大队，他挣工分和补助，看咱们搞不搞？

请示公社，如准许开业，可以搞。

⑥ 咱大队计划生育公社和卫生院认为后进，前些时公社卫生院让高秀连去专门学计划生育，现在支部初步意见安排是：

高秀连管卖药的小药房，具体抓计划生育，以及苏寺片的医疗打针及大队另行杂活。

郝存山管大药房，大队粮食，财产，库房，知识青年的粮食和款，炊事管理员，行医看病，还有代课费等等，看这样安排行不行？

同意这个安排。

⑦ 尤存元已经病故，处理结果：

李付海伺候近 80 天，给了一点辛苦意思：

三号小缸一个，旧菜刀一把，旧小沙锅一个，火筷一双，旧锅成一个，小代面口袋一个，旧缸油桶一个，旧小菠萝一个，小瓷罐一个，三号小盆一个，旧皮看夹一个，旧棉袄一个，旧棉裤二条，旧夹袄一件，旧布衫一个，旧被子一个，旧帐子一个，旧灯心绒褥子一条，旧被面一个

共19种

旧毡子1个归韩志品的4扇旧窗户价8元。归生产队的有小桶1个，旧口袋1条，大锅1口。

就欠生产队口粮钱，48.71元和欠药社药钱和打发时亏近10元，以后再研究处理，看这样行不行？

棺材木头是大队的，大队不计价，工是付(副)业厂记工，行不行？

这样处理就合适，没有意见。

79.10.28号上午半天

召开两委扩大会议

参加人员：

罗有，李桂存，张明德，王立新，张文科，张文祥，韩风明，高桂有，高洪志，穆风忠，高德仲，刘良，邵德文

共13人

会议中心是统计各队三秋进度和汇报公社在10月26日找研究让各大队来咱大队开萤石矿的问题，最后研究：

① 外大队要来开矿，咱们是否让来？

矿山指全民所有，公社让来我们没意见。

② 大队制种的玉米如何收？

已经公社张佃恒鉴定，一律收割不能做籽。明天大队有祁凤元掌握，各队出人回队记工。按留粮人口分给生产队去。具体出人是：

1	2	3	4	5	6	7	8	9	10	计
3	3	4	4	3	3	3	2	3	3	31

③ 矿上两间小库房，怎么抽木匠做栅栏？

30号抽2队、3队、4队、5队每队出木工1个，争取1天完成。

※　　※　　※

① 卖木头装车，5队秋前装50条给　30分

6 队给张北装 130 条给　80 分

② 5 队拖拉机去水么湾 2 天,苇子沟拉庄稼 1 次。

③ 6 队做豆腐 1.5 锅的工分。

④ 砍柳树用工:王文清 2 天,高庆德 1 天,吴立祥 1 天。

79.10.21 上午半天

召开两委扩大会议

参加人员:

郭占奎,高普,罗有,李桂存,张明德,王立新,张文科,王文清,崔玉海,张文祥,祁凤元,高桂有,韩风明,高洪志,李付海,刘艮,高德仲,郤德文

共 18 人

会议传达公社召开汇报会议的精神。

然后研究:

① 固安县来三人要用白面换木头,具体商量结果是:

12 公分以上,4 米长,每根 80 粉　30 斤　150 根

12 公分以上,3.5 米,每根 80 粉　20 斤　100 根

杣(椽)300 根　　　每根 80 粉　3 斤

木头不要太弯的,白面送到,装车咱们负责,出公社木材站卡住咱不责任。

这项买卖较大,已准备每人送给好点柃(棱)条 2 根,看是否搞?

同意这个意见,实准卖。

白面按人分,每斤价定为 0.20 元

砍木头付生产队工资是:

	1 等	2 等	3 等
柃(棱)	3 元	2 元	没收
杣(椽)	0.20 元	0.15 元	没收

具体分配各队砍数是:

	1	2	3	4	5	6	7	8	9	10		计
柃(棱)	40	40	60	50	40	50	30	30	40	40		420
杣(椽)	60	60	80	70	60	70	50	40	60	60		610

② 学校枯(栈)怎么压?

1、2、3 队每队 2 间,由各队负责,最后大队定给工 1 号压。

4、5、6 队每队 2 间,由各队负责,最后大队定给工 2 号压。

1、2、3 队压后排,4、5、6 队压前排。

学生扛枯(栈)板。10 队给割毛才(柴)枯(栈)子 50 个。

③ 装天(窑)怎么安排?

1 号抽 4、5、6 队和高德仕摸天(窑)。

2 号抽

	1 队	2 队	3 队	合　计
男	5	5	6	16
女	2	2	2	6
计	7	7	8	22

3 号

	4 队	5 队	6 队	合　计
男	6	4	4	
女	2	2	2	
计	8	6	6	

4 号以后由祁凤元具体安排。

④ 合作医疗基金已亏,怎么办?

按现有人口,每人 1 元,各队从公益金内开支。

⑤ 农建怎么上人?

5 号上人,由祁凤元负责。

	1 队	2 队	3 队	4 队	5 队	6 队	7 队	合计
男	3	3	3	4	3	5	2	23
女	4	4	6	5	4	2	3	28
计	7	7	9	9	7	7	5	51

79. 11. 21 号下午

召开小会研究卖木头问题

参加人员：

张明德，祁凤元，高桂有，刘艮

记录：

张明德汇报了松树台大队卖木头情况，咱们的木头怎么卖？

树　种	专　属	本大队每寸款	外大队每寸款
桦	3.5	2.50元	3.00元
菜	3.5	2.00元	2.50元

收现款，必须三个人以上过尺。

79年11月12日1天

召开生产队长会议

参加人员：(回队记工)

高普，李桂存，张明德，张文祥，张富，高洪志，穆凤忠，高德仲，郜德文，祁凤元，高桂有，刘艮

共12人

会议开始把开矿上足人，各队到矿上盘矿车必须按矿上要的去，瓦夭(窑)柴火今天必须交，砍木头集中力量搞突出马上交，广播线路坏杆的马上换，农建按上次会议安排人，听大队通知马上上，等问题强调之后，然后研究：

① 萤石再次需要化验，宣化黎明造纸厂的夹纸板不收需去处理，让谁去？

决定张明德去。

② 照像事业已批准，是否安排买器材？

由大队筹资金，去买去。

③ 林业证怎么填写？

时间紧迫，先由各生产队登记过数，有关坟院和争议的树，由张明德负责到实地去处理，大队审查后马上填表。

④ 大队烧柴怎么办？

每10人1个的找齐，今天再派5个人1个，在11月底前交清。

⑤ 何时改为8分工？

从11月16笔记改为8分。

⑥ 学节目的菜怎么办？

各队轮着给，明天先由 1 队给红萝卜 50 斤，每斤价 3 分，由待客费内付款。

⑦ 现在教节目的没来全，打算木头换的白面，把原来社员 2 个月的病面来给补上，各队收小米和钱是否同意?

同意。

79 年 12 月 1 日 1 天

召开两委扩大会议

参加人员：

高普，李桂存，张明德，王立新，张文科，张文祥，祁凤元(中途公社开会)，韩风明，高洪志，穆凤忠，刘良，高德仲，邰德文

共计 13 人

会议开始张明德汇报了去张家口搞矿石化验和处理夹纸板的问题，然后研究：

① 从土产进苔席 200 片，经过队长分等，情况是

分等	本地	外进	共计	单价	合款
1 等	77	63	140	5.32	744.00
2 等	17	31	48	4.00	192.00
3 等	6	6	12	3.00	36.00
合计	100	100	200		972.00

除给县土产汇 952 元，另 20 元给 3 队皮车运费。

② 学校盖房压枯(栈)1—7 队每队出牛车 2 个，人工 2 个，拉 1 天土，因无打方怎么付款? 每生产队付 2.50 元。

③ 学校压枯(栈)1—6 队每队两间，包括摸二层泥，怎么付款?

每队 15 元。

④ 瓦夭(窑)柴火和枯(栈)子怎么付款?

1 等每个 0.20 元，2 等每个 0.15 元，枯(栈)子每个 0.25 元。

⑤ 学校盖房做瓦类，怎么记分和补助款?

做瓦每 1 000 坯　工分 15，补助 0.30

提捅每 1 000 坯　工分 14，补助 0.20

和泥每 1 000 坯　工分 13，补助 0.15

1 砖顶 2 瓦，烧夭（窑）人每天 12 分，补助款 0.40 元，看夭（窑）每窑 20 元，看夭（窑）人记工分。

工分计算后每 10 分，付生产队 0.60 元工资。

⑥ 春季收的柴火，干后现存近 100 个，已处理不了 7.00 元，打算交木材站栽木行不？

同意。

⑦ 瓦窑出窑不？砍木柱和架杆怎么安排？

张北老于要 7 元钱的莱柃（棱）130 条，王才要求柃（棱）1 000 条，杙（椽）子 1 000 根，生产不？

出窑由大队安排，那天要那天出。

砍夭（窑）柱和柃（棱）条听大队安排，同意生产。

⑧ 看了车郭公社松树合大队卖木头价之后，大队提出咱大队砍的木料卖出价格是如下：研究三人以上过尺，收现款。

树别	长度	本大队每寸价	外大队每寸价
桦	3.5 米	2.50 元	3.00 元
莱	3.5 米	2.00 元	2.50 元

看行否？

同意这个安排。

⑨ 外出差补助问题，以前结算是本县内每日 0.50 元，外县每日 0.60 元，住店有正式单据报销，妥否？

同意。

⑩ 咱大队开矿，怎么给报酬？

<table>
<tr><th rowspan="3"></th><th colspan="3">不　住</th><th colspan="4">住</th><th rowspan="3"></th></tr>
<tr><th rowspan="2">日分</th><th rowspan="2">日补</th><th rowspan="2">干部</th><th rowspan="2">日分</th><th colspan="2">补　助</th><th rowspan="2">补粮</th></tr>
<tr><th>民工</th><th>干部</th></tr>
<tr><td>杂工 10 分阶段</td><td>10</td><td>0.20</td><td>0.30</td><td>12</td><td>0.20</td><td>0.30</td><td>玉米日补 0.5 斤</td><td></td></tr>
<tr><td>杂工 8 分阶段</td><td></td><td></td><td></td><td>10</td><td>0.20</td><td>0.30</td><td>同上</td><td></td></tr>
</table>

① 从 11 月 1 日开始每住 1 天，补菜金 0.10 元。

② 给补助粮按玉米原粮计算，款从民工菜金出。

③ 定额奖问题是：超产部分总额的百分之五十奖。

亏产部分总额的百分之十罚。

以上是原则通过，具体定法和采矿队具体研究后决定。

79.12.5 号 1 天

召开两委扩大会议

参加人员：

郭占奎，高普，罗有，李桂存，张明德，张文科，王立新，王文清，张文祥，祁凤元，高桂有，张富，高洪志，李富海，高洪有，高德仲，刘艮，郃德文

共 18 人

讨论纪录：

① 拉沙子今年给木头啦，明年任务 210 方，是给木头还是拉沙子？

同意给木头。

② 生产队从代销点买东西，不马上付款，现在就欠款：

1 队	2 队	3 队	5 队	6 队
20.47 元	36.90 元	2.76 天	64.99 元	114.51 元

怎么办？

以前马上清，今后买东西交现钱，否则不卖给。

③ 产量何时落实？

8 号前完成？

④ 公社安排建班，生产队的班在 12 月 20 号前完成怎安排？

大队两委分工下生产队，利用白天，充分发扬民主投票，然后上下结合研究决定。

	1	2	3	4	5	6	7	8	9	10
专人	祁凤元 王文清 郭占奎	张明德 王立新 崔玉海	张明德 王立新 崔玉海	祁凤元 郭占奎 王文清	张明德 郭占奎	祁凤元 王立新	王文清 崔玉海	张明德 郭占奎	王文清 崔玉海	祁凤元 王立新
时间	11 号	11 号	12 号	12 号	13 号	13 号	13 号	14 号	14 号	14 号

⑤ 公社分配铁矿夭(窑)柱 30 000 斤,木材站椾(椽)子 700 根,杈木 30 立方,架杆 1 000 根,怎么生产?

坑木、椾(椽)子、架杆按各队人口每人 1 根。多的不限,坑木光砍菜木,别的不准砍,存放地点:原苏寺学校操场。

⑥ 公社给救济款 120 元怎么评?

	尤存元	刘付生	李汉州	高德武	彭正付	梁进	昝元	薛正彬	张文志	薛廷甫	张付	刘殿仕	合计
定款	35	30	25						10	10	10		120
后定	80	40	45	20					20	25	10		240

⑦ 在县企业局李生枝同志帮助下,经祁凤元和採矿队算帐,最后的开矿报酬意见是:

开　　矿

	9月						10月						11月					
矿点	出矿	每人分	每人款	工数	天分	天款	出矿	每人分	每人款	工数	天分	天款	出矿	每人分	每人款	工数	天分	天款
大南沟坡根													2.69	135	1.00	70	13.2	0.37
大南沟半坡		54	1.50				39.7	45	1.20	153	11.7	0.31	7	115	2.70	32	11.1	0.26
黑土凹坡尖	9	50	1.50	39.5	11.4	0.34	19.7	80	2.00	140	11.2	28	10.1	65	1.60	57	11.4	0.285

选　　矿

第一阶段						第二阶段					
日期	每 100 斤	工分	款	平均		日期	每 100 斤	工分	款	平均	
				分	款					分	款
9.10—16		0.055	0.012	11	0.27	9.17—20		0.09	0.02	11	0.25

续 表

第三阶段						第四阶段					
日期	每100斤	工分	款	平均		日期	每100斤	工分	款	平均	
				分	款					分	款
9.25—10.31		1.3	0.03	11	25	11月		2	0.05	11	27

1 950 斤　　　　1 200 斤　　　　800 斤　　　　550 斤

做饭炒药代钢千，管理员每天 11 分，补 0.25 元。

装汽车（矿石）打算给款不给分。

同意以上的报酬。

建班用工

	张明德	祁凤元	王文清	崔玉海	王立新	郭占奎	罗　有
11号	2队	1队	1队	1队	×	本队	本队
12号	3队	4队	本队	本队	本队	3队	×
13号	5队	6队	7队	×	7队	5队	×
14号	8队	10队	9队	×	×	8队	×
15号	2队	×	×	×	×	2队	×

79.12.18 号 1 天

召开两委扩大会议

参加人员：

郭占奎，张文贵，罗有，马朋，张明德，王立新（半天），崔玉海，张文祥，韩凤明，祁凤元，高洪志，李富海，高洪有，刘良，高德仲，郤德文

共 16 人

会议开始传达了公社 12.17 号的飞行会议就核实产量，工付（副）业抓钱，计划生育和劳模会三干会议的安排问题，然后讨论：

① 劳模会和三干会怎么安排？

参加会议人员：

张明德,祁凤元,郭占奎,王立新,王文清,崔玉海,刘良,张海英,张文贵,马朋,张文祥,韩风明,高洪有,高德仲,郤德文,高洪志,李世江

在家主持工作的:罗有,高桂有

炊事员:高德仕

柴火:3 队 24 个,4 队 12 个。

每人代(带)小米 11 斤,每个生产队代(带)菜 35 斤。

公社确定萤石矿出席 1 名代表定谁?祁凤元。

做豆腐:1、3、4、5、7 队每队 1 锅,每锅豆子 13 斤。

2 队出小豆 15 斤。

每队自代(带)油半斤。

② 社办中学教员和咱大队民办教员的报酬怎么定?

不分男女凡是全年的每人定 3 700 分,欠工扣工,张海梅从上班日赶,每日以 10 分算,如果公社不发补助大队给,从大队公益金中开支。

③ 李兆阁的工分怎么定?

服务态度社员是有意见的,应再次加强教育,不分冬夏每天按 12 分,每天补助 0.20 元。欠工扣工。

④ 大队干部的奖励工怎么定?

		张明德	祁凤元	罗有	刘良	高桂有	郭占奎	王文清	王立新	崔玉海	张海英	郝存山	王永	张立新
总工数		200	120	70	120	130	15	15	10	50	5	70	20	15
属于	大队干部	120	100		120		15	15	10	50	5			
	管粮工	80	20											
	看门					70								
	农林业												10	15
	付业			70									10	
	信用					60								
	医疗											50		
	其它											20		

兽医郝存仕 10　　林业张文忠 10　　梁明 10　付业张明瑞 10

⑤ 郝存仕工分怎么定?

白天随农业,早按 3 分,晚按 2 分

放羊阶段每天按 13 分开。

⑥ 生产队的干部奖励工怎么安排定?

凡超产队的正付队长按原奖励工加百分之三十。

	1	2	3	4	5	6	7	8	9	10
队长	高普 40	李桂存 52	张文科 40	张文祥 52	韩风明 40	高洪志 40	李富海 40	高洪有 40	高德仲 40	郤德文 52
付队长	郭占奎 40	马朋 52	穆风明 40	张文生 52	张富 40	穆风德 40	穆风忠 40	张天付 25	郤文海 10	范世亮 52
会计	杜万林 20	高德发 20	御桂合 20	王进甫 20	杜永科 20	穆风海 20	张明瑞 20	薛廷甫 20	高德清 20	崔玉祥 20

记工员、保管员拿钥匙的 1 人 1 职不超过 10 个,1 人两职的不超 15 个,老拿钥匙的不超 6 个,以上人员由生产队根据工作情况决定。

⑦ 今年的义务工怎么摊?

不摊。

⑧ 今年定什么时间卡工?

12 月 15 日卡。

80 年 1 月 11 日 1 天

召开两委扩大会议

参加人员:

张文贵,马朋,张明德,王立新,王文清,张文祥,韩风明,高桂有,高洪志,穆风忠,高洪有,刘良,高德伸,郤德文

共 14 人

公社小赵参加。

会议中心研究召开劳模大会等问题。

经过充分讨论定为:

① 劳模名额怎么分配? 如何奖款?

	1	2	3	4	5	6	7	8	9	10	计
生产队	2	2	3	2	2	2	2	1	2	2	20

每名劳模定奖款：

1 等	2 等	3 等
10 元	7 元	5 元

② 就各生产队的评选劳模怎么定？

大队的劳模怎么定？

	1 等	2 等	3 等
1	郭占熬		高庆成
2		王俊　高祥	
3	穆风明	王立新	李正林
4		康登秀	赵玉德
5		韩风明　张富	
6	高洪志		穆淑芳
7		李付海　穆凤忠	
8	高洪有		
9		高德仲　郄文海	
10		薛德彬　李树清	
大队	张明德，祁凤元，罗有，刘良，高桂有，郝存山，张明春，张立新	王永，张明瑞，张明海，刘殿仕，梁明，张文忠	郭占奎，崔玉海，张海英，吕桂武

在公社受奖仍是大队劳模的：

李桂存，马朋，高德发，王文清，张文祥，张文生，王进甫，郄德文，范世亮，崔玉祥

总共　公社 10 人，1 等 12 人，2 等 18 人，3 等 8 人，合计 48 人

在生产队受奖的：

2 队　李桂生　羊官，　　羊羔多负责任一心一意，奖里羊羔 1 支。

4 队　杨宝山　羊官，　　羊羔多负责任一心一意，包垫圈积肥多。

奖黑羊 2 岁 1 支。

5 队　杨宝喜　牛官、饲养员，牛感情好，节省饲草，奖款 5 元。

5 队　韩振元　饲养员，一心一意，节省饲草，奖款 5 元。

6 队　穆奎有　羊官，一心一意放羊，羊春季只死两只，把自己青业(叶)喂羊，将干自己再烧，羊羔没奶，挤自己女人奶喂羊羔。在山上下羊羔放在怀内，天冷把羊羔放在自己炕上。奖三岁黑羊一只。

9 队　高祥生　羊官，羊放的好，只死两只羊，实心实意。奖两岁黑羊一只。

③ 80 年的领导班问题：几次让生产队讨论，根据社员意见怎么安排？

党支部：

书记：张明德　　付书记：祁凤元

委员：高桂有(组织)，张明春(宣传)，王文清(公安)，崔玉海(民兵)，王立新(委员)共 7 人组成

管委会：

大队长：祁凤元　　付大队长：罗有，张文科

委员：刘良(会计)，崔玉海(民兵连长)，崔玉海(兼青年书记)，张海英(妇联主任)

委员：张明春，郭占奎

公安员：王文清

共 9 人组成

公社党委审定后，党支部经党员大会选举，管委会在群众大会上公布。

④ 那(哪)天召开劳动模范和群众大会？

初定 1 月 16 日。

⑤ 公社讲 80 年实行三种生产管理形式，经过各生产队充分发动社员讨论，大队应充分统一，咱们怎么定？

实行小段包工。

⑥ 80 年的玉米么数怎么安排？

1	2	3	4	5	6	7	8	9	10	计
80	90	105	110	80	55	60	50	60	60	750

几项用工：

80.1.7 日 1 天
① 抄祁凤元的
两委扩大会议
参加人员：
张文贵，郭占奎，马朋，穆凤明，张文祥，王文清，高洪志，李富海，高洪有，高德仲，郃德文，刘艮，祁凤元
共 14 人

80.1.28 日 1 天
② 抄祁凤元的
两委扩大会议
参加人员：
郭占奎，张文贵，郭占敖，马朋，王永，王立新，张文科，韩风明，张付，祁凤元，高洪志，田秀德，李富海，穆凤忠，张明春，高洪有，薛英芳，张文祥(半天)
共 18 人
③ 张明春 1 月 25—26 号公社开会两天
张文科 1 月 26 号公社开会一天
王永 3.2 号—3.6 号　去县开会一天(刘艮说 3 月 10 号)
三队 3 月 7 日去南沟送电影人驴工共 20 分
张文科、罗有、王永　3 月 9 日去干沟看矿
3 月 11 日公社三干会一天：
郭占奎，张文桂，王永，张明德，张文科，王立新，王文清，张文祥，祁凤元，韩风明，高洪志，李富海，高洪有，刘艮，高德仲，郃德文，张海英，张明春
共 18 人
张文科去合达营乡中学联系外出演戏 1 天。

会议笔记21

1980年1月16日一天

(党员会,群众大会,扩大会议)

召开两委扩大会议

参加人员:

郭占奎、张文贵、杜万林、罗有、马朋、张明德、王立新、张文祥、王文清、张文祥、王进甫、祁凤元、韩风明、杜永科、高洪志、穆凤海、穆凤忠、张明春、张明瑞、高洪有、高德仲、卻德文、崔玉祥、高桂有、刘良,共25人。

开大会每人5分,扩大会每人加3分,全依开大会用工处理。

先开党员会、选举新的党支部:

到会党员:

张宝斋、杜万林、马淑兰、高文、高祥、张玉林、王登明、杜桂山、张明德、张立新、李正林、李淑兰、王立新、徐桂兰、王文清、郝元、高桂有、高秀连、祁凤元、韩志品、张明春、尤长贵、穆凤忠。实到23人。

尚缺党员:

赵玉兰、张仲秀、卻文明、赵存德、赵云奎、李玉兰、崔玉海、田荣甫、张文忠、李天将、薛风桐、高德进、范成才、卻政明、杨存秀,共计15人。

党支部经过选举和分工情况是:

支部书记:张明德。支部副书记:祁凤元。组织委员:高桂有,宣传委员:张明春,委员(公安):王文清,委员(武装):崔玉海,委员:王立新。共7人组成。

管委会组成人员:(大会上宣布):

大队长:祁凤元,副大队长:罗有、张文科;委员:(会计)刘良;委员(民兵连长兼团支书):崔玉海;委员(公安员):王文清;委员(妇联会):张海英;委员:张明春、郭占奎,共9人组成。

在扩大会议上:公布了一九七九年度,各项用工的结算情况,公布了学校修建,待客费开支,戏剧类开支,其它开支等。

讨论研究:

① 公社指示成立扫盲领导小组,咱们怎么建?

组长:祁凤元,副组长:张明海,委员:崔玉海、张海英、郭占奎,共5人组成。

各队报的民校教员：

1	2	3	4	5	6	7	8	9	10
郭淑花	杜桂山	王铁刚	王进瑞	祁守柱	穆凤祥	李树合	薛英芳	高洪海	杨文国

② 咱们的戏装是否去买？如买怎么派人？

实准买。派人问题按两班人派：

一班是张明德，能脱开手和穆奎喜去。

另一班是祁凤元和张明春去。尽量在春节前买回，春节之后好用。

1980 年 2 月 5 日一天

召开两委扩大会议

参加人员：

张文贵、郭占奎、马朋、张明德、王立新、张文科、崔玉海、张文祥、祁凤元、高洪志、穆凤忠、张海英、张明春、高洪有、高德仲、刘良、郤德文、罗有、韩风明(半天)，共 19 人。

讨论研究：

① 1980 年的种植计划怎么安排？公社分配 1980 年定产 61 万怎么定？

	总耕地亩数	粮豆面积													80 年定产
		玉米	谷子	高粱	山药	白芋	豆类	粟米	合计	白麻	苢麻	菜	胡麻	合计	
1															60 000
2															65 000
3															90 000
4															90 000
5															60 000
6															50 000
7															50 000
8															40 000
9															55 000
10															50 000
计															610 000

② 土地丈量何时完成？

1	2	3	4	5	6	7	8	9	10
2月10号	2月10号	行	行	行	2月10号	2月10号	2月10号	行	行

③ 清理欠口粮款和公共积累怎么抓？

明天交不了的，7号由队长带上欠款户到大队开会和清收。凡队长不欠款的，队长由生产队记工，欠款户不给记工。

④ 进行法制教育要加强，坚决打击投机倒把。经过2月4日和彭正付(富)谈话，已经查明：李兆阁从高栅子买木头100多根，通过彭正富雇东风公社汽车，李兆阁已拉走43根，高价出售，大队支部和下乡小赵的几次谈话，根本不听，社员有病他不给看，时间很长，搞投机倒把，社员意见纷纷。彭正富身在矿上，借到县开会之机，大力支持李兆阁，欠的口粮款不交，和高祥清、李兆阁买鞋、炮，性质相当严重。开会之前两委进行了研究，各生产队长也听了两委处理意见，现在应对这三人如何处理，应形成决定。

李兆阁，停止行医，从明天起回生产队劳动。

彭正富，马上交清口粮款，矿上停用，回生产队。

高祥清，马上交清口粮款，矿上停用，回生产队。

⑤ 公布了张明德、张立新、穆奎喜外出购买戏装的开支情况，请审查有何意见？

购买之物挺好，起早走，住亲友家和乘宿给大队省款不少，同意48元多钱，做外出补助。外出工分要高点开给本人。

⑥ 砖瓦怎么处理？

仍按计划时定的数给。一个是本人交现款。如果本人1980年秋能余钱，现在生产队又有存款，可以生产队借支给大队开条，过瓦砖后由生产队给大队付款。凡不符以上两条者，一律不给。

⑦ 大队的柴火怎么办？荣海祥要买二车柴火，怎么安排？大贾要柴火二车，木材站要二车怎么安排？

大队的柴火在春节前交清。荣海祥的两车从矿上给，因对我大队不错，不收款，送给两车，由罗有安排。1队二车给大贾。4队二车给木材站。1队二车准备好，听候安排。

⑧ 咱大队的矿，何时放假？2月6日放假。

⑨ 咱大队的戏是否外出唱？同意外出唱，春节后安排。

⑩ 元龙怎么安排做?

明天让穆奎喜和三队出一个人在大队范围内选伐柳树,马上抓紧制作。

⑪ 春节社员放假,怎么定? 旧历 27 至初三,共放六天。

⑫ 1980 年度的两委分工包队怎么定?

1	2	3	4	5	6	7	8	9	10
郭占奎	张文科	张明德 王立新	王文清	高桂有	祁凤元	张明春 张海英	崔玉海	刘良	罗有

⑬ 公社让报几户烈军属在乡军人困难户,怎么报?

高祥、李树林、薛德彬、张天富,共 4 户。

最后安排了当前的积肥,送肥和轧地。关于 5、6 队,广播线路不通,也进行了安排。

1980 年 3 月 8 日一天

召开两委扩大会议

参加人员:

张文贵、马朋、张明德、王立新、张文科、王文清、张文祥、高桂有、祁凤元、韩风明、高洪志、张明春、张海英、李付海、高洪有、高德仲、刘良、王永、张立新。

会议开始传达了县委赵书记在县劳模会议上的报告,然后传达公社在县开会时的安排。

讨论记录:

① 学校现在开支没有一个钱,还欠外债,怎么办?

决定收学生的书费。

② 大队开服务人员会议,提出代销,严禁赊销,同时对兽医郝存仕怎么行医问题,做何规定? 刘良已给念了,是否行?

同意,形成决定,必须执行。

③ 瓦夭(窑)柴火怎么办?

按人口每人三个,收柴时间从 3 月 10 日开始,在 3 月 15 日前收一半,其余在月底交清。

④ 欠的窑柱和分配的拉木,木材怎么办?

在 3 月 15 日前完成。

⑤ 大队的柴火怎么办?

6 队欠前派的 22 个，5 队 20 个，必须交齐。今天再按 5 个人一个派下去，春节前完成。

⑥ 公社柴火何时完成？3 月底前完成。

⑦ ……

柴火没收交大队，每个柴火再罚款 0.30 元。

⑧ ……祁凤元分配的……

共计 140 000 斤。

1	2	3	4	5	6	7	8	9	10	其它
13 050	14 850	17 550	18 000	11 700	12 150	10 800	9 000	13 050	14 850	5 000

⑨ 大队两委分工怎么分？

张明德：抓党内事务，抓武装，农业生产。

祁凤元：抓全面(农林牧副业及行政日常事务)。

张文科：林、牧业、民族工作。

罗有：副业、贫管教育。

刘艮：财会(大队经济、兽药管理，代销、医疗、大队工分，大队粮食、生产队会计辅导、日常事务)。

崔玉海：民兵和青年工作。(战备、地方治安)

张明春：组织民校、读报组、黑板报、文艺宣传。

张海英：妇女工作，计划生育。

王文清：社会治安、战备联防。

高桂有：收党费，三会一课，支部教员、计划生育，文艺宣传，日常事务。

王立新：农业生产。

郭占奎：民事调解，贫管财经。

1980 年 3 月 14 日一天

召开文艺会议

参加人员：

张明德、张文科、穆奎喜、张立新、韩普、高桂有、刘艮、张明春、张明瑞，共九人。

重点讲下步怎么办和处理以前用工(包括晚上学，外出舞台唱戏的报酬)问题。

讨论记录：

① 今后的文艺到底怎么办？

继续搞不能放弃，现在维持现状，充分利用老、中人教和辅导，何时演由大队安排。秋后怎么搞另行安排。现在农忙，决定不外出。凡是主要演员，各生产队安排外出工时，要求尽量照顾。

② 大队排戏和外出唱戏怎么记工?

凡在本大队排戏和唱戏，按 8 分往下评。外出舞台唱戏按 10 分工往下评。

③ 晚上学戏工怎么处理?

不论男女大小人，每人每晚以 0.10 元付款。

④ 大队奖励怎么评?

特等：张立新、张明春、荣正廷、张明瑞、穆凤山、穆奎喜、李世合、高桂有，共 9 人。

打算每人奖：一等 6 元，二等 4 元，三等 2 元，四等不奖，特等 10 元。

一等：罗瑞、张海琴、张海英、张海梅、韩志文、张玉彬，共 6 人。

二等：穆奎军、穆凤德、张军、吴国瑞、穆凤林、高文、高德发、李仲连、李树合、张万合、穆奎仕、张挂元、张树生、韩志品，共 14 人。

三等：高秀平、高德秀、张玉祥、李树廷、李仲海、昝树明，共 6 人。

四等：高庆芬，共 1 人。

1980 年 3 月 15 日一天

召开两委扩大会议

参加人员：

郭占奎、张明德、王立新、王文清、崔玉海、高桂有、祁凤元、张明春、张海英、刘良、张文科、郭占敖、马朋、张文祥、韩凤明、高洪志、高德仲、张立新、杨存秀、张明瑞，共 20 人。

会议开始学十一届五中全会公报。

然后研究：

① 昨天专门召开了研究文艺的会议，然后研究四项事，刚才念了，看是否同意? 根据社员意见，昨天已安排，从 3 月 16 日晚到 19 号，唱三天四夜戏，看唱不?

同意四项事的处理安排。同意唱戏由大队安排。

② 萤石矿的队长，会计怎么定? 林业队长怎么定? 副业厂咋定负责人?

采矿队长：王永。会计：张明瑞。林业队长：张立新。副业负责人：张明春。

③ 咱们的旧戏装如有人买，是否卖?

同意卖，因旧戏装是原来股买的，如卖的款，仍算股的。但不给分钱，买回新的仍记清帐。

④ 咱们萤石矿何时上人？3 月 21 号上人。

⑤ 1980 年的各项用工怎么分配抽人？看下页表。

在 3 月 25 日扩大会议上就产量最高水平(平常年景)定为：

		1	2	3	4	5	6	7	8	9	10	计
历史最高水平	年度	78	79	78	79	78	73	78	78	78	79	
	斤数	61 174	66 004	85 014	90 676	61 604	50 882	47 461	39 583	53 908	50 613	607 129
77—79 年三年平均产量		56 351	58 004	78 149	76 421	53 739	41 454	43 166	29 074	48 095	42 432	526 885
会议决定	平常年景	58 000	60 000	82 000	85 000	56 000	44 000	46 000	33 000	50 000	46 000	560 000
	最高水平	62 000	66 000	88 000	91 000	61 000	47 000	50 000	39 000	55 000	51 000	610 000

	1	2	3	4	5	6	7	8	9	10	合计
公社铁矿	张万彬	李汉军		王海江	高德彬 祁守彬	梁树江	高德文	薛英民	高洪军		9
公社山河	张万江	高洪文 王　良	王失军 李志彬 吴国兴	包秀廷		彭正德				范德军 郤德武	10
县山河						彭宪明	张风祥			李桂江	3
农机站				康登明							1
道班		高祥春									1
战备公路	郭文江	马清合	张连军	王进瑞					高庆忠		5
大队民办	郭文合 杜宪英		张海梅 彭宪枝				张明海 张海英	李付合		吕桂武	8
大队			张明德		祁凤元 高桂有				刘　良		4
代销	高　文										1
医疗				郝存山		高秀莲					2
牧厂									高祥彬		1

续　表

		1	2	3	4	5	6	7	8	9	10	合计
副业		张文合	罗　有	祁凤明 吴国瑞	穆奎喜 李世河	张桂元	穆奎仕	张明春		高洪章		10
林业队				张文科 张立新 卻桂军	梁　明 郝存仕 李仲连	张玉彬	穆凤林	张文忠 张海英	1人			11
公社民办									师秀芬	刘　军		2
萤石矿		张万合 高海清 高　占 李汉洲	罗　瑞 李桂兴 张清有 高德富 王　永	张连合 祁守合 赵文祥	高洪运 1人	韩桂军 祁守柱 张玉祥 2人	彭宪合 彭宪明 高德兴 韩凤彬 木淑芳	张明瑞 李化廷		高洪雨 高庆军 高淑枝 高庆海 高德仕	张　珍 李桂合 杨存荣 吕桂军 范世亮 李淑珍	37
按人分配	人数	96	105	130	116	96	102	80	59	95	92	971
	比例											
	分摊	11	11	15	12	11	11	9	4	11	10	105
				卜入韩登良多出一个	应出13人，3队给出韩登良1个							

1980年3月25日一天

召开两委扩大会议

参加人员：

郭占奎、杜万林、马朋、李桂存、张明德、张文科、王立新、卻桂合、王文清、崔玉海、张文祥、祁凤元、韩凤明、杜永科、高洪志、穆凤海、张明春、李富海、张明瑞、高洪有、薛廷甫、高德仲、刘良、卻德文、崔玉祥，共25人。

会议开始统计了各队1980年种植安排和定工定产情况，然后研究：

① 定工定产的制度怎么定？

1. 超历史最高水平的产量，粮和钱一齐奖。

2. 超过平常年景而达不到最高水平的产量，每超一斤粮食，粮食归队，每斤粮食给5分钱。

3. 达不到平常年景的(重奖酌情处理)，每亏1斤，粮食罚款5分。

② 公社让每户社员给5分，猪饲料地怎么安排？

单身汉每人2分，2人以上的每人1分。

这次定工定产，各队在丈量之外的废旧土地由生产队统一安排，可以给社员种植。总的安排：社员猪饲料地必须由生产队统一安排和指定，但不能影响集体种植和牛羊道。各队之间必须尊重所有权。

③ 公社讲每户给2亩，林粮间作荒山，具体咱们怎么安排？

根据咱大队的具体情况，今年暂不安排。

④ 大队去年经营的，干沟门的垫地和后地的沙包地怎么搞？

同意给5、6、7、9，共四个队分种干沟门垫的土地，每亩按200斤，秋后给大队粮食。沟门后地给六队，每亩定产150斤。

⑤ 沟门北的，推土机推的，现在没土，怎么搞？

除熟地，哪个队的由哪个队种之外，干河套留大队集体栽树。

⑥ 副业怎么上人？

机器由张明春负责开，如果出了故障，抽回张明瑞修理。副业队上人之后由张文科、张明春，根据柳树生长情况决定砍伐。

⑦ 萤石矿的工人何时上？3月26日上。

⑧ 在3月15日，扩大会议上决定县三河三人，这决定要二人，派哪个队的？

派六队的。

⑨ 在3月15日，扩大会议上决定大队道班高祥春、李树林再三要求再修一段，让考验怎么办？

同意高祥春先不上道班，让李树林再继续干。为了照顾李树林，先让李世合别去副业队，回生产队去。

※　※　※　※　※　※

用工记录：

① 3月28日，九队砍树，5人计25分。

② 3月29日，九队………………

③ 收木头办法：

	①	②	③	
张　富	1	1	1	
祁守相			1	
穆凤明				
		1	1	5
三　队	3	1	1	1
计	男	5	4	7

给公社老姚 8 根，包秀廷用 3 根，三队院内有 1 根。

④ 杜万林外出 4、8 号到 18 号，杜万林 9 天，高有 11 天。

1980 年 3 月 29 日下午半天

召开生产队长会议

参加人员：

马朋、张明德、张文祥、祁凤元、高洪志、李付海、张文海、刘艮、高桂有、穆凤忠，共 10 人。

会议重点解决去………………

会议研究：

① 何时改工分？4 月 1 日改为 10 分。

② 何时关猪？4 月 5 日前关起来，如果不关按上年制度罚款。

附记：

(办清)① 收四队二等柃(棱)3 根，三等 3 根，四等 4 根，五等 2 根，共 12 根，用于：给宣化老姚 2 根，冀文敏 2 根，给三队皮车拉柳木 900 斤的运费 8 根。

② (已抄)收 3 队木头 12 根(一等 1 根，二等 2 根，三等 6 根，四等 2 根)，等待做车货价。

③ (办清)收十队椽一等 29 根，二等 35 根，三等 13 根，四等 11 根。

1980 年 4 月 2 日上午半天

召开两委扩大会议

参加人员：

郭占奎(一天)、张文贵(一天)、罗有(一天)、马朋、张明德(一天)、张文科(一天)、王立新、王文清(一天)、崔玉海、张文祥、高桂有、韩风明、高洪志、张明春、高洪有、李付海、刘艮、高德仲(一天)、御德文(一天),共 19 人。

会议主要是向两委扩大会议汇报公社会议精神,把公社当前工作安排进行了安排。

讨论问题:

① 公社分配我队……玉米种 300 斤,怎么分?

1	2	3	4	5	6	7	8	9	10	合计
30	40	40	×	30	30	30	×	×	×	200

1980 年 4 月 5 日一天

召开两委扩大会议

参加人员:

张文贵、马朋、张明德、张文祥、王立新、王文清、崔玉海、高桂有、张富、高洪志、李付海、刘艮、高德仲,共 14 人。

公社李林彩主任,参加并讲了当前的各项工作。

讨论记录:

① 大队的育树苗地确定哪里?

在沟门的后地(垫地)搞,具体怎么搞,由张文科安排。

② 刚才讨论让社员户搞育苗,怎么安排?

	1	2	3	4	5	6	7	8	9	10	计
户畦	18		20	20	15	18	14	12	15	13	145
队畦		20									20

每畦 100 株,要求行距 6 寸,株距 3 寸。秧由生产队集体解决。整畦,上粪和栽(畦长 5 尺,宽 3 尺,不算畦埂),由生产队给记 10 分工。大队等出苗后,由负责林业等人检查,成活在百分之八十以上的,大队每畦奖款 5 角。树秧生长起来之后谁育的树秧归谁所有。

公路两旁挖窝栽树,每口人两个窝,每窝深 1.5 尺。树距 1 丈。各队由队长或副队长带领掌握,不合格者反(返)工,争取明天完成。

③ 各队的籽种调换情况怎么安排?

	1	2	3	4	5	6	7	8	9	10	计
调回	豆子200		豆子500		玉米210 豆子120 谷子20						1 050
计划再调	玉米100 山药2 000	山药2 000	山药4 000 豆子30	玉米300 山药4 000	豆子150 谷子30	玉米150 山药1 000 谷子30	谷子20 高粱10	玉米50	玉米100		

凡计划的调籽在四月十日前完成。

④ 公社要求让大队召开党员大会,何时开?

初步安排在四月十日召开。

⑤ 在3月25日,扩大会议上已提出定产的奖罚制度,根据社员讨论情况,有何修订?

① 超历史最高水平的产量,粮食和钱一齐奖。

② 超过平常年景而达不到最高历史水平的产量,超的粮食归队,每斤粮食给款0.10元。

③ 达不到平常年景的,每亏1斤粮食,从口粮中扣粮食,如扣不够的部分,每斤粮食扣款0.10元。

④ 奖和扣的粮食一律以玉米算。

⑤ 所产的粮食统一归队,统一分红,统一分配,奖的粮食打产量算支出,罚的粮食打收入。

⑥ 凡人为造成减产的要罚,因自然灾害减产者酌情处理。

⑦ 农业责任到人的合同填写,何时完成?

一律在四月十日前完成。

⑧ 各队的羊、牛改良情况搞一下?

⑨ 沟门学校的南、正十间房,据李林江说同意卖能卖2 000元,是否卖?

同意卖。

		1	2	3	4	5	6	7	8	9	10	计
羊	已下	3	2	2	4	2	2	1		4		
	已死	2	1	2	1	1	1	1		1		
牛	78 年下		2	2	2		3	3				
	79 年下	1		1			2					

1980 年 4 月 14 日上午半天

召开两委扩大会议

参加人员：

郭占奎、马朋、罗有、张明德、张文科、王立新、张文祥、韩风明、高桂有、高洪志、李付海、高洪有、刘艮、郤德文，共 15 人。

会议开始学习“共产党员生活的 12 条准则”，然后由李林彩副主任就“育苗、播种、化肥、发芽试验、种葵花”问题进行了布置。

讨论记录：

① 社员户和队里搞的畦育苗是否完成？

有的搞了不符要求，有的没搞，要求下午干部和大队进行检查，再落实。

② 四旁植树有多少？

1	2	3	4	5	6	7	8	9	10	大队	合计
300	300	300	400	200	200	200	200	200	200	2 500	5 000

③ 社员盖房怎么安排？

从明天起停工，从事播种。

④ 各队的种地进度和下步怎么安排？

		1	2	3	4	5	6	7	8	9	10	计
实播	上　套		1	1	1	1	1	1			1	7
	播蓖麻		10	12	6	6	7	3.5			2	46.5
下步安排	上　套	1	1	1	2	1	1	1	1	1	1	11
	时　间	15	16	16	16	16	16	16	15	16	20	

⑤ 化肥调动问题，怎么安排？

		1	2	3	4	5	6	7	8	9	10	计
		2	2	6		4						14
			1		4		3	2	2	4	3	19
			15 号		15 号		15 号	15 号	15 号	15 号	15 号	

几项用工：

① 大队整地用工（大队完成），合 120 分。

② 5 月 5 日大队开会半天：

张文科、张明春、郭占奎、罗有、高桂有、刘良、崔玉海。

③ 5 月 6 日，公社开会：

郭占奎、马朋、穆风明、张文科、罗有、李富海、张文祥、韩风明、高洪志、崔玉海、刘良、高德仲、卻德文。

1980 年 5 月 1 日半天

召开生产队长会议

参加人员：

郭占奎、张文贵、马朋、张明德、张文科、王立新、张文祥、韩风明、高桂有、高洪志、李付海、刘良、高德仲、卻德文，共 14 人。

会议主要是落实“播种面积，责任制到队，育苗，调籽、化肥、买农药，籽种发芽试验，备耕。当前播种施肥后，必须籽种用药，柴火行动，和民工外出是否行”等问题。

然后研究：

① 把……王秀芬大体车多少，是否同意去？

买化肥缺款，同意在六月底生产。

② ………………

原欠未砍的要交齐，在 5 号前每 100 人，再分配 35 根，都要 7 尺的。

1980 年 5 月 7 日上午半天

召开生产队长会议

参加人员：

郭占奎、马朋、张明德、张文科、王立新、张文祥、韩风明、高桂有、高洪志、李付海、高洪有、刘艮、御德文、高德仲、共 15 人。

公社李主任参加。

今天主要是汇报当前播种和育苗检查……………………

① 葵花到底怎么安排？

1	2	3	4	5	6	7	8	9	10	计
9	10	10	10	10	7	5	8	8	13	100

由高文负责给买。

② …………

因公社给的大队没有付款，所以同意把羊给 5 队不计价，今后哪个队配羊，由 5 队义务给配。

几项用工：

① 5 月 10 日，公社三干飞行会议一天：

张文贵、马朋、张文科、王立新、张文祥、王文清、崔玉海、韩风明、高洪志、穆风忠、高德仲、刘艮、御德文，共 13 人。

② 5 月 14 日晚，召开两委扩大会议（每人三分）

郭占奎、张文贵、张明德、张文科、张文生、韩风明、高桂有、杜永科、高洪志、张明春、李付海、穆风忠、刘艮、御文海，共 14 人。

③ 6 月 26 日，高有开车去茨营子要款等。

④ 6 月 18 日，杜永科给公社检查团做饭。

⑤ 7 月 2 日上午，韩风明给拖拉机修理半天。

⑥ 6 月 8 日，九队收木头（上午御文海，下午打结木头 4 人），人工 1 个合 10 分。

1980 年 5 月 11 日上午

召开两委扩大会议

参加人员：

郭占奎、张文贵、马朋、张明德、王立新、王文清、崔玉海、张文科、张文生、韩风明、高洪志、李付海、高洪有、高德仲、刘艮、御德文，共 17 人。

会议开始学习中发 1980 年 25 号文件。然后由李主任就查苗抗旱补苗问题进行安排。

1980 年 5 月 17 日上午

召开两委扩大会议

参加人员：

郭占奎、张文贵、马朋、张明德、张文科、王立新、张文祥、韩风明、高桂有、高洪志、李付海、高德仲、刘良、高洪有，共 15 人。

1980 年 6 月 27 日上午

召开两委扩大会议

参加人员：

郭占奎、张文贵、马朋、张明德、王立新、王文清、崔玉海、张文科、张文生、韩风明、高洪志、李付海、高洪有、高德仲、刘良、卻德文，共 17 人。

公社李主任，小赵参加。

① 化肥调动问题。

	1	2	3	4	5	6	7	8	9	10	合计
调整后分配厂数	6.5	7.5	9	9.5	6.5	6	6	4.5	7	7.5	70
已调回厂	2	3	6	4	4	3	2	2	4	3	33
下欠数	4.5	4.5	3.5	5.5	2.5	3	4	2.5.	3	4.5	37
决定奖励化肥厂	1.6	1.8	2.2	2.3	1.6	1.5	1.5	1	1.7	1.8	17

在会议上对买化肥的资金问题进行了安排。

② 大队领导的专业化领导问题，怎么分工？

农业：张明德，工副业：祁风元，林牧业：张文科，罗有。

③ 罗彬说和土产定回 5 000 块夹纸板，咱们搞不搞？

搞，副业队瓦完房，先砍先订，等头二遍和追肥完成之后，派生产队砍木头。

1980 年 7 月 20 日下午半天

召开两委扩大会议

参加人员：

郭占奎、张文贵、马朋、张明德、张文科、王立新、崔玉海、张文祥、高桂有、韩风明、高洪志、刘良、高德仲、卻德文，共 14 人。

会议开始就未锄的头遍，已锄过的二遍，玉米的追肥，谷子的打药，化肥的调运进行了统计。

然后研究：

① 牛改问题，公社吴书记亲自来找叫增加牛，怎么办？

		1	2	3	4	5	6	7	8	9	10	合计
已送走	大	1	2	3	1	1	2	1	2	1	2	16
	小	1	2	1	1		1			1		7
再　送	大	1	1		2	2	2			1		
	小	1	1		1	2	2			1		

不论各队去牛多少，所用的工和开支一律按十个股摊，7 月 4 日各队把牛集中在沟门，每队出一个人将牛送到牛圈沟去。

② 怀来要款，怎么办？

不论谁去，出差人不定补助，回来实报实销。决定张明德和高德仲两人去。张明德包的地二遍不完，让林业队、副业队出人，采取换工补分的办法解决，近日快走。

③ 各队一致反映，狗特别危害庄稼，怎么办？

有狗户：杜万林、李汉洲、郭占熬、高普、张文有、张文海、王失成、李桂生、张玉林、杜桂山、高祥、罗瑞、祁凤明、李志彬、杨宝山、李世合、郝存山、高富、高桂有、张富、祁风元、董成瑞、杨宝喜、穆凤海、杨存瑞、田秀文、韩志品、高洪志、李富海、荣正廷、李兆阁、高祥清、崔玉祥，共 33 个。

已用电话请示任书记，三天内拴起来，否则可以打死。

④ 就松树育苗完成多少？

五队：南小造坡 0.25 亩。六队南小造坡 0.25 亩，七队南小造坡 0.20 亩，九队南坡 0.20 亩。

1980 年 7 月 20 日上午

召开两委扩大会议

参加人员：

张文贵、马朋、张明德、张文科、穆凤明、王文清、崔玉海、张文祥、韩风明、高洪志、张明春(半天)、李付海、高洪有、刘良、高德仲、范世亮、张立新(半天),共 17 人。

会议开始由张明德汇报了去怀来县要木头款和去宣化外卖仓库核对运矿情况,而后公布了几年来收、卖木头情况和卖砖瓦的情况。然后研究:

① 祁凤元收各队坑木之后,各生产队又生产了一批坑木,在大队还没有验收之前,彭正富开饲料地给弄混了,现在也搞不清啦,怎么办?

各队报的实砍车数:

	1	2	3	4	5	6	7	8	9	10	合计
车数:		4	20	14	12	3	5	2		20	80

用三队皮车,把现在的坑木,送交木材站去,有的需要打结,大队派各队出人,能交木材站的交,不能交的处理大柴。处理清楚之后,按车数平均处理算啦。

② 在汇报去怀来要钱时,汇报到刘宏奎还要求买 1 000 根 7 尺椒(椽),咱们是否给?

同意给,除存的不够部分,由大队安排生产。

③ 李生枝给兴仁堡王文元买的椒(椽),怎么计价处理?

同意大队的安排处理意见。

④ 学校瓦房用大、小工如何处理?

大工每人每天记 10 分,补助款 0.50 元。小工每人每天依 15 分往下评。

⑤ 就收各生产队的烧窑柴火、坑木、椒(椽)子、架杆、杂木,怎么付款?

柴火每个按 0.15 元;坑木每方按 15 元;椒(椽)子:一等 0.20 元,二等 0.15元,三等 0.10 元;架杆:一等 0.25 元,二等 0.20 元,三等 0.15 元;杂木:5 尺 0.12 元,7 尺 0.15 元,10 尺 0.20 元。

⑥ 夹纸板的合同已定 1 500 块,就各队砍的木料,怎么付款? 每斤按 1 分。

⑦ 各队砍的柃(棱)条,还有多少没有拉回来?

1	2	3	4	5	6	7	8	9	10
×	×	20 多	×	×	6	×	7	×	3
		抡坡沟			庙南沟		破庙沟		大南沟

⑧ 有的社员现存点木头，要求要卖，怎么办？

凡是原盖房剩的或者原打算自用，有特殊情况又不用的，必须达到：

1. 不是贱买贵卖，目的搞投机倒把的；

2. 真正不是偷砍大队的；

3. 必须经生产队审查清楚，大队管林负责人审定同意的。凡具备上述三条者可以出售。

⑨ 苏寺三个队张罗唱戏，每队打算管一顿饭，具体安排考虑的不细，所以就不能从大队用工和开支，就干沟、古方要求唱，这些问题怎么办？

戏是大队的，不论哪里唱，应该全大队统一开支，统一处理用工。现在大队库内没有粮食，各队按人口多少摊，柴类由唱戏所在地队解决。苏寺唱完，先唱干沟，后唱古方。两片唱与不唱，明天告诉大队，具体安排时间。唱戏领导问题，由张文科、高桂有、张明春负责。

⑩ 挖松树坑，怎么安排？

	1	2	3	4	5	6	7	8	9	10	计
全年任务	17 760	19 240	24 050	21 460	17 390	19 240	14 800	10 915	17 575	17 205	179 635
地点											
开始时间	24	23	21	22	21	22	21	36	22	23	
月底完成	9 000	9 000	1 000	1 000	7 000	9 000	6 000	3 000	7 000	6 000	
负责人	全是各生产队的正副队长										

1980 年 7 月 25 日上午

召开两委扩大会议

参加人员：

张文贵、马朋、张明德、张文科、王立新、崔玉海、张文祥、韩风明、高洪志、薛英芳、刘艮、高德仲、卻德文，共 14 人。

会议开始学习了“公社党委和革委，关于 1980 年实现万亩落叶松的决定”和“公社革委关于队队办牛场，户户养母羊的决定”和“公社革委关于搞好牛改冷配工作的八条规定”和“公社党委关于学习党内政治生活《准则》的安排意见。"然后由小赵就当前抗旱、挖松树坑和防汛工作的公社安排意见。

然后讨论：

主要是当前如何执行问题。

刘良告给抄。

① 5 月 10 日，公社飞行会议一天。

张文贵、马朋、王立新、张文科、张文祥、韩风明、高洪志、穆凤忠、高德仲、刘良、卻德文、崔玉海、王文清，共 13 人。

② 5 月 19 日，大队两委扩大会议半天。

郭占熬、王俊、王立新、张文科、穆凤明、张文生、韩风明、高洪志、穆凤忠、高德仲、刘良、高桂有，共 12 人。

③ 5 月 23 日，大队两委扩大会议半天。

郭占奎、张文科、王立新、张文祥、崔玉海、王文清、韩风明、高洪志、李富海、高洪有、高德仲、刘良、高桂有，共 13 人。

④ 7 月 9 日，大队两委扩大会议半天。

郭占奎、王俊、王立新、张文科、张文祥、韩风明、高洪志、李富海、高洪有、张文海、卻德文、刘良、张明春、崔玉海、高桂有，共 15 人。

⑤ 7 月 30 日，丙委扩大会议半天。

郭占奎、马朋、张文科、王立新、张文祥、韩风明、高洪志、李富海、高德仲、卻德文、高桂有、刘良，共 12 人。

⑥ 8 月 5 日，两委扩大会议半天。

张文科、张文贵、马朋、王文清、张文祥、王立新、韩风明、高洪志、李富海、高德仲、卻德文、高桂有、刘良，共 13 人。

⑦ 6 月 7 日，两委扩大会议半天。

郭占奎、马朋、张文祥、王立新、崔玉海、韩风明、高洪志、李富海、张明春、薛英芳、高德仲、卻德文、刘良、高桂有、张海英、高秀连，共 16 人。

1980 年 8 月

召开两委扩大会议

会议 17 号，上午由县社估产工作组，开会讲明来意和搞清统一思想，17 号下午和 18 号全天进行估产。19 号上午进行产量汇总，核订产量。下午大队开会就下列几个问题讲为：

	郭占奎	张文桂	马朋	张明德	张文科	穆凤明	王文清	崔玉海	张文祥	高桂有	韩凤明	高洪志	李富海	高洪有	刘良	高德仲	御德文	张明春	张海英	合计
17	1	×	1	1	1	1	1	1	1	0.5	1	1	1	1	1	1	×	×	0.5	15
18	1	1	1	1	1	1	1	1	1	×	1	11	1	1	1	1	1	×	×	16
19	×	1	1	1	1	1	1	1	1	1	1	1	1	1	1	×	1	0.5	×	15.5

1. 农业：和社员宣布估产结果，从而掀起田间管理高潮。多锄细锄争取多打粮食。工作化肥袋子。大抓积肥，订好护秋公约。

2. 林业：挖坑，管好杏业(叶)。

3. 牧业：办好牛改，做好打草的一切准备工作。

4. 副业：开矿业，小木货订完夹纸板后是否搞面包铲，砍木头。

杂事：党训后和日常工作个人感想。算粮食帐的问题，开展生产自救抓粮钱，演戏问题。外借粮等。

④ 固安王秀芬的汇款和拉走木头已经汇报了，所欠的怎么办？

今天分配在 8 月 25 日前完成。

	1	2	3	4	5	6	7	8	9	10	合计
棱	30	35	40	35	30	30	25	20	30	30	305
椽	30	35	40	35	30	30	25	20	30	30	305
修路人	3	3	3	3	3	3	3				
21 号上人有王文清、崔玉海掌握。											

同意这个安排。

百分之八十的菜木，百分之二十的桦木，等外的不顶任务。因砍菜木费劲，所以决定：菜木柃(棱)补助是：一等每根 0.30 元，二等每根 0.20 元，三等每根 0.10 元，桦木不补。

⑤ 张明德要求因包的地未锄，想请一段假，看明天公社会谁参加？大队的工作怎么办？

张文科去公社参加会议。大队的工作从 8 月 20 号，由张文科、高桂有主持。

1980 年 8 月 30 日上午半天

召开两委扩大会议

参加人员：

郭占奎、郭占熬、马朋、王立新、张文科、韩风明、高德仲、李付海、张文祥、崔玉海、御德文、王文清、高洪有、高桂有，共14人。

1980年8月25日上午半天，下午半天

召开两委扩大会议

参加人员：

高洪志0.5、郭占奎1、郭占熬1、马朋1、张明德1、张文祥1、王立新1、崔玉海1、韩风明1、李付海1、高洪有1、刘良1、高德仲1、御德文1、高桂有1、张明春0.5，共15人。

会议开始由张明春汇报去永宁订面包铲的合同情况，然后由张明德讲：①落实政策问题：

(1)广泛深入宣传；(2)清查登记。②结算粮食帐要抓紧清仓库。③杏业(叶)管理，坚决处理外大队来人。④必须高度重视护秋，坚决维护护秋公约。⑤定工定产怎么落实等等。

然后讨论：

①去永宁的面包铲，到底搞不搞？

根据张明春讲的情况，决定不搞。

②张明德因收柴火和算粮帐不能搞，固定财产评价，人员怎么安排？

组长：张文科，副组长：刘良、郭占奎。到各队由队长、会计、保管员参加，组成联合小组进行评价。1、2队为一片，3、4队为一片，5、6、7队为一片，8、9、10队单为一片。除8、9、10队单队搞外，1—7队那片必须联搞。具体时间由评价小组安排。

③根据企业局李生枝来电，矿化验为五级品，下步怎么安排？

根据化验结果，考虑不挣钱，现在暂停开发，让矿上把8月底前的工分，补助钱、补助粮等结算清楚，后派人去一下，通过联系弄清楚情况后，下次会议再决定开停。

④8月19日分配的砍柴火生产任务何时完成？

在8月27日全部交清。

⑤定工定产怎么落实？

今晚或明早召开个生产队社员会议，让社员充分发表意见后，明天下午再召开两委扩大会议研究。

⑥ 戏的问题怎么搞?

先让俱乐部内部开会,拿出个意见来,然后再召开两委扩大会议研究。看下步怎么搞。

剧团买台毡问题,打算买现成的,张明德有二块,按现成毡子算,每斤 3 元计算,如果同意卖,明天带来毡子,咱们再决定。

张明德说是外买几根木头换来的,打算自己用,因为现在外债特大,要卖掉还账,是否是贱买贵卖,今后运动中犯错误,大家一致说就是人家送给的,我们是按成本算的,在任何运动中,也不让张明德犯错误。

1980 年 8 月 26 日下午

召开两委扩大会议

参加人员:

郭占奎、张文贵、马朋、张明德、张文科、王立新、崔玉海、张文祥、高桂有、韩风明、高洪志、李付海、高洪有、高德仲、刘艮、郤德文,共 16 人。

讨论记录:

① 张海的借粮落实怎么样? 井沟大队要求买柴火怎么安排? 定工定产社员讨论的意见怎么样?

	1	2	3	4	5	6	7	8	9	10	计
张海借粮	200	500	600	500						100	
井沟柴火			1 皮车	半皮车	1 皮车	1 皮车	1 皮车	1 皮车	1 皮车	1 皮车	
定工定产	包工不包产		同前	同前	同前	同前	同前	同前	同前	同前	

同意定工定产的大队支持。同意搞定工定产的也不反对,但收割时由集体收割。一个生产队必须统一,现在抓紧锄最后一遍地,锄完地之后再定工。

② 护秋问题怎么定看青人? 现在存在什么问题? 经会议审查确定各队看青人?

1	2	3	4	5	6	7	8	9	10
杜万林	张玉林	张连军	崔玉海	韩志忠	梁进	李富海	高洪如	高祥清	范世亮

现在发现有猪、狗糟蹋庄稼严重,有的队长没有亲自检查,所以研究:

大队两委、生产队正副队长有权进地检查护秋,看青人每天(包括早、夜晚)14 分,出现问题有(由)看青人负责。

③ 昨天研究买张明德毡子,经过张文科过称是二块 22 斤,怎么付款?

决定给价 70 元。

④ 固定财产具体时间,怎么安排?

从 8 月 27 日,开始到 8 月 31 日,把十个生产队的完成。

⑤ 关于唱戏问题,怎么办?

原则上提法:(1) 大队成立专业队,在剧团中建领导小组。

(2) 请教师大队付工资,具体请谁,根据剧团的意见而定。

③ 所挣回的戏价按百分之二十归唱戏人补助。其中包括医疗费用和生活费。

④ 根据剧团的意见,如认为有必要,大队配备一名负责人和一名联络员。

戏剧团所需人员,不论在大队或生产队上班,由大队负责调整。

⑤ 根据剧团的意见,戏剧团演员进行人事调整,对物色出来的人,大队负责安排。

⑥ 对剧团演员实行底分活评制。大队负责开工。

⑦ 以上意见可给剧团开个会议,进行研究。

1980 年 8 月 31 日多半天(每人 10 分)

召开两委扩大会议

参加人员:

罗有、马朋、张明德、张文科、王立新、崔玉海、张文祥、高桂有、韩风明、高洪志、李付海、张明春、张明瑞、高洪有、高德仲、卻德文、郭占奎、张文贵,共 17 人。

会议开始由小赵辅导学习张家口日报“放宽政策,动员群众,战胜困难,渡过灾荒”的文章,然后张明德汇报了公社在瓦房沟 8 月 30 日召开的紧急会议精神,然后讨论:

① 夹纸板的合同怎么订?

张明春说原定 1 500 块,已做成 100 多块,尚缺 400 多块,现砍交厂的木头够订 400 多块了。

下步哪个队砍木头,砍多少车?

	1	2	3	4	5	6	7	8	9	10	计
车　　数	50	80	50	×	50	25	40	10	50	45	400 车
何时完成	9.20	9.20	9.20	×	9.30	9.20	9.30	9.30	9.30	9.30	

根据各队要砍的车数，决定定货 5 000 块。砍菜、华木。

② 护秋工作是否上人？狗拴不起来怎么办？

已上看青人的：1、3、5、9、10 队。

未上人的：2、4、6、7、8 队，但 9 月 1 日必上。决定 9 月 1 日下午有张文科负责召开有狗主的会议。来者不记工，对不来者每户扣 10 分工。

③ 责任制到底怎么落实？执行定工不定产。

④ 矿已暂停开发，是否留一个人看管矿产等？同意留一个人。

⑤ 剧团的各项规章制度，已由张明瑞念了，看是否行？买茨营红、白靠价 370、310，要否？

这个是秋前的，原则上同意，但细节问题由大队具体安排。会议同意张文科负责剧团一切事务。买茨营的问题，同意这个议价，如果白靠收拾到红靠的质量，也同意 370 元。否则把衣服拿走。

1980 年 9 月 9 日一天在干沟，10 号上午半天

召开两委扩大会议

参加人员：

郭占奎 1.5、张文贵 1.5、罗有 1.5、马朋 1.5、张明德 1.5、张文科 1.5、王立新 1.5、王文清 1.5、张文祥 1.5、韩风明 1.5、高桂有 0.5、高洪志 1.5、李付海 1.5、穆风忠 0.5、高洪有 1.5、高德仲 1.5、刘良 0.5、范世亮 1.5、王永 1、张明瑞 1、祁风元 1.5，9 日 18 人、10 日 18 人。

在干沟先看了矿口，然后由祁风元汇报了“1979 年 12 月 16 日到 1980 年 8 月底开矿的情况”，然后讨论：

① 对以前开矿的工分、补助和开矿的情况，有什么意见？下步怎么安排？

以前开的工分，所开支的款和补助款的计算，都是以前两委扩大会议研究决定的，就是不挣款也的(得)开工分，开支款，补助款也的发。没有什么意见。

就山药籽钱是大队的，刨地已开了工分，所以山药产量归大队。红萝卜地也是开工刨的，红萝卜籽是矿上卖柴火买的，所以红萝卜的产量归大队。葱秧钱由大队安排处理，葱归大队，以前民工吃的也就不再计算钱。

从9月1日起,留王永看门,每天15分,不给补助分。经过研究决定:下步仍以大队集体开,共抽13人。

祁凤元挂帅工副业,萤石矿仍由祁凤元负责挂帅。由王永总负责任。经过审查抽:

高海清、张万富、李桂兴、祁守合、祁守柱、彭宪合、杨存生、高德兴、李化廷、高德仕、吕桂军、李桂合,共计13人。

从9月11日上人,采取的办法仍按定额管理。

② 文艺工作怎么安排?

当作一项重要事业搞,具体搞法由剧团和大队具体安排。

晚上学戏分三等记分为,3分、2分、1分为宜。白天学戏以10分往下评。

③ 谢文章要求买60条菜柃(棱),是否给?如给别人不够怎么办?

谢文章的60条同意给,别人的不够再砍。

④ 祁凤元已统计了各队的牲口数,计算了需用草和产草,根据各队的劳动力,按各队的亏草分配了打草任务,和打羊业(叶)的任务,看有什么出入?就草坡的划分怎么办?

按各队的计算和劳力分配,没有什么意见。禁坡地点不准打羊业。禁坡沟内按以前划分的草坡,只准割叶子和草,但不准割树芽。

⑤ 怀来县古家夭公社下八尺大队王成贵来咱大队商量,打算换点5、7椚(椽),共400套,每套初步定3斤牙(鸭)梨,3斤红沙果,看咱们换不?

同意换,按人分配,生产队收工本费,大队不收木货款,具体分配是:

1	2	3	4	5	6	7	8	9	10	计
40	43	55	48	39	44	34	25	40	38	406

桦木只准通树头,不准砍小树。各队一律在12号交清(由大队派人收)。

⑥ 为了让社员吃上大米,大队初步商量每人解决10斤,全大队买一万斤,让社员每人每斤拿二角,下来大队用卖木头解决,秋后不再扣社员款。

看咱们搞不?

同意这个安排。

⑦ 哪个队未给公社送柴火?

经过订正有:1、3、5、6、8,共五个队。在9月15日前送清。

⑧ 公社武装干部派咱大队三车柴火,看怎么分配?

9 队完成，在 12 号送交公社。

1980 年 9 月 13 日上午

召开两委扩大会议

参加人员：

郭占奎、马朋、罗有、张明德、张文科、王立新、张文祥、韩风明、高洪志、李付海、刘艮、高德仲，共 12 人。

由张文科汇报了 12 日晚上召开剧团领导班会议情况，然后研究：

① 文艺到底怎么搞？

剧团从 9 月 16 日集中，黑白天搞。

林业队怎么安排：张立新调回搞戏由张文忠负责。留梁明共两个人。张文忠负责人参，梁明看坡。如收秋时由大队抽调人员给处理。

副业队怎么安排？

张明春调回搞，戏仍留罗有负责。

副业厂抽回剧团的有：吴国瑞、穆奎喜、张桂元、穆奎仕，从副业厂抽回的共 5 个人。按副业厂的意见决定，祁凤明回生产队，决定再抽是：一队罗有、二队高德军、三队吴国兴、王失刚，四队王海江、九队高洪雨、高庆忠，共抽 7 个人。

信用站怎么安排？由刘艮兼信用站会计。在九月十五日前手续接交完毕。

代销员怎么安排？由马清合当代销员，负责大队看门，烧水、扫地、来人招待、派饭、生火等杂活。

刘艮提出如当信用站会计，兽药怎么办？

由郝存仕管药。

总之，人员调整和手续接交，要在 9 月 15 日搞清。

1980 年 9 月 19 日上午

召开两委扩大会议

参加人员：

郭占奎、马朋、张明德、张文科、王立新、王文清、张文祥、高桂有、韩风明、高洪志、李付海、张海英、刘艮、高德仲、御德文、祁凤元、薛英芳，共 17 人。

会议开始由张明德给念了华主席在五届人大三次会议上的讲话，然后由祁凤元汇报了公社大检查情况和公社当前工作的安排，最后有小赵进行了补充，对当前工作进行了讨论。

1980 年 9 月 27 日上午（每人 7 分）

召开两委扩大会议

参加人员：

郭占奎、张文贵、马朋、张明德、张文科、王立新、王文清、崔玉海、张文祥、韩风明、高洪志、穆凤忠、高洪有、高德仲、卻德文，共 16 人。

会议开始由县社估产，实测工作组讲了县委关于产量实测意见，大队接着把当前工作重点放到秋收秋耕上来，采取四集中（领导、劳力、时间、任务），利用早晚加班进行突击，马上搞秋耕，上定牛犁，采好场院，选好看场人员，杜绝烧炒粮食。根据公社意见，不准在地里，在场院，必须经公社指定人员鉴定，等等。

具体研究：

① 劳动力怎么摊算？剧团不分男女 18 岁以上算劳力。

同意大队对剧团人员的安排意见，每个生产队按人口摊算，按人口算可采取四舍五入加照顾的办法算。

		1	2	3	4	5	6	7	8	9	10	合计
	农业站				康登明							1
	大队道班				李树林							1
	大队民办	郭文合、杜宪英		张海梅、彭宪枝				张明海、张海琴	李付合		吕桂武	8
	大队干部			张明德、张文科		祁凤元				刘　良		4
	代销		马清合									1
	医疗				郝存山		高秀连					2
	牧厂									高祥彬		1
	林业队				梁　明、郝存仕			张文忠				3
	副业厂	张文合、高　有	高德军、罗　有、马清富、李桂存	吴国兴、王失刚	王海江					高洪宇、高洪章、高庆忠		12

续　表

		1	2	3	4	5	6	7	8	9	10	合计
	萤石矿	高海清、张万富	王　永、李桂兴	祁守合		祁守柱	彭宪合、高德兴、杨存生	李华廷		高德仕	李桂合、吕桂军	13
	公社民办								师秀芬	刘　军		2
剧团审定人数		3	1	4	3	6	5	5				27
实出人数合计		9	8	11	9	8	9	9	2	7	3	75
应摊人数		10	10	13	12	9	11	8	6	10	9	98
审定人数		10	10	14	11	9	11	9	3	10	9	96
	县山河						1				1	2
	公社山河		1	2	1	1				2	3	10
	公社铁矿	1	1	1	1		1		1	1	2	9

② 外出写戏让谁去？怎么定报酬？

决定张文科去，近日就走，每天 14 分，0.80 元补助。（大队不再开支烟钱）车、店费有正式单据报销。

③ 公社给生产用布 40 尺，怎么分配？

1	2	3	4	5	6	7	8	9	10	合计
4	4	5	5	4	3	4	3	4	4	40

同意。

④ 固安老王来信，要给他岳母，大队主要干部买菜木柃（棱）条，3.5 米的 40 根，怎么安排？

因 8 队羊业没打完，所以除 8 队不砍之外，每个队砍两车，在 9 月 28 日完成。

⑤ 去宣化取发矿单结算账目，去张家口要求发矿，谁去？买戏装是否买，怎么安排？赵文录有面票 800 来斤，怎么处理？

派张明德、崔玉海两人去宣化张家口办妥后，去北京看一下戏装情况，把赵师傅面票带上,如能买上面,咱们就要面票,让固安拉木头车来一并拉回。有关开支,回来仍执行实报实销。

会议最后把柴油耕地上级给款,交给各生产队。

1980年10月3日一天

参加公社紧急会议人员

张文贵1、马朋1、张明德0.5、王立新1、张文祥1、祁凤元1、韩凤明1、高洪志1、李付海1、刘良、高洪有1、高德仲1、张明瑞0.5。

上午在公社参加三干飞行会议,下午大队接着开,先由张明瑞汇报了前段的剧团,优缺点和进度问题,接着征求了与会人员的意见,然后大队对剧团提出了建设性的意见。

然后讨论:

① 张明瑞念了剧团领导班提出需买的戏装,看怎么买?

同意买。同意带现金500多元,如买上之后,可以电汇。

② 赵师傅说有800斤面票,如果大队找人买上白面,回来之后,白面由大队处理,每斤给面票0.17元。如果买不上,回来之后把面票交给赵师傅,这样行不?

同意。

③ 人参怎么起?哪个队去车送交赤城?

明天起,从剧团抽四个人,如坐车带不走,二队去小车。

④ 开矿问题,首先抓好安全,对民工卡住25个班,要产量。怎么取样到赤城化验?

由祁凤元负责。

⑤ 各队耕地上了多少套?

1	2	3	4	5	6	7	8	9	10	计
2	3	3	3	2	2	×	×	×	2	17

最后把当前生产:抓耕地、庄稼上场,收打,护场进行了安排。

1980年10月14日上午半天

召开扩大会议

参加人员：

张文贵、马朋、张明德、张文科、王立新、崔玉海、张文祥、祁凤元、韩风明、高洪志、李付海、高洪有、刘良、御文海、范世亮、罗有，共 16 人。

会议开始学习张家口日报 10 月 4 日，地委"关于贯彻执行党中央致党团员公开信的通知"，然后汇报了外出情况，公布了开支单据等，由祁凤元算了落叶松分配情况等。

然后讨论：

① 因在北京买白面，吃了一顿饭，是否给每斤白面加 5 厘，1 200 斤白面加款 6 元，解决请人吃饭开支，看是加款还是大队开支？买回的 800 斤白面怎么处理？

买白面每斤价 0.185 元，现定 0.19 元。买回的白面 800 斤，按各队实有人口分下去，每人 8 两。

② 副业厂订夹纸板，在 8 月 31 日，各队计划 400 车。

现在各队多交和少交的车数是：

	1	2	3	4	5	6	7	8	9	10	计
多交						7		5			
少交	1	46	21		34		27		32	23	184

③ 现在没有料怎么办？

除 8 队不出车外，其余 9 个队，每队出一个车，从 15 号开始到 25 号，每队 11 车，如少砍一车，扣款 5 元。

④ 外出共开支 32.34 元，除带司机和杂支 8.72 元，还有 23.62 元，每人每天平均不足 1.50 元，怎么定补助？

实报实销。

⑤ 公社分配一个农金员，要高中文化，25 岁以下，看让谁参加考试？

决定张海祥去。

1980 年 10 月 24 日一天

召开扩大会议

参加人员：

张文贵、马朋、张明德、张文科、王立新、崔玉海、张文祥、祁凤元、韩风明、高洪志、李付海、高洪有、高德仲、刘良、高桂有、范世亮,共16人。

会议由祁凤元汇报了公社会议精神(重点是秋收分配)。把中央75号文件的精神进行了传达。然后由张明德就教员李占杨和杨宝福互调问题向会议做了汇报。把从10月15日到23日,砍夹纸板木头车数进行了公布:

	1	2	3	4	5	6	7	8	9	10	合计
已砍	5	11	6	2	7	2	8		9	5	55

而后把剧团总结情况和赵文录走的问题向会议做了说明。

然后讨论:

① 按中央75号文件精神,1981年专业联产计酬工作,公社让抓一个生产队的点怎么搞?

现在重点三秋,候几天75号文件发来,学习讨论之后再进行安排。

② 何时改工分? 11月1日改为8分。

③ 农田建设怎么搞?

现在仍有几个队玉米未扒完,从11月初开始以大队搞,把沟门以北的滩地挖窝栽树。

④ 分玉米糊(核)钱?

各生产队经社员讨论后,如果要分和大队联系。

⑤ 剧团问题初步想,和水磨湾借用李占娥20天左右,再找一下茨营借用李金一段,看是否行?

同意这个意见。

⑥ 萤石矿石现在发不走,何时发说不一定,现在开采不太见东西。先派人去矿通过征求矿上意见一致后,是否同意停?

去一次看看情况,如果不理想,同意停。

1980年11月4日一天

召开两委扩大会议

参加人员:

郭占奎、张文贵、罗有、马朋、张明德、张文科、王立新、祁凤元、韩风明、高洪志、李付海、刘良、高德仲、卻德文、张文祥,共15人。

会议主要是学习和讨论中央75号文件。

1980 年 11 月 5 日一天

参加人员：

公社：李主任，赵妇联主任。

张文贵、罗有、马朋、张明德、张文科、王立新、王文清、祁凤元、韩风明、李付海、刘艮、高德仲、卻德文，共 15 人。

1980 年 11 月 7 日一天

参加人员：

张文贵、马朋、张明德、王立新、王文清、祁凤元、韩风明、高洪志、李付海、高德仲、卻德文，共 12 人。

80.11.7(见后页)

80.11.17 号 1 天

召开扩大会议

参加人员：

郭占奎，张文贵，马朋，张明德，王文清，崔玉海，张文祥，韩风明，高洪志，张明春，高洪有，李富海，刘艮，高德仲，卻德文，王永，王立新

共 17 人

会议开始由张明德汇报了外出演戏在松树台和郑棚子的情况，由李主任、小赵讲了当前农业承包联产计酬的进行情况，然后各队进行了进度情况的汇报，然后研究：

① 修订一下 81 年的定产，在 11 月 7 日定的 524 000 斤，这次公社分配 500 000 斤，怎么安排？

同意各队的定产(在前页表内的数字)。

② 郝存山去公社卫生院开会，别处合作医疗已停办，各队是否搞可由咱们决定，上级不限，咱们怎么办？从 80 年 11 月 18 日停办，吃药全部拿款。

③ 王永汇报了萤石矿开采情况，王永提出了停产意见，怎么决定？

同意停止开发。

④ 朱献文要求买咱大队木头少给 40 元钱，怎么办？

原来说多少钱，必须给多少钱。

产量情况核定表

	各年度产量						5年平均产量	77—79年三年平均产量	11月7日定产	11月17日定产	81年1月5日复定		山老区照顾布分配（尺）
	75	76	77	78	79	合计							
1	59 337	41 505	50 802	61 174	57 078	269 896	53 979	56 351	56 000	54 000	54 000		108
2	55 235	39 945	48 054	59 953	66 004	269 189	53 837	58 004	58 000	55 000	55 000		118
3	82 013	59 015	79 635	85 014	69 800	375 477	75 094	78 149	78 000	75 000	75 000		151
4	72 153	45 227	59 742	78 846	90 676	346 644	69 328	76 421	76 000	75 000	75 000		130
5	54 686	31 112	53 139	61 604	46 473	247 014	49 402	53 739	53 000	50 000	50 000		108
6	44 661	19 867	35 275	44 664	44 423	188 890	37 778	41 454	41 000	39 000	47 000		115
7	42 850	21 837	39 311	47 671	42 515	194 184	38 836	43 166	43 000	40 000	40 000		92
8	31 448	13 243	19 905	39 583	27 735	131 914	26 382	29 074	29 000	27 000	31 000		68
9	50 593	18 696	40 426	53 908	49 952	213 575	42 715	48 095	48 000	45 000	45 000		108
10	37 596	16 579	31 508	45 176	50 613	181 472	36 294	42 432	42 000	40 000	43 000		102
合计	530 572	307 024	457 797	577 593	545 269	2 418 255	483 651	526 885	524 000	500 000	515 000		1 100

⑤ 据梁明反映，西围厂沟的小树已被垠西人砍捆在柴火内，今天已给茨营打电话。要求茨营大队派人，明天去看和解决，谁去？

决定明天由王文清、梁明去处理。

⑥ 会议上提出西山应设人管着，怎么办？

决定从 11 月 18 日开始将大南沟、西围厂沟禁山(可以放牧)。猛虎沟、斜尖沟只准本大队社员打柴，从 11 月 21 日开始，暂时有王永负责看管这四道沟。

⑦ 为了信于这次包产定劳，就大队以上用劳力怎么定？

1	2	3	4	5	6	7	8	9	10	合计
10	9	13	9	9	9	8	3	9	7	86

80.11.21 号 1 天

召开两委扩大会议

参加人员：(每人 10 分)

郭占奎，张文贵，马朋，张明德，张文科，王立新，王文清，张文祥，祁凤元，高桂有，高洪志，张明春，穆凤忠，高洪有，高德仲，卻德文，罗革命家，穆奎喜，张明瑞，张立新

共 20 人

重点解决剧团领导班外出回来的情况汇报。

讨论记录：

① 公社分配我大队军用谷草 5 000 斤，怎么分配？

1	2	3	4	5	6	7	8	9	10	合计
430	540	650	630	420	550	480	350	500	450	5 000

同意这个分配。

② 各队报一下 81 年度盖房户？

1. 高文　2. 马朋　4. 王进甫　9. 高德仲，卻文海，刘军，高洪章　10. 卻德文，范德亮

共 9 户

各户都没占包产地房场。

会议同意报公社。

80.12.4号1天

召开两委扩大会议

参加人员:

郭占奎,张文贵,王永,罗有,马朋,张明德,王文清,崔玉海,张文祥,祁凤元,高桂有,张富,高洪志,张明春,高洪有,刘良,郤文海,郤德文

共19名

会议中心传达县三干会议精神

安排工作:

① 公社山河催粮食,大队安排凡在三河的人在那个队由那个队给,每人先给谷子280斤,在12月5日交韩家栅行不? 行

② 公社铁矿粮食,大队安排各队已经送来,就1、2、4、5、6、7、8、9共8个队已交来,2 014斤,尚亏500斤,大队决定由10队给行不?

10队同意。

③ 就5、6、7、9队包大队窑子沟门垫的地,产量怎么要?

	5	6	7	9	合计
春季定:	400	900	500	700	2 500
实减定为:	200	450	250	350	1 250

④ 生产用布74尺怎么分?

1	2	3	4	5	6	7	8	9	10	计
8	8	8	8	7	8	7	6	7	7	74

⑤ 固安要求还买4米柃条50根,3.5米柃条250根,还有几份,是否生产?

按生产队总人口每两人分1根。负责验收人张明德,砍木头补助问题:菜柃每根1等的补0.50元,2等的补0.40元,三等的不补。桦柃一律不补款。

⑥ 大队81年度组建领导班候选人的表已经刻印,每户1份,怎么办?

领回这个表,今晚开会,明天收上来。

实际候选人提名表:

1	2	3	4	5	6	7	8	9	10	合计
22	22	30	26	19	21	20	14	20	20	214

会议笔记 22

苏寺大队

1980 年 12 月 5 日一天

召开两委扩大会议

参加人员：郭占奎、张文贵、罗有、马朋、张明德、王立新、王文清、崔玉海、张文祥、祁凤元、张富、高洪志、张明春、穆凤忠、高洪有、刘良、卻文海、卻德文、王永，共 19 人。

讨论问题：

① 李宪忠来信要求给做绿、黑两身靠，价为每件 300 元，咱们是否买？

同意让他给做，质量越高越好，做成以质论价，但在旧历年前交货。

② 祁凤元的黄靠怎么定价？他在 1978 年用大队柳树一棵，是农建整地用炮打倒的怎么计价？价定为 250 元。柳树一棵应定 50 元，因用炮打倒开口，所以定价 40 元。

③ 大队干部奖励工怎么定？

		张明德	祁凤元	罗有	张文科	崔玉海	刘良	高桂有	王立新	王文清	郭占奎	张明春	张海英	郝存山
		200	120	50	70	50	140	110	10	15	15	60	5	140
		120	100		70	50	120		10	15	15	10	5	
		80												
			20											
								60						
				50								40		
							20	40						
														110
								10				10		
														30

④ 大队事业应奖励谁？

剧团：张明瑞 10，张立新 10。兽医：郝存仕 20，林业：张立新 15，梁明 15，张文忠 15，开矿：王永 30，张明瑞 15。

⑤ 高秀莲的工分怎么开？

按男的标准，随农业季节开。

⑥ 李兆阁的工分怎么开？

按去年定的处理，欠工扣工。

⑦ 公社民办教员和本大队的民办教员工分，怎么定？

社办的原则上按上年定的，但根据公社开的工票酌情处理。本大队的以上年。

⑧ 卡工的时间定一下？12 月 15 日。

⑨ 公社原通知让每人增加 5 厘自留地，现在又通知不增加了，咱大队应统一，到底给不给？

一律不增加。

⑩ 今年的义务工，摊不摊？不摊。

⑪ 今年的优待工对象有没有？

经逐户审查没有。

⑫ 生产队干部奖励工怎么定？

队　　长	副队长	会　　计
张文贵 40	郭占熬 40	杜万林 30
马　朋 40	王　俊 40	李桂存 30
王立新 40	穆凤明 40	祁桂合 30
张文祥 40	张文生 40	王进甫 30
韩凤明 40	张　富 40	杜永科 30
高洪志 50	田秀德 30	穆凤海 30
李付海 40	穆凤忠 40	张明瑞 30
高洪有 40	薛英芳 30	薛廷甫 30
高德仲 40	郤文海 40	高德清 30
郤德文 40	范世亮 40	崔玉祥 30

记工员、保管员，拿月是的一人一职的不超过 10 个工，。一人两职的不超

15 个工；光拿月是的不超过 6 个工；以上人员由生产队根据工作情况决定。

1980 年 12 月 7 日一天

召开两委扩大会议

参加人员：

郭占奎、张文贵、马朋、张明德、王立新、崔玉海、王文清、张富、祁凤元、高洪志、张明春、穆凤忠、薛英芳、高德清、刘艮、卻德文，共 16 人。

会议中心是汇报各选民小组选的"出席县代表"和"出席公社代表"的情况和根据群众的意见，协商大队领导班的问题。

讨论记录：

① 选大队领导班的事项，怎么安排？

12 月 8 日开大队的大会。在十点开党员会选支部。开完支部会开大会选管委会。唱戏。

记票：王永，唱票：薛英芳，监票：杜万林、卻德文。

1980 年 12 月 13 日

召开两委扩大会议

参加人员：

张文贵、马朋、王永、张明德、王立新、张文科（公社）、王文清、崔玉海、张文祥、高桂有、祁凤元、韩风明、高洪志、穆凤忠、张明春、刘艮、卻德文，共 17 人。

公社李主任，小赵参加。

会议中心解决：

① 新建的大队党支部、管委会成员已落实，因自然减员有王立新、郭占奎，已不再任成员。大队支部对他二人的评价问题。

② 要解决新大队领导班的分工问题。

③ 对大队，生产队领导班的选举，有的成员根据需要，要退出领导班，所以对大队，生产队领导班 1980 年的工作评价。（也就是说运用是红人，不利用是罪人的问题）。

是否落实班后，再开一次不参加领导班人的会议。

④ 如何进行生产队领导班的整顿：

1. 大队两委一律不再参加生产队领导班。

2. 剧团成员要求不任正、副生产队长和保管、记工职务。

3. 采用以户发选票。

4. 要求社员选领导班成员时,肯定要选有工作能力的,选谁谁当。如果不当,到大队办学习班不给记工,办学习班不到,派人去请,请谁谁的给去请的人拿工资,具体拿法指一次。

苏寺 0.10 元、沟门 0.15 元、古方 0.20 元,夭沟 0.20 元,水沟 0.25 元,干沟 0.30 元。

具体两委整班分工是:

1	2	3	4	5	6	7	8	9	10
张文科 崔玉海	张明德	张明春 王文清	祁凤元	李主任	张文科 崔玉海	李主任 高桂有	祁凤元	张明德	张明春 王文清

以上是大家讨论决定的。

建班用工

	张文科	崔玉海	张明德	王文清	张明春	罗　有	祁凤元	王　永	高　文	
12.14.	1 队	1 队	2 队	3 队	3 队	×	4 队			
12.15.	8 队	8 队	10 队	10 队	×	×	×			
12.16	7 队	7 队	×	×	×	×	6 队			
12.17	9 队	9 队	×	×	×	×	9 队			
12.25.	3 队	×	×	3 队						
12.26.	1 队	×	1	1	×	1	×			大队开会
12.28.	1 队		1 队					1	1	写选票
12.29.								1	1	写选票

在 12 月 24 日

召开的扩大会议上

就两委分工问题:

党支部:

张明德:抓党内的全面工作,抓全大队的政治思想工作。兼管全大队的粮食账目。

祁凤元:

高挂有：三会一课，收党费，发展党员。剧团。

张明春：组织学习，宣传教育。

王文清：

管委会：

祁凤元：抓行政的全面工作，（农林业牧副生产）审批开支单据。

罗有：副业生产，木料砍伐和木料出售，管教育，贫协工作。

张文科：林牧业生产，民政工作，民事纠纷调解。

刘艮：全大队财会工作（大队经济、代销、医务、工分、信用生产队会计辅导、大队日常事务、看门），社会治安，战备联防。

崔玉海：武装（战备、地方治安）兼任大队团支部书记。

张海英：妇女工作，计划生育。

凡大队两委的中心工作，是抓好农业。

80 年度

给炭窑沟道班送柴火

队　别	已　送	未　送
10		√
9	√	
8	√	
7	√	
6	√	
5	√	
4	√	
3		√
2	√	
1	√	

（清）

1980 年 12 月 24 日 1 天

召开两委扩大会议

参加人员：

杜挂山、罗有、张文科、张明德、王科、王文清、崔玉海、高桂有、祁凤元、杨存生、穆凤忠、刘艮、高洪有、高洪章、御德文，共16人。

会议除两委分工外又讨论以下几个问题：

① 救灾款怎么评？

凡有要求的户都写申请，大队审查公社批。按公社指示的，凡是搞投机倒把的一律不给。

② 公社分配线衣证18件给谁？

马亮、王登明、高祥、李挂兴、高照明、杨宝山、杨宝善、张文志、尤长贵、高洪朋、高德彬、范世明、杨存秀、高祥清、高德明、张明海、高洪江、康登库，共18户。

1981年1月1日

瓦房沟开飞行会议

（公布县代表选举结果）

罗有、杜挂山、穆凤忠、张文科、张明德、王文清（半天）、王科（半天）、崔玉海（半天）、韩风明、祁凤元、穆凤祥、高洪有、高洪章、御德文，共15人。

1980年12月27日1天

召开两委扩大会议

参加人员：

郭占奎、杜挂山、御桂合、张文科、张明德、王文清、王科、韩风明、穆凤祥、穆凤忠、高洪有、高洪章、御德文、崔玉海（半天）、祁凤元，共15人。

讨论记录：

① 公社给8件大衣给谁？

刘富生、高德武、马亮、彭宪文、张文志、高洪连、薛英方、梁树海，共8户。

② 公社给8件线衣给谁？

李文彬、昝元、薛德彬、御胜明、祁守相、杨宝善、张挂成、张天富，共8户。

③ 公社给棉花票44斤怎么分？

1	2	3	4	5	6	7	8	9	10	合计
5	5	5	5	4	5	4	3	4	4	44

④ 现在不少社员搞乱砍乱伐怎么办?

从 12 月 28 日起,大才木和杂木杆一律不准外卖也不准上山再拉,不分干湿,如再卖者从严处理,如个别人再搞一切后果有违犯者负责。

1980 年 12 月 30 日 1 天

召开两委扩大会议

参加人员:

罗有、杜挂山、穆凤明、张文科、张明德、王科、王文清、崔玉海、韩凤明、高挂有、祁凤元、穆凤祥、穆凤忠、高洪有、张海军、高洪章、张明春,共 17 人。

会议中心安排 31 日的选举工作。

1981 年 1 月 5 日

召开两委扩大会议

参加人员:

郭占奎、杜挂山、穆凤明、张文科、张明德、王文清、王科、韩凤明、祁凤元、穆凤祥、穆凤忠、高洪有、高洪章、卻德文、罗有、张明春,共 16 人。

会议中心解决,收集县、社代表会议的提案,然后讨论决定:

① 剧团写戏怎么办?

让高祥彬去写戏,每天 12 分,补助 0.80 元,住店乘车凭正式单据报销。高祥彬外出让高洪宇暂替。

② 大队干部记工问题,想的每人一个记工本,3—5 天到大队会计清一次,和事时清理谁派的另行用工,合适不?

同意。

③ 有的生产队 80 年度存在问题没解决,有的会计人员未定,怎么决算?

80 年存在的问题和会计决算,仍有旧领导班和旧会计清理和决算。

1981 年 1 月 8 日 1 天

召开两委扩大会议

参加人员:

罗有、张明德、张文科、王文清、祁凤元、张明春、高挂有、刘良,共 8 人。

会议中心谈思想,统一思想,安排解决 1 队、3 队建班和剧团存在的问题。

1981 年 1 月 12 日 1 天

召开两委扩大会议

参加人员:

张万国、杜挂山、王立新、张明德、王科、王文清、韩风明、祁凤元、穆凤祥、李风龙、薛英方、御文海、刘艮、张海军,共 14 人。

会议中心汇报核实摸底等项事。

1981 年 1 月 16 日 1 天

召开两委扩大会议

参加人员:

张万国、杜挂山、张明德、穆风明、王文清(半天)、祁凤元、韩风明、穆凤祥、穆凤忠、薛廷甫、刘艮、御文海、张海军,共 14 人。

记录:

① 公社给 70.00 元吃饺子买不上肉的款怎么评?

李汉州	杜挂山	刘富生	李文彬	张文志	薛英方	高洪连	高德武	高祥廷	张挂成	穆奎军	高祥清
8	8	8	3	3	7	3	8	5	3	8	6

共计 70.00 元。

② 现役义务兵李世江怎么定优待工?

全年给李世江 2 000 分。

另行用工记录

1 月 23 日去瓦房沟开党团员干部会议的:

杜万林、张宝斋、张万国、杜挂山、高祥、罗有、张明德、王立新、李正林、王科、王文清、李玉兰、高挂有、韩风明、穆风忠、李风武、尤长贵、高洪有、高洪章,共计 20 人。

1 月 24 日在大队参加党团员干部会议的:

杜万林、张宝斋、张万国、杜挂山、高祥、罗有、张明德、王立新、李正林、张文科、王科、王文清、崔玉海、高挂有、韩风明、穆风忠、李风武、尤长贵、高洪有、高德进、高洪章,共计 21 人。

1981 年 1 月 16 日 1 天

召开两委扩大会议

参加人员：

张万国、杜挂山、张明德、穆凤明、王文清（半天）、祁凤元、韩凤明、穆凤祥、穆凤忠、薛廷甫、刘艮、卻文海、张海军，共 14 人。

1981 年 1 月 25 日 1 天

召开两委扩大会议

参加人员：

张万国、杜挂山、罗有、王永、张明德、张文科、王立新、崔玉海、王科、祁凤元、高挂有、韩凤明、穆凤忠、高洪有、刘艮、高洪章、卻德文，共 17 人。

研究记录：

① 分红决算怎么安排？

1. 鸡蛋箱子不打收入。2. 合作医疗不打收入。3. 卖大牲口凡在固定财产定价的，卖价减去作价归回公积金，余的部分根据政策批给参加分配。4. 经过大队的齐工找工后，凡大队开的工（除去平摊工）每 10 分付 5 角钱。5. 让张文科、张明春、罗有去评社员用棺材板和柜板的价。

② 两委分工包队怎么包？

罗　有	张文科	张明德	王文清	祁凤元	高挂有	张明春	张海英	刘　艮	崔玉海
2	3	10	1	8	5	6	7	9	4

③ 王永汇报了去县企业局萤石化验的情况，咱们是否选？谁负责？那个队出人？

同意选。由王永负责。让王永指名各队抽人。

1981 年 1 月 31 日 1 天

召开两委扩大会议

参加人员：

张万国、杜挂山、罗有、张明德、张文科、穆凤明、崔玉海、王文清、王科、祁凤元、韩凤明、穆凤祥、穆凤忠、高洪有、高洪章、刘艮、卻德文，共 17 人。

会议开始前学习人民日报 1 月 26 日社论。

研究记录:

① 春节怎么放假?

从旧历28—初五共8天。

② 烈军属座谈会怎么安排?

大年初三开。

③ 春节期间怎么安排值班?

旧历28—30日有祁凤元。初一—初三有张明德。

旧历28、29日由5队民兵每夜三人。

旧历30、初一由6队民兵每夜三人。

旧历初二、初三由7队民兵每夜三人。

④ 春节放假就生产队库房、草园、山药窖的安全怎么办?

今天有所在生产队的两委和队长进行检查安排。

⑤ 就500元的救灾款评户问题,已初步拿出意见怎么样?

同意这个意见。

⑥ 咱大队的唱戏怎么安排?

从初二到初五打算唱四天。不开伙不管饭。给唱戏人记工。烧水人给记工每人每天(包括夜间)记10分。5队1天(初二),6队1天(初三),7队2天(初四、初五)。

⑦ 外出唱戏怎么安排?

高祥彬去写戏。根据高祥彬的提议,暂定李树林拉马。

⑧ 大队要清理收卖木头账怎么抽人?

不从生产队抽人,有(由)大队几个经管人结算,下次会议公布。

⑨ 如何杜绝大吃大喝和请客送礼?

坚决杜绝。实在亲友除外。

⑩ 如何杜绝赌博?

如违犯者一场每人罚10元。

⑪ 让罗有、张文科汇报了社员用棺材板和柜板的做价情况,看有何意见?

据他们讲是平衡的。同意这个做价。

如有不同意要的,把材料2月1日上午十点前送回来。

⑫ 给张彦买统销粮时捎两车柴火怎么安排?

8队1车,10队1车。

⑬ 矿已选定,怎么发?

由王永负责，10队出人装车。

⑭ 各队的决算分红表何时报?

明天会计都来报。

⑮ 广播路线如何整理?

由各队长负责2月1日接通。

今后那(哪)个队所管段亏线，由那(哪)个队买线。

⑯ 现在的木头怎么处理?

挑选一下，能出售柃(棱)条的有人买就卖。不能出售的可交木材站坑木。

⑰ 后地苗圃树条怎么割?

由张文科负责2月1日从1—4队每队抽2人割，4队出1个人1个车拉。张连军从2月1日起停看。

⑱ 大队柴火怎么办?

2月1日一定送。

	2队	3队	4队	7队	9队
总　　数	12	15	13	10	10
其中半数	4	5	5	4	4

① ………

	×	×	×	×	×	200	600	600	300	600

② 报批卖大牲口款参加分配的有:

9队卖骡1头没作价卖800元，马1匹原价200元卖150元，牛1条作价100元卖119.45元，准分829.45元。

8队卖牛1条价112.80元因没作价，准分112.80元。

7队卖牛3条作价550元卖880元，准分330元。

4队卖牛3条卖875元因没作价，准分875元。

2队卖牛2条原价260元卖650元，准分390元。

1队卖牛1条，驴1头，因公积金是付方，所以不批。

③ 1月17日到1月21日公社人代会议

罗　有	张明德	祁凤元	张海英	卻德文	薛廷甫
5	5	5	5	5	5

共 6 人。

1981 年 2 月 5 日 1 天

召开剧团领导班会议

参加人员：

张明德、祁凤元、高祥彬、罗瑞、张立新、李世合、穆奎世、张明春、张明瑞、高挂有，共 10 人。

会议主要是研究外出唱戏和本大队唱戏问题。

1981 年 2 月 7 日 1 天

召开烈军属在乡军人座谈会

参加人员：

高祥、李正林、李树林、梁进、张天富、冀文付、张文富、刘殿仕、薛德彬、杨存荣、张珍、张明德、祁凤元、刘良、张树生、李正林，共 16 人。

总结 80 年的各项工作，提出 81 年的任务。

1981 年 2 月 14 日 1 天

召开两委扩大会议

参加人员：

张万国、杜桂山、张明德、张文科、王立新、王文清、崔玉海、王科、祁凤元、高挂有、韩风明、刘良、高洪章、高祥彬，共 14 人。

1981 年 2 月 15 日 1 天

召开两委会议

参加人员：

张文科、张明德、王文清、崔玉海、高挂有、祁凤元、刘良，共 7 人。

另行用工：

① 4 月 14 日穆奎军送款半天合 5 分。

② 4 月 28 日下午剧团领导班会议有张明春、张明瑞、穆奎世、李世合。

③ 3 月 26 日高桂有结算唱戏账目 1 天。

④ 李风武去垠东为戏事 2 天。

拆房用工

注划“○”号的是 1 天

4 月 12 日：

张万国、李挂龙、罗瑞、高德军、王立新、张文明、吴立祥、祁守合、王失刚、包秀廷、高洪祥、赵玉德、张玉祥、高德秀、祁守柱、彭宪合、韩风军、高德兴、穆奎军、李树廷、荣正廷、李风军，共 22 人。

4 月 13 日：

张万国、王立新、王失刚、祁守相、吴立祥、张文明、赵玉德、彭正德、高德祥，共 9 人。

5 月 5 日公社三干会议 1 天：

张明德、祁凤元、张文科、刘艮、高桂有、王文清、崔玉海、郝存山、郭占熬、杜挂山、王立新、王科、韩风明、穆凤祥、穆凤忠、高洪有、御德文，共 17 人。

1981 年 4 月 11 日上午半天

召开两委扩大会议

参加人员：

张明德、张文科、王文清、祁凤元、高挂有、刘艮、高祥、王立新、王科、韩风明、穆凤祥、张明瑞、高洪有、御文海，共 14 人。

我讲：

1. 劳动力管理：盖房停工，不准劳动力随便外出。
2. 播种：干部包套、浸拌籽、调籽、选籽、定责任。
3. 造林：苗圃、造林与护林。
4. 开小片地：停开、不准侵占集体、牛羊道。
5. 油路民工：定四队和九队、共两队。
6. 买大队砖瓦、木头交款问题。
7. 大队常务人员上班与请假问题。

8. 生产责任制问题。

9. 副业如何搞。

讨论记录：

① 如何订立关猪制度？

从明天起关起来，如出来每赶一次罚 1 元，如骂人加 1 元。

② 让谁去赤城调杂交玉米籽和结算萤石矿账？

祁凤元去。

③ 咱们沟门学校旧正房，已做价 1 150 元，卖给王立新等人是否同意卖？旧瓦每 1 000 块定多少价？拆房谁负责？

同意卖。旧瓦每 1 000 块价 22 元。拆房由张明德负责。

1981 年 4 月 17 日 1 天

召开两委扩大会议

参加人员：

张万国、杜挂山、张明德、王立新、崔玉海、王文清、王科、祁凤元、高挂有、韩风明、穆凤祥、张明春、穆凤忠、刘良、高洪章、卻德文，共 16 人。

讨论记录：

① 就大队开会时间怎么订个制度？

迟到一个小时扣 2 分工。随便不到会的扣 5 分工。

② 抓钱副业搞什么？

搞瓦窑。

③ 小段包工何时完成？

（4 队负责制）

	1	2	3	4	5	6	7	8	9	10
负责人										
时　间	5.10.	5.10.	5.10.	5.10.	4.30.	5.10.	5.10.			5.10.

④ 大队柴火怎么办？

以前亏长找齐，现在再派 100 人 20 个，5 月 15 日前完成。

⑤ 公社发来 184 尺救济布票怎么分？

同意给老烈属刘殿仕丧事救济 38 尺。

1	2	3	4	5	6	7	8	9	10	大队	合计
13	13	18	15	12	14	10	8	13	12	18	146

⑥ 调回的杂交玉米籽怎么分？

	1	2	3	4	5	6	7	8	9	10	合计
北　育	20				10	10				10	50
丰七一	50	60	60	60	50	45	40	40	45	50	500

1981 年 4 月 20 日上午半天

召开瓦匠副业会议

参加人员：

张文德、张文海、罗有、张明德、张文科、张文明、吴立祥、高挂有、高洪举、田秀德、高德仕、韩风有、刘艮，共 13 人。

1981 年 4 月 21 日 1 天

召开两委会议

参加人员：

罗有、张明德、张文科、王文清、崔玉海、高挂有、张明春、刘艮，共 8 人。

会议重点是总结前段工作，今后应怎么办？

1981 年 4 月 23 日上午半天

召开两委扩大会议

参加人员：

张万国、杜挂山、罗有、张明德、张文科、王立新、王文清、崔玉海、王科、高挂有、祁风元、穆风祥、张明春、穆风忠、高洪有、刘艮、卻德文，共 18 人。

会议开始学习县委赤发(81)13 号文件和地委(81)16 号文件，然后把 20 号召开瓦匠会议的情况做了汇报，然后研究：

① 高德仕给大队看窑，自己同意做饭，在做饭中抽几天时间外出烧几窑，让女人代做饭，回来买分否？大队让不让外出？

九队说我队妇女没包地，女人来做饭也行，高德仕因已抽给大队，不回我队买分我们也没意见。经两委扩大会议研究，因我们烧窑钱不高，这样可以照顾高德仕外出，回来不再买分，但外出不能影响大队。

② 各种匠人如何进行管理？

只要生产队农活允许，同意让他外出，五天之内由生产队决定买分与不买分。六天以上到大队订合同，回来和大队结算。买分钱交回所在生产队。

③ 劳动力如何摊算？

同意后页表的记算。

林业队长和记工怎么确定？

队长王永兼记工。

砖瓦场和林业队何时上人？

明天上人。

苏寺大队劳力摊算表

1981 年 4 月 23 日

	1	2	3	4	5	6	7	8	9	10	合计
公社道班				李树林							1
大队民办教员	郭文合、杜宪英		张海梅、彭宪枝				张明海、张海琴	李付富		吕挂武	8
大队干部			张明德、张文科		祁凤元				刘　良		4
供销点		马清合									1
合作医疗				郝存山							1
林业队	郭文军、杜青山、张万兴	王　永、马清富、高德军、张清有	张连合、张连军	梁　明	张玉祥、张玉彬、高德秀、高德江	穆凤林三人	张文忠、李树廷			张　珍	21
砖瓦厂	高海清	李汉军	李志彬、郇挂军、郇挂合、祁守相	包秀廷	韩风有、祁守柱	田秀德一人	荣桂有、李风武		高德仕、高德进		15

续　表

	1	2	3	4	5	6	7	8	9	10	合计
公社山河		高祥春	王铁军	高洪运	张玉军	韩风军			高德忠、刘　彬	御德军、崔玉海、张海彬	10
公社铁矿	张万桂、张万彬	高德富	李世军	康登库		梁树江		薛英明	高庆忠	李桂合、李宪成	10
县山河						高德兴					1
公社民办								师秀芬	刘　军		2
县油路				王进瑞					高　玉		
定人	8	8	12	7	8	9	6	3	8	7	76
应摊的人口	97	103	135	118	93	105	80	60	97	93	981
应出人	8	8	11	10	8	9	6	5	8	7	80

1981年4月29日下午半天

召开两委扩大会议

参加人员：

罗有、杜桂山、张明德、穆凤明、王科、崔玉海、韩风明、穆凤祥、张明春、张明瑞、穆凤忠、刘艮、高洪章、御德文，共14人。

会议开始统计了生产春播进度，安排了大搞春播和检查已种作物时复种等项生产工作。

然后研究：

① 下庙大队经公社张军书记同意，前来写戏，咱们去是不去？

各队都同意把唱戏人交大队安排去唱戏，生产队还不能让生产受影响，下庙来找唱戏都同意让去。

② 去不去写戏人？这次外出找不找人？

这两个问题让剧团考虑决定。

1981年4月29日下午

给唱戏人开会

① 张万合、高文、李汉洲。

② 罗瑞。

③ 张海梅、张立新、张军、吴国瑞。

④ 穆奎喜、李世合、李仲连、李仲琴、张树生、梁秀云、康秀平。

⑤ 高桂有、高德秀、高德江、韩志文、韩普、张玉彬、张玉祥。

⑥ 穆奎仕、穆奎军、穆凤林、穆凤德、韩志品、穆奎亮、木海云。

⑦ 张明春、张明瑞、张海琴、张海英、张海兰、张海平、荣正廷、李树合。

⑧ 高淑平、高淑连。

实到 19 人。

此工已记入剧团工去。

1981 年 5 月 1 日上午半天

召开两委扩大会议

参加人员:

杜挂山、罗有、张明德、穆凤明、王文清、崔玉海、张文生、祁凤元、韩风明、穆凤祥、穆凤忠、高洪有、刘良、高洪章,共 14 人。

会议首先由祁凤元传达公社在碾子湾开会的精神,就“联产计酬生产责任制,积肥责任制,抗旱、计划生育、造林、输电、小片地”七个问题具体进行了研究,按公社安排进行。

然后研究:

① 唱戏外出大队派谁带队? 由支委张明春、高桂有负责。

② 有的牛驴骡马管理不起来,怎么办?

从 5 月 2 日开始,每赶一头一次罚款 3 元,大队扣生产队款,根据情况赔偿损失,给赶牲口人一次一头一元。

③ 罗有要求外出做瓦,让去否? 瓦窑怎么办?

同意让去。先决定彭正付去负责。

经张明德、祁凤元、刘良研究。

1981 年 5 月 17 日上午

对几个问题的处理:

① 公社建中学时分配咱队:

原分:砖 10 000,瓦 14 000。

实送：砖 9 938，瓦 11 000。

亏：砖 62，瓦 3 000，怎么结算？

如果学校来算，咱再算，如不来找就算下去。

② 张化堂欠大队木工一个，怎么处理？算啦。

③ 高志明用防震木和张兴用小椴木，怎么要款？算啦。

④ 1977 年 5 月 17 日加工厂发走，脚户石灰窑王桂，亏大柴 1 000 斤，大把 100 根，怎么查？

时间已长，算啦。

1981 年 5 月 18 日上午半天

召开两委扩大会议

参加人员：

郭占熬、杜挂山、张明德、王文清、崔玉海、王科、韩风明、祁凤元、张明春、刘良、高桂有、杨文国、御文海、高洪有、穆凤忠、穆凤祥、王立新、张文科，共 18 人。

会议开始学习了县革委、赤革字(81)10 号，赤革知(81)35 号 55 号文件，接着各队汇报责任制进度，把大队建设安排进行说明，然后讨论：

① 责任制问题：

	1	2	3	4	5	6	7	8	9	10	合计
到劳：			(锄地到劳)	1	1	1	1	1			
分组：		2	2						2	2	
需用合同份：	4	4	4	4	40	40	30	20	4	4	150
何时完成		完	20 号	完	完	25 号	22 号	31 号	完	完	
两委挂号		张明德	张文科	崔玉海	高挂有	祁凤元	张明春	祁凤元	刘 良	张明德	

② 小片地，怎么处理？

在 5 月 25 号前登记清楚，如不登记按无主的收回集体，26 号后大队安排进行检查。

③ 学校修建怎么安排？

由王文清具体掌握,和各队要什么给什么。1—7 队,每队在 5 月 23 日前拉土 30 车,使用前打方。1—4 队,19 号拉一天石头,石头也打方。

④ 九队盖房要求支援怎么办?

1	2	3	4	5	6	7	10	合计
5	5	5	5	5	5	5	5	40

准备 5 月 21 日压,具体时间九队打招呼。

⑤ 计划生育(祁凤元讲)。

1981 年准生:张军、韩桂军、崔玉海、杨存生、田秀文。

1982 年准生:李世合、罗瑞、吴国瑞、张海祥、张连荣、康登明、王海江、高德举、高德彬、穆奎彬、郤德武、范长瑞、高德祥。

同意这个安排。

1981 年 5 月 29 日上午半天

召开两委扩大会议

参加人员:

郭占熬、杜挂山、张明德、张文科、穆凤明、王文清、王科、祁凤元、韩凤明、穆凤祥、穆凤忠、高洪有、高洪章、刘艮、郤德文,共 15 人。

会议由祁凤元传达县农业生产责任制交流会议精神,张文科、王文清传达了公社会议精神,然后讨论:

① 三队去富贵山送戏(其中因天气变化,在那呆二天),怎么付款?罗家湾去富贵山送戏怎么付款?5 队拖拉机去三道营拉两次四天怎么付款?三队去李家湾接箱子,怎么付款?

三队去富贵山送戏给款 40 元,罗家湾怎么付征求一下他们意见。五队拖拉机去三道营共付 35 元。三队去李家湾付 25 元。

② 林业队的杏不多,是否管看?

决定不设专人看管。

③ 公社让成立治保会和调解委员会?

治保会:主任:王文清,副主任:崔玉海,委员:刘艮、高祥、张珍,共 5 人组成。

调解委员会:主任:张文科,副主任:郭占奎,委员:张珍、高祥彬、李付海，共 5 人组成。

④ 瓦窑柴火怎么安排？

按生产队实有人口，每人分三个。每个青业（叶）柴火以干的 40 斤为标准。一律留小树。九、十队坡。

⑤ 在干沟方面自选。一律不准进入禁坡地带。坡边自选。在六月五日前完成这批柴火任务。

1981 年 6 月 20 日一天

召开两委扩大会议

参加人员：

郭占熬、高祥、张明德、张文科、王立新、王文清、崔玉海、王科、祁凤元、韩风明、穆风祥、张明春、穆凤忠、高洪有、御文海、刘良、御德文，共 17 人。

会议学习中央 13 号文件和农委报告，学习政府检查处理投机倒把活动的通知；县三干会赵光耀的报告；结合大队的情况，把大队的包地与不包地的对比，牛驴狗猪的危害讲一了下。然后研究讨论：

① 把去县三干会期间，到企业局结算萤石的情况汇报了，有什么意见？

没有什么意见，同意这个结算。

② 瓦穴（窑）装不装？柴火怎么办？

同意马上装，如林业队和砖瓦厂人，能行更好，如不够和生产队派。

柴火在 25 号前，每人 1.5 个，具体数是：

1	2	3	4	5	6	7	8	9	10	计
150	150	200	170	150	160	120	90	150	150	1 490

③ 公社指示让大队成立防洪抢险队，怎么组建？

队长：崔玉海，副队长：王文清、刘良，成员：十个民兵排长。共计 13 人。

④ 生产队砍交木材站的木材，大队怎么付砍工资？

	坑木每方	椽子			架杆			杂杆		
		1	2	3	1	2	3	1	2	3
去年付	15.00	0.20	0.15	0.10	0.25	0.20	0.15	0.12	0.15	0.20
今年定										

1981 年 6 月 29 日上午

召开两委扩大会议

参加人员:

郭占敖、高祥、张明德、张文科、王立新、王文清、崔玉海、王科、祁凤元、韩风明、穆凤祥、穆凤忠、高洪有、刘良、张海军,共 15 人。

会议开始学习了"农村党支部工作条例",由祁凤元传达了公社在茨营召开的组织会议精神,然后讨论:

① 把瓦窑收柴火的情况汇报了,根据收的质量提出:二等 4 个折 3 个;三等 3 个折 2 个;四等 2 个折 1 个,是否合适?

同意这个折合,应该折合。

② 广播线路怎么修理?

用今天下午和 30 号一天修通。哪个队分的段由哪个队负责换杆,买并、买线。具体由祁凤元负责。

③ 为庆祝"七一",是否唱戏?

同意唱几晚上,具体情况由祁凤元安排。

1981 年 7 月 9 日上午

召开两委扩大会议

参加人员:

郭占熬、杜桂山、张明德、张文科、穆凤明、王文清、崔玉海、王科、祁凤元、穆凤祥、张明春、穆凤忠、高洪有、刘良、高洪章、御德文,共 16 人。

会议学习十一届六中全会公报和简单桅(扼)要学习决议及胡主席在庆祝"七一"的讲话。

然后研究:

① 今年的砖瓦价,怎么订?采取什么手续?

	砖(1 000 块)	瓦(1 000 块)	坏瓦(1 000 块)	烟洞口(个)
外大队	50.00	33.00		
本大队	40.00	25.00	10.00	0.50

不论本大队和外大队一律现款交易,先到会计交款,开三联单,瓦场见到三联单付货。

对“张明德”提出的给这窑“凭拉窑砖不掉一个，揭开全是兰的”，每个烧窑人，奖励 2 元有何意见？

同意。

② 瓦场的报酬怎么定？木柴怎么付款？

	做瓦		提桶		扣砖		泡泥		烧窑	
	工分	补助	工分	补助	工分	补助	工分	补助	工分	补助
去年	15	0.30	14	0.20	30	0.60	13	0.15	12	0.40
今年	15	0.40	14	0.30	30 25	0.80 0.50	15	0.20	13	40

补助粮：每 1 000 货补玉米 1 斤，吃粮人拿款。

看门人每天 10 分(包括夜看门)，不补粮食。

做饭人每天 10 分，不补粮食。(两天停工减工)。

柴火：

	一　等	二　等	三　等	四　等
去年：	0.20 元	0.15 元		
今年：	0.25 元	0.20 元	0.15 元	0.10 元

林业队员打的柴火和生产队结算。

③ 对狗如何管理？

有狗户：李汉洲、杜万林、罗成、王失成、郭占熬、张文德、高普、昝元、张文有，共九只。

高祥、张玉林、罗瑞、李汉军，共四只。

王铁军、张连军，共 2 只。

李世海、李树林、高富、高洪武，共 4 只。

祁凤元、张桂元、高桂有，共 3 只。

穆凤海、杨存瑞、田秀文、韩志品、高洪志，共 5 只。

张明瑞、张艮、荣桂有、李付海，共 4 只。

李富河、崔玉祥、杨存荣、吕桂军、李桂合、张珍、范世亮，共 6 只，共计 38 个。

今天队长回去通知各户，今晚全部拴起来。明天抽张文科和崔玉海深入到有狗户签订管理合同。今后狗有出来的,狗主到大队开会不给记工分。今后不论白天或黑夜出来一次罚款 3 元,大队罚款和所在生产队结算。

④ 到林业禁坡地带放牧,因林业上已打毒药,毒死牲口怎么办?

由放牧人员赔偿损失。

⑤ 农业大检查如何安排? 内容是什么?

初步安排在 7 月 20 日左右,两委和生产队长参加。内容:锄苗进度和质量,追肥、积肥、猪、狗的管理等。

⑥ 饲料地影响牛羊道怎么办?

凡属原来牛羊道的地方,社员已经开地,如牲口糟蹋庄稼,一律不赔偿损失。

1981 年 7 月 25 日一天半天

召开两委扩大会议

参加人员:

郭占熬、杜桂山、张明德、王立新、王文清、崔玉海、祁凤元、杨海荣、穆凤祥、穆凤忠、张明春、高洪有、杨文国,共 13 人。

会议开始由祁凤元传达了公社“组织会议和公安会议”的精神,小赵传达了县电话会议精神,然后就瓦窑收入,猪狗的管理说了一下。然后研究:

① 唱戏人赁箱子是否赁给? 按百分之九十的戏价抽箱,同意否?

同意赁给,同意按戏价的百分之百二十,大队抽箱赁款。

② 公社定改栽落叶松 600 亩,每亩 240 窝,共 144 000 窝,林业队已挖 5 000多窝,尚亏 94 000 窝,怎么安排?

按现有人口,每人 70 窝。由生产队完成任务,回队记报酬。地点由大队确定和指定。除生产队挖的以外,由林业队完成剩余数。

会议笔记 23

苏 寺 大 队

81.8.3 号 1 天

召开两委扩大会议

参加人员：

郭占奎，林桂山，罗有，张明德，张文科，王立新，王文清，祁凤元（半天），高桂有，韩凤明，穆凤祥，张明春，穆凤忠，高洪有，刘艮，张海军，王科，高洪章（半天）

共 18 人

会议传达了公社召开书记会议“8 月份宣传学习六中全会文件，农业牧业大包干”的内容，经过充分讨论，最后定几个问题：

① 宣传月如何发动和安排？

召开社员大会，具体时间由大队决定。

除学习宣传发动外，把农牧业大包干和当前生产在会上进行安排。

② 对当前牲畜的使役如何管理？

停止社员使牛拉石头，土开地和使牛耕小片地。

③ 对猪狗如何进一步管理？

对狗按合同执行，派崔玉海、张文科不定时的检查，对猪从 8 月 5 日开始以片推片，每赶 1 次罚 50 分，找到下户不扣分，如遇上有猪，他不推，每有一天牌加 10 分。

81.8.14 号 1 天

15 号 1 天

16 号 1 天

召开两委扩大会议

参加人员：

郭占奎 3，杜桂山 3，罗有 3，张明德 3，王立新 3，王文清 3，崔玉海 3，王科 3，高桂有 3，韩凤明 3，祁凤元 3，张明春 3，张明瑞 1，穆凤祥 3，高洪章 1，张文科 3，郤德文 3，高洪有 3，穆凤忠 1.5

共计 14 号 18 人　15 号 17 人　16 号 16 人

会议首先征求了各队对公社提出的农牧业大包干讨论修订意见：

提出：四属户有劳力无劳力应承包人头部分土地；正当年头人均吃 420 斤可以，一旦遇灾承包地人都吃不到 420 斤，社员有意见。向公社反映。

讨论纪录：

① 经社员讨论后，是搞农业大包干，还是责任到组，到劳呢？

除 8 队外都搞农业大包干。

② 扩大自留地怎么办？

今年给粮食，秋后再打地，究竟扩大多少地，等大队会计算一下。

③ 畜牧评价怎么办？

以 8 队为点，16 号两委和队长都参加(每人代(带)1 斤小米，9 点钟集中到水沟)分组情况是：

组长：王文清、张明春　3、5、10 队

组长：罗有、崔玉海　4、6、9 队

组长：张文科、高桂有　1、2、7 队

	牛	马	骡	驴	白羊母	白羊公	黑羊母	黑羊公
最高价：	400	500	600	350	25	20	20	15

(注：羊以斤过称，上述价格 50 斤以上的，不论羊别，凡 50 斤以下的每斤降 5 分)。

④ 救灾款和救济款怎么评定？

经过充分讨论，最后决定：不向生产队分配，今晚各生产队召开社员会议，对困难户可写申请，大队两委审批，审批时应掌握：

① 虽然供应已买完，因口粮紧张而贷款，现在又无力归还，大队请示公社如同意可还点贷款，如不批，大队就别批。

② 凡是做买做卖，从去秋以来搞木材牲畜的一律不批。

③ 凡是搞个人手工业，经常不在队上班，外出又不经生产队批准者一律不批。

④ 虽然有工资收入，但家庭生活困难，可酌量情况批。

⑤ 各队倒买倒卖的都有谁？

1. 郭文海(照像)　郭占奎、高文(倒卖衣服)

张文海、张万国、张宝斋　　　　共 6 人

2. 李桂生　　　　　　　　共 1 人

3. 张军　　　　　　　　　共 1 人

4. 李树林、王进甫、郝存仕　　共 3 人

5. 韩风明、张桂元(倒炒)　　共 2 人

6. 梁进、彭正富、彭正德　　共 3 人

7.

8.

9. 高洪章、高祥彬、高祥清、高洪军、郤文海、高洪海、杜宪德、高庆军、高德近　共 9 人

10. 杨存秀、范德亮、郤德文　　共 3 人

共 28 人

⑥ 学校的问题祁凤元已经讲了,怎么办?(现有教员 8 人,需用 7 人,需压 1 人)

张明德再三提出压缩张海梅。别人大部分提出按学期统考成绩,谁分低压谁,待通过公社教育之后再定。

1 年级　2 个班　除国家补助外每月再定 11 元

2 年级　1 个班　除国家补助外每月再定 11 元

3 年级　2 个班　除国家补助外每月再定 12 元

4 年级　1 个班　除国家补助外每月再定 13 元

5 年级　1 个班　除国家补助外每月再定 15 元

此工资的标准质量:学期考核年级平均分数为 70 分,每超 5 分加奖 1 元。每降 5 分扣 5 角。

注:① 今年挣工分,按 0.50 元折 10 分计算。

② 年级平均分计算时为 4 舍 5 入。

③ 主任教师除教学外,又主持学校工作,根据工作情况另定奖励。

⑦ 剧团的工分如何开?

把剧团前后的事情都征求了一下意见,充分讨论了剧团以前和今后的问题。就工分如何开的问题,经过讨论同意剧团领导班的意见:

① 同意外出阶段以每天 13、12、10、8 分开(包括夜);② 在家排练阶段随农业,晚上以 1、2 等 3 分,3 等 2 分,4 等 1 分。

⑧ 瓦窑定几窑?柴火怎么办?

定七窑。从现在起到 9 月 15 日每人再完成 2 个柴火,把禁坡的大杨树

沟,破庙沟开坡专给瓦窑打柴火,别的禁坡地带如打柴火,大队也没收。凡给瓦窑打的柴火一律不准砍小树,如割小树,大队没收。

⑨ 乡民公约怎么定?

根据祁凤元起草的公约,已原则上通过,待修改后刻印每户发1份。

⑩ 偷砍木头的问题,怎么处理?

	单位	区　别	认识好	差	最　差
偷卖椽	根	5根以下	1.00	1.30	1.50
	根	6—10根	1.20	1.50	1.80
	根	11根以上	1.50	1.80	2.00
偷砍椽	根	本大队	3.00	3.50	4.00
	根	外大队	3.50	4.00	4.50
偷木头	大头寸	本大队	2.50		
	大头寸	外大队	3.00		

① 从通知日起两天内把款交清,按应交款少收20%。

② 从通知日起五天内交清不加不减。

③ 从通知日起六天以上交款,按应交款加收10%。

④ 被罚人检举别人,凡检举1人减免自己应交款的20%,检举两人减免40%。

⑤ 不是被罚对象,而检举别人,检举落实罚款之后,奖他检举出来罚的款的50%。

⑥ 成立办案小组,有祁凤元、张文科、王文清三人,在八月二十日前处理完毕。

⑪ 公社拨来救济款100元,怎么评定?

刘富生25,张天富15,罗正合10,张仲秀10,梁明10,张文志10,李文彬10,高德武10　共8户　款100元

⑫ 救灾款,如何评定?

	1	2	3	4	5	6	7	8	9	10	计
户	12	15	24	19	14	15	12	10	8	12	141
人	60	75	115	90	62	64	58	49	33	67	673
款	152	245	313	224	171	239	172	134	153	197	2 000

审批救灾款参照：

① 优先考虑烈军属在乡荣复军人；

② 吃供应多与吃供应少；

③ 人口多劳动多与人口少劳动力少；

④ 以前给的多与少。

8.17—8.18 号 2 天

评牲口用工

郭占奎 2，杜桂山 2，王立新 2，王科 2，韩风明 2，穆凤祥 2，穆凤忠 1，张明瑞 1，高洪有 2，高洪章 1.5，御德文 2，罗有 2，张文科 2，崔玉海 2，高桂有 2，张明春 2

共 17 人

会议各组汇报了评牲畜价的情况，然后研究初步订 20 号上午开会，具体研究：

1. 牲口价　2. 把牲口分下去如何使役　3. 怎么分牲口　4. 对大牲口准许卖否　5. 羊只如何处理

81.8.20 上午

召开两委扩大会议

参加人员：（每人 7 分）

郭占奎，杜桂山，罗有（加下午），张明德，张文科，王立新，崔玉海，王文清，王科，高桂有，韩风明，穆凤祥，张明春（加下午），穆凤忠，张海军，高洪章 2 分

各队把对牲口评价后，经过社员讨论，提出修改意见，然后研究：

① 根据社员讨论意见，已经各评议小组重新鉴定，还有什么意见？

对调整后的价格，没有意见了。

② 对牲口的使役问题，怎么分配，出售问题怎么办？

1. 把牲口分下去之后，队里使用按头记帐，以便以后按头平衡或听别处的办法解决。

2. 在使役牲口上，个人服从集体。

3. 分牲口时劳动力（指年满 16—60 周岁有劳动能力的）顶 1 口人计算。

4. 就外出的雇用工，亦工亦农，合同工等，分牲口时一律不顶劳动力计算，分土地时是否顶，等公社安排。

5. 对下放的牲口，本人有要求，经社员讨论没意见，生产队领导班研究同意，然后由生产队开介绍到大队，酌情审批。如不经批准手续，卖的款全部收回生产队。

③ 是否唱戏？

同意唱三天。

总负责人：张明德

每人半斤粮食，四捆柴，如何吃由大队具体安排。

	粮食				
	总斤数	其中			
		豆子	小麦	黄米	
1	50			50	做饭：彭正德 大队固定人员
2	52			52	
3	68	25		43	做豆腐：大队安排
4	60			60	
5	47	25		22	
6	53			53	
7	40	40			
8	30		30		
9	50			50	
10	47	25		22	
计					

81.8.24 日 1 天

25 日 1 天

召开两委扩大会议

参加会议人员：

郭占奎 2，罗有 2，杜桂山 2，张明德 2，张文科 2，王立新 2，王文清 2，崔玉海 2，王科 2，祁凤元 2，韩风明 2，杨存生 1，穆凤忠 2，高洪有 2，卻德文 2，王永 2，张明春 1，穆凤祥 1

会议中心传达公社召开大队长飞行会议的精神。

另行用工记录：

① 张明春去县买种 8.21—8.24 共 4 天。

② 春移、李海林　130 分　祁守相 30 分。

③ 5 队倒砖　打节杆　共 25 分。

81.8.29 下午

召开扩大会议

参加人员：任书记、小赵

郭占奎，罗有，杜桂山，张明德，张文科，王立新，崔玉海，王文清，王科，祁凤元，高桂有，韩风明，穆凤祥，张明春，穆凤忠，高洪有，刘艮，高洪章

共计 18 人

会议中心任书记传达会议精神。

大队就如何参加公社党训班的具体事又进行了安排。

柴火：9 队 24 个　实送 1 车

10 队 24 个　实送 2 车

1 队 24 个　实送 2 车

81.9.17 上午

召开两委扩大会议

参加人员：

郭占奎，杜桂山，张明德，张文科，王立新，王文清，崔玉海，王科，祁凤元，韩风明，穆凤忠，高洪有，刘艮，高洪章，杨文国

共 15 人

会议由祁凤元传达公社任书记在瓦房沟开会的精神：

① 收社员 80 年欠队的款。

② 马上进行牲畜做价找价款。

③ 清理债务款。

④ 马上买统销粮。

⑤ 落叶松栽植。

⑥ 予(预)分方案。

⑦ 分地方案。

张明德补充:

打羊叶问题:(满足自用,杜绝明年卖和换实物)

修车问题:(马上造报申请,大队组织砍伐,从大队现金拿款买)。

换梨杆的问题:

	原派		实收					
	7尺杆	5.7大长	5尺			7尺		
			1等	2等	3等	1等	2等	3等
1	22	82	85	8		100		
2	24	89	81	3		120		
3	31	116	91	24		166		
4	29	106	106	16		106		
5	22	79	63			104		
6	24	89	64	11	15	86	16	4
7	19	71	82	5		73		
8	14	52	50			71		
9	23	83	80	4		93		
10	22	79	90			83		
计	230	846	792	71	15	1 002	16	4

用梨情况:

郭正起 1 442.5 斤,生产队 3 288 斤,共 4 730.5 斤,杆的使用情况:

		5尺	7尺
实收		878	1 022
给出	郭正起		220
	队长	178	178
	生产队	644	666
	合计	822	1 064
长			42
亏		56	

各队砍长与亏互不找，队给记工分，这次算结论。

讨论记要：

① 就各队提出规划外生小孩的是否有牲口价款和分土地？

规划外生育者：

① 李桂复1　郭占奎1　张万国1　罗正全1　　共4个

② 杜桂山1　王良1　　共2个

③ 王失成1　王失军2　祁守相1　张海江1　张文富1　张文彬1　共7个

④ 高富1　穆奎喜1　郝存山1　王进甫1　王进录1　　共5个

⑤ 韩风有1　张桂元1　祁凤元1　　共3个

⑥ 穆凤德1　穆奎军1　杨存瑞1　高洪举1　　共4个

⑦ 张艮1　张明海1　尤淑珍1　李富海1　　共4个

⑧ 高洪有3　高洪江1　共4个

⑨ 高德进2　刘军1　刘洪海1　杜宪德1　　共5个

全大队不算10队就38个

① 分牲口时间仍以81年8月1日不变。

② 分土地时间定为81年9月30日。

凡在此时间的实有人口给牲口和土地。凡在79年9月1日以后出生的该罚者必罚。

② 现在林业上管理混乱，怎么办？

杜绝柴火、羊业(叶)、朵杆、木料卖外出。

③ 祁凤元提张明德要求买大队用不着的房或有闲散地方解决房基地问题怎么办？(在今天开会之前祁凤元为此事专门找大队两委商量)

经两委扩大会议研究一致同意把张文生东边拆掉的旧学校一处(包括南房地基和南房西面小圐圙在内)闲散地场让张明德盖房。

81.2.22日1天

抄祁凤元记工：

郭占奎，杜桂山，王永，张文科，王立新，崔玉海，王科，韩风明，祁凤元，穆凤祥，穆凤忠，卻文海，卻德文，刘艮，赵桂枝，高庆云

共16人

81.3.5 日 1 天

郭占奎,高祥,罗有,王立新,张文科,王科,王文清,崔玉海,韩风明,祁凤元,穆凤祥,穆凤忠,高洪有,郤文海,张海军,刘艮

共 16 人

公社三干会 3 月 9—12 日

张万国 4,杜桂山 4,穆凤明 4,张文科 4,王科 4,崔玉海 4,祁凤元 4,韩凤明 3,穆凤祥 4,穆凤忠 4,高洪有 3,郤文海 4,张海军 4,王文清 1,杜永科 4

7 月 31 日半天

张文科,王立新,崔玉海,王文清,王科,穆凤忠,高洪有,高洪章,张海军,刘艮,祁凤元

共 11 人

另行用工:

2 月 18 日　张文科

2 月 19 日　张文科、王永、罗有、祁凤元

2 月 21 日　张文科、崔玉海

12 月 8 日　些文富皮车拉电料合　50 分

做雷子用工:郑万余　木工　6 个

　　　　　张明春　木工 1 个

去下庙告诉唱戏　张玉祥(前去 1 天)

81.10.15 日上午

召开两委扩大会议

参加人员:公社赵桂枝

郭占奎,张明德,张文科,王立新,王文清,崔玉海,王科,韩凤明,穆凤祥,张明春,穆凤忠,高洪有,刘艮,高洪章,张海英,祁凤元

共 16 人

研究地委平反大会广播大会后,主要解决如何马上耕地问题。

会议决定立即上报。

81.10.17 号 1 天

召开两委扩大会议

参加人员：

郭占奎，张明德，张文科，王立新，崔玉海，王科，韩风明，穆凤祥，穆凤忠，刘良，祁凤元，高桂有，杜桂山，御德文

共 14 人

听完县委平反广播大会之后研究：

①

今年各队 10 月 1 日前的粮食帐，外借和社员借的全部扣回，不搞议价处理。今年大队不再抽，定生产粮，各队根据专业承包奖励具体情况而定。

② 今年要求明年盖房有多少户。

	1	2	3	4	5	6	7	8	9	10	计
已审批有房基地户			张明德 5 张文富 3								
待批的房基地户		罗　瑞 3 高德发 3	吴文祥 3 些文富 3 祁凤明 3 李海林 3 张连成 3	康登明 4	彭宪忠 3 张玉彬 3	彭正德 3 穆奎仕 3		刘洪如 3	高德进 3 高洪合 3 高德清 3	杨存秀 3 御德武 3	
各队意见			同意	同意	同意	同意			同意	同意	

③ 用大队土地，今年的地租怎么定？

	5 队	6 队	7 队	9 队	合计
原　定：	500	1 000	600	800	2 900
今年定：	450	900	480	640	2 470

④ 有的社员问，两间旧厕所卖不卖？

卖。两间做价 100 元，要现金。

⑤ 补自留地的时间怎么定？

按 9 月 30 日零点的实有人口，但规划外的不给。

⑥ 大队的小胶轮车是否处理？

处理。大队做价,生产队长抓,回生产队处理。

⑦ 大队没有柴火怎么办?

在 10 月 20 号把欠的柴火数送齐。

会议当中张立新把在干沟买杆和卻德文怎么卖的杆,说了说。

会议当中就拖拉机怎么修或卖的问题也进行了研究。

81.10.24 上午半天

召开扩大会议

参加人员:

郭占奎,高祥,张明德,张文科,王立新,崔玉海,祁风元,高桂有,韩风明,穆风祥,张明春,穆风忠,高洪章,卻德文

共 14 人

会议中心是欢送祁守柱应征入伍。把当前栽落叶松、分地、秋收分配,社员盖房基地等问题进行了汇报和安排。

81.10.31 号 1 天

召开扩大会议

参加人员:

郭占奎,杜桂山,张明德,张文科,王立新,崔玉海,王科,祁风元,韩风明,穆风祥,张明春,穆风忠,高洪有,高洪章,卻德文

共 15 人

讨论纪要:

① 经生产队社员讨论,生产队同意批给那(哪)些户房基地?(各队报的是:)

1	2	3	4	5	6	7	8	9	10	计
	高德发 罗　瑞	李海林 些文富 祁风明 吴立祥 张连成	康登明 高祥涛	彭宪忠 张玉彬	彭正德 穆奎仕	李富海 李风龙	高洪如 薛英方	高德进 高德清 高洪合	杨文国 卻德武	22 户

李风龙、杨文国两户、每户三间,用闭散地解决,公社如果不批,今天会议

已批。

另 20 户报占用耕地申请,会议一致通过。

② 把耕地情况订正一下:

	1	2	3	4	5	6	7	8	9	10	计
上套	4	5	5	5	5	6	5		4	6	45
未耕	70	17	65	50	20	80	60	116	30	55	562
已耕											1 166

③ 松树栽植情况和后行自留地的粮食怎么解决的?

计			1	2	3	4	5	6	7	8	9	10
上人	男	12	20	16	21	11	25	10	6	10	13	144
	女		10	4		6			2	7	4	33
	计	12	30	20	21	17	25	10	8	17	17	177
苗树		5 000	5 500	6 000	5 500	5 000	5 000	4 000	3 000	5 000	5 000	49 000
地点		斜尖湾垠	南造坡	猛虎沟北	斜尖沟小后沟	西垠	南垠瓦碗架板	小后沟西坡	后坡	南坡	南坡	
自留地粮食解决情况		每人各交 50 斤共 4 900	每人各交 55 斤共 5 445	每人玉米胡 20 斤合 5 712		每人玉胡 70 斤合 3 948	每人玉米胡 70 斤合 4 284	每人玉米胡 70 斤合 3 360	上台子谷子 5 么,大南沟谷子 5 么,共 10 么,打多少交多少	打完之后小队平均多少给多少	同九队情况	

④ 何时改工分?

从 11 月 1 日起改为 8 分。

⑤ 公社分配咱大队军用谷草 8 200 斤,怎么分配?

按种谷子亩数分配:

1	2	3	4	5	6	7	8	9	10	计
800	1 000	1 300	1 600	900	800	600	400	400	400	8 200

同意这个分配。

最后就 4 队问题:

崔玉海、王科交换 32 元,大家进行评论。

⑥ 什么时间完成分土地的任务:

1	2	3	4	5	6	7	8	9	10
11.15 号	11.15 号	11.15 号		已完	11.10 号	11.10 号	11.10 号	11.15 号	11.15 号

在 11 月 15 日以前把所有土地必须分完。

81.11.4 日 1 天

召开两委扩大会议

参加人员:

郭占奎,罗有,杜桂山,张明德,张文科,王立新,王文清,崔玉海,王科,祁凤元,韩风明,穆风祥,张明春,穆风忠,高洪有,卻文海,刘艮,卻德文

共 18 人

讨论记录:

① 公社山河民工 81 年度按每人每天交 1 斤要的,是否补助?铁矿民工每人每天实吃数念了怎么补?

公社山河民工应该给补助粮,同意每人每天粗粮二两。因为今年补粮数不大,那个生产队出的民工,由那个队出粮和出款,同意全大队不再摊算。

经过结算,同意马上找清,欠粮食给的粮种是:

	1 队	4 队	6 队	9 队
原欠	12 斤	40.8 斤	207.6 斤	1 248.4 斤
其中定还:谷子 玉米	12 斤	40.8 斤	207.6 斤	729.6 斤 518.8 斤

其中顶还十队 149 斤,2 队还 9 队 369.8 斤

铁矿民工不应该再补粮食,一律由民工自己负担。

② 怎么安电灯?

① 变压器不论那片安,大队统一解决。

② 苏寺到干沟水沟不论高压或低压的杆、线大队统一解决。

③ 不论高低压凡是电工的工资和招待费大队统一解决。

④ 凡是亏杆和线的买料或栽等，那片由那片负担，由生产队摊算，房檐头往里各户负担。

⑤ 咱大队现定的 37 根杆的挖坑栽杆掛线等用工，按现在分配各队的坑数由各队负担，大队不开。

⑥ 安电灯的具体负责人：祁凤元、张文科两人。

③ 唱戏问题怎么安排？

① 等完场之后，下次会议再定。

② 所需要买的有：绿靠、板鼓、髻口等，决定去北京购买。

③ 决定祁凤元、穆奎喜两人去。

④ 报酬和以前一样处理。

81.11.20 号 1 天

召开两委扩大会议

参加人员：

郭占奎，杜桂山，张明德，张文科，王立新，崔玉海，王科，韩风明，穆凤祥，穆凤忠，刘良，高洪章，杨文国，张明春

共 14 人

会议开始学习中共赤城县委(81)31 号文件，张文科传达了 81 年 11 月 9 日公社会议精神，张明德汇报了外出要款和买戏装问题的情况，然后讨论：

① 外出公办根据现在的形势怎么定补？

本县内：1 类每人每天补助 0.80 元

　　　　2 类每人每天补助 1.20 元

外县：1 类每人每天补助 1.00 元

　　　2 类每人每天补助 1.50 元

重点外出需量大，另行研究。

类别要通过回来汇报情况之后由大队决定。对没有单据的店，车费应该负担的仍大队负担。对外出要债在欠债户家连住几天的补助另行研究。本规定从 81 年 11 月份开始执行。

② 本大队社员盖房用料怎么计价？

别的木材仍按以前定价执行。

杨枛：1 等每根 1.20 元

2 等每根 1.00 元

次等根据情况由大队决定。

③ 沟门学校没劈柴怎么办?

从 1—9 队实有人口每人 5 斤大柴,砍、拉和劈在内大队不开工。

11 月

党训班

13 日:

赵存德,张忠秀,王文清,郝元,李玉兰,高秀连,高桂有,韩志品,穆凤忠,高德进,范成才

共 11 人

14 日:

杜桂山,王立新,赵存德,张仲秀,张立新,郝元,王文清,崔玉海,李玉兰,高桂有,高秀连,韩志品,穆凤忠,范成才

共 14 人

81.11.24 日 1 天

召开两委扩大会议

参加人员:

郭占奎,高祥,罗有,张明德,张文科,王立新,崔玉海,王科,祁凤元,高桂有,杨海荣,穆凤祥,张明春,穆凤忠,卻文海,高洪有

共 16 人

讨论记录:

① 高有 2 个粪坑原入社后现在队里使用,现在要求自己怎么解决?

由生产队社员讨论再和二队商量后才能解决。

② 吴立祥要求将和三队原来换的两间旧房基地归他,生产队解决不了,怎么办?

1 不补地,2 不将这个房基地归给吴立祥如有意见,可上诉。

③ 王铁军在四清运动中退出的粮食,现在要求归他本人,怎么处理?

据当保管员的时间不长,大队意见不退还粮食……

④ 六队提社员原来队的粪坑,现在要求自己怎么办?

同一队提的处理高有的问题一样解决。

⑤ 7队提对16岁和60岁以上没劳力的牲口找价和分地有意见,怎么处理?

按公社规定的执行。

⑥ 8队提出沟门两个队羊吃我们半种给高祥涛的地庄稼怎么解决?

大队意见先找高祥涛要200斤粮食,如高祥涛不干,大队再受理。

⑦ 输电的电工咱们大队怎么物色人员?

以古方、沟门、苏寺的三个片自选。

⑧ 学校派的每人5斤大柴和你队征购粮食何日完成?

	1	2	3	4	5	6	7	8	9	10
学校大柴	27	27	25	25	26	28	28	30	28	
征　　购	26	26	26		25	26	27	×	26	

⑨ 四队的联产计酬存在问题,怎么解决?

由下乡的赵桂枝、于占海张殿恒和张明德、祁凤元去共同解决。

81年12月17日

开两委会和党员会议

张宝斋,张玉林,高祥,杜桂山,王登明,罗有,张明德,张立新,张文科,张仲秀,赵存德,王文清,崔玉海,郝元,祁凤元,高桂有,穆凤忠,张文忠,尤长贵,张明春,李风武,刘良,韩志品

共计24人

讨论记录:

① 公社分给救济款7户120元,给谁?

李汉州15,罗正合20,张仲秀10,刘付生32,李文彬8,张文志20,高德武15

计120元

② 81年工作如何总结?

召开两委生产队正、付队长、会计会议,进行总结。

81.12.12号1天

召开两委扩大会议

参加人员：

郭占奎，杜桂山，张明德，张文科，王立新，崔玉海，张文生，高桂有，祁凤元，韩风明，杨存生，穆凤忠，刘良，高洪有，张海军

共16人

会议开始由祁凤元汇报了县委召开农业责任制代表会议和真理问题补课会的精神。赵桂枝传达了公社党委当前工作安排，然后讨论：

① 咱大队的拖拉机，张家营南沟于××来买，价钱1 000元，那个生产队要？这个价是否卖？

征求各队都不要。这个价钱同意卖。

② 征购任务原23 000斤，这次又加47 000斤，怎么办？具体想法是：

1	2	3	4	5	6	7	8	9	10	大队	计
4 000	4 000	5 000	5 000	5 000	2 608	3 500	4 500	4 000	3 000	6 392	47 000

（说明：大队苗圃奖粮6 578斤，今年木材奖514斤，除还10队700斤，还余6 392斤。）

同意这个安排。在12月20日完成。

③ 农业责任制，公社决定在12月底以前完成，具体各队完成的时间和负责人怎么定？

1	2	3	4	5	6	7	8	9	10	计
完	20号	15号	20号	完	20号	20号	25号	20号	完	
	杜桂山	王立新	王科		杨存生	穆凤忠	高洪有	高洪章		

④ 林业责任制，公社决定苏寺大队划给社员自留山1 000么，必须分到社员手里，在12月20号前完成，咱大队各队选择地点怎么办？

1	2	3	4	5	6	7	8	9	10	计
大南沟南岔	小北沟	大老虎沟、瓦窑沟	斜尖沟大南洼	西沟庙沟西坡、苏寺的两个南沟	五方沟、少马沟、小西×斜外、张虎沟	小后沟、小西沟、少马沟、板柳沟外坡嘴往外	大南沟河渠、后沟	大南沟、特二沟	南垠至水泉洼下半坡	

以上地点指荒山，有树的不能划给社员。

大队有张文科、高桂有负责，每到 1 个生产队有生产队干部参加，到 12 月 25 日前必须完成。

⑤ 分红决算，公社安排必须在 12 月完成，大牲口羊只和队房一律不准参加分配，咱们怎么安排？

按公社规定的时间完成。咱大队已审批的羊只和另行物作价的参加分配不变。

⑥ 大队 82 年的烧柴怎么办？

按各队留粮人口，每 2 个人 1 个柴火分配，在 12 月 20 号前完成。

⑦ 学校的 12 间房怎么打装袖(修)？

柚(修)木匠：

张万国，张文合，罗有，李汉军，吴立祥，祁凤明，张文祥，张桂元，高洪志，田秀德，郑万余，李富海

共 12 人

采取包工的办法包给木匠。

大队抽罗有负责。具体开工的时间由大队决定。

⑧ 就当前林业责任制和征购任务让谁负责？

	1	2	3	4	5	6	7	8	9	10
林业：	郭占奎	高　祥	穆凤明	张文生	韩风明	彭宪武	张风祥	薛英方	郤文海	郤德文
征购：	杜万林	李桂存	王铁强	张文生	杨海荣	韩风彬	穆凤忠	高洪有	高洪章	张海军

81. 12. 12

赵桂枝传达当前公社党委工作安排

① 农业责任制(分地)必须在 12 月底前完成。达到社员认识自己地，开始送粪。

② 林业责任制：

1. 社员自留山 1 000 么，划到社员手里；

2. 责任山，也就是所有荒山全部划给社员，总之在 12 月 20 号前完成。

③ 分红决算：

1. 集体产量 50 万，社会产量 63 万斤不变。

2. 大牲口找价，今年高的减20%，今年出售的大牲口和羊只，队房一律不准参加分配。

3. 发布票（手续、数量和往年一样）照顾布票每人1尺，决算必在12月底完成。

④ 整顿领导班子：大队书记、大队长、会计、武装兼公安、团支部、妇联。生产队各选1名队长，不留会计。

办法：大队干部公社提名，生产队干部大队提名，同时要加强林木管理，杜绝乱砍乱伐，选干部完成之后，大队进行培训。在培训的基础上，搞好明年的各种合同。

政策问题：

① 四个永远不变：

1. 坚持集体化的方向；

2. 生产资料公有制（指土地）；

3. 农业执行责任制；

4. 农业执行各种形式的责任制。

② 记工事项：

1. 选择各种责任制的形式要从实际出发，不要轻易变动；

2. 宜统则统，宜包则包；

3. 作价大牲口、羊只、房屋把款收回存记（起）来；

4. 承包土地必须按人劳比例，处理好国家、集体、个人三则（者）关系；

5. 搞责任制，必须把烈军属五保户困难的户，照顾工作搞好；

6. 另行树木包下去，将来卖时分成。

现有树木，不准乱砍乱伐。

③ 明年设法：远抓木，近抓牧。

81.12.28

召开两委扩大会议

参加人员：

郭占奎，罗有，王永，杜桂山，张明德，王立新，王文清，崔玉海，王科，高桂有，韩风明，祁凤元，穆凤祥，张明春，穆凤忠，高洪有，高洪章，杨文国

共18人

会议开始汇报传达了县人代会议情况。

然后讨论：

① 咱大队出的“公社道班工(李树林)”怎么记工？

按照实际出工，随着农业季节给开。在12月31日把车交回，82年再行安排。

② 公社山河和公社输电用工怎么记工？

按公社山河和公社开来的给开。

③ 在公社的民办教员怎么开工？

和本大队的民办教员一块开。

④ 公社铁矿和县油路怎么开工？

按农业季节每天高三分给开。

⑤ 优待工怎么定？

李世江 2 000 分(全年)

祁守柱　从11月24日到12月31日共400分

⑥ 大队会计、代销员、医疗怎么开工？

按农业季节开，欠工必须扣工。

⑦ 民办教员怎么开工？

欠工扣工。

郭文合、杜宪英、张海梅、彭宪枝、张明海、张海琴、李付合、吕桂武、师秀芬、刘军每人全年 3 700 分　张清彬 300 分

⑧ 卡工时间怎么定？按12月31卡，如过期漏工大队不负担。

⑨ 义务工今年摊不摊？

不摊。

⑩ 大队干部奖励工怎么定：

		张明德	祁凤元	刘良	张文科	罗有	崔玉海	王文清	高桂有	张明春	张海英	郝存山	马清合	王永	
总工数		250	170	210	100	80	60	25	20	20	5	170	60		
其中	大队干部	150	150	150	100	80	60	25	20	20	5				
	管粮食	80													
	管工算帐	20	20												
	看　门												60		
	信　用			60											

续 表

		张明德	祁凤元	刘良	张文科	罗有	崔玉海	王文清	高桂有	张明春	张海英	郝存山	马清合	王永	
其中	医疗											130			
	管房与公安											40			
82年予开工分		200	200	240		120	40	24	24	24	×	160	80	200	

兽医郝存仕怎么定？

公社以上开会大队记工。在本大队搞防疫不记工，也不奖励工。从大队取药的差价20多元，大队给报销。

林业怎么定？

王永30　张文忠15　梁明15

⑪ 生产队干部怎么定奖励工和几项（五项）任务的包工？

队长		付队长		会计	
奖	包	奖	包	奖	包
郭占熬90	13	×	×	杜万林40	20
杜桂山70	10	高　祥40	5	李桂存40	20
王立新60	10	穆凤明50	5	郤桂合40	20
王　科60	10	张文生50	5	王进甫40	20
韩风明60	10	杨海荣50	5	杜永科40	20
穆凤祥60	10	杨存生50	5	高洪举40	20
穆凤忠75	10	张风祥30	5	张明瑞40	20
高洪有60	10	薛英方50	5	薛廷甫40	20
高洪章60	10	郤文海50	5	高德清40	20
郤德文60	10	杨文国40 张海军40	3 3	崔玉祥40	20

记工员、财政、保管员、拿钥匙的1人1职的还是不超15个工，1人两职的

不超 20 个工，光拿钥匙的不超 10 个工。以上人员的生产队根据工作情况决定。

81.12.31 日

召开两委扩大会议

郭占奎，杜万林，罗有，杜桂山，王永，李桂存，张明德，王立新，穆凤明，卻桂合，王文清，崔玉海，王进甫，祁凤元，高桂有，韩凤明，杨海荣，杜永科，穆凤祥，杨存生，高洪举，张明春，张明瑞，穆凤忠，张凤祥，张文忠，高洪有，薛廷甫，薛英芳，刘良，高洪章，卻文海，高德清，卻德文，杨文国，张海军，崔玉祥

82.1.6 号 1 天

召开两委扩大会议

参加人员：公社：赵桂枝

郭占奎，王永，罗有，杜桂山，张明德，王立新，王文清，崔玉海，张文生，祁凤元，韩凤明，穆凤祥，卻文海，刘良

共 14 人

会议由赵桂枝传达了公社就“建生产队班，各项承包，填合同表”等工作的安排。

讨论纪录：

① 把 81 年各项用工的结算情况汇报了，看这个结算办法行不行？大队应付款的工分怎么定？

同意这样结算的办法，每个工分付六分钱的工资。

② 窑子沟很长时间不给干沟通广播线，干沟社员意见很大，怎么办？

因为线不通，干沟听不到广播，81 年干沟应抽线的广播钱，由窑子沟给拿百分之五十，82 年整线仍由窑子沟负担。

③ 今后大队开大会怎么记工？

仍按 81 年的办法执行，秋后每 10 分以 0.50 元找齐。

④ 大队开干部会的时间如何掌握？

按要求时间，迟到 1 个小时扣 2 分，半个小时扣 1 分。

⑤ 公社 82 年仍定征购粮 23 000 斤，怎么定？

		1	2	3	4	5	6	7	8	9	10	合计
任务		3 400	3 050	5 900	7 500	1 100	200	1 000	200	450	200	23 000
其中	谷子	1 900	1 700	3 300	4 100	650	200	550	200	200	200	13 000
	豆子	150	150	250	350	50		50				1 000
	其它	1 350	1 200	2 350	3 050	400		400	250			9 000

这样调整同意。

⑥ 就大队各种摊派怎么计算?

生产队长 82 年度全年补助(奖)

	1	2	3	4	5	6	7	8	9	10	计
款	70	70	80	80	70	70	60	50	70	70	690

生产队长:必须抓好本生产队社员执行林业制度,如社员违犯队长承担责任。

初步算帐是:

① 公社电工、电话、广播共 262.50 元。

② 大队干部补共 650 元。

③ 大队干部误工予计 150 元。

④ 生产队长补共 690 元。

⑤ 生产队长误工预计 100 元。

⑥ 大队护林仍执行误工记工每 10 分 0.50 元计算。

定三个人合 540 元。

⑦ 戏班全年 150 元。

⑧ 义务兵 2 人 200 元。

⑨ 大队电工　30 元。

⑩ 民办教员 8 人×180 元　合 1 440 元。

⑪ 民兵排以上干部训练共 100 元。

⑫ 党员　训练　共 180 元。

⑬ 电话费　共 72 元。

⑭ 广播费　共 70 元。

⑮ 大队管理费　共 100 元。

⑯ 农业税　共 850 元。

⑰ 每么地再摊 1 元　共 1 480 元

总共 7 065.50 元

总土地 1 729 么(亩),减自留地 250 么,实在耕地 1 479 么,每亩地合近 5.00 元。

经过算帐研究决定:

① 按原包产么(亩)数给大队摊每么(亩)3.50 元。

② 各队的农业税和每么地 1 元,由生产队自摊。

⑦ 代销怎么包?(81 年实收手续费 330 元)

包给马清合,房子物品一律不计费。办货不记工,大队全年抽利润共 100 元。管大队日夜看门,下乡干部的派饭,烧炕、烧水,生火,打扫卫生,和大队另行杂活等。

全年大队再补助 100 元。(上述包法已和马清合订清)

⑧ 医疗怎么包?

先清药社帐,看清的结果再研究。

⑨ 公社给 120 元救济款怎么评?

李汉州 10,刘富生 30,陈仲才 20,张文志 20,李文彬 10,张天富 10,高德武 10,薛德彬 10

共 8 户　120 元

82.1.23　1 天

召开两委扩大会议

参加人员:

高有,张玉林,王永,张明德,穆奎喜,杨海荣,穆凤忠,薛廷甫,刘良,卻德文,崔玉海　共 11 个人

重点讲:

① 年节保卫及大队值班?

今晚各队召开社员会议,重点讲杜绝要钱,防止外来不明人员,大队值班:腊月二十九　王永、腊月三十　张明德、　正月初一　祁凤元、　正月初二　崔玉海、　正月初三　刘良

② 按各队原承包的地段,今天下午和明天上午查线必须保证线路畅通?

同意以上安排。

③ 林业管理?

杜绝到禁坡地带打柴火和砍柴火,如有偷砍和偷卖者按大队制度处理。

④ 电的安全,变压器的保护,用灯的管理。

问题　　　确定负责人和电工:

片别	负责人	电工
古方	王永、高有、张玉林	王俊
沟门	崔玉海、王立新、穆奎喜	王志文
苏寺	祁凤元　三个队长	祁凤元

大队管电组织:张明德、祁凤元、张明海和六片的电工共9个人。

⑤ 优军优属,今天给各户送对联,征求意见,有问题向大队反映。

同意这个安排。

⑥ 开大会在1月6日扩大会上定按81年办法执行,秋后决算按应到人算,每10分以0.50元找齐,行不行?行

大队开干部会,按要求的时间迟到1个小时扣2分,半个小时扣1分,不参加扣应到会的人的分,从82年的补助中扣行不行?行

生产队晚上召开社员会,到会人划到会"/"道,不到会的扣1次2分合0.10元计算行不?

按劳动力(个别情况除外)同意这个办法。

⑦ 春节之后怎么安排唱戏?

初二晚上开演,从初三开始给按人记工。每天管一顿饭。

买100斤大米,10斤麻油。

按各队实有人口,每人1两豆子。

按各队实有人口,每人半斤腌菜和酸菜。

开演时间:白场十一点。晚场六点。

做饭和做豆腐人烧水和管理人员:大队两委和队长全上。

另行用工:(唱戏用工)

1月27日:高有、张玉林、杨海荣、薛廷甫、郤德文

共5人

2月5日在瓦房沟开党员会议:

① 马淑兰、张宝斋、杜万林

② 张玉林,杜桂山

③ 张明德,李正林,赵存德,徐桂兰

④ 李玉兰

⑤ 高桂有

⑦ 穆凤忠,李天将

⑨ 高德近　共14人

此工已处理在党员开会学习用工付款表内了

会议笔记 24

82 年 2 月 3 日 1 天

召开两委扩大会议

参加人员：

高有(√)、张玉林(√)、王立新(√)、王进甫(√)、杨海荣(√)、穆凤忠(√)、薛廷甫(√)、高德清(√)、郤德文(√)、王永(√)、张明德(√)、彭宪兰(√)、祁凤元(√)、崔玉海(√)、刘艮(√)。共 15 人。

讨论记录：

(1) 把输电的账目结算情况宣讲了，有何意见？

就同意这样的结算，没有意见。

(2) 大队两委如何分工？怎么包队？

张明德：抓党内的全面工作，抓全大队的政治思想工作，审批开支。抓行政的全面工作，农林牧付生产，民事调解，贫协工作。

王永：民政工作。

祁凤元：三会一课收党费发展党员。社会治安，战备联防，电的管理，管理教育。

刘艮：全大队的财会工作。

崔玉海：武装战备联防地方治安，青年工作，宣传教育。

彭宪兰：妇女工作，计划生育。

包队情况：

队别	1	2	3	4	5	6	7	8	9	10
姓名	王　永	王　永	张明德	张明德	祁凤元	王　永	祁凤元	崔玉海	刘　艮	张明德

(3) 有人托荣海祥问要买木头檩条，是否卖？

同意卖，数量是尽量生产。

卖木头：

长度	大度	款
3.6 米	13 公分	11.00 元
4 米	13 公分	13.00 元

砍木头工资怎么定?

树别	4 米 (13 公分以上)	3.6 米 (13 公分以上)	等外(长 3.6 米以上)		
			1 等	2 等	3 等
菜木	3.50 元	3.00 元	2.00 元	1.50 元	1.00 元
桦木	3.00 元	2.00 元	1.50 元	1.00 元	0.80 元
杨木	2.00 元	1.50 元	1.00 元	0.80 元	0.60 元
椽子	长度 4 米		1 等	2 等	3 等
		桦	0.30	0.25	0.20
		杨	0.20	0.15	0.10
夭柱	2 米	2.4 米	3 米	3.4 米	材

每寸款：通过砍伐再定。

本大队出售木头价：

杨檩每寸 3.00 元；

桦檩每寸 2.00 元；

菜檩每寸 2.50 元；

柱类每寸 2.00 元。

本大队用椽子：

	1 等	2 等	3 等
杨	1.20	1.00	0.80
桦	1.00	0.80	0.60

外卖椽子：

	1 等	2 等	3 等
杨	1.50	1.20	1.00
桦	1.20	1.00	0.80

收木头每天工资 1.50 元，看木头：白天 1 人 1.00 元；夜贴班 1 人 0.30 元。砍木头人砍杂杆和大才(柴)类一律归公，如违者每天罚款 0.10 元。砍木

头时间：从2月9日开始。

(4) 如何搞药社的清点和承包?

祁凤元、王永从2月4日开始到2月10日完成。

(5) 82年的护林员和人参管理员,(道班修路怎么定人?)

护林看坡：王文清、梁树江两人。

人参看管：张文忠。

道班修路：李树林。

何时上班,由大队根据情况决定。

(6) 填写农业生产合同表什么时间完成?

2月10日前完成。

(7) 82年的大队副业定什么项目?

搞瓦窑。

(8) 大队管电组织怎么建?

组长：张明德;

副组长：祁凤元、张明海;

成员：

古方片：王永、王俊、高有、张玉林;

沟门片：崔玉海、王志文、王立新、穆奎喜;

苏寺片：祁凤元、杨海荣、六队长、穆凤忠。

(9) 夭子沟不给干沟通广播线路怎么办?

2月5日前由高德清负责完成。如实完不成,大队给九队雇人。

(10) 怎样抓清欠和分红?

在2月10日前完成。

(11) 梁明要求解决1口寿木是否行?

因看林坡多年,同意解决一口寿木。

(12) 罗军要买鸡蛋箱给4—4.50元是否卖?

同意卖。

另行用工：

2月9日—2月13日公社三干会

(1) 做豆腐：1队25(○)分;2队25(○)分(高庆枝、高祥、王良)。

姓　　名	天　　数	合　　分
高　有(√)	4	40
张玉林(√)	5	50
王　永(√)	5	50
王立新(√)	4	40
崔玉海(√)	5	50
杨海荣(√)	5	50
杜永科(√)	5	50
高洪举(√)	2	20
穆风忠(√)	5	50
薛廷甫(√)	5	50
高德清(√)	5	50
郜德文(√)	4	40
彭宪兰(√)	5	50
刘　良(√)	5	50
张明德(√)	5	50

(2) 送菜：10 队人驴工共 20(○)分(李桂江)。

唱戏用工：

(1) 1 月 28 日：杨海荣(√)、高德清(√)、王永(√)、刘良(√)、崔玉海(√)。

(2) 1 月 29 日：杜永科(○)、刘良(√)、王永(√)、杜水科(○)、驴工半个。

82 年 2 月 16 日

开林业检查汇报会

王永(√)、张明德(√)、崔玉海(√)、祁凤元(√)、刘良(√)、张玉林(√)、王立新(√)、杨海荣(√)、高洪举(√)、穆风忠(√)、薛廷甫(√)、高德清(√)、郜德文(√)。共 13 人。

(此工已从林业用工付款)

82 年 2 月 16 日 1 天

召开两委扩大会议

高有(√)、张玉林(√)、王永(√)、张明德(√)、王立新(√)、穆凤忠(○)、杨海荣(√)、高洪举(√)、薛廷甫(√)、刘艮(√)、高德清(√)、郃德文(√)。共12人。

(此工已从林业用工付款)

通过林业检查和汇报社员检举:

张宝斋家住,换挂面和花生;

李连春家住,用胶车买走杂杆;

彭正富家住,用杂杆换梨。

(1) 大队怎么成立林业落实处理领导小组:

组长:张明德;

副组长:王永;

成员:崔玉海、祁凤元、刘艮、穆凤忠、张玉林。

共7人。

(2) 需要外调的有被调人负担人员工资、伙食费、住宿费和旅差费等一切费用。

另行用工记工:

(1) 林业清理落实用工:

	3月11号(禾子沟)	3月12号(干沟)	3月13号(古方)	3月14号(沟门)	3月15号(苏寺)	3月16号(水沟)
张玉林	1	1	1	1	1	1
穆凤忠	1	1	1	1	1	1
王　永	1	1	1	1	1	1
张明德	1	1	1	1	×	×
刘　艮	1	1	1	1	1	1
祁凤元	×	×	×	×	1	1
高德清	1	×	×	×	×	×
郃德文	1	2	×	×	×	×
高　有	×	×	1	×	×	×
高德发	×	×	1	×	×	×
穆奎喜	×	×	×	1	×	×

续　表

	3月11号（禾子沟）	3月12号（干沟）	3月13号（古方）	3月14号（沟门）	3月15号（苏寺）	3月16号（水沟）
王立新	×	×	×	1	×	×
杨海荣	×	×	×	×	1	×
高洪举	×	×	×	×	1	×
韩志忠	×	×	×	×	1	×
薛廷甫	×	×	×	×	×	1

（此工已从林业用工付款）

（2）填写合同表和征购通知书：

3月9日：高有（√）、李桂存（√）、王立新（√）、薛廷甫（√）、穆奎喜（√）、杜永科（√）、张明德。共7人。

3月10日：杜万林（○）（糊顶棚）、穆凤忠（√）、刘艮（√）、张明德（√）、祁凤元（√）（····）、高德清（√）。共6人。

（3）大队打扫房屋：

彭正富（√）：3月7日1天，3月9日1天，3月10日1天。

马清合（○）：3月1日1天，2月1日1天，2月10日1天。

（4）大队糊顶棚用工：

杜万林（○）：3月11日和3月16日共2天；

高海清（○）：3月11日1天；

李汉洲（○）：3月16日1天。

（5）另行用工：

2月20号检查坡：

张玉林、王永、祁凤元、杨海荣、高洪举、穆凤忠、刘艮、郃德文。

张玉林	1
王　永	1
祁凤元	1
杨海荣	1
高洪举	5
穆凤忠	1

续 表

刘　良	1
郤德文	1

张玉林	王　永	祁凤元	杨海荣	高洪举	穆凤忠	刘　良	郤德文
1	1	1	1	5	1	1	1

(此工已从林业用工付款)

2月21号检查坡:

张玉林	1
王　永	1
王立新	1
祁凤元	1
杨海荣	1
穆凤忠	1
薛廷甫	1
高德清	1
刘　良	1
郤德文	1

(此工已从林业用工付款)

(6) 1月27日至29日:梁树江给唱戏烧水三天。

……

1月25日至31日:荣桂有给唱戏烧水二天。

……

2月27日:高德祥给唱戏烧水一天。

……

2月25日唱戏:高祥清、王进甫做豆腐三锅。

……

(此工已从林业用工付款)

(7) 在大队召开林业座谈会

82 年 4 月 1 日 1 天

张明德(√)、刘良(√)、郭占奎(○)、梁明(○)、韩志忠(○)、韩志品(○)、张天富(○)、高德仕(○)、张珍(○)。共 9 人。

(此工已从林业用工付款)

划“○”号的已从收装架杆 8 元中解决,所以不再记工开工资。

召开两委扩大会议

82 年 2 月 3 日 1 天

参加人员:

高有(√)、张玉林(√)、王立新(√)、王永(√)、张明德(√)、崔玉海(√)、祁凤元(√)、杨海荣(√)、高洪举(√)、彭宪兰(√)、穆凤忠(√)、薛廷甫(√)、刘良(√)、高德清(√)、郤德文(√)。共 15 人。

(此工已从林业用工付款)

讨论记录:

(1) 完成责任制合同的时间和征购通知书的时间及粮种定一下?

<table>
<tr><td colspan="3" rowspan="2">完成责任制合同
粮食通知书时间</td><td>1</td><td>2</td><td>3</td><td>4</td><td>5</td><td>6</td><td>7</td><td>8</td><td>9</td><td>10</td><td>合计</td></tr>
<tr><td>10 号</td><td>10 号</td><td>10 号</td><td>15 号</td><td>10 号</td><td>15 号</td><td>10 号</td><td>15 号</td><td>10 号</td><td>10 号</td><td>3 月的</td></tr>
<tr><td rowspan="9">粮食包购任务</td><td rowspan="3">其中</td><td>82—84
年总任务</td><td>5 400</td><td>4 400</td><td>7 900</td><td>8 500</td><td>1 750</td><td>200</td><td>1 000</td><td>200</td><td>450</td><td>200</td><td>30 000</td></tr>
<tr><td>包干基数</td><td>3 400</td><td>3 050</td><td>5 900</td><td>7 500</td><td>1 100</td><td>200</td><td>1 000</td><td>200</td><td>450</td><td>200</td><td>2 300</td></tr>
<tr><td>超购加价</td><td>2 000</td><td>1 350</td><td>2 000</td><td>1 000</td><td>650</td><td></td><td></td><td></td><td></td><td></td><td>70 000</td></tr>
<tr><td rowspan="6">分品种</td><td>黄合豆</td><td>270</td><td>200</td><td>400</td><td>430</td><td>100</td><td>100</td><td>100</td><td>100</td><td>200</td><td>100</td><td>2 000</td></tr>
<tr><td>杂　豆</td><td>380</td><td>310</td><td>550</td><td>600</td><td>100</td><td></td><td>60</td><td></td><td></td><td></td><td>2 000</td></tr>
<tr><td>谷　子</td><td>1 500</td><td>1 400</td><td>2 600</td><td>3 000</td><td>450</td><td>100</td><td>500</td><td>100</td><td>250</td><td>100</td><td>10 000</td></tr>
<tr><td>红　粮</td><td>1 100</td><td>900</td><td>1 600</td><td>1 700</td><td>450</td><td></td><td>250</td><td></td><td></td><td></td><td>6 000</td></tr>
<tr><td></td><td></td><td></td><td></td><td></td><td></td><td></td><td></td><td></td><td></td><td></td><td></td></tr>
<tr><td>其　它</td><td>2 150</td><td>1 590</td><td>2 750</td><td>2 770</td><td>650</td><td></td><td>90</td><td></td><td></td><td></td><td>10 000</td></tr>
</table>

同意这个安排。

(2) 学校勤工俭学没有土地怎么办?

把苇子沟林业队经营的地让学校种。

(3) 牲口价款和按亩摊的公益积金今年按户怎么收?

1. 牲口价款每季收一次分3、6、9、12月底交清。

2. 所欠的口粮款3月底交清。

3. 提取的公益积金和税金秋后一次交清。

(4) 通过林业清理,如何处理。

1. 生产队成立审查小组:

组长:1队:高有;2队:张玉林;3队:王立新;4队:穆奎喜;5队:杨海荣;6队:高洪举;7队:穆凤忠;8队:薛廷甫;9队:高德清;10队:郤德文。

成员:郭占奎、杜万林、罗有、王永、李正林、穆风明、王文清、包秀廷、高桂有、韩风明、梁进、韩志品、李付海、张明春、张天富、高洪朋、高德仕、高洪章、张珍、杨存秀。

2. 处理办法,如何处理和清查情况:

1) 到禁坡地代割柴火,柴火没收,不交柴火者每个交款0.30元,每株小树罚款0.10元。

2) 用柴火换实物,每个柴火交款0.25元。

3) 外来打柴火,柴火一律没收。拉走柴火由被住户,每个柴火交款0.30元。被住户一次,罚款5—10元。

4) 外卖羊叶每100斤价1.00元,交大队款。

5) 外卖柴火每个0.30元,交大队款。

6) 用杂杆换梨、花生、挂面、袜子和卖款,每个1.00元,款全部交大队。

7) 搭牲口棚、玉米架(指菜桦木而言),以质论价,把款交大队。砍小树,酌情而定。

8) 用车货:车辕(根)2.00元;起车辋子(块)0.40元;漫茬车辋(块)0.30元;轴(根)1.00元;付条(付)1.00元;车头(支)3.00元。

9) 偷砍各种木头自用(指少量而言),以质论价,不加处罚。

10) 偷砍各种木头自用(现在木头在家),根据质量作价交款,加罚交款数的百分之五。

11) 偷砍各种木头打算外卖(木头还在),根据质量作价交款,(木头不用可交木头),加罚百分之十。

12) 偷砍木头外卖,所卖之款全部交大队,加罚百分之十五。

13) 在2月14日清理前主动交待者,在以质论价时减百分之二十。

14) 被群众检举揭发出来的用前12种办法计价,根据情节罚款百分之五十到一百。

对检举揭发有功人员，被检举人计价总额，奖百分之三十到五十。

重点人，大队申诉要求按法律处理。

15）把款计算出来之后，第二天交清不加不减，五天内加百分之二十，十天内加百分之三十，一个月内加百分之五十。超过一个月的另行处理。

（5）电工安电表怎么记工交款？

用户每安一个交款 0.50 元，生产队长要款交大队，电工从大队领工资。

（6）什么算误工记工，咱大队怎么执行？

咱大队在 82 年当中，不论大小队干部一律实行误工记工，秋后根据工作情况加奖励款。

（7）文明礼月怎么安排？

学校除把学校整理好，负责全大队修路。

社员户由生产队长负责安排，联合起来清除户内和街道。

大队由彭宪兰、马清合、郝存山负责，清理大院的内外糊顶棚，整洗被褥等。

82 年 3 月 22 日 1 天

召开两委扩大会议

82 年 3 月 23 日 1 天

参加人员：

高　有(√)	2
王　永(√)	2
张明德(√)	2
王立新(√)	2
穆奎喜(√)	2
崔玉海(√)	1
祁凤元(√)	2
杨海荣(√)	2
穆凤忠(√)	2

续 表

高洪举(√)	2
刘　良(√)	2
高德清(√)	2
郤德文(√)	2
薛廷甫(√)	2

22号共14人。

23号共13人。

(此工已从林业用工付款)

讨论记录:

(1) 罗军说要用汽车捎来丰七一玉米籽1 000斤谁要?

	1	2	3	4	5	6	7	8	9	10	合计
自报	69	50	250	177	52	110	84	44	220	40	1 096
定给	60	50	180	170	50	110	80	40	220	40	1 000

同意这个定数。

(2) 义务植树人数、地点怎么定?

(男11—60岁;女11—55岁)

	1	2	3	4	5	6	7	8	9	10	
男	32	38	46	39	34	38	27	17	33	38	342
女	37	29	52	42	32	32	26	18	29	27	324
计	69	67	98	81	66	70	53	35	62	65	666

这个人数是按户口查下来的。

地点定沟门北河套。每人栽树5株。

死1株不罚,死2株每株罚款0.30元,死3株每株罚款0.40元,死4株每株罚款0.50元,死5株每株罚款0.60元。不栽者按县规定每株罚款0.50元。

栽树要求:每窝长、宽、深2尺,担土1挑,加1桶水。

大队剩余树苗:社员用每株作价3分;本公社每株作价5分;外公社每株

作价 0.10 元；偷大队树苗每株价 0.50 元。

(3) 文明礼貌月开展情况？

由王永、刘艮负责大队的办公室代销点写“一坚持，两不变，三兼顾，四热爱”，和三个一年，和大队的被褥整修问题。23 号早各队发动社员清除街道卫生。

(4) 当前几项工作时间如何安排？

1. 林业问题：

1) 把审查表代回重新审查；

2) 3 月 23 日收清查出来的木头送大队；

3) 把 2 月 14 号后违犯林业制度人找出来。

2. 抓致富：两委队长如何本人富，在代那一户的规划搞出来。

3. 责任制与端正党风：

1) 3 月 25 日前把合同表交大队；

2) 3 月 26 日前把种植计划报大队；

3) 3 月 26 日把确定的技术员报大队；

4) 81 年以来谁搞了投机倒把。

(5) 木材任务；瓦窑柴火；社员盖房用椽怎么分配？

劳动力人数：（减去长年不在家的）

1	2	3	4	5	6	7	8	9	10	计
28	22	29	27	21	23	14	10	22	26	222

	每个劳动力	要　　求
椽子	15 根	长 4 米杨椽 0 根、桦椽 10 根
夭柱	500 斤	菜桦木大柴类不计数
架杆	10 根	菜桦木
柴火	40 个	

砍后以质论价付款。

从 3 月 24 日开始到 3 月 31 日完成：

收验地点：六队场院；

验收人：王永；

看管人：梁进。

（6）生产队召开社员会议怎么办？

召集人按劳动力轮班。如不召集者每次扣款 5 角。如不到会者晚上扣款 0.10 元。

82 年 4 月 4 日召开社员大会

1	2	3	4	5	6	7	8	9	10	计
33	34	29	36	27	37	22	8	25	19	270

82 年 6 月 15 日开大会半天

1	2	3	4	5	6	7	8	9	10	计
29	34	33	37	30	44	22	10	26	19	284

82 年 3 月 29 日 1 天

召开两委扩大会议

参加人员：

高　有(√)	1
张玉林(√)	1
王永(√)	1
张明德(√)	1
王立新(√)	1
穆奎喜(√)	1
杨海荣(√)	1
高洪举(√)	1
彭宪兰(√)	1
穆凤忠(√)	1
薛廷甫(√)	1

续　表

刘　良(√)	1
高德清(√)	1
邵德文(√)	1

共 14 人。

(此工已从副业用工付款)

讨论记录:

(1) 各队的农业技术员都选了谁?

1	2	3	4	5	6	7	8	9	10
高　文	李桂存	王铁强	邵金瑞	高德秀	彭宪明	李树合	薛英明	高世军	范德军

(2) 换丰七一玉米籽如何计价?

3 月 31 日把粮单款交大队。

	1	2	3	4	5	6	7	8	9	10	合计
玉米籽斤	60	50	180	170	50	110	80	40	220	40	1 000
粮　标	120	100	360	340	100	220	160	80	440	80	2 000
合　款	20.70	17.25	62.10	58.65	17.25	37.95	27.60	13.80	75.90	13.80	345.00

(3) 关猪和牲口的管理怎么办?

从 4 月 1 日起把猪关起来,把牲口管起来有人放牧。

(4) 公社分配拉沙子 173 方怎么分配?

	1	2	3	4	5	6	7	8	9	10	合计
分地劳力	29	25	33	29	23	28	17	12	24	29	249
沙子方数	20	18	23	20	16	20	12	8	16	20	173

同意这个分配,4 月 10 日完成。

(5) 会计手续的接交,如何完成?

4 月 10 日前完成。

(6) 80 年以来谁搞过小商小贩?

郭占奎、张万国、高庆枝、郭文海、张文贵、张文德、高有、张文海。李桂生、李桂新、李连春。王铁成、张立新、张连军。王进甫、高祥涛、包秀廷、郝存仕、邵景瑞、李树林、穆奎喜。张玉海、张玉彬、韩风明。彭正富、彭正德。高德仲、高德仕、高照明、高德清、高德进、杜宪德、高洪海。杨存秀、郤德文、范成才。共42户。

(7) 4月1日召开林业问题贫下中农座谈会,谁参加?

1	2	3	4	5	6	7	8	9	10
郭占奎	罗　有	李正林	梁　明	韩　普	韩志品	李富海	张天富	高德仕	张　珍

3月30日讨论:

(1) 拉沙子就不去,每方给1元同意否?

同意。

(2) 社员盖房用椽都有谁?

1	2	3	4	5	6	7	8	9	10
	罗　瑞、高德发	冀文富、吴立祥、张文富、祁凤明	高祥涛		穆奎有、穆奎仕、彭正德	李富海	李富江、高洪如	高德进、高德清	郤德武、杨文国、范世明

82年4月

育苗用工

6日:

1队:郭占奎(○)人牛共3个、张万富(○)、张文德、郭文江(○)、高占(○)、高海清(○)。共工7个。

2队:王永(√)、高德成(○)高祥、李汉彬(○)、张清有(○)、马清富(○)、李桂龙(○)。共工6个。

3队:张明德(√)、穆树合(○)祁凤明、张文彬(○)、王铁成(○)、王铁强(○)。共工5个。

4队:王科(○)、高祥涛、(○)杨宝善(○)、王进瑞(○)、康永祥(○)。共工5个。

总共23个。

7 日：

1 队：高占(〇)、高海军(〇)、郭文江(〇)、张文有(〇)、高武(〇)高庆枝、张万富(〇)张文德。共工 6 个。

2 队：王永(√)、李汉彬(〇)、高德成(〇)高祥、李桂龙(〇)、张清有(〇)、高祥春(〇)高洪文、王良(〇)。共工 7 个。

3 队：张明德(√)。共工 1 个。

4 队：杨宝善(〇)。共工 1 个。

总共 15 个。

82 年 4 月 25 日半天

召开两委扩大会议

参加会议人员：

高有(√)、王永(〇)、张玉林(√)、张明德(〇)、王立新(√)、崔玉海(√)、穆奎喜√)、杨海荣(√)、高洪举(√)、穆凤忠(√)、薛廷甫(√)、刘良(〇)、高德清(√)、祁凤元(√)、彭宪兰(√)。共计 15 人。

(此工已从副业用工付款)

会议开始首先订正了人口数字。

然后研究：

(1) 公社分配我大队生猪 82 年派购 170 个怎么派?

1	2	3	4	5	6	7	8	9	10	合计
17	18	24	20	15	18	15	11	16	16	170

生猪派购填写通知书的时间，生产队本月 27 日交大队，月底大队报公社。

(2) 今年开办瓦窑的报酬怎么定?

1. 做瓦、提捅、扣砖(分等)泡泥、烧窑以去年定的工分，每个工分按 9 分计算，补助款以去年不变，不给补助粮，但每年给 0.20 元钱计算(指去年有补助粮人而言)；

2. 瓦窑用杂工，每 10 分以 0.60 元计算；

3. 看门代做饭，每天按 0.70 元计算；

4. 烧窑的窑匠，每窑 40 元，没有别的福利，装看不记工(红窑减半)；

5. 装出窑采取包工定款的办法。

今天初步定，要公布于众，通过公布报酬，采取自己报名，下次会议定人员。

(3) 把卖鸡蛋箱因板变形价为每个3.00元卖给罗车铺大队的赵明刚，看有什么意见?

没有意见。

(4) 咱大队又买四套龙套每件50.00元，又买一身女靠价为70元，共计5身合270元，看有什么意见?

没有意见。

(5) 人参场要人，要下土上帘人员怎么要?

2、3、4队每队1人，活完算止。

82年5月8日、82年5月9日两天

召开两委扩大会议

参加人员:

高　有(√)	2
张玉林(√)	2
王　永(√)	2
张明德(√)	2
王立新(√)	2
崔玉海(√)	2
穆奎喜(√)	2
杨海荣(√)	2
高洪举(√)	2
穆凤忠(√)	2
薛廷甫(√)	2
刘　艮(√)	2
高德清(√)	2
郤德文(√)	2

共14人。

(此工已从副业用工付款)

讨论记录：

(1) 大队的打反小组怎么成立？

组长：张明德；

副组长：王永；

成员：祁凤元、崔玉海、刘艮。

共 5 人组成。

(2) 计划生育领导小组：

组长：张明德；

副组长：王永；

成员：刘艮、彭宪兰、郝存山。

共 5 人组成。

通过户口把育龄妇女查出(45 周岁内的共计 152 人，其中已手术的 26 人)。

规划外：2 胎的(80 年 6 月 1 日以后)19；3 胎的(79 年 9 月 1 日以后)17。

83 年度安排生育的共 15 人。

(3) 根据民政会议精神，审查一下无亲属而丧失劳动能力的户和人，看怎么办？

经查户口有：

高庆成	刘富生	刘韩氏	李文彬	董桂香(○)	张文志	高祥廷(○)	李清林
67	75	59	73	75	61	66	63

(4) 财务检查和生产队会计手续怎么交，如何安排？

各生产队在 5 月 15 日前弄清，凡社员欠的款由会计代(带)上账到大队通过审查，确定还款期限，除还部分造移交数交到大队。

(5) 公社让给伙房送柴火，怎么安排？

9 队 30 个，10 队 30 个，共 60 个，在 5 月 15 日前送清。

凡给公社送柴火，开给义务工票，每 15 个柴火大队开给牛工 1 个人工半个。

(6) 对牛驴羊马猪狗怎么管理？

明天一定管起来。牛放起来，驴骡马拉起来，猪关起来，狗拴起来。如违者罚款：

每赶一次驴骡马,每头 2.00 元;

每赶一次牛,每头 1.50 元;

每赶一次猪,每头 1.00 元;

狗不拴每检查一次,每头 3.00 元。

大队和生产队长要款。

有狗的户:

张万国 1;李汉洲 1;杜万林 1;罗成 1;王铁成 1;郭占熬 1;张文德 1;昝元 1;张文有 1;张玉林 1;李桂存 1;李桂生 1;罗会 1;马明 1;高祥 1;高洪文 1;张文科 2;王铁军 1;王铁强(○)1;冀文富 1;崔玉海(○)1;张树生 1;张文生 1;高洪武 1;张文祥(○)1;李树林 1;李世海 1;高富 1;杨宝山 1;邵金瑞 1;韩桂军 1;高桂有 1;杨宝喜 1;张桂元 1;韩志文 1;韩风明 1;穆风海 1;杨存瑞 1;田秀文 1;韩志品 1;高洪志 1;李富海 1;荣桂有 1;张艮 1;张明春(○)1;张明瑞 1;李风成 1;李富合 1;高德明 1;崔文彬 1;吕桂武(○)1;杨文国 1;品桂军 1;李树清 1;张珍 1;彭正富 1。共 50 人。

(7) 咱大队的公路养护原定李树林养护,现在有人提议让学校承包怎么办?

经会议和张明海商定:

公社公路段包给学校。

82 年度给 150 元。

质量要求:5 月底以前全部路面铺一次,三米宽一寸厚;6 月份在路旁堆好料,10 月份再铺一次,质量同上。

沟门学校从古方到水沟捡石头全年给 30 元;

干沟学校从干沟到苏寺捡石头全年给 20 元。

将李树林调到林业队去。

(8) 就砍木头的工资怎么付社员?

	1 等	2 等	3 等
杨椽	0.25	0.20	0.10
桦椽	0.35	0.30	0.25
架杆	0.35	0.30	
杨檩	1.50	1.00	0.80

续　表

	1　　等	2　　等	3　　等
桦檩	2.00	1.50	1.00
菜檩	3.00	2.50	2.00
坑木	每斤 1 分		
杂　杆	6 尺	7 尺	
菜桦木	0.15	0.20	
杏黄榆木	0.20	0.25	

(9) 义务植树的落实情况：

	1	2	3	4	5	6	7	8	9	10	计
应栽人数	69	67	98	81	66	70	53	35	62	65	666
应栽树	345	335	490	405	330	350	265	175	310	325	3 330
实栽树	330	335	450	405	330	350	230	175	300	325	3 230

未栽户：

1 队：张万国 15；

3 队：张连军 5、张海江 5、张海祥 10、郜桂军 5、张连荣 10、李仲梅 5；

7 队：张良 5、张明海 30；

9 队：高洪合 10；

100。

5 月 15 日前先生产队长查清，以后大队统一安排查。

(10) 根据社员报名参加瓦窑做活的，应怎么定人员：

做瓦：罗有、张文明、高德清；

提桶：王立新、张玉祥、王海江；

扣砖：包秀廷、田秀德；

泡泥：马朋、穆凤明、李海林、彭宪武、刘彬；

看窑：高德仕；

烧窑：郭占熬、张文有、张玉海、郜文海。

装、出窑定款是：

按质量而言：	好	中	差
装窑：	50.00	40.00	35.00
出窑：	80.00	70.00	60.00

柴火价：

	1　等	2　等	3　等
干　柴：	0.25	0.20	0.20
青　叶：	0.25	0.20	0.15
标准斤：	50	40	30
干　草：	2分（每斤）		

总负责人的工资多少？

每天1.50元，张明德、王永。

彭正富做饭、看门、管杂工之事，每天定工资多少？

1.00元。

上场时间：5月11日

(11) 民办教员的工资怎么定？

1—5月每人预发工资50.00元，以后再定。

(12) 彭正富管瓦窑工资怎么定？

从1月1日到5月10日，不扣欠工，共计130天，每天0.35元，给款45.50元。

(13) 木树合后地看树怎么定报酬？今后怎么安排？

木树合从1月1日到4月30日，共120天，每天0.35元，付工资42.00元。5月1日到10日，这10天给开义务工7个。从5月11日起看好树，育好苗，种好地，到10月31日止）（欠工扣工，找人顶工），每天付工资0.50元，否则照减工资。

根据会议提名：决定梁明管理。

(14) 李桂存领罗车铺韩友买柳树，行否？

树少，不外卖。

(15) 公社分配50尺生产用布怎么使？

大队开瓦窑用。

(16) 社直干部要求柴火怎么安排？

干沟 500 个，水沟 240 个，顶瓦窑派的柴火。

每个柴火大队付生产队 0.25 元，大队卖 0.30 元。

(17) 包玉国再三要求买 100 根椽，怎么生产？

大龙王堂鲁胜杂杆 300 套，木材站小于杂杆 200 套，怎么生产？

每生产队椽子 1 车。6、7 尺椽每队 50 套。

在 5 月 12 日前完成。

(18) 学校前排房六间是否卖？

经各生产队社员讨论，同意卖。

穆奎喜从西数 4 间，价 900.00 元，现交 500 元，年底交 400 元。

东头两间，价 430.00 元，谁要给谁。

82 年 5 月 11 日上午

召开副业瓦窑会议

参加人员：

郭文江(√)、张文有(√)、罗有(√)、马朋(√)、张明德(○)、王立新(√)、张文明(√)、包秀廷(√)、王海江(√)、张玉海(√)、张玉祥(√)、田秀德(√)、高德清(√)、郤文海(√)、李汉军(√)、彭宪武(√)、彭正富(○)、刘彬(√)、高德仕(√)。共 19 人。

(此工已从瓦窑用工付款)

大家发表意见是：

1. 装窑应为 60 元，出窑应 70 元。

2. 担水每月 3.00 元，每天 0.10 元，包给张文有。

3. 泡泥人每人给 4 元(自己解决筐、扁担、镐头、铁铲)。

4. 过泥铁铲提桶代。

另行用工：

(1) 3 月 15 日大队搬库房：

李汉洲(○)、张文有(○)、马清富(○)。共 3 人。

(2) 3 月 31 日给大队整修电话线路有：

3 队：木树合(○)、赵文祥(○)、李志彬(○)。共 3 人。

4 队：高洪武(○)、高洪运(○)、王进瑞(○)。共 3 人。

(3) 包献文(○)和牲口去三道河买大米 1 天。

(4) 打节木头用工付款人：

1. 高有(80)、李汉洲(40)、高文(15) 、高占(40)、杜清山(35)、张万江(40)。共5人。

2. 张玉林(80)、罗瑞(40)、罗会(40)、李连春(45)、李桂彬(45)、马清富(40)、高德军(40)。共7人。

3. 郤桂合(45)、郤桂海(45)、祁守合(40)、祁守相(40)、李正林(45)、杨宝善(40)。共6人。

4.

5. 杨海荣(90)、杜永科(45)、张玉彬(45)、董成瑞(40)、高德秀(45)、高德江(45)、张富(45)。共7人。

6. 高洪举(80)、高德祥(40)、穆奎亮(40)。共3人。

7. 穆凤忠(80)、李风成(40)、李风武(40)、李富海(40)。共4人。

8. 薛廷甫(90)。共1人。

9. 刘良(100)、张明德(100)、王永(100)。共3人。

10. 郤德文(60)。共1人。

(5) 梁树江看林82年2月17日上班的:

月份	2月	3月	4月	5月	合计	合工分
出勤	11	31	22.5	90	74.5	661
欠工	1	×	75	6	14.5	

经和梁树江商定给款33.00元。

(6) 5月26日刨垅葱地用高洪军(○)、高世军(○)各1天。

(7) 5月27日彭宪明(○)人骡往罗车铺送电影半天。

(8) 6月12日李风龙(○)去水沟找薛风桐(○)人工半个。

(9) 6月15日李风成(○)去水沟找开大会人工半个。

(10) 搞林业普查用工有穆凤忠(○)、梁树江(○)各1天。

(11) 张文生(○)给李荣种地1天。

(12) 学校挑水渠:

王　科(○)	王海江(○)	王进瑞(○)	高洪运(○)	包宪文(○)	邵金瑞(○)	张文生(○)	木海成(○)	彭宪军(○)	郝存仕(○)	王铁强(○)
2	2	2	2	O.5	1	1	1	1	1	1

共14.5个。

82 年 6 月

召开两委扩大会议

	15 日上午开大会下午扩大会	16 日上午检查地狗下午计划生育	17 日上午计划生育下午人口普查	18 日分类	19 日分类	20 日分类
张明德(√)	0.5(√)	1(√)	1(√)	计划生育 1 天(√)	付款	付款
王　永(√)	0.5(√)	1(√)	1(√)	户口普查 1 天(√)	付款	付款
刘　良(√)	0.5(√)	1(√)	1(√)	户口普查 1 天(√)	付款	付款
祁凤元(√)	×	1(√)	1(√)	公社开会 1 天(√)	正电杆括灯 1 天(√)	×
崔玉海(√)	0.5(√)	胡庆山来 0.5(√)	1(√)	烧水 1(√)	烧水 1(√)	烧水 1(√)
高　有(√)	0.5(√)	1(√)	1(√)	做饭 1(√)	做饭 1(√)	做饭 1(√)
张玉林(√)	0.5(√)	1(√)	1(√)	做豆腐 1(√)	做豆腐 1(√)	做豆腐 1(√)
王立新(√)	0.5(√)	1(√)	1(√)	做饭 1(√)	做饭 1(√)	做饭 1(√)
穆奎喜(√)	0.5(√)	1(√)	1(√)	唱戏 1(√)	唱戏 1(√)	唱戏 1(√)
杨海荣(√)	0.5(√)	1(√)	1(√)	烧水 1(√)	烧水 1(√)	烧水 1(√)
高洪举(√)	0.5(√)	1(√)	1(√)	做豆腐 1(√)	做豆腐 1(√)	做豆腐 1(√)
穆凤忠(√)	0.5(√)	1(√)	1(√)	做饭 1(√)	做饭 1(√)	做饭 1(√)
薛廷甫(√)	0.5(√)	1(√)	1(√)	做饭 1(√)	做饭 1(√)	做饭 1(√)
高德清(√)	0.5(√)	1(√)	1(√)	搞计划生育表 1(√)	做饭 1(√)	做饭 1(√)
郤德文(√)	0.5(√)	1(√)	1(√)	做饭 1(√)	做饭 1(√)	做饭 1(√)
合　计	14 人	15 人	15 人	15 人	15 人	14 人

82 年 6 月 20 笔记

生产队处理

1 队：(1) 卖瓦 9 000 块，款 270.00 元；

(2) 旱棚拆掉8间,木头分掉未作价。

2队：卖掉旱棚9间,瓦钱310.00元,木头钱200.00元,共510多元；现有400元,有100来元没给。

3队：旧羊圈房2间,价70.00元,(现存款)。

5队：队房7间,价2 310.00元,款已存入信用社。

9队：卖队房8间,价1 330元,已给650元用于安电灯,尚有650元未给。

10队：3间库房,价230元,款还没给。

在15日召开的扩大会议上研究讨论：

(1) 到禁坡地打柴火,至今还有一部分户没给怎么办?

6月25日以前交清。26号以后每个扣款0.50元。

(2) 公社分配咱大队雨季造林300亩;补栽300亩;自留山划分1 000亩(50年不变);油松育苗1亩,怎么办?

由王永负责大队统一搞,用人出义务工。

(3) 卖砖瓦原定本大队排号,本大队优先,现在仍有人不交款怎么办?

取消原来的排号和本大队的优先。现在决定不分本大队外大队,谁先交款给谁开票,一分钱不赊。

(4) 现在有的买砖瓦、木头还没有交款怎么办?

限五天内交清,否则适当提价。

(5) 联防会议怎么安排?

由大队具体安排。

(6) 唱戏问题怎么安排?

大队马上安排。由王永具体负责抓生活。

(7) 社员欠的牲口价款、口粮款怎么回收?

各队长负责,月底收清。

(8) 除副业搞瓦窑之外,搞柄把是否搞?

发动社员报名,下次会议具体研究。

(9) 这几窑装出窑有部分女的,不好管理怎么办?

今后装出窑一律不用女的。

(10) 学了县委县政府有关计划生育的若干规定,和公社计划生育若干规定,咱大队怎么搞?

按上级规定落实。

大队用工：

(1) 培电杆：罗瑞(○)、张万江(○)，每人半天。

(2) 去水沟找薛廷甫开会 7 月 2 日穆凤忠(○)半天。

(3) 7 月 6 日在瓦房沟召开的公社片会：(1 天)

王永(√)、刘良(√)、彭宪兰(√)、张玉林(√)、杨海荣(√)、高洪举(√)。共 6 人。

(4) 7 月 5 日彭宪明(○)往瓦房沟送电影人、驴工各半个。

(5) 7 月 8 日大队开会：(中心解决化肥计划生育)

高有(√)、王永(√)、杨海荣(√)、高洪举(√)、穆凤忠(√)、薛廷甫(√)、刘良(√)、郤德文(√)。共 8 人(半天)。

(6) 4 月 4 日在后地分栽树地点：(上半天开大会，下半天分坑)

张明德(√)、王永(√)、刘良(√)、崔玉海(√)、彭宪兰(√)、高有(√)、张玉林(√)、王立新(√)、穆奎喜(√)、杨海荣(√)、高洪举(√)、穆凤忠(√)、薛廷甫(√)、高德清(√)、郤德文(√)。共 15 人。

附论：

在 7 月 18 日化肥任务的调整为：

1	2	3	4	5	6	7	8	9	10	计
300	300	400	400	300	300	200	200	300	300	3 000

通知给：张万国、王永、王立新、穆奎喜、杨海荣、穆凤忠、李富合、刘良、郤德文。

会计搞财务用工：

8 月 5 日

杜万林(○)、李桂存(○)、郤桂合(○)、王进甫(○)、杜永科(○)、高洪举(○)、张明瑞(○)、薛廷甫(○)、高德清(○)、崔玉海(○)。

每人半天。

8 月 6 日上午计划生育妇女会

	1	2	3	4	5	6	7	8	9	10	计
人数	9	8	16	14	14	10	6	4	9	8	98
工分	45	40	80	70	70	50	30	20	45	40	490

82 年 7 月 2 日上午半天

召开扩大会

参加人员：

高有(√)、张玉林(√)、王永(√)、张明德(√)、王立新(√)、穆奎喜(√)祁凤元(√)、杨海荣(√)、穆凤忠(√)、薛廷甫(√)、刘良(√)、高德清(√)、郤德文(√)。共 13 人。

会议学习了县政府“调解委员会的调查报告”“地名命名更名”“农村房屋建设工作会议纪要”的文件和武书记写的公社检查工作内容的七个问题，具体安排是：

(1) 超历史的几项指标问题：

	粮食	油料	育苗	造林	大牲口	猪	羊	人均收入	总收入
79 年指标	610 369	4 050	1	45	261	382	1 377	54. 30	93 910
82 年 6 月底实有			3	330	321	302	1 559		
82 年预计	63 万斤	8 000 斤						70. 00	11 万元

实有母猪：

实有母猪	1	2	3	4	5	6	7	8	9	10	计
	8	5	2	5	4	4	3	7	12	10	60

82 年的产量预计：

	亩　数	亩　产	总　产
谷子	641	300	192 300
玉米	558	500	279 000
高粱	87	350	30 450
山药	143	400	57 200
	63	200	12 600
豆子	51	100	5 100
其它	17	100	1 700
社员开荒			
共计			630 000 斤
油共计	38		8 000

(2) 育苗、整地怎么安排人？

王永掌握。

3号由8队出4人搞油松育苗；

4号由10队出10人搞油移栽整地；

5号由9队出10人搞移栽整地。

(3) 计划生育超生子女费怎么收？

1. 在7月15日前一次交清的(6月底以前应交数)仍减百分之二十。

2. 凡是在7月底以前做绝育手术的(不分二、三胎)免收7月底以前的超生子女费。

82年7月15日上午半天

召开两委扩大会议

参加人员：

高有(√)、张玉林(√)、王永(√)、张明德(√)、王立新(√)、杨海荣(√)、高洪举(√)、穆凤忠(√)、薛廷甫(√)、刘良(√)、高德清(√)、郤德文(√)。共12人。

中心解决化肥和计划生育问题

讨论记录：

(1) 公社分配化肥15.3吨怎么分？款怎么解决？

1	2	3	4	5	6	7	8	9	10	计
2 900	3 300	3 900	4 000	2 700	3 000	2 500	2 000	2 900	3 400	30 600
队存款解决	贷款	队存款解决	队存款解决	队存款解决	贷款	队存款解决	队存款解决	队存款解决	队存款解决	

同意这个安排。

(2) 计划生育工作怎么办？

1. 7月20号前交超生子女费的免20%，21号以后不免。

2. 7月18日上午召开现有1孩的育龄妇女会议，如果有不到会的，每人罚款1.00元。

3. 7月18日下午召开超生子女的男方会议，(男人不在女人来)，如果不到会，罚款3.00元。

4. 7 月 18 日上午和下午两个会议，如果队长通知不到，所罚之款由队长拿，秋后从队长奖励款中扣。

5. 大队成立“计划生育征收评价小组”：

组长：王永；

副组长：彭宪兰、郝存山；

成员：张明德、刘良和十个生产队长。

共 15 人组成。

82 年 7 月 20 日下午半天

召开队长副业会议

参加人员：

张明德（√）、王立新（√）、杨海荣（√）、薛廷甫（√）、穆凤忠（√）、高德清（√）、郤德文（√）。共 7 人。

（此工已从副业用款解决）

中心研究瓦窑柴火问题

讨论记录：

(1) 明天要点火，柴火没有怎么办？

会议研究分配是：

		1	2	3	4	5	6	7	8	9	10	计
总个数		200	150	200	100	200	200	120	100	200	200	1 670
定交日期个数	21	60	50	60	30	60	60	40	30	60	60	510
	22	70	50	70	30	70	70	40	40	70	70	580
	23	70	50	70	40	70	70	40	30	70	70	580

就按这个执行。如果不交，大队按每个柴火 0.30 元扣生产队款。

82 年 7 月 26 日 1 天

召开两委扩大会议

参加人员：

高有（√）、张玉林（√）、王永（√）、张明德（√）、王立新（√）、崔玉海（√）、穆奎喜（√）、祁凤元、杨海荣（√）、高洪举（√）、穆凤忠（√）、薛廷甫（√）、刘良

(√)、高德清(√)、郃德文(√)。共 15 人。

(此工已从副业付款)

会议开始学习了张家口日报 7 月 19 日头版地委的决定“两不变”。由张文富传达了公社 7 月 24 日就造林,计划生育紧急会议精神。张明德提出公社分给的任务等。刘良公布了“小账的收支情况”。王永公布了“木材生产与出售的情况”下午讨论记录是:

(1) 造林工作如何安排?

1. 春季的义务植树如何计算工?

以每 10 株为 1 个义务工计算。

2. 公社分配造林整地 450 亩,具体地点怎么定?

古方大南坝:100 亩;

沟门南造坡:100 亩;

苏寺南造坡:100 亩;

苏寺南沟小造坡:100 亩;

苏寺南埌:50 亩。

共计 450 亩。

3. 如何搞法?

各队实有(在家的)16—60 岁的男劳力:

	1	2	3	4	5	6	7	8	9	10	计
	23	21	25	24	20	21	13	9	17	21	194
个劳力 2.5 亩合	57.5	52.5	62.5	60	50	52.5	32.5	22.5	42.5	52.5	484
	110		122.5		102.5		97.5			52.5	
	古方大南坝		沟门南造坡		苏寺南造坡		苏寺南沟小造坡			苏寺南埌	

质量要求(坑):长 2 尺,宽 1.5 尺,深 1.2 尺,回填土 1 尺。

代工负责人:各生产队长。

总验收负责人:王永、崔玉海。

报酬:刨坑每工 83 个,挖坑用 5 天时间,共挖坑 415 个。栽树 415 株给二个工。自己刨油松苗。

奖罚制度:达到标准要求全部完成数量者,除给 7 个工外,奖款 1.00 元。

否则给工1半(即3.5个工),罚款1.00元。

时间:7月27日开始到8月5日完成。

嫩枝压条怎么搞?

由王永、崔玉海负责和生产队要人,记义务工。

(2) 计划生育18日开会怎么给工?就7月18日上、下午会议的情况已经汇报,公社会议精神已经传达,咱们下步怎么办?

18日上、下午开会,以开大会的工给。

		1	2	3	4	5	6	7	8	9	10	计
7月18日上午	人数	2	2	5	4	3	3	1			4	24
	合分	10	10	25	20	15	15	5			20	120
7月18日下午	人数	3	1	5	7	2	4	2	3	5	3	35
	合分	15	5	25	35	10	20	10	15	25	15	175

经过分析没有遇到丁(钉)子户和人。下步是按公社安排继续摸清大肚和怀孕时间。进一步开展思想发动。

(3) 瓦窑问题怎么定?

按现存的坯子计算,做到三窑就停场。

为了保证现烧的第四窑成功,现在决定:按人口计算每人半个春季打的青叶的干柴火,(向社员来个动员),计算办法半个往上折成个。每个柴火仍按前定的价格付款。明天全部交到瓦窑。

春季欠林业上的柴火一律要春季打的干的,如不交,高价花钱买,由欠柴火人拿款。

(4) 农业上有几个问题?

1. 被冲的地和沙压的对承包户怎么办?

今年河冲的、沙压的损失,生产队一律不做解决。

对河冲地数量较多,明年又没有土地耕种,待秋后根据实际情况经生产队全体社员讨论,逐级研究解决。

2. 现在需要挡坝动工的怎么办?

以生产队组织动工,秋后按今年分地人劳平摊。

3. 当前危害农作物管理的问题是什么?

猪、狗、拉放和觅毛驴、放牲口的。

怎么办？

1）管猪实行推牌子。由队长负责，以片联搞。每口猪出来一次，罚款 1.00 元，推给下户不拿款，不往外推必须拿钱。

2）明天上午给有狗的户开会，如不到会每户罚款 2.00 元。来开会不给记工。会议之后必须白天黑夜拴住。如果检查不拴，每次罚款 3.00 元。如果不拴大队有权决定将狗打死，狗主不打，由狗主拿 5.00 元由大队给雇人。

3）对拉牲、觅毛驴和放牲口的，由队长负责教育。如违犯制度造成损失，必须赔偿。

（5）社员闹纠纷要求解决，用工问题怎么办？

该解决的必须达到要求，凡用生产队，大队 1 个人日工资 2.00 元，当日兑现，不准赊欠。

如果几家的纠纷，由缺理户拿钱。如果需要解决到公社，由双方拿钱。

（6）沟门—古方、夭子沟—干沟的广播线路不通怎么办？

由祁凤元负责，让原负责段的队出工，购料拿钱。缺杆大队批砍菜木一种，大队不计算钱。

（7）咱大队是否买扩大机和戏装的对黄披？

同意买。

（8）就大的讲，沙城、河间欠的款是否派人去要？

应该派人去要。

决定让张明德、穆奎喜、张立新三个人去。

如果公社不让张明德去，可让王永和祁凤元两人中抽一人跟去。连买扩大机和对黄披等。

去年已定外出补助，去年是挣工分，今年不挣分怎么定工资？

本县日工资定 1.00 元，外县定 1.50 元，补助还按去年定的给，遇到特殊情况另行研究。

82 年 5 月 5 日至 9 日

沟门学校修渠和瓦房用工

李志彬（〇）1；李玉江（〇）2；祁守合（〇）3；张军（〇）1.5；张连合（〇）1.5；郃桂海（〇）1；木树合（〇）1；王立新（〇）0.5；张文明（〇）1；冀秀军（〇）3；高洪运（〇）1；包宪文（〇）1；王进瑞（〇）1；邵金瑞（〇）1；康登库（〇）2.5；

杨宝善（〇）2.5；杨宝山（〇）2；木海成（〇）1.5；高玉国（〇）0.5。共 28.

5个。

在后地育苗用工

(王永负责的)

4月15日：

(1) 高海清(○)、郭文军(○)、张万桂(○)、高占(○)。共4人。

(2) 高德成(○)、张清彬(○)。共2人。

4月16日：

(1) 高文(○)、张万兴(○)、张万富(○)、李汉洲(○)、高海清(○)。共5人。

(2) 马清富、李汉彬、高德生。共3人。

(3) 郤桂海(○)、李志彬(○)、李海林(○)、吴国瑞(○)、穆凤明(○)。共5人。

(4) 张文生(○)、邵金瑞(○)、王海江(○)、康登秀(○)、高富(○)。共5人。

4月17日：

(1) 李汉洲(○)、张万江(○)。共2人。

(2) 李桂兴(○)、李汉彬(○)、高德生(○)。共3人。

(3) 张文彬(○)、冀秀军(○)、李正林(○)、穆凤明(○)、赵文祥(○)半天、张文科(○)牛工半天、赵文祥(○)牛工半天。共5.5人。

(4) 王进瑞(○)、康登秀(○)、康登彬(○)、王科(○)、高洪运(○)、张文生(○)。共6人。

在后地育苗

(崔玉海负责的)

7月29日：

(1) 高海军(○)、昝树明(○)。共2人。

(2) 杜桂山(○)、罗瑞(○)。共2人。

(3) 冀秀军(○)半天、张文彬(○)半天。共1人。

(4) 崔玉海(○)、高富(○)。共2人。

7月30日：

(1) 高海军(○)、李汉阳(○)。共2人。

(2) 杜桂山(○)。共1人。

(3) 冀秀军(○)、吴国瑞(○)、李玉江(○)。共3人。

（4）崔玉海（○）、高富（○）。共 2 人。

8 月 2 日：

（1）祁凤明（○）、穆树合（○）。共 2 人。

（2）李世海（○）、崔玉海（○）半天。共 1.5 人。

82 年 8 月 4 日 1 天

召开两委扩大会议

参加人员：

张明德（√）、王永（√）、祁凤元（√）、崔玉海（√）、刘良（√）、彭宪兰（√）、高有（√）、张玉林（√）、王立新（√）、穆奎喜（√）、杨海荣（√）、高洪举（√）、穆凤忠（√）、薛廷甫（√）、高德清（√）、邵德文（√）。共 16 人。

（此工已从副业用工付款）

张立新也参加了。

上午各队长搞造林用工表和 8 月份之前召开会议的次数情况，大队公布了瓦窑青叶柴火和干柴火工作的情况，大队就前段从大队到生产队的工作小结等。

下午讨论记录：

（1）造林的完成情况：

队别	1	2	3	4	5	6	7	8	9	10	计
完成亩	55	50	60	51	50	55	33	23	43	40	460
株数	9 000	8 500	10 000	8 500	8 500	9 200	5 600	4 000	7 500	7 000	77 800
其中大队统一栽的	3 500	4 200	1 700		2 200				1 000		12 600
地点	古方大南坝里头	古方大南坝外头	沟门南造坡	沟门南造坡	苏寺大造坡	苏寺大造坡	小南沟东西坡南沟的东坡	苏寺小造坡东埌	苏寺小造坡正面	五方沟西坡南埌	

怎么管理？

1. 凡培育油松的地带：张户沟至沟门南造坡；古方的大南坝。一律封山。杜绝打柴。如违者，打 1 个柴火，罚款 1.00 元。

2. 禁止放牧：如违者，不论牛、羊群每去1次，罚款10.00元。按牲口头再罚：羊每只1次1角；牛驴骡马，每头(匹)每次1.00元。

每破坏1株树，再罚1.00元。

(2) 防汛小组怎么成立?

提到大队党支部，管委会的重要议事日程。

防汛小组：

组长：崔玉海；

副组长：祁凤元；

成员：十个生产队长、刘艮。

共13人组成。

(3) 护秋小组和护秋公约怎么定?

组长：王永；

副组长：祁凤元、崔玉海；

成员：刘艮、彭宪兰、十个队长。

共15人组成。

护秋公约：

	山药	1个玉米	1个谷穗	1个高粱穗	1斤瓜	1斤萝卜	1斤豆角	1斤白菜	1斤茄子	1斤葱	1根玉米杆	1个葵花头
单位	窝	个	个	个	斤	斤	斤	斤	斤	斤	根	个
罚	5斤山药或1斤小米	1斤	半斤	半斤	0.20元	5斤萝卜	0.30元	0.20元	0.30元	0.20元	1斤玉米再加0.30元	1.00元

(4) 财务整顿怎么搞?

明天集中旧的生产队会计填表。

82年5月5日下午半天

召开两委扩大会议

参加人员：

张明德(√)、王永(√)、崔玉海(√)、刘艮(√)、彭宪兰(√)、祁凤元(√)、郝存山(√)、高有(√)、张玉林(√)、王立新(√)、杨海荣(√)、高洪举(√)、穆凤忠(√)、薛廷甫(√)、高德清(√)、郤德文(√)。共 16 人。

(此工已从计划生育用工处理)

会议中心是计划生育问题。公社李林彩、闫光明参加。

(1) 具体安排是:

手术室:大队客室。

负责手术室整理的:郝存山。

做饭人:杜永科。

负责生活安排的:张明德、王永。

吃什么:买白面,尽量往好调剂。

手术后住房:5、6、7 三个队每队三盘炕。

手术队工作人员住房:彭正德、李富海、董成瑞落实。

去接手术队的胶车:5、6、7 队每个队 1 辆。

(2) 副食价格怎么做?

鸡蛋每斤:1.00 元;

豆角每斤:0.10 元;

黄瓜每斤:0.08 元;

山药每斤:0.07 元;

麻油每斤:1.40 元。

具体各队领:

	1	2	3	4	5	6	7	8	9	10	计
豆角	20	20	20		15	15		15	15	20	140
黄瓜	10	10	10								30
山药							50				50
鸡蛋					5		5		15	5	30

(3) 这次电影怎么演?

古方有大河,苏寺以里有水路难行,这次停演。

82 年 8 月 7 日上午半天

召开两委扩大会议

参加人员:

张明德（√）、王永（√）、崔玉海（√）、刘艮（√）、彭宪兰（√）、高有（√）、张玉林（√）、王立新（√）、杨海荣（√）、高洪举（√）、穆凤忠（√）、薛廷甫（√）、高德清（√）、郜德文（√）。共14人。

（此工已从计划生育拿）

中心问题是计划生育问题：

研究问题：

（1）就手术问题如何给营养费？

	结扎手术	引产刨复	白面	干部工资	工资分配
公社决定	10.00元	30.00元	3斤		
大队定	5.00元	20.00元	5斤	0.50	0.50
共计给	15.00元	50.00元	8斤		

计划生育专记

82年8月14日

全大队育龄妇女153人。

1. 这次运动开始前已手术26人。

2. 8月6日检查没怀的49人。

3. 8月6日检查已怀的5人。（祁凤元、张文生、高文、祁守相、田秀文）

4. 准生的15人。

5. 8月8日检查没怀的6人。

6. 8月8日检查已怀的1人。（田风枝）

7. 8月9日检查已怀的1人。（杨宝山女人）

8. 自报有小孩的6人。（王铁刚、张文有、高德发、韩桂军、郜文海、李风龙）

9. 受罚超生子女费的38人。（王艮、穆奎喜、高洪海已怀）

10. 8月13日检查没怀的2人。（康秀花、王金娥）

11. 待检查的5人。（陈瑞芬、张文枝、梁爱琴、郜玉花、李桂娥）

处理情况

区队

实做女结扎25人。

引产1人。

（1）超生子女受罚的：

原有38人：

1. 已手术25人；

2. 交县处理的1人；（罗军）

3. 外地检查和取怀孕的4人；（郤桂林（已手术）、穆奎喜（已手术）、高德品、高洪海（已手术））

4. 交款的8人。

其中：

郤德文	160.00元
高洪武	160.00元
张文彬	160.00元
刘　军	160.00元
杜宪德	160.00元
高德进	160.00元
高洪宇	160.00元
吕桂军	160.00元

共1 280元。

（2）不受罚已怀孕的：

实有13人：

1. 刮宫12人；（高文（√）、杨宝山（√））

2. 到外地取小孩2人；（祁凤元（已手术）、祁守相（已手术））

3. 交款的9人。

其中：

张文有	200元
高德发	200元
王铁刚（已手术）	200元
张文生	200元
韩桂军（已手术）	200元
田秀文（已手术）	200元

续 表

穆凤忠(已手术)	200 元
郤文海	200 元
彭宪军	200 元

共计 1 800 元。

另行用工:

(1) 穆凤忠(○)8 月 29 日去水沟通知开党员会半天。

(1) 82 年各生产队的农业税:

1	2	3	4	5	6	7	8	9	10	计
106.64 元	118.99 元	159.9 元	144.79 元	86.52 元	86.35 元	80.65 元	46.68 元	85.77 元	77.62 元	993.91 元

(1) 张文科(○)去要款 8 月 30 日 1 天。

(2) 9 月 4 日祁凤元(○)买扩大机用工 1 个。

(3) 张立新(○)买幕布用工 10 个。

(4) 9 月 6 日六队穆永生(○),去碾子湾送电影人驴工各半个。

(5) 10 月 18 日早张玉军(○)去水沟送信人工半天。

(6) 10 月 5 日韩志忠(○)去夭子沟送信 1 次。

(7) 10 月 25 日郤桂军(○)拿工作笔记半天。

(8) 10 月 25 日马清合(○)去碾子湾送电影人驴工各半天。

(9) 10 月 23 日张文祥(○)拉土 1 天。

(10) 10 月 28 日杨存生(○)去夭子沟送信 1 次。

82 年 8 月 31 日半天

召开两委扩大会议

参加人员:

张明德(√)、王永(√)、崔玉海(√)、高有(√)、高祥(√)、王立新(√)、王文清(√)、杨海荣(√)、高洪举(√)、穆凤忠(√)、薛廷甫(√)、高德清(√)、张海军(√)。共 13 人。

会议开始由王永传达了公社 8 月 30 日会议精神。

接着讲:

（1）加强农作物的后期管理：

1. 锄好最后一遍地；

2. 喷石林；

3. 认真抓好护秋。首先管好狗、猪、拉觅放牲口等。坚决执行秋护公约。

（2）发动社员积极积肥和大搞压绿肥。

（3）做好秋收的一切准备，同时搞好种籽计划，要选好优良品种。

（4）打青草打羊叶，杜绝到禁坡地带去打羊叶。

（5）发动社员积极响应公社号召，把栽红果落实下来。

（6）广泛宣传征兵的重大意义。

（7）进一步宣传计划生育的重大意义。

公布了 8 月份计划生育工作的结果。

研究记录：

（1）今年雨季道路冲坏怎么办？

先修公社公路，然后从古方到水沟掌，从大柳树到干沟。全部劳力都上，用工付款，今天下午丈量、定款，明天开始行动。

（2）整理线路怎么办？

按 7 月 26 日扩大会定的办。9 月 10 日完成。

（3）学校砌窗户台怎么安排？

采取施工包工的办法，大队付款，秋前搞完。

（4）买幕布四块，大家已经看了，怎么付款？

付 110 元。

（5）牲口价款怎么收？

仍然按公社规定执行：全部价款一次交清，仍减百分之二十。不一次交清，光交今年应交数不减。在 9 月 15 日交清。

（6）现在仍有 2、4、6、8、5 队共 5 个队未交账怎么办？

在 9 月 5 日前必须交大队。

各生产队的财务一定在 9 月 10 日清理清楚。

（7）唱戏如何安排？扩大机和对黄披到底买不买？变压器怎么去赤城提？外出要款谁去？

扩大机和对黄披实准买。唱戏等买回扩大机和对黄披再安排。外出要款到赤城连结算，变压器帐和提货。外出要款决定张明德和张立新、穆奎喜三个人去。

82年9月12日上午半天

召开两委扩大会议

参加人员:

高有(√)、张玉林(√)、王立新(√)、杨海荣(√)、高洪举(√)、穆凤忠(√)、薛英方(√)、高德清(√)、邰德文(√)、王永(√)、张明德(√)、祁凤元(√)。共12人。

会议开始由张明德汇报了外出到东八里的要债和到北京、天津的购买东西的情况。由王永传达了在公社开会传达县财贸会议的精神。

然后研究:

(1) 收大牲口款,公社定的9月15日前交的照顾应交总额的百分之二十,9月25日前交照顾百分之十,9月26日到9月30日交,今年应交的合同上填的总额的百分之四十。由于刘良因病不在怎么办?

9月14日和15日,大队安排人员收。

(2) 瓦窑的柴火到底怎么办?

从9月13日到9月15日一定交清9月4日派的数。

(3) 教员要求预支工资怎么办?

从1月—9月每月先预支给15元,共计135元。扣回上次每人预支的50元,这次支给85元。

(4) 林业队的人员工资怎么发?

1月—3月份每天按8分计算,4月—9月份每天按10分计算。每10分以0.50元开工资。

(5) 唱戏问题怎么安排?

9月14日晚上开始,唱三天四个晚上。

每人半斤菜,大队不付款。

具体菜、粮是:

	1	2	3	4	5	6	7	8	9	10	计
菜	50	50	65	55	50	50	40	30	50	45	486
豆子			13		10		8			10	41
黄米	10	10		12		11			10		53
小豆								6			6

总管：张明德、王永、穆奎喜。

管灯、扩大机：祁凤元。

做饭：杜永科、郝存山、高有、薛廷甫、高德清、郤德文。

烧水：穆凤忠、张玉林。

做豆腐：高洪举、杨海荣、王立新。

大队修路用工：

	8月31日	9月1日	9月2日	10月9日
张明德	0.5	1	1	1
王　永	0.5	1	1	
崔玉海	0.5	0.5		
高　有	0.5	0.5	0.5	
高　祥	0.5	0.5		
张玉林	×		0.5	
王立新	0.5	0.5	0.5	
王文清	0.5	×	0.5	
杨海荣	0.5	×	0.5	
高洪举	0.5	0.5	0.5	0
穆凤忠	0.5	0.5	0.5	
薛廷甫	0.5	×	0.5	
高德清	0.5	×	×	
张海军	0.5	×	×	
刘　良	×	×	×	1

（此工已从修路付款了）

82 年 10 月 18 日

召开两委扩大会议

参加人员：

张明德（√）、王永（√）、崔玉海（√）、刘良（√）、彭宪兰（√）、高有（√）、王立新（√）、穆奎喜（√）、杨海荣（√）、穆凤忠（√）、薛廷甫（√）、高德清（√）。共 12 人。

会议开始学习十二大文件，邓小平开幕词，叶剑英、陈云的讲话。王永传达了公社召开的大队书记大队长会议精神。张明德汇报了去赤城买幕布的情况等。

然后研究：

(1) 公社铁矿和咱大队要四名民工，大队考虑去人特多无法向生产队分配，报名人太多怎么定？

按报名的顺序安排。

(2) 电杆电力局和公社已测怎么挖窝、运杆？

仍按去年分的执行，在本月二十日挖、运好。

(3) 计划生育手术队在时没有做手术，现在同意做怎么办？

1. 对原来38名受罚人，而没做手术交款的，不论几胎，在10月底做结扎手术的，原交款全部退，营养补助费和照顾食物一律不给。

2. 对不受罚而怀孕的已交200元的，在8—10月已生的，原交的200元不退。在10月底已做结扎手术的，后应交的200元免收，大队仍给营养补助费和食物照顾。

(4) 剧团问题？

1. 大队的扩大机让不让代？

让代。

2. 剧团要求大队定人管机定谁？

祁凤元。

3. 戏装赁钱多少？

因现在古方唱戏，据穆奎喜讲戏回来还要给唱一台，又做扩大机箱子和幕布箱子，大队也不出工，根据这些情况决定，仍抽百分之二十，下次外出另定。

凡是损坏戏装和扩大机一定赔偿。

4. 剧团要求让张海梅去唱戏，让去不？

同意让去。因剧团已找中心校，商量同意让大队另找一人代课。决定代课人：高德强。

5. 这次古方唱戏生产队，大队有时间关系，没有来的及商量，这次是让1、2队负担，还是怎么办？

1、2队和大队已承担了责任。现在仍决定为全大队唱的。凡是正义开支，经大队审查后由大队开支。吃粮结算后，大队用粮顶还。

(5) 学校的前排房没修好,怎么办?

由 3、4 队每队拉土 6 车,每车 0.25 元,大队付款。

19 日由 3、4 队每队派 5 个人做:约计中间一围墙,角泥要占的 3 间教室,摸合板、窗台打盖等。根据工程量,款酌情定。

(6) 学校有点萝卜,大队是否买?

大队留下。

明天由 1、2、5、6 队四个队去人取去。

82 年 10 月 20 日

古方唱戏用粮结算

	1 队	2 队
磨米	16	21
小豆	9	10
黄豆	21	2
小米	35	58
黄米	60	40
小计	141	151
折谷	200	215

另行用工:

(1) 9 月 17 日大队开计划生育会:彭宪兰(√)半天、崔玉海(√)1 天。

82 年 9 月 11 日

(补记)事记

有王永、祁凤元、张明德研究:

就张立新、张明德外出事:

(1) 从赤城到沙城车费每人 2.30 元,因自找车,大队负担。

(2) 从赤城到河口车费每人 1.20 元,因自找车,大队负担。

(3) 每人给住店费 2 夜,每人每夜按 1.20 元。

(4) 实际外出 7 天,因赶天数,每人按外出 9 天算帐。

82年9月4日1天

召开两委扩大会议

参加人员：

高有（√）1、张玉林（√）1、王永（√）1、王立新（√）1、王文清（√）1、崔玉海（√）1、杨海荣（√）1、高洪举（√）1、穆凤忠（√）1、薛廷甫（√）1、邵德文（√）1、高德清（√）1。共12人。

（张明德外出要款不在）

苏寺唱戏用工

9月份

姓　名	14	15	16	17	18	19
高　有（√）	×	1	1	1	1	
张玉林（√）	×	1	1	1	1	
王立新（√）	1	1	1	1	×	
杨海荣（√）	1	1	1	1	×	
高洪举（√）		1	1	1	1	
穆凤忠（√）	×	1	1	1	1	
薛廷甫（√）	×	1	1	×	×	
邵德文（√）	×	1	1	1	1	
杜永科（○）	×	×	1	1	1	
祁凤元（○）			半	1	半	半

82年10月30日1天

召开两委扩大会议

参加人员：

张明德（√）、王永（√）、刘良（√）、崔玉海（√）、高有（√）、张玉林（√）、杨海荣（√）、高洪举（√）、穆凤忠（√）、高德清（√）、邵德文（√）。共11人。

会议开始举行欢送新兵"张万兴同志"仪式。接着把大队当前的工作"拉的单子"讲了一下。王永传达了公社召开大队长两次会议的精神。

研究事：

(1) 整修广播线路，快要上冻怎么办？

由各生产队长亲自负责检查整修，轮那段由前段队负担开支，大队不负担。大队确定王永负责掌握。在 11 月 5 日前一定完成。

(2) 去年分配电杆没栽，今年马上要立杆怎么办？

仍按去年分的任务执行，在 11 月 3 日前一定把坑挖出来，把杆散开。

(3) 学校的炉柴怎么办？

干沟生产队保证干沟学校的供应。

沟门校由 1—9 队，每人 10 斤，砍不成材的木头，砍、拉、锯、劈在内。由生产队统一搞，杜绝向户分配。由生产队给记工，大队什么也不负担。

(4) 瓦窑的装窑和柴火怎么办？

11 月 3 日装窑。1 号开始收柴火。

具体柴火的分配是：

1	2	3	4	5	6	7	8	9	10	计
100	100	150	150	100	100	100	×	100	100	1 000 个

(5) 征购粮、农业税，公社催促很紧怎么办？

除 6、8 队减免农业税外，另 8 个队在 11 月 5 日前完成。

(6) 护林员看坡选谁？

确定高祥。11 月 1 日上班。必须看好，发现问题马上汇报。看好尽到责任，每天工资 0.50 元，欠工扣工。

(7) 后地看树怎么定人员？

仍定梁明。必须管好。损失由看管人负责。如尽不到责任，由看管人赔偿损失(大队酌情)。

(8) 林业队怎么定人员？

从 11 月 1 日，仍定张文忠一人。看好人参，管好苇子沟和阳坡根 1 带的树木。每天以 0.50 元工资。

(9) 公社定照顾社员交大牲口款的百分之二十，和百分之十两个阶段已过，就没有交的，就交今年合同上的百分之四十，怎么收？

在 11 月 5 日前交清。

(10) 何时怎么样付瓦窑最后一次的坯价钱？

10 月 31 日让应领款人代(带)上手章和原领的工具到大队算。

82 年 11 月 6 号

立高压杆用工

崔玉合(√)、吕桂军(√)、张海(√)、郤德武(√)、韩宪江(√)、李桂海(√)、张海彬(√)、王占奎(√)、范德武(√)、杨文德。张明德(√)。杜宪德(√)、高照明(√)、刘斌(√)、高庆忠(√)、高世军(√)。高洪举(√)、高洪志(√)、彭宪明(√)、杨存瑞(√)、穆奎有(√)。杨海荣(√)、董成瑞(√)、张富(√)、韩志忠(√)。崔玉海(√)、康登库(√)、王进瑞(√)、王海江(√)、张万力(√)、康登明(√)。共计 31 人。

	1	2	3	4	5	6	7	8	9	10	计
11 月 13 日人数	36	33	33	32	34	33	24	18	30	28	301
11 月 16 日人数	41	32	37	43	41	45	26	18	38	32	353
12 月 1 日人数	34	39	45	40	36	48	25	18	26	33	344

82 年 11 月 11 日晚记半天

召开两委扩大会议

参加人员：

公社：武书记、小师。

张明德(√)、王永(√)、刘良(√)、崔玉海(√)、张玉林(√)、杨海荣(√)、高洪举(√)、穆凤忠(√)、高世军(√)、张明海(○)。共 10 人。

由张明德主持会议。

公社武书记讲 12 大文件宣讲工作的安排等。

82 年 11 月 12 号 1 天

列席党员会议的非党员干部

高普(√)、王铁强(√)、杨海荣(√)、高洪举(√)、薛廷甫(√)、高世军(√)、郤德文(√)、刘良(√)。共 8 人。

82 年 11 月 14 日 1 天

召开两委扩大会议

参加人员：

张明德(√)、王永(√)、刘良(√)、崔玉海(√)、高普(√)、王失强(√)、穆奎喜(√)、杨海荣(√)、高洪举(√)、穆凤忠(√)、薛廷甫(√)、高世军(√)、郤德文(√)。共 13 人。

会议开始先汇报了宣讲 12 大文件的 13 日晚上的讨论情况,然后研究:

(1) 根据社员的要求,生产队初步再打算往下拿那里为自留山?

1 队:斜尖湾垙 100 亩;

2 队:南坡南垙后坡 100 亩;

3 队:猛虎沟小北乂和猛虎沟的南乂 200 亩;

4 队:斜尖沟獾子窝门往外垙膀,坟湾沟 120 亩;

5 队:西沟 100 亩;

6 队:张户沟 150 亩;

7 队:小后沟 100 亩;

8 队:后坡 50 亩;

9 队:南垙 80 亩。

共计 1 000 亩。

14 号派王永、刘良和各生产队长、公社小师到实地进行观察地点,确定四至和亩数,然后由生产队自己往户下分。

(2) 回忆一下,82 年的总产和收入情况?

总产定为:673 100 斤。

人均收入:总收入 212 520 元,人均 210 元;纯收入 151 800 元,人均 150 元。

人口按 1 012 人计算的。

(3) 广播线路的整修何时完成?

	1	2	3	4	5	6	7	8	9	10	计
没有任务的	√	√	√	√	√	√		√			
有任务何时完成							11 月 17 日完成		11 月 20 日前完成		

(4) 学校的劈柴何时完成?

	1	2	3	4	5	6	7	8	9	10	计
11 月	20 号	20 号	20 号	20 号	15 号	20 号	20 号	完	20 号		

(5) 民兵和党员训练用工怎么办?

不分冬夏每个工按 0.60 元付给工资。

(6) 民办教师的工资到底怎么定?

光定 82 年一年的。升级率 80 以上为一类,否则为二类。按 12 个月计算。一类每月 18 元。二类每月 15 元。

(7) 瓦窑的柴火不够烧怎么办?

1	2	3	4	5	6	7	8	9	10	计
40	30	30	30	20	40	20		20		230

15 号如果不送,大队给买柴火,高于应给的钱,大队扣生产队。

(8) 公社分配给 900 尺布票怎么分配?

1	2	3	4	5	6	7	8	9	10	计
88	90	125	115	85	97	72	55	88	85	900

另行用工:

(1) 取萝卜:

郭占奎(√)2 个,驴工 2 个;

李汉洲(√)1 个,驴工 1 个;

马清富(√)1 个,驴工 1 个;

杨宝喜(√)1 个,驴工 1 个。

(2) 唱戏用工:

姓　名	11	月		
	15	16	17	
张明德	瓦窑(√)	×	1(√)	
王　永	检查坡(√)	×	1(√)	
崔玉海	1(√)	×	1(√)	
刘　良	检查坡(√)	×	1(√)	
高　有	1(√)	×	1(√)	
高　普	0	0	0	

续 表

姓 名	11 月			
	15	16	17	
张玉林	1(√)	×	1(√)	
王铁强	1(√)	×	1(√)	
杨海荣	1(√)	×	1(√)	
高洪举	1(√)	×	1(√)	
穆凤忠	1(√)	×	1(√)	
薛廷甫	1(√)	×	1(√)	
高世军	1(√)	×	1(√)	
郤德文	1(√)	×	1(√)	
杜永科	1(√)	×	1(√)	
郝存山	1(√)	×	1(√)	
马 明	0	×	0	
穆奎喜	0	×	0	
祁凤元	0	×	0	

林业用工情况
苇子沟的
82年度

月 份	1	2	3	4	5	6	7	8	9	10	合分
张文忠	23	27	29	27	27	19	27	22	24	23	2 322
梁 明	5										40
穆凤林					8	12	18	21	10	2	710
王登明					12	20	11	12	23	26	1 040

82年11月17日晚饭后

召开两委扩大会议

参加人员：

公社：武书记、小师。

张明德、王永、刘良、崔玉海、祁凤元、高有、张玉林、王铁强、穆奎喜、杨海荣、高洪举、穆凤忠、薛廷甫、高世军、郤德文。共15人。

(此工已从唱戏付款)

会议开始订正了开大会16日的数。

然后讨论:

(1) 学校去年给大队的山药(没过秤),今年的萝卜(没过秤),今年修沟门北的公路和沟门—苏寺路怎么付款?

同意120元。

强调当前不要忘记的几项马上做的工作:

学校劈柴,整修广播线路,催贷款,明天交农业税,2、4、5、6、8队的交会计帐。

工作安排:

明天两委来大队搞林业三定。生产队明天划分自行1天完成。19号两委队长到大队开会,必须代来,社员欠的口粮钱和欠的大牲口钱数。马上催交口粮、牲口钱。

82年11月17日抄

82年致富户的安排

姓　名	人　口	内　　容
高德彬	4	养羊50只
高德明	5	养羊50只
高洪海	8	养羊50只
张明德	6	大牲口4、猪4口
王　永	6	猪10口
刘　良	4	大牲口4、猪4口
崔玉海	8	养羊50只
彭宪兰	8	售兔100只
高　有	7	养羊50只
张玉林	8	大牲口4、猪4口
王立新	5	大牲口4、猪4口

续 表

姓　名	人　口	内　　容
穆奎喜	5	大牲口4、猪4口
杨海荣	5	售兔100只
高洪举	4	养猪10口、出售5口
穆凤忠	7	大牲口4、猪4口
薛廷甫	7	养猪10口、出售5口
高德清	7	大牲口4、猪5口
邵德文	4	大牲口4、猪4口
李正林	2	人产吨粮
高　祥	7	户产万斤粮
彭宪忠	2	人均300元
邵金瑞	6	售兔100只
彭正德	9	售兔100只
杜万林	6	大牲口4、羊20、猪4口
李桂生	7	养羊50只
王铁刚	3	人均300元
张文生	5	售兔100只
韩风明	4	大牲口5、猪4口
田秀德	5	售兔100只
李富海	8	大牲口4、猪4口
高洪永	1	人均300元
高照明	1	人均300元
李宪成	5	大牲口4、猪4口

致富标准：

(1) 户产万斤或人产吨粮；

(2) 人均300元；

(3) 养大牲口8头；

(4) 养羊50只；

(5) 售兔100只；

(6) 养猪 10 口,其中出售 5 口;

(7) 养鸡 200 只;

(8) 养大牲口 4—5 头养羊 20—30 只或养猪 4—5 口;

(9) 造林 10 亩;

(10) 育苗 1 亩。

82 年达到致富标准户

82 年 11 月 17 日抄

姓名	人口	劳力	承包土地	实产粮食	总收入		结收入		达到那个项目
					款	人均	款	人均	
李桂兴	1	1	3		375.45	375.45	355.45	355.45	人均 300 元
高　祥	7	3	15.5		2 258.24	332.00	2 233.24	328.5	人均 300 元
张明德	6	1	12.5	5 480	1 892.35	315.00	1 873.15	312.00	人均 300 元
张连荣	2	1	3.3		865.05	432.00	859.05	429.50	人均 300 元
王铁刚	3	1	4.5		952.00	317.00	943.50	314.50	人均 300 元
李正林	2	1	5.5		657.12	337.56	644.92	332.46	人均 300 元
崔玉海	8	2	13.1		2 613.25	326.65	2 590.25	322.65	人均 300 元
祁凤山	5	2	10		1 534.00	307.00	1 519.00	304.00	人均 300 元
高德彬	4	1	5		1 291.00	322.75	1 284.00	320.00	人均 300 元
李富海	8	3	12		2 457.00	308.00	2 435.00	304.00	人均 300 元
高洪朋	2	2	4.5		813.40	406.70	707.40	353.70	人均 300 元
高洪合	3	1	4		937.60	312.50	900.00	300.00	人均 300 元
高德明	5	1	6		2 834.25	566.00	1 934.25	386.85	养羊户
杨存秀	2	2	2.2		945.50	472.75	941.50	470.25	人均 300 元
孙富怀	5	1	6.6		2 013.65	402.70	2 000.65	400.00	人均 300 元

共计 15 户。

82 年 11 月 18 日 1 天

召开两委会议

参加人员：

公社：武书记、小师。

张明德(√)、王永(√)、刘良(√)、崔玉海(√)、祁凤元(√)。共 5 人。

会议中心是搞林业的三定。

王永报

11 月 21 日修瓦窑道：

祁守合(√)1 天、早人牛拉木头(√)、

冀秀军(√)1、冀秀合(√)1、李世军(√)1、张连合(√)1、李志彬(√)1、吴国兴(√)1、李世海(√)1、李世合(√)1、包秀廷(√)0.5。

王永报

11 月 22 日倒木头修渠：

张文有、田秀德、李海林。共款 2.50 元。

82 年 11 月 19 日 1 天

召开两委会议

参加人员：

公社：小师。

张明德(√)、王永(√)、刘良(√)、崔玉海(√)、高有(√)、张玉林(√)、王铁强(√)、穆奎喜(√)、杨海荣(√)、高洪举(√)、穆凤忠(√)、薛廷甫(√)、高世军(√)、郤德文(√)。共 14 人。

会议开始学习了商业改革的宣传文件，明月又作了补充。然后学习张家口地委给农村党团员干部的一封信。

讨论记录：

(1) 供销社让选两名社员代表，选谁？

选王文清、高桂有。

(2) 填写林业证定谁？

王永、刘良两人。

(3) 护林公约已经公社武书记、小师和两委在 18 日(昨天)拟稿，经刚才讨论有何意见？

经过讨论同意。

(4) 82 年度的地租怎么定？

	5	6	7	9	合　计
原　　定	500	1 000	600	800	2 900
今年定给	500	800	600	800	2 700

一律交谷子。在11月25日前交清。

(5) 学校的挑渠工、大队的育苗工、唱戏的工,是否义务工,还是大队付工资?

同意开工资,每个工按0.60元付。

(6) 瓦窑还有两窑坯子没烧,今年是否还烧?

各队征求一下社员意见,大队把各队送木头数拉出单子来,下次会议再定。

(7) 把瓦窑的机器、柴火等东西拉回大队来,那个队给出车?

3、4队每队在11月20号出一个牛车。

另行用工:

11月20日拉机器、木头用工:

穆凤明(√)人工1个,牛工1个;

杨宝善(√)人工1个,牛工1个;

彭宪军(√)人工1个。

(1) 王铁刚(√)去古方拿席穴子和通知拉粮半天。

(2) 杜永科(√)给党训班做饭12月10日—16日,共7天。

(3) 彭正德(√)给党训劳模会做饭12月10日—18日,共9天。

(4) 12月10日给党训班送柴火:

高普(√)人、牛工3个;

马清富(√)人、牛工3个;

冀秀军(√)人、牛工3个;

穆永生(√)人、牛工2个。

(5) 劳模会用工:

12月16日—18日

张明德(√)、王永(√)、高德明(√)、孙富怀(√)、杨存秀(√)、张万合(√)、李桂生(√)。共7人。

82年11月21日1天

大队开会

参加人员:

武书记、张明德(√)、王永(√)、刘良(√)。共4人。

83年如何开创新局面：

1. 粮食总产70万斤，力争75万斤。

2. 林业：用树林1 000亩，杨树育苗3亩，油松植树100亩，红果300亩栽1万株。

3. 大牲口：达到350头，羊1 700只。

4. 副业：瓦窑7 000元，木料加工5 000元，共计达到12 000元。

5. 小流域治理：500亩。

措施：

1. 做好农村思想政治工作，开展五讲四美，建设文明村。

2. 加强班子建设，搞好各种生产责任制。

3. 农业上：

(1) 科学种田；

(2) 调换优良品种；

(3) 增施肥料。

82年11月26日1天

召开两委扩大会议

参加人员：

张明德(√)、王永(√)、刘良(√)、祁凤元(√)、高有(√)、张玉林(√)、王立新(√)、穆奎喜(√)、杨海荣(√)、高洪举(√)、穆凤忠(√)、薛廷甫(√)、高德清(√)、郤德文(√)。共14人。

会议开始发了各项大队应发的款(造林用工付款，瓦窑柴火钱，大队各项用工款，等)，然后讨论：

(1) 供销社又让选一名社员代表，在19日会上已选出高桂有、王文清两人，这次怎么办?

决定高桂有。

(2) 十二大文件宣讲的总结情况：

	1	2	3	4	5	6	7	8	9	10	计
应听	60	60	69	61	56	57	53	28	55	61	560
已听	54	56	62	55	50	55	50	23	50	47	502

实听人数已达到 89.8。

1. 大队、生产队的干部工作认真负责,社员群众学习虚心。

2. 为庆祝十二大的胜利召开,修公社公路 5 华里,通往各生产队的便路 20 华里。学生利用课余时间修路。

3. 总结了 82 年方向指标的完成情况。

4. 总结和验收 82 年致富户的情况(15 户)。

5. 安排了 83 年 45 户致富户的致富措施。

6. 订立了 83 年开创新局面的奋斗目标。

7. 落实了林业上的三定,填写两次下放自留山 1 300 亩的林业证。

8. 解决了第 4 生产队 81 年度的分红问题。

9. 清理财务:宣讲期间大队给社员工资款 1 140.35 元。解决 2、8,等队的会计交帐问题。

10. 解决学校炉柴近 1 万斤。

11. 解决了广播线路不通的问题。

12. 通过学十二大文件,收回贷款 7 500 元。

13. 社员群众积极交售征购粮食和交农业税。

14. 解决几个问题:1 队清理了社员口粮款;荣正廷与张明瑞牛的纠纷;5、6、7、9 队交清了大队地租。

15. 出现了一心为公的护林员:高祥;主动承担队里活的:李富海(砍大柴)。

(3) 瓦窑到底是烧,还是不烧?

		1	2	3	4	5	6	7	8	9	10	合计
春季派柴火		1 120	880	1 160	1 080	840	920	560	400	880	1 040	8 880
前交		189	183	155	299	330	79	138	171	292	369	2 205
毛柴:(待付款)	1	30	27	8	15	84	111	11	99	26	62	
	2	52	46	9	17	17		3			39	
	3	10	8			4					11	
青叶:(未付钱)	1	11	12	4	9		16	14		10	3	
	2	8	33	28	4	24	36	33		7		
	3	3										
合　计		114	126	49	45	129	163	61	99	43	115	944
总计交		303	309	204	344	459	242	199	270	335	484	3 149

为照顾社员交每亩 1.00 元的公共积累，决定烧一窑。按分地人口（劳），每人毛柴 2 个。

个人交柴，队长算账。

柴价定为：

1 等	2 等	3 等	4 等
0.40	0.35	0.30	0.25

超出部分按原定价执行。收柴时间 12 月 1 日到 5 日。

82 年 11 月 29 日 1 天

召开两委扩大会议

参加人员：

公社：小师。

张明德（√）、王永（√）、刘良（√）、高有（√）、张玉林（√）、王立新（√）、穆奎喜（√）、杨海荣（√）、高洪举（√）、穆凤忠（√）、薛廷甫（√）、高德清（√）、郤德文（√）。共 13 人。

小师讲：结合宣讲十二大：

(1) 深入进行讨论，解决遗留问题；

(2) 如何开创新局面；

(3) 开展文明礼貌活动。

评出：文明家庭一户；模范党员，模范团员，五好民兵。

开大会发致富光荣证：大队进行工作总结。

把 83 年 45 户的致富户安排出来。

在大会上 82 年致富户代表发言：高祥。

82 年致富户代表发言：张文德、李桂生。

给致富户写对联：政策开创致富路、勤劳建设小康家，先富光荣。

给文明礼貌户写对联：爱国家爱集体遵纪守法、有理想有道德文明致家。

横头：文明新户。

三定结尾。12 月 8 日党员训练会议。

县劳模会：全公社 150 多人。具体选代表是：总产口粮，户产万斤粮，人均收入 400 元以上，凡畜牧业、林业富起来的都参加。

苏寺大队出席县劳模代表：
高德明养羊 82 只；
杨存秀人均收入 470 元；
孙富怀人均收入 400 元。
文明礼貌户的代表：张文明。
出席县 83 年致富户的代表：张文德、李桂生。
公社召开妇女代表会代表四名：
彭宪兰、郭淑英、张月娥、木淑平。
12 月 6 日报到，带行李、粮票、柴火。
苏寺支部选 1 名支部教员：祁凤元。
苏寺大队选 2 名宣传员：高文、张文科。
83 年致富户的安排

83 年 11 月 29 日

姓　名	人　口	类　　别
高庆枝	3	人均 300 元
高　占	2	人均 300 元
罗　成	6	羊 50 只(现有 30 只)
张文德	8	户产万斤粮
高　有	7	羊 50 只(现有 30 只)
张文贵	4	人均 300 元
李桂生	7	羊 50 只(现有 30 只)
李桂存	6	售兔 100 只
高洪文	8	户产万斤粮
罗　瑞	2	人均 300 元
王　永	6	卖猪 5 口
张玉林	8	户产万斤粮
张海祥	3	人均 300 元
张连军	1	人均 300 元
祁凤明	5	人均 300 元

续　表

姓　名	人　口	类　　　别
李志彬	7	卖猪 5 口
王立新	4	卖猪 5 口
王　科	3	人产吨粮
穆奎喜	5	卖猪 5 口
张文生	5	售兔 100 只
康登明	3	人均 300 元
康永祥	6	人均 300 元
高德举	2	人均 300 元
祁凤元	5	人均 300 元
张玉彬	1	人均 300 元
杜永科	6	人均 300 元
杨海荣	6	售兔 100 只
韩志品	3	人均 300 元
彭正德	9	户产万斤粮
彭正富	9	售兔 100 只
高洪举	5	售兔 100 只
张明海	6	人均 300 元
穆凤忠	7	售兔 100 只
李凤武	2	售兔 100 只
郑万余	2	人均 300 元
郝存富	4	人均 300 元
薛廷甫	7	售兔 100 只
高照明	1	人均 300 元
高洪海	9	羊 50 只
刘　良	4	卖猪 5 口
高德清	7	卖猪 5 口
邵德文	4	卖猪 5 口
范世明	4	人均 300 元

续 表

姓 名	人 口	类 别
郃政明	2	人均300元
张 珍	4	人均300元

在45户中	户数
人产吨粮	1
户产万斤粮	4
人均300元	21
养羊50只	4
售兔100只	8
卖肥猪5口	7

82年实现致富和83年安排致富情况:

队别	82年实现致富户	83年安排致富户	合 计
1		6	6
2	2	6	8
3	4	5	9
4	1	5	6
5	2	5	7
6		4	4
7	1	4	5
8	1	2	3
9	2	4	6
10	2	4	6
合计	15	45	60

82年12月1日

召开两委扩大会议

参加人员:

张明德(√)、王永(√)、刘良(√)、高有(√)、张玉林(√)、王立新(√)、穆奎喜(√)、杨海荣(√)、高洪举(√)、穆凤忠(√)、薛廷甫(√)、高德清(√)、郤德文(√)。共 13 人。

(此工已记入开大会用工去了)

大会之后又安排了工作"催交征购粮，贷款，收牲口价款，收欠分红款，瓦窑打柴火等"。

讨论事项：

(1) 今天开大会怎么记工？

按 10 分给。

(2) 今年开大会以多日值找齐？

以 10 分 0.60 元找齐。

苏寺大队

表彰致富光荣大会程序：

一、宣布开会。

二、宣布 82 年达到"致富标准户""文明礼貌户"的名单。

三、致富光荣户和文明礼貌户就位。

四、发致富光荣证和对联。

五、宣布 83 年致富户名单与出席县劳模代表就位。

六、大队就：82 年六项指标完成情况；

83 年如何开创新局面；

十二大文件宣讲的小结；

及当前工作安排。

首：(1) 进一步深入学习，认真讨论十二大文献，用十二大精神，解决遗留问题；

(2) 广泛讨论开创新局面的奋斗目标；

(3) 切实开展文明礼貌活动。

生产上：积肥送粪，瓦窑柴火，家庭副业(割条、编筐)，保畜越冬。

几个另行问题：卖征购粮，交贷款，妇女代表会，收拖欠牲口款。

七、致富代表讲话。

八、宣布护林公约和乡规公约。

九、公社领导讲话。

十、闭会。

在大会上宣布大队经济情况

82 年 12 月 1 日

收入：林业 3 037.51f 元；副业 7 230.69 元；其它 3 552.60 元；加 407.30 元。共 14 228.10 元。

支出：副业 1 342.15 元；管理费 111.10 元；其它 1 494.75 元；税金187.12 元；加 2 722.35 元；共 5 863.47 元。收减支=8 364.63 元。

预算：公社 262.50 元，大队生产队干部用工奖励 1 590.00 元；

副业 180.00 元，义务兵 100.00 元；

教员 650.00 元，民兵训练 100.00 元；

党员训练 200.00 元，电话广播 142.00 元；

瓦窑 1 300.00 元，另行用工 100.00 元；

税金 1 000.00 元，其它 175.50 元。

共计 5 800.00 元。

82 年 12 月 9 日 1 天

召开两委扩大会议

参加人员：

刘良(√)、张明德(√)、王永(√)、崔玉海(√)、高有(√)、张玉林(√)、王立新(√)、杨海荣(√)、高洪举(√)、穆凤忠(√)、薛廷甫(√)、高德清(√)、郤德文(√)。共 13 人。

会议开始传达了公社召开的大队书记大队长会议精神，(县各种经济会议，商量体制改革，落实政策，建房会议，(没批的不批，已批没盖的一律停盖)，县劳模会议的安排等)

经过订正各队到公社参训党员人数后讨论：

(1) 公社党训班以大队开伙，怎么安排?

柴火问题：1、2 队每队两个牛车，从瓦窑装 48 个柴火。

菜、油问题：萝卜 3 口袋，猪油 2 斤，麻油 2 斤，从大队拿。

粮食问题：每人自带小米 10 斤。

做饭人：杜永科、彭正德。

82 年 12 月 23 日

召开党组长、社员代表会选干部

参加人员：

22 号两委：张明德(√)、王永(√)、刘良(√)、祁凤元(√)、崔玉海(√)、彭宪兰(√)。

党组长：杜万林(○)、张玉林(○)、张立新、王文清(○)、高桂有(○)、李风武(○)。

队长：高有(○)、王立新(○)、穆奎喜(○)、杨海荣(○)、高洪举(○)、穆凤忠(○)、薛廷甫(○)、高德清(○)。

代表：高普(○)、郭占熬(○)、高祥(○)、杜桂山(○)、穆凤明(○)、李正林(○)、韩志忠(○)、穆凤海(○)、李富海(○)、郝存富(○)、高德仕(○)、张珍(○)。

共计 32 人。

23 号：(除党员记入党员工内 33 人外)

王永(√)、彭宪兰(√)、刘良(√)、高有(○)、穆奎喜(○)、杨海荣(○)、高洪举(○)、薛廷甫(○)、高德清(○)、高普(○)、郭占熬(○)、穆凤明(○)、韩志忠(○)、穆凤海(○)、李富海(○)、郝存富(○)、高德仕(○)、张珍(○)。

共计 8 人。

总共实到会 51 人。

凡划“○”号的已付款。

82 年 12 月 24 日 1 天

召开两委扩大会议

参加人员：

张明德(√)、王永(√)、刘良(√)、崔玉海(√)、祁凤元(√)、彭宪兰(√)、高有(√)、张玉林(√)、王立新(√)、穆奎喜(√)、杨海荣(√)、高洪举(√)、穆凤明(√)、薛廷甫(√)、高德清(√)、郤德文(√)。共计 16 人。

讨论记录：

(1) 关于民办教员的报酬问题，王永同志已讲了公社传达的县委、县政府意见，怎么办？

按 11 月 14 日会议的决定升级率，改为：每月 21 元和 18 元，两等。

(2) 大队、生产队的干部春季已定为误工记工加奖励，咱们已执行了这条。就误工记工的日值怎么定？

日值工定为 0.90 元。

(3) 按现在情况算有 500 个柴火的门户怎么办？

在围子沟生产,有王永收,按等级收:1 等 0.35 元;2 等 0.30 元;3 等 0.25 元;4 等 0.20 元。

具体各队出人是:

1	2	3	4	5	6	7	8	9	10	计
7	7	7	7	7	7	6	8	×	×	56

(4) 82 年度开大会用工怎么结算?

	1	2	3	4	5	6	7	8	9	10	合计
4 月 4 日	165	170	145	180	135	185	110	40	125	95	1 350
6 月 15 日	145	170	165	185	150	220	110	50	130	95	1 420
7 月 18 日	25	15	50	55	25	35	15	15	25	35	295
8 月 6 日	45	40	80	70	70	50	30	20	45	40	490
11 月 13 日	360	330	330	320	340	330	240	180	300	280	3 010
11 月 16 日	410	320	380	430	410	450	260	180	380	320	3 530
12 月 1 日	340	390	450	400	360	480	250	180	260	330	3 440
		高祥送 10	河差 10								20
合计	1 490	1 445	1 600	1 640	1 490	1 750	1 015	665	1 265	1 195	13 555

应摊人数		67	66	81	73	59	66	52	30	64	61	619
每人按 22 分应摊		1 474	1 452	1 782	1 606	1 298	1 452	1 144	660	1 408	1 342	13 618
结算	余	16			34	192	298		5			545
	亏		7	182				129		143	147	608

余、亏每个分按 6 分算互找后实余 3.78 元。

刘良·于 83 年 1 月 2 日交会计

83 年 1 月 2 日

召开两委扩大会议

参加人员:

张明德(√)、王永(√)、刘良(√)、祁凤元(√)、崔玉海(√)、高有(√)、张玉林(√)(清有替)、王立新(√)、穆奎喜(√)、杨海荣(√)、高洪举(√)、穆凤明(√)、薛廷甫(√)、高德清(√)、邵德文(√)。共计 15 人。

会议开始之前给各队分每人 8 两面。各队抄写瓦窑交柴火钱,漏开柴火钱。围子沟柴火钱,另行用工工资,等。

结算各队应交 82 年度公共积累钱。

重点讲几个问题:

(1) 生产队定队长问题;

(2) 就 2、4、7 队电机加工 83 年度如何提交队款问题;

(3) 明天必须把公共积累交齐,做为评奖内容。

83 年 1 月 3 日

召开两委扩大会议

参加人员:

张明德(√)、王永(√)、刘良(√)、崔玉海(√)、祁凤元(√)、彭宪兰(√)、高有(√)、张玉林(√)(张清有替)、穆奎喜(√)、杨海荣(√)、高洪举(√)、穆凤明(√)、薛廷甫(√)、高德清(√)、邵德文(√)。共计 15 人。

会议前各队长交公共积累提取款的事。

讨论记录:

(1) 就 81 年未有 11 人预开工分如何处理?

	预开工:	任职的 82 年突出:	81 年日值:
张明德	20		0.59
祁凤元	20		0.40
王　永	20		0.25
刘　良	24		0.40
崔玉海	4		0.40
罗　有	12	2	0.25
高桂有	2.4		0.40
张明春	2.4		0.51
王文清	2.4	1	0.40

续 表

	预开工:	任职的 82 年突出:	81 年日值:
郝存山	16		0.40
马清合	8		0.25
合 计	131.2		

1. 对今年已不任职的:罗有、高桂有、张明春、王文清、马清合,共 5 人,出了开会工的大队也不再开工资,亏的也就不扣啦。

2. 有扣来的 6 人,按 81 年度日值扣回来。用公社规定 82 年度凡大队干部到公社以上开会,大队按三年平均分红日值给工资。为了不加大社员负担决定大队不再付工资。使用扣回的 36.00 元解决到公社开会的干部工资。

(2) 过去会议讲过,今年搞瓦窑收柴火,按大队会议分配,有的队长积极工作,任务完成的好,大队初步意见,超过 62.6 的为起奖点,0.50 元是否同意?

为今后工作方便,同意大队拿出的 2 元。

具体情况是:

	1	2	3	4	5	6	7	8	9	10	计
(1)	115	108	68	213	112	12	11	56	235	220	1 150
(2)	40	40	35	42	46	30	26	19	51	47	376
(3)	34	35	52	34	160	37	81	46	37	52	668
(4)	124	126	49	45	129	463	61	99	43	115	954
(5)	201	281	231	238	322	212	203	113	305	231	2 337
(6)	12	2		6	10	12	20		13		75
合 计	526	592	435	578	779	466	402	333	684	765	5 560
春季派	1 120	880	1 160	1 080	840	920	560	400	880	1 040	8 880
完成比例	46.7	67	38	54	92.7	51	73	83	77.7	74	62.6
超 数		4.4			30.1		10.4	20.4	15.1	11.4	91.8
奖励款		2.20			15.05		5.20	10.20	7.55	5.70	45.90

(3) 在 82 年 1 月 6 日有公社赵桂枝参加的大队两委扩大会议上,根据公社党委的规定意见,决定大队 5 人 82 年度工资和奖金定 650.00 元,生产队长 10 人定 690.00 元,共计 1 340.00 元。为调动干部工作积极性,在 82 年 3 月 6

日扩大会议上决定不论大小队干部一律实行误工记工，秋后根据工作情况加奖励。在 82 年 12 月 24 日扩大会议上决定凡误工记工，日值定 0.90 元，除付工资剩余的款怎么奖励？

按议论情况有的人不发言，张明德提出生产队执行 690.00 元，大队执行 650.00 元。

大队的：

姓　名	出工工资		奖　　金		合　　计	
	工数	合款	电工	按公社定职务款减去电工每月只扣 4 元后	本人实得	按出工合地工资
张明德	130	117.00		29.00	146.00	1.12
王　永	115	103.50		42.50	146.00	1.27
刘　良	141.5	127.35		8.65	136.00	0.96
崔玉海	45	40.50		22.50	63.00	1.40
祁凤元	49	44.10	20	18.90	83.00	1.70
彭宪兰	21	18.90		57.10	76.00	3.60
合　计	501.5	451.35	20	178.65	650.00	1.30

（随同作废）

生产队的：

姓　名	出工工资		超柴火奖	按人口奖	按队奖	合　　计		在出工的合计数中有
	工数	合款				本人实得	除柴火奖按出工的日值	
高　有	25.5	22.95		20.50	22.66	66.11	2.59	高普 2 天
张玉林	24.5	22.05	2.20	20.50	22.66	67.11	2.66	高祥 5 天，张清有、李桂存 1 天
王立新	23	20.70		28.70	22.66	72.06	3.13	王铁强 3 天
穆奎喜	17	15.30		25.10	22.66	93.06	3.71	王进甫 1 天，王文清李桂存 1.5 天
杨海荣	28	25.20	15.05	18.90	22.66	81.81	2.38	杜永科 1 天
高洪举	20.5	18.45		22.10	22.66	63.21	3.08	
穆凤忠	26	23.40	5.20	15.90	22.66	67.16	2.38	

续 表

姓　名	出工工资		超柴火奖	按人口奖	按队奖	合　计		在出工的合计数中有
	工数	合款				本人实得	除柴火奖按出工的日值	
薛廷甫	25	22.50	10.20	12.30	22.66	67.66	2.30	薛英方 0.5 天
高德清	25	22.50	7.55	20.30	22.66	73.01	2.62	高世军 3 天
郤德文	23.5	21.15	5.70	19.00	22.66	68.51	2.68	张海军半天
合　计	238	214.20	45.90	203.30	226.60	690.00	2.70	

(因薛廷甫认为不合理,(有 8 个队长盖章),最后这个算法无效。)

最后张明德提示:

公社武书记在咱大队下乡时,议论起干部的工资问题时,武书记讲“公社意见按春季定的工资总额,可提百分之二十,做为工作好次的奖励”。大家一致认为“大队干部工作多,所以就得出工多,要大队、生产队基本差不多”。是否从生产队的 690 元中提 138 元加到大队款中来解决大队干部的报酬问题。但生产队长跑前跑后工作量不小,一定不能吃亏,看怎么办?

经过讨论最后决定同意这个办法。

电工祁凤元奖 20 元,大队另开支。

最后结算的结果是:

	春季原定	增 加 奖	减 少 奖	应该处理款
大　队:	650.00	138.00		788.00
生产队:	690.00		138.00	552.00

大队干部的:

姓　名		张明德	刘　良	王　永	崔玉海	祁凤元	彭宪兰	合　计
记工	工数	130	141.5	115	45	49	21	501.5
	每工 0.90 元合钱	117.00	127.35	103.50	40.50	44.10	18.90	451.35
奖励钱		101.00	61.00	81.00	41.00	31.00	21.65	336.65
共款		218.00	188.35	184.35	81.50	75.10	40.55	788.00
每工合款		1.68	1.33	1.60	1.81	1.53	1.93	

姓名		高有	张玉林	王立新	穆奎喜	杨海荣	高洪举	穆凤忠	薛廷甫	高德清	邵德文	合计
记工	工数	25.5	24.5	23	17	28	20.5	26	25	25	23.5	238
	每工 0.90 元合钱	22.95	22.05	20.70	15.30	25.20	18.45	23.40	22.50	22.50	21.15	214.20
按队奖		15.00	15.00	15.00	15.00	15.00	15.00	15.00	15.00	15.00	15.00	150.00
按人奖	人口	103	103	144	126	95	111	80	62	102	95	1 021
	每人 0.14 元合钱	14.30	14.30	20.06	17.54	13.20	15.44	11.10	8.58	14.18	13.20	141.90
超送柴火奖	比例		4.4			30.1		10.4	20.4	15.1	11.4	91.8
	合钱		2.20			15.05		5.20	10.20	7.55	5.70	45.90
共计钱数		52.25	53.55	55.76	47.84	68.45	48.89	54.70	56.28	59.23	55.05	552.00
除柴火奖按出工每工合钱		2.05	2.10	2.42	2.81	1.91	2.38	1.90	1.84	2.07		

同意按这个算法发。

就扣回 81 年预开工分款的问题：

	张明德	王　永	刘　良	祁凤元	崔玉海	共　计
实际预开工：	20	20	24	20	4	88
81 年分红值：	0.59	0.25	0.40	0.40	0.40	
实际扣回款：	11.80	5.00	9.60	8.00	1.60	36.00

补给大队干部 82 年到公社以上开会：

张明德	王　永	刘　良	祁凤元	崔玉海	共　计
12.00	10.00	10.00	2.00	2.00	36.00 元

就 82 年度干部记工工资奖励占位情况

83 年 1 月 4 日

占　位	姓　名	出　工	除柴火奖励外按实记工计算日值
1	穆奎喜	17	2.81
2	王立新	23	2.42
3	高洪举	20.5	2.38
4	张玉林	24.5	2.10
5	郤德文	23.5	2.10
6	高德清	25	2.07
7	高　有	25.5	2.05
8	彭宪兰	21	1.93
9	杨海荣	28	1.91
10	穆凤忠	26	1.90
11	薛廷甫	25	1.84
12	崔玉海	45	1.81
13	张明德	130	1.68
14	王　永	115	1.60
15	祁凤元	49	1.53
16	刘　良	141.5	1.33

83 年 1 月 3 日

召开两委扩大会议

参加人员：

张明德(√)、王永(√)、刘良(√)、彭宪兰(√)、祁凤元(√)、崔玉海(√)、高有(√)、张玉林(√)、王立新(√)、穆奎喜(√)、杨海荣(√)、穆奎有(√)、穆凤忠(√)、薛廷甫(√)、高德清(√)、郤德文(√)。共 16 人。

会议开始传达了公社 1 月 5 日电话会议精神(公社集训大队两委生产队长问题)。公布了 82 年度干部误工记工加奖励共计款数按出工计算日值得出最后占位问题。公布了 82 年度瓦窑的生产情况。

讨论记录：

(1) 83 年度两委分工怎么分?

大体意见是：

张明德：抓党的全面工作。抓全大队的思想政治工作。抓干部的管理。

祁凤元：组织建设，三会一课，收党费，发展党员。社会治安，战备联防，电的管理。抓好文化室。

崔玉海：宣传教育。武装，战备联防，社会治安。

王永：抓行政的全面工作。农林牧副业的生产。民事调解。贫协工作。计划生育。民政工作。抓财经审批开支。

刘艮：全大队的财会工作。抓信用、医疗、供销的管理。

彭宪兰：妇女工作，计划生育。

生产队长：涉及到所在生产队的一切工作。按工作划分的想法是：农业：10 分；林业：30 分；牧业：10 分；副业：20 分；日常工作：30 分。

经过讨论，一致通过。

(2) 干部管理问题的想法是：

1. 凡有事外出，大队书记、队长必须向公社党委、管委请假，批准后再走，但不准超期。

2. 大队其它两委、生产队长必须经党支部批准。

3. 对不参加会议的(包括在家不到会，外出不请假，去请假超期)，不但不给记工，秋后从应领工资总额中每个工扣款 1.00 元。所扣之款由大队另行处理。

经讨论后，一致通过。

(3) 到赤城医药公司进药谁去？

高德仲去。

(4) 刘艮工作量太大，有要求。初步想法：

以大队看门为主兼信用站会计。报酬问题每天不少于 0.50 元，不超 0.60 元，除信用社给的，不足部分大队补。如信用社给的超过 0.60 元，大队不扣也不给(0.50 元和 0.60 元的日值，主要是以工作衡量)，看是否同意和选谁？

同意这样安排。让彭宪合担任，明天上班。

(5) 公社训练干部怎么安排？

做饭的：穆奎仕。

柴火：6 队出 2 个牛车，从围子沟拉柴火。

从大队带白面 60 斤，(开会人必须还小米)。

刘艮带小米(个人的)80 斤，留换白面。

开会人自己从家每人带山药 5 斤。

从 4 队带上唱戏时派的豆子。

(6) 张明瑞要求给其老人批三个寿木柳木是否给？

经研究同意批给小后沟的一棵柳树，由张明瑞自伐，伐后以质论价。

就今后社员要求寿木问题规定：

1. 凡自己原有的或已批过给的，已经出售这类户一律不批给寿木。

2. 凡真正需用，本人写申请，必须两委会研究批。

3. 大队批后指定树，由要求人伐后以质论价。

4. 做价后按大队定的日期必须付款。

在公社训练干部用工：

83 年 1 月 8 日至 15 日

张明德(√)	8
王　永(√)	8
刘　良(√)	8
彭献兰(√)	8
祁凤元(√)	7
张玉林(√)	8
王立新(√)	8
穆奎喜(√)	8
杨海荣(√)	8
穆奎有(√)	8
穆凤忠(√)	8
薛廷甫(√)	8
高德清(√)	8
穆奎仕(√)	8

共 14 人。

给送柴火：田秀德(√)、杨存生(√)、牛车两个(√)。

送菜：李富海(√)、牛车一个(√)。

给瓦房沟民兵训练送柴火：李海林(√)、牛车两个(√)。

高德仲(√)去赤城进药 1 月 9 日—14 日，共 6 天。

1月5日包献文(√)、郝军(√)每人赶一个车给去瓦房沟民兵训练的送柴火。

1月5日给瓦房沟民兵训练送柴火和菜的：韩志文(√)一人赶两个牛车送柴火；穆凤海(√)一人赶一个半车送粮和菜。

1月29日穆永生(√)和牲口去碾子湾送电影。

公社李宪廷书记讲

82年12月18日

(1) 提高思想政治工作；

(2) 抓物质文明建设；

(3) 83年全公社奋斗目标。

	全公社	其中苏寺大队
粮食	900万斤	670 000斤
大牲口	4 500头	500头
羊	13 000只	1 650只
猪	9 200口	900口
总收入	260万元	265 000元
人均收入	240元	260元
油料	87 000斤	6 100斤
兔	10 000只	1 100只
鸡	18 000只	1 700只
林业	16 000亩	1 200亩
其中经济林	3 000亩	
育苗	200亩	20亩
致富户	500户	45户
文明户	200户	30户

如何加强思想政治工作：

(1) 学习十二大文件精神。

(2) 建立三站：(文化站、广播站、辅导站)；

两校：(党校、夜校)；

一部:(俱乐部)。

另行用工:

(1) 3 月 17 日张明德(√)和牛车去合达营给大队买大米 1 天。

(2) 3 月 27 日穆奎喜(√)替王永去公社参加经济会议 1 天。

(3) 3 月 27 日郝存山(√)赶包秀廷毛驴去合达营接药驴工半个。

(4) 王永和祁凤元(√)去怀来要款 1 月 17 日至 22 日每人 6 天。

(5) 4 月 24 日穆永生(√)往瓦房沟送电影人驴工半天。

(6) 4 月 28 日李世河(√)去合达营送款人工半个。

83 年 1 月 15 日

在公社干部训练班结论后

参加人员:

张明德(√)、王永(√)、刘良(√)、祁凤元(√)、张玉林(√)、王立新(√)、穆奎喜(√)、杨海荣(√)、穆奎有(√)、穆凤忠(√)、薛廷甫(√)、高德清(√)。共 12 人。

工作安排:

(1) 会议贯彻以片和队进行,不再开大会。

(2) 粮库让 17 号换过春节白面。

(3) 4、5、6 队必须在本月 20 日交会计账。

(4) 给怀来砍 7 尺杆(不准砍杨、桦木),必须在 17 日完成,以生产队派人,不准分配到户。

(5) 2 队的粮食处理款必须在本月 20 日交大队。

(6) 通知社员马上准备欠的大牲口价款和拖欠款。

(7) 关于生产队的大牲口使用问题,让社员讨论,送户。

(8) 到沙城要款去不去,让谁去?

实准去。决定祁凤元、王永两人去。

83 年度开大会用工

时间		天											
月	日	别	1	2	3	4	5	6	7	8	9	10	合计
1	29	半	43	37	50	45	41	44	36	18	29	37	380
3	5	半	39	38	45	39	35	41	29	17	28	35	346

续　表

时间		天											
月	日	别	1	2	3	4	5	6	7	8	9	10	合计
3	5	半	7	6	7	4	6	5	5	3	8	5	56
3	15	8 分	38	41	44	47	35	43	26	13	25	26	338
3	15	2 分	1	2	2	2	1	1	1	1	2	1	14
3	8	10 分	18	14	19	16	10	12	3	×	5	3	100
4	3	5 分	19	16	16	16	18	18	13	5	16	25	162
8	14	5 分	18	17	18	19	16	17	14	11	16	15	161
8	18	5 分	20	16	23	18	20	21	14	11	18	18	179
9	1	5 分	33	33	46	35	37	40	26	17	36	19	322
9	12	5 分	4	5	13	11	10	14	9	5	17	19	107
12	17	5 分	20	16	20	20	23	24	16	2	27	21	189
12	17	5 分	1	2	1	1	1	1	1	×	1	1	10
合计工分			1 506	1 402	1 741	1 580	1 417	1 591	1 055	551	1 234	1 215	13 292

82 年 12 月 22 日

辞职讲话(在两委扩大干部、社员代表党小组长会议上)

我从 65 年 3 月到 82 年 12 月 22 号共 17 年零 9 个月,可以说近 18 年了。也做了些为党为人民的工作,总的说成绩不显著。

但差距很大,缺点很多。(性情急躁,包罗万象,说话生硬,上顶下撞,工作办法少),总之阻碍四化前进。

辞职理由:

家务上:家有病人,病人病情发作精神失常(怀疑我作风问题),连任书记来有一次遇到大闹的情况。唯一劳动力,土地 16 亩多,零活干不上,柴火亲朋给,外债压头,年老体弱。应该交班。

工作上:无力处理工作上的问题:

(1) 生产队不听指挥(管不了干部,外出随便);(三队抬电杆,修整广播线路,派 9 队的柴火不送)。

(2) 事务上管理不妥(大队看门、代销、医疗及计划生育,剧团问题)。

(3) 农业上:(护秋管理,关猪,拴狗)。

(4) 林业上:(林业清查,不执行护林公约,去禁坡带打柴火,随便拉大柴,出售杂杆,割了禁坡柴火不还款)。

(5) 牧业上:(不交大牲口价款,不集体群放牧,不打狗)。

(6) 副业上:(瓦窑的管理"与彭正富脸红",收柴火与穆奎有争吵)。

(7) 日常事务上:(外欠款要不回来,拖的问题解决不了,祁凤元和郝存山50元款的问题)。

总之我认为:

(1) 亲友不得走了;

(2) 朋友交情远了;

(3) 惹人太多了(十个事缺一个也是惹人)。

83年1月29日下午半天

(上午大会,大会结束后)

召开两委扩大会议

参加人员:

张明德(√)、王永(√)、崔玉海(√)、刘良(√)、彭宪兰(√)、高祥(√)、高有(√)、张玉林(√)、王立新(√)、穆奎喜(√)、杨海荣(√)、穆奎有(√)、穆凤忠(√)、薛廷甫(√)、高世军(√)、邰德文(√)。共16人。

会议中心是讨论提高思想认识。

为什么林业管理会出现问题?根源何在?会议要求由各生产队长负责召开社员会议1—3次,通过讨论提高认识,今年如何管理,来个大揭发。

在大会上已兑现的17户交款387.50元;尚有7户欠款29.50元。总共417.00元。

另行用工记:

(1) 祁凤元(√)在1月9日在戏楼上弄电灯线用工半天。

(2) 李世江(√)2月3日去公社开民兵连长会议1天。

(3) 3月3日穆永生(√)往大土盆沟送电影人、驴工。

(4) 3月2日晚上开两委会议:张明德(√)、王永、(√)崔玉海、(√)彭宪兰(√)。共4人。

(5) 2月15日祁凤元(√)和牛车一个去合达营修扩大机和买大米。

(6) 3月4日看柳树人:王永(√)、穆凤忠(√)、高有(√)、高德清。共

4 人。

(7) 做卫生牌的：张文德(√)、吴立祥(√)、吴国兴(√)、张文祥(√)2 个。共工 5 个。

(8) 买钉子和大队清除卫生马清富(√)3 月 9 日 1 个。

(9) 3 月 10 日卫生大检查用工：张明德(√)、崔玉海(√)、高有(√)、张玉林(√)、王立新(√)半、木海成(√)、杨海荣(√)、穆奎有(√)、穆凤忠(√)、薛廷甫(√)、高德清(√)。共 12 人。

83 年 2 月 2 日

召开两委扩大会议

参加人员：

张明德(√)、王永(√)、刘良(√)、祁凤元(√)、彭宪兰(√)、高有(√)、张玉林(√)、王立新(√)、杨海荣(√)、穆奎有(√)、穆凤忠(√)、薛廷甫(√)、高德清(√)、高世军(√)、郤德文(√)。共 14 人。

会议开始各队长汇报了"1 月 29 日大会后各生产队召开社员会讨论林业问题"的情况。学习了中央关于制止乱砍乱伐的文件。由祁凤元汇报了去怀来东八里要款的情况。张明德传达了公社 1 月 30 日召开大队书记会议精神。然后讨论：

(1) 群众大会怎么开?

决定 2 月 30 日大队开广播会。由生产队长负责召集社员，以生产队集中，下午 5 点各队集中人，6 点准时开，开完由生产队长组织讨论。

(2) 公社分配 83 年准生小孩，要纯增 8 人，具体到咱大队怎么安排?

1. 计划生育订合同，大队指定郝存山办理。

2. 82 年 8 月份已发 83 年准生证的 14 人，由于大队安排不妥，取消彭宪明、王进瑞的准生资格。

另 12 人仍然准生：

张万江、罗瑞、王海江、祁守彬、高德举、杨存生、穆奎彬、李风武、荣桂有、高德忠、刘彬、高洪军。

(3) 春节保卫领导小组怎么成立?

组长：祁凤元；

副组长：崔玉海；

成员：李世江、彭宪合、穆凤忠。

共 5 人组成。

具体值班日期是:

阴历日期:	28	29	30	1	2	3	4
姓　名	祁凤元	崔玉海	张明德	张明德	王永	王永	祁凤元
具体民兵每夜两人队别是:	5 队	5 队	6 队	6 队	6 队	7 队	7 队

(4) 如何征收社员欠的合同上写的 82 年度应交的大牲口价款?

1. 1 月 31 日主动交的不计利息。

2. 2 月 10 日前交清 82 年应交数,从 82 年 10 月到 83 年 1 月计算 4 个月利息,每 100 元每月利息 5 角。

3. 2 月 11 日以后再交的每 100 元每月利息 1 元计算。

(5) 社员推欠款怎么收?

1. 2 月 10 日以前交的不计利息。

2. 2 月 11 日以后再交的,从 83 年 2 月开始计算利息,每 100 元每月利息 0.50 元计算。

(6) 生产队的大牲口价款如何使用?

1. 社员借款必须用于畜牧业。

2. 优先解决重点户、专业户、联合体户。

3. 社员向生产队借款必须是不欠大牲口价款也不欠拖欠款的户。

4. 必须经社员会讨论同意,由队长开条,大队审查后签订合同,但必须守信合同。对违犯合同者利息加一倍。

83 年 2 月 14 日

召开两委扩大会议

参加人员:

张明德(√)、王永(√)、刘艮(√)、崔玉海(√)、祁凤元(√)、彭宪兰(√)、高有(√)、张玉林(√)、王立新(√)、杨海荣(√)、穆凤忠(√)、穆奎有(√)、薛廷甫(√)、高德清(√)、邵德文(√)。共 15 人。

讨论记录:

(1) 张明瑞用小后沟的柳树怎么做价?

(与会人员检查结果是:1 节大头 1.4 尺,2 节大头 1 尺,3 节大头 8 寸,还

有 2 节小梢）

会议一致认为配一个一等的价为 90.00 元；配一个三等的价为 50.00 元。

因为不够两个的底，这棵树共价为 120 元整。

（2）咱们大队唱不唱戏？如果剧团外出是否赁给戏装？

咱大队决定从初三到初五日共唱三天。

王永、祁凤元、刘良负责全面掌握。

大队集体开伙。具体开支由他们三人根据情况办。

做饭的：薛廷甫、邵德文、高有、彭宪兰、张玉林。

生火的：杨海荣、崔玉海。

烧水的：穆凤忠、王立新。

做豆腐的：穆奎有、高德清。

开戏时间：白天：11:30 点；晚上：6:30 点。

唱戏服务人员用工情况

83 年 2 月

姓　名	15 日	16 日	17 日	18 日
张明德	1	1	1	1
王　永	1	1	1	1
刘　良	1	1	1	1
崔玉海	×	1	×	1
彭宪兰	×	1	1	1
高　有	×	1	1	1
张玉林	×	1	1	1
王立新	×	1	1	1
杨海荣	×	1	1	1
穆奎有	×	1	1	1
穆凤忠	×	1	1	1
薛廷甫	×	1	1	1
高德清	×	1	1	1
邵德文	×	1	1	1
合　计	3	14	13	14

(清)

83 年 3 月 3 日 1 天

召开两委扩大会议

参加人员:

张明德(√)、王永(√)、崔玉海(√)、刘良(√)、彭宪兰(√)、高有(√)、张玉林(√)、穆奎有(√)、穆凤忠(√)、薛廷甫(√)、高德清(√)、郤德文(√)。共 12 人。

会议首先由公社武书记讲关于“开展五讲四美三热爱的文明礼貌月”活动的意见和公社安排。大队如何制定措施。致富户和文明户怎么确定和召开座谈会。计划生育突击月如何开展。40 岁以下两个孩子以上必须手术,在突击月中手术人要占总数的百分之七十,一个孩子的上环率占百分之九十。关于盖房问题,公社已三令五申讲政策,仍坚持上级指示,几年内一律不准占包产地盖房。如用闲散地盖必须县批准。关于林木的爱护必须加强。就畜牧业必须结群放牧。使用阿普隆 82 年效果很好,今年要大力使用,要做好计划数。

讨论记录:

(1) 文明户怎么定?

1. 郭占熬、杜万林、张文贵、张文有。共 4 户。

2. 王永、马朋、张玉林、马清合。共 4 户。

3. 张文明、王立新、张军、王志文、张明德。共 5 户。

4. 崔玉海、王文清、杨宝福、李树林。共 4 户。

5. 杨宝忠、高桂有、彭宪忠、杨宝喜。共 4 户。

6. 穆奎有、穆奎军、穆永生、穆凤海。共 4 户。

7. 张明海、尤长贵、张明瑞、李风龙。共 4 户。

8. 李付江、李付合、高洪有。共 3 户。

9. 刘良、刘军、高德仲、高德仕、高祥彬、高德清。共 6 户。

10. 孙富怀、李宪成、王占奎、范世明。共 4 户。

总共 42 户。

文明户标准要求:

1. 家庭和睦,孝敬老人。

2. 以礼待人,语言美。

3. 讲究卫生,环境美。

4. 讲道德，心灵美。

5. 遵纪守法，行为美。

6. 努力做到三热爱。

五讲：文明、礼貌、卫生、秩序、道德。

四美：心灵、语言、行为、环境。

(2) 五讲四美三热爱领导小组怎么成立？

大队两委和十名生产队长共 16 人组成。

(3) 如何解决脏乱差？

侧重抓好脏。

(4) 解决脏字的措施？

1. 每个生产队开支色纸两张，墨水 1 瓶，毛笔 1 支。

2. 街道卫生(包括垃圾堆的管理存放)，以生产队为单位(一片多队的由生产队长自分地段)，通过检查给生产队长挂牌“环境卫生检查”牌。

3. 给社员户户制“环境卫生检查”牌。一年分多次进行检查。用“红、粉、黄”纸。鉴定好、中、差。

4. 第一次大检查，时间定为 3 月 10 日。

(5) 致富户、文明户的座谈会怎么开？

决定 3 月 5 日召开群众大会。

3 月 6 日召开致富户、文明户联合座谈会，要求每个队致富户、文明户各出一名代表，把措施和要求带来。

(6) 护林员高祥失职，再确定谁？

决定张文科。

(7) 现在有张文有要求寿材 2 口；

张树生要求寿材 1 口；

高洪举要求寿材 1 口；

穆奎军要求寿材 1 口；

穆凤忠要求寿材 1 口；

张明生要求寿材 2 口；

李富江要求寿材 1 口；

高德清要求寿材 1 口。

共 10 口怎么办？

决定王永、高有、穆凤忠、高德清，共 4 个人，通过检查柳树，下次会议审查酌情审批。

唱戏用工

83 年 3 月

姓　名	18 日	19 日	20 日	21 日	22 日
张明德	1	1	1	1	×
王　永	1	1	1	1	1
刘　良	1	×	1	1	1
王立新	1	1	1	1	1
杨海荣	1	1	1	1	1
穆奎有	1	1	1	1	1
穆凤忠	1	1	1	1	1
薛廷甫	1	1	1	1	1
高德清	1	1	1	1	1
张海军	1	1	1	1	1
高　普	×	1	1	1	1
彭宪兰	×	1	1	1	1
张玉林	×	×	1	1	1
崔玉海	×	×	1	1	1
合　计	10	11	14	14	13

(清)

83 年 3 月 28 日

召开两委扩大会议

参加人员:

公社:卜军同志。

张明德(√)、刘良(√)、崔玉海(√)、彭宪兰(√)、高有(√)、张玉林(√)、穆奎喜(√)、杨海荣(√)、穆奎有(√)、穆凤忠(√)、薛廷甫(√)、高德清(√)、郤德文(√)。共 13 人。

会议开始由卜军同志把“王之彦同志在林业工作会议上讲话”进行了学

习，然后进行讨论：

(1) 公社分配咱大队春季造林 3 万株怎么搞？

经过讨论决定：31 日大队两委、生产队长到沟门后地苗圃，首先搞清苗圃内能出多少树苗，二是彻底搞清去年栽的树地带内，因死而需要补多少棵。然后确定今年栽树地点。

初步核算：按实有人口每人分配栽树 30 株，占地每人给 2 分。

(2) 大队的瓦窑怎么出？

决定 29 日出窑。1—7 队每队 2 个人。8 点钟正式劳动。

最后由刘艮给会与人员共同学习了“宪法”。

用工记录：

(1) 3 月 23 日检查林坡：

王永(√)、王立新(√)、杨海荣(√)、穆奎有(√)、穆凤忠(√)、薛廷甫(√)、张海军(√)、崔玉海(√)、张玉林(√)、彭宪兰(√)、高有(√)、。共 11 人。

(2) 3 月 30 日检查坡：

王永(√)、崔玉海(√)、高有(√)、张玉林(√)、王立新(√)、穆奎喜(√)、杨海荣(√)、穆奎有(√)、穆凤忠(√)。共 9 人。

(3) 3 月 31 日划分造林地点：

王永(√)、崔玉海(√)、彭宪兰(√)、刘艮(√)、高有(√)、张玉林(√)、王立新(√)、穆奎喜(√)、杨海荣(√)、穆奎有(√)、穆凤忠(√)、薛廷甫(√)、高德清(√)、郤德文(√)。共 14 人。

(4) 1 月 25 日开护林小组会议 1 天：

王永(√)、高有(√)、张玉林(√)、王立新(√)、穆凤忠(√)、杨海荣(√)、穆奎有(√)、郤德文(√)、薛廷甫(√)、崔玉海(√)。共 11 人。

(5) 3 月 4 日检查柳树：

王永(○)、高有(○)、穆凤忠(○)、高德清(○)。共 4 人。

(已重复)

(6) 6 月 7 日卸电杆 13 棵：

张明德(√)、高洪军(√)、张桂元(√)、张玉军(√)、彭正德(√)、梁树江(√)、穆奎明(√)、李天降(√)、高德文(√)。共 9 人。

(7) 6 月 17 日立高压杆：(半天)

张万贵(√)、郭文军(√)、张万山(√)、王永(√)、王俊(√)、高洪文(√)、马清合(√)、张明德(√)、吴国瑞(√)、郤桂合(√)、张文彬(√)、崔玉海(√)、张树生(√)、康登明(√)、张富(√)、韩志文(√)、张玉海(√)、高德仲(√)三人(彭正德、韩志忠、张文桂)、高德仕(√)(张海江)、高德明(√)、高德清(√)、高世军(√)、高德近(√)、杜宪德(√)、高德忠(√)、刘艮(√)、刘彬(√)、高德武(√)、高照明(√)、高祥清(√)、高洪雨(√)、高洪海(√)、高洪章(√)、郤文海(√)。共 37 人。

83 年 4 月 3 日下午

召开两委扩大会议

参加人员：

张明德(√)、王永(√)、刘艮(√)、崔玉海(√)、高有(√)、张玉林(√)、穆奎喜(√)、杨海荣(√)、穆奎有(√)、穆凤忠(√)、薛廷甫(√)、高德清(√)、郤德文(√)。共 13 人。

讨论记录：

(1) 公社让大队成立造林领导小组，怎么成立？

组长：王永；

副组长：崔玉海；

成员：刘艮和十个生产队长。

共 13 人。

(2) 今年栽树怎么搞？

1. 83 年现在所栽之树，归全大队所有。

2. 公路两侧栽两行，每个劳动力栽 20 株，凡成活率达 80%，大队给认二个工。

标准质量：坑长 1.5 尺，宽 1 尺，深 1 尺。每坑 1 担土 1 桶水，踩实。

各队长负责本队的质量检查。

大队干部负责是：

祁凤元负责 6、4 队；

王永负责 7、3 队；

张明德负责 2、8 队；

刘艮负责 9、1 队；

崔玉海负责 10、5 队。

	1	2	3	4	5	6	7	8	9	10	计
分地劳动力数	27	25	32	27	22	27	17	12	24	28	241
给栽树劳力数	26	23	30	25	20	26	16	11	22	27	226
现有人口	100	103	139	126	92	111	77	62	100	92	1 002
抽签	8	5	4	2	10	1	3	6	7	9	

(3) 按各队实有人口，大队指定地点，每人栽树 4 株。

(4) 对不栽树者，发的树苗交回，每株交款 0.20 元，由生产队长负责收款，款交大队由大队另安排雇人栽。

(5) 发给生产队的树苗栽不够，每株树交钱 0.10 元，款由生产队开支。

(6) 去年栽的树已死，今年需补。最后决定由 5 队负责补完。

植树造林用工

83 年 4 月

姓　名	4 日	5 日	6 日	7 日	8 日	9 日	合　计
张明德	1	1	1	1	1		5√
王　永	1	1	1	1	1		5√
崔玉海	1	1	×	1	×		3√
刘　良	1	1	1	×	1		4√
高　有	1	1	1	1	1		5√
张玉林	1	1	1	1	1		5√
王立新	1	1	×	×	1		3√
穆奎喜	1	1	1	1	1		5√
杨海荣	1	1	1	1	1		5√
穆奎有	1	1	1	1	1		4.5√
穆凤忠	1	1	1	1	1		5√
薛廷甫	1	1	1	1	1		5√
高德清	1	1	×	×	1		3√
郤德文	×	1	×	×	×		1√
杨文国	1	×	×	1	×		2√

(抄)

83 年 4 月 16 日 1 天

召开两委扩大会议

参加人员：

张明德(√)、王永(√)、高有(√)、张玉林(√)、王立新(√)、穆奎喜(√)、杨海荣(√)、穆奎有(√)、穆凤忠(√)、薛廷甫(√)、高德清(√)、郤德文(√)。共 12 人。

会议由王永传达了公社召开的大队书记大队长会议"关于划分林坡问题"及当前生产等问题。

讨论记录：

(1) 咱大队林坡划分领导小组怎么成立?

组长：张明德；

副组长：王永、祁凤元、崔玉海；

成员：刘良、彭宪兰和十个生产队长。

共 16 人。

因现在已开始春种，安排从 5 月 1 日开始。

(2) 县已批示咱队砍伐 27 立方椽、杂杆怎么安排?

	1	2	3	4	5	6	7	8	9	10	计
椽(根)	100	103	139	126	92	111	77	200	100	200	1 248
杂杆(套)	250	260	350	320	230	280	220	30	250	230	2 400

椽子是一半杨的一半桦的，4 米长。

杆要 6 尺的和 7 尺的。树种是除杨、桦木之外一律都行。

(3) 后地的育苗怎么搞?

按各队的实有人口计算，每 10 人出一个工，大队出证明回生产队记工，秋后按人口摊。

	另行树作价	总亩	其中				放牧
			幼林	疏林	成林	经济林	
准备放	135	8 200	500	3 420	1 400	2 880	
大队留		1 860	760	500	400	200	
全大队							7 250

（1）在 5 月 8 日扩大会议上搞林业方案：

（2）砍椽和杂杆生产数量的分配：

	1	2	3	4	5	6	7	8	9	10	计
椽	30	30	40	40	30	35	25	20	30	30	310
杂杆（套）	100	100	140	130	100	110	90	60	100	100	1 020

5 月 11 日—12 日两天生产。

83 年 4 月 22 日

往夭子沟立杆用工

大队：王永（√）、祁凤元（√）；

1 队：郭文军（√）、张万富（√）、高海军（√）。

2 队：杜贵山（√）、高祥春（√）。

3 队：冀文富（√）、李志彬（√）。

4 队：王海江（√）、高富（√）。

5 队：张玉彬（√）、高德秀（√）、高德彬（√）。

9 队：高德仲（√）、高庆军（√）、高庆忠（√）、高德仕（√）、杜宪德（√）、高照明（√）、高德明（√）、高德进（√）、高世军（√）、高德清（√）、高洪章（√）、高洪海（√）、高洪宇（√）、高德忠（√）、刘彬（√）、邵文海（√）。

10 队：崔玉祥（√）、吕桂武（√）、杨文德（√）、吕桂军（√）、杨文国（√）、邵德武（√）、范德亮（√）、范德军（√）、李桂海（√）、韩宪江（√）。

总共 40 人。

83 年 5 月 8 日 1 天

召开两委扩大会议

参加人员：

公社：李德成。

张明德（√）、王永（√）、崔玉海（√）、刘良（√）、高有（√）、张玉林（√）、王立新（√）、穆奎喜（√）、杨海荣（√）、穆奎有（√）、穆凤忠（√）、高德清（√）、邵德文（√）。共 13 人。

会议中心是搞林业生产责任制方案。

分坡上山用工：

5月份

姓　名	21号	22号
王　永	1√	1√
祁凤元	1√	1√
崔玉海	1√	1√
刘　良	1√	1√
高　有	1√	1√
张玉林	1√	1√
王立新	1√	1√
穆奎喜	×	1√
杨海荣	1√	1√
穆奎有	1√	1√
穆凤忠	1√	1√
薛廷甫	1√	1√
高德清	1√	1√
郜德文	1√	×
合　计	13	13

83年5月20日1天

召开两委扩大会议

参加人员：

公社：张殿恒、高德成。

张明德(√)(半天)、王永(√)、祁凤元(√)、刘良(√)(半天)、崔玉海(√)、高有(√)、张玉林(√)、王立新(√)、穆奎喜(√)、杨海荣(√)、穆奎有(√)、穆凤忠(√)(半天)、薛廷甫(√)、高德清(√)。共14人。

讨论记录：

(1) 分坡以什么时间卡人口？以5月20日卡住。怎么计算分坡人数？16—60岁男性为劳动力算1口人。人口和劳动力相加为分坡人。

	1	2	3	4	5	6	7	8	9	10	计
人口	102	105	139	128	95	122	83	62	100	95	1 031
劳动	33	30	37	36	25	40	19	14	24	33	291
合计	135	135	176	164	120	162	102	76	124	128	1 322

今天下午—22 号上坡实地观察。

23 号集中到大队，将林坡放到十个队。

83 年 5 月 23 日

召开两委扩大会议

参加人员：

公社：张殿恒。

张明德(√)、王永(√)、刘良(√)、崔玉海(√)、祁凤元(√)、高有(√)、张玉林(√)、王立新(√)、穆奎喜(√)、杨海荣(√)、穆奎有(√)、穆凤忠(√)、薛廷甫(√)、高德清(√)。共 14 人。

会议重点是搞分坡。通过抓球决定：

(3) 零星树 227 株，作价 2 309 元，怎么处理？

张榜公布，可以争议，下次会议再定。

(4) 韦子沟坝台地怎么种？

包给薛廷甫。

包产 100 斤，指 83 年一年的，如一点不收，秋后根据情况再定。

(5) 给怀来东八里韩普的椽怎么办？

1、2、3、4、5、6、7、8、9，共 9 个队，每队 20 根，在 5 月 25 日完成。

(1) 分坡情况：

队别	成林		幼林	疏林	
	1 等	2 等			
1	抢脖沟 30、车厂沟 100	干沟大北沟 70		抢脖沟 50、干沟大北沟 30、石炭夭洼 10、决菜沟 5、车厂沟 100、大北沟 100	295
2	庙南沟 50、抢脖沟 70	干沟大北沟 70		干沟大北沟 30、粗留沟 15、桦树背 10、小北沟 50、三尖地沟 30、抢脖沟 100、水泉沟 30、小林干沟 50	325

续 表

队别	成林		幼林	疏林	
	1等	2等			
3	破庙沟50、瓦夭沟150	干沟大北沟60	炭夭沟50	干沟大北沟20、炭夭沟150、围子沟30、外头洼100、破庙沟25、勺子沟100、王八沟20	445
4	大杨树沟100、破庙沟50	小北沟50、长脖沟110	长脖沟50	破庙沟25、围子沟30、骆驼坡沟50、大杨树沟60、阴坡地200	365
5	庙南沟110	长脖沟60	小东沟50	庙沟50、小东沟150、长脖沟50、石门沟50	300
6	大杨树沟150	长脖沟80	歪脖沟100	歪脖沟200、少子沟10、大杨树沟90、朝天洼100	400
7	庙南沟90	双腰沟50	小南沟50	小西沟50、双腰沟100、小南沟20	350
8	小杨树沟50	大南沟50	大南沟100	大南沟200、后沟50、小杨树沟50	300
9	四亩沟100	水泉沟80、大南沟50	四亩沟100、水泉沟40	大南沟100、四亩沟100、水泉沟80、夭沟大北沟50	330
10	大南沟100	抱于沟50、黑土洼50	大后沟	黑土洼100、大南沟50、抱于沟50、东黄于桶往西120	320
合计	1 200	830	590	3 430	3 430

(2)经济林分坡:

队别		
1	大北沟100、车厂沟100、双腰沟门到水沟掌后沟70	共270
2	三尖地沟70、水泉沟70、小北沟50、抢脖沟100	共290
3	王八沟50、勺子沟100、炭夭沟50、干沟的丁山沟二亩沟小北沟160	共360
4	骆驼垠沟150、小北沟50、破庙沟50、干沟夭后沟80	共330
5	庙沟100、石门沟50、长脖沟50、四亩沟50	共250
6	大杨树沟100、歪脖沟100、獐虎沟30、五方沟50、大官材沟少马沟40	共320
7	双腰沟200、小南沟50	共250

续　表

队别		
8	后沟 50、小杨树沟 30、大南沟 100	共 180
9	小北沟 50、大北沟 200	共 250
10	干沟大北沟 200、抱于沟 50、大南沟 50	共 300
合计		2 800

用工记录：

(1) 6 月 6 日确定分坡的分界线：

王永(√)、郭占熬(√)、张玉林(√)、王立新(√)、穆奎喜(√)、杨海荣(√)、穆奎有(√)。共 7 个人。

(2) 6 月 10 日大队开会半天和 6 月 12 日分坡 1 天用工：

姓　名	6 月 10 日	6 月 11 日
王　永(√)	半	1
刘　良(√)	半	1
高　有(√)	半	×
张玉林(√)	半	1
王立新(√)	半	1
穆奎喜(√)	半	1
杨海荣(√)	半	1
穆奎有(√)	半	1
穆风忠(√)	半	1
薛廷甫(√)	半	1
杨文国(√)	半	×
崔玉海(√)		1
彭宪兰(√)		1
祁凤元(√)		1
合　计	共 11 人	共 12 人

(3) 6 月 11 日晚开会：

王永(√)、崔玉海(√)、彭宪兰(√)、穆奎喜(√)、杨海荣(√)、穆奎有

(√)、穆凤忠(√)。共7个人。

(4) 夜间查林业用工：

4月17日夜：王永(1天)、穆奎有(1天)、杨海荣(半天)。

6月份：王永16—18日夜间两次合两天；张明德19—20日夜间两次合两天。

(已制表付工资)

(5) 6月23日上午开两委会议(冯清山传达当前公社工作安排)

参加人员：

张明德(√)、王永(√)、刘艮(√)、彭宪兰(√)、崔玉海(√)。共5人。

(6) 祁凤元输电从6月19日到28日，共计9天。

(已制表付工资)

(7) 从6队场院房往大队抬水泥的20袋：

穆奎亮(√)、李风成(√)、荣连有(√)、木海成(√)。共4个人。

(8) 穆永生(√)7月10日往东瓦夭大队送电影人、驴工。

(9) 董成瑞(√)7月31日往碾子湾送电影人、驴工。

(10) 祁凤元(√)7月30日公社开公安会1天。

(11) 韩志文(√)8月16日往罗车铺送电影人、驴工。

(12) 祁凤明(√)9月8日给学校修门窗木工1个。

83年6月24日下午半天

召开队长会议

参加人员：

张明德(√)、王永(√)、刘艮(√)、王立新(√)、穆奎喜(√)、杨海荣(√)、穆奎有(√)、穆凤忠(√)、高德清(√)。共9个人。

传达公社领导讲：

一、林业生产责任制问题：

(1) 继续分坡，抓紧填表，在月底以前填完，一式三份。制定林业制度(大队留的，下放的)。

(2) 造林整地：自留山和责任山上挖坑(可顶义务工)。

二、防洪防汛工作：

(1) 村头地边的坝要加固。

(2) 检查和修理危险房屋，学校、队房在内。建立防汛领导小组，成立抢险队。

(3) 公社给 15 袋水泥，维修公路。

三、文明村、文明户的建设问题：

(1) 在 6 月底完成对文明村、文明户、致富户、重点户的检查验收工作（按六条标准达到几条，要致富户的落实情况）。

(2) 建立文化室。

几个具体事：

1. 评比优秀党员，先进党小组；

2. 党员排队（好、中、差）；

3. 党支部上半年的工作总结。

会议安排

(1) 分坡情况：

		1	2	3	4	5	6	7	8	9	10	计
已分	到户											
	到组	4	3	3	3	6	3	3	3	4		

(2) 防汛组织怎么建？

组长：王永；

副组长：崔玉海、祁凤元；

成员：刘艮、彭宪兰和十个生产队长。

共 15 人，组成“防汛领导小组”。

(3) 如何抓电的安全？

大力宣传，杜绝孩子上电杆掏雀。

(4) 文明户如何验收？

队别	1	2	3	4	5	6	7	8	9	10	计
实有户数					22	24	19				
达到文明户数	10	9	10	10	15	17	14	5	10	10	110

83 年 6 月 1 日搞

苏寺大队党员年龄情况

张宝斋 65、赵玉兰 27(小学)、杜万林 43、马淑兰 51、高文 26(高中)、王登明 65、杜桂山 34(高小)、高祥 53、张玉林 55、赵存德 67、李正林 53、李淑兰 56、李世江 28(高中)、郤文明 76、张仲秀 77、张明德 46、王立新 33(初小)、徐桂兰 53、王志文 53、张立新 36、王文清 56、李玉兰 52、郝元 74、崔玉海 28(初中)、赵永奎 76、高桂有 53、高秀连 27(初中)、祁凤元 36、韩志品 44、李天降 75、穆凤忠 39、张文忠 66、张明春 37、尤长贵 66、李风武 26(初中)、薛风桐 68、高德近 36、郤政明 64、杨存秀 49、范成才 63。共 40 人。总年龄为 2 032 岁。平均年龄 50.8 岁。

上报:

25 以下	26—35	36—45	46—55	56 以上
	8 人	7 人	10 人	15 人

摊而不付工资的工

83 年 7 月 12 日抄

	1	2	3	4	5	6	7	8	9	10	合计
后地育苗	10	10	14	12	3	3	2.5				54.5
搞松育苗					2	5	5				12
栽落业松 10 月 22 日	15	17	22	20	13	16	10	8	15	14	150
栽落业松 10 月 23 日	5	4	7	7	11	8	4	10	15	15	86
合计	30	31	43	39	29	32	21.5	18	30	29	302.5
				128	95	109	84	61	101	94	1 021
						22	25	18	30	28.5	296
										5	3.5
											3.5

83 年 7 月 12 日 1 天

召开扩大会议

参加人员:

公社：师建中。

张明德(√)、王永(√)、高有(√)、张玉林(√)、王立新(√)、穆奎喜(√)、杨海荣(√)、穆奎有(√)、穆凤忠(√)、薛廷甫(√)、高德清(√)、郤德文(√)。共 12 人。

会议开始学习六届人大和六届政协会议文件。传达了 7 月 5 日公社召开大队书记,队长会议的精神。(林业生产、农业生产防汛工作、计划生育等)公布了砍杂杆、椽的情况。发砍杆和椽的工资。下午师建忠传达林业生产,然后讨论：

(1) 公社给油松籽 40 斤,怎么搞育苗?

同意师建忠的意见,决定大队统一搞在大队留的油松山上。决定 7 月 13 日有 5 队出 4 人,6 队出 4 人,有王永负责整地。然后有王永根据需要和 5、6、7 队要林业,摊而不付工资的亏工,育好 2 亩油松育苗。

(1) 造林整地公社分给咱大队任务 2 000 亩怎么搞?

把原整挖的,栽而没活的地带再重复整。

具体地点是：

1. 斜尖湾梁 50 亩；
2. 南坡 100 亩；
3. 猛虎沟小北乂 100 亩；
4. 斜尖沟南洼小后沟 100 亩；
5. 西沟西坡 80 亩；
6. 碗架板梁大地上堰 70 亩；
7. 后沟西坡 70 亩；
8. 水沟后坡 20 亩；
9. 朝天洼 100 亩；
10. 南坡 70 亩。

大北南山一带有 350 亩,韦子沟和双埌有 100 亩,共 450 亩。

总共全大队有 1 210 亩。

在 7 月底以前由生产队长负责,利用雨后时间,进行整修完毕。

(3) 计划生育工作如何落实?怎么安排?

手术室：6 队队房两间。

做饭人：杜永科、穆奎仕。

生活管理：大队具体安排,刘艮总管。

领导力量怎么配备:大队两委生产队长全力以赴。

对手术者的待遇怎么定:听公社意见,下次会议再定。

手术对象查核:按户口查。

计划生育情况

83年7月12日

队别	82年登记表人数	退出	新增	实有人数	已手术	41至46岁人数	未生育人数	1孩人数	手术对象
1	11		郭文江、张万江、杜宪英	14	5	2	2	高　文、张文桂、杜宪英	张文合、张文有
2	15		高德富、马清合	17	4	4	2	罗　瑞、罗　彬	高德发、罗　军、王　俊、罗　有、马占有
3	24	王铁强、张海江	李世江	23	12	1	1	张海祥、吴国瑞、张连荣、张　军、赵文祥	王铁军、王立新、张文彬、祁守相
4	20		包宪文	21	6	2	1	李世海、李世合、郝存仕、王海江、康登明	杨宝善、康登秀、杨宝山、张文生、彭宪军、高洪武、张树生
5	17			17	5	3		彭宪忠、祁守彬、高德举、高德祥	韩风明、韩志文、韩志忠、韩风有、张　富
6	17			17	7	2	2	田秀文、梁树江、高德彬	高德品、梁树海、穆奎仕

续 表

队别	82 年登记表人数	退出	新增	实有人数	已手术	41 至 46 岁人数	未生育人数	1 孩人数	手术对象
7	10	高洪元	李树合	10	4	2	1	李风龙、李风武、荣桂有	
8	8			8	7	1			
9	16	高德仲	高庆军	16	4	1	1	刘　彬、高德忠、高洪合、高洪军	刘　良、郤文海、高洪宇、高德近、杜宪德
10	13			13	4	1		吕桂武、郤德武、韩宪江、薛德斌、崔玉江	郤德文、吕桂军、范世亮
合计	151			156	58	19	10	34	35

（4）大队的防汛领导小组，已在 6 月 24 日扩大会议上成立，就防汛突出抢险队怎么成立？

生产队成立小分队。

队别	队　长	成　　员	共计人数
1	高　有	罗成、张万国、张文桂、张万合、高占、郭文海、张文合、张文有、张万江	10
2	张玉林	高德生、王良、李桂存、罗有、杜桂山、罗瑞、马朋、马清合	9
3	王立新	吴国兴、张连合、张文富、赵文祥、李世江、吴国瑞、祁守合、郤桂合、张文彬、李玉江	11
4	穆奎喜	李世海、张万力、郝存仕、高洪运、郝军、李世合、邵金瑞、王海江、王进瑞、张文生	11
5	杨海荣	高德秀、张玉斌、张玉海、祁守彬、杨海军、韩桂军、高德彬	8
6	穆奎有	穆奎亮、杨存瑞、彭宪武、梁树江、高德兴、杨存生、彭宪合、田秀文、木海军、穆风德、穆奎军	12

续 表

队别	队 长	成 员	共计人数
7	穆凤忠	张明生、荣桂有、李树合、李风武、高德文、张风祥、李风龙、李风军、李树廷	10
8	薛廷甫	薛英方、张天富、高德方、高洪如、高洪有	6
9	高德清	高庆军、高德近、高洪军、高玉、高德忠、杜宪德、高洪宇、邰文海、高洪海	10
10	邰德文	范德军、张海彬、李桂合、范德亮、杨文国、张海军、李桂江、范世亮、吕桂军、崔玉祥	11
共计			98

以广播喇叭和送信为号。保住本生产队,听大队统一指挥。各分队召开会议,明确任务。对房屋护村坝、护地坝要加固,杜绝人畜和财产受损失。

(5) 文明户全大队为 110 户,文明村是苏寺片。致富户 60 户。上半年已过,按公社指示要验收,在 6 月 24 日扩大会已安排。就检查验收问题何时汇报?

各生产队在 7 月 15 日前一定要检查验收完毕,听候大队通知,到大队汇报情况。

(6) 党员会议何时开?

定 7 月 15 日召开。大队不另行通知。

(7) 瓦窑到底搞不搞?

决定搞。就搞几窑的问题,7 月 15 日开扩大会,根据各队长带来的社员生产队需用砖瓦数再定窑数。

(8) 公社给水泥一吨,让维修沟门南营头过水路面,怎么搞?

现在正是汛期,汛期过后搞。

(9) 咱大队的管辖,内的公社公路是定专人维护,还是怎么护?

汛期过后,全劳动力全力以赴突击垫。

83 年 7 月 17 日 1 天

召开两委扩大会议

参加人员:

张明德(√)、王永(√)、刘良(√)、崔玉海(√)、彭宪兰(√)、高有(√)、张玉林(√)、王立新(√)、穆奎喜(√)、杨海荣(√)、穆奎有(√)、穆凤忠(√)、高德清(√)、郜德文(√)。共计 14 人。

会议中心解决:“致富户的落实验收情况”;“文明户的落实验收情况”;“社员需用砖瓦数和怎么搞瓦窑”;“计划生育要落实到人和做思想工作”;“党员会提出的:(1) 林木乱砍乱伐;(2) 破坏集体财物;(3) 社会上乱”。

落实情况是:

(1) 致富户验收情况

83 年 7 月 17 日

队别	户数			有把握的					达不到的
	原安排	新增	合计	养羊 50 只以上	户产万斤	人均 300 元	5 头以上大牲口	合计	
1	6		6	3	1	1	1	6	
2	8	1	9	1		5	3	9	
3	9		9	1		7		8	1
4	6		6	1		4		5	1
5	7		7	2		2	1	5	2
6	4	2	6	2	1	1		4	2
7	5		5			3		3	2
8	3		3			2		2	1
9	6	4	10	2		7	1	10	
10	6		6			3	1	4	2
合计	60	7	67	12	2	35	7	56	11

(2) 文明户验收情况

83 年 7 月 17 日

队别	户数	达到标准					
		1	2	3	4	5	6
1	10	10	10	10	10	9	10
2	9	9	9	9	9	5	9

续 表

队别	户 数	达 到 标 准					
		1	2	3	4	5	6
3	10	10	10	10	10	10	8
4	10	10	9	3	2	1	10
5	15	15	14	15	15	9	10
6	17	17	17	16		14	9
7	14	14	13	13	2	11	8
8	5	5	5	5	2	5	5
9	10	10	10	10	10	10	8
10	10	10	10	8	8	9	6
合计	110	110	107	99	68	83	83

(3) 7 月 12 日扩大会议定搞瓦窑。按各队报社员和生产队,共需砖 37 720 块,瓦 8 300 块。到底搞几窑?怎么办?

高德清提出社员打不起柴火,不同意搞瓦窑。

1. 订正各队给柴火数:

1	2	3	4	5	6	7	8	9	10	合计
×	×	×	300	300	300	300		×	×	

经过讨论 4—6 队表示也不交柴火啦。

会议决定:瓦窑不搞了。

处理旧房和瓦房瓦。

旧瓦每 1 000 块价 22.00 元,木头按质作价。

王志文办鸡场,满足他的需要,他需要数从现在起由他管理,使用期不收赁费。

砖坯每块 1.5 分,瓦坯每块 7 厘。

不论瓦、木头、和坯子一律交现款,不赊。

2. 负责处理人怎么定?

张明德、王永两人。

(4) 对党员会提出的问题怎么办?

就林木乱砍乱伐倒卖问题,张明德的意见由王永代表管委会明天向公社领导面谈,要求公社解决。其余 13 人表示大队解决。

最后决定:

成立林木处理小组:

组长:王永;

副组长:祁凤元、崔玉海;

成员:刘良、彭宪兰和十个生产队长。

共 15 人组成。

安排问题:

18 日晚上开社员会(以队或片)。

19 日晚上党员会、骨干座谈会。

20 日晚上党员的骨干社员的骨干座谈会,划圈。

21 日以后大队安排汇报碰头会议。

83 年 7 月 28 日下午半天

召开两委扩大会议

参加人员:

公社:刘主任、小闫。

张明德(√)、王永(√)、崔玉海(√)、祁凤元(√)、彭宪兰(√)、张玉林(√)、王立新(√)、穆奎喜(√)、穆奎有(√)、穆凤忠(√)、薛廷甫(√)、高德清(√)。共 12 人。

首先由刘主任、小闫讲明计划生育工作的来意。

然后讨论:

(1) 公社工作队和手术队的住宿地点如何安排?

干部住宿:董成瑞、彭宪兰、尤长贵、和客室。

(2) 手术人的住宿地点如何安排?

杜永科、杨宝忠、田秀德、穆凤德、李富海、荣桂有。

(3) 对手术者的营养补助怎么定?

营养补助费不分受罚不受罚,每人给 15 元。每人给白糖 2 斤。公社给白面 5 斤,大队用病号面给 5 斤,共计每人给 10 斤,自己拿米,我们大队出换白面找价。

(4) 大酱供销社没有怎么办?

由彭宪兰负责买 5 斤,每斤定价 0.25 元。

(5) 就山药、黄瓜、豆角、猪肉怎么解决?

山药 8 队解决 50 斤,每斤 7 分;

豆角 2 队解决 30 斤,每斤 0.10 元;

黄瓜 3 队解决 20 斤,4 队解决 20 斤,每斤 0.08 元;

猪肉 1—9 队每队 2 斤,共 8 斤,每斤 1.30 元。

王永报处理瓦房

83 年 8 月 2 日

(1) 王文清檩 14 根,其中菜木 9 根,椽:长 43 根、桦好 37 根、桦次 15 根,柱子 8 根。

(2) 马明檩 15 根,其中菜木 10 根,椽:长 48 根、桦好 29 根、桦次 8 根,柱子 8 根。

(3) 王永檩 14 根,其中菜木 11 根,椽:长 33 根、桦次 15 根,柱子 4 根。

(抄)

计划生育用工

83 年 7 月

(1) 7 月 28 日去合达营买粮、菜,马明人、驴工。

(2) 7 月 29 日做豆腐,张艮半天。

(3) 7 月 29 日买烟,高洪举半天。

(4) 计划生育用工:

姓　名	29 日	30 日	31 日	1 日
张明德	1	1	1	1
王　永	1	1	1	1
崔玉海	1	1	1	1
祁凤元	1	1	1	1
刘　艮	×	1	1	1
彭宪兰	1	1	1	1

续　表

姓　名	29 日	30 日	31 日	1 日
高　有	1	×	×	×
张玉林	1	1	1	
王立新	1	1	1	1
穆奎喜	1	1	1	1
穆奎有	1	1	1	1
穆凤忠	半	1	1	×
薛廷甫	半	×	×	×
高德清	1	1	1	1
郤德文	×	1	1	1
杜永科	1	1	1	1
穆奎仕	1	1	1	1
郝存山	1	1	1	1
彭宪合	1	1	1	×
马　明	1	1	1	1
马清合	×	×	×	人、驴 1
邵金瑞	×	×	×	人、驴 1
韩志品	×	×	×	人、驴 1
高秀莲	半	1	1	1
合　计				

（已从计划生育开支中付款）

在 7 月份 1 日晚上

有公社领导大队两委生产队长会上研究：

	定　　收：
张文彬	130.00
高洪武	80.00
彭宪军	350.00
高德品	130.00

续 表

	定　收:
杜宪德	160.00
刘　军	550.00
高洪宇(交)	130.00
郤文海	220.00
吕桂军	160.00

给退:高德近(退)100.00元;刘军90.00元。

明天送手术队的胶车:

2队1个:马清合;4队1个:邵金瑞;6队1个:韩志品。

(已付款)

王永报处理瓦场的瓦

83年8月2日

(1) 郝存山2 500块×22.00元,合款55.00元;

(2) 马明500块×22.00元,合款11.00元;

(3) 高洪有2 500块×15.00元,合款37.50元(清);

(4) 高洪有2 430块×22.00元,合款53.46元(清);

(5) 高洪有600块×1.00元,合款6.00元(清);

祁守相600块×22.00元,合款13.20元;

祁守相瓦坯和砖坯子共款50.00元。

共计款226.16元。

(抄)

(1) 高洪有用杨椽共20根(清)。

83年8月3日下午半天

召开会议研究唱戏

参加人员:

张明德(○)、王永(○)、高有(○)、张玉林(○)、王立新(○)、杨海荣(○)、穆奎有(○)、穆凤忠(○)、高德清(○)、薛廷甫(○)、郤德文(○)、穆奎喜(○)。

共 12 人。

经过张海江反映了社员意见，根据“穆凤忠、穆奎有、杨海荣”的提议，经过研究，一致同意“以全大队唱”。

会议安排生产队长全上，分工为“做饭，做豆腐，做菜，烧水”等。

唱戏用工是：

姓　名	3 日	4 日	5 日	6 日	7 日
张明德	0.5	1	1	1	1
王　永	0.5	1	1	1	1
刘　良	×	1	1	1	1
彭宪合	1	1	1	1	
高　有	0.5	1	1	1	
张玉林	0.5	1	1	1	
王立新	0.5	1	1	1	
穆奎喜	0.5	×	×	×	
杨海荣	1	1	1	1	
穆奎有	1	1	1	1	
穆凤忠	1	1	1	1	
薛廷甫	1	1	1	1	
高德清	0.5	1	1	1	
郤德文	0.5	1	1	1	
杨海荣　马	×	0.5	×	×	
马明	×	1	1	1	
郝存山	0.5	1	1	1	
穆奎有　驴		0.5			磨豆腐
马明打豆腐		0.5			打豆腐
张明瑞			0.5		打豆腐
张明瑞			1		磨黄米工
合计					

（已从唱戏类开支款）

83 年 8 月 10 日上午半天

召开两委扩大会议

参加人员：

张明德(√)、王永(√)、刘良(√)、崔玉海(√)、祁凤元(√)、彭宪兰(√)、张玉林(√)、王立新(√)、穆奎喜(√)、杨海荣(√)、穆奎有(√)、穆凤忠(√)、薛廷甫(√)、高德清(√)。共 14 人。

(此工抄于林业用工了)

会议开始由各队长汇报了,7 月 17 日会议安排的"关于处理林业乱砍乱伐问题"的情况,各队一致汇报社员不说,但队长不敢负责本队没有。经过研究决定：

1. 今天晚夜由王永、崔玉海负责设卡。

2. 以生产队开社员会,再次宣布交待从宽抗拒从严。

3. 以生产队干部、党员、骨干对各户审查。

4. 明天会议按时开。

83 年 8 月 11 日 1 天

召开两委扩大会议

参加人员：

张明德(√)、王永(√)、刘良(√)、祁凤元(√)、崔玉海(√)、彭宪兰(√)、张玉林(√)、王立新(√)、穆奎喜(√)、杨海荣(√)、穆奎有(√)、穆凤忠(√)、薛廷甫(√)、高德清(√)。共 14 人。

(此工抄于林业用工去了)

会议由各生产队搞了"逐户林业审查表"

会议研究：

(1) 大队清查,还是上交?

发表意见：

同意上交的：张明德、祁凤元、穆奎有、穆奎喜、彭宪兰；

同意大队解决的：穆凤忠、崔玉海、薛廷甫、王永、刘良；

上交也行大队解决也行的：张玉林、王立新、杨海荣、高德清。

最后"原来发表上交也行,大队解决也好的"人,也表示同意大队解决。根据"少数服从多数"决定大队先搞。

(2) 是否有个搞专案的班子?

组长：王永；

副组长：祁凤元、崔玉海；

成员：刘良、张明德。

共 5 个人。

83 年 8 月 12 日 1 天

林业检查和开林业会议

参加人员：

张明德(√)、王永(√)、刘良(√)、祁凤元(√)、崔玉海(√)、彭宪兰(√)、高有(√)、张玉林(√)、王立新(√)、穆奎喜(√)、杨海荣(√)、穆奎有(√)、薛廷甫(√)、高德清(√)、穆凤忠(√)。共 15 人。

(此工抄于林业用工去了)

上午根据干部本人的要求，对干部进行检查清理。下午研究：

(1) 是否开大会？

明天下午开大会一户一名。

(2) 按 11 号成立的专案小组全参加

(3) 干部不参加林业清理怎么办？

欠 1 天扣款 2 元。

(4) 怎么设卡？

已由王永把 16 名干部分为 8 班，每班 2 夜。

(5) 怎么进行？

干部带头清理本人，先依思想教育开始，那里搞不下去，再请示公社。

83 年 8 月 14 日上午半天

召开两委扩大会议

参加人员：(见用工表)

讨论问题：

(1) 处理中如何罚款？

交待积极主动，按时交款是否减免？

一等减百分之三十，二等减百分之十，否则不减。

如何奖励揭发人？加罚部分的百分之八十。

(2) 如外查怎么给报酬？要求天数，特殊情况例外。日工资 1.50 元，日补助 2.00 元，差旅费按单据报。因病治疗费凭单据报。

由那方拿款?

			檩条		椽子		杂杆		柱子		木头	
			木头交回	罚款	交木头	罚款	交杆	罚款	交木头	罚款	交木头	罚款
林业三定			1	10.00	1	1.50	1	1.50	1	7.00	1	0.50
这次清查	自己交待	交物	1	10.00	1	1.50	1	1.50	1	7.00		
		不交物		18.00		2.70		2.10		12.00		
	揭发	交物	1	15.00	1	2.25	1	2.25	1	10.50		
		不交物		22.00		3.30		2.40		14.50		

经查和本人交待属实,由大队开支;

经查和本人交待不属实,查谁、谁拿钱。

(3) 大会中心议题是什么?

1. 林业的乱砍乱伐;

2. 造林整地;

3. 社会治安与护秋。

(4) 支部意见 8 月 15 日上午开社员代表会议,各队给推荐代表。

高普(√)、郭占熬(√)、张文贵(√)。杜桂山(√)、罗有(〇)、罗瑞(√)。张文科(〇)、李正林(√)、张立新(√)。郝元(√)、王文清(√)、梁明(√)。韩志忠(√)、杜永科(√)、张桂元(√)。韩志品(√)、田秀德(√)、穆凤祥(√)。尤长贵(√)、高洪元(√)、李树合(√)、高洪朋(√)、张天富(√)、高庆军(√)、杜宪德(√)、高洪宇(√)。吕桂武(√)、范德亮(√)、王占奎(√)。

预计 29 人。张连合。实到 26 人。

(此工已从林业清查中付款)

林业清查用工

83 年 8 月

姓名	10	11	12	13	14	15	16	17	18	22	23	24	小计
张明德	0.5	1	1	0.5	0.5	1	1	1.5	0.5 0.5	1	1△	1	10.5
王永	0.5	1	1	0.5	0.5	1	1	1.5	0.5 0.5	1	1△	1	11

续　表

姓　名	10	11	12	13	14	15	16	17	18	22	23	24	小计
刘　良	0.5	1	1	0.5	0.5	1	1	1.5	0.5 0.5	1	1△	1	11
崔玉海	0.5	1	1	0.5	0.5	1	1	1.5	0.5	0.5		1	9
祁凤元	0.5	1	1	0.5	0.5	1	1	1.5	×	0.5		1	8.5
彭宪兰	0.5	1	1	×	0.5	1	1	1.5	0.5	0.5		×	7
高　有	×	×	1	0.5	0.5	1	1	1.5	0.5	0.5		×	6
张玉林	0.5	1	1	0.5	0.5	1	1	1.5	0.5	0.5		1	9
王立新	0.5	1	1	0.5	0.5	1	1	1.5	0.5	0.5		1	9
穆奎喜	0.5	1	1	0.5	0.5	1	1	0.5 0.5	0.5	0.5		1	8.5
杨海荣	0.5	1	1	0.5	0.5	1	1	1.5	0.5	0.5		1	9
穆奎有	0.5	1	1	0.5	0.5	1	1	1.5	0.5	0.5		1	9
穆凤忠	0.5	1	1	0.5	0.5	1	1	1.5	0.5	0.5		1	9
薛廷甫	0.5	1	1	0.5	0.5	1	1	1.5	0.5	0.5		1	9
高德清	0.5	1	1	0.5	0.5	1	1	1.5	0.5	0.5		1	9
张海军							1					1	1
邵德文									0.5	0.5		1	2
合　计	14人	14人	15人	13人	15人	15人	16人	22个工	(加班)9个工	8.5个	3人	14人	137.5个

(此工已从林业清查付款)

在 8 月 14 日的两委扩大会议上：

张明德征求了王永、祁凤元、崔玉海三个小组长的下步怎么办的意见之后，张明德建议成立“苏寺大队社会治理领导小组”经与会人员讨论一致同意，具体推荐人员有：

罗有、王铁刚、罗瑞、高文、张文科、梁明、王文清、韩志品、高桂有。共 9 人。

重要事物记载：

8 月 15 日派人到古方片开会。

古方群众提出：“不要求大队解决，我们就等公安局来哩”。

(下次记录转第 25 本)

会议笔记 25

（紧接上 24 本）

苏寺大队处理塌瓦房子木头价表

83 年 10 月 22 日

<table>
<tr><td rowspan="4">用户姓名</td><td rowspan="4">总根数</td><td colspan="4">柃(棱)</td><td rowspan="4">小计款数</td><td colspan="2">柱</td><td colspan="7">椽</td><td rowspan="4">合计款数</td></tr>
<tr><td colspan="2">桦</td><td colspan="2">菜</td><td colspan="2" rowspan="2">1.20</td><td colspan="2">长</td><td colspan="2">好</td><td colspan="2">次</td><td rowspan="3">小计款数</td></tr>
<tr><td colspan="2">2.50</td><td colspan="2">1.20</td><td colspan="2">0.30</td><td colspan="2">0.15</td><td colspan="2">0.10</td></tr>
<tr><td>根</td><td>款</td><td>根</td><td>款</td><td>根</td><td>款</td><td>根</td><td>款</td><td>根</td><td>款</td><td>根</td><td>款</td></tr>
<tr><td>王文清</td><td>14</td><td>5</td><td>12.50</td><td>9</td><td>10.80</td><td>23.30</td><td>8</td><td>9.60</td><td>43</td><td>12.90</td><td>37</td><td>5.55</td><td>15</td><td>1.50</td><td>7.05</td><td>52.85</td></tr>
<tr><td>马明</td><td>15</td><td>5</td><td>12.50</td><td>10</td><td>12.00</td><td>24.50</td><td>9</td><td>10.80</td><td>48</td><td>14.40</td><td>29</td><td>4.35</td><td>8</td><td>0.80</td><td>5.15</td><td>54.85</td></tr>
<tr><td>王永</td><td>14</td><td>3</td><td>7.50</td><td>11</td><td>13.20</td><td>20.70</td><td>4</td><td>4.80</td><td>33</td><td>9.90</td><td></td><td></td><td>15</td><td>1.50</td><td>1.50</td><td>36.90</td></tr>
<tr><td>合计</td><td>43</td><td>13</td><td>32.50</td><td>30</td><td>36.00</td><td>68.50</td><td>21</td><td>25.20</td><td>124</td><td>37.20</td><td>66</td><td>9.90</td><td>36</td><td>3.80</td><td>13.70</td><td>144.60</td></tr>
</table>

用瓦情况：

（1）郝存山：2 500 块×22.00 元，合 55.00 元；

（2）马明：500 块×22.00 元，合 11.00 元；

（3）马明：两间旧房，合 69.00 元；

马明：共 80.00 元；

（4）祁守相：600 块×22.00 元，合 13.00 元；

（5）祁守相：瓦、砖坯子，合 50.00 元；

祁守相：共 63.20 元。

（注：祁守相的砖瓦坯作价是张明德、王立新、高德清三个人。）

83 年 8 月 16 日

在成立"苏寺大队社会治安治理领导小组"的社员大会上的发言材料

社员同志们：

今天为什么要开这个大会？

中心是苏寺大队林业乱砍乱伐等等问题严重，大队支部、管委、生产队干部解决不彻底，支部现任干部（也就是我）建议要建“苏寺大队社会治安治理领导小组”。成员是经两委、生产队干部会上提出 9 名同志的。他们当中有德高望重的老干部，有一心为公的老贫农，也有一心为革命的好青年，也有忠实的老党员。经过 17 日下午的筹建会议，根据到会 7 名同志的意见，又要了 4 名，现在共计 13 名。他们是：王铁刚、张文科、王文清、罗有、罗瑞、高文、梁明、高桂有、韩志品、尤长贵、郝存富、高照明、吕桂武。（现在请这些同志入座）。经过 17 日下午在 7 人的筹建会议上定为：

组长：王铁刚；

副组长：张文科、王文清；

其余 10 人为成员。

现在我宣布“苏寺大队社会治安治理领导小组”正式成立。

这个组可不受大队支部、管委会工作约束。可独立工作。根据组长王铁刚的说法“大队两委 5 个人（原他让我和王永，经过和他商量，他最后才同意 5 人），每天有一人在大队等候，他们什么时候叫就得什么时候到，叫说什么就得说什么”，让我们这样做我代表两委表示服从。生产队长见社治组的通知要照办。

这个组织成立后干什么？要把苏寺大队的每个成员，不论什么问题，都要彻底查清。干部更为对象，我要求我为第一名。从今天大会之后，我暂不主持大队支部工作，直到对我审查结果出来，再行决定。我要求广大社员，把这次革命烈火烧旺，我要求炮口对我来，你们要广泛多提建议，对不对也行，你自己知道的或者听别人的都可以提，通过这次对我的审查，让有意见的人或是上访的社员满意。我要求把你们的友谊之手伸出来，今后我如果再当干部保证不报复。当社员也有一条咱们共同革命的心。我要求社治组长结论我的问题，要在社员大会上，开大会我要求党员都参加，大会之后我建议支部召开党员大会，在党员会议上，需要那个人干，好安排工作。

同志们：我当支部书记从 65 年 3 月 21 日到今天已是 18 年零 147 天了，可能错误不少，群众不顺气，工作也干不好，给社员造了不少罪，年年都给我报酬，我感到心中有愧。

同志们：我从今天起就不当大队书记啦，你们有意见放心提吧。

就 18 年零 147 天结束吧。

现在请苏寺大队社治组的领导讲话,请社员同志注意听。

(1) 韩志品去罗车铺 8 月 30 日的人、骡用工。

(2) 9 月 14 日公社进行会议:

刘良(√)、彭宪兰(√)、张玉林(√)、穆奎世(√)、穆奎有(√)、穆风忠(√)、薛廷甫(√)、高德清(√)。共 9 个人。

83 年 8 月 22 日上午半天

召开两委扩大会议

参加人员:

张明德(√)、王永(√)、刘良(√)、祁凤元(√)、崔玉海(√)、张玉林(√)、王立新(√)、穆奎世(√)、杨海荣(√)、穆奎有(√)、穆风忠(√)、薛廷甫(√)、高德清(√)、郜德文(√)、高文(○)、罗瑞(○)、梁明(○)、高桂有(○)、韩志品(○)、尤长桂(○)、郝存富(○)、高照明(○)。共计 22 人。

(此工抄于林业用工去了)

首先听收公社广播大会。由祁凤元传达了公社召开政法会议上的精神。接着与会人员进行了讨论,找出咱们大队存在几种情况:

1. 林业的乱砍乱伐(到禁坡地带割柴火,摘杏叶)。
2. 投机倒把倒买倒卖。
3. 损坏集体财产。
4. 糟蹋农作物(不关猪,不拴狗,孩子割兔草,个人放牧)。
5. 计划生育(非法同居养小孩,不听公社的安排)。
6. 封建迷信。
7. 不兑现合同(大牲畜价款,土地摊款)。
8. 打架斗殴。

王铁刚、王文清、张文科等同志不在家,下步如何进行?继续进行清理。

两委(除张明德、王永)、生产队长、社治组配合,以公社广播会为中心(法制教育),以大队社治为重点,广泛征求社员对大队(张明德、王永)的意见,具体人中:以队长、社治小组配合,分工是:

1	2	3	4	5	6	7	8	9	10
高文	罗有、罗瑞	祁凤元	梁明	高桂有	韩志品	尤长桂	郝存富	刘良、高照明	崔玉海

今天下午以生产队开社员会，（凡在本队的由生产队记工）。

社治组用工

83 年 8 月

	17 日（下午）	18 日（上午）	19 日	22 日（上午）	23 日（下午）	24 日	25 日	26 日	30 日	31 日	9 月 1 日	2 日	11 日
王铁刚	1	0.5	×	×	×	×	×	×	0.5	1	0.5	0.5	×
张文科	0.5	0.5	1	×	×	×	×	×	0.5	1	0.5	0.5	0.5
王文清	0.5	×	×	×	×	×	×	×	0.5	1	×	×	×
高　文	0.5	×	×	0.5	0.5	1	1	1	×	×	0.5	0.5	×
罗　瑞	×	0.5	×	0.5	×	1	×	1	×	×	0.5	×	0.5
罗　有	×	×	×	×	×	×	×	×	×	×	×	×	×
梁　明	0.5	0.5	×	0.5	×	1	0.5	×	×	1	0.5	×	0.5
高桂有	0.5	0.5	×	0.5	×	1	×	×	×	1	0.5	0.5	×
韩志品	0.5	0.5	×	0.5	×	×	×	×	×	1	0.5	0.5	0.5
尤长桂	×	0.5	×	0.5	×	1	×	×	×	1	0.5	×	×
高照明	×	0.5	×	0.5	×	1	×	×	×	1	0.5	0.5	0.5
吕桂武	×	0.5	×		×	0.5	×	×	×	1	0.5	0.5	0.5
郝存富	×		×	0.5	×	1	×	×	×	1	0.5	×	×
合　计	7 人	9 人	1 人	8 人	1 人	8 人	2 人	2 人	3 人	10 人	11 人	7 人	6 人

（此工已付款了）

83 年 8 月 31 日 1 天

召开两委扩大会议

参加人员：

张明德（√）、王永（√）、刘艮（√）、彭宪兰（√）、张玉林（√）、杨海荣（√）、穆奎有（√）、穆凤忠（√）、薛廷甫（√）、高德清（√）、郤德文（√）、王铁刚（○）、张文科（○）、王文清（○）、梁明（○）、高桂有（○）、韩志品（○）、尤长桂（○）、郝存富（○）、高照明（○）、吕桂武（○）。共 21 人。

（此工抄于林业用工去了）

上午张明德去公社开会不在。上午会议中心是搜集各生产队和社员已提上来的意见。

下午张明德回来，就社治组提出的“盖房木料问题；盖房房基地问题；砍椽子问题；住大队房屋问题”进行了说明。王永也谈了他的问题。

83 年 9 月 1 日上午半天

召开两委扩大会议

参加人员：

张明德（√）、王永（√）、刘良（√）、高有（√）、王立新（√）、穆奎世（√）、杨海荣（√）、穆奎有（√）、穆凤忠（√）、薛廷甫（√）、高德清（√）、高文（○）、罗瑞（○）、张文科（○）、王铁刚（○）、梁明（○）、高桂有（○）、韩志品（○）、尤长桂（○）、郝存富（○）、高照明（○）、吕桂武（○）。共 22 人。

（此工抄于林业用工去了）

上午社治组写和审查“张明德、王永的审查材料”，生产队长和大队搞林业清查审核表等。

讨论事项：

（1）在张明德没有参加的场合，与会人员讨论了，张明德的买房申请，把房做（作）了价。

83 年 9 月 2 日下午半天

召开两委扩大会议

参加人员：

公社：卜军。

张明德（√）1、王永（√）、刘良（√）1、崔玉海（√）1、祁凤元（√）、彭宪兰（√）、张玉林（√）、王立新（√）、穆奎世（√）、杨海荣（√）、穆奎有（√）、穆凤忠（√）、薛廷甫（√）、高德清（√）、杨存秀（√）、高文（○）、王铁刚（○）、张文科（○）、高桂有（○）、韩志品（○）、高照明（○）、吕桂武（○）。共 22 人。

（此工抄于林业用工去了）

会议中心解决“张明德不当大队书记的问题”。

林业清查用工

83 年 8 月份

姓　名	25	26	27	28	29	30	31	9 月 1	2	5	5	小计
张明德	1△	1△	1△	1△	1△	1△	1	半	1	1△	1△	10.5
王　永	1△	1△	1△	1△	1△	1△	1	半	半	1△	×	9
刘　良	1△	1△	1△	1△	1△	1△	1	半	1	×	1△	9.5
崔玉海	（9 月 2 日去武装部报征兵表）								1			1
祁凤元									半			0.5
彭宪兰	半					半		半	半			2
高　有							1					1
张玉林	0.5						1		半			2
王立新	0.5							半	半			1.5
穆奎喜	0.5							半	半			1.5
杨海荣		0.5					1	半	半			2.5
穆奎有		0.5					1	半	半			2.5
穆凤忠		0.5					1	半	半			2.5
薛廷甫			0.5				1	半	半			2.5
高德清		0.5					1	半	半			2.5
郤德文				0.5			1					1.5
杨存秀									半			0.5
合　计	5 个	5 个	3.5 个	3.5 个	3 个	3.5 个	11 个	5.5 个	9 个	2 个	2 个	53 个

（此工已从林业清查付款）

83 年 9 月 11 日下午半天

召开两委扩大会议

参加人员：

张明德（√）、王永（√）、刘良（√）、张玉林（√）、王立新（√）、穆奎世（√）、杨海荣（√）、穆奎有（√）、穆凤忠（√）、薛廷甫（√）、高德清（√）、郤德文（√）、罗瑞（○）、张文科（○）、梁明（○）、韩志品（○）、尤长桂（○）、高照明（○）、吕桂武（○）。共 18 人。

(此工已从林业付款)

会议开始公布了林业审查情况"总户为 233 户(按生产队掌握审查没问题的为 76 户)排队情况大队深入各片审查没问题的为 127 户,9 月 1 日大会上经社治组审定没问题的 2 户,没存在问题得(的)现实情况。"

讨论记录:

(1) 从 8 月 10 日到 9 月 10 日的用工,每天都在记工。去年凡大队用工每 10 分合 0.60 元,今年初步想法,凡大队用工还按去年处理。有人提出林业用工不同于其它用工,林业用工代(带)有惹人应高于别的用工,看工资怎么定?

日定 1.00 元。

(2) 今后如何管理(从 8 月 10 日到现在是两委,队长轮班下夜)? 应该长期设卡。

报酬怎么定? 从 9 月 12 日到 12 月 31 日共 111 天,每天(包括夜间到指定房屋睡觉下夜)款 1.00 元,冬季自己打柴火供烧炕。卡住(不论木头柴火、羊叶、杏叶等)按总值奖励百分之五十。如放走罚款百分之五十。

选看管人条件应是:一心为公,有管理能力,群众信得过的。

会议一致同意张文科。

(3) 清查的下步如何安排?

明天上午利用半天时间开个中会,仍按以前的办法实到会人给记工,大队讲一个小时左右,然后分头由队长、社治组、两委掌握讨论,按讨论的结果开会再研究。

83 年 10 月 29 日

召开两委扩大会议

参加人员:

公社:赵桂枝。

张明德(√)、刘艮(√)、彭宪兰(√)、祁凤元(√)、王永(√)、高有(√)、张玉林(√)、王立新(√)、穆奎喜(√)、杨海荣(√)、穆奎有(√)、薛廷甫(√)、高德清(√)、郤德文(√)、李付海(√)。共 15 人。

会议开始由赵桂枝同志传达了公社召开"大队书记队长、会计、妇联"会议精神,然后由张明德根据本大队具体情况又做了发言,王永做了补充。最后武书记就种杏核问题进行了强调。

讨论记录:

（1）83 年的土地摊款怎么让社员拿？

1. 农业税和按亩提取的公共积累由社员自己拿。

2. 凡用于大队开支类的，因大队有收入，给社员全免。

（2）大队和学校的炉柴怎么解决？

1. 郤德文同意干沟学校由干沟生产队供劈柴一不摊砍大柴任务，二不用煤。

2. 沟门学校由 1—9 队按每人砍木柴 22 斤交给大队，大队不付任务报酬。

由张文科估计斤数收大柴。负责看管。收大柴地点在 6 队场院。

完成砍大柴的时间：

1	2	3	4	5	6	7	8	9
2 号	3 号	2 号	2 号	3 号	1 号	3 号	3 号	3 号

必须以生产队统一砍。绝不准分配到户。根据各队长的意见，一律到自己队分的坡去砍。砍的树种是死的、不成材的菜树和桦树。

3. 学校在按在校学生每人收玉米胎 10 斤，做为引火柴。

4. 同意将大柴卖掉，买煤。

（3）学校搞勤工俭学，生产的山药已给大队怎么付款？

按马明和彭宪合过称的斤数，每斤付款 0. 10 元。

（4）83 年度民办教师的工资怎么定？

按期末平均 60 分以上，升级率 70 以上的为一类每月 21. 00 元，否则为二类每月 18. 00 元。仍按 12 个月计算。

（5）计划生育：83 年准生问题，公社分配 83 年准生 15 名。83 年 2 月 2 日定 12 人，现在调为：

罗瑞、王海江、祁守彬、高德举、李风武、荣桂有、高德忠、刘彬、高洪军、马清合、高德富、李世江、包宪文、李树合、高庆军。

同意这个安排。

（6）83 年 5 月 23 日扩大会已将韦子沟坝台地包给薛廷甫原定“定 100 斤产量交大队，如果秋后收成不好，根据情况再定”看定多少？

根据薛廷甫说，总产不足 100 斤，为此决定 83 年度交大队 30 斤。

（7）有的社员问，大队的库房谷子是否卖？

连同 83 年的地租，除留足大队用的之外，同意卖，每斤价为 0. 17 元。

(8) 83 年度社务用工怎么付给工资?

按照大队记的工,每个工付款 1.00 元。

(9) 83 年度开大会用工怎么处理?

按照 82 年的摊算办法去摊算。每个工(指 10 分)以 0.60 元找齐。

(10) 公社分配种杏核任务 500 亩怎么搞?

质量要求:坑长 1.5 尺,宽、深各 1 尺。每窝 3—5 颗。

	1	2	3	4	5	6	7	8	9	10	计
任务亩:	50	50	70	60	48	56	40	30	50	46	500
地点:	斜尖湾垠	南坡	猛虎沟	斜尖沟南洼、前后坟湾沟	西沟西坡	碗架板垠、大地上堰	后沟西坡	水沟后坡	朝天洼	南坡	
30 号上人:	20	20	24	20	20	20	15	12	20	20	191

杏核首先满足社员小片地,剩下的杏核由生产队统一种。生产队长亲自负责质量的检查,大队给记工 1 个。

大队干部的分工包队是:

1、2 队	3、4 队	5、7 队	8 队	6、9 队	10 队
张明德	王　永	崔玉海	彭宪兰	祁凤元	刘　良

林业造林用工表

83 年 10 月

姓　名	10 月 23 日	10 月 24 日	10 月 30 日	11 月 1 日
张海军	1	×	×	×
郜德文	×	1	1	1
张明德	1	1	1	1
王　永	1	1	1	1
刘　良	1	1	1	1

续　表

姓　名	10月23日	10月24日	10月30日	11月1日
彭宪兰	×	×	1	1
崔玉海	×	×	1	×
祁凤元	×	×	1	1
高　普	1	1	×	×
高　有	×	×	1	×
张玉林	1	1	1	1
王进甫	1	×	×	×
穆奎喜		1	1	1
杨海荣	1	1	1	1
穆奎有	1	1	1	1
穆凤忠	1	1	×	1
王立新	1	1	1	1
薛廷甫	1	1	1	1
高德清	1	1	1	1
合　计	13	13	15	14

（此工已从林业付款）

83年11月1日

参加人员：（见前页）

（1）各队的经济往来情况：

		1	2	3	4	5	6	7	8	9	10	合计
拖欠	户	×	4	×	14	12	20	4	1	×	6	61
	款	×		×						×	250.11	7 218.63
牲口价款	户	5	1	12	16	11	14	2	5	2	×	68
	款	569.34	20.90	2 060.86	1 511.34	1 900.00	2 661.13	457.90	1 503.62	705.15	×	11 390.24
借款	户		13		15	9	5	7	10	1		
	款		4 910.00		6 120.00	4 660.00	2 000.00	4 100.00	6 500.00	250.00		

(2) 种山杏核情况：

		1	2	3	4	5	6	7	8	9	10	合计
参加人	总数	21	24	25	26	22	22	18	22	19	22	221
	其中：女	2	7	10	6	4	7	2	5	9	1	53
社员小片地	户数	16	14		1	16	20	7	8		19	101
	亩数	8.5	7		0.5	9	3	2.5	1		9	40.5
	用籽	17	14		1	18	6	5	3		18	82
集体种	地点	斜尖湾垠	南坡40、后坡6	猛虎沟	斜尖沟南洼	西沟	碗架板垠	小后沟	后坡	朝天洼南坡	南坡20、后坡20	
	亩数	45	46	70	60	40	50	40	30	45	40	466

(3) 83 年的地租怎么定？

5	6	7	9	合计
400	640	480	640	2 160

一律交谷子，在 11 月 5 日送清。

(4) 代销点个人承包，怎么交大队的提取？

大队不负担生火。包括灯费 83 年交大队，共 70.00 元。

(5) 彭宪合是 1 月 8 日上班看大队门的，怎么付工资？

会议认为今年的看门，好于去年，全年定 110.00 元。

(6) 药社怎么清理？

负责清理的人员有：王永、刘艮、祁凤元。

从 11 月 2 日开始要求 5 号结束，并将清点结果报大队。

(7) 林业清查怎么搞？

以生产队为单位，吸收社治组长和可靠的社员代表参加，审定所在队的未结论户，11 月 5 日左右大队扩大会再审定。

(8) 去保昌联系换白面问题怎么办？

同意给社员调剂生活，以每人 50 斤为限(按生产队算总账)，每斤找价不超 9 分，如超过部分大队设法解决。具体各队需要数明天报大队。

唱戏用工

83年11月

姓 名	11月5日	11月6日	11月7日	11月8日
张明德	1	1	1	1
王 永	1	1	1	1
刘 良	1	1	1	1
彭宪兰	1	1	1	1
祁凤元	×	×	×	×
崔玉海	×	×	1	1
高 有	1	1	1	1
张玉林	1	1	1	1
王立新	×	×	×	1
杨海荣	1	1	1	1
穆奎有	1	1	1	1
穆凤忠	1	1	1	1
薛廷甫	1	1	1	1
高德清	×	×	×	×
郤德文	1	1	1	1
郝存山	1	×	1	×
马清合	1	×	1	×
彭宪合		×	1	×
张文科	(不付款)			×
穆奎喜	×	×	×	1
合 计	14人	13人	15人	14人

(已付款)

83年11月8日1天

召开两委扩大会议

参加人员:(见前页)

会议开始学习了“中共中央关于整党的决定”。

讨论记录:

(1) 这次唱戏的工资怎么处理?

按上次唱戏的办法,以日资1.00元,往下评。

(2) 剧团如外出是否让带扩大机?

同意让带。

(3) 这次怎么提取箱租费?

仍提百分之二十,丢失损坏由剧团按原价赔偿。

(4) 剧团要求再买点小件戏装是否买?

同意买。资金尽量凑,带1 000多元。

(5) 买戏装的报酬怎么给?

工资1.50元,补助2.00元,车店费凭单据报销。

(6) 派谁去买戏装?

最好让张明德和穆奎喜去,如剧团抽不开让崔玉海跟去。张明德一定不去,让王永去。

83年11月17日

召开两委扩大会议

参加人员:

公社:于占海。

张明德(√)、王永(√)、刘良(√)、高普(√)、张玉林(√)、木海成(√)、杨海荣(√)、穆凤忠(√)、薛廷甫(√)、高世军(√)、邰德文(√)。共11人。

会议开始由老于同志传达了“公社11月14日召开的大队长会议精神”然后王永做了补充。

讨论记录:

(1) 你队的征购何时完成?

1	2	3	4	5	6	7	8	9	10	计
11月25号	11月25号		11月30号	11月28号		11月25号	11月25号	11月25号	11月25号	

(2) 合同兑现怎么抓?

每亩地的1.00元公共积累让社员马上准备。

（3）怎么催交大牲口的价款？

仍按 83 年 2 月 2 日扩大会规定执行。

83 年应交而不交的，从 84 年 1 月 1 日开始计息。

（4）怎么催交拖欠款？

1. 在 83 年 11 月 30 日交清的按 83 年 2 月 2 日扩大会决定执行（每 100 元每月利息 0.50 元计算）。

2. 从 83 年 12 月 1 日以后再交的每月每元按 8 厘计算利息。（83 年 2 月 2 日至 83 年 11 月 30 日仍按每 100 元每月 0.50 元计算）。

（5）如何催交计划生育的罚款？

已把 83 年 7 月 31 日晚上有公社领导大队两委生产队长会上"定收户和款数"通知各队，马上交。

（6）你队是否有"规划外怀孕，规划外生育，非法同居，非法同居生育"的和"82 年不准生已生的"？

各队都说弄不清，或没有。

（7）对重点户、文明户的验收怎么搞？

由生产队长回去之后先算账，下次会议汇报情况，然后大队再验收。

文明户按六条衡量。下次会议汇报，大队再验收。

（8）公社让成立，大队"大牲口防疫领导小组"几人组成？

组长：王永；

副组长：崔玉海；

成员：刘良和十个生产队长。

共 13 人组成。

广泛宣传给群众，把牛、猪、羊查清。

（9）护林防火和林木管理（主要是集群放牧），怎么搞？

1. 以生产队召开社员会议，大力讲"火不出门，上山不带火柴"。

2. 对牲畜实行集群放牧（骡、马、驴不放者必须拴起来），杜绝毁坏林坡。

3. 生产队轮班放牧不准生产队开支。

4. 凡生产队确定专人放牧，从现在起到 84 年 3 月底，每天 0.50 元以下的报酬大队批准可以生产队里开支。具体放牧的各项规章制度，由各队自行规定。

5. 83 年 11 月 21 日起必须放起来。如生产队长不负责任，集不起群来，83 年发干部工资时，扣队长 5 元款归大队为其它收入。

(10) 就几个另行事的安排:

1. 电话改杆。

公社测后,大队向生产队要人搞。

2. 文化室,腾东房2间,大队买书和扑克、象棋。

决算后在资金许可条件下买电话机。

3. 社员盖房,本人写申请,社员会讨论,定出呈报大队。

同意。

4. 会计交给公社的账目,刘艮算出后,要队长和刘艮把固定财产核对,以队造表,队长盖章交公社。

行。

5. 各队的广播线路马上修通,以免影响收听。

行。

(11) 把药社清点和算账的整个过程汇报了,有何意见?

清的够细的了,没有意见。

(12) 把库房的粮食出售情况汇报了,看有何意见?

没有什么意见。

(13) 把剧团成立以来的收支情况汇报了,看有何看法? 买戏装的订货与价码来了,咋办?

虽然大队收入不足开支,我们落(剩)下戏装了,何时唱都行了,总算不错。

买戏装仍然买去。

(14) 郝存山82年和83年的报酬问题:

1. 82年2月—12月业务额共2 052.06元,按11个月计算每月是186元,全年合2 232元。按百分之八计算,全年应得报酬178.56元。大队管库房全年奖20元,共计198.56元。初步想定200元。

2. 83年1月—10月营业额1 995.66元,按10个月计算每月近200元。因为83年大队社务用工日值提高所以他的报酬83年按百分之十提取,10个月应得报酬199.59元,加全年管库奖20元,共计219.59元。初步想定220元。

同意这个安排。

(15) 药社今后的几项规定:

1. 大队药社仍归大队,郝存山不承包,按营业额和工作情况而定报酬。

2. 不准赊销药款。

3. 凡需要开支，必须经大队负责人签字，才能注账报销。

4. 凡是霉坏变质失效药，必须经大队负责人三人以上鉴定，当场处理，制单据注账。

同意这个安排。

83 年 11 月 26 日 1 天

召开两委扩大会议

参加人员：

公社：于占海。

张明德(√)、王永(√)、刘良(√)、崔玉海(√)、彭宪兰(√)、张玉林(√)、木海成(√)、杨海荣(√)、穆凤忠(√)、薛廷甫(√)、邵德文(√)。共 11 人。

会议中心是清收拖欠问题。

83 年 11 月 28 日 1 天

召开两委扩大会议

参加人员：

公社：吴书记。

张明德(√)、王永(√)、刘良(√)、崔玉海(√)、高有(√)、张玉林(√)、王立新(√)、木海成(√)、杨海荣(√)、穆凤忠(√)、薛廷甫(√)、高德清(√)、邵德文(√)。共 13 人。

各队汇报清欠情况和安排如何征收清欠问题。

83 年 12 月 9 日 1 天

召开两委扩大会议

参加人员：

公社：于占海。

王永(√)、刘良(√)、高有(√)、张玉林(√)、王立新(√)、木海成(√)、杨海荣(√)、穆凤忠(√)、薛廷甫(√)、高世军(√)、邵德文(√)。共 12 人。

会议中心是收每亩地的 1.00 元共公积累和三户的验收。

(注：已交公共积累的队有 1、2、5、8、9 队。)

(1) 11 月 19 日去塘子庙检查有：

高世军、张万贵、李桂海、郭文军、崔玉海。共 5 人。

(此工已重复了)

另行用工

(1) 11月12日公社民兵体检:

郭文军(√)、高德生(√)、张万桂(√)、高洪祥(√)、高德江(√)、高德军(√)、李桂海(√)、崔玉海(√)。共8人。

(2) 10月19日东万口体检:

崔玉海(√)、高德军(√)、张万贵(√)、李桂海(√)、郭文军(√)。共5人。

83年12月20—26日公社党员训练班登记表

83年12月20日

姓　名	20日	21日	22日	23日	24日	25日	26日	合计
杜万林	1	1	1	1	1	1	1	7
张宝斋	0.5	1	1	1	1	1	1	6.5
高　祥	1	1	1	1	1	1	1	7
张立新	0.5	1	1	1	1	1	1	6.5
赵存德	1	1	1	1	1	1	1	7
李世江	1	1	1	1	1	1	1	7
李正林	0.5	1	1	1	1	1	1	6.5
王志文	1	1	1	1	1	1	1	7
崔玉海	1	1	1	1	1	1	1	7
王文清	1	1	1	1	1	1	1	7
郝　元	1	1	1	1	1	1	1	7
李玉兰	1	1	1	1	1	1	1	7
高贵有	0.5	1	1	1	1	1	1	6.5
尤长贵	1	1	1	1	1	1	1	7
张文忠	1	1	1	1	1	1	1	7
穆风忠	×	×	×	1	1	1	1	4
李风武	0.5	1	1	1	1	1	1	6.5

续 表

姓 名	20 日	21 日	22 日	23 日	24 日	25 日	26 日	合计
张明春	1	1	1	1	1	1	1	7
李天降	1	1	1	1	1	1	1	7
高德敬	0.5	1	1	1	1	1	1	6.5
穆奎仕	1	1	1	1	1	1	1	7
合 计								141

(此工已处理了)

党员会议

83 年 12 月 14 日 1 天

姓 名	7 月 15 日	12 月 14 日	备 注
杜万林(√)	×	1	
高 文(县)	1	×	
马淑兰	×	×	
赵玉兰	1	×	
张宝斋(√)	1	×	
张玉林(√)	1	1	
高 祥(√)	1	1	
杜桂山(√)	1	1	
王登明	1	×	
张明德(县)	1	1	
张立新(√)	×	×	
徐桂兰	×	×	
王立新(√)	×	1	
张仲秀	1	1	
郃文明	1	1	
李正林(√)	1	1	

续 表

姓　名	7月15日	12月14日	备　　注
李淑兰	×	×	
李世江(√)	×	×	
王志文(√)	1	1	
赵存德(√)	1	1	
王文清(√)	1	1	
郝　元(√)	1	1	
李玉兰(√)	1	1	
崔玉海(√)	1	1	
赵云奎	1	×	
祁风元	1	×	
高桂有(√)	1	1	
高秀连	1	1	
韩志品(√)	1	×	
穆风忠(√)	1	1	
尤长贵(√)	1	×	
李天降(√)	1	1	
张明春(√)	×	×	
张文忠(√)	1	1	
李风武(√)	1	×	
薛风桐	×	1	
高德进(√)	1	×	
杨存秀(√)	1	1	
范成才	1	1	
郤政明	1	1	
合　计	31	24	
王　永		1	
彭宪兰		1	

续　表

姓　名	7月15日	12月14日	备　　注
高　有		1	
杨海荣		1	
穆奎有		1	
薛廷甫		1	
高德清		1	
郤德文		1	
合　计		8	

(此工已处理了)

说明:(1) 凡打"√"红号的是定到公社学习人员。

会议中心学习中央整党决定。

会议决定:

(1) 去公社党训班共25人。

(2) 做饭:穆奎仕。

(3) 柴火:8队2车;10队2车。

(4) 每人自带菜12斤;每人自带小米12斤。

83年12月26日

召开两委扩大会议

参加人员:

张明德(√)、王永(√)、刘良(√)、彭宪兰(√)、高有(√)、张玉林(√)、王立新(√)、穆奎喜(√)、杨海荣(√)、穆奎有(√)、穆凤忠(√)、薛廷甫(√)、高德清(√)、郤德文(√)。共14人。

会议中心搞"灾情摸底表,审批房场,83年度开大会用工的找齐"等。

会议研究:

(1) 83年度开大会问题经审定的结果是:每人20.5分

会议上,余、亏当场兑现啦。

(2) 84年社员要求房基地,生产队社员讨论通过的有那(哪)些户?

1队:张文德、郭文江。

		1	2	3	4	5	6	7	8	9	10	合计
实挣工分		1 506	1 402	1 741	1 580	1 417	1 591	1 055	551	1 234	1 215	13 292
应摊	人数	69	77	83	86	58	70	55	35	62	64	649
	工分	1 415	1 374	1 702	1 763	1 189	1 435	1 128	718	1 271	1 297	13 292
余	工分	91	28	39		228	156					542
	合款	5.46	1.68	2.34		13.68	9.36					32.52
亏	工分				183			73	167	37	82	542
	合款				10.98			4.38	10.02	2.22	4.92	32.52

2 队：高德富、高德军、高洪文、罗军、马清合。

3 队：穆凤明(王立新翻盖)。

4 队：(王科翻盖)。

5 队：祁凤元、高桂有、韩桂军、杨宝忠、杜永科。

6 队：彭宪武、高德祥、田秀德。

7 队：(张明海翻盖)。

8 队：高洪有、薛廷甫、薛英明。

9 队：高德仕(闲)、高德仲(闲)、(杜宪德翻盖)。

10 队：李桂合、李宪成、范德军(闲)。

新盖 24 户，翻盖 4 户，共计 28 户。

符合下列几个条件的大队批转公社：

1. 本人有申请；

2. 生产队签注意见，队长盖章；

3. 生产队必须能解决房基地。

(3) 公社集训党员，每人每天生活费补助多少?

因不让记工，按实出勤工，每天 1.30 元。

姓　名	82 年实际记工	其中公社以上工
张明德	130	30
王　永	115	28
刘　良	141.5	17
崔玉海	45	8

续　表

姓　名	82 年实际记工	其中公社以上工
彭宪兰	21	11
祁凤元	49	3
高　有	25.5	4
张玉林	24.5	6
王立新	23	4
穆奎喜	17	
杨海荣	28	6
高洪举	20.5	3
穆凤忠	26	5
薛廷甫	25	5
高德清	25	5
邵德文	23.5	4
合　计	739.5	139

83 年 12 月 30 日

召开两委扩大会议

参加人员：

张明德(√)、王永(√)、刘良(√)、崔玉海(√)、彭宪兰(√)、高有(√)张玉林(√)、王立新(√)、穆奎喜(√)、杨海荣(√)、穆奎有(√)、穆凤忠(√)、薛廷甫(√)、高德清(√)、张海军(√)。共 15 人。

会议开始学习了胡耀邦的“最好的怀念”文章。然后审查林业有问题与未问题户。

讨论记录：

(1) 全大队有 233 户。大队深入各片经审定有 127 户，9 月 1 日经审定有 2 户，共 129 户没问题，尚有 104 户，根据深入调查再审定一下？

经会议审定，根据群众意见，今天有 48 户为没问题。尚有 56 户继续审查。

(2) 根据现在的情况，有的社员卖大柴怎么管理？

从 12 月 31 日杜绝卖大柴。如违者每斤罚款 0.10 元。属于那(哪)个队的社员,让队长每斤再拿 5 分。从今天起一律卡死。

(2) 大队干部:

姓　名	实际记工	每人工 1.30 元工资款	奖励款	合　计	在实际记工中公社以上开会
张明德	97	126.10	83.65	209.75	28
王　永	106	137.80	40.00	177.80	36
刘　良	115.5	150.15	30.00	180.15	19
崔玉海	39	50.70	15.00	65.70	12
彭宪兰	35	45.50	5.00	50.50	19
祁凤元	17	22.10	5.00	27.10	8
合　计	409.5	532.35	178.65	711.00	122

83 年 12 月 31 日

召开两委扩大会议

参加人员:

张明德(√)、王永(√)、刘良(√)、崔玉海(√)、彭宪兰(√)、高有(√)、张玉林(√)、王立新(√)、穆奎喜(√)、杨海荣(√)、穆凤忠(√)、薛廷甫(√)、高庆军(√)。共 14 人。

会议中心解决 83 年度干部工资问题。

(1) 生产队干部:

姓　名	实际记工	其中别人替工	每工 1.30 元工资款	按队奖	按人口奖	其它	合计款	在实际记工中公社以上开会
高　有	32.5	(高普 1、郭占熬 1)2	42.25	12.00	10.20		64.45	×
张玉林	43.5		56.55	12.00	10.60		79.15	9
王立新	37		48.10	12.00	14.10		74.20	8
穆奎喜	40.5		52.65	12.00	12.80		77.45	10
杨海荣	43.5		56.55	12.00	9.50		78.05	9

续　表

姓　名	实际记工	其中别人替工	每工 1.30 元工资款	按队奖	按人口奖	其它	合计款	在实际记工中公社以上开会
穆奎有	41.5		53.95	12.00	10.90		76.85	9
穆凤忠	45	（李富海）1	58.50	12.00	8.40		78.90	9
薛廷甫	40.5		52.65	12.00	6.10		70.75	9
高德清	36		46.80	12.00	10.10		68.90	9
邵德文	25	（张海军 4 杨文国 2.5）6.5	32.50	12.00	9.40	3.40	57.30	
合　计	385	9.5	500.50	120.00	102.10	3.40	726.00	72

计算办法：

（1）生产队长：

经公社原定 10 个队长全年为 690.00 元。83 年公社以上开会 72 天 0.50 元为 36.00 元。总共 726.00 元。

（2）大队干部：

经公社原定 5 个人全年为 650.00 元。83 年公社以上开会 122 天 0.50 元为 61.00 元。总共 711.00 元。

84 年 1 月 1 日

在夭子沟、干沟清查林业

参加人员：

张明德(√)、王永(√)、刘良(√)、崔玉海(√)、彭宪兰(√)、张文科(√)、高有(√)、张玉林(√)、穆奎喜(√)、杨海荣(√)、穆奎有(√)、穆凤忠(√)、薛廷甫(√)、高德清(√)、张海军(√)。共 14 人。

（此工已从林业付款）

中心处理 9、10 队违犯林业制度砍大柴问题。

（1）（1 月 2 日）张明德(√)、穆奎有(√)、穆奎有驴车(√)，去合达营换面用各一天。

（2）在 1 月 7 日有张明德、王永、张文科，在水沟高洪朋家，根据高德清的要求，将天子沟队部分户的大柴罚款斤数改为：高德近 50 斤；高德清 500 斤；高照明 200 斤。原高照明改为高德清的 500 斤。

84 年开大会用工

84 年		报　酬	1	2	3	4	5	6	7	8	9	10	合　计	
月	日												人数	工分
1	21	8 分	30	32	46	36	36	44	27	23	30	24	328	2 624
1	21	2 分	1	2	2	2	1	2	1	1	2	1	15	30
2	19	10 分	34	34	53	58	38	56	39	25	37	37	411	4 110
2	19	5 分	8	6	7	4	5	1	2	2	5		40	200
2	17	10 分	14	10	14	7	7	5	6	7	7	10	87	870
3	1	10 分	1	1	2	1	1	2	1	1	2	1	13	130
3	1	8 分			4	2	1	2	1			1	11	88
看坡 3	24	10 分	30	30	45	29	31	33	32	17	32	22	301	3 010（宵）
夜看坡 3	23	10 分			16	8							24	240（宵）
夜看坡 3	23	8 分			12	12							24	192（宵）
3	15	（妇女会）5 分	7	10	12	10	11	7	4	2	11	5	79	395
3	16	（公社清查）10 分	4	5	8	8	8	6	1		7	5	52	520
瓦房开大会 3	27	8 分	18	21	20	24	17	19	14	9	17	20	179	1 432
看坡 4	8	10 分	15	15	30	15	15	15	15		15	15	150	1 500（宵）
夜看坡 4	8	8 分			30	30							60	480（宵）
公社民兵会 2	24	10 分	11	10	8	7	3	7	4				50	500
4	14	5 分	25	19	29	25	25	24	15	13	16	17	208	1 040
党员会 4	13	5 分	2	4	9	4	2		4	1	2	3	31	155

（清）

1984 年 1 月 21 日

发给党员必读的党员

杜万林、高文、赵玉兰、张宝斋。

杜桂山、王登明。

张立新、王志文、李世江。

王文清、崔玉海。

祁凤元、高桂有、高秀莲。

韩志品。

张明春、李风武、张文忠。

薛风桐。

高德近。

在 1 月 21 日社员大会上：

(1) 宣讲中央 84 年 1 号文件。

(2) 宣讲公社党委 84 年精神文明建设安排意见。

(3) 宣布 83 年致富情况发证书(83 年畜牧业上超历史情况)。

(4) 宣布 83 年文明建设情况及宣布 83 年五好家庭发证。

(5) 宣布 84 年公社给的任务指标。

(6) 讲保护妇女儿童合法权益宣传月及打击刑事犯罪活动公社办班的情况。

(7) 节日保卫东万口派出所两个文件，杜绝封建迷信请客送礼。

(8) 杜绝乱砍乱伐布告。

(9) 社员盖房。

(10) 计划生育等。

83 年达到致富标准户

<table>
<tr><th rowspan="2">类　别</th><th rowspan="2">姓　名</th><th rowspan="2">养大牲口头数</th><th colspan="2">养　　羊</th><th rowspan="2">纯收入</th><th colspan="2">人均收入</th></tr>
<tr><th>只数</th><th>其中出售</th><th>人口</th><th>每人平均</th></tr>
<tr><td rowspan="6">专业户(1) 养大牲口 5 头以上(5 户)</td><td>孙富怀</td><td></td><td></td><td></td><td>2 834.20</td><td>5</td><td>566.84</td></tr>
<tr><td>张文贵</td><td>6</td><td></td><td></td><td></td><td></td><td></td></tr>
<tr><td>高洪文</td><td>5</td><td></td><td></td><td></td><td></td><td></td></tr>
<tr><td>李连春</td><td>6</td><td></td><td></td><td></td><td></td><td></td></tr>
<tr><td>高德近</td><td>8</td><td></td><td></td><td></td><td></td><td></td></tr>
<tr><td>高德仕</td><td>5</td><td></td><td></td><td></td><td></td><td></td></tr>
</table>

类　别	姓　名	养大牲口头数	养　　羊		纯收入	人均收入	
			只数	其中出售		人口	每人平均
养羊 50 只以上(8 户)	高庆枝		58	6			
	罗　成		62	6			
	高　有		59	7			
	李桂生		63	10			
	祁凤明		60				
	穆凤祥		51				
	穆凤德		69				
	高洪海		58	20			
人均收入 300 元(8 户)	王立新				1 300.00	4	325.00
	闫秀英				320.00	1	320.00
	赵淑先				1 200.00	4	300.00
	陈和平				360.00	1	360.00
	韩志品				1 000.00	3	333.00
	张玉彬				300.00	1	300.00
	杜宪英				600.00	2	300.00
	高德清				2 310.00	7	330.00
共　计	22 户						

83 年五好家庭：

郭占熬、张文桂、李连春、张玉林、张文明、王志文、张文富、杨宝福、高桂有、高秀连、赵淑先、穆奎有、尤长桂、张明生、穆凤祥、李富合、高德仕、刘艮、范世明、王占奎。共 20 户。

84 年 1 月 25 日 1 天

召开两委扩大会议

参加人员：

张明德(√)、王永(√)、刘艮(√)、崔玉海(√)(公社武装整组)、高有(√)、张玉林(√)、王立新(√)、穆奎喜(√)、杨海荣(√)、穆奎有(√)、穆凤忠(√)、薛廷甫(√)、张海军(√)、郃德文(√)。共 13 人。

会议开始由王永辅导学习了万里“在全国农村工作会议上的讲话 1、2 部分”。然后由张明德传达了公社就春节保卫问题和在 1 月 21 日社员大会上的内容又重复了一次。然后讨论：

(1) 春节保卫要搞好四防(火、盗、毒、破坏)。让大队进行安全检查怎么搞？值日 27 至初五的干部值班怎么安排？公社让 29 至初一的基干民兵执勤怎么安排？严禁赌博问题极为重要怎么卡？

1. 分六片进行安全检查和杜绝赌博问题：

古方片：王永、高有、张玉林。

沟门片：崔玉海、王立新、穆奎喜。

苏寺片：祁凤元、杨海荣、穆奎有、穆凤忠。

水沟片：薛廷甫。

夭子沟片：刘良、高德清。

干沟片：邵德文。

2. 值班问题：

	27 日	28 日	29 日	30 日	初一	初二	初三	初四	初五
大队干部：	王永	王永	张明德	张明德	崔玉海	崔玉海	祁凤元	祁凤元	刘良
民　　兵：		5 队	5 队	6 队	6 队	7 队	7 队		

(2) 公社让召开烈军属在乡军人会，

何时开？

明天开。由队长通知。

(3) 春节文娱怎么安排？

正月十五之前实准唱一台。各队长负责通知，不让演员外出。那(哪)天唱根据是否外出演戏再定。

(4) 是否有过不去年的困难户？

经按队订正，除 5 队刘富生，生产队解决 10 元外，别队没有。

84 年 1 月 26 日

召开烈军属在乡军人座谈会

参加人员：

大队干部：张明德(√)、王永(√)、刘良(√)。

张文海(√)、高祥(√)、冀文富(√)、李世江(√)、张文彬(√)、李树林(√)、王文清(√)、张树生(√)、祁守彬(√)、高洪志(√)、彭正富(√)、李风武(√)、张天富(√)、刘彬(√)、张珍(√)、薛德彬(√)、杨存荣女人(√)。共计20人。

会议由张明德代表大队干部、管委表示对与会人员春节问候。接着就83年的工作简单进行了介绍和总结,把84年的大队工作提了出来。把公社、县、及国家84年搞什么,也说了说。就大队84年工作中与会人员的帮助支持做了肯定。大队也找了83年工作中的差距。

让大家发表了意见,对优抚工作,也征求了意见。

(1) 1月18日—19日公社开妇联会,彭宪兰(√)2天。

(2) 1月5日拉电话线料:王永(√)、马清富(√)、马明(√)和车(√)。共4个。

(3) 1月6日拉电话线料:王文清(√)。

(4) 1月13日去水沟砍杨树:王永(√)、高洪有(√)、彭宪合(√)、张文科(√)。共4个。

84年2月16日

召开两委扩大会议

参加人员:

张明德(√)、刘良(√)、崔玉海(√)、高有(√)、张玉林(√)、王立新(√)、木海成(√)、杨海荣(√)、穆奎有(√)、穆风忠(√)、薛廷甫(√)、高德清(√)、郜德文(√)。共13人。

会议开始由张明德汇报传达了"公社召开大队书记会议精神"(公社2月13日—2月15号培训宣传84年1号文件精神),经过讨论,大家一致认为,84年1号文件是为农村制定的方针政策,决心搞好文件的宣传。

讨论问题:

(1) 正月十五的戏是否唱?

听了张明德就1月25日之后就剧团情况的汇报。认为正月初的演戏不是大队组织演的,是属大队剧团为报答广大社员的培养而演出的。

会议决定:大队为正月十五而演戏一场。

总管:张明德、王永。

后勤:郝存山、刘良。

做饭：高有、穆凤忠、薛廷甫、高德清。

做菜：彭宪兰、郤德文、马清合。

做豆腐：张玉林、穆奎有。

担水：彭宪合。

保卫：（包括管台，台上生火）：崔玉海、祁凤元。

烧水：王立新、杨海荣。

(2) 何时召开培训骨干会议？

明天召开党员、团员、干部、和过去任过主要干部的人的会议，专门培训宣传 84 年 1 号文件的骨干力量。

84 年 2 月 17 日 1 天

召开培训骨干会议

党员：

杜万林（√）、张宝斋（√）、高文（√）、赵玉兰（○）、马淑兰（○）、张玉林（√）、高祥（○）、王登明（√）、杜桂山（√）、张明德（√）、张立新（√）、张仲秀（√）、徐桂兰（○）、郤文明（○）、赵存德（√）、李正林（√）、王志文（√）、李世江（√）、李淑兰（√）、王立新（√）、王文清（√）、郝元（√）、崔玉海（√）、赵云奎（○）、李玉兰（○）、祁凤元（○）、高桂有（○）、高秀连（√）、韩志品（√）、穆凤忠（√）、李天降（○）、张文忠（√）、张明春（√）、尤长桂（√）、李风武（√）、薛风桐（√）、高德近（√）、杨存秀（○）、范成才（○）、郤政明（○）。

应到会 40 人，实到会 27 人。

团员：

杜宪英（○）、张万合（√）、张万彬（√）、李汉洲（√）、郭淑英（√）、张清兰（○）、罗成梅（○）、张军（√）、张海梅（√）、李玉梅（○）、杜兰英（○）、李世合（√）、张海琴（○）、范德军（√）、范淑琴（○）。

应到会 15 人，实到会 8 人。

两委、生产队长：

王永（√）、刘艮（√）、彭宪兰（√）、高有（√）、穆奎喜（√）、杨海荣（√）、穆奎有（√）、薛廷甫（√）、高德清（√）、郤德文（√）。

应到会 10 人，实到会 10 人。

两户代表：

李桂兴（○）、张连荣（○）、王铁刚（√）、祁凤山（√）、高德彬（√）、李富海

(○)、高洪朋(√)、、高洪合(○)、高德明(○)、孙富怀(√)、张文贵(○)、高洪文(√)、李连春(√)、高德仕(√)、高庆枝(√)、罗成(√)、李桂生(√)、祁凤明(√)、穆凤祥(○)、高洪海(√)、闫秀英(○)、赵淑先(○)、张玉林(√)。

应到会25人,实到会16人。

任过主要干部的:

郭占熬(√)、高普(√)、郭占奎(√)、马朋(√)、李桂存(√)、王俊(√)、张文科(○)、穆凤明(√)、王科(√)、张文生(○)、李树林(○)、张文祥(○)、韩风明(√)、董成瑞(○)、田秀德(○)、张艮(√)、薛英方(√)、张天富(√)、郝存富(√)、高洪江(√)、高德仲(√)、郤文海(√)、杜宪德(○)、高洪章(○)、范世亮(√)、李桂合(√)、李宪成(√)、张珍(√)、杨文国(√)、吕桂军(√)、张海军(√)。

应到会32人,实到会24人。

列席群众:昝元(√)、张树生(√)。共2人。

会议原定到会122人,实到会87人。

会议开始由张明德传达中央84年1号文件。

后由信用社赵贵和公社赵增昌同志讲宣传84年中央1号文件的重大意义和公社党委的安排。

然后讨论决定:

(1) 群众大会何时开?

2月19日召开社员群众大会。

84年2月20日戏后

召开两委扩大会议

参加人员:

公社:赵增昌、赵贵。

张明德(√)、王永(√)、刘艮(√)、崔玉海(√)、彭宪兰(√)、高有(√)、张玉林(√)、王立新(√)、穆奎喜(√)、杨海荣(√)、穆奎有(√)、穆凤忠(√)、薛廷甫(√)、高德清(√)、郤德文(√)。共15人。

(此工已记入唱戏工内)

公社赵增昌同志讲:

(1) 发展商品生产要请进来走出去。

(2) 对中央文件提示的“土地承包十五年”是什么认识?

讨论记录:

	1	2	3	4	5	6	7	8	9	10	计
应补课人数：	27	27	23	24	15	13	14	8	20	27	198
两委分工包队：	王永	王永	崔玉海	崔玉海	彭宪兰、祁凤元	彭宪兰、祁凤元	彭宪兰、祁凤元	张明德	刘良	张明德	

讨论重点：

(1) 84 年农村工作重点是什么？

(2) 你认为咱们大队各项责任制存在什么问题？你看咋办？

(3) 什么是商品生产？你要怎么办？

补课应采取办法是：1. 小集体补课；2. 利用骨干上门。

会议决定：

(1) 2 月 27 日召开两委扩大汇报会议。

(2) 唱戏问题：以 2 月 18 日—20 号唱三天。

同意上述的安排。

84 年 2 月 23 日 1 天

召开两委扩大会议

参加人员：

公社：赵增昌。

张明德(√)、王永(√)、刘良(√)、高有(√)、张玉林(√)、王立新(√)、穆奎喜(√)、杨海荣(√)、穆奎有(√)、穆凤忠(√)、薛廷甫(√)、高德清(√)、郤德文(√)。共 13 人。

会议首先各队长进行了汇报的讨论情况：

	1	2	3	4	5	6	7	8	9	10	计
已补课：	25	27	20	23	10	2	8	6	18	24	163

讨论记录：

(1) 土地怎样分等定价？

等级	1 等	2 等	3 等
价格	60.00	40.00	15.00

(2) 如何填好造林登记册和搞好造林规划?

	1	2	3	4	5	6	7	8	9	10	计
领登记册	23	21	29	26	21	22	16	12	19	22	211

因 83 年未有发下去本是属大队、生产队责任。所以从 84 年—87 年造完。给户填好本。生产队、大队各有存根在 26 号交大队。

(3) 种植业、加工业、副业(瓦窑)、采矿业,怎么搞?

集体不搞后,粮加工让社员搞,集体不搞同意,集体不搞,发动社员搞,小木货大队搞,社员搞但必须收适当的柴火管理金,动员社员搞。

大队小木货计划上 50 人,总收入 25 000 元,纯收入 1 万元。

(4) 苇子沟的果树如何承包?

果杏树及土地发动社员承包,从 84 年—87 年承包四年负责房屋修缮、树木管理。看管人白占房屋。

具体定价是:

84 年	85 年	86 年	87 年
80.00	120.00	150.00	200.00

损坏树木每株 10.00 元。

(5) 发展商品生产规划表如何填?

赵增昌同意已讲填法。

(6) 会议决定:

1. 2 月 26 日召开扩大会专门进行汇报和交土地等价表和造林登记表。
2. 要讨论的让社员讨论,上山不带斧子行不行? 如带怎么办?
3. 要讨论的让社员讨论,柴火不外流行不行? 如外流怎么办?

84 年 2 月 26 日 1 天

召开两委扩大会议

参加人员:

公社:赵增昌同志。

张明德(√)、王永(√)、刘艮(√)、崔玉海(√)、高有(√)、张玉林(√)、王立新(√)、穆奎喜(√)、杨海荣(√)、穆奎有(√)、穆凤忠(√)、薛廷甫(√)、郄德文(√)。共 13 人。

各队汇报交表后讨论：

(1) 如何保证商品生产规划的实现？

1. 大队成立“农工商领导小组”：

组长：王永；

副组长：崔玉海、彭宪兰；

成员：刘艮、张文科和十个生产队长。

共 15 人。

2. 提供必要的资金，资源途径？

除帮助自己自筹外，大队审批信用社供款。

3. 提供必要的技术指导(采取走出去，请进来)？

及时召开各种不同类型的传授会议。

4. 制定必要的规章制度：

每月 10、25 号以生产队社员会进行商品生产交流会；

每月 12、27 号大队召开农工商领导小组会议。

(2) 大队办小木货加工厂怎么设想？

以搞柄把加工为主的小木货，计划年产柄把等 50 000 根，大队马上选报计划，等批后立即抽(筹)建，总收入为 25 000 元，纯收入 10 000 元。

(3) 根据各队汇报，苇子沟的承包问题再议一下？

2 月 23 日定的承包价，如遇自然灾害，由大队根据受灾程度通过鉴定减价。

(4) 各队计划一下红果生产问题？

	1	2	3	4	5	6	7	8	9	10	计
	100	160	120	150	120	110	80	60	100	100	1 100

生产队暂拿总价的一半，除供销社(公社)拿的之外，由个人拿。如因栽植问题而死，全部由个人负担价款。如成活，等结果有收入时，由各户再还苗款。

(5) 公社让选一名房建规划员选谁？

高文。

另行用工

(1) 王永从 2 月 12 日到 16 日去瓦房沟代戏，共 5 天。

(2) 84 年 3 月 1 日召开商品生产重点户代表座谈会:

高有(√)、张玉林(√)、张明德(√)、王立新(√)、祁守合(√)、祁守相(√)、王志文(√)、邰桂合(√)、穆奎喜(√)、邵金瑞(√)、郝存仕(√)、杨海荣(√)、张玉斌(√)、穆奎有(√)、穆奎军(√)、彭宪兰(√)、杨存瑞(√)、李富海(√)、薛廷甫(√)、穆凤忠(√)、刘良(√)、高德清(√)、邰德文(√)、孙秀海(√)。共 24 人。

(此工已记入开大会用工去了)

各队拿火柴:

	1	2	3	4	5	6	7	8	9	10	计
	12	12	15	15	10	12	10	8	10	15	119
	与会人员每人又给一包(让队长带走)										13

84 年 3 月 8 日

召开两委扩大会议

参加人员:

张明德(√)、王永(√)、刘良(√)、崔玉海(√)、高有(√)、张玉林(√)、穆奎喜(√)、杨海荣(√)、穆奎有(√)、穆凤忠(√)、薛廷甫(√)、邰德文(√)。共 12 人。

会议开始学习了"高扬同志关于办好农村中小学的意见"(讨论后修改稿),接着赵增昌同志传达了公社召开下乡干部、大队书记会议精神(宣传中央 1 号文件的落实汇报情况,教改工作,计划生育工作,县委党委扩大会议精神,公社武书记的当前工作安排等。)

讨论记录:

(1) 大队教改领导小组,几人成立?

组长:王永;

副组长:崔玉海;

成员:刘良、张玉林、穆奎有。

共 5 人组成。

座谈会向公社提的要求:

1. 夭子沟学生去干沟上学,沟门校多减一名教师。

2. 要求减两名民办教师。

3. 师秀芬不换杨宝福。

教改后的筹资问题怎么办?

按各队人口,从已提留的积累中支付。

(2) 今后的电影怎么演?

因大队没有资金,所以不统一演。各队同意演自己打招呼。

(3) 现在不少社员反映,柴火羊叶外流严重,在打柴火时乱割小树,怎么管理?

经过充分讨论,制定下列规定。

苏寺大队

护林和柴火管理的规定:

1. 从 3 月 9 日起,柴火羊叶一律严禁外流(包括以物易物),如有外流者一律没收。买者每个罚款 1.00 元。出售者每个罚款 2.00 元。那(哪)个队外流,每个罚队长款 1 角。

2. 不论三亲六友一律不准外来人上山打柴火,如打扣车、没收柴火和镰刀、斧头、大绳。闹起纠纷大队处理。

3. 社员上山打柴火不准带斧子,如带每次罚款 5 角。

4. 大队设卡。地点随时定点,由张文科总负责任。

5. 不论没收柴火、羊叶和实物和所罚之款,谁挡住归谁百分之五十。

6. 从 3 月 9 日起抽各队事业心强的社员上山看坡,秋后按总人口均摊。具体抽人是:

	1	2	3	4	5	6	7	8	9	10	计
	2	2	3	2	2	2	2	1	2	2	20

所抽人员不负责任,放走扣看坡人(柴火、羊叶、实物和应罚之款)百分之五十。

就看坡的地段和人员设置,由王永、张文科安排。

84 年 3 月 14 日 1 天

召开两委扩大会议

参加人员:

张明德(√)、王永(√)、刘良(√)、彭宪兰(√)、高有(√)、张玉林(√)、穆奎喜(√)、杨海荣(√)、穆奎有(√)、穆风忠(√)、薛廷甫(√)、高世军(√)、张海军(√)。共13人。

(√)(1) 3月24日往东瓦夭送电影穆风海人、驴工。

(√)(2) 4月15日高文、张军去乡开会一天。(摊在灭鼠药内)

(√)(3) 4月17日张军赶、张明德、牛去乡送柴火1天。(摊在灭鼠药内)

(√)(4) 4月18日下午彭宪兰去合达营买粮食油半天。

84年3月24日1天

召开两委扩大会议

参加人员:

张明德(√)、王永(√)、刘良(√)、彭宪兰(√)、高有(√)、张玉林(√)、王立新(√)、穆奎喜(√)、杨海荣(√)、穆奎有(√)、木胜利(√)、薛廷甫(√)、高德清(√)、郤德文(√)。共14人。

会议传达了县劳模会三干会议精神。

然后讨论:

(1) 按公社安排回来开好两个会(两委扩大会、群众大会),咱们的群众大会怎么开?

为使社员真正吃透会议精神,决定以生产队为单位召开。以生产队长为主,大队干部个别队帮助。

(2) 县林业局已批示咱们,准砍47立方木材,发展商品生产,咱们怎么砍伐,搞什么?

1. 搞成品没有外销门路。2. 如砍伐和承包者怎么分成。这两个问题带到社员会上讨论,征求社员意见之后,下次会议再研究。

(3) 公社分配咱大队给公路拉沙子任务173方怎么办?

按人口分到生产队,就拉沙子或给款看别的大队执行情况再定。

具体分配是:

	1	2	3	4	5	6	7	8	9	10	计
人口	102	107	141	128	95	109	84	61	101	94	1 022
任务	17.3	18.2	24	21.8	16.2	18.5	14.3	10.4	17.2	15.1	173

(4) 在3月8日扩大会上,决定从3月9日开始抽人看坡,各队按社员人

口看存在什么问题？就看坡人的报酬怎么解决？下步如何安排？张文科提出因没有打柴火要求找人怎么办？

1. 征求了各队长，都说社员没有反映什么问题。

2. 凡上山人每人每天记工 1 个(合 10 分)，从 3 月 9 日到今天谁没收的镰刀、大绳归谁。

夜间看管从 3 月 10 日到 17 日，三人每人每夜 10 分；3 月 18 日到 23 日，因四人每人每夜 8 分；

3. 下步应该适当减人，具体定人为：

1	2	3	4	5	6	7	8	9	10	计
高普	王俊	李正林、张文明	李树林	韩志文	韩志品	高德文		刘彬	张珍	10 人

原定看管的地点不变。(1、2、9、10 队在南山，3、4 队在北山，5、6、7 队在西山)。

4. 张文科要求打柴火问题，暂时继续看。

夜间设卡继续设，由张文科负责安排。

5. 张明德已给女儿张海梅找了对象，为照顾他家，要求男方到女方所在队落户，如 3 队社员同意，大队是否让来落户？

如第三生产队社员同意让来落户，大队同意。

6. 据张文科反映，郜桂军在苇子沟割柴火，割了不少小杨树怎么办？

明天派王永、张文科查清数目，超过 50 株以上，大队管委会起诉，由上级处理。

84 年 4 月 8 日 1 天

召开两委扩大会议

参加人员：

张明德(√)、王永(√)、刘艮(√)、张文科(√)、高有(√)、穆奎喜(√)、杨海荣(√)、穆奎有(√)、穆凤忠(√)、薛廷甫(√)、郜德文(√)。共 11 人。

会议由张明德、王永传达了乡党委召开的书记、队长会议精神，然后讨论：

(1) 县林业局和公社批示咱大队砍伐 47 立方木材，咱们搞什么项目？

1. 搞小木货加工厂没有销路，所以砍杆。

2. 砍杆除杨、桦、椴之外，均可砍伐。

3. 砍伐地点,在本队分的坡上去砍。

如有个别人到外队分的坡上去偷砍,凡所砍的木料一律没收,再按砍的总值加罚一倍,所罚之款,均有砍伐人负担。

4. 分成问题实准分,按林业承包合同执行。

5. 砍杆的报酬定为:

7　尺			6　尺		
1等	2等	3等	1等	2等	3等
0.20	0.15	0.10	0.15	0.10	0.05

6. 存放地点:6队场院。

7. 看管人员工资:白天和黑夜每天1.00元,丢失照价赔。

8. 验质人员的工资:每天1.50元。

(2) 批砍的柳树和零星树怎么评价?

由王永、张文科、张明德负责抓紧办。

(3) 3月27日瓦房沟大会怎么记工?

按8分记。

(4) 公路拉沙子怎么搞?

按人口摊任务,从4月12日到4月15日结束。每亏1方,拿钱3.00元。

从南往北推:交界开始100米每人7厘;沟门过河边往南每人1方;康登明炉房往南每人7厘;康登明炉房往北每人半方。

队别	1	2	3	4	5	6	7	8	9	10	合计
人口	100	107	141	128	95	111	83	59	99	94	1 017
抽签	(1)	(2)	(10)	(4)	(7)	(3)	(6)	(9)	(5)	(8)	

(5) 下步看林人员怎么安排?

从4月9日开始,由管委会和看林负责人灵活掌握随时安排。

(6) 从3月9日开始看坡用工如何结算找齐?

(7)

队　别	1	2	3	4	5	6	7	8	9	10	合计
实挣工分	450	450	1 246	856	460	480	470	170	470	370	5 422
人　口	100	107	141	128	95	111	83	59	99	94	1 017

续　表

队　别	1	2	3	4	5	6	7	8	9	10	合计
摊	533	571	752	683	507	592	443	315	528	498	5 422
余			494	173			27				694
亏	83	121			47	112		145	58	128	694

每 10 分工以 0.60 元由生产队摊齐。

84 年 4 月 12 日半天

召开两委扩大会议

参加人员：

张明德(√)、王永(√)、刘良(√)、崔玉海(√)、高有(√)、张玉林(√)、杨海荣(√)、穆奎有(√)、穆凤忠(√)、薛廷甫(√)、郤德文(√)。共 11 人。

会议由老冯同志传达了“乡党委、乡政府就建村实施方案，王永就公社安排的”造林、春防灭鼠、拉沙子垫路等问题进行了传达。

讨论记录：

(1) 建村领导小组怎么成立？

组长：张明德；

副组长：冯青山；

成员：姜合、崔玉海、张玉林。

共 5 人组成。

84 年 4 月 13 日半天

召开党员会议

(1) 张宝斋(√)、马淑兰、杜万林、赵玉兰、高文(√)。

(2) 张玉林(√)、高祥(√)、王登明(√)、杜桂山。

(3) 张明德(√)、张立新(√)、赵存德(√)、徐桂兰、王立新(√)、张仲秀(√)、郤文明(√)、李正林、李淑兰(√)、李世江(√)、王志文(√)。

(4) 王文清(√)、崔玉海(√)、赵云奎、李玉兰(√)、郝元(√)。

(5) 祁凤元、高桂有(√)、高秀莲(√)。

(6) 韩志品。

(7) 穆凤忠(√)、尤长贵(√)、张文忠(√)、李风武(√)、李天降、张明春。

(8) 薛风桐。
(9) 高德近(√)。
(10) 范成才(√)、杨存秀(√)、郤政明(√)。
列席人员：王永(√)、刘良(√)。
实到会 31 人。
苏寺村干部花名表

84 年 4 月 14 日 1 天

组织	姓名	年龄	成分	文化程度	公社批示职务
村支部	张明德	47	贫	初中	书记
	高　文	27	贫	初中	宣传委员兼支部教员
	张立新	37	下中	初小	组织委员兼纪律检查
村民委员会	王　永	44	中	初中	主任
	刘　良	33	贫	初中	副主任
	崔玉海	29	贫	初中	秘书兼会计统计民调
	李世江	26	贫	初中	民兵连长兼治安
	彭宪兰	22	贫	初中	妇联主任兼计划生育
村民组长	张玉林	56	中	初小	
	张军	23	贫	初中	
	穆奎有	33	中	初小	
	薛廷甫	44	中	初小	
	高庆军	24	中	初中	
	郤德文	29	下中	初中	

84 年 4 月 16 日

召开两委扩大会议
参加人员：
张明德(√)、王永(√)、刘良(√)、张清有(√)、王立新(√)、杨海荣(√)、穆奎有(√)、穆凤忠(√)、薛廷甫(√)、高庆军(√)。共 10 人。

讨论记录：

(1) 就 84 年 1 月到 4 月 15 日开大会用工怎么齐?

队　别	1	2	3	4	5	6	7	8	9	10	合计
应摊人数	69	67	88	87	59	73	58	34	63	62	660
实挣工分	1 236	1 223	1 699	1 525	1 219	1 444	973	678	1 080	1 017	12 094
每人 18.4 分摊	1 265	1 228	1 614	1 596	1 081	1 338	1 063	521	1 155	1 133	12 094
余			85		138	106		57			386
亏	29	5		71			90		75	116	386

同意这样结算,每工以 0.60 元找齐。

(2) 民办教师的工资怎么给?

因为考试都合格,每月按 21.00 元发,从 84 年 1 月到 6 月底,共 6 个月全发。

(3) 大队的用工怎么办?

每个工以 1.00 元付款。

(4) 看林业用工怎么办?

1. 梁明看管后地和松树坡,每天仍按 0.50 元付款,欠工扣工,从 1 月起发到 4 月底。

2. 张文科看林业,从 1 月到 4 月底,每天按 0.80 元付款,欠工扣工。

(5) 生产队的各种清理怎么搞?

由生产队长具体就财产、实物,进行彻底清理,各队清理结束,向社员公布,然后向大队会计交清。在 4 月 20 日搞完。

(6) 就干部的工资(因生产队长免职)怎么办?

仍按 83 年度的定额执行。计算办法占全年总数的三分之一。总额的百分之五十发给误工记工工资。另百分之五十做为当前砍木头、拉沙子、各种结算、春防和灭鼠、造林的五项工作奖励。

(7) 乡里开会就灭鼠问题,让咱大队出玉米 460 斤打成面,拉上去公社拌药,咱们怎么办?

从户下收玉米,有的户没有。决定用款买,每斤玉米按 0.20 元。连同药费、粮食钱等,最后花多少,按全大队人口平摊。队长签字,由生产队开支。

84 年 4 月 18 日上午半天

召开两委扩大会议

参加人员：

张明德(√)、王永(√)、崔玉海(√)、彭宪兰(√)、穆奎喜(√)、高文(○)、李桂存(○)、张军(○)、郝存仕(○)、杨海荣(○)、穆奎有(○)、穆凤忠(○)、薛廷甫(○)、高庆军(○)、杨文国(○)。共 16 人。

凡划"○"号的回生产队记工。

会议主要是分灭鼠药。

队别	1	2	3	4	5	6	7	8	9	10	合计
斤数	46	49	65	59	44	51	38	27	48	48	475

84 年 4 月 19 日 1 天

召开新旧班接交会议

参加人员：

乡党委：冯青山、高建国、吴世英。

张明德(√)、王永(√)、刘良(√)、崔玉海(√)、彭宪兰(√)、李世江、张立新、高文(√)、张文科(○)、高有(√)、张玉林(√)、张军(√)、穆奎喜(√)、杨海荣(√)、穆奎有(√)、穆凤忠(√)、薛廷甫(√)、高德清(√)、高庆军(○)、郤德文(√)。共计 20 人。

会议中心是乡党委宣布苏寺村党支部村民委员会班子组成人员名单。

84 年 4 月 25 日

召开头头会议

参加人员：

张明德(√)、王永(√)、刘良(√)、张文科(√)。共 4 人。

研究问题：

(1) 大队批出的柳树如何定价?

按王永、张文科过尺的大、小头公分的合计数用二分为平均公分，每公分按 0.80 元，初步试算出树价，然后根据树的质量决定价格。

(2) 公社批的车货树 170 株，已经生产为盖房料，如何定价?

因都是本大队社员用，仍按 82 年 2 月 3 日两委扩大会议定的价格计价。

(3) 合达营粮站高天顺同志商定，关于杆换白面问题。杆的价格为 7 尺每根 0.80 元，6 尺每根 0.70 元，有一根算一根，白面每斤 0.36 元。给粮站 2 000 根，换白面 4 200 斤。拉走杆再结算账，换回的 4 200 斤白面，按 1 022 人每人给 4 斤，每斤按 0.25 元收款。看是否同意这样搞？

这样搞合适，同意这样做。

(4) 8 队和 10 队不拉沙子，怎么给大队柴火？

每口人按两个柴火。8 队 118 人，10 队 188 个，送到大队。

84 年 4 月 30 日 1 天

召开两委扩大会议

参加人员：

张明德(√)、王永(√)、刘良(√)、崔玉海(√)、张文科(○)、高有(√)、张玉林(√)、王立新(√)、穆奎喜(√)、杨海荣(√)、穆奎有(√)、穆凤忠(√)、薛廷甫(√)、高德清(√)、郤德文(√)、张立新(√)、高文(√)、张军(√)、李世江(√)、高庆军(√)、彭宪兰(√)(半天)。共 20.5 人。

会议中心解决：

(1) 84 年 1 月至 4 月的开大会齐工问题，已在 4 月 16 日结算清楚。其计算款的结果是：

队别	1	2	3	4	5	6	7	8	9	10	合计
余钱			5.10		8.28	6.36		3.42			23.16
亏钱	1.74	0.30		4.26			5.40		4.50	6.96	23.16

同意今天用干部工资找齐。

(2) 生产队长 84 年 1 月至 4 月的工资，4 月 16 日会上已定，全年 690.00 元，用三相除得出 230 元，根据五项工作，怎么处理？

姓　名	误工工钱		以生产队奖	以人口奖	五项工作奖	合　计
	工	款				
高　有	11	11.00	4.00	3.00	4.50	22.50
张玉林	11	11.00	4.00	3.10	5.50	23.60

续 表

姓　名	误工工钱		以生产队奖	以人口奖	五项工作奖	合　计
	工	款				
王立新	7.5	7.50	4.00	4.20	4.50	20.20
张　军	1	1.00			1.00	2.00
穆奎喜	11	11.00	4.00	3.80	4.50	23.30
杨海荣	12	12.00	4.00	2.80	4.50	23.30
穆奎有	12	12.00	4.00	3.20	6.00	25.20
穆凤忠	12	12.00	4.00	2.50	4.50	23.00
薛廷甫	12	12.00	4.00	1.80	5.40	23.20
高德清	7.5	7.50	4.00	3.00	4.50	19.00
高庆军	1	1.00			0.50	1.50
郤德文	10	10.00	4.00	2.80	5.40	22.00
张海军	1	1.00				1.00
合　计	109	109.00	40.00	30.20	50.80	230.00

同意这个算法。

(3) 大队干部工资，全年650.00元。1—4月为217.00元，去公社以上开会(张明德19天，王永6天，刘良3天，崔玉海4天，彭宪兰3天)35天，每天0.5元，合17.50元，共计235元，怎么处理？

经两委商定结果如下：

姓　名	误　工		奖　励	共　计
	工	款		
张明德	51.5	51.50	32.50	84.00
王　永	31	31.00	19.00	50.00
刘　良	52.5	52.50	15.00	67.50
崔玉海	10	10.00	8.00	18.00
彭宪兰	10	10.00	5.00	15.00
合　计	155	155.00	79.50	234.50

(4) 开始输电时，大队开会定，凡属高压线路一律由全大队负担，83 年送往夭子沟时，大队应负担 5 000 多元，尚有干沟、水沟未送，光靠这两个队的力量不行，不送又不行，怎办？

从 1—7 队算，每队先按每 1 口人抽 10.00 元交给大队，做为统一安电使用。

夭子沟给大队的垫款，大队先不还。

干沟、水沟两个队的资金全部用上。

(5) 经县林业局、公社批示让砍伐木材 47 立方。在 4 月 8 日扩大会议定全部砍掉。在 4 月 9 日经张明德、王永、张文科研究，改为每 10 人砍 1 根檩椽柱(公社批示砍车货树 170 株)，每 1 口人砍杂杆 3 套，椽子 3 根。经过几天的生产、和种地问题，就要求椽的户上山自砍回来过数定等。就场院存那点椽怎么办？

从场院解决。挑以后不足部分，可上山自砍。剩下的次等椽，谁买就卖。

(6) 80 年大队生产木材时有借用车货木头的(1 队 4 根，2 队 4 根，3 队 3 根，5 队 1 根，6 队 2 根，9 队 1 根)共计 15 根，怎么处理？

因为是集体修车用的，每根价 2.00 元。今天让队长签字，用队开支，拿回做今天执行用款的开支。

(7) 因为机构改革的需要，有高有、王立新、穆奎喜、杨海荣、穆凤忠、高德清，共 6 名队长离职(另 4 名被选为居民组长)。几年来工作不错，是否以每人 5.00 元钱买双鞋穿？

同意每人给拿现金 5.00 元。

84 年 5 月 15 日 1 天

召开村支部、村委会联席会议

参加人员：

张明德(√)、王永(√)、刘良(√)、王立新(√)、高文(√)、彭宪兰(√)、李世江(√)、崔玉海(√)、张玉林(√)、张军(√)、穆奎有(√)、薛廷甫(√)。共 12 人。

会议中心是培训“县、乡换届选举”骨干。开始学习了上级发来的“选举法规选论”的部分材料。学习了“茨营子乡 1984 年 5 月县、乡换届选举工作方案。县选举委员会一号公告。茨营子乡政府工作条例。县人民政府殡葬改革的布告。公布了乡农科站 84 年种植任务的分配。学习和研究了填写承包土地使用证的问题。学习了乡党委乡政府关于村干部享受定补规定。”

然后讨论：

（1）选举领导小组怎么成立？

组长：张明德；

副组长：王永；

成员：张立新、高文、刘良、崔玉海、彭宪兰。

共7人组成。

填写班子由刘良负责，高文、崔玉海共3人填写。

报告员：村干部14人，教员7人，共计21人。

宣传员名单如下：

古方片：王俊、高有、马清合、张万江、李汉洋、郭文江、杜桂山。共7人。

沟门片：李世河、王进瑞、王志文、赵文祥、包宪文、张连荣、王海江、张万利、康登彬。共9人。

苏寺片：高德秀、韩桂军、韩风彬、彭宪合、穆凤忠、李树合。共6人。

水沟片：薛英芳、高洪如。共2人。

天子沟片：高庆忠、高德进、高德忠、高洪雨、高玉。共5人。

干沟片：张海军、杨文国、吕桂武、孙秀海、范德军。共5人。

总共34人。

（2）填写承包土地使用证如何搞？

由刘良、崔玉海负责，在5月底前完成。

（3）乡分配育苗任务：油松10亩，白榆3亩，封山育林1 000亩，怎么办？

以大队集体搞，由王永具体抓。

（4）张家口日报社寄来“农家科技专刊”两期，每期120份，怎么发？

队　别	1	2	3	4	5	6	7	8	9	10	合计
原有户	25	24	31	28	23	26	19	16	21	28	241
发	24	24	32	32	32	32	32	8	10	12、村2	120

（5）村支部、村民委员会成员如何分工？

张明德：抓村支部的全面工作。重点抓思想政治工作和干部的管理，抓报纸的管理，贫协工作。

张立新：侧重抓组织建设和纪律检查。负责三会一课，发展党员，收党费。抓文化生活，负责青年、民兵、妇联、计划生育工作。

高文：宣传教育事业。党内上党课。抓文化室建设，广播线路整修，黑板报换写。

王永：村民委员会的全面工作和财务管理。

刘艮：农、林、牧、副业的生产，发展商品生产，和管理教育。

崔玉海：秘书，会计，统计，民事调解。

李世江：治安管理，民兵建设，战备联防。

彭宪兰：妇女工作，计划生育。

（6）乡规民约如何修订？

对王永起草的乡规民约，已原则通过。修订后，在社员大会上宣布。

（7）84 年度按 10 个生产队订的报纸，现在生产队已不存在，就报纸如何管理？

1 队：根据高有意见，由高文负责管理。

2 队：仍归让张玉林管理。

3 队：归张军管理。

4 队：归崔玉海管理。

5、6、7 队：发给穆奎有，由穆奎有再转杨海荣、穆凤忠管理。

8 队：仍归薛廷甫管理。

9 队：归高庆军管理。

10 队：仍归郜德文管理。

（8）乡已对村干部定型，具体咱村怎么办？

1. 对村干部，在不超定型的情况下，仍执行误工记工，秋后按工作情况加奖励。

2. 居民组长，凡到大队开会、公办，由大队记工。

（9）选举工作宣传大会何时开？

5 月 16 日下午 2：30 点准时开。

（10）村的房屋如何修理？

经过充分研究定为包：

1. 南正房共 11 间，用土定 25.00 元，由穆奎有负责找人包。

2. 凡动用款买的东西花钱，由大队开支。

3. 瓦房 11 间，整修墙头账，垒缺口墙给 225.00 元。

4. 瓦房期间，中午村里管一顿中午饭。

(11) 广播线路如何整修?

修完房屋,有张立新、高文负责整修。

(12) 文化室到底怎么建?

仍按以前会议定的东房两间,抓紧整修。

用工记录

高文:5 月 10 日—12 号乡开登记员会 3 天(√)。5 月 14 日下午研究安排工作半天(√)。21 日—22 号搞选民登记 1.5 天(√)。

张立新:5 月 10 日—12 号乡开选举会议 3 天(√)。5 月 14 日下午研究安排工作半天(√)。21 号下午—23 号量尺买安玻璃 2.5 天(√)。

李世江:5 月 13 日—14 日乡开武装会 2 天(√)。

马明:5 月 21 日人、车去合达营拉油松籽半天,合工 1 个(√)。

高文:27 号去乡搞村镇规划半天(√);28 号在村镇规划 1 天(√)。

张立新:24 号 1 天,25 号半天(√)种松树育苗。

6 月 16 日下午推山药面人:

彭宪合(√)	半天
张立新(√)	半天
李树合(√)	3 分
高德文(√)	3 分
张明生(√)	3 分
木胜利(√)	3 分
彭宪强(√)	3 分

84 年 5 月 1 笔记

开大会用工

84 年		会　别	古方	沟门	苏寺	水沟	火沟	干沟	合　计	
月	日								人数	合分
5	16	选举大会	62	96	112	20	40	27	357	1 785
6	30	选举大会	89	119	128	21	40	32	429	4 290
11	3	传达乡会议	87	114	113	14	30	30	388	3 104

续　表

84年		会　别	古方	沟门	苏寺	水沟	火沟	干沟	合　计	
月	日								人数	合分
11	3	培训	3	4	3	1	1	1	13	26
11	4	座谈会	3	4	4			2	13	65
12	5	党训班	91	96	90	12	55	67	411	4 110
12	6	大会(家)	74	130	136	22	33	24	419	3 352
12	6	大会(乡)	1	2			4	7	14	112
12	9	党员会议	6	10	8		1	1	26	260
12	12	扩大会	8	9	10	2	5	1	35	350

(抄)

84年5月21日上午半天

召开两委扩大会议

参加人员：

张明德(√)、张立新(√)、高文(√)、王永(√)、刘良(√)、崔玉海(√)、张清有(√)、张军(√)、王立新(√)、穆奎有(√)、穆凤忠(√)、薛廷甫(√)、高德清(√)、高庆军(√)、郗德文(√)。共计15人。

会议由张明德传达了“乡党委在5月16日召开扩大会议的精神”，然后研究：

(1) 乡分配我村，乡办集市贸易上市设摊50户，怎么安排？

古方	沟门	苏寺	水沟	夭沟	干沟	合计
12	14	17	4	5	7	59

(2) 端正党风领导小组怎么成立？

组长：张立新；

成员：高文、李世江。

共3人组成。

(3) 经济打反领导小组怎么成立？

组长：张立新；

副组长：刘艮；

成员：高文、李世江、崔玉海。

共5人组成。

清理界限从82年—84年共3年。

生产队清理具体由刘艮抓，从5月22—26号全部完成。

月底以前把学校、大队、药社清查完毕。

(4) 党小组整顿和党员联系户怎么搞?

由张立新、高文利用晚上具体落实，从5月21日到25日把党小组的整顿和党员联系户落实完毕。

(5) 整理广播换线怎么办?

由张立新、李世江负责，到那片有居民组长参加。按原分段路，需用人由各片出工。从5月22日到月底完成。

(6) 育苗怎么搞?

由王永具体抓。

(7) 王志文办鸡场，要求买大队瓦夭边4间瓦房。东边3间土房。东边3间土房前些日，经几个人定价150元，王志文认为太贵，到底怎么定?

东边3间土房定价100元，西边4间(除5月20日拆瓦房取走瓦25垅)定价350元。

必须交现金，不赊不欠。

84年6月13日下午半天

享受补贴人员开会

参加人员：

张明德(√)、王永(√)、刘艮(√)、崔玉海(√)。共计4人。

讨论问题：

(1) 郭金贵来找，打算给山药面粉，每斤0.47元，要给3 000多斤，咱们是否要? 怎么给社员?

不少社员都想买，咱们决定要3 100来斤。按实有人口每人给3斤，每人收款1.00元，其余大队贴。

(2) 咱村的工作当前有那些项? 怎么抓?

1. 林业审查的结尾工作。

暂推。

2. 外欠木头款和财务账欠款。

王永、刘良办。

(√)3. 计划生育建底账。

支部办。

(√)4. 整顿党小组和党员联系户。

支部办。

5. 建文化室和设备购置

支部办。

6. 整理广播线路。

支部办。

7. 抓打反及财务的清理。

村支部、村委员会抓。

8. 填写土地使用证。

暂推。

(√)9. 发砍木头工资，收柳树钱、木头钱、杂杆钱。

王永、刘良办。

10. 会计手续的结算接交。

暂存。

84 年 6 月 19 日上午半天

召开村支部、村委员会扩大会议

参加人员：

包宪军。

张明德(√)、高文(√)、王永(√)、刘良(√)、崔玉海(√)、张清有(√)、张军(√)、穆奎有(√)、薛廷甫(√)、高庆军(√)、郤德文(√)。共计 11 人。

会议主要是传达 6 月 18 日乡党委和乡选举委员会召开的选举工作会议精神。

会议就如何提县、乡代表候选人的三上三下做了具体安排。

用工记录：

(1) 马清合(√)、彭宪合(√)，刷墙整地用工 6 月 24 日每人 1 个。

(2) 马清合(√)、彭宪合(√)，栽茄子垅小葱 6 月 30 日每人半个。

(3) 彭宪合(√)6 月 30 日挖垅小葱 1 天。

(4) 李世合(√)、张立新(√),选举6月30号各半天。

(5) 6月26日去乡参加训练选举事的有张明德(√)、王永(√)、崔玉海(√)、高文(√)。

(6) 马明(√)和驴车去合达营,7月6日拉树籽半天。

(7) 李海林(√)7月7日晚去水沟送信人工1个。

(8) 张海洋(彦成)(√)7月15日去夭子沟找刘良一次。

(9) 彭宪合(√)去东万口办畜牧用盐证人工2.5个。

(10) 彭宪合(√)7月15日往合达营送款人工半个。

(11) 王永(√)5月22日—25日搞油松育苗2.5个。

(12) 王永(√)7月7日—8日种白榆2天。

(13) 刘良(√)5月22日和张立新去达营买玻璃各1天。

(14) 刘良(√)5月23日安玻璃各1天。

84年6月25日下午半天

召开党员大会

参加人员:

高文(√)、赵玉兰(√)、马淑兰(√)、高祥(√)、王登明(√)、张明德(√)、张仲秀(√)、李世江(√)、李淑兰(√)、王志文(√)、张立新(√)、崔玉海(√)、王文清(√)、郝元(√)、祁凤元(√)、高秀连(√)、穆凤忠(√)、尤长桂(√)、李天降(√)、李风武(√)、张文忠(√)、高德近(√)、杨存秀(√)、郤政明(√)。共计24人。

会议开始再次学习了"中共中央关于整党的决定",然后把上半年的支部工作进行了简单总结。(肯定成绩,找出差距)。然后发动党员发表意见:

王志文说:上半年的成绩,差距已经总结了,是不错的。就下半年的工作应该是:(1) 大队文化室已建起来了,就设备上应买台电视机。象棋、报刊、书籍应买上。应买广播器。(2) 在文化建设上,沟门类的大片应设两间房,应买电视机。(3) 应该把猪关起来,把大牲口管起来,以免啃树。(4) 应安排搞公共厕所。

郝元说:(1) 拉沙子有的拉,有的没拉。(2) 垫路质量不高,满面垫。(3) 后地育苗圃栽了树,有人给圈了园子不公正。

尤长贵提:(1) 张虎沟门的松树,有人随便放,觅牲口,又不捅,无人管理。

张文忠说:7队队房的瓦都让孩子翻了个,怎么办。

王文清说：(1) 后地苗圃开园子，刨了树，又弄了粪坑，起了垫地土垫园子是什么问题。(2) 拉石头拆三河挡坝上的石头。

评比先进党员：

高文、王志文、郤文明、穆风忠、王立新、高桂有、郝元、郤政明。共 8 人。

整顿党小组：

级别	组长姓名	党　员　姓　名	共计
1	张玉林	高文、杜万林、张宝斋、马玉兰、张玉林、高祥、王登明、杜桂山	8
2	王志文	张立新、王志文、张明德、赵存德、张仲秀、徐桂兰、郤文明、王立新	8
3	李世江	赵云奎、李玉兰、郝元、崔玉海、王文清、马淑兰、李正林、李淑兰、李世江	9
4	穆风忠	祁风元、高桂有、高秀连、韩志品、穆风忠、李风武、张明春、李天降、尤长桂、张文忠、高德近、薛风桐	12
5	杨存秀	范成才、杨存秀、郤政明	3

共计 40 人。

84 年 6 月 28 日上午半天

召开两委扩大会议

参加人员：

于宗经、包宪军。

张明德(√)、张立新(√)、高文(√)、王永(√)、刘良(√)、崔玉海(√)、李世江(√)、张清有(√)、张军(√)、穆奎有(√)、薛廷甫(√)、高庆军(√)、郤德文(√)。共 13 人。

会议传达了乡在 6 月 26 日选举训练会上，武乡长讲的：(一)投票选举前应做那些工作(七个小点)；(二)投票选举日工作和应注意的事项(十八个小点)。

经研究提出：

监票员：高文；

记票员：刘军；

发票员：李富合；

唱票员：郭文合；

保卫员：王永；

解说员：张明海；

代写员：古方片：张海梅；沟门片：张军；苏寺片：张海琴、杜宪英；水沟片：薛英方；夭沟片：高庆军；干沟片：吕桂武。

负责流动票箱的：古方和沟门：崔玉海、穆凤忠；苏寺和水沟：彭宪合、李树合；夭沟和干沟：李世江、杨海荣。

去瓦房沟送票的：张立新、李世合。

会议决定：

6月30日上午6点半清点人数的记1个工，7点过清点人数的记半个工，凡不拿选民证的减半个工。

6月29日下午参加八大员训练会的：

张明德(√)、崔玉海(√)、张明海(√)、刘军(√)、张海琴(√)、杜宪英(√)、李付合(√)、穆凤忠(√)、杨海荣(√)、彭宪合(√)、李树合(√)、马清合(√)。共计12人。

84年春木材砍伐情况

84年7月15日

(1) 公社批示让砍车货木头170株，实砍193株，实超23株。估合2方。

(2) 公社批示让砍木材47方：实砍杂杆4 134根÷240根=17.2方；实砍自用椽1 970根÷120根=16.4方；实砍卖出椽609根÷120根=5方；实砍卖出(进小账)529根÷120根=4.4方。

苏寺村党员联系户的情况：

84年6月25日定

党员姓名	联系户	联系		备注
		户	人	
杜万林	罗正全6、张万国6	2	12	
张宝斋	高有7、高庆成1	2	8	
赵玉兰	郭文海4、郭占熬5	2	9	

续　表

党员姓名	联系户	联　系		备　注
		户	人	
高　文	高占2、高庆枝3	2	5	王登明、赵存德、张仲秀、徐桂兰、郃文明、赵云奎、郝元、马淑兰、韩志品、李天降、张文忠、薛风桐、范成才、郃政明共14人
杜桂山	李桂存6、李桂兴1	2	7	
高　祥	罗有4、高洪文8	2	12	
张玉林	罗会5、李汉军3	2	8	
张立新	张军5、吴国瑞3	2	8	
王志文	高洪武4、郃桂合5	2	9	
张明德	杨宝善4、康登秀4	2	8	
王立新	王铁军6、王铁刚4	2	10	
李玉兰	赵文祥6、冀文富7	2	13	
崔玉海	包秀廷7、郝存仕3	2	10	
王文清	王进甫5、王进录4	2	9	
李正林	穆凤明7、康永祥6	2	13	
李淑兰	李世合3、李世海3	2	6	
李世江	祁守合5、吴立祥7	2	12	
高桂有	高洪举5、杜永科6	2	11	
祁风元	韩风明4、韩志文5	2	9	
高秀连	高德彬4、杨宝忠4	2	8	
穆风忠	穆风祥8、穆奎有5	2	13	
李风武	张明瑞8、张良6	2	14	
张明春	张明海6、郑万余2	2	8	
尤长桂	张明生4、李风龙3	2	7	
高德近	刘军4、高德明5	2	9	
杨存秀	孙富怀5、范世亮5	2	10	
26人		52		

苏寺村选举情况：

<table>
<tr><td rowspan="2">片别</td><td rowspan="2">应参选人数</td><td rowspan="2">委托票数</td><td colspan="3">流动票的</td><td colspan="2">带走</td></tr>
<tr><td>片人</td><td>下去人</td><td>合计</td><td>县票</td><td>乡票</td></tr>
<tr><td>古方</td><td>117</td><td>3</td><td>27</td><td>2</td><td>58</td><td>58</td><td>58</td></tr>
<tr><td>沟门</td><td>154</td><td>3</td><td>29</td><td></td><td></td><td></td><td></td></tr>
<tr><td>苏寺</td><td>169</td><td>5</td><td>16</td><td>2</td><td>22</td><td>22</td><td>22</td></tr>
<tr><td>水沟</td><td>27</td><td>1</td><td>4</td><td></td><td></td><td></td><td></td></tr>
<tr><td>夭沟</td><td>56</td><td>1</td><td>15</td><td>2</td><td>36</td><td>36</td><td>36</td></tr>
<tr><td>干沟</td><td>54</td><td>3</td><td>19</td><td></td><td></td><td></td><td></td></tr>
<tr><td>合计</td><td>577</td><td>16</td><td>110</td><td>6</td><td>116</td><td>116</td><td>116</td></tr>
</table>

选票情况：

	乡　发	韩殿林代	合　计	使　用	交　回
县代表票	580	1	581	556	25
乡代表票	584	1	585	556	29

选举结果：

84 年 6 月 30 日

<table>
<tr><td colspan="2"></td><td>薛英方组</td><td>高庆军组</td><td>张军组</td><td>高文组</td><td>合　计</td></tr>
<tr><td colspan="2">交回票张</td><td>154</td><td>100</td><td>88</td><td>214</td><td>556</td></tr>
<tr><td rowspan="2">其中</td><td>弃权</td><td>10</td><td></td><td></td><td>4</td><td>14</td></tr>
<tr><td>无效</td><td>1</td><td></td><td></td><td>3</td><td>4</td></tr>
<tr><td colspan="2">王　永</td><td>118</td><td>96</td><td>85</td><td>191</td><td>490</td></tr>
<tr><td colspan="2">张明德</td><td>134</td><td>89</td><td>83</td><td>177</td><td>483</td></tr>
<tr><td colspan="2">韩殿林</td><td>128</td><td>87</td><td>82</td><td>185</td><td>482</td></tr>
<tr><td colspan="2">孙富怀</td><td>94</td><td>70</td><td>77</td><td>169</td><td>410</td></tr>
<tr><td colspan="2">彭宪兰</td><td>107</td><td>82</td><td>78</td><td>177</td><td>444</td></tr>
<tr><td colspan="2">穆奎有</td><td>102</td><td>68</td><td>68</td><td>146</td><td>384</td></tr>
<tr><td colspan="2">薛廷甫</td><td>80</td><td>59</td><td>68</td><td>137</td><td>344</td></tr>
</table>

续 表

	薛英方组	高庆军组	张军组	高文组	合 计
刘 艮	94	59	30	93	376
张立新	53	42	19	78	192
张月娥	39	26	14	35	114
郤德文	35	21	12	45	113
合 计	984	699	616	1 433	3 732

84 年 6 月 30 日

张立新从选区代(带)回让公布

瓦房沟选区选举情况：

姓 名	苏寺村票	选 区 票
武林元	491	1 781
张明德	487	1 671
王 庆	331	1 210
彭宪忠	183	560
包清联	76	310
高建国	1	
李德成	1	

84 年 7 月 6 日上午半天

召开村委扩大会议

参加人员：

张明德(√)、王永(√)、高文(√)、刘艮(√)、崔玉海(√)、李世江(√)、张清有(√)、张军(√)、穆奎有(√)、薛廷甫(√)、郤德文(√)。共计 11 人。

讨论记录：

(1) 乡政府分配雨季造林 300 亩,怎么分配?

	古方片	沟门片	苏寺片	水沟	天沟	干沟	合计
分籽	28	34	39	7	11	11	130
亩数	65	80	90	15	25	25	300
地点	大南背 65	南造坡、猛虎沟、斜尖沟大小南凹	小造坡 60、张虎沟地上沿 30	前造坡 15	南垠 25	南坡 25	

(2) 防汛领导小组和抢险小组怎么成立?

组长:

副组长:

成员:

		第一抢险组	第二抢险组	第三抢险组
组长	正	张连合	郭文军	李风武
	副	张　军	张清有	穆奎有
人　数		13	11	9

(3) 打狗领导小组:

组长:刘良;

副组长:李世江;

成员:张清有、张军、穆奎有、薛廷甫、高庆军、邵德文、崔玉海。

共 9 人组成。

(5) 83 年计划生育工作中,王立新交回缝纫机一台,看怎处理?

是旧机器,做价 70.00 元,谁买就卖给谁。

84 年 7 月 22 日上午半天

召开村委扩大会议

参加人员:

张明德(√)、高文(√)、王永(√)、刘良(√)、崔玉海(√)、李世江(√)、张清有(√)、张军(√)、穆奎有(√)、薛廷甫(√)、高庆军(√)、邵德文(√)。共计 12 人。

讨论记录:

(1) 乡政府分配 85 年准生 15 名。

经研究同意让在 7 月 11 日登记的育龄妇女中有:

张万斌、张万江、张万合、郭文江、李玉梅、包宪文、张玉斌、彭宪明、韩风彬、穆奎彬、张海琴、刘彬、高庆军。共 13 人准生。

另两名今年谁先结婚给谁安排。

(2) 在近几天内有人反映：有的人偷杆，所以 7 月 19 日夜派张文科、王永查出：李树廷、荣桂有、高洪举、张文彬 4 个人偷砍。具体情况是：

荣桂有：树根 1 根，杨树稍 1 根，杂杆共 26 根，其中杨杆 22 根。

张文彬：杨树 1 根(黑头，本人说是捡的)，杂杆 24 根，其中杨杆 15 根。

高洪举：杂杆 32 根，全是杨的。

李树廷：杂杆 60 根，其中杨杆 9 根。

看怎么处理?(并把去乡汇报情况说了说)

回片广泛向群众说清，征求社员意见之后，再作决定。

(3) 公路垫路问题，从前没经研究郤桂军私自垫，党员会议和不少人反映：沙子已用，路未垫好。现在郤桂军也不垫了，经过丈量和报酬的想法是：

公路全面大体上是 3.6 里×36.00 元，合 130.00 元；三个过水路面的数次清理和垫，合 20.00 元。共计 150.00 元。

设想垫合格的每步为 0.12 元；二等的每步为 0.10 元；三等的每步为 0.08 元；四等的每步为 0.06 元。

经过给郤桂军丈量和定等是：二等的 120 步×0.10 元，合 12.00 元；三等的 154 步×0.08 元，合 12.32 元；四等的 158 步×0.06 元，合 9.48 元。共计 33.80 元。

剩余 116.20 元，这段活包给谁?

看这样安排是否合适?

这样安排合适，就这么定吧。

通过郤桂军本人也没有意见，今天把款给清他。

就这段活一定要做好，决定包给马朋。

(4) 现在不少人要求，二遍地已锄完，拔草已拔完，不太忙，想看戏，咱们怎么办?

同意唱。张立新从赤城回来，近 1.2 天内就唱。为节省开支，决定吃豆饭和糕，不买细粮。菜吃山药和做豆腐。就黄豆、小豆和山药淹菜全部从社员手内动员，就服务人员作了安排。

唱戏用工

84 年 7 月

	23 日	24 日	25 日	26 日	合计
张明德	0.5	1	1	1	
王　永	0.5	1	1	1	
刘　良	1	1	1	1	
崔玉海	0.5	1	1	1	
李世江	0.5	1	1	1	
郝存山	1	1	1	1	
马清合	0.5	1	1	1	
彭宪合	0.5	1	1	1	
张清有	0.5	1	1	1	
穆奎有	0.5	1	1	1	
薛廷甫	0.5	1	1	1	
高庆军	0.5	1	1	1	
郜德文	0.5	1	1	1	
张文科	0.5	1	1	1	
李树林	×	1	1	1	
高　有	×	1	1	1	
王立新	×	×	×	×	
杨海荣	×	1	1	1	
穆凤忠	×	1	1	1	
彭正富骡子	×	×	0.5	×	
合　计					62.5

（已从唱戏用工处理）

84 年 7 月 27 日上午半天

召开社员代表会议

参加人员：

张明德（√）、高文（√）、张立新（√）、王永（√）、刘良（√）、崔玉海（√）、李世江(√)、张文桂(√)、郭占敖(√)、杜桂山(√)、张文科(○)、王铁刚(√)、张军(√)、李树林(√)、康登秀(√)、韩风明(√)、韩桂军(√)、韩志文(√)、田秀德(√)、穆风德(√)、李风龙(√)、张明生(√)、李付海(√)、张天富(√)、薛英方(√)、高洪雨(√)、杜宪德(√)、高洪海(√)、张珍(√)、吕桂武(√)。共计30人。

会议就搞好“经济大清查的重大意义和目的”、“如何搞好村的各项工作”,由村支部负责人讲了话。经过讨论一致认为,会议开得不错,要认真搞好。

讨论记录:

(1) 咱村的经济大清查如何搞?

在5月21日召开的扩大会上成立的“经济打反领导小组”的领导下,具体成立经济清查组织,抽人有:

张立新、高文、李世江、崔玉海、郭占奎、张万江、杜万林、杜桂山、张文科、王铁刚、王文清、康登秀、韩桂军、穆奎有、李风龙、薛英方、杜宪德、吕桂军。共17人。

就如何搞,由张立新、高文负责召开17人会议,具体安排。

84年7月27日下午半天

做杂活的人有:

参加人员:

张明德(√)、张立新(√)、高文(√)、王永(√)、刘良(√)、李世江(√)、崔玉海(√)。共7人。

党员学习书下发的情况:

	十一届三中全会以来重要文献简编	努力做合格的共产党员	毛泽东同志论党的作风和党的组织
支部三人	3	3	3
第一组	3	1	3
第二组	3	1	3
第三组	4	1	4
第四组	5	1	5
第五组	2		2
合　计	20本	7本	20本

84年8月1日上午半天

召开村委扩大会议

参加人员:

张明德(√)、高文(√)、张立新(√)、王永(√)、刘良(√)、崔玉海(√)、李世江(√)、张清有(√)、穆奎有(√)、薛廷甫(√)、高庆军(√)、张海军(√)。共计12人。

会议由王永传达乡在7月30日召开的村书记、主任会议精神。

会议研究内容在王永手。

84年8月1日下午半天

召开烈军属在乡军人座谈会

参加人员:

张明德(√)、王永(√)、刘良(√)、高祥(√)、冀文富(√)、李世江(√)、祁凤山女人(√)、李风武(√)、张天富(√)、张珍(√)、高洪志(√)、杨存荣女人(√)、王文清(√)。共计13人。

清理张明德手的经济用工

84年8月

姓　名	12日	13日	14日	15日	16日	17日	18日	合计
高　文	0.5	1	1	×	1	0.5	1	
王　永	1	1	1	×	1	1	1	
张立新	×	1	×	×	0.5	1	1	
王进甫	×	1	×	×	0.5	1	1	
刘　良	0.5	×	×	×	0.5	1	1	
张文科	×	×	×	×	×	1	1	
崔玉海	×	×	×	×	0.5	1	1	
穆凤忠	×	×	×	×	×	0.5	1	
张明德	1	1	1	1	1	1	1	

(已在戏剧类17本内处理了)

另行用工

84 年 8 月

(1) 8 月 19 日,高文(√)清理经济 1 天。

(2) 8 月 26 日—27 日,刘良(√)、彭宪合(√)去信用社开会各两天。

(3) 9 月 6 日,马清合(√)去乡党委送信半天。

(4) 9 月 6 日至 7 日,乡开人代表会的有: 孙富怀(√)、王永(√)、薛廷甫(√)、穆奎有(√)。每人两天工。

(5) 9 月 7 日至 8 日,去乡开党代会的有: 张明德(√)、高秀莲(√)。

(6) 10 月 15 日,开支委会: 高文(√)半天,张立新(√)1 天。

(7) 10 月 17 日,郤桂海(√)换工半天。

(8) 10 月 17 日至 18 日,给电工做饭,郝存山(√)1 天。(已付款)

(9) 10 月 22 日,高文(√)外查 1 天。

(10) 10 月 27 日,郝存山(√)外查用工半天。(已付款)

(11) 10 月 26 日,刘良(√)去水么湾找电工。(已付款)

(12) 10 月 17 日,王永(√)、马朋(√)砍桥木送桥木和牛车。

(13) 10 月 24 日,穆奎亮(√)接电话线 1 天。

(14) 10 月 23 日—24 日,王永(√)水沟搞电杆窝。

党员开会

姓　名	8 月 27 日上午	9 月 6 日上午	11 月 10 日	合　　计
高　文	1	外	1	
杜万林	×	×	1	
张宝斋	1	外	外	
赵玉兰	×	1	×	
张玉林	×	外	1	
高　祥	1	1	外	
王登明	1	1	1	
杜桂山	1	×	外	
张立新	1	外	1	
王志文	1	外	1	
张明德	1	1	1	
赵存德	1	1	1	

续 表

姓 名	8月27日上午	9月6日上午	11月10日	合 计
张仲秀	1	1	1	
徐桂兰	×	外	外	
郐文明	1	1	1	
王立新	1	1	1	
赵云奎			1	
李玉兰	1	1	1	
郝 元	1	1	1	
崔玉海	×	外	1	
王文清	×	1	×	
马淑兰	1	1	1	
李正林	×	×	×	
李树兰	1	1	1	
李世江	1	×	1	
祁凤元	×	×	外	
高桂有	×	外	1	
高秀连	×	1	1	
韩志品	1	外	1	
穆凤忠	1	1	1	
李凤武	1	1	×	
张明春	×	外	×	
李天降	1	1	1	
尤长贵	1	×	1	
张文忠	1	1	1	
高德近	×	外	1	
薛凤桐	1	1	外	
杨存秀	×	×	1	
范成才	1	外		

续 表

姓 名	8月27日上午	9月6日上午	11月10日	合 计
郜政明	1	1	1	
合 计	25	20	28	

（此工已付工资）

84年9月11日上午半天

召开两委扩大会议

参加人员：

张明德（√）、张立新（√）、高文（√）、王永（√）、李世江（√）、张清有（√）、穆奎有（√）、高庆军（√）、郜德文（√）、薛廷甫（√）、张军（√）。共计11人。

会议由张明德传达了9月5日乡党委会议精神，传达了乡召开的人代会党代会议盛况。王永就9月8日乡政府召开的紧急会议精神。同时让李世江做了具体人员安排。

具体讨论：

（1）听了张立新就去官路坊唱戏用箱子问题，就箱赁怎么办？

没经研究而动用是不对的，但已经认识了。就这一个台仍按百分之二十抽，用彩给彩钱。

（2）不少社员说“快开始割地呀，现在又不忙，要求唱戏”怎么办？

上午10点半开饭，12点开戏，下午5点半开饭，晚7点开戏，应该唱。

开支问题：按生产队人口每人拿0.20元，由集体开支。不足部分，由村里补。

服务人员安排：

总管：张明德、王永；

负责剧团的：张立新、高文、张军；

管台的：李世江；

挑水：彭宪合；

烧水：张清有、马清合；

做饭：郝存山、薛廷甫、高庆军、穆奎有；

做菜：张文科、郜德文、彭宪兰。

生活问题怎么安排？

买大米 200 斤。

白面 150 斤。

菜的问题：以生产队人口算，动员，每人山药 2 两，瓜 2 斤。

84 年 9 月

唱戏用工

姓　名	12 日	13 日	14 日	15 日	16 日
张明德	0.5	1	1	1	
王　永	0.5	1	1	1	
李世江	0.5	1	1	1	
彭宪兰	0.5	1	1	1	
张清有	0.5	1	1	1	
穆奎有	0.5	1	1	1	
薛廷甫	0.5	1	1	1	
高庆军	1	1	1	1	
郤德文	×	1	1	1	
杨存瑞	2	×	×	×	
郝存山	0.5	1	1	1	
马清合	0.5	1	1	1	
彭宪合	×	×	1	1	
高　文	1	×	×	×	
张文科	0.5	1	1	1	
马　朋	×	×	1	×	
合　计					

(已从唱戏类开支)

84 年 9 月

夜间下夜用工

12 号一夜：王永、张文科、王文清。

13 号两班：王永、穆奎有、张文科、穆凤忠。

14 号两班：王永、穆奎有、张文科、穆凤忠。

15 号至 28 号两班：王永、穆奎有、张文科、穆凤忠。

广播线路整修用工：

11 月 11 日开始：				共计
张连荣(√)：	11—17(7)	20—21(2)		9
李世江(√)：	11—13(3)	16—17(2)	20—21(2)	7

(抄)

84 年 10 月 8 日上午半天

召开村委扩大会议

参加人员：

乡：赵桂枝。

张明德(√)、张立新(√)、高文(√)、张玉林(√)、张军(√)、穆奎有(√)、薛廷甫(√)、高庆军(√)、王永(√)、刘良(√)、崔玉海(√)、李世江(√)。共计 12 人。

会议由赵桂枝同志讲“秋季造林问题”。王永传达了乡政府“关于秋季造林的安排意见”。然后成立了组织；确定了地点；分配了任务等做了具体安排。

(1) 领导小组如何建？

组长：王永；

副组长：刘良、张立新；

成员：李世江、高文、张玉林、张军穆奎有、薛廷甫、高庆军、邵德文。

共计 11 人。

(2) 定地点：

地点	古方	沟门	苏寺	水沟	夭沟	干沟	合计
人口	207	269	289	59	99	94	101
任务	82	108	116	24	40	30	400
	杨红眼坟院 82	前坟湾沟到任家垠 108	荣家北垠 60、李家北垠 56	庙后垠 24	八亩地上堰 40		

上人	50	50	60	20	26		
完成时间	10号	10号	10号	10号	10号		
负责人	张玉林、高文	张军、李世江	穆奎有、王永	薛廷甫、张立新	高庆军、刘良	郤德文、张明德	
分　籽	123	162	174	36	60	45	

84年10月20日半天

召开两委扩大会议

参加人员：

张明德(√)、张立新(√)、王永(√)、刘良(√)、崔玉海(√)、李世江(√)、彭宪兰(√)、张玉林(√)、张军(√)、穆奎有(√)、薛廷甫(√)、郤德文(√)、高庆军(√)。共计13人。

会议首先由王永同志传达了乡政府召开各村主任“秋季造林汇报会”等项内容。接着由张明德就下列问题讲了讲：

(1) 关于第三梯队的后备干部选拔问题；

在乡党委德运、殿林同志帮助下，有张明德、张立新、高文参加的支委会上，根据上级党委要求的条件提出：

张万合、李汉洲、罗瑞、李桂兴、高海清、王铁刚、祁守合、张连荣、张军(√)24、韩风彬、彭宪合(√)24、高庆军(√)、张海军(√)、高文(√)27、李世江29、崔玉海29、李风武27、赵玉兰28、高秀连29。共计19名。

(2) 粮库换白面问题；

(3) 农业税征收问题；

(4) 火化问题；

(5) 乡让统计灾情问题；

(6) 统计社员需用籽种问题；

(7) 关于民事调解问题；

(8) 认真执行党的政策问题；

(9) 关于认真处理林业存在问题和进一步护林问题；

(10) 关于干、水沟的测杆情况；

(11) 关于征兵情况；

(12) 关于认真处理好社员盖房的问题。

讨论记录：

(1) 你片 85 年社员需用盖房的；而你片（队）又能解决地基的；都有谁？

杜万林、高普、李桂生、张玉林、曹中池、冀文富、张文科、穆风明、李世合、高桂有、祁风山、董成瑞、杨宝忠、杜永科、韩桂军、穆风海、董世跃、薛廷甫、高洪有、郝存富、李桂合、李宪成、范德军、田秀德。共 24 户。

除田秀德翻盖不上报外（村委扩大会通过让翻盖），其余 23 户村委会通过全部上报乡政府。

84 年 10 月 23 日

关于农业税照顾改户问题

去掉的：

1 队：高文 2.90 元；

2 队：王永 5.82 元，张玉林 8.22 元；

3 队：张文富 2.56 元，张海江 2.58 元，

张海祥 2.48 元，张明德 5.82 元，李正林 4.09 元；

4 队：崔玉海 8.51 元；

8 队：薛廷甫 4.57 元；

9 队：刘艮 3.14 元。

共计：50.69 元。

新给的：

2 队：罗正合 4.17 元，马亮 0.83 元，李连春 0.83 元，张宝军 0.83 元，高祥 8.22 元；

3 队：邵桂军 1.60 元，王铁强 3.33 元，李海林 5.54 元；

4 队：郝元 1.72 元，杨宝善 5.28 元，杨宝山 2.16 元，张树生 7.84 元；

7 队：李文彬 0.79 元，荣正廷 3.55 元，陈仲才 1.57；

8 队：高洪连 1.16 元；

9 队：高祥廷 1.27 元。

共计 50.69 元。

84 年 10 月 25 日 1 天

召开村委扩大会议

参加人员：

张明德(√)、张立新(√)、高文(√)、王永(√)、刘艮(√)、崔玉海(√)、李世江(√)、彭宪兰(√)、张玉林(√)、张军(√)、穆奎有(√)、薛廷甫(√)、高庆军(√)、郜德文(√)。共计 14 人。

会议开始由王海江、崔玉海说了 4 队卖房之事，然后大家进行了分析评论。

讨论问题：

(1) 农业税如何征收？

由居民组长负责向社员户收，在 10 月底前交村秘书崔玉海。

(2) 罗瑞找说剧团要组合，是否赁给戏装？

光本村人组织起来，同意赁给。

坏了赔，丢了包。箱赁金仍按百分之二十交。

(3) 买电料的报酬怎么定？

工资 1.50 元，补助 2.00 元(不再报销伙食钱)，差旅费凭单据报销。

派刘艮、薛廷甫、郜德文去赤城进料。

(4) 林业如何管理？

从现在起仍恢复，夜间没人看管。

地点确定在 6 队场院房。

报酬是：看坡人白天看坡黑夜下夜每天 1.00 元。

贴班人：弄柴火烧炕黑夜下夜每天 0.50 元。

卡住东西仍按 83 年 9 月 11 日扩大会定的执行。

确定人员：看坡的：仍定张文科；贴班的：穆奎有。

另行用工

10 月 7 日马明(√)去乡拉杏核，人、驴工各半天。

10 月 9 日马明(√)去乡拉杏核，人、驴工各半天。

发给各片农家科技

	苏寺古方	沟门	苏寺	水沟	夭沟	干沟	大队	共计
份数	21	31	31	7	9	9	1	110

(1) 干沟片(√)给大队割小杆共 5 个工。

(2) 高文(√)去瓦房沟做台子找电工用工 1.5 个，10 月 24 日—25 日。

（已付款）

（3）修文化室用工，11 月 12 日：高桂有（√）、高洪志（√）、田秀德（√）、彭宪合（√）、马清合（√）。

（4）给老曹（√）挖树墩子用水沟小工共 5 个。

（5）高文（√）11 月 17 日到 19 日，填社员盖房申批表 3 天。

84 年 11 月 2 日

召开村委扩大会议

参加人员：

乡干部：韩殿林、于占海。

张明德（√）、张立新（√）、高文（√）、王永（√）、刘良（√）、李世江（√）、彭宪兰（√）、张玉林（√）、穆奎有（√）、薛廷甫（√）。共计 10 人。

会议由韩殿林传达了“乡召开的会议精神”，王永、张明德发表了讲话。然后安排是：

（1）11 月 3 日，召开社员大会，9 点半到齐开会。

（2）11 月 4 日至 6 日，利用三个晚上摸底做规划，具体分工是：

古方：高文（√）、张玉林；

沟门：张军（√）、崔玉海（√）、李世江、张立新；

苏寺：彭宪兰（√）、穆凤忠（√）；

水沟：薛廷甫（√）、薛英方；

夭沟：刘良（√）、高庆军（√）；

干沟：郤德文。

（3）11 月 7 日，填表人到村办公室抄表与汇总，参加人张明德、王永、张立新及划红道人都参加。

（4）11 月 8 日，召开村委扩大会议。

问题研究：

（1）水沟因劳力少散杆有问题，村委初步意见是支援，工给记工，怎么处理以后研究。想法让水沟管饭（便饭），每人买 1 合烟。看行不？各片如何支援？

同意支援。

具体出人是：

	干　　部	社员	合计
古方片	王永、高文、张玉林	2	5
沟门片	张明德、张立新、李世江、崔玉海、张军	4	9
苏寺片	穆奎有	5	6
夭沟片	刘艮	2	3

水沟准备 3 个牛车,18 根大绳,18 根杆。9 点半到苏寺集齐。

在 84 年 11 月 3 日社员大会上讲

粮食总产 55 万斤,总收入 36 万元,人均 360 元,以(已)超历史。

在社员会上讲的各种户有:

养殖业:孙富怀、高德明、高祥春。

种植业:制种的:张宝斋、高有;科学种田丰收户:王占奎、张珍。

加工业:王海江、李连春、张明瑞。

砖瓦场:韩风有等。

服务业:穆奎军、王铁刚、李世江、薛英杰、高德江、张立新、高文、联办小药部。

运输业:王铁军、王铁刚、杨存瑞。

手工业:杜万林、千台推把。

种坑田:李汉军。

农牧付一齐抓:穆风明、冀文富。

贩运类:牲畜、羊只、木材、杂货。

研究事宜记录:

(1) 明天乡下乡干部要开座谈会让那些户来?

古方片:张宝斋(√)、李汉军、李连春(√)、高祥春、高有、杜万林。

沟门片:穆风明(√)、冀文富(√)、王铁刚、王海江(√)、王铁军、王志文、祁风明(√)。

苏寺片:穆奎军(√)、高德江(√)、张明瑞、杨存瑞(√)、韩风有(√)。

夭沟片:高德明、高祥清。

干沟片:孙富怀(√)、王占奎、张珍(√)。

共计 23 人。

(2) 搞 84 年度的摸底就计价问题?

粮食每斤 0.12 元；

蔬菜每斤 0.05 元；

水果每斤 0.15 元；

桔(秸)草每斤 0.05 元；

烧柴每个 0.30 元。

(3) 摸底填表人员安排?

总负责人：刘艮、崔玉海。

高文、张军、彭宪兰、穆奎有、穆凤忠、薛廷甫、高庆军、邵德文还有张玉林、李世江、张立新配合共 13 人组成调查规划小组，深入到户，利用 4—6 号三个晚上，必须完成。

给水沟散杆用工

姓　名	11 月 4 日	11 月 5 日
张玉林	1	1
张万合	1	1
马　朋	1	1
高　文	1	1
郭占敖	1	1
王　永	×	1
包宪文	1	1
崔玉海	1	×
张　军	1	1
张明德	1	1
李世江	1	×
张连荣	1	1
邵桂合	1	1
李世海	1	1
张连合	1	1
张立新	1	1
冀秀军	×	1

续 表

姓　名	11月4日	11月5日
穆奎有	1	1
韩志忠	1	1
李树合	1	1
穆凤忠	1	1
高德祥	1	1
田秀德	1	1
刘　良	1	1
高庆军	1	1
高德忠	1	1
刘　彬	1	1
合　计	25	25

（此工已付款）

11月2号夜去瓦房沟的有：张明德、张立新。

11月7日汇总84年摸底和85年规划的人有：

张明德（√）、张立新（√）、高文（√）、王永（√）、刘良（√）、李世江（√）、彭宪兰（√）、张军（√）、穆奎有（√）、穆凤忠（√）、薛廷甫（√）、高庆军（√）、郤德文（√）。共计13人。

11月8日汇总84年摸底和85年规划的人有：

张明德（√）、张立新（√）、高文（√）、王永（√）、刘良（√）、李世江（√）、崔玉海（√）、彭宪兰（√）、张军（√）、穆奎有（√）、穆凤忠（√）、薛廷甫（√）、高庆军（√）、郤德文（√）。共计14人。

会议重点解决："84年各户收入和基本情况摸底"；"85年的规划"；"85年发展专业户、重点户登记"；"85年经济建设规划十项突破"。

84年11月9日1天

召开两委扩大会议

参加人员：

乡干部：韩殿林、于占海。

张明德(√)、张立新(√)、高文(√)、王永(√)、刘良(√)、李世江(√)、崔玉海(√)、彭宪兰(√)、张军(√)、穆奎有(√)、穆凤忠(√)、薛廷甫(√)、高庆军(√)、郜德文(√)。共计 14 人。

讨论记录:

(1) 对"84 年各户收入和基本情况摸底"与"85 年的事项规划"与"85 年发展专业户、重点户登记"与"85 年经济建设规划十项突破",再审一下是否定局?

经过几上几下再三算账,就以此定准。

(2) 84 年度的好干部以什么条件? 怎么评?

条件:

1. 思想革命化(事业心强,说干就干,雷厉风行)。

2. 工作认真、细心,忠厚老实。

3. 组织观念强(服从领导,听从指挥,团结不搞分裂,有事请假)。

4. 联系群众,办事民主。

5. 在群众中有威信。

评比结果:

高文、刘良、穆奎有、薛廷甫、张明德。

(3) 文明户的评比如何搞?

从今天开始到 11 月 13 日完成。

(4) 优秀党员的评比,想的是这么搞: 明天召开个党员会,除让殿林给上党课讲大好形势外,在党员会上公布,84 年的摸底和 85 年的规划,再付给开会工资,收回 85 年组织费,评出优秀党员,看这样意见行不?

同意这个安排。

(5) 乡让评两户困难户,定谁?

刘富生、薛德彬。

(6) 文化室的建设怎么安排?

由张明德、张立新负责在 14 号以前完成。

(7) 广播线路的整修怎么安排?

由高文、李世江负责从 11 号开始。

(8) 进电料怎么安排?

安排在 15 号以后在去。

(9) 社员要求建房怎么安排?

事关重大,反复讨论,14 号会议定。

(10) 粮食入库怎么安排?

由各居民组长负责督促,要求在本月15号前基本完成。

(11) 教育经费乡里叫交到应交数的百分之七十怎么办? 学生烤火问题怎么解决?

按原摊数字,再交百分之二十。

由村负责给学校买一车煤。由刘艮负责。

(12) 回收三款及二、四队交账问题怎么办?

回收三款由各居民组长督促,村里由崔玉海抓。2号由王永负责,4队由崔玉海负责,原管人员清理清楚,召开社员会公布后,社员没意见之后,由王永安排时间向村里交。

(13) 乡里批示让生产杂木杆1万套怎么办?

明天由村民委员会的成员和各居民组长到水沟和干沟检查坡,连看资源,检查后下次会议再定。

(14) 春季安排拉沙子时,让干、水沟交柴火,还欠多少? 怎么办?

经订正:干沟欠117个,水沟欠88个。由郜德文、薛廷甫督促马上交。

(15) 河滩造林怎么安排?

估计:河滩造林现有50亩,还有300亩,分给古方片130亩、沟门片170亩。

要求要的户最后20亩。

由王永负责落实和张玉林、张军落实到户。

本月11日前定出户,13日前定出合同。

要求15号前开工。

(16) 填写土地使用证怎么安排?

发动群众讨论一下土地是否变动。

在本月15号以后再填。

上山林业检查的人有:

	11月10日	11月11日
王　永(√)	1	1
刘　艮(√)	1	1
张玉林(√)	×	1
张　军(√)	1	1

续　表

	11月10日	11月11日
穆奎有(√)	1	1
薛廷甫(√)	1	1
高庆军(√)	1	1
郃德文(√)	1	1
合　计	7	8

84年11月10日

召开党员会议

参加人员：

乡干部：韩殿林、于占海。

共到会党员：28人。

会议由殿林讲了，乡里的大好形势，结合把苏寺村的情况讲了讲，由张明德把84年的摸底及85年的规划及专业户、重点户的登记等情况向会议做了说明。发动党员进行了讨论。张明德又简单把全年支部工作进行了总结。党员一致表示，对支部的工作表示满意。

在党员会议上提出：

1. 马淑兰：要在合达营开饭馆。在河滩造林要承包20亩。
2. 高桂有、高德近：去宣化联办商店。代款5 000元。
3. 穆凤忠：搞木耳。
4. 王登明：要求在大南沟人家对面坡上栽树20亩。
5. 李世江：要求承包猛虎沟。

讨论记录：

(1) 模范党员如何评比？

同意好干部的评比条件。

以无记名投票形式评出：

王志文、张明德、高文、高秀连、王立新、穆凤忠、李世江、张立新。共8人。

84年11月14日1天

召开村委扩大会议

参加人员：

张明德(√)、高文(√)、王永(√)、刘良(√)、崔玉海(√)、李世江(√)、张玉林(√)、张军(√)、穆奎有(√)、薛廷甫(√)、高庆军(√)、郤德文(√)。共计12人。

讨论记录：

(1) 就文明户的评比情况：

		古方	沟门	苏寺	水沟	夭沟	干沟	合计
文明户	户数	21	27	37	12	10	14	121
	人口	107	138	174	57	44	60	580
在文明户中	专业户		1				1	2
	致富户	16	5	13	4	7	12	57
五好家庭		郭占敖、张文桂、高有、马朋、王永、马明、张玉林、李连春	张明德、吴立祥、穆凤明、张文明、李世江、郤桂合、王志文、张海江、张文富、王立新、王铁军、杨宝福、崔玉海、郝存山、王文清、王进录、王进甫、康永祥、李树林	韩桂军、高桂有、杨宝忠、高秀连、穆奎有、彭宪合、尤长桂、张明瑞、张明生	李富合、高洪有、李富江	刘良、高德仕、高德仲、高洪章、高祥清	范世明、王占奎、张珍、李宪成、范成才	50
青年突出手		郭文军、张万合、高德生、高德军、李桂龙	吴国兴、康登彬、冀秀合、杨志强、李世合、王海江、祁守合	彭宪合、高德秀、李风军		刘彬、高德忠、高世彬、高庆忠、高世军	孙秀海、李桂江	22

续 表

	古方	沟门	苏寺	水沟	夭沟	干沟	合计
三八红旗手	高德花、王雪芬、李桂芳	张月娥、王进梅、顾正风、张玉平、祁守军	彭宪兰、高秀连	高献平	高秀芬		12
五好民兵	郭文军、张万富、高海清、高德富、张清彬、李汉洋、高武、杜清山、马清富、高德生、昝树明	张连合、冀秀合、高洪祥、李玉江、木树合、康登彬	穆奎亮、高德江、彭宪合、李凤军、荣桂有	薛英杰、郝立军、薛爱成、	高庆忠、高德忠、高庆军、刘彬	李桂江、范德军、邵德武、范德军、杨文国、孙秀海	35
好家长	王永、马朋、高有、高普、张文德、李连春、杜桂山、罗有、王俊	李树林、王文清、穆凤明、张明德、吴立祥、王志文、杨宝善、郝存山	祁凤元、高桂有、祁凤山、杜永科、彭正德、田秀德、张明海、张明春、张明瑞、穆奎有	高洪有、高洪如、李富江、薛英芳	高德仕、高德明、高德清、刘良、刘军	吕桂军、王占奎、孙富怀	39
好婆婆	张文枝、高淑琴、穆凤娥	张文明母、王进瑞母、张海江母、	乔玉梅、田荣兰、高洪志女人	范秀英	王明会、刘良母亲	张珍女人、吕桂武母亲	14
好媳妇	郭文江女人、马清合女人、高德富女人、罗瑞女人	张文明女人、王进瑞女人、张海江女人	高德举女人、李凤龙女人、杨存瑞女人、韩桂军女人	师秀芬、荣海兰	高洪荣、高洪英	吕桂武女人、张海军女人、吕桂军女人	18

续 表

	古方	沟门	苏寺	水沟	天沟	干沟	合计
好妯娌	罗家妯娌三人、王永和王俊女人	张文祥和张文明女人、王文清三个媳妇、郝存山和郝存仕女人、李世江家三人	张明海弟兄三个媳妇	师秀芬、荣海兰	刘艮家姐妹三人	吕家二个	25
好兄弟	李桂存弟兄二人、罗家弟兄四人	李世江弟兄三人、王进甫弟兄三人、吴国瑞弟兄二人	穆凤德弟兄二人	李富江弟兄二人	刘艮弟兄三人	范家弟兄三人、吕家弟兄二人、孙家弟兄二人	28
好邻居户	30	25	35	7	15	14	126

模范团员：张军、张海梅、杜宪英、张海琴、范德军。

苏寺村85年订报纸杂志

(2)

(3)

(4)

(5)

84年11月15日

报纸			杂志		
人民日报	1份	36.00元	中国青年		4.32元
河北日报	1份	18.00元	中国妇女		4.44元
张家口日报	1份	9.36元	红旗		6.24元

续　表

报　纸			杂　志		
参考消息	1 份	9.60 元	半月谈		4.80 元
中国农民报	1 份	15.60 元	青春岁月		3.60 元
河北科技报	1 份	4.08 元	农村工作通讯		3.84 元
中国青年报	1 份	15.60 元			
赤城县报	1 份	0.48 元			
农家乐	1 份	4.20 元			
共　计		112.92 元	共　计		27.24 元
总　共	140.16 元				

84 年 11 月 15 日 1 天

召开村委扩大会议

参加人员：

张明德(√)、张立新(√)、高文(√)、王永(√)、刘良(√)、崔玉海(√)、李世江(√)、张玉林(√)、张军(√)、穆奎有(√)、薛廷甫(√)、高庆军(√)、郜德文(√)。共计 13 人。

会议中心是继续讨论社员要求建房的房基地问题。

11 月 17 日用工：

张明德(√)	招待售花生人和社员建房等事
张立新(√)	分花生
高　文(√)	抄建房表
崔玉海(√)	填表等
张玉林(√)	凑买花生钱
刘　良(√)	填建房表
薛廷甫(√)	分花生填建房表
郜德文(√)	分花生填建房表
张　军(○)	分花生半天填建房表半天(18 日填表)

另行用工

(1) 11 月 18 日填建房表的：张玉林(√)、穆奎有(√)、张军(√)。

(2) 11 月 26 日晚卸电料的：彭宪合(√)、彭宪武(√)、马清祥(√)、荣连有(√)。

	姓　名	牛	驴	骡	马	羊
(一)	高洪文	4	2	1		
	崔玉海	3	1		1	
	薛廷甫	4	1			
	李宪成	3	2			
	范世亮	2	3			
	王占奎	3			2	
	崔玉祥	3		1	1	
(二)	高　有					50
	李桂生					62
	祁凤明					60
	高德彬					70
	高德明					70
(三)	备注：高祥清籽驴 1 头收入 600.00 元					

84 年 11 月 19 日

苏寺材

84 年达到专业户的有：(5 人)孙富怀、(4 人)王志文。

84 年达到致富户的有：(888.00 元)(鸡 210 只)。

姓　名	人　　口	人　　均	备　　注
张万国	6	335.00	
张玉林	7	386.00	
罗　彬	3	434.00	
高洪文	8	363.00	
高　文	3	320.00	

续　表

姓　名	人　　口	人　　均	备　　注
高　占	2	342.00	
高　普	6	347.00	
高庆枝	3	541.00	
罗正全	5	351.00	
罗　会	4	321.00	
杜宪英	2	381.00	
李桂存	6	353.00	
李桂兴	1	549.00	
李连春	4	367.00	
小　计	60	14 户	
李桂生	6	415.00	
李汉军	3	360.00	
杜万林	6	369.00	
马　明	6	366.00	
罗　有	4	438.00	
高　祥	6	390.00	
罗　瑞	3	360.00	
张万江	2	310.00	
张文德	8	358.00	
张万彬	2	385.00	
张文富	4	509.50	
郭占敖	4	437.00	
郭文海	4	334.00	
郜桂海	3	317.00	
小　计	61	14 户	
王铁刚	3	455.00	
王志文	4	320.00	

续 表

姓 名	人 口	人 均	备 注
杨宝善	4	321.00	
李世海	3	340.00	
杨宝福	1	570.00	
王海江	4	412.00	
王文清	6	300.00	
高祥涛	6	405.00	
郝存仕	3	300.00	
张明德	6	350.00	
彭宪军	5	300.00	
高桂有	7	405.00	
董成瑞	4	370.00	
高德彬	4	429.00	
祁凤元	5	311.00	
祁凤山	4	365.00	
杜永科	5	309.00	
小 计	74	17 户	
韩风明	4	310.00	
杨宝忠	4	375.00	
张玉彬	2	320.00	
张玉海	4	307.00	
张桂元	7	330.00	
穆奎有	5	331.00	
高祥会	4	340.00	
高洪志	5	340.00	
彭正德	9	324.00	
穆永生	2	358.00	
高洪元	7	315.00	

续　表

姓　名	人　　口	人　　均	备　　注
张风祥	6	300.00	
郑万余	2	360.00	
张明海	6	330.00	
张明春	5	300.00	
高洪朋	2	432.00	
郝存富	4	322.00	
小　计	78	17 户	
薛英杰	2	321.00	
李富江	5	339.00	
高德仲	7	443.00	
高德仕	7	503.00	
高德明	5	352.00	
高德清	7	381.00	
杜宪德	5	301.00	
刘　良	4	356.00	
刘　彬	3	328.00	
高祥清	5	540.00	
高洪军	3	349.00	
高洪合	3	559.00	
刘　军	4	386.00	
邵文海	7	345.00	
范成才	3	554.00	
杨存秀	2	620.00	
张　珍	4	433.00	
小　计	76	17 户	
邵德文	4	361.00	
张海军	4	400.00	

续 表

姓 名	人 口	人 均	备 注
范德亮	4	319.00	
王占奎	6	312.00	
李宪成	5	536.00	
范世亮	5	400.00	
吕桂武	5	329.00	
崔文彬	6	439.00	
杨存荣	5	366.00	
郃德武	3	312.00	
郃桂林	6	336.00	
薛德彬	3	333.00	
小 计	56	12 户	
共 计	405	91 户	

84 年 11 月 30 日

召开村委扩大会议

参加人员:

乡:小郝、高书记、张乡长。

张明德(√)、高文(√)、王永(√)、刘良(√)、崔玉海(√)、李世江(√)、张玉林(√)、张军(√)、穆奎有(√)、薛廷甫(√)、郃德文(√)。共计 11 人。

会议开始由张明德传达了乡党委 11 月 29 日召开的村支书、村主任等参加的党训班预备会议的内容。高书记又讲了话。

讨论记录:

(1) 这期党训班设分会场,是否以村安排开伙? 谁负责带队? 如何掌握人?

带队人:古房:张玉林;苏寺:穆凤忠、穆奎有;水沟:薛廷甫;天沟:高庆军;干沟:郃德文。

从 12 月 1 日起早 8:30 点到会,8:40 点点名。

如有开上会在到者减去半天工。

（2）党训班参加人员如何确定？

片别	古房	沟门	苏寺	水沟	夭沟	干沟	合计
党员	高文、杜万林、张宝斋、赵玉兰、张玉林、高祥、王登明、杜桂山、马淑兰	张立新、张明德、赵存德、徐桂兰、王文清、马淑兰、李正林、郝元、王志文、王立新、邵文明、张仲秀、李世江、赵云奎、李淑兰、崔玉海	祁凤元、高桂有、高秀连、韩志品、张文忠、张明春、李凤武、尤长贵、李天降、穆凤忠	薛凤桐	高德近	杨存秀、范成才、邵政明	40
团员	杜宪英、张万河、张万彬、李汉洲	张军、张海梅、杜兰英、李世合	张海琴			范德军、范淑琴	11
第三梯队	高文	张军	彭宪合				
入党对象		张军	彭宪兰、彭宪合				
干部	王永、高文、张玉林	张明德、张立新、崔玉海、李世江、张军	穆奎有、彭宪兰	薛廷甫	刘艮、高庆军	邵德文	
专业户		王志文				孙富怀	
重点户	张玉林、高文、杜宪英、张宝斋、张万彬、高祥、杜万林。张万国、罗彬、高洪文、高占、高普、罗正合、罗会、李桂存、李桂兴、李连春、李桂生、李汉军、马明、罗有、罗瑞、张万江、张文德、郭占熬、郭文海、高有	马淑兰、张明德、王文清、王志文。邵桂海、王铁刚、杨宝善、李世海、杨宝福、王海江、高祥涛、郝存山、彭宪军、祁凤明	高桂有、张明春、祁凤元、穆奎有、彭宪合。董成瑞、高德彬、祁凤山、杜永科、韩凤明、杨宝忠、张玉彬、张玉海、张桂元、高祥会、高洪志、穆永生、高洪元、张风祥、郑万余、张明海	高洪朋、郝存富、李富江、薛英杰	刘艮。高德仲、高德仕、高德明、高德清、杜宪德、刘彬、高祥清、高洪军、高洪合、刘军、邵文海	范成才、杨存秀、邵德文。张海军、范德亮、王占奎、李献成、范世亮、张珍、吕桂武、崔文彬、杨存荣、邵德武、邵桂林、薛德彬	
共计人数	33	31	30	6	14	19	133

84 年 12 月 7 日

验路情况表

	一等		二等	三等		备注
	长(步)	现有沙料	长(步)	长(步)	原因	
	6			6	没有沙料	过小路面
	270	2 方	12	9	没有沙料	第一个 8 步
	360	13 方				第二个 33 步
	114	13 方				第三个 11 步
	46	4 方(料足)				
	123	18 方(料足)				
	210	18 方		10	没有沙料	
	54					
合计	1 183	68 方	12	25		53 步

共计 1 272 步,折合 4.24 里。除过水路面 4 里。在 210 步中,缺料 23 步,4110 步,共 133 步。

84 年验路处理情况:

审定人:张明德、王永、张立新。

1. 对 84 年的处理:

奖 68 方×每方本 0.80 元=54.40 元;

罚款 25 步×0.12 元=3.00 元;

罚款 12 步×0.06 元=0.72 元。

2. 下年承包设想:

(1) 1220 步×0.10 元=122.00 元;

(2) 下年缺料 883 步×1 车=883 车÷7 元=126 元;

(3) 126 方-28 方=98 方×1.20 元=117.60 元;

(4) 垫路 122 元+沙料 117.60 元=239.60 元。

经研究决定 240 元。

84 年 12 月 9 日

召开党员会议

参加人员：

张宝斋(√)、张玉林(√)、高文(√)、王登明(√)、高祥(√)、张明德(√)、张立新(√)、王立新(√)、赵存德(√)、李正林(√)、李淑兰(√)、李世江(√)、李玉兰(√)、郝元(√)、王文清(√)、高桂有(√)、高秀连(√)、韩志品(√)、李风武(√)、张文忠(√)、尤长桂(√)、李天降(√)、高德近(√)、杨存秀(√)、马淑兰(√)。实到 26 人。

(此工已记开大会内)

出门不在家的：

杜桂山、徐桂兰、崔玉海、祁风元、穆风忠、薛风桐。共 6 人。

在家未到会的：

杜万林、赵玉兰、王志文(因病而请假)、张仲秀(因病而未到会)、郤文明(因病而未到会)、赵云奎(因病而未到会)、范成才(因病而未到会)、郤政明(因病而未到会)。共 8 人。

会议中心是解决“张明德离职”问题。

(1) 会议开始由张明德向会议说明“乡党委抽他问题”经过议论同意让走。因不是支部改选,在会议议论的基础上,张明德建议由张立新任党支部书记职务,让大家考虑。

以举手表决的方式：一致通过。

(2) 接着张立新、高文在会议上对任职表了态。

与会党员以热烈掌声,表示祝贺。

(3) 张明德多次征求了对他的意见。

84 年 12 月 12 日

召开两委扩大会议

	队长(居民组长)				
	80	81	82	83	84
1	张文贵(√)	郭占熬(√)	高　有(√)		
2	马　朋(√)	杜桂山	张玉林		
3	王立新(√)				张　军(√)
4	张文祥	王　科(√)	穆奎喜		

续 表

	队长(居民组长)				
	80	81	82	83	84
5	韩风明(√)		杨海荣		
6	高洪志(√)	穆风祥(√)	高洪举(√)	穆奎有(√)	
7	李付海(√)	穆风忠(√)			
8	高洪有(√)		薛廷甫(√)		
9	高德仲(√)	高洪章(√)	高德清(√)		高庆军(√)
10	郤德文(√)				
	两　委				
	80	81	82	83	84
1	郭占奎(√)				高　文(√)
2	罗　有	王　永(√)			
3	张明德(√)、张文科(√)				张立新(√)、李世江(√)
4	崔玉海(√)、王文清(√)				
5	祁风元(√)、高桂有(√)				
6					
7					
8					
9					
10					

应到会 45 人,实到会 35 人。

84 年 12 月 13 日

召开两委扩大会议

参加人员：

张明德(√)、张立新(√)、高文(√)、王永(√)、刘艮(√)、李世江(√)、张玉林(√)、张军(√)、穆奎有(√)、薛廷甫(√)、高庆军(√)、郤德文(√)、张文科(○)、郝存山(√)、彭宪合。

共计 15 人。

会议中心接张明德交手续问题。

会议笔记 26

① 苏 寺 村

87.3.22 日 1 天

召开两委扩大会议

参加人员：

张明德、高德近、崔玉海、李桂存、穆奎有、张立新、祁凤元、李风龙、张军、范德亮、李庆军、薛英芳、康登明　共 13 人

讨论纪要

① 支部成员如何分工？

张明德（村支书）负责支部的全面工作

高德近（组织委员兼纪监）党的建设发展党员三会一课纪律检查

崔玉海（宣传委员）党的宣传

② 村委会成员如何分工？

李桂存（村主任）村委会的全面工作，主抓农、林牧付业生产，审批开支签字。

穆奎有（委员、民兵连长、公安员）武装和社会治安重点抓林业管理。

崔玉海（委员、村秘书）财务、文教卫生。

彭宪枝（妇联会青年支书）青年、妇联、计划生育。

③ 是否成立民事调解小组？同意成立。

组长：张立新

付组长：张军

成员：所有居民组长。共 12 人。

④ 是否成立电力管理小组？

组长：祁凤元

付组长：张军

成员：王俊、李世和、薛英芳、高庆军、邵德文，共 7 个人。

⑤ 如何选定居民组长？

按原生产队的队形选居民组长。

⑥ 砍木头定那道沟?

要求乡政府把四么沟改为抢脖沟。

⑦ 如何加强林业管理?

凡是打柴火车从 3 月 23 日起到检查站一律,自行拆车受检查人查定,否则由村委会处理。

⑧ 穆奎有提穆风祥要求盖房,自己从县里要回盖房表,村委会是否给签注意见?

乡政府给的上户指标,已定。

凡不占 5 户指标的,自己要回表,村给签意见。

另行用工:

① 3 月 23 日用工:张明德,李桂存,张立新,李风龙,穆奎有(乡送林业申请事)

② 3 月 26 日供销社办木耳学习班用工?

李桂存,穆奎有,张明德

③ 3 月 27 日供销社在古房办木耳学习班:

杜万林

④ 3 月 28 日夭子沟片往四么沟送磅人牛工共 3 个。

⑤ 4 月 8 日填供应本:崔玉海,李桂存,高德近。

⑥ 4 月 9 日准备大会:张明德,李桂存,崔玉海,穆奎有。

⑦ 4 月 11 日此处工已从林业用工处理。

⑧ 4 月 12 日此处工已从林业用工处理。

⑨ 4 月 13 日修路人:

李桂龙,高庆成,王登明,崔玉海,等 4 人,已付款

3 月 27 日

召开两委扩大会议

参加人员:

张明德,高德近,崔玉海,李桂存,穆奎有,张文贵,罗瑞,王立新,康登明,杨海荣,田秀文,李风龙,薛英方,高庆军,范德亮,张立新

共 16 人

由张明德汇报了去县为砍伐木头调坡一事。

讨论纪录:

① 砍伐地点：四么沟

② 如何上人？砍伐造价的初步提法：

① 家庭完全失去劳动能力者扩大会酌情而定。

② 家庭成员中有劳动能力者每人砍伐造价 10 元。

③ 家庭成员中有劳动能力者而不参加砍伐，每人向村委会无代价交款 5 元。

这个提法要经居民组的社员大多数讨论后而定。

④ 砍伐工资怎么定？

檩(根) 1 等	檩(根) 2 等	椽(根) 1 等	椽(根) 2 等	7 尺杆 (根)	5 尺杆 (根)	大柴 (斤)	柴火 (个)
2.00	1.50	0.40	0.30	0.12	0.08	5 厘	0.35

⑤ 公伤事故怎么办？

首先讲注意安全，任何公伤事故村里不负担任何责任。

⑥ 砍伐地点的划分和砍伐树桩高度怎么定？

按掌握砍伐人指定砍伐区，砍伐由居民组长掌握负责。发现树桩高超 15 公分，除反攻外扣罚居民组长全年总工资的三分之一。

⑦ 如何和砍伐人结算数量？

村委会用一式两联，当天开清。

⑧ 验收人员的工资怎么定？验收人员定谁？

砍伐人员 100 人以上的每人每天 5.00 元

51 人—99 人的每人每天 4.00 元

50 人以下的每人每天 3.50 元

由张明德，李桂存，穆奎有，高德近，张立新负责验收。

⑨ 四么沟已砍坡，就根、树头怎么办？

根和树梢一律不准个人搞。

⑩ 87 年定征购任务 5 000 斤如何分配？

1	2	3	4	5	共　计
1 000	1 000	1 000	1 000	1 000	5 000 斤

87 年 4 月 15 日

苏寺村林业验收人员用工表

	3月													4月															合计	
	24	25	26	27	28	29	30	31					加班	1	2	3	4	5	6	7	10	11	12	13	14	15	加班	天数	合款
张明德	1	1	1		1	1	1	1					1	1	1	1	1	1		1	0.5	1	1	1	1	1	1	20.5	
李桂存					1	1	1							1	1	1	1	1		1	0.5	1	1	1	1	1		14.5	
崔玉海						1	1							1	1	1	1	1		1			1	1	1	1		12	
高德近					1	1	1								1	1	1	1						1	1			9	
穆奎有					1	1	1							1	1	1	1	1		1		1	1	1	1	1		14	
张立新					1	1								1	1	1												5	
祁凤元						1									1	1	1											4	
郝存山						1								1	1	1	1	1										6	
合　计	1	1	1		5	8	5	1					1	6	8	8	7	6		4	1	3	4	5	5	4	1	85	
两委五人定日资	1.50	1.50	1.50		10.0	10.0	5.00	5.00					5.00	10.0	10.0	10.0	5.00	5.00		5.00	3.00	4.00	4.00	5.00	5.00	3.00	5.00		

此工已从林业用工处理

87.4.4 日　　在四么沟

召开两委扩大会议

参加人员：

张明德，李桂存，穆奎有，高德近，崔玉海，祁凤元，郝存山，张文贵，罗瑞，杨海荣，田秀文，李风龙，薛英方，高庆军，范德亮

共 15 人

讨论纪录

①	规　格		本队价	外队价
特等桄(椽)	长 3.8 米粗 6 公分	超长者加大柴，每斤二分	2.50	3.00
1 等桄(椽)	长 3.8 米粗 5 公分		2.00	2.20
2 等桄(椽)	长 3.2 米粗 5 公分		1.80	2.00
五尺杆 1 等	6 公分	弯度不超 10 公分	0.80	
五尺杆 2 等	4 公分		0.70	
七尺杆 1 等	5 公分		1.10	
七尺杆 2 等	4 公分		0.90	
檩　柱	3 米至 3.8 米　10 公分至 12 公分		1.00（每公分）	
木　柱	看情况以质论价			

② 卖木头确定几人？

张明德，李桂存，穆奎有，崔玉海　共 4 个人。

一律执行交款提货概不赊欠。

问题记载：

① 不经批准把椽给砍为七尺杆的：

郭文海　8 根

高洪海　8 根

吴立祥　5 根

杨宝喜　18 根

87.4.6 日 1 天

召开两委扩大会议

参加人员：

张明德，李桂存，崔玉海，高德近，穆奎有，张文贵，罗瑞，张立新，康登明，杨海荣，田秀文，薛英芳，高庆军

共 13 人

乡政府下乡人员：冀秀岐

冀秀岐传达了下午工作安排之后。

讨论纪录：

① 选举准备工作：

1. 召开选区和选民小组负责人会议，研究选举准备工作，提出往瓦房沟选区送票人穆奎有，彭宪合，监票员祁凤元，记票员薛英芳（高庆军）工作人员名单是：唱票员：崔玉海（罗瑞）

2. 培训选举工作人员，制定和宣传选举程序制做会场和流动票箱 8 个。

3. 为投票站配备登记员，10 个居民组长，发票员：总发票员崔玉海和 10 个居民组长。

验票员、代写员、解说员张明德。

4. 布置选举会场

投票站

1—4 队张立新、王俊

5—8 队穆奎有、

9—10 队高德近、邵德文

贴标语、挂红旗、会场粘贴候选人名单。

	1	2	3	4	5	6	7	8	9	10	合计
选民人数	69	68	83	83	59	70	52	30	52	56	622

②

造　林　任　务	全　　　年	其 中 春 季
栽杨树	150 么（亩）以下同	150
落叶松	100 么	

续 表

造 林 任 务	全 年	其 中 春 季
经济林	100 么	
油松	50 么	
封山育林	500 么	
四旁植树	5 000 株	5 000 株
补植	100 么	
抚育	400 么	
秋季造林整地	200 么	
油松育苗	10 么	10 么
杨树育亩	4 么	4 么

③ 其它问题

① 红果挖出土,浇水

② 救灾粮 40 000 斤,如不够再登记

③ 建房问题

必须按批示执行

占包产地不超 3 分

占非包产地不超 3.5 分

必须经村委会和群众同意,指定建房地点,如自行安排地点把批示收回,批示限期 1 年,过期作废。

④ 春播备耕,抗旱保全苗

⑤ 计划生育

⑥ 教育集资

⑦ 赌卜(博)登记

⑧ 民兵训练

⑨ 灭鼠　按户分配代表发给居民组长。

④ 砍木头定价问题:

檩条

特殊檩　　3.50

特標　　2.50

三等標　　0.80

⑤ 砍连言怎么计价？

1. 不给砍伐工资。

2. 10 公分以上不准砍，如砍受罚。

3. 每间 6 元（指双层）多余部分交大队。

4. 但砍伐必须由村委会指定地点日期。

⑥ 粮食问题

		1	2	3	4	5	6	7	8	9	10	合计
年底人口		110	110	147	133	98	120	84	60	100	92	1 054
前年救灾粮		810	1 530	1 470	1 710	1 230	1 170	1 050	720	1 200	1 135.5	12 025.5
类户	户	1		2	1	1		2	3	1	5	16
	人	1		2	1	2		2	3	1	7	19
	粮	60		240	180	360		240	450	180	750	2 460
这次定	人口	109	110	145	132	96	120	82	57	99	85	1 035
	按人应分	2 616	2 640	3 480	3 168	2 304	2 880	1 968	1 368	2 376	2 040	24 840
	定给	2 200	2 200	3 000	2 700	3 200	4 200	2 600	1 200	2 200	2 014.5	25 514.5

87.4.10 日

召开选举大会

	1	2	3	4	5	6	7	8	9	10	合计
应到会	69	67	83	83	59	70	51	30	52	56	620
实到会	40	34	43	51	42	43	22	20	29	31	355
流动票	4	10	4								
代　票	25	23	36	32	17	27	29	10	23	25	247

选举结果报告

应到选民　620　　　　　　实到选民　355

委托票	247	流动票	18
发票员	崔玉海	记票员：	薛英芳
监票员：	高德近	唱票员：	王铁刚
保卫员：	穆奎有	解说员：	张明德、吴世英

选举情况：

投票：	618	弃权票	2
李桂存	604	马宪政	455
高祥	432	康登明	361

4 月 10 日

参加会议人员：

张明德,李桂存,高德近,穆奎有,崔玉海,张文贵,罗瑞,王立新,康登明,杨海荣,田秀文,李风龙,薛英芳,高庆军,范德亮

共 15 人

研究记录

① 今天会议如何记工?

以 5 分工记工,彭宪合,王铁刚再记 5 分工。

② 学校用木头怎么办?

由学校安排,让学生负担。

③ 打节木头上人问题怎么办?

队	1	2	3	4	5	6	7	8	9	10	计
	2	4	2	2	2	4	2		5	4	27

就细杆卖价由卖木头人(指确定的 4 人)酌情处理。

87.4.15 日 1 天

召开两委扩大会议

参加人员：

张明德,李桂存,穆奎有,崔玉海,高德近,张文贵,罗瑞,王立新,康登明,杨海荣,李风龙,薛英芳,高庆军,范德亮

共 14 人

讨论记录：

① 龙门所工区要拉沙子 191 方的任务是否有人去拉，是给款？

没人去拉，给款吧。

② 明天给大队拉木头怎么出车？

1—10 队（除 8 队）共 9 个车，按每车 10 个算，共拉回 90 个，每车木头付款 20 元。

③ 四旁植树怎么突击？

每人植 5 株，十六号一天完成。

④ 打节木头上人问题：

队	1	2	3	4	5	6	7	8	9	10	计
	2	2	2	2	2	2	1	×	2	2	17

连续四天，否则由居民组长负责。

另星用工记工：

① 3 月 21 日新旧班开会

张立新，李风龙，崔玉海，张军，祁凤元，李桂存，康登明，穆奎有，薛英芳，高庆军，范德亮，张明德，高德近

此工李风龙已记。

② 4 月 17 日用工：

张明德半天，李桂存 1，穆奎有 1，崔玉海 1，（卖木头研究林业事）

③ 4 月 18—4 月 19 日在四么沟测路、修路用工（研究卖木头等）（清理木头等）

张明德 2，李桂存 2，穆奎有 2，崔玉海

④ 4 月 21 日验路用工 1 天（义务）

张明德，李桂存，崔玉海

王进合谈　　87.4.13 日

① 猪的防疫，必须达到 95%

如不打针要订合同，别家猪出事有他负责。

② 春天造林：

四旁植树 5 000 株

杨树育苗　　4 亩

油树育苗　　5 亩　　　　每亩投资 100 元

栽杨树　　150 亩

③ 1. 养兔要求 5 户每户达 300 只,共 1 500 只

100 只以上的畜牧局扶植

2. 养羊要求 3 户,每户 50 只以上,自己解决不了钱,可贷款

3. 木耳生产抓紧搞

4. 大牲口集群

5. 红果扒土浇水

87.4.10 日 1 天

召开两委会议

参加人员:

张明德,李桂存,穆奎有,崔玉海,高德近　　共 5 人

讨论记录:

① 张明瑞请示要求寿木是否批?

同意批准。

② 穆奎军要求不看大队门啦,怎么办?

从 4 月 16 日停看。

③ 不少人反映对张玉斌当护林员有意见,怎么办?

从 4 月 16 日停看。

夜贴班人每夜给 0.30 元,具体人有穆奎有落实。

各队落实砍木头工资　87.4.15

	张明德写表	崔玉海写表	高德近写表	穆奎有写表		合计
1	431.46	49.04	12.55　7.36	18.80		519.21
2	596.03	39.96	27.44　7.14	8.80		679.37
3	422.00	39.42	44.29　8.70	3.60		538.00
4	389.60	56.42	23.61	10.40		480.03
5	406.93	57.42	15.13	10.40		489.88
6	323.82	45.19	26.12　.48	25.60		421.21
7	241.26	43.47	7.28	15.60		307.61

续　表

	张明德写表	崔玉海写表	高德近写表	穆奎有写表		合计
8	212.98	14.83	4.04　30.88	15.60		278.33
9	397.89	57.50	19.53　13.44	11.20		499.56
10	825.25	76.51	27.86　101.36	36.25		1 067.23
合计	4 267.22	479.75	207.85　169.36	156.25		5 280.43

用工记录

① 4 月 23 日给卫生院装木头(干活)半天：

张明德，穆奎有

② 4 月 24 日在四么沟卖木头：张明德，穆奎有　2 人

杂工：郝存山，康登斌　2 人

4 月 23 日打结木头杂工：郝存山，康登斌　2 人

③ 结算卖木头等用工：4 月 25 日(高德斌家务)

张明德，穆奎有，崔玉海

④ 4 月 19 日在四么沟搞清理木头的杂工：

范德彬，张海军，张海彬，李宪成，张海军，杨文国，高德成，吕桂军，范德亮，范德军，郤德武，崔文斌，王占奎

共 13 人

已从林业付款

⑤ 乡人代会用工：

4 月 24—26 号

李桂存　2.5 天

高祥　　2.5 天

87.4.20　1 天

召开两委扩大会议

参加人员：

张明德，李桂存，穆奎有，崔玉海，高德近，张文贵，罗瑞，王立新，郝存山，杨海荣，李风龙，薛英方，高德仲，范德亮

共 14 人

下乡干部：师建忠，刘桂林，王进合，李德英

小刘讲：

① 落实红果合同：乡对村，村对户

② 红果管理：

1. 扒杆、顶杆(80 公分)浇水

2. 不能在红果地内种高杆作物

3. 油松育苗 10 亩

③ 大牲口集群，关猪

④ 猪防疫

把四旁植树和社员育苗统计一下

	1	2	3	4	5	6	7	8	9	10	计
四旁植树	100	550	650	600	450	400	550	225		500	4 025
社员育苗	张文有 2 分	罗会 1 分，罗瑞 1 分					李富海 2 分		高洪雨 2 分		8 分

讨论记录：

① 就大牲畜集群和关猪怎么办?

4 月 21 日一律管，关住养。

两委包片，组长主管，对个别人必罚。

古方片，沟门片，苏寺片，夭子沟片，干沟片

李桂存，崔玉海，穆奎有，高德近，张明德，如不管关，对牛、驴，骡，马，猪每赶一次罚款 2 元，组长 1 元，两委 5 角，共计 3.50 元(都不管，养的人拿款)

② 如何垫路?

崔玉海谈

苏寺村 87 年订阅的报纸与杂志

① 人民日报 1 份　　张家口日报 1 份

河北日报 1 份　　农家乐　2 份

中国青年报 1 份　　农民日报 1 份

河北科技报 20 份　　赤城县报 1 份
② 中国青年 1 份　　半月谈 1 份　　青春岁月　1 份
农村工作通讯　1 份　　女子世界 1 份　　山西民间文学 1 份
法制与生活　1 份
① 5 月 7 日下午研究工作：张明德，李桂存，穆奎有
② 5 月 9 日学校听课：张明德，李桂存，穆奎有，崔玉海，郝存山
③ 5 月 19 日在四么沟修路实付工资情况：

1、2 队	3 队	4 队	5 队	6 队	7 队	8 队	9 队	10 队	大队	计
28.00	20.00	15.00	16.00	20.00	8.00	16.00	15.00	25.00	16.00	179.00

87.5.10　下午半天

召开两委扩大会议

参加人员：

张明德(1)，李桂存(1)，穆奎有(半)，崔玉海(1)，高德近(半)，彭宪枝(半)，罗瑞(半)，顾正风(半)，康登明(半)，杨海荣(半)，田秀文(半)，高庆军(半)，范德亮(半)

共 13 人。

(上午搞学校修建计划，下午开扩大会)

传达乡里当前五项任务：

① 养兔不少 5 户，每户不少于 10 只，母兔以上的给款。
② 征收畜牧费，每户春秋季各一元。
③ 双增双节，村委会公布帐目，制定 87 年措施。
④ 增种高产作物，春季扫尾。
⑤ 粮油征购合同：

村里讲：

① 垫本村交界路拉沙子。
② 关猪及大牲口的管理。
③ 刨油松育苗地。
④ 红果树的管理与看管人员。
⑤ 打节木头与卖木头。

⑥ 学校听课情况及垒院墙。

讨论纪录：

① 乡政府的安排养兔重点户不少于 5 户定谁。

高祥清，高德清，高洪雨，罗有，李桂存。

② 畜牧费的征收如何安排?

	1	2	3	4	5	6	7	8	9	10	合计
实有户数		26	35	29	23	30	22	15	20	24	
猪、鸡啥也没有的户		2	10			5	4	4	1	5	
应交畜牧费户		24	25	29	23	25	18	11	19	19	

③ 本大队的拉沙子垫路完成情况定一下?

	1	2	3	4	5	6	7	8	9	10	
		完			完			完	完	完	

如在 15 号不拉垫者，从生产队扣每人 1 元。

④ 乡分配油松育苗地 10 亩怎么定?

地点	负责人	亩数
古方大南背	王永	3
沟门南造坡	郝存山	3
苏寺大造坡	张玉斌	2.5
苏寺小造坡	张玉斌	1.5

⑤ 学校修建如何安排?

		1	2	3	4	5	6	7	8	9	10	计
备料	11 号拉土(方)			6	6							12
	12 号拉石头(方)	6	6									12
	11 号四么沟拉木头车	1	1			1	1					4
大工		1	1	1	1	1	1	1				7
13 号垒墙人						8	8			6	8	30

分工问题：李桂存负责盖小房。

穆奎有、崔玉海负责垒院墙。

87.5.18 下午半天

召开两委扩大会议

参加人员：

张明德，李桂存，穆奎有，崔玉海，彭宪枝，高德近，张文贵，罗瑞，王立新，康登明，田秀文，李风龙，薛英方，高庆军，范德亮，

共计 16 人

村里讲：

① 养兔和移植面积逐户进行登记？

明天修路代(带)上。

② 如何打节木头？

以年底人口算每 10 人 1 方

③ 群众亏粮要摸清底码？

同意

④ 干部如何步调一致？

⑤ 再催拉沙子垫路？

再催

⑥ 学校糊顶棚的 2 名？

同意

⑦ 现在没有付砍木头工资，打算贷款？

同意贷款

⑧ 再催整刨油松育苗地。

催

⑨ 学校修建拉土，拉石头，木工垒院墙问题。

由村委会安排。

⑩ 四亩沟再次修路人的问题：

1	2	3	4	5	6	7	8	9	10	计
4	4	4	4	4	4	3	3	4	7	41

如何卖夭柱？

卖木头一律收现款。

夭柱每方

2 米价一头的 100 元,2 头的 105 元。

1.8 米价一头的 95 元,2 头的 100 元。

质量太次的酌情处理。

※ ※ ※ ※

① 5 月 18 日上午,张文贵去干沟找张明德半天。

② 5 月 27 日下午,范德亮苏寺半天。已付款。

③ 5 月 21 日高洪祥栽电线杆 1 天。

④ 5 月 21 日田秀文送木头人,车工 1 个。

⑤ 5 月 18 日高桂有拉柴火人,车工 1 个。

⑥ 5 月 8 日检查红果 郝存山 1 个

王立新 半个

⑦ 解决林业问题:马清合张玉彬 5 月 28 日下午半天。

就四亩沟修路占地问题 87.5.27

姓名	占地				定么产量	村负担			备注
	长	宽	合步	合么		粮食/斤	每斤/价	合款	
崔玉江	5	6.5	32.5	0.235	150	35	0.20	7.00	
崔玉江	4	6	24	0.235	150	35	0.20	7.00	
吕桂武	10	3	30	0.325	150	49	0.20	9.80	
吕桂武	24	2	48	0.325	150	49	0.20	9.80	
邰德文	24	1	24	0.10	150	15	0.20	3.00	
范世明	4	2	8	0.03	150	5	0.20	1.00	
孙富怀	30	2	60	0.25	200	50	0.20	10.00	
孙富怀	4.5	2	9	0.035	150	5	0.20	1.00	
范世明	13	2	26	0.11	200	22	0.20	4.40	
吕桂军	14	3	42	0.175	150	26	0.20	5.20	
范世亮	6	2	两块 12	0.05	150	7.5	0.20	1.50	
范德亮	13	3	39	0.16	150	24	0.20	4.80	

续　表

姓　名	占　地				定么产量	村　负　担			备注
	长	宽	合步	合么		粮食/斤	每斤/价	合款	
吕桂军	10	6	60	0.25	150	37.5	0.20	7.50	
合计				2.28		360		72.00	

87.5.28 日下午

召开两委扩大会议

参加人员：

张明德，李桂存，穆奎有，崔玉海，张文贵，罗瑞，王立新，康登明，杨海荣，李风龙，薛英方，高庆军，范德亮

共计 13 人

会议前解决“马清合和护林员杨存生”的纠纷问题（张玉斌在场）。通过双方谈情况最后一致认为马清合是无理取闹，受到严重批评。处理结果是：（杨存生表态同意）

① 马清合负担杨存生的药费。

② 马清合撕坏杨存生的衣服给 5.00 元的赔偿。

③ 马清合在禁坡地打柴火 3 个（张玉斌证示）应该以每个柴火 1.00 罚款，而柴火没收，而因当时卡下 5 个另坡打才（柴），所以用这 5 个柴火抵顶 3 个柴火的罚款。

会议重点讲：

① 养兔和移植面积登记表验收齐汇总。

已收齐

② 红果树的管理要加强。

① 定技术员：王立新　康登明

② 剪技：行

③ 浇水　行

③ 再次催拉沙子垫路。

行

④ 再次催整油松育苗地。

行

⑤ 讲贷款和发砍木头工资,教师的上半年工资。

同意

⑥ 各组是否需上级支持水泥,修防护土地坝,护村坝(说明尤淑珍的意图)如需马上做计划,村委会立即请示。

回去安排

⑦ 部分社员说让张罗唱戏问题。

以后再说

⑧ 各组长高度重视护地坝,立即行动防止坏地。

行

⑨ 今天要发学校修建所有应发的款,怎么定各项的款。

讨论纪要:

① 关于学校修建付款的想法是:

1. 备料的石头、土、沙每方以 4.00 元。

2. 垒院墙分两等,一等每米 1.00 元,2 等每米 0.90 元。

3. 大工(指泥瓦工、木工)每天 3.50 元。

4. 小工每天 2.00 元。

5. 至于买板瓦、同瓦、杂杆、黍秸等物已经造表公布,看有什么异议。

同意按上述的想法定准付款。

87.6.14 下午半天

召开两委扩大会议

参加人员:

张明德,李桂存,穆奎有,崔玉海,高德近,张文贵,罗瑞,王立新,康登明,杨海荣,李风龙,薛英方,高庆军,范德亮

共计 14 人

下乡干部:王进海首先传达:

① 油松育苗 10 亩,杨槐 5 亩,马上整好地在 20 号前移妥。

② 特困户摸底(群众评议)

③ 教育集资乡办中学 2 108 元,村 1 620 元。就乡里的 2 108 元,在 16 号

必须交乡。

④ 今年有大雨,马上做好防风,村里成立领导小组,组织抗险队。

⑤ 房基地马上填表报乡,要发房照。

崔玉海讲:

① 秋后要以下列十户为推算收支抽查户:

张文德,马明,张海祥,张军,包秀廷,崔玉海,韩风明,田秀文,穆凤忠,高世军。

② 征收党费。

讨论纪录:

① 村里成立防汛领导小组怎么建?

组长:李桂存　付组长:穆奎有

成员:崔玉海、十个居民组长,共计 13 人组成。

② 抢险队如何建?

		古方片	沟门片	苏寺片	水沟	夭子沟	干沟	合计
队长	正	罗瑞	康登明	杨海荣	薛英方	高庆军	范德亮	6
	付	张文贵	王立新	田秀文 李风龙				4
队员人数		15	③15 ④16	33	9	11	15	114

要高度重视"护村护地护线路"那个组出现问题,那个组长负责任。

③ 特困户如何评?

高庆成 1,郭文江 3,张万江 3,王俊 4,石成荣 1,王良 5,祁守相 4,张文彬 5,郝存仕 3,李树林 3,郝元 2,张玉祥 3,韩志文 5,张桂元 5,高祥彩 1,杨占奎 2,梁进 3,穆凤江 2,韩普 7,于天英 1,李富海 5,张天富 6,高洪才 1,高世军 3,高庆军 4,高德忠 4,薛德彬 3。

组长自报共计 27 户　89 人

经过认真反复评议凡划"√"号的为上报对象。

共计 13 户　40 人

④ 现在不少人要求通广播,村委初步想,因为集体缺资金,如果同意安,就依照李桂存在会上划分的段,村集体张罗料,按段限用工,用料,各队负责摊钱,看同意否?

同意村里给张罗,按原来分的段,各队拿款。

各居民组社员缺粮情况：

	各组报数			现在无吃的		
	户	人	粮食/斤	户	人	
1	21	97	6 350	5	22	
2	25	108	8 300	3	9	
3	25	109	7 250	4	16	
4	25	114	14 850	1	3	
5	21	91	9 750	8	32	
6	28	125	10 000	7	25	
7	21	84	10 060	7	32	
8	15	60	7 750	4	20	
9	20	99	14 800			
10	20	87	10 600			
合计	221	974	99 710	39	159	

林业用工付款表　87.6.18

	3.23日	4月						5月						共计天数	每天折	共计款
		17	18	19	24	25		17	20	21—26	27					
张明德	1	0.5	1	1	1	0.5		0.5	1		1			7.5	3.00	22.50
李桂存	1	1	1	1				0.5	1		1			6.5	3.00	19.50
穆奎有	1	1	1	1	1	0.5		0.5	1	6	1			14	3.00	42.00
崔玉海		1	1	1		0.5			1					4.5	3.00	13.50
合　计	3	3.5	4	4	2	1.5		1.5	4	6	3			32.5	3.00	97.50

学校修建用工付款表　5月份

	9	10	12	13	14	15	16	17	21	22	23	24	25		共天数	每天折	共款
张明德	1	0.5		1		1	1	0.5		1	1	0.5			7.5	2.00	15.00
李桂存	1	0.5				1		0.5			1	1	1		6	2.00	12.00
穆奎有	1		1	1	1	1	1	0.5							6.5	2.00	13.00
崔玉海	1	0.5		1	1	1	1	1	0.5		1	1	1		10	2.00	20.00
合　计	4	1.5	1	3	2	4	3	2.5	0.5	1	3	2.5	2		30	2.00	60.00

87.6.24 日

召开两委扩大会议

参加人员：

张明德，穆奎有，崔玉海，张文贵，罗瑞，王立新，康登明，杨海荣，田秀文，李风龙，薛英方，高德仲，范德亮

共计 13 人

下乡干部：王进海，李占元

会议开始由张明德传达了乡领导等人来检查，"防汛，生产核实，油松育苗移洋槐，教育集资，旧班不交手续"等问题。如何填房基地表和如何定发打结夭柱、杂杆的工资等问题。

李占元同志谈如何检查落实木耳生产和如何发展猴头等问题。

讨论纪录：

① 就打结夭柱和杂杆如何付工资？

同意按夭柱每方 6.00 元

木头头每个头 0.01 元

付款。

② 乡派的教育集资是每人 2.00 元，因村委会无力解决，两委研究要按人摊到各队，用生产队的款解决，不再向社员收，看是否同意？

同意摊。

具体摊派是：

	1	2	3	4	5	6	7	8	9	10	计
人口	110	110	147	133	98	120	84	60	100	92	1 054
每人 2 元共款	220	220	294	266	196	240	168	120	200	184	2 108

③ 洋槐整地 5 么(亩)任务如何完成？

	1	2	3	4	5	6	7	8	9	10	计
任务	0.6	0.6	0.8	0.6	0.5	0.6	0.4	0.4	0.5		5.00
	0.2	0.6	0.8	0.6	0.5	0.4	0.2	0.4			3.7

各生产队出人整地。穆奎有负责，6 月 25 日完成，十队出 5 个人，有崔玉

海负责,清理猛虎沟门过水路面的淤沙。

另外用工:

① 3 月 24 日弄粮食:(供应粮)

李桂存,崔玉海,穆奎有,康登明,李风龙,薛英芳,高德仲,范德亮

② 郝存山误工:

5 月 9 日给学校教员听课做饭 1 天

6 月 21 日乡干部检查做饭半天

7 月 13 日清库房和做饭 1 天

7 月 14—15 日给税务、电力做饭 2 天

7 月 16—18 日给税务、电力做饭 3 天

87 年 7 月 1 日下午

开党员会议

参加人员:(在支部会议登记表内)

会议议程:

1. 学习共产党员第 5 期中刊登的“坚持工作原则讲座”第 1.2 讲
2. 总结支部上半年的工作
3. 讨论祁守柱转正、公布张海梅的入党
4. 评选优秀党员
5. 整顿党小组
6. 征收组织费

《上半年支部工作总结》

(一) 从 3 月 21 日建支部以来:

1. 组建了新的领导班子,恢复以原生产队的体系,建居民小组并以一长兼三员的身份搞好工作。

2. 明确支部与村委会的关系。

3. 妥善安置卸任干部的工作岗位。

4. 热情支持村委会的工作

① 砍伐木料,调动群众的积极性,四天出现的情况(老党员高祥,60 多岁的人上山,大人代(带)小孩)

② 精心管理,堵住歪风,及时解决问题。

(利用王、郭老干部,处理偷木头)

③ 宣布造价与资金运用的情况
④ 管理学校(盖2间房,垒院墙,糊顶棚,扩建五年级重点班)
总之,得到乡、县检查的同意
⑤ 开展双增双节措施:
1. 村委扩大会吃饭自代(带)粮,等
2. 停了看门人
3. 减少护林人员,减少报酬等
⑥ 工作有安排,有检查有头有绪。
(二) 支部建设
1. 及时召开支委会　研究自身建设
2. 积极发展党的新血液
3. 热情支持村委会的立状(各项经济状、防汛责任状)
(三) 今后设想
1. 坚决搞好防汛
2. 进一步抓好农作物管理,力争大丰收
3. 搞好林业管理
4. 积极发展畜牧业羊、兔、猪
5. 修通干沟、水沟的简易公路
6. 通广播
7. 搞好林业采伐,争取年底还清帐目

※ ※ ※ ※ ※ ※ ※ ※

评选优秀党员:
张明德,王立新,高祥
整顿党小组:

组　别	组　　长	党员表	
1	张玉林	8	
2	王立新	10	
3	李世江	7	
4	穆风忠	13	(苏寺水沟)
5	杨存秀	4	(天子沟,干沟)
	5个组	42	

※ ※ ※ ※ ※ ※ ※ ※

充分让党员对上半年的工作进行评论，一致认为三个月来的工作是不错的，没有什么不满。

就关于处理旧班的手续问题：

① 要款用工不付工资

② 乡来人处理问题，新班不准付招待费

③ 问题弄清后召开党员和群众会给公布帐目

社员生活安排表 87.7.10

队别	姓　名	人口	斤数	备注	队别	姓　名	人口	斤数	备注
1	郭文海	4	100		7	张明春	5	150	
	郭文江	3	70	170		荣正廷	3	70	
3	王志文	4	150	150		高洪元	6	150	
4	郝存仕	3	100	100		尤长贵	6	150	
5	张玉彬	3	100			李富海	5	200	
	张玉祥	3	120			李风武	4	100	
	张玉海	4	100			李风军	3	80	900
	张桂元	5	300		8	张天富	6	150	150
	张　富	4	120		9	高庆军	4	100	
	祁守彬	4	100			高世军	3	100	
	韩风明	4	120			高德忠	4	100	300
	韩桂军	4	100		10	薛德彬	3	100	
	韩志忠	4	100			杨存秀	4	150	
	韩志文	5	140	1 300		吕桂武	3	100	350
6	穆风祥	6	100						
	杨存生	3	100						
	杨存瑞	4	100						
	杨占奎	2	80						
	彭宪明	3	100						
	彭宪武	3	100						
	梁进	3	100	680	合计	35 户	137		4 100

87.7.13 日 1 天

召开两委扩大会议

参加人员：

张明德，李桂存，穆奎有，崔玉海，罗会，王立新，康登明，杨海荣，李风龙，薛英方，高德仲，范德亮

共 12 人

会议中心填写房基地表。

李桂存逐队统计养狗的户

1	2	3	4	5	6	7	8	9	10	合计
罗成 1 张军 1				张桂元 1	杨存生 1	张明春 1		高德明 1	张珍 1 王占奎 1	8

宣布乡政府的规定：

① 7 月 15 日以前自己打死的不罚款。

② 7 月 16 日不打者罚款 50 元。

③ 下乡干部和村干部督促打的罚款 150 元。

87.7.14 日 1 天

召开两委扩大会议

参加人员：

张明德，李桂存，穆奎有，崔玉海，罗会，王立新，康登明，杨海荣，李风龙，薛英方，高德仲，范德亮

共 12 人

会议中心：

（一）首先传达 7 月 7 日乡长带领工作队来检查的情况：

① 防汛工程：未动马上动，动工的总的说 15 日前竣工。把群众的疏散和信号地点定下来，从今天每户准备 10 件物质网和袋子。动工程 5 处，500 米，用工 1 000 个，花 300 元。

② 灾情

③ 特困户摸底

④ 慰问老山前线军人家属，有困难必须马上解决。

⑤ 田间管理

⑥ 教育集资

⑦ 护路护线设值班人员

(二) 念学校写给支部、村委会关于儿童没上户的到学校登记,否则不予招生。

村里讲:

① 防汛:垒和清公路埧和桩,准备防汛物资

② 油松:洋槐育苗定护林措施,告知今年育的油松地的坡已上 1605 药,严禁放牧,出问题不负责。

③ 切实注意群众生活

④ 移洋槐的报酬

⑤ 修公路的报酬

⑥ 修干沟水沟的简易公路的想法

⑦ 通广播问题

⑧ 计划生育摸底

⑨ 乡里开主任会议讲:社员养大母猪有正当手续每头给料 300 斤

⑩ 牲口防疫费全年 2 元,现在征收 1 元。

⑪ 修理电力障碍物,拉电前酌情处理,拉电后强制处理

⑫ 防风造林栽油松 150 亩

⑬ 学校设 5 年级的床位,炊具,木头问题的安排

⑭ 税务小李要"大牲口登记问题"。

讨论纪要:

① 移洋槐的报酬问题怎么定?

同意每移 1 亩地付工资 20 元。

② 修公路过水路面的报酬怎么定?

同意每方 1.20 元付工资。

特低的队,村委给 2 元,让生产队补点。

③ 关于学校 5 年级班的房报三间,乡给 200 元,打算让郝军包,村里不赔不贴,炊具乡给 100 元,不足部分大队贴点,学校木头乡不付款,大队付的。看这样安排同意否?

同意。木头问题,1 至 8 队每队 12 个。

最后对水沟的路进行了讨论,大家表示同意,村委提出:

① 8 队、10 队按人摊 2 元。

② 各队按人再摊点。

③ 大队再贴点。

现在进行议论，下次会议定。

87.7.21—22 号

召开两委会议

参加人员：

张明德 2，李桂存 2，崔玉海 2，穆奎有 2，彭宪枝半，高德近 1

共计 6 人，10 个工。

会议开始学习了"赵紫阳 87.5.13 日在宣传理论新闻党校干部会议上的讲话"的第 1 部分和地委 86 年 6 月发的"关于加强农村党支部工作的八项规定"接着召开支委会研究支部建设工作。回顾 120 天的工作，认为工作顺利，在两个文明建设中做出了一定的工作。同意支部在 7 月 1 日在党员会议上提出的下半年工作任务。研究培养入党的积极分子：

李富合，薛英芳，杨海荣，彭宪合，穆奎有共五个同志。

接着

两委回顾了近四个月来的工作，"用批评和自我批评的公式"和"反对资产阶级自由化"的要点进行了总结。通过商谈认为工作紧凑、谨慎，没有缺点，互相间征求没有意见。

经县审批的社员盖房　87.7.27 抄

85 年度	86 年度	87 年度
李汉洲，高普，郭文江，张文德，李桂生，高德富，马清合，高祥，高洪文，曹忠池，张文科，穆凤明，冀文富，李世合，韩桂军，高桂有，祁凤山，穆凤海，田秀德，高洪志，彭宪武，高德祥，董世跌，薛廷甫，李宪成，李桂合	李树林，张文海，张玉林，董成瑞，杜永科，张桂元，高洪有	郭文海，李桂存，杨宝喜，穆奎仕，李风成，马朋，高洪文，张文德，李志彬，吴立祥，穆凤祥，郤文海，高德敬，李富海，穆凤明，张万国，尤长桂
共 26 户	共 7 户	

87.8.2

召开两委扩大会议

参加人员：

张明德，李桂存，穆奎有，彭宪枝，张宝斋，罗会，王铁刚，康登明，杨海荣，田

秀文,李风龙,薛英芳,范世明,高德仲

共计 14 人

乡政府:徐振明

会议开始由徐乡长就抗旱问题讲了话。

讨论纪录:

① 87 年 6 月 14 日扩大会统计社员亏粮 221 户,974 人,粮食 99 710 斤,这次乡分配给 10 000 斤,咱们怎么分配?

	1	2	3	4	5	6	7	8	9	10	计
两委意见	700	700	700	700	2 000	1 700	1 800	500	600	600	10 000

同意,没有意见。

② 部分青年人议论不放电影,村里无钱怎么办?

以每人 50 元向社员收一下,如果收不上来也不能接收,收上来给张罗放。

③ 乡里让把 40 周岁以下的育龄妇女摸清楚。

队别	总人数	其中				姓名
		未有小孩	有一个小孩	已结扎	两孩以上未措施	
1	16	3	8	4	1	张文合
2	16	1	5	4	6	罗有,罗军,罗瑞,王俊,马清合,马占有
3	23		7	11	5	张海江,张海祥,王立新,祁守相,张军
4	22	3	6	9	4	杨宝山,李世海,张树生,李世合
5	16	2	3	7	4	韩风有,韩风明,韩志文,韩志忠
6	19		8	7	4	梁树海,高德品,梁树江,田秀文
7	12	2	2	6	2	李风武,李树合
8	6			6		
9	14		1	8	5	高庆军,杜宪德,刘良,高洪合,高洪宇
10	12		4	6	2	吕桂军,薛德斌
合计	156	11	44	68	33	

④ 通往干沟和水沟的路怎么修?

经过征求村民意见,都同意修。

决定:

① 水沟,夭子沟,干沟村民按实有人口每人拿 2.00 元(从户里收)

② 1—10 队每人摊 2.00 元(从队里的款拿)

③ 不足部分由村委会拿。

如果上级扶助的话,给多少款归村委,马上安排测量、动工。

在会议上讲:

① 撤掉干沟学校

② 乡五年级重点班办在咱村

③ 税务所让登记大牲口

④ 给学校收柴火欠　3、6、7、8 队的每队 12 个

⑤ 防风造林 150 亩

⑥ 征收防疫费问题

⑦ 公布乡批示的 18 户救济款情况

⑧ 李桂存传达乡政府 7 月 30 日主任会议精神

会议笔记 27

1987 年 8 月 5 日下午半天

召开两委扩大会议

(地点)东湾南头地边

参加人员：张明德 1、李桂存 1、穆奎有 1、张宝斋 0.5、罗会 0.5、王立新 0.5、康登明 0.5、杨海荣 0.5、田秀文 0.5、李风龙 0.5、薛英芳 1、高德明 0.5，共计 12 人。

会议中心是修路问题。

会议决定事项：

① 如何上人？采取什么奖罚手段？

以生产队总人口，每 10 人出一个人为起点，四舍五入。多出一个人，奖给生产队五角，少出一个人，罚生产队二元，以卡算时间为止。

另行用工记录：

① 8 月 4 日，穆风海从干沟学校拉东西，人 1.5 个，车 1.5 个。

② 范世明 8 月 4 日，清理干沟学校半天。

③ 8 月 4 日，定干沟路高德明、范世明各半天。

④ 8 月 7 日，穆奎明给学校抹黑板。

⑤ 李桂生 8 月 3 日，去瓦房沟拉床板，人、车工共一个。

⑥ 杜清山 8 月 8 日，给学校盘锅台。

⑦ 李世江 8 月 10 日，去合达营拉录像人、车工共一个。

⑧ 梁进给扫手术室用工半天(9 月 5 日)。

⑨ 9 月 6 日，用穆奎有毛驴半天(去合达营买粮食)。

⑩ 10 月 6 日，检查路、坡，高庆军、范世明。

⑪ 10 月 8 日，检查路、坡，薛英芳。

⑫ 10 月 25 日，看矿罗瑞一天。

1987 年 8 月 13 日下午半天

召开两委扩大会议

参加人员：张明德、李桂存、穆奎有、崔玉海、郭占熬、罗会、王立新、康登明、杨海荣、田秀文、李风龙、薛英芳、高德明、范世明，共计 14 人。

会议中心解决：

① 干沟方面的路如何定报酬？下步是否奖罚？

两委对报酬的意见：单位：一步(五尺)

一等			二等			三等						杂工
1	2	3	1	2	3	1	2	3	4	5	6	
0.25	0.60	0.80	1.00	1.30	1.60	2.00	2.50	3.00	3.40	4.00	4.50	3.00

同意这个意见。下步不搞奖罚。

② 唱戏问题怎么办？

让唱戏人张罗唱戏人，具体问题下次开会定。

③ 护秋问题怎么办？

1. 到别人地里割草，每斤二角。
2. 吃别人一根玉米杆，五角。
3. 偷一斤山药，罚十斤。
4. 偷一个玉米，罚五角。
5. 偷一个高粱穗，罚三角。
6. 杜绝放小群，糟蹋农作物。

1987 年 8 月 24 日一天

召开两委扩大会议

参加人员：张明德、李桂存、穆奎有、崔玉海、郭占熬、罗瑞、王立新、康登明、杨海荣、田秀文、李风龙、薛英芳、高德明、范世明，共计 14 人。

会议首先学习了“县委、县政府”、“关于计划生育工作若干问题的规定”。村里着重讲：

① 手术对象做好一切准备等待手术。(不在家者马上通知)。

② 通知受罚款，马上准备好款。

③ 如有规划外的怀孕，马上汇报处理。

接着结算“按人收款”和“按人队里拿款”及“干沟方面、水沟方面应付的修路报酬”。

讨论记录：

……自然，管护段如何划分？怎么垫？

路段划分：

干沟片：干沟大南沟门——四亩沟门，孙富怀小地外堰。

夭沟片：四亩沟门孙富怀小地外堰——小北埌根。

苏寺片：夭沟小北埌根——苏寺大柳树。水沟苇子沟门——苏寺大柳树。苏寺大柳树——苏寺西井。

沟门片：从沟门——苏寺西井。

古方片：从古方——沟门过水路面。

村委会：干沟大南沟门——干沟埌头，水沟车厂沟门——水沟掌。

水沟片：歪卜沟门——车厂沟门。

经过征求各组长的意见，一律同意自垫。垫路从8月25日—8月31日完成。

如果9月1日前垫不完，每一步罚一角…………，生产队动用垫路劳动力，适当由生产队……，生产队付款，必经村委会审查同意，……。会计方可注账，如果在限期内有特殊情况，经村委会同意，方可推迟指定日期。

② 唱戏问题怎么办?

经过反复讨论，采取不向社员收款的办法，生产队有积累的出钱，无钱的出物，其结果是：

	1	2	3	4	5	6	7	8	9	10	计
物	黄米30斤，豆腐：管第一天	黄米30斤，豆腐：管第二天	黄米40斤，豆腐：管第三天								
款				75	60	60	50	40	60	50	395

做豆腐村里不付给用工。

人员分工：罗瑞跟唱戏的张罗唱戏。

总后勤：李桂存、崔玉海；做饭：郝存山、张文桂、范世明；做菜：杨海荣、薛英芳；……：李风龙；……：穆奎有。

苏寺村唱戏用的记工表 1987年8月

姓名	8.25	8.26	8.27	8.28	8.29
张明德	1	1	1	1	1
李桂存	1	1	1	1	1
穆奎有	1	1	1	1	1

续　表

姓　名	8.25	8.26	8.27	8.28	8.29
崔玉海	1	1	1	1	1
郭占奎	1	1	1	×	×
张文桂	×	×	×	×	×
康登明	1	1	1	×	×
杨海荣	1	1	1	×	×
田秀文	1	1	1	×	V
李风龙	1	1	1	×	×
薛英芳	1	1	1	×	×
范世明	1	1	1	×	×
王立新	1	1	1	×	×
彭宪合		1	1	×	×
郝存山	1	1	1	×	×

1987 年 9 月 6 日上午半天

召开计划生育工作会议

参加人员：

村委：张明德、李桂存。

对象：张文合、罗有、罗瑞、王俊、杜宝山女人、李世海女人、张树生、韩风有、韩风明、韩志文、梁树海女人、田秀文、李风武女人、杜宪德女人、吕桂军、薛德斌，小计 16 人。

会议首先共同学习了县委县政府“关于计划生育工作若干问题的规定。”然后讲了前、后关于计划生育工作的情况。大家又进行了酝酿。

1987 年 10 月 9 日一天

召开两委扩大会议

参加人员：张明德、李桂存、穆奎有、崔玉海、张文贵、罗瑞、王立新、康登明、杨海荣、田秀文、李风龙、高庆军、范世明、薛英芳,共计 14 人。

会议开始讲:

① 87 年冬征兵情况,18—22 岁的全村有在年龄的 47 人,上站目测的 6 人。

② 乡里打招呼的几项工作:

1. 60 华里的路;

2. 红果树的补栽;

3. 150 亩的护地坝;

4. 农业税的摸底;

5. 房照费五元,马上交;

6. 500 亩地增价压的土地马上修。

会议研究:

① 房照费各组应收情况:

	原填	漏　　填	实有处	每处 5.00 元	应收款
1	33	张万国三分	34	5.00	170.00
2	32		32	5.00	160.00
3	36	穆凤明三分	37	5.00	185.00
4	29	李世合三分	30	5.00	150.00
5	25	杨宝喜三分,杜永科三分	27	5.00	135.00
6	30	田秀德三分	31	5.00	155.00
7	20	李富海三分,张明瑞四分	22	5.00	110.00
8	13	高洪如四分,薛廷甫四分	15	5.00	75.00
9	21	高德仕三分、高德仲三分、高德清二分、刘彬三分。	25	5.00	125.00
10	25		25	5.00	125.00
计	264	14	278		1 390.00

总共上报是:242 户,278 处,占地 107.81 亩,1 054 人。

旧宅基地面积 80.43(建国前后指 82 年前),收耕地 12.10 亩,耕地 15.28亩。

② 农业税摸底情况：

	应征税	村扩大会研究减
1	92.73	高庆成 0.74
2	103.46	石成荣 0.83、王艮 4.17、王俊 9.17、罗会 4.17。
3	138.60	郤桂军 1.60，王铁强 3.33。
4	125.81	闫秀英 1.72，郝元 1.72 元。
5	75.24	刘富生 0.84。
6	75.08	高祥会 2.94。
7	70.13	于天英 1.98，张文志 0.43。
8	40.59	高洪连 1.16，张天富 3.96。
9	74.58	高照明 1.27，高德进 3.2。
10	67.49	薛德彬 2.82，吕成林 1.13，张桂成 0.56。
合计	863.71	43.29

③ 两道沟垫路，已经检查，最好的是 8 队，不错的 5、6、7、10 队，最次的是 9 队，怎么办？

在 10 月 20 日前，一定垫好，否则罚款。

④ 沟门后地的红果树，如何补栽与管理？

全部由 3、4 队负责。

⑤ 通过检查禁坡地带，发现有割柴火现象，但已把柴火拉走，这个问题除村委会有责任外，居民组长特别是薛英芳有责任，村委研究要设林业站和上山管护人员，怎么样？

同意村委会的安排。

⑥ 垫地坝已搞过计划，咱们仍然上报这个……，怎么样？

同意大队的安排。

⑦ 广播线路已中断，两委研究想测杆砍杆，安广播线，仍以原划分段拿钱，怎么样？

同意这个安排。

⑧ 通过检查打算把 87 年冬的林业砍伐地点定在干沟大南沟，怎么样？

同意，马上写砍伐请示。

⑨ 原买的招待费货物已用完，这次要砍木头。就林业和税务等来人是否还买？

同意安排买招待货物。

1987 年 10 月 22 日一天

召开两委扩大会议

参加人员：张明德、李桂存、穆奎有、崔玉海、彭宪枝（半天）、高德近、罗瑞、王立新、康登明、杨海荣、李风龙、薛英芳、范世明，共计 13 人。

会议中心是统计：87 年度各项经济指标完成情况和精神文明评比情况。

苏寺村 87 年度各项经济指标完成情况　1987 年 10 月

	工农业总产值			粮食总产量（斤）	油料总产量（斤）	农民人均收入（元）
	总款数	其中：农业总产值	其中：工业总产值			
1		油料以0.50元，合947.5元。粮食按0.15元算，合97 725元。		68 500	1 980	
2				71000	1 880	
3				89 500	2 520	
4				93 500	2 510	
5				59 500	1 850	
6				56 000	2 150	
7				51 500	1 550	
8				47 000	930	
9				56 500	1 830	
10				58 500	1 750	
计	310 940.00	109 200.00		651 500	18 950	295.00

	总收入款	村集体企业				卖榛子款	卖条子款	猪	羊					
			人	款	车辆	款	斤	款			口	款	支	款
1			15	9 500							44	4 500	33	2 420
2			17	8 400							38	4 100		
3			16	8 700	拖小车1.5	2 000					47	4 500	15	1 200

续　表

	总收入款	村集体企业				卖棒子款	卖条子款	猪	羊					
			人	款	车辆	款	斤	款			口	款	支	款
4			8	4 200	小车 10	5 000					62	5 100	20	1 600
5			10	7 500	拖小车子	3 100					19	3 000	20	1 300
6			18	9 200		2 500					31	4 000	10	800
7			8	4 200		6 500					29	1 900	11	600
8			3	1 950							46	1 800		
9			3	2 150	小车 1	100					45	1 800	40	3 100
10			3	3 100						13 万斤	41	1 800	35	2 500
计	203 740	15 800	101	58 900	大小拖车	19 200	11 600	6 380	1 500	4 550	402	33 100	184	13 520

苏寺村　89 年度各项经济指标完成情况统计表　②

				款	斤	款		收	款		斤	款			
1	70	550	184		200	280									
2	180	100	102		150	210	1		150	500					
3	65	700	152		100	140		2	500	500				1	500
4	80	400	151		300	420	2		300	600				1.5	1 000
5	60	300	52		200	280				400					
6	100	500	182		500	700				500				4	
7	20	120	7		100	140	1		150	300				1	2 400

续 表

				款	斤	款		收	款		斤	款			
8	110	550	8		700	980				300					500
9	40	200	39		800	1 120				500				1.5	1 000
10	20	100	31		1 000	1 400				500				3	1 000
计	780	3 920	166 驴 牛13		4 050	5 670	4	2	1 100	4 700			1 100	6处 12头	6 400

苏寺村　87年度各项经济指标完成情况统计表③

	大牲畜							猪					羊				兔				
	发户到	出售		现有				发户到	出售	现有			发户到	出售	现有		发户到	出售	现有		
		牛	驴	牛	驴	骡	马			母	公	肉			合	白			大母	大公	肉兔
1				16	8	3	2			2		80			130	46			15	5	25
2				27	5	3	1			1		50			10	5			15	10	30
3				14	5	9	4			1		70			90	20			6	3	40
4				29	8	15	3			4		55			80	20			15	5	45
5				18	4		2					45			100	20			10	5	30
6				16	6	7				1		50			100	50			10	5	30
7				18	1	3				1		35			70				2	1	14
8				24	3					4		26							8	4	38
9				22	4	3	1			4		35			180	20			10	5	35
10				21	11	5	4			2		37			207	23			3	2	11
计				85	55	48	18	905	402	20		483	1 355	184	967	204			94	45	298

…………苏寺村 87 年……情况

<table>
<tr><td rowspan="2"></td><td colspan="4">育　苗　数</td><td colspan="7">育　苗　果　树</td><td>封山育林</td></tr>
<tr><td></td><td></td><td>亩数</td><td>株数</td><td>地点</td><td>亩数</td><td>树种</td><td>地点</td><td>亩数</td><td>树种</td><td>亩数</td><td>地点</td></tr>
<tr><td>1</td><td></td><td></td><td></td><td></td><td>张文有杨树扩乱</td><td></td><td>杨树</td><td colspan="4" rowspan="11">① 造林任务 110 亩，完成 164 亩。
② 育苗任务 10 亩，完成 14.7 亩。
③ 经济林：红果 110 亩，山杏5 000亩。
④ 四旁植树 4 025 株。
⑤ 林木收入 15 800 元。</td><td rowspan="11">① 张活沟门至大朝天洼外沟榜 400 亩。
② 大背里梁旁至小东沟外围 1 000 亩。
③ 干沟歪卜 200 亩。
④ 小东沟至大杨树沟 1 000 亩。</td></tr>
<tr><td>2</td><td>45 把</td><td>大南背</td><td>12</td><td>3 150</td><td>罗会、罗瑞杨树扩乱</td><td>12</td><td>杨树</td></tr>
<tr><td>3</td><td>30</td><td>猛虎沟小北叉</td><td>8</td><td>2 100</td><td>王永大南背</td><td>3</td><td>柏树</td></tr>
<tr><td>4</td><td>15</td><td>小南沟小北沟</td><td>4</td><td>1 000</td><td>郝存山南造坡</td><td>3.2</td><td>柏树</td></tr>
<tr><td>5</td><td>20</td><td>碗架板</td><td></td><td></td><td>张玉彬大小造坡</td><td>4</td><td>柏树</td></tr>
<tr><td>6</td><td>20</td><td>碗架板</td><td>14</td><td>3 900</td><td></td><td></td><td></td></tr>
<tr><td>7</td><td>16</td><td>碗架板</td><td></td><td></td><td>李付海南地</td><td>12</td><td>杨树</td></tr>
<tr><td>8</td><td>16</td><td>后坡</td><td>4</td><td>1 000</td><td></td><td></td><td></td></tr>
<tr><td>9</td><td>10</td><td></td><td>4</td><td>1 000</td><td>高洪宇水泉沟</td><td>12</td><td>杨树</td></tr>
<tr><td>10</td><td>30</td><td>南坡</td><td>8</td><td>2 100</td><td>苇子沟</td><td>3.7</td><td>洋槐</td></tr>
<tr><td>计</td><td>198 把</td><td></td><td>54</td><td>14 250</td><td></td><td>14.7</td><td></td></tr>
</table>

苏寺村精神文明评比情况①

<table>
<tr><td rowspan="2"></td><td rowspan="2">总户数</td><td rowspan="2">文　　明　　户</td><td colspan="2">合　计</td></tr>
<tr><td>文明户</td><td>五好家庭</td></tr>
<tr><td>1</td><td>26</td><td>张文贵、郭占熬、高有、郭文合、郭占奎、张文德、张万江、张万合、张万富、李汉州、张文海、郭文海、郭文江、张万彬、张文合、高普、高海青、高占、罗成、高文</td><td>20</td><td>5</td></tr>
<tr><td>2</td><td>26</td><td>马朋、马明、罗有、高德富、高德发、马清合、李桂存、张玉林、高祥、罗彬、李桂生、马亮、高德付、罗瑞、李汉军、李桂兴、王永、王艮、王俊、杜桂山。</td><td>20</td><td>6</td></tr>
</table>

续 表

	总户数	文明户	合计	
			文明户	五好家庭
3	35	张文明、穆凤明、李正林、张明德、张海祥、张文富、李海林、王志文、王铁刚、吴国瑞、张海江、张立新、张海军、吴立祥、吴国瑞、冀秀军、张军、郤桂合、王立新、赵文祥、冀文富、祁凤明、祁守合、祁桂海、王铁成。	25	13
4	28	崔玉海、王进甫、王进录、王海江、包秀廷、张文生、郝存仕、邵金瑞、木海成、李树林、李世海、李世合、高洪运、高付、杨宝善、杨宝山、康登明、田凤枝、张树生、张万利、郝存山、康登秀、高祥涛、彭宪军。	24	16
5	23	祁凤元、高桂有、杨宝忠、祁守彬、高德彬、韩凤明、杜永科、杨宝喜、韩志忠、韩志文、董成瑞、张玉海、高德举、高秀莲、祁凤山、韩桂军、张玉祥、杨海荣、韩风有。	19	9
6	26	彭宪合、高洪举、穆凤祥、高德品、韩志品、彭正富、彭献忠、彭宪武、穆凤海、穆奎军、田秀文、彭宪明、穆奎有、高洪志、穆奎仕、杨存瑞、彭正德、田秀德。	18	7
7	22	张明海、董世跃、高洪元、张良、李风成、李风军、张明瑞、李树合、穆凤忠、李风武、张明春、张明生、张文忠、李树廷、尤长贵。	15	6
8	16	李付江、李付合、薛英芳、高洪江、张天富、高洪连、高洪有、高洪如、郝存富、范秀英、薛风桐、薛英芳。	12	1
9	20	高德世、高德仲、高庆军、高德明、高洪海、高德清、高世军、杜宪德、刘良、高德近、高德武、刘军、高祥青、郤文海、高洪合、高洪军、高洪宇、高玉、高洪章。	19	8
10	20	崔文彬、吕桂武、郤德文、郤德武、王占奎、张海军、吕桂军、范德军、孙富怀、范世明、郤桂林、范世亮。	12	4
合计	242		184	81

苏寺村精神文明评比情况②

	三八红旗手	好婆婆	好媳妇	好妯娌
1	周秀花、张淑珍	高淑琴、陈明兰	赵玉兰、郝淑花、高淑花、李宪连	郭文江女人与郭文军女人
2	李淑枝	张文枝	马清合女人、李淑枝	

续　表

	三八红旗手	好婆婆	好媳妇	好妯娌
3	张月娥、王进梅	张文明母亲彭淑琴	王进梅、陈明秀、王进平、李淑琴	王进平与李淑琴
4	高玉平	康秀花、李玉兰	高淑琴、陈风枝、王金娥、梁登娥，高洪运女人、高洪祥女人	李世海女人与李世合女人、高洪祥女人与高洪运女人
5	吴风枝	王桂兰、韩淑琴	陈秀梅、祁守彬女人、穆凤连、赵淑先	赵淑先与穆凤连
6	王淑枝、李桂枝	高洪志女人冀连花	彭宪合女人、高德兴女人	彭宪忠女人与彭宪合女人
7	李淑花	李枝荣	高秀兰、木淑琴、乔玉枝	高秀兰与乔玉枝
8	荣海兰	范秀英、杜氏	荣海兰、师秀芬、李桂先、木金连	师秀芬与荣海兰
9	孙秀英	刘良母亲	刘良女人、刘军女人	刘军女人与刘良女人
10	张桂英	木秀英、李秀枝、吕桂武女人	李淑琴、韩翠梅、高连梅、高连琴	高秀梅与杨淑英、高连琴与韩翠梅
合计		18	35	11对

苏寺村精神文明评比情况③

	好团员	好民兵	好干部
1	张万合	郭文江、张万江、张万合、张万兴	张明德、李桂存
2		高德发、高德富、李桂兴	穆奎有、崔玉海
3		李世江、吴国瑞、赵文祥	罗瑞、王立新
4	李世合	高洪祥、王进瑞、张文生	康登明、杨海荣
5	高德秀	高德彬、祁守彬	
6		彭宪强、彭宪合、田秀文、高德兴	
7		张风祥	李风龙、薛英芳
8		高德芳、薛英芳、李付合	
9		高德忠、高庆忠	
10	范德军	杨文德、崔玉国、张海彬、范德军	
合计	4	29	10

1987 年月日一天

召开两委扩大会议

参加人员：张明德、李桂存、穆奎有、崔玉海、罗瑞、王立新、康登明、杨海荣、田秀文、李风龙、高庆军、范世明、薛英芳，共计 14 人。

会议开始组织与会人员学习十二届七中全会的公报和中顾委、中纪委全会公报。

接着讲需要解决的问题：

① 如何拉广播线？（砍杆、买线问题？）

② 修干沟大南沟路的问题？

③ 修垫村境内简易路的问题？

④ 护林制度与当前林业乱砍伐要求检举揭发问题？

⑤ 评三八红旗手的事。

⑥ 收房照费。

⑦ 安排收防疫费。

⑧ 农建工程：垫公路。

⑨ 红果补栽问题？（经检查……………………………）

⑩ 电路检查问题。

⑪ 大牲口集群放牧问题。

⑫ 处理待客费问题。

讨论记录：

① 按前划分段如何安广播线问题，怎么办？

仍按 87 年 6 月 14 日扩大会第四项决定办。

	古方片	沟门片	5 队	6 队	7 队	8 队	9 队	10 队	合计
需要杆	25	3	18	18	18	25	18	25	150

申请乡政府批示后砍伐。除 8 队在苇子沟砍，其余全去干沟大南沟。明天全部测杆挖坑。测出杆和距离需用线，下次会安排。

② 大南沟修路问题。

决定本月 29 日修。

具体各队报的上人是：

一队	二队	三队	四队	五队	六队	七队	八队	九队	十队	计
10	10	10	10	10	10	10		5	10	85

尽力发动争取一天完成。

③ 修垫村沟内简易路的问题?

仍按原分的段落马上弄。

④ 防疫费征收问题。

	1	2	3	4	5	6	7	8	9	10	合计
实有户数	26	26	35	29	23	26	22	15	20	22	244
除认可鸡猪兔大牲口全没应征户数	23	24	30	28	23	20	15	10	20	20	213

每户征收 2.00 元,从社员户中收,现在就收。

⑤ 队长们认为队里一个钱没有,应收每亩地的一元公共积累,作为队长掌握使用,怎么样?

在收农业税时,每亩地收 1.00 元公益金,交村会计管理,由生产队长掌握使用。

⑥ 根据王立新、康登明检查红果情况,要求村委派人帮助开会解决思想教育及大牲口放牧问题?

派崔玉海今晚帮助开会。

⑦ 电路检查怎么办?

由队长和各片电工对低压线自查,下次会议汇报情况。

⑧ 对大牲畜如何管理?

一律集群,不准散放。

⑨ 待客费单据怎么办?

同意用修路的工资抵付。

⑩ 护林管理制度怎么定?

① 杜绝柴火外流,不准外来人上山,特殊情况由队长写批条。

② 不论打柴火、拉羊叶,拉树头等等,到检查站自行拆车受检查,否则拉的东西没收,每人每次罚款 5 元。

③ 打柴火不准割小树,如割小幼树,每棵罚 5 元。

④ 到禁坡地带割柴火,除柴火没收外,每个柴火罚款 2 元。

⑤ 在砍木头境内,不准社员拉树头,打柴火,会议决定开放除外。

⑥ 拉大材不准有新砍的和根节,如有新砍的和根节,所拉的大材全部没收,每车罚款 10 元。

⑦ 如打、骂护林人员,交乡政府处理。

※※

各居民组实收防疫费的情况:

1	2	3	4	5	6	7	8	9	10	计
4 600	4 200	6 000	5 600	4 600	4 200	3 000	2 000	3 400	4 000	41 600

交乡兽医站 290 元,交乡兽医站 10.50 元(上年尾欠)。

1987 年 10 月 30 日

召开两委扩大会议

在干沟范世亮家

参加人员:张明德、李桂存、崔玉海、罗瑞、王立新、康登明、杨海荣、李风龙、高庆军、范世亮,共计 10 人。

① 清理大南沟修路的用工工资?

② 当前工作安排:

1. 从明天开始到 2 日用三天时间修垫村级公路,三号集中检查,如不垫每步罚款一角。

2. 在 2 号前完成挖电杆坑。

1987 年 11 月 3 日一天

召开两委扩大会议

参加人员:张明德、穆奎有、崔玉海、罗瑞、王立新、康登明、杨海荣、薛英芳、高德仲、范世亮,共计 10 人。

会议开始划分两组对全村境内简易公路进行检查。通过检查最后:

张明德同志进行了总结。

最后征求和通过 87 年度支部工作简结。

一致同意“支部的工作简结”。

1987 年 11 月 4 日一天

召开填写房基地证

参加人员：张明德、李桂存、穆奎有、薛英芳、罗瑞、高德仲，共计 7 人。

除填写房基地证之外，就支部工作总结：张明德同志是怎样当支部书记的，支委会记录，征求了支委、村委的意见。

一致同意这个简结。

1987 年 11 月 5 日一天

召开支委扩大会议

参加人员：张明德、崔玉海、李桂存、穆奎有、薛英芳，共计 5 人。

研究中心：

① 87 年底支部工作简结。

② 张明德同志是怎样当支部书记的。

③ 审议 87 年度支委会议记录。

一致同意这三份材料的写法，滕抄上报。

1987 年 11 月 11 日一天

召开党员扩大学习班

参加人员：党员 21 人，团员 2 人。

李桂存、穆奎有、罗瑞、康登明、杨海荣、田秀文、李风龙、薛英芳、高德仲、范世亮，共计 33 人。

会议程序：

① 十三大精神：

1. 会议议程。

2. 从 10、25—11、1 日历时 8 天。

3. 选出中央委员 175 人，候补委员 110 人，中顾委员 200 人，中纪委员 69 人。

4. 十三届一中全会产生的领导机构。

② 向会议念 87 年底支部工作总结，及十项指标完成情况和精神文明评比情况。

③ 传达乡党委关于召开党代会的安排及乡开会评比先进支部的情况。

④ 学习赵紫阳总书记的报告。

※※※※

支部会议:

① 代表候选人的提名:

李德运、张明德、高秀莲、王立新、高祥。

② 讨论张军的转正问题:

① 85 年任第三居民组长,大队已把用社员的工的工资和生产队挡坝等项用工的工资已付清,而张军至今不付给社员,社员意见很强烈。

② 86 年当村干部卖木头,他收 700 元钱,至今不交手续。

③ 不写申请要求转正,不参加组织会议,据此经充分讨论,不同意让其转正。

③ 讨论吸新穆奎有、薛英芳两同意入党问题:

经过充分讨论,一致举手表决同意这两同志入党。

④ 讨论 87 年度支部工作总结。

情况属实,一致同意。

※※※※※

① 11 月 18 日,彭宪枝去乡开团书记会议一天。

② 11 月 22 日,彭宪枝、杜兰英去乡开团代会一天。

③ 祁凤元(11 月 17 日)沟门拉线一天,(11 月 18 日)苏寺拉线一天,11 月 22 日大队一天,

给沟门修大坝 10 亩半天。12 月 1 日,古方拉线一天,12 月 2 日苏寺拉线一天,12 月 3 日在办公室安装一天。

1987 年 11 月 18 日一天

召开党员大会

参加人员:实到会党员 25 人,(其中祁凤元拉线),(外出 9 人,有病 3 人)。

内容:

① 党课,赵紫阳在十三大报告中的 4、5、6 部分。学习地委(86)22 号文件。

② 进一步学习代表的条件:

宣布乡党委批示的候选人名单,提名通过监票员:穆凤忠,唱票员:董世

跃。选举结果：张明德 23，李德运 25，高秀莲 25。

③ 讨论张军是否取消预备期：8 人，延期预备期：16 人。

以少数服从多数定“延期预备期”。

修理大院记工表

姓　名	11 月份						
	21	22	23	24	25	26	27
张明德	1	1	1	1	1	1	1
李桂存	1	1	1	1	1	1	1
穆奎有	1	半	1	1	1	1	1
崔玉海	1	1	1	1	1	1	1
张文贵	×	1	1		×	×	×
杨海荣	×	1	1	1	1	1	1
田秀文	×	1	1	×	×	×	×
薛英芳	1	1	1	×	×	×	×
高庆军	×	1	1	×	×	×	×
范世明	×	1	1	×	×	×	×
祁凤元	×	1	×	×	×	×	×
彭宪枝	×	×	1	1	1	×	×
罗　瑞	×	×	1			×	×
郝存山	×	×	1	1	1	×	×
康登明	×	×	1	1	1	1	1
高洪志	×	×	×	1	1	1	1
合　计	5	10	14	9	9	7	7

1987 年 12 月 2 日

召开两委扩大会议

参加人员：张明德、李桂存、穆奎有、崔玉海、张文贵、罗瑞、王立新、康登明、杨海荣、田秀文、李风龙、薛英芳、高德仲、范世亮，共计 14 人。

上午清理大院的积雪。

会议开始传达了乡政府 11 月 20 日开会“关于征收各种集资”的会议精神。

会议讨论：

① 现役军人优待款、乡决定每人 0.20 元。村委的意见：从这次居民组征收的每亩地 1.00 元公共积累款内解决，怎么样？

同意这个意见。

② 就各队欠大队的地租问题？

5 队	6 队	7 队	9 队	合　计
500 斤	1 000 斤	600 斤	800 斤	2 900 斤

每斤按 0.10 元计价，从大队欠生产队的款中扣回，大队上收入，不再让社员摊。

1—7 岁儿童防疫问题：

民组									合计	
	87	86	85	84	83	82	81	80	人数	应收费
1	2	4	2	2	1	2	1	4	18	10.20
2	4	2	1	2	2	1		2	14	9.00
3	2	1	5	1	2	6	3	5	25	15.30
4	2	2	4	2	3	4	4	3	24	13.50
5	1	2	1	2	2	2	3	2	15	8.40
6		3	2	3		3	2	2	15	9.00
7	2	2	2	1	3	1		2	13	8.10
8					1	1	1	1	3	1.80
9		6		2	1	2	2	3	16	9.60
10	6			1		2	4	1	9	6.00
计	14	22	17	16	14	24	20	25	152	91.50

药费和用医生工资，村委意见：分三个阶段，谁有小孩谁拿钱。定价是：

① 不足一个月的每人收费 0.30 元。

② 一个月以上八个月以下，每人收费 1.20 元。

③ 一岁半至二岁至七岁的，每人收费 0.60 元。

送药和打针由郝存山负责（遗病由郝存山负责），收费由居民组长收齐交郝存山。

同意这样办。

④ 县乡决定清除公路积雪，因 30 号天冷，没有通知 8、9、10 队，光 1—6 队搞的。但实地掌握村委意见：每清一步付报酬 0.10 元，为村开支；再从各居民组按人口，每人收回 0.15 元，为村收入，来相互基本顶平。这项款从各组征收，每亩一元中解决，怎么样？

同意这样办。

⑤ 把广播线路买线情况汇报了，凡用一斤米线由用户拿款 0.40 元，怎么样？

没意见。

⑥ 88 年必订 20 份科技报，村意见给各居民组一份的开支，从每亩一元中解决怎么样？

同意。

⑦ 为节省开支，村委意见，从每口人上要豆子半斤，留做村公用，怎么样？

同意从社员户中收。

⑧ 苏寺片三个队在东湾盖房不少，群众要求给电怎么办？

苏寺三个队，要回队和社员商量。

最后讲：

① 乡政府和文教组，在咱村搞大型听课活动的情况。

② 砍木头批示已回，交 87 年度育林基金问题。

③ 和干部、社员贷款的想法。

学校听课用工　1987 年 12 月份

姓　名	1 号	3 号	4 号	5 号	6 号
张文桂	1	×	×	×	×
王立新	×	1	1	1	0.5
康登明	×	1	1	1	0.5

续　表

姓　名	1号	3号	4号	5号	6号
彭宪枝	×	×	1	1	0.5
张明德	×	×	1	1	1
李桂存	×	×	1	1	1
穆奎有	×	×	1	1	1
崔玉海	×	×	1	1	1

用物记载：王立新收干毛柴 7 个，王立新收炕五盘，王立新收黄豆 10 斤，已交李桂存，康登明收一盘炕。

学校：白面 10 斤，大米 16 斤，麻油 3 斤，合 19.10 元。

1987 年 12 月 9 日一天

参加乡政府在苏寺召开的现场会

参加人员：张明德、李桂存、崔玉海、穆奎有、高德近、彭宪枝、祁凤元、郝存山、张淑珍、罗瑞、王立新、杨海荣、田秀文、李风龙、薛英芳、高庆军、范世亮，共计 17 人。

※※※※※

另行用工：

① 12 月 12 日，王永一天。

② 干沟片送磅人、车工。

报 1987 年村干部目标管理责任制验收考评表

四、村户企业

总收入	其中：										人均纯收入	比上年增长幅度%
	工副业	商业类	运输业	建材业	服务业	加工业	长途贩运	劳务输出	山货采摘	其它		
113 730	17 400	500	19 200			600		58 900	12 430	4 700	100	

注：去年人均纯收入是 5.00 元。

五、人均收入

总人口	人均总收入	纯收入	比去年增长%	备　　注
1 035	300	250		去年人均纯收入是 108 元。

六、计划生育

一孩上环			二孩妇女			规划外生育			超生罚款			多胎人数	计划生育率%	备注
生孩子妇女	已上环	上环率%	总人数	已结扎	结扎率%	已怀孕	已生育	补救数	合计	已收交	占总数%			
44	44	100%	99	91	92%	(今年都没有发生)							100%	

七、党的建设

村支部会议	支部生活会	党员大会	上党课		组织发展		评选优秀党员	项目接下页
			次数	参加人数	培养对象	已报批数		
15	12	5	3	66	5	2	3	

八、精神文明建设

评选出文明户	各类先进人物	村办文化室	技术培训		兴修公路(里)	水利设施(处)	村办广播(处)	教育费附加款		
			班次	培训人数				总任务	已征收回	占总数%
184	131	1	2	52	20		6	2 108	2 108	100

2. 党的建设方面,具体说明:

1. 支部建设:团结有力,在党内外大多数满意。

2. 村委会:团结有力,在群众大多数人中满意。

3. 党员教育内容和效果:“坚持四项基本原则”、“发挥党员先锋模范作用”、“赵紫阳在十三大的报告”,效果良好。

4. 党风党纪状况:没有出现问题。

5. 青年妇女工作情况:一般。

精神文明建设情况说明:

1. 村容村貌:较前好转。

2. 社会风气(民事案件),较前好转,没有发生民事案件。

3. 各种规定制度落实情况:全部落实。

4. 各种提留收交情况:全部完成。

5. 村部办公室(卫生、环境、设备、看门人等)情况：乡政府在12月9日，在我村召开现场会。各种设备、环境、卫生、看门人员及守则等，都受乡长表扬。

拉广播线祁凤元记工　1987.12.17

日　期	项　　目	工　数	备　　注
11.17	沟门片拉线		
11.18	苏寺片拉线	1	
11.22	村部杂事	1	
	沟门片修喇叭	0.5	
11.30	古方片拉线	1	实际是12月1日
12.2	沟门片安喇叭	半	
12.2	苏寺片安喇叭	半	
12.3	村部安扩大机	1	
12.7	苏寺5、6队架线	1	
12.8	苏寺5、6队架线	半	
12.9	苏寺参加乡现场会	1	
12.10	穴子沟架线	1	
12.11	干沟架线	1	
12.12	七队架线	1	
12.13	水沟架线	1	
	合　　计	13	

苏寺村村民宅基地审批时间　1987.12.19抄

姓　名	村签时间	乡签时间	县批时间	备　　注
郭文海	3.20	3.23	3.25	
李桂存	3.20	3.23	3.25	
杨宝喜	3.20	3.23	3.25	
穆奎仕	3.20	3.23	3.25	
李风成	3.20	3.23	3.25	
马　朋	3.20	3.23	3.25	

续 表

姓 名	村签时间	乡签时间	县批时间	备 注
吴立祥	3.20	3.23	3.25	
张文德	3.20	3.23	3.25	
高洪文	3.21	3.23	3.25	
李志彬	3.21	3.23	3.25	
穆凤祥	3.22	3.22	3.31	
郭文海	3.21	3.31	4.20	
张万国	3.23	3.24	4.30	
穆凤明	3.18	3.20	5.11	
高德敬	4.4	5.5	5.30	
李富海	3.21	5.20	3.25	
郭占奎	3.15	3.20		

各片安广播线用工(祁凤元)扣款情况 1987.12.19

沟门片		苏寺片		古方片		夭沟片		干沟片		水沟片	
整天的	半天的	整天的	半天的	整天的	半天的	整天的	半天的	整天的	半天的	整天的	半天的
定用工：2		定用工：5		定用工：1		定用工1.5		定用工：1.5		定用工：1	

总共用工：12个。

已过给崔玉海，注：凡写红字的是12月28日和29号工)

1988年1月3日

研究处理违犯林业制度乱砍乱伐的规定：

参加人员：张明德、李桂存、穆奎有、崔玉海，共四人，时间：1987年12月20日一天。

一、处理办法：

1. 所砍的木料一律没收。

2. 按砍的木料计价为起点，罚5—10倍。

二、收款办法：(按罚款总额算)：

1. 谈处理问题时,态度诚恳老实,减总额的10%。

2. 写检查时有交待,有认识,有检举,有揭发有今后的不犯保证,减总额的20%。

3. 按指定的时间交款,减总额的20%。

三、对抗拒的处理:

1. 交乡政府。

2. 五年不批宅基地。

3. 收回县政府发的"宅基地证"。

1987年12月20日

研究处理"因给猪打防疫针造成死亡"的决定。

参加人员:张明德、李桂存、穆奎有、崔玉海,共四个人。

扣兽医站防疫费126.00元。

① 交欠兽医站旧账10.50元。

② 经过查证罗会、李仲梅,实属赔偿对象,决定赔罗会30.00元,李忠梅30.00元。

③ 1988年1月4日,买待客费类共开支55.50元。

1988年1月2日—3日两天

召开两委扩大会议

参加人员:张明德2、李桂存2、高德进2、穆奎有2、崔玉海2、张文贵2、罗瑞2、王立新2、康登明2、杨海荣2、田秀文2、李风龙2、薛英芳2、高庆军2、范世亮2,共计15人。

办理之事:

① 乡政府通知,因化肥1988年1月1日要提价,县让统计,凡1987年12月31日报到乡的仍按1987年价算,具体各队统计的情况是:

		1	2	3	4	5	6	7	8	9	10	合计
需要	化肥袋	71	100	100	62	58	89	63	31	82	56	712
	尿素袋				1				6			7

② 征购粮仍有的户没卖，乡政府再三催卖，咱们必须催，逐户查一下，卖粮单怎么样？

同意这样办。

③ 把邮政编码宣传提纲念了，从 1988 年元月 1 日起，没有编号 075537，不准邮递？

广泛宣传群众。

④ 乡政府发来各项防火安排意见，已把文件念了，让村里成立护林防火领导小组，怎么成立？

组长：李桂存，副组长：穆奎有；成员：崔玉海、张文贵、罗瑞、王立新、康登明、杨海荣、田秀文、李风龙、薛英芳、高庆军、范世亮，共计 13 人。

⑤ 把东万口税务所停用“旧发货票”的通知念了，具体咱们怎么执行？

广泛宣传，让群众也知道。

⑥ 订正 1987 年 12 月 31 日的实有人口。

户数		1	2	3	4	5	6	7	8	9	10	计
人口	男	59	58	68	75	56	61	44	26	49	53	549
	女	51	50	73	58	43	55	39	34	48	37	488
	计	110	108	141	133	99	116	83	60	97	90	1 037

⑦ 为了解决村委会日常用款的紧缺，提出向群众借贷（因借信用社的未还不再贷给），月息定 1 分 2 厘。念了贷款合同书和备注的两条规定，看这样办行不行？

同意这样做。

⑧ 给 1—7 岁，儿童打预防针，上次会议已发应收费的表，是否各组将收的款交郝存山？

经逐组订正，全部交清。

⑨ 12 月 2 日会议定的从群众每人收半斤豆子，收齐否？

经逐组订正，已全交给村委会。

⑩ 在 12 月 2 日会上讨论苏寺东湾群众输电问题。经苏寺片的六队群众会讨论同意输。村委意见别的不管，光支持几根用杆，看同意否？

同意村委会的意见。

⑪ 87 年开大会的齐工找价，怎么定款？

仍以每10分,0.60元找价。

			1	2	3	4	5	6	7	8	9	10	计
应摊人数			62	64	74	66	55	69	39	28	45	51	553
实出	3月20日		200	160	210	240	280	340	200	130	180	210	2 150
	4月10日		200	170	220	255	210	220	110	100	145	155	1 785
	合　　计		400	330	430	495	490	560	110	230	325	365	3 935
摊算	每人应摊												7.1
	共　　摊		441	456	527	470	392	491	278	200	321	359	3 935
结果	长	分				25	98	69	32	30	4	6	264
		款				1.50	5.88	4.14	1.92	1.80	0.24	0.36	15.84
	亏	分	41	126	97								264
		款	2.46	7.56	5.82								15.84

⑫ 就处理"高德江、杨宝喜、荣连有偷砍木头"问题的情况汇报了,希大力发动群众进行讨论。看坡人梁明提出:群众砍干杏茨杆让砍否?

凡是烧火之类,可以砍。

⑬ 就12月2日扩大会议之后的几项事:

① 12月4—6日,学校低段听课汇报会的情况(买猪、开支、收回招待费,乡政府给录音机的情况)。

没意见。

⑭ 为便于林坡的管理,印制了"林业准许证",已给会议念了,看这样行否?

这样办很好。

⑮ 不打算在开烈军属在乡军人座谈会,村委会给每户发一封慰问信和一副对联,这样行不?

同意。

⑯ 1987年底村委会用群众干活,怎么付工资?1987年度开党团员和计划生育怎么付工资?

凡体力劳动者日工资按 1.50 元，同在办公室开会日工资按 1.00 元。

		1	2	3	4	5	6	7	8	9	10	计
1.50元	工	2.5	6.5	3.5	25	4	13	25			3.5	60.5
	款											90.75
1.00元	工		4.54.5	17	7.5	8.5	1	9.5	2	2.5	4	61
	款											61.00

注：总共应付款 151.75 元。

⑰ 结算广播线路的失踪，12 月 2 日，说成每斤 0.40 元，实际是每斤 0.80 元；用并子按原价由使用单位拿款，用祁风元技术工每个工 4.00 元，用喇叭每个 0.90 元(喇叭、变压器、买料的工和补助在内)，看有什么意见？

同意。

⑱ 村民建房原写的申请没有写地点、房主，重写后首先由居民组签意见，同意盖章后，村委会审查。

在哪居民组	1	3	5	6	6	7	7	7	9	9	4	合计
姓　名	郭文军	祁守海	高桂有	梁进	彭正德	李风军	高洪元	荣正廷	刘艮	高德清	王进甫	10 户

经审查都当紧，村委会签意见报乡政府。

⑲ 订正村委会成员的误工记工问题。

姓　名	分　开		1 月份(清理 87 年度事)											总合计
	旧班	新班	1	2	3	4	5	6	7	8	9	10	11	
张立新	24													24
张明德		63.	1	1	1	1	1	1	1	1	1	1	1	74
李风龙	20													20
李桂存		77	1	1	1	1	1	1	1	1	1	1	1	88
张　军	18													18
祁风元	13													13

续 表

姓　名	分　开		1月份（清理87年度事）											总合计
	旧班	新班	1	2	3	4	5	6	7	8	9	10	11	
彭宪枝	3.5	7.5												11
高德敬		11		1	1			1						14
穆奎有		48		1	1			1	1	1	1	1	1	56
崔玉海	40	56		1	1	1	1	1	1	1	1	1	1	106
合　计	118.5	262.5												424

订正居民组长的误工记工：

		记开：	1月份（清理87年事）				
姓　名	片	居民组	2	3	6	8	10
李桂存	9.5						
张文贵		8.5	1	1	1	1	1
罗　瑞		16	1	1	1	1	1
王立新		13.5	1	1	1	1	1
康登明	12	16	1	1	1	1	1
穆奎有	9						
杨海荣		13.5	1	1	1	1	1
田秀文		7	1	1	1	1	1
李风龙		15	1	1	1	1	1
薛英芳	10	20	1	1	1	1	1
高庆军	10.5	16.5	1	1	1	1	1
范世亮	5	16	1	1	1	1	1
合　计	56	142	10	10	10	10	10

1988年1月6日

召开两委扩大会议

参加人员：张明德、李桂存、崔玉海、高德进、穆奎有、张文贵、罗瑞、王立新、康登明、杨海荣、田秀文、李风龙、薛英芳、高庆军、范世亮，共计 15 人。

① 村干部的 87 年度工资情况表　　1988.1.1

姓名	职务	任职		基础、考勤、效益三种工资，283 元、236 元		乡党委定奖金	误工记工 1.50 元		村委定补	共计款数
		时间	天数	每天	应得钱		天	数		
张立新	书记		80	775	62.00		24	36.00		98.00
张明德	书记		285	775	221.00	.60.00	63.5	95.25		376.25
李风龙	主任		80	775	62.00		20.3	30.45		92.45
李桂存	主任		285	775	221.00	60.00	77.5	116.25		397.25
张　军	副主任		80	646	51.68		18.5	27.75		79.43
崔玉海	秘书		365	646	236.00	48.00	96.5	144.75		428.75
祁凤元	委员		380				13	19.50		19.50
穆奎有	连长		285				48	72.00	190.00	262.00
高德进	委员		285				11.5	17.25	10.00	27.25
彭宪枝	妇联		365				11	16.50	15.00	31.50
合　计					853.68	168.00	383.8	575.7	215.00	1 812.38

根据今年的工作量，认为主要干部不高，但是乡党委有规定，又有乡党委书记签字，同意执行这个算法。

② 居民组长的工资问题：

经支部与村委会拿出的意见是：

（一）职务补贴（占总补奖的 30%）

居民组			在职天数	每天款	应得哪个组										
		姓名													合计
1	70	张文贵	285	0.575	16.4										16.40
2	70		285	0.575		16.4									16.40
3	80		285	0.667			18.73								18.73

续 表

居民组			在职天数	每天款	应得哪个组										
		姓名													合计
4	80		365	0.657			5.27	24							29.27
5	70		285	0.548					16.62						16.62
6	70		285	0.548						16.62					16.62
7	60		285	0.493							14.05				14.05
8	60		365	0.041								15			15.00
9	70		365	0.575									21		21.00
10	70		365	0.575										21	21.00
			80	0.575	4.6	4.6									9.20
			80	0.575					4.38	4.38	3.95				12.71
合计	700				21	21	24	24	21	21	18	15	21	21	207

同意。

（下转第三本去了）

会议笔记 28

3 紧接第二本

（二）几项工作分项奖励：

组　长	修　路	广　播	学校修路	计划生育	乡级公路养护	日常工作	合　计
张文贵	15.00	5.00	5.00	15.00	9.00	10.00	59.00
罗　瑞	15.00	5.0	5.00	15.00	9.00	15.00	64.00
王立新	10.00	5.00	16.00	15.00	10.00	15.00	71.00
康登明	15.00	5.00	16.00	10.00	10.00	15.00	71.00
杨海荣	15.00	10.00	9.00	10.00	5.00	15.00	64.00
田秀文	10.00	10.00	9.00	15.00	5.00	10.00	59.00
李风龙	15.00	10.00	2.00	10.00	5.00	15.00	57.00
薛英芳	15.00	10.00	5.00	10.00	5.00	15.00	60.00
高庆军	10.00	10.00	7.00	15.00	7.00	10.00	59.00
范世亮	15.00	10.00	7.00	10.00	7.00	13.00	62.00
合　计	135.00	80.00	81.00	125.00	72.00	133.00	626.00

同意。

（三）误工记工的工资：（每工 1.50 元）

姓	用工	应得哪个组											
名	片工	居民组	1	2	3	4	5	6	7	8	9	10	合计
李桂存	9.5		7.12	7.13									14.25
张文贵		13.5	20.25										20.25
罗　瑞		21		31.50									31.50
王立新		18.5			27.75								27.75
康登明	12	21			9.00	40.50							49.50
穆奎有	9						4.50	4.50	4.50				13.50

续　表

姓名	用工	应得哪个组											
	片工	居民组	1	2	3	4	5	6	7	8	9	10	合计
杨海荣		18.5					27.75						27.75
田秀文		12						18.00					18.00
李风龙		20							30.00				30.00
薛英芳		35								52.50			52.50
高庆军		32									48.00		48.00
范世亮		26										39.0	39.00
合　计	30.5	217.5	27.37	38.63	36.75	40.50	32.25	22.50	34.50	52.50	48.00	39.0	372.00

③ 凡居民组长的各项应得款,村支部的意见由用人单位出款,怎么样?

因村委会财务紧缺,同意由用人单位拿。

④ 村支部与村委会的意见,要在8号搞一次"村支部和村委会成员的年终工作评定行不行?计划在10号村委会搞账目公布,怎么样?

同意安排的两项事。

1988年1月8日

召开两委和党居民组长(代表)会议

参加人员:乡干部:张文富

张明德、李桂存、穆奎有、崔玉海、张文贵、罗瑞、王立新、康登明、杨海荣、田秀文、李风龙、薛英芳、高德仲、范世亮、李正林、樊恩荣、郝存山,共18人。

会议中心是总结年度工作情况。

首先张明德代表村支部和村委会进行了总结。然后两委成员和樊恩荣为一个会场互相交换。代表为一个会场给村支部,村委会提问题。代表组由张文富同志主持。经征求对旧班没交账有意见,讨论新班工作不错,没有什么意见。对学校的工作很满意,要求继续努力。

1988年1月10日

召开两委扩大会议

参加人员:

张明德、穆奎有、崔玉海、李桂存、张文贵、罗瑞、王立新、康登明、杨海荣、田秀文、李风龙、薛英芳、高德仲、范世亮,共 14 人。

会议中心搞致富规划。

※※※※

另行用工:

① 1 月 7 日,薛英芳去合达营和高德近看病。

② 7 月 18 日,木树合去合达营拉松树籽人、驴工 1 个工。

③ 6 月 19 日下午,分道安排拉沙子半天。

张明德、李桂存、张树珍、罗瑞、王立新、康登明、杨海荣、田秀文、李风龙、薛英芳、高庆军、范世亮,共 11 人。

1988 年 1 月 12 日一天

召开两委代表会议

参加人员:

张明德、李桂存、穆奎有、崔玉海、张文贵、罗瑞、王立新、康登明、杨海荣、田秀文、李风龙、薛英芳、高庆军、范世亮,共 14 人。

会议中心是公布 87 年度村委会账目和各居民组的账目。

经过公布村委会的账目。经征求大家没有意见。

1988 年 1 月 27 日一天

召开两委扩大会议

参加人员:

张明德、李桂存、穆奎有、崔玉海、张文贵、罗瑞、王立新、康登明、田秀文、李风龙、薛英芳,共 11 人。

会议中心由张明德传达县三干会议的精神,李桂存传达乡召开村主任会议的精神。乡布置当前的几项工作:

① 买化肥,每袋 11.30 元。

② 芋业分配 55 亩。

1	2	3	4	5	6	7	计
9	9	12	12	5	4	4	55

③ 县分配咱乡当前没的吃粮食三万斤,村报重点户。

④ 阿普隆 70 袋,每袋 0.90 元。

⑤ 吃不上饺子的特困户报一下。

讨论记录:

① 合达营村李翠来联系用米换白面的事,情况经过商量“白面每斤价 0.38元,如给小米,每斤价 0.25 斤,在找价 0.13 元。”

经村委研究“按户每人 10 斤,个人每斤米拿 5 分,村委会每斤米贴 8 分”,是否这样同意?

为防止上当,让李桂存去带回一袋,咱们吃吃试试看。

经过吃试,同意换。

清理账目用工　1988 年 2 月

姓　名	2	3	4	5	6	7	8	9
张　军	0.5	1	1	×	×	×	×	×
张立新	×	1	1	1	×	×	1	×
李风龙	×	1	1	1	×	×	1	×
高　文	×	×	1	×	×	×	×	×
李桂存	×	1	半	×	×	×	1	1
崔玉海	×	1	1	1	×	×	1	1
穆奎有	×	1	1	1	×	×	1	1
张明德	×	×	1	1	×	×	1	1
王　永	×	×	1	×	×	×	1	×

1988 年 2 月 2 日

召开两委居民组长、党组长会议

参加人员:

张明德、李桂存、崔玉海、张文贵、罗瑞、康登明、杨海荣、田秀文、李风龙、薛英芳、范世亮、李世江、穆风忠,共 13 人。

乡党委:吴世英、赵连海、王才、冯清山,共四人。

乡党委讲“一年一度的班子整顿精神”,接着张明德提出家庭困难,要求调换。李桂存提出家庭困难要求调换。崔玉海提出家庭活多,要求调换。然后,张明德、李桂存、崔玉海分离主会场。

经党委征求与会代表的意见。

最后党委宣布：一个多月来代表和党委的看法是，各项工作是全乡的前列，群众满意，既然个人有困难，必须以大局为重。

乡党委决定：原班人员不动。

关于亲戚来打柴火和送给亲友柴火的问题，经“张明德、李桂存、穆奎有、崔玉海”。四人研究：

1988 年 2 月 5 日

① 凡是外村人拉柴火，同样受检查站管理人员检查，有村委会准许证，可让其拉走。

② 外来亲戚人打柴火，柴火没收，每个柴火罚 0.50 元。

③ 本村群众送给亲友的，每个柴火交款 0.50 元，才允许开准许证。

以上几条必须执行，如检查站不负责任，按制度罚护林员。

1988 年 2 月 28 日一天

召开两委扩大会议

参加人员：

张明德、李桂存、穆奎有、崔玉海、张文贵、罗瑞、王立新、杨海荣、田秀文、薛英芳，共 10 人。

会议开始由张明德说：

① 梁明实准不看林业，24 日如何让杜桂山暂时看的。

② 张文富传达乡政府安排的当前几项工作。

③ 不少人问是否唱戏。

讨论问题：

① 是否唱戏?

今晚各组开会征求群众意见，明天带来给各小组议审，根据收款情况明天再定。

1988 年 2 月 29 日一天

召开两委扩大会议

参加人员：

张明德、李桂存、穆奎有、崔玉海、张文贵、罗瑞、王立新、田秀文、薛英芳、高庆军,共10人。

讨论问题:

张文桂说:大队有钱唱,我们没意见,从户收没有钱。

罗瑞说:能收5—6元钱,大部分没有钱。

王立新说:经过社员户,能收60来元。

崔玉海说:四队议论结果,从社员户收也行,队拿也行,多少没有意见给60元。

穆奎有说:杨海荣告诉,从社员户收也行,队拿也行,给50元。

田秀文说:我们从队里拿60元。

穆奎有说:李风龙祖母有病,队里没钱,从社员户中收够呛的。

薛英芳说:如果能唱起来,从社员收也行,从队里拿也行,给40元。

高庆军说:我们从队里拿60元。

最后又订正是:

	1	2	3	4	5	6	7	8	9	10	合计
最后定款	10户 19.00	9户 5.44	31户 63.30	73.80	60.00	70.00	16户 19.6	50	80	55	496.14

说明:红字是从社员户中收的,蓝字是从生产队集体出的。

唱戏用工情况　1988年2月6日

姓　名	3.1	3.2	3.3	3.4	3.5	3.6	3.8	3.9	合计
张明德	1	1	1	1	×	1	1	1	7
李桂存	1	1	1	1	1	1	1	1	8
穆奎有	1	1	1	1	×	×	1	1	6
崔玉海	1	1	1	1	1	×	1	1	7
张文桂	1	1	1	1	1	×	×	1	6
罗　瑞	×	×	1	×	1	×	×	1	3
王立新	1	1	1	1	1	×	×	1	6
康登明	1	1	1	1	1	×	×	1	6
杨海荣	×	×	1	×	×	×	×	1	2

续 表

姓 名	3.1	3.2	3.3	3.4	3.5	3.6	3.8	3.9	合计
田秀文	1	1	1	1	1	×	×	1	6
李风龙	×	×	1	×	×	×	×	×	1
薛英芳	1	1	1	1	1	×	×	1	6
高庆军	1	1	1	1	1	×	×	1	6
范世明	×	×	×	×	1	×	×	×	1
范世亮	×	×	×	×	×	×	×	1	1
合 计	10	10	13	10	10	2	4	13	72

杂项用工：

① 2月24日，和穆奎有上山检查坡，用工二个。

② 2月25日，和穆奎有安排杜桂山看坡事用工二个。

③ 2月11日，穆奎有去西山挡柴火一天。

④ 3月15日，开大会有：张明德、李桂存、穆奎有、崔玉海，共四个。

⑤ 3月19日—20日，李桂存乡开会二天。

⑥ 3月27日，崔玉海乡开会一天。

⑦ 6月12日下午，安排栽烟问题：崔玉海、罗瑞、康登明，每人半天。

⑧ 6月19日，分道安排拉沙子参加人：

张明德、李桂存、张淑珍、罗瑞、康登明、王立新、杨海荣、田秀文、李风龙、薛英芳、高庆军，共11人。

⑨ 6月20日，办养羊户的手续，每人半天。张明德、李桂存、崔玉海、穆奎有、高德敬，共5人。

苏寺村正月十五唱戏献款公布

一、从居民组集体献：

	水 沟	天子沟	干沟	苏寺西组	苏寺中组	沟门南组	合 计
款数	50.00	80.00	55.00	60.00	70.00	73.80	388.80
人口	60.00	97.00	90.00	99.00	116.00	133.00	595
人均	0.833	0.825	0.611	0.606	0.60	0.555	

二、群众献款：

张文贵组：张文贵 4 人 2.00 元、高有 6 人 5.00 元、高文 3 人 2.00 元、李汉洲 3 人 1.50 元、杜万林 4 人 2.00 元、高占 3 人 1.00 元、高普 6 人 2.00 元、张文德 6 人 2.00 元、张文海 6 人 1.00 元、于淑先 2 人 0.50 元，小计 19.00 元。

罗瑞组：李桂存 6 人 3.00 元、李桂生 4 人 1.00 元、高祥 5 人 0.30 元、高德富 3 人 0.12 元、高德发 4 人 0.24 元、王永 7 人 0.42 元、李连春 2 人 0.12 元、石成荣 1 人 0.06 元、李桂兴 3 人 0.18 元，小计 5.44 元。

王立新组：王立新四人 2.00 元、张明德五人 2.50 元、张海江三人 1.50 元、张海祥四人 2.00 元、张文明八人 1.00 元、李正林五人 2.50 元、张文富四人 2.00 元、王志文四人 2.00 元、穆风明六人 3.00 元、李世军三人 1.50 元、李海林三人 1.50 元、张连荣三人 1.50 元、吴国瑞四人 2.00 元、李志彬五人 2.50 元、王失成五人 2.50 元、冀文付六人 3.00 元、赵文祥六人 3.00 元、张军五人 2.50 元、郤桂海二人 1.00 元、张连合四人 2.00 元、祁守相四人 2.00 元、祁风明四人 2.00 元、吴国兴四人 2.00 元、吴立祥五人 2.50 元、冀秀军三人 1.50 元、张海梅三人 1.50 元、王铁刚四人 2.00 元、王失军二人 1.00 元、张立新五人 2.00 元、祁守合三人 1.30 元、郤桂合四人 1.00 元，小计 63.30 元。

李风龙组：李风龙五人 2.50 元、张文忠二人 1.00 元、张风祥五人 2.50 元、张明海五人 2.00 元、李树廷二人 1.00 元、董世跃三人 1.00 元、荣正廷三人 1.00 元、尤长贵六人 2.00 元、李风军三人 1.00 元、李风武四人 1.00 元、李树合四人 1.00 元、张明春五人 1.00 元、李风成三人 0.90 元、高洪元六人 1.20 元、于天英一人 0.30 元、荣桂有四人 0.20 元，小计 19.60 元，总结 496.14 元。

1988 年 3 月 8 日公布。

苏寺村正月十五日唱戏开支情况：

一、给赵连枝工资 20.00 元，东风烟一条 4.60 元，二链头酒 10 瓶 19.20 元，山楂酒 20 瓶 28.00 元，官厅烟 17 条 47.60 元，瓜籽 60 袋 12.00 元，花炮 19 个 5.81 元，大米 120 斤 62.40 元，香粉 11 盒 6.38 元，花椒粉 10 袋 2.20 元，肥皂 5 条 2.80 元，香 5 支 0.55 元，大红炮 20 个 1.70 元，石腊 1 包 0.66 元，买菜 2.50 元，大药炮 8 根 4.64 元，人头工资 275.10 元。(其中剧团 140.10元)，共计 496.14 元。

二、苏寺小学块煤(估)300 斤。

三、村委会拿出：麻油 2 斤、黄豆 60 斤、黄标语纸 9 张、食盐 5 斤、所用柴火、所用电费 11.00 元、化妆用彩、文场用弦：松香、引子。

四、唱戏结余：二锅头酒一瓶，山楂酒四瓶、大米五斤、香粉六盒、花椒粉四袋、肥皂四条。

1988年3月9日公布。

1988年3月9日一天

召开两委扩大会议

参加人员：

张明德、李桂存、穆奎有、崔玉海、张文贵、罗瑞、王立新、康登明、杨海荣、田秀文、薛英芳、高庆军、范世亮，共13人。

讨论记录：

① 县林业局批示从1987年11月21日到1988年3月31日，在大南沟施工次改80亩，现在时间已经快到。砍木头何时开始？3月11日开始。

② 怎么上人？全力以赴。

③ 外来的亲友参加砍木头行不行？现在不准来，何时让来另行研究。

④ 每天生产时间怎么定？上午九点半上山，下午三点半下山。不按规定时间执行，超时间所砍的木头和柴火树头计价没收。

⑤ 公伤事故怎么办？首先讲必须注意安全，如因公伤事故，村里概不负责。

⑥ 砍伐坡道如何划分？由管理的负责人指定，违者砍的木头和柴火一律没收。

⑦ 怎么限砍伐树桩的高度？绝对不准超过公分，违者酌情罚款。

⑧ 砍伐境内的柴火、树头怎么管理？一律不准个人搞。何时开放由会议决定。

⑨ 砍伐报酬怎么定？

檩(根)					椽(根)		7尺杆		5尺杆		大材	柴火	
特特	特	一等	二等	三等	一等	二等	一等	二等	一等	二等	(斤)	一等	二等
3.50	2.50	2.00	1.50	0.80	0.40	0.30	0.12		0.8		0.06	0.4	0.5
		长4米 12公分	3.8米 12公分		4米 6公分	4米 5公分	5公分		6公分				

⑩ 管理人只需在干沟住宿，有什么待遇？烧柴火由集体供，每人每顿饭补

助五角钱。

⑪ 如何卖木头?

类　别	规　格	本队价	外队价
特等椽	长3.8米,粗6公分	2.50	3.00
一等椽	长3.8米,粗5公分	2.00	2.50
二等椽	长3.2米,粗5公分	1.80	2.20
五尺杆一等		1.10	如要6.8尺的杆,每根再加二角钱。
五尺杆二等		1.00	
七尺杆一等		1.40	
七尺杆二等		1.30	带皮每公分一元
檩柱	3米至3.8米至10公分、12公分	每公分一元不带皮	
夭柱	2米长每方130元,太次的可由卖木头人酌情处理。	1.8米每方120元	质量

⑫ 打节木头怎么定报酬?

夭柱每方6.00元(双来),木头头每个头1分。

⑬ 负责验收人员的工资怎么定?

暂不决定报酬,要占到砍伐人的中游,采取每天记工(验收人、上山人),最后再定。

⑭ 如何卖木头?

一律执行交款提货,绝不赊欠,卖木头时由村领导班成员不少于四个人。

⑮ 验收管理人员怎么定?

经过再三讨论,最后决定:张明德、李桂存、穆奎有、崔玉海、高德近,张海军或郃德文定一人。

1988年3月10日

对3月9日两委扩大会议

第三条的规定“外来的亲友参加砍木头行不行?决定是:”现在不准来,何时让来另行研究”,这一条根据群众意见,经张明德、李桂存、穆奎有研究,改为“凡是所在居民组组长批准,可以参加砍伐”。

开大会记工

		1	2	3	4	5	6	7	8	9	10	合计	事项备注
		24	21	24	26	27	23	15	11	19	19	209	科技现场
		5	4	9	5	8	9	5	3	5	1	54	每人 10 分
应摊人数		64	65	78	62	58	65	44	26	44	51	557	
每人摊 3.75		240	244	293	233	218	244	165	98	165	190	2 090	
长	分数				27	52			12	25		116	
	合款				2.70	5.20			1.20	1.50		11.6	
亏	分数		34	53			14	15				116	
	合款		3.40	5.30			1.40	1.50				11.6	

时间：1988 年 3 月 16 日晚上

召开两委会议

地址：干沟范德亮旧房

记录：高德敬

参加人员：张明德、李桂存、崔玉海、穆奎有、高德敬，共 5 人。

① 彭宪枝因家务纠纷，自己提出辞去妇联主任(青年书记)，怎么办?

经研究讨论，同意她辞职，有(由)村委会成员接管。

② 班子成员原六人，现有五人如何分工?

① 穆奎有民兵连长兼青年书记，负责妇女工作。

② 为充实领导力量，决定免去崔玉海秘书职务，提升村委会副主任兼经联社主任。

③ 决定高德敬任村秘书。

④ 手续接交定 4 月 1 日。

以上职务待报乡党委批示后有效。

③ 有买打装袖的木头和椴木怎么定价?

经研究定为：1 米以下木头每斤 4 分，1 米至 1.5 米以下的杂木每斤 5 分，椴木每斤 6 分。

时间：1988 年 3 月 26 日晚上

地址：干沟范德亮旧房

召开两委会议

参加人员：张明德、李桂存、崔玉海、穆奎有、高德敬，共 5 人。

研究内容：

① 3 月 16 日晚上的两委会议就班子问题，经请示乡党委已于 3 月 19 日批示“原则同意”如何实施？

（穆奎有发表有意见，他发表应按 87 年 3 月 20 日大会得票多少安排）

经充分研究定为：

姓 名	党 支 部		
	免	任	村委会
高德敬	组织委员	宣传委员	秘 书
崔玉海	宣传委员	组织委员	经联社主任、负责青年工作
穆奎有			副主任兼民兵连长，负责公安工作

② 不再报乡党委批示。

③ 待两委扩大会（居民组长）通过后实行。

时间：1988 年 3 月 30 日

地点：干沟范德亮旧房

召开两委扩大会议

参加人员：

张明德、李桂存、崔玉海、穆奎有、高德敬、张文贵、罗瑞、王立新、康登明、杨海荣、田秀文、穆凤龙、薛英芳、高庆军，共 14 人。

① 会议首先把这次木料砍伐过程中出现的，越境砍伐大沟门村木头及处理情况作了说明。

② 把 3 月 16 日和 3 月 26 日两次两委会研究的班建设情况及乡党委批示的情况作了说明。

会议记录：

① 对砍大沟门村木头的处理没有意见。

② 居民组长发表的意见，综合起来是：不同意班子变动，仍依 87 年 3 月

20 日选举大会选的和党委定的执行。

③ 3 月 9 日扩大会议第 13 条负责验收人员的工资，怎么定问题？决定要占到砍伐人的上中游。再该怎么定？

初步想法是：

① 砍伐阶段每人每日 10 元，管理人员工资的总额再提百分之三十作为补贴奖。

② 单独看管日工资 2.50 元。

③ 打结木头阶段日工资 5.00 元，必须参加劳动，不能单等过数。

④ 单独销售日工资 4.00 元(必须干活)。

⑤ 拔木桩上山日工资 5.00 元。

⑥ 卖木头必须有主要负责人检尺，3 人以上方可出售。

1—4 项的工资不太高，要达到上中游。原则同意，可适当处理。5—6 项的提法同意。

④ 如何打结木头？

① 凡可做檩、辙欠、车辕的材料一律暂留，每挑选一根(指上垛)，给报酬一角。同意。

② 凡能做大椽的暂留，每挑选一根(指上垛给报酬 1 分)。定 2 分。

③ 何时开始打结？4 月 1 日。

④ 大材怎么定价？酌情处理。

1988 年 5 月 24 日

召开两委扩大会议

参加人员：

张明德、李桂存、张文贵、罗瑞、王立新、康登明、杨海荣、田秀文、薛英芳、高德仲、高德武、李风龙(半)、崔玉海，共 13 人。

会议开始由张明德把从 3 月 30 日以来(一直未开扩大会)的工作情况简单的说了说：

1. 乡级公路每人摊款.10 元。
2. 乡级岔路(村管辖)拉沙子垫路。
3. 国家公路分配的沙子及要款情况。
4. 本村小学建花园，做门子，修厕所，建小房，收学前班，修理桌凳。
5. 乡级中学摊款：教育集资每人 1.50 元，中学修建每人 0.50 元。

6. 村办学校:

① 工资5人:李富河、张海梅、张海琴、樊恩荣。四人工资1 248元,班主任费150元,计1 398元。李桂兴工资336元。

② 公务费自行料理。

7. 栽杨100亩,为何没栽。

8. 林业局来检查砍的坡的情况。

当前应立即办的:

1. 贫困户登记卡片。

2. 计划生育摸底情况。

3. 88年度征购任务的分配。这几项要在本月27日办妥。

会议记录:

① 你居民组有多少贫困户?

1	2	3	4	5	6	7	8	9	10	计
28	28	35	31	25	30	22	15	20	22	256

② 征购任务如何分配?

		1	2	3	4	5	6	7	8	9	10	合计
总任务斤数		2 816	2 800	4 000	4 300	2 000	500	1 000	500	1 000	800	19 716
其中	玉米	2 316	2 300	3 464	3 750	1 600	400	800	400	800	600	16 430
	豆子	500	500	536	550	400	100	200	100	200	200	3 286
化　肥		338	336	480	516	240	60	120	60	120	96	2 366
柴　油		169	168	240	258	120	30	60	30	60	48	1 183

经过统计一致同意。接着县科协委主任李占元二人安排当前抗旱。

会议最后定:

5月26日上午九点前各组长带上。

1. 贫困户登记卡片。

2. 征购任务分配表。

3. 农作物种植登记表。

4. 抗旱行动情况。

到村委会来开会。

1988 年 5 月 26 日上午半天

召开两委扩大会议

参加人员：

张明德 1、李桂存 1、崔玉海 1、罗瑞、王立新、康登明、杨海荣、田秀文、穆凤龙、薛英芳、高庆军、范世亮，共 12 人。

会议中心：

填写贫困户登记卡片，交征购任务分配表，农作物种植登记表，抗旱行动情况等。

1988 年 6 月 18 日下午半天

召开两委扩大会议

参加人员：

张明德、李桂存、崔玉海、穆奎有、高德近、张淑珍、罗瑞、王立新、康登明、杨海荣、田秀文、穆凤龙、薛英芳、高庆军、范世亮，共 15 人。

会议讲：

① 关于民政局如何扶持养羊问题。

② 本村境的拉沙子垫路问题。

③ 在抗旱的情况下，高度防暴。

④ 加强对畜牧的管理，杜绝损坏庄稼。

⑤ 卖木头问题，与木头管理问题。(拉大才(柴)放与停问题)。

⑥ 两委分工与各项工作的完成(不能顶卡)。

⑦ 学校修建问题。

⑧ 芋业的落实。

⑨ 林业的管理问题。

经过充分讨论，决定出下列问题：

(一) 不扶持的对象：

① 现有羊在 20 支(只)以上，今后以改良为主，这次不应享受。

② 人均收入在 300 元以上的，不应享受。

③ 已享受财政局扶持的不再享受。

④ 没有抵押能力者不应享受。

(二) 享受的对象：

① 有抵押财产的(不算房屋)。

② 有两人作保(养羊户没有交的能力,保人付)。

③ 每扶持一只羊自己解决30元,交村委会暂管。

④ 现有羊不足10只的给5只。

(三) 去县联系扶持养羊事的花费怎么办?

每只交款1.00元,作为费用。

(四) 具体定数:(按队表算)

	1	2	3	4	5	6	7	8	9	10	计
户数	6	5	5	4	2		2	3	7	9	43
定羊	60	50	50	30	15		20	30	70	75	400

最后经两委商量定:

李桂生10、李桂存10、李汉洲10、冀文富10、王立新10、李世江10、穆奎有10、高德敬10、张玉林10、杨宝山10,计100只。

(五) 乡卫生院传达"计划免疫保健制",每人3元,四种疫苗、六种病。肺结核、百喉、百日咳、破伤风是20—30元;小儿麻痹100元;麻诊30元。卫生院通知人数:

	1	2	3	4	5	6	7	8	9	10	计
人数	18	14	26	26	15	15	13	3	16	10	156

1988年6月19日下午半天

召开两委扩大会议

参加人员:

张明德、李桂存、张淑珍、罗瑞、王立新、康登明、杨海荣、田秀文、穆风龙、薛英芳、高庆军,共11人。

<table>
<tr><td>划等</td><td>1</td><td>1</td><td>2</td><td>2</td><td>3</td><td>3</td><td>3</td><td>2</td><td>2</td><td>3</td><td>3</td><td>3</td><td>4</td></tr>
<tr><td>步数</td><td>25</td><td>50</td><td>10</td><td>60</td><td>85</td><td>13</td><td>85</td><td>68</td><td>95</td><td>105</td><td>95</td><td>70</td><td>55</td></tr>
<tr><td>起止</td><td>沟门过水路面到苏寺河过水路面</td><td>苏寺过水面到猛虎沟过水面</td><td>猛虎沟门过水面到小杨树止</td><td>猛虎沟门过水面到小杨树止</td><td>小杨树到河口交界</td><td>四队场边到村北路口</td><td>四队场边到村北路口</td><td>村北路口到杨树林边</td><td>杨树林边到路西大石头</td><td>西大石头到我地头大坝</td><td>我地头大坝到双落石头</td><td>双落石头到进水口头</td><td>进水口到交界</td></tr>
<tr><td>编号</td><td colspan="2">1</td><td colspan="2">2</td><td>3</td><td colspan="2">4</td><td>5</td><td>6</td><td>7</td><td>8</td><td>9</td><td>10</td></tr>
<tr><td>抓阄队</td><td colspan="2"></td><td colspan="2"></td><td></td><td colspan="2"></td><td></td><td></td><td></td><td></td><td></td><td></td></tr>
</table>

经讨论定：拉沙子每步一厘

沙价定为：

等　级	每 方 价	需　方	估　算
1	1.50	7.5	11.25
2	2.00	23.3	46.60
3	2.50	45.3	113.25
4	3.00	5.5	16.50
计			187.60 元

1988 年 7 月 18 日下午半天

召开两委扩大会议

参加人员：

张明德、李桂存、穆奎有、王立新、康登明、杨海荣、田秀文、穆凤龙、高庆军，共 9 人。

会议中心安排

① 乡党委 7 月 22 日在瓦房沟村的支委训练问题。

② 村境内的拉沙子不足马上拉，月底前打方，会后安排垫。

③ 在月底前一定结算社员砍木头工资。

④ 种油松 5 亩任务。

⑤ 栽落业松 30 亩的问题。

⑥ 安排苏寺片的水利工程。

卸灰：韩志忠、杨海荣、田秀文、李风龙、穆凤忠、刘万义，计 6 人。

⑦ 现在没吃的户：高世军二人、高德祥三人、木长山二人、杨存山三人、杨存瑞四人、张玉祥三人、张玉彬三人、张富四人。

1988 年 7 月 28 日

召开两委扩大会议

参加人员：

张明德、李桂存、崔玉海、高德敬、张文贵、罗瑞、王立新、康登明、杨海荣、田秀文、穆凤龙、薛英芳、高庆军、范世亮，共 14 人。

会议中心解决社员砍木头工资问题。

最后讲:

① 如何搞的砍木头工资的结算;这次如何付工资。

② 卖木头的情况。

③ 下步如何建新账。

④ 拉沙子、打方,如何垫路。

亏沙子的 29 日上午必须拉,不拉从 30 号起哪亏沙子队负责沙子款。

⑤ 关于儿童卫生保健制,每孩三元的收费问题。

如在收不起来,乡来人和半农半医去收款,由应交队负责半农半医工资和去人的招待,村不管。

⑥ 召开党员大会问题,定 7 月 30 日上午。

1988 年 7 月 29 日下午半天

在公路打沙子

参加人员:

张明德、李桂存、崔玉海、王立新、康登明、杨海荣、田秀文,共计 7 人。

抓球应拉队	拉沙人姓名	实打								备注
		长	宽	高	合方	堆数	原定		合款	
							等级	每方价		
	康登明	85	70	30	0.178 5	26	1	1.50	6.96	6.64
	田秀文	120	80	34	0.326	27	2	2.00	17.62	8.81
	王铁刚	170	120	47	0.958 8	9	3	2.50	21.58	8.63
	李世海	90	65	32						
	李世海	110	74	36						
	李世海	110	70	35						
	李世海	105	82	37						
	李世海	150	90	36						
	取标准	113	76	35	0.300 0	44	3	2.50	33.00	13.20
	郤桂合	122	83	33	0.334	5	2	2.00	3.34	1.67

续　表

抓球应拉队	拉沙人姓名	实打								
		长	宽	高	合方	堆数	原定		合款	备注
							等级	每方价		
	吴立祥	122	88	36	0.386	3	2	2.00	2.32	1.16
	王立新	152	107	45	0.731	8.5	2	2.00	16.64	7.32
	赵文祥	136	84	30	0.342 7	12.5	2	2.00	8.56	4.28
	冀秀合	115	125	38	0.546	9	2	2.00	9.82	4.91
	吴立祥	118	104	36	0.442	14	2	2.00	12.38	6.91
	郭文江	100	80	34	0.272	27	3	2.50	18.35	7.34
	田秀文	90	90	32	0.259 2	41	3	2.50	26.58	10.63
	韩志忠	100	90	30	0.27	36	3	2.50	24.30	9.72
	高德发	115	80	31	0.285	17	4	3.00	14.55	4.85
	合　计								214.00	93.35

8月2日垫公路：

李桂存1、崔玉海1、张文桂1、罗瑞(上午一个小时)、王立新1、康登明1、杨海荣1、田秀文1、穆凤龙1、薛英芳1、范世亮1，共11人。

杂项用工：

① 7月10日王占奎送磅人、牛工。

② 修学校8月1日至8月29日，祁守相二天，木树合二天。

③ 8月27日垫公路：

张明德1、李桂存1、罗瑞0.5、王立新1、康登明1、杨海荣1、田秀文1、李凤龙1、共7.5个。

④ 待处理工：

8月1日，学校修理桌凳李桂存一天。

8月4日，弄木头账李东清算账：张明德1、李桂存1、崔玉海半天。

8月8日，弄账(安排上帐事)：张明德、李桂存、崔玉海各一天。

1988年8月9日

召开两委扩大会议

参加人员:

张明德、李桂存、崔玉海、穆奎有、张文桂、王立新、康登明、杨海荣、田秀文、李风龙、薛英芳、范世亮,共 12 人。

研究事项:

① 今年初步算砍木头总收入为 52 000 元,减去工资 23 000,减去买烟换柴火、挂面的李东清,上年借信用社 1 000 元,利 588.90 元。8 月底算 590.38 元,所以上年账卡不平,怎么办?

① 经过研究,以 87 年底的 1 035 人,每人摊算,87 年底的摊销 20 元,共计20 700 元,做为 87 年的收入,留还上年借信用社和亏的本和利,剩余部分推给 88 年。

② 今年不用全上今年的账,依上面的决定。

② 村境拉沙子垫路,6 月 19 日把拉沙子已安排,7 月 29 日已打方,定了款。

今天需研究:

① 垫路,打沙子,安排的工怎么付工资? 日工资 4.00 元。

② 因为买沙子,抽人垫路,按人口怎么摊款? 按 87 年人口,每人摊 0.30元。

③ 国家公路拉沙子,原任务是 154 方,每方 4.00 元,应付 616.00 元,咱们怎么摊?

按 87 年底人口,每人摊 0.55 元。尽量少给道班,剩余上收入,不足村委会补。

④ 教育集资乡、村级怎么摊?

按 87 年末的人口摊:乡级每人 2.00 元,村级每人 2.50 元。

⑤ 党训班如何安排?

① 党员和预备党员全部参加。

② 积极分子:李桂存、康登明、田秀文、彭宪合、杨海荣,也参加。

③ 时间 8 月 11 日上午九点。

④ 生活安排:每人一斤葱(个人带)。粮食由村委会负责,个人不带。

1988 年 7 月 30 日

党员大会(补记)

实参加 24 人(其中预备党员 3 人)。

除学习和传达乡党委办支委培训情况外就支部的建设问题讨论如下:

① 评选上半年的优秀共产党员?

张明德、王立新、高祥。

② 张海梅是 87 年 6 月 24 日入党，是否能转正？同意转正。

③ 穆奎亮已填入党志愿书两次，介绍人是张明德、王立新二人，手续已齐全，是否具备入党的条件，请党员大会审查？

同意吸收为预备党员。

④ 请审查穆奎有薛英芳、张军的转正问题？

还有一段到期，如到期前一切不错，就上报乡党委让其转正。

1988 年 8 月日

就乡给的 3 000 斤粮食指标

经张明德、李桂存、崔玉海、穆奎有研究给：

姓　名	人　口	斤　数	姓　名	人　口	斤　数
李汉洋	5	300	张风祥	6	250
郭占熬	3	150	张文志	1	200
李桂兴	3	200	张明春	5	200
郜桂军	1	150	高世军	2	200
张玉祥	3	200			
张玉彬	3	200			
张　富	4	200			
高德祥	3	200			
木长山	2	100			
杨存生	3	150			
杨存瑞	4	200			
穆奎有	5	100			
			合计	53	3 000

1988 年 8 月 29 日

召开两委扩大会议

参加人员：

张明德、李桂存、穆奎有、王桂山、康登明、杨海荣、穆凤龙、薛英芳、范世亮，共9人。

会议开始把李玉海如何死，去县民政局联系养羊款的问题，以及当前计划生育手术队要来，学校修建（砌塌墙的工程、建小房）的初步设计想法讲了之后，进行研究？

① 学校建三间小房的设计问题。款怎么办？

木工 35×4.00元=140.00元；

瓦 4 000块×5分=200.00元；

泥工 10个×5.00元=50.00元；

顶桔灰 100.00元；

石头 20方×4.00元=80.00元；

土 20方×4.00元=80.00元；

人工 100个×2.50元=250.00元；

砖 1 000块×7分=70.00元。

按总人口，每人摊款1.00元。

② 砍木头的工资已结算到人头，是否有差错？

1	2	3	4	5	6	7	8	9	10
			没有	没有	没有	没有	没有		没有

③ 建学校如何分工？

负责全面工程：张明德、李桂存、崔玉海；

负责木工工程：杨海荣；

负责土工工程：康登明、王立新。

④ 乡政府让成立“土地管理领导小组”，怎么建？

组长：李桂存，成员：崔玉海、穆奎有、薛英芳、范世亮，共计五人。

⑤ 每户应交的防疫费，“有孩子的保健制”，款何时收齐？

9月5日收齐。

1988年9月8日

召开两委扩大会议

参加人员：

张明德、李桂存、崔玉海、张宝斋、王桂山、康登明、杨海荣、田秀文、穆凤龙、薛英芳、高庆军、范世亮，共 12 人。

上午主要是各居民组长和会计结算“幼儿保健制款”和“牲畜防疫费”等。

下午学校修建砌东沟等。

1988 年 10 月 18 日

召开两委扩大会议

参加人员：

张明德、李桂存、穆奎有、崔玉海、罗瑞、康登明、杨海荣、田秀文、王立新（半天）、李风龙（半天）、范世亮（半天），共 11 人。

下乡干部：郭明好。

会议首先传达马乡长传达的县会议精神，和徐乡长讲的乡里关于农田建设的意见，接着把乡农田建设任务（各村任务）公布会议，然后把“粮食征购”、“秋前防疫及收费”、“小孩保健制款的结算问题”讲了讲。经过讨论统一了思想，按乡里规定去办。

讨论问题：

① 农田建设领导小组怎么成立？

组长：李桂存，副组长：崔玉海，成员：罗瑞、杨海军、范世亮，共计 7 人。

苏寺村农田建设用工表　88 年

月	日		1	2	3	4						
10	李桂存 19	人数	2	3	3	3						
		合分	20	30	24	24						
10	穆奎有 24	人数	13	9	4	3.5	1					
		合分	108	82	32	29	10					
10	张明德 27	人数	9	3	3	9						
		合分	150	56	68	166						
10	张明德 28	人数	8.5	9	11.5	12						
		合分	195	184	260	241						
10	张明德 29	人数	9.5	11	12	11						
		合分	200 115	224	269	245						

续 表

月	日		1	2	3	4						
11	检查 13	人数	1	2	1	1	0.5	1	1	2	2	1
		合分	20	40	20	20	10	20	20	30	40	20
		合计	808	636	673	725	20	20	20	30	40	20

1988 年 11 月 1 日上午

乔校长谈的几个问题

参加人员：张明德、李桂存、穆奎有，计 4 个人。

① 生火煤的问题：和董大海已定。

② 当前班的问题：

1. 同意给各班加进去。

2. 11 月 8 日入学。

3. 入学必须交 5.00 元，勤工俭学费。

③ 给学校伙食团拉白菜车的问题：从沟门派车。

④ 打酱机的问题：同意买一台，至于谁拿多少钱，(文教组)待和……商定。

⑤ 收拾学校水渠问题？11 月 2—3 日完成。

⑥ 学校修理桌凳和山药窖门的问题？11 月 2—5 日完成。

⑦ 李桃林老师要求让四年级学生住校早、晚加自习的问题。

同意。(安灯)

1988 年 11 月 1 日

乔校长报学前生

① 郭文合、张万国。

② 吴国瑞、张军、张海祥、郤桂合、张连成。

③ 高富、康登明、邵金瑞、李世合、高洪武、崔玉海。

④ 高德斌、杨海荣、张玉海。

⑤ 梁树江(外出)、高德品(外出)、高德祥、田秀文、高洪举。

⑥ 张明生、荣桂有。

⑦ 李富合。

⑧ 高洪海、高洪雨。

⑨ 崔玉江、郤德文、吕桂军、韩宪江、薛德斌。共计 31 人。

1988 年 11 月 10 日

召开两委扩大会议

参加人员：

张明德、李桂存、穆奎有、崔玉海、高德敬、张文贵、罗瑞、康登明、杨海荣、李风龙、薛英芳、高庆军、范世亮，共 13 人。

会议前将农业税征收表由组长进行核对接着就农业税减免户进行了讨论审查。

讨论：农业税的减免看两委提的户是否合理？

经过充分讨论，逐人征求，都说没意见。

接着由张明德传达了“乡组织、乡干部、村干部，关于农田建设检查的情况及评比结算，又把乡里马乡长、徐乡长、郭明刚、赵桂枝在会上布置的当前工作进行了传达。然后讨论：

① 村护林防火领导小组如何成立？

组长：李桂存，副组长：穆奎有，成员：崔玉海、张文贵、康登明、杨海荣、薛英芳、高庆军、范世亮，共计 9 人组成。

② 把养羊款的问题的情况说了，是否给养羊户开会？

11 月 12 日开会，要不要通知都来。

③ 是否还收社员种地的摊派款？

按乡农业税计税亩数，每亩征收一元。

④ 村级的农田建设检查怎么安排？

11 月 13 日两委组长都参加，九点到古方、干沟然后去水沟。

内容：修路 5 分、小儿保健制 1 分、防疫费 1 分、农业税 1 分、地摊款 1 分、线路管护 1 分。

⑤ 把 89 年报纸预订情况说了，看怎么订？（河北科技给删了）

尽量少订。

⑥ 就农业税征免情况是：

	计税土地	应纳税	减免			应交
			1	2	计	农业税
1	137.5	150.14	1.21	5.90	7.11	143.03
2	151.0	167.50	9.16	4.01	13.17	154.33
3	199.7	224.40	10.60	7.99	18.59	205.81
4	183.5	203.82	40.58	4.16	44.74	159.08
5	143.0	121.83	1.36	6.22	7.58	114.25
6	153.5	121.56	31.98	3.56	35.54	86.02
7	134.2	113.53	6.45	4.48	10.93	102.60
8	104.9	65.72	9.30	5.56	14.86	50.86
9	147.6	120.75	6.15	4.04	10.19	110.56
10	179.7	109.25	9.12	8.17	17.29	91.96
计	1 534.6	1 398.50			180.00	1 218.50

⑦ 把县林业局怎么个意思批的架杆和林业次改意见说了,有何意见?没有意见。具体安排等 13 日检查后再安排。

(下转第四本)

会议笔记 29

1988 年 11 月 14 日一天

召开两委扩大会议

参加人员：张明德、李桂存、穆奎有、崔玉海、高德敬、张文贵、罗瑞、王立新女人、康登明、杨海荣、田秀文、薛英芳、高庆军、范世亮，共计 14 人。

主要事项：

① 清理农业税。全清。

② 清理土地收款。

③ 清理防疫费。

④ 清理小儿保健制度。

⑤ 农田建设的评比。

土地收款情况

	征税款数	特殊户	实收款	备注
1	137.5	李汉洲 6.50	131.00	
2	151.0	罗　均 2.68 张宝军 1.32	147.00	
3	199.7	王铁强 4.80	194.90	
4	183.5	杨宝福 2.50	181.00	
5	143.0	刘付生 1.60	141.40	
6	153.5	高祥彩 2.37 高祥会 3.00	148.13	
7	134.2	张文志 0.80	133.40	
8	104.9		104.90	
9	147.6	高照明 2.50 刘　斌 5.00	140.10	
10	179.7	张桂成 1.50	178.20	
合计	1 534.6	34.57	1 500.03	

小儿保健制

	卫生院原通知人数	新　生	超　龄	实　收				
				交郝存山	交崔玉海	交雇医生	今天交	合计
1	18	高武郭文军		9	2	9		20
2	14		罗彬、高德发		12			12
3	26		郤桂合、王铁刚、张海江、赵文祥、祁守相		11	8	2	21
4	26		崔玉海、王进录、穆奎喜、崔玉海、彭宪军			21		21
5	15				15			15
6	15		梁树江 2、高德品 1		12			12
7	13				3		10	13
8	3		高洪江		2			2
9	16		高洪合、杜宪德		9	5		14
10	10		吕桂武、范世亮		8			8
合计	156	2	20	9	74	43	12	138

	两　委			农田建设					农业税	防疫费	土地收款	线路	小儿保健制	合计
	好	中	差	1	2	3	4	5						
张明德														
李桂存														
崔玉海														
穆奎有														
高德敬														
张文贵									1	1	1	1	1	

续　表

	两委			农田建设					农业税	防疫费	土地收款	线路	小儿保健制	
	好	中	差	1	2	3	4	5						合计
罗　瑞									1	1	1	1	1	
王立新									1	1	1	1	1	
康登明									1	1	1	1	1	
杨海荣									1	1	1	1	1	
田秀文									1	1	1	1	1	
李风龙									1	1	1	1	1	
薛英芳									1	1	1	1	1	
高世军									1	1	1	1	1	
范世亮									1	1	1	1	1	

1988 年 11 月 21 日

召开两委扩大会议

参加人员：

张明德、李桂存、穆奎有、崔玉海、高德进、张文贵、罗瑞、王立新、康登明、杨海荣、田秀文、薛英芳、高庆军(父亲)、范世亮，合计 14 人。

会议前根据群众反映检查九队林业的乱砍乱伐。

回办公室后：

首先由张文富传达了 11 月 20 日，乡在瓦房沟开的下乡干部，村书记、主任会议精神。

中心是粮食征购和林业管理。

由张明德就林业管理 11 月 20 日检查车辆情况进行了汇报。

李桂存又作补充。

1988 年 11 月 22 日

召开两委扩大会议

参加人员：

下乡干部：张文富

张明德、李桂存、穆奎有、崔玉海、高德进、张文贵、康登明、杨海荣、田秀文、李风龙、薛英芳、高德仲,合计 12 人。

会议接昨天茬。

讨论问题:

① 粮食征购怎么抓?

由各居民组长建帐,督促负责到底。

② 当前的林业看管,解决林业存在问题,年终总结,请收外欠款,定羊户怎么办?

………………组必须合作。

……………………

③ 确定林业管理问题:

1. 管护总负责人:张明德、李桂存及两委成员。

2. 看管护林员:张玉斌。

3. 各项制度:

① 不论任何车辆或拉干、湿柴火、大材、羊叶、木头一律停车认真检查,不受检查者,每个车罚款 1 元。

护林人员如不认真检查,每辆车罚护林员五角。

② 拉干大材,凡有一个新头,一律没收,情节严重由村委会处理。

③ 凡往外村拉的木头、羊叶、柴火、………………凡有出山证可让运,否则没收。

④ 拉湿树头、…………严重的由村委会报请乡政府处理。

⑤ 必须经研究,如损失,按刑事责任论处。

⑥ 凡对抗护林人员进行工作的,无理取闹的,罚款 5—10 元,情节严重的由村委会报请乡政府处理。

此制度从即日起执行。

1988.11.22

最后就如何落实和县民政局保本分成养羊问题的研究:

落实和县民政局养羊的情况表(崔玉海存)。

1988 年 11 月 24 日

召开两委会议

参加人员:

张明德、李桂存、穆奎有、崔玉海，共计 4 人。

讨论问题：

① 对林业乱砍乱伐怎么处理？

类　别	单位	价　等			说　明
		1	2	3	
檩(杨)	根	15	13.00	10.00	
桦	根	13	11.00	8.00	
柱	根	11	9.00	7.00	
信、杆	根	20			
棚、架	根	8	6.00		①在此价上必加………………
车元	根	10			
杨桦椴树	根	3			
夭柱	根				
夭柱大材	斤				
椴木	斤				

1988 年 11 月 28 日定，12 月 13 日复定

召开两委会议

参加人员：张明德、李桂存、穆奎有、崔玉海，共计四人。

对乱砍乱伐的处理意见

类　别	单位	价　目			说　明
	根	1	2	3	
檩	根	15.00	13.00	10.00	
柱	根	13.00	11.00	8.00	
信杆	根	11.00	9.00	7.00	
畜棚棒架	根	20.00			
元条	根	8.00	6.00	4.00	
杨桦椴树	根	10.00	8.00		

续　表

类　别	单位	价　目			说　明
	根	1	2	3	
夭柱	根				① 在价目计价后加罚1—5倍。 ② 木料归村减总额的百分之五十。 ③ 对检举揭发出的经核实,奖揭发人罚款总数的百分之三十。 ④ 说外买必须有对方村委会的证明。 ⑤ 砍畜棚玉米架,质量规格的由检查组酌情处理。 ⑥ ……收的柴火,每个以0.80元,来顶罚款。
夭柱大材	斤				
椵木	斤				
椽	根				
7尺杆	根				
5尺杆	根				
3尺杆	根				

1988年12月16日一天

召开两委扩大会议

参加人员:张明德、李桂存、崔玉海、穆奎有、张文贵、罗瑞、王立新、康登明、杨海荣、田秀文、薛英芳、高庆军、范世亮,共计14人。

会议开始由李桂存传达了乡里12月15日在茨营子村召开的村书记、主任会议精神,着重把"土地实行租赁制","实行公民身份证","粮食征购的尾欠"等问题进行了传达。接着由张明德把"赤城县税务局关于开征印花税的通告"宣读了。又把如何处理乱砍乱伐两委的处理意见,向会议提出,然后讨论:

① 对乱砍乱伐的处理意见行不行?同意。

② 张立新要求把林业局批示的项次50亩林坡承包下来,如何办?

快到年终啦,事情太多,等过阳历年再说吧。

③ 咱村的土地租赁制如何安排?

等下乡的来了开会再安排。

林业清查用工:

25日,李桂存、崔玉海、穆奎有、范世亮,计4人。

26日,穆奎有、李桂存、崔玉海、田秀文、杨海荣,计5人。

27日,穆奎有、李桂存、崔玉海、张文贵、罗瑞、康登明,计6人。

1988 年 12 月 18 日一天

召开两委扩大会议

参加人员：张明德、李桂存、崔玉海、穆奎有、张文贵、罗瑞、王立新、康登明、杨海荣、田秀文、李风龙、薛英芳、高庆军、范世亮，共计 13 人。

下乡干部：苏万华。

会议中心就如何搞好“土地租赁制”，小苏传达了乡里在茨营子村搞的情况与会人员进行了讨论。

会议中间收回部分林业乱砍的罚款，最后决定 12 月 21 日召开两委扩大会议，带来以户为单位的人口，大牲畜羊只情况表。

1988 年 12 月 21 日一天

召开两委扩大会议

参加人员：张明德、李桂存、崔玉海、张宝斋、罗瑞、顾正风、康登明、杨海荣、田秀文、李风龙、薛英芳、高庆军、范世亮，共计 13 人。

会议中心是算“土地租赁制”的账。

1988 年 12 月 27 日一天，28 日一天。

召开两委扩大会议

参加人员：张明德 2、李桂存 2、崔玉海 2、穆奎有 1、张文贵 2、王立新 2、康登明 2、杨海荣 2、田秀文 2、李风龙 2、薛英芳 2、范世亮 2，27 号 12 人，28 号 11 人。

① 会议中心搞土地租赁制的算账。

② 开大会摊算。

③ 农田建设摊算。

④ 地租问题(指 5、6、7、9 队)。

⑤ 村级用杂工的处理问题。

乡任务：1988 年 12 月 24 日报给乡党委

24 万元工农业总产值。

22 万元农业总产值。

人均收入 210.00 元。

粮食总产量 1 035 人×650 斤＝672 750 斤。

油料总产量 1 035 人×14 斤＝14 490 斤。

10 万元乡镇企业总收入。

80 亩造林面积。

……大牲畜发展 625 头。

养猪饲养量 1 035 人×1 口=1 035 口。

养羊饲养量 1 035 人×1.8 只=1 863 只。

养鸡饲养量 1 035 人×2 只=2 070 只。

养兔饲养量 1 035 人×2.4 只=2 484 只。

苏寺村土地租赁制主要特点情况表①　1988.12.27 定

	户数	人口	劳力	乡级的摊款									
				教育集资每人5.00元	防疫费每户2.00元	建设费每劳力4.00元	民兵培训每人0.20元	中学生培训每人0.05元	灭鼠费每人0.05元	电话费每人0.21元	现役军人每人0.20元	农业税	合　计
1	29	111	32	555.	58.	128.	22.2	5.55	5.55	23.31	22.2	150.14	969.95
2	27	104	36	520.	54.	144.	20.8	5.20	5.2	21.84	20.8	167.5	959.34
3	37	141	34	705.	74.	136.	28.2	7.05	7.05	29.61	28.2	224.4	1 239.51
4	32	135	32	675.	64.	128.	27.	6.75	6.75	28.35	27.	203.82	1 166.67
5	25	103	30	515.	50.	120.	20.6	5.15	5.15	21.63	20.6	121.83	879.96
6	30	117	32	585.	60.	128.	23.4	5.85	5.85	24.57	23.4	121.56	977.63
7	22	83	23	415.	44.	92.	16.6	4.15	4.15	17.43	16.6	113.53	723.46
8	14	56	14	280.	28.	56.	11.2	2.80	2.8	11.76	11.2	65.72	469.48
9	20	93	24	465.	40.	96.	18.6	4.65	4.65	19.53	18.6	120.75	787.78
10	20	87	26	435.	40.	104.	17.4	4.35	4.35	18.27	17.40	109.25	750.02
计	256	1 030	283	5 150	512	1 132	2 060	51.5	51.5	216.3	206.	1 398.5	8 923.8

苏寺村土地租赁制计算情况表②　1988.12.27

	村级的摊派				乡村两级合计	居民组每人1.50元	乡村组应摊款	说　明
	村干部每人3.00元	林业管护每人1.50元	村级公路每人0.5元	合计				
1	333.00	160.50	55.50	555.00	1 524.95	166.50	1 691.45	
2	312.00	156.00	52.50	520.00	1 479.34	156.00	1 635.34	
3	423.00	211.50	70.50	705.00	1 944.51	211.50	2 156.01	

续　表

	村级的摊派				乡村两级合计	居民组每人1.50元	乡村组应摊款	说明
	村干部每人3.00元	林业管护每人1.50元	村级公路每人0.5元	合计				
4	405.00	202.50	67.50	675.00	1 841.67	202.50	2 044.17	① 村级干部计算办法：500元×2人＝1 000元。400元×2人＝800元。300元×1人＝300元。误工：每人100个×5人＝500个。500个×2元＝1 000元。② 居民组每人的1.50元，包括组长的职务补贴，误工的工资及组用公务费。
5	309.00	154.50	51.50	515.00	1 394.96	154.50	1 549.46	
6	351.00	175.50	58.50	585.00	1 562.63	175.50	1 738.13	
7	249.00	124.50	41.50	415.00	1 138.46	124.50	1 262.96	
8	168.00	84.00	28.00	280.00	749.48	84.00	833.48	
9	279.00	139.50	46.50	465.00	1 252.78	139.50	1 392.28	
10	261.00	130.50	43.50	435.00	1 185.02	130.50	1 315.52	
合计	3 090.00	1 545.00	515.00	5 150.00	14 073.8	1 545.00	15 618.8	

讨论记录：

① 乡、村级的摊算情况是：

乡级的由下乡干部苏万华按乡的规定开的单子计算的；

村级的摊算情况是书记、主任、会计三人，根据咱村实际计算的。看有什么意见？

同意，没意见。

② 居民组的这块，村委会的意见是每人1.50元，包括组长的职务补贴，误工的工资，组里的公务费，这样的意见怎么样？

同意这样算。

③ 草源资源费，乡里意见是大牲畜（牛、驴、骡、马）每头收3.00元，羊只每只1.00元，咱们怎么收？

以12月26日开会的情况定。报的以乡…………,查出头的,每头大牲畜10元,羊每只5.00元。

④ 乡里意见草源资源费由村统一收回,在用于集体搞事业,咱村怎么安排?

因咱村居住分散,用于一个片或组又有意见。同意用这笔款解决群众的“土地租赁制”来解决群众负担。

经研究同意按乡、村、居民组的摊款方式,减去百分之二十。

⑤ 村委会级摊款不太全面,考虑林业要砍坡,砍坡除付砍伐工资外的结余部分用于:

① 学校的不足部分;

② 村级修缮部分。

③ 村级的招待费。

④ 村级公路的不足部分。

⑤ 外出公办的差旅费。

⑥ 还部分村委会的欠款等。是否合适?同意。

⑦ 就村境内分片管理的便路,村开大会的用工,村级必要的用工等怎么处理?

村委的意见:用义务工处理,齐工找价。行否?同意。

⑧ 各片电工的报酬如何处理。

村委的意见:用全年的总用电度数摊销。同意。

⑨ 开大会人已定:557人,每人3.75分,长亏工怎么找?每10分。……

⑩ 农田建设和村用杂工怎么办?

以557人………………

长亏问题………………

⑪ 地租,1988年的怎么办?

五 队	六 队	七 队	九 队	合 计
500斤	1 000斤	600斤	800斤	2 900斤

每斤以0.10元计价,余款队从大队欠生产队的款中扣回,亏款队上借大队的账。总之村委会上收入。

苏寺村土地租赁制计算情况表③　1988. 12. 28

	应摊总款数	村用草源资源算解决20%	居民组应交款数	计算款					最后决定			
				分地人份	每人合亩	实分土地数	算款		人份收款	实际收款数	用公共积累解决	实际交款数
							人份	每亩				
1	1 691. 45	338. 29	1 353. 16	127	1. 1	139. 7	10. 655	9. 665	11.	1 397. 0		1 397. 0
2	1 635. 34	327. 07	1 308. 27	124	1. 5	186.	10. 55	7. 034	11.	1 364. 0		1 364. 0
3	2 156. 01	431. 2	1 724. 81	164	1. 1	180. 4	10. 517	9. 583	11.	1 804. 0		1 804. 0
4	2 044. 17	408. 83	1 635. 34	144	1. 31	188. 6	11. 357	8. 671	10.	1 440. 0		1 635. 34
5	1 549. 46	309. 9	1 239. 56	120	1. 37	164. 4	10. 33	7. 558	8.	960. 0	195. 34	1 239. 56
6	1 738. 13	347. 63	1 390. 5	100	1. 1	110.	13. 905	12. 64	13.	1 300. 0	279. 56	1 390. 50
7	1 262. 96	252. 59	1 010. 37	90	1. 33	119. 7	11. 226	8. 42	11. 5	1 035. 00	90. 50	1 035. 0
8	833. 48	166. 70	666. 78	71	1. 13	80. 2	9. 391	8. 335	6. 00	426. 0		666. 78
9	1 392. 28	278. 46	1 113. 82	117	0. 99	115. 8			8. 00	936. 0	240. 78	1 113. 82
10	1 315. 52	263. 1	1 052. 42	115	1. 1	126. 5	9. 15	8. 32	9. 50	1 092. 5	177. 82	1 092. 5
计	15 618. 8	3 123. 77	12 495. 03			1 411. 3					984. 0	

12 月 24 日开给崔玉海的

1988 年度农田建设、村用杂工结算表　1989. 1. 13 抄

	实出工			应摊		结算			
	农建	杂工	合计	人数	工分数	长		亏	合款
						分	合款	分	
1	808	10	818	6. 83 64	437	381	95. 25		
2	636	80	716	65	444	272	68. 00		
3	673	170	843	78	536	307	76. 75		
4	725	40	765	62	422	343	85. 75		
5	20	100	120	58	396			276	69. 00
6	20	75	95	65	444			349	87. 25
7	20	290	310	44	301	9	2. 25		

续 表

	实出工			应摊		结算			
	农建	杂工	合计	人数	工分数	长 分	合款	亏 分	合款
8	30		30	26	178			148	37.00
9	40		40	44	301			261	65.25
10	20	50	70	51	348			278	69.50
合计		815	9 807	557	3 807	1 312	328.00	1 312	328.00

1989 年 1 月 4 日一天

召开年总结会议

	两委成员	特邀代表	居民组长	党组长	村民代表	炊事人员
1			张文贵		郭占熬	
2	李桂存					
3	张明德		王立新		郤桂合	
4	崔玉海				郝存仕	
5			杨海荣		高桂有	杨宝忠
6	穆奎有		田秀文			
7			李风龙	穆凤忠	董世跃	李树合
8			薛英芳		张天富	
9			高庆军		杜宪德	
10			范世亮	杨存秀	郤德文	
学校		乔海荣				
合计	4					

实到会 25 人。

1989 年 1 月 15 日

召开两委成员会议

参加人员：张明德、李桂存、崔玉海，共计 3 人。

研究事项：

① 11 月 14 日农田建设通过检查定分，未得出结果，根据实际怎么定分？

组别	1	2	3	4	5	6	7	8	9	10	计
定分	4	4	4	5	4	4	4	5	1	5	

② 干部误工记工 1988 年度乡规定每个工 2.00 元，咱村的农建工和村用杂工每个工 2.50 元，无心(形)中凡享受误工记工的人吃亏，怎么办？

……………………执行乡定的 2.00 元………………处理。

计算 1988 年度的误工记工

姓名	87 年度已付款的工				88 年实记工	合计	每个工 0.50 元变成工	最后定工数
	工数	每个工	合款	以 2 元折工				
张明德	11	0.50	5.50	3.00	88.5	91.50	23	114.5
李桂存	11	0.50	5.50	3.00	76.00	79.0	20	99
崔玉海	10	0.50	5.00	2.50	61.5	64.00	16	80
穆奎有	8	0.50	4.00	2.00	42.5	44.50	11	55.5
高德敬	3	0.50	1.50	1.00	5.00	6.00	1.5	7.5
张文桂	5	0.50	2.50	1.25	15.5	16.75	4	21
罗　瑞	5	0.50	2.50	1.25	13.5	14.75	4	19
王立新	5	0.50	2.50	1.25	16.00	17.25	4	21
康登明	5	0.50	2.50	1.25	18.00	19.25	5	24
杨海荣	5	0.50	2.50	1.25	17.50	18.75	5	24
田秀文	5	0.50	2.50	1.25	18.50	19.75	5	25
李风龙	5	0.50	2.50	1.25	16.50	17.75	4.5	22
薛英芳	5	0.50	2.50	1.25	18.00	19.25	5	24
高庆军	5	0.50	2.50	1.25	12.50	13.75	3.5	17
范世亮	5	0.50	2.50	1.25	15.50	16.75	4	21
合　计	93		46.50	24.00	435.00	459.00	115.50	574.5

1988 年度干部工资计算情况

姓名	乡党委定结算工资	村委定补	职务补贴		划分得奖		误工记工(2.00 元)		共计款数
			天数	合款	分数	每分 5 元合款	工数	合款	
张明德	400.00						114.5	229.00	629.00
李桂存	400.00						99	198.00	598.00
崔玉海	320.00						80	160.00	480.00
穆奎有		256.00					55.5	111.00	367.00
高德敬		30.00					7.5	15.00	45.00
张文贵			365	36.50	7	35.00	21	42.00	113.50
罗　瑞			365	36.50	8	40.00	19	38.00	114.50
王立新			365	36.50	9	45.00	21	42.00	123.50
康登明			365	36.50	9	45.00	24	48.00	129.50
杨海荣			365	36.50	9	45.00	24	48.00	129.50
田秀文			365	36.50	9	45.00	25	50.00	131.50
李风龙			365	36.50	9	45.00	22	44.00	125.50
薛英芳			365	36.50	10	50.00	24	48.00	134.50
高庆军			365	36.50	6	30.00	17	34.00	100.50
范世亮			365	36.50	10	50.00	21	42.00	128.50
合　计	1 120.00	286.00		365.00		430.00	574.5	1 149.0	3 350.0

1989 年 1 月 16 日

处理苏寺片用水利局投资水泥问题

参加人员：张明德、崔玉海、杨海荣、田秀文、李风龙，共 5 人。

① 给尤淑珍多少袋水泥？

给 10 袋，一切花费不用她摊。

② 开支情况：

饭　　费	工　　资	装 卸 运 费
6 月 28 号 11.00 元	6 月 29 号 12.00 元	6 月 28 号 5.00 元(装车)
6 月 28 号 61.53 元		7 月 5 号 130.00 元(汽车运费)
6 月 29 号 5.50 元		89.1.16 号 10.10 元(卸车)
共计 235.13 元		

按三个队的人

	五　队	六　队	七　队	合　计
人口：	103	117	83	303
款：	79.93 元	90.79 元	64.41 元	235.13 元

苏寺村付装葡萄架杆款式　1989.2.5

负责人	时　间	根　数	每根分合款	领款人章	
张　富	张明德、张天富，共 4 人。	320	16.00		
李世合	两次 24 人	2 540	127.00		12 月 19 日 10 人，1 280根 12 月 20 日 14 人，1 260根
高洪祥	8 人	1 030	51.50		12 月 9 日，8 人，解放军的四个汽车
薛英芳		610	30.50	薛英芳	
合　计		4 500.00	225.00		

1989 年 1 月 25 日

和樊金祥结算 88 年度防疫费

	1	2	3	4	5	6	7	8	9	10	合计
应交户数	24	24	29	29	22	20	14	11	20	21	214
每户 2.00 元，实交款	48.0	48.0	58.0	58.0	44.0	40.0	28.0	22.0	40.0	42.0	428.00

交乡里款的情况：郝存仕收走 47.00 元，张海斌收走 26.57 元，张文富拿走 205.00 元，（从崔玉海手），给苏寺村回扣 50.00 元，给苏寺村回扣 3.43 元，（崔玉海亏款），樊金祥带走 96.00 元。

1989 年 2 月 2 日

召开两委扩大会议

参加人员：张明德、李桂存、崔玉海、张文贵、罗瑞、王立新、康登明、杨海荣、田秀文、李风龙、薛英芳、高庆军、范世亮,共计 13 人。

会议记录:

① 把 1989 年村民建房审核一下?

姓名	李汉详	祁守海	高桂有	梁进	韩风军	穆风德	吕桂武	合计
排号	1	1	2	3	4	6	7	

…………急需,报乡审批去。

② 1 月 30 日乡开会,让每村报了 3—5 户过节吃不上饭的困难户,乡马上让报咱们报的和乡里核准的情况是:

姓　名	人口	劳力	申 请 理 由	救济款数
高庆成	1		……年老体弱、生活困难	20.00
郤桂军	1		精神病、不能劳动	20.00
张连军	4		因公腿致残,老母有病,生活困难。	30.00
高洪武	5	1	女人哑巴,今年死驴、牛,生活困难。	30.00
韩凤明	1		单身汉,年老,生活困难。	20.00
张文志	1		瞎子,不能劳动,生活困难。	20.00
范秀英	1		女单身汉,年老,生活困难。	20.00
7 户	14	1		160.00

看合适否?完全合适。

③ 把 1 月 30 日乡里开会的精神传达了,又把乡党委对村干部的考核工资公布了,就春节的值班如何安排?

旧历:26—28 日,29—初二,初三—初五 5 队。

总负责人:穆奎有

④ 1988 年 11 月 14 日两委扩大会议,就农田建设检查后的应得工分至今未定,两委在 1 月 15 日已拿出初步的意见,希认真研究定一下:

组　别	1	2	3	4	5	6	6	7	8	9	10
两委意见	4	4	4	5	4	4	4	5	1	5	
决　定	4	4	4	5	4	4	4	5	3	5	

⑤ 到 11 月 14 日，就土地收款，一队尚欠 6.50 元，扣 1 分，1、2、4 队的防疫费有尾末(未)清，都扣 1 分，到现在这些尾欠都清了，看给补上分否？

尾欠款交清了，分给补上。

⑥ 两委意见 1988 年度的农建、农业税、防疫费、土地收款线路、小儿保健制的划分，每分奖金 5.00 元，怎么样？

同意。

⑦ 过春节对联户有：

1	2	3	4	5	6	7	8	9	10
							张天富 薛风桐	董氏 高德仕	薛德斌 张珍
共计 25 户									

⑧ 1988 年乡定误工记工的日工资为 2.00 元，两委提出与农建工每工少 0.50 元，用款折工。把算的情况公布了，有何意见？

同意。

⑨ 1988 年度的村干部，除书记、主任、秘书、乡已定款，就穆奎有怎么定职务(把 3 月 16 日，3 月 26 日，3 月 30 日的会议定又念一遍)？

由村支部、村委会看的定吧。

⑩ 就 1988 年度居民组长的工资，党支部开具是：

姓　名	职务补贴		划分得奖		误工记工		合计款数
	分：0.10		分：5.00		工：2.00		
	天	款	分	款	工	款	
张文桂	365	36.50	9	45.00	21	42.00	123.50
罗　瑞	365	36.50	9	45.00	19.	38.00	119.50
王立新	365	36.50	9	45.00	21.	42.00	123.50
康登明	365	36.50	10	50.00	24.	48.00	134.50
杨海荣	365	36.50	9	45.00	24.5	49.00	130.50
田秀文	365	36.50	9	45.00	25.	50.00	131.50
李风龙	365	36.50	9	45.00	22.	44.00	125.50

续 表

姓 名	职务补贴		划分得奖		误工记工		合计款数
	分:0.10		分:5.00		工:2.00		
	天	款	分	款	工	款	
薛英芳	365	36.50	10	50.00	24.	48.00	134.50
高庆军	365	36.50	8	40.00	17.	34.00	110.50
范世亮	365	36.50	10	50.00	21.	42.00	128.50
合 计		365.00	92	460.00	218.5	427.00	1 365.00

1989 年 2 月 3 日

召开两委会议

参加人员:张明德、李桂存、穆奎有、崔玉海,共计 4 人。

首先把乡党委 1988 年的划分张念(单据)崔打(算盘)进行校对。把 2 月 2 日扩大会的进程说话穆奎有(穆表示没意见)。

讨论记录:

① 昨天扩大会就穆奎有定职问题让两委定,咱们就穆奎有、高德敬的职务怎么定?

经过一番讨论之后定为:穆奎有村委民兵连长、林业主任。高德敬委员。

② 高德敬的职务补贴,工作量工分怎么定?

张明德的意见职务补贴每天 5 分,工作量定 6 分。

李桂存的意见职务补贴每天 5 分,工作量定 8 分。

崔玉海的意见职务补贴每天 5 分,工作量定 8 分。

穆奎有的意见职务补贴每天 5 分,工作量定 6 分。

最后研究决定职务补贴 20.0 元。

工作量再次的意见是:李桂存的意见

7 分，崔玉海的意见 8 分，穆奎有的意见 6 分，张明德的意见 8 分。

最后李桂存表态是 7 分。

张明德发表意见，穆奎有发表同意，崔玉海发表同意。

最后决定 7 分，每分奖 5.00 元。

③ 1988 年度干部工资情况是：

姓名	职务	乡党委定的结算工资	村委定				误工记工		共计款数
			职务补贴	工作量		小计	每工：2.00 元		
				每分：5.00			工数	款	
				分	款				
张明德	书记	400.00					114.5	229.00	629.00
李桂存	主任	400.00					99	198.00	598.00
穆奎有	副主任、连长、林业主任	320.00					55.5	111.00	431.00
崔玉海	秘书	320.00					80	160.00	480.00
高德敬	委员		20.00	7	35.00	55.00	7.5	15.00	70.00
合　计	5 人	1 440.00	20.00	7	35.00	55.00		713.00	2 208.00

④ 乡政府对咱村农田建设定二等奖，给书记、主任定奖每人 60 元，咱们怎么安排？

书记、主任享受乡的规定。村委会再提 60 元，奖副主任、秘书各 30 元。

⑤ 郝军电机 88 年度使 729 度，怎么定收费？李桂存的意见是多则每度 0.20 元，最少不少 0.15 元。

经研究决定交 140.00 元。

⑥ 义务兵高德军、彭宪江怎么付 88 年度的工资？

建议给 150.00 元。

1983 年 2 月 20 日

召开两委头头会议

参加人员：张明德、李桂存、穆奎有、崔玉海，共计四人。

中心审议87年和88年卖木头收入和账目处理。

年度	卖木头总收入	未进会计账的				实际进会计账的款
		一本	二本	三本	四本	
87年	15 580.50	8 009.40	869.00	1 758.50		4 943.60
88年	54 596.22 801.44	23 600.00	4 625.52	26 370.70	801.44	×
88年（架杆）	6 300.00				6 300.00	×

注：① 1988年第三本是给大账拨款87年1 035人×20.00元，合20 700.00元，88年林业假设合款5 670.70元。

1989年3月6日

召开支委扩大会议

参加人员：张明德、李桂存、崔玉海、穆奎有、张文贵、罗瑞、王立新、康登明、杨海荣、田秀文、李风龙、薛英芳、高庆军、范世亮、张玉林、李世江、穆凤忠、杨存秀，共计18人。

下乡干部：王才、王进海。

首先由王才、王进海讲明整班的来意。

接着搞了关于89年村级干部的民意测验。接着由张明德想88年度砍木头（干沟大南沟、水泉沟砍杆）的情况，向会议作了汇报。最后由崔玉海公布了会计账日。

1989年3月7日

召开党员、村民座谈会

参加人员：张宝斋、高祥、李正林、韩志品、尤长桂、李风武，计6人。

村民：郭占奎、高普、马朋、王俊、王铁刚、郤桂合、高洪运、郝存仕、韩志文、穆凤海、穆凤祥、高洪元、高洪朋、高德仕、杜宪德、李宪成、王占奎，计17人。

1989 年度开大会

	1	2	3	4	5	6	7	8	9	10	合计	记事
	1	4	2	2		4	1		1		15	
3月11日	20	25	25	29	25	28	18	10	19	14	213	89.11.10
社务工账开过来	4	6	6	4	4	3	13	2	3	7.5	52.5	
合计	24	31	31	33	29	31	31	12	22	21.5	265.5	
应摊人数	79	70	71	65	53	63	41	24	39	50	555	
应摊工	37.51	33.53	34.	31.14	25.39	30.17	19.63	11.50	18.68	23.95	265.5	
结算	长			1.86	3.61	0.83	11.37	0.5	3.32		21.49	
	亏 13.51	2.53	3.0							2.45	21.49	

…………而计算结果

…………1990.1.7 日办

1989 年 3 月 10 日一天

召开党员会议

到会党员 27 人,(开会工已处理),下乡干部:王才、王进海。

进行事项:

① 党员对党支部的两名成员的民意测验:

薛英芳 23、王进贵 2、董世跃 17、崔玉海 12、祁守柱 1、高文 1、祁凤元 1、穆凤忠 3、高德进 3、穆奎有 8、李世江 3、赵玉兰 4,提出 12 人。

经测验定候选人:薛英芳、董世跃、崔玉海,计 3 人。

② 经过选举的结果是:薛英芳 21 票,董世跃 19 票,崔玉海 12 票。

③ 党员对村委会组成人员的民意测验:发出票 27 张,弃权票 1 张,实选票 26 张。

主 任		会 计		副主任									
李桂存	王铁刚	崔玉海	祁守柱	高德进	穆奎有	李世江	邵德文	董世跃	祁守柱	高德进	薛英芳	李桂存	穆凤忠
24	2	22	2	1	7	7	3	2	2	2	1	1	1

连长					
穆奎有	李世江	崔玉海	祁守柱	高德进	董世跃
7	6	6	2	2	1

……………………

1989 年 3 月 12 日

召开两委会议

参加人员：张明德、薛英芳、李桂存、穆奎有、崔玉海、董世跃，共计 6 人。

研究事项：

① 两委如何分工？

党支部：

张明德：负责支部的全面工作；

薛英芳：负责支部的日常工作，主抓党的建设，三会一课；

董世跃：纪律检查，重点抓林业管理，党宣传委员：党的宣传。

村委会：

主任：李桂存：村委会的全面工作；……审批开会……

副主任：穆奎有：农林建设…………

连长董世跃：…………

秘书崔玉海：…………

② 林业管理委员会怎么健全？

主任：李桂存，副主任：穆奎有、薛英芳、董世跃、崔玉海；成员：十个居民组长。共计 15 人组成。

③ 两委如何分工去整顿居民组长？

1	2	3	4	5	6	7	8	9	10
李桂存	李桂存	崔玉海	崔玉海	董世跃	穆奎有	董世跃	薛英芳	薛英芳	穆奎有

④ 去千松台找师建忠搞砍伐时间的批示谁去？

…………

1989年3月18日

召开两委会议

参加人员：张明德、李桂存、薛英芳、穆奎有、崔玉海、董世跃，共计6人。

研究事项：

① 居民组干部的整顿，就绪情况如何？

1	2	3	4	5	6	7	8	9	10
张万江	高德发	郤桂合		杨海荣	田秀文	李风龙			

② 下步如何安排？

3月19日召开两委，新旧组长会议，会议内容：

① 新旧组长……

② 研究事项……

③ 1989年度的因公外出的报酬怎么定？

经过充分讨论％％

① 车、后…………。

② 日工…………。

③ 日补助伙食定5.00元。

④ 需请人招待，根据情况，经研究酌情处理。

另行用工：

① 4月1日，高玉国、杨志明给学校锯劈木头每人一天。

② 3月20日弄假钱：郝军、冀秀合、郤桂合每人半天。

③ 3月21日夜，张明德、李桂存、穆奎有，每人半个工。

④ 4月22日在大队给学校腾房半天。

张桂元、高德山、穆奎军、董世跃、张风祥、张明瑞、张海斌、郝存山。

⑤ 张风祥5月6日，送张明德去巴图营子一天。

1989年3月19日

召开两委扩大会议

参加人员：张明德、薛英芳、李桂存、穆奎有、崔玉海、董世跃、张万江、高德发、王立新、郤桂合、康登明、杨海荣、田秀文、李风龙、高德明，共计15人。

会议进程：

① 新、旧组长看本组的账目，无误后新组长签字或盖章。

② 由张明德代表支部给10名组长肯定1989年底的工作成绩，对卸任的组长给予正确评价，对新任的组长表示欢迎，对公布了1988年度村委会和居民组的经济往来。

又提出解决土地租赁制收款的办法(砍木头可用工资抵顶)，公布了：怎样计算的土地租赁制收款等等。

③ 砍木头问题怎么办？

1. 县林业局批示50亩，限期1989年2月1日因超期又经过乡政府和林业给研究，又批示到三月底，咱们必须在三月底搞完。

具体研究定：

① 3月20日两委到歪脖沟测定(划分砍坡界线，存入地点)。

② 何时砍？3月21日开始。

③ 怎么上人？全力以赴。

④ 外来亲友要求参加砍木头行不行？经所在居民组长批准的同意让砍。

⑤ 每天生产的时间怎么定？

上午九点半上山，下午三点半下山。不按规定时间执行，超时间所砍的木头和柴火都无理由没收。

⑥ 公伤事故怎么办？必须注意安分，如遇公伤，村委一概不负任何责任。

⑦ 砍伐坡道如何划分？

…………木头和柴火一律不准个人搞，何时开放由会议决定。…………

⑧ 怎么限砍伐树桩的高度？

绝对不准超过15公分，违者酌情罚款。

⑨ 砍伐沟内的柴火，树头怎么管理？

一律不准个人搞，何时开放由会议决定。

⑩ 砍伐的报酬怎么定？

	檩(根)					椽(根)		7尺杆		5尺杆		柴火		大材类
	特特	特	一等	二等	三等	一等	二等	一等	二等	一等	二等	一等	二等	
按指定地点砍	4.50	3.20	2.50	2.00	1.00	0.50	0.40	0.20	0.15	0.15	0.10	0.50	0.30	0008
不执行砍伐地点：不付任何报酬，一律没收酌情处理。														
			长4米12公分	长3.8米12公分		长4米6公分	长4米5公分	粗5						

⑪ 如何记账与管理？

收大材组，过……………，收椽和檩…………

⑫ 验收人员需在水沟住不住？

不住…………

⑬ 验收人员的报酬怎么定？

暂不决定报酬，要占到砍伐人的上中游，采取每天记工（验收人、管理人），最后再定。

⑭ 验收管理人员怎么定？

决定村级的两委成员。

具体分工：檩类：李桂存

椽杆类：薛英芳、穆奎有；

大材类：董世跃。

1989 年 3 月 29 日

召开两委会议

参加人员：张明德 1、薛英芳 1、李桂存 1、穆奎有 1、董世跃 1，共计 5 人。

会议中心是清点砍木头的价票。

1989 年 3 月 31 日

召开两委扩大会议

参加人员：张明德、李桂存、薛英芳、穆奎有、崔玉海、董世跃、张万江、高德发、郤桂合、康登明、杨海荣、田秀文、高德明、范世亮，共计 13 人。

讨论事项：

（一）如何定卖木头价？

类　别	规　格	本村价	外村价
特等椽	长 3.8 米，粗 6 公分	4.50	5.00
一等椽	长 3.8 米，粗 5 公分	4.00	4.50
二等椽	长 3.2 米，粗 5 公分	3.50	4.00
5 尺杆一等	（根）	2.00	
5 尺杆二等	（根）	1.80	

续 表

类　别	规　格	本村价	外村价
7尺杆一等	(根)	2.50	
7尺杆二等	(根)	2.30	
7檩柱类	长3米到3.5米,10公分以上	每公分1.80元,每公分2.00元。	

② 夭柱如何定价?

二米长,每方160元,1.8米,每方150元。

质量太次的可由卖木头酌情处理。不论打结何种木头,打结费一律由买木头人负责。盘山费由卖木头人负责。

③ 段木怎么卖?

10公分以上,一律检寸,按檩类处理。凡不足柱类的每斤价0.10元。

④ 柴火如何卖?每个0.70元。

⑤ 卖木头人如何确定?两委会议决定…………,但至少不少于三个人。…………

⑥ 赊账行不行?不行。…………先交款后给…………

⑦ 木头场如何看管?

从水沟确定一人,加工分。

⑧ 检查站执行什么手续?

见村委卖木头人的手续,核对根数,无误后让走。

(二) 乡分配的植树造林任务怎么安排?

① 育杨树苗三亩,油松十亩,咋办?

义务植树4 000株,四旁植树4 000株,咋分配?

	1	2	3	4	5	6	7	8	9	10	计
育　苗	1.5	2.	2.	2.	1.5	1.	1.		1.	1.	13.
四旁植树	440	420	560	540	410	470	330	220	380	350	4 120
义务植树	440	420	560	540	410	470	330	220	380	350	4 120

(三) 乡政府给粮食(玉米)2 000斤,谁缺粮食?

………………多的一律不给。

姓名	郭占熬	张万江	李汉军	高德发	高德军	祁守相	张军	高洪祥	祁守彬	张玉斌	张玉祥	梁树合	范秀英	高德忠	高庆军	合计
人口	3	4	4	4	3	5	5	3	4	4	3	3	1	4	4	54
斤数	150	200	150	200	120	150	150	100	120	120	100	150	50	120	120	2 000

1989 年 4 月 9 日一天

召开两委扩大会议

参加人员：张明德、薛英芳、李桂存、穆奎有、崔玉海、张万江、高德发、郤桂合、杨海荣、田秀文、李风龙、高德明、张海军，共计 13 人。

讨论事项：

① 3 月 31 日分配育苗 13 亩，当前重点是杨树育苗三亩，怎么分？

队　别	1	2	3	4	合　计
亩　数	0.6	0.8	0.8	0.8	3

② 1989 年的粮食征购怎么分？

		1	2	3	4	5	6	7	8	9	10	合计
总任务		2 816	2 800	4 000	4 300	2 000	500	1 000	500	1 000	800	19 716
其中	玉米	2 316	2 300	3 464	3 750	1 600	400	800	400	800	600	16 430
	豆子	500	500	536	550	400	100	200	100	200	200	3 286
创汇豆	人口	111	104	141	135	103	117	83	56	93	87	1 030
	豆子斤数	1 554	1 456	1 974	1 890	1 442	1 638	1 162	784	1 302	1 218	14 420

同意。…………

③ 通过收价钱决定收土地租赁制款给队长奖。

提　　法	四月十三日扩大会定
一等奖，收款额占百分之百，工作量大，占好	按应交款，百分之一。
二等奖，收款额占百分之八十，工作上中。	按应交款，百分之零点八。
三等奖，收款额占百分之五十，工作下中。	按应交款，百分之零点四。
末等，收款占百分之四十以下，工作差。	罚年终应得款百分之二十。

④ 乡分配五十亩栽杨树怎么完成?

	1	2	3	4	5	6	7	8	9	10	计
亩数	5.5	5.	7.	6.5	5.	6.	4.	3.	4.	4.	50.

⑤ ……4月10号准备树栽子,11号统一去栽。………………给义务工。给多少再定。

⑥ 通过收价钱,已澄清谁欠土地租赁制款,回去马上收欠款,何时开会交款办手续?

……………………收齐款。

1989年4月13日一天

召开两委扩大会议

参加人员:张明德、薛英芳、穆奎有、董世跃、崔玉海、李桂存(半天)、张万江、高德发、郜桂合、田秀文、李风龙、高洪有、高德明、张海军,共计14人。

会议事项:

① 分配粮食定购任务,挂钩物质落实,填写合同定购通知书。

	总任务(市斤)	其中		玉米增5%的市斤							合计公斤
		豆子	玉米		总任务6%	柴油市斤	玉米		豆子		
							每百公斤20%	斤数	每百公斤30%	斤数	
1	2 816	500	2 316	141		169		232		75	307
2	2 800	500	2 300	140		168		230		75	305
3	4 000	536	3 464	200		240		346		80	426
4	4 300	550	3 750	215		258		375		82.5	457.5
5	2 000	400	1 600	100		120		160		60	220
6	500	100	400	25		30		40		15	55
7	1 000	200	800	50		60		80		30	110
8	500	100	400	25		30		40		15	55
9	1 000	200	800	50		60		80		30	110
10	800	200	600	40		48		60		30	90
合计	19 716	3 286	16 439	986		1 183		1 643		4 925	2 135.5

② 土地租赁制收款问题。

	应交的				实交		下欠		备注
	户数	人份	每人份	款数	户数	款数	户数	款数	
1		126	11.00	1 386.0		1 386.00			
2		121.5	11.00	1 336.5		1 336.50			
3		164	11.00	1 804.0		927.60	18.00	876.40	
4						1 390.00	1	50.00	彭宪军 50.00 元
5		119	8.00	952.0		952.00			
6		100	13.00	1 300.0		1 150.50	2	149.50	梁进 4 人，52.00 元，彭正富 7.5 人，97.50 元
7		90	11.50	1 035.0		1 035.00			
8		71	6.00	426.00		426.00			
9		117	8.00	936.00		936.00			
10		115	9.50	1 092.5		1 092.50			
合计									

（下转第五本）

会议笔记 30

5 苏 寺 村

1989 年 5 月 1 日下午半天

召开两委扩大会议

参加人员：张明德、李桂存、崔玉海、穆奎有、薛英芳、张万江、高德发、杨海荣、田秀文、李风龙、高洪有、高德明、张海军，共计 13 人。

会议开始由张明德和李桂存把学校危房的情况及马乡长和县教委两次来人的经过向会议作了汇报。目的给与会人员在头脑中出现警钟。

其次如何把抢脖沟的路如何修？需要安排一下。

讨论记录：

① 去县求款谁去？

决定张明德、李桂存二人去。带什么？多少和乡长商量定。

② 明天修抢卜沟的路怎么上人？

每 10 人出一个人，村委二人去掌握。各居民组长去掌握。

…………

1989 年 5 月 3 日

召开两委会议

参加人员：

张明德、李桂存、薛英芳、崔玉海、穆奎有（半天），共计 4 人。

会议之前给学校模合板。下午结算学校、村委会开支单据。

1989 年 5 月 10 日

召开两委扩大会议

参加人员：

张明德、李桂存、薛英芳、崔玉海、穆奎有、董世跃.张万江、高德发、邵桂合、张文生、杨海荣、李风龙、高洪有、高德明、张海军，共计 15 人。

会议内容：

① 由张明德把去县里找领导设法帮助解决学校危房的经过汇报之后，李

桂存又补充了几句。总之,县委任书记帮了大忙,从周转金内借来一万元,是二年还清。看咱们盖不盖,怎么盖?

② 徐风林要包咱村砍的木头。咱们怎么处理?

③ 乡政府分配咱村搞两个地标,怎么办?

讨论情况:

(一) 两个地标怎么确定?

1. 2 队在过河道原修的水口坝上建一个。

3. 4 队在泉子道东边建一个,必须有组长负责,明天必须完成。

(二) 咱们的木头怎么办?

经过很长时间的酝酿讨论(徐风林不在场)同意包出去。

从彭正富家找来徐风林在会议上定为:

① 因学校要修建,……………………………坡根一带算椽,仍是苏寺村。总之,所砍的木头到定时为止,挑檩条类 500 条,坡根一带杂椽归苏寺村,其余全归徐风林。

② 因徐风林多次要买,未定下来包或是另买。已交定金 8 000 元。

经双方商定今天(5 月 10 日下午)再交 5 000 元。

经与村委商定 5 月 31 日前交 5 000 元,其余部分……拉走木头前全清。

③ 包木头的总款:

…………清总额为 4.2 万元,………………4.4 万元。

(三) 学校修建怎么办?翻建。

10 个居民组先分沟门的三排 18 间。从拆房到盖起采取包工。

类别	给工		类别	给工	
	木工	小工		大工	小工
取门窗弦匡	1	2	板瓦上房		10
下瓦		20	瓦房	10	50
拆房(木头下房)	1	16			
拆墙弄土砖(清光场)		50			
马地盘	0.5	10			
立架	0.3	7			
垒墙开始做窗台二层泥	25	190			

拉土每排包括…………

沙子、砖、沟…………

木料,由………………

用工的工资:小工每个3.50元,木工每个7.50元,泥工每个9.00元。

从拆房开始每排每日给一个看管工。

安排分排:

	人　口	负责带工人		木工负责人	抓阄哪排
		正	副		
1	111	张万江		罗有	中
2	104		高德发		中
3	141		薛英芳	吴立群	前
4	135		张文生		中
5	103		薛英芳		前
6	117			张明生	手
7	83			张明春	后
8	56			张明春	后
9	93		薛英芳		前
10	87			张明生	后
计	1 030				

需用泥工?

穆奎军、穆奎明、李世军、郭文海、杜青山、李汉洋、郭文军、郭文亮、郭文明、高洪祥、高玉国、张玉海,由总负责人,根据情况安排使用。

两委如何分工?

总负责人:张明德、李桂存,跑料:张明德、李桂存,保管:董世跃,前排:崔玉海,中排遣:穆奎有,后排:薛英芳。

买柁谁去?

李桂存、崔玉海……

1989年6月18日

召开党员会议

参加人员:

张明德、王立新、王志文、张玉林、赵存德、李淑兰、郝元、高桂有、高秀连、韩志品、李天奖、薛英芳、薛风桐、祁守柱、穆凤忠、马淑兰、尤长桂、穆奎有，共计 18 人。

会议开始把上半年的支部工作简单的总结，如何进行做“学校修建设情况”，“如何查实及报告的情况”做了简单的汇报。

学习① 中共中央、国务院：“告全体共产党员和全国人民书”；

② 认清动乱的实质和戒严的必要性。然后传达了乡党委：

① 关于实行“两公开监督”制度的规定；

② 党员目标管理的文件。

③ 关于对基层党建工作进行检查的通知。

讨论记录：

① 上半年的优秀党员评比一下？

有十四名党员，每人提名三人。

高桂有 5、高秀连 1、穆奎有 1、薛英芳 7、张明德 13、王立新 12、穆凤忠 2、高祥 1，共 42 票。

最后定为：张明德、王立新、薛英芳、高桂有。

② 乡党委要求对老、弱、病、残的党员应照顾，目标考核，谁为照顾对象？

王登明、徐桂兰、赵存德、李淑兰、郝元、赵云奎……………………………

③ 建一个检举箱放在哪里？

村委会院，发动村民检举揭发。

④ 公告栏建在哪里？大院的黑板上。

⑤ 把监察员在明确一下？薛英芳。

⑥ 把培养积极分子再定一下？

对象姓名	李桂存	康登明	杨海荣	田秀文	彭宪合	郃桂合
培养人姓名		李世江	高桂有	穆凤忠	穆奎有	王立新

1989 年 6 月 19 日

召开支委会议

参加人员：

张明德、薛英芳、董世跃（半天），共计 3 人。

上午张明德和薛英芳整理支部工作，下午又有董世跃参加评审干部等工作。

1989 年 6 月 30 日

召开两委会议

参加人员：

张明德、李桂存、薛英芳、崔玉海、穆奎有、董世跃，共计 6 人。

上午办公室搬家，订立各项制度。下午清理两委 3 月 9 日—6 月 30 日的工。

※※※※※※

穆奎有报：4 月 11 日苇子沟栽树：

1	2	3	4	5	6	7	8	9	10
3	4	4	2	4	2	2	2	7	4
计	32 人								

5 月 3 日垫路

1	2	3	4	5	6	计
2	2	2	3	3	4	16 人

抢卜沟修路用工　1989. 5. 2

	村　委	居　民　组			修另行路给工	翻木头给工	合　计
		带队人	人　数	给　工			
1		张万江	9	5+12			17
2	李桂存	高德发	11	7+15			22
3	张明德	王立新	8	12+7			19
4	崔玉海	郝存山	4	6+4			10
5		杨海荣	10	8+12			20
6	穆奎有	田秀文	12	7+16			23
7	董世跃	李风龙	11	14+8			22
8	薛英芳	高洪有	6	12+3	3		18
9		高德明	10	10+5		（11 人）	15
10		范世亮	8	7+5		33 个	45
计	6		89	175	3	33	211

已处理。

1989 年 7 月 2 日下午

召开两委会议

参加人员：

张明德(半天)、李桂存 1、薛英芳(半天)、董世跃 1、崔玉海 1，共计 5 人。

上午挑木头。下午开两委会议，中心研究救灾粮问题。

① 哪些户不应享受？

…………情况之一者不应享受；…………任务的。

经评议下列户

组	姓　名	人口	粮斤	组	姓　名	人口	粮斤	组	姓　名	人口	粮斤
1	郭文海	4	200	4	木海成	4	150	7	李富海	5	100
	郭占敖	3	300		李世合	5	250		穆风忠	7	200
	李汉洋	5	200		高祥涛	3	150		张明春	5	300
	张万国	6	150		康登明	4	200		李风龙	5	50
	张万合	4	100						李风军	4	100
	张文合	5	100						李风成	3	100
	6	27	1 050						张风祥	7	150
									7	36	1 100
2	高德富	3	200	5	张玉祥	3	200	8	李富合	4	150
	王　良	5	200		张玉海	4	250		范秀英	1	50
	李桂龙	4	150		张玉彬	4	200		薛风桐	1	50
	李连春	2	100		高德秀	3	100		张天富	5	150
	杜桂山	5	150		韩志忠	4	150		4	11	400
	石成荣	1	110		韩志文	5	150				
	6	20	910		祁守彬	4	100				
					7	27	1 150				
3	张文彬	5	250								

续 表

组	姓　名	人口	粮斤	组	姓　名	人口	粮斤	组	姓　名	人口	粮斤
	祁守相	4	200	6	田秀文	4	150	9	高庆军	4	200
	郤桂军	1	140		彭宪明	3	100				
	李海林	3	100		韩风彬	4	150				
	李世军	3	150		韩志品	2	100	10	张海军	4	150
	王志文	4	100		杨存生	3	200				
	木树合	2	100		高德祥	3	150				
	郤桂合	4	100		高德兴	3	100				
	冀秀合	2	100		穆奎军	5	100				
	9	28	1 240		8			总计	53	8 000	

② 乡让评议四户特困户评谁?

郤桂军、王艮、石成荣、范秀英。

※※※※※※

计划生育用工

		张明德	李桂存	穆奎有	崔玉海	董世跃	薛英芳	郝存山	郤桂合	张文生	高德仕	李世海	木树斌
8月	2	1	1	1	1	1	×	1	1	1	1	×	×
	3	1	1	1	1	1	1	1	1	1	1	1	1
		李世合	高玉平										
8月	2	1	×										
	3	1	1.5										

1989年8月2日下午

地点:沟门学校办公室

召开两委扩大会议

参加人员:

张明德、李桂存、穆奎有、崔玉海、董世跃、郤桂合、张文生、乔海荣,共计

8 人。

讨论记录：

① 咱们学校的学生学杂费是否征收？

凡在苏寺校上学的不分班次年级，一律按每人征收学杂费。…………

重要事项摘抄

1989 年 8 月 1 日抄

在 82 年大队会计账上，查计划生育罚款：

第三本上：

姓名	张文斌	高洪武	杜宪德	高德敬	刘军	吕桂军	高德品	王铁刚	韩桂军	郭文海	张文生	高德发
时间	8.13	8.13	8.13	8.13	8.12	8.12	8.12	8.11	8.11	8.11	8.11	8.11
款	130.00	80.00	160.00	110.00	130.00	160.00	130.00	200.00	200.00	200.00	200.00	200.00

第五本上：

姓名	高德品	韩志文	彭宪军								
时间	8.16	8.12	8.16								
款	130.00	二胎 400.00	二胎 大肚 200.00								

1989 年 8 月 10 日

召开支委会议

参加人员：

张明德、薛英芳、董世跃，共计 3 人。

村委另摊：李桂存、穆奎有、崔玉海。

中心议题是：研究党的建设问题，重新审议修改党支部的各项制度。

1. 工作制度。
2. 党员“三会一课”制度。
3. 党员教育制度。
4. 党员目标管理制度。
5. 党员联系户制度。

6. 党员民主议事制度。

7. 民主评议党员、民主评议干部制度。

8. “两公开、一监督”制度。

9. 关于村干部保持廉洁的规定。

1989 年 8 月 26 日

召开两委扩大会议

参加人员：

张明德、李桂存（半天）、薛英芳、董世跃，崔玉海、穆奎有（半天）、张万江、高德发、郜桂合、张文生、杨海荣、田秀文、李风龙、高洪有、高德明、张海军，共计 16 人。

村委另摊：李桂存、穆奎有、崔玉海。

中心研究清理学校修建事宜

① 每排包工时定“摸二层泥”和“砌起窗台”，这些活已由承包装修人张连合做了，怎么往回扣工。

每排扣工 12 个。

② 应摊学校修建的人怎么定？每人应资集多少款？

………………为准。…………合款 7.00 元。

	1	2	3	4	5	6	7	8	9	10	合计
户数	30	27	36	32	25	30	22	13	20	22	257
人口	114	107	140	132	102	116	82	55	95	88	1 031

③ 学校修建包工的情况：

		原包的工	扣回二层泥和垒窗台工	实有包工数	给包工车位加工	实有工合计	落实到组工数
前排	3						164.9
	5						98.3
	9						87.8
	计	355	12	343	8	351	351

续 表

		原包的工	扣回二层泥和垒窗台工	实有包工数	给包工车位加工	实有工合计	落实到组工数
中排	1						103.3
	2						124.2
	4						122.5
	计	355	12	343	7	350	350
后排	6						91.95
	7						90.05
	8						69.4
	10						101.60
	计	355	12	343	10	353	353
合　计		1 065	36	1 029	25	1 054	1 054

1989年8月27日

召开两委扩大会议

参加人员：

张明德、薛英芳、穆奎有、崔玉海、张万江、高德发、邵桂合、张文生、杨海荣、田秀文、李风龙、高洪有、高德明、张海军，共计14人。

研究学校修建类的问题

① 原来包每排拉沙子50元，实践证明太低，请研究一下？

增加10元，共定60元。

② 两委在修建高潮时，为管好木料，贴班下夜怎么给报酬？

经充分研究，决定每人每夜3.50元。

③ 两委在施工中代（带）工，每天只记一个工，组长带工按包的工已记。是否就带工人给点补助款？

凡是带工的每工给2.00元。

④ 从学校6月28号搬回就两委看门，每夜怎么给款？

每人每夜给工1.50元。

苏寺村学校修建结算表 1989.8.27

·	应摊		土工				木工		泥工		抢卜沟拉木头砍杂椽大柴	砍栈板钱	买黍秸粮	合计款	结算	
	7.00		3.50				7.50		9.00						长	亏
	人	款	包工	杂工	计工	款	个	款	个	款						
1	114	798.	103.3	25.	128.3	449.05	31.	232.5	37.3	335.7	20.93	122.25	14.92	1 175.35	277.35	
2	107	749.	124.2	63.5	187.7	656.95	33.5	251.25	7	63.0	20.93	112.99	24.2	1 129.32	380.32	
3	140	980.	164.9	83.7	248.6	870.1	21.	157.5	8.1	72.9	52.5	53.75	2.8	1 209.55	229.55	
4	132	924.	122.5	68.5	191.	668.5	92.5	693.75	7	63.	43.44	57.64	5.2	1 531.53	607.53	
5	102	714.	98.3	16.	114.3	400.05	18.5	138.75	12.7	114.3	42.48			695.58		18.42
6	116	812.	92	2.5	94.5	330.75	23.5	176.25	29.6	266.4	33.75			807.15		4.85
7	82	574.	90	6.	96.	336.	21.5	161.25			39.4			536.65		37.35
8	55	385.	69.4		69.4	242.9	8	60.0						302.90		82.10
9	95	665.	87.8	6.	93.8	328.30								328.30		336.70
10	88	616.	101.6	27.	128.6	450.1	6.5	48.75						498.85		117.15
计	1 031	7 217	1 054	298.2	1 352.2	4 732.70	256	1 920.	101.7	915.3	253.43	346.63	47.12	8 215.18	1 594.75	596.57

村委会再拿 998.18 元

⑤ 零星拉土除当时按方定价外，其余的土和沙子怎么定款?

由掌握………………

1989.8.12 日

在支委扩大两委的生活会议上

张明德的发言

从 3 月 12 日组建分工以来，到今天已满 5 个月，总的回忆是：

（一）做对的：

1. 工作上任劳任怨，力尽其责。

2. 处处事事以公当头，没有以权谋私贪的事宜。

3. 充分发挥一班人作用，没有个人说了算。

4. 维护集体领导分工制，没有搞个人小动作。

5. 没有做损人利己的事，(今年卖村委会柴火 60 个，天线架顶门子料，水泥顶井台灰)。

6. 学校修建存放东西一点没少。

（二）不足的：

1. 长期存有不乐意当干部的思想。

2. 对党的工作抓的不死，年度计划的执行不够完善。

3. 作为支部书记对成员的谈心，理顺工作抓的不够，该谈的没谈，说理顺的没理顺。

4. 来客赔客，在村里吃喝。

（三）个人认为存在问题：

1. 原欠旧帐没清理(指外村人买木头而言)。

2. 旧班手续欠社员的没还，该收的没收。

3. 药社问题。

4. 林业问题。

5. 丢失的东西没结案。

1989 年 8 月 30 日上午半天

召开党员民主议事会议

参加人员：

张明德、穆奎有、张玉林、穆凤忠、王立新，共计 5 人。

会议之前学习和通过了“十项制度”和“多种表册”。又通报了8月12日支委生活会议的情况。

议事问题:

大体讲同意生活会提的五个存在问题,又提出:夭子沟的玉米籽钱究竟怎么回事?

1989年8月31日

召开“党员统一活动日”

参加人员:

张玉林、张宝斋、杜桂山、王登明、张明德、赵存德、李正林、李淑兰、李世江、王文清、郝元、崔玉海、马淑兰、穆凤忠、高秀连、高桂有、韩志品、尤长贵、李天将、董世跃、祁守柱、薛风桐、穆奎有、薛英芳、杨海荣,共计27人。

会议开始学习了支部的十项制度,征求与会同志有何意见?没意见。

接着把上墙的表册又和党员说明,由薛英芳把“共产党要接受监督”进行了学习。由张明德把“全国组织部长会议”,“正确估计党的队伍的状况,聚精会神地抓好党的建设”进行了学习。

然后征求了与会同志的意见。

1989年9月10日

召开两委扩大会议

参加人员:

张明德、李桂存、穆奎有、薛英芳、张万江、高德发、郤桂合、张文生、杨海荣、田秀文、李风龙、高洪有、高德明,共计13人。

会议开始由张明德传达了乡政府9月9日召开的救灾会议精神,(居民身份证的问题,民兵连设办公室)成立以民兵为主的护秋小分队。

乡政府给统销粮1 190市斤。

填制救灾摸底表。林业管护问题。教师节的安排问题。学校修建账目的结算问题。

讨论记录:

① 乡给的统销粮1 190市斤给谁?

所在居民组	姓　名	人　口	两委拿意见，组长通过	备　注
1	张万江	4	100	
	郭文海	4		
	张万桂	3		
2	王　俊	4	140	
3	张文富	4	100	因乡给，改为郜桂军
	祁守相	4		
4	李树林	2		
	张树生	7		
	包宪文	3		
5	祁凤山	6	200	
	韩　普	5	150	
6	梁　进	3		
	韩风斌	4	100	
7	尤长贵	4	100	
	李风成	3		
	张明春	5		
8	张天付	5		
	高洪江	7	200	
9	高洪合	3		
	高世军	3		
5	杨海荣		100	
合计	20 户	83	1 190	

② 林业管理怎么办?

李桂存说“通过昨天上山检查,问题很严重,大家看怎么办?

与会人员一致认为很知己,应加强管理。怎么办?

以前存在的问题请示上级帮助处理。…………指导贴班,上山检查…………现问题立即解决。

1989 年 9 月 11 日

召开两委扩大会议

参加人员：乡党委：王才

张明德、李桂存、穆奎有、崔玉海、张万江、高德发、郤桂合、张文生、杨海荣、田秀文、李风龙、高洪有、高德明,共计 13 人。(薛英芳去搞护林上班去)

会议中心是审查各居民组登记的受灾户,通过审查分开:八类户、特困户、一般户、自足户。分清后进行分类,逐户登记。

讨论决定问题:

① 咱们学校修建前去县跑款买鸡蛋,乡校领导跑钱,修建上边来人验收,学校的现场会,学校修建的结算招待,木工做床拉板补助,饭和学校报来的招待费等花款不少,初步意见这些开支变用工处理怎么样?

开支情况 1989. 9. 11 载

项　　目	开支				
买鸡蛋、鸡、上礼招待	单据	合款	用于本村	用于小卖部	用于外边
县跑钱、料、招待费	2	426.75			
学校报来招待费	10	266.83			
学校账目结算	38	494.39		314.75	
县、乡现场会招待费	3	72.94		45.04	
校、修建招待费	1	24.92		24.92	
校修木工补助类	9	230.29		227.14	
	3	111.68		75.68	
合计		1 627.80		687.63	
实应处理的合计		1 426.50			

经研究用此款解决 1989. 9. 11

			1	2	3	4	5	6	7	8	9	合计
木工	7.50元	工数	2	4	3	9	3	2		2		25
		合款	15.00	30.00	22.50	67.50	22.50	15.00		15.00		187.50
土工	3.50元	工数	46.	41.	52.	47.	33.	39.	36.	29.	31.	354.
		合款	161.0	143.5	182.0	164.5	115.5	136.5	126.0	101.5	108.5	1 239.
共计款数			176.0	173.5	204.5	232.0	138.0	151.5	126.	116.5	108.5	1 426.5
经办人			张万江	高德发	郤桂合	张文生	杨海荣	田秀文	李风龙	高洪有	高德明	

两委在场人:张明德、李桂存、穆奎有、崔玉海,共 13 人。

1989年9月12日

召开两委扩大会议

参加人员：

张明德、李桂存、崔玉海、张万江、高德发、郜桂合、杨海荣、李风龙、高洪有、高德明，共计10人。

中心是汇总灾情的统计，分为“八类户、特困户、一般户”，填报乡发的救灾统计表“六种”。除填表人外，其余人员拉板做凳钉床。

1989年9月13日

在学校摸墙做床改窗户

参加人员：

张明德、李桂存、崔玉海、张万江、高德发、郜桂合、张文生、杨海荣、高洪有、高德明，共计10人。

1989年9月18日

召开两委扩大会议

参加人员：下乡干部：王才(下午半天)

张明德、薛英芳、穆奎有(半天)、崔玉海、张万江、高德发、郜桂合、杨海荣、田秀文、高洪有、高德明、李桂存，共计12人。

会议中心搞救灾、弄供应表等。

1989年9月23日上午半天

召开两委扩大会议

参加人员：下乡干部：张文富

张明德、李桂存、薛英芳、穆奎有、崔玉海、张万江、高德发、郜桂合、张文生、杨海荣、高洪有、高德明，共计12人。

会议中心传达乡政府召开的“修路垫道会议”精神。

1989年10月14日一天

召开两委扩大会议

参加人员：下乡干部：郭明刚

张明德、李桂存、崔玉海、崔玉海、张万江、高德发、郜桂合、张文生、杨海荣、田秀文、李风龙、高德明、张海军，共计 13 人。

会议中心安排农田建设。研究事项：

① 乡规定每个劳动力应出积累工，咱们按县委县政府赤发（1989 年）30 号文件规定，男 18—60 岁，女 18—55 岁，咱们先找出劳动力来。

	1	2	3	4	5	6	7	8	9	10	合计
男	34	37	41	37	33	35	21	14	27	31	310
女	28	30	41	34	26	33	22	14	21	22	271
计	62	67	82	71	59	68	43	28	48	53	581

提出问题：

组别	姓　名	原　　因	组别	姓　名	原　　因
2	马明	常年重病	6	穆奎亮	合同制
2	王秀珍	半身不遂	7	罗秀英	双目失明
2	刘万枝	常年有病	7	张海芬	脊柱变型
2	罗　斌	合同制	7	李风龙女人	奶奶半身不遂
3	王桂平	有户没地	8	高洪连	常年有病
3	曹忠池	有户没地	8	薛英明	合同制
3	郤桂军	精神病	9	王明兰	常年不在家
3	彭淑琴	常年有病	9	高庆忠	合同制
3	张海平	合同制	10	崔玉祥	合同制
3	吴淑琴	常年有病	10	李哑吧	失去劳动能力
4	王进录	合同制	10	杨淑花	伺候婆母
4	木海江	合同制	10	吴忠奎	没户口
4	王喜海	腿病严重			
4	李树林	常年有病			
5	高德举	合同制			
6	高德品	合同制			
6	木海军	合同制			
合计	29 人				

……………………让乡研究的：

① 上列 29 人的情况如何处理？

② 有户迁出几个人，现在人少了，地没退出，现在在的人又不是劳动力，不摊积累工不合理。

③ 一个男人娶个女人，又生小孩，只有一个人的地，摊两个人的积累工，认为不合理。

④ 各种合同制人外出，是否摊积累工。

⑤ 年龄在规定已失去劳动能力，算不算劳动力。

（二）变压器的三相保安器，每个变压器 250 元，咋办？

由各片自行解决，马上准备。

（三）战区，工程怎么安排：

战区	负责人		工程
	村委	组	
古方	李桂存	张万江、高德发	挡坝：大南沟门、小北沟门、斜尖沟门（古方至沟门的修路）。
沟门	崔玉海	郜桂合、张文生	挡坝与挑渠：西围厂沟门、东围厂沟门、斜尖沟门、沟门至苏寺修路、小东沟门、猛虎沟门、前、后坟湾沟。
苏寺	穆奎有 董世跃	李风龙、杨海荣、田秀文	挡坝：大柳树至三十亩地，小西沟门、尤家坟，修路：大柳树至小西沟门，西井片至牛样地。
水沟	薛英芳	高洪有	修路：牛样地至抢脖沟门
夭子沟	张明德	高德明	修路：小西沟门至四亩沟门
干沟	张明德	张海军	修路：四亩沟门至干沟梁根

1989 年 10 月 30 日

召开两委扩大会议

参加人员：

张明德、李桂存、穆奎有、薛英芳、崔玉海、董世跃，共计 6 人。

解决事项：

① 清理 9 月 4 日至 10 月 30 日的两委用工。

李桂存说：

① 乡里开主任会检查了东瓦夭南沟碾子湾村先进工程,让咱们再来个回马枪,咱们怎么办?

……再行安排。

② 王铁刚两次找他要搬迁西围厂沟包坡不包了,和村里要管护费,咋办?

……………要回合同可给适当管护费,………………村委会帮助处理。

③ 有的人反映林业上有问题,怎么采取措施?

必须严加管理。

张明德说:

徐风林来信让从给大队汇来的17 530元中,先给盘木头人(杨存瑞、高洪举、穆凤德)1 690元,这个问题咋办?

经研究给付1 000元。

1989年10月31日

在学校研究的几个问题:

参加人员:

包宪军、张明德、李桂存、刘良,共四人。

① 窗户的玻璃怎么办?

安满玻璃,由村委会负责。

② 教师的宿舍怎么办?

占用伙房南头,摸白墙,糊顶棚,拉板做凳安床。

③ 学前生怎么收费? …………收5.00元。

④ 炊事员因担水,所以负担过重,怎么办?

按水泵。

⑤ 炊具缺少怎么办?

……

1989年10月31日

召开两委会议

参加人员:

张明德、李桂存、穆奎有、崔玉海、董世跃、薛英芳,上午查坡下午查车,会议主要是清理使用假钱票问题。

1989 年 11 月 1 日

召开两委会议

参加人员：

张明德、李桂存、薛英芳、穆奎有、董世跃、崔玉海，共计 6 人。

首先张明德抄算砍木头使用假钱票的表，其余五人订正卖木头帐和卖木头工。

讨论记录：

① 社员上山砍木头的六天，两委怎么给报酬？

……

② 为林业事外出和卖木头怎么给报酬？

…………每天 7.00 元。

③ 查坡和看管及查车，怎么给报酬？

上山查坡和看管每人每天 4.00 元，不上山光查车每人每天 3.00 元。

④ 清理林业账目怎么给报酬？

每人每天 3.00 元。

待处理的用工：

10 月 12 日，重整乡级公路：张文生、杨宝善、高洪生、王铁彪、木树合、木树斌。

待处理的工　1989 年 10 月 30 日

张明德	李桂存	薛英芳
8 月 25 日，水亩湾要钱一天	8 月 25 日，水亩湾要钱一天	9 月 1 日，徐风林来半天
9 月 1 日，徐风林来事一天	9 月 9 日，检查坡一天	9 月 6 日，林业检查一天
9 月 24 日，垫乡级公路一天	10 月 5 日，林业查车半天	9 月 9 日，林业检查一天
9 月 25 日，半个(大早)	10 月 13 日，林业查车半天	9 月 11 日至 15 日，上午上山，下午查车，五天
10 月 15 日至 18 日，4 天	10 月 15 日至 16 日，农建二天	9 月 14 日至 15 日，围厂沟查坡二早
10 月 22 日，一天	10 月 17 日，林业查车半天	9 月 24 日，垫乡级公路一天
	10 月 22 日，农建查一天	

穆奎有	崔玉海	董世跃
9月9日,检查坡一天	9月29日至10月3日,林业站查车五个半天	9月21日至27日,上山查坡,上午查车,七天
9月14日,检查坡半天		
9月16至20日,上午上山,下午查车,4.5天		
9月24日,垫乡级公路一天		
10月15日,农建安排半天		
10月22日,农建检查一天		

1989年11月3日

召开两委扩大会议

参加人员:

张明德、李桂存、穆奎有、崔玉海、薛英芳、张万江、高德发、郜桂合、张文生、杨海荣、田秀文、李风龙、高德明、张海军、高洪有(半天),共计15人。

会议讨论记录:

① 乡党委指示乡政府安排,农田建设再掀高潮,咱们怎么安排?

仍按10月14日扩大会议的决定工程来安排…………,初定11月7日至8日两天……

② 三项保安器款怎么办?

干 沟	夭 沟	水 沟	苏 寺	沟 门	古 方
已交乡电管站	让大队还		5、6、7	3、4	1

凡收款的在11月10日交齐。

③ 全年工作考核怎么划分?

1. 土地租赁制款的征收:3分。

2. 农田基本建设:5分。

3. 日常工作:2分。

④ 1989年冬至1990年春的林木砍伐搞不搞?

发表意见是:

张万富	高德发	郤桂合	张文生	杨海军	田秀文	李风龙	高洪有	高德明	张海军	李桂存	穆奎有	薛英芳	崔玉海	张明德
批	批	批	批	批	批	批	批	批	批	不批	不批	批	随大流	同意多数

……………………杨树沟 50 亩,………………办手续。

⑤ 乡财政所就农业税给减免 210.00 元,评议给谁?

烈属:刘斌 4.37 元,薛德斌 4.89 元。

军属:彭正富 12.19 元,荣正廷 6.1 元。

残废军人:梁进 5.0 元,李树林 14.74 元,王文清 9.14 元。

特困户:李汉洲 8.57 元、马亮 1.43 元、李连春 1.43 元、郤桂军 2.77 元、张树生 13.57 元、张文科 11.53 元、张连军 2.77 元、刘付生 1.46 元、杜永科7.91元、穆永生 2.5 元、杨占奎 2.54 元、高祥彩 2.57 元、郑万余 3.43 元、张文忠 2.71 元、李付海 8.39 元、李文奎 2.71 元、张文志 0.75 元、高洪连 2.00 元、高洪江 6.91 元、吕成林 1.94 元、郤政明 1.94 元。以上三项共 146.42 元。

经讨论上述的户,还有 63.58 元给谁?

组　别	组　长　报	组　长　定　额
1	昝　元	3.74 元
	张文合	3.10 元
2	王　良	
	王　俊	
	马　明	6.12 元
3	张文彬	4.20 元
	祁守相	4.20 元
4	高洪武	3.96 元
	穆奎喜	3.96 元
	杨宝山	
	康登明	

续表

组别	组长报	组长定额
	包秀廷	
5	祁凤山	6.12 元
6	穆凤江	
	韩志品	3.48 元
	高祥会	3.48 元
7	穆凤忠	4.92 元
	荣桂有	
	李风武	
8	张天富	3.30 元
	李付合	
9	高德武	5.70 元
10	李树清	7.00 元
	杨存秀	

说明：各组长报户后，与会人员认为，报好报下惹人，在无法的情况下，按人分到队：

1	2	3	4	5	6	7	8	9	10	计
6.84 元	6.42 元	8.40 元	7.92 元	6.12 元	6.96 元	4.92 元	3.30 元	5.70 元	7.00 元	63.58 元

最后分到组给谁？是组长安排的。

两委发表意见是：

薛英芳：组长的安排没意见。

崔玉海：组长的安排没意见。

穆奎有：组长的安排没意见。

李桂存：同意他们的安排。

张明德：社员对…………

1989 年 9 月 24 日垫乡级公路 ①土工

日　期	姓　名	上班时间	给　工	日　期	姓　名	上班时间	给　工
9.27	张明德	8.30	2	24	穆风祥	9.40	1.8
	郤桂合	8.30	2		韩风斌	9.40	1.8
	张文生	8.30	2		高德明	10.30	1.6
	郝存仕	8.30	2		薛英芳	10.30	1.6
	高洪运	9.00	1.9		罗金江	下午半天	0.8
	木树合	9.00	1.9				
半天	张　军	9.25	0.9	25 早	张明德	5.45	0.5
	穆奎有	9.35	1.8		郤桂合	5.45	0.5
	高德发	9.35	1.8		张万江	5.50	0.5
	韩风有	9.35	1.8		高德发	6.00	0.5
	张万江	9.35	1.8		张文生	6.00	0.5
	穆风海	9.35	1.8		木树斌	6.00	0.5
	韩志文	9.35	1.8		王　俊	6.00	0.5
	杨海荣	9.35	1.8				
	祁守柱	9.35	1.8				

② 拉沙料

日期	姓名	车数	打方					
24			长	宽	高	合方	每方给工分	共合工数
	王立新	25	170	70	40	11.90	5	5.95
	李玉江	30	120	80	50	14.4	5	7.2
	杨志强	30	150	70	45	14.18	5	7.1
	吴国瑞	26	140	70	40	10.19	5	5.1
	李世海	30	150	70	45	14.18	5	7.1
	崔玉海	23	120	60	30	4.97	5	2.5
	张　富	22	120	60	30	4.75	5	2.4
	张玉祥	25	130	70	30	6.83	5	3.4

续　表

日期	姓名	车数	打方					
24			长	宽	高	合方	每方给工分	共合工数
	包宪文	28	150	80	36	12.10	5	6.05
	杨存瑞	20	160	70	40	8.96	5	4.5
	高洪举	24	160	80	60	9.22	5	4.6
	高洪文	10	150	60	45	4.05	5	2.03
	李汉斌	13	120	60	40	3.74	5	1.87
	张青军	13	110	60	40	3.43	5	1.72
25	王进瑞	7	130	60	40	2.18	5	1.1
	高洪生	5	140	80	40	2.24	5	1.1
	高洪文	7	150	60	45	2.84	5	1.42
	张文海	7	100	50	30	1.05	5	0.5
	包宪文	7	150	80	30	2.52	5	1.26
	吴国瑞	7	140	70	40	2.74	5	1.37
	王立新	5	170	70	40	2.38	5	1.19
	李汉斌	6	120	60	40	1.73	5	0.87
	张清军	6	110	60	40	1.58	5	0.79
	张树生	4	120	70	35	1.18	5	0.6
	马清富	6	120	55	40	1.58	5	0.8

农田建设大检查　11 月 8 日至 9 日

	张明德	李桂存	穆奎有	薛英芳	崔玉海	高德发	郜桂合	张文生	杨海荣	田秀文	李风龙	高洪有	高德明	张海军	合计
8 号	1	×	1	1	1	×	1	1	1	1	×	1	1	1	12
9 号	1	1	1	1	1	1	1	1	1	1	1	1	1	1	14

会议进行两天的检查

在水沟高洪有家进行小结。根据检查的情况，对各战区的评分是：

张明德的意见：

古方二分、沟门三分、苏寺四分、水沟五分、夭子沟四分、干沟五分，与会人员认为…………

发给各战区的农建用工

10 月 15 日上午：张万江、高德发、郜桂合、张文生，（每人半天）。

10 月 15 日下午：杨海荣、田秀文、李风龙，（每人半天）。

10 月 16 日，高洪有半天。

10 月 17 日，高德明半天。张海军半天。………………

1989 年 11 月 10 日

召开两委会议

参加人员：张明德、李桂存、薛英芳、穆奎有、董世跃、崔玉海，共计 6 人。

研究事项：会议首先把 8 月 26 日到今天的用工进行清理上账。

研究问题：

① 垫乡级公路的拉沙子，已经打方，按方怎么给工？（9 月 24 至 25 日）

每方 5 分。

② 9 月 24 日至 25 日，垫路的杂工怎么给工？

按记工的…………

③ 属于全村的农田建设工，怎么给工？

用农建工乡定的每工 4.00 元，所以每误一个农建工，给二个社务工，记入误工记工的工账内。

④ 崔玉海提，旧班手欠社员的款，都找我要，怎么办？

（下转第六本）

会议笔记 31

6 苏 寺 村

1989 年 11 月 26 日

召开两委会议

参加人员：张明德、李桂存、薛英芳（半天）、穆奎有、董世跃，计 6 人。

下乡干部：张文富。

会议开始首先学习了“乡党委关于对全乡党员普训的通知”，接着由张文富把乡里开会“赵书记、马乡长”当前各项工作的指示。

会议就“党员普训日程具体进行了安排。”

在 11 月 18 日乡召开的农建检查会议上，马乡长宣布：苏寺 89 年征购任务 9 858 斤，1—3 月，统销粮 18 000 斤。咱们怎么安排？

	1	2	3	4	5	6	7	8	9	10	合计
征购	2 000	2 000	2 800	3 058							9 858
统销	900	850	1 100	1 000	902	900	650	440	700	700	8 142
合计	2 900	2 850	3 900	4 058	902	900	650	440	700	700	18 000

在 11 月 27 日党员普训会上通过，确定为按此计算执行。

1989 年 11 月 29 日

召开两委扩大会议

参加人员：张明德、李桂存、穆奎有、薛英芳、董世跃、张万江、高德发、邵桂合、张文生、杨海荣、田秀文、高洪有、高德明、张海军、张玉林、王立新、李世江。

此工从党员普训工内处理。

会议中心是研究讨论党支部 89 年度的总结，评比种类先进人物等。

① 按照乡党委的安排，要评文明自然村，在六个村上，哪个具备？第八居民组。

② 评比先进单位，咱村一个学校，十个居民组和村委会，哪个具备？苏寺

学校，第八、十居民组，共三个。

③ 在村委六名成员中和十名居民组长，哪个具备模范干部？

张明德、李桂存、高洪有、张海军。共 4 人。

④ 乡计划生育工作站让选育令（龄）妇女小组长。咱们每个居民组建一个育会妇女小组，组长选谁？

1	2	3	4	5	6	7	8	9	10
张淑珍	曹玉娥	张玉连	李忠琴	陈志云	王淑枝	苏连平	荣海兰	高淑平	赵芝梅

⑤ 就文明户，好民兵，五好家庭，三八红旗手，好婆媳，好妯娌，优秀团员，劳动模范，评谁？

经过民主评选，支部审定为后表。

	文　明　户	好　民　兵
1	高有、张文桂、郭占奎、郭文合、高文、张万江、郭文江，共 7 人。	张万江、郭文明、张万合、高文，共 4 人。
2	马朋、罗有、罗会、张玉林、罗斌、李桂存、杜桂山、高正德、王永，共 9 人。	张清斌、高德富、马清合，共 3 人。
3	张文明、张海江、张明德、王立新、李世江、张文富、郤桂合、王志文、张海祥、张海梅，共 10 人。	郤桂合、李世江、木树合，共 3 人。
4	高洪祥、王进瑞、郝军、邵金瑞、高洪运、穆海成、李世海、康登明，共 8 人。	李世合、张文生，共 2 人。
5	高秀连、高桂有、高德彬、杨海荣、韩桂军、祁凤山、董成瑞、杨宝喜，共 8 人。	祁守柱、杨海成、韩桂军、张玉海，共 4 人。
6	穆奎军、穆奎有、彭宪合、彭正富、穆凤德、田秀文，共 6 人。	韩风斌、彭宪合，共 2 人。
7	李付海、张明春、李风龙、李风成、董世跃、张明生、穆风忠，共 7 人。	李风武、高德文，共 2 人。
8	薛廷甫、高洪有、薛英芳、李付合、高洪如，共 5 人。	薛爱成，共 1 人。
9	高庆军、刘军、刘良、高德明、高德仲、高德仕，共 6 人。	高庆军、高庆江、高庆斌，共 3 人。
10	郤德武、孙秀海、范世亮、王占奎、孙富怀、张海军，共 6 人。	李桂生、范德武、范德军，共 3 人。

	五　好　家　庭	三八红旗手	优秀团员
1	高有、张文桂、郭占奎、高文、张万江,共5人。	张淑珍、周秀花	张万合
2	马朋、罗有、罗会、张玉林、罗斌、高德发,共6人。	李淑枝	
3	张文明、张明德、李世江、王志文、王立新、郤桂合、张海江、张文富,共8人。	王进梅、张月娥、顾正风	木树斌
4	高洪祥、王进瑞、郝军、邵金瑞、高洪运、穆海成、共6人。	赵淑娥	李世合
5	高秀连、高德举、高德斌、杨海荣、韩桂军,共5人。	陈志云	
6	穆奎军、穆奎有、彭宪合、彭正富、穆凤德、田秀文,共6人。	王淑枝	
7	李富海、张明春、李风龙、李风成、董世跃,共5人。	闫桂枝	
8	薛廷甫、高洪有、薛英芳,共3人。	李桂先、荣海兰	
9	高庆军、刘军、刘艮、高德明,共4人。	王明会	
10	郤德武、范世亮、王占奎、李宪成、孙富怀、张海军,共6人。	张桂英	
合计	54户	14人	3人

	好　婆　媳	好　妯　娌	劳动模范
1	高普女人和儿媳,共一对。	郭文江女人与郭文军女人,1对。	高有、张文桂
2	张玉林女人和儿媳,罗会母亲和儿媳,共二对。	李桂存女人与李桂兴女人,1对。	高德发
3	王进梅和婆母,共一对。	冀秀合女人与冀秀军女人,1对。	王立新、穆凤明、张文明
4	王进瑞女人和婆母,郝军女人和婆母,木海成女人和婆母,共三对。	高洪祥女人与高洪运女人,王进甫女人与王进瑞女人,李世海女人与李世合女人,共3对。	邵金瑞
5	高桂有女人和儿媳,祁凤山女人和儿媳,共二对。	高德举女人与高德秀女人,祁守斌女人与祁守柱女人,共2对。	武风枝

续　表

	好　婆　媳	好　妯　娌	劳动模范
6	彭宪合女人和婆母一对。	彭宪合女人与彭宪武女人，共 1 对。	穆凤德
7	李树合女人和婆母一对。	李树合女人与李树廷女人，共 1 对。	李付海
8	李付合女人和婆母一对。	李付江女人与李付合女人，共 1 对。	薛廷甫
9	刘艮女人和婆母，刘军女人和婆母，高德仲女人和儿媳，共三对。	刘艮女人与刘军女人，共 1 对。	高德清
10	杨淑英和婆母一对。	郜德文女人与郜德武女人，共 1 对。	李树清

苏寺党支部、党员普训记事　89. 12. 1

应参加				外出不在的党员	实际参训人				补课情况		包括补课实际参训人	参训与应参训的%
党员	入党积极分子	干部	合计		党员	积极分子	干部	合计	补讲人	补课人姓名		
				高祥、杜桂山					张玉林	杜万林 高文		
				王志文、张立新					李世江	王文清 马淑兰 李玉兰		
									穆凤忠	祁凤元 李风武		
									薛英芳	薛风桐		
									张明德	杨存秀 郜政明 范成才		
计：42	6	7	55	4	27	5	7	39		11	50	91

1989 年 12 月 6 日

召开两委扩大会议

参加人员：张明德、薛英芳、李桂存、崔玉海、穆奎有、董世跃、张万江、高德发、郜桂合、张文生、杨海荣、田秀文、李风龙、高洪有、高德明、张海军，共计16人。

会前由崔玉海统计了年报。

由崔玉海退给各组长的农业税，退款共210.00元，由张明德说了林业局在千、罗、瓦、东、韩的林业清查情况，并提出广泛宣传群众，让群众遵守林业管理制度。

讨论记录：

① 徐风林买木头的款怎么解决?

详见“协议书”。

1989年12月20日

召开两委会议

参加人员：张明德、薛英芳、穆奎有、崔玉海，共计4人。

重点审议:“关于89年底受灾重点、木材的专题报告”，认为符合实际，以此定搞，然后复写，让穆奎有送交乡政府。

党员活动和训练班记工表　89.11

姓　名	6.18	8.30	8.31	11.27	11.28	11.29	11.30	合　计
张玉林	0.5	0.5	0.5	1	1	1	1	5.5
张宝斋			0.5	1	1		1	3.5
赵玉兰				1	1		1	3
高　祥			0.5	1	1		1	3.5
杜桂山			0.5				1	1.5
王登明			0.5	1	1		1	3.5
小　计								20.5
王立新	0.5	0.5		1		1	1	4
张明德				1	1	1	1	4
王志文	0.5							0.5
赵存德	0.5		0.5				1	2
李正林			0.5				1	2.5
李淑兰	0.5		0.5	1	1			3

续 表

姓　名	6.18	8.30	8.31	11.27	11.28	11.29	11.30	合　计
小　计								15
李世江			0.5	放羊	1	1	1	3.5
王文清			0.5					0.5
郝　元	0.5		0.5	1	1		1	4
崔玉海				放牛	1	林业	林业	1
马淑兰	0.5		0.5					1
李玉兰			0.5					0.5
小　计								10.5
穆凤忠	0.5	0.5	0.5	1	1		1	4.5
高秀莲	0.5		0.5	1	1		1	4
高桂有	0.5		0.5	1	1		1	4
韩志品	0.5		0.5	1	1		林业	3
尤长贵	0.5		0.5	1	1		1	4.5
李天将	0.5		0.5	1	1		1	3.5
张文忠				1	1		1	3
张明春				1	1		1	3
董世跃				1	乡开会	1	1	3
祁守柱	0.5		0.5				1	2
薛凤桐	0.5		0.5					1
穆奎有				1	1	1	1	4
薛英芳				半	半	1	1	2
高德进							1	1
小　计								
李桂存				1	1	1	1	4
彭宪合				1	1		1	3
杨海荣			0.5	1	1	1	1	4.5
田秀文					1	1	1	3

续　表

姓　名	6.18	8.30	8.31	11.27	11.28	11.29	11.30	合　计
郜桂合				1	1	1	1	4
张万江				1	1	1	1	4
高德发					1	1	1	3
张文生				1	1	1	1	4
李风龙							1	1
高洪有				1	1	1	1	4
高德明				1	1	1	1	4
张海军				1	1	1	1	4
小　计								

1989 年 12 月 31 日

召开两委会议

参加人员：张明德、薛英芳、穆奎有、董世跃、崔玉海、李树明，共计 6 人。

事项：

① 清理干部的用工。

② 研究下步的工作。

乡要两户典型定谁？劳动模范：张文贵、穆风明。

1990 年 1 月 1 日

召开两委会议

参加人员：张明德、崔玉海、穆奎有、张万江、高德发、郜桂合、田秀文、李风龙、高洪有、杨海荣(半天)、高德明、张海军，共计 12 人。

会议学习“赤城县县、乡两级人民代表大会换届选举工作方案”，“赤城县选举委员会公告(第一号)”，河北省张家口地区行政公署(关于坚决查禁取缔卖谣(淫)嫖娼等“五害”“活动的通告”“乡党委政府“关于清除六害工作的安排意见”。

把村委会、受灾重点村的调查报告念了。

督促学校的齐工找价结算。

土地租赁制的结尾收款，你组春节前后没有吃的户是谁，你组过节有哪户特殊困难，你组还存在什么解决不了的问题？

1990 年 1 月 6 日

召开两委会议

参加人员：张明德、薛英芳、穆奎有、董世跃、崔玉海、张万江、高德发、郤桂合、张文生、杨海荣、田秀文、高洪有、张海军、高德明，共计 14 人。

会议开始由薛英芳把人民日报元旦社论“满怀信心迎接九十年代”和地区纪检委，廉政指导小组关于元旦春节期间严禁用公款请客送礼乱发钱物和搞封建迷信活动的通知进行了学习。

研究记录：

① 咱村的 89 年度农建工到底怎么结算？

参加会议人员的个人意见是：

	摊算办法		每工的款数	
	按劳力摊	按分地摊	3.00	2.50
张万江	1			1
高德发	1			1
郤桂合		1		1
张文生		1		1
杨海荣		1		1
田秀文		1	1	
高洪有		1		1
高德明		1	1	
张海军		1	1	
穆奎有		1		1
崔玉海		1		1
董世跃			1	
薛英芳		1		1
张明德		1		1

最后决定：

① 按分地的人口摊。

每个工按 2.50 元结算。

② 开大会怎么结算?

每工仍以 1.00 元结算。

(详情在第四本会议记录内)。

③ 社务用工怎么结算?

每个工仍按去年的 2.50 元结算。

1990 年 1 月 7 日一天

召开两委扩大会议

参加人员:张明德、薛英芳、穆奎有、董世跃、崔玉海、张万江、高德发、张文生、杨海荣、田秀文、高洪有、高德明、张海军,共计 13 人。

中心解决:

① 应摊开大会的人数;

② 应摊义务工的劳动力。

研究决定:

① 开大会凡是不在校学生从 16 周岁起,到有听会能力的人(除重病、耳聋、傻、呆、残、瞎子等)。

② 劳动力,男 18—60 周岁;女 18—55 周岁。

(民办教师,合同制,常年户在人不在的除外)。

未列入开大会和劳动力的人

组	姓　名	人数		原　因	组	姓　名			原　因
		男	女				男	女	
1	于淑先		1	户在人不在	7	尤海明	1		合同制
1	高海清	1		合同制	7	高洪元四女		1	户口迁走
1	高海军	1		合同制	7	徐淑珍		1	常年不在
2	罗　斌	1		合同制	8	高德强	1		合同制
3	王桂平		1	合同制	8	郝立军	1		合同制
3	曹忠池	1		合同制	8	薛英明	1		常年不在
3	王桂山	1		合同制	9	高洪合	1		合同制

续　表

组	姓　名	人数		原　因	组	姓　名			原　因
		男	女				男	女	
3	张海祥	1		合同制	9	高庆忠	1		合同制
4	木海江	1		合同制	9	王明会		1	常年不在
4	王进录	1	1	合同制带家属	10	崔玉祥	1		合同制
5	高德举	1		合同制					
6	陈和平		1	常年不在					
6	梁树江	1	1	常年不在					
6	高德品	1	1	合同制带家属					
6	木海军	1		合同制					
6	韩风军	1		合同制					
6	穆奎亮	1		合同制					
7	张海彬	1		合同制					
	合计	22	9						

按户口查的结果是：

级　别	开大会人数	劳　动　力			备　注
		男	女	计	
1	72	32	27	59	
2	72	35	29	64	
3	86	37	40	77	
4	78	34	32	66	
5	68	31	27	58	
6	68	30	30	60	
7	46	19	19	38	
8	30	10	13	23	
9	51	24	20	44	
10	51	28	21	49	
合计	622			538	

就“开大会的结算情况”、“义务工的结算情况”,详细结算表在崔玉海手中。

1990 年 1 月 9 日一天

召开党员议事小组会议

参加人员:张明德、张玉林、李世江、高桂有、穆凤忠、王立新,共计 6 人。

会议学习人民日报“元旦社论”。

张明德把党训班后所做的工作进行了汇报,就村里的事和班子的情况征求了意见。就县、乡人民代表换届选举工作进行了对方案的大体解说。

另行用工:

① 1 月 11 日,登记选民表的王永、张明春各一天。

1990 年 1 月 12 日

召开选举工作联系会议

参加人员:张明德、李桂存、董世跃、薛英芳、李世江、高桂有、张万江、高德发、郜桂合、张文生、田秀文、李风龙、高洪有、高德明、张海军,共计 15 人。

① 会议学习乡选举工作方案。

② 公布了选民登记情况。

③ 推荐代表候选人。

张明德、李桂存、薛英芳、董世跃、高秀连、张淑珍、郜桂合,共计七人。

1990 年 1 月 22 日

召开两委会议

参加人员:张明德、李桂存、薛英芳、穆奎有、董世跃、崔玉海,共计 6 人。

传达了乡政府 1 月 18 日召开的会议精神。

研究记录:

① 乡里给八类户行李一套给谁? 高洪才。

② 连长 89 年的待遇怎么定? 按乡里定的副主任、秘书类给。

③ 关于居民组长的 89 年度已经试算出来,看怎么样?

在算的基础上每人(指现……………………工资 20.00 元。试算的表,同意。

1990 年 1 月 23 日

召开两委扩大会议

参加人员：张明德、崔玉海、张万江、高德发、张文生、杨海荣、田秀文、李风龙、高德明、张海军，共计 10 人。

会议首先传达乡 1 月 18 日的会议精神。

公布：

① 1989 年村干部目标管理责任制年终考评结果统计表。

② 1989 年村干部结木头工资表。

研究记录：

① 居民组长 1989 年度的误工记工请本人订正一下？

工账没错，按工账来。

② 乡给的农建奖金 100 元，怎么发？

两委和组长 16 人，每人 6.00 元，剩 4 元，给书记、主任每人 2.00 元。

③ 就居民组长 1989 年底工资，两委已……

姓名	任职时间	职务补贴			效益工资	划分得奖		误工记工 2.00		
		天数	每天	款		分数	款	天	款	合计款
张文桂		78	0.12	9.36				3.75	7.50	16.00
张万江	3.20	287	0.12	34.44	20.00	7	35	22.5	45.00	134.00
罗　瑞		78	0.12	9.36				2.5	5.00	14.00
高德发	3.20	287	0.12	34.44	20.00	7	35	25	50.00	139.00
王立新		78	0.14	10.92				5.	10.00	20.00
郜桂合	3.20	287	0.14	40.18	20.00	7	35.00	24.4	48.80	144.00
康登明		78	0.14	10.92				3.75	7.50	18.00
张文生	5.10	236	0.14	33.04	20.00	7.9	39.50	17.5	35.00	127.00
杨海荣		365	0.12	43.80	20.00	9	45.00	26.3	52.60	161.00
田秀文		365	0.12	43.80	20.00	8.7	43.50	21.9	43.8	151.00
李风龙		365	0.10	36.50	20.00	9	45.00	23.8	47.60	149.00
薛英芳		78	0.08	6.24						6.00

续 表

姓名	任职时间	职务补贴			效益工资	划分得奖		误工记工 2.00		
		天数	每天	款		分数	款	天	款	合计款
高洪有	3.20	287	0.08	22.96	20.00	10	50.00	18.2	36.40	129.00
高庆军		78	0.10	7.80				3.75	7.50	15.00
高德明	3.20	287	0.10	28.70	20.00	9.	45.00	23.8	47.60	141.00
范世亮		90	0.10	9.00				5.0	10.00	19.00
张海军	4	275	0.10	27.50	20.00	10	50.00	16.3	32.60	130.00
合　计										1 513.00

经过讨论表示没意见。

就居民组长职务补贴的划分是：

	1	2	3	4	5	6	7	8	9	10	计
户	30	27	37	32	25	29	22	14	20	20	256
人口	114	108	139	132	104	119	81	56	96	90	1 039

50 人—70 人的每天 0.08 元。

80 人—99 人的每天 0.10 元。

100 人—120 人的每天 0.12 元。

121—140 人的每天 0.14 元。

④ 乡安排让春节期间村委会有专人值班，两委研究雇人值班，每天包括烧炕，柴火 2.50 元(不分一人或两人)，怎么样?

同意。

⑤ 发出的对联是：

烈属：薛德斌、董刘氏，计 2 人。

军属：彭宪江、荣宪有，计 2 人。

残废军人：梁进、彭正付、王文清、李树林，共计 4 人。

在乡军人：张万兴、高祥、李世江、冀文付、张文付、张树生、高桂有、祁守柱、梁树江、高德军、李风武、董世跃、张天付、高德仕，共计 15 人。

退职干部：王志文、张明德、杨宝忠、薛风桐，共计 4 人，总共计算 26 人。

⑥ 春节期间的文娱生活如何安排？

经过讨论最后为：

① 因村里集体没钱，如唱戏可向群众集资。

② 如同意给款，要求每人 0.90—1.00 元。给玉米，要求每人 3 斤，给小米，要求每人 1.5 斤，给毛柴，要求每人 1 个。

先逐户征求，不收东西。各组在明天将结果报来，待 1 月 25 日两委会根据各组出报东西再定下步。

1990 年 1 月 25 日一天

召开两委会议

参加人员：张明德、李桂存、崔玉海、穆奎有、董世跃、薛英芳，共计 6 人。

会前清理大院内外的卫生和贴对联。

计算 89 年底的村干部工资：

姓名	任职时间	乡定结构工资		误工记工					共计款数
		1.58	1.266	实记工	每天 0.50 元折工	合计工数	定工	每工 2.00 元合款	
		天数	合款						
张明德	1.1	365	577.00	167.5	41.9	209.4	209.5	419.00	996.00
李桂存	1.1	365	577.00	117.5	29.4	146.9	147	294.00	871.00
穆奎有	1.1	365	462.00	81.8	20.5	102.3	102.5	205.00	667.00
薛英芳	3.11	296	374.74	57.6	14.4	72	72	144.00	518.50
崔玉海	1.1	365	462.00	106.	26.5	132.5	132.5	265.00	727.00
董世跃	3.11	296	374.74	87.5	21.9	109.4	109.5	219.00	593.50
合　计			2 827.48					1 546.00	4 373.00

村支部

印发“除六害材料”给

党　小　组					两委成员	学校	办公室	黑板报	林业检查站
1	2	3	4	5					
3	4	2	8	2	6	10	1	1	1

1	2	3	4	5	6	7	8	9	10	计
6	6	7	7	5	6	5	3	5	5	

总共发 97 份。

1990 年 1 月日一天

召开两委扩大会议

参加人员：张明德、薛英芳、崔玉海、张万江、高德发、郜桂合、杨海荣、田秀文、李风龙、高洪有、高德明、张海军，共计 13 人。

会议开始由薛英芳辅导学习了“…………”居民群众联系的决定。

89 年清理结算正月唱戏的集资

	交现金		毛柴		玉米							
	队给	收现	1.00		0.30							
			个	款	斤	款						
1		19.00										
2		20.00										
3		59.20			22.00	6.60						
4	80.00											
5	70.00											
6		31.5	7.	7.00	151.4	45.42						
7		7.00	9	9.00	138	41.40						
8	40.00											
9	65.00											
10												

① 开支情况：

买沟门小卖部东西合款 264.44 元。

买苏寺代销点东西类，合款 47.57 元。

买大米 120 斤，合款 116.40 元。

买柴火 16 个，合款 16.00 元。

给登台参演者的喜钱 100.00 元。共计 544.41 元。

② 剩下的东西：

大米八斤，五香粉五袋，香皂一块，腊(蜡)十根，茶叶一袋，毛柴三个。

③ 收减开支后，交村委会会计入账 6.89 元。

④ 李汉洲的香粉没付款。(经和李汉洲订正是香粉五盒×0.70 元，共 3.50元，…………给唱戏的集资啦。)

为唱戏而用的工：

	2.2	2.3	2.4	2.5	2.6	2.7	合计
张明德	1	1	1	1	1	1	6
董世跃	1	1	1	1	1	1	6
崔玉海	1	1		1	1	1	5
薛英芳		1	1	1	1	1	5
穆奎有						1	1
高德明		1	1	1	1	1	5
薛廷甫		1	1	1	1	1	5
李风龙							
田秀文	0.5	1	1	1	1	1	5.5
高洪志		1	1	1	1	1	5
张文生		1					1
郜桂合			1	1	1	1	4
张万江						1	1
高德发						1	1
合　计	3.5	9	8	9	9	12	50.5

1990 年 2 月 26 日

召开选举工作会议

参加人员：下乡干部：荣海祥。

张明德、李桂存、崔玉海、张玉林、王立新、张万江、高德发、郜桂合、张文生、刘军、杨海荣(半天)、田秀文、李风龙、高洪有、高德明、张海军、高桂有、薛英芳、董世跃、穆奎有、穆风忠，共计 21 人。

会前荣海祥和张明德去瓦房沟大选区进行县代表正式候选人的人选问题进行了协商。

（一）会议开始所有与会人员在一起，协商了大选区县代表的正式候选人的问题：

大选区二号公告提的候选人是：马宪震（党员）、张明德（党员）、韩顺（党员）、李英恺（党员）、荣海军（党员）、姜文（群众）、刘建国（群众），共计7人。

根据选举委员会对代表成分的分配，是正式代表二人，其中一名党员，一名群众。

经充分酝酿协商，最后定：马宪震、刘建国、姜文。

（二）就苏寺1、2选区的乡代表提名是：

（一选区）：张明德（党员）、李桂存（群众）、张淑珍（群众）、郤桂合（群众）。

（二选区）：高秀莲（党员）、薛英芳（党员）、董世跃（党员）、王明会（群众）。

根据乡选举委员会，对代表成分的分配，各选区正式代表二人，其中：不少于一名妇女，不超三名党员，给一选区，非党员代表名额三名，其中包括差额一名给二选区，党员代表名额三名，其中包括差额一名。

经充分酝酿，按选区协商，最后定：

一选区正式代表候选人：李桂存、郤桂合、张淑珍。

二选区正式代表候选人：高秀莲、薛英芳、董世跃。

最后填写选民证。发给各选民小组的选民证是：

选民组	1	2	3	4	5	6	7	8	9	10	合计
选民证数	72	76	93	83	63	75	52	33	54	59	660
领取人	张万江	高德发	郤桂合	张文生	薛英芳	穆奎有	董世跃	高洪有	高德明	张海军	
	计324名				计336名						

1990年3月2日一天

召开党员大会

参加人员：张明德、薛英芳、董世跃、崔玉海、张玉林、高祥、王登明、赵玉兰、杜万林、王立新、王志文、赵存德、高洪有、韩志品、穆凤忠、尤长桂、李天将、张明春，共计19人。

议程：

① 董世跃辅导学习“中共中央关于进一步治理整顿和深化改革的决定”。

② 薛英芳辅导学习邢崇智“提高党员素质增强党的战斗力的活动”。

③ 张明德辅导学习：① 90 年二期共产党员内“江泽民总书记谈加强党的建设”。

② 中纪委关于“党员违反社会主义建设……应予党纪处分”。

张明德代表支部讲：

① 如何制定 90 年度的党员目标管理考核问题。

② 如何保证县乡两届人代会换届选举的顺利进行。

③ 如何建好村级的领导班子。

1990 年 3 月 5 日

召开两委扩大会议

参加人员：张明德、李桂存、穆奎有、董世跃、薛英芳、张万江、高德发、郤桂合、张文生、杨海荣、田秀文、李风龙、高德明、张海军，共计 14 人。

会议开始统计了母牛和公牛：

	母牛			公牛		
	有牛户	总数	其中：能繁殖	有牛户	总数	其中：一年以上的
1	5	6	5	1	1	1
2	10	14	10	3	3	3
3	4	6	5	1	1	1
4	14	15	15	2	2	
5	5	5	5			
6	1	1	1			
7	4	7	6	2	2	
8	9	14	11	4	7	4
9	10	20	13	4	5	2
10	3	3	3			
合计						

苏寺村90年度种植任务分配表

	总土地面积	合计	粮食作物						
			玉米	谷子	高粱	芋类	豆类	糜黍	其它
1	160.5	128.	60.	30.	10.	12.	6.	10.	
2	188.4	150.	60.	48.	10.	12.	10.	10.	
3	220.6	176.	70.	54.	12.	15.	10.	15.	
4	224.9	180.	70.	61.	12.	12.	13.	12.	
5	153.1	122.	55.	27.	8.	12.	10.	10.	
6	166.4	133.	45.	45.	8.	15.	10.	10.	
7	145.	116.	35.	40.	6.	12.	10.	13.	
8	116.7	95.	25.	36.	5.	10.	9.	10.	
9	163.9	133.	40.	55.	5.	10.	10.	13.	
10	189.5	147.	40.	54.	4	10.	12.	17.	10.
合计	1 729	1 380.	500.	450.	80.	120.	100.	120	10.

		油料作物								地膜玉米	地膜瓜芽
		其中：									
	合计	胡木	油菜籽	蓖麻籽	葵花籽	合计	菜	瓜果	其它		
1	14.		8.	5.	1.	18.5	13.5	3.	2.	35	2
2	16.		10.	5.	1.	22.4	17.4	3.	2.	35	
3	19.		13.	5.	1.	25.6	19.1	4.	2.5	40	
4	19.		13.	5.	1.	25.9	19.4	4.	2.5	40	
5	13.		8.	4.	1.	18.1	14.1	25.	1.5	20	
6	14.		9.	4.	1.	19.4	14.4	3.	2	20	
7	12.		7.	4.	1.	17.	13.	2.5	1.5	10	
8	10.	3.	3.	3.	1.	11.7	7.7	2.5	1.5		
9	14.	6.	4.	3.	1.	169.	11.9	3.	2.		
10	18.	10.	5.	2.	1.	245.	19.5	2.5	2.5		
合计	149.	19.	80.	40.	10.	200.	150.	30.	20.	200.	2

科技领导小组如何成立?

组长:李桂存,副组长:董世跃、穆奎有、崔玉海。成员:张万江、高德发、郤桂合、张文生、杨海荣、田秀文、李风龙,共计11人。

※※※※※※

3月12日于万库来开地膜玉米会半天,有:张万江、高德发、李风龙,共三人。

1990年3月13日

去乡参加选举和地膜玉米技术培训班

张明德、李桂存、崔玉海、穆奎有、薛英芳、郤桂合、杨海荣、田秀文,共计8人。

开大会用工:

1990年		会类别	1	2	3	4	5	6	7	8	9	10	合计人数	
月	日													
3	15	选举	41	47	54	51	47	50	36	19	32	29	406	

1990年3月14日

召开选举工作会议

参加人员:乡干部:郭明刚、荣海祥。

张明德、李桂存、崔玉海、穆奎有、薛英芳、董世跃、张万江、郤桂合、杨海荣、田秀文、高洪有、高德明、张海军,共计13人。

会议中心是选举日大会的一切准备工作。

(写标语、会标、会议程序、投票箱,订正应到会人员)。

安排大会工作人员:

	一　选　区	二　选　区
乡委派主持人	薛英芳、郭明刚	张明德、荣海祥
发票员	高德发	杨海荣
计票员	张万江	高德明
监票员	张玉林	高洪有

续 表

	一 选 区	二 选 区
唱票员	王立新	张海军
解说员	郭明刚	荣海祥
保卫员	李世江	田秀文
给瓦房沟送票箱人	李桂存、崔玉海	穆奎有、董世跃

经过讨论一致同意。

强调的几个事:

① 明天停产一律开会,开会人给记工。

② 保证人数,选民组长带队。

③ 按时作息,9: 30 点到会,10 点开会。

④ 开会工作人员必须到会。

经讨论一致同意。

※※※※※

董世跃讲,县代表选举情况:实际交回票 657 张,其中弃权票 4 张,选举结果:

马宪震 534、刘建国 576、姜文 183、张文生 8、董世跃 3。

(乡代表)选举投票情况

选区	应参选人数	实参选人数	其中:代票	投票情况				
				总票数	有效票	弃权票	无效票	
1	324	324	125	324	306	16	2	
2	336	336	120	336	334	2		
	660	660	245	660	640	18	2	
计								

一 选 区			二 选 区		
李桂存	郤桂合	张淑珍	高秀莲	董世跃	薛英芳
271	196	131	321	255	92

整班会议用工：

3月18日：两委和乡赵书记：郭明刚。

参加人员：张明德、李桂存、薛英芳、穆奎有、崔玉海、董世跃，共计6人。

3月19日：乡党委赵书记和郭明刚。

张明德、李桂存、薛英芳、穆奎有、董世跃、崔玉海、张玉林、王立新、穆凤忠、李世江、张万江、高德发、邵桂合、杨海荣、田秀文、高洪有、高德明、张海军，共计18人。

1990年3月20日：

召开两委会议

参加人员：张明德、李桂存、薛英芳、董世跃、穆奎有、崔玉海，共计6人。

李桂生去县参加4.10日—4月30日，共20天(乡已付款)。

2月12日，乡征兵目测：李桂生、祁守成、郭文志、高世江、张桂德、高德合、李向国。

2月16日—17日两天去县：李桂生、祁守成、高世江、李向国，交董世跃以工便款，由村开支扣除饭超后给本人。

2月26日，穆海忠去水沟送信半天。

2月26日，穆存才去干沟送信半天。

1990年3月21日

召开两委会议

参加人员：张明德、薛英芳、穆奎有、崔玉海、董世跃，共计5人。

讨论记录：

① 党支部：张明德书记，党支部的全面工作。

薛英芳组织委员：党的建设，三会一课，纪律检查。

董世跃宣传委员：党的路线，方针政策的宣传学习。

村委会：薛英芳主任：村委会的全面工作(……)，主抓财经，负责…………。

穆奎有副主任：主管林业生产………………………。

董世跃连长：武装和治安，农业路线………………。

崔玉海秘书：财务管理，文教卫生。

高秀莲妇联：妇女工作，计划生育。

② 护林委员会如何充实?

主任：薛英芳，副主任：穆奎有、董世跃、崔玉海，检查站管理人员。成员：十名居民组长，共计 15 人。

③ 两委如何包组：

1	2	3	4	5	6	7	8	9	10
崔玉海	崔玉海	薛英芳	薛英芳	董世跃	董世跃	董世跃	薛英芳	穆奎有	穆奎有

④ 制定各项规章制度?

1. 村民纠纷事由所在片的居民组长处理。如处理不好，出征（证）介绍给村委会。从决定之日起（3 月 21 日），每调解一次，双方各交 5.00 元的调解费，调解人员见交费收据安排时间予以处理。不交费村委不予受理。处理结果由没理的一方负担全部调解费，调解无效需介绍到乡政府的，村委会收的调解费不退。

2. 外出公办（指县以上），仍按 89 年 3 月 18 日，扩大会定的执行。

① 车、店费凭单据实报实销。

② 日工资 5.00 元。

③ 日伙食补助 5.00 元。

④ 需请人招待，根据实际情况，凭单据经过研究酌情情理。

⑤ 当前应办的几件事：

1. 89 年度仍有个别户不交土地租赁费和学校修建摊款以及各种摊派，咋办?

村委会向乡政府写请示报告。

初步意见：1. 对不交租赁费的，90 年不承包给租赁土地。

2. 学校修建款不交的，其子、孙后代不准入学。

⑥ 议论的几件事：

1. 林坡的砍伐。2. 建居民组的组长。

1990 年 3 月 25 日

召开两委扩大会议

参加人员：张明德、薛英芳、董世跃、崔玉海、穆奎有、张玉林、高德发、郤桂合、杨海荣、田秀文、李风龙、高洪有、高德明、张海军、张万江，共计 15 人。

会议开始由薛英芳传达了乡党委政府 3 月 24 日村书记主任会议的精神。

张明德就以实际行动《落实地膜玉米，牛改，地……木头》迎接人代会的召开。

把两委分工和定的“民事调解制度”谈了……。

讨论记录：

① 两委定的民事调解制度是否行？同意。

② 地膜玉米如何落实？村委会是否补贴？

经充分讨论，最后决定 3 月 5 日定的亩数不变。村委会每亩补贴6.00 元。

③ 砍木头怎么安排？

1. 明天去合达营借修磅，找师建忠。

2. 27 日两委和师建忠上山定坡。

3. 28 日开始砍木头，力争 31 日砍完。

4. 怎么上人？全力以赴。

5. 每天生产的时间，上午十点上山，下午三点下山。

6. 外来亲友砍木头，经所在居民组长同意的可以砍。

7. 公伤事故。村里概不负责。

8. 树桩的高度不超 10 公分。

9. 木头、树头一律不准个人搞，何时让搞，听候通知。

同意以上的安排。

10. 验收办法：一律过磅，椽和杂杆可评等级。

11. 砍伐工资。大才(柴)每斤 1 分；檩：一等长 4 米，12 公分以上，每斤 1.5 分。二等长 3.8 米，12 公分以上，每斤 1.5 分。

柴火：一等的，官厅烟 2 合，二等的，官厅烟 1 合。

5 尺杆		7 尺杆		椽	
一等	二等	一等	二等	一等	二等
0.15	0.10	0.20	0.15	0.50.	
粗 6 公分	粗 5 公分	粗 5 公分	粗 5 公分	粗 5 公分	粗 5 公分

1990 年 3 月 29 日

计划生育用工

参加人员：张明德、薛英芳、穆奎有、崔玉海、董世跃、张万江、高德发、郤桂合、高德明、张海军、李桂兴、高玉平(半天)。

4月1日落实地膜玉米：张万江、高德发，每人半天。

3月26日去合达营借磅：赵文祥和车。

3月26日和27日，乡开人代会的：高秀莲二天，郤桂合二天，李桂存二天。

5月30日，给学校教师拉大米的：张文生人、车工一个。

4月4日至5日，张明德给穆凤明拨放牛工两天。

1990年3月30日

召开两委扩大会议

参加人员：张明德、董世跃、穆奎有、薛英芳、崔玉海、张万江、高德发、郤桂合、杨海军、高德明、张海军、李风龙，共计12人。

讨论记录：

(一)砍木头到底怎么办?

1. 在4月10日前，先找门路定了准，交了款写了合同再砍，否则不砍。

2. 凡砍下的木头全下，每斤价5分。

3. 不管谁去找门路，村委会不给报销。

(二)地膜玉米怎么定管理制度?

1. 凡在任务的居民组，每组………………，秋后统一摊算(不……)。

2. 从4月1日起大牲畜……………………，自己拴起来。凡是放…………。

4月1日，把猪关起来，把狗拴起来。

3. 对大牲畜和猪狗管理不严的处罚：大牲畜每赶一次罚款5.00元，猪每赶一次罚款3.00元，狗每发现一次罚款3.00元，个别人故意破坏和大牲畜猪狗造成损失的总值，根据情况和表现加罚1—3倍，情节严重的报乡政府处理。

4. 为了确保增产，防止损失，由村委会买1605或敌敌喂的种植户，每亩出一斤玉米拌药，由居民组长负责撒在地里，……造成的后果村委会和种植户一律不负责任。

5. ………………，由班主任教师深入到户向种植…………去负责赔偿损失。

（三）你组有下调地膜亩数的要求吗？

	1	2	3	4	5	6	7	计
原任务	35	35	40	40	20	20	10	200
要求下调	20	24	10	3		3		60
调后落实	15	11	30	37	20	17	10	140

（四）印制地膜玉米的管理制度需要份数：

乡	1	2	3	4	5	6	7	8	9	10	校	计
2	30	30	40	40	25	30	25	15	25	25	10	

1990 年 3 月 31 日

党员活动月

参加人数共 22 人，（花名在报到簿内）。

学习材料：

1. 共产党员的十个时刻牢记；

2. 提高党员素质，增强党的战斗力；

3. 党员义务；

4. 乡党委 90 年工作要点；

讨论要点：

① 3 月 30 日，两委扩大会议定的“砍木头问题，地膜玉米管理制度”，行不行？一致同意。

② 高德军要求转正，是否具备条件？……解决，一致同意其按期转正。

1990 年 4 月 2 日

召开两委扩大会议

参加人员：张明德、薛英芳、董世跃、崔玉海、张万江、高德发、郃桂合、杨海荣、李风龙、高洪有、高德明、张海军，共计 12 人。（先去瓦房沟参加地膜玉米现场会）。

讨论记录：

(一) 落实地膜玉米亩数。

	1	2	3	4	5	6	7	计
亩数	17	12	0	40	20	18	10	147
其中:瓜芽亩	2							2

(二) 乡给重点户的 1 200 斤粮食给谁?

姓名	郭文江	郭占敖	高德付	王良	祁守相	张文斌	张玉祥	高洪举	韩志品	彭宪武	李风军	张天付	薛德斌
人口	4	2	3	5	4	5	4	5	4	3	4	5	4
斤数	120	50	80	100	100	100	100	100	100	100	100	100	100

1990 年 4 月 13 日

召开两委扩大会议

参加人员:张明德、薛英芳、穆奎有、董世跃、张万江、郤桂合、杨海荣、李风龙、高洪有、高德明、张海军、高德发、田秀文,共计 12 人。

会议首先由薛英芳传达了乡 4 月 11 日召开书记、主任、秘书会议精神,重点是"春季造林,春前防疫,林木管理,人口普查"等等。

※※※※※

1990 年 4 月 19 日

召开两委扩大会议

参加人员:穆奎有、张万江、高德发、郤桂合、李世合、杨海荣、李风龙、高德明、张海军,共计 9 人。

中心是检查植树造林和育苗。

会议笔记 32

7 苏寺村

1990 年 4 月 13 日

讨论记录：

① 造林任务如何分配：

	1	2	3	4	5	6	7	8	9	10	合计
育苗任务	4	4	5	5	4	4	3	3	4	4	40
植树造林	11	11	14	13	10	12	7	5	9	8	100

讨论规定：

① 尽量搞苗圃占村民园子，队出人由队记工，出圃时按总收入抽百分之十五。如果没有地点，去围子沟坝台。

② 从明天起立即行动，18 号前完成，19 日由两委和组长参加实地检查。

③ 黄牛改良的贷款(牛)，怎么分配？

	1	2	3	4	5	6	7	8	9	10	合计
牛数	5	5	7	6	2	×	1	1	5	4	36

4 月 19 日检查植树造林情况

	育　　苗	成 片 造 林
1	杨树扩乱 0.2 亩。	斜大湾埌　11
2	杨树扩乱 0.2 亩。	大南背　11
3	张连军园子 0.5 亩、王铁成园子 0.3 亩。	后埌　14
4	王海江园子 0.2 亩。	后埌　14
5	张玉斌园子 0.5 亩。	西沟　10
6	苇子沟坝台 0.4 亩。	小北埌　12
7	李付海园子 0.2 亩。李付海西沙滩 0.2 亩。	小西沟　7

续　表

	育　　苗	成片造林
8	苇子沟坝台 0.2 亩。	水沟后沟　5
9	苇子沟坝台 0.2 亩	转天洼　9
10		南坡　8
合计	3 亩	101

1990 年 5 月 7 日

召开两委扩大会议

参加人员：张明德、薛英芳、穆奎有、董世跃、张万江、高德发、郜桂合、李世合、杨海荣、田秀文、李风龙、高洪有、高德明、张海军、张玉林、李世江、高桂有，共计 17 人。

首先学习乡党委“关于认真落实农村党支部七项制度的通知”(七项制度，七项任务，必设的七种记录)和“关于加强和完善农村党员目标管理责任制的意见”、“关于在农村党支部中继续开展达标活动的意见”、“关于党的组织发展工作计划”。

接着由薛英芳传达了乡政府 5 月 3 日召开的村主任会议精神：

① 道班拉沙子，5 月 15 日前完成。

② 乡间公路，垫 10 公分以上，5 月 10 日乡检查。

③ 牛改：杂公牛不纯的罚款 100 元，偷配罚 500 元。

④ 征购任务：全乡 40 万斤，苏寺村 32 098 斤，其中黄豆 3 286 斤，是派购。

⑤ 人口普查，每人收 30 元，5 月 10 日交村委会。

⑥ 乡拨给苏寺村救灾粮 21 000 斤。

⑦ 建房占地的验收。

最后张明德又强调：

① 工作各组与村不能唱反调，各项工作必须按安排完成。

② 动作要整齐，开会的会风要正，按时完成任务。

关于救灾粮食的安排意见。

(一) 指导思想：这次乡政府拨的是救灾粮，而不是人人有份。宗旨是突出特困户，注重重点户，照顾一般户。通过这次粮食的发放，保证生产，杜绝逃荒要饭的现象发生。

（二）划分类户，按下列情况酌情区分：

① 八类户：鳏寡孤独无依无靠的。

② 特困户：无经济收入来源，现有人口比分地时不足一人份的，生活特别困难的。

③ 重点户：无经济来源，现有人口比分地时人份保持相等，生活困难的。

④ 一般户：有收入不多，现有人口和分地时人份相比有超的。

⑤ 问题户：非法同居的；不执行计划生育规定的；违犯林业制度的；给粮不买又卖议价的；现有人口比分地时人份减少的；有经济收入可买议价的；各种摊派不交的。

经充分讨论一致同意上述提法。

救灾粮食分配情况表（缺一表）

1990 年 5 月 8 日

召开两委会议

	张明德	薛英芳	穆奎有	崔玉海	董世跃	合计
8 日	1	1	1	1	1	5
9 日	1	1	×	1	1	4

另行用工

① 5 月 21 日，学校摸合板杨志明，冀秀江每人一天，冀秀江早拉土三车（沙子共给二个工）。

② 6 月 27 日，种松树育苗张文海、王俊孩子、高德志、韩立国、穆凤江、穆胜军，每人一天。

1990 年 5 月 13 日一天

召开两委扩大会议

参加人员：张明德、薛英芳、穆奎有、崔玉海、董世跃、张万江、高德发、郤桂合、李世合、李风龙、高洪有、高德明、张海军，共计 13 人。

确定记录:

① 90 年度的粮食派购任务

	上年任务			今年任务		
	总斤数	其中:豆子	比　例	总　计	其　中	
					豆子	玉米
1	2 816	500	163	4 600	500	4 100
2	2 800	500	163	4 600	500	4 100
3	4 000	536	163	6 500	536	5 964
4	4 300	550	163	7 000	550	6 450
5	2 000	400	163	3 250	400	2 850
6	500	100	163	788	100	688
7	1 000	200	163	1 630	200	1 430
8	500	100	163	800	100	700
9	1 000	200	163	1 630	200	1 430
10	800	200	163	1 300	200	1 100
合计	19 716	3 286	163	32 098	3 286	28 812

② 教育集资怎么摊?

1. 乡级 1 039 人,每人 2.40 元,共 2 493.60 元。

2. 村级月工资 34×12 个月×5 人,共 2 040.00 元。

班主任费每月 5.00 元×12 个月×3 人,共 180.00 元。

公务费每班每月 10.00×12 个月×5 个班,共 600.00 元。

煤 5 车×150.00 元,共 900.00 元。

《每人每月 76.50 元,国家给 37.50 元,村级 39.00 元,(包括班主任费 5.00 元)》

总共 6 213.60 元。

定:教育经费每人以 6.00 元,建勤费每个劳动力 4.00 元。

苏寺村一九九〇年土地租赁制订计算表①

	户数	人口	劳动力	教育经费	拉沙子	防疫费	军人补助	电话费	民兵训练	培训费	灭鼠费	农业税	合　计
				每人6.00元	每劳力4.00元	每人0.95元	每人0.95元	每人0.21元	每人0.30元	每人0.05元	每人0.05元		
				合款	合款	合款	合款	合款	合款	合款	合款		
1	30	114	34	684.	136.	60.0	108.30	23.94	34.20	5.70	5.70	160.51	1 218.35
2	27	108	39	648.	156.	54.0	102.60	22.68	32.40	5.40	5.40	179.08	1 205.56
3	37	139	40	834	160.	74.0	132.05	29.19	41.70	6.95	6.95	239.90	1 524.74
4	32	132	37	792.	148.	64.0	125.40	27.72	39.60	6.60	6.60	217.91	1 427.83
5	25	101	31	606.	124.	50.0	95.95	21.21	30.30	5.05	5.05	130.23	1 067.79
6	29	119	34	714.	136.	58.0	113.05	24.99	35.70	5.95	5.95	129.95	1 223.59
7	22	81	24	486.	96.	44.0	76.95	17.01	24.30	4.05	4.05	121.39	873.75
8	14	56	15	336.	60.	28.0	53.20	11.76	16.80	2.80	2.80	70.25	581.61
9	20	96	25	576.	100.	40.0	91.20	20.16	28.80	4.810	4.810	129.09	994.85
10	20	93	28	558.	112.	40.0	88.35	19.53	27.90	4.65	4.65	116.82	971.90
合计	256	1 039.	307	6 234	1 228.	512.	987.05	218.19	311.7	51.95	51.95	1 495.13	11 089.97

讨论记录：

① 村级摊算 89 年是村干部每人 3.00 元，林业管护每人 1.50 元，村级公务费每人 1.50 元。今年怎么摊？

仍依上年的摊算。

② 居民组的干部工资和公务费 89 年每人 1.50 元。通过实践少点。今年怎么摊算？

今年每人按 2.00 元摊算。

苏寺村　土地租赁制计算表②

	村级：村干部每人2.00元，林业管护每人1.50元，公务费每人1.50元	居民组的每人2.00元	应摊款合计	收款安排					合计	交积累
				分地人份	每人份	收款	用公共积累解决	用其它支出解决		
1	570.00	228.00	2 016.35	126	16.00	2 016.00		0.35	2 016.35	
2	540.00	216.00	1 961.56	121.5	16.20	1 968.30	90年12月		1 968.30	6.74

续 表

	村级：村干部每人2.00元，林业管护每人1.50元，公务费每人1.50元	居民组的每人2.00元	应摊款合计	收款安排					合计	交积累
				分地人份	每人份	收款	用公共积累解决	用其它支出解决		
3	695.00	278.00	2 497.74	156	16.00	2 496.00	27日过给会计	1.74	2 497.74	
4	660.00	264.00	2 351.83	144	16.00	2 304.00	37.83		2 351.83	
5	505.00	202.00	1 774.79	116	12.00	1 392.00	382.79		1 774.79	
6	595.00	238.00	2 056.59	100	20.57	2 057.00			2 057.00	0.41
7	405.00	162.00	1 440.75	90	16.00	1 440.00		0.75	1 440.75	
8	280.00	112.00	973.61	71	13.00	923.00	50.61		973.61	
9	480.00	192.00	1 666.85	117	14.00	1 638.00	28.85		1 666.85	
10	465.00	186.00	1 622.90	119	14.00	1 666.00			1 666.00	43.10
合计	5 195.00	2 078.00	18 362.97			17 900.30	500.08	2.84	18 413.22	50.25

1990 年 5 月 27 日上午半天

召开两委扩大会议

参加人员：张明德、薛英芳、穆奎有、崔玉海、董世跃、张万江女人、高德发、邵桂合、李世合、杨海荣、李风龙、张海军、，共计 12 人。

会议开始由薛英芳传达了乡政府农科站，关于确保旱地谷子高产栽培统一防治，谷子钻心虫的技术意见。

② 救灾粮食的使用；

③ 双女孩或独生子女的双保险；

④ 财产保险千分之三。

接着由董世跃传达了防治谷子钻心虫的技术。薛英芳就防治过程中的安全问题进行了强调。最后由张明德强调要注重钻心虫的危害和安全问题。

会议安排下午由队长深入地块检查，查后深入到户进行药物数量的登记。

凡下午检查者，村给记工。

一九八九年土地租赁制收款情况　1990.6.8

<table>
<tr><td rowspan="3"></td><td colspan="3">实　交</td><td colspan="2">在实交款中</td><td colspan="3">尾　欠</td></tr>
<tr><td rowspan="2">队长交</td><td rowspan="2">用队款补</td><td rowspan="2">合　计</td><td rowspan="2">属于
居民组</td><td rowspan="2">属于
村委会</td><td rowspan="2">款数</td><td colspan="2">其　中</td></tr>
<tr><td>居民组</td><td>村委会</td></tr>
<tr><td>1</td><td>1 386.00</td><td></td><td>1 386.00</td><td>199.34</td><td>1 186.66</td><td></td><td></td><td></td></tr>
<tr><td>2</td><td>1 336.50</td><td></td><td>1 336.50</td><td>184.23</td><td>1 152.27</td><td></td><td></td><td></td></tr>
<tr><td>3</td><td>927.60</td><td></td><td>927.60</td><td></td><td>927.60</td><td>876.40</td><td>290.69</td><td>585.71</td></tr>
<tr><td>4</td><td>1 390.00</td><td>195.34</td><td>1 585.34</td><td>152.50</td><td>1 432.84</td><td>50.00</td><td>50.00</td><td></td></tr>
<tr><td>5</td><td>952.00</td><td>279.56</td><td>1 231.56</td><td>146.50</td><td>1 085.06</td><td></td><td></td><td></td></tr>
<tr><td>6</td><td>1 150.50</td><td>90.50</td><td>1 241.00</td><td>26.00</td><td>1 215.00</td><td>149.50</td><td>149.50</td><td></td></tr>
<tr><td>7</td><td>1 035.00</td><td></td><td>1 035.00</td><td>149.13</td><td>885.87</td><td></td><td></td><td></td></tr>
<tr><td>8</td><td>426.00</td><td>240.78</td><td>666.78</td><td>84.00</td><td>582.78</td><td></td><td></td><td></td></tr>
<tr><td>9</td><td>936.00</td><td>177.82</td><td>1 113.82</td><td>138.48</td><td>975.34</td><td></td><td></td><td></td></tr>
<tr><td>10</td><td>1 092.50</td><td></td><td>1 092.50</td><td>170.58</td><td>921.92</td><td></td><td></td><td></td></tr>
<tr><td>合计</td><td>10 632.10</td><td>984.00</td><td>11 616.10</td><td></td><td></td><td></td><td></td><td></td></tr>
</table>

1990 年 6 月 25 日上午半天

召开两委扩大会议

参加人员：张明德、薛英芳、穆奎有、董世跃、张万江女人、高德发、郤桂合、李世合、田秀文、李风龙、高洪有、高德明、张海军、，共计 13 人。

会议开始由薛英芳传达了乡政府在合达营村召开的造林现场会议精神，然后张明德讲的几个问题：

① 雨前造林坚决完成挖树窝 250 亩，松树育苗 10 亩。

（窝长 80 公分，宽 60 公分，深 40 公分）。

② 土地评查。

③ 人口普查及收人口普查费。

④ 防汛。

⑤ 收税和贴房照费贴花。

⑥ 村委清账的情况（公布情况）。

⑦ 整修大院及整理房屋准备挂牌钱。

讨论记录:① 挖树窝任务:

	1	2	3	4	5	6	7	8	9	10	合计
任务亩	30	30	35	35	25	30	20	15	25	25	270
地点	大南背	大南背	猛虎沟、小北沟	猛虎沟、小北沟	张虎沟门脸	张虎沟门脸	张虎沟门脸	水沟后坡	朝天洼西坡	干沟南坡	

株距二米,行距二米,每亩必须挖 150—180 窝,必须在 6 月 30 日前完成。

② 育苗 10 亩,怎么办?

张玉斌已交合同四亩,全村搞。

王永、高德山包的,同意个人搞。

买种籽,他们个人拿钱。如不同意,搞交回由村里搞。

公布村与组的财务往来账。

1		1 218.43		1 187.75	30.68		150.00
2		981.68		968.11	13.57		450.00
3		1 490.23		1 727.99		237.76	70.00
4	1 251.40		696.06				2 888.00
5	2 110.98		1 367.42				3 537.00
6	100.30			184.45			2 310.00
7		789.53		887.93		98.40	670.00
8	1 297.80		557.02				2 862.00
9	951.63		361.81				3 333.00
10		370.76		494.21		123.45	1 240.00
合计	5 712.11	4 850.63	2 982.31	5 450.44	44.25	459.61	17 510.00

互顶欠队 861.48 元,互顶欠村 2 468.13 元。

旧班的账目情况

收支

596.00元	2 090.22元	1 558.00元
2 625.00元	169.36元	433.30元
1 066.55元	374.45元	282.30元
300.00元	463.00元	171.23元
220.00元	435.00元	500.00元
30.00元	3 474.10元	
	105.21元	
	130.10元	
计4 837.55元	计10 186.32元	

互顶实亏 5 348.77 元，崔玉海说实有现金 2 070.15 元。

1990 年 6 月 26 日

召开两委扩大会议

参加人员：张明德、薛英芳（去乡）、穆奎有（半天）、董世跃、崔玉海、张万江女人、高德发、郤桂合、李世合、杨海荣、田秀文、李风龙、高洪有、高德明、张海军，共计 15 人。

	派购任务（公斤）			化　肥		柴　油		任务户
	豆子	玉米	合计	比例	公斤	比例	公斤	
1	250	2 050	2 300	136	312	60	138	27
2	250	2 050	2 300	136	312	60	138	25
3	268	2 732	3 000	136	408	60	180	31
4	275	2 975	3 250	136	442	60	195	27
5	200	1 425	1 625	136	221	60	97.5	23
6	50	344	394	136	53.5	60	23.5	27
7	100	715	815	136	110	60	49	16
8	50	350	400	136	54	60	24	11
9	100	715	815	136	110	60	49	20
10	100	550	650	136	95.5	60	29	20
合计	1 643	13 906	15 549		2 118		923	227

1990 年 6 月 30 日

召开两委扩大会议

参加人员：张明德、薛英芳、穆奎有、董世跃、王利平、木春霞、王桂英，共计 8 人。

中心问题是人口普查：

	一	二	三
普查区：	(1、2、3 队)	(4、5、6 队)	(7、8、9、10 队)
普查员：	王利平	穆春霞	王桂英
指导员：	樊秀春	荣殿有	郭明刚
村委会：	崔玉海	董世跃	穆奎有

决定：中午补助一顿饭。

1990 年 7 月 4 日

召开两委扩大会议

参加人员：张明德、薛英芳、董世跃、郝存仕、张万江女人、高德发女人、郤桂合、李世合、杨海荣、田秀文、李风龙、高洪有、高德明、张海军，共计 14 人。

研究记录：

① 很多群众因旱而要求唱戏是否唱?

经充分研究决定唱。和群众集资。

收集东西的合款是：毛柴(个)1.00 元、玉米(斤)0.30 元，小米(斤)0.60 元，山药(斤)0.10 元，大米(斤)0.75 元，白面(斤)0.75 元，鸡蛋(斤)1.70 元，豆子(斤)1.00 元。

深入到户，多做工作，尽力集资。

人员分工是：

总管：张明德、薛英芳。

主抓后勤：薛英芳。

做饭：郤桂合、高德明、张万江女人。

做菜：杨海荣、高洪有、高德发女人。

烧水：田秀文、李风龙。

担水：张海军。

管台：郝存仕。

班村联系：李世合。

时间大致安排是：中午饭 12：00 点，白天戏 2：30 点，晚饭 7：00 点，晚场戏 9：00 点。

为唱戏而用工

	7.2	7.4	7.5	7.6	7.7	7.8	合计天数
张明德			1	1	1	1	4
薛英芳			1	1	1	1	4
穆奎有				1	×	×	1
董世跃			1	×	×	1	2
郝存仕	0.5	1	1	1	1	1	5.5
张万江女人			1	1	1	1	4
高德发			1	1	1	1	4
邰桂合			1	1	1	1	4
李世合			1	1	1	1	4
杨海荣			1	1	1	1	4
田秀文			1	1	1	1	4
李风龙			1	1	1	1	4
高洪有			1	1	1	1	4
高德明			1	1	1	1	4
张海军			1	1	1	1	4
合　计	0.5	1	14	14	13	14	56.5

1990 年 7 月 9 日

召开两委扩大会议

参加人员：张明德、薛英芳、穆奎有、董世跃、张万江女人、高德发女人、邰桂合、李世合、杨海荣、田秀文、李风龙、高洪有、高德明、张海军，共计 14 人。

晒行头：穆奎仕、张树生，两人。

买粮食人：

玉米：李付海 50 斤，合 15.00 元。

高德兴 100 斤，合 30.00 元。

张玉斌 48 斤，合 14.40 元。

张桂元 46 斤，合 13.80 元。

范世亮 35 斤，合 10.50 元。

小米：李世合 27.5 斤，合 15.00 元。

张玉斌 122 斤，合 67.00 元。

唱戏群众集资情况表

	现金	小米		山药		角瓜		豆子		白面		柴火		大米		玉米		合计折款
		0.6		0.1		0.15		1.0		0.75		1.0		0.25		0.3		
		斤	款	斤	款	斤	款	斤	款	斤	款	斤	款	斤	款	斤	款	
1	9.	26	15.60	28	2.8	10	1.5											28.90
2	2.4	25	14.10			26	3.9	7.7	7.7									28.10
3	10.9	27	16.20					8	8	3	2.25					45.5	13.65	51.
4	80.																	80.
5	8.8	28	16.8	63	6.3					3	2.25	13	13			15	4.50	51.65
6	12.5	12.2	7.32	15	1.5					4	3	13	13	7	5.25	28.6	8.58	51.15
7	8.0			10	1.0		16.	16.								46.3	13.89	38.89
8	20.0															27	8.1	28.1
9		51.	30.6													84	25.2	55.8
10	10.5							20.	20.							35.	10.5	41.
计	162.10	169.2	100.62	116	11.6	36	5.4	51.7	51.7	10	7.5	26	26	7	5.25	281.4	84.42	454.59
实收	16.10	149.5	82.00													279	83.70	327.8

结算情况

	收	支	亏	
唱戏类	集资 327.80 元	505.05	177.25	
待客类	乡计生 200.00 元	374.71	174.71	
合　计	527.80	879.76	351.96	

① 张立新买六尺杆 147 根，款 300.00 元。

② 村委会给唱戏补贴生活费 51.96 元。

补记：1990 年 2 月份唱戏资金集资情况：

一队：高有 5.00 元，张文桂 3.00 元，张万合 1.00 元，高文 1.00 元，郭占奎 0.50 元，张文海 2.00 元，张文有 1.00 元，杜青山 1.00 元，杜万林 2.00 元，高普 1.50 元，张万江 1.00 元，共 19.00 元。

二队：罗瑞3.00元，马清合2.00元，李桂兴0.50元，王艮1.00元，马明1.00元，马亮0.50元，高德富1.00元，王俊1.00元，马朋1.00元，高德发2.00元，罗斌2.00元，高洪文1.00元，高祥1.00元，罗有2.00元，李汉军1.00元，共计20.00元。

三队

姓　名	人口	款	姓　名	人口	款	小米	玉米
张明德	3	5.00	王志文	3	3.00		
张海梅	3	3.00	王立新	4	2.00		
王铁刚	4	2.00	郤桂海	2	1.80		
祁守相	4	2.00	吴国瑞	4	1.00		
赵文祥	6	1.10	冀文付	5	3.00		
张文付	4	4.00	李世江	6	2.00		
张海江	4	4.00	郤桂合	4	4.00		
穆凤明	5	3.00.	祁守海	4			10
祁守合	4	0.30	张连容	2			12
李忠梅	3	2.00	李海林	3		2	
冀秀合	2	2.00	李世军	3		1	
冀秀军	4	1.00					
木树合	2	1.00					
吴立祥	4	2.00					
张文明	8	2.50					
张海洋	5	2.50					
张立新	5	5.00	合计	59.2		3	22

六队

姓　名	人口	款	玉米	小米	柴火	姓　名	人口	款	玉米	小米	柴火
穆奎仕		5.00				梁树合					2.
田秀德		5.00				高德祥					3.
穆凤祥			12			高洪志			3.		2.
彭正付		6.50				韩志品		2.			

续 表

姓 名	人口	款	玉米	小米	柴火	姓 名	人口	款	玉米	小米	柴火
穆凤德			17.			韩风斌		3.			
穆奎有			15.			高德新		2.			
穆奎军			15.			田秀文		4.			
彭宪武			9.			高德有			3.		
高洪举				5.1							
高德新			3.								
穆凤海			15.			小计		11.00	6.		7.
杨存生			9.								
杨存瑞			12.								
彭宪明			8.4								
彭正德			21.								
彭宪合			9.								
梁树海		4.									
小计		20.5	145.4	5.1		合计		31.50	151.4	5.1	7.

七队

姓 名	人口	款	玉米	小米	柴火
荣桂有	4		12		
高洪元	5		15		
李风龙	4		12		
李树合	4	4.00			
张明瑞	5		15		
张明海	3		9		
张明春	5		15		
张明生	4		12		
李风武	4		12		
李树廷	2		6		
穆凤忠	7		18		
尤长桂	4		12		

续 表

姓 名	人口	款	玉米	小米	柴火
董世跃	3	3.00			
李风成	3			6	
李风军	3			4	
李付海	5				5
张风祥	4				4
合 计		7.00	138	9	9

1990 年 7 月 11 日

召开两委扩大会议

参加人员：张明德、薛英芳、崔玉海、董世跃、张万江女人、高德发、李世合、杨海荣、田秀文、高洪有、高德明、张海军，共计 12 人。

会议中心是治虫。

会议开始由薛英芳传达了乡政府 7 月 10 日召开村主任会议精神。

① 治虫；② 打狗；③ 关猪；④ 地膜玉米打药；⑤ 雨季造林；⑥ 电力管理；⑦ 残废人的招工。

最后经过讨论，张明德又对上述几项工作作了强调。

重点提出：① 治虫老少男女齐出去(包括学生)，完全彻底消灭；② 防汛要高度重视。

1990 年 7 月 23 日

召开两委扩大会议

参加人员：张明德、薛英芳、穆奎有、董世跃、崔玉海，共 5 人。

清工后研究：

① 四个一建设规划不完善？今天办妥。

② 学校后排房需修理？由张明德负责明天搞。

③ 找徐风林要钱？月底前张明德、薛英芳去办。

④ 收民政局羊的羊绒。7 月 25 日上午开会。

⑤ 黄牛改良。7 月 25 日上午开会。

⑥ 清会计账。暂推一段。

⑦ 给扶贫办贷款 5 000 元。崔玉海明天去办。

⑧ 松树育苗。由穆奎有负责,26 日前完成育苗和打药。

6 月 27 日至 6 月 28 日,学校修建用工。

① 李世海拉土 10 车给工三个。

② 买王立新黍秸 70 斤,穆奎喜 50 斤,每斤二分。

③ 李世江、王立新、张文祥、杨宝善、木树斌、郝存山,每人两天。

※※※※

① 6 月 16 日,杨存生去乡拉松树籽人、车工共一个。

② 高洪举 7 月 23 日,送土地清查人、车工共一个。

③ 7 月 19 日,土地清查张万江、高德发每人半天。

④ 高德有 7 月 17 日,水沟送信半天。

⑤ 张万江 7 月 18 日,买送菜半天。

⑥ 穆树斌 9 月 16 日,去水沟找薛英芳半个工。

人口普查用工

日　期	项　目	王桂英	王利萍	木春霞
6.14—17	乡学习	4	4	4
6.20	在村开会分工	0.5	0.5	0.5
6.21	底卡登记		1	
6.22	底卡登记			1
6.23	底卡登记	1		
6.24	汇总底卡	1	1	1
6.28	乡开会	0.5	1	1
6.30	村开会	0.5	0.5	0.5
7.1—9 日	人口普查	9	9	9
7.10	人口普查	1	0.5	0.5
7.12	人口普查	0.5	1	1
7.13	人口普查	1	0.5	0.5
7.20	乡交表	1	1	1
合　计		20.00	20.00	20.00

1990 年 7 月 24 日

修理学校房屋用

拉土:杨志强三车。

用工：张明德、(顶穆凤明放牛)、赵文祥、张文斌、李世海、杨宝善，共计 5 人。

8 月 8 日，去乡送桌凳用李世合车工半个。

5 月 31 日，参加党内会议，郜桂合半天。

8 月 1 日，参加党内会议，田秀文半天。

1990 年 7 月 29 日

召开支委扩大会议

参加人员：乡里赵书记、郭明刚两人。

张明德、薛英芳、穆奎有、崔玉海、董世跃、张万江女人、高德发、杨海荣、田秀文、李风龙、高洪有、李世江、高桂有、穆凤忠、杨存秀、康登明、彭宪合、张海军，共计 17 人。

会议开始赵书记讲，今天主要是以会代训。乡党委决定以村培训支委党组长入党积极分子。赵书记辅导学习党章总纲，党员的权力和义务等及 7 月 18 日，张家口日报上耿尚坤讲话。由郭明刚辅导学习文件。农村工作实现"四个一"材料。

由张明德把当前进行的：

① 土地详查；② 和民政局养羊和牛改情况及羊户研究的制度；③ 五年级班的设置；④ 救济粮食的问题；⑤ 松树育苗及打 1605 问题，到禁坡去不论人、畜出问题，村一律不负责任。下午由郭明刚讲了乡党委政府关于征收土租赁制款的问题。

由张明德把 5 月 13 日就土地租赁制款的征收计算情况作了说明。

经过讨论与会人员一致认为合理。

最后提示：从今天起开始征收 8 月 5 日左右，开会汇报总结征收情况。

1990 年 8 月 1 日上午半天

召开党员活动日

参加人员：共计 17 人(名单在会议报到表内)

会议开始由张明德讲活动内容。

由薛英芳把邢崇智在省党代会上的报告进行了辅导全文学习。

由张明德代表支部就上半年支部工作进行了简单总结。然后进行了讨论，征求了与会人员意见。与会人员一致认为没有什么可提。

1990 年 8 月 9 日一天

召开两委扩大会议

参加人员：张明德、薛英芳、穆奎有、崔玉海、董世跃、张万江女人、高德发、邵桂合、李世合、杨存荣、田秀文、李风龙、高洪有、张海军，共计 14 人。

上午郭明刚传达的乡党委政府召开的村书记村主任会议精神：

① 学习行政诉讼法；

② 防洪防汛(五保户、八类户、学校、地、坝、有问题集合民兵，要总动员，杜绝人畜出事)。

③ 借销粮，9 月底前买完。特困户每人 20—30 斤。每村 10 来户。

④ 田间管理：护秋、推销叶面宝。

⑤ 租赁费：(把教育经费尽快交回来)。

⑥ 展开双学双比活动，搞好妇女工作。

⑦ 发展团员，重视团的工作。

⑧ 资金统管，清查财务，建好账。

⑨ 县委 8 月份检查"四个一"和改善办学条件。

张明德又讲：

① 去县交羊绒的情况；

② 和徐风林要款的情况；

③ 和扶贫办汇报汇款的问题。

关于借销粮的问题(居民组报)

①

② 王永 5、王俊 5、王良 5。

③ 张军 5、祁凤明 4、赵文祥 6、祁守相 4、张玉连 4、王志文 4、张海祥 5、张文彬 5、高庆连 4、李世江 6。

④ 杨宝山 4、张树生 7。

⑤ 祁凤山 5、张桂元 5。

⑥ 韩风明 3、梁树海 4、高洪志 3、杨存生 3、杨存瑞 4。

⑦ 李富海 5、荣桂有 4。

⑧ 张天富 5。

⑨ 薛德斌 4、吕桂武 4。

② 护秋公约：

① 到别人地里割草，每斤草罚款 0.20 元。

② 砍别人一根玉米杆，罚款 0.50 元，玉米一斤。

③ 偷一窝山药，罚山药 10 斤，罚款 2.00 元。

④ 偷一个玉米棒，罚 0.50 元，粮食一斤。

⑤ 偷一个高粱穗，罚 0.30 元，粮食半斤。

⑥ 偷一个谷穗，罚 0.20 元，粮食二两。

其他作物的酌情处理罚款，糟蹋粮食照赔。

⑦ 到地边放小群，每次每头罚款 5.00 元。

⑧ 牛、驴、骡、马，每发现一次撒野，罚款 10 元。

⑨ 猪必须关，不关每赶一次，罚 5.00 元。

⑩ 狗必须拴，不拴每发现一次，罚 10.00 元。凡牛驴骡马猪狗损坏庄稼按定的赔粮食。

同意。每户发一份。

有关征收土地租赁费问题

1. 决定从 1990 年 1 月 24 日到 1990 年 8 月 9 日止，每欠干部(打欠条的)的工资，每 100 元，付利息 8.00 元。

同意。

2. 8 月 12 日召开两委扩大会议，凡收 50%以上的奖居民组长 1%。21—49%者不奖不罚。不足百分之 20%的，秋后扣除总工资的 10%。

基本上通过。

1990 年 8 月 12 日

召开两委扩大会议

参加人员：徐乡长

张明德、薛英芳、穆奎有、崔玉海、董世跃、张万江女人、高德发、郤桂合、李世合、杨海荣、田秀文、李风龙、高洪有、高德明、张海军，共计 15 人。

会议中心是算土地租赁制的收费问题。

1990 年 8 月 21 日一天

召开支委会议

参加人员：张明德、薛英芳、董世跃

(一) 支部工作：

① 学习“全国农村村级组织建设工作座谈会”，“加强以支部为核心的村

级组织建设”。

② 入党积极分子六名,确定那人具备入党条件,让谁填入党“志愿书”?

杨海荣。

③ 党费怎么征收? 8 月底卡,党员与会生活费补助,每天 1.00 元,从中扣除。

④ 民主议事会和统一活动日怎么安排? 8 月底和党员会一起进行。

(二)

① 昨天乡政府通知,咱村已报 37 户 166 人,给 4 980 斤粮食怎么定户?

按上报户稍有变动,已造表上报待审。

② 89—90 年学年度教师怎么给奖金?

按乡受奖的 80%给:张海梅 76.00 元,张海琴 32.00 元。

李富合工作勤恳,克己奉公,奖 15.00 元。

③ 土地租赁费征收如何办?

再次给居民组发一个通知,催一下征收 25 日左右开两委扩大会议,在总结前段安排下步。

④ 徐风林的欠款怎么办?

按原安排进行。

⑤ 会计清账怎么办?

马上进行。

⑥ 护秋公约再次审定?

按 8 月 9 日扩大会定的略有增加,马上印发。

1990 年 8 月 2 日

召开两委扩大会议

参加人员:张明德、穆奎有、董世跃、薛英芳、张万江女人、田秀文、李风龙、高德明、张海军、高德发,共计 10。

会议开始学习了“加强以支部为核心的村级组织建设”,传达了乡教育会议精神,具体问题:

① 借销粮食的发放。已通知到各组(户)。

② 教师的奖金问题。同意支委的意见。

③ 护秋公约问题,每户一张。同意。

④ 土地租赁款的征收问题。继续征收。

讨论记录:

① 今年秋前农田建设咋搞?

② 收土地租赁费的招待费咋办?

只因收款的进度不平衡,所以村里不开支,哪个队需用乡、村干部去帮助,开支的招待费就由哪个队负责。

③ 如果要唱戏收的粮、菜如何计价?

大米 0.75 元,白面 0.75 元,玉米 0.30 元,小米 0.60 元,豆角 0.05 元,茄子 0.10 元,山药 0.10 元,瓜 0.03 元,葱 0.05 元,辣椒 0.20 元。

1990 年 8 月 29 日

召开两委扩大会议

参加人员:(上午党员会记工在党员表内)

张明德、薛英芳、董世跃、张万江女人、郤桂合、李世合、杨海荣、田秀文、李风龙、高洪有、高德明、张海军,共计 12 人。

会议开始学习宋平"加强以党支部为核心的村级组织建设和地委副书记耿尚坤的四个一建设,使农村党组织步入了新的规范化工作轨道。"

讲:① 乡教育会议和村教育情况;

② 关于借销粮问题;

③ 畜牧局来人催养牛户买牛问题;

④ 关于征收土地租赁费进展情况及催收;

⑤ 农田建设怎么搞?

⑥ 通过护秋公约及加强护秋管理问题;

⑦ 杨海荣入党问题?经党员讨论,举手表决通过。

讨论记录:

① 戏是否唱?一致同意唱。

就"做饭、做菜、烧水、担水等"具体分了工。

唱戏用工

姓　名	8.30	8.31	9.1	9.2
张明德	1	1	1	
薛英芳	1	1	1	
董世跃	1	1	1	

续 表

姓 名	8.30	8.31	9.1	9.2
穆奎有	1	半	×	
崔玉海	×	×	×	
张万江女人	1	×	1	
高德发女人	1	1	1	
郤桂合	1	×	×	
杨海荣	×	×	1	
田秀文	1	1	1	
李风龙	1	1	1	
高洪有	1	1	1	
高德明	1	1	1	
张海军	×	1	1	
张玉林	1	1	1	
穆风忠	1	1	1	
合 计	14	11.5	13	

1990 年 9 月 2 日

召开两委扩大会议

参加人员：张明德、薛英芳、穆奎有、董世跃、张万江女人、高德发、李世合、杨海荣、田秀文、李风龙、高洪有、高德明、张海军，共计 14 人。

晒行头人：穆奎仕、张树生(半天)。

讨论记录：

① 唱戏账怎么结算?

以居民组结算，每人 0.50 元，给的东西折钱，不够者打借条，由居民组负担。

苏寺村唱戏结算情况表　90.9.2(缺)

卖给张玉斌：玉米 13 斤×0.30 元，合 3.90 元，小米 45 斤×0.50 元，合 22.50 元，总共 26.40 元。

讨论记录：

① 农田建设搞什么？全村以修路为重点。从沟门过水路，面到苏寺大柳树改新道大约 1 000 米。凡因修道的占地，哪个组的由哪个组处理。村里不做补偿。

② 村里大院的两间房咋办？

决定把苇子沟的三间房拆回，用来修村大院的两间和厕所。一律施工以义务工。

决定：日工资是：木工 8.00 元，泥工：9.00 元，土工：3.50 元。

③ 怎么和徐风林要钱？

虽徐有减免要求，据他所作所为而定的钱不免。最后就“盖房的施工问题，进一步征收土地租赁款的问题、清账问题”，都做了具体安排。

1990 年 9 月 4—5 日两天

（一）清账问题：

参加人员：张明德二天、薛英芳二天、崔玉海二天，共计 3 人。

	87 年新旧班接交大队欠生产队	90 年 9 月 5 日		说　明
		欠　村	村　欠	
1	150	1 223.6		
2	450	996.46		欠村和村欠互顶后：
3	70	1 798.84		欠村 3 385.70 元
4	2 888		545.21	
5	3 537		1 312.07	
6	2 310	246.8		
7	670	928.28		
8	2 862		261.57	
9	3 333		247.99	
10	1 240	558.56		
合　计	17 510	5 752.54	2 366.84	

（二）待进账的：

姓　名	项　目	时　间	单据字号	合　款	说　明
李世江	买木头	89.4.1	020755	99.50	
李世江	买木头	89.4.4	020760	527.40	
李世江	买木头	89.5.17	020778	500.40	
李树廷	买木头	89.7.1	020791	43.20	清
张文海	买木头	90.3.9	020799	85.00	清
王　永	买木头	90.3.9	020800	24.00	
郤桂合	89年学校两半截			25.00	清
张　秀	大柱款			150.00	清
康永祥	柳树			80.00	清
郝存山	柳树			60.00	清
马　明	柳树			40.00	清
王文清	柳树			40.00	清
李桂存	柳树			60.00	清
高德斌	柳树			100.00	清
薛廷甫	柳树			80.00	清
薛英芳	柳树			25.00	清
张玉斌	柳树			22.00	清

姓　名	项　　目	时　间		合　款	说　明
县艮行	5尺杆70根	89年		清	
郭万均	柱子80根	89年		清	
高庆云	柱子25根	89年		清	
穆奎有	杂木4根	89年		清	
高洪生	旧柁2根	89年		清	
张明德	用椽5根	89年		清	
张明德	做木笼的	89年		清	

续　表

姓　名	项　　目	时　间		合　款	说　明
张明德	车元子 5 根	90 年		清	
张明德	挡西山的柴火 26 个			清	
顾大权	在四亩沟买柴火 30 个，大南沟买柴火 30 个。共 60 个	87 年 88 年		清	
高德仕	柳树			清	
张明德	西山挡回 7 个小木头，给纸箱顶			清	
李富海	杨树			清	

1990 年 10 月 10 日

召开两委扩大会议

参加人员：张明德、薛英芳、穆奎有、崔玉海、董世跃、张万江女人、高德发女人、郤桂合、田秀文、高洪有、杨海荣、李世合，共计 12 人。

下乡干部：徐乡长、张殿恒、荣海忠。

研究讨论问题：

记入会议记录八本。

垫乡级公路 10 月 13 日。

二队：高德斌上午人、车半天。

五队：祁守斌人半天。韩立军人、车半天。

六队：木海清人工半天。

七队：穆凤忠人工半天。

三队：祁守相人工一天。

四队：李世合人、车一天。高富人工一天。李世海人、车半天。

农建用工记工表，10.22 日建

	10	12	14	15	16	17	18	19	20	21	22	现场会付款	合计
张明德	1	1	1	1	1	1	1	1	1	1	1		11
薛英芳	1		1							0.5	1		3.5
穆奎有	1		1						1	1	1		5

续 表

	10	12	14	15	16	17	18	19	20	21	22	现场会付款	合计
崔玉海	1		1						1	×	1		4
董世跃	1		1	1	1	1	1	1	1	1	1		10
张万江女人	1		1	×	0	0	1	1	0	×	1		5
高德发	1		1	×	×	1	1	×	1	1	1		7
郤桂合	1		×	×	1	1	1	1	1	1	1		8
杨海荣	1		1	1	1	1	1	1	1	1	1		10
田秀文	1		1	1	1	1	1	1	1	1	1		10
李风龙			1	1	1	1	1	1	1	1	1		9
高洪有	1		×										1
高德明			1										1
张海军	1		1	1	1	1	1	1	1	1	0.5		9.5
王立新		1											1
冀秀江		1											1
李玉江		1											1
韩志品		1											1
高洪生		1											1
张玉连								1				3	4
张连军								1					1
合　计	12	6	12	6	7	8	9	10	10	9.5	11.5	3	104

卸煤、测路,14日测道。

7月24日,穆奎有掌握种松树:

① 郭文志;② 张清军;③ 李志斌;④ 康登库;⑤ 张玉海;⑥ 彭宪明;⑦ 张风祥;每人一天。

会议笔记 33

1990 年 10 月 10 日

会议程序

① 传达乡 10 月 9 日,农建动员大会的会议精神(公布乡村责任状)。

② 要清查按户口弄清积累工的男女劳动力。

③ 决定积累工的报酬。

④ 再修乡级公路。

⑤ 秋耕地问题。

⑥ 协助信用社站收贷款。

⑦ 森林防火。

⑧ 林木管护与杜绝乱砍乱伐。

⑨ 大牲畜要集群放牧。

⑩ 土地租赁费的征收(农业税)。

⑪ 学校炕坏的修建。

⑫ 加强干部的责任制,确保农建工作顺利进行。

讨论记录:

① 农建领导小组怎么成立?支部建议:

组长:薛英芳,副组长:穆奎有、董世跃,成员:张明德、崔玉海,共计 5 人。同意。

② 按户口查积累劳动力

	1	2	3	4	5	6	7	8	9	10	计
男 18—60 岁	36	40	39	38	31	34	24	13	24	27	306
女 18—55 岁	29	32	38	33	27	35	18	14	21	22	269
合　计	65	72	77	71	58	69	42	27	45	49	575

③ 积累工怎么定工和报酬?

	定　工	日工资
男劳力	20 个	3.50 元
女劳力	10 个	3.00 元

④ 农建时间怎么安排?

上午 9: 00 点,准时劳动,下午五点收工,中午休息一个小时,统一行动,以口哨为令。

⑤ 具体时间怎么划分?

11—12 号,全力以赴搞三秋扫尾。13 号以后修乡级公路。

	村委	1	2	3	4	5	6	7	计
出人	1	2	2	2	2	2	2	2	15
车		1	1	1	1	1	1	1	7

14 号,两委居民组长,具体测路。

15 号,农建上人,要求全力以赴。

1990 年 10 月 14 日在高德明家

召开两委扩大会议

参加人员: 张明德、薛英芳、穆奎有、董世跃、崔玉海、张万江(女人)、高德发(女人)、李世合、杨海荣、田秀文、高洪有、高德明、张海军,共计 13 人。

(一) 制定干部责任制: 支部建议

① 村两委和居民组长计 15 人,从农建开始到结束,必须建立领导到位,发挥到点。

② 有特殊情况,必须请假招呼,否则以失职处理。

③ 凡无故不到,每人每天扣积累工一个(按积累工的工款秋后年总时,总工资的款内扣除)。

(二) 从 15—20 号上人的安排是:

1	2	3	4	5	6	7	8	9	10	计
15	16	15	14	11	15	10	5	10	10	121

(三) 战区划分,(在干沟张海军家)

为便于村民提出:

干沟战区: ① 独立战区: 从四亩沟门穴子沟界起到干沟里村头,用多少工自摊，不与外战区相比。工程按村安排进行。

② 同全村一齐搞，按村安排上人。

水沟战区：① 独立战区：从大杨树沟门开始，到苏寺大柳林，整路基为一丈，整平垫好。重点完成牛样地的两处垒坝垫平工程。用多少工自摊，不与外战区相比。

② 同全村一齐搞，按村安排上人。

走那个方案由干沟、水沟和村民商量后自定。

两委农建记工

日　期	张明德	穆奎有	董世跃	崔玉海	合计(人)
月　日					
10.23	1	1	×	×	
10.24	1	1	×	×	
10.25	1	1	×	×	
10.26	1	1	×	×	
10.27	1	1	×	×	
10.28	1	1	×	×	
10.29	1	1	×	×	2
11.1	1		×	1	2
11.2	1	1	×	收款	2
11.3	1(去水沟)	山药(拉羊业)1	×	×	2
11.4	1	1	×	1	3
11.5	1	拉羊业 1	×	1	3
11.6	1	拉羊业 1	×	1	3
11.7	1	(庙南沟砍木头)1	×	(收木头)1	3
11.8	1	杂活	(做木活)1	(看骡子)×	2
11.9	1	倒粪	乡征兵会	(换油)×	1

1990 年 11 月 10 日

召开两委扩大会议

参加人员：张明德、薛英芳、穆奎有、董世跃、崔玉海、张万江(女人)、高德发、郜桂合、李世合、杨海荣、田秀文、高洪有、高德明、张海军,共计 14 人。

会议开始由董世跃传达乡征兵会议精神,由薛英芳传达了乡政府在 10 月 5 日召开的村主任会“粮油征购,农田建设”会议精神。

张明德就:

① 农建带工人应给点补助工的意思和想法。

② 要求砍木头批坡事项会议做了说明。

③ 关于收土地租赁费的问题。

④ 农建工到今天要卡工及下步设想。

记录:

① 征购催粮领导小组问题:

支部建议:组长:薛英芳,副组长:穆奎有、崔玉海,成员:十个居民组长,共 13 人。

同意。

② 修大杨树沟路明天修?

如拿不回批示,路算白修,出勤人村委会负责。

具体安排修路人是:

村委	1	2	3	4	5	6	7	8	9	计
3	6	8	8	6	8	8	5	7	8	67

③ 经两委研究,因这次农建工程大,任务重,带工人带工报酬与出勤人比例,应给点带工人的补助工。

具体给法:

两委		居民组长		
张明德	30	张万江	15	再扣回郜桂合算工 2 分
薛英芳	10	高德发	15	
穆奎有	10	郜桂合	15	
董世跃	10	李世合	15	
崔玉海	10	杨海荣	15	
		田秀文	15	

续　表

两　　委		居　民　组　长		
		李风龙	15	
		高洪有	10	因董世跃、张明春带工已给
		高德明	15	
		张海军	15	

经充分讨论，一致表示同意。

农建用工记工情况

姓　名	11 月 12 日	11 月 13 日	11 月 14 日	11 月 15 日	11 月 17 日
张明德	1	1	1	1	
穆奎有	1	1	×	1	1
董世跃	×	×	×	1	
崔玉海	×	×	×	1	
张万江	×	×	×	1	
高德发	×	×	×	1	
郜桂合	×	×	×	1	
李世合	×	×	×	1	
杨海荣	×	×	×	1	
田秀文	×	×	×	1	
李风龙	×	×	×	×	
高德明	×	×	×	1	

1990 年 11 月 26 日一天

召开两委会议

参加人员：张明德、薛英芳、穆奎有、董世跃、崔玉海，共计 5 人。

会议解决：

① 清理待客费和杂项开支单据。

② 清理 7 月 24 日到 11 月 26 日两委用工。

③ 木头批示拿回，据师建忠的说法是否砍？

砍。明天去车借磅。

11月15日丈量木笼坝的方数

编号	方数	备注	编号	方数	备注
1	2.24		22	3.24	
2	3.38		23	4.28	
3	1.03		24	2.96	
4	1.11		25	4.42	
5	1.93		26	4.42	
6	2.37		27	3.57	
7	2.43		28	3.16	
8	3.12		29	4.49	
9	3.82		30	4.28	
10	4		31	4.49	
11	3.82		32	5.53	
12	4		33	4.69	
13	3.53		34	4.69	
14	4		35	4.97	
15	4.03		36	4.89	
16	3		37	4.46	
17	3.74		38	4.08	
18	3.41		39—42		
19	4.68				
20	4.50				
21	4.78		计	141.54	

1990年11月15日战区开会

到会人员11人,记工在前页。

提示:

① 刘万枝、李桂生女人、李桂存女人、高祥。彭淑琴、王铁彪念书,穆凤海女人,张淑琴、高淑荣。因病和念书是否摊农建积累工?

经再三讨论定:一律摊。

② 垒木笼的石头,怎么给工?

因拉石头远,定每垒一方给工3.5个。

③ 何时垒完木笼？

11 月 20 日以前。

苏寺村农建一战区应摊积累工情况

	男劳力			女劳力			合计	备注
	人数	每人	应出工	人数	每人应摊 30 元亩 3.50 折工	应出工		
1	36	20	720	29	8.6	249.4	969.4	
2	39	20	780	32	8.6	275.2	1 055.2	
3	39	20	780	38	8.6	326.8	1 106.8	
4	38	20	760	33	8.6	283.8	1 043.8	
5	31	20	620	27	8.6	232.2	852.2	
6	34	20	680	35	8.6	301	981.00	
7	24	20	480	18	8.6	154.8	634.8	
9	24	20	480	21	8.6	180.6	660.6	
计	265		5 300	233		2 003.8	7 303.8	

讨论决定：按应出工总数的 95.3 点摊工。

	实施摊工	从 10 月 10 日到 11 月 15 日实出工	对比亏工	安排垒木笼坝
1	923.8	772.9	150.9	1—14 号，40.78 方，合工 142.7 个。
2	1 005.6	944.7	60.9	15—18 号，14.18 方，合工 50 个。
3	1 054.3	1 025.1	29.7	27、28 号，6.73 方，合工 23.6 个。
4	994.7	993.9	0.8	楼南围外的石头，全工 0.80 个。
5	812.1	782.6	29.5	24、30 号，7.27 方，合工 25.4 个。
6	934.9	865.9	69	22、31、32、33 号，18 方，合工 63 个。
7	605	539.9	65.1	26、35、37、38 号，17.93 方，合工 62.8 个。
9	629.6	491.5	138.1	19、20、23、21、25、29、34、36 号，36.73 方，合工 128.6 个。
合计	6 960.5	6 416.5	544	496.9 个

	安排垒木笼后亏工	两委和居民组长垒坝带工的工	从村委院内建房扣回	从90年度社务工内扣
1	8.2	组长16—17日两天,合工4个。	4.2	
2	10.9	组长16日一天,合工2个。	5.5	3.4
3	6.1	组长16日一天,合工2个。	4.1	
4				
5	4.1	组长16日一天,合工2个。	2.1	
6	6	组长16—17日两天,桂有17日一天,合工6个。		
7	2.3		2.3	
9	9.5	组长16—18三天,合工6个。	3	0.5
合计	47.1	22个	21.2	3.9

1990年11月27日

召开两委扩大会议

参加人员:张明德、薛英芳、穆奎有、崔玉海、董世跃、王淑琴、高德发、郤桂合、李世合、杨海荣、田秀文、高德明、张海军,合计13人。

会议传达了县教育会议和古道埌林业现场会议精神。

重点讲:

(一)林业管护:

① 大牲畜要集群放牧;② 防火;③ 禁止乱砍乱伐;④ 杜绝外来人打柴火;⑤ 砍树。

(二)粮食征购:

(三)农业生产,公布一九九一年种植任务。落实一九九一年度地膜玉米亩数:

1	2	3	4	5	6	7	8	9	10	计
26	30	40	40	26	26	22	10	15	15	250亩

另行用工:

① 9月13日,李汉洲去水亩湾找徐风林。

② 11月27日,郝存仕去合达营借磅人、车工。

③ 11月28日，李世合往水沟送磅人、车工。

11月28日，田秀文往水沟送磅人、车工。

④ 12月4日，李世合去水沟拉磅和柴火及杂工。

12月5日，李世合去合达营送磅和柴火。

⑤ 12月5—6日，乡党代会：高文二天，赵玉兰二天。

⑥ 9月15日，李世合去合达营给村建房买水泥人、车工半天。

⑦ 给各居民组长三人12月8日收砍木头票工。

张万江、高德发、郜桂合、李世合、杨海荣、田秀文、董世跃、高洪有、张海军，共9人。

（四）砍木头问题：

① 因调坡是否砍？砍。

② 怎么上人？全力以赴。

③ 每天生产时间？十点至二点半。

④ 外来亲友让砍否？有居民组长开条，可以砍。

⑤ 公伤事故怎么办？村一律不负责任。

⑥ 树桩的高度？十公分。

⑦ 柴火、树头怎么管理？一律禁止个人来打柴火，拉树头。

⑧ 验收办法？过磅。

⑨ 砍伐报酬问题怎么定？

	檩		柴火	5尺杆		7尺杆		椽	
	一等	二等		一等	二等	一等	二等	一等	二等
每斤	4米长 12公分	3.8米长 12公分	官厅烟	6公分	5公分	5公分	5公分	长4米 6公分	长4米 5公分
1.8	1.5分	1.5分	一等2分 二等1分	0.15	0.10	0.20	0.15	0.50	0.40

召开两委会

	张明德	薛英芳	穆奎有	董世跃	崔玉海	合　计	
12月7日	1	1	1	1	1	5	
12月8日	1	1	1	1	1	5	

中心议题:

1. 清理砍木头的开票。

2. 召开两委会,学习社会主义教育的安排及村支部的安排。

3. 马清祥要求入党同意否? 同意。

提交党员会议审议。

砍木头类用工

90年	活　别	张明德	薛英芳	穆奎有	董世跃	崔玉海	高德发 郜桂合 李世合 杨海荣	李世合	
月日			1	1	1	1	×	×	
11.28	砍木头	1	1	1	1	1	倒木头4	×	
11.29	砍木头	乡开会	乡开会	检查晚	1	1	×	×	
11.30	砍木头	1	1	1	1	党选	×	×	
12.1	砍木头	1	1	1	党选	1	×	×	
12.2	砍木头	1	1	1	1	1	×	×	
12.3	砍木头	1	1	1	1	1	×	×	
12.4	砍木头	1	1	1	1	1	×	倒木头 0.5	
12.11	打结天柱	1	1	1	1	1	×	×	
12.12	砍木头 结砍卖	1	1	1	1	1	×	×	

计划生育用工

姓　名	12 月			姓　名	12 月			
	5 日	6 日			5 日	6 日		
薛英芳	1	1		高德发	1	×		
穆奎有	1	1		李世合	1	×		
董世跃	1	1		杨海荣	1	×		
崔玉海	1	1		田秀文	1	×		
王立新	1	×						
顾正风	1	1						
赵文祥	烧锅 1	×						
高玉平	洗布 1	×						
高洪运	抬人 1	×						
高洪祥	1	×						
康登秀	1	×						
冀秀江	1	×						

1990 年 12 月 9 日一天

召开两委扩大会议

参加人员：张明德、薛英芳、穆奎有、董世跃、崔玉海、王淑琴、高德发、李世合、杨海荣、田秀文、高洪有、高德明、张海军，共计 13 人。

开始收砍木头票。

学习乡党委社教安排意见及学习“什么是社会主义等”。

最后讲当前应抓的几件事：

① 农田建设积累工的兑现；② 土地租赁费的征收；③ 统计明年缺粮的户；④ 卖征购粮问题；12 月 20 日前完成。⑤ 林业生产：

1. 大牲口集群放牧；

2. 防火（公布村防火组织）。

3. 禁止乱砍乱伐；

4. 杜绝亲友和外村人来打柴火。

⑥ 农业生产:

1. 落实地膜玉米地块及种籽。12 日前报村。

关于卖柴火问题:

讨论决定:

① 一律交款提货,时刻不赊。

② 椽、檩、柱,椴木每斤 0.10 元。

③ 菜、杆一律过磅,每斤 7 分。

1990 年 12 月 10 日

召开党员大会

参加会议人员:乡干部:张文富、张殿恒。

党员 24 人,干部 7 人,共计 31 人,(在记工表内)。

会议中心学习乡党委关于社会主义教育安排及活动日程,中央关于 1991 年农业和农村工作通知,结合本村实际进行学习。

最后讨论:

马清祥要求入党,经培养考察,支委审查提交大会讨论。

与会 42 人,23 人一致举手同意。高祥说去年秋收打场和他吵架,他认为不具备,但又表示,我一个人是少数服从多数。

1990 年 12 月 15 日

召开两委会议

参加人员:张明德、薛英芳、董世跃、穆奎有、崔玉海,共计 5 人。

会议中心是揭摆本村的难点、热点问题,研究结果。

当前欠款户(指与村委会发生的)和清理柳树作价收款问题。

明天有薛英芳、穆奎有、崔玉海三人深入各片户进行清理。

1990 年 12 月 23 日

召开两委会议

参加人员:张明德、薛英秀、董世跃、穆奎有、崔玉海,共计 5 人。

会议研究:

① 91 年度班子问题;② 粮油征购问题;③ 土地租赁费问题;④ 需乡帮助

解决的问题；⑤ 两委用工的清理。具体卖征购任务是：

	春前			按 25% 加玉米	现在任务		
	合计	豆子	玉米		合计	豆子	玉米
1	2 300	250	2 050	575	2 875	250	2 625
2	2 300	250	2 050	575	2 875	250	2 625
3	3 000	268	2 732	750	3 750	268	3 482
4	3 250	275	2 975	813	4 063	275	3 788
5	1 625	200	1 425	407	2 032	200	1 832
6	394	50	344	99	493	50	443
7	815	100	715	204	1 019	100	919
8	400	50	350	100	500	50	450
9	815	100	715	204	1 019	100	919
10	650	100	550	162.5	8 122.5	100	712.5
计	15 549	1 643	13 906	3 889.5	19 438.5	1 643	17 795.5

1990 年 12 月 28 日

召开两委扩大会议

参加人员：张明德、薛英芳、穆奎有、董世跃、崔玉海、张万江女人、高德发、郜桂合、李世合、杨海荣、高洪有、高德明、张海军，共计 13 人。

会议评比：

① 先进单位：苏寺小学，第五、八、十居民组。

② 劳动模范：男 19 人，女 19 人。

③ 优秀团员：高德秀、高海青、李向国，计 3 人。

④ 五好民兵：20 人。

⑤ 三八红旗手：15 人。

⑥ 好妯娌：12 对。

⑦ 好婆媳：好婆婆 11 人，好媳妇 15 人。

⑧ 五好家庭：57 户。

研究事项：

① 1990 年度开大会怎么摊算？

3月15日选举大会一次。应到会人基本平,所以不摊不齐。

② 党员和干部骨干培训,怎么给报酬?

不给工资,只给生活补贴,每工1.00元。

③ 村建房,原安排按劳力摊,现在想付款行否?同意。

④ 社务用工怎么摊算?以每工2.50元付款。

⑤ 砍木头的另行用工,两委初步意见:砍伐节段,每人每天8.00元,打节夭柱每人每天5元,讨论定一下?同意。

⑥ 唱戏用工,按有劳动积累工的给每场1.00元,无劳动积累工的义务,行否?同意。

⑦ 打节夭柱,每根给多少款?0.30元。

1991年1月4日

召开两委会议

参加人员:张明德、薛英芳、穆奎有、董世跃、崔玉海,共计5人。

会议中心:

审议"党员培训生活补贴情况";

"骨干培训生活补贴情况";

"唱戏用工付款情况";

"村大队建房用木工、泥工、土工、砍木头买东西情况";

"砍木头的验收人员,另行用工情况";

"社务用工情况"等等。

会议研究:

① 张海江给农行行长在1989年从打结杂杆下来的木头中弄4—5尺小杆,70根,怎么计价?

因张海江为村委会办了不少事,他又是给行长买的,决定不收费。

② 穆奎有在检查站用三根搭棚木,怎么计价?

原取四根,因腐朽而断送回一根。木才(材)太差做价9.00元,(每根3.00元)。

③ 郭万均弄80根,高庆云弄25根,怎么计价?

因是秋前弄的,大部腐皮,有的打结夭柱不足两节,又因他二人给村里办了不少事。最后决定张明德去县开会时办一下,给多少款算结事。

和各队结算1990年度账

		1月16日乡来人开会和收款	1月19日开会结算收款	1月22日两委会
1月5—6日	张明德2	张明德1	张明德1	张明德1
1月5—6日	薛英芳2	薛英芳1	薛英芳1	薛英芳1
1月5—6日	崔玉海2	董世跃1	董世跃1	穆奎有1
1月5—6日	穆奎有2	穆奎有1	穆奎有1	董世跃1
1月5—6日	董世跃2	张万江1	张万江1	崔玉海1
5日	杨海荣1	高德发1	高德发1	
	田秀文1	郜桂合1	郜桂合1	
	李风龙1	李世合1	李世合1	1月21日午
	高洪有1	杨海荣1	杨海荣1	技术培训
	张海军1	田秀文1	李风龙1	薛英芳
6日	张万江1	李风龙1	高德明1	崔玉海
	高德发1	高洪有1		李世合
	郜桂合1	高德明1		李风龙
	李世合1			共4人
	高德明1			
	15人	13人		

1991年1月23日

召开两委扩大会议

参加人员：张明德、薛英芳、穆奎有、崔玉海、董世跃(半)、高德发、郜桂合、李世合、杨海荣、田秀文、李风龙、高德明、张海军，共计13人。

会议前各组长和崔玉海订正了“土地租赁制款的征收”和“砍木头工资”的款数。把原办的打白条改为正式单据。

由薛英芳传达了乡1月21日乡政府的：

①“1991年盖房批苏寺四户，其中耕地二户，非耕地二户。”

②“1991年度、季度救灾粮2 805斤。”

③ 1991年1月28日换春节白面，用米找价，每人二斤。

④ 八类户每人一袋面，1月25日前去取。

研究事项：

① 91 年度要求建房户有谁?

1	2	3	4	5	6	7	8	9	10	计
无	无	无	高富	无	无	无	李富江	高德明 高德武	无	4

本人写申请,村委小组签意见,村委会签意见上报。

② 这次给的救灾粮 2 805 斤,怎么分?

乡讲只给"人多地少户,特困户"。

乡讲凡有下列情况之一的不享受:

① 不卖征购粮食户;② 不交土地租赁费和各种建勤工和劳动积累工的;③ 超计划生育的;④ 林业乱砍乱伐的;⑤ 超占房基地建房的。

按各组人口分到组,由组自行安排:

1	2	3	4	5	6	7	8	9	10	计
325	289	371	366	272	311	215	149	250	257	2 805

③ 徐风林欠的 3 000 元木头款至今不给,初步安排明天派人去找他,提出如下的意见:

① 一月底交清不起诉,否则起诉。

② 从 90 年 12 月 30 日起按贷款付咱利息。

③ 由他负责打官司费和打官司的人的车、店费。

④ 由他负责打官司人的工资和外出补助。(日工资每人 5.00 元,日补助每人 5.00 元)。同意。

1991 年 1 月 25 日

召开两委扩大会议

张明德、穆奎有、崔玉海、薛英芳(半)、张万江、高德发、郤桂合、李世合、杨海荣、田秀文、李风龙、高德明、张海军,共计 13 人。

会议中心是各组和崔玉海弄农科站的计划用籽和交款。

研究问题:

① 穆奎有把去水磨湾找徐风林要款的事说了,徐不给,咱们怎么办?

向法院起诉他,选张明德和薛英芳去县办理。

1991 年 2 月 4 日

召开两委会议

参加人员：张明德、薛英芳、穆奎有、董世跃、崔玉海，共计 5 人。

① 首先由张明德汇报了去找郭万钧、高庆云要款情况。与会人员表示同意。

② 李付江请坐席（宴席）咋办？请就去，买东西咱五人平摊。

然后清 1 月 1 日—2 月 4 日的用工。

1991 年 2 月 6 日

召开两委会议

参加人员：张明德、薛英芳、穆奎有、崔玉海、董世跃，共计 5 人。

会议中心是按乡党委定的 90 年度村干部工资的通知定村级干部工资。

	误工记工					乡党委定基础效益奖励工资数	合计	
姓名	实际将工天数	拨出	实有工数	日值	合款			
张明德	146	水沟柴火 7 个，干沟柴火 11 个，干沟包地 10 个	118	2.50	295.00	616	911	
薛英芳	126		126	2.50	315.00	589	904	
穆奎有	83		83	2.50	207.50	493	700.50	
崔玉海	128.5		128.5	2.50	321.25	493	814.25	
董世跃	103.5		103.5	2.50	258.75	493	751.75	
合　计	587	28	559	2.50	1 397.50	2 684	4 081.50	

1991 年 2 月 9 日

召开两委会议

参加人员：张明德、薛英芳、穆奎有、董世跃、崔玉海，共计 5 人。

会议中心是根据乡党委定的 90 年度村级干部工资的情况，讨论居民组长的 90 年度工资。

“详见 2 月 12 日扩大会议的记录”。

决定发对联：春节送给：

烈属：薛德斌、董刘氏，军属：荣宪有。

残废军人：梁进、彭正付、王文清、李树林。共计4人。

在乡军人：张万兴、高祥、李世江、冀文付、张文富、张树生、高桂有、祁守柱、梁树江、高德军、李风武、董世跃、张天富、高德仕。共计14人。

退职干部：王志文、张明德、杨宝忠、薛风桐，共计4人。总计25户。

1991年2月12日

召开两委扩大会议

参加人员：张明德、薛英芳、穆奎有、董世跃、崔玉海、张万江、高德发、郜桂合、李世合、杨海荣、田秀文、李风龙、高洪有、高德明、张海军，共计15人。

1990年度各组欠土地租赁费情况：

1. 应交2 016.35元，实欠30.01元。

2. 应交1 968.30元，实欠260.95元。

3. 应交2 498.00元，实欠1 286.25元。

4. 应交2 351.83元，实欠618.28元。

6. 应交2 057.00元，实欠261.91元。

计：

※※※

① 3月19日，高洪举给去年开三干会柴火磅工1.5个。

② 高洪如、高洪江，给师建忠送柴火共4个工。

苏寺村90年度居民组长工资表　1991.2.12

姓名	任职				职务补贴			效益工资	奖金		误工记工		合计款数
	起		止		天数	每天	合款		5.50		2.50		
	月	日	月	日					分	款	天数	合款	
张万江	1	1	12	31	365	0.13	47.45	21.50	8.5	46.75	32	80.00	195.70
高德发	1	1	12	31	365	0.13	47.45	21.50	9.5	52.25	32	80.00	201.20
郜桂合	1	1	12	31	365	0.15	54.75	21.50	7	38.50	23	65.00	179.75
张文生	1	1	3	5	64	0.15	9.60				6	15.00	24.60
李世合	4	1	12	31	271	0.15	41.25	21.50	8.5	46.75	17	42.50	152.00

续 表

姓名	任职				职务补贴			效益工资	奖金		误工记工		合计款数
	起		止		天数	每天	合款		5.50		2.50		
	月	日	月	日					分	款	天数	合款	
杨海荣	1	1	12	31	365	0.13	47.45	21.50	10	55.00	27.5	68.75	192.70
田秀文	1	1	12	31	365	1.00	47.45	21.50	9.5	52.25	25.5	63.75	184.90
李风龙	1	1	12	31	365	1.1	40.15	21.50	10	55	21.5	53.75	170.40
高洪有	1	1	12	31	365	0.09	32.85	21.50	10	55	23.5	58.75	168.10
高德明	1	1	12	31	365	0.11	40.15	21.50	10	55	27.5	68.75	185.40
张海军	1	1	12	31	365	0.11	40.15	21.50	10	55	31	77.50	194.15
合计							448.70	215.00	93	511.05	269.5	673.75	1 848.9

1991年3月15日

召开两委扩大会议

参加人员：张明德、薛英芳、穆奎有、张万江女人、高德发、郜桂合、李世合、杨海荣、田秀文、李风龙、张海军、张玉斌，共计12人。

会议开始张明德讲：

① 去县法院为徐风林欠木头款问题。

② 乡整班不来的情况。

③ 乡三干会议问题。

④ 二月二的唱戏问题。

经研究决定唱：

① 以集资为主，每人0.50元。

② 集资价为：毛才（柴）（个）：1.00元，玉米（斤）：0.25元，小米（斤）：0.50元，山药（斤）：0.10元，豆子（斤）：1.00元。

三月份唱戏用工　　三月份乡干会

	16	17	18	19	20	21	22
张明德	1	1	1	1	1	1	1
薛英芳	1	1	1	1	1	1	1
穆奎有	1	1	1	1	1	1	1

续 表

	16	17	18	19	20	21	22
董世跃	1	1	1				
崔玉海		1	1	1	1	1	1
高德发	1	1	1	1	1	1	1
杨海荣	1	1	1	1	1	1	1
田秀文	1	1	1	1	1	1	1
李风龙	1	1	1	1	1	1	1
高洪有	×	1	1	1	1	1	1
高德明	×	1	1	1	1	1	1
张海军				1	1	1	1
李世合				1	1	1	1
彭正德				1	1	1	1
合　计				13	13	13	13

苏寺唱戏集资情况表

	柴火		山药		玉米		小米		豆子			
	1.00		0.10		0.25		0.50		1.00			合计
	个	款	斤	款	斤	款	斤	款	斤	款	现金	现款
1							40	20.00	21	21		41.00
2							42	21.00	17	17		40.00
3							48	24.00	38	38		62.00
4							34	17.00	44.6	44.6	3.50	65.10
5	12	12	30	3.00	34	8.50	35.5	17.75	4.50	4.5		45.75
6	13	13	40	4.00	138.5	34.63						51.63
7	8	8	22	2.20	22	5.50	2.00	1.00	17.00	17.00		33.70
8							15.00	7.50	16.5	16.50		24.00
9							78	39.00				39.00
10									39.00	39.00		39.00
合计	33	33	92	9.20	202.5	50.63	294.5	147.25	197.6	197.6	3.50	441.18

玉米：卖给祁守斌 172.5 斤×0.20 元，合 34.50 元。

卖给彭宪忠 30 斤×0.20 元，合 6.00 元。

小米：卖给张富 115 斤×0.45 元，合 51.75 元(用砍木头钱顶)。

卖给彭宪枝 50 斤×0.45 元，合 22.50 元。

除卖其余入库，后卖给张文斌 100 斤×0.40 元，合 40.00 元已打总收现金 66.50 元。

豆子：唱戏用(四锅)54.8 斤，乡三干会带 43 斤，其余入库。

1991 年 3 月 24 日

召开两委扩大会议

乡干部：王进合、梁秀琴

参加人员：张明德、薛英芳、穆奎有、崔玉海、董世跃，共计 5 人。

研究事项：

① 两委分工和包组问题：

分工按上年不变。包组是：薛英芳到苏寺的 5、6、7、组和水沟。董世跃到沟门 3、4 组，崔玉海仍在 1、2 组，穆奎有仍在 9、10 组。

② 怎么建居民组长？以组通过群众会议定。

③ 讨论武栋落户问题？同意。何时起户，村出证明。

④ 如何进一步加强林业管理？

进一步加强。

⑤ 分配 91 年度的种植任务。

	1	2	3	4	5	6	7	8	9	10	计
地膜玉米	26	30	40	40	26	26	22	10	15	15	250
玉米坑田	10	11	11	12	8	10	11	8	10	9	100
百荔烟	3	3.5	4	4	3	3	2.5	2	2.5	2.5	30

⑥ 去东万口法庭为徐风林欠 3 000 元买木头款问题何时去？

弄上钱就去。

1991 年 4 月 1 日

召开两委扩大会议

张乡长、王进合。

参加人员：张明德、薛英芳、崔玉海、高德发、郜桂合、李世合、杨海荣、田秀文、李风龙、高德明、张海军，共计11人。

会议中心是落实地膜玉米，玉米坑田，百荔烟等。

研究记录：

① 经过试算，同意两委分配的亩数。

② 村里每亩定补5.00元。村委会将款暂付给居民组长。

播后打地，以实有亩和队长结算。

③ 任务能安排的就安排，实不能安排的可按分地人分配，如遇个别人硬抗有村委会和下乡干部协助处理。

④ 烟苗以居民组长育，按任务亩数，每亩给1.00元育苗费，如还亏育苗者由居民组给点义务工。

讨论决定：

① 国家拉沙子任务咋办？

给李树廷100方，其余给包宪文。个人拉沙子款年终前兑现。

② 杨树育苗任务十亩，咋搞？

地点确定围子沟，村委会抽人统一搞。

③ 关于土地问题怎么管理？

农耕作和死亡绝户的土地，由居民组抽回，由居民组自行安排。

用工记录在案

1991年3月28日

召开两委扩大会议

参加人员：薛英芳、董世跃、崔玉海、郭文江、高德发、祁守合、李世合、杨海荣、田秀文、李风龙、高德明、张海军，共计12人。

※※※

1991年4月7日

收地膜款办手续

薛英芳、崔玉海、董世跃、郭文江、高德发、李世合、杨海荣、田秀文、高德明、张海军、彭宪合。4月7日在村委会，8日去古方，农建工又加二天。

4月28日，下午郜桂合谈话半天。

4 月 15 日，李世合去乡拉树苗工 1.5 个。

3 月 27 日，张玉斌去水沟，夭子沟干沟找开会工一个。

郤桂合 5 月 25 日早去找薛英芳工半个。

1991 年 4 月 13 日

苇子沟育苗

薛英芳、崔玉海、高德发、郭文江、李世合、李桂龙、高占、李汉青(小会)、郝存富、高洪江、张玉斌(半天)、罗成。

1	2	3	4	5	6	7	8	合计
4	2	×	1	半	×	×	2	

4 月 14 日苇子沟育苗

5	7							合计
2	3							5

薛英芳、高德秀、韩立国、张艮、李风武、木胜强。

计划生育工作用工　五月份

	15	16	17	18	
崔玉海	1	1	1	1	
董世跃	1	1	1	1	
薛英芳	1	1	1	1	
郤桂合	1	1	1		15 日早工半个
李世合	1	1	1		
高德发	0.5				
郭文江	0.5				
王立新	1	1	1	1	
顾正风	1	1	1	1	
高德明		1			
赵文祥女人		1			

1991年6月24日一天

召开两委扩大会议

参加人员：张乡长、王进合、梁秀琴、郭正果。

张明德、薛英芳、董世跃、崔玉海、郭文江、高德发、李世合、杨海荣、田秀文、李风龙、高洪有、高德明、张海军，共计13人。

会议开始学习"中共中央、国务院加强计划生育工作，严格控制人口增长"的决定和江泽民总书记"加强党的理论建设"文章。然后张乡长讲防汛等当前工作，王进合同志又进行了补充，最后张明德就：

1. 种草问题；2. 征收农业税问题；3. 防风工作；4. 和县救灾福利服务公司养羊的羊绒问题；5. 学校学农基地的保护问题；6. 在汛期学生路途的安全问题。7. 雨天造林的想法；8. 卖木头的交款情况；9. 现在的经济情况；10. 防治病虫害；11. 土地管理法颁布五周年要大力宣传；12. 土地租赁费做准备；等等做了补充。

讨论记录：

① 防汛工作如何安排？

村里防汛组织：领导小组长：张明德；副组长：薛英芳、董世跃；成员：十个居民组长。共计13人。

乡抢险排长：董世跃，副排长：祁守柱；

村抢险队长：董世跃，副队长：崔玉海。

各居民组长是当然的各组抢险组长。

防汛人员：

1	2	3	4	5	6	7	8	9	10	计
3	6	9	13	8	8	6	3	5	8	69

1—5组，除居民组长，为乡抢险队的34人。

各组查清"危房、危险河床、坝、地段"等。

② 林业生产：

1. 现改更新50亩。

2. 育苗整地，杨树插条。

3. 育苗任务五亩，实际验收三亩。

③ 其它几项工作：

1. 黄牛改良。

2. 种草任务 50 亩。

3. 防疫工作。

卖报纸：6 月 24 日，高德明五斤，高洪有二斤，杨海荣二斤，高洪元五斤。

1991 年 6 月 2 日垫乡级公路：

张明德、薛英芳、杨海荣(半天)、祁凤明(半天)、田秀文(半天)、穆奎明、张风祥、穆凤忠、张海洋(半天)、韩志文(12 车)、韩立国(12 车)、穆凤祥(10 车)、田秀文(3 车)。

※※※

6 月 3 日

薛英芳、李世合、祁守江、杨海利。

召开两委扩大会议

参加人员：8 日乡级赵连海、王进合、梁秀琴，9 日乡级王进合。

时间	张明德	薛英芳	董世跃	崔玉海	郭文江	高德发	邵桂合	李世合	杨海荣	田秀文	李风龙	高洪有	高德明	张海军	合计
8 号	1	1	1	1	1	1	1	1	1	1	1	1	×	1	13
9 号	1	1	1	1	1	1	1	1	1	1	1	1	×	1	13
10 号	1	1	1	1	0.5	0.5	0.5	×	0.5	0.5	×	×	×	×	6.5

8 号会议中心是：

① 征收农业税款。凡没收齐者由包组，两委帮助，今晚必须收齐。

② 土地租赁费。明天上午试算，下午定准。

③ 防风。明天上午乡、村、组干部，实地检查，下午研究。

④ 学校学农基地，加强管理，同意上 1605 药，毒死牲畜村、校概不负责赔偿。

苏寺村一九九一年度土地租赁费情况表

	户数	人口	劳力																		
1	28	118	33	330.4	56	132	129.8	25.96	47.2	5.9	5.90	118	11.8	542.8							
2	27	105	38	294	54	152	115.5	23.1	42	5.25	5.25	105	10.5	483							
3	35	135	39	378	70	156	148.5	29.7	54	6.75	6.75	135	13.5								
4	31	133	38	372.4	62	152	146.3	29.26	53.20	6.65	6.65	133	13.3								

续　表

	户数	人口	劳力																		
5	25	99	31	277.2	50	124	108.9	21.78	39.6	4.95	4.95	99	9.9								
6	30	113	32	316.4	60	128	124.3	24.86	45.2	5.65	5.65	113	11.3								
7	20	78	23	218.4	40	92	85.8	17.16	31.2	3.9	3.90	78	7.8								
8	13	54	14	151.20	26	56	59.4	11.88	21.6	2.7	2.7	54	5.4								
9	20	91	25	254.8	40	100	100.1	20.02	36.4	4.55	4.55	91	9.1								
10	22	90	28	252	44	112	99	19.8	36	4.5	4.5	90	9.								
合计	251	1 016	301	2 844.8	502	1 204	1 117.6	223.52	406.4	50.8	50.8	1 016	101.6								

关于九一年度土地租赁费计算

部分计算说明：

① 学校。

民办教师的工资 2 944 元(乡定数),公务费 5 个班×每月 10 元×12 个月,合 600.00 元。

煤 8 个×140 元,合 1 120.00 元。

共计 4 664 元,按 1 016 人算,每人 4.60 元。

② 村级

上年工资 4 100 元,公务费 500 元,党群干训练费 400 元。

林业与大院管理 1 000 元,共计 600 元,除乡统筹 1 000 元后,按 1 016 人算,每人 5.00 元。

会议笔记 34

9 苏寺村

7月9日下午

防汛工作检查情况

队 别	路	坝
干沟	① 三亩沟门对正60米，② 二亩沟门外30米。	
夭沟	① 老韩地60米，② 高德清门口60米。	
水沟	小东沟门40米。	
古方		歪尖沟门，大南沟门，小北沟门。
苏寺	① 张活沟门，② 五方沟门对正，③ 木龙11捆。	① 张活沟门，② 南地边。
沟门	① 五队场院下边，② 挑渠超后路处，③ 南围外。	① 西围厂沟门，② 斜尖沟门。
分级公路	① 与河口交界处，② 猛虎沟门，③ 沟门过水路面。	

汇报后，王进河讲不全村统一搞，提到……11—12日男女齐……，全村支部村委会，也开……

到7月10日上午

苏寺村1991年农业税征收情况

	应征总额	乡安排照顾对象				村开会研究定照顾户	照顾款合计	实际应征粮	实交	尾欠	
		烈属	军属	残废军人	几类户					户	款
1	160.51					高庆成 1.27	1.27	159.24	151.88	1	7.36
2	179.08				石成荣 1.43	罗军 2.85 张宝军 1.43	5.71	173.37	173.37		请

续 表

	应征总额	乡安排照顾对象				村开会研究定照顾户	照顾款合计	实际应征粮	实交	尾欠	
		烈属	军属	残废军人	几类户					户	款
3	239.90				郤桂军 2.77		2.77	237.13	195.55		41.58
4	217.91			李树林 14.74 王文清 9.14			23.88	194.03	190.00		崔玉海 4.03
5	130.23				刘实生 1.46	张玉祥 2.28 杨海军 1.11	4.85	125.38	125.38		
6	129.95			彭正富 12.19 梁进 5.08		高洪志 5.08	22.35	107.60	107.60		
7	121.39		荣正廷 6.14		张文志 0.75	李文斌 1.37 陈仲才 2.71	10.97	110.42	110.42		
8	70.25					高洪连 2.00	2.00	68.25	68.25		
9	129.09	刘斌 4.37				高照明 2.20	6.57	122.52	117.09		刘良 5。43
10	116.82	薛德斌 4.89				张桂成 0.97 吕成林 1.94 郤政明 1.94	9.74	107.08	107.08		
合计	1 495.13	9.26	6.14	41.15	6.41	27.15	90.11	1 405.02	1 346.62		58.40

征收土地租赁费用工

	7.23	7.24	7.25	7.26	7.27	7.28	7.29	7.31
张良元	1	×	×	1	1	×	1	×
王进河	1	1	1	1	1	×	1	×
王海军	1	1	1	1	1	×	1	×
梁秀琴	1	×	×	1	2 郭正果	×	2 郭正果	×
张明德	1	1	1	1	1	0.5	1	1
薛英芳	1	1	1	1	1		1	1
董世跃	1	1	1	1	1		1	
崔玉海	×	×	×	×	×	×	×	×
张海军	1	×	×	×	×	×	×	×
高德明	×	1	×	×	×	×	×	×
李风龙	×	×	1	1	1	×	×	×
田秀文	×	×	1	1	1	×	×	×
杨海荣	×	×	1	1	1	×	×	×
李世合	×	×	×	×	×	×	×	×
郤桂合	×	×	×	×	×	×	×	×
高德发	×	×	×	×	×	×	×	×
郭文江	×	×	×	×	×	×	×	×
高洪有	×	×	×	×	×	×	×	×

	8.1	8.2	8.3	8.4	8.5	8.6	8.7	8.8	8.9	8.10	8.11	8.12	8.13
张良元	1	×	×	×	×	×	×	×	×	×	×	×	
王进河	×	1	1	1	1	半	×	×	×	1	1	×	
王海军	×	1	1	1	1	半	×	×	×	1	1	×	
梁秀琴	×	×	×	×	×	×	×	×	×	1	1	×	
张明德	1	1	1	1	东万口	1	罗东铺	×	开会	1	1	1	
薛英芳	半	×	1	半	东万口	半	1	×	开会	1	1	1	
董世跃	1	×	1	1	1	1	×	×	×	×	×	×	1

续 表

	8.1	8.2	8.3	8.4	8.5	8.6	8.7	8.8	8.9	8.10	8.11	8.12	8.13
崔玉海	半	1	1	1	1	弄户口	×	×	×	×	1	1	1
张海军	×	×	×	×	×	×	×	×	×	×	×	×	×
高德明	×	1	×	×	×	×	×	×	×	×	×	×	1
李风龙	×	×	×	×	×	×	×	×	×	×	×	×	0.5
田秀文	×	×	×	×	×	×	×	×	×	×	×	×	1
杨海荣	×	×	×	×	×	×	×	×	×	×	×	×	×
李世合	半	×	×	×	×	1	半	×	×	×	×	×	×
郤桂合	1	×	×	×	×	1	半	×	×	×	×	×	×
高德发	×	×	1	1	×	×	×	×	×	×	1	1	×
郭文江	×	×	1	1	×	×	×	×	×	×	1	1	×
高洪有	×	×	×	1	×开会	×	×	×	×	×	×	×	×

1991 年 8 月 4 日下午

下乡干部村两委会议

参加人员：王进合、王海军、张明德、薛英芳、董世跃、崔玉海，共六人。

对不交租赁费的户的情况分析：

① 去年以前没有交的有影响。

② 对农田积累工有意见。

③ 比的看。

1991 年 8 月 4 日　唱戏用工

	7.19	7.20	7.21	7.22			计	
张明德	半	1	1	1		×	3.5	义务
薛英芳	×	1	1	×		×	2	开
董世跃	×	半	半	1		×	2	开

续　表

	7.19	7.20	7.21	7.22			计	
崔玉海	×	×	1	1		×	2	开
郭文江	×	○	1	1		×		
高德发	×	○	1	1		×		
郤桂合	×	×	1	1		×		
李世合	×	×	×	1		○		
杨海荣	半	1	1	1		×		
田秀文	半	1	1.5	1		×		
李风龙	半	1	1	1		×		
高洪有	×	1	1	1		×		
高德明	×	1	1	1		×		
张海军	×	×	×	×		○		
高洪志	×	1	1	1		×		

1991 年 8 月 23 日

召开两委扩大会议(晒行头)

参加人员：张明德×、崔玉海×、董世跃(半天)、郭文江×、高德发×、郤桂合×、杨海荣×、高德明×、高洪有×、李世合×、李风龙×、田秀文×。

会议内容：

① 收土地租赁费；

② 结算黄牛贷款账；

③ 结算唱戏账；

④ 林业管护问题；

⑤ 关于起诉徐风林欠款问题；

⑥ 李树合欠木头钱的问题；

⑦ 其中盖房问题；

⑧ 护秋问题；

⑨ 乡教育会议情况及教师调动问题。

1991年8月23日　唱戏集资情况

	柴火		豆角		玉米		现金	合计款数	按人平均指数
	1.20		0.06		20				
	个	款	斤	款	斤数	合款			
1					64	12.80	19.40	32.20	0.27
2					101.5	20.30	6.71	27.01	0.257
3							40.00	40.00	0.296
4							50.00	50.00	0.376
5	8	9.60	80	4.80			39.42	53.82	0.54
6	13	25.60	92	5.52	103	20.60	18.06	69.78	0.507
7	9	10.80	90	5.40	90	18.00	6.20	40.40	0.517
8					114	22.80	1.50	24.30	0.45
9							40.50	40.50	0.444
10							25.30	25.30	

① 换粮情况:

实收玉米472.5斤。

	沟门收租赁费取	8月20日唱戏取	8月21日取回	合计	每斤的玉米	合玉米斤数
大米	9	50	64	123		313.7
白面	16		50	66		158.4

※※※

② 卖给乡伙食团豆角44斤×0.15元,合6.60元,用于:买臭球10包×0.50元,合5.00元,凉粉4块×0.40元,合1.60元。

※※※

1991年8月31日

召开两委扩大会议

参加人员:张乡长、王晓军

张明德、薛英芳、董世跃、崔玉海、郭文江、高德发(女人)、郤桂合、李世合

（半天）、杨海荣、田秀文、高洪有、高德明、张海军、李风龙（半天），共 14 人。

中心问题：① 搞灾情摸底。

1991 年 9 月 1 日

召开两委扩大会议

参加人员：张明德、薛英芳、崔玉海、董世跃。共计 4 人。

会议内容：

① 清 1991 年 7 月 7 日至 9 月 1 日两委用工。

② 审查灾情表。

③ 安置戏箱子，整理东房屋子。

④ 结账账目。

1991 年 9 月 18 日

召开两委扩大会议

参加人员：王海军、梁秀琴

张明德、薛英芳、董世跃、崔玉海、郭文江、高德发、郄桂合、李世合、田秀文、李风龙、高洪有、高德明、张海军，共 14 人。

会议中心：

① 垫乡级公路问题。

② 订正收土地租赁费账。

③ 关于李树合欠木头款的问题。

④ 学校的山药（共计 360 斤）。

张玉斌欠工，9 月 15 日至 9 月 20 日，共计 6 天。

（顶工的薛英芳 15—17 日，董世跃 18—20 日）。

1991 年 9 月 19 日垫乡级公路

	1	2	3	4	5	6	7	8	9	10	合计
长度（米）	180	180	240	240	60	300	120 52	194	250	210	2 026
等　级	4	4	4	4	2	1	2	1	2	2	

续 表

	1	2	3	4	5	6	7	8	9	10	合计
每米给分	2	2	2	2	1.4	0.08	0.06 0.08	0.06	0.08	0.08	
共给分	360	360	480	480	84	240	164	120	200	168	2 656

注：李风龙组，添大坑是：南北 4.5 米，东西.5 米。

※※※

1991 年 9 月 20 日上午垫乡级公路用人工：赵玉兰、高志才、冀秀军、李世合、张明德、王进合，每人半天。

此工已列入农建工内。1991 年 10 月 18 日定。

1991 年 10 月 9 日参加乡农建会议的：

张明德、董世跃、郭占熬、高德发(女人)、郤桂合、李世合、杨海荣、田秀文、张海军，共计 9 人。

※※※

1991 年 10 月 12 日参加清理 1990 年劳力积累工兑现的：马乡长、张乡长、小姜、小苏。

张明德、薛英芳、董世跃、杨海荣(半天)、田秀文(半天)、李风龙(半天)、高德明(半天)。

1991 年 10 月 11 日

召开两委扩大会议

参加人员：马乡长、张乡长、姜存亮、苏万华。

张明德、薛英芳、董世跃、崔玉海、郭文江(女人)、高德发(女人)、郤桂合、李世合、杨海荣、田秀文、李风龙、高洪有、高德明、张海军、张玉林(社务)、穆风忠(社务)，共 16 人。

会议中心是农建工作安排

马乡长就今年农建工作形势讲话，张乡长肯定农建必搞，不搞不行，必须搞好。接着与会人员进行了议论，一致认为必须搞，按上级安排进行。

	男	女	合 计	
1	33	32	65	
2	36	26	62	

续　表

	男	女	合　计	
3	38	34	72	
4	35	30	65	
5	30	25	55	
6	33	33	66	
7	24	12	26	
8	14	13	27	
9	25	21	46	
10	25	22	47	
合　计	293	248	541	

② 就下列人员是否免劳力积累工：

九队：王明兰，几年外出不在家。

二队：刘万枝（重病），卢秀平（重病），马明（重病）。

三队：张连军（因公致残）。

一队：杜万林（重病）。

四队：王喜梅（眼失明）。

五队：牛树枝（重病）。

经研究同意免摊积累工。

③ 何时上工？

1991 年 10 月 13 日，两委和居民组长全上。14 日劳动力先上百分之十。

1991 年 10 月 12 日

清理 1990 年度劳动积累工兑现问题

	原　欠		已兑现	待　兑　现
	户　数	款　数		
5	7	299.75	240.25	高德举 59.50 元
6	13	861.95	720.79	梁树江 95.55 元穆奎仕 33.00 元，彭宪武 12.61 元

续 表

	原欠		已兑现	待兑现
	户数	款数		
7	6	330.05	263.34	叶连有 66.71 元
9	9	538.48	538.48	
合计	35	2 030.23	1 762.86	267.37 元

※※※

1991 年 10 月 15 日,去乡征兵目测的有:

	1	2	3	4	5	6	7	8
董世跃	郭文志	李汉成 高德才	祁守成	木海江 康海军	韩立国	高德合	张海洋 穆胜军	张海斌

1991 年 10 月 14 日,张玉海给学校弄锅台给 15 分。

1991 年 10 月 18 日

召开两委扩大会议

参加人员:

张明德、郭占熬、冀秀芳、祁守海、李世合、杨海荣、田秀文、李风龙、高洪有,共计 9 人。

讨论记录:

① 1991 年 9 月 19 日垫乡级公路,怎么定报酬?

一等,每米六厘,二等每米八厘,四等每米二分。

② 这次垫修村内路怎么定报酬?

一等的每米一厘,二等的每米五厘。

	界线		杂工分				分一等	
	起	止	18 号分边用工	掌握垫路二天	路中杂工	小计	米	分
1	古方公路界线乡级公路	乡级公路五队场院下	20	40	120	180	270	27
2	接一队	林检站木桩	20	20		40		
3	接二队	穆风祥地南沟	20	20	30	70	60	6

续　表

	界线		杂工分				分一等	
	起	止	18号分边用工	掌握垫路二天	路中杂工	小计	米	分
4	接三队	牛样地	20	20		40	60	6
5	接四队	大石头地	20	20	10	50		
6	接五队	苇子沟门	20	20		40		
7	接六队大柳树	小南沟地外堰沟门张坝边处	10 10(薛)	20		40		
8	小南沟坝外堰	场院边	90			90		
10	张活沟门	干沟垠头	286	20	20	326	270	27
合计						876		66

注：10队，一栏是张活沟门，坏路处到高德明门口。
2栏是高德明门口到大南沟门路坏处。
3栏是大南沟门坏路处到干沟交界。
4栏是干沟交界到张海军门口。

路划等级					小计	合计
二等		石土方				
米	分	方数	分	小计		
360	180	断路路24	240	447		627
450	225			225		265
460	230			236		306
510	255			261		301
480	240			240		290
600	300			300		340
270 540	135 270			135 270		445
750	375			575		665
41 270 780 1 410	205 135 390 705	6笔	2 580	4 042	345 干沟张海军门口至干沟垠头	4 713
	3 645		3 020	6 731	345	

① 张活沟门坏四处坝长 26 米,高 1 米,宽 1 米,合 26 方,给 260 分。

② 张活沟门垫方长 26 米,高 1 米,宽(漆)2 米,合 52 方,给 520 分。

③ 高德清门口长 40 米,高 1 米,宽 1.5 米(土半米),合 60 方,给 600 分。

④ 大南沟门坏种长 60 米,宽 1 米,高 1 米,合 60 方,给 600 分。

⑤ 大南沟门坏路处垫方给 300 分。

⑥ 二亩沟门垫沟开渠……

大苇子沟工地上,研究定额管理办法:

垒坝工分:

	一等	二等	三等	特　等	特 特 等
每方:	10	8	6	15 外取石头大部分	20 纯粹外拉石头

垫地工分:

	一等	二等	三等	
每方土:	2	3	4	

均以土质定分。

日　期	张明德	薛英芳	崔玉海	董世跃
13	农建 20	农建 20	农建 20	农建 20
14	农建 20	农建 20	农建 20	×
15	×(清小部)	片垫路	×	乡目测 10
16	农建 20	农建 20	农建 20	×
17	农建 20	农建 20	×	×
18	农建 20	乡开会 10	×	×
19	干沟方面 20		×	×
20	弄工 20	农建 20	×	农建 20
21	×(耕地)	农建 20	×	农建 20
22	农建 20	×	×	农建 20
23	农建 20	×	计生 20	计生 20

续　表

日　期	张明德	薛英芳	崔玉海	董世跃
24	农建 20	×	计生 20	×
25	农建 20	×	×	×
26	农建 30	×	×	×
27	农建 20	×	乡拉土小车 20	
合计	250	120	100 20	100

注：凡用"红"笔打"√"的是先对给居民。

在水沟做饭情况

10 月 14 号，高洪有报。

10 月 16 号，用白酒九瓶。

10 月 17 号，山渣酒五瓶。

10 月 18 号，两委扩大会

10 月 21 号，余白面 13 斤。

10 月 22 号，顶买元白菜。

10 月 25 号，顶买山药等。

10 月 27 号，两委扩大会，总之疙瘩碰留子。

以上共给 100 分。

※※※

10 月 30 号，清工收木头有：

田秀文、李风龙、高德明。

10 月 31 号，田秀文、高德明。

日　期	张明德	薛英芳	崔玉海	董世跃
28	农建 20	×	农建 20	×
29	农建 20	农建 20	农建 20	×
30	清工收才 20	×	收才 20	收才 20
31	清工收才 20	收才 20	收才 20	收才 20

续 表

日 期	张明德	薛英芳	崔玉海	董世跃
11.1	农建 20	农建 20	农建 20	农建 20
2	农建 20	农建 20	农建 20	农建 20
3	农建 20	农建 20	农建 20	拉芳
4	农建 20	×(换油)	×	农建收才 20
5	农建收才 20	×(起坟)	农建 20	农建 20

1991 年 11 月 10 日

召开两委和居民组长会议

参加人员：张明德、薛英芳、董世跃、田秀文、李风龙、高德明，共计 6 人。

关于地租问题：

每斤价 0.10 元计算，从大队欠生产队的款中扣回，不再让社员摊。

1988 年的在 12 月 27 日扩大会议上定：

每斤以 0.10 元计价，余款队从大队欠生产队的款中扣回，亏款的上借大队的账。总之村委会上收入。

就 1989 年，1990 年、1991 年的地租咋办？

研究决定：1989 年因雹灾减免八成。

1990 年不减。

1991 年用灾减七成，减后三年应交是：

五队	六队	七队	九队	计
750 斤	1 500 斤	900 斤	1 200 斤	4 350

研究决定：应交粮食每斤以 0.10 元计算，收玉米每斤以 0.20 元计算，收豆子每斤以 0.80 元计算。

另(零)星用工：

① 1991 年 10 月 11 日，去合达营换豆腐，田秀文、李风龙，共二人。

② 就两委 1991 年度农建补助工的处理情况：

张明德	薛英芳	崔玉海	董世跃	合计
两委扩大会议定工 250	100	100	100	550
拨出： 耕地的： 高洪举 20、彭正德 20、张明生 20、张明春 20。 打柴火的： 马朋 20、杜桂山 20、李桂龙 20、薛廷甫 20、薛爱成 20。 共拨出 180				
转社务记工 70	100	100	100	370

1991 年 11 月 15 日

召开两委扩大会议

参加人员：张明德、薛英芳、崔玉海、董世跃、郭占熬、高德发、祁守海、李世合、田秀文、高德有、高德明、张海军。

上午分两组就垫路(苇子沟农建)，进行检查，会议开始，就分两组的情况进行了汇报：

水沟方面：检查验收合格。

干沟方面：四亩沟门至干沟营头验收合格很少存在问题：

① 张活沟门墙垒靠里。

② 张活沟门墙拆地墙。

③ 张活沟门墙至四亩沟门垫的不行。

采取措施：限三日内垫好，否则后果自负。

② 订正应摊男女积累工的劳动力？

		1	2	3	4	5	6	7	8	9	10	合计
应摊工的	男	33	36	39	34	30	33	24	14	25	25	293
	女	32	26	35	30	25	33	12	13	21	22	249
	合计	65	62	74	64	55	66	36	27	46	47	542

接着张明德汇报了“县组织黑河片的联查情况”，“乡农建检查和评比情况”。

③ 奖金归村里，干部如何给补助工？

张明德	薛英芳	崔玉海	董世跃	郭占熬	高德发	祁守海	李世合	杨海荣	田秀文	李风龙	高洪有	高德明	张海军
10	10	10	10	10	10	10	10	10	10	10	8	10	10
转记工	转记工	转记工	转记工	开	开	开	开	开	开	开	开	开	开

④ 关于齐工找价问题：

想法：

① 定劳动力后，男劳力以 140 分，女劳力以 70 分。

工卡死后村与居民组算账，长工大队付款，亏工大队收款，同意。

1991 年 11 月 16 日

结算农建工

参加人员：张明德、薛英芳、崔玉海、董世跃、郭文江、高德发、祁守海、李世合、杨海荣、田秀文、高洪有、高德明。共计 12 人。

※※※

1991 年 11 月 19 日

张海军验路一天，高德明收款一天。

1991 年 11 月 20 日，高德明算账一天。

计划生育用工

	张明德	董世跃	薛英芳	崔玉海	郭文江	高德发	李世合	杨海荣	田秀文			
20号									0.5			
21号	1	1	1	1	1	1	1		1			
22号	1	×	1	1	1	1	1	0.5	1			

给乡计划生育来买鸡情况：

张立新一只，4.5 斤，合 9.00 元。

杨志强一只，4.4 斤，合 8.80 元。

李世海三只，9.1 斤，合 18.20 元。

祁守相三只，8.9 斤，合 17.80 元。

共计八支，26.9 斤，运动队 53.80 元。

研究李世合拉沙子问题

参加人员：张明德、薛英芳、董世跃，后又征求了崔玉海的意见，最后又通过李世合，他表示满意。

1. 原定 1991 年度全年给款 200.00 元。

2. 已拉 1 104 米。

3. 结算结果：全长 2 026 米（减过水路面 52 米），实有 1 974 米，应付他款 110.00 元，应退款 90.00 元。

因单据不改，用下列款顶：

1. 1991 年秋给学校看门 20 天×1.00 元，合 20.00 元。

2.（弄村白面一袋，弄水沟白面一袋），白面 82 斤×0.56 元，合 51.52 元。

3.（计划生育普查取大米 5 斤

7 斤），共大米 12 斤+15 斤（彭宪忠取计划生育米），共 27 斤×0.67 元，合 18.09 元。

计划生育米用三队劳动积累工

项　目	人　　数	合　　计
抬担架	张文明、郜桂海、冀秀江、祁守相	
洗布	赵文祥女人	
做饭	冀文富、杜兰英	
烧锅	张军（加早烧水和用柴）	
	张立新山药 50 斤	
住宿	张立新 3 人 35 分，张文富 4 人 40 分，冀秀合 2 人 15 分。	
	辣椒面一斤	
	食盐五斤	
	腌芽十斤	
	李志斌干沟找崔玉海（夜）	
	冀文富花椒一两，葱半斤	
	祁守海 21 号早到，22 号用工	
	合计	

1991 年 11 月 22 笔记

为计划生育来

用豆子换豆腐情况

前后共换四锅用豆子80斤,其中:六队60斤,五队20斤。

清理房基地和村扩大会用:五队24斤,六队6.3斤(仓库)。

1991年12月26日中午开会(党员、干部参加)

张明德、薛英芳、崔玉海、张玉林、高祥、杜桂山、张桂元、杨海荣、穆凤忠,共计9人。

※※※

和县民政局养羊分成用工:

崔玉海:10月26、27、28、29、30;12月1、2、3、4、小计9天。

薛英芳:11月26、27、28;12月1、2、3、4、小计7天。

1991年12月6日

召开两委扩大会议

参加人员:薛英芳、崔玉海、郭文江、高德发、李世合、杨海荣、田秀文、李风龙、高洪有、高德明、张海军,共计11人。

会议中心:

1. 填粮油征购通知书。
2. 搞人口、劳力、大牲口的年报。
3. 解决黄牛贷款。
4. 研究家产保险。

1991年12月8日

召开两委会议:

参加人员:薛英芳、崔玉海、董世跃,定黄牛贷款户,安排征购写通知,找李树合要款。

1991年12月10日

召开两委会议

参加人员:薛英芳、崔玉海、董世跃,收黄牛贷款的管理费。

1991年12月15日

召开两委扩大会议

参加人员:薛英芳、崔玉海、董世跃、郭文江、高德发、李世合、杨海荣、田秀文、李风龙、高洪有、高德明，共计 11 人。

中心：粮食征购，收土地租赁费。

※※※

时间									
月	日	在哪	薛英芳	崔玉海	董世跃	郭文江	高德发	田秀文	杨海荣
12	16	古方	1	1	1	1	×	×	×
12	18	古方	1	1	1	1	1	×	×
12	20	苏寺	1	1	1	×	×	1	1

1992 年 1 月 1 日

召开两委会议

参加人员：张明德、薛英芳、崔玉海、董世跃，共计 4 人。

会议中心是清理 1991 年度两委用工：张明德 140.5、薛英芳 149、穆奎有 30.5、崔玉海 113、董世跃 100.5，共计 533.5。

※※※

田秀文 1992 年 1 月 4 日收劳动积累工款。

罗有做牌子和用木头事。

1992 年 1 月 5 日

召开两委扩大会议

参加人员：张明德、薛英芳、崔玉海、董世跃、郭文江、高德发、祁守海、李世合、田秀文、李风龙、高洪有、高德明、王立新、高桂有、穆风忠、张玉斌，共计 16 人。

会议中心是讲林业乱砍伐问题。

张明德讲了情况，并说向会议并通过与会人员向广大村民检查。

与会人员一致认为问题严重。最后研究结果是：

① 明天派人去乡政府报案。

② 对自己村里处理的，村里的初步处理办法是：

1. 自己如实报数，每根夭柱价 3.00 元，加罚一倍，共计 6.00 元。

2. 自己不如实报数，经过订正订出来的，每根夭柱价 5.00 元，加罚一倍，共计 10.00 元。

3. 对第一轮处理后,又揭发出来的,按总值奖给揭发人百分之三十。

4. 对被检查站查出来,而交给木头者,每根罚款 3.00 元。

1992 年 1 月 8 日

召开党员会议

参加人员:张明德、李正林、徐桂兰、赵存德、李世江、崔玉海、王文清、高桂有、穆凤忠、薛英芳、韩志品,共计 11 人。

1. 学习"中共中央关于进一步加强农业和农村工作的决定。"

2. 关于计划生育问题。

3. 关于卖征购粮问题。

4. 关于收土地租赁费问题。

5. 关于当前林业乱砍乱伐的问题。

6. 关于党支部 1991 年底工作总结。

7. 关于民主评议党员问题。

8. 经民主评议结果是:

优秀党员:张明德、董世跃、高秀莲、薛英芳。

合格党员:37 名。

不合格党员:没有。

9. 关于马清祥、杨海荣转正问题。

一致同意按期转正。

最后有:王文清、王进福、王进瑞、薛英芳,订正了"于国和薛英芳的闲活问题。

1991 年 1 月 10 日

订正居民组长 1991 年度出工问题

队　组	花　　名	合　计
1	张万江 6、郭占鳌 2、郭文江 21	29
2	高德发	36
3	郤桂合 21、祁守海 2	23
4	李世合	35

续　表

队　组	花　　名	合　计
5	杨海荣	33
6	田秀文	39.5
7	李风龙	32
8	高洪有	20
9	高德明	31
10	张海军	23
合　计		301.5

1992 年 1 月 11 日

召开两委扩大会议

参加人员：张明德、崔玉海、董世跃、郭文江、高德发、祁守海、李世合、杨海荣、田秀文、李风龙、高洪有、高德明，计 12 人。

会议内容：

① 于 1 月 7 日召开书记、主任紧急会议“收土地租赁费”。

② 催卖征购粮。

③ 做好一切准备，迎接计划生育的检查。

④ 1991 年度劳动积累工的兑现。

⑤ 公布 1991 年度两委、居民组长的记工情况。

⑥ 审定文明户的评比情况。同意。

⑦ 收地租豆子。

⑧ 关于林业的乱砍乱代问题。

讨论记录：

收土地租赁费，两委集中到片收。林业乱砍乱伐仍按 1 月 5 日扩大会议定的办法处理。

处理林业乱砍乱伐用工：

1 月 12 日在古方：郭文江、高德发。

1 月 15 日在沟门：李世合、祁守海。

1 月 23 日在沟门三组收租赁费，有薛英芳、郤桂合。

1992年1月27日

召开两委扩大会议

参加人员：张明德、崔玉海、董世跃、薛英芳、郭文江、高德发、邵桂合、李世合、田秀文、李风龙、杨海荣，共计11人。

会议前学习“中共中央关于进一步加强农业和农村工作的决定”的一、二部分。

会议上就：

① 关于林业乱砍乱伐问题的处理情况。

② 关于征收土地租赁费的问题。

③ 关于劳动积累工的兑现问题。

④ 关于李树合欠木头款的问题。

⑤ 关于5、6、7、9队，收租村委会的地租问题。

⑥ 关于优军优属工作和送对联问题。

⑦ 关于1991年度干部的工资问题。

⑧ 关于修订护林公约的问题。

⑨ 关于正月的唱戏问题。

⑩ 关于收卖柴火的情况。

由张明德讲了情况。

讨论记录：

① 关于林业乱砍乱伐的问题怎么办？

放弃不处理，今后更管不好。村里处理又处理不了，决定上交，并同意给县、乡写的信。与会人员同意上交的签了名。

② 发出的对联是：

烈属：薛德斌、董刘氏。

残废军人：彭正富、梁进、王文清、李树林。

在乡军人：张万新、高祥、冀文付、张文付、李世江、张树生、祁守桂、高桂有、梁树江、高德军、李风武、董世跃、张天富、高德仕、荣宪有。

退职职工：张明德、王志文、杨宝忠、薛风桐。

③ 关于护林公约问题：

重述1987年10月27日扩大会定的“护林管理规定”：

1. 杜绝柴火外流，不准外来人上山，特殊情况由队长开条。

2. 不论打柴火、拉羊叶、拉树头等等，到检查站自行接受检查，否则拉的东西没收，每人每次罚款五元。

3. 打柴火不准割小树，如割小幼树，每棵罚款五元。

4. 到禁坡地割柴火，除柴火没收外，每个柴火罚二元。

5. 在砍木头沟内，不准社员拉树头、打柴火，会议决定开放除外。

6. 拉大柴不准有新砍的和根节，如有新砍的和根节，所拉的大柴全部没收，每车罚款 10 元。

7. 如打骂护林人员，交乡政府处理。

重述 1988 年 11 月 12 日扩大会议定的护林规定：

1. 不论任何车辆或拉干、湿柴火，大柴、羊叶、木头，一律停车认真检查，不受检查者，每个车罚款一元。护林人员如不认真检查，每辆车罚护林员五角。

2. 拉干大柴有一个新头一律没收，情节严重的由村委会处理。

3. 凡往外村拉的木头、羊叶、柴火，必须持村委会的手续方可运走，否则没收。

4. 拉湿树头，凡够五尺杆的材料一律没收，情节严重的由村委会处理。

5. 必须注意防火，上山不准带火，如违犯造成损失，按刑事责任论处。

6. 凡对抗护林人员进行工作无理取闹的，罚款 5—10 元，情节严重的报请乡政府处理。

两次定的都仍然有效，再补充是：

① 从 1992 年 1 月 28 日起，杜绝拉湿树头和干柴火，违者罚款和交上级处理。

④ 正月唱戏咋办？

仍向群众集资：

1. 每人以 0.60 元为标准。

2. 如给玉米，每人三斤，(每斤以 0.20 元计价)。

3. 如给柴火，每人半个(每个以 1.20 元计价)。

4. 如给豆子，每斤以 0.6 元计价。

5. 如给山药，每斤以 0.12 元计价。

1992 年 1 月 31 日召开两委扩大会议，把收集情况汇总起来带来。何时来？怎么唱？待会议安排。

1992 年 1 月 31 日

召开两委扩大会议

参加人员：张明德、薛英芳、崔玉海、郭文江、高德发、郤桂合、李世合、杨海荣、田秀文、李风龙、高洪有、张海军。

首先搞打扫院屋,整理客室,糊顶棚、窗户等。

研究事项:

① 唱戏哪天开始?

正月初五开始。后勤人员用两委和居民组长,这次唱戏凡有积累工的人仍然……

唱戏用工

	2月8日	2月9日	2月10日	2月11日	2月12日	
张明德	1	1	1	1	1	
薛英芳	1	1	1	1	1	
崔玉海	1	1	1	×	1	
董世跃	1	1	1	1	1	
郭文江	1	1	1	1	×	
冀秀芳	1	1	1	1		
郜桂合	×	×	×	×		
杨海荣	1	1	1	1		
田秀文	1	1	1	1		
李风龙	×	×	×	×		
高洪有	1	1	1	1		
高德明	1	1	1	1		
张海军	1	×	×	1		
合　计	11	10	10	10	4	

记事:买高洪志亲友炮20把。

卖出:张明德2、董世跃1、薛英芳1、高德发1、李世合1、田秀文1、高洪有1、村开支12把。

※※※

和祁守海换豆腐情况:

	8号	9号	10号	11号	共计
取豆子:	80斤	50斤	40斤	6.6斤	176.6
收到豆腐:	60斤	70斤	70斤	65斤	265

※※※

用：李世合大米 56 斤，田秀德大米 50 斤，张明德麻油 2 斤。结清。

1992 年 2 月 15 日

唱戏资集上榜情况

	1	2	3	4	5	6	7	8	9	10	合计
2 月 2 日上榜	50.10	37.00	59.70	46.24	58.00	72.00	44.60	26.60		42.10	436.34
后又上榜	高占 2.00 元(减张万江玉米一斤)	马明 2.40 元	王铁成 2.40 元	彭宪军 10.00 元 彭宪军 1.26 元	韩志忠 1.20 元			高洪连 0.50 元 李富江 3.00 元	20 户 87 人 51.30 元		73.96
合计	52.00	39.40	62.10	57.50	59.20	72.00	44.60	30.10	51.30	42.10	510.30

会议笔记 35

苏 寺 村

92. 2. 17 抄

唱戏资集情况

姓名	人口	玉米	款	共款	姓名	人口	玉米	款	共款
张万国	6		2	2	高德富	4	8		1.60
李汉洋	5	15		3.00	李连春	2	豆 2		1.20
郭占奎	6	10		2.00	李桂龙	4	豆 1		0.60
郭文海	4	9		1.80	李桂兴	3	8		1.60
杜万林	3		1.50	1.50	李桂生	6	豆 6		3.60
高 占	5	10		2.00	罗 会	3	9		1.80
郭占熬	2	豆 2		1.20	李汉军	4		1.00	1.00
郭文亮	3	豆 1.5		0.90	马清富	4	8		1.60
郭文军	4	8		1.60	马 朋	5	15		3.00
郭文江	4	12		2.40	张玉林	6	10		2.00
张文海	5		2.00	2.00	张清有	2	4		0.80
张文德	5		3.00	3.00	王登明	5	12		2.40
张万桂	3	8		1.60	王 俊	4		2.00	2.00
张文桂	3	9		1.80	罗 瑞	4	8		1.60
张文有	1	15		3.00	高德发	4	12		2.40
高 普	4	6		1.20		3	9		1.80
高海清	4	4		0.80		3	9		1.80
高 有	1		3.00	3.00		5	10		2.00
昝 元	3	9		1.80		4	3		0.60
张万江	4	9		1.80		3	3		0.60
郭文合	3		2.00	2.00	高 祥	4	豆 1		0.60

续　表

姓　名	人口	玉米	款	共款	姓　名	人口	玉米	款	共款
张万合	4		2.00	2.00	罗　有	4	12		2.40
李汉州	5		3.00	3.00	马　明	4	12		2.40
高　文	4	12		2.40	罗　斌	4			×
于元祥	2	6		1.20	李桂存	4			×
张文合	1		2.00	2.00	石成荣	1			×
张万斌	3		1.00	1.00	马　亮	1			×
高庆枝	4			×	王　良	5			×
杜清山	4			×	杜桂山	5			×
罗　成	3			×					
合　计	123	玉 142 豆 35	21.50	52	合　计	110	玉 152 豆 10	3.	39.40

唱戏资集情况

姓　名	人口	玉米	款	共款	姓　名	人口	玉米	款	共款
张海江	4		5.00	5.00	穆凤明	5	15		3.00
张明德	3		2.00	2.00	张文明	5	12		2.40
张海芬	2		1.20	1.20	张文斌	5	3		0.60
张海祥	5		3.00	3.00	吴国兴	5	5		1.00
张连军	1		0.60	0.60	祁守合	4	4		0.80
李海林	3		1.50	1.50	王立新	4	12		2.40
王铁成	4		2.40	2.40	张文富	4	10		2.00
祁守相	4	4		0.80	张连成	4	10		2.00
祁守成	2	4		0.80	吴国瑞	4	12		2.40
郤桂合	4	15		3.00	张连合	1			
郤桂海	2	6		1.20	张　军	5			
赵文祥	6	18		3.60	王志文	3			
冀文富	5	15		3.00	冀秀合	3			
李志斌	4	12		2.40	冀秀军	4			

续 表

姓　名	人口	玉米	款	共款	姓　名	人口	玉米	款	共款
张海梅	4	12		2.40	李忠梅	3			
木树合	2	6		1.20	卻桂军	1			
吴立祥	4	12		2.40					
祁守海	3	9		1.80					
李世军	3	6		1.20	小计	60	83		16.60
张立新	4	12		2.40					
李世江	6	18		3.60					
小计	75	149	15.70	45.50	合计	135	232		62.10

交李世合时　玉米亏 6 斤

唱戏资集情况

姓　名	人口	玉米	款	共款	姓　名	人口	柴火	山药	款	共款
彭宪军	5	6.3	10.00	11.20	祁凤元	5	3			3.60
李世合	5		3.00	3.00	高德斌	5	2			2.40
崔玉海	6	15	0.60	3.60	董成瑞	3	2			2.40
康登秀	4	11.2		2.24	祁凤山	5	3			3.60
康永祥	5	15		3.00	张桂元	4	2			2.40
张文生	4	10		2.00	张　富	4	2			2.40
邵金瑞	5	10		2.00	韩桂军	4	2			2.40
郝　军	3	5		1.00	韩　普	5	2			2.40
郝存仕	2	5		1.00	韩凤有	5	3			3.60
郝存山	5	5		1.00	高德秀	3	1			1.20
杨宝善	4	7.5		1.50	杨海荣	4	2			2.40
杨宝山	4	10		2.00	祁守斌	4	2			2.40
高　富	6	10		2.00	韩凤明	4	2			2.40
高洪运	4	5		1.00	张玉祥	4	2			2.40
张万利	4	6		1.20	张玉斌	4	2			2.40
康登明	4	4		0.80	高德江	3	1			1.20

续 表

姓　名	人口	玉米	款	共款	姓　名	人口	柴火	山药	款	共款
王文清	2	5		1.00	韩志忠	4	2			2.40
王进甫	4	6		1.20	韩志文	4	2			2.40
王进瑞	4	3		0.60	杨宝喜	4	2			2.40
高祥涛	5	10		2.00	张玉海	4		25		3.00
张树生	7	15		3.00	高洪举	4		25		3.00
王海江	6	10		2.00	高德举	4		20		2.40
包宪文	4	6		1.20	杨宝忠	3			1.00	1.00
包秀廷	3	7		1.40	杨海军	3			1.00	1.00
高洪祥	3	5		1.00	彭宪忠	3			2.00	2.00
高洪运	5	8		1.60						
李世海	4	6		1.20						
杜宪瑞	2	3		0.60						
李玉兰	1	3		0.60						
穆奎喜	4	4.5		0.90						
木海成	4	3		0.60						
合　计	129	219.5	13.60	57.50	合计	96	39	70	4.00	59.20

唱戏资集情况

姓　名	人口	玉米	山药	柴火	合款	姓　名	玉米	山药	柴火	合款	人口
彭宪武	4			2	2.40	韩志品	6			1.20	2
高洪举	6			3	3.60	韩风斌	12			2.40	4
穆凤海	5			3	3.60	高德祥			2	2.40	4
彭宪合	5			2	3.00	田秀德			2	2.40	4
杨存瑞	4			2	2.40	穆奎仕			3	3.60	6
梁　进	3	9			1.80	木海云			2	2.40	3
彭正富	7	21			4.20	高德兴			2	2.40	3
彭宪明	3			2	2.40	高德品					4
彭正德	7			4	4.80	梁树江					4

续 表

姓　名	人口	玉米	山药	柴火	合款	姓　名	玉米	山药	柴火	合款	人口
田秀文	4			2	2.40	穆奎斌					2
梁树海	4			2	2.40	高祥会					1
穆风江	2			1	1.20						
穆风祥	6			3	3.60						
穆风德	7			4	4.80						
穆奎有	5			3	3.60	小计	18		11	16.80	37
杨存生	4		20		2.40						
穆奎军	5		25		3.00						
高洪志	3		15		1.80						
高德有	3		15		1.80						
小计	87	33	75	33	55.20	合计	51	75	44	72	124

唱戏资集情况

姓　名	人口	玉米	山药	柴火	合款	姓　名	玉米	山药	柴火	合款	人口
穆风忠	7			4	4.80	李富合	4			豆 4	2.40
尤长桂	5	15			3.00	高洪江	7			豆 6	3.60
张明生	4			2	2.40	郝存富	4			豆 4	2.40
张明海	3	9			1.80	高洪朋	2	4			0.80
荣桂有	4				2.40	薛英芳	5	21			3.00
高洪元	5				3.00	薛英明	1				0.60
张风祥	4			2	2.40	薛风桐	1				0.60
董世跃	4	15			3.00	张天富	5			豆 4	2.40
李风武	4			2	2.40	薛廷甫	5			豆 5	3.00
李风军	4			2	2.40	高洪如	7	21			4.20
李风成	3		现金	1.80	1.80	高洪有	6			豆 6	3.60
张文忠	2		现金	1.20	1.20	高洪连	1		现金	0.50	0.50
张明春	5			2	2.40	李富江	5		现金	3.00	3.00
张明瑞	4	12			2.40	范秀英	1				

续 表

姓　名	人口	玉米	山药	柴火	合款	姓　名	玉米	山药	柴火	合款	人口
李树合	4	12			2.40						
李风龙	4			2	2.40						
李付海	4			2	2.40						
李树廷	3	10			2.00						
荣连有	2										
李风云	2										
于天英	1										
									现金	豆子	
合计	78	73	45	18	44.6	合计	54	46	3.50	29	30.10

现金3.00元

唱戏资集情况

姓　名	人口	玉米	款	合款	姓　名	人口	豆子	玉米	现金	合款
高洪章	5	15		3.00	范世亮	5				1.50
高洪军	4	12		2.40	韩宪江	5				2.40
高祥清	3	9		1.80	邵桂林	6				2.00
高　玉	3		1.80		邵德武	4				1.20

续 表

姓 名	人口	玉米	款	合款
高洪海	8	24		4.80
高德仕	3	9		1.80
郤文海	5	15		3.00
高洪合	4		2.40	2.40
高德清	5	15		3.00
高庆军	4	12		2.40
高德进	6	18		3.60
杜宪德	5		3.50	3.50
高德仲	3	9		1.80
刘 艮	4.5	12		2.40
刘 军	5.5	13.5		2.70
高庆宇	3	9		1.80
高庆忠	4	12		2.40
高庆合	4	12		2.40
高德明	5	15		3.00
高世军	3	9		1.80
高庆林	4			×
合计	94	220.5	7.20	51.30

姓 名	人口	豆子	玉米	现金	合款
王占奎	6				2.00
薛德斌	4				1.40
孙秀海	3				2.00
范德武	4				1.00
李宪成	4				2.40
范德亮	4				2.40
郤德文	4				2.50
杨文国	4				2.50
杨文明	3				1.80
张海军	4				3.50
崔玉国	4				2.40
吕桂军	5				3.00
孙富怀	3				1.80
李树清	8				4.80
杨文德	3				1.20
吴仲奎	4				1.80
吕桂武	4				
合计	91				42.10

92 年 2 月 18 日

唱戏集资情况结算表

	入库豆子		玉　米		柴　火		山　药		现金		合计	未给的		交回地租豆子	附记
	0.60 元		0.20 元		1.20 元		0.12 元								
	斤	款	斤	款	个	款	斤	款				户	人口		
1	3.5	2.30	142	28.4					21.50		52.00	3	11		
2	10	6.00		45.00					3.00		31.40	6	20		
3			226						15.70		60.90	7	20		
4			219.5	43.90					13.60		57.50				
5					39	46.80	70	8.40	4.00		59.20			90	
6			50	10.00	44	52.80	75	9.00			71.80	4	11		高洪志家存山药 100 斤
7			75	152	18	21.60	45	5.40	3.00		45.00	3	5		
8	29	17.40	46	9.20					3.50		30.10	1	1		
9			233	46.60					7.20		53.80	1	7		
10	25	15	120	24					4.50		43.50	1	4		
合计	17.5	40.50	1 263.5	252.70	101	131.20	190	22.80	176.50		513.20	26	79		

92. 2. 16 日

和李世合用玉米换粮食情况

① 十个居民组共收玉米 1 263.5 斤

扣水分百分之三，共计 38 斤

实有玉米 1 225.5 斤。

② 用李世合粮食：

91 年度取回村里大米 50 斤，白面 46 斤

打房基地取大米 8 斤，打房基地取白面 5 斤(和冀文富换莜面)

唱戏取回大米 56 斤

今天又取回大米 48.5 斤

今天又取回大米 3 斤

合计大米 165.5 斤×3 斤合玉米 496.5 斤

白面 51 斤×2.5 斤合玉米 127.5 斤

加玉米 1.5 斤

共计玉米 625.5 斤

③ 卖钱的玉米 600 斤×0.22 元　共款 132.00 元

穆风忠林业管理上班时间是 2 月 28 日。

下班时间是 4 月 5 日

共计 38 天。

92 年 3 月 28 日

召开两委扩大会议

参加人员:

张明德,崔玉海,郭文江,高德发,郤桂合,李世合,杨海荣,田秀文,高洪有,高德明,李风龙

共计 11 人

会议开始由张明德公布了正月唱戏的收支情况。然后由张明德就组建班子问题说明了情况,最后就如何参加乡三干会议进行了安排。

参加乡三干会人员是:

张明德,崔玉海,郭文江,高德发,郤桂合,李世合,杨海英,田秀文,高洪有,高德明因建房不去,李风龙因内弟订亲不去,董世跃,张海军

做饭人:冀文富

柴火:以每个 1.20 元由三队出顶积累工送柴火给人、车给工。拉柴火 12 个。

从高洪志家取山药 40 斤

由田秀文从田秀德家代(带)大米 30 斤,就代(带)烟、酒和大豆、花生米由崔玉海安排。

由窑子沟给豆子 60 斤,实收 54 斤。

参加乡级三干会议

姓　名	3.29	3.30	3.31			合　计
张明德	/	/	/			3
崔玉海	/	/	/			3
郭文江	/	/	/			3

续　表

姓　名	3.29	3.30	3.31			合　计
高德发	/	/	/			3
郤桂合	/	/	/			3
李世合	/	/	/			3
杨海荣	/	/	/			3
田秀文	/	/	/			3
高洪有	/	/	/			3
张海军	/	/	/			3
冀文富	/	/	/			3

穆树合人、车送柴火 12 个

92.4.6 日

召开党员会议

参加人员：

张玉林，高祥，李世江，李正林，徐桂兰，张明德，祁凤元，杨海荣，薛英芳，董世跃，崔玉海，穆凤忠，韩志品，高桂有

共计 14 人

中心是建班

图书在版编目(CIP)数据

中国当代民间史料集刊．6/ 华东师范大学中国当代史研究中心编．—上海：东方出版中心，2012.1(2025.3 重印)
ISBN 978-7-5473-0464-8

Ⅰ.①中… Ⅱ.①华… Ⅲ.①中国历史：现代史-史料 Ⅳ.①K270.6

中国版本图书馆 CIP 数据核字(2011)第 281462 号

中国当代民间史料集刊．6

出版发行：东方出版中心
地　　址：上海市仙霞路 345 号
电　　话：021-62417400
邮政编码：200336
经　　销：全国新华书店
印　　刷：上海万卷印刷股份有限公司
开　　本：710×1020 毫米　1/16
字　　数：1,250 千
印　　张：76.5
插　　页：4
版　　次：2012 年 1 月第 1 版　2025 年 3 月第 2 次印刷
ISBN 978-7-5473-0464-8
定　　价：198.00 元(上下册)
